Uni-Taschenbücher 1274

UTB
FÜR WISSEN
SCHAFT

Eine Arbeitsgemeinschaft der Verlage

Wilhelm Fink Verlag München
Gustav Fischer Verlag Jena und Stuttgart
Francke Verlag Tübingen und Basel
Paul Haupt Verlag Bern · Stuttgart · Wien
Hüthig Verlagsgemeinschaft
Decker & Müller GmbH Heidelberg
Leske Verlag + Budrich GmbH Opladen
J. C. B. Mohr (Paul Siebeck) Tübingen
Quelle & Meyer Heidelberg · Wiesbaden
Ernst Reinhardt Verlag München und Basel
F. K. Schattauer Verlag Stuttgart · New York
Ferdinand Schöningh Verlag Paderborn · München · Wien · Zürich
Eugen Ulmer Verlag Stuttgart
Vandenhoeck & Ruprecht in Göttingen und Zürich

Günther Kaiser / Hans-Jürgen Kerner /
Fritz Sack / Hartmut Schellhoss (Hrsg.)

Kleines Kriminologisches Wörterbuch

3., völlig neubearbeitete und erweiterte Auflage

C. F. Müller Juristischer Verlag
Heidelberg

Einbandgestaltung: Alfred Krugmann, Stuttgart
Druck und Verarbeitung: Druckerei Lokay, Reinheim

Printed in Germany

ISBN 3-8252-1274-2

Vorwort

Das Kleine Kriminologische Wörterbuch erscheint nunmehr in dritter, veränderter Auflage. Die Änderungen beziehen sich nicht auf Anspruch und Zielrichtung des Kleinen Kriminologischen Wörterbuchs, für die auf das Vorwort zur zweiten Auflage verwiesen wird. Vielmehr hat sich Bedarf daran gezeigt, neue Stichwörter aufzunehmen und solche Stichwörter entfallen zu lassen, die infolge der Entfaltung kriminologischer Forschungsschwerpunkte in den 80er Jahren und ihrer mutmaßlichen Fortentwicklung in den 90er Jahren in ihrer Bedeutung reduziert erschienen. Andererseits mußten Entwicklungen wie Datenschutz in der kriminologischen Forschung, Opfer und Strafverfahren, Privatisierung und damit die Abgrenzung zwischen privater und öffentlicher Verbrechenskontrolle, ferner die kriminologische Ausbildung sowie die Polizei als eigenständige Gesichtspunkte aufgegriffen werden.

Die Einbeziehung neuer Stichwörter hat selbstverständlich auch eine gewisse Vergrößerung des kriminologischen Wörterbuchs mit sich gebracht. Insoweit war eine Reduzierung an anderer Stelle unverzichtbar. Um das Kleine Kriminologische Wörterbuch auf einem vertretbaren Preisniveau zu halten, wurde deshalb auf ein Gesamtliteraturverzeichnis, wenn auch schweren Herzens, verzichtet. Die für die jeweiligen Stichwörter bedeutsamste Literatur findet sich nunmehr als Abschluß jedes einzelnen Stichworts. Im übrigen werden die einschlägigen kriminologischen Lehrbücher im Abkürzungsverzeichnis aufgeführt.

Freiburg, Tübingen, Hamburg, Düsseldorf, im September 1992

Die Herausgeber

Aus dem Vorwort zur Zweitauflage

Nachdem seit dem ersten Erscheinen des Kleinen Kriminologischen Wörterbuchs zehn Jahre vergangen sind, wird eine zweite und erweiterte Auflage vorgestellt. Der lange Zeitraum zwischen Erst- und Zweitauflage muß sich auch im heutigen Inhalt des Kleinen Kriminologischen Wörterbuchs widerspiegeln. Die 70er Jahre und der Beginn der 80er Jahre sind im Bereich der Kriminologie durch Entwicklungen gekennzeichnet, die eine differenziertere Darstellung dessen, was unter Kriminologie subsumierbar ist, erforderlich machen. Somit dokumentieren mehr als zwanzig neue Stichwörter die Entwicklungslinien der Kriminologie. Dabei entspringen die Fragestellungen und die Stichwörter, unter denen das Wissen und der Meinungsstand zusammengetragen sind, unterschiedlichen wissenschaftlichen Positionen und Entstehungszusammenhängen. Das Interesse am Thema Kriminalität und seiner gesellschaftlichen Verarbeitung ist seit Anfang der 70er Jahre zwar eher gestiegen, doch lassen sich in den Interessengeflechten verschiedene Ansprüche markieren. So wird unter der Perspektive der Kriminalitätskontrolle einerseits nachgedacht über Probleme der Intensivtäterschaft, der kriminellen Karriere und der Generalprävention, andererseits werden auf dem Hintergrund bislang nicht erfüllter Erwartungen, die mit der Behandlung und Resozialisierung von Straftätern verbunden worden waren, sowie der Vermutung negativer Nebenwirkungen des förmlichen Strafverfahrens und des Strafvollzugs Diversion und Alternativen zum Strafrecht thematisiert. Schließlich sind mit der überwundenen Konzentration der herkömmlichen Kriminologie auf Delinquente und Delikte in zunehmendem Maße Forschungen über die Entstehung und Implementation von Strafrechtsnormen einhergegangen. Gesellschaftliche, politische und historische Dimensionen der Relativität von Abweichung und Kriminalität stehen damit wieder auf der Tagesordnung der Disziplin. Ausdruck dieser Entwicklung, die im übrigen auch durch Strafrechtsreformen und öffentliche Diskussionen gefördert wurde, sind „Entdeckung" und die Untersuchung „neuer" Kriminalitätsformen, für die Stichwörter wie „Umweltkriminalität", „Wirtschaftskriminalität" oder „Kriminalität der Mächtigen" stehen.

Die Vergegenständlichung von Verbrechen und Strafe wurde an verschiedenen Stellen aufgebrochen, was einer glatten und stimmigen Aufbereitung des Forschungsgegenstandes und der Präsentation der Kriminologie als einheitliches Gebilde Grenzen setzt. Dies wird schon dadurch dokumentiert, daß Vertreter so unterschiedlicher Disziplinen wie Rechtswissenschaft, Soziologie, Psychologie und Medizin in diesem Wörterbuch versammelt sind. Hieraus folgt, daß der Untersuchungsgegenstand „Kriminalität" nicht bloß aus unterschiedlichen Perspektiven gezeichnet und erfaßt wird, vielmehr konstituiert er sich aus dem jeweiligen Blickwinkel verschieden.

Nicht zuletzt scheint aus der Entwicklung der Kriminologie auch ablesbar, daß die Ansprüche, die einst mit der technologischen Variante sozialwissenschaftlicher Methodologie und Theoriebildung verknüpft waren, vorsichtiger formuliert werden. Dem entspricht eine Entwicklung des Methodenbewußtseins, die sich nirgendwo deutlicher erkennen läßt als in der empirischen Sanktionsforschung, also in Fragestellungen, die die Wirkung von Sanktionen und ihres Vollzugs auf den Einzelnen und die Gesamtheit zum Inhalt haben. Das Problem des Verhältnisses zwischen empirischen und normativen Wissenschaften, genauer zwischen Kriminologie und Strafrecht, wird dadurch einerseits schärfer konturiert, andererseits neu formulierbar. Aus empirischen Analysen des Kriminalitätsproblems lassen sich heute nicht nur aus Gründen der technischen Unzulänglichkeit empirischer Sozialforschung bloß unvollständig Werkzeuge zur „Lösung" des Problems gewinnen. Was mit der „Lösung des Kriminalitätsproblems" selbst gemeint ist, ist kontrovers. Allerdings hat diese Entwicklung auch dazu beigetragen, daß die mit strafrechtlichen Sanktionen und ihrem Vollzug verbundenen Ansprüche bescheidener geworden sind und daß eine größere Aufmerksamkeit für unerwünschte und u. U. nicht mitbedachte Nebenfolgen ihrer Anwendung entstanden ist.

Es handelt sich hierbei einerseits um Grenzen, die daraus folgen, daß sich die Gesellschaft tendenziell einer analytischen Aufbereitung widersetzt, die eine präzise, anerkannten Wissenschaftsstandards entsprechende Prüfung und Evaluation ihrer Reaktionen auf kriminelles Verhalten erlauben würde. Die Erörterung des Verhältnisses zwischen Forschung und Datenschutz mag dafür als nur ein Symptom verstanden werden. Andererseits zeigt die bisweilen dezidierte Rückbesinnung auf das Subjekt, auf das die Forschung letztlich zielt, daß die naive Vorstellung, man könne die im Labor erzwingbaren Regelmäßigkeiten im Feld aufspüren und wiederholen, gebrochen ist. Freilich: Selbst eine Perspektive, die den Prozeß der Entdinglichung des Kriminellen befördern will, erlaubt nur vordergründig eine Rückbindung an „klassische" Straftheorien. Vielmehr hebt sie ins Bewußtsein, daß die Instrumentalisierung des Strafrechts Grenzen hat, die zu beachten sind, wenn man Kriminalität, kriminelles Verhalten sowie die soziale Reaktion hierauf und die daraus resultierenden Folgen abschätzen will.

Das Kleine Kriminologische Wörterbuch wendet sich an Studenten, Lehrer und Schüler, Sozialarbeiter und Vollzugsbeamte, Rechtspraktiker und Rechtswissenschaftler, Psychologen und Psychiater, Polizeibeamte, Richter und Staatsanwälte, Soziologen und Mediziner, kurz: an alle Fachleute und alle interessierten Laien, die einen problemorientierten Überblick über zentrale Stichwörter der Diskussion über das Verbrechen und seine Einzelaspekte suchen. Das Kleine Kriminologische Wörterbuch versucht die Positionen und den Wissens- und Meinungsstand zusammenzufassen, die in den 80er Jahren die Erörterung von Kriminalität und Kriminalitätskontrolle bestimmen. In 92 Stichwörtern, die durch Querverweise und Verweisstichwörter verflochten und verknüpft sind, sind die zentralen Themen der Diskussion über Kriminalität und ihre gesellschaftliche Verarbeitung enthalten. Die Beiträge sind unterschiedlich nach Inhalt, vertretener Auffassung und selektiver Darstellung. Dies ist beabsichtigt und Teil des Anspruchs des Kleinen Kriminologischen Wörterbuchs, das auch die Unterschiede in den Positionen und damit Auseinandersetzungen und Konflikte aufzeigen will. Die Herausgeber verstehen sich insoweit als organisatorische Koordinatoren, die sich zwar die Abdeckung des gesamten Spektrums wissenschaftlicher Auseinandersetzung mit Kriminalität und Verbrechen zum Ziel gesetzt haben, nicht jedoch eine Glättung der inhaltlichen Darstellung oder gar die Kanonisierung kriminologischen Wissens anstrebten.

Der Lektüre sei eine „Lese- und Gebrauchsanweisung" vorangestellt:

- Das Stichwörterverzeichnis zu Beginn enthält in alphabetischer Reihenfolge alle bearbeiteten Einzelthemen mit den jeweiligen Autorennamen.
- Die Verweisstichwörter betreffen Themen, die nicht unter einem eigenen Stichwort bearbeitet, allerdings in einem der Hauptstichwörter angesprochen wurden.
- Die wichtigsten Literaturhinweise finden sich am Ende jedes Stichwortes.
- Wichtige Begriffe sind in einem Sachregister zusammengefaßt.

Freiburg, Heidelberg, Hannover, Düsseldorf, im September 1984

Die Herausgeber

Inhalt

Stichwortverzeichnis

Stichwortverzeichnis

Abkürzungsverzeichnis

a. A.	anderer Auffassung
a. a. O.	am angegebenen Ort
Abs.	Absatz
AE	Alternativentwurf
a. F.	alter Fassung
AJK	Arbeitskreis Junger Kriminologen
AJS	American Journal of Sociology
Annals	The Annals of the American Academy of Political and Social Sciences
ArchKrim	Archiv für Kriminologie
Art.	Artikel
ASR	American Sociological Review
Aufl.	Auflage
BA	Blutalkohol
Bd.	Band
Bde.	Bände
BDSG	Bundesdatenschutzgesetz
BewHe	Bewährungshelfer
BewHi	Bewährungshilfe
BGB	Bürgerliches Gesetzbuch
BGHSt	Entscheidungen des Bundesgerichtshofs in Strafsachen
BJK	Bundesjugendkuratorium
BKA	Bundeskriminalamt
BRD	Bundesrepublik Deutschland
BritJCrim	British Journal of Criminology
BStatG	Bundesstatistikgesetz
BtMG	Betäubungsmittelgesetz
BSHG	Bundessozialhilfegesetz
bspw.	beispielsweise
Bull.	Bulletin
BVerfG	Bundesverfassungsgericht
BVerfGE	Entscheidungen des Bundesverfassungsgerichts
BZRG	Bundeszentralregistergesetz
bzw.	beziehungsweise
DAR	Deutsches Autorecht
d. h.	das heißt
ders.	derselbe
dies.	dieselben
Diss.	Dissertation
DRiG	Deutsches Richtergesetz

DVJJ	Deutsche Vereinigung für Jugendgerichte und Jugendgerichtshilfen
DVollzO	Dienst- und Vollzugsordnung 1961
ed.	edited
EGStGB	Einführungsgesetz zum Strafgesetzbuch
Eisenberg 1990	U. Eisenberg. Kriminologie. 3. Aufl. Köln u. a. 1990
etc.	et cetera
evtl.	eventuell
f.	folgende
FA	Führungsaufsicht
ff.	fortfolgende
FS	Festschrift
GA	Goltdammers' Archiv für Strafrecht
GG	Grundgesetz für die Bundesrepublik Deutschland
GGG	Gesetz über die gesellschaftlichen Gerichte der DDR
GjS	Gesetz über die Verbreitung jugendgefährdender Schriften
Göppinger 1980	H. Göppinger. Kriminologie. 4. Aufl. München 1980
GVG	Gerichtsverfassungsgesetz
Hdb.	Handbuch
hrsg.	herausgegeben
Hrsg.	Herausgeber
HwbKrim	Handwörterbuch der Kriminologie
i. a.	im allgemeinen
i. d. F.	in der Fassung
i. d. R.	in der Regel
IntJCrimPen	International Journal of Criminology and Penology
IssCrim	Issues in Criminology
JA	Juristische Arbeitsblätter
JCrim	The Journal of Criminal Law and Criminology
JGG	Jugendgerichtsgesetz
JGH	Jugendgerichtshilfe
JR	Juristische Rundschau
JResDel	Journal of Research in Crime and Delinquency
JSchÖG	Gesetz zum Schutze der Jugend in der Öffentlichkeit
JSIss	Journal of Social Issues
Jur. Diss.	Juristische Dissertation
JuS	Juristische Schulung
JVA	Justizvollzugsanstalt
JWG	Jugendwohlfahrtsgesetz
JZ	Juristenzeitung
Kaiser 1988	G. Kaiser. Kriminologie. Ein Lehrbuch. Heidelberg 1988
Kaiser/Kerner/Schöch 1982	G. Kaiser, H.-J. Kerner, H. Schöch. Strafvollzug. 3. Aufl. Heidelberg 1982; 4. Aufl. Heidelberg 1991
KB	Kriminalsoziologische Bibliografie
KJ	Kritische Justiz
KJHG	Kinder- und Jugendhilfegesetz

KKO	Konfliktkommissionsordnung
KrimGegfr	Kriminologische Gegenwartsfragen
KrimJ	Kriminologisches Journal
Kürzinger 1982	J. Kürzinger. Kriminologie. Stuttgart u. a. 1982
KZfSS	Kölner Zeitschrift für Soziologie und Sozialpsychologie
LDSG	Landesdatenschutzgesetz
LKA	Landeskriminalamt
MDR	Monatsschrift für Deutsches Recht
MschrKrim	Monatsschrift für Kriminologie und Strafrechtsreform
m. w. N.	mit weiteren Nachweisen
NJW	Neue Juristische Wochenschrift
NStZ	Neue Zeitschrift für Strafrecht
o. ä.	oder ähnliche
OEG	Opferentschädigungsgesetz
ÖJZ	Österreichische Juristenzeitung
OWiG	Ordnungswidrigkeitengesetz
Phil. Diss.	Philosophische Dissertation
PKS	Polizeiliche Kriminalstatistik
PsycholRdsch	Psychologische Rundschau
RdJB	Recht der Jugend und des Bildungswesens
RE	Regierungsentwurf
RVO	Reichsversicherungsordnung
S.	Seite
s.	siehe
SchKO	Schiedskommissionsordnung
Schneider 1987	H.J. Schneider. Kriminologie. Berlin u. a. 1987
Schwind 1992	H.-D. Schwind. Kriminologie. 4. Aufl. Heidelberg 1992
SchwJZ	Schweizerische Juristenzeitung
SchwZStr	Schweizerische Zeitschrift für Strafrecht
SGB	Sozialgesetzbuch
sog.	sogenannt
SP	Social Problems
StÄndG	Strafrechtsänderungsgesetz
StatBA	Statistisches Bundesamt
StGB	Strafgesetzbuch
StPO	Strafprozeßordnung
StrRG	Strafrechtsreformgesetz
StrZ	Strafzumessung
StrzB	Strafaussetzung zur Bewährung
StV	Strafverteidiger
StVG	Straßenverkehrsgesetz
StVollzG	Strafvollzugsgesetz
TOA	Täter-Opfer-Ausgleich
u. a.	und andere
u. ä.	und ähnliche
UBG	Unterbringungsgesetz

usw.	und so weiter
u. U.	unter Umständen
vgl.	vergleiche
Vol.	Volume
VZ	Verurteiltenzahl
WiStG	Wirtschaftsstrafgesetz
WStG	Wehrstrafgesetz
z. B.	zum Beispiel
ZBlJJW	Zentralblatt für Jugendrecht und Jugendwohlfahrt
Ziff.	Ziffer
zit.	zitiert
ZPO	Zivilprozeßordnung
ZRP	Zeitschrift für Rechtspolitik
ZStrVO	Zeitschrift für Strafvollzug
ZStW	Zeitschrift für die gesamte Strafrechtswissenschaft
z. T.	zum Teil

A

Abolitionismus → Alternativen zum Strafrecht, → Kriminalpolitik

Abschreckung → Generalprävention

Abweichendes Verhalten. Grundsätzlicher Bestandteil gesellschaftlicher Existenz sind soziale Erwartungen, soziale Normen (→ Norm, Normgenese). Das sind informelle bis kodifizierte Vorstellungen unterschiedlicher Reichweite und Verbindlichkeit darüber, wie Menschen sich verhalten können, sollen oder müssen. Diese Verhaltensmaßstäbe begründen eine Zweiteilung, Dichotomisierung von Verhaltensweisen in konforme und in abweichende. Auf dieser abstrakten Ebene ist abweichendes Verhalten kein kriminologisches Problem. Denn jedermann verhält sich abweichend, erfüllt Erwartungen nicht oder übererfüllt Erwartungen: der Schüler über dem Klassendurchschnitt, der Katholik in der Diaspora, der Kranke unter Gesunden. Die Vielfalt und Differenziertheit der Rollen, die jedes Mitglied der Gesellschaft wahrnimmt, garantiert eine Wahrscheinlichkeit, daß jedermann in mehreren Verhaltensbereichen zumindest zeitweise von den Erwartungen anderer abweicht. In Gesellschaften mit vergleichsweise raschem sozialem Wandel kommt hinzu, daß zahlreiche Normen bzw. Erwartungen nicht jedermann bekannt oder keineswegs eindeutig sind. Und zahlreiche normative Dissense, Kontroversen und Konflikte sind als solche institutionalisiert, das heißt, zu anderen kontroverse Verhaltensmuster sind als solche legitime und legale, ausdrücklich geschützte Bestandteile unserer eben deshalb „pluralistisch" genannten gesellschaftlichen Ordnung.

Das geltende gesellschaftliche Pluralismuskonzept stützt oder toleriert allerdings nicht alle Verhaltensmuster. Eine Anzahl von Verhaltensweisen ist jenseits der Barriere prinzipieller Anerkennung oder grundsätzlicher Gleichberechtigung geblieben, die vor öffentlicher sozialer Kontrolle und damit vor gesellschaftlicher Repression schützt. Als abweichendes Verhalten in diesem Sinne gilt in erster Linie die → Kriminalität. Weiter dazugerechnet werden in der Regel: Suizid, Drogenkonsum, Alkoholismus, Geisteskrankheiten, Homosexualität, Prostitution (→ Alkohol und Kriminalität; → Drogen und Kriminalität; → Sexualkriminalität). Phänomenologisch betrachtet gibt es hier keine oder nur geringfügige Gemeinsamkeiten, handelt es sich um einen einigermaßen disparaten Katalog von Verhaltensarten. Kriminalität gilt als ein Verhalten, das im Widerspruch steht zu ausdrücklich als allgemeinverbindlich erklärten Normen, die mit einer geregelten Sanktionsandrohung gekoppelt sind und daher Strafgesetze heißen. Drogenabhängigkeit und Suchtverhalten können strafbar sein; Geisteskrankheiten, Selbstmord, Homosexualität oder Prostitution verstoßen für sich genommen jedenfalls in der Bundesrepublik Deutschland nicht gegen gesetzlich fixierte Normen. Die genannten Formen abweichenden Verhaltens unterscheiden sich auch im Hinblick darauf, wer dadurch unmittelbar beeinträchtigt wird. Suchtabhängigkeit wendet sich vor allem gegen den Abhängigen; kriminelles Verhalten ist gegen andere gerichtet. Ebenso bestehen Unterschiede in der individuellen Zurechenbarkeit der einzelnen Arten abweichenden Verhaltens; die Frage, ob das spezifische Verhalten eine Funktion rationaler Entscheidungsfähigkeit ist, wird heute allerdings für Süchtige und Geisteskranke positiver, für Kriminelle negativer beantwortet, als die klassische Wissenschaft dies nahelegte (→ Schuld und Verantwortung; → Schuldfähigkeit). Bei einer phänomenologischen Betrachtungsweise lassen sich weiterhin Unterschiede ausmachen in den sozialökonomischen Rahmenbedingungen, der Szenerie sowie insbesondere in dem Grad an Öffentlichkeit und in dem zeitlichen Rahmen, in dem das jeweilige Verhalten stattfindet. Schließlich bestehen Unterschiede hinsichtlich der allgemeinen Bewertung der Ziele, auf die das Verhalten gerichtet ist; die mit Drogenkonsum verfolgten Ziele liegen in der Regel außerhalb des Rahmens allgemein angestrebter und nahegelegter Ziele; die Masse krimineller Verhaltensweisen – drei Viertel aller registrierten klassischen Delikte sind Eigentums- und Vermögensdelikte – verfolgt dagegen Ziele, die zu den dominierenden unserer Kultur gehören (→ Eigentums- und Vermögenskriminalität).

Aus phänomenologischer Sicht scheinen somit die einzelnen Typen abweichenden Verhaltens nur mit Willkür auf einen gemeinsamen Nenner zu bringen zu sein. Dementsprechend werden Prostitution, Drogenkonsum, Alkoholismus, Homosexualität, Selbstmord, Geisteskrankheiten und Kriminalität in der wissenschaftlichen Literatur häufig getrennt voneinander oder in Verbindung mit anderen Phänomenen unter dem Stichwort „Soziale Probleme" behandelt (→ Soziale Probleme und Sozialpathologie). Eines ist den genannten Arten abweichenden Verhaltens allerdings gemeinsam: Es handelt sich immer um Abweichungen von gesamtgesellschaftlich dominanten Standards. Tangiert wird also der Kernbereich solcher Erwartungen, die über gesellschaftliche Teilsysteme (Schicht, Gruppe) hinaus gelten sollen. Sie betreffen die allen anderen Rollen übergeordnete Rolle als Mitglied *der* Gesellschaft. Inhaltlich sind hier in erster Linie die Rahmenbedingungen von Produktion und Reproduktion angesprochen. Zweck ist die Stabilisierung der (jeweils) bestehenden wirtschaftlichen Ordnung und des Status quo bei der gesellschaftlichen Verteilung von Gütern und Chancen. Die Rahmenbedingungen oder Voraussetzungen hierfür sind nicht nur in Gestalt gesetzlicher Regelungen bestimmt, sondern auch in bestimmten Leitbildern von „Lebensstilen" und von „geregelten", „geordneten" Verhältnissen in den zentralen gesellschaftlichen Bereichen Arbeit, Konsum und Familie definiert (→ Familie; → Beruf und Kriminalität; → Frauenkriminalität).

Diesen Leitbildern werden Kriminalität, Alkoholismus, Drogenabhängigkeit, Suizid, Prostitution, Homosexualität oder Geisteskrankheit, soweit sie nicht ohnehin Verstöße gegen Strafbestimmungen sind, nicht gerecht. Damit werden sie jedoch nicht nur als gesellschaftliche Störungen wahrgenommen. „Die Verminderung der allgemeinen Fähigkeit zur Übernahme von Rollen in dem beschriebenen Sinne macht den Suchtkranken, den Geisteskranken und den Selbstmörder zu einem sozialen Problem und zu einer gesellschaftlichen Bedrohung. Es ist kein spezifisches Sichversagen, sondern signalisiert die Unempfindlichkeit der betreffenden Person gegenüber geltenden und weithin akzeptierten Formen sozialer Selbstverwirklichung und gesellschaftlicher Anerkennung" (SACK 1972). Abweichendes Verhalten demonstriert fundamentale Alternativen zu den Organisationsprinzipien der bestehenden Gesellschaft. Hauptsächlich dies erklärt den massiven sozialen Druck gegen solche Verhaltensmuster.

Dabei wird vor allem nach einer Strategie verfahren, nämlich der der generellen Pathologisierung abweichenden Verhaltens. Diese Strategie kennzeichnet auch die ganz überwiegende Mehrzahl psychiatrischer, psychologischer und soziologischer Untersuchungen. Teils eklektizistisch, teils mit theoretischem Anspruch wurde und wird versucht, bei Personen mit (registriert) abweichendem Verhalten nach Besonderheiten zu forschen.

Dementsprechend werden die genannten Arten von Devianz häufig in Analogie zu biologischen Modellen als somatisch und/oder psychisch bedingte individuelle Phänomene, als Krankheit verstanden (→ Krankheit; → Kriminalitätstheorien, soziobiologische; → Kriminalitätstheorien, psychologische; → Klassifikation und Typologie). Ebenfalls in Analogie zu – hier auf die Gesellschaft übertragenen – Organismusmodellen wird abweichendes Verhalten als dysfunktionales Verhalten erklärt (→ Funktionen der Kriminalität). Schließlich wird es als Ausdruck oder Auswirkung krisenhafter gesellschaftlicher Zustände oder Entwicklungen – Anomie, beschleunigter sozialer Wandel, ungleiche Verteilung von Chancen, kulturelle Phasenverschiebung, Kulturkonflikt – erklärt (→ Kultur, Subkultur, Kulturkonflikt; → Kriminalitätstheorien, soziologische; → Kriminalitätstheorien, ökonomische; → Kriminologie). Diesen Ansätzen ist ein Verständnis gemeinsam: Abweichendes Verhalten ist das Ergebnis individueller oder gesellschaftlicher Störungen oder Defizite (→ Soziale Probleme und Sozialpathologie).

Ein solcher positivistischer, der Untersuchung nur des abweichenden Verhaltens selbst und seiner Akteure verpflichteter Ansatz beschränkt die wissenschaftliche Analyse auf die Perspektive der sozialen Kontrolle. Deren eigene Rolle wird dabei auf die des Reagierens reduziert. Daß dies nicht zutrifft, haben sozialwissenschaftliche Untersuchungen in den letzten Jahrzehnten gezeigt. Nationale und historische Vergleiche haben ergeben, daß die gesamtgesellschaftlich dominanten Standards, die soziales Handeln nach konform und abweichend diskriminieren, keineswegs universell und nicht fragwürdig sind, sondern von Gesellschaft zu Gesellschaft variieren. Dies legt ein anderes „Drehbuch" für die Analyse nahe, das vor allem in der Kriminologie zunehmend angewandt wird: „Der wissenschaftliche Blick in die Vergangenheit ... würde sicht- und greifbar machen, daß auch das Strafrecht, mehr als alle anderen Rechtsbereiche, ein Instrument der Gestaltung, der Herstellung gesellschaftlicher, ökonomischer, politischer und sozialer Ordnung ist, das der Kriminalität nicht folgt, sondern ihr vorausgeht, sie erst als gesellschaftliches und politisches Faktum schafft und begründet. Das Gebiet von Kriminalität und Strafrecht unter dieser Perspektive sehen und analysieren bedeutet, systematisch die Frage nach dem Subjekt der Gestaltung, nach den Trägern und ‚Auftraggebern' der Ordnung, in deren Namen das Geschäft der Ordnung betrieben wird, zu stellen, bedeutet ‚winners and loosers' auf diesem gesellschaftlichen Politikfeld auszumachen" (SACK 1987).

Konsequenterweise ist die sozialwissenschaftliche Perspektive auf die Frage erweitert worden, warum welche gesamtgesellschaftlich dominante Standards etabliert werden (→ Norm, Normgenese). Die Ergebnisse solcher Untersuchungen haben zumindest viel Plausibilität geschaffen, daß solche Etablierungsprozesse maßgeblich von den Interessen derjenigen bestimmt werden, bei denen die Verfügungsgewalt über gesellschaftliche Güter konzentriert ist.

Die Substanz zentraler gesamtgesellschaftlicher Verhaltenserwartungen ist allerdings nur eine Voraussetzung für das, was als abweichendes Verhalten angesehen wird. Eine weitere Voraussetzung besteht in dem Ergebnis eines bestimmten Definitions- und Bewertungsprozesses. „Der Mensch mit abweichendem Verhalten ist ein Mensch, auf den diese Bezeichnung erfolgreich angewandt worden ist" (BECKER 1973). Zwei Arten der Auswirkung eines solchen Bewertungsprozesses werden unterschieden: Mit primärer Devianz wird der Fall bezeichnet, daß die gesellschaftliche Reaktion sich nur am Rande auf den bisherigen sozialen Status und die Identität des so Definierten auswirkt. Sekundäre Devianz bezeichnet demgegenüber diejenigen Fälle, in denen aufgrund moralischer Reaktion (Stigmatisierung, Isolierung) die bisherige Identität des Betroffenen durch eine maßgeblich von Devianz geprägte Identität ersetzt und damit eine Verfestigung abweichender Verhaltensweisen bewirkt wird (→ Stigmatisierung; → Kriminelle Karriere) (GOFFMAN 1967; GARFINKEL 1974; LEMERT 1975). Für primäre und für sekundäre Devianz bestehen unterschiedliche, nicht im abweichenden Verhalten selbst begründete Voraussetzungen.

Wissenschaftliche Befunde für sämtliche Arten abweichenden Verhaltens sind, daß diese tatsächlich ubiquitär, über die sozialen Schichten einigermaßen gleich verteilt sind. Das Ergebnis von Definitionsprozessen, nämlich die Verteilung eines entsprechenden Status, ist jedoch anders: Hier sind nicht nur bei Kriminalität, sondern auch bei den übrigen Devianzarten die Angehörigen der Unterschicht (und die ihrem Status nach vergleichbaren Nichterwachsenen) überrepräsentiert. Die soziale Kontrolle abweichenden Verhaltens ist schichtspezifisch selektiv (→ Schicht und Klasse; → Selektion, Selektionsmechanismen). Dies wird als weiterer Beleg dafür angesehen, daß abweichendes Verhalten erst aus den realen Herrschaftsverhältnissen erklärt werden kann (→ Kritische Kriminologie).

Ahrens, S., Außenseiter und Agent. Der Beitrag des Labeling-Ansatzes für eine Theorie abweichenden Verhaltens, Stuttgart 1975; *Amelang, M.*, Sozial abweichendes Verhalten, Berlin 1986; *Becker, H.S.*, Außenseiter. Zur Soziologie abweichenden Verhaltens, Frankfurt/M. 1973; *Bellebaum, A.*, Abweichendes Verhalten. Kriminalität und andere soziale Probleme, Paderborn 1984; *Cohen, A.K.*, Abweichung und Kontrolle, München 1972; *Garfinkel, H.*, Bedingungen für den Erfolg von Degradierungsritualen, Gruppendynamik 5 (1974), S. 77 ff.; *Goffman, E.*, Stigma. Über Techniken der Bewältigung beschädigter Identität, Frankfurt/M. 1967; *Haferkamp, H.*, Kriminalität ist normal – Zur gesellschaftlichen Produktion abweichenden Handelns, Stuttgart 1972; *Haferkamp, H.* (Hrsg.), Wohlfahrtsstaat und soziale Probleme, Opladen 1984; *Kitsuse, J.I.*, Deviant Behavior and Deviants: Some Conceptual Problems, in: Introduction to Deviance. Readings in the Process of Making Deviants, hrsg. von Filstead, W.J., Chicago 1972, S. 233–243; *Lemert, E.M.*, Das Konzept der sekundären Abweichung, in: Abweichung und Kriminalität, hrsg. v. Stallberg, F.W., Hamburg 1975, S. 33–46; *Matza, D.*, Abweichendes Verhalten. Untersuchungen zur Genese abweichender Identität, Heidelberg 1973; *Merton, R.K.*, Sozialstruktur und Anomie, in: Kriminalsoziologie, hrsg. v. Sack, F. und König, R., 2. Aufl., Frankfurt/M. 1974, S. 283–313; *Parsons, T.*, The Social System, Glencoe/Ill. 1951; *Peters, H.*, Devianz und soziale Kontrolle. Eine Einführung in die Soziologie abweichenden Verhaltens, Weinheim, München

1989; *Peters, H.*, Warum sind Arten abweichenden Verhaltens Themen?, KrimJ 23 (1991), S. 162-172; *Sack, F.*, Abweichendes Verhalten, in: Die moderne Gesellschaft, hrsg. v. Bellebaum, A., Freiburg, Basel, Wien 1972, S. 316–362; *Sack, F.*, Kriminalität, Gesellschaft und Geschichte: Berührungsängste der deutschen Kriminologie, KrimJ 19 (1987), S. 241-268; *Schur, E.M.*, Abweichendes Verhalten und Soziale Kontrolle, Frankfurt/M. 1974; Sumner, C., Das Konzept der Devianz neu überdacht: Zu einer Soziologie der „censures", KrimJ 23 (1991), S. 242-271.

HARTMUT SCHELLHOSS

Aggression, Aggressivität → Bande, Gruppe, Gang, → Gewaltkriminalität, → Kriminalitätstheorien, psychologische, → Massenmedien und Kriminalität, → Sexualkriminalität, → Täterpersönlichkeit

Alkohol und Kriminalität. Der Konsum von Alkohol in Form verschiedenster alkoholischer Getränke bildet seit unvordenklichen Zeiten einen integrierten Bestandteil der (westlichen) Kultur bzw. Zivilisation. Manche Getränke gelten beschränkt sogar als Volksnahrungsmittel. Produktion und Verbrauch des Alkohols nehmen, langfristig betrachtet, ständig zu. Auch in Kulturkreisen, die früher andere Genußmittel bevorzugten, beginnt er eine beherrschende Position einzunehmen. Nach Angaben des Statistischen Bundesamtes betrug z. B. 1980 in der BRD der Bierausstoß der Brauereien rd. 9,2 Milliarden Liter. Jeder potentielle Konsument (Einwohner im Alter von 15 oder mehr Jahren) verbrauchte im gleichen Jahr durchschnittlich 178 l Bier, 3,8 l reinen Weingeist (als Spirituosen), 5,3 l Schaumwein und mehr als 25 l Wein. Für 1989 werden vergleichsweise angegeben: 8,9 Milliarden l Bierausstoß, Konsum von durchschnittlich 168 l Bier, 2,3 l „Branntwein", 5,9 l Schaumwein und 21 l Wein, was eine vorübergehende Mäßigung andeutet. Der Gesamtverbrauch an reinem Weingeist (errechnet aus allen alkoholischen Getränken) betrug nach Angaben des Jahrbuchs zur Frage der Suchtgefahren pro Kopf der Bevölkerung (aller Altersgruppen) im Jahr 1900 = 10,1 l, 1938 = 4,9 l, 1955 = 5,2 l, 1965 = 10,0 l, 1975 = 12,4 l, 1980 = 12,7 l, 1986 = 11,5 l und 1989 = 11,8 l. Die ehemalige DDR mit 10,2 l, Dänemark mit 10,0 l, Italien mit 10,2 l und die Schweiz mit 11,0 l lagen etwas darunter, Frankreich mit 13,2 l etwas darüber. Vergleichsweise niedrige Werte erreichten z. B. die USA mit 7,6 l. Diese endemische und nur von wenigen grundsätzlich in Frage gestellte Verbreitung hat das Problembewußtsein dafür schwinden lassen, daß Alkohol außer Genuß- oder Nahrungsmittel auch eine starke → *Droge* ist, ein Rauschgift, das in seinen Gefahren und schädlichen Auswirkungen kaum abweicht von den anderen, bei uns stärker als bekämpfungswürdig erachteten Rauschdrogen. Die Gefahren des Alkohols sind durch tradierte Trinksitten, d. h. mit Hilfe von Gewohnheit und Brauchtum abgesicherten sozial-kulturellen Verhaltensmustern, gesellschaftlich einigermaßen beherrschbar und damit begrenzbar geworden. Die Zerstörung der indianischen Kulturen in Amerika im Gefolge der Verbreitung des „Feuerwassers" gibt ein (nicht nur sozialpsychologisch) beredtes Beispiel für die Verschärfung der Situation, wenn stützende Trinksitten fehlen und ihre nachträgliche Ausprägung von außen überspielt wird. Aber infolge der immensen Verbreitung gewohnheitsmäßigen Konsums beeindrucken die schädlichen Auswirkungen für sich betrachtet auch dort, wo der Alkohol etabliert ist. Einen recht verläßlichen, wenngleich aufgrund anderer Krankheiten, die mitspielen, nur in der Größenordnung stimmigen Indikator bildet die Angabe für Todesfälle aufgrund von chronischer Leberkrankheit bzw. Leberzirrhose. Nach der Todesursachenstatistik des Statistischen Bundesamtes waren es im Jahr 1989 über 17.700 entsprechende Fälle. Bei Frauen zeichnet sich seit Anfang der 80er Jahre ein überproportionaler Anstieg ab.

Alkoholmißbrauch besteht in einem die Grenzen individueller Bekömmlichkeit überschreitenden oder (und) die sozialen Regeln verletzenden Übermaß-Trinken. Aus fortgesetztem Mißbrauch können sich psychische Abhängigkeit (Süchtigkeit) und schließlich körperliche Abhängigkeit (Sucht) entwickeln, bis es zu chronischem *Alkoholismus* kommt. Dieser ist insofern ein „*multidimensionales*" Problem, als er von seinen Entstehungsvoraussetzungen her und mit seinen Folgen in so viele Bereiche von Persönlichkeit, zwischenmenschlicher Kommunikation und Interaktion sowie Gesellschaft überhaupt eingreift, daß es bisher nicht gelungen ist, ihn mit einem einzelwissenschaftlich ausgerichteten Ansatz zu beschreiben, geschweige denn zu erklären. Auch ist noch keine wissenschaftlich befriedigende Definition gelungen, die außer für pragmatische ärztliche Anliegen auch noch als Grundlage für rationale sozialpolitische Maßnahmen dienen könnte. Die betroffenen Personen (Alkoholiker), in der Bundesrepublik nach Schätzungen bis über 2 000 000, werden üblicherweise mit der von der Weltgesundheitsorganisation ausgearbeiteten Formel phänomenologisch gekennzeichnet als „exzessive Trinker, deren Abhängigkeit vom Alkohol einen solchen Grad erreicht hat, daß sie deutliche geistige Störungen oder Konflikte in ihrer körperlichen und geistigen Gesundheit, ihren mitmenschlichen Beziehungen, ihren sozialen und wirtschaftlichen Funktionen aufweisen; oder sie zeigen Prodrome einer solchen Entwicklung; daher brauchen sie Behandlung". Konsequenterweise wird chronischer Alkoholismus im Sozialrecht als → Krankheit anerkannt.

Alkohol und Kriminalität als spezieller Problemkreis gliedert sich in wenigstens 5 Hauptbereiche, die einander überschneiden, aber für Zwecke der Analyse getrennt gehalten werden sollten. Der erste Bereich betrifft den *Alkoholismus als in sich kriminalisiertes Verhalten*, bis heute relevant vor allem in Staaten mit puritanischer Tradition, in denen (chronische) Trunkenheit besonders dann als schwere soziale Verfehlung gilt, wenn sie in der Öffentlichkeit manifest wird. So kennen z. B. die Staaten der USA verschiedenste Arten strafbaren Trunkenheitsverhaltens, und es kommt dort jährlich nicht nur zu zahlreichen polizeilichen Festnahmen, sondern auch zu Verurteilungen mit Freiheitsstrafe. Aber selbst in Ländern, die diese Tradition nicht kennen, kann Trunkenheit zu einschneidenden Maßnahmen führen, die für den Betroffenen wie Strafsanktionen wirken. Aus fürsorgerechtlichen oder polizeirechtlichen Erwägungen sind Zwangseingriffe möglich bis hin zur Unterbringung in einer Entziehungsanstalt oder im psychiatrischen Krankenhaus (→ Freiheitsentziehende Maßnahmen), falls die Dekompensation der Persönlichkeit eines Alkoholikers über die Vernachlässigung von Familie und Beruf hinaus zu psychopathologisch relevanten Auffälligkeiten fortgeschritten ist. Den zweiten Hauptbereich der Analyse bildet das sonst *straffällige Verhalten chronischer Alkoholiker*. Die Gesamtheit der

Betroffenen ist in der Regel statistisch recht hoch mit Vorstrafen belastet; die Quote überschreitet nach Reihenuntersuchungen gelegentlich sogar die 40%-Grenze. Im Vordergrund der amtlich registrierten Straftaten stehen Affektdelikte (z. B. Eifersuchtsmord), Aggressionen gegen Personen (z. B. Beleidigung, Körperverletzung) und Sachen (z. B. Sachbeschädigung) sowie Entgleisungen im Sexualbereich (z. B. Inzest, Exhibitionismus, Unzucht mit Kindern). Zur ordnungswidrigen Auffälligkeit in der Öffentlichkeit (z. B. Ruhestörung) kommen bei sozial desintegrierten Alkoholikern noch die Bagatelltaten im Umkreis der Verwahrlosung hinzu (z. B. Bettelei, Obdachlosigkeit, Hausfriedensbruch). Für die theoretische Aufarbeitung dieser Phänomene interessieren außer dem sozialpsychologischen Konzept der sog. primären und sekundären Devianz (→ Abweichendes Verhalten) noch die Überlegungen zur „Erzeugung" von Kriminalität durch Zuschreibungsprozesse (→ Selektion und Selektionsmechanismen) und die Forschungen zur sozialen bzw. → kriminellen Karriere. Der dritte Hauptbereich der Analyse bezieht sich auf den *Alkoholismus bei chronisch Straffälligen*, den sog. Rezidivisten oder Rückfalltätern (→ Rückfall, Rückfallkriminalität). Hier läßt sich anhand vieler Untersuchungen eine enge, sich gleichsinnig verstärkende Beziehung zwischen (chronisch) erhöhtem Alkoholkonsum und Verstrickung in die Kriminalität feststellen: Mit wachsender Vorstrafenbelastung steigt zugleich der Anteil der generell alkoholisch belasteten sowie speziell zur Tatzeit alkoholbeeinflußten Täter. In funktionaler Betrachtung sind Alkoholismus und Rückfälligkeit als gleichwertige Symptome einer gestörten Interaktion zwischen Bestraftem und Gesellschaft einzustufen. Lineares Kausalitätsdenken führt kaum weiter. Ergänzend sei auf die Gruppen der professionellen Täter einerseits (→ organisiertes Verbrechen), der Weiße-Kragen-Täter andererseits (→ Wirtschaftskriminalität) hingewiesen, bei denen eine offiziell „festgeschriebene" kriminelle Karriere nur selten vorliegt, womit auch der Alkohol einen anderen Stellenwert besitzen dürfte. Der vierte Hauptbereich der Analyse umgreift die *Entstehungsbedingungen der eigentlichen Alkoholstraftaten* im Grenzbereich der Zurechnungsfähigkeit (→ Schuldfähigkeit). Es geht vor allem um die sog. Rauschtaten gemäß § 323 a StGB sowie um die psychiatrisch relevanten Zustände der Alkoholintoleranz bei Hirngeschädigten und des sog. pathologischen Rausches. Der fünfte Hauptbereich der Analyse, quantitativ am gewichtigsten, betrifft die *Wirkungen der Alkoholbeeinflussung* bei der großen Masse der *alltäglichen strafbaren Handlungen*. Das gesicherte Wissen hierzu ist noch recht gering, schon aufgrund der vielen methodischen Schwierigkeiten. Immerhin steht fest, daß durchweg bei allen möglichen Deliktsarten eine hohe bis sehr hohe Quote von Tätern gefunden wird, die (unmittelbar) vor der Tat nicht unerhebliche Alkoholmengen getrunken haben. Nach der PKS 1990 wurden 141 480 und damit 10% aller Tatverdächtigen als alkoholbeeinflußt registriert. Besonders häufig wurde durch die Polizeibeamten mitwirkender Alkoholeinfluß vermerkt bei: Sexualmord = 46,7%, Widerstand gegen die Staatsgewalt = 63,3%, Totschlag = 47,4%, Vergewaltigung = 36,6%, gefährlicher und schwerer Körperverletzung = 32,8% und Schaufenstereinbruch = 30,7%. Das besagt noch wenig über unmittelbare Kausalität, gerade wenn man die weite Verbreitung des Trinkens allgemein und dazu noch speziell bedenkt, daß nach einigen Untersuchungen die Tatopfer z. T. noch stärker unter Alkoholeinfluß gestanden haben sollen als die Täter. Es ist sinnvoll, den Alkohol als *mitgestaltenden Faktor der tatauslösenden Situation* zu betrachten. Oft und detailliert beschrieben ist darüber hinaus seine Rolle als enthemmendes Agens bei → Sexualdelikten bzw. als Auslöser für aggressive Impulse, die zu → Gewaltdelikten führen. Die größte aktuelle Bedeutung kommt ihm jedoch im Straßenverkehr zu (→ Verkehrsdelikte), wobei nur die Stichworte Trunkenheitsfahrt, Verkehrsgefährdung und Unfallverursachung erwähnt seien. Nach der vom Statistischen Bundesamt geführten Statistik der Straßenverkehrsunfälle geschahen 1990 rund 8,9% der Unfälle mit Personenschaden unter Alkoholeinfluß; bei den Getöteten wurde in 15,3% der Fälle Alkoholbeteiligung angenommen. Daneben gilt seit Jahren, daß rund 90% aller gerichtlich verfügten Entziehungen der Fahrerlaubnis wegen Trunkenheit am Steuer erfolgen. Bei Einzeluntersuchungen empfiehlt es sich, die gesamte personale und soziale Situation des Probanden im Längs- und Querschnitt zu analysieren, in die der jeweilige Trinkstil als ein Faktor eingebettet ist. Denn nur dadurch kann der Stellenwert des Alkoholkonsums innerhalb des komplexen Gefüges von Straffälligkeit und staatlicher Reaktion einigermaßen realistisch abgeschätzt werden.

Bei allen Erörterungen zu Vorbeugungs- und Bekämpfungsmaßnahmen auf gesellschaftlicher bzw. staatlicher Ebene muß mit aller Deutlichkeit gesehen werden, daß Produktion und Vermarktung des Alkohols einen wesentlichen volkswirtschaftlichen Einfluß haben. Dies beginnt bei der Produktion von Ausgangsstoffen (Gerste und Hopfen, Kartoffeln, Obsternte, Weinbau, Säfte für Mixgetränke) mit Rückwirkung auf die Innenpolitik durch den europäischen Agrarmarkt. Es geht weiter mit den Getränkeherstellern (subventionierte landwirtschaftliche Kleinbrenner z. B.) und großen Getränkefirmen und endet mit den Gaststätten und dem Vergnügungsgewerbe, den Betriebs- und Vereinsausschankstätten, jeweils mit den Zulieferern. Nach dem Jahrbuch für Suchtgefahren sollen 1987 die Werbeausgaben für alkoholische Getränke rund 500 Mio DM betragen haben; die Ausgaben für den Gesamtkonsum werden mit 37,4 Mrd DM beziffert, was einem Betrag von 591 DM pro Kopf der Bevölkerung entspräche. Von dieser *ökonomischen Determinante* her betrachtet ist Alkoholbekämpfung und -therapie im Mikrobereich lediglich etwas Sekundäres. Es werden eher Schadenssymptome repariert denn Ausgangsursachen energisch begrenzt bis beseitigt. Der meiste Erfolg bei dieser *sekundären Bekämpfung* wird den freien Verbänden und Organisationen zugesprochen, speziell den Selbsthilfegruppen nach der Art der Anonymen Alkoholiker (AA). Die Verbände unterhalten ambulante und stationäre Versorgungseinrichtungen. Der Staat hilft über sozialrechtliche *Rehabilitationsmaßnahmen.* In Fällen schweren und chronischen Alkoholismus treten *Zwangseingriffe* daneben, so bei allgemeiner Auffälligkeit die Unterbringung in einer psychiatrischen Klinik (gegebenenfalls nach vorheriger Entmündigung) oder bei strafrechtlicher Auffälligkeit die Unterbringung in einer Entziehungsanstalt als strafgerichtliche Maßregel bzw. ebenfalls die Einweisung in die psychiatrische Klinik (gewöhnlich Landeskrankenhaus). Alternativ gibt es *Therapieweisungen*, so im Jugendstrafrecht (z. B. nach § 10 JGG) und im allgemeinen Strafrecht (z. B. nach § 56 c Abs. III StGB).

Im Straßenverkehrsbereich wird seit einigen Jahren als Modell die *Nachschulung für Trunkenheitstäter* erprobt, wobei im Erfolgsfall eine Aussicht auf weniger einschneidende Sanktionen durch das Gericht besteht.

Burian, W., Die Psychotherapie des Alkoholismus. Unter besonderer Berücksichtigung des Frauenalkoholismus, Göttingen 1984; *Catanzaro, R.J.* (Hrsg.), Alcoholism. The Total Treatment Approach, Springfield/Ill. 1968; *Cavanagh, J.*, Der Weltmarkt für alkoholische Getränke: Nachkriegstendenzen hinsichtlich Produktion, Konsum und Handel, Drogalkohol 7 (1983), S. 29–53; Deutsche Hauptstelle gegen die Suchtgefahren (Hrsg.), Sucht und Delinquenz, Hamm 1983; *Holyst, B.*, Alkohol und Kriminalität, in: Kriminalität und abweichendes Verhalten, hrsg. v. Schneider, H.J., Bd. 1, Weinheim, Basel 1983, S. 529–539; *Jahrreiss, W.*, Alkoholismus, in: HwbKrim, 2. Aufl., hrsg. v. Sieverts, R., Schneider, H.J., Berlin 1966, S. 30–42; *Müller, A.*, Der Trunkenheitstäter im Straßenverkehr der Bundesrepublik Deutschland, Frankfurt/M., Bern 1976; *Neß, B., Ziegler, H.* (Hrsg.), Jahrbuch 1989 zur Frage der Suchtgefahren, Hamburg 1988; *Stephan, E.*, Psychologische Intervention als kriminalpolitisches Instrument zur Bekämpfung von Trunkenheitsdelikten im Verkehr, in: Festschrift für Heinz Leferenz, hrsg. v. Kerner, H.-J., Göppinger, H., Streng, F., Heidelberg 1983, S. 163–180; *Szewczyk, H.*, Der Alkoholiker. Alkoholmißbrauch und Alkoholkriminalität, 2. Aufl., Berlin (Ost) 1986; *Wiesner, S.*, Das Trinkverhalten der Deutschen, Herford 1973; *Ziegler, H.* (Hrsg.), Jahrbuch 1984 zur Frage der Suchtgefahren, Hamburg 1984.

HANS-JÜRGEN KERNER

Alternativen zum Strafrecht. Die Untersuchung von „Alternativen zum Strafrecht" ist nur eine und nicht die vorherrschende Folgerung aus der Kritik am Strafrecht. Viel häufiger hat solche Kritik eine „Verbesserung" des Strafrechts zum Ziel, etwa im Sinne der Herstellung von größerer Rechtssicherheit (die zentrale Zielgröße der Rechtsreform in der bürgerlichen Revolution), von größerer Gleichbehandlung (bis hin zur Kompensation gesellschaftlicher Ungleichheiten, also über die formale Gleichheit vor dem Recht hinaus), von größerer Wirksamkeit (General- und Spezialprävention, letztere besonders durch „Behandlung") oder auch im Sinn einer „Entlastung" der Justiz (→ Diversion), damit diese ihren „eigentlichen" Aufgaben besser gerecht werden kann. Immer aber steht das im Rahmen von Staatlichkeit und Gesetzlichkeit und unter der Voraussetzung, daß eine staatliche Reaktion stattfindet und stattzufinden hat, wenn eine kriminelle Handlung geschehen ist. Die radikalere Kritik, die der Untersuchung von Alternativen zum Strafrecht zugrunde liegt, setzt hingegen bei einer Kritik der Strafe und/oder der Staatlichkeit derselben an. Sie setzt damit einen „Paradigmawechsel" in dem Sinn voraus, daß nicht das existierende Strafrecht den Ausgangspunkt der Überlegungen bildet, sondern die Art, wie gesellschaftliche Probleme und Konflikte entstehen und bearbeitet werden. Der staatliche Eingriff und das Strafrecht im besonderen werden dann als eine spezifische Form solcher Konfliktbearbeitung gesehen, deren Entstehungs- und Funktionsbedingungen, deren Leistungen und Kosten im Vergleich untersucht werden können (→ Kosten des Verbrechens).

In der Nachkriegskriminologie lassen sich verschiedene Denktraditionen unterscheiden, in denen dieser Zugang mehr oder weniger explizit von Bedeutung war. Sie werden hier zu isolieren versucht, obwohl sie in konkreten Arbeiten gewöhnlich in verschiedenen Kombinationen auftreten.

1. Sozialreform statt Strafrecht, Behandlung statt Strafe: Die Strafrechtsreform der 50er bis 70er Jahre in zahlreichen europäischen Ländern trat ziemlich durchgängig unter dem RADBRUCHschen Motto „etwas Besseres als das Strafrecht" an und meinte damit sozialarbeiterische bis therapeutische Behandlung des Verurteilten und sozialstaatliche Behebung der Ursachen von Kriminalität, die in wirtschaftlicher und gesellschaftlicher Benachteiligung zu sehen sind. Diese Bewegung, die wissenschaftlich vor allem auf psychologischen und Befunden der Sozialisationsforschung aufbauen konnte, dementsprechend auch im Jugendstrafrecht am besten vorbereitet war, wurde zuerst und wahrscheinlich am gründlichsten in den skandinavischen Ländern erfolgreich, d. h. in der Gesetzgebung wirksam.

2. Entkriminalisierung und Zurückdrängung geschlossener Anstalten. Mit der in 1. genannten Bewegung verbunden, aber von ihr unterscheidbar, gab es in derselben Zeit Forderungen nach ersatzloser Abschaffung bestimmter Straftatbestände, vor allem im Bereich des Sexual- und Moral- sowie des Drogenstrafrechts. Die angebotene „Alternative" war hier eine gesellschaftliche Selbstregulation, die von den strafrechtlichen Bestimmungen (mit den durchaus unerfreulichen Nebenfolgen von z. B. mehr Komplikationen bei unsachgemäßen Abtreibungen, der Entwicklung lukrativer Schwarzmärkte bei Drogen, der „Stigmatisierung" Jugendlicher mit entwicklungsbedingter und vorübergehender Auffälligkeit) behindert würde. Die „Alternative" war zum Gutteil der schlichte Rückzug der staatlichen Bevormundung von z. B. Frauen, Homosexuellen, Benützern bestimmter anderer Drogen als des bei uns lizensierten Alkohols oder Jugendlichen.

Ein Teil dieser Bewegung richtete sich auch gegen die geschlossene Anstalt, gegen Erziehungsheim, psychiatrische Anstalt und Gefängnis. Er konnte sich wissenschaftlich auf die Befunde zur Funktions- und Wirkungsweise der Anstalt stützen (vgl. FOUCAULT 1977). Dabei wurden zum Teil „Alternativen" (Wohngemeinschaften, Selbsthilfegruppen, ambulante Betreuung und Therapie) vorgeschlagen. Wichtig wurde hier auch das Beispiel der Abschaffung von geschlossenen Anstalten für Jugendliche im US-Staat Massachusetts, das besonders von SCHUMANN und Mitarbeitern für die deutschsprachige Diskussion verfügbar gemacht wurde (vgl. PAPENDORF u. a. 1980; SCHUMANN u. a. 1981). Dieses Beispiel zeigt übrigens deutlich die Nähe von → Diversion und Abolition und auch die Probleme dieser Nähe. Die Vermutung, daß die hier entwickelten „Alternativen" auch dem Terraingewinn neuer Professionen (Sozialarbeiter, Sozialpsychiater) dienten, daß das Ergebnis auch eine „Modernisierung und Verfeinerung" von Kontrolle war (vgl. SCULL 1980; SCOTT/HIRSCHI 1988), ist nicht von der Hand zu weisen.

3. Die Psychologie der strafenden Gesellschaft: Die unter 1. und 2. benannte Entwicklung berief sich in vielfältiger Weise auch auf vor allem psychoanalytische Befunde zu den Motiven des Strafens. Nach dieser Konstruktion entsteht ein Bedürfnis nach Strafe daraus, daß diese mithilft, verbotene eigene Triebwünsche des Strafenden zurückzudämmen. Vorausgesetzt ist dabei, daß Verbrechen Triebdurchbrüche darstellen, die sich auch der Strafende gern gestatten würde. Aus dieser Annahme einer Ubiquität entsprechender Wünsche (zu stehlen, zu töten, die sexuellen Partialtriebe auszuleben) bekommt das Strafen einen ziemlich pharisäerhaften Charakter. Die Strafe wird selbst als Aggression erkennbar.

Daraus lassen sich Überlegungen motivieren, wie eine gesellschaftliche Organisation der menschlichen Wünsche jenseits der „Zwangsmoral" und damit jenseits des Strafrechts aussehen könnte. Die Schriften der Justiz- und Strafrechtskritiker PLACK (1974) und OSTERMEYER (1975) waren sehr stark diesem Denkansatz verpflichtet.

Interessanterweise läßt sich dieselbe Psychologie der strafenden Gesellschaft aber auch zur Rechtfertigung des Strafrechts wenden, indem man diesem die Funktion zuschreibt, andernfalls überschießende „Strafbedürfnisse" zu zähmen. Dieses Argument hat besonders HAFFKE (1976) geführt. Diese psychologisierende Kritik am Strafrecht hat sich damit als ein Ansatz herausgestellt, der eher die Unmöglichkeit von „Alternativen zum Strafrecht" belegt. (Zur Kritik der Grundannahmen dieses Ansatzes vgl. STEINERT (1980)).

4. Die Kritik des politischen Strafrechts: Die Erfahrungen der Jugend- und Studentenbewegung der 60er Jahre mit Polizei, Justiz und Strafvollzug verschärft dann noch die im Zusammenhang mit „Terrorismus" und der Reaktion auf ihn, aber auch mit Bürgerinitiativen, Ökologie- und Anti-Atom-Bewegung haben den politischen Charakter von Recht und Rechtsprechung wieder als Thema aktualisiert. Dadurch wurde zwar die Kritik an Recht, Justiz und Strafvollzug verschärft, das kritische Interesse aber auf Fragen der Rechtsstaatlichkeit konzentriert und von der Untersuchung von „Alternativen" abgezogen. Die Untersuchungen von Volksjustiz, Tribunalen, Gesellschaftsgerichten, revolutionärem Recht, die sich in diesem Zusammenhang anböten (auch um die Gefahren dieser Formen nüchtern einschätzen zu können), sind weitgehend unterblieben. Trotzdem war die international aufgetretene Gefangenenbewegung (vgl. ENGELHARDT 1975; FITZGERALD 1977; FOUCAULT 1972, 1977) ein entscheidender Anstoß für abolistische Analysen, d. h. Untersuchungen der Möglichkeiten einer Politik der Abschaffung von geschlossenen Anstalten. Besonders wichtig wurden hier die Arbeiten von MATHIESEN (1979), der aus seinen Erfahrungen in der norwegischen Gefangenen-Pressuregroup KROM einen konsequenten Abolismus entwickelte, in dem, um der Vereinnahmung und der Ausweitung der Kontrollen zu entgehen, die Angabe möglicher „Alternativen" verweigert wird. In der Bundesrepublik standen in den 70er Jahren analoge Initiativen im Schatten des „Terrorismus" und damit vor besonders komplizierten Arbeitsbedingungen (vgl. im übrigen nunmehr SCHUMANN/STEINERT/VOSS 1988). Zu den Ansätzen einer „gewerkschaftlichen" Herangehensweise vgl. LÜDERSSEN u. a. (1978).

5. Historische und anthropologische Modelle: Das seit den 60er Jahren neu erwachte rechtshistorische und rechtsanthropologische Interesse förderte vor allem den Befund zutage, daß vorstaatliche Formen der Konfliktbearbeitung innergesellschaftlich durchaus nicht den „Kampf aller gegen alle" bedeuteten, daß sie vielmehr sehr stark auf Vermittlung und Wiedergutmachung ausgerichtet waren. Freilich darf man solche „Ordnung des Brauchtums", die auf Familien- und Clanbeziehungen aufbaut, nicht an heutigen individualistischen Vorstellungen messen. Vielmehr zeigt sich, daß das individualisierte „Rechtssubjekt" erst im Kampf der Zentralmacht gegen die lokalen Beziehungen und Verpflichtungen hergestellt wird. Diese Zerstörung (und zum Teil auch Benützung) von

Sozialbeziehungen durch die Zentralmacht mag auf sehr lange Sicht die Grundlage für die Emanzipation rechtloser Gruppen (Frauen, Sklaven, Leibeigene) hergestellt haben, unmittelbar hat sie soziale Verpflichtungen und Möglichkeiten eines selbständigen und pragmatischen Umgangs mit Konflikten aufgehoben. Dazu gehört auch, daß im Zug der Ausdifferenzierung eines zentralstaatlichen Strafrechts der Geschädigte immer mehr durch den Staat verdrängt wurde: Was vorher dem Geschädigten zugute kam, zog nun der Staat an sich. (Aus der Wiedergutmachung an den Geschädigten wurde die Bußzahlung an den Staat.) Man kann das auch als „Enteignung der Konflikte" bezeichnen. Strafrecht erweist sich an solchen Kontrastbeispielen nochmals als Mittel einer systematisierten Herrschaftsausübung. Am Beispiel der Inquisition wird deutlich, daß sich eine solche zentralisierte und systematisierte „Strafverfolgung" wesentlich grausamer auswirken kann, als eine „lokale" Gerichtsbarkeit das jemals zustande brächte.

Die deutschsprachige Diskussion wurde nach den „historischen" Anstößen durch RUSCHE/KIRCHHEIMER (1974) und FOUCAULT (1977) von einigen ethnologischen Arbeiten besonders angeregt, darunter DIAMOND (1976) und WESEL (1979). Sie standen in Zusammenhang mit allgemeineren Arbeiten über „akephale" Gesellschaften (SIGRIST 1967) und die Entstehung des Staates (SERVICE 1977). Für die soziologische Tradition wichtig ist die Tatsache, daß durch diese anthropologischen Befunde die als selbstverständlich akzeptiert gewesene Vorstellung DURKHEIMS (1893) von der Entwicklung von einem „repressiven" zu einem „restitutiven" Recht widerlegt wurde (STEINERT 1975). In der Diskussion wurden besonders die Gefahren einer unkritischen Übertragung der Verhältnisse in Gesellschaften mit ganz anderen Randbedingungen auf die Gegenwart hervorgehoben. Unabhängig davon ist aber unabweisbar, daß von den ethnologischen und historischen Befunden eine Auffassung der Geschichte des Rechts als eine Geschichte des Fortschritts und der „Humanisierung" in Frage gestellt wird. Wichtige Beiträge zum Thema dieses Punkts finden sich auch in BLANKENBURG u. a. (1980).

6. Konfliktbearbeitung im Alltag: Ausgehend von Befunden zur (fast) Ubiquität von Abweichung, wie sie im Rahmen der Labeling-Theorie erhoben wurden (vgl. → Selektion, → Stigmatisierung), und zum Zustandekommen des → Dunkelfeldes (an dem zunächst nur der Verzicht auf Anzeige als problematisch angesehen, später allmählich auch fraglich wurde, wie denn dann anders mit dem Problem umgegangen wird), entstand die Einsicht, daß es auch unter gegebenen Verhältnissen eher der Normalfall sein muß, daß Probleme, die auch strafrechtlich behandelt werden könnten, ohne das Strafrecht gelöst werden. Für eine Reihe von Beispielen aus der Arbeitsorganisation liegen Befunde vor, die zeigen, wie viel „notwendige", gut strukturierte, zumindest tolerierte Abweichung in diese Organisation eingebaut ist. Dazu gehört auch, daß Konflikte überwiegend informell bearbeitet werden. Das zeigt sich bei genauerer Untersuchung selbst dort noch, wo die Anzeige bereits erstattet wurde: In einem guten Teil auch dieser Fälle ist jedenfalls bis zur Verhandlung, oft aber auch schon nach kürzester Zeit das Interesse des Anzeigers an weiterer Verfolgung des Angezeigten völlig erloschen. Die Abreaktion und Drohgebärde ist oft mit der

Anzeige erreicht, und mehr ist nicht erforderlich. Oft wird auch die polizeiliche Intervention in eine momentane akute Situation gebraucht – wenn sie erfolgt ist, ist das Problem für die Beteiligten erledigt. Ebenfalls deutlich ist, daß es den Geschädigten auch in Straffällen in erster Linie um die Schadenswiedergutmachung geht und nicht primär um die Bestrafung des Täters (vgl. HANAK 1982, 1983; HANAK/STEHR/STEINERT 1989).

In diese Kategorie sind auch die Arbeiten von CHRISTIE (1981) zu rechnen, für die aber auch Motive der Kritik der „Expertokratie" wichtig sind, wie sie von ILLICH und SCHUMACHER entwickelt wurden (Stichwort: „Enteignung der Konflikte"). In der neueren, größeren der beiden genannten Arbeiten wird auch besonders dafür plädiert, wieder ein klares Bewußtsein dafür zu entwickeln, daß „Strafe" eine „Zufügung von Schmerz" bedeutet, ein Bewußtsein, das durch die Rhetorik der „Behandlung" zunehmend verschüttet wurde. Damit könnten moralische Bedenken gegen die Zufügung von Schmerz reaktiviert werden. Die politische Diskussion um das Strafrecht müßte eine um die Legitimation von systematischer staatlicher Schmerzzufügung sein.

Wichtig für die heutige Diskussion müßte auch der „Entkriminalisierungs-Bericht" des COUNCIL OF EUROPE (1980) werden, in dem die „Notwendigkeiten" und Möglichkeiten einer staatlichen Intervention in problematische Situationen mit dem Instrument des Strafrechts theoretisch untersucht und in der Analyse einzelner Problemfelder, besonders am Beispiel von Eigentumsdelikten, die Möglichkeiten der Bewältigung solcher Probleme ohne Strafrecht sehr pragmatisch und exemplarisch durchdacht werden (vgl. ferner MATTHEWS 1988). Die in keiner Weise abgeschlossene deutschsprachige Diskussion zum Thema hat sich besonders in den Bänden von ORTNER (1981), LEIRER u. a. (1983), in Heft 1/1983 des KrimJ sowie JUNG 1989 dokumentiert.

Blankenburg, E., Klausa, E., Rottleuthner, H. (Hrsg.), Alternative Rechtsformen und Alternativen zum Recht, Jahrbuch für Rechtssoziologie und Rechtstheorie, Bd. IV, Opladen 1980; *Christie, N.*, Limits to Pain, Oslo 1981; *Council of Europe*, Report on Decriminalisation, Strasbourg 1980; *Diamond, S.*, Kritik der Zivilisation, Frankfurt/M. 1976; *Foucault, M.*, Mikrophysik der Macht, Über Strafjustiz, Psychiatrie und Medizin, Berlin 1976; *ders.*, Überwachen und Strafen, Frankfurt/M. 1977; *Haffke, B.*, Tiefenpsychologie und Generalprävention, Aarau 1976; *Hanak, G.*, Diversion und Konfliktregelung, KB, 9 (1982), S. 1–39; *ders.*, Alltagskriminalität und ihre Verarbeitung durch die Strafjustiz, in: Vom Umgang mit dem Strafrecht, hrsg. v. Leirer, H. u. a., Wien 1983, S. 117–135; *Hanak, G., Stehr, J., Steinert, H.*, Ärgernisse und Lebenskatastrophen. Über den alltäglichen Umgang mit Kriminalität, Bielefeld 1980; *Jung, H.* (Hrsg.), Alternativen zur Strafjustiz und die Garantie individueller Rechte der Betroffenen, Bonn 1989; *Leirer, H.* u. a. (Hrsg.), Vom Umgang mit dem Strafrecht, Wien 1983; *Lüderssen, K., Schumann, K., Weiss, M.* (Hrsg.), Gewerkschaften und Strafvollzug, Frankfurt/M. 1978; *Mathiesen, Th.*, Überwindet die Mauern! Die skandinavische Gefangenenbewegung als Modell politischer Randgruppenarbeit, Neuwied 1979; *Matthews, R.* (Hrsg.), Informal Justice?, London u. a. 1988; *Ortner, H.*, Freiheit statt Strafe, Frankfurt 1981; *Ostermeyer, H.*, Die bestrafte Gesellschaft, Ursachen und Folgen eines falschen Rechts, München 1975; *Papendorf, K., Schumann, K.F., Voss, M.*, Kritik der Jugendstrafvollzugsreform, KrimJ, 12 (1980), S. 81–97; *Plack, A.*, Plädoyer für die Abschaffung des Strafrechts, München 1974; *Rusche, G., Kirchheimer, O.*, Sozialstruktur und Strafvollzug, Frankfurt 1974; *Scull, A.T.*, Die Anstalten öffnen? Decarceration der Irren und Häftlinge, Frankfurt 1980; *Schumann, K.F., Steinert, H., Voss, M.* (Hrsg.), Vom Ende des Strafvollzugs, Bielefeld 1988; *Scott, J.I., Hirschi, T.* (Hrsg.), Controversial Issues in Crime and Justice, Newbury Park 1988; *Service, E.R.*, Ursprünge des Staates und der Zivilisation, Frankfurt/M. 1977; *Sigrist, C.*, Regulierte Anarchie, Olten 1967; *Steinert, H.*, Einige Anmerkungen zur „Durkheimschen Täuschung" in der Soziologie der Strafrechtsentwicklung, KB 2 (1975), S. 15–19; *ders.*, Kleine Ermutigung für den kritischen Strafrechtler, sich vom „Strafbedürfnis der Bevölkerung“ (und seinen Produzenten) nicht einschüchtern zu lassen, in: Seminar: Abweichendes Verhalten, Bd. IV, hrsg. v. Lüderssen, K., Sack, F., Frankfurt 1980, S. 302–357; *Wesel, U.*, Zur Entstehung von Recht in frühen Gesellschaften, KJ 12 (1979), S. 233–252.

HEINZ STEINERT

Alterskriminalität. Unter Alterskriminalität wird hier die Gesamtheit der strafbaren Handlungen alter Menschen verstanden. Erfahrungswissenschaftlich erscheint es sinnvoll, die „Kriminalität der alternden Menschen“ unabhängig von festen Altersgrenzen zu untersuchen, da das Alter als gradueller Vorgang mit großen individuellen Variationen anzusehen ist. Dieser Vorgang ist gekennzeichnet durch Rückbildungs- und Abbauerscheinungen, geschwächte Anpassungs- und Leistungsfähigkeit, Hirnveränderungen, teilweise Persönlichkeitsveränderungen. Doch ist man im Bereich der biologischen, psychiatrischen und psychologischen Altersforschung noch weit von anerkannten Kriterien und Meßverfahren hinsichtlich des Alternsprozesses entfernt. Außerdem hat sich allmählich die Erkenntnis durchgesetzt, daß Alter nicht unabhängig von den sozialen Normen und Reaktionen der jeweiligen Gesellschaft definiert werden kann. Soziologisch bedeutet Altern vor allem der Übergang zu einem neuen sozialen Status. Den Veränderungen in der äußeren Situation (Ausscheiden aus dem Arbeitsprozeß, reduziertes Einkommen, mehr Freizeit, evtl. Verwitwung) entsprechen dabei neue Verhaltensanforderungen, die in einem Prozeß tertiärer Sozialisation gelernt werden müssen. Ausdruck dieser sozialen Definition des „Altseins“ ist in den hochindustriellen und urbanisierten Gesellschaften die „Altersgrenze“, die Pensionierung, das Rentenalter. Insofern ist heute in den meisten entwickelten Gesellschaften das 60.–65. Lebensjahr als grober Indikator für den Beginn des Alters und damit der Alterskriminalität geeignet. Dem entspricht es, wenn die deutschen (ebenso wie die englischen und französischen) Kriminalstatistiken heute durchwegs die Altersgruppe „60 Jahre und mehr“ zusammenfassen. Das deutsche Strafrecht hat eine derartige Grenze bisher jedoch nicht als Anknüpfungspunkt verwendet. Während der Gesetzgeber in § 1 JGG festgelegt hat, bis zu welchem Alter ein Täter als Kind, Jugendlicher bzw. Heranwachsender zu gelten hat, gibt es keine entsprechende Legaldefinition des „Alters“ mit der Konsequenz einer strafrechtlichen Sonderbehandlung alter Täter.

EXNER (1949) hat die Alterskriminalität auf den noch heute sehr verbreiteten Nenner einer „Kriminalität der Schwäche“ gebracht. Damit sollte zum Ausdruck gebracht werden, daß die präsenile und senile psychosomatische Situation, der altersbedingte Abbau der Körperkraft, der Sexualität und der zerebralen Dynamik eine ganze Reihe von Straftaten erschweren oder unmöglich machen. Diese durchaus plausible Vorstellung ist jedoch einseitig überinterpretiert worden, insbesondere wenn man daraus den lebensphasischen Wandel der Straftat ablesen wollte: Aus dem Stehler wird der Hehler, aus der aggressiven Körperverletzung die verbale Beleidigung, aus der Vergewaltigung die Pädophilie etc. Im ganzen gesehen ist die Alterskriminalität empirisch noch sehr wenig erforscht, so daß relevante Aussagen aufgrund von Einzeluntersuchungen nicht gemacht werden können. Vorläufig ist daher eine Analyse der Entwicklung der Alterskriminalität, ihrer Deliktstruktur und ihrer Tätermerkmale fast nur anhand der Kriminalstatistik möglich. Auf deren Schwächen, insbesondere die bei der Alterskriminalität vermutlich besonders hohe Dunkelziffer, soll hier nur hingewiesen werden (→ Kriminalstatistik, → Dunkelfeld).

In allen uns bekannten Gesellschaften erreicht die registrierte Kriminalität ihr Maximum im Verlauf der Adoleszenz und nimmt mit zunehmendem Alter ab. In der BRD beträgt der Anteil der Alterskriminalität bei den polizeilich registrierten Tatverdächtigen 5,6% (1990), bei den gerichtlich Verurteilten 3,4% (1989), obwohl die über 60jährigen 24% der strafmündigen Bevölkerung stellen. Dieser niedrige Anteil wird traditionell damit erklärt, daß Kraft und Energie und damit auch die kriminelle Aktivität im Alter abnehmen. Dabei werden jedoch einige soziale Faktoren zuwenig berücksichtigt: die für das Alter in entwickelten Gesellschaften typische Reduktion der Delinquenzmöglichkeiten durch Ausschaltung aus dem Arbeitsprozeß und die weitgehende Segregierung vom „normalen" gesellschaftlichen Leben. Ferner besteht für viele alte Menschen eine verstärkte informelle Sozialkontrolle (im Sinne von Bevormundung) sowohl im Rahmen der Familie als auch besonders in Altersheimen. (Dies ist allerdings strittig, vgl. KÜRZINGER 1982, 207.) Zu diesen Gründen kommt schließlich die im Bereich der Alterskriminalität vermutlich wenig intensive Strafverfolgung.

Umfang und Entwicklung der Alterskriminalität

Jahr	Verurteilungen insgesamt		von den Verurteilten waren z. Z. der Tat 50–60 Jahre		60 und mehr Jahre	
	absolut	VZ	absolut	VZ	absolut	VZ
1890	329 968	1 122	23 361	1 069	10 335	345
1930	585 862	1 190	47 555	625	16 228	378
1951	401 538	1 073	33 857	592	14 474	219
1955	530 655	1 331	51 237	780	18 956	216
1960	548 954	1 326	50 944	696	17 973	217
1965	570 392	1 234	46 338	586	19 271	184
1970	643 285	1 345	36 499	582	22 184	191
1975	664 536	1 343	37 391	611	25 892	208
1980	732 481	1 433	46 384	632	23 185	196
1985	719 481	1 371	48 478	667	22 795	184
1988	702 794	1 328	52 653	676	22 848	179
1990	692 363	1 286	56 232	678	23 515	180

VZ = Verurteiltenziffer

Quellen: Statistisches Jahrbuch für das Deutsche Reich 1890, 1930; Statistisches Bundesamt (Hrsg.), Bevölkerung und Kultur, Reihe 9, Rechtspflege 1951, 1955, 1960, 1965, 1970; Rechtspflege, Fachserie 10, Reihe 3; Strafverfolgung 1975, 1980, 1985, 1988, 1990.

Absolut gesehen ist die Alterskriminalität seit Kriegsende ebenso stark angestiegen wie die Gesamtkriminalität. Die Altersgruppe der über 60jährigen hat jedoch relativ stärker zugenommen als die übrigen Altersgruppen (allein seit 1953 ist die absolute Zahl der über 60jährigen um rund 50% gewachsen). Relativ gesehen ist daher ein Rückgang der Alterskriminalität zu verzeichnen. Dies ist um so bemerkenswerter, als die Kriminalität aller übrigen Altersgruppen auch relativ zu ihrem Bevölkerungsanteil bis vor kurzem mehr oder weniger stark gestiegen ist. Dieser Rückgang der Alterskriminalität ist nicht durch biologisch-psychiatrische Theorien zu erklären. Er dürfte vielmehr seine Ursache darin haben, daß die Alterskriminalität (anders als die Jugendkriminalität) bisher nicht als soziales Problem angesehen wird, mit der Konsequenz, daß kein besonderer Nachdruck auf die Verfolgung alter Straftäter gelegt wird. Im Rahmen ihrer mit steigender Kriminalität immer knapperen Ressourcen sind die Strafverfolgungsorgane geneigt, eher jugendspezifische als altersspezifische Delikte zu verfolgen. Ob darüber hinaus ein Trend dahin besteht, die Alterskriminalität als (Geistes-) Krankheit zu verstehen und zu exkulpieren, ist bisher nicht untersucht worden.

Bei der Struktur der Alterskriminalität muß man zwischen besonders häufigen und spezifischen Altersdelikten unterscheiden. Einen besonders hohen Anteil an der Alterskriminalität (wie an der Kriminalität aller Altersstufen) nehmen die Verkehrsdelikte (1989: 37%) ein. In den 70er Jahren hat sich allerdings der Anteil des einfachen Diebstahls an der Alterskriminalität erheblich vermehrt (1970: 25%, 1980: 43%, 1989: 36%) und liegt nun deutlich über dem Durchschnitt anderer Altersstufen. Insbesondere bei Frauen kann der Ladendiebstahl als typische Form der Alterskriminalität bezeichnet werden (ALBRECHT/DÜNKEL 1981). Andere Delikte, etwa Gewaltkriminalität, fallen daneben kaum ins Gewicht. Besonders altersspezifische Delikte, im Sinne eines Überwiegens alter Täter, gibt es nicht. Auch am sexuellen Mißbrauch von Kindern (Pädophilie), welche vielfach als die schlechthin „spezifische Untat des Alters" angesehen wird, haben alte Täter nur einen Anteil von 8% (1989), sind also weit unterrepräsentiert (vgl. dazu auch KÖRNER 1977).

Über die Täter der Alterskriminalität existieren nur wenige, zumeist medizinisch-psychiatrisch orientierte Spezialstudien. Dabei handelt es sich durchwegs um Untersuchungen über verurteilte Täter, während Dunkelfelduntersuchungen bisher völlig fehlen. Die folgenden Tätermerkmale stehen daher unter dem Vorbehalt, daß es sich dabei möglicherweise um das Resultat eines Selektionsprozesses und nicht um repräsentative Angaben über Alterskriminalität handelt. Für die weit überwiegende Zahl (etwa Dreiviertel) aller Altersdelinquenten handelt es sich bei der Altersstraftat um die erste Verurteilung; eine kleinere Gruppe war schon nach dem 50. Lebensjahr erstmals als delinquent registriert worden; nur eine sehr kleine Anzahl von Altersdelinquenten (etwa 5%) war schon vorher kriminell in Erscheinung getreten. Wie die registrierten Straftäter im allgemeinen, so sind auch die alten Straftäter überwiegend Männer, doch vermindert sich diese Differenz mit zunehmendem Alter (→ Frauenkriminalität). Die große Mehrzahl der alten Straftäter handelt allein, nicht gemeinsam mit anderen Tätern. Anders als bei der Kriminalität jüngerer Jahrgänge sind bei der Alterskriminalität die unteren Sozialschichten nicht überrepräsentiert. Der Anteil der Unterschicht an der Alterskriminalität liegt mit etwa 40% (RITZEL 1972) sogar unter ihrem Bevölkerungsanteil. Dieser Befund könnte im Zusammenhang mit der Beobachtung stehen, daß sich unter alten Straftätern ein überdurchschnittlich hoher Anteil von Personen befindet, die tragendes Einkommen aus eigener Berufstätigkeit beziehen und mit ihrer Familie zusammenwohnen: „Unter den Tätern befanden sich also überwiegend jene Greise, die noch besonders eng mit der Gesellschaft verbunden und in ihr scheinbar eingelagert sind, damit aber auch allen ihren Wandlungsprozessen und Einflüssen ausgeliefert werden“ (BÜRGER-PRINZ/LEWERENZ 1961). Da auch betagte Straftäter nur im Ausnahmefall psychiatrisch begutachtet werden, ist über psychopathologische Faktoren nichts Repräsentatives bekannt. In der doppelt ausgelesenen Gruppe der Begutachteten finden sich nach einer Untersuchung etwa 40% manifest geisteskranke Täter, wobei jedoch betont wird, daß die inkriminierten Tatbestände in überzeugender Weise mit jenen der geistig gesunden Altersstraftäter identisch sind (SCRINZI 1970).

Das fortgeschrittene Alter eines Täters ist nach deutschem Recht weder bei der Bestrafung noch bei der Vollstreckung der Strafe zwingend zu berücksichtigen. Daß es informell mildernd berücksichtigt wird, ist zwar anzunehmen, bisher jedoch noch nicht nachgewiesen. Zur Sanktionspraxis durch die Gerichte läßt sich leider aus der Verurteiltenstatistik nichts entnehmen. Spezialuntersuchungen zeigen, daß Verfahren gegen alte Menschen überdurchschnittlich häufig wegen Geringfügigkeit eingestellt werden. Auch sind alte Straftäter sehr viel seltener vorbestraft und werden dementsprechend seltener zu Freiheitsstrafen verurteilt (ALBRECHT/DÜNKEL 1981, 265). Im Strafvollzug bilden alte Menschen nur eine verschwindende Minderheit (1989: 492 = 1%), während sie im Maßregelvollzug, insbesondere im psychiatrischen Krankenhaus, einen deutlich größeren Anteil an den Insassen stellen (1989: 141 = 6%). Die Inhaftierung alter Menschen wirft besondere Probleme auf, die im In- und Ausland weitgehend ungelöst sind (KAISER/KERNER/SCHÖCH 1992, 342 ff.). Die Forderung nach einem besonderen Altersstrafrecht (analog dem JGG) wird in der Literatur immer wieder erhoben (z. B. SCHNEIDER 1987, 713). Insbesondere wird von psychiatrischer Seite die obligatorische Begutachtung alter Täter sowie die Einrichtung eines „Altenhelfers“ gefordert. Dem wird entgegengehalten, daß auch das geltende Strafrecht die richtige Beurteilung der Straffälligkeit alternder Menschen durchaus zulasse (ALBRECHT/DÜNKEL 1981, 271). Untersuchungen dazu fehlen, aber spektakuläre Einzelfälle geben Anlaß zu Zweifeln, ob die Praxis dem entspricht. Durch phantasievollere Handhabung von Strafrecht und Gnadenbefugnis müßte es möglich sein, wenigstens bei alten Menschen gänzlich ohne Freiheitsstrafen auszukommen.

Albrecht, H.-J., Dünkel, F., Die vergessene Minderheit – Alte Menschen als Straftäter, ZfG, 14 (1981), S. 259–271; *Bürger-Prinz, H., Lewerenz, H.*, Die Alterskriminalität, Stuttgart 1961; *Farrington, D.P.*, Age and Crime. In: Crime and Justice 7 (1986), S. 189–250; *Körner, H.*, Sexualkriminalität im Alter, Stuttgart 1977; *Lange, R.*, Probleme eines Altersstrafrechts, Beiträge zur Sexualforschung 41 (1967), S. 95 ff.; *Ritzel, G.*, Untersuchungen zur Altersdelinquenz, MschrKrim 55 (1972), S. 345–56; *Schneider, H.J.*, Alterskriminalität. Die Psychologie des 20. Jahrhunderts, Bd. XIV, Zürich 1981, S. 528–536; *Scrinzi, O.*, Die sogenannte Alterskriminalität, Ärztliche Praxis 22 (1970), S. 5330–5332; *Woll-Schumacher, I.*, Desozialisation im Alter, Stuttgart 1980.

JOHANNES FEEST

Ambulante Maßnahmen. Ambulante Maßnahmen sind solche gesetzesförmlichen → Sanktionen ohne Freiheitsentzug, mit denen staatliche Instanzen auf → abweichendes Verhalten reagieren, indem sie Leistungen fordern, Beschränkungen auferlegen oder sonst Kontrolle ausüben. Dagegen sind → freiheitsentziehende Maßnahmen regelmäßig mit dem schwerwiegenden Eingriff des Freiheitsentzugs verbunden. Die geschichtliche Entwicklung speziell der strafrechtlichen Sanktionen ging von der Vorherrschaft der mittelalterlich-grausamen Leibes- und Lebensstrafen zunächst zu dem damals modernen Freiheitsentzug in Zuchthäusern (erstmals 1595 in Amsterdam), dann allmählich zum Einsatz der Geldstrafe als selbständiger Sanktion (mit erstem Höhepunkt zu Ende des 19. Jh.) und schließlich verstärkt zu den anderen Formen vollzugsvermeidender Strafen (zu Anfang des 20. Jh.), seit sich die Einsicht von den schädlichen Nebenwirkungen der Freiheitsstrafen durchzusetzen begann.

Die neuzeitliche *Geldstrafe* gründet auf antiken und mittelalterlichen Vorläufern, die bis zum 15. Jh. jedoch durchweg eher den Charakter einer privatrechtlich-schadensausgleichenden Buße hatten. Unter dem Strafgesetzbuch von 1871 weitete sich der Gebrauch der Geldstrafe in Deutschland rasch aus: Ihr Anteil (als Hauptstrafe) an den nach allgemeinem Strafrecht verhängten Sanktionen betrug z. B. 1882 = 25,3%, 1912 = 51,4%, 1930 = 57,4%, 1950 = 62,7%, 1960 = 69,2%, 1970 = 83,9%, 1980 = 81,6% und 1990 = 83,3%. Die Bedeutung dieser Maßnahme erhöht sich dadurch, daß neben bzw. anstelle einer an sich verwirkten Freiheitsstrafe noch eine Geldstrafe verhängt werden kann. Die höchsten Werte erreicht der Geldstrafenanteil generell bei Straßenverkehrsdelikten (1990 = 90,7%), im übrigen z. B. speziell bei Beleidigung (96,9%), Sachbeschädigung (95,1%), Leistungserschleichung (93,0%), Hausfriedensbruch (92,5%), Nötigung (92,1%), einfacher Körperverletzung (85,1%) und einfachem Diebstahl (86%). Mit Inkrafttreten des 2. Strafrechtsreformgesetzes (StrRG) ist 1975 das sog. *Tagesbußensystem* nach skandinavischem Vorbild eingeführt worden; es erlaubt eine differenzierte Abstufung der Geldstrafe entsprechend den persönlichen Verhältnissen des Verurteilten, ohne daß Vermögende ungerechtfertigt begünstigt werden.

Neben der Geldstrafe nimmt die *Strafaussetzung zur Bewährung* (StrzB) als vollzugsvermeidende Sanktion den wichtigsten Platz im Erwachsenenstrafrecht der Bundesrepublik ein. Während sie früher (von 1895 bis 1953) im wesentlichen nur durch die Gnadenbehörden als „bedingte Begnadigung" gewährt werden konnte, wird sie jetzt i. d. R. vom Gericht bereits unmittelbar im Urteil festgesetzt. Seit 1970 ist die Obergrenze der aussetzbaren Freiheitsstrafen von 9 Monaten bis auf 1 Jahr, in Sonderfällen bis auf 2 Jahre erweitert worden. Dieselben Grenzen gelten auch im Jugendstrafrecht für die Jugendstrafe. Hält sich der Verurteilte straffrei und verstößt er auch nicht gegen evtl. erteilte Auflagen oder Weisungen, dann wird die Strafe nach Ablauf der 2-5jährigen Bewährungsfrist endgültig nicht mehr vollstreckt. Verurteilung und Strafausspruch bleiben als solche allerdings bestehen, im Gegensatz zu einigen ausländischen Systemen, die entweder die Strafe (*Probation* in England und den USA) oder sogar das ganze Urteil (*Sursis* in Frankreich) entfallen lassen. Der Form der Probation wurde die in § 27 des deutschen Jugendgerichtsgesetzes geregelte

„Aussetzung der Verhängung der Jugendstrafe" nachgebildet. Bereits im ersten Anwendungsjahr 1954 setzten die Gerichte 35,3% aller Gefängnisstrafen bis zu 9 Monaten zur Bewährung aus, nach 1960 teilweise über 43%. Seit der Reform lauten die Daten für die einheitliche Freiheitsstrafe bis zu 1 Jahr bzw. (in Klammer) bis zu 2 Jahren wie folgt: 1970 = 59% (10%), 1975 = 69% (10%), 1980 = 74% (18%), 1982 = 73% (23%), 1985 = 75% (36%), 1990 = 74,1% (54%). Der Sprung bei der Aussetzung von Freiheitsstrafen bis zu 2 Jahren zwischen 1985 und 1990 ist auf die seit 1986 durch das 2. StÄndG gelockerten Anwendungsvoraussetzungen des § 56 Abs. 2 StGB zurückzuführen. Die Änderung war durch einen Wandel der höchstrichterlichen Rechtsprechung vorbereitet worden. Die drei hauptsächlichen Sanktionsarten nach allgemeinem Strafrecht waren somit wie folgt verteilt: 81,6% Geldstrafe, 12,6% Bewährungsstrafe und 5,8% unbedingte Freiheitsstrafe. Ein zunächst überraschender Umstand, daß nämlich die Aussetzungsquote bis 1968 bei den sog. *klassischen Straftaten* (1968 = 43,5%) höher war als bei den *Straßenverkehrsdelikten* (34,9%), erklärt sich teilweise durch die *Trunkenheitsdelikte* im Verkehr, insofern die Gerichte hier überwiegend Freiheitsstrafen verhängten und auch nicht zur StrzB geneigt waren; immerhin fielen die entsprechenden Strafen auch bis dahin meistens nicht hoch aus: Rund 96% blieben (1968) unter 3 Monaten, noch 69% unter 1 Monat, während die Daten bei den sonstigen Straftaten 56% bzw. 24% lauteten. Für 1990 gelten folgende Aussetzungsquoten: Unfalldelikte in Trunkenheit = 78,9% (bei Freiheitsstrafenquote aller Verurteilten von 11,2% und kurzzeitigen Strafen unter 6 Monaten an allen Freiheitsstrafen von 66,3%), Unfalldelikte ohne Trunkenheit = 74% (2,6%/57,6%), andere Verkehrsdelikte in Trunkenheit = 77,3% (11,7%/78,5%), andere Verkehrsdelikte ohne Trunkenheit = 67,9% (13%/70,5%). Die Aussetzungsquote ist derzeit also durchweg hoch; bei Trunkenheitsdelikten stammt sie aus einer relativ hohen Quote von kurzen Freiheitsstrafen, bei sonstigen Delikten aus einer niedrigen Quote eher längerer Freiheitsstrafen.

Im Bereich der *klassischen Straftaten* mit genereller Quote von 68% fallen die Aussetzungsquoten 1990 beispielsweise überdurchschnittlich hoch aus bei den Eidesdelikten (87,2%), dann folgen Hehlerei (72,6%), einfache Körperverletzung, Unterschlagung und Betrug (je 73,6%) sowie Beleidigung (67,6%) und sexueller Mißbrauch von Kindern (70,0%). Mittlere Werte erreichen einfacher Diebstahl (63,1%) und Einbruchsdiebstahl (55,6%). Früher nur selten, gegenwärtig jedoch ebenfalls bemerkenswert häufig ausgesetzt werden die Freiheitsstrafen für schwere Körperverletzung (59,6%), Raub (49,8%), Vergewaltigung (36,1%). Niedrig geblieben sind die Quoten für schweren Raub (22,4%) und Totschlag (16,0%) sowie schließlich generell bei Verurteilungen wegen im Rückfall begangener schweren Taten, wobei die niedrigen Werte vor allem damit zusammenhängen, daß die Strafhöhe von vornherein oft die Obergrenze der Aussetzungsmöglichkeit überschreitet.

Bei den sog. *Maßregeln der Besserung und Sicherung*, die nur neben einer Bestrafung verhängt werden, falls nicht Schuldunfähigkeit vorliegt, gibt es drei ambulante Formen: Die *Untersagung der Berufsausübung* (Berufsverbot) bis höchstens auf 5 Jahre (1970 = 90, 1980 = 63 und 1987 = 88 Fälle); die *Entziehung der Fahrerlaubnis* mit nachfolgender Sperre zeitig bis höchstens auf 5 Jahre (1970 = 136 832, 1980 = 194 979 und 1990 = 173 232) oder für immer; die primäre Führungsaufsicht (1975 = 98, 1980 = 352 und 1987 = 94), die deutlich an Bedeutung verliert, während die sekundäre Führungsaufsicht, vor allem in Fällen der vollständigen Verbüßung von Freiheitsstrafen über 2 Jahren (sog. Vollverbüßer-Regel), nach wie vor an Boden gewinnt.

Einem Führerscheininhaber, der sich (auch im Zusammenhang mit Straftaten) aus Gründen in der Persönlichkeit als fahruntüchtig erweist, kann auch die Verwaltungsbehörde, unabhängig vom Gericht, die Fahrerlaubnis entziehen (§ 64 StVG). Schließlich kann als ambulante Maßnahme auch die Nebenstrafe des reinen *Fahrverbots* bis zu 3 Monaten verhängt werden (1970 bei 10 587 und 1982 bei 35 805 Verurteilten nach StGB. Dazu kommen noch fast ebenso viele Verbote nach StVG).

Im Bereich der sozialen *Kontrolle Jugendlicher* hat die Gesetzgebung eine noch größere Formenvielfalt ambulanter Maßnahmen entwickelt als bei Erwachsenen. Der erweiterte Verzicht auf stationäre Maßnahmen rechtfertigt sich bereits aus dem Gedanken einer gewissen „Offenheit" in der Entwicklung der Persönlichkeit, so daß ein Bedürfnis nach Beschränkung auf den geringst möglichen Eingriff besteht. Denn jedes amtliche Tätigwerden birgt nicht bloß die individualpsychologisch bedeutsame Gefahr, daß die als Hilfe gemeinten Maßnahmen dem Betroffenen als das genaue Gegenteil erscheinen, sondern auch das sozialpsychologische Risiko, daß in der Umwelt ein Prozeß der „Abstempelung" des Betroffenen eingeleitet wird (→ Stigmatisierung). Im übrigen kennzeichnet sich das System der Kontrolle jugendlichen Fehlverhaltens durch einen umfangreichen Katalog von Präventionsmaßnahmen (→ Jugendrecht, Jugendhilfe, Jugendschutz), die relativ gleichwertig vor und auch neben die Repressionsmaßnahmen des → Jugendstrafrechts gestellt sind. Doch auch im JGG wird dem Erziehungsgedanken das Übergewicht eingeräumt. Daß Wirklichkeit und Anspruch dann nicht selten auseinanderklaffen, kann dabei unerörtert bleiben. Einzelheiten zu den jugendstrafrechtlichen Sanktionen enthält der Artikel → freiheitsentziehende Maßnahmen; aus Gründen des Zusammenhangs ist der Bereich der Jugendkontrolle dort geschlossen abgehandelt.

Bislang fehlt ein wissenschaftlich verläßlicher Nachweis über den vergleichsweisen *Erfolg* oder *Mißerfolg* der einzelnen ambulanten Maßnahmen. Manches ist selbst im Hinblick auf die behauptete Überlegenheit gegenüber freiheitsentziehenden Maßnahmen noch zweifelhaft (→ Diversion; → Erfolg, Bewährung, Effizienz). Methodische Schwierigkeiten folgen schon daraus, daß das „Erfolgskriterium" aus vertretbaren Erwägungen heraus unterschiedlich festgelegt werden kann, daß das Entdeckungsrisiko für die Täter ungleich verteilt ist und daß schließlich bei zahlreichen Verurteilten sogar *spontane Besserung* im Sinne einer „Selbstheilung" ohne jede Behandlung eintritt, was man schon allgemeinen statistischen Angaben entnehmen kann. Unabhängig davon dürfte sich jedoch die kriminalpolitische Tendenz zur Erweiterung des Anwendungsbereiches ambulanter Maßnahmen verstärken, und zwar vorwiegend in Richtung von sog. erziehungsrechtlichen Eingriffen im Sinne der Jugendhilfe und der Kriminalpädagogik. Gerade unter sozialpädagogisch orientierten Wissenschaftlern und Praktikern gehen die Überlegungen seit langem dahin, das Jugendstrafrecht insgesamt weitgehend durch ein reines Maßnahmerecht zu ersetzen. Von den insoweit noch ungelösten Problemen sei ein wichtiges herausgegriffen: Es dürfte Schwierigkeiten hervorrufen, wenn als Anknüpfungspunkt für die Einleitung, Fortdauer oder Wiederanwendung einer Maßnahme an die Stelle des noch verhältnismäßig eindeutigen Begriffs der *Legalbewährung* (= Ausbleiben weiterer Straftaten) die sog. *Lebensbewährung* treten soll. Denn die Grenzen eines solchen Erfolgskriteriums werden sich in der Wirklichkeit der Sanktionierungsverfahren möglicherweise nur unzulänglich gegen die Gefahr uferloser Ausdehnung bzw. Ausdeutung absichern lassen.

Albrecht, H.J., Alternativen zur Freiheitsstrafe: Das Beispiel der Geldstrafe, MschrKrim 64 (1981), S. 265–278; *Bundesarbeitsgemeinschaft für ambulante Maßnahmen nach dem Jugendrecht* (Hrsg.), Ambulante sozialpädagogische Maßnahmen für junge Straffällige, München 1983; *Bundesministerium der Justiz* (Hrsg.), Neue ambulante Maßnahmen nach dem Jugendgerichtsgesetz, 2. Aufl., Bonn 1987; *Dünkel, F.*, Rechtliche, rechtsvergleichende und kriminologische Probleme der Strafaussetzung zur Bewährung, ZStW 95 (1983), S. 1039–1075; *Feltes, Th.*, Strafaussetzung zur Bewährung bei freiheitsentziehenden Strafen von mehr als einem Jahr, Heidelberg 1982; *Heinz, W.*, Entwicklung, Stand und Struktur der Strafzumessungspraxis, MschrKrim 64 (1981), S. 148–173; *ders.*, Strafrechtsreform und Sanktionsentwicklung, ZStW 94 (1982), S. 632–668; *Jescheck, H.H.*, *Grebing, G.* (Hrsg.), Die Geldstrafe im deutschen und ausländischen Recht, Baden-Baden 1978; *Kerner, H.-J.* (Hrsg.), Diversion statt Strafe?, Heidelberg 1983; *Pomper, G.*, *Walter, M.* (Hrsg.), Ambulante Behandlung junger Straffälliger, Vechta 1980.

HANS-JÜRGEN KERNER

Angewandte Kriminologie. Angewandte Kriminologie meint die technologische Umsetzung und Verwertung von empirischen Befunden in Gesetzgebung und Praxis strafrechtlicher Sozialkontrolle, beginnend mit Polizei, Gerichtshilfe sowie Strafverfahren und endend mit Bewährungshilfe und Strafvollzug. Sie ist genauso legitim wie sogenannte Grundlagenforschung. Zu denken ist vor allem an Prävention, Prognose, Sanktion, Effizienz und Reform. Eine Phase größerer Bereitschaft der Praxis und des Gesetzgebers für die Auf- und Übernahme empirischer Befunde läßt auch den Bedarf an verfügbaren und verläßlichen Daten wachsen. Dieses Bedürfnis trifft selbst dann zu, wenn die Planungs- und Entscheidungsvorgänge allgemein bei unvollständiger Information verlaufen.

Seit ihren Anfängen versteht sich die Kriminologie vor allem als angewandte Wissenschaft. Dieses herkömmliche Selbstverständnis beruht im wesentlichen auf den Aufgaben und Tätigkeiten der beteiligten Berufsgruppen, insbesondere der Juristen und Mediziner. Nach der Konzeption der gesamten Strafrechtswissenschaft hatten Kriminalpolitik und Strafrecht die Aufgabe, den Rechtsbrecher je nach Persönlichkeitstypus abzuschrecken, zu bessern oder zu sichern. Demgemäß bestand die *Funktion der angewandten Kriminologie* darin, durch Diagnose und darin eingebettete Prognose dem Strafrechtler Entscheidungshilfe zu bieten und eine zweckrationale Sanktionsauswahl oder Strafbemessung zu ermöglichen. Überdies gilt die Anwendungsorientierung weithin als Frage ebenso der Existenzbegründung wie des Überlebens der Kriminologie als selbständige Wissenschaft. Selbst die neuere Kriminalsoziologie weiß sich nicht nur theoretischem Erkenntnisinteresse verpflichtet. Vielmehr verspricht sie, neben Erklärungsansätzen auch Handlungswissen zu liefern. Immer wieder muß anscheinend der Öffentlichkeit glaubhaft versichert werden, daß Kriminologie gerade im wohl verstandenen Interesse der Praxis notwendig sei. Aufgrund solcher Annahmen und Einsichten in die Bedeutung der Kriminologie für Strafrecht und Strafrechtspflege hat die Kriminologie in dem letzten Jahrzehnt einen beachtlichen Aufschwung genommen. Die partielle Zuwendung der modernen Strafrechtsentwicklung zum Zweckstrafrecht und zur Strafrechtswirklichkeit trägt verstärkt zu der Forderung bei, gesichertes Erfahrungswissen in die strafrechtliche Kommentar- und Lehrbuchliteratur einzuarbeiten.

Gleichwohl ist die *Anwendungsorientierung problematisch geblieben.* Zwar hat sich die Theorie und Theorie-Praxis-Diskussion in jüngerer Zeit reich entfaltet (→ Theorie und Erklärung). Doch ist der Ertrag kaum gesteigert worden. Selbst die Handlungs- oder Aktionsforschung hat bislang die Erwartungen nicht erfüllt. Mit der Herausbildung des der Untersuchung von Definitions- und Selektionsmechanismen verpflichteten Labeling approach änderten sich die Perspektiven kriminologischer Forschung grundlegend. Davon blieb auch das Verständnis von angewandter Kriminologie und Praxisorientierung nicht unberührt. Deshalb verwundert es nicht, wenn wir nunmehr verbreiteter Zurückhaltung, ja heftiger Kritik gegenüber technologischer Verwertung begegnen, besonders im Sinne einer die gegenwärtige Praxis legitimierenden Funktion. Den Grund des Anstoßes erblickt etwa SACK (1990, 17 ff.) in der „Abhängigkeit vom Strafrecht und dessen Strukturen und Institutionen", ja „in einer widerstandslosen Praxisunterwerfung der Kriminologie", die zugleich als „die Ursache der Theorielosigkeit" gilt. Ähnlich meint BOCK (1990, 523 ff.), daß eine auf kurzsichtigen Interessen beruhende Ausrichtung der Kriminologie auf eine anwendungsbezogene Forschung im kriminalpolitischen Kontext zu einer Abhängigkeit von der Kriminalpolitik und zu einer systematischen Entwertung ihres empirischen Gehalts führt. Derartige Gefahren sind nicht schlechthin von der Hand zu weisen, stellen sich jedoch bei jeglicher Anwendungsorientierung von Wissenschaft. Ein sich darauf stützender Einwand mündet letztlich in den Verzicht auf angewandte Kriminologie überhaupt (so der Vorschlag von SACK 1990, 36 f.) und in den blanken Dezisionismus strafrechtlicher Sozialkontrolle. Immerhin wird richtig gesehen, daß eine „Kriminologie, die die Bedingungen der Umsetzung ihrer Befunde in folgenreiches praktisches Handeln erörtern und reflektieren will, … sich deshalb zuallererst mit den Strukturen, Institutionen und Prozessen der strafrechtlichen Kontrolle auseinandersetzen" muß (SACK 1978, 224). Im übrigen handelt es sich bei den Bedenken weniger um die Sorge vor Vergröberung und Verwässerung reiner Erkenntnis als vielmehr um die Annahme, daß bei der Bestimmung dessen, was als praxisrelevant gilt, die empirische Wissenschaft nicht ausgeschlossen, sondern unmittelbar beteiligt werden sollte. Mit anderen Worten geht es um die Bestimmung des Bezugsrahmens angewandter Wissenschaft, um die Konstruktion von Realität.

Ist der Bezug kriminologischer Forschung zur Strafrechtspraxis, zur Verwaltung und Gesetzgebung sehr eng, dann wird man auch eine intensivere gegenseitige Einflußnahme erwarten dürfen. Ein solches Verhältnis bringt trotz der zu erwartenden Kommunikationsschwierigkeiten (DOLDE 1989, 197; MACKE

1986, 270) hinsichtlich der effektiven Verwertung wissenschaftlicher Erkenntnisse sicher Vorteile mit sich, kann aber auch nachteilige Folgen haben. Dies ist zum Beispiel dann der Fall, wenn der Kriminologe als praxisbegleitender Forscher in die Gefahr gerät, seine Distanz zur Praxis zu verlieren und den jeweiligen Status quo zu verteidigen, wie unbefriedigend dieser auch immer sein mag. Eine der Wissenschaftlichkeit abträgliche und der unterschiedlichen Rollenverteilung von Forschern und Praktikern unangemessene Form der Zusammenarbeit wäre es insbesondere, wenn die Aufgaben der Bedarfsforschung ohne kriminologische Beteiligung festgelegt würden. Eine solche organisatorische Lösung brächte letztlich auch für die Praxis selbst keinerlei Nutzen, sondern bestenfalls vorübergehende Legitimation. Denn der Praktiker wird die Forschung verständlicherweise auf Themenbereiche drängen, die für ihn aus seiner Sicht besonders relevant erscheinen. Demgegenüber verbliebe dem in seiner Rolle als Wissenschaftler freier gestellten Kriminologen zu wenig Spielraum, um sein Verständnis von Praxisrelevanz mit in die Aufgabenbestimmung einzubringen. *Distanzverlust und die Gefahr von Service-Forschung* im Sinne einer „Dienstleistung" wären kaum noch vermeidbar. Der begreifliche Wunsch des Praktikers, „unmittelbar etwas mit den Forschungsergebnissen anfangen zu können", ist deshalb nicht stets erfüllbar. Dies insbesondere dann nicht, wenn sich innerhalb des bestehenden Strafrechtsystems die Ergebnisse der Verwertung entziehen, da sie der Grundlagenforschung entstammen oder auf eine als überlegen eingeschätzte Änderung der gesetzgeberischen Entscheidung zielen.

In diesem Zusammenhang ist auch der Einwand der bloßen Service-Forschung für die Polizei und Justizverwaltung zu sehen. Auf wissenschaftlicher Ebene entspricht dem die auf sogenannte Rechtstatsachen eingeengte empirische Untersuchung. Dieser Auffassung liegt ein Forschungsverständnis zugrunde, das sich mit der Untersuchung in dem vom Strafrecht vorgegebenen Bezugsrahmen begnügt, ohne dessen Voraussetzungen zum Gegenstand empirischer Analyse zu machen. *Rechtstatsachenforschung* allein kann daher wissenschaftlich nicht voll befriedigen, so nützlich sie auch bei Einzelfragen sein mag. Dies gilt auch für die auf phänomenologisch-deskriptive Analyse beschränkten Darstellungen in den einzelnen Delikts- oder Täterbereichen. Diese erscheinen nur insoweit sinnvoll, als sie eine „fact finding mission" erfüllen, also relevante Informationen liefern, ohne die wir noch mehr als bislang auf Spekulationen angewiesen blieben. Ein bekanntes Anwendungsbeispiel bildet etwa die Bundesweite Erfassung von Wirtschaftsstraftaten nach einheitlichen Gesichtspunkten. Diese, eine seit 1974 von den Wirtschaftsstaatsanwälten geführte Statistik, hat uns über Umfang, Struktur und Schadensträchtigkeit von schweren Wirtschaftsdelikten neue Einsichten und weiterführende Anregungen vermittelt.

Da sich „unabhängige" Forscher an den Universitäten und anderen ähnlichen Einrichtungen nur mit Vorbehalten und Distanz zu Service-Leistungen für die Praxis bereitfinden, verwundert es nicht, daß die Verwaltung, zum Teil in Anlehnung an ältere Vorbilder, in neuerer Zeit verstärkt bemüht ist, praxisorientierte Forschung in eigene Hände zu nehmen. Sowohl der Ausbau der kriminologisch-kriminalistischen Forschung im Bundeskriminalamt, die Neubelebung des Kriminologischen Dienstes (§ 166 StVollzG) im Strafvollzug (zur Lage

JEHLE 1988), die Einrichtung der Referatsgruppe „Planung, Forschung" im Niedersächsischen Justizministerium (BERCKHAUER 1988, 105 ff.), die Gründung einer Kriminologischen Zentralstelle der Justizverwaltungen für kriminologische Forschung (JEHLE/EGG 1986) als auch die finanzielle Förderung einzelner Projekte durch die Verwaltung belegen dies. Diese Ansätze zur Institutionalisierung kriminologischer Forschung in verwaltungseigenen Händen haben allerdings zu dem *Vorwurf der* sogenannten *„Staatsforschung"* geführt (BRUSTEN 1981, 135 ff.; HAGAN 1989, 117 ff.; kritisch KAISER 1988, 829 ff.).

Dabei geht es um die Mittelverteilung und die Gewährleistung unabhängiger Forschung, aber auch um Vorbehalte gegenüber anwendungsorientierter Wissenschaft, soweit ihre Ziele und Probleme von der Praxis selbst bestimmt werden. Da von hier aus meist pragmatische Lösungen angestrebt werden, die sich nicht selten an Ad-hoc-Annahmen orientieren, kritisiert man derartige Forschung gelegentlich als „theorielos". Dieser Vorwurf ist insoweit begründet, als das theorielose Sammeln von kriminologischen Informationen für Gesetzgebung, Strafrechtspflege und Polizei nicht hinreicht. Denn ein solches Vorgehen überwiegend im Sinne traditioneller Phänomenologie läuft wegen des Erkenntnis- und Theoriewandels allzu leicht Gefahr, zu praktisch wie theoretisch kaum verwertbaren „Datenfriedhöfen" zu führen, die allenfalls nur noch unter wissenschaftsgeschichtlichen Fragestellungen belangvoll sein können. Man denke etwa an die Sammlungen kriminalbiologischer Daten für den sogenannten kriminalbiologischen Dienst in den zwanziger und dreißiger Jahren. Freilich ist ferner die Möglichkeit ins Auge zu fassen, daß empirisches Wissen im kriminalpolitischen Willensbildungsprozeß lediglich eine Alibifunktion erfüllen oder durch den Anwendungsbezug kriminologischer Forschung eine Einengung des kriminologischen Wissens und damit eine Verarmung eintreten könnten. Aber auch dann, wenn man Problemlagen, Aufgaben, Rollen und „Kulturen" von Wissenschaft und Praxis als verschieden begreift und sich die Erwartungen beider Systeme nur teilweise decken, sind Zusammenarbeit und Transfer möglich. Der praxisbegleitenden Forschung in der Kriminologie muß daher eine gewisse Distanz zu ihrem Gegenstand zugestanden werden, um eine kritische Funktion wahrnehmen zu können und damit letztlich auch der Praxis zu dienen.

Die Umsetzung kriminologischer Erkenntnisse in die Praxis hat sich bislang als ein ebenso langwieriger wie schwieriger Prozeß gestaltet. Der Ausbau der kriminologisch-kriminalpolitischen Forschung im Bundeskriminalamt, die Neugründung des Kriminologischen Forschungsinstituts Niedersachsen, der Aufbau einer Kriminologischen Zentralstelle von Bund und Ländern sowie die Einrichtung des Kriminologischen Dienstes im Strafvollzug veranschaulichen das Informationsbedürfnis der Praxis, aber auch die Schwierigkeiten angewandter Kriminologie. Unterschiede in Aufgaben, Sichtweisen und Rollen sowie voneinander abweichende professionelle Sprachen, Normen und Standards führen häufig zu einer Kluft zwischen Wissenschaft und Praxis, die eine „Entfremdung" voneinander zur Folge hat (KÜRZINGER 1982, 30).

Allerdings besteht eine der *Hauptschwierigkeiten praktischer Anwendung* von Kriminologie darin, theoriegeleitet vorgehen zu können, wenn die auf bestmögliche Verallgemeinerung ausgerichteten Verbrechenstheorien prinzipiell unanwendbar sind. Denn diese enthalten andere Reduktionsmechanismen der Wirklichkeit als die gesellschaftliche Praxis (dazu kritisch SACK 1978, 222 ff.). Deshalb muß die kriminologische Theorie, um praktisch verwertbar sein zu können, interdisziplinär orientierte, räumlich-zeitlich begrenzte und durch institutionelle Vorgegebenheiten beschränkte Theorie sein. Freilich kann das Tätigkeitsfeld der angewandten Kriminologie nicht auf die kriminologischen Kriterien zur Tätererfassung, wie immer man sie auch festlegen mag, beschränkt werden (so aber GÖPPINGER 1985, 33 ff.). Vielmehr ist angewandte Kriminologie an sämtlichen kriminalpolitisch relevanten Fragestellungen auszurichten. Hervorzuheben ist die Aufbereitung und Verarbeitung kriminologischer Befunde für das Gesetzgebungsverfahren, Kosten-Nutzen-Analysen ambulanter Maßnahmen verglichen mit stationären Sanktionen sowie Begleitforschung bei Polizei, Strafrechtspflege, Bewährungshilfe und Strafvollzug.

Dem herkömmlichen Verständnis der angewandten Kriminologie lag das Modell des forensischen Sachverständigen mit seiner scharfen Trennung von Sein und Sollen zugrunde (vgl. § 78 StPO; → forensische Psychiatrie; → forensische Psychologie). Die moderne Form der Anhörung von Sachverständigen im Gesetzgebungsverfahren (sogenanntes Hearing) unterscheidet sich davon substantiell nicht. Modifiziert erscheint das fragliche Modell auch in dem Vorhaben, Konstellationen kriminovalenter oder kriminoresistenter Art zu entwickeln, sei es für Diagnose oder Prognose, vielleicht auch zur Behandlung. Freilich steht die Effizienzkontrolle und damit die Gewährleistung des Vorhabens, dem Praktiker möglichst treffsichere Entscheidungshilfen zu vermitteln, noch weitgehend aus, zumal die „richtige" Verwertung empirisch kaum beeinflußbar erscheint, es sei denn durch begleitende Beobachtung und Kritik. In der Gegenwart werden denn auch *verschiedene Modelle oder Organisationsformen der Kooperation zwischen Wissenschaft und Praxis* erörtert. Neben dem dezisionistischen Modell mit seiner vollständigen Trennung von wissenschaftlicher Erkenntnis und praktischer Entscheidung steht das technokratische Modell, das eine starke Bindung und Abhängigkeit des Praktikers vom Kriminologen beinhaltet, und eine pragmatische Organisationsform, die eine partnerschaftliche Zusammenarbeit vorsieht (vgl. dazu HABERMAS 1970, 127). Daran wird deutlich, daß die traditionelle Trennung von Sein und Sollen oder, entsprechend dem römischen Rechtssatz „da mihi factum, dabo tibi ius", nicht mehr ungebrochen existiert.

Gleichwohl haben sich *feste Formen der Kooperation* im Laufe der letzten einhundert Jahre *lediglich im Verhältnis vom Sachverständigen zum Richter* entwickelt. Die Expertise des Rechtsmediziners zur Frage des natürlichen Todes oder das Gutachten des forensischen Psychiaters zur Frage der Schuldfähigkeit laufen in althergebrachten Bahnen ab, teilweise durch die Prozeßordnungen legitimiert. Sie dienen der Ausfüllung und dem Ausbau des überlieferten Systems. Zur organisatorischen Verbesserung der Zusammenarbeit und Entscheidungspraxis ist gelegentlich die Bildung gemischter Kammern, entsprechend der Organisation des Bundespatentgerichts, vorgeschlagen worden. Doch eine solche Problemlösung erscheint nicht empfehlenswert im Gegensatz zur vielfach geforderten Zweiteilung der Hauptverhandlung. Allerdings ist die Verwertbarkeit für den Juristen dann erschwert, wenn die empirischen Untersuchungen über Diagnose, Prognose und Behandlung mehr Fragen aufwerfen als Lösungen anbieten. So kann die Kriminologie bezüglich Rückfallgefährdung und Hangtäterprognose sowie im Bereich der Sanktionsauswahl und Strafbemessung, bei denen nach dem Gesetz überwiegend Prognosewissen und Kenntnis um Strafwirkung gefordert werden, vorerst nur wenig an gesichertem Wissen zur Entscheidungsfindung beitragen. Ferner darf man bezweifeln, ob sozialwissenschaftliche oder kriminologische Hilfestellung bei der Rekonstruktion von Sachverhalten in der Hauptverhandlung nötig bzw. überhaupt möglich ist. Hingegen erscheint es weitgehend unproblematisch, anhand empirischen Wissens eine sogenannte „Vernehmungskunde" zu entwickeln oder Befunde zur „Psychologie der Zeugenaussage" zusammenzustellen.

In diesem Zusammenhang steht auch die neuere Frage nach einer auf die Strafverteidigung bezogenen Kriminologie. Danach ist zu klären, wie eine Kriminologie beschaffen sein müßte, die aus der Sicht der Verteidigung als hilfreich anzusehen wäre. Eine solche „*Defenso-Kriminologie*" müßte anwendungsorientiert ausgerichtet sein. Sie müßte den Verteidiger als praktischen Umsetzer kriminologischer Erkenntnisse verstärkt in die kriminologische Forschung einbeziehen. Dies setzt eine umfassende Untersuchung zur Praxis der Strafverteidigung voraus, bei der speziell auf die aus Verteidigungssicht relevanten Fragestellungen, Normen und Mittel einzugehen wäre. Vor diesem Hintergrund könnte die „Defenso-Kriminologie" eine kriminologisch reflektierte Handlungspragmatik für Strafverteidiger ermöglichen (dazu BARTON 1988, 228 ff.; kritisch DEICHSEL 1991, 2 ff.).

Vielfältige Aufgaben für eine angewandte Kriminologie liefern besonders die (Jugend-)Gerichtshilfe, die Bewährungshilfe, die Führungsaufsicht sowie der Strafvollzug. Teilweise werden sie als praxisbegleitende Forschung dem Kriminologischen Dienst zugewiesen. Hier handelt es sich im wesentlichen um die vergleichende Sanktions- und Wirkungsanalyse, um die Mängel und Mißerfolge bisheriger Sanktionspraxis aufzudecken und das Bedingungsgefüge für eine günstige Legalbewährung sowie Sozialintegration ausfindig zu machen. Offene Vollzugsgestaltung, Gewährung von Vollzugslockerungen sowie Intensivierung der Bewährungs- und Strafentlassenenhilfe stellen hier die Aufgaben. Die Relevanz kriminologischer Forschung für die polizeiliche Praxis äußert sich vor allem im Bereich der Kriminalistik, in Effizienzanalysen und in der Konkretisierung des Gleichheitsgrundsatzes bei der Verfolgung strafbarer Handlungen sowie auf dem Gebiet der Anzeigeerstattung, Tataufklärung und dem Ertrag polizeilicher Informationssysteme. Die Praxisorientierung herrscht denn im polizeiwissenschaftlichen Bereich (→ Polizeiforschung) – unabhängig davon, ob mehr dem Effizienzprinzip oder dem Gleichheitsgrundsatz verpflichtet – derart vor, daß sie diese Richtung als Kriminalistik gleichsam konstituiert (dazu GEERDS 1980; HERREN 1983; KUBE 1984).

Ist die *Kooperation von Wissenschaft und Praxis* angesichts unterschiedlicher Interessenlagen auch schwierig, so ist sie doch *nicht unmöglich*. Trotz mangelnder Übereinstimmung der Problemlagen zwischen Wissenschaft, Technologie und Praxis ist eine „reflexive Verwissenschaftlichung" strafrechtlicher Sozialkontrolle möglich und sinnvoll. Forschungsethische Belange lassen sich hierbei berücksichtigen. Die neueren Erfahrungen zeigen denn auch überzeugende Beispiele der Zusammenarbeit, ohne daß Wissenschaftler ihr professionelles Selbstverständnis, ihre Rolle und ihre Standards verwässern oder aufgeben müßten. Die seit langem im Justizverfahren etablierte Rolle des forensischen Sachverständigen sowie neuere Projekte der empirischen Begleitforschung und Untersuchungen zu speziellen Kriminalitätsfeldern wie den Wirtschafts- und Umweltschutzdelikten unterstreichen die Möglichkeit zu fruchtbarem Zusammenwirken.

Barton, St., Kriminologie für Strafverteidiger?, StV 5 (1988), S. 228–231; *Beck, U., Bonß, W.* (Hrsg.), Weder Sozialtechnologie noch Aufklärung? Analysen zur Verwendung sozialwissenschaftlichen Wissens, Frankfurt/M. 1989; *Berckhauer, F.*, Praxisforschung in der Referatsgruppe des Niedersächsischen Ministeriums der Justiz, in: Kriminologie und Praxisforschung. Probleme, Erfahrungen, Ergebnisse, hrsg. v. Feltes, Th., Bonn 1988, S. 105–115; *Bock, M.*, Angewandte Kriminologie. Ihre praktische und wissenschaftliche Bedeutung, in: Angewandte Kriminologie – International, hrsg. v. Göppinger, H., Bonn 1988, S. 156–178; *ders.*, Kriminologie und Spezialprävention, in: ZStW 102 (1990), S. 504–533; *Brusten, F.*, Staatliche Institutionalisierung kriminologischer Forschung, in: Perspektiven und Probleme kriminologischer Forschung, hrsg. v. Kury, H., Köln 1981, S. 135–182; *Deichsel, W.*, Kriminologie und kriminologische Ausbildung – Gebrauchsartikel im Strafverteidigeralltag?, KrimJ 23 (1991), S. 2–15; *Dolde, G.*, Praxisforschung zum Strafvollzug unter besonderer Berücksichtigung des Kriminologischen Dienstes, in: Kriminologie und Praxisforschung. Probleme, Erfahrungen und Ergebnisse, hrsg. v. Feltes, Th., Bonn 1989, S. 187–206; *Geerds, F.*, Kriminalistik, Lübeck 1980; *Göppinger, H.*, Angewandte Kriminologie – Ein Leitfaden für die Praxis, Berlin u. a. 1985; *Habermas, J.*, Technik und Wissenschaft als „Ideologie", Frankfurt/M. 1970[4]; *Hagan, J.*, Why is there so little criminal justice theory? Neglected macro- and micro-level links between organization and power, in: Journal of research in crime and delinquency 26 (1989), S. 116–135; *Herren, R.*, Denktraining in Kriminalistik und Kriminologie, Freiburg 1982; *Jehle, J.-M.*, Die Kriminologische Zentralstelle – eine neue Institution zwischen Wissenschaft und Praxis, in: Anwendungsorientierte Kriminologie zwischen Grundlagenforschung und Praxis, Kriminologie und Praxis Bd. 1, hrsg. v. Jehle, J.-M., Egg, R., Wiesbaden 1986, S. 25–38; *ders.*, Der Kriminologische Dienst in der Bundesrepublik Deutschland (Berichte – Materialien – Arbeitspapiere), H. 1, Wiesbaden 1988; *ders.* (Hrsg.), Individualprävention und Strafzumessung im Gespräch zwischen Strafrechtspraxis und Kriminologie, Wiesbaden 1992; *Kube, E.* u. a. (Hrsg.), Wissenschaftliche Kriminalistik, 2 Bde, Wiesbaden 1983/1984; *Macke, K.*, Effizienzforschung in der Bewährungshilfe – eine Möglichkeit, berufliches Handeln zu verbessern, in: Feltes, Th. (ebd.), S. 257–273; *Sack, F.*, Probleme der Kriminalsoziologie, in: Handbuch der empirischen Sozialforschung, Bd. 12, hrsg. v. König, R., Stuttgart 1978[2], S. 192–492; *ders.*, Das Elend der Kriminologie und Überlegungen zu seiner Überwindung – Ein erweitertes Vorwort, in: Strafe, Strafrecht, Kriminologie, hrsg. v. Robert, Ph., Frankfurt/M. 1990, S. 15–55; *Schöch, H.*, Kriminologie und Sanktionsgesetzgebung, ZStW 92 (1980), S. 143–184; *Schwind, H.-D.* u. a. (Hrsg.), Präventive Kriminalpolitik, Heidelberg 1980.

GÜNTHER KAISER

Anomietheorie → Beruf und Kriminalität, → Ausländerkriminalität, → Kriminalitätstheorien, soziologische

Anzeigeverhalten. Das Anzeigeverhalten bzw. der Anzeigeerstatter als sog. informeller Agent der Sozialkontrolle sind erst seit wenigen Jahren in ihrer Bedeutung für *Sozialkontrolle* und *Kriminalität* erkannt worden. Lange Zeit galt das Anzeigeverhalten lediglich als ein – letztlich jedoch zu vernachlässigendes –

Problem der → Kriminalstatistik und des → Dunkelfeldes. Denn wegen des postulierten „Gesetzes der konstanten Verhältnisse", d. h. der Konstanz in den Beziehungen zwischen verübter, angezeigter, aufgeklärter und zur Verurteilung gelangender Kriminalität, schien das Anzeigeverhalten keiner näheren Untersuchung bedürftig zu sein. An dieser Einschätzung änderte sich zunächst auch dann nichts, als im Gefolge der → „kritischen" Kriminologie das Forschungsspektrum auch auf Prozesse strafrechtlicher Sozialkontrolle (→ Recht und soziale Kontrolle) ausgedehnt wurde. Denn labeling approach, Konflikttheorie und interaktionistische Ansätze (→ Kriminalitätstheorien, soziologische) hatten vornehmlich die Verarbeitung von Kriminalität durch die Instanzen formeller Sozialkontrolle und deren Effekte auf die weitere kriminelle Karriere des Täters im Blickfeld.

Daß das Anzeigeverhalten Ende der 60er und Anfang der 70er Jahre zu einem Forschungsthema wurde, geht vor allem zurück auf Opferuntersuchungen im Rahmen der Dunkelfeldforschung sowie auf die Erstreckung der Instanzenforschung auch auf den „Input" in das Strafverfolgungssystem. Seitdem haben sich die Fragestellungen beträchtlich erweitert. Anfänglich ging es vor allem um die Bedeutung des Anzeigeverhaltens für Umfang, Struktur und Bewegung der Kriminalität, um die Einsicht in die Selektionsmacht des Opfers sowie um die Bestimmungsgründe für das Unterlassen der Anzeige. Die implizite Annahme, Anzeigeerstattung sei ein normales, nicht erklärungsbedürftiges Verhalten, erwies sich bald als nicht haltbar. Es zeigte sich, daß untersuchungsbedürftig sowohl die Prozesse sind, in denen ein soziales Geschehen als „kriminell" und „polizeibedürftig" wahrgenommen und bewertet wird, als auch die Gründe für die Erstattung der Anzeige. Ins Blickfeld gerieten ferner die Determinanten für den Wandel der Anzeigebereitschaft und für die Beeinflussung des Anzeigeverhaltens. Daß dieses direkt beeinflußbar ist, z. B. durch die Regelung als vertragliche oder gesetzliche Obliegenheit (z. B. Sachversicherung, § 2 Abs. 2 Opferentschädigungsgesetz), war zwar seit langem bekannt, erst allmählich wurde aber deutlich, daß es auch durch Rückkoppelungsprozesse beeinflußt wird. Herausgearbeitet wurde ferner, daß sich die Anzeigeerstattung durch Private nicht mit der Anzeigeaufnahme durch die Instanzen formeller Sozialkontrolle deckt, daß insbesondere polizeiliche Handlungsmuster wirksam werden. Diese Betrachtung aus der Perspektive der Einleitung der Strafverfolgung wurde in den 80er Jahren erweitert auf die Perspektive des Geschädigten/Zeugen und dessen Verarbeitung des Geschehens, wobei sich zeigte, daß hierfür die Erstattung der Anzeige nur eine von mehreren Möglichkeiten darstellt, mit der überdies unterschiedliche Ziele verfolgt werden. Diese Forschungen belegten, daß der Anzeigeerstattung bzw. dem Unterlassen der Anzeige Einsichten, Erwartungen und Interessen zugrunde liegen, etwa darüber, welche Alternativen zu der informellen/formellen Konflikt- oder Problemlösung bestehen und welche hiervon die angemessenere ist, daß mit der Anzeige höchst verschiedene und unterschiedlich weit reichende Erwartungen an die „Leistungen" der Polizei und/oder Strafjustiz verbunden sind, daß es rekonstruierbare Kriterien gibt für die Wahl zwischen verschiedenen Rechtsmedien (Zivil- oder Strafrecht) usw.

Aus der Fülle der Befunde verdienen vor allem hervorgehoben zu werden:

1. Bei den Massendelikten wird ein Großteil aller Verfahren durch private Anzeigeerstatter veranlaßt; die Polizei wird hier nicht proaktiv, sondern reaktiv, also nach fremdbestimmten Verfolgungskriterien, tätig. Weniger als 10% der Massendelikte werden durch eigene polizeiliche Wahrnehmungen und Initiativen ausgelöst. BLANKENBURG, SESSAR, STEFFEN (1978) ermittelten z. B., daß bei Diebstahl, Unterschlagung, Betrug, Raub und Notzucht zwischen 94% und 97% dieser Straftaten der Polizei durch Anzeigen Privater bekannt wurden. Generell gilt für die „klassische" Eigentums- und Vermögenskriminalität, die drei Viertel der gesamten, in der Bundesrepublik Deutschland polizeilich registrierten Kriminalität (ohne Straßenverkehrsdelikte) ausmacht, daß das *Anzeigeverhalten die wichtigste Determinante für Umfang, Struktur und Bewegung der registrierten und damit sozial sichtbaren Kriminalität* ist. Es gilt ferner, daß Opfer und Anzeigeerstatter in der Mehrzahl der Fälle identisch sind, jedoch bestehen insoweit Unterschiede nach der Deliktsstruktur.

Die Anzeige als rechtlich legitimierte Reaktion und als Mittel der Verbrechenskontrolle bestimmt deshalb auch weitgehend Umfang und Struktur des Dunkelfeldes mit. Dieses kann fast als direkte Funktion der Anzeigebereitschaft der Bevölkerung definiert werden (PUDEL 1978).

2. In Fällen der Anzeigeerstattung werden eigenständige *polizeiliche Handlungsmuster* im Interaktionsprozeß mit dem Anzeigeerstatter wirksam. So stellte KÜRZINGER (1978) fest, daß die Entgegennahme einer Strafanzeige und ihre Protokollierung vor allem von dem berichteten Sachverhalt abhing. Während von den angezeigten Delikten gegen Eigentum und Vermögen 97% protokolliert wurden, waren es von den Delikten gegen die Person nur 30%. Im Unterschied zu ihrer reaktiven Tätigkeit bei diesen Anzeigedelikten ist die Polizei bei den sogenannten *Überwachungs- und Kontrolldelikten* proaktiv tätig. Die Intensität polizeilicher Kontrolle bestimmt die Entdeckungshäufigkeit insbesondere bei Rauschgiftdelikten, bei einem Großteil der Straßenverkehrsdelinquenz und bei der Wirtschafts- sowie der Umweltkriminalität.

3. Anhaltspunkte über die Höhe der *Anzeigequote* lassen sich Opferuntersuchungen entnehmen. Nach der Selbstauskunft der Befragten wird im Schnitt nur etwas weniger als die Hälfte aller erfragten, strafrechtlich relevanten Opfersituationen auch der Polizei gemeldet. Während die durchschnittliche Anzeigequote nach der überwiegenden Zahl der Opferuntersuchungen, in denen vor allem Diebstahl, Körperverletzung und Sachbeschädigung berücksichtigt wurden, zwischen 40 und 50% beträgt, wurden in einigen der deutschen Opferuntersuchungen deutlich geringere Durchschnittsquoten ermittelt, die zwischen 11% und 14% (SCHWIND u. a. 1975; VILLMOW/STEPHAN 1983) lagen. Das Ausmaß dieser Diskrepanz ist durch die Unterschiede im Altersspektrum der Befragten nicht erklärbar. Unklar ist derzeit ferner noch, wie der offenkundige Widerspruch zu der in Opferuntersuchungen einerseits ermittelten Dunkelzifferrelation von ca. 1 : 10 und der in den gleichen Untersuchungen ermittelten Anzeigequote von 40 bis 50% erklärt werden kann. Auf verweigerter Anzeigenaufnahme durch die Polizei dürfte dieser Unterschied – jedenfalls in diesem Ausmaß – nicht beruhen. Insgesamt gesehen dürfte demnach im Durchschnitt weniger als die Hälfte der Delikte angezeigt werden. Nicht auszuschließen ist,

daß es sich hierbei sogar nur um ein Zehntel der von den Opfern entdeckten Taten handeln könnte.

Zwischen erfragter Anzeigebereitschaft und tatsächlichem Verhalten scheint eine beträchtliche Kluft zu bestehen. In einschlägigen Nachuntersuchungen konnte nur ein Teil der in den Befragungen als gemeldet berichteten Fälle auch als tatsächlich erfolgter Polizeikontakt bestätigt werden. In einer schwedischen Untersuchung wurde z. B. festgestellt, daß es lediglich in 9 von insgesamt 78 angeblich angezeigten Fällen tatsächlich zu einem Polizeikontakt gekommen war, hiervon führte nur 1 Fall zu einer offiziellen Registrierung (SVERI 1982, 164 f.).

4. Unter diesem Vorbehalt lassen sich hinsichtlich der Einstellung der Befragten i. S. einer *Anzeigebereitschaft* folgende Tendenzen festhalten: Die erfragte Anzeigebereitschaft ist alters-, schicht- und deliktsspezifisch verschieden und – im internationalen Vergleich – unterschiedlich stark ausgeprägt. Jüngere Personen zeigen weniger häufig an als ältere. Angehörige unterer Sozialschichten zeigen relativ häufiger Personendelikte an, Angehörige höherer Sozialschichten melden öfter Eigentumsdelikte. Die Anzeigequote variiert deliktsspezifisch ganz erheblich. Bei den beispielsweise in die Untersuchung von STEPHAN (1976) einbezogenen Delikten betrugen die Quoten zwischen 11% (versuchter Raub) und 84% (Diebstahl in/aus Wohnraum). Die Anzeigebereitschaft scheint bei Eigentumsdelikten durchschnittlich wesentlich höher zu sein als bei Gewaltdelikten, bei vollendeten Delikten höher als bei nur versuchten, bei schweren Taten höher als bei leichten. Widersprüchliche Befunde liegen vor hinsichtlich Unterschieden in der Anzeigebereitschaft gegenüber bestimmten, nach Alter, Geschlecht, Sozialstatus, Nationalität usw. differenzierten Tätergruppen.

5. Als *Gründe für die Nichtanzeige* werden in den europäischen Untersuchungen – im Unterschied zu US-amerikanischen Studien – insbesondere die Geringfügigkeit des Schadens bzw. die geringe Deliktsschwere angesehen (vgl. Übersicht 10.1 bei SCHWIND u. a. 1989). Als zweitwichtigsten Grund gaben die Befragten vor allem die vermutete Aussichtslosigkeit einer Anzeige an, wobei dieser Aspekt vor allem bei anzeigeerfahrenen Interviewpartnern dominierte. Weitere, aber schon relativ selten genannte Motive waren der mit einer Anzeige verbundene persönliche, zeitliche und finanzielle Aufwand, Mitleid mit dem Täter, Rücksichtnahme auf den Täter sowie Abneigung gegen Behörden. Diese subjektiven, individuell verschieden stark dominanten, auf unterschiedlichen Vorerfahrungen beruhenden Gründe, die überdies noch deliktsspezifisch variieren, lassen keine prognostische Aussage zu, ab wann die Schwelle für eine Anzeige erreicht ist. Hinzu kommt, daß zahlreiche Befunde die Annahme nahelegen, daß es in den Beziehungen zwischen Täter-Opfer-Sanktionsinstanz Strukturen gibt, die diese Kosten-Nutzen-Erwägungen überlagern (HEINZ 1972). Anzeigehemmungen können insoweit nämlich begründet sein in der Person, Situation und Position des Opfers, ferner in der Beziehung zwischen Täter und Opfer und schließlich in der Beziehung zwischen Opfer und Sanktionsinstanz, namentlich in der Beziehung zur Polizei. Insbesondere der Grad der Täter-Opfer-Beziehung scheint mit für die Anzeigebereitschaft ausschlaggebend zu sein: Je enger die Beziehung ist, desto seltener wird in der Regel angezeigt.

6. In – methodisch unzulässiger – Umkehrung der verbalisierten Gründe der Nichtanzeige wurde hinsichtlich der *Bestimmungsgründe der Anzeigebereitschaft* teilweise gefolgert, die Anzeigebereitschaft sei „eine Funktion des konkret erlittenen Schadens und der besonderen sozialen Situation des Opfers" (SCHWIND u. a. 1975). Neuere, speziell den Gründen der Anzeigeerstattung gewidmete Studien bestätigen jedoch, daß, ebenso wie bei der Nichtanzeige, sozial- und psychostrukturelle Aspekte zusammentreffen, in Teilbereichen sogar Anzeigestrategien ergriffen werden, um z. B. öffentliche Aufmerksamkeit zu erregen (KEGLER/LEGGE 1989). Bei Eigentumskriminalität jedenfalls gilt, daß Deliktsstruktur und Schadenshöhe die wichtigsten Determinanten sind; angezeigt wird vor allem, weil man sich Schadensausgleich erhofft (SCHWIND u. a. 1989). Darüber hinaus scheinen soziale Merkmale wie Alter und soziale Schicht einen nennenswerten Einfluß zu haben: Die Anzeigebereitschaft wird mit höherem Lebensalter zunächst größer, sinkt dann aber ab 50 Jahren wieder ab; sie wächst ferner mit steigender sozialer Schicht, ist aber in der Oberschicht geringer als in der Mittelschicht. Vereinzelt wurden auch Zusammenhänge zwischen Familienstand, Geschlecht und Ortsgröße festgestellt. Die von STEPHAN (1976) herausgearbeiteten Unterschiede in den Persönlichkeitsmerkmalen von Anzeige- und Nichtanzeigeerstatter dürften freilich durch sozialstrukturelle Aspekte weithin überlagert werden. Die Motivbefragung von KÜRZINGER (1978) schließlich ergab, daß zwar mit fallender sozialer Schicht die Angabe eines materiellen Motivs, insbesondere Ausgleich des erlittenen finanziellen Schadens, stieg, insgesamt aber nicht-materielle Motive, wie Rache, Zorn und Ärger über die Tat, weit überwogen. Demgegenüber sehr selten war das Motiv „Aufrechterhaltung von Recht und Ordnung", das in ausländischen Untersuchungen im Vordergrund stand. Auf die Ahndung der Straftat kommt es, wie auch weitere Untersuchungen bestätigten, den anzeigeerstattenden Personen nur zu einem Teil an, überwiegend stehen andere „Leistungen", und zwar vor allem Leistungen der Polizei (z. B. Schadensaufnahme, Krisenintervention), weniger der Strafjustiz, im Vordergrund. Die Anzeige dient bei Eigentums- und Vermögensdelikten vielfach der Vorbereitung zur Durchsetzung z. B. von Versicherungs-, Herausgabe- und Schadensersatzansprüchen (SCHWIND u. a. 1989; HANAK 1991). Da derartige verbalisierte Gründe nicht mit den objektiven übereinstimmen müssen, überdies Motive den Befragten nicht immer bewußt sind, muß freilich offen bleiben, ob es sich um „wirkliche" Motive oder um spätere Rationalisierungen handelt.

7. Hinsichtlich der *Strategien der Konfliktverarbeitung* durch Geschädigte/Zeugen ist – jedenfalls für private Geschädigte – die Anzeige nicht der Normalfall. Nichtanzeige ist aber auch nicht identisch mit Nichtverarbeitung. Es bestehen vielmehr eine Reihe von „informellen Strategien der Konfliktverarbeitung" (HANAK 1991, S. 246), die ihrerseits wiederum abhängig sind von Möglichkeiten, andere soziale Regelungssysteme (Familie, Gruppen mit starker Abschirmung nach außen, Betriebsjustiz) einzuschalten, „das Maß an Autonomie, private Beziehungen zu verändern, ... das Maß an sozialer Verhandlungsstärke und -kompetenz, eigene Interessen im ... Verkehr mit anderen wahrzunehmen, sowie das Maß materieller Absicherung, Verluste gelassen und nur kurzfristig

belastet ausgleichen zu können" (HANAK 1991, S. 263). Insgesamt besteht in hohem Maße eine Bagatellisierungsbereitschaft der Geschädigten. Konflikte im sozialen Nahbereich werden in der Regel seltener angezeigt als Taten in anonymen Situationen. Konflikte mit bekannten Tätern werden vor allem durch informelle Strategien verarbeitet, angefangen vom Abbruch der Beziehung über Selbsthilfe bis hin zur Bagatellisierung (HANAK 1991).

8. Dem Anzeigeverhalten kommt aber nicht nur für den Selektionsprozeß, damit für die „differentielle Wahrscheinlichkeit strafrechtlicher Sanktionierung" (HEINZ 1972), und für Art und Ausmaß der „registrierten Kriminalitätswirklichkeit" maßgebende Bedeutung zu, sondern auch für die *Bewegung registrierter Kriminalität*. Denn das Anzeigeverhalten ist dem Wandel unterworfen. Die in Bochum durchgeführte Replikationsstudie ergab, daß die Anzeigewahrscheinlichkeit bei Diebstahlsdelikten im Zeitraum 1975/1986 angestiegen war (von 34% auf 49%), was mit der zunehmenden Bedeutung des Versicherungsschutzes in Verbindung gebracht wird (SCHWIND 1989). Der Tendenz nach weisen auch ausländische Untersuchungen – jedenfalls in Teilbereichen – auf einen Anstieg der Anzeigewahrscheinlichkeit hin (MAYHEW u. a. 1991), d.h. auf eine Verschiebung der Grenze zwischen Hell- und Dunkelfeld. Hinsichtlich der Mehrzahl der Delikte kann jedoch mangels einschlägiger Längsschnittuntersuchungen ein Wandel des Anzeigeverhaltens nur vermutet werden. So wird angenommen, die soziale Toleranz, zumindest bei gewissen Delikten, habe abgenommen, „in einer anonymer werden Gesellschaft (wirkten sich) bei den Unzuchts-, aber auch den Antragsdelikten Sachbeschädigung, Beleidigung, Hausfriedensbruch und unbefugte Ingebrauchnahme von Kraftfahrzeugen Wandlungen der Anzeige- und Verfolgungsfreudigkeit" (KAISER 1988) aus, es bestehe eine geringere Toleranz als früher gegenüber „Äußerungen und Ausbrüchen roher Gewalt" (KAISER 1988). In anderen Bereichen, insbesondere bei Diebstahl ohne Versicherungsschutz, wird demgegenüber von einem eher resignativ-rückläufigen Anzeigeverhalten ausgegangen. Gegenläufige Tendenzen sind also nicht auszuschließen; die Auswirkungen des Einflußfaktors „Anzeigebereitschaft" sind derzeit quantitativ nicht abschätzbar. Vermutet werden ferner Rückkoppelungsmechanismen zwischen der Entwicklung der polizeilichen Aufklärungsrate und der Anzeigebereitschaft.

9. Ob schließlich nicht nur die „registrierte Kriminalitätswirklichkeit", sondern auch die *„wirkliche Kriminalitätswirklichkeit"* vom Anzeigeverhalten mitbestimmt wird, ist derzeit noch weitgehend ungeklärt. Gegenüber Ansätzen, die sowohl für die Kriminalitätsentstehung als auch für das Anzeigeverhalten dieselben Entstehungszusammenhänge postulieren, wird vielfach auf komplexe Rückkoppelungsprozesse zwischen sozialer Toleranz, delinquenten Verhaltensweisen und Verlagerung von informeller in formelle Sozialkontrolle verwiesen. Das Nachlassen der informellen Kontrolle könnte z. B. die Beteiligung an Straftaten eher ermöglicht haben, der nunmehr durch Verschärfung der formellen Sozialkontrolle gegengesteuert werde. Änderungen in der Beurteilung der Schutzwürdigkeit eines Rechtsgutes könnten sowohl zu einem Rückgang der Verletzungen führen als auch zu einer Erhöhung der Anzeigebereitschaft.

Blankenburg, E., Sessar, K., Steffen, W., Die Staatsanwaltschaft im Prozeß strafrechtlicher Sozialkontrolle, Berlin 1978; *Hanak, G.*, Alternativen zur strafrechtlichen Konfliktverarbeitung, in: Hanak, G., Pilgram, A., Der andere Sicherheitsbericht. KB 18 (1991), Heft 70/71, S. 235–267; *Heinz, W.*, Bestimmungsgründe der Anzeigebereitschaft des Opfers, Jur. Diss., Freiburg 1972; *Kegler, R., Legge, I.*, Umweltschutz durch Strafrecht?, Pfaffenweiler 1989; *Kürzinger, J.*, Private Strafanzeige und polizeiliche Reaktion, Berlin 1978; *Mayhew, P., Hough, M.*, The British Crime Survey: The First Ten Years, in: Kaiser, G./Kury, H./Albrecht, H.-J., Victims and Criminal Justice, Bd. 50, Freiburg 1991, S. 305–331; *Plate, M., Schwinges, U., Weiß, R.*, Strukturen der Kriminalität in Solingen, Wiesbaden 1985; *Pudel, V.*, Motivanalyse des Anzeigeverhaltens, in: Schwind, H.-D. u. a., Empirische Kriminalgeographie, Wiesbaden 1978, S. 205–210; *Schwind, H.-D.* u. a., Empirische Kriminalgeographie, Wiesbaden 1978; *Schwind, H.-D., Ahlborn, W., Weiß, R.*, Dunkelfeldforschung in Bochum 1986/87, Wiesbaden 1989; *Skogan, W.G.*, Reporting Crimes to the Police: The Status of World Research, Journal of research in crime and delinquency 21 (1984), S. 113–137; *Stephan, E.*, Die Stuttgarter Opferbefragung, Wiesbaden 1976; *Sveri, K.*, Vergleichende Kriminalitätsanalyse mit Hilfe von Opferbefragungen: die skandinavische Erfahrung, in: Schneider, H.J. (Hrsg.), Das Verbrechensopfer in der Strafrechtspflege, Berlin u. a. 1982, S. 160–170; *Villmow, B., Stephan, E.*, Jugendkriminalität in einer Gemeinde, Freiburg 1983.

WOLFGANG HEINZ

Arbeitslosigkeit und Kriminalität. Über die Bedeutung wirtschaftlicher Faktoren für die Kriminalitätsentwicklung liegen bislang nur wenig gesicherte Befunde vor. Dies gilt auch für die Frage nach dem Einfluß der Arbeitslosen- auf die Kriminalitäts*rate* sowie für die These eines ursächlichen Zusammenhangs zwischen Arbeitslosigkeit und erhöhtem *individuellem Delinquenz- und Rückfallrisiko*. Einfache korrelationsstatistische Analysen sind zur Beantwortung dieser Frage ungeeignet; geklärt werden muß insbesondere, wieweit der beobachtete überdurchschnittlich hohe Anteil Arbeitsloser unter den registrierten und sanktionierten Straftätern auf eine vermehrte Straffälligkeit infolge der Arbeitslosigkeit, auf gemeinsame Ursachen von Arbeitslosigkeit und Straffälligkeit oder auf eine Benachteiligung Arbeitsloser im strafrechtlichen Selektionsprozeß zurückgeführt werden kann. Der frühe Hinweis Radzinowicz' (1939), wonach ein Zusammenhang zwischen ökonomischen Bedingungen und Kriminalität durch je besondere Bedingungen der sozialen Lage, des Deliktstyps und der Strafverfolgung vermittelt und überformt sein kann und entsprechend differenzierte Untersuchungsdesigns erfordert, ist bis heute unzulänglich umgesetzt.

Die Annahme einer *ursächlichen* Bedeutung der Arbeitslosigkeit ist aus verschiedenen soziologischen Theorien abgeleitet worden (→ Kriminalitätstheorien, soziologische): Das klassische *Anomie-Modell* R.K. Mertons sucht unterschiedliche Raten abweichenden Verhaltens durch das Auseinanderklaffen der vorherrschenden Zielvorstellungen (etwa hinsichtlich des Konsumniveaus) und der in der Sozialstruktur einer Gesellschaft vorgegebenen *legalen Möglichkeiten* zur Realisierung dieser Ziele zu erklären. Da ein Mangel an Arbeitsplätzen gleichbedeutend ist mit einem Defizit an legalen Möglichkeiten der Zielverwirklichung, wird bei zunehmender Arbeitslosigkeit ein vermehrtes Auftreten nichtkonformer, darunter auch strafbarer, Verhaltensweisen zu erwarten sein.

Aus der Sicht *nutzentheoretischer* Ansätze (zur Ökonomischen Kriminalitätstheorie s. OPP 1978) wird kriminelles Verhalten vorhergesagt, wenn illegale Aktivitäten vergleichsweise höheren Nutzen erwarten lassen als legale, wobei sowohl die Erfolgserwartung als auch das Kostenrisiko zu berücksichtigen sind.

Für beruflich wohlintegrierte Personen lohnt sich demnach Kriminalität nicht, wenn die möglichen Kosten der Entdeckung und Bestrafung (etwa die Beendigung einer Beamtenkarriere) im Vergleich zum erwarteten Ertrag relativ hoch sind; dagegen sind kriminelle Aktivitäten für marginalisierte Personengruppen leichter realisierbar und versprechen relativ höhere Rendite als die Bemühung um ein legales Arbeitsverhältnis, zumal die Kosten einer Verurteilung für diejenigen, die ohnehin wenig zu verlieren haben, vergleichsweise gering sind (FREY/OPP 1979). Hieraus folgt die These eines *differentiellen Effekts* der Arbeitslosenrate auf das Verhalten von beruflich Integrierten und Arbeitslosen: Da in Zeiten erhöhter Arbeitslosigkeit das Risiko des Arbeitsplatzverlustes schwerer wiegt und zudem die eigene Situation im Vergleich zu den Arbeitslosen relativ günstig bewertet wird, müßte ein Rückgang der Kriminalitätsrate bei den beruflich Integrierten, dagegen deren Zunahme bei den Arbeitslosen eintreten, deren Aussichten auf legales Einkommen mit steigender Arbeitslosenrate sinken.

Neben dem Zugang zu legalen Erwerbsmöglichkeiten hebt die *Kontrolltheorie* (HIRSCHI 1969) die Bedeutung der beruflichen Integration für die Einbindung in außerfamiliäre soziale Gruppen und damit in Systeme informeller Sozialkontrolle hervor. Insbesondere das Ausmaß sozialer Bindungen an ‚relevante Andere' (etwa den Kollegenkreis) sowie das Engagement in konventionellen Aktivitäten gelten als kriminalitätsreduzierende Faktoren. Eine Schwächung der Integrationskraft der Herkunftsfamilie durch Arbeitslosigkeit des Vaters kann ebenfalls als Risikofaktor für das häufigere Auftreten von Delikten bei Kindern Arbeitsloser angesehen werden (JUNGER-TAS/JUNGER 1984).

Während in den genannten Theorien der Arbeitslosigkeit *ursächliche* Bedeutung zugeschrieben wird, überwiegt im älteren kriminologischen Schrifttum die These, wonach Straffälligkeit und Arbeitslosigkeit nicht in einer Folgebeziehung stehen, sondern vielmehr beide auf dieselben Wurzeln, nämlich *Störungen des Sozialisationsprozesses* oder Mängel in der *Persönlichkeitsstruktur* zurückzuführen seien, welche sowohl Arbeitslosigkeit als auch Straffälligkeit begünstigen. Die Annahme individualdiagnostischer und prognostischer Trennschärfe der Arbeitslosigkeit mußte indessen schon aufgrund des Übergangs von relativer Vollbeschäftigung zu endemischer und struktureller Arbeitslosigkeit an Plausibilität verlieren.

Auf die Auswirkungen von *Selektionsprozessen* hebt schließlich die These eines höheren Entdeckungs-, Verfolgungs- und Sanktionsrisikos der Arbeitslosen im Vergleich zu den beruflich Integrierten ab, welches den überdurchschnittlichen Arbeitslosenanteil unter den *registrierten* und *sanktionierten* Straftätern erkläre; nicht (oder: nicht alleine) erhöhte Straffälligkeit, sondern selektive Bewertung und Sanktionierung seien demnach für eine überhöhte Belastung der Arbeitslosen verantwortlich.

Empirische Untersuchungen des Zusammenhangs von Arbeitslosen- und Kriminalitäts*raten* verschiedener Länder erbrachten erwartungswidrig geringe Korrelationen; andere Indikatoren der ökonomischen Struktur, insbesondere das Ausmaß der Industrialisierung und die Ausprägung ökonomischer Ungleichheit, erwiesen sich für die Erklärung unterschiedlicher Kriminalitätsraten als weitaus bedeutsamer (KROHN 1976). Auch vergleichende *Zeitreihenanalysen* der Entwicklung von Kriminalitäts- und Arbeitslosenraten zeigten sich wenig ergiebig.

Während ältere deutsche Statistiken aus der Zeit vor dem Zweiten Weltkrieg noch einen relativ deutlichen Zusammenhang zwischen der Arbeitslosenrate und der Häufigkeit von Eigentumsdelikten zeigten (EXNER 1944), ist ein solcher Zusammenhang nach dem Zweiten Weltkrieg nicht mehr nachzuweisen. Insbesondere wurde auch in Zeiten zurückgehender Arbeitslosigkeit kein entsprechender Rückgang der Kriminalitätsraten beobachtet (STEINHILPER 1976; MARTENS 1978).

Während ein globaler Effekt der Höhe der Arbeitslosenrate auf die Kriminalitätsrate für die neuere Zeit nicht belegt werden kann, finden sich statistische Hinweise auf die Bedeutung kurzfristiger Veränderungen der Arbeitslosenraten sowie auf eine differentielle Wirkung hoher Arbeitslosenraten auf bereits stark marginalisierte Regionen, Sozialgruppen und ethnische Minderheiten (SVIRIDOFF, MCELROY 1985; FARRINGTON u.a. 1986).

Die Annahme eines *ursächlichen* oder gar *monokausalen* Einflusses der Arbeitslosigkeit auf die Kriminalitäts*rate* kann jedenfalls nicht belegt werden (ALBRECHT 1988; BRAUN 1990).

Daß mit der Arbeitsintegration per se die Wahrscheinlichkeit des Begehens von Straftaten abnehme, ist eine empirisch durchaus fragliche Annahme, wie die Befunde zur beruflichen und Wirtschaftskriminalität, zur innerbetrieblichen Delinquenz und Hinweise auf eine positive Korrelation (selbstberichteter) Delinquenz Heranwachsender mit der beruflichen Integration zeigten; der Verbesserung von Gelegenheiten wie Kompetenz zur Begehung von Rechtsbrüchen der beruflich Integrierten korrespondiert eine geringere Sichtbarkeit, Anzeige- und Sanktionierungswahrscheinlichkeit von im Berufsleben begangenen Straftaten (→ Beruf und Kriminalität).

Durch zahlreiche Befunde erhärtet ist jedenfalls ein *überdurchschnittlicher* Anteil von Arbeitslosen, insbesondere von jungen Arbeitslosen, unter den polizeilich *registrierten* Tatverdächtigen. Schon die exakte Bestimmung dieses Anteils und sein Vergleich mit dem Arbeitslosenanteil in der übrigen Bevölkerung stößt jedoch auf erhebliche Schwierigkeiten: Zum einen fehlen Angaben zu den arbeitslosen Tatverdächtigen in den polizeilichen Kriminalstatistiken der meisten Bundesländer und des Bundeskriminalamtes sowie in der Strafverfolgungsstatistik; zum andern liegen den verfügbaren Polizeistatistiken andere Erfassungskriterien zugrunde als der Statistik der Arbeitsverwaltung. Verzerrend fällt insbesondere die hohe Zahl in der Arbeitsamtsstatistik nicht erfaßter junger Arbeitsloser – und damit der am höchsten delinquenzbelasteten Altersgruppe – ins Gewicht. Dies würde beim – methodisch unzulässigen – Vergleich der Belastungszahlen der Wohnbevölkerung mit der Verhältniszahl der polizeilich zu den bei der Arbeitsverwaltung registrierten Arbeitslosen wegen der systematischen *Unter*schätzung des tatsächlichen Umfangs der Arbeitslosenpopulation zu einer erheblich *über*schätzten Kriminalitätsbelastung der Arbeitslosen führen.

Erheblich über dem Anteil der Arbeitslosen in der Wohnbevölkerung, den man selbst bei Berücksichtigung eines beträchtlichen Dunkelfelds annehmen wird, liegen freilich Arbeitslosenanteile von 30 bis 50% unter den *jugendlichen und heranwachsenden* Tatverdächtigen, wie sie in regionalen Sondererhebungen festgestellt wurden. Auffällig an der *Deliktsstruktur* der jungen Arbeitslosen und der arbeitslosen Schulabgänger ist der erheblich erhöhte Anteil von Verstößen gegen das *Betäubungsmittelgesetz*, wie auch diese Gruppe durch Alkoholmißbrauch in besonderer Weise gefährdet erscheint. Erhöht ist auch der Anteil von Diebstahl unter erschwerten Umständen gegenüber dem einfachen Diebstahl sowie von Raub- und schweren Gewaltdelikten (PKS NORDRHEIN-WESTFALEN 1989). Überdurchschnittlich hoch ist ferner der Anteil *mehrfach* als tatverdächtig *registrierter* junger Arbeitsloser; dagegen finden sich bislang keine Hinweise auf eine Tendenz zur vermehrten gemeinschaftlichen Tatbegehung in delinquenten Banden, wie sie aus US-amerikanischen und britischen Quartieren mit hoher Jugendarbeitslosigkeit bekannt ist.

Daß nicht der Umstand der Arbeitslosigkeit als solcher ein erhöhtes Kriminalitätsrisiko begründet, zeigt schon die Beobachtung, daß über einen langen Zeitraum die Zahl der polizeilich registrierten arbeitslosen Tatverdächtigen erheblich langsamer zugenommen hat als die (offizielle) Arbeitslosenrate oder sogar – im Gegensatz zur Arbeitslosenrate – zeitweilig abnahm (ALBRECHT 1988). Daß ein erhöhter Arbeitslosenanteil unter den Tatverdächtigen nicht auf eine erhöhte Gefährdung der Arbeitslosen insgesamt, sondern vornehmlich auf besonders benachteiligte Untergruppen unter diesen zurückgeht, zeigt ein Vergleich der Jahrgänge 1980 und 1982 der Polizeilichen Kriminalstatistik Nordrhein-Westfalens: Bei einer Zunahme der amtlichen Arbeitslosen der *Wohnbevölkerung* um 95% stieg die Zahl der (laut PKS) nur kurzfristig (bis zu 6 Monaten) arbeitslosen Schulabgänger um 79% sowie diejenige der bereits länger als 6 Monate arbeitslosen Tatverdächtigen um 127%. 1982 waren von den arbeitslosen Tatverdächtigen 60% bereits länger als 6 Monate, etwa 30% seit mehr als einem Jahr arbeitslos. Ähnlich 1982 (14%) waren 1989 weiterhin 11% der 14- bis unter 60jährigen registrierten Tatverdächtigen arbeitslos; von den 1989 arbeitslosen Tatverdächtigen waren jedoch nunmehr schon 71% länger als 6 Monate, 51% länger als 1 Jahr arbeitslos (PKS NRW 1980; 1982; 1989).

Ein befriedigender Versuch zur Erklärung der besonderen Belastung dieser Gruppen wird daher weniger auf den Umstand der Arbeitslosigkeit als vielmehr auf die Folgen früh einsetzender und längerfristiger Arbeitslosigkeit Bezug zu nehmen haben. Daß die jungen Arbeitslosen, insbesondere die arbeitslosen Schulabgänger, stärker delinquenzgefährdet sind als ältere und überwiegend zuvor langjährig berufstätige Arbeitslose, muß auf dem Hintergrund der *besonderen Konfliktlage* dieser Jugendlichen gesehen werden: Der altersentsprechende Prozeß der Verselbständigung und Ablösung vom Elternhaus wird durch die Arbeitslosigkeit behindert; häufig sind die betroffenen Jugendlichen so gezwungen, unfreiwillig länger im Elternhaus zu verbleiben. Während die Bindungen an das Elternhaus altersgemäß nachlassen, ist die Integration in die berufsorientierte Erwachsenenwelt blockiert; Kontakte mit Gleichaltrigen werden mit zunehmender Dauer der Arbeitslosigkeit reduziert. Neben häufig auftretenden psychischen und psychosomatischen Belastungen ist auch ein mit zunehmender Dauer der Arbeitslosigkeit und negativer Einschätzung der Zukunftsaussichten einhergehender Verlust der individuellen Motivierbarkeit zu legalen Aktivitäten (etwa der Teilnahme an berufsfördernden Maßnahmen) und eine im selben Maße zunehmende Häufigkeit delinquenter Handlungen belegt (BLINKERT 1981).

Manifestere kollektive Auswirkungen im Sinne von rechtsradikalen Orientierungen, Banden- und Gewaltkriminalität werden, gestützt auf den interkulturellen Vergleich insbesondere mit den USA, von der Konzentration und Verfestigung ghettoisierter Armutssubkulturen mit hohen Anteilen langfristig perspektivloser Jugendlicher erwartet (HAMILTON 1987).

Charakteristisch für das Erscheinungsbild der sanktionierten, insbesondere aber der inhaftierten arbeitslosen Delinquenten ist das häufige *Zusammentreffen* der *Arbeitslosigkeit* mit anderen *Integrationsmängeln* und *Chancendefiziten*. Hierzu zählt neben der meist fehlenden oder abgebrochenen Berufsausbildung auch die Herkunft aus Familien überwiegend un- oder angelernter Arbeiter, mit arbeitslosem Vater sowie aus überdurchschnittlich kinderreichen Familien. Da dieselben Hintergrundmerkmale sowohl die Zugangschancen zu beruflicher Bildung bestimmen als auch unter jungen Straftätern überdurchschnittlich häufig festgestellt werden, scheint die Verteilung *sowohl* der Arbeitslosigkeit *als auch* der Jugendkriminalität letztlich derselben Chancenstruktur zu folgen. Da sich die arbeitslosen jungen Straftäter ganz überwiegend aus einer bereits durch ein Zusammentreffen zahlreicher Sozialisationsmängel gekennzeichneten Gruppe rekrutieren, wird man die Bedeutung der Arbeitslosigkeit nicht in einer unmittelbaren Verursachung der Straffälligkeit, sondern vielmehr in der Verstärkung und Festschreibung derjenigen Integrationsdefizite zu sehen haben, die mit erhöhtem Delinquenzrisiko verbunden sind.

Der – auch im Vergleich zu den Daten der Polizeilichen Kriminalstatistik – extrem hohe Anteil von Arbeitslosen unter den Vollzugsinsassen und Bewährungsprobanden (um 40 bis über 80%) legt jedoch auch Vermutungen über eine Benachteiligung von Arbeitslosen im Prozeß der Strafverfolgung nahe. In Betracht zu ziehen sind hier die geringere Handlungskompetenz (wie sich in einem höheren Diebstahls-, dagegen in einem geringeren Betrugsanteil unter den registrierten Delikten Arbeitsloser ausdrückt) und erhöhter Sichtbarkeit im Vergleich zur erheblichen Zahl von im Berufsleben begangenen Straftaten, die sowohl gegen Entdeckung wie auch gegen polizeiliche Registrierung in starkem Maße abgeschirmt sind (→ Beruf und Kriminalität). Durch Arbeitslosigkeit begünstigt wird die Anordnung von Untersuchungshaft und die Verhängung von Freiheitsstrafen; erheblich überrepräsentiert sind Arbeitslose auch unter den Verurteilten, die eine Geldstrafe nicht aufbringen konnten und deshalb eine Freiheitsstrafe antreten mußten.

Daß nicht nur Arbeitslosigkeit das Risiko der Inhaftierung erhöht, sondern Strafmaßnahmen ihrerseits zu einer Verfestigung der Arbeitslosigkeit beitragen, zeigen Erhebungen im Jugendstrafvollzug, nach denen von den arbeitslosen Insassen jeder Dritte im Anschluß an eine bereits zuvor verbüßte oder teilverbüßte Freiheitsstrafe arbeitslos gewesen war. Vielfach belegt ist der Zusammenhang zwischen Vorstrafen, insbesondere Freiheitsentzug, und reduzierten Chancen auf dem Arbeitsmarkt sowie erhöhter Arbeitsinstabilität nach Entlassung (CROW 1982).

Um die Wiedereingliederung von Strafgefangenen zu fördern, werden im Strafvollzug berufsfördernde Bildungsmaßnahmen angeboten. Haftentlassene mit beruflicher Qualifikation haben sowohl bessere Chancen der Arbeitsaufnahme als auch der Straffreiheit nach Entlassung. Die Erwartung, durch isolierte berufsbildende Maßnahmen im Strafvollzug die Rückfälligkeit reduzieren zu können, hat sich bislang jedoch kaum erfüllt. In der Arbeit der Bewährungshilfe spielen Bemühungen um die Arbeitsintegration der Probanden eine wichtige Rolle; zu den mit erfolgreichem Abschluß des Bewährungsverfahrens verbundenen Merkmalen zählt die frühzeitige Möglichkeit der Arbeitsaufnahme nach der Unterstellung. Dagegen ist bei den arbeitslos bleibenden Probanden eine überdurchschnittliche Häufung weiterer Belastungen im finanziellen und sozialen Bereich festzustellen, die mit überdurchschnittlicher Rückfall- bzw. Widerrufsgefährdung verbunden sind. Auch für die bereits straffällig gewordenen Arbeitslosen kann daher angenommen werden, daß ein erhöhtes Rückfallrisiko nicht auf die frühere oder fortbestehende Arbeitslosigkeit als solche zurückgeführt werden kann, sondern auf den mit der Dauer der Arbeitslosigkeit zunehmenden Chancen- und Partizipationsverlust und die Verfestigung bereits bestehender Integrationsdefizite.

Albrecht, H.-J., Jugendarbeitslosigkeit und Jugendkriminalität – Empirische Befunde zu den Beziehungen zwischen zwei sozialen Problemen, in: Münder, J., Sack, F., Albrecht, H.-J., Plewig, H.-J., Jugendarbeitslosigkeit und Jugendkriminalität. Erkenntnisse, Befunde, praktischer Umgang, Neuwied 1987, S. 41–91; *Albrecht, H.-J.*, Kriminell weil arbeitslos? arbeitslos weil kriminell? Bewährungshilfe 35 (1988), 133-148; *Blinkert, B.*, Benachteiligte Jugendliche – lernen oder kriminell werden?, Soziale Welt 32, 1981, S. 86–118; *Braun, F.*, Jugendarbeitslosigkeit, Jugendkriminalität und städtische Lebensräume: Bundesrepublik Deutschland, in: Braun, F., Lagrée, J.C., Lew Fai, P., Vanheerswynghels, A., Jugendarbeitslosigkeit, Jugendkriminalität und städtische Lebensräume. Literaturbericht zum Forschungsstand in Belgien, Frankreich, Großbritannien und der Bundesrepublik Deutschland, München 1990; *Crow, I.*, The Unemployment/Crime Link, Unemployment Unit Bulletin 1 (1982), S. 4–5; *Danser, K.R., Laub, H.J.*, Juvenile Criminal Behavior and Its Relation to Economic Conditions, U.S. Department of Justice, Washington 1981; *Farrington, D.P., Gallagher, B.* u.a., Unemployment, School Leaving and Crime. British Journal of Criminology 26 (1986), 335-356; *Frey, B.S., Opp, K.-D.*, Anomie, Kosten und Nutzen, Soziale Welt 30 (1979), S. 275–294; *Gibbs, J.P.*, Crime, Unemployment and Status Integration, Brit. J. Crim. 6 (1966), S. 49–58; *Glaser, D.*, Economic and Sociocultural Variables Affecting Rates of Youth Unemployment, Delinquency and Crime, in: Youth Unemployment: Its Measurement and Meaning, ed.: U.S. Department of Labor, Washington 1980, S. 96–126; *Hamilton, S.F.*, Arbeit und Erwachsenwerden in den USA und der BRD. In: Hurrelmann, K., Kaufmann, F.-X., Lösel, F. (Hrsg.), Social interventions: Potentials and contraints. Berlin 1987, 185-204; *Herriger, N.*, Jugendarbeitslosigkeit und Jugendkriminalität: Zur Forschungssituation in der Bundesrepublik Deutschland, in: Jugendarbeitslosigkeit und Jugendkriminalität in der Bundesrepublik Deutschland, hrsgg. v. Internationales Dokumentations- und Studienzentrum für Jugendkonflikte, Wuppertal 1981; *Hirschi, T.*, Causes of Delinquency. Berkeley 1969; *Junger-Tas, J., Junger, M.*, Juvenile Delinquency I – Backgrounds of Delinquent behavior. Den Haag 1984; *Krohn, M.D.*, Inequality, Unemployment and Crime: A Cross-National Analysis, The Sociological Quarterly 17 (1976), S. 303–313; Martens, U., Wirtschaftliche Krise, Arbeitslosigkeit und Kriminalitätsbewegung, Wiesbaden (BKA-Forschungsreihe) 1978; Opp, K.-D., Theorie sozialer Krisen. Apathie, Protest und kollektives Handeln, Hamburg 1978; Radzinowicz, L., The influence of economic conditions on crime, Sociological review 33 (1939), S. 1–36, 139–153; Steinhilper, G., Arbeitslosigkeit und Kriminalität, Kriminalistik 30 (1976), S. 385–389; Sviridoff, M., McElroy, J.E., Employment and Crime: A Summary Report. New York 1985; Wacker, A., Vom Schock zum Fatalismus? Soziale und psychische Auswirkungen der Arbeitslosigkeit, Frankfurt u. a. 1978.

GERHARD SPIESS

Armut → Arbeitslosigkeit und Kriminalität, → Sozialgeschichte der Kriminalität

Auffälligkeit → Abweichendes Verhalten, → Kriminalität

Aufklärungsquote → Dunkelfeld, → Kriminalstatistik

Ausbildung → Kriminologische Ausbildung, → Kriminologische Institute

Ausländer → Ausländerkriminalität

Ausländerkriminalität. Die Auseinandersetzung über die Integration der Ausländer hat sich in den letzten Jahren erheblich verschärft. Angesichts einer unsicheren ökonomischen Situation entwickelten sich bei nicht wenigen Bundesbürgern Gefühle der Angst, Gefährdung und Bedrohung. Offene oder versteckte Feindlichkeit, diskriminierende Verhaltensweisen und allgemeine Abwehrhaltungen gegenüber den „Fremden", die teilweise so „ganz anders" leben, lassen sich in verschiedenen Teilen der Bevölkerung feststellen. In diesem Zusammenhang wird auch auf den Konfliktbereich Kriminalität verwiesen. Die Medien vermitteln nicht selten den Eindruck, daß bereits vorhandene Vorurteile der Realität entsprechen. Neuere wissenschaftliche Analysen fanden eine Dominanz des Themas Kriminalität, wenn über Ausländer berichtet wird, und bescheinigten Teilen der Presse subtil vorhandene negative Einstellungen.

Der Anstieg der registrierten Ausländerkriminalität in den letzten Jahren ist eine Realität. In der öffentlichen Debatte wird aber meistens nicht berücksichtigt, daß bei einem *Vergleich der Kriminalitätsbelastung von Ausländern und Deutschen* zahlreiche (Verzerrungs-)Faktoren einzubeziehen und zu kontrollieren sind. Bezogen auf die Daten der Polizeilichen Kriminalstatistik können sich z. B. folgende Aspekte zu Lasten der Ausländer auswirken: Es gibt ausländerspezifische Straftaten (Verstöße gegen das Ausländer- und das Asylverfahrensgesetz), bei denen Deutsche kaum auffallen (können). Es ist ein „Dunkelfeld der Bevölkerungsstatistik" zu beachten, d. h. ein Teil der Ausländer (z. B. Illegale, Touristen, Stationierungsstreitkräfte etc.) wird bei der Wohnbevölkerung nicht erfaßt, als Tatverdächtige werden Angehörige dieser Gruppen jedoch in der Kriminalstatistik registriert. Bei Umrechnungen, insbesondere bei der Bestimmung der Kriminalitätsbelastungszahl (Zahl der Tatverdächtigen pro 100 000 der entsprechenden Bevölkerungsgruppe), ergibt sich somit ein überhöhter Wert bei den Ausländern. Weiterhin dürfen Unterschiede in der Alters-, Geschlechts- und Sozialstruktur nicht übersehen werden. Bei den Ausländern sind vielfach die jüngeren Altersbereiche stärker besetzt und auch der Anteil der Männer ist überwiegend größer als der der Frauen, so daß bei einem Gesamtvergleich die Gruppen, die üblicherweise stärker kriminalitätsbelastet erscheinen, bei der ausländischen Bevölkerung überrepräsentiert sind. In diesem Zusammenhang ist auch zu berücksichtigen, daß sich die Deutschen aus Angehörigen aller sozialen Schichten zusammensetzen, während die Ausländer in größerem Umfang den Unterschichten zuzurechnen sind. Angesichts der bisherigen kriminologischen Erkenntnisse, die eine stärkere Gefährdung der Angehörigen der unteren sozialen Schichten erkennen lassen, offiziell registriert zu werden, muß sich dieser Aspekt zusätzlich auf die Belastungszahlen der Ausländer auswirken. Dies gilt auch im Hinblick auf die Feststellung, daß Ausländer überwiegend Großstadtbewohner sind. Ende 1987 lebten mehr als die Hälfte von ihnen in den stärker kriminalitätsbelasteten Städten mit mehr als 100 000 Einwohnern (vgl.

STATISTISCHES BUNDESAMT – Ausländer 1987, Tabelle 8), während die deutsche Bevölkerung dort nur mit etwa einem Drittel vertreten ist (vgl. z. B. PKS 1990, 27).

Da teilweise auch noch vermutet wird, daß die Ausländer im Vergleich zu den Deutschen einer verschärften sozialen Kontrolle unterliegen, was sich u. a. im Bereich der Anzeigeerstattung auswirken kann (vgl. die Übersicht über die unterschiedlichen Ansichten bei WALTER 1989, 77), wird verständlich, wenn der Polizeilichen Kriminalstatistik nur ein beschränkter Aussagewert bei einem Vergleich der Kriminalität von Deutschen und Ausländern zugebilligt wird (TRAULSEN 1988, 33). Insoweit kann inzwischen im Rahmen eines gesteigerten Methodenbewußtseins von einem Konsens ausgegangen werden: Aussagen bezüglich der Kriminalitätsbelastung der beiden Bevölkerungsgruppen sind nur dann sinnvoll, wenn bei der statistischen Analyse die verschiedenen Verzerrungsfaktoren möglichst umfassend kontrolliert worden sind. Soweit dies nicht erreicht werden konnte, ist auf die Probleme – wie zum Beispiel in den neueren polizeilichen Übersichten – wenigstens deutlich hinzuweisen (vgl. zum Ganzen ALBRECHT 1988, 191 ff.; GEISSLER/MARISSEN 1990, 666 f.; SCHÖCH/GEBAUER 1991, 39 ff.; TRAULSEN 1988, 30 ff.; WALTER 1989, 75 ff.).

Neben den bisherigen Überlegungen und Erkenntnissen ist für eine Bestandsaufnahme außerdem von Bedeutung, daß es sich bei „den Ausländern" um ganz verschiedene Gruppen handelt, die sehr unterschiedliche Kriminalitätsstrukturen aufweisen. Neben den Gastarbeitern, die die größte Teilgruppe bilden, halten sich in der Bundesrepublik auch Mitglieder der Stationierungsstreitkräfte mit ihren Angehörigen, Touristen/Durchreisende, Studenten/Schüler, Gewerbetreibende, Asylbewerber, sonstige legal hier lebende und sogenannte Illegale auf (Differenzierung nach der PKS). Insgesamt handelt es sich um knapp 5 Millionen Nichtdeutsche, davon leben 4,8–4,9 Millionen in den Westgebieten und noch etwa 100–120 000 in den neuen Bundesländern.

Nach der Polizeilichen Kriminalstatistik von 1990 wurden (in den alten Bundesländern, auf die sich die folgenden Zahlen beziehen) insgesamt 1 437 923 Tatverdächtige ermittelt. Davon waren 383 583 (26,7%) nichtdeutsche Personen. Die *Asylbewerber* stellen hierbei die größte Gruppe, d. h. auf sie entfallen 86 875 als tatverdächtig Registrierte (22,6% aller nichtdeutschen Tatverdächtigen). Nähere Analysen zeigen, daß die absoluten Zahlen bei diesem Teil der Ausländer seit Jahren erheblich angestiegen sind (SCHÖCH/GEBAUER 1991, 46), mangels genauerer Begriffsklärung (in den Vorbemerkungen der PKS wird nur definiert, wer zur Gruppe der „Studenten/Schüler" gehört) die Kriminalitätsbelastung aber nicht einmal annähernd bestimmt werden kann (TRAULSEN 1990, 415 ff.). Angesichts der öffentlichen Diskussion über die Bewältigung des Asylantenstroms und der damit verbundenen Einschätzungen der Gefährlichkeit dieser Ausländergruppe erscheint es notwendig, die Deliktsstruktur bei den tatverdächtigen Asylbewerbern etwas genauer zu betrachten. Dabei wird deutlich, daß diese Gruppe eher bei leichten Delikten auffällt, denn im Vordergrund standen im Jahr 1990 Diebstahl ohne erschwerende Umstände (43%), Straftaten gegen das Ausländer- und Asylverfahrensgesetz (30%) sowie Urkundenfälschung (12%). Die schweren Tatbestände spielten demgegenüber eine untergeordnete Rolle (vgl. PKS 1990, 77; SCHÖCH/GEBAUER 1991, 47). Zu

Recht weisen im übrigen die Beobachter, die sich mit diesen Ausländergruppen intensiver beschäftigt haben, darauf hin, daß die soziale Lage der Asylbewerber durch die verschiedenen Beschränkungen besonders problematisch erscheint und die einzelnen Gesetze und Maßnahmen, die die Zahl der entsprechenden Neuankömmlinge begrenzen sollten, zu zusätzlichen sozial- und kriminalpolitischen Schwierigkeiten führten (Einzelheiten bei SCHÖCH/GEBAUER 1991, 11 f., 19 f.). So gesehen müßten die Behörden sich verstärkt mit der Frage auseinandersetzen, inwieweit die Regelungen bezüglich der Lebensbedingungen der Asylbewerber sich kriminalitätsfördernd auswirken und damit bei dieser Gruppe und bezogen auf den Kriminalitätsbereich das Ausländerrecht und die damit verbundenen sonstigen Maßnahmen sich geradezu kontraproduktiv auswirken (vgl. SCHÖCH/GEBAUER 1991, 20, 53).

An zweiter Stelle bei den ausländischen Tatverdächtigen stehen gegenwärtig die *Arbeitnehmer* (*Gastarbeiter*). Mit einem Anteil von 79 035 (20,6%) weisen sie aber eine relativ kleine Gruppe von offiziell Registrierten auf, wenn man bedenkt, daß im März 1990 insgesamt mehr als 1,7 Millionen sozialversicherungspflichtig beschäftigte Personen mit ihren Familien in der Bundesrepublik lebten. Auch die soziale Lage der Gastarbeiter ist immer noch – trotz einiger Verbesserungen – durch erhebliche Belastungen gekennzeichnet. Der generell relativ geringe Ausbildungsstand sowie die niedrige berufliche Qualifikation setzen die ausländischen Arbeitnehmer in erhöhtem Maß den Folgeerscheinungen wirtschaftlicher Krisen wie Kurzarbeit und Arbeitslosigkeit aus. In größeren Städten sind bei den Ausländern vergleichsweise hohe Arbeitslosenzahlen festzustellen. Im September 1991 ergab sich z. B. für Hamburg eine Quote von 15%, während die Gesamtarbeitslosenquote in dieser Region „nur" bei 8% lag (bundesweite Daten für Januar 1991: 11% gegenüber 7%). Als weiteres Belastungsmoment muß die verhältnismäßig schlechte Versorgung mit Wohnraum angesehen werden. Nicht selten leben die Gastarbeiter sozial und räumlich isoliert in Ghettogebieten der Großstädte. Hinzu kommt eine Situation der rechtlichen Benachteiligung, die sich insbesondere im Bereich der Aufenthaltserlaubnis- und Arbeitserlaubnisregelungen auswirkt (vgl. dazu SCHÖCH/GEBAUER 1991, 12 ff., 29 ff.).

Nach Berechnungen von KAISER (1988, 587) „weisen im Gegensatz zur Gesamtheit der Ausländer die Gastarbeiter nach den polizeilichen Kriminalitätsbelastungsziffern keine erheblich höhere Deliktsrate auf als die deutsche Vergleichspopulation" (vgl. auch SCHÖCH/GEBAUER 1991, 38, Fn. 106). Bei den einzelnen Straftaten stehen quantitativ Diebstahl, Betrug und Körperverletzung im Vordergrund (insgesamt knapp 70% aller Tatverdächtigen). Überdurchschnittliche Täteranteile ergeben sich nach den offiziellen statistischen Daten beim Glücksspiel, aber auch bei schwereren Personendelikten wie z. B. vorsätzlichen Tötungen, Körperverletzungen sowie einzelnen Sexualdelikten, während Eigentums- und Vermögensstraftaten eine wesentlich geringere Rolle spielen (PKS 1990, 76, 77 sowie Anhang Tabelle 61).

Die drittgrößte Gruppe der ausländischen Tatverdächtigen stellen nunmehr die „*Sonstigen*" mit 67 841 registrierten Personen (17,7% der nichtdeutschen Tatverdächtigen), wobei allerdings nur teilweise erkennbar ist, wer unter dieser Bezeichnung zusammengefaßt wird. Nach PRINZ (1990, 657) handelt es sich

u. a. um Registrierte, bei denen der Aufenthaltsgrund nicht festgestellt werden konnte, während SCHÖCH/GEBAUER (1991, 45) vermuten, auch ein erheblicher Teil der Angehörigen der sogenannten zweiten Ausländergeneration werde in dieser Gruppe miterfaßt. Davon geht wohl auch EISENBERG (1990, 814) aus, wenn er neben den Arbeitslosen auch die nichterwerbstätigen Familienmitglieder von Arbeitnehmern und Gewerbetreibenden einbezieht, vorausgesetzt, daß sie nicht Schüler und Studenten sind. Angesichts der wenig geklärten quantitativen Zusammensetzung der Gruppe kann es nicht überraschen, wenn detailliertere Informationen und Berechnungen bezüglich dieses Teils der Ausländer fehlen. Generell wird darauf verwiesen, daß es bei diesen Nichtdeutschen in den letzten Jahren eine erhebliche Zunahme von Tatverdächtigen gegeben hat (SCHÖCH/GEBAUER 1991, 46 f.), wobei sich der PKS (1990, Tab. 61) entnehmen läßt, daß es sich eher um leichtere Delikte handelt (Diebstahl, Vermögens- und Fälschungsdelikte sowie Körperverletzungen standen bei drei von vier Tatverdächtigen im Vordergrund).

Nahezu gleich groß sind die Tatverdächtigenzahlen bei den *Illegalen* (47 585; 12,4% der nichtdeutschen registrierten Personen) und bei den *Touristen* bzw. *Durchreisenden* (47 875; 12,5%; PKS 1990, 65). Unterschiede gibt es jedoch bei der Entwicklung der Kriminalität und bei der Deliktsstruktur. Zwischen 1984 und 1990 sind die absoluten Tatverdächtigenzahlen bei den Illegalen um 68% und bei den Touristen/Durchreisenden um 244% gestiegen. Angesichts der fehlenden genaueren Angaben zum Anteil an der ausländischen Bevölkerung insgesamt bleibt die Bedeutung dieser Daten zwar eingeschränkt, doch wird erkennbar, daß für den allgemeinen Anstieg der Ausländerkriminalität nur einzelne nichtdeutsche Gruppen, kaum aber die Gastarbeiter verantwortlich erscheinen (so auch SCHÖCH/GEBAUER 1991, 47 f.; PRINZ 1990, 657). Bei der Deliktsstruktur ergibt sich für die Illegalen, daß es in neun von zehn Fällen um Verstöße gegen das Ausländer- und das Asylverfahrensgesetz geht und ansonsten nur noch Urkundenfälschung und Diebstahl eine gewisse quantitative Bedeutung erlangen (PKS 1990, 77). Damit wird auch deutlich, daß die Entwicklung der offiziellen Kriminalitätsbelastung bei den Illegalen mitbeeinflußt sein dürfte vom Einsatz der Kontrollinstanzen. Bei den Touristen und Durchreisenden zeigten sich die häufigsten Auffälligkeiten im Bereich des Diebstahls und der Vermögens- und Fälschungsdelikte (über 80%, vgl. PKS 1990, Tab. 61).

Bezüglich der einzelnen *Nationen* lassen sich detaillierte Aussagen nicht machen, da die Basisinformationen (differenziert nach den verschiedenen Untergruppen) nicht veröffentlicht werden. Für das Jahr 1990 ergeben die unkorrigierten Zahlen (vgl. zu den statistischen Problemen SCHÖCH/GEBAUER 1991, 47 f.) bei den „Gastarbeiternationen" eine hohe Belastung der Jugoslawen. Ihnen folgen die Türken und die Italiener. Die Griechen belegen den vierten Platz, während die Portugiesen und die Spanier vergleichsweise wenig straffällig werden (vgl. PKS 1990, 78; STATISTISCHES JAHRBUCH 1990, 59 und eigene Berechnung; zu Einzelheiten siehe SCHÖCH/GEBAUER 1991, 46 für die Jahre 1978 bis 1988). In den neueren Analysen wird zunehmend darauf aufmerksam gemacht, daß neben diesen Gastarbeiternationen auch Angehörige anderer Länder sowohl nach den absoluten als auch den Kriminalitätsbelastungszahlen verstärkt ins Bild geraten. Zu nennen sind hier Ghanaer, Libanesen, Inder und Personen aus SriLanka (vgl. SCHÖCH/GEBAUER 1991, 48). Vermutlich stehen hier aber die Gruppen der Illegalen und der Asylbewerber im Vordergrund (vgl. dazu die Angaben im STATISTISCHEN JAHRBUCH 1990, 60), so daß statistische Überhöhungen nicht auszuschließen sind. Diese und andere Aspekte spielen wohl auch bei den Polen (vgl. dazu SCHÖCH/GEBAUER 1991, 48) und Rumänen eine Rolle, bei denen in den letzten Jahren die Entwicklung auffälliger erschien als bei den meisten anderen Nationen (lückenhafte Angaben in der PKS 1990, 78).

Ähnlich ungesichert erscheinen auch die Erkenntnisse im Hinblick auf die „*Organisierte Kriminalität*", bei der den Ausländern häufig eine nicht unbedeutende Rolle zugeschrieben wird. Nach einer Darstellung des früheren Präsidenten des BKA ist eine Beteiligung ausländischer Tätergruppierungen in folgenden Deliktsbereichen zu beobachten: Beim illegalen Waffenhandel, bei der Rauschgiftkriminalität, bei der Herstellung und Verbreitung von Falschgeld, in Bereichen der Gewalt- und Eigentumskriminalität sowie bei Straftaten in Verbindung mit dem Nacht- und Gaststättengewerbe. Aussagen zum Umfang dieser organisierten Kriminalität beruhen aber vielfach auf einem sehr begrenzten empirischen Erkenntnisstand und sind deshalb mit einigen Unwägbarkeiten verbunden. Bezüglich der Rauschgiftsituation sei – so ein Vertreter des BKA – festzustellen, daß sie überwiegend das Werk organisierter Ausländerkriminalität im In- und Ausland ist. Ansonsten ergeben sich aber teilweise sehr divergierende Einschätzungen hinsichtlich der Beteiligung der Nichtdeutschen im Bereich der organisierten Kriminalität, so daß von gesicherten Fakten nicht gesprochen werden kann.

Während die *Viktimisierung* von Nichtdeutschen bisher kaum thematisiert (vgl. dazu PITSELA 1986) und die Kriminalität der größten Ausländergruppe, der *erwachsenen Gastarbeiter*, relativ gelassen beobachtet und analysiert wird (vgl. z. B. KAISER 1988, 587), gibt es bezüglich der offiziellen Delinquenzbelastung der *nachwachsenden Generationen* (zum Begriff „2. Generation" vgl. differenzierend SCHÖCH/GEBAUER 1991, 38) teilweise besorgte Kommentare mit dem Hinweis auf eine erhebliche Konfliktlage. Zahlreiche Untersuchungen kamen zu dem Ergebnis, daß in den letzten Jahren die ausländischen Kinder, Jugendlichen und Heranwachsenden nach den Daten der Polizeilichen Kriminalstatistik (zur bisherigen Dunkelfeldforschung vgl. VILLMOW 1990, 238) teilweise erheblich höher belastet erscheinen als die entsprechenden deutschen Gruppen (vgl. die Übersicht bei KILLIAS 1988, 223 ff.; TRAULSEN 1988, 28 ff.; SCHÖCH/GEBAUER 1991, 39 f.).

Zwar zeigten bereits einige frühere Studien, daß bei Einbeziehung zusätzlicher statistischer Instrumente (z. B. Statistik der Staatsanwaltschaften und Strafverfolgungsstatistik) die Unterschiede kleiner werden (vgl. auch ALBRECHT 1990, 275; SCHÖCH/GEBAUER 1991, 54), doch gibt es bisher kaum Analysen, die unter Berücksichtigung und Kontrolle der bereits erwähnten Verzerrungsfaktoren den Weg vergleichbarer Populationen durch die verschiedenen Phasen des Strafverfahrens nachzeichneten (vgl. dazu auch KILLIAS 1988, 223 ff.; siehe nunmehr aber KARGER/SUTTERER 1990, 369 ff. mit Einzelergebnissen aus einer Kohortenstudie). Vor einiger Zeit hat Mansel versucht, insbesondere auf der Basis der Daten der Strafverfolgungsstatistik, die Kriminalität von Personen mit unterschiedlicher Nationalität, aber gleicher sozialer Schicht genauer zu erfassen. Hierbei wurden teilweise nur noch geringfügige Abweichungen bei den einzelnen Gruppen deutlich, wobei die spezielle „deutsche Kontrollgruppe" sogar am schlechtesten abschnitt (MANSEL 1989). Zwar wird die Konstruktion dieser inländischen Vergleichsgruppe gelegentlich zu Recht problematisiert (vgl. KARGER/SUTTERER 1990, 381; SCHÖCH/GEBAUER 1991, 40). Doch hilft dieser methodische Ansatz in einer Phase, in der noch keine Studien mit echten Vergleichsgruppen durchgeführt worden sind, den Schichtfaktor besser im Auge zu behalten und die Tendenzen deutlicher hervortreten zu lassen. Insoweit sei auch auf die Untersuchung von GEISSLER/MARISSEN verwiesen (1990, 663 ff.), die mit ähnlichen Berechnungen und Ergebnissen die Erkenntnisse von MANSEL teilweise ergänzen.

Analysen aus den letzten Jahren zeigten außerdem, daß junge Ausländer nicht häufiger als junge Deutsche als Mehrfach- oder Intensivtäter registriert werden (in der Studie von KARGER/SUTTERER 1990, 374 f. ergibt sich nur eine geringfügige Höherbelastung der Nichtdeutschen; vgl. auch SCHÖCH/GEBAUER 1991, 42, Fn. 128). Hinzu kommt, daß auch einige Indizien dafür sprechen, daß insbesondere bei den Eigentums- und Vermögensdelikten die jungen Ausländer eher Bagatelltaten begehen (TRAULSEN 1988, 40; MANSEL 1989). Insoweit erscheint es durchaus gerechtfertigt, wenn gegenwärtig von verschiedenen Seiten dafür plädiert wird, die Delinquenz der jungen Nichtdeutschen zwar mit einiger Aufmerksamkeit, aber ohne Dramatisierung zu betrachten (KAISER 1988, 600 f.; KUBE/KOCH 1990, 14).

Diese verschiedenen Erkenntnisse hinsichtlich der Straffälligkeit der Gastarbeitergenerationen und der anderen Ausländergruppen führten zu zahlreichen – zum Teil sehr umstrittenen – *Erklärungsversuchen* (zusammenfassend z. B. CHAIDOU 1984, 82 ff.). Im Vordergrund stand lange Jahre die Theorie des Kulturkonflikts (→ Kultur, Subkultur, Kulturkonflikt). Nach SELLIN 1938 kann ein Konflikt zwischen Normen dann angenommen werden, wenn auf eine bestimmte Situation und Person Verhaltensregeln gerichtet sind, die mehr oder weniger divergieren. Das Mitglied einer Kultur internalisiert ganz bestimmte Regeln, Ziele, Verhaltensweisen und entwickelt dabei eine „kulturspezifische Grundpersönlichkeit" (SACK 1974). Wandert es in ein fremdes kulturelles System ein, so wird es mit dem dort herrschenden Ordnungssystem konfrontiert, dessen Normen unter Umständen den eigenen, verinnerlichten vielfach widersprechen. Es entsteht ein Konflikt, der nur durch die Entscheidung für ein System gelöst werden kann, was aber naturgemäß einen gewissen Zeitraum beansprucht. In einer solchen Lage ist die Wahrscheinlichkeit, daß Einwanderer ein von der Wirtspopulation als rechtswidrig bezeichnetes Verhalten zeigen, relativ groß.

Die Überprüfung dieses Konzepts hat jedoch für die Gastarbeiter in der Bundesrepublik ergeben, daß „keine Anhaltspunkte für einen reicheren oder intensiveren Kulturkonflikt im strafrechtlichen Normbereich" vorliegen (KAISER 1988, 588 ff., 597 ff.; a. A. SCHNEIDER 1987, 306 ff.; teilweise differenzierend SCHÖCH/GEBAUER 1991, 55 f.). Die Tatsache, daß die erwachsenen ausländischen Arbeitnehmer vergleichsweise gering delinquenzbelastet erscheinen, spricht gegen die Relevanz der Theorie. Denn gerade bei ihnen, die den heimatlichen Normen noch am intensivsten verbunden sind, müßte sich die Problematik der verschiedenen, miteinander schwer zu vereinbarenden Verhaltensregulativen am stärksten auswirken. Bei den hier geborenen bzw. aufgewachsenen Kindern, Jugendlichen und Heranwachsenden wird davon ausgegangen, daß auch bei einer an der Herkunftskultur der Eltern orientierten Erziehung ein Kulturkonflikt nur in abgeschwächter Form vorliege, was dann aber im Rahmen der Theorie nicht mit dem Faktum der teilweise höheren Kriminalitätsraten zu vereinbaren sei (SCHÜLER-SPRINGORUM 1983, 532 f.).

Im Laufe der Jahre ist die Kulturkonflikttheorie mehrfach modifiziert und mit anderen Ansätzen verbunden worden, so daß teilweise schon von einem – fast konturlosen – Mehrfaktorenansatz gesprochen wurde. LOLL z. B. plädiert für eine spezifizierte Form der Hypothese, die nicht nur die Unterschiedlichkeit der Normsysteme in den Vordergrund stellt, sondern auch den Aspekt des (sozialen) Konflikts (1983, 23 f.). Eine solche Überlegung zeigt gewisse Verbindung zu dem Vorschlag von KAISER, den Kulturkonflikt im Hinblick auf die jungen Ausländer als einen modifizierten Eltern-Kind-Konflikt zu verstehen. Danach kommt es in der Familie verstärkt zu Auseinandersetzungen, wenn die Kinder die an der Herkunftskultur orientierten Erwartungen der Eltern mit denjenigen aus der Schule, Beruf und eventuell deutscher Freundesgruppe konfrontieren. In diesem Zusammenhang könne die Sozialisations- und Kontrollkapazität der Eltern abnehmen und der Einfluß anderer, auch delinquenter Gruppen sich verstärken (KAISER 1988, 599; vgl. auch LOLL 1983, 25; SCHÖCH/GEBAUER 1991, 57).

Schon vor einigen Jahren hat SACK darauf hingewiesen, daß möglicherweise „sozialstrukturelle Momente und Mechanismen, also Phänomene des Zugangs zu ökonomischen, beruflichen, politischen und ökologischen Chancen, ein wesentlich größeres Gewicht beanspruchen als Faktoren, die sich als reine Kulturkonflikte im Sinne des Aufeinandertreffens verschiedener miteinander unvereinbarer Verhaltensregulative begreifen lassen" (SACK 1974, 211).

Andere sprechen in diesem Zusammenhang von einer sozialen Mangellage, die sich insbesondere bei den jungen Ausländern (in Verbindung mit einem erhöhten Anspruchsniveau) auswirke. Unter Hinweis auf Annahmen der Anomietheorie wird dabei dargestellt, daß die sozialen Belastungen und Benachteiligungen auch Ende der 80er Jahre noch erheblich sind, obwohl z. B. im Bildungsbereich gewisse Verbesserungen im Vergleich zu den 70er Jahren erreicht wurden (vgl. z. B. STÜWE 1986, 117 ff.; DER SPIEGEL 1989, Nr. 9, 70 ff.). Da nach der Anomietheorie bei einer erheblichen Diskrepanz zwischen dem Anspruchsniveau und den legalen Möglichkeiten u. a. auch delinquentes Verhalten die Folge sein kann, wurde erwartet, daß bei den Ausländern insbesondere die Eigentums- und Vermögenskriminalität über dem Durchschnitt liegt. Gerade in diesem Bereich waren aber über längere Phasen keine Besonderheiten festzustellen, so daß z. B. SCHÜLER-SPRINGORUM mit gutem Grund zum Ergebnis kommen konnte, hier habe die Theorie versagt (1983, 534). Inzwischen zeichnet sich aber auch hier eine neue Entwicklung ab, d. h. zumindest die Daten der Polizeilichen Kriminalstatistik lassen eine erhebliche Zunahme der Belastungen bei den jungen Ausländern erkennen (ALBRECHT 1988, 186; WALTER 1989, 68 ff.; vgl. auch GEISSLER/MARISSEN 1990, 678 f.).

Dies mag u. U. zu einer veränderten Einschätzung der Anomietheorie führen. Die neuere Diskussion prüft jedoch auch Erklärungsmuster auf der Basis des Kontroll- bzw. Definitionsansatzes. Danach resultieren die geringen bzw. höheren Kriminalitätsraten der Gastarbeitergenerationen und der anderen Ausländergruppen auf den unterschiedlich stark ausgeprägten sozialen Kontakten mit der deutschen Bevölkerung und den deutschen Kontrollinstanzen. Mehr soziale Kontakte der jungen Ausländer führen zu erhöhter sozialer Kontrolle und damit zu erhöhter Kriminalisierung (MANSEL 1989).

Die hierbei angesprochene gesellschaftliche Reaktion auf das (abweichende) Verhalten der Nichtdeutschen ist in der Bundesrepublik erst seit Beginn der 70er Jahre problematisiert worden. In diesem Zusammenhang wird angenommen, daß die Delinquenz der Ausländer einer verstärkten Aufmerksamkeit unterliegt, daß die informellen Kontrollen, aber auch der offizielle Verfolgungsdruck, ausgeprägter erscheinen als bei der deutschen Bevölkerung (vgl. z. B. WALTER 1989, 76 f.). Detailliertere Untersuchungen zu dieser Problematik und gesicherte empirische Erkenntnisse liegen gegenwärtig allerdings noch nicht vor. Angesichts einer wesentlich höheren Einstellungsquote zugunsten der Ausländer auf der Staatsanwaltsebene geht MANSEL jedoch davon aus, daß in den Phasen vorher „einerseits die Bevölkerung insbesondere gegenüber den jungen Ausländern eine erhöhte Anzeigebereitschaft zeigt und andererseits die Polizei gegen diese auch nach Bagatellen und Privatstreitigkeiten ein Ermittlungsverfahren einleitet bzw. diese Gruppe bei Streifenfahrten eher verdächtigt, eine unter Strafe gestellte Handlung ausgeführt zu haben“ (1988, 1080; vgl. auch GEISSLER/MARISSEN 1990, 674 ff.). Demgegenüber kommt eine schweizerische Opferbefragung zum Ergebnis, daß bei den untersuchten Gewaltdelikten die Nationalität des Täters auf das Anzeigeverhalten der Opfer keinen Einfluß ausübt, vielmehr Aspekte wie Schadenshöhe und Chancen der Schadensdeckung etc. im Vordergrund stehen (KILLIAS 1988, 165).

Verschiedene Analysen der formellen Reaktionen auf die Ausländer- bzw. Gastarbeiterkriminalität lassen erkennen, daß bei der Beurteilung zu differenzieren ist und hierbei die unterschiedlichen Ebenen und Sichtweisen verbunden werden müssen. Zumindest teilweise scheinen die ausländischen Tatverdächtigen im Verlauf des Kontrollprozesses in verschiedener Weise benachteiligt zu werden (vgl. auch SCHÜLER-SPRINGORUM 1983, 536; kritisch KILLIAS 1988, 228 ff.; DERS. 1988, 165). Dies gilt jedoch nicht für alle Bereiche, z. B. hat die Staatsanwaltschaft als Selektionsinstanz wohl eine Art „Ausgleichsfunktion“, und auch die Auswirkungen fallen unterschiedlich stark aus. In der Betroffenenperspektive zeigt sich aber, und dies muß auch eine zukünftige Kriminalpolitik berücksichtigen, daß erlebte jahrelange allgemeine Diskriminierung dazu führen kann, daß bei vielen Maßnahmen subjektiv eine erhebliche Ausländerfeindlichkeit der Instanzen wahrgenommen wird, auch wenn objektiv eine unterschiedliche Behandlung nicht feststellbar erscheint (vgl. zusammenfassend VILLMOW 1989, 44 f.).

Die von der kriminologischen Forschung vorgeschlagenen *Präventionsstrategien* verfolgen einen weitgehenden Integrationsprozeß, der zu mehr sozialer Handlungsfähigkeit, zu vergleichbaren Rechten und Chancen auf allen gesellschaftlichen Ebenen führen soll. Für die jungen Ausländer werden verbesserte Möglichkeiten der Teilhabe bei den sozialen Einrichtungen, z. B. beim Kindergarten- und Schulbesuch, bei den außerschulischen Sozialisationshilfen sowie im Berufsbereich gefordert. Hinsichtlich der Erwachsenen standen in den letzten Jahren Bestrebungen im Vordergrund, die doppelte Staatsbürgerschaft und das kommunale Wahlrecht zu ermöglichen. Die Vorschläge bezüglich des Strafverfahrens befassen sich z. B. mit der Einbeziehung ausländischer Fachkräfte bei der Tätigkeit der Gerichtshilfe, dem verstärkten Einsatz von Pflichtverteidigern und der präziseren Prüfung des Haftgrunds „Fluchtgefahr". Im Rahmen neuerer Modelldiskussionen werden auch Weiterentwicklungen im Bereich der Diversions- und Täter-Opfer-Ausgleichsprogramme erörtert, die zu einer intensiveren Einbeziehung ausländischer Jugendlicher führen sollen. Im Hinblick auf ausländerbehördliche Entscheidungen erscheint eine verbesserte Kooperation zwischen den Ausländerämtern und den zuständigen Justizorganen sowie den Trägern der Sozial- und Jugendhilfe notwendig, die zu Differenzierungen beiträgt, wenn hier zu Lasten der Betroffenen auch begangene Straftaten und entsprechende Sanktionen berücksichtigt werden sollen.

Bei allen Vorschlägen und Bemühungen ist aber zu bedenken, daß einzelne Lösungen nur dann wirklich greifen können, wenn die zugrundeliegende allgemeine Ausländerpolitik nicht ambivalent und widersprüchlich konzipiert ist (vgl. die knappe Übersicht bei SCHÖCH/GEBAUER 1991, 10). Solange gleichzeitig sowohl die Notwendigkeit integrationsfördernder Strategien betont als auch an Maßnahmen der Rückkehrförderung ausländischer Arbeitnehmer und ihrer Familien festgehalten wird, werden auf den verschiedenen Instanzenebenen Unsicherheiten bleiben, widersprüchliche und disfunktionale Maßnahmen die Problematik möglicherweise verschärfen. Der bisherigen Ausländerpolitik werden zu Recht Defizite und falsche Weichenstellungen attestiert (KAISER 1988, 601). Angesichts der verstärkten Wanderungsbewegungen und der Tatsache, daß die Bundesrepublik zum Einwanderungsland geworden ist, erscheint eine politische Konzeption notwendig, die die Bereitschaft zur Integration der Ausländer fördert und ein konfliktfreieres Zusammenleben ermöglicht.

Albrecht, H.-J., Ausländerkriminalität, in: Fälle zum Wahlfach Kriminologie, Jugendstrafrecht, Strafvollzug, hrsg. von Jung, H., 2. Aufl. München 1988, S. 183–204; *Albrecht, P.-A.*, Die strafrechtliche Auffälligkeit des Ausländers, StV 10 (1990), S. 272–279; *Chaidou, A.*, Junge Ausländer aus Gastarbeiterfamilien in der Bundesrepublik Deutschland, Frankfurt 1984; *Geißler, R., Marißen, N.*, Kriminalität und Kriminalisierung junger Ausländer, KZfSS 42 (1990), S. 663–687; *Karger, T., Sutterer, P.*, Polizeilich registrierte Gewaltdelinquenz bei jungen Ausländern, MschrKrim 73 (1990), S. 369–383; *Killias, M.*, La delinquance juvenile des migrants de la deuxième génération, in: Jugend und Delinquenz, hrsg. von Schuh, J., Grüsch 1988, S. 223–284; *ders.*, Diskriminierendes Anzeigeverhalten von Opfern gegenüber Ausländern?, MschrKrim 71 (1988), S. 156–165; *Kube, E., Koch, K.-F.*, Zur Kriminalität jugendlicher Ausländer aus polizeilicher Sicht. MschrKrim 73 (1990), S. 14-24; *Loll, B.*, Jugendkriminalität von Ausländern der zweiten und dritten Generation, Hamburg 1983; *Mansel, J.*, Gezielte Produktion von Kriminellen? Das Ausmaß der Kriminalisierung von Gastarbeiternachkommen durch Organe der Strafrechtspflege in der Bundesrepublik Deutschland, in: Kriminologische Forschung in den 80er Jahren, Bd. 35/2, hrsg. von G. Kaiser u. a., Freiburg 1988, S. 1059–1084; *ders.*, Die Selektion innerhalb der Organe der Strafrechtspflege am Beispiel von jungen Deutschen, Türken und Italienern, Frankfurt 1989; *Prinz, H.*, Aspekte der Ausländerkriminalität, Kriminalistik 44 (1990), S. 657–661; *Sack, F.*, Stichwort „Kulturkonflikt", in: Kleines Kriminologisches Wörterbuch, hrsg. von Kaiser, G., Freiburg 1974, S. 207–211; *Schöch, H., Gebauer, M.*, Ausländerkriminalität in der

Bundesrepublik Deutschland, Baden-Baden 1991;*Schüler-Springorum, H.*, Ausländerkriminalität. Ursachen, Umfang und Entwicklung, NStZ 3 (1983), S. 529–536; *Sellin, T.*, Culture Conflict and Crime, New York 1938;*Stüwe, G.*, Ausländische Jugendliche zwischen Arbeit und Arbeitslosigkeit, Recht der Jugend und des Bildungswesens 34 (1986), S. 117–127; *Traulsen, M.*, Die Kriminalität der jungen Ausländer nach der Polizeilichen Kriminalstatistik, MschrKrim 71 (1988), S. 28–41; *dies.*, Gefährlich oder gefährdet? Zur Kriminalität der A sylbewerber. Kriminalistik 44 (1990), 415-419; *Villmow, B.*, Reaktionen von Polizei und Justiz auf Ausländerdelinquenz. In: Ausländerkriminalität in der Bundesrepublik Deutschland, hrsg. vom Bundeskriminalamt. Wiesbaden 1989, 35-62; *Villmow, B.*, Polizei, Justiz und Sozialarbeit im Umgang mit mehrfach auffälligen jungen Ausländern, in: Mehrfach Auffällige – Mehrfach Betroffene, hrsg. von der Deutschen Vereinigung für Jugendgerichte und Jugendgerichtshilfen, Bonn 1990, S. 234–255; *Walter, M.*, Ausländerkriminalität gestern – heute – morgen, in: Ausländerkriminalität in der Bundesrepublik Deutschland, hrsg. vom Bundeskriminalamt, Wiesbaden 1989, S. 63–83.

BERNHARD VILLMOW

Austauschbarkeit, von Sanktionen → Diversion, → Erfolg, Bewährung, Effizienz, → Sanktionen, → Sanktionsforschung

B

Bagatellkriminalität. Unter diesem *Leitbegriff* (statt dessen auch „Klein- oder Leichtkriminalität") beschäftigen sich Strafrechtswissenschaft, Kriminalpolitik und Kriminologie mit einer Kategorie abweichenden Verhaltens, das im Kontinuum aller möglichen Verhaltensweisen – von der Konformität bis zur Schwerstkriminalität – im *Grenzbereich* strafrechtlich tolerierten bzw. sanktionierten Verhaltens angesiedelt ist und damit zugleich die *Nahtstelle* zwischen strafrechtlicher Kontrolle und minder einschneidenden Formen der sozialen Kontrolle bildet. Die Aussagekraft der über diese Ortsbestimmung hinausgehenden Begriffserklärungen ist gering, da allgemein anerkannte und exakte Geringfügigkeitskriterien bisher nicht entwickelt wurden und infolgedessen auch keinen gesetzlichen Niederschlag gefunden haben. Das StGB kennt ausschließlich die formelle Unrechtsbestimmung in Tatbeständen und ignoriert die Möglichkeit mangelnder Strafwürdigkeit nach materiellen Unrechtskriterien bei Geringfügigkeit. Eine materielle Ausgrenzung der Bagatelle aus dem Unrechtstatbestand wurde zunächst mit quantitativ geprägten *Geringfügigkeitskriterien* im Hinblick auf Handlung, Erfolg und Schuld der Tat sowie die verhängte Sanktion (KRÜMPELMANN 1966) versucht. Neuere Definitionen, die das *Gesamtsystem der sozialen Kontrolle* an dem aufgezeigten Schnittpunkt richtigerweise mit einbeziehen, gehen über die strafrechtsimmanente Betrachtung hinaus und werfen die Frage auf, ob bei dem geringen deliktischen Gehalt des Verhaltens entweder keine strafrechtliche Sanktion erforderlich ist oder die üblichen Kriminalsanktionen und das anschließende Verhalten als staatliche Überreaktion empfunden werden (DRIENDL 1978; HIRSCH 1980; KUNZ 1984). Die Bagatellkriminalität ist somit der Anwendungsfall eines *„pragmatischen Verbrechensbegriffs“* (KAISER 1978). Dieser bemißt sich nicht nur nach seiner dogmatischen Stimmigkeit, sondern kann den Toleranzbereich immer nur in Bezug auf eine bestimmte gesellschaftliche Einstellung gegenüber abweichendem Verhalten abstecken (KUNZ 1984). Er muß daher in gewissem Umfang für neue Entwicklungen offenbleiben (DRIENDL 1978). Die Feststellung einer Bagatelle kann sich auf zwei verschiedenen Ebenen ergeben (im einzelnen KUNZ 1984): einmal im Unrechtstatbestand bei der materiell orientierten *Strafwürdigkeitsbeurteilung* im Hinblick auf den geringfügigen Handlungs- und Erfolgsunwert einer formal vertypten Straftat und zum anderen im Strafzumessungszusammenhang bei der umfassenden *Strafbedürftigkeitswürdigung* aller tat- und täterbezogenen Umstände. Diese notwendige Differenzierung markiert die möglichen Ansatzpunkte für kriminalpolitische Realisierungen des Bagatellprinzips. Während die materielle Unrechtsbagatellisierung notwendig jede Rechtsfolge ausschließt, sind bei einer bloßen Zumessungsbagatellisierung Sanktionen unterhalb der Strafe möglich.

Das deutsche materielle Strafrecht enthält seit der Eliminierung der Übertretungen durch das EGStGB 1974 keine *selbständigen oder eigentlichen Bagatelldelikte* mehr. Die als weiter sanktionsbedürftig erachteten Verhaltensweisen wie z.B. Belästigung der Allgemeinheit wurden wie zuvor schon die Verkehrsübertretungen in das Ordnungsunrecht überführt (vgl. nur § 118 des Gesetzes über Ordnungswidrigkeiten i. d. F. v. 17.5.1988), so daß das Verhältnis der verschiedenen Kontrollsysteme heute zumindest im Grenzbereich quantitativ im Sinne einer Steigerung aufzufassen ist (BVerfG NJW 1979, 1981 f.). Wegen der im StGB äußerst abstrakt typisierten Unrechtshandlung und der relativ hohen Strafandrohung für Vergehen lassen sich im Strafrecht auch jetzt noch *unselbständige oder uneigentliche Bagatelldelikte* abschichten, jedoch nur im Einzelfall bei der konkreten Tatbestandserfüllung (KUNZ 1984). Ein Großteil der klassischen registrierten Kriminalität von Diebstahl, Betrug und Leistungserschleichung über Hausfriedensbruch und Sachbeschädigung bis hin zur Körperverletzung und Beleidigung zählt zu dieser Kategorie. Verbrechenstatbestände, Tötungsdelikte und qualifizierte Vergehenstatbestände dagegen sind schon allein wegen des gravierenden Unrechtsgehaltes bagatellfrei (KUNZ 1984). Der hohe Anteil der unselbständigen Bagatelldelikte an der registrierten Kriminalität läßt sich aus der aktuellen Sanktionspraxis (1990) ersehen, die sich in ihrem deutlichen Schwerpunkt auf der Grenzlinie der Strafbedürftigkeit bewegt: Rund 45% der verfolgten Straftaten werden nach den §§ 153, 153 a, 153 b wegen Geringfügigkeit eingestellt. 82% der Verurteilungen bestehen aus einer Geldstrafe; zwei Drittel davon liegen unter 30 Tagessätzen und kommen damit dem Bereich der Zumessungsbagatelle nahe.

Die Lösung des im EGStGB 1974 erkannten Problems der unselbständigen Bagatellkriminalität erfolgt im Zumessungszusammenhang über das Prozeßrecht: Bei allen Eigentums- und Vermögensdelikten wird die geringfügige Tat nur auf Antrag verfolgt (z. B. § 248 a StGB). In diesen Fällen kann die Staatsanwaltschaft schon von sich aus das Verfahren nach § 153 StPO folgenlos einstellen, wenn die Schuld gering ist und kein öffentliches Interesse an der

Verfolgung besteht oder diese nach § 153 a StPO dadurch beseitigt werden können, daß dem Täter Auflagen und Weisungen wie zum Beispiel Schadenswiedergutmachung, Geldbuße oder gemeinnützige Arbeit auferlegt werden. Unter gleichen Voraussetzungen ist bei sonstigen Bagatelldelikten vor einer Einstellung die Zustimmung des Gerichts einzuholen. Die Entscheidungen sind nicht anfechtbar.

Die verfahrensmäßige Bewältigung der Bagatellkriminalität hat mit der umstrittenen Reform von 1974 mehr und mehr an Bedeutung erlangt. 1990 betrug der Einstellungsanteil nach den §§ 153, 153 a, 153 b StPO an allen formell und informell erledigten Strafsachen (ohne § 170 Abs. 2 StPO) mit hinreichendem Tatverdacht etwa 45%. In rund dreiviertel der Fälle entscheidet der Staatsanwalt. Wegen des beachtlichen Ermessensspielraums bei der Bagatellisierung einer Straftat ergeben sich erhebliche regionale Differenzen. Bei § 153 a StPO dominiert die Geldbuße als Bagatellsanktion mit über 98%. Kriminalpolitisch ist es erstrebenswert, die sozialkonstruktiven Mittel der Wiedergutmachung, die auch das Gesetz an erster Stelle nennt, verstärkt einzusetzen. In der Praxis zeigen dazu Täter-Opfer-Ausgleichsmodelle positive Ansätze zur restitutiven Wiederherstellung des Rechtsfriedens nach einem Bagatelldelikt.

Die *Kriminologie* befaßt sich ebenfalls mit der unselbständigen Bagatellkriminalität und deren Sonderstellung in der Verbrechenswirklichkeit, insbesondere bezüglich der Verbrechenskontrolle und der Täter: Es handelt sich um eine *Massenerscheinung*. Von den 1990 polizeilich registrierten rund 1,15 Mill. einf. Diebstählen blieben nahezu die Hälfte (48,5%) bei einem Schaden unter 100 DM (bei Laden-/Warenhausdiebstählen sogar rund 80%) und selbst beim Betrug lag der Anteil der entsprechenden Taten bei 40%. Das wahre Ausmaß der gesamten Bagatellkriminalität ist jedoch weit größer, denn bei allen Opferbefragungen zum → Dunkelfeld ergab sich, daß die Dunkelziffer mit steigendem Geringfügigkeitsgehalt der Tat insbesondere hinsichtlich der Schadenshöhe explosionsartig ansteigt, weil das Opfer den Aufwand für eine Strafanzeige im Verhältnis zur möglichen Reaktion nicht für sinnvoll erachtet. Erfolgt dennoch eine Anzeige, so neigt die aufnehmende Polizeibehörde insbesondere bei den Delikten gegen die Person zu einer Bagatellisierung des Sachverhalts und versucht, die Angelegenheit dem Privatbereich zuzuweisen.

Staatsanwaltschaft und Gericht haben die Möglichkeit der Verfahrenseinstellung oder geringfügigen Sanktionierung (s. o.). Ein großer Teil von Bagatelldelikten wird daneben außerhalb der Justiz im sozialen Nahraum mehr oder weniger formalisiert, z. B. durch die Betriebsjustiz erledigt.

Schon aus dem massenhaften Auftreten ist zu schließen, daß die Bagatelldelikte nicht auf das Konto einiger schwer belasteter Rückfalltäter (→ Rückfall) gehen können. Die Dunkelfeldforschungen bestätigen dies: Bagatellkriminalität ist im statistischen Sinn *üblich, flüchtig* und nahezu *ubiquitär*, als alle Menschen im Laufe ihres Lebens insbesondere als Jugendliche zumindest einmal entsprechend auffällig wurden (KAISER 1988). Diebstahl von Früchten oder am Arbeitsplatz, Leistungserschleichung, Beleidigung und Trunkenheit im Straßenverkehr werden z. B. von den meisten Bürgern zugegeben, während Straftaten mit erheblichem kriminellen Gehalt wie z. B. schwerer Raub und Vergewaltigung in der Normalbevölkerung praktisch nicht mehr vertreten sind, sondern sich auf die Rückfalltäter im Strafvollzug konzentrieren (SCHÖCH 1976). Das Phänomen des quantitativen Übergangs vom Normalen zum Kriminellen wird beim einfachen Diebstahl ganz offenkundig, wenn der Blick nicht auf die registrierten Delikte beschränkt wird: Die Ubiquität in allen Bevölkerungskreisen wird sehr schnell aufgehoben, wenn der Deliktsbetrag über einige 10 DM hinausgeht. Solche größeren Diebstähle werden fast ausschließlich von registrierten und inhaftierten Rückfalltätern berichtet. Der normale Bagatelltäter lebt im Gegensatz zum Rückfalltäter in sonstiger sozialer Unauffälligkeit (RÖSSNER 1980). Der relativ hohe Anteil weiblicher Straftäter beim klassischen Bagatelldelikt des Ladendiebstahls (40%) bestätigt das Bild weitgehender Normalität der Täter. Trotz dieser Feststellungen darf jedoch nicht verkannt werden, daß die *Verhaltensgeltung* der Strafdrohung auch im Bagatellbereich relativ hoch bleibt, wenn man sie auf die deliktspezifische Reizsituation bezieht. Die Normbeachtung ist allemal das Normale im Hinblick auf das alltägliche Betreten eines Selbstbedienungsladens oder den dauernden Kontakt mit anderen als potentielle Situationen für Ladendiebstahl oder Beleidigung. Um diese konforme Normalität für die Allgemeinheit zu bekräftigen, ist es durchaus sinnvoll, auch auf Bagatelldelikte mit angemessenen Bagatellsanktionen, vor allem der Wiedergutmachung im Interesse des Opfers, zu begegnen.

Eine umfassende Theorie zur Entstehung der Bagatellkriminalität liegt nicht vor und wird es wohl kaum geben, da die Verhaltensweisen zu weit streuen und unspezifisch sind. *Erklärungsansätze* machen an folgenden Bedingungen fest: Die Geringschätzung des Bagatellbereichs auf der Schwereskala des kriminellen Verhaltens hat Einfluß auf die häufige Begehung solcher Taten. Hinzu kommt der Abbau der informellen sozialen Kontrolle im Nahraum durch die Auflösung gewachsener Gesellschaftsstrukturen und fortschreitende Verstädterung. Diese Tendenz wirkt sich auch im Täter-Opfer-Verhältnis (→ Viktimologie) aus, das z. B. bei Warenhausdiebstahl nicht nur durch Anonymität, sondern auch durch das gemeinsame Ziel des Konsums geprägt ist (RÖSSNER 1980). Schließlich verstehen es viele Bagatelltäter, ihr Selbst- und Fremdbild vom ordentlichen Bürger trotz der Tat aufrechtzuerhalten, indem sie das Unrecht ihres Verhaltens mit allgemein akzeptierten Schuldzuweisungen an das Opfer neutralisieren. Im Interesse des Deliktsopfers und des allgemeinen Normvertrauens kann die staatliche Kontrolle des Bagatellbereichs daher nicht zu weit zurückgenommen werden (KAISER 1988). Zumindest muß der Täter dem Opfer gegenüber die Verantwortung übernehmen und die Tatfolgen ausgleichen, wie dies z. B. § 42 österreichisches StGB bei Bagatelldelikten als Voraussetzung für eine nicht mehr gegebene Strafbarkeit vorsieht.

Die *kriminalpolitische Leitvorstellung* Bagatellkriminalität hat eine lange geschichtliche Tradition (RÖSSNER 1976; WOLTER 1979) und ist ständig aktuelles Reformthema mit vielfältigen Lösungsvorschlägen (vgl. hierzu nur die eingehende Darstellung bei KUNZ 1984). Letztere reichen von leichten Modifikationen des geltenden Rechts bis zu grundlegenden Änderungen im System der Verbrechenskontrolle. Gegen die prozessuale Regelung über §§ 153, 153 a StPO wurde in der Wissenschaft von Anfang an vorgebracht, daß sie das von Art. 3 GG garantierte Legalitätsprinzip in seinem Wesensgehalt tangiere, der

Staatsanwaltschaft die nicht vorgesehene Funktion der Sanktionierung zuweise und Personen mit hohem Status und Einkommen in einer Art „Freikaufverfahren“ besser davonkommen lasse (HIRSCH 1980 m. w. N.; KUNZ 1984). Trotz dieser grundsätzlichen Einwände ist das zumessungsorientierte Bagatellverfahren zum festen Bestandteil des Sanktionensystems geworden. Es fügt sich in die kriminalpolitische Strategie der → Diversion ein und ist in der Praxis wirksam (KAISER 1988). Andere schlagen vor, den Regelungsgehalt des § 153 a StPO in das materielle Strafrecht aufzunehmen (NAUCKE 1976). Dieses Vorgehen kann auf die kriminalpolitisch vielbeachtete Vorschrift des § 42 österreichisches StGB verweisen, die bei mangelnder Strafwürdigkeit des unselbständigen Bagatelldelikts einen Ausschluß der Strafbarkeit vorsieht (MOOS 1983; gegen dieses Vorgehen aber KUNZ 1984). Einige plädieren dagegen für die konkrete Abschichtung der unselbständigen Bagatelldelikte im StGB und die Verankerung einer neuen allgemein definierten Deliktskategorie der *geringfügigen Vergehen* in einem § 12 a StGB einerseits (KUNZ 1984) bzw. die Zusammenfassung in einer *Kategorie der Verfehlungen* sowie daran anschließend auf prozessualer Ebene für die Einrichtung eines vereinfachten (friedensrichterlichen) *Bagatellstrafverfahrens* mit besonderen Reaktionsmöglichkeiten unterhalb des strafrechtlichen Sanktionskatalogs andererseits (HIRSCH 1980; RÖSSNER 1976; s. auch *Alternativ-Entwurf* zur Novelle der StPO 1980). Weniger aktuell – aber weiter überlegenswert – sind Forderungen, auch die unselbständige Bagatellkriminalität wie schon die übriggebliebenen Übertretungen in das Ordnungswidrigkeitenrecht aufzunehmen (BAUMANN 1972) oder bestimmte, besonders hervortretende Bereiche wie den Ladendiebstahl und die Delikte im Betrieb sektoral anderen Formen der sozialen Kontrolle wie dem Zivilrecht bzw. der Betriebsgemeinschaft zuzuführen (Alternativ-Entwurf Ladendiebstahl 1974 und Alternativ-Entwurf Betriebsjustiz 1975). Bemängelt wird daran, daß die daraus resultierende globale Entkriminalisierung von Bagatelldelikten die vom gesellschaftlichen Strafwürdigkeitsempfinden gesetzten Toleranzgrenzen überschreiten würde und einen Rechtszustand schaffen könnte, der schwer kontrollierbare gesellschaftliche Spontanreaktionen auszulösen geeignet ist (KUNZ 1984). In der jüngsten kriminalpolitischen Diskussion nimmt der Weg der *Wiedergutmachung* als konstruktive Tatverarbeitung im Bereich der Alltagskriminalität konkrete Gestalt an (Alternativ-Entwurf Wiedergutmachung 1992). Im *Jugendstrafrecht* hat das 1. JGG ÄndG 1990 den zumessungsrelevanten Bagatellbereich in den §§ 45, 47 JGG mit der Neuregelung der Einstellungsmöglichkeiten ohne und mit Folgen deutlich betont. Die folgenlose Einstellung bei Geringfügigkeit ist nun systematisch auch bei den Jugendlichen an die erste Stelle gerückt, und zusätzlich wird die Konfliktregelung in die Diversionsbestrebungen ausdrücklich aufgenommen. Inwieweit dies in der Praxis zur weiteren Ausdehnung der jetzt schon die formellen Sanktionen überwiegenden Einstellungen (1989: 56%) führt, wird abzuwarten sein. Die jüngsten kriminalpolitischen Forderungen zielen hier auf eine strafausschließende jugendspezifische allgemeine Unrechtsdefinition im Hinblick auf Bagatellfolgen und Tatfolgenausgleich.

Eine abschließende Wertung der Diskussion um die richtige Behandlung der Bagatellkriminalität ist derzeit nicht möglich. Vielmehr erscheint die kriminalpolitische Unruhe an der Grenzlinie des Strafrechts notwendig, weil sich hier fortlaufend die Aufgabe der Entkriminalisierung stellt.

Baumann, J., Über die notwendige Veränderung im Bereich des Vermögensschutzes, JZ 1972, S. 1–6; *Driendl, J.*, Wege zur Behandlung der Bagatellkriminalität in Österreich und der Schweiz, ZStW 90 (1978), S. 1017–1082; *Hirsch, H.J.*, Zur Behandlung der Bagatellkriminalität in der Bundesrepublik Deutschland – unter besonderer Berücksichtigung der Stellung der Staatsanwaltschaft, ZStW 92 (1980), S. 218–254; *Kaiser, G.*, Möglichkeiten der Bekämpfung von Bagatellkriminalität in der Bundesrepublik Deutschland, ZStW 90 (1978), S. 877–905; *Krümpelmann, J.*, Die Bagatelldelikte. Untersuchungen zum Verbrechen als Steigerungsbegriff, Berlin 1966; *Kunz, K.-L.*, Das strafrechtliche Bagatellprinzip, Berlin 1984; *Moos, R.*, Die mangelnde Strafwürdigkeit bei Bagatelldelikten nach § 42 österr. StGB, ZStW 95 (1983), S. 153–219; *Naucke, W.*, Empfiehlt es sich, in bestimmten Bereichen die strafrechtlichen Sanktionen durch andere, zum Beispiel, zivilrechtliche Sanktionen, abzulösen, gegebenenfalls durch welche? Gutachten D zum 51. Deutschen Juristentag, München 1976; *Rössner, D.*, Bagatelldiebstahl und Verbrechenskontrolle, Frankfurt 1976; *ders.*, Alternativen zur strafrechtlichen Bekämpfung der Kleinkriminalität, in: Präventive Kriminalpolitik, hrsg. v. Schwind, H.-D., Berckhauer, F., Steinhilper, G., Band 1, Heidelberg 1980, S. 53–69; *Wolter, U.*, Sozial-und rechtsgeschichtliche Aspekte der Kleinkriminalität, in: Problem Ladendiebstahl, hrsg. v. Schoreit, A., Heidelberg 1979, S. 121–141.

DIETER RÖSSNER

Bande, Gruppe, Gang. Das kriminologische Konzept und die Theorie der Bande bzw. „gang“ sind eine Antwort auf die methodischen und theoretischen Grenzen, an die eine in enger Verknüpfung mit dem Strafrecht sich entwickelnde, in erster Linie den Täter und seine Taten beachtende, individualisierende kriminologische Sichtweise notwendig stoßen muß. Sie sind einer der analytischen und theoretischen Wege, der Tatsache gerecht zu werden, daß kriminelles Verhalten und Konformität genuin sozial konstituierte Erscheinungen sind, deren Entstehen und Formen auf dem Zusammenspiel zwischen den Prozessen und Strukturen des sozialen Aufbaus der Person und ihrer individuellen Motivation (sozialisationstheoretisch-psychologische Ebenen), Definitions- und Interaktionsprozessen in sozialen Situationen (mikrosoziologische Ebenen) und Formen sozialer und kultureller Strukturen (makrosoziologische und sozialhistorische Ebenen) beruhen.

Das *Konzept der Bande* hat in der amerikanischen Kriminologie inzwischen eine über ein halbes Jahrhundert hinausgehende Tradition, in der sich sowohl spezifische nordamerikanische gesellschaftliche wie wissenschaftsgeschichtliche Bedingungen und theoretische Positionen widerspiegeln (FINESTONE 1976). Zu seiner Entstehung tragen im ersten Viertel des 20. Jahrhunderts insbesondere drei Entwicklungen bei: 1. die soziale Ausarbeitung und wissenschaftliche Entdeckung der Jugend, die zu einem besonderen Interesse an jugendlichen Gruppen von Gleichaltrigen („peer-group“) führt, 2. die Bedeutung, die in Nachfolge des TÖNNIESschen Konzepts der „Gemeinschaft“ (1887) und als Reflex der radikalen Umwälzungen im Zusammenhang der Entwicklung der kapitalistischen Gesellschaften spätestens seit COOLEYS (1909) Konzept der „Primärgruppen“ der Gruppe für die gesellschaftliche Integration von Individuen zugemessen wird, und 3. die wichtige Beziehung zwischen Banden und Politik, die auf die Zusammenhänge zwischen Immigration, Integration, Mobilität und Kriminalität in der amerikanischen Gesellschaft verweist und bis heute der Bande nicht nur als „Kriminalitätsproblem“, sondern zugleich als einer politisch und unter dem Gesichtspunkt sozialer Reformen beachtenswerten sozialen Einheit Aufmerksamkeit zukommen läßt (THRASHER 1927). Darüber hinaus wird das nur selten für längere Jahre abgebrochene Interesse am Konzept der Bande dadurch aufrechterhalten, daß die durch die Soziologie entscheidend geprägte und vorangetriebene nordamerikanische Kriminologie geneigt ist, in dem Konzept der Bande eine analytische Einheit zu sehen, in der sich die verschiedenen, oben erwähnten Ebenen der sozialen Konstitution von kriminellem Verhalten und Kriminalität verknüpfen lassen (SHORT/STRODTBECK 1965). Die europäische Kriminologie hat aus Gründen anderer gesellschaftlicher Problemlagen ebenso wie aus der stärkeren Anbindung an die Jurisprudenz erst nach dem Zweiten Weltkrieg im Verlauf der Rezeption der amerikanischen Soziologie der Kriminalität sich des Konzepts der Bande angenommen, wobei es jedoch mit den Ausnahmen Skandinaviens und vor allem Englands nie den Stellenwert erreicht hat, den es in der amerikanischen Kriminologie innehat.

Trotz einer langen Forschungstradition ist bis heute das Konzept der Bande begrifflich relativ unbestimmt geblieben. Mit Ausnahme von acht konzeptuellen Eingrenzungen wird es mehr als ein heuristisches Mittel eingesetzt, um den Forschungsgegenstand einzugrenzen und methodisch auf den Komplex von qualitativen Techniken der Feldforschung, insbesondere der Beobachtung und der teilnehmenden Beobachtung, zu verweisen, ohne jedoch auch hier bindende Festlegungen zu treffen, was die relativ große methodische Vielfalt in der Bandenforschung augenfällig dokumentiert und worin wahrscheinlich ein Grund für ihre Reichhaltigkeit und theoretische Fruchtbarkeit zu suchen ist. Die Einschränkungen beziehen sich auf folgende allgemeine Weichenstellungen, die jedoch in der Literatur durch weitere Kriterien ergänzt sein können. 1. *Die Bande ist ein besonderer Typ von sozialer Gruppe*, wenn man unter einer sozialen Gruppe a) eine soziale Einheit versteht, die b) nach außen hin in gewissem Umfang abgeschlossen ist, d. h. eine Grenze besitzt, c) deren Mitglieder sich d) durch Interaktionen e) von Angesicht zu Angesicht kennen, f) in die aufgenommen zu werden, von bestimmten Merkmalen, die der Person zugeschrieben werden (= zugeschriebene Statusmerkmale wie z. B. Alter, Geschlecht, Verwandtschaft) und/oder g) von bestimmten Leistungen abhängt, und h) deren Mitglieder ein mehr oder minder ausgeprägtes Gefühl der Gemeinsamkeit und Verbundenheit mehr oder minder einander bindet. 2. *Die Bande ist eine soziale Gruppe Jugendlicher und Heranwachsender*, d. h. ein besonderer Typ der jugendlichen „peer-group", in der das Alter der Mitglieder die Spanne zwischen dem 10. und 21. Lebensjahr umfaßt, wobei jedoch die Altersgrenzen sowohl nach unten wie vor allem nach oben fließend sind. Diese Abgrenzung der Bande nach Alterskriterien ist bedeutsam, weil sie zum einen eine Trennungslinie zur professionellen und organisierten Kriminalität als Formen von Erwachsenenkriminalität zieht und zum anderen die Bandenforschung als einen Typ der Erforschung der → Jugendkriminalität ausweist. 3. Die Bande ist eine jugendliche „peer-group", deren *Mitgliederzahl bei mindestens drei Jugendlichen bzw. Heranwachsenden liegt und nach oben relativ offen ist* (s. die nordamerikanischen Bandenkoalitionen in Gestalt der „Super-Gang"). Allerdings liegt die Mitgliederzahl im Durchschnitt zwischen 10 und 25 Jugendlichen und Heranwachsenden, wobei die europäischen Befunde eher auf kleinere Gruppen mit weniger als zehn Mitgliedern deuten. 4. Die Bande ist eine jugendliche „peer-group“, deren *Mitglieder gemeinsam, in kleinen Cliquen oder allein*, 5. *wiederholt und mit einiger Regelmäßigkeit Gesetzesverletzungen begehen*. 6. *Diese Gesetzesverletzungen beruhen auf der Kooperation und/oder moralischen Unterstützung der Gruppe oder zumindest wichtiger Teile von ihr*. Die letzten drei Merkmalsgruppen unterstreichen mit anderen Worten, daß a) *weder* das gemeinsame Begehen von Gesetzesverletzungen konstitutiv für die Bande ist, sondern daß vielmehr b) die Gesetzesverletzungen auf die Strukturen der Gruppe, ihre internen Prozesse und Auseinandersetzungen mit der Umwelt bezogen sind, *noch* c) Gesetzesverletzungen den alleinigen oder selbst wichtigsten Gegenstand der Errichtung, Organisation und Aktivitäten der Bande bilden, obwohl zugleich d) Gesetzesverletzungen feste Bestandteile des Satzes an Verhaltensmustern der Bande sind. Darüber hinaus wird deutlich, daß e) gesetzesverletzendes Verhalten einzelner Mitglieder, Cliquen oder Teile der Bande wie fast alle sozialen Verhaltensmuster zu Konflikten zwischen Mitgliedern oder Teilen von Mitgliedern der Bande führen kann. In diesen Zusammenhängen mag ein Schlüssel für die Unterschiedlichkeit der Bewertung zu finden sein, die die nordamerikanische und die europäische Kriminologie nicht nur den gruppenbezogenen Gesetzesverletzungen, sondern der Erscheinungsform der Bande überhaupt bisher zugemessen haben. Neben der Schlüsselstellung des Konzepts der Bande in der amerikanischen Erforschung der Jugendkriminalität hat die amerikanische Forschung immer wieder den hohen Anteil (zwischen 60 und 90 Prozent) von Delikten Jugendlicher und Heranwachsender betont, die im Zusammenhang von Gruppen begangen werden, wohingegen in den europäischen und insbesondere deutschen Arbeiten nicht nur das Konzept der Bande zurücktritt, sondern ebenso die Anteile gruppenbezogener Gesetzesverletzungen niedriger angesetzt sind, obwohl sie auch hier nicht den 40 Prozentanteil unterschreiten (KAISER 1988; GÖPPINGER 1980). Selbst wenn sich hierin tatsächlich gegebenen Unterschiede sozialer und kultureller Art in gewissem Umfang widerspiegeln mögen, läßt sich nicht von der Hand weisen, daß diese unterschiedlichen Bewertungen und Befunde die Konsequenzen theoretischer und methodischer Vorentscheidung sind, die in der unterschiedlichen Bewertung makro- und mikrosoziologischer Analyseebenen und insbesondere der Feldforschung vor allem des qualitativen Typs liegen. 7. *Die Bande ist keine soziale Einheit, deren Normen, Bräuche und Werte gleichsam unmittelbar und direkt gesetzesverletzendes Verhalten beinhalten und gar fordern*. Das Verhältnis zwischen Normen, Bräuchen und Werten der Bande einerseits und gesetzesverletzendem Verhalten andererseits ist als problematisch in dem Sinne wahrzunehmen, daß es durch vielfältige Vermittlungsprozesse gesteuert ist, die u. a. in den „Definitionen der Situation“, Situationskontingenzen, Statusprozessen der Bande zu suchen ist. 8. *Die Bande ist Teil, aber nicht identisch mit einer schichtspezifischen Kultur oder einer Subkultur* (→ Kultur, Subkultur, Kulturkonflikt). Das heißt: Es ist wichtig, zwischen Banden, schichtspezifischen Kulturen und Subkulturen zu unterscheiden, wenn man analog den unter Merkmal 7 genannten Vermittlungsprozessen auf den mikrosoziologischen, sozialisationstheoretisch-psychologischen Ebenen den Vermittlungsprozessen und strukturellen Verknüpfungen der Bande und ihrer Muster gesetzesverletzenden Verhaltens mit makrosoziologischen Ebenen auf die Spur kommen will.

Mit Ausnahme dieser konzeptuellen Eingrenzungen hat seit den klassischen und in vielfacher Hinsicht noch aktuellen und bedeutenden Untersuchungen von THRASCHER (1927) in Chicago und ASBURY (1928) in New York City die inzwischen sehr umfangreiche und nicht mehr fast ausschließlich auf nordamerikanische Verhältnisse bezogene Forschung zur Bande vor allem eines gezeigt: *die außerordentliche Vielfältigkeit der Erscheinungsformen der Bande*. Obwohl die Bande *in erster Linie eine Erscheinung der großen urbanen Zentren* und besonders ihre *Elendsviertel* ist, finden sich Banden ebenso in Kleinstädten und auf dem Land. Es gibt Banden in allen sozialen Schichten, auch wenn ihre Verbreitung und Bedeutung für die soziale Organisation der Jugendlichen und Heranwachsenden *in den Unterschichten am größten ist*. Banden unterscheiden sich in der Art ihrer Alters- und Geschlechtsorganisation, obschon die *14- bis 19jährigen männlichen* Jugendlichen und Heranwachsenden ihr Gepräge bestimmen. Die *sozialen Strukturen* der Banden (z. B. Organisationsgrad, Formalisierung, Führungsstrukturen, Grad des Zusammenhalts, Ausmaß der Mitgliederfluktuation usw.) *weisen ein erstaunlich weites Spektrum auf*, wobei in den USA sowohl die am stärksten wie die am geringsten strukturierten Banden beobachtet worden sind, wenngleich die europäischen Befunde zwar einerseits die Vielfältigkeit der strukturellen Organisation bestätigen, andererseits jedoch das Vorherrschen eher lose strukturierter Netzwerke kleinerer Cliquen glauben herausstellen zu können. Im Zusammenhang der strukturellen Organisation der Bande ist noch zu unterstreichen, daß insbesondere die Vorstellungen über Führerschaft in der Bande erheblich revidiert werden mußten, insofern die Persönlichkeitsmerkmale der „Führer" und die Art und Weise der Führerschaft weit mehr als Spiegel der Merkmale der „Geführten", der Gruppenprozesse und der Auseinandersetzungen der Bande mit ihren Umwelten verstanden werden müssen – eine Tatsache, die den in den Straftatbeständen und gängigen Vorstellungen zum Ausdruck gebrachten Konzeptionen sehr grundsätzlich widerspricht. *Vielfalt gilt auch in bezug auf die Organisation der Symbolwelt* der Banden (Name, Kleidung, Sprache, Requisiten usw.). *Die politischen Beziehungsstrukturen und Organisationsweisen* der Bande *sind gleichfalls mannigfaltig*, scheinen jedoch in den europäischen Ländern wahrscheinlich nur von untergeordneter Bedeutung zu sein, obwohl hier ein eindeutiges Forschungsdefizit für die europäischen Länder festgehalten werden muß. *Ausmaß, Arten und Bedeutung gesetzesverletzender Verhaltensmuster* finden sich innerhalb der Grenzen des fünften, oben erwähnten konzeptuellen Kriteriums *in den unterschiedlichsten Ausprägungen*. Sie sind in Widerspiegelung des strafrechtlichen Problemzusammenhangs der verbreitetste Ansatzpunkt, um Bandentypen zu unterscheiden (z. B. kriminelle = diebstahlsorientierte B.„ konflikt = gewaltorientierte B., Rückzugsbande = drogenorientierte B.). angesichts der Befunde, daß deliktspezifische Organisationsformen oder gar Spezialisierungen eher *nicht* zu den vorherrschenden Merkmalen der Welt der Banden zählen, muß dieser typologische Zugang unter methodischen wie theoretischen Gesichtspunkten als problematisch erachtet werden. In Anbetracht der Vielfalt der Erscheinungsformen der Bande auf den erwähnten und anderen Dimensionen sind die typologischen Versuche (→ Klassifikation und Typologie) bisher nicht über erste bescheidene Ansätze hinausgelangt (vgl. u. a. HAFERKAMP 1975). Die Mannigfaltigkeit der Bande stellt ebenso die erklärenden, theoretischen Versuche vor neue Herausforderungen, obwohl gerade hier schon Beträchtliches geleistet worden ist.

Die *theoretischen Ansätze* (→ Kriminalitätstheorien, soziologische) konzentrieren sich vornehmlich auf die Erscheinungsformen der Bande in den großstädtischen Ballungsgebieten und ihren Elendsvierteln. Seit den klassischen theoretischen Ansätzen der frühen „*Chicago-Schule*“, die die späteren theoretischen Entwicklungen tiefgreifend geprägt haben und deren Verbindung von empirisch beeindruckend umfassender Datengrundlage mit methodischer und theoretischer Differenziertheit wie z. B. in den Forschungen von THRASHER (1927) und SHAW/MCKAY (1942, 1929) vielleicht allein in den Arbeiten der SHORT-Gruppe (SHORT/STRODTBECK 1965) annähernd wieder erreicht worden ist, lassen sich in der primär angelsächsisch bestimmten Diskussion im wesentlichen sechs theoretische Linien festhalten: die 1. der in Weiterentwicklung der Anomie-Theorien DURKHEIMS (1897) und MERTONS (1968) und durch die Integration der Theorie der differentiellen Kontakte (SUTHERLAND/CRESSEY 1978) formulierten *Chancenstruktur*-Theorien (SPERGEL 1964; CLOWARD/OHLIN 1960), 2. der allgemeinen Theorie der *Gruppenkultur* (COHEN 1955), 3. der sozialanthropologischen Theorien der *Gemeinde-* und *Nachbarschaftsorganisation* (PARKER 1974; WHYTE 1943), 4. der kulturanthropologischen Theorie der *Unterschichtkultur* (KVARACEUS/MILLER 1959), 5. der im symbolischen Interaktionismus verankerten Theorie des „*drift*“ (MATZA 1964) und 6. die der Theorie der *Gruppenprozesse* (SHORT/STRODTBECK 1965). Die deutschsprachige Theorieentwicklung zur Bande ist nicht nur durch die viel zu begrenzte Zahl der auf Feldforschung beruhenden Studien (HAFERKAMP 1975) und damit aufgrund ihrer Datenbasis extrem behindert, sondern sie hat sich mit Ausnahme der ausdrücklich bandentheoretischen Studie TROTHAS (1974) weitgehend darauf beschränkt, die amerikanische Literatur kritisch zu rezipieren (vgl. SACK/KÖNIG 1968). TROTHA knüpft unmittelbar an der angelsächsischen Diskussion und ihres empirischen Materials an und formuliert im Rahmen der allgemeinen Normtheorie und des von ihr abgeleiteten Konzepts der Geltungsstrukturen sozialer Normen eine Theorie der *normativen Organisation* der Vergesellschaftung in Elendsvierteln und ihrer Beziehungen zu Entstehung, Organisation und gesetzesverletzenden Verhaltensmustern der Bande. Ergänzend ist zu bemerken, daß die Studie BOHNSACKS in handlungstheoretischen Begriffen die Diskussion der mangelnden Handlungskompetenz aufnimmt, die die SHORT-Gruppe (SHORT/STRODTBECK 1965) in ihren Arbeiten über Chicagoer Banden thematisiert hat.

Beschränkt man sich bei diesem Stand der deutschsprachigen Theoriebildung deshalb auf die angelsächsische Entwicklung, so zeigt sich, daß die genannten sechs Entwicklungslinien nicht nur eine Chronologie widerspiegeln, die sichtbar macht, daß als Folge der Verlagerung von theoretischen Problemstellungen und empirischen Forschungsinteressen (u. a. Etikettierungstheorie, Konflikttheorie, → Kriminalitätstheorien, soziologische) die Theoriebildung in den siebziger Jahren etwas zum Stillstand gekommen ist, obgleich die Bande jüngst wieder erhöhte Aufmerksamkeit findet. Sie signalisieren mehr noch: 1. *eine zunehmende Annäherung an die sozialen und sozial konstituierten individuellen Lebenswelten* der sich in der Bande zusammenfindenden Jugendlichen, Heranwachsenden und jungen Erwachsenen. 2. Diese Annäherung beinhaltet zugleich ein *zunehmendes Interesse an mikrosoziologischen Prozessen* als den Prozessen der Vermittlung zwischen sozialen und kulturellen Systemen und gesetzesverletzenden Verhaltensweisen. 3. Das aber heißt, daß eine *zunehmende Problematisierung des Verhältnisses zwischen sozialen und kulturellen Strukturen* auf den verschiedensten Aggregatebenen (Gesamtgesellschaft, Unterschicht, Nachbarschaft, Gruppenorganisation usw.) *und gesetzesverletzendem Verhalten* stattgefunden hat. 4. Diese Problematisierung ist sowohl Teil wie Produkt des *Wandels des Menschenbildes*, der die verschiedenen theoretischen Entwicklungslinien begleitet: In den funktionalistischen Konzepten der Chancenstruktur-Theorien als dem einen Pol der Theorieentwicklung ist das Verhalten von Menschen durch Systembedingungen bestimmt, und das Individuum ist lediglich ein Medium, das in seinem Verhalten Zusammenhänge ausdrückt, die außerhalb von ihm selbst liegen und seiner konstitutiven Kraft entzogen sind. In den mikrosoziologischen Theorien der Gruppenprozesse und insbesondere des „drift" als den auf dem entgegengesetzten Pol liegenden Theorien erscheint hingegen das Individuum als fühlendes, denkendes, entscheidendes, d. h. sich handelnd in Beziehung setzendes Individuum im Prozeß sich vergesellschaftender Menschen. 5. Jenseits aller heftigen methodischen und theoretischen Kontroversen bringen damit diese theoretischen Entwicklungslinien langfristig gesehen eine *stete Akkumulation* in der Formulierung und Präzisierung der theoretischen Problemstellung und Befunde.

Um die Akkumulation voranzutreiben, findet gegenwärtig auf der Grundlage der mikrosoziologischen Theorien und in Weiterentwicklung ihrer theoretischen Fragestellungen und methodischen Zugänge eine erfolgversprechende Wiederaufnahme makrosoziologischer Analyseebenen statt. Die Impulse gehen hier namentlich von der historischen Kriminologie und politisch-ökonomischen Analysen des gesellschaftlichen Wandels aus (vgl. SCHWENDINGER/SIEGEL-SCHWENDINGER 1985). Auf diese Weise geraten auch die vernachlässigten Formen von Autorität, Macht und Herrschaft in den Lebensverhältnissen von Banden in den Blick, die vor allem durch Lehrer und Angehörige des Justizsystems und der öffentlichen Fürsorge verkörpert werden. In diesem Zusammenhang ist der Bedarf an neuen, theoretisch angeleiteten Beschreibungen der Welten der Banden dringlich. Einen wichtigen Anfang in diesem Sinne hat die ausgezeichnete und theoretisch anregende Feldforschung von Parker (1974) in einem Liverpooler Arbeiterviertel gemacht, die in ihrer Anschaulichkeit und ihren treffsicheren Beobachtungen unmittelbar jene Tradition der Forschung aufnimmt, die WHYTE (1943) mit seiner Studie über die „Gesellschaft der Straßenecke" begründet hat und mit der die Vorstellungen und das Denken über die Welten der Bande nicht zum letzten Mal sehr grundlegend verändert werden mußten.

Asbury, H., The Gang of New York. An Informal History of the Underworld, New York u. a. 1928; *Cloward, R.A., L.E. Ohlin*, Delinquency and Opportunity. A Theory of Delinqent Gangs, New York 1960; *Cohen, A.K.*, Delinquent Boys. The Culture of the Gang, Chicago 1955; *Finestone, H.*, Victims of Change. Juvenile Delinquents in American Society, Westport, London 1976; Gruppensoziologie. Perspektiven und Materialien, Sonderheft 25 der KZfSS, hrsg. v. Neidhardt, F., Opladen, 1983; *Haferkamp, H.*, Kriminelle Karrieren. Handlungstheorie, Teilnehmende Beobachtung und Soziologie krimineller Prozesse, Reinbek b. Hamburg 1975; *Kvaraceus, W.C., W.B. Miller,* Delinquent Behavior, National Education Association, Washington/D.C. 1959; *Matza, D.*, Delinquency and Drift, New York, London, Sidney 1964; *Merton, R.K.*, Social Theory and Social Structure, 2. Aufl. New York 1968; *Parker, H.*, View from the Boys. A Sociology of Down-Town Adolescents, Newton Abbot u. a. 1974; *Sack, F., König, R.* (Hrsg.), Kriminalsoziologie, Frankfurt/M. 1963, 3. Aufl. 1979; *Schwendinger, H., Siegel-Schwendinger, J.*, Adolescent Subcultures and Delinquency. Research Edition, New York 1985; *Shaw, C.R., H.D. McKay*; Juvenile Delinquency and Urban Areas, Chicago 1942; *Shaw, C., F. Zorbaugh, H. McKay, L. Cottrell*, Delinquency Areas, Chicago 1929; *Shichor, D., Kelley, D.H.* (Hrsg.), Critical Issues in Juvenile Delinquency, Lexington, Toronto 1980; *Short, J.F., Jr., Strodtbeck, F.L.*, Group Process and Gang Delinquency, Chicago, London 1965; *Spergel, I.*, Racketville, Slumtown, Haulburg. An Exploratory Study of Delinquent Subcultures, Chicago u. a. 1964,; *Thrasher, F.M.*, The Gang. A Study of 1 131 Gangs in Chicago, Chicago 1927, gekürzte und mit einer Einleitung von J.F. Short, Jr. versehene Ausgabe, Chicago, London 1963; *Tönnies, F.*, Gemeinschaft und Gesellschaft. Grundbegriffe der reinen Soziologie, wieder abgdr. n. d. 8. Aufl., v. 1895, Darmstadt 1979; *Trotha, T. von*, Jugendliche Bandendelinquenz. Über Vergesellschaftungsbedingungen von Jugendlichen in den Elendsvierteln der Großstädte, Stuttgart 1974; *Whyte, W.F.*, Street Corner Society. The Social Structure of an Italien Slum, Chicago 1943, 3. Aufl. 1981.

TRUTZ VON TROTHA

Behandlungsforschung beschäftigt sich als Teil angewandter empirisch-kriminologischer Forschung (→ angewandte Kriminologie) insgesamt mit der Frage nach der Wirkungsweise unterschiedlicher Kriminalsanktionen, in einem engeren Sinne mit der Evaluation (Verlaufs- und Erfolgsbewertung) resozialisierender Maßnahmen und/oder Programme sowohl im stationären als auch ambulanten Strafvollzug. So wurden in den letzten Jahren auch in der Bundesrepublik Deutschland unterschiedliche Kriminalsanktionen bezüglich ihrer Effekte vor allem hinsichtlich späteren *Legalverhaltens vergleichend* untersucht, wobei sich vielfach zeigte, daß die Erfolgschance unterschiedlicher Sanktionsmittel weitgehend gleich, in einem weiten Bereich austauschbar ist. Es zeigte sich in empirischen Untersuchungen, daß im Mittelfeld der nach Alter, Geschlecht und Vorstrafen parallelisierten Verurteilten die Erfolgschance unabhängig von der verhängten Sanktion gleich groß ist, nämlich etwa 60% (zusammenfassend KAISER 1989, 520 f.). Insbesondere wurde bisher eine Fülle verschiedener psychotherapeutischer Programme, soziale Trainings- und Ausbildungsmaßnahmen evaluiert. In der Bundesrepublik Deutschland rückte die Behandlungsforschung ab Anfang der 70er Jahre vermehrt in den Blickpunkt kriminologischer Forschung, wobei man sich weitgehend an die angloamerikanischen, damals bereits umfangreichen Erfahrungen in diesem Bereich anlehnte.

In den Vereinigten Staaten liegt inzwischen eine nahezu unüberschaubare Anzahl von unterschiedlichsten Behandlungsprogrammen mit mehr oder weniger aussagekräftigen Forschungsergebnissen bezüglich deren Effizienz vor. Sekundäranalysen bisheriger Projekte brachten jedoch größtenteils ernüchternde Ergebnisse, was die ursprünglichen Erfolgserwartungen, die offensichtlich zu hochgegriffen waren, betrifft. Kritiker des Behandlungsgedankens weisen darauf hin, daß der Nachweis einer resozialisierenden Wirkung der einzelnen Programme, etwa in Form einer geringeren Rückfallquote, trotz umfangreicher Forschung noch ausstehe. So zeigten etwa die Sekundäranalysen von BAILEY (1966), LOGAN (1972), SLAIKEU (1973), ROBIN/SMITH (1971) sowie insbesondere die umfangreiche Studie von LIPTON u. a. (1975), daß die bisherigen Untersuchungen aufgrund methodischer Mängel oft wenig aussagekräftig sind. Das hat mit dazu beigetragen, daß allmählich, wie übrigens auch in den nordischen Ländern (vgl. CHRISTIE 1981), seit Mitte der 70er Jahre eine zunehmende Abkehr vom Behandlungsgedanken festzustellen ist, zu dem Zeitpunkt, als in der Bundesrepublik die Behandlungsforschung erst richtig einsetzte (vgl. KAISER 1977, 362 f.; KURY 1987 b).

Hier ist die Behandlungsforschung im Zusammenhang mit dem 2. Strafrechtsreformgesetz, das 1969 verabschiedet wurde und die Einrichtung sozialtherapeutischer Anstalten zunächst 1973 vorsah, zu sehen (§ 65 StGB a. F.). Allerdings wurde das Inkrafttreten des § 65 StGB a. F. mehrmals, zuletzt auf den 1.1.1985 wohl aufgrund finanzieller Schwierigkeiten der Bundesländer, letztlich unter Umständen aber auch wegen den wenig klaren Resultaten der durchgeführten Behandlungsprogramme verschoben. Vor diesem Inkrafttreten wurde 1984 die geplante Maßregel der Überweisung in eine sozialtherapeutische Anstalt (§ 65 StGB a. F.) endgültig gestrichen. Was den allgemeinen Erwachsenenstrafvollzug betrifft, so definiert § 2 des am 1.1.1977 in Kraft getretenen Strafvollzuggesetzes (StVollzG) als vorrangiges Vollzugsziel, den Gefangenen zu befähigen, „künftig in sozialer Verantwortung ein Leben ohne Straftaten zu führen“. Auch hier ist der Gedanke der (Re-)Sozialisierung eindeutig in den Vordergrund gerückt und als Ziel des Strafvollzugs die Wiedereingliederung des Straftäters in die Rechtsgemeinschaft definiert. Dieser „Vorrang des Zieles der sozialen Integration vor den sonstigen Aufgaben des Vollzugs“ wird von den Kommentatoren einhellig betont (CALLIESS/MÜLLER-DIETZ 1991, § 2, Rdn. 1).

In der Bundesrepublik Deutschland konzentriert sich der Großteil der Behandlungsexperimente erwartungsgemäß auf die sozialtherapeutischen Anstalten, deren Aufgabe u. a. darin besteht, neue Behandlungsformen für Straffällige modellhaft zu entwickeln und zu erproben.

Im folgenden soll ein stichwortartiger Überblick über die größeren bisherigen Untersuchungen zur Wirkungsweise von Behandlungsmaßnahmen im Strafvollzug, soweit sie in der Bundesrepublik Deutschland durchgeführt wurden, gegeben werden.

Zu den bekanntesten sozialtherapeutischen Modellanstalten zählt die Anstalt in *Düren*. Im Zusammenhang mit den Vorarbeiten zur Einrichtung der Anstalt führten RASCH und KÜHL (1977) eine Untersuchung durch, deren Ziel es war, der späteren Einweisungspraxis Maßstäbe für die Auswahl der Klienten zu vermitteln sowie die Wirksamkeit von Behandlungsmaßnahmen in der neu eingerichteten Anstalt zu überprüfen. Von den zum damaligen Zeitpunkt etwa 10 000 männlichen Strafgefangenen in Nordrhein-Westfalen wurden diejenigen Täter ausgesucht, welche die folgenden Kriterien erfüllten:

- Rückfalltäter mit einer schweren Persönlichkeitsstörung und/oder Sexualdelinquente,
- Alter zwischen 24 und 39 Jahren,
- Strafdauer von mindestens 12–18 Monaten.

Von den 131 Probanden, welche diese Kriterien erfüllten, verblieben nach Voruntersuchungen und Abzug der Ausfallquoten 62 für den Behandlungsversuch. Davon wurden per Zufall 33 der Therapiegruppe und 29 der Kontrollgruppe zugewiesen. Die tragende Methode der sozialtherapeutischen Behandlung sollte die therapeutische Gemeinschaft sein. Das spezielle therapeutische Vorgehen orientierte sich an der klientenzentrierten Gesprächspsychotherapie, einer Therapierichtung, die relativ häufig in der Behandlung von Straffälligen in der Bundesrepublik eingesetzt wird. Am ursprünglichen Behandlungskonzept waren jedoch infolge politischer Verstrickungen, in die der Modellversuch geraten war, organisatorische und personelle Veränderungen nötig, so daß das eigentliche Therapieprogramm nicht voll durchgeführt werden konnte. Zur Beantwortung der Untersuchungsfragen wurden ausführliche anamnestische Erhebungen, Krankheitsanamnesen sowie mehrere standardisierte Persönlichkeitstests durchgeführt, die 1972/73 sowohl bei Kontroll- als auch Experimentalgruppe wiederholt wurden. Ferner wurde nach 3 bis 4 Jahren nach Haftentlassung das Legalverhalten durch Auswertung der Strafregisterauszüge erhoben. Die Testuntersuchungen zeigten kaum signifikante Behandlungsergebnisse, lediglich Tendenzen in die erwartete Richtung. Hinsichtlich der Rückfälligkeit ergaben sich jedoch deutliche Unterschiede: In der Behandlungsgruppe ist der Anteil der nicht rückfällig gewordenen mit 50% deutlich höher als in der Kontrollgruppe (33,3%). Auch bezüglich der Rückfallschwere zeigten sich deutliche Differenzen: In der Behandlungsgruppe sind 36,7% schwerer rückfällig geworden (Freiheitsstrafe über 6 Monate), bei der Kontrollgruppe sind es dagegen 51,9%.

REHN (1979) führte eine Untersuchung in 3 *Hamburger* Strafanstalten durch: der regulären Justizvollzugsanstalt Hamburg-Fuhlsbüttel, der sozialtherapeutischen Anstalt Bergedorf und der Übergangsanstalt Moritz-Liepmann-Haus. Die untersuchte Population bildete die Gesamtheit der in den Jahren 1971 bis 1973 aus den 3 Anstalten entlassenen Gefangenen, wobei die Insassen der Sonderanstalt und der Übergangsanstalt die Experimentalgruppe darstellten. Als Erfolgskriterium diente das Legalverhalten nach Haftentlassung, erhoben über Strafregisterauszüge. Der Autor konnte zeigen, daß die Einführung besonderer sozialtherapeutischer Maßnahmen die Rückfallquote um ca. 9% (von 51,5% auf 43,9%) senkte. Die Vergleichbarkeit der Kontroll- und Experimentalgruppe wurde anhand von 20 Merkmalen aus den Gefangenen-Personalakten überprüft. Nach einer Parallelisierung der Behandlungs- und Kontrollgruppe in bezug auf verschiedene Variablen (u. a. Alter und Vorstrafenbelastung) zeigte sich, daß innerhalb von 2 Jahren nach der Entlassung 26% der Insassen aus der Experimentalgruppe und 36% aus der Kontrollgruppe rückfällig geworden waren. Die behandelten Straffälligen schnitten somit um ca. 10% besser ab als die Kontrollprobanden.

EGG (1979) untersuchte die resozialisierende Wirkung des Behandlungsprogramms der sozialtherapeutischen Anstalt *Erlangen*, wobei es ihm weniger um die Erfassung der Rückfälligkeit als vielmehr die Erforschung der unmittelbaren

Wirkung des sozialtherapeutischen Vollzuges auf Erleben und Verhalten der Gefangenen ging. Die Daten wurden zu zwei Meßzeitpunkten (Pre- und Posttest) erhoben, zwischen denen eine zeitliche Spanne von 9 Monaten lag. Zum Vergleich wurde eine Kontrollgruppe aus 2 regulären Vollzugsanstalten (Regelvollzug) gebildet. Die Vergleichbarkeit der Gruppen wurde hinsichtlich ausgewählter Soizalvariablen geprüft. Der Erfolg der Behandlung wurde insbesondere mittels Persönlichkeitsfragebogen erfaßt. Bei der Experimentalgruppe konnten signifikante positive Veränderungen nachgewiesen werden, die auf eine – zumindest kurzfristige – Wirkung der sozialtherapeutischen Behandlung hinweisen. Wieweit die erhaltenen Befunde auch nach der Entlassung in einer verbesserten Sozial- und Legalbewährung ihren Niederschlag finden, mußte von der Anlage der Untersuchung her offenbleiben.

DÜNKEL (1980) führte im Rahmen eines umfangreichen Forschungsprojektes zur Effizienzkontrolle von Behandlungsmaßnahmen in der sozialtherapeutischen Abteilung (Haus IV) der Justizvollzugsanstalt *Berlin-Tegel*, das neben praxisbegleitender Forschung auch die Legal- und Sozialbewährung ehemaliger Klienten in einer Nachuntersuchung erfaßt, eine eigene Studie durch. Vom Autor wurde die Legalbewährung der 323 ordnungsgemäß im Zeitraum vom 1971 bis 1974 aus der sozialtherapeutischen Abteilung in Berlin-Tegel im Vergleich zu 889 aus dem Regelvollzug derselben Anstalt entlassenen Gefangenen untersucht. Der Bewährungszeitraum betrug im Durchschnitt 4 ½ Jahre. Als Erfolgskriterium wurden die offiziell registrierte Rückfälligkeit gewählt, wobei eine Differenzierung nach Zahl, Schwere und Intervall der Verurteilung vorgenommen wurde. Die sozialtherapeutische Abteilung Haus IV der Justizvollzugsanstalt Berlin-Tegel umfaßt 3 Behandlungsmodelle: a) Fachbereich Sozialtherapie mit einzelnen Gruppen verschiedener psychologischer Richtungen; b) Fachbereich Schule, in welchem die Probanden die Möglichkeit haben, den Haupt- und/oder Realschulabschluß nachzuholen. Daneben werden unsystematisch einzelnen Strafgefangenen Gruppen-Gespräche angeboten; c) Fachbereich soziales Training mit Gruppentherapie und sog. sozialtherapeutischen Trainingskursen. Diese Differenzierung des Behandlungsangebots ist aufgrund der Größe dieser Abteilung möglich (230 Haftplätze, verteilt auf 7 Stationen, die als Wohngruppen eingerichtet sind). Hinsichtlich der Ergebnisse zeigte sich eine hochsignifikant, um 23% verminderte Rückfälligkeit der sozialtherapeutisch Behandelten gegenüber den aus dem Regelvollzug Entlassenen (35,9% gegenüber 59,1%). Bei Kontrolle von Selektionseinflüssen durch multivariate Verfahren (Kovarianz- und Regressionsanalysen) war die Rückfallquote für alle Behandlungsfälle um 18% gegenüber dem Regelvollzug verringert, ein nach wie vor hochsignifikanter Unterschied. Weiter konnte gezeigt werden, daß die Experimentalprobanden generell nicht nur weniger, sondern auch nicht so häufig und schwer sowie durchschnittlich zu einem späteren Zeitpunkt wieder verurteilt wurden. Eine Überprüfung des Einflusses der unterschiedlichen Behandlungsansätze auf die Rückfallquote zeigte keinen statistisch bedeutsamen Unterschied. Aufgrund des ex post durchgeführten Forschungsansatzes können die gefundenen beeindruckenden Unterschiede nicht in einen Kausalzusammenhang mit der Behandlung gesetzt werden.

WAXWEILER (1980) führte in derselben Anstalt wie DÜNKEL unabhängig davon eine weitere Untersuchung durch, deren Ziel es war, die Wirksamkeit psychotherapeutischer Behandlung bei Strafgefangenen bezüglich konstruktiver Persönlichkeitsänderung zu untersuchen. Als selbst therapeutisch tätigen Psychologen in der sozialtherapeutischen Abteilung Haus IV interessierte den Autor vorrangig die Effektivität von Einzelpsychotherapie bei Delinquenten. Die Experimentalgruppe bildeten 60 Insassen des insgesamt 80 Plätze umfassenden Fachbereichs Sozialtherapie in Haus IV. Die Untersuchungsgruppe wurde nach der Dauer der psychotherapeutischen Behandlung in 3 Untergruppen von je 20 Probanden aufgeteilt: neu auf die Station Aufgenommene (A), seit einem halben Jahr in psychotherapeutischer Behandlung (B), ein Jahr und länger in therapeutischer Behandlung (C). Als Kontrollgruppen dienten je 30 Teilnehmer der im gleichen Gebäude wie die Experimentalgruppe untergebrachten und formal ähnlich strukturierten Fachbereiche „Soziales Training" und „Schule" sowie des Regelvollzuges. Die 3 Kontrollgruppen wurden analog zur Experimentalgruppe nach dem Kriterium „Dauer des Aufenthaltes" in dem jeweiligen Bereich in 3 Untergruppen (A, B u. C) aufgeteilt. Experimental- und Kontrollgruppen umfaßten somit insgesamt 150 ausschließlich männliche erwachsene Strafgefangene. Zur Kriteriumsmessung wurde ein eigens für diese Untersuchung faktorenanalytisch konstruierter Fragebogen mit drei Skalen verwendet. Zusätzlich zu den Testeinschätzungen wurde der Therapieerfolg für die Experimentalgruppe nach Fremdeinschätzungen (durch den Therapeuten und 2 Beamte des Aufsichtsdienstes) überprüft. Hinsichtlich der Ergebnisse stellte der Autor in den Selbstbeschreibungen ausschließlich für die psychotherapeutisch Behandelten einen kontinuierlichen, konstruktiven und signifikanten Einfluß in verschiedenen Dimensionen fest. Die in den Kontrollgruppen „Soziales Training" und „Schule" zur Anwendung kommenden Treatments hatten in keinem Fall einen signifikanten Einfluß auf die Selbstbeschreibungen der Probanden. Der Autor schließt daraus auf die Bedeutung der Einzeltherapie in der Resozialisierung Straffälliger. Allerdings konnten die positiven Ergebnisse nach der Selbsteinschätzung der Versuchspersonen durch Fremdeinschätzungen keine Bestätigung finden. Lediglich für die Psychotherapeutenurteile ist festzustellen, daß ein Verlauf in Richtung Therapieerfolg sichtbar wird.

Eine weitere Untersuchung in der sozialtherapeutischen Abteilung der Justizvollzugsanstalt *Berlin-Tegel* wurde von ORTMANN (1987) durchgeführt. Fragestellung war auch hier, zu prüfen, welchen Resozialisierungsbeitrag eine sozialtherapeutische Modellanstalt (Berlin-Tegel) verglichen mit einer Anstalt des Regelvollzugs bringt. Die empirische Erhebung wurde in den Jahren 1979-1983 durchgeführt und umfaßte drei Stichproben: Gruppe 1 beinhaltet alle Insassen der JVA Berlin-Tegel, die sich nicht um die Aufnahme in die sozialtherapeutische Anstalt (Haus IV) bemühten. Gruppe 2 enthält alle Häftlinge, die sich um eine Aufnahme bewarben und auch aufgenommen wurden, Gruppe 3 schließlich besteht aus denjenigen Häftlingen, die sich bewarben, aber abgelehnt wurden. Alle drei Gruppen wurden zu drei Meßzeitpunkten untersucht: bei der Aufnahme in die sozialtherapeutische Anstalt (bzw. bei den Nichtaufgenommenen zu einem vergleichbaren Zeitpunkt), kurz vor der Freigangsphase und letztlich kurz vor der Entlassung. Die Zahl der Ersttests liegt bei N = 430 bis 440, Zweittests konnten noch N = 180 durchgeführt werden, die Zahl der Drittests schrumpfte auf N = 65. Mittels der Meßinstrumente wurden insbesondere Persönlichkeits- (Persönlichkeitsfragebogen, Intelligenztests) und Prisonisierungsvariablen erhoben. Die Ergebnisse liegen weitgehend im internationalen Trend der Behandlungsforschung. „Für keines der im Persönlichkeitsbereich geprüften Merkmale gibt es eine statistisch bedeutsame Wechselwirkung, die als einzige Quelle möglicher sozialtherapeutischer Effekte zu betrachten ist. Die zahlreichen statistisch bedeutsamen Veränderungen, die innerhalb einer Gruppe von einem zu einem anderen Testzeitpunkt erscheinen, täuschen Behandlungseffekte vor, die nach der Zerlegung in einen Selektions- und Zeiteffekt nicht mehr existieren" (383 f.). Zwischen dem Persönlichkeits- und dem Prisonisierungsbereich wurden zahlreiche Gemeinsamkeiten festgestellt, die die Annahme unterstützen, daß Prisonisierungsmerkmale den Resozialisierungseffekt der Sozialtherapie negativ beeinflussen (vgl. auch TAUSS 1992).

KURY (1986 a; 1986 b; 1987 a) legte die Ergebnisse zu einem weiteren groß angelegten Behandlungsforschungsprojekt vor (vgl. auch KURY 1987 b; 1989). Im Gegensatz zu den meisten in der Sozialtherapie durchgeführten Untersuchungen wurden hier die Behandlungsmaßnahmen bei jugendlichen und heranwachsenden Untersuchungshäftlingen evaluiert (KURY 1986 b). In seiner breiten Anlage handelt es sich hierbei um die bisher umfangreichste Evaluationsuntersuchung zur Behandlungsforschung im deutschsprachigen Bereich, die auch die weitere einschlägige Forschung im Max-Planck-Institut in Freiburg befruchtet hat. Erfaßt wurden N = 699 Probanden, hiervon gehörten N = 164 zur Experimentalgruppe in Freiburg, der Rest zu den beiden Vergleichsgruppen in Mannheim (N = 238) und Rastatt (N = 297). Die Experimentalprobanden wurden per Zufall in zwei Behandlungsgruppen eingeteilt, von welchen die eine Gesprächspsychotherapie und die andere Verhaltenstherapie (ein Modell-Lernprogramm) erhielt. Die Kontrollprobanden wurden dem üblichen Untersuchungshaftvollzug unterzogen. Alle drei Gruppen wurden nach Einlieferung in die U-Haft sowie 6 Wochen später einer umfangreichen psychologischen Testuntersuchung unterzogen, ferner nahmen sie an einem ausführlichen Interview teil. Sämtliche psychotherapeutischen Sitzungen wurden auf Ton/Videoband aufgezeichnet und bezüglich des Behandlungsverlaufs prozeßanalytisch ausgewertet (DEUTSCHBEIN 1987). Ebenso wurde die Situation nach Haftentlassung sowie der Einfluß zahlreicher Variablen (wie beispielsweise Einkommen, Schuldenhöhe, Arbeitssituation, Partnerbeziehung) auf das Legal- und Sozialverhalten in der Bewährungszeit überprüft (SPIEß 1986; vgl. zur Bedeutung der Einstellung der Öffentlichkeit zu Straftätern ausführlich KURY 1980). Um die Vergleichbarkeit der drei Untersuchungshaftanstalten (Freiburg, Rastatt und Mannheim) sowie den Einfluß organisationsstruktureller Variablen auf die Behandlung zu prüfen, wurde ergänzend ein ökologischer Vergleich der drei Anstalten durchgeführt (BUSCH 1986). Die bei der Freiburger Behandlungsgruppe festgestellte günstigere Bewährungsquote nach Haftentlassung deutet auf eine positive Wirkung der Therapie hin, kann jedoch nicht zwingend als Behandlungserfolg interpretiert werden. Insbesondere aus den Interviewergebnissen zeigte sich, daß die Behandlung zu einer Erleichterung der Haftsituation beitrug. Deutlich wurde die Bedeutung des Anstaltsklimas für die Wirksamkeit von Resozialisierungsprogrammen. Die nachinstitutionelle Situation etwa in Familie und Beruf, insbesondere auch die Schuldensituation, trägt wesentlich dazu bei, wieweit die während der Haftzeit durchgeführte Behandlung überhaupt zur Wirkung kommen kann (vgl. zu Schuldenregulierungsprogrammen neuerdings KREUZER/FREYTAG 1988). Eine psychologische Behandlung in einer Vollzugsanstalt bzw. in der Untersuchungshaft kann eine die schädlichen Folgen der Inhaftierung reduzierende Wirkung haben.

Einen sehr guten Überblick über die Ergebnisse der bisherigen Behandlungsforschung in der Bundesrepublik gibt die von LÖSEL u. a. (1987) durchgeführte Metaevaluation der Sozialtherapie. Eine zusammenfassende, sehr methodenkritische Darstellung der bis dahin vorliegenden Evaluationsforschung zur Behandlung Straffälliger wurde Anfang der 80er Jahre bereits von BLASS-WILHELMS durchgeführt (1983 a). LÖSEL u. a. haben ihre umfangreiche Metaevaluation sehr breit angelegt. Die Autoren haben insgesamt 9 Einzelstudien zur Behandlungsforschung reanalysiert und deren Ergebnisse vergleichend gewichtet. Bezüglich der Primärstudien wird unterschieden zwischen solchen mit dem Erfolgskriterium der Legalbewährung, Studien mit Persönlichkeitsvariablen bzw. Verhaltensdispositionen als Kriterium und organisationsanalytischen Untersuchungen. Hierbei liegt das Hauptgewicht allerdings auf den summativen Formen der Evaluation, organisationsbezogene Arbeiten wurden unter dem Aspekt einer formativen Evaluation lediglich ergänzend herangezogen (262). Grundlage der Metaanalyse bildete ein differenziertes Analyseschema, anhand dessen die einzelnen Studien systematisch erfaßt wurden. Ordnungsgesichtspunkte waren hierbei u. a.:

- Gesamtkonzept,
- Anstalts- und Behandlungsbeschreibung,
- Forschungsdesign,
- Evaluations- bzw. Kriminalitätstheorie,
- Stichproben,
- Datenerhebung,
- Datenauswertung,
- Darstellung der Ergebnisse.

Die Informationen zu den einzelnen Studien wurden nicht nur aus der Literatur entnommen, sondern durch Kontakte zu den Autoren angereichert. Die Daten wurden metaanalytisch mit verschiedenen konkurrierenden Rechenmodellen ausgewertet. Bezüglich der Ergebnisse fanden die Autoren, daß die Forschung in der Bundesrepublik trotz zahlreicher Defizite an den Validitätskonzepten im Vergleich zum europäischen Ausland fortgeschritten ist. Mängel wurden vor allem in der Konstrukt- und deskriptiven Validität gefunden. Hinsichtlich der Wirkung der Behandlung im Sinne einer Resozialisierung sind die gefundenen Resultate „zwar erwartungsgemäß nicht einheitlich, aber doch bemerkenswert konsistent“ (263). Es zeichnete sich ein moderater Haupteffekt der Sozialtherapie ab: Bei den Insassen der sozialtherapeutischen Anstalten zeigten sich im Durchschnitt über die einzelnen Auswertungsmodelle um 8%

bis 14% häufiger positive Veränderungen als bei nicht behandelten Vergleichsprobanden aus dem „Normalvollzug“. Die Ergebnisse erwiesen sich über die einzelnen Studien und die unterschiedlichen Kriteriendefinitionen hinweg als quantitativ ähnlich. Was den Wirkungsvergleich unterschiedlicher Formen von Sozialtherapie betrifft, können die Autoren aufgrund der in der Regel sehr heterogenen Behandlungsprogramme, die meist nur ungenau beschrieben sind und wegen der wenigen einschlägigen Untersuchungen nur ansatzweise Stellung nehmen. „Eindeutige Wirkungsunterschiede zwischen Konzeptionen mit intensiven psychotherapeutischen Bestandteilen und Modellen des sozialen Trainings mit wenig Therapie zeigen sich nicht“ (263).

Obwohl, wie gerade auch aus den Ergebnissen der Metaevaluation von LÖSEL u. a. (1987) ersichtlich wird, z. T. beeindruckende positive Unterschiede zwischen Behandlungs- und Kontrollgruppe gerade auch hinsichtlich des späteren Legalverhaltens sichtbar werden, wird die Effizienz sozialtherapeutischer Behandlung bzw. von Resozialisierungsmaßnahmen im Strafvollzug insgesamt nach wie vor angezweifelt. Teilweise wird darauf hingewiesen, daß Resozialisierungsmaßnahmen im Strafvollzug aufgrund ungünstiger, die Programme zu sehr behindernder Bedingungen keine dauerhaften positiven Effekte bezüglich des späteren Legalverhaltens erzielen könnten. So könne in *Unfreiheit* nicht auf ein *straffreies Leben in Freiheit* erzogen werden. Der Strafvollzug scheine nach wie vor zu sehr auf Strafe als auf Resozialisierung ausgerichtet. Der Konflikt zwischen Behandlung und Bestrafung werde letztlich zugunsten einer Bestrafung entschieden, Behandlungsprogramme seien lediglich ein unerwünschtes Anhängsel im Strafvollzug und könnten von daher kaum ihre Wirkung entfalten. Das für die Behandlung zuständige Personal befinde sich in einem Rollenkonflikt, im Zweifelsfall würde zugunsten von Sicherheit und Ordnung und zum Nachteil des Behandlungsgedankens entschieden. So konnten beispielsweise LÖSEL u. a. (1988) in einer neueren Untersuchung zeigen, daß sich sowohl die Beamten des allgemeinen Vollzugsdienstes als auch die Sozialarbeiter in einem Spannungsfeld von Rollenanforderungen erleben. Der Vergleich zwischen den jeweils eigenen Rollenanforderungen von Sozialarbeitern, Vollzugsbeamten und Anstaltsleitern und denjenigen, den die Gruppen bei den eigenen Kollegen bzw. den Angehörigen der anderen Berufsgruppen erleben, zeigt, „daß hier deutlich unterschiedliche Schwerpunkte in den Aufgabenbereich Betreuung/Resozialisierung sowie Sicherheit, Ordnung und Zuverlässigkeit gesetzt bzw. wahrgenommen werden“ (LÖSEL u. a. 1988, 410).

Obwohl die Bedenken sehr ernstzunehmen sind und die Begrenztheit der Möglichkeiten der Durchführung sinnvoller Resozialisierungsmaßnahmen im Strafvollzug deutlich machen, zeigen die Ergebnisse der Behandlungsforschung in den Vereinigten Staaten, aber auch in der Bundesrepublik Deutschland, so insbesondere auch die Metaevaluation von LÖSEL u. a. (1987), daß solche Programme zumindest unter günstigen Bedingungen durchaus positive Effekte erzielen können. Voraussetzung scheint jedoch u. a. zu sein, daß die Behandlung relativ intensiv ist, daß sie die gesamte Anstalt bzw. Abteilung umfaßt und daß eine Nachbetreuung nach Haftentlassung erfolgt. Was das eigentliche Behandlungsprogramm betrifft, scheinen rein verbale Techniken (so etwa Gesprächspsychotherapie) alleine weniger Wirkung zu erzielen als soziale Trainings- und Hilfemaßnahmen, was bei in der Regel umfangreichen sozialen Defiziten und Schwierigkeiten der Insassen des Strafvollzugs verständlich ist.

Im Vergleich zu ambulanten Resozialisierungsmaßnahmen schneiden stationäre offensichtlich nicht besser, wenn nicht gar schlechter ab. Von daher ist insbesondere auch aus Kostengründen dem Ausbau ambulanter Resozialisierungsprogramme (wie etwa Bewährungshilfe, Jugendgerichtshilfe) der Vorzug zu geben. Dies vor allem auch deshalb, weil dadurch Haftschäden (Prisonisierungseffekte), eine zusätzliche Stigmatisierung des Täters sowie Probleme der Wiedereingliederung nach Haftentlassung (Arbeitsplatz, Wohnung u. ä.) vermieden werden können (vgl. in diesem Zusammenhang insbesondere auch die Diskussion zu den Diversionsprogrammen, zusammenfassend KURY/LERCHENMÜLLER 1981).

Neben Problemen einer resozialisierenden Behandlung im Strafvollzug wird insbesondere auch auf *methodische Schwächen* der einzelnen Untersuchungen hingewiesen, welche die Validität der gefundenen Resultate mehr oder weniger in Frage stellen (vgl. zusammenfassend KURY 1983; 1984). Der oft festgestellte Nicht-Effekt von Behandlungsmaßnahmen kann nicht nur auf eine völlige Wirkungslosigkeit des Programms, sondern ebenso auf Schwächen des Forschungsvorhabens selbst zurückzuführen sein, die bewirken, daß ein vorhandener Behandlungseffekt nicht nachgewiesen werden kann. So ist es durchaus möglich, daß das Resozialisierungsprogramm spezifische Effekte erzielt, diese jedoch durch die Evaluation nicht erfaßt werden. Eine besondere Rolle kommt hierbei etwa dem Meßzeitpunkt sowie den Erfolgskriterien (→ Erfolg, Bewährung, Effizienz) zu. So kann eine Behandlung etwa eine *kurzfristige positive Wirkung* haben, die sich aber alsbald wieder abschwächt, beispielsweise aufgrund der negativen Wirkung anderer Umwelteinflüsse. Im Gegensatz dazu steht ein realer Späteffekt („Sleeper"-Effekt), der sich u. U. erst Wochen oder Monate nach Haftentlassung bemerkbar macht. In beiden Fällen können „falsche" Meßzeitpunkte zu einem Nicht-Effekt führen (vgl. KERNER 1982, 470 f.; ausführlich KURY 1986 a).

Von der Wahl des Erfolgskriteriums hängt es entscheidend ab, wieweit ein Behandlungseffekt überhaupt erfaßt werden kann. Letztlich ist die Wahl des Kriteriums vor dem Hintergrund kriminalitäts- und behandlungstheoretischer Überlegungen zu treffen. Da jedoch sowohl die zur Verfügung stehenden Kriminalitäts- als auch Therapie- bzw. Behandlungstheorien lückenhaft sind, können sie nur ansatzweise weiterhelfen. In der Regel wird das Legalverhalten nach Abschluß der Behandlung bzw. Entlassung aus dem Vollzug als Erfolgskriterium herangezogen, vielfach neben psychologischen Persönlichkeits- und Einstellungstests. Das Legalverhalten kann als Erfolgsmaß nur teilweise befriedigen (unklare Definition, Dunkelfeld u. ä.), das teilweise zusätzlich erfaßte Sozial- und Arbeitsverhalten kann jedoch nur graduell weiterhelfen, da es sehr schwer zu definieren und zu erfassen ist (vgl. SECHREST u. a. 1979; KURY 1983; 1986 a).

In der Zwischenzeit liegen umfangreiche Validitätskonzepte zu empirisch-sozialwissenschaftlichen Untersuchungen, insbesondere auch zur Behandlungsforschung vor, in denen zahlreiche Störfaktoren definiert und beschrieben sind, die die Aussagekraft der Resultate einschränken können (vgl. KURY 1983; LÖSEL u. a. 1987). Hieraus wird auch klar, daß „fehlerlose" Behandlungsuntersuchungen, insbesondere größerer Art, nicht möglich sind, es letztlich lediglich darum gehen kann, zu möglichst stringenten Aussagen zu kommen. Hierfür werden in der Regel echte experimentelle Designs (mit Zufallszuweisungen der Probanden zu Behandlungs- und Kontrollgruppen) empfohlen.

Im folgenden sollen einige wichtige Punkte genannt werden, die bei Untersuchungen zur Behandlungsforschung, insbesondere im Strafvollzug berücksichtigt werden sollten, um eine möglichst hohe Aussagekraft der Resultate zu erzielen (vgl. auch KURY/FENN 1977; LÖSEL u. a. 1987, 252 ff.).

Insgesamt sollte der Behandlungs- und Forschungsansatz aus vorhandenen relevanten Theorien (bzw. aus neu zu entwickelnden) abgeleitet und begründet werden. Der Forschungsplan ist möglichst genau auszuarbeiten und mit den betroffenen Praktikern abzusprechen, um Schwierigkeiten bei der Durchführung der Studie, insbesondere wenn sich diese etwa über mehrere Jahre hinzieht, zu vermeiden. Bei der Durchführung der Untersuchung selbst sollten möglichst folgende Punkte beachtet und im Abschlußbericht Informationen hierzu geliefert werden, um eine Beurteilung und Einordnung der Resultate zu ermöglichen:

a) Erfassung der Organisation und inneren Struktur der Anstalt. Insbesondere sollten Aussagen darüber gemacht werden, wieweit das konkrete Behandlungsprogramm in der Anstalt integriert oder lediglich „aufgepfropft" ist.

b) Beschreibung des Vollzugsstabes. Dem Ausbildungsstand des Vollzugsstabes kommt hinsichtlich der Durchführung von Resozialisierungs-Programmen ein wichtiger Stellenwert zu. Entsprechend wurden in den letzten Jahren verschiedene Programme zur Aus- und Fortbildung der Vollzugsbediensteten entwickelt.

c) Beschreibung der Einstellung der Vollzugsbediensteten und des -stabes zum Behandlungsprogramm und dessen Durchführung. Wichtig für die Wirkungsweise des Programms ist, wieweit das Vollzugspersonal hinter den Maßnahmen steht und sie direkt und indirekt, insbesondere auch im Kontakt mit den Insassen unterstützt.

d) Erfassung der Anstaltsatmosphäre. Die Bedeutung der Atmosphäre, in welcher ein Behandlungsprogramm durchgeführt wird, für dessen Gelingen wurde in den letzten Jahren nicht nur bezüglich Maßnahmen im Strafvollzug, sondern etwa auch im Schulbereich oder in der Psychiatrie zunehmend hervorgehoben. Entsprechende Skalen zur Erfassung der Atmosphäre sind inzwischen entwickelt (vgl. BUSCH 1986).

e) Definition der Behandlungsgruppe. Die Zusammensetzung der Experimentalgruppe, insbesondere die Auswahl der Probanden, ist genau anzugeben. Möglichst sollte, wie erwähnt, eine Zufallszuweisung der Insassen zu Experimental- und Kontrollgruppe erfolgen, da nur dann und bei genügend großen Stichproben davon ausgegangen werden kann, daß keine (systematischen) Verzerrungen erfolgen. In bisherigen Projekten, auch in der Bundesrepublik Deutschland, wurden vielfach sich freiwillig meldende Insassen der Behandlungsgruppe zugeordnet (etwa in sozialtherapeutische Anstalt überwiesen). In diesem Fall muß davon ausgegangen werden, daß es sich hierbei etwa um besonders änderungsmotivierte Insassen handelt, die von vornherein eine günstigere Legalprognose haben. Selbst wenn eine Zufallszuweisung zu Beginn des Programms möglich ist, kommt es jedoch oft während des Forschungsvorhabens aufgrund hoher Ausfälle etwa wegen Rückverlegungen aus der Sozialtherapie in den Regelvollzug bzw. Verweigerungen zu systematischen Verzerrungen (vgl. auch LÖSEL u. a. 1987, 254).

f) Definition der Kontrollgruppe. Analog zur Behandlung ist auch die Kontrollgruppe bezüglich der Selektion der Probanden genau zu beschreiben. Es ist zu gewährleisten, daß die Kontrollgruppe weder das Behandlungsprogramm noch Ersatz hierfür erhält.

g) Beschreibung der Therapeuten/des Behandlungspersonals. Da, wie etwa in der Psychotherapieforschung in den letzten Jahren vermehrt festgestellt, den die Behandlung durchführenden Personen bezüglich dessen Erfolgs eine erhebliche Bedeutung zukommt, sollten diese hinsichtlich relevanter Eigenschaften beschrieben werden.

h) Beschreibung der Interaktionsstruktur zwischen Therapeuten, Insassen und Institution. Die Behandlungswirkung kann nicht unabhängig von der Qualität der Interaktion der beteiligten Gruppen gesehen werden. Hierbei ist von einer gegenseitigen Beeinflussung auszugehen.

i) Beschreibung des durchgeführten Behandlungsprogramms, insbesondere auch der Behandlungsziele. Hierbei genügt es nicht, lediglich Grobkategorien (etwa Gesprächspsychotherapie oder soziales Training) anzugeben, insbesondere dann nicht, wenn von dem lehrbuchmäßigen Vorgehen abgewichen wurde, was bei der Behandlung Straffälliger relativ häufig der Fall ist. Insbesondere sind alle zum Behandlungsprogramm gehörenden Maßnahmen, etwa Vollzugslockerungen u. ä., zu beschreiben, ebenso selbstverständlich die Behandlungsdauer (LÖSEL u. a. 1987, 252).

k) Unabdingbar ist ferner die Erfassung und Darstellung der theoretischen Begründung des Behandlungsprogramms. Nur aus einer dem Programm zugrundeliegenden Behandlungstheorie können beispielsweise die Erfolgskriterien begründet abgeleitet werden (LÖSEL u. a. 1987, 253).

l) Persönlichkeitspsychologische Untersuchungen (Pre-Post-Tests). Um den Erfolg einer Behandlung abschätzen zu können, sollten vor Beginn und nach Abschluß des Treatments persönlichkeitspsychologische Testuntersuchungen bei den Probanden durchgeführt werden. Diese erlauben u. U. auch Rückschlüsse auf die Indikation der durchgeführten Resozialisierungsmaßnahmen (LÖSEL u. a. 1987, 256).

m) Verlaufskontrolle der Behandlungsmaßnahmen. Ergänzend zum vorgenannten Punkt sollten Verlaufsuntersuchungen vorgenommen werden, die zusätzliche Informationen über den Therapieprozeß liefern. Diese Informationen könnten auch zur Beurteilung der Behandlungswirkung herangezogen werden (DEUTSCHBEIN 1987).

n) Erfassung des weiteren Anstaltsprogramms. Das über die Behandlungsmaßnahmen hinausgehende weitere Anstaltsprogramm sollte registriert werden, um etwa feststellen zu können, ob dieses sich im Rahmen des Forschungsprojektes ändert, was einen wesentlichen Einfluß auf den gemessenen Behandlungseffekt haben kann.

o) Erfassung besonderer Vorkommnisse in der Anstalt. Soweit sie die Behandlung und ihre Wirkung beeinflussen können, sind besondere Vorkommnisse in der Anstalt ebenfalls zu registrieren.

p) Erfassung von Maßnahmen zur Entlassungsvorbereitung. Wie oben bereits erwähnt, kommen Maßnahmen zur Entlassungsvorbereitung eine besondere Bedeutung zu. Sofern zur Überleitung in die Freiheit besondere Maßnahmen (etwa Vollzugslockerungen, besondere Trainingsmaßnahmen u. ä.) ergriffen wurden, sollten diese beschrieben werden.

q) Nachbetreuung. Dasselbe gilt für eine u. U. durchgeführte Nachbetreuung nach Haftentlassung.

r) Erfassung nachinstitutioneller Lebenslaufdaten. Diese können wesentliche Hinweise zur Beurteilung des Behandlungserfolges liefern.

s) Durchführung von Katamnesen. Die Langzeitwirkung von Behandlungsmaßnahmen ist letztlich nur mittels katamnestischer Nacherhebungen zu erfassen. Nach Ansicht der meisten Autoren sollten diese nach einem Zeitraum von zwei bis fünf Jahren nach Beendigung des Programms bzw. nach Haftentlassung erfolgen. In diesem Zusammenhang sollte unbedingt auch das Legalverhalten nach Haftentlassung erhoben werden. Trotz aller berechtigten Kritik gegenüber dem Legalverhalten als Kriterium für den Erfolg von Behandlungsmaßnahmen kann hierauf nicht verzichtet werden. Allerdings sollte das Legalverhalten differenziert etwa nach Häufigkeit, Schwere und Intervall weiterer Rechtsbrüche erhoben werden (LÖSEL u. a. 1987, 255).

t) Erfassung von Daten zur Kosten-Nutzen-Relation von Behandlungsprogrammen. Aufgrund begrenzter Ressourcen und der oft vorgebrachten Kritik, daß Behandlungsprogramme zu teuer seien, haben Kosten-Nutzen-Analysen trotz der Schwierigkeit ihrer Durchführung insbesondere in einem so komplexen Bereich wie der Erfassung der Behandlungswirkung von Resozialisierungsprogrammen bei Straffälligen einen großen Stellenwert. Hierbei können auch Kosten-Nutzen-Berechnungen zu einzelnen Teilen eines komplexen Behandlungsprogramms sehr wertvoll sein (LÖSEL u. a. 1987, 260).

u) Datenanalyse. Bezüglich der Analyse der erhobenen Daten bieten sich in der Regel auch vor dem Hintergrund der meist komplexen Versuchspläne multivariate Techniken an.

Bailey, W.C., Correctional outcome: an evaluation of 100 reports, Journal of Criminology 57 (1966), S. 153–160; *Blass-Wilhelms, W.*, Evaluation im Strafvollzug. Überblick und Kritik vorliegender Studien, in: Kury, H. (Hrsg.), Methodische Probleme der Behandlungsforschung – insbesondere in der Sozialtherapie, Köln u. a. 1983 a, S. 81–119; *Busch, B.*, Erhebung institutioneller Variablen. Ökologischer Vergleich der drei U-Haftanstalten Freiburg, Mannheim und Rastatt, in: Kury, H. (Hrsg.), Prognose und Behandlung bei jungen Rechtsbrechern, Freiburg 1986, S. 237–295; *Calliess, R.-P., Müller-Dietz, H.*, Strafvollzugsgesetz, München 1991; *Deutschbein, T.*, Prozeßanalyse bei den Therapien jugendlicher Untersuchungsgefangener, Rheinfelden 1987; *Dünkel, F.*, Legalbewährung nach sozialtherapeutischer Behandlung. Eine empirische vergleichende Untersuchung anhand der Strafregisterauszüge von 1 503 in den Jahren 1971 bis 74 entlassenen Strafgefangenen in Berlin-Tegel, Berlin 1980; *Egg, R.*, Sozialtherapie und Strafvollzug. Eine empirische Vergleichsstudie zur Evaluation sozialtherapeutischer Maßnahmen, Frankfurt/M. 1979; *Kaiser, G.*, Resozialisierung und Zeitgeist, in: Festschrift für Thomas Würtenberger, hrsg. v. Herren, R. u. a., Berlin 1977, S. 359–372; *Kerner, H.-J.*,

Vollzugsstab und Insassen des Strafvollzug. Strafvollzug als Prozeß, in: Strafvollzug. Ein Lehrbuch, hrsg. v. Kaiser, G. u. a., Heidelberg 1982, S. 255–478; *Kreuzer, A.*, *Freytag, H.*, Schuldenregulierungsprogramme für Straffällige, in: Kaiser, G., Kury, H., Albrecht, H.-J. (Hrsg.), Kriminologische Forschung in den 80er Jahren, Freiburg 1988, S. 465-480; *Kury, H.* (Hrsg.), Strafvollzug und Öffentlichkeit, Freiburg 1980; *Kury, H.* (Hrsg.), Methodische Probleme der Behandlungsforschung – insbesondere in der Sozialtherapie, Köln u. a. 1983; *ders.* (Hrsg.), Methodologische Probleme in der kriminologischen Forschungspraxis, Köln u. a. 1984; *ders.*, Die Behandlung Straffälliger, Berlin 1986 a, Bd. 1; *ders.* (Hrsg.), Prognose und Behandlung bei jungen Rechtsbrechern. Ergebnisse eines Forschungsprojekts, Freiburg 1986 b; *ders.*, Die Behandlung Straffälliger, Berlin 1987 a, Bd. 2; *ders.*, Treatment of Offenders and Treatment Research in the Federal Republic of Germany. Comparative Law Review 21, 1987 b, S. 45–97; *ders.*, Treatment of young remand prisoners: Problems and results of a research project, in: Wegener, H., Lösel, F., Haisch, J. (eds.), Criminal Behavior and the Justice System. Psychological Perspectives, New York u. a. 1989, S. 356–381; *ders.*, *Fenn, R.*, Praxisbegleitende Erfolgskontrolle sozialtherapeutischer Behandlung, MschrKrim 60 (1977), S. 227–242; *ders.*, *Lerchenmüller, H.* (Hrsg.), Diversion – Alternativen zu klassischen Sanktionsformen, Bochum 1981, 2 Bände; *Lipton, D.*, *Martinson, R.*, *Wilks, J.*, The effectiveness of correctional treatment. A survey of treatment evaluation studies, New York 1975; *Lösel, F.*, *Köferl, P.*, *Weber, F.*, Meta-Evaluation der Sozialtherapie, Stuttgart, 1987; *Lösel, F.*, *Mey, H.-G.*, *Molitor, A.*, Selbst- und Fremdwahrnehmung der Berufsrolle beim Strafvollzugspersonal. Untersuchungen zum Problem der Stereotypisierung, in: Kaiser, G., Kury, H., Albrecht, H.-J. (Hrsg.), Kriminologische Forschung in den 80er Jahren, Freiburg 1988, S. 389–418; *Logan, C.H.*, Evaluation in Crime and Delinquency: A reappraisal, Journal of Criminology 63 (1972), S. 378–387; *Ortmann, R.*, Resozialisierung im Strafvollzug, Freiburg 1987; *Rasch, W.*, *Kühl, K.-P.*, Psychologische Kriterien für die Unterbringung in einer Sozialtherapeutischen Anstalt, in: Forensische Sozialtherapie, hrsg. v. Rasch, W., Karlsruhe 1977, S. 203–259; *Rehn, G.*, Behandlung im Strafvollzug. Ergebnisse einer vergleichenden Untersuchung der Rückfallquote bei entlassenen Strafgefangenen, Weinheim 1979; *Robinson, J.*, *Smith, G.*, The effectiveness of correctional programs, Crime and Delinquency 17 (1971), S. 67–80; *Sechrest, L.*, *White, S.O.*, *Brown, E.D.* (Hrsg.), The rehabilitation of criminal offenders: problems and prospects, Washington/D.C. 1979; *Slaikeu, K.A.*, Evaluation studies on group treatment of juvenile and adult offenders in correctional instutions, JResDel 10 (1973), S. 87–100; *Spieß, G.*, Soziale Integration und Bewährungserfolg. Aspekte der Situation nach Haftentlassung und ihre Bedeutung für die Legalbewährung, in: Kury, H. (Hrsg.), Prognose und Behandlung bei jungen Rechtsbrechern, Freiburg 1986, S. 511–579; *Tauss, R.*, Die Veränderung von Selbstkonzeptkomponenten im Inhaftierungsverlauf jugendlicher Strafgefangener, Freiburg 1992; *Waxweiler, R.*, Psychotherapie im Strafvollzug. Eine empirische Erfolgsuntersuchung am Beispiel der sozialtherapeutischen Abteilung in einer Justizvollzugsanstalt, Weinheim, Basel 1980.

HELMUT KURY

Beobachtung, teilnehmende → Methoden der Kriminologie

Beruf und Kriminalität. In den modernen Industriegesellschaften spielen nicht mehr die durch Tradition (aufgrund der Geburt in einen Familienverband, eine Kaste) „zugeschriebenen“ Positionen die entscheidende Rolle für die Einbindung einer Person in den gesellschaftlichen Zusammenhang. Vielmehr hat heute der Zugang zu „erworbenen“ beruflichen Positionen zentrale Bedeutung für die soziale Plazierung und Integration der Gesellschaftsmitglieder (KÖNIG 1965; LEPSIUS 1965). Sozialer Verkehrskreis, Anspruchsniveau, wirtschaftliche und politische Teilnahmechancen, Lebensstil, kurz: die soziale Identität des Erwachsenen werden weitgehend durch seine berufliche Position bestimmt. Wie die Handlungsmöglichkeiten, so sind normative Erwartungen ebenso wie Prozesse der Sozialkontrolle stets auch entlang der beruflichen Positionsstruktur ausdifferenziert, wenngleich die meisten strafrechtlichen Normen allgemein, ohne Ansehen des ‚Standes‘ der Normadressaten gefaßt sind (→ Norm, Normgenese).

Beruf und Kriminalität

Für die Kriminologie ist der Beruf in mehrfacher Hinsicht von Interesse: Zunächst in Hinblick auf die mit der beruflichen Integration erworbenen *legale Versorgungs-* und *Erwerbschance* (MAX WEBER) und die Etablierung sozialer und insbesondere *normativer Bindungen* (KÖNIG 1965), welche in Kriminalitätstheorien als kriminalitätsreduzierende Faktoren betrachtet werden (→ Kriminalitätstheorien, soziologische), während dem Fehlschlagen der beruflichen Integration häufig kriminalitätsfördernde Bedeutung zugeschrieben wird (→ Arbeitslosigkeit und Kriminalität). Zugleich sind jedoch mit beruflicher Funktion und beruflicher Stellung jeweils *spezifische Gelegenheitsstrukturen* verbunden, welche das Begehen strafbedrohter Handlungen begünstigen sowie deren *Entdeckungs- und Verfolgungsrisiko* beeinflussen.

Daß die staatlichen Kontrollinstanzen dem Beruf besonderes Gewicht beimessen, zeigt sich schon darin, daß die Berufsangabe zu den wenigen Persönlichkeitsdaten zählt, die bei Kontrollhandlungen (von der Wohnsitzregistrierung über die polizeiliche Personalienfeststellung bis hin in die Straf- und Vollzugsakten) regelmäßig festgehalten werden. Auch spielen Berufstätigkeit und berufliche Stellung eine wichtige Rolle bei der Persönlichkeitsbeurteilung durch die Instanzen (→ Kriminalprognose; Selektion und Selektionsmechanismen). Berufsangaben wurden lange Zeit für die Verurteiltenstatistik (Reichskriminalistik bis 1923 und 1928 bis 1942; Strafverfolgungsstatistik der BRD bis 1974) ausgewertet und werden regelmäßig für die polizeiliche Tatverdächtigenstatistik erhoben; wegen mangelnder Zuverlässigkeit und geringer Gliederungstiefe erlauben sie jedoch keine differenzierte kriminologische Analyse. Die polizeilichen Kriminalstatistiken lediglich einzelner Bundesländer enthalten Angaben zum Bestehen eines Arbeitsverhältnisses oder – seltener – zur beruflichen Stellung als (un- oder angelernter) Arbeiter, Angestellter, Beamter oder Selbständiger. Aus den verfügbaren Daten läßt sich allenfalls auf eine überdurchschnittliche registrierte Belastung in den nicht oder gering qualifizierten Gruppen sowie auf ein Überwiegen einfacher, keine besondere Qualifikation erfordernder Begehensweisen in diesen Gruppen schließen; zu berücksichtigen ist bei der Interpretation dieses Befundes jedoch, daß sich hierin insbesondere auch Folgen unterschiedlicher Entdeckungs- und Anzeigerisiken niederschlagen. Ältere Untersuchungen zur Bestraftenquote zeigen eine überhöhte Belastung v. a. der ungelernten Arbeiter, Bau- und Kfz-Berufe und der Berufskraftfahrer, wobei nicht nur die letzteren naheliegenderweise bei der Verkehrsdelinquenz (einschließlich der alkoholbedingten Straftaten) erheblich überrepräsentiert sind. Unter den Insassen des *Strafvollzugs* schließlich sind regelmäßig neben dem arbeitslosen Verurteilten diejenigen Berufsgruppen überrepräsentiert, für die ein hoher Anteil Ungelernter charakteristisch ist (KOFLER 1980), wobei neben dem Einfluß selektiver Sanktionisierungsstrategien auch negative Rückwirkungen der Sanktionierung auf die berufliche Integration zur Reproduktion des Zusammenhangs zwischen sozialer Plazierung und Kriminalitätsbelastung beitragen. (→ Selektion und Selektionsmechanismen; → Arbeitslosigkeit und Kriminalität). Die Kriminalitätsverteilung auf die einzelnen Berufssparten ist jedoch ansonsten weithin eine Unbekannte; verfehlt wäre es, wie teilweise geschehen, hieraus den Schluß zu ziehen, daß lediglich der beruflichen Qualifikation und Einordnung als solcher Bedeutung – und durchweg zu Lasten der geringeren Qualifikation – zukomme; denn aufgrund strafrechtlicher Sondervorschriften und der mangelnden Differenzierung der Kriminalstatistiken können berufsspezifische Delinquenzformen dort nicht identifiziert werden.

Entsprechend der äußerst dürftigen Datenlage überwiegen, namentlich im älteren kriminologischen Schrifttum, phänomenologisch-spekulative Aussagen zum Zusammenhang von Beruf und Kriminalität. EXNER (1949), der eine besondere Gefährdung der Ungelernten und in Dienstleistungsberufen Beschäftigten postuliert, sieht Verbindungen zwischen Beruf und Kriminalität auf den drei Ebenen (a) der besonderen Verbrechens*gelegenheiten*, die mit der Ausübung bestimmter Berufe verbunden sind; (b) der kriminellen *Verwertbarkeit* bestimmter, berufsbedingt erworbener Fertigkeiten (wie z. B. Drucken, Schweißen); (c) der ungünstigen *Charaktereinflüsse*, etwa durch das angeblich „verrohende Schlächterhandwerk". Demgegenüber vermutete LOMBROSO, eine geeignete Berufswahl könne verbrecherische Neigungen in sozial akzeptierte Tätigkeiten umleiten: „... die Blutdürstigen, Mordlustigen lasse man z. B. Schlächter werden oder ins Militär eintreten" (LOMBROSO 1899). Auch in der kriminalsoziologischen Betrachtung wird, überwiegend in Anschluß an die Anomietheorie, die Bedeutung des mit der beruflichen Position verbundenen *Zugangs* zu legalen wie illegalen Möglichkeiten hervorgehoben. Gemäß der von OPP formulierten ökonomischen Variante der Anomietheorie wird man das Auftreten von kriminellen Aktivitäten dort vorhersagen, wo der ausgeübte Beruf einerseits nur gering entlohnt ist, andererseits Gelegenheiten zu illegalem Mehrverdienst eröffnet, sofern der erwartete Nutzen solcher Aktivitäten das Schadensrisiko im Falle von Entdeckung und Sanktionierung übersteigt (FREY/OPP 1979). Bei geringem oder fehlendem beruflichen Einkommen müßte dementsprechend eine erhöhte Rate strafbarer Handlungen erwartet werden. Dieser Annahme entspricht die von HIRSCHI im Rahmen seiner Kontrolltheorie postulierte Wirkung beruflicher (und anderer sozialer, etwa familiärer) Bindungen: Die Schwelle zur Begehung strafbarer Handlungen liegt höher, wenn die Entdeckung der Straftat den Verlust von Arbeitsplatz und legalem Einkommen sowie der Wertschätzung von Kollegen mit sich bringen würde.

Das Phänomen der Oberschicht- und White-collar-Kriminalität zeigt indessen, daß auch relativ hohes legales Einkommen und Sozialprestige die illegale Bereicherung dann nicht ausschließen, wenn diese mit hohen Gewinnmöglichkeiten und zugleich geringem Entdeckungsrisiko oder einer weitgehenden Immunisierung gegen negative Sanktionen verbunden ist. Letzteres ist insbesondere dort der Fall, wo der *Rechtsbruch in Ausübung des Berufes* nicht ausschließlich im eigenen Interesse des Täters erfolgt, sondern primär im wirtschaftlichen oder politischen Interesse des Anstellungsträgers und insofern *im Rahmen der beruflichen Rolle*.

So greift der traditionelle, nach den Besonderheiten der Täterpersönlichkeit fragende, Ansatz zu kurz, wenn es sich um quasi von Berufs wegen, in Übereinstimmung mit Berufsrolle, wirtschaftlicher, militärischer oder politischer Funktion ausgeführte Rechtsverstöße handelt, wie diese endemisch im Bereich der Wirtschafts- und Umweltkriminalität, der Kriegsverbrechen oder der ,Kriminalität der Mächtigen' auftreten. Zu berücksichtigen ist schließlich, daß in Berufsausübung und Wirtschaftsleben begangene Verstöße von z. T. erheblicher Sozialschädlichkeit weitgehend entkriminalisiert oder, wie im Falle des Umweltstrafrechts (→ Umweltkriminalität), wegen der erheblichen Probleme des Nachweises persönlicher Verantwortung dem strafrechtlichen Zugriff faktisch weitgehend entzogen sind.

Insbesondere SUTHERLANDS (1940; 1945) Studien zum ‚white collar crime' (der Kriminalität der ‚Weiße-Kragen-Täter' im Gegensatz zur Kriminalität des ‚kleinen Mannes') lenkten die Aufmerksamkeit auf den Einfluß wirtschaftlicher Interessen auf *Normsetzung* und *Normdurchsetzung* und auf die Bedeutung von Beruf und beruflicher Stellung für das *Entdeckungs-* und *Sanktionsrisiko*.

Während im engeren Bereich der Wirtschaftskriminalität häufig das Fehlen geeigneter Strafvorschriften oder deren fehlende Durchsetzung Auftreten und Erfolgschancen von Rechtsbrüchen begünstigt (→ Wirtschaftskriminalität), spielt im Berufsleben die Eigenart des Berufs und der Betriebsorganisation eine wesentliche Rolle für die Chance von Straftaten der abhängig Beschäftigten zu Lasten des Betriebs, der Kollegen oder des Publikums. Daß soziale und berufliche Integration per se noch keineswegs das Begehen von Straftaten unwahrscheinlich machen, zeigen nicht nur die Befunde zur Wirtschaftskriminalität, sondern neben Hinweisen auf eine positive Korrelation (selbstberichteter) Delinquenz Heranwachsender mit einsetzender beruflicher Integration (JUST 1985) auch Untersuchungen der innerbetrieblichen Delinquenz (GEIS/STOTLAND 1980; RUGGIERO u. a. 1982; in Deutschland KAISER/METZGER-PREGIZER 1976).

Danach ist ein beträchtliches Dunkelfeld von unentdeckt bleibenden und folglich in den offiziellen Kriminalitätsstatistiken nicht erscheinenden innerbetrieblich begangenen Straftaten, überwiegend Eigentumsdelikten, anzunehmen: So wurden in der letztgenannten Untersuchung je 1000 Belegschaftsmitglieder und Jahr 585 von Arbeitnehmern erlittene oder beobachtete Diebstähle ermittelt, von denen jedoch nur 19 der Betriebsleitung bekannt wurden. Hiervon gelangte wiederum nur jede sechste Straftat (ca. 16%) den staatlichen Strafverfolgungsorganen zur Kenntnis (→ Anzeigeverhalten). Die im Berufsleben begangenen Straftaten tragen somit ganz erheblich zum Dunkelfeld vor allem der unentdeckt gebliebenen Eigentumsdelikte bei; es ergibt sich eine Dunkelfeldrelation von einem polizeilich registrierten zu 74 nichtregistrierten Kollegendiebstählen, während insgesamt eine Dunkelfeldrelation bei Taschendiebstahl von 1:11, bei allen Eigentumsdelikten gegen Einzelpersonen zusammengenommen von 1:2 angenommen wird (STEPHAN 1976). Bezüglich des Dunkelfelds nicht aufgeklärter Diebstahlsverluste im Einzelhandel gehen Insiderschätzungen dahin, daß diese zum größeren Teil nicht auf das Konto von Kundendiebstählen, sondern der Beschäftigten gehen; hier fehlen bislang allerdings repräsentative Daten.

Überdurchschnittlich häufig belastet erscheinen bei den (zumindest betriebsintern) *registrierten* Delikten allgemein die unteren Positionen der Betriebshierarchie, neben den ungelernten Arbeitern jedoch auch Facharbeiter und leitende Angestellte. Der registrierte Schaden steigt indessen mit der höheren Stellung in der Betriebshierarchie. Sichtbar werden nicht nur unterschiedliche Zugangschancen, sondern auch unterschiedliche Definition und Reaktion auf entdeckte

Straftaten; für das Anzeige- und Sanktionsrisiko spielen Merkmale wie bereits frühere Auffälligkeit, leichte Ersetzbarkeit für den Betrieb oder ausländische Nationalität eine Rolle.

Völlig unbefriedigend ist die Datenlage zur Umfang und Struktur der in Berufsausübung begangenen Delikte zu Lasten außerbetrieblicher Opfer, sieht man von den der Wirtschaftskriminalität i. e. S. zugeordneten Tatbeständen ab. Allenfalls die nichtrepräsentativen Befunde von Sonderfahndungen, so zur Verbreitung unerlaubter Beigaben im Nahrungs- und Genußmittelgewerbe, zum illegalen Arzneimitteleinsatz in der Lohnmästerei, zur Manipulation von Meß- und Zähleinrichtungen zum Nachteil der Kunden oder zur Beteiligung von Ärzten (STEINHILPER 1988) und Apothekern an Rezept- und Abrechnungsbetrügereien mit Millionenschäden zeigen, daß die mit der Berufsausübung verbundene besondere *Gelegenheitsstruktur* die Herausbildung berufsspezifischer Delinquenzstrategien und sogar deren endemische Verbreitung begünstigen kann. Von erheblicher Sozialschädlichkeit ist die Ausnutzung eines der beruflichen Funktion entgegengebrachten besonderen öffentlichen Vertrauens, so etwa im Falle des ärztlichen Abrechnungsbetrugs, der pflichtwidrigen Begünstigung durch Funktionsträger der Verwaltungs- und Strafverfolgungsorgane oder durch öffentlich bestellte Gutachter. Auch der Zugang zu technischen Ressourcen kann besonders effektive und damit schadensintensive Handlungsmöglichkeiten eröffnen: Jüngeres Beispiel neuentstandener und besonders erfolgreich umgesetzter berufsspezifischer Deliktsgelegenheit ist die Computerkriminalität (SIEBER 1977), die als typisches Insider-Delikt (HEARNDEN 1987) ganz überwiegend nicht durch Eingriffe unbefugter Dritter, sondern durch Manipulationen von Daten und Datenverarbeitungsvorgängen durch das EDV-Personal verübt wird.

Die Erfolgsaussichten der in Berufsausübung begangenen Rechtsbrüche sind neben der Gelegenheitsstruktur insbesondere durch die Ausprägung berufsspezifischer *Kontrollstrukturen* bestimmt.

Der Verletzlichkeit des Bürgers durch einen Mißbrauch hoheitlicher Befugnisse durch Amtsträger tragen besondere Straftatbestände Rechnung (§§ 331 ff. StGB bezüglich Vorteilsannahme, Bestechlichkeit, Rechtsbeugung, Verfolgung Unschuldiger, Post-, Fernmelde- und Steuergeheimnis, vgl. auch §§ 30 ff. WStG; gefordert wird u. a. auch die Einführung des Tatbestandes der ‚Amtsuntreue', welcher beispielsweise die Verschwendung von Steuergeldern unter Strafdrohung stellen würde sowie die Festlegung strafbewehrter Anzeigepflichten für Funktionsträger der Umweltverwaltung). Diese Instrumente ebenso wie andere bereichsspezifische Kontrollstrategien verhindern indessen nicht eine weitgehende Immunisierung insbesondere staatlicher Funktionsträger gegen die strafrechtliche Ahndung von Rechtsbrüchen. Auch die Ausbildung besonderer außerstrafrechtlicher Formen der innerbetrieblichen Kontrolle (Betriebsjustiz) hat ebenso wie die Institutionalisierung berufsständischer (Selbst-) Kontrollorgane der freien Berufe weniger normdurchsetzende als vielmehr gegen die justizförmige Strafverfolgung abschirmende Wirkungen hervorgebracht.

Solche *standesrechtlichen Sonderformen* der sozialen Kontrolle, durch welche die Einhaltung institutionalisierter Erwartungen bezüglich der Berufsausübung sichergestellt werden soll, sind – neben dem staatlichen Disziplinarrecht

– im Bereich der freien Berufe (Ärzte, Apotheker, Rechtsanwälte, Architekten) berufsständische Kammern mit eigenem Standesgericht und Disziplinargerichtsbarkeit. Hinzu treten Selbsthilfeeinrichtungen der Wirtschaft, insbesondere Kreditauskunfteien, welche dem Handelspartner erlauben, sich über die Zuverlässigkeit eines Gewerbetreibenden zu informieren. Präventiven Zwecken dient ferner das Gewerbezentralregister, das den für die Gewerbeerlaubnis zuständigen Verwaltungsbehörden u. a. Auskunft über die bislang ergangenen Bußgeldbescheide ab einer bestimmten Mindesthöhe gibt und so eine Überprüfung der Zuverlässigkeit der Gewerbetreibenden erlauben soll. Durch Strafgericht oder Verwaltungsbehörden können Berufsverbote (§ 70 StGB; § 132 a StPO) und Beschäftigungsverbote verhängt werden.

Zur Bekämpfung strafrechtlicher wie privat- und arbeitsrechtlicher Verstöße der Beschäftigten haben vor allem größere Industriebetriebe organisierte Formen der Betriebsjustiz (→ private Verbrechenskontrolle) entwickelt, welche das staatliche Rechtsprechungsmonopol durchbrechen und teils neben, überwiegend aber anstelle der Einschaltung der staatlichen Justiz ein eigenes innerbetriebliches Sanktionensystem (bis hin zur Entlassung) vorsehen; die überwiegende Mehrzahl der innerbetrieblich entdeckten Straftaten zum Schaden des Betriebs oder von Kollegen wird innerbetrieblich, d. h. ohne Einschaltung der staatlichen Strafverfolgungsorgane, erledigt. Schon dieser Umstand wie auch das erheblich überhöhte Dunkelfeld der innerbetrieblich begangenen Straftaten macht deutlich, daß neben den traditionell, etwa im Rahmen des Anomieansatzes, berücksichtigten ‚ätiologischen' Faktoren (Gelegenheitsstruktur, Spannungsverhältnis zwischen Verdienst und illegalen Bereicherungsmöglichkeiten; Einflüsse aus dem Kollegenkreis als normativer Bezugsgruppe) vor allem diejenigen Bedingungen beachtet werden müssen, die für den Prozeß der Entdeckung und der Überleitung in informelle oder formelle Sanktionierung von Belang sind.

Die Einrichtung spezialisierter Schwerpunktstaatsanwaltschaften zur Verfolgung schwerer Wirtschaftskriminalität konnte zwar die lange beklagten Defizite bei der verfahrensmäßigen Bewältigung dieses Kriminalitätsbereichs reduzieren, förderte jedoch – als Nebeneffekt der Spezialisierung – die Herausbildung von Bewertungsmaßstäben, die eher zur Ausformung eines privilegierenden Sonderrechts (BERCKHAUER 1980) beitrugen. Die steuerliche Begünstigung von Strafverteidigungskosten in Verfahren wegen beruflicher und Wirtschaftskriminalität als beruflich veranlaßter Werbungskosten ergänzt das Bild einer gegenüber der konventionellen Kriminalität *privilegierten Sphäre berufsrollenkonformer Rechtsbrüche*.

Eine förmliche *rechtliche Privilegierung* berufstypischer, ansonsten strafbewehrter Rechtsgüterverletzungen findet sich im Bereich der verwaltungsrechtlichen Umweltgesetze, die etwa die Landwirte von beschränkenden Regelungen hinsichtlich der Gewässer- und Grundwasserverunreinigung ausnehmen („Landwirtschaftsklausel") und so gemeinschädliche Umwelt- und Gesundheitsbeeinträchtigungen beträchtlichen Umfangs entkriminalisieren.

Wie das Zusammenwirken normativer, organisatorischer und politischer Bedingungen eine systematische Ungleichverteilung der Kriminalisierungschancen zum Vorteil der professionell handelnden Täter und Unternehmen bewirkt, zeigt paradigmatisch der Bereich des Umweltstrafrechts: Aufgrund der Verwaltungsakzessorietät des Umweltstrafrechts (§ 327 Abs. 2 Nr. 1 StGB) liegt die Entscheidung über Erlaubnis oder Nichterlaubnis einer immissionsrechtlich genehmigungspflichtigen Anlage und damit auch über die Strafbarkeit von Schadstoffeinleitungen im Ermessen der Verwaltung. Auch nicht genehmigungsfähige Emissionen werden, motiviert durch wirtschaftliche Rückschlüsse, aufgrund pflichtwidriger Genehmigung oder Duldung häufig faktisch straflos gestellt. Zwar verstößt der pflichtwidrig eine Genehmigung oder Duldung herbeiführende Funktionsträger seinerseits gegen Rechtsnormen (Amtsträgerhaftung; Garantenstellung), was wiederum sein Interesse begründet, auch bei exzessiver Überschreitung der tolerierten Grenzwerte die Einleitung eines förmlichen Strafverfahrens zu vermeiden, das den staatlichen Funktionsträger seinerseits der Gefahr der Strafverfolgung aussetzen würde. Das Leerlaufen der umwelt- und strafrechtlichen Vorschriften wird insbesondere durch das Fehlen behördlicher Meldepflichten und betrieblicher Offenlegungspflichten begünstigt; zudem scheitert der strafrechtlich erforderliche individuelle Schuldnachweis an der komplexen Realität der betrieblichen Abläufe.

Neben den berufsspezifischen Gelegenheits- und Kontrollstrukturen beeinflussen ferner berufstypische *Risikoausprägungen* sowie *innerbetrieblicher Konformitätsdruck* Umfang und Eigenart der Rechtsbrüche im Berufsleben. Ersteres gilt für zwangsläufig mit besonderen Gefährdungen für Rechtsgüter Dritter verbundene risikobehaftete berufliche Tätigkeiten (etwa des Berufskraftfahrers oder des Arztes); in Berufsausübung verursachte Schäden werden hier, obwohl häufig auch Strafrechtsnormen tangiert sind, privatrechtlich kompensiert. Im Konfliktfalle sind Geschädigte wie Justiz von Fachgutachtern abhängig; die ausgeprägte innerprofessionelle Loyalität bei der Begutachtung professionellen Fehlverhaltens (‚Kunstfehler') reduziert das Risiko privat- und strafrechtlicher Inanspruchnahme. Abhängig Beschäftigte besonders risikobehafteter Branchen, namentlich im Speditions- und Sondermüllgewerbe, in der chemischen und nukleartechnischen Industrie, unterliegen regelmäßig einem starken innerbetrieblichen Konformitätsdruck durch Vorgesetzte und Kollegen, durch den sie zur Deckung von und Mitwirkung an branchen- und betriebsüblichen Rechtsverstößen genötigt werden; bei fehlender Loyalität sind zumindest Beeinträchtigung oder Verlust der beruflichen Stellung zu gewärtigen. Zu den kriminogenen Kontrollstrukturen zählen schließlich Sozialisationspraktiken, die – idealtypisch in der militärischen Ausbildung verwirklicht – darauf abzielen, konventionelle normative Orientierungen (wie etwa die Tötungshemmung) durch exzessiven Konformitätsdruck zu brechen und durch die Orientierung an einem eigenen Ehrenkodex zu ersetzen, in welchem der unbedingten Loyalität gegenüber Befehlsgeber wie ‚Kameraden' ein besonderer Stellenwert zukommt.

Indikatoren dafür, daß es sich bei der Beteiligung an Rechtsbrüchen im Rahmen beruflichen Handelns häufig durchaus um *berufsrollenkonformes Verhalten* handelt, sind die Übernahme des finanziellen Sanktionsrisikos durch begünstigte Unternehmen, ferner im Falle staatlicher Funktionsträger – etwa von Polizeibeamten und Angehörigen von Militär und staatlichen Geheimdiensten – eine weitgehende Immunisierung gegen strafrechtliche Sanktionierung auch bei gravierenden Rechtsgutverletzungen.

Frey, B.S., Opp, K.D., Anomie, Nutzen und Kosten. Soziale Welt 30 (1979), S. 275-294; *Geis, G., Stotland, E.*, White-Collar Crime. Theory and Research, Beverly Hills 1980; *Hearnden, K.*, Computer Linked Crime, in: ders., A Handbook of Computer Security, London 1987, 7–19; *Just, D.A.*, Delinquent Youth and employment: the Mandate for Specialized Academic and Vocational Training. Journal for Vocational Special Needs in education 7 (1985), S. 11-16; *Kaiser, G.*, Verkehrsdelinquenz und Generalprävention, Tübingen 1969; *Kaiser, G., Metzger-Pregizer, G.* (Hrsg.), Betriebsjustiz: Untersuchungen über die Kontrolle abweichenden Verhaltens in Industriebetrieben, Berlin 1976; *König, R.*, Der Beruf als Indiz sozialer Integration, in: Soziologische Orientierungen, Köln, Berlin 1965, 190–206; *Kofler, R.*, Beruf und Kriminalität, München 1980; *Lepsius, R.M.*, Industrie und Betrieb, in: Soziologie (Fischer-Lexikon), hrsg. v. König, R., Frankfurt/M. 1968, S. 129-142; *Lombroso, C.*, Neue Fortschritte in den Verbrecherstudien, Gera 1899; *Ruggiero, M., Greenberger, E., Steinberg, L.D.*, Occupational Deviance Among Adolescent Workers. Youth and Society 13, 1982, 423–448; *Sieber, U.*, Computerkriminalität und Strafrecht, Köln u. a. 1977; *Steinhilper, G.* (Hrsg.), Arzt und Abrechnungsbetrug. Heidelberg 1988; *Sutherland, E.H.*, White Collar-Criminality (deutsch in: Kriminalsoziologie, hrsg. von F. Sack, r. König, Frankfurt/M. 1968, S. 187–200). ASR 5 (1940) 1–12; *Sutherland, E.H.*, Is White Collar Crime Crime? ASR 10 (1945) 132–139.

GERHARD SPIESS

Betäubungsmittelgesetz → Drogen und Kriminalität

Betrug → Eigentums- und Vermögenskriminalität

Bewährung → Bewährungshilfe, → Erfolg, Bewährung, Effizienz

Bewährungshilfe. In leichter Modifikation der vom Gesetz (in § 56 d I StGB) für das allgemeine Strafrecht verwendeten Formel besteht Bewährungshilfe (BewHi) darin, einen *Verurteilten* für die Dauer der Bewährungszeit der *Aufsicht und Leitung eines Bewährungshelfers* (BewHe) zu unterstellen, um ihn von Straftaten abzuhalten. Der Begriff BewHi deckt aber nicht nur diese Zuordnung eines sog. Probanden zum jeweiligen BewHe ab. Er umfaßt vielmehr die während des Bewährungsverlaufs gewährten spezifischen Hilfsmaßnahmen und schließlich die Organisationen selbst, die die Arbeit bewerkstelligen.

Den ursprünglichen systematischen Ausgangsfall für BewHi bildet die *Straufaussetzung zur Bewährung* bereits im Urteil des Strafgerichts bei Verhängung einer Freiheitsstrafe nach allgemeinem Strafrecht (§ 56 StGB) oder einer bestimmten Jugendstrafe nach → Jugendstrafrecht (§ 21 JGG). Zu dieser sog. *bedingten Strafverschonung* oder auch primären Strafaussetzung zählt im Jugendstrafrecht auch der Schuldspruch nach § 27 JGG, d. h. die Aussetzung schon der Verhängung einer Jugendstrafe mit einer ebenfalls als Bewährungszeit ausgestalteten Erprobungszeit betr. das Vorliegen sog. schädlicher Neigungen. Der historisch ursprüngliche Ausgangsfall indes, mit Wurzeln bis ins 18. Jh. zurück, ist die *Strafrestaussetzung zur Bewährung* nach Teilverbüßung einer Strafe mit Freiheitsentzug. Gegenwärtig gelten vier Formen: Verbüßung von bestimmter Jugendstrafe (§ 88 JG), unbestimmter Jugendstrafe (§ 89 JGG; soll mit der Jugendstrafrechtsreform abgeschafft werden), zeitiger Freiheitsstrafe (§ 57 StGB) und lebenslanger Freiheitsstrafe (§ 57 a StGB). Diese sog. *bedingte*

Entlassung oder auch sekundäre Strafaussetzung kann unter besonderen Umständen selbst dann stattfinden, wenn dem Vollzug eine im Ergebnis mißglückte und dann widerrufene primäre Aussetzung zugrunde liegt. BewHi in Sonderfällen tritt im Zusammenhang mit der *Führungsaufsicht* (FA) ein, einer Maßregel der Besserung und Sicherung, die seit 1975 die alte, rein repressive, Polizeiaufsicht ersetzt. FA kann selbständig durch Urteil des erkennenden Gerichts verhängt werden (§ 68 I StGB) oder tritt kraft Gesetzes ein (§ 68 II StGB), wenn stationäre Maßregeln der Besserung und Sicherung zur Bewährung ausgesetzt werden oder wenn ein Verurteilter eine Freiheitsstrafe von mindestens zwei Jahren voll verbüßt hat und endgültig entlassen wird. Der Aufsichtsstelle, die für die „Kontrolle" zuständig ist, wird vom Gericht, sozusagen als helfender Arm, für die Dauer der FA ein BewHe für den jeweiligen Probanden beigegeben (§ 68 a StGB).

Im *Jugendstrafrecht* ist bei allen Formen der Aussetzung die Anordnung der *BewHi obligatorisch* (§ 24 JGG). Im *allgemeinen Strafrecht* war früher die Entscheidung durchweg einzelfallabhängig. Die jetzige Fassung von § 56 d StGB sieht eine *Regelunterstellung* für Verurteilte von noch nicht *27 Jahren* vor, sofern Freiheitsstrafen von über 9 Monaten ausgesetzt werden, sonst bei Erwachsenen immer (nur) dann, wenn Aufsicht und Leitung eines BewHe im besonderen Fall angezeigt sind, um den Verurteilten von weiteren Straftaten abzuhalten.

Der BewHe hat nach der Idee des Gesetzes (§§ 56 d III–V StGB, 24, 15 JGG) eine *schwierige Doppelaufgabe* zu bewältigen. Die widersprüchlichen Rollenanforderungen als *Helfer des Probanden* und verlängerter *Kontrollarm des Strafgerichts* lassen sich von einem sozialpädagogischen Ausgangspunkt her, der das Selbstverwirklichungsinteresse von Individuen als wesentliches Ziel anstrebt, theoretisch überhaupt nicht, praktisch allerdings durch Kompromißlösungen für den Einzelfall (einigermaßen) harmonisieren. Das Gesetz reguliert für Jugend-BewHi und allgemeine BewHi im wesentlichen dasselbe: Der Bewährungshelfer soll dem Verurteilten helfend und betreuend zur Seite stehen. Er soll im Einvernehmen mit dem Richter, der ihn persönlich (als haupt- oder ehrenamtlicher BewHe) bestellt und ggf. mit zusätzlichen *Anweisungen* bedacht oder über einen sog. *Bewährungsplan* (für einen Jugendlichen nach § 60 JGG) informiert hat, die Erfüllung der Weisungen oder Auflagen durch das Gericht bzw. der Zusagen oder Anerbieten seitens des Verurteilten überwachen. Er hat in richterlich festgelegten Zeitabständen über die Lebensführung des Verurteilten Bericht zu erstatten. Verstöße gegen die genannten Weisungen etc. hat er gesondert mitzuteilen, falls diese „gröblich oder beharrlich" sind. Die BewHi in ihrer heutigen Gestalt wurde in *Modellversuchen ab 1951* in der Bundesrepublik durch den „Verein Bewährungshilfe e. V." (später umbenannt in „Deutsche Bewährungshilfe e. V." –DBH– mit Sitz in Bad Godesberg) erprobt und 1953 ins StGB und JGG implementiert. Sie wuchs im Jugendstrafrechtsbereich relativ kontinuierlich und (notwendigerweise) parallel zum Anstieg der (ausgesetzten) Jugendstrafen. Im Anwendungsbereich des allgemeinen Strafrechts begann ein überproportionales Wachstum, im Vergleich zu den ausgesetzten Freiheitsstrafen überhaupt, seit Anfang der 70er Jahre infolge der Strafrechtsreformgesetze. Einflußreiche Neuerungen waren: Ausdehnung der Aussetzungsgrenzen von 9 Monaten auf 1 Jahr und, in Sonderfällen, bis auf 2 Jahre; Aussetzungspflicht statt Ermessen bei Vorliegen der Prognosevoraussetzungen; geänderte (günstigere) Prognoseformel für die bedingte Entlassung aus dem Strafvollzug; Regelunterstellung bei Jungerwachsenen (s. o.); seit 1986 erleichterte Anwendungsvoraussetzungen bei Strafen zwischen 1 und 2 Jahren sowie Möglichkeit der sog. Halbstrafenrestaussetzung bei sog. Erstverbüßern.

Offizielle Zahlen zur hauptamtlichen BewHi vermittelt die *Bewährungshilfestatistik* (erst) seit 1963. Danach entwickelten sich die *jährlichen Zugänge* zur BewHi von 11 646 (1963) auf 40 615 (1980); seit 1980 werden offiziell nur noch sog. Abgänge mitgeteilt; die Zahlen lauten 30 892 (1980), 39 206 (1985) und 43 030 (1989). Der *Bestand am Jahresende* wuchs von 27 401 Unterstellungen (1963) auf 106 126 (1982) und 130 767 (1989). Dazu kamen Ende 1989 noch 12 400 FA-Fälle. Aufgrund von Mehrfachunterstellungen ist der Bestand an Personen geringer anzusetzen: Für das Jahr 1987 kann man durchschnittlich von rund 120 000 Probanden ausgehen. Die Zahl der hauptamtlichen BewHe, denen nach wie vor nur wenige hundert ehrenamtliche BewHe in der Bundesrepublik gegenüberstehen (anders z.B. in Österreich), wuchs von 496 (1963) auf 2067 (1989). Das statistische Verhältnis von BewHe zu Probanden (der Pensenschlüssel) schwankte bis 1974 stark zwischen 1:49 und 1:64, pendelte sich bis 1980 um 1:55 ein und begann dann wieder anzusteigen (1989 = 63,3 und einschließlich FA = 69,3). Diese durchweg *hohe Betreuungsrelation* läßt gleichmäßig angemessenes oder gar *intensives sozialpädagogisches Arbeiten* des BewHe mit allen Probanden *von vornherein nicht zu*. Nach allgemeinen Erfahrungen wird man die vertretbare Obergrenze mit 30 oder 35, auf keinen Fall über 40 ansetzen dürfen. Das Überlastungsargument der BewHe gilt in jüngerer Zeit um so eher, als die Quote der „Problemprobanden“ wächst, auch dann im übrigen, wenn man berücksichtigt, daß nicht jeder Proband intensive Zuwendung benötigt. Ob die *Fallbelastung unmittelbare Rückwirkungen* auf den Widerruf bzw. die Erfolgsquote der Legalbewährung hat, ist eine davon unabhängig zu begutachtende Frage. Internationale Untersuchungen legen vorerst eine verneinende Antwort nahe. Die Komplexität der Wechselwirkungen ist noch nicht hinreichend erforscht.

Die *Hilfe und Betreuung* im Alltag der BewHi beginnt mit den oft dominanten Problemen der Beschaffung von *Arbeit und Unterkunft*. Der Anstieg der Quote (vor allem auch bereits chronisch) arbeitsloser Probanden, die lange nicht in Arbeit vermittelt werden können, hat der Plan zu sog. *Arbeitsinitiativen* in jüngster Zeit entstehen und reifen lassen. *Schuldenregulierung* (ggf. über sog. Resozialisierungsfonds) steht oft an dritter Stelle. Erst an später Stelle bzw. nur bei einer kleineren Auswahl von Probanden kommt der BewHe in die Lage, Behandlung i. e. S. bis hin zu *Therapieverfahren* anzubieten. Problembereiche sind u. a. Alkohol und sonstige Rauschdrogen, Ehe- und Familienkonflikte, schwere Selbstbildschäden und nicht ganz selten auch Suizidneigungen.

Vor allem im Zusammenhang mit den breiteren Bestrebungen zur → Diversion haben im Jugendstrafrecht Tendenzen Auftrieb erhalten, BewHe für *Erziehungsmaßnahmen* einzusetzen, die derzeit (noch) nicht förmlich als BewHi angeordnet werden können. Zu dieser *Quasi-Bewährungshilfe* zählt die sog. Vorbewährung (entspr. § 57 JGG), die sog. Betreuungsweisung (entspr. § 10 II

JGG), die Erziehungsweisung zur Vermeidung der Untersuchungshaft (entspr. §§ 116 StPO, 71, 72 JGG) und die sog. Aussetzung des Vorverfahrens oder sogar der Hauptverhandlung zur Bewährung. Dazu kommen, neben anderen Beteiligten, seit Mitte der 80er Jahre allmählich ansteigende Einsätze zur Schlichtung von Konflikten zwischen Täter und Opfer, wofür sich die Bezeichnung Täter-Opfer-Ausgleich (TOA) eingebürgert hat.

Bei erwartungsgemäßem Durchstehen der Bewährungszeit und brauchbarem Kontakt mit dem BewHe steht für den Probanden am Ende der BewHi der *Erlaß* der Strafvollstreckung. War früher der *Widerruf* im Fall neuer Straftaten das Normale, im Fall von Verstößen gegen Auflagen oder Weisungen jedenfalls die naheliegende Lösung, so ist das Gesetz seit den 70er Jahren flexibler geworden: Selbst bei erneuten Straftaten muß der Richter erst zusätzliche Wertungen anstellen (so z. B. §§ 56 f. StGB), außerdem können anstelle des Widerrufs Modifikationen von Bewährungszeit und von Auflagen und Weisungen angeordnet werden.

Der *Erfolg der BewHi* im Vergleich zu anderen Sanktionen des Strafrechts setzt, im Teilbereich der Legalbewährung, eine *Rückfälligkeitsprüfung* nach Erlaß der Strafe voraus, was bis Mitte der 80er Jahre für Bund und Länder unmöglich war, da offizielle Daten fehlten, ebenso wie im Bereich des Strafvollzugs. Die Statistiken erlaubten allenfalls die Bestimmung von *Vorstrafenquoten* bei aktuell Unterstellten bzw. Einsitzenden (zu den Erweiterungen ab 1986 → Rückfall, Rückfallkriminalität). Der *immanente Erfolg* des positiven Abschlusses des Bewährungs(hilfe)verfahrens läßt sich annähernd anhand der *Erlaßquoten* bei jährlich beendeten Unterstellungsfällen abschätzen. Die allgemeine Quote bezüglich aller Unterstellungsarten stieg von 55% (1963) auf über 60% (1982; 1989 betrug die Quote nach allgemeinem Strafrecht 60,8% und nach Jugendstrafrecht 65,9%). Bei den speziellen Quoten schneiden erwartungsgemäß die Erstbestraften immer besser ab als die Vorbestraften und die wiederholt unter Bewährungsaufsicht Gestellten; doch war die relative Steigerung der Erlasse gerade bei den letzten beiden Gruppen in den Jahren nach 1975 deutlich überproportional. Die früher ausgeprägten Unterschiede zu Lasten der jungen, der männlichen, der ledigen und der mit Eigentumsdelikten belasteten Probanden im Vergleich zu den jeweils alternativen Teilgruppen haben sich bis 1980 stark vermindert, danach vielfach nivelliert und gelegentlich sogar (s. o.) umgekehrt.

Die *Struktur der Institution BewHi* ist durch staatliche *und* private Elemente bestimmt. Die BewHe werden als *je einzelne Staatsbedienstete* (in der Regel Beamte) nach vorangegangener Ausbildung als Sozialarbeiter (Sozialpädagogen) mit Zuordnung vorwiegend zu den Landgerichten (Justizmodell der Flächenstaaten) oder zu den Sozialbehörden (Modell der Stadtstaaten) eingestellt. Die Beauftragung durch den Richter wird demgemäß als persönlicher Einzelauftrag gestaltet und nicht als Einschaltung einer „Behörde". Änderungsbestrebungen sind in den meisten Bundesländern seit einigen Jahren virulent (→ Soziale Dienste in der Strafjustiz). Die Arbeit vor Ort wird durch lokale bzw. regionale *Bewährungshilfefördervereine* materiell und ideell unterstützt. Auf Bundesebene besteht die *Deutsche Bewährungshilfe e. V.* in Bonn-Bad Godesberg als übergreifende Vereinigung zur Förderung von Bewährungshilfe, Gerichtshilfe und Straffälligenhilfe.

Ayass, W., Bewährungshilfe und Strafvollzug im Zahlenvergleich, BewHi 29 (1982), S. 96–90; *Bockwoldt, R.*, Strafaussetzung und Bewährungshilfe in Theorie und Praxis, Lübeck 1982; *Damian, W.*, Die Entwicklung der (anfänglichen) Strafaussetzung zur Bewährung, der (nachträglichen) Aussetzung des Strafrests und der staatlichen Bewährungshilfe, BewHi 29 (1982), S. 185–204; *Dünkel, F., Spieß, G.* (Hrsg.), Alternativen zur Freiheitsstrafe – Strafaussetzung zur Bewährung und Bewährungshilfe im internationalen Vergleich, Freiburg i. Br. 1983; *Heinz, W.*, Bewährungshilfe im sozialen Rechtsstaat, BewHi 29 (1982), S. 454–173; *Jacobsen, H.-F.*, Der Mythos von den gefährlichen Straftätern. Verlängerung der sozialen Kontrolle durch Führungsaufsicht. KrimJ 17(1985), S. 113–119; *Janssen, H., Kerner, H.-J.* (Hrsg.), Verbrechensopfer, Sozialarbeit und Justiz, Bonn 1985; *Kerner, H.-J., Hermann, D., Bockwoldt, R.*, Straf(rest)aussetzung und Bewährungshilfe, Heidelberg 1984; *Müller-Dietz, H.*, Die Bewährungshilfe in Praxis und kriminologischer Forschung, in: Prävention abweichenden Verhaltens – Maßnahmen der Vorbeugung und Nachbetreuung, hrsg. v. Kury, H., Köln u. a. 1982, S. 423–472; *Schwind, H.-D.*, Bewährungshilfe im Überblick, Entwicklung, Aufgaben, Probleme, ZStrVO 32 (1983), S. 211–215; *Sommer, M.*, Bewährungshilfe zwischen Beratung und Zwang, Bonn 1986; *Walter, M.*, Strafaussetzung zur Bewährung, Bewährungshilfe und Führungsaufsicht, in: HwbKrim, 2. Aufl., hrsg. v. Sieverts, R., Schneider, H.J., Bd. 5, Lief. 1, Berlin, New York 1983, S. 151–200; *Winter, W., Winter, G.*, Bewährunsghelfer im Rollenkonflikt, Hamburg 1974.

HANS-JÜRGEN KERNER

Broken Home → Familie

C

Cannabis → Drogen und Kriminalität

Chancenstrukturtheorie → Kriminalitätstheorien, soziologische

Community Service → ambulante Maßnahmen, → Kriminalpolitik

Computerkriminalität → Wirtschaftskriminalität

Chromosomen-Mißbildung → Gewaltkriminalität

D

Datenschutz in der kriminologischen Forschung. Mit „Datenschutz in der kriminologischen Forschung“ kann gemeint sein ein kriminologisches Forschungsgebiet, nämlich die Untersuchung des Mißbrauchs personenbezogener Daten. Gemeint sein kann aber auch der Umgang mit personenbezogenen Daten durch Kriminologen im Rahmen ihrer Forschungstätigkeit und die hierbei zu beachtenden rechtlichen Regelungen. Nur in diesem letztgenannten Sinn wird im folgenden das Stichwort „Datenschutz“ abgehandelt.

Zur Erfüllung ihrer *Aufgabe*, Beschreibungen, Erklärungen und Prognosen auf den Gebieten Verbrechen, Verbrecher und Verbrechenskontrolle zu liefern, muß *kriminologische Forschung* Daten in diesen Bereichen erheben, verarbeiten und die Ergebnisse durch Veröffentlichung sowohl der wissenschaftlichen Forschergemeinschaft als auch Dritten zugänglich machen. Was im Volkszählungsurteil generell für Datenerhebungen festgestellt worden ist, gilt auch hier: „Erst die Kenntnis der relevanten Daten und die Möglichkeit, die durch sie vermittelten Informationen mit Hilfe der Chancen, die eine automatische Datenverarbeitung bietet, für die Statistik zu nutzen, schafft die für eine am Sozialstaatsprinzip orientierte staatliche Politik unentbehrliche Handlungsgrundlage“ (BVerfGE 65, 1, 47). Die Daten können entweder durch eigene Primärdatenerhebungen oder durch Sekundärdatenerhebungen (z. B. Aktenanalysen) aus fremden Datensammlungen gewonnen werden. Zumeist werden Daten über persönliche oder sachliche Verhältnisse von bestimmten oder bestimmbaren natürlichen Personen (personenbezogene Daten) erhoben und verarbeitet, seien diese nun Täter oder Opfer, Sachverständige oder Zeugen, Jugendgerichts- oder Bewährungshelfer, Polizeibeamte, Staatsanwälte oder Richter, Strafvollzugsbedienstete usw.

Daß diese personenbezogenen Daten vor Mißbrauch zu schützen sind, war und ist feste Übung und entspricht der *Forschungsethik* (KAISER 1991). Dem entsprach die Zusicherung der Wahrung der Vertraulichkeit der Information, die Begrenzung der Auswertung auf das jeweilige Forschungsvorhaben und die Veröffentlichung nur in anonymisierter Form. Die in den 70er Jahren erfolgte *Datenschutzgesetzgebung* des Bundes und der Länder, namentlich aber das Volkszählungsurteil des Bundesverfassungsgerichts (BVerfG) vom 15.12.1983 BVerfGE 65, 1, 43 ff.) haben zu neuen Anforderungen sowie für die Informationsübermittlung zu einem erheblichen Wandel im Datenzugang geführt. Das (BVerfG hat in dieser Entscheidung aus dem allgemeinen Persönlichkeitsrecht des Art. 2 Abs. 1 i. V. m. Art. 1 Abs. 2 GG das *Recht des einzelnen auf informationelle Selbstbestimmung* abgeleitet. Der einzelne hat danach die Befugnis, selbst über Preisgabe und Verwendung seiner persönlichen Daten zu bestimmen.

Im Bereich kriminologischer Forschung kollidieren damit die in Art. 5 Abs. 3 S. 1 GG gewährleistete *Wissenschaftsfreiheit* mit diesem Recht auf informationelle Selbstbestimmung. Regelungen, die dem Ausgleich der konfligierenden Rechte dienen sollen, finden sich zum einen in den Datenschutzgesetzen des Bundes und der Länder, zum anderen in einer Reihe spezialgesetzlicher (bereichsspezifischer) Normierungen. Diese Regelungen haben freilich zu keiner „praktischen Konkordanz“ geführt, in der beiden Gütern unter gegenseitiger Berücksichtigung größtmögliche Wirksamkeit zu verschaffen ist. Überdies fehlen noch für weite Bereiche der Datenübermittlung die gesetzlichen Grundlagen, was bereits zu Behinderungen der Forschung geführt hat. Schließlich fehlt es an der Sicherung der zulässig erhobenen Daten gegenüber anderen staatlichen Stellen durch ein Forschungsgeheimnis.

Datenschutz in der kriminologischen Forschung

Seit Inkrafttreten des Gesetzes zum Schutz vor Mißbrauch personenbezogener Daten bei der Datenverarbeitung (Bundesdatenschutzgesetz – BDSG) vom 27.1.1977 haben sich die *Friktionen zwischen Forschung und der praktischen Handhabung des Datenschutzes* zunehmend und kontinuierlich erhöht. Die datenschutzrechtliche Zulässigkeit eines Forschungsvorhabens erscheint sowohl den betroffenen Bürgern bzw. den datenverwaltenden öffentlichen Stellen als auch für die Forscher immer häufiger unklar. Diese Verunsicherung veranlaßt die datenverwaltenden Stellen nicht selten dazu, den Datenschutzbeauftragten die Rolle einer Vorprüfstelle anzusinnen. Nicht auszuschließen ist, daß Datenschutz gelegentlich auch als Vorwand benutzt wird. Nach Einschätzung von Vertretern zahlreicher wissenschaftlicher Disziplinen wird durch die Genehmigungsbehörde bzw. die Datenschutzbeauftragten die Zulässigkeit von Forschungsvorhaben zunehmend kasuistisch und regional höchst unterschiedlich beurteilt. Dies beruht mit auf der Fülle unbestimmter Rechtsbegriffe im früheren und im neuen BDSG und in den Landesdatenschutzgesetzen. Die offene, gegebenenfalls sogar gerichtliche Austragung des Konflikts ist praktisch kaum möglich, nicht nur wegen der Erfolgsaussichten einer Klage, die i. d. R. nur auf einen Anspruch auf fehlerfreie Ermessensausübung gestützt werden kann, sondern vor allem deshalb, weil die wissenschaftliche Forschung auf die dauerhafte Beziehung zu den datenverwaltenden Stellen angewiesen ist.

Der einzelne interessiert die kriminologische Forschung – von Ausnahmen der Einzelfallanalyse abgesehen – nicht als Person, sondern als Merkmalsträger. Angestrebt werden keine Aussagen über Personen, sondern über Aggregate. Insofern ist das Gefährdungspotential, das sich durch die konkrete Art der Verwendung der Daten ergibt, verschieden von dem sich bei Erhebung und Verarbeitung personenbezogener Daten durch die Verwaltung zum Zwecke des Verwaltungsvollzuges ergebenden. Wie das BVerfG jüngst betont hat, sind personenbezogene Daten unabhängig von ihrer Sensibilität und ohne Rücksicht darauf zu schützen, ob ihre Verarbeitung im Wege der elektronischen Datenverarbeitung oder mittels Akten oder Karteien erfolgt (BVerfGE 78, 77, 84). Dies hat mittlerweile auch zu Neuregelungen im Datenschutzrecht geführt, die nunmehr auch die Phase der Erhebung von personenbezogenen Daten aus Akten und anderen, nicht in Dateien enthaltenen Informationen einschließen.

Das *Bundesdatenschutzgesetz* (BDSG) vom 27.1.1977 ist durch das Gesetz zur Fortentwicklung der Datenverarbeitung und des Datenschutzes vom 20.12.1990 aufgehoben und durch ein neues, am 1.6.1991 in Kraft getretenes BDSG ersetzt worden. Das BDSG gilt für öffentliche Stellen des Bundes, für öffentliche Stellen der Länder, „soweit der Datenschutz nicht durch Landesrecht geregelt ist" (§ 1 Abs. 2 BDSG), sowie für nicht-öffentliche Stellen, soweit sie Daten in oder aus Dateien verarbeiten oder nutzen. Die alten Länder der Bundesrepublik haben eigene Landesdatenschutzgesetze erlassen, die z. T. Besonderheiten aufweisen, z. T. aber noch hinter den Regelungen des neuen BDSG zurückbleiben. Dies betrifft insbesondere Normierungen hinsichtlich der Datenerhebung und hinsichtlich einer Forschungsklausel. Die Zulässigkeit der Übermittlung von Daten durch öffentliche Stellen des Bundes ist dementsprechend im BDSG bzw. in Spezialgesetzen des Bundes (z. B. BZRG) geregelt. Soweit die neuen Länder noch keine eigenen Datenschutzgesetze erlassen haben, gilt aufgrund der Subsidiaritätsklausel das BDSG. Das BDSG regelt den allgemeinen Datenschutz. Für besonders gefahrträchtige Sachbereiche bestehen sachnähere und differenziertere Regelungen (*bereichsspezifische Regelungen*), die dem BDSG vorgehen. Hinzuweisen ist vor allem auf § 42 Abs. 2 BZRG, § 75 SGB X, § 16 Abs. 6 und 7 BStatG, § 166 StVollzG, § 38 StVG.

Für Erhebung, Verarbeitung/Nutzung und Veröffentlichung personenbezogener Daten durch die *universitäre Forschung* sind folglich die Regelungen in den Landesgesetzen einschlägig. Da sich die Landesdatenschutzgesetze weitgehend an das BDSG anlehnen oder noch anlehnen werden, sollen hier lediglich einige der Regelungen im BDSG skizziert werden, die für Erhebung, Verarbeitung/Nutzung, Übermittlung und Veröffentlichung personenbezogener Daten durch die kriminologische Forschung relevant sind. Weitere, hier nicht näher erwähnte Vorschriften, die ebenfalls bedeutsam sind, betreffen z. B. die Rechte der Betroffenen, die Aufgaben und Befugnisse des Datenschutzbeauftragten, die Meldung zum Datenschutzregister.

Das BDSG gilt für die Erhebung, Verarbeitung und Nutzung *personenbezogener Daten*. Sobald personenbezogene Daten *anonymisiert* sind, greifen die Regelungen des BDSG nicht mehr ein. Daten sind freilich nicht schon dann anonymisiert, wenn z. B. der Name durch eine Kennziffer ersetzt wird, sondern erst dann, wenn „die Einzelangaben über persönliche oder sachliche Verhältnisse nicht mehr oder nur mit einem unverhältnismäßig großen Aufwand an Zeit, Kosten und Arbeitskraft einer bestimmten oder bestimmbaren natürlichen Person zugeordnet werden können“. Wann diese *faktische Anonymität* vorliegt, ist generell nicht zu entscheiden.

Das BDSG gilt nunmehr auch für die *Erhebung* personenbezogener Daten, also für das „Beschaffen von Daten über den Betroffenen“ (§ 3 Abs. 4 BDSG). Für die Datenverarbeitung der öffentlichen Stellen (zu den Regelungen für die nicht-öffentlichen Stellen vgl. §§ 27–38 BDSG) gilt hinsichtlich des Erhebens personenbezogener Daten, daß deren Kenntnis zur Erfüllung der Aufgaben der erhebenden Stelle erforderlich sein muß. Die Daten sind beim Betroffenen zu erheben, diesem gegenüber ist der Erhebungszweck anzugeben. Ohne Mitwirkung des Betroffenen dürfen personenbezogene Daten u. a. erhoben werden, wenn „die Erhebung beim Betroffenen einen unverhältnismäßigen Aufwand erfordern würde und keine Anhaltspunkte dafür bestehen, daß überwiegende schutzwürdige Interessen des Betroffenen beeinträchtigt werden“ (§ 13 BDSG).

Das *Speichern, Verändern oder Nutzen* von personenbezogenen Daten ist zulässig, „wenn es zur Erfüllung der in der Zuständigkeit der speichernden Stelle liegenden Aufgaben erforderlich ist und es für die Zwecke erfolgt, für die die Daten erhoben worden sind“ (§ 13 Abs. 1 BDSG). Für andere Zwecke ist die Verarbeitung personenbezogener Daten u. a. dann zulässig, „wenn es zur Durchführung wissenschaftlicher Forschung erforderlich ist, das wissenschaftliche Interesse an der Durchführung des Forschungsvorhabens das Interesse des Betroffenen an dem Ausschluß der Zweckänderung erheblich überwiegt und der Zweck der Forschung auf andere Weise nicht oder nur mit unverhältnismäßigem Aufwand erreicht werden kann“ (§ 14 Abs. 2 Nr. 9 BDSG).

Die *Datenübermittlung* durch öffentliche Stellen des Bundes an öffentliche Stellen ist zulässig, wenn sie zur Aufgabenerfüllung erforderlich ist und wenn, z. B. bei wissenschaftlicher Forschung, die Voraussetzungen von § 14 Abs. 2 Nr. 9 BDSG vorliegen (§ 15 Abs. 1 BDSG). Sind bei der Übermittlung von Akten „weitere personenbezogene Daten des Betroffenen oder eines Dritten in Akten so verbunden, daß eine Trennung nicht oder nur mit unvertretbarem Aufwand möglich ist, so ist die Übermittlung auch dieser Daten zulässig, soweit nicht berechtigte Interessen des Betroffenen oder eines Dritten an deren Geheimhaltung offensichtlich überwiegen; eine Nutzung dieser Daten ist unzulässig" (§ 15 Abs. 5 BDSG). Eine Rechtsgrundlage für die Übermittlung von Strafverfahrensakten bildet § 15 BDSG gleichwohl nicht. Denn die Strafverfahrensakten, die die kriminologische Forschung in der Regel benötigt, werden von öffentlichen Stellen der Länder geführt. Für öffentliche Stellen der Länder gilt § 15 BDSG nur, soweit der Datenschutz nicht durch Landesgesetz geregelt ist. Nachdem inzwischen mehr als 8 Jahre seit dem Volkszählungsurteil verstrichen sind, dürfte die Akteneinsicht für wissenschaftliche Vorhaben auch schwerlich noch auf Nr. 185 a RiStBV in Verbindung mit einem „Übergangsbonus" gestützt werden können. Der Referentenentwurf eines Strafverfahrensänderungsgesetzes vom November 1988, der in § 476 die erforderliche gesetzliche Grundlage schaffen will, liegt noch nicht als Gesetzentwurf vor (KAISER 1990).

Werden personenbezogene Daten *automatisiert verarbeitet*, dann sind *technische und organisatorische Maßnahmen* zu treffen, um den einzelnen vor Mißbrauch seiner Daten zu schützen (§ 9 BDSG). In Betracht kommen insbesondere Zugangs-, Datenträger-, Speicher-, Benutzer-, Zugriffs-, Übermittlungs-, Eingabe-, Auftrags-, Transport- und Organisationskontrolle (HEINZ in JEHLE 1987). Für kriminologische Forschung, die regelmäßig Daten in Hochschulzentren verarbeitet, sind hiervon vor allem bedeutsam die Anforderungen bezüglich der Speicher-, Zugriffs-, Übermittlungs- sowie der Eingabekontrolle. Die *Speicherkontrolle* erfordert Maßnahmen, die die unbefugte Eingabe, Kenntnisnahme, Veränderung und Löschung der Daten verhindern, also z. B. Berechtigungsprüfungen durch spezielle DV-Programme, Protokollierung der Bedienung des DV-Systems. Die *Zugriffskontrolle* erfordert, daß durch organisatorische Maßnahmen festgelegt ist, welche Beschäftigten der speichernden Stelle welche Zugriffsberechtigung auf die personenbezogenen Daten haben. Zur Kontrolle des Zugriffs kommen Maßnahmen in Betracht, durch die die Identifikation des Zugreifenden festgestellt und der Zugriff kontrolliert wird, insbesondere auch Mißbrauchsversuche protokolliert werden. Die *Übermittlungskontrolle* erfordert, daß prüfbar gemacht wird, an wen Daten übermittelt werden können. In der Regel sind die hiernach erforderlichen Maßnahmen „bereits durch die Vorkehrungen zur Benutzer- und Zugriffskontrolle abgedeckt". Durch die *Eingabekontrolle* soll die Prüfbarkeit hinsichtlich des eingegebenen personenbezogenen Datenmaterials, des Zeitpunktes der Eingabe sowie der Identität der eingegebenen Person gewährleistet werden, um so präventiv unbefugte Aktivitäten zu verhindern sowie eine nachträgliche Überprüfung der Datenverarbeitung durch den befugten Benutzer zu ermöglichen. In Betracht kommen hierfür eine benutzerunabhängige, maschinenseitige Protokollierung der Datenerfassung, der Operator-Aktivitäten und die Dokumentation der Eingabeprogramme.

Erstmals enthält das BDSG eine *Forschungsklausel* (vgl. auch § 20 LDSG Baden-Württemberg vom 27.5.1991, § 29 LDSG Berlin vom 1.11.1990, § 21 LDSG Bremen vom 11.7.1989, § 27 LDSG Hamburg vom 5.7.1990, § 33 LDSG Hessen vom 11.11.1986, § 28 LDSG Nordrhein-Westfalen vom 15.3.1988, § 25 LDSG Rheinland-Pfalz vom 13.2.1991). Da die Regelungen über Erhebung, Datenspeicherung, -veränderung und -nutzung sowie Datenübermittlung in §§ 13, 14 und 15 BDSG bereits Belange der wissenschaftlichen Forschung berücksichtigt, beschränkt sich die Forschungsklausel auf ergänzende Regelungen. Die Verarbeitung und Nutzung personenbezogener Daten unterliegt der Zweckbindung, d. h., für Zwecke der wissenschaftlichen Forschung erhobene/gespeicherte Daten dürfen nur für Zwecke der wissenschaftlichen Forschung verarbeitet oder genutzt werden (§ 40 Abs. 1 BDSG). Damit ist ein begrenztes Forschungsgeheimnis anerkannt. Sobald dies der Forschungszweck erlaubt, sind die personenbezogenen Daten zu anonymisieren (vgl. § 40 Abs. 2 BDSG). Personenbezogene Daten dürfen nur unter bestimmten Voraussetzungen veröffentlicht werden (§ 40 Abs. 3 BDSG).

Auch durch das neue BDSG werden einige der *Forderungen der Wissenschaft* nicht erfüllt. Diese richten sich auf eine Einengung der Interpretationsspielräume, die durch die Vielzahl unbestimmter Rechtsbegriffe geschaffen werden, auf eine handhabbare Definition der „faktischen" Anonymisierung, auf die Regelung der Übermittlung und Verarbeitung von Daten innerhalb des Wissenschaftsbereichs, auf die Einrichtung von Forschungsdatenbanken, auf die Absicherung der Zweckbindung der für wissenschaftliche Forschung erhobenen oder gespeicherten Daten durch ein Forschungsgeheimnis, insbesondere durch Zeugnisverweigerungsrecht, Beschlagnahme- und Verwertungsverbot. Diese und weitere Probleme sollten bereichsspezifisch durch ein *Forschungsgesetz* geregelt werden (ALBRECHT 1989).

Albrecht, H.-J., Sozialwissenschaftliche Forschung und die Entwicklung des Datenschutzrechts, in: Schneider, H.R., Schön, K.P., Pleus, L. (Hrsg.), Der Bürger im Datennetz? Bielefeld 1989, S. 69–86; *Jehle, J.-M.* (Hrsg.), Datenzugang und Datenschutz in der kriminologischen Forschung, Wiesbaden 1987; *Jehle, J.-M.* (Hrsg.), Datensammlungen und Akten in der Strafrechtspflege. Nutzbarkeit für Kriminologie und Kriminalpolitik, Wiesbaden 1989; *Kaiser, G.*, Übermittlung und Verwendung von Informationen aus Strafverfahrensakten und -dateien für Forschungszwecke, in: Gedächtnisschrift für K. Meyer, Berlin, New York 1990, S. 715–733; *Kaiser, G.*, Brauchen Kriminologen eine Forschungsethik? MSchrKrim 74 (1991), S. 1–16; *Trenczek, Th.*, Datenschutz in der Jugend(gerichts)hilfe, DVJJ-Journal 3/1991, S. 251–256.

WOLFGANG HEINZ

Definitionsmacht → Kriminalitätstheorien, soziologische, → Kritische Kriminologie, → Politische Delikte, politische Kriminalität, → Polizeiforschung

Deinstitutionalisierung → Diversion

Desorganisation → Bande, Gruppe, Gang, → Kriminalitätstheorien, soziologische

Diebstahl → Eigentums- und Vermögenskriminalität

Differenzielle Assoziation → Bande, Gruppe, Gang, → Kriminalitätstheorien, soziologische

Diskriminierung → Ausländerkriminalität, → Selektion und Selektionsmechanismen, → Stigmatisierung

Diversion. Der *Begriff* „Diversion", der dem Wortsinn nach Ablenkung, Umleitung oder Wegführung meint, dient als Sammelbezeichnung für eine Anzahl neuerer, zum Teil unterschiedlicher kriminalpolitischer Strategien und Tendenzen. Überwiegend zielt Diversion auf das Absehen von weiterer Strafverfolgung, nachdem eine strafrechtliche Normverletzung amtlich festgestellt worden ist. Vor allem geht es der Diversionsstrategie darum, die gesellschaftliche Bewältigung von Kriminalität möglichst außerhalb der Justiz und ihrer Instanzen vorzunehmen, bestimmte Fälle vom förmlichen Verfahren abzulenken und über – meist regionale – Alternativprogramme der mehr informellen Sozialkontrolle zu erledigen (KAISER 1976, 159 ff.; WALTER 1983, 33; BLAU 1987, 25). Während diese weite Umschreibung sowohl die Vermeidung des förmlichen Verfahrens als auch die Entwicklung von Alternativen zu traditionellen Sanktionsformen (dazu KURY/LERCHENMÜLLER 1981) erfaßt, wird Diversion im allgemeinen enger verstanden. Regelmäßig beinhaltet sie eine abgeschwächte Sanktionierung von strafbarem Verhalten. Sie läßt sich negativ in doppelter Hinsicht abgrenzen: Zum einen steht Diversion als Reaktionskonzept der grundsätzlich proaktiven Strategie der Prävention gegenüber (WALTER 1983, 34; vgl. auch NEJELSKI 1982, 430 f.); zum anderen läßt sich die sogenannte „Nicht-Intervention" („screening") nicht mehr als Diversion bezeichnen (vgl. DÖLLING 1991, 275).

Bereits im Jahr 1967 wurde die Bezeichnung als grundlegender Begriff in den Abschlußbericht der vom amerikanischen Präsidenten eingesetzten „Commission on Law Enforcement and Administration of Justice" in die Diskussion eingeführt (vgl. LEMERT 1971; NEJELSKI 1982, 428). Seitdem hat sie eine internationale Bewegung entfacht, auch wenn sich sehr unterschiedliche Inhalte hinter ihr verbergen. Verschiedene *Gründe* haben zu der erheblichen Beachtung beigetragen, die diese Strategie inzwischen weltweit gefunden hat. Als „rezeptionsfreundlich" mag dabei gewirkt haben, daß der Diversionsgedanke nicht ausschließlich einer Theorie verpflichtet ist, obschon ein wesentlicher Beitrag zu seiner Verbreitung vom Labeling-Ansatz ausging. So wurde betont, daß vor allem bei weniger gefährlichen Tätern (z. B. im Falle von Bagatelldelinquenz) die Strafverfolgung oftmals mehr Schaden stiftet als Nutzen bringt. Eine strafgerichtliche Intervention würde eher zu einer Verfestigung des abweichenden Verhaltens führen, als den Betroffenen vor weiteren Straftaten abzuschrecken oder ihm bei der Lösung der meist hinter der Straftat stehenden Probleme zu helfen (KURY/LERCHENMÜLLER 1981, 173). Während eine strenge Labeling-Theorie folgerichtig zu der Forderung nach radikaler Nichtintervention führen muß, lassen andere ebenfalls für ein „Weniger-Tun" sprechende Gründe eher die Forderung nach abgeschwächten und vor allem sinnvolleren Interventionen entstehen. Zwar sprechen einerseits kriminalitätsfördernde Zeiterscheinungen wie strukturell bedingte Arbeitslosigkeit oder Funktionsverlust von Trägern informeller Sozialkontrolle für einen zurückhaltenden Einsatz des Strafrechts (KERNER 1983, 639 f.). Andererseits verlangen die Interessen der Verbrechensopfer gesellschaftlich gebilligte Reaktionen auf Kriminalität. Insgesamt scheint die Diversion daher gleichermaßen vom Labeling-Ansatz wie auch von Richtungen beeinflußt zu sein, die „Helfen statt Strafen" seit langem favorisieren.

Daneben und sicherlich von kaum geringerer Bedeutung hat Diversion von Anfang an als Versuch zur Bekämpfung der ökonomischen Krise der Strafrechtspflege gedient. Der nahezu universell zu verzeichnende Anstieg von Bagatell- und Jugendkriminalität sowie die polizeilichen Aktivitäten haben schon seit mindestens zwei Jahrzehnten zu einer erheblichen Überlastung der Kapazität von Strafverfolgungsorganen geführt. Dies wiederum ließ die Suche nach Alternativen förmlicher Verfahren zum Zwecke der Entlastung auch unter Kostenaspekten als lohnend erscheinen (KURY/LERCHENMÜLLER 1981, 177 f.; eingehend LUDWIG 1989, 14 ff.).

Darüber hinaus kann, wie sich in den letzten Jahren zeigte, außerhalb der Bagatell- und Jugendkriminalität Diversion aus Gründen der Verfahrensökonomie auch zu einer Besserstellung der von ihr Betroffenen führen. Dies ist vor allem im Wirtschaftsrecht als „Diversion zugunsten Mächtiger" bei unklarer oder schwieriger Rechts- oder Beweislage bekannt und gleichermaßen in der Praxis genutzt, als auch vor allem von seiten der Literatur massiv kritisiert worden (vgl. LÜDEMANN/BUSSMANN 1989, 66 ff.).

Damit lassen sich die *Ziele* der verschiedenen Diversionsprogramme wie folgt umschreiben: Hinsichtlich der Klientel stehen die Verminderung der Stigmatisierung und der Freiheitsbeschränkungen für divertierte Personen sowie die Verstärkung von Problemlösungshilfen im Vordergrund. Präventionsinteressen entspricht hingegen eher die Ausrichtung auf eine Beschleunigung des offiziellen Reaktionsverhaltens, eine Verstärkung der gesellschaftlichen Beteiligung an der Konfliktlösung, eine Entlastung der Justiz von Bagatellverfahren und eine Herabsetzung der Fallbelastung der Strafgerichte verbunden mit einer Einsparung von (primären und sekundären) Kosten der Verbrechensbekämpfung (KURY/LERCHENMÜLLER 1981, 184 ff.) sowie eine – äußerst zweifelhafte – Verfahrenserleichterung in schwierigen Fällen.

Wohl aus Gründen der kriminalpolitischen Durchsetzbarkeit richtet sich die überwiegende Zahl der Diversionsprogramme an Minderjährige und an Täter leichter bis mittelschwerer Kriminalität; Mehrfach- oder Wiederholungstäter sind hingegen überwiegend von Diversionsangeboten ausgeschlossen.

Der *internationale Vergleich* praktischer Diversionsprogramme und die Rezeption ausländischer Erfahrungen werfen stets erhebliche Schwierigkeiten auf. Denn Diversion kann nur unter Berücksichtigung ihrer besonderen Entstehungssituation in den USA verstanden werden. Diese aber ist vor allem durch die Sanktionierung sogenannter „status offenses" (wie z. B. Schulschwänzen, Weglaufen, unangepaßtes Verhalten in der Öffentlichkeit) und die sehr weitreichende Kompetenz der Polizei zur Verfahrenseinstellung gekennzeichnet (LEMERT 1971, 94; WALTER 1983, 36). Schon daher wird sich eine bundesdeutsche Parallele zur amerikanischen „*police-diversion*" (dazu eingehend ALBRECHT 1983, 30, 81 ff.), bei welcher bereits die Polizei ermächtigt ist, Täter speziellen Behandlungs- und Erziehungsprogrammen von kurzer Dauer zuzuweisen, schwer denken lassen. International gesehen werden am häufigsten Modelle der sogenannten „*pretrial-diversion*" durchgeführt. Hierbei unterliegt die Anordnung entsprechender Maßnahmen wie gemeinnütziger Dienste, sozialer Trainings- und Verkehrserziehungskurse der Justiz. Sie wird nach der Anzeige, jedoch vor der etwaigen Klageerhebung vorgenommen. Dabei bemühen sich die meisten dieser Programme um eine starke Gemeinde- bzw. Nachbarschaftsorientierung (KURY/LERCHENMÜLLER 1981, 186 f. m. w. N.). Ausmaß der Alternativität der Reaktionen und organisatorische Distanz vom Justizapparat sind dabei je nach Modell recht verschieden. Nach dem Grad der deshalb in dem jeweiligen Projekt noch enthaltenen Formen der Sozialkontrolle wird allgemein eine *Dreiteilung* vorgenommen (KURY/LERCHENMÜLLER 1981, 191 ff.; WALTER 1983, 35): Als „legal" werden danach die Programme bezeichnet, „in denen die Mitarbeiter Verfolgungsorganen angehören und die Verfahrenseinstellung nur unter der Erfüllung bestimmter Auflagen erfolgt (vergleichbar der „Einstellung zur Bewährung" gem. §§ 45, 47 JGG; dazu KAISER 1982, 104). „Paralegale" Programme stehen demgegenüber in freier Trägerschaft, sind jedoch hinsichtlich der Finanzierung, des Personals und der Akteneinsicht der Justiz eng verbunden. Als „nicht-legal" (im Sinne von vor- oder außerrechtlich) schließlich werden Projekte bezeichnet, die absolut justizunabhängig arbeiten und der Freiwilligkeit des Klientenkontaktes vorrangige Bedeutung beimessen.

Für die *Bundesrepublik* erscheint das Aufgreifen und die Übernahme der Diversionsstrategie nur begrenzt möglich und sinnvoll. Einerseits ist die Anordnung von Maßnahmen ohne Schuldfeststellung kaum mit der Unschuldsvermutung (Art. 6 II MRK) vereinbar; auch wirft die Unterschiedlichkeit der regional orientierten Programme Bedenken hinsichtlich der Gleichbehandlung und des Bestimmtheitsgebotes (Art. 3 und 103 II GG) auf (WALTER 1983, 49; SCHAFFSTEIN 1985, 950). Vor allem aber – dies wirkt sich am stärksten aus – steht das Legalitätsprinzip der StPO einer Diversion im angloamerikanischen Sinne ebenso entgegen wie sogenannte Prozeßabsprachen zur Verminderung des Schuldvorwurfs (plea-bargaining). Soweit jedoch eine Rezeption durch das deutsche Recht zulässig wäre, ist sie entbehrlich, da sie keinen zusätzlichen Gewinn an Erkenntnis oder Praktikabilität verspricht. Denn die gegenwärtig breite Anwendung der Bestimmung des Opportunitätsprinzips, die rund zwei Fünftel aller anklagefähigen Strafsachen (einschließlich des Jugendstrafrechts) ausmachen, hat den zu alternativer Handhabung tauglichen Rahmen bereits beachtlich weit ausgeschöpft.

Für die Bundesrepublik steht daher die Fortentwicklung der §§ 153, 153 a StPO sowie der vielfältigen Möglichkeiten des Jugendgerichtsgesetzes im Vordergrund. Das Erste Gesetz zur Änderung des Jugendgerichtsgesetzes (1. JGGÄndG) vom 30.8.1990 sieht demgemäß auch als eines der wesentlichen Ziele die „Stärkung der informellen Reaktionsmöglichkeiten von Jugendstaatsanwalt und Jugendrichter" vor (so die Begründung im Entwurf, vgl. hierzu HEINZ 1990, 7). Die Möglichkeit, insbesondere der §§ 45, 47 JGG, werden von der Justiz – allerdings regional in unterschiedlichem Maße – verstärkt genutzt (HEINZ/STORZ 1992, 40, 44 ff.; ALBRECHT 1990, 11 ff.; mit genauen Angaben HEINZ 1990, 9).

Die Strategie der §§ 153, 153 a StPO dagegen mag sich begrifflich nur ungenau der Diversion fügen, verfolgt letztlich aber dieselben Ziele. So wird denn auch in der neueren Literatur diese frühe Beendigung des Verfahrens durch Einstellung weitgehend als „Diversion" bezeichnet (HERBERT 1988, 824; DÖLLING 1991, 282 f.).

Die Aufnahme des Diversionsgedankens in das bisherige System der prozessualen Einstellungsmöglichkeiten wird um so einsichtiger, wenn man den Ausbau und die Entwicklung etwa der Erziehungskurse, der Arbeitsauflage und Betreuungsweisung (z. B. in den sogenannten Brücke-Projekten) oder auch der Wiedergutmachungsauflagen bzw. des Täter-Opfer-Ausgleichs bedenkt. Ähnliches gilt für die Schweiz, wo die Verpflichtung zur Arbeitsleistung gem. Art. 87, 95 schwStGB in den siebziger Jahren mit etwa einem Drittel aller jugendstrafrechtlichen Sanktionen einen hervorragenden Platz in der Praxis des Jugendstrafrechts erlangt hat.

Überdies hat die Diversionsstrategie in den letzten Jahren auch im westlichen Ausland *wachsende Kritik* erfahren. Diese beruht entweder auf der fehlenden Möglichkeit zur empirischen Überprüfung der implementierten Diversionsprogramme und auf dem Nachweis des Mißerfolges einiger Projekte oder auf rechtsstaatlichen Bedenken. Besonders schwer wiegt die Erkenntnis, daß die Diversion zum Teil keine Alternative zur Freiheitsstrafe geboten, sondern umgekehrt zu einer erheblichen Verlagerung und Ausweitung des Netzes sozialer Kontrolle geführt hat (sog. „net-widening"-Effekt; vgl. AUSTIN/KRISBERG 1981, 169 ff; WALTER 1983, 39; BLOMBERG/BLOMBERG 1985, 111 ff., jeweils m. w. N.). Während in den USA oftmals Jugendliche in solche Programme einbezogen wurden, die früher völlig folgenlos mit einer Verfahrenseinstellung hätten rechnen können, haben in Großbritannien durch Gesetze eingeführte ambulante Arbeitsstrafen (sog. community service), welche die Freiheitsstrafen ersetzen sollten, dies tatsächlich allenfalls zur Hälfte auch erreichen können. Im übrigen wurden sie gegenüber Tätern verhängt, die ohnehin zu keiner Freiheitsstrafe verurteilt worden wären. An der Praxis deutscher Diversionsprojekte im Bereich der Jugenddelinquenz wird bemängelt, daß sich das Bild der sozialen Kontrolle kaum gewandelt habe. Diese Strategie hätte der Justiz lediglich ein flexibles Mittel effektiver Sanktionierung in die Hand gegeben, ohne den repressiven Charakter des Jugendstrafrechts zu verändern (LUDWIG 1989, 122 ff.). Tatsächlich dürfte sich der Erfolg der Diversionsprojekte in engen Grenzen halten, insbesondere was den beabsichtigten Abbau stationärer Sanktionen betrifft. Deshalb wird nicht selten die Überflüssigkeit der Diversions-Programme angenommen (ablehnend demgegenüber KALPERS-SCHWADERLAPP 1989, 216 ff.).

Auch die Frage, inwieweit eine ausgedehnte Diversionspraxis positive Auswirkungen auf die Spezialprävention sowie die Legalbewährung der Betroffenen hat, kann bislang – trotz einiger hierzu in neuerer Zeit durchgeführter Untersuchungen (s. PFEIFFER 1989[2]) – nicht abschließend beantwortet werden. Aber auch der befürchtete „net-widening“-Effekt dürfte nicht in dem erwarteten Ausmaß eingetreten sein. Zwar kann man die Möglichkeit nicht bestreiten, daß es an der ursprünglich vorausgesetzten Freiwilligkeit der Probanden häufig mangelt und daß ferner durch die Abwendung des „Übels Strafverfahren“ der Beschuldigte „erpreßbar“ wird. Doch erscheint die Kritik überzogen, wenn sie für den Bereich der Diversion geradezu einen Bedeutungswandel des Strafverfahrens vom Rechtsschutz gewährenden Verfahren zur nötigenden Bedrohung prognostiziert (so aber WALTER 1989, 140).

Daneben sind noch weitere Kritikpunkte beachtlich: So wird zum einen darauf verwiesen, daß Diversion darauf abzielt, den Delinquenten möglichst in seinem sozialen Umfeld zu belassen. Gerade hier sind aber oftmals die Ursachen für das abweichende Verhalten zu suchen. Zum anderen wird bezweifelt, ob Diversion tatsächlich die Stigmatisierung verringert. Denn dadurch, daß sich die meisten Programme lediglich mit Fällen leichterer Kriminalität befassen, droht gerade durch diese Programme eine besondere „Abstempelung“ der nicht divertierten Personen (NEJELSKI 1982, 434 f.).

Insgesamt stellt sich daher die Diversionsstrategie, die als Teil der sogenannten vier „D“ (diversion, decriminalization, deinstitutionalization, due process) zu Recht erheblichen Einfluß auf die gegenwärtige kriminalpolitische Diskussion gefunden hat, als ein *gangbarer Weg zur Bewältigung minderschwerer Kriminalfälle* dar (vgl. HEINZ/HÜGEL 1987, 94 ff.), der allerdings seine Grenzen finden muß, soweit es an einem Geständnis des Beschuldigten mangelt, bzw. ein Tatnachweis als solcher überhaupt zweifelhaft ist (DÖLLING 1991, 285). Die formelle Sozialkontrolle durch das Strafrecht kann, will und soll keinesfalls ersetzt werden (vgl. KAISER 1976, 169 f.), ein kriminalpolitischer Denkanstoß und eine Korrektur unerwünschter Folgen normaler Kriminaljustiz erscheint in begrenztem Umfang jedoch als überaus sinnvoll.

Albrecht, P.-A., Perspektiven und Grenzen polizeilicher Kriminalprävention. Diversionsmodelle aus den USA in der Sicht deutscher Instanzenvertreter, Ebelsbach 1983; *ders.*, Informalisierung des Rechts. Empirische Untersuchungen zur Handhabung und zu den Grenzen der Opportunität im Jugendstrafrecht, Berlin u. a. 1990; *Austin, J., Krisberg, B.*, Wider, Stronger, and Different Nets: The Dialects of Criminal Justice Reform, JResDel 18 (1981), S. 165–196; *Beste, H.*, Informalisierung sozialer Kontrolle als Alternative zur Strafjustiz?, in: Alternativen zur Strafjustiz und die Garantie individueller Rechte der Betroffenen, hrsg. v. Jung, H., Bonn 1989, S. 77–98; *Blau, G.*, Diversion und Strafrecht, Jura 1987, S. 25–34; *Blomberg, Th., Blomberg, R.J.*, Die Ausdehnung des Netzes sozialer Kontrolle durch Diversion, in: Entkriminalisierung, hrsg. v. Brusten, M., u. a., Opladen 1985, S. 111–123; *Dirnaicher, U.*, Der nordamerikanische Diversionsansatz und rechtliche Grenzen seiner Rezeption im bundesdeutschen Jugendstrafrecht, Frankfurt/M., u. a. 1990; *Dölling, D.*, Diversion, in: Handwörterbuch der Kriminologie, 1991[2], 275–287; *Hanak, G.*, Diversion und Konfliktregelung, KB 9 (1982), H. 35, S. 1–39; *Heinz, W.*, Diversion im Jugendstrafverfahren. Aktuelle Kriminalpolitische Bestrebungen im Spiegel empirischer Untersuchungen, in: ZRP 1990, S. 7–11; *Heinz, W., Hügel, C.*, Erzieherische Maßnahmen im deutschen Jugendstrafrecht, Bonn 1987[2]; *Heinz, W., Storz, R.*, Diversion im Jugendstrafverfahren der Bundesrepublik Deutschland. Abschlußbericht. Bonn 1992; *Herbort, U.*, Die statistische Erfassung staatsanwaltlicher Diversion, in: Kriminologische Forschung in den 80er Jahren, a. a. O. 1988, S. 823–837; *Herrmann, J.*, Diversion und Schlichtung in der Bundesrepublik Deutschland, ZStW 86 (1984), S. 455–484; *Kaiser, G.*, Role and Reactions of the Victim and the Policy of Diversion in Criminal Justice Administrations, in: Criminology between the Rule of Law and the Outlaws, hrsg. v. Jasperse, C.W. u. a., Volume in Honour of Willem Nagel, Kluwer-Deventer 1976, S. 159–172; *ders.*, Entkriminalisierende Möglichkeiten des jugendstrafrechtlichen Sanktionsrechts und ihre Ausschöpfung in der Praxis, NStZ 2 (1982), S. 102–107; *Kalpers-Schwaderlapp, M.*, Diversion to nothing – eine vergleichende Rückfalluntersuchung der gemäß § 45 Abs. 2 Nr. 2 JGG eingestellten bzw. im förmlichen Jugendverfahren abgeurteilten einfachen Diebstahlsverfahren von Jugendlichen in den Landgerichtsbezirken Koblenz und Mainz, Diss. Mainz 1989; *Kerner, H.-J.* (Hrsg.), Diversion statt Strafe? Probleme und Gefahren einer neuen Strategie strafrechtlicher Sozialkontrolle, Heidelberg 1983; *Kondziela, A.*, Opferrechte im Jugendstrafverfahren, Frankfurt/M. u. a. 1991; *Kury, H., Lerchenmüller, H.* (Hrsg.), Diversion. Alternativen zu klassischen Sanktionsformen, 2 Bde., Bochum 1981; *Lemert, E.M.*, Instead of Court. Diversion in Juvenile Justice, Maryland 1971; *Lüdemann, C., Bußmann, K.-D.*, Diversionschancen der Mächtigen? Eine empirische Studie über Absprachen im Strafprozeß, in: KrimJ 21 (1989), 54–72; *Ludwig, W.*, Diversion: Strafe im neuen Gewand, Berlin u. a. 1989; *Nejelski, P.*, Diversion: The Promise and the Danger, in: Juvenile Delinquency. A Book of Readings, hrsg. v. Giallombardo, R., New York 1982^{4}; *Pfeiffer, Ch.*, Kriminalprävention im Jugendgerichtsverfahren, Köln u. a. 1989^{2}; *Pohl-Laukamp, D.*, Legalitätsprinzip und Diversion. Staatsanwaltschaftliche Ermittlungsverfahren gegen jugendliche und heranwachsende Beschuldigte, Kriminalistik 37 (1983), S. 131–135; *Schaffstein, F.*, Überlegungen zur Diversion, in: Festschrift für Hans-Heinrich Jescheck zum 70. Geburtstag, Berlin 1985, S. 937–954; *Voß, M.*, Diversion und Rechtssicherheit – ein Widerspruch? ZfJ 76 (1989), S. 8–16; *Walter, M.*, Wandlungen in der Reaktion auf Kriminalität. Zur Kriminologischen, kriminalpolitischen und insbesondere dogmatischen Bedeutung der Diversion, ZStW 95 (1983), S. 32–68; *ders.* (Hrsg.), Diversion als Leitgedanke – Über den Umgang mit jungen Mehrfachauffälligen, München 1986; *ders.*, Diversionsstrategien und individuelle Rechte der Divertierten, in: Alternativen zur Strafjustiz und die Garantie individueller Rechte der Betroffenen, hrsg. v. Jung, H., Bonn 1989, S. 137–148.

GÜNTHER KAISER

Drogen und Kriminalität. Die bis heute für berauschende oder sonst die Sinneseindrücke oder Gefühle beeinflussende Mittel (ausgenommen den → Alkohol) weitverbreitete Bezeichnung Rauschgift ist sachlich durchaus problematisch. Sie wurde auch hier, klassischem Sprachgebrauch folgend, in der Überschrift vor allem wegen ihres Appellcharakters bis zur 2. Auflage beibehalten. Der allmählich vorherrschende Ausdruck „Drogen" ist insofern zu blaß, als er die gesamte pharmazeutische Produktion der Arzneimittel semantisch mit einbezieht; berechtigt ist der Gebrauch des Wortes allerdings deswegen, weil ein bedeutsamer Teil der „illegalen Drogen" aus der „legalen Produktion" der pharmazeutisch-chemischen Industrie stammt (wie z. B. Amphetamine) nicht eigentlich des „Rausches" wegen konsumiert wird. Mit der *Kompromißformel Rauschdrogen* kann man im übrigen dem Anliegen, den Alkohol gleichwertig mit zu erfassen, zwanglos Rechnung tragen, man erspart sich zugleich Abgrenzungsschwierigkeiten zwischen den Gruppen der sog. Genußmittel, Genußgifte und Rauschgifte. Aus der umfangreichen Reihe der gegenwärtig neben dem Alkohol verbreiteten Rauschdrogen seien nur die allerwichtigsten aufgezählt: Opium; Morphin und andere Opiumalkaloide; Heroin und andere chemisch-synthetische Morphinderivate („Narkotika"); LSD; LSD-verwandte natürliche Drogen von der Art des Meskalin; Cannabis in der Form von Marihuana, Haschisch, THC-Ölen; PCB („Halluzinogene"); Kokain mit der seit wenigen Jahren eingeführten, besonders gefährlichen (chemisch umgesetzten) Variante Crack; Amphetamine und Metamphetamine wie Preludin, Ritalin, Pervitin und

Catpagon („Weckamine"). Umfangreicher Mißbrauch wird auch mit den sog. „Sedativa" betrieben, den zentralnervösen Beruhigungsmitteln nach Art des Valium, Librium, den Barbituraten wie Phenobarbital oder der Quaaludes. Gemeinsam ist ihnen lediglich die unmittelbare Einwirkung auf die Persönlichkeit des Konsumenten: Sie beeinflussen z.B. die Stimmungslage oder den Denkablauf; sie können die gewohnte Wahrnehmung des eigenen Selbst und seine Reaktionen verändern, ein oft als „Bewußtseinserweiterung" umschriebener Vorgang; sie vermögen zum Teil die geordnete Verarbeitung der von der Umwelt ausgehenden Sinneseindrücke im Gehirn zu stören und dadurch phantastische Scheinwahrnehmungs-Effekte hervorzurufen. Dabei wandelt sich nach den bisherigen Erfahrungen vor allem bei den Halluzinogenen das Erleben auch unter dem Einfluß des gleichen Mittels und bei der gleichen Person jedesmal in nicht vorhersagbarer Weise. Sowohl die übrigen Kurzzeit- als auch die Langzeitwirkungen der verschiedenen Mittel unterscheiden sich aber in vieler Hinsicht grundsätzlich, so daß jede genauere Analyse eine getrennte Behandlung erfordert. Opium und seine Abkömmlinge, vor allem Heroin, gehören zu den eigentlichen Suchtstoffen, in geringerem Ausmaß auch die Barbiturate und der Alkohol: Ihr Dauergebrauch bringt die Gefahr körperlicher Abhängigkeit mit sich. Bei den übrigen Stoffen gehört körperliche Abhängigkeit zu den selteneren Fällen. Hier verwenden die damit amtlich Befaßten die Begriffe des „Mißbrauchs", der „psychischen Gewöhnung" und der „Süchtigkeit", die alle unbestimmt und auslegungsbedürftig sind und denen deshalb auch von verschiedenen Fachrichtungen und Personen verschiedener Bedeutungsgehalt beigemessen wird. Besonders die Weltgesundheitsorganisation (WHO), die die internationalen Bestrebungen zur Unterbindung des Drogengebrauchs koordiniert, bemüht sich beständig, die Begriffe zu vereinheitlichen und damit zugleich zu garantieren, daß die bekämpften Drogen sämtlich „erfaßt" bleiben. Da dies beispielsweise beim Haschisch in den letzten Jahrzehnten immer schwieriger wurde, hat man die „*Drogenabhängigkeit*" als Generalbegriff eingeführt: Man kennzeichnet die Drogenabhängigkeit vom Haschischtyp durch folgende Merkmale: 1. Milde bis strenge psychische Abhängigkeit in Übereinstimmung mit den erwünschten subjektiven Effekten; 2. keine physische Abhängigkeit, keine Entziehungssyndrome; 3. geringe Tendenz zur Erhöhung der Dosis, keine Evidenz einer Toleranzsteigerung.

Die weder medizinische noch kriminologisch voll befriedigende Definition läßt sich dann verwenden, wenn man lediglich über gewisse beschreibbare Äußerlichkeiten eine Verständigung erzielen will. Im Zweifel könnte sie jedoch auch das „normale" Zigarettenrauchen decken. Das bedeutet, daß ihre Grenzen nicht bestimmbar genug sind: Als Grundlage internationaler Bekämpfungsprogramme erscheint sie außerdem gefährlich, weil man sie dazu verwenden kann, jedwedes „Enforcement of Morals" (SKOLNICK), d. h. die Umsetzung moralischer Prinzipien in Straftatbestände, gegen Veränderungen immun zu machen. Weiterhin erscheint eine Warnung angebracht vor dem verbreiteten Vertrauen auf die Macht *verschärfter Strafdrohungen* als solcher. Wenn es dazu eines besonderen Beispiels bedarf, mag man die USA betrachten; trotz (oder besser: ungeachtet) der seit Jahrzehnten extrem hohen Strafrahmen der Drogengesetze, die zum Teil sogar für das einfache Weitergeben kleinster Rauschdrogenmengen lebenslangen Freiheitsentzug vorsehen, und trotz ständig intensivierter Verfolgungsbemühungen, die jährlich zur polizeilichen Festnahme von 500 000 bis 600 000 Personen, darunter über 70 000 Jugendliche, führen, haben sich die Probleme noch mehr verschärft. Das deutsche Betäubungsmittelgesetz (früher: „Opiumgesetz") stellte bereits in den 70er Jahren alle Formen des Besitzes, des Handels und der sonstigen Weitergabe der zur Zeit bekannten Rauschdrogen mit Ausnahme des Alkohols unter Strafdrohung (bis zu 2 Jahren Freiheitsentzug). Die zusätzliche Abschreckungswirkung der danach mehrfach erhöhten Strafrahmen (zuletzt bis zur Obergrenze von 15 Jahren seit 1.1.1982) konnte man aufgrund ausländischer Vorerfahrungen von vornherein gering einschätzen. Die Kurve der registrierten Gesetzesverstöße pflegt nach Gesetzesschärfungen eine vergleichbare Entwicklung zu nehmen wie die der Alkoholdelikte im Straßenverkehr: Die „Plakatwirkung" der erhöhten Strafe beginnt sich alsbald zu verflüchtigen und die langfristigen Tendenzen gewinnen ihre alte Bedeutung zurück. Der direkte mittelfristige Effekt liegt, als Kumulation von erhöhtem Verfolgungsdruck und längeren sowie weniger zur Bewährung ausgesetzten Strafen, in einer progressiven „Auffüllung" der Strafvollzugsanstalten.

Während bis gegen das Jahr 1960 in der Bundesrepublik im wesentlichen nur der *überkommene „Süchtigen-Stamm"* bekannt war (Morphinisten aller Art: ehemals Verwundete oder Schwerkranke, zum Teil auch Medizinalpersonen; daneben die Pervitin- und Preludin-Schlucker im Milieu der Großstädte und schließlich die sonstigen Arzneimittelsüchtigen), breitete sich seither die *neue „Drogenszene"* aus, zuerst bei den sog. Beatnicks und Hippies, dann bei Studenten und Schülern, dann auch bei den übrigen Jugendlichen bis hin zu älteren Kindern. Haschisch wird immer noch bevorzugt, doch hat allmählich an Stelle des zurücktretenden LSD und Meskalins das Spritzen von Amphetaminen sowie der härteren Drogen der Opiumreihe und daneben das „Schniefen" von Kokain an Bedeutung gewonnen. Allgemein scheint sich die Situation nach einer gewissen Beruhigung Anfang der 80er Jahre (Rückgang der Anzahl der Drogentoten und Heroin-Erstkonsumenten) gegen Ende der 80er Jahre, insbesondere auch mit Blick auf den verstärkten Konsum des Kokains, dramatischer zu gestalten.

Man findet bei Morphin- oder Heroinabhängigen in vielen Fällen Haschisch als die sog. *Einstiegsdroge*. Dennoch gibt es keinen wissenschaftlichen Beweis für die viel zitierte, deterministisch verstandene Haschisch-Heroin-Automatik. Die gewöhnlich auf retrospektiven Betrachtungen beruhende These vom zwangsläufigen Übergang ist pharmakodynamisch falsch, ebenso wie die vergleichbare These falsch wäre, Biertrinken führe unausweichlich zum Branntweinalkoholismus, weil sich bei Alkoholikern dieser Art Biergenuß in der Vorgeschichte findet. Allerdings begegnen in beiden Bereichen besonders gefährdete Personen, die nicht haltmachen können: Und insoweit hat auch der plötzliche Einbruch des ungewohnten Haschisch in unseren Kulturkreis sicher ein zusätzliches Risiko geschaffen. Das bedeutet, daß die Diskussion auf einer sozialpsychologischen und z. T. auch epidemologischen Ebene angesetzt werden muß und im wesentlichen auch nur dort sinnvoll ist. Die zu den über 2

Millionen Alkoholikern zusätzlich zu erwartenden anderen Drogengeschädigten (derzeitige Schätzungen liegen bei 99 000 Konsumenten harter Drogen) werden neue Kosten verursachen: Trotzdem spricht wenig dafür, dieses schwerwiegende sozialpolitische Problem in ein primär kriminalpolitisches umzuwandeln.

Zum „ökonomisch-endemischen“ Aspekt läßt sich folgendes erwägen: Weltweit wurden 1986 15 463 kg Heroin (Erzeugerpreis 3000–30 000 DM pro kg; Verbraucherpreis 100 000–180 000 DM pro kg), 128 901 kg Kokain (10 000 DM; Groß- und Zwischenhandelspreis 130 000–180 000 DM pro kg) und 18 435 213 kg Cannabis (80–350 bzw. 4000–15 000 DM pro kg) von Zoll und Polizei beschlagnahmt. In der Bundesrepublik waren dies 1990 nach Angaben des BKA: 847 kg Heroin, 2474 kg Kokain und 13 641 kg Cannabis. Dabei beträgt nach polizeilichen Schätzungen die beschlagnahmte Menge jeweils nur 10–20% der tatsächlichen Umsatzmenge. Um ein Vielfaches gravierender ist die Situation in den USA. Dort wurden allein in den ersten vier Monaten des Jahres 1989 118 kg Heroin und Opium sowie 9700 kg Kokain beschlagnahmt, wobei letzteres unter Beimischung von Backpulver für die neue Droge *Crack* verwendet wird. Diese Zahlen machen neben allen anderen Aspekten vor allem auch die ökonomische Dimension des Problems deutlich. Man schätzt den Wert der weltweit umgeschlagenen Drogen auf 500 Mrd. US-Dollar, was den zusammengenommenen Haushalten von 150 der 176 Staaten der Erde entspricht. Kein Wunder, daß bolivianische Drogenhändlerorganisationen ihrer Regierung die Tilgung der sehr hohen staatlichen Auslandsschulden anbieten konnten, wenn man sie unbehelligt ließe (REEG 1989) (→ Organisiertes Verbrechen).

Zumindest für die Bundesrepublik relativiert sich das Bild etwas, wenn man die vom BKA jährliche auf 2 Mrd. DM geschätzten Einkünfte aus dem Handel mit Heroin und Kokain mit den Verkaufserlösen anderer Sucht- und Genußmittel vergleicht. Diese betrugen 1986 für Zigaretten rd. 22 Mrd. DM und bei Alkoholika rd. 32 Mrd. DM.

Als gefährdet scheinen nach bisherigen Erfahrungen vor allem solche Jugendliche aufzufallen, bei denen sich hoher und häufiger Drogengenuß paart mit persönlichen Schwierigkeiten und Familien-Umwelt-Konflikten. Die Einzelfallstudien, auch über zunächst sozial angepaßte Jugendliche, die im Zusammenhang mit Drogengenuß sich erst von den gängigen gesellschaftlichen Wertvorstellungen abwenden und schließlich auf den Weg der Verwahrlosung geraten („ausflippen“), sind in ihrer Gültigkeit kaum anzuzweifeln. Dennoch muß man mit ihrer Gewichtung für den Bereich der großen Zahl vorsichtig sein, bis klar wird, ob die Droge hier nicht lediglich an die Stelle der bisherigen „Auslöser“ tritt, die eine grundsätzlich bereits vorhandene Abweichungsbereitschaft nur aktualisieren. Die Wertung wird erst dann anders ausfallen müssen, wenn sich nach einem längeren Zeitraum herausstellt, daß zum einen die Quote der Verwahrlosten in der Gesellschaft insgesamt gestiegen ist und zum anderen sich ihre Zusammensetzung gegenüber früher entscheidend geändert hat. Die Zahl der polizeilich festgestellten Erstkonsumenten harter Drogen, die hier ins Kalkül als eine von mehreren Größen mit einbezogen werden kann, schwankt mit Heroin (1980 = 6091, 1984 = 2770, 1988 = 4827, 1990 = 7252), steigt demgegenüber beim Kokain (1980 = 364, 1984 = 529, 1988 = 1781, 1990 =

2308) und beim Amphetamin (1980 = n.r., 1984 = 147, 1988 = 1331, 1990 = 1586) vorerst kontinuierlich an.

Bei der sog. *Rauschgiftkriminalität* muß man mehrere Bereiche streng auseinanderhalten. Die in der Polizeilichen → Kriminalstatistik verzeichneten Rauschgiftdelikte betreffen im wesentlichen *Verstöße gegen das Betäubungsmittelgesetz.* Aus dem raschen Anstieg der insoweit registrierten Taten während der vergangenen Jahre (1960 = 916; 1970 = 16 104; 1980 = 62 395; 1990 = 103 629) läßt sich nicht viel mehr ableiten, als daß die Polizei nach einer gewissen Anlaufverzögerung zunehmenden Erfolg bei ihrem Bemühen hat, das große Dunkelfeld des insgesamt schon vorher gestiegenen Handels und Konsums aufzuhellen. Die Mehrzahl der ermittelten Täter (bei einer Aufklärungsquote von meist um 95%) setzt sich aus Kleinsthändlern oder/und Konsumenten zusammen, die man im Besitz kleinerer Drogenmengen bzw. schon bei der Übergabe gefaßt hat. Erst allmählich gelingt die Überführung der für die Polizei wichtigen „Hintermänner“, wobei der Einsatz von sog. V-Männern eine erhebliche, und rechtlich nicht abgeklärte, Rolle spielt. Über die sonstige Kriminalität der durchschnittlichen Drogenkonsumenten sagen die allgemeinen statistischen Daten nichts aus. Sie erschöpft sich, sofern sie überhaupt relevant wird, überwiegend in Formen der *Beschaffungskriminalität.* Die Süchtigen allerArt zeichneten sich vor allem durch Rezepterschleichung, Rezeptfälschung und -diebstahl aus; bei den jüngeren tritt daneben verstärkt der Apothekeneinbruch in den Vordergrund. Körperlich abhängig gewordene Heroinisten, Morphinisten und „Fixer“ anderer sog. harter Drogen können auf ihren „Stoff“ auch dann nicht verzichten, wenn sie vollständig mittellos geworden sind. Hier entsteht die Gefahr ständig wiederholten Diebstahls (vor allem auch von Einbrüchen zur Tageszeit, insbesondere von sog. Tageswohnungseinbrüchen), des Raubs und sonstiger Gewalt- und Vermögenskriminalität, falls der Gewinn aus dem Drogenkleinhandel nicht mehr zur Finanzierung der täglichen Ration ausreicht. Das kann schnell geschehen, denn ein Heroinabhängiger benötigt, je nach Markt- und damit nach Preislage, zwischen 200,-- und 500,-- DM zur Suchtfinanzierung. Ergänzend treten dann die verschiedensten Formen der *Bagatellkriminalität* und ordnungswidrigen Abweichung auf, wie sie bei anderer „Gemeinlästigkeit“ bekannt sind (Bettelei, Obdachlosigkeit, Hausfriedensbruch durch „Pennen“, Anbieten zur Prostitution u. a. m.).

Im übrigen konnte ein statistisch signifikanter und inhaltlich relevanter Nachweis für den Zusammenhang zwischen (akutem) *unmittelbarem Drogeneinfluß* und spezifischer, gesteigerter *Kriminalität* bis heute nicht erbracht werden. Dies gilt vor allem für die behauptete Gewalt- und Sexualkriminalität. Vorweg muß man dabei schon die Milieu-Straftaten ausschalten, die von anderweitig Kriminellen begangen werden, die sich auch im Drogengeschäft auf der Zulieferererseite betätigen. Es mag weiter stimmen, daß sich Straftäter in den USA mit Heroin Mut „anspritzen“ für schwere Verbrechen; doch hat dies kein anderes Gewicht als das sonstige Mutantrinken mit Hilfe des Alkohols. Allgemeiner bedeutsam ist folgendes: Hongkong mit seinen Abertausend von Opium- und Heroinsüchtigen gehört zu den Großstädten mit ausgesprochen niedrigen amtlichen Gewaltkriminalitätsraten. Freilich muß man hier, ähnlich wie im Falle

Japans, mit berücksichtigen, daß das „Straßengeschehen" durch Verbrechensorganisationen (Triaden) in Form einer dichten und direkten sozialen Kontrolle mit gesteuert und dadurch ggf. relativ beruhigt gehalten wird. Bei Haschisch endlich sind die Berichte und Unterlagen fast gänzlich unzureichend. Daß in der Genese *einzelner Taten* bei *bestimmten Persönlichkeiten* die akute Drogenwirkung eine relevante Rolle spielen kann, soll damit nicht bestritten werden. Im Hinblick etwa auf die den Amphetaminen zugesprochene Aggressivitätssteigerung bietet sich der Vergleich zum Alkohol an, dessen enge Verknüpfung mit Gewalttätigkeit und der Entwicklung krimineller Verhaltensweisen vielfach dargelegt wurde; selbst dort indes geht es selten um unmittelbare „Ursächlichkeit". Gewisse Gefahren im Sinne eines gewalttätigen, ungerichteten Ausbruchs oder eines möglichen Angriffs aus Verfolgungsangst heraus scheinen bei Überdosierung oder sog. „schlechten Trips" (LSD, Meskalin) nicht ausschließbar. Bei Haschisch finden sich die gegensätzlichsten Stellungnahmen. In der Regel stehen die eigentlichen Gefahren für das Individuum selbst, wozu abschließend genannt seien: Entwicklung von Psychosen (Geisteskrankheiten), Unglücksfälle aufgrund von illusionärer Verkennung der Wirklichkeit, schwere Krankheiten bei den harten Drogen durch unhygienisches Spritzen, wobei seit ein paar Jahren AIDS mit in den Vordergrund getreten ist, außerdem Todesfälle bei Fehldosierungen und schließlich Selbstmord infolge plötzlicher, überwältigender Angst oder aus Verzweiflung. (Die letzten beiden Fallkonstellationen dominieren bei den Todesfällen, die auf Rauschdrogengenuß zurückgeführt werden. Die Angaben über diese „Drogentoten" sind mit erheblichen methodischen und sachlichen Einwänden belastet. Die amtlichen Registrierungen stiegen von 29 im Jahre 1970 auf 623 im Jahre 1979 für die gesamte Bundesrepublik, um dann bis 1988 zwischen etwas über 300 und gut 600 zu pendeln; 1990 gab es einen drastischen Sprung auf 1478 Fälle). Für sonstige spezifische Kriminalität unter kurzfristigen Nachwirkungen der Drogeneinnahme (subakuter Einfluß) fehlt jede verläßliche Dokumentation.

Obwohl bei der Produktion und beim Konsum der Rauschdrogen nicht von vergleichbaren volkswirtschaftlich (anerkannt) investierten Interessen wie beim → Alkohol ausgegangen werden kann, bleibt die *Bekämpfung* im Sinne von *Vorbeugung und Repression* auch hier überaus schwierig. Die Bundesrepublik ist eng in international komplexe Strukturen eingebunden, und u. a. gibt es in anderen Staaten ganz offensichtliche allgemeine wirtschaftliche Aspekte, die gesamtgesellschaftliche Eingriffe erschweren bis verhindern. Zudem wird die nationale und internationale „*Drogenpolitik*" von widersprüchlichen Elementen gekennzeichnet; so war über lange Jahre hinweg nicht daran zu denken, daß es möglich gemacht würde, vereinfacht an die in legale Kreisläufe eingeschleusten Drogengelder im Wege der Strafverfolgung heranzukommen. Mit Tatbeständen der sog. „Geldwäscherei" (nach im Ausland teils schon gebräuchlichen Vorbildern) will nun auch die Bundesregierung Zeichen setzen, daß nicht nur der Konsument primäres Zielobjekt bleiben soll.

Bei der Behebung von *Schäden aus Drogenmißbrauch* im Mikrobereich (enges soziales Umfeld, Konsumentenpersönlichkeit) wird, wie beim Alkoholismus, dem Einsatz freier Verbände relativ bester Erfolg zugesprochen. Besonders aktiv sind die *Selbsthilfegruppen* nach Art von Synanon, Release, Daytop oder Drogeninitiative. Die Verbände unterhalten ambulante und stationäre Einrichtungen. *Sozialrechtliche Rehabilitation* von Staats wegen ist unterentwikkelt, u. a. weil Drogenabhängigkeit nicht in gleichem Ausmaß wie Alkoholismus als Krankheit anerkannt ist. *Eingriffsmaßnahmen* betreffen allgemein Unterbringung in Entziehungsanstalten der sog. freiwilligen Gerichtsbarkeit. Als Reaktion auf Straftaten kommt neben (oder anstelle) von Strafen die strafgerichtlich angeordnete Unterbringung in Betracht, als Maßregel der Besserung und Sicherung. Seit mehreren Jahren gibt es spezialisierte Drogenkliniken, auch spezialisierte Vollzugsanstalten, etwa auf der Grundlage von § 93 a JGG. Das mit der Reform des BTMG eingeführte und in der Ausprägung umstrittene Prinzip „Therapie statt Strafe" erlaubt u. a. die Zurückstellung einer Strafvollstreckung, wenn sich der Verurteilte freiwillig (oder „gut beraten") einer (auch ambulanten) Therapiemaßnahme unterzieht. Die an sich schon lange diskutierte und (beispielsweise) in den Niederlanden oder in den USA auch praktizierte Idee, Heroinabhängigkeit durch die Gabe von Methadon bzw. Polamidon zunächst zu blocken, um dann mit weiterer Therapie anzusetzen (sog. Methadon-Erhaltungs-Programm), ist in der Bundesrepublik Gegenstand erbitterten Streits in Wissenschaft und Politik geworden. Immerhin konnten in Nordrhein-Westfalen Versuchsprogramme unter staatlicher Kontrolle eingerichtet werden, die das Gewinnen eigener deutscher Erfahrungswerte erlauben. Der Gedanke an vollständige Legalisierung der sog. weichen Drogen und ansonsten verstärkter Entkriminalisierung hatte hierzulande niemals größere Chancen; die breite Front der Ablehnung in Praxis, Politik und Wissenschaft hat indes nur sehr bedingt die Evidenz der Fakten auf ihrer Seite.

Coignerai-Weber, C. (Hrsg.), Drogenabhängigkeit und Straffälligkeit, MschrKrim 64 (1981), S. 133–148; *Deutsche Hauptstelle gegen die Suchtgefahren* (Hrsg.), Sucht und Delinquenz – Rechtsfragen und therapeutische Möglichkeiten, Hamm 1983; *Dünkel, F.*, Die Entwicklung der Drogenpolitik und Drogengesetzgebung im internationalen Vergleich, Recht und Politik 19 (1983), S. 165–173; *Egg, R.* (Hrsg.), Drogentherapie und Strafe, Wiesbaden 1988; *Fronthek, T.*, Methadon-Programm und Drogenabhängigkeit, Erlangen-Nürnberg, Diss. med. 1988; *Heckmann, W.*, Suchtprophylaxe und Kriminalprävention, in: Präventive Kriminalpolitik, hrsg. v. Schwind, H.D., Berckhauer, F., Steinhilper, G., Heidelberg 1980, S. 317–346; *Hess, H.*, Schattenwirtschaft und Abenteuerkapitalismus, Neue Kriminalpolitik 1 (1989), S. 24–29; *Keup, W.*, Zahlen zur Gefährdung durch Drogen und Medikamente, in: Jahrbuch 1984 zur Frage der Suchtgefahren, hrsg. v. Ziegler, H., Hamburg 1984, S. 62–114; *Kreuzer, A., Wille, R.*, Drogen – Kriminologie und Therapie, Heidelberg 1988; *Kutsch, F., Wiswede, G.* (Hrsg.), Drogenkonsum: Einstieg, Abhängigkeit, Sucht, Königstein/Ts., 1980; *Mader, R., Strotzka, H.* (Hrsg.), Drogenpolitik zwischen Therapie und Strafe, Wien 1980; *Quensel, S.*, Drogenelend, Cannabis, Heroin, Methadon: Für eine neue Drogenpolitik, Frankfurt/M., New York 1982; *Reeg, A.R.*, Strafrecht in der Drogenpolitik, Neue Kriminalpolitik 1 (1989), S. 30–35; *Reuband, K.H.*, Drogenstatistik 1988, in: Neß, B., Ziegler, H. (Hrsg.), Jahrbuch 1989 zur Frage der Suchtgefahren, Hamburg 1988; *Scheerer, S., Vogt, J.* (Hrsg.), Drogen und Drogenpolitik, Ein Handbuch, Frankfurt 1989; *Täschner, K.L.*, Therapie der Drogenabhängigkeit. Ein Handbuch, Stuttgart u. a. 1983; *Völger, G.* (Hrsg.), Rausch und Realität – Drogen im Kulturvergleich, Köln 1981.

HANS-JÜRGEN KERNER

Dunkelfeld. Das Dunkelfeld (auch: Dunkelziffer, latente Kriminalität) bezeichnet einen Sachverhalt, der für das wissenschaftliche Selbstverständnis der

Kriminologie und für ihre theorie- und forschungsstrategischen Entscheidungen von ebenso großer Bedeutung ist wie für die Kriminalpolitik. Obwohl, da der Natur und dem Wesen der Kriminalität inhärent, der Kriminologie und ihren Vertretern seit Beginn der quantitativen Phase der Kriminologie im ersten Drittel des 19. Jahrhunderts die Existenz des Dunkelfeldes geläufig ist, läßt sich eine intensive und folgenreiche Auseinandersetzung mit ihr erst seit etwa Anfang der 60er Jahre feststellen.

Mit dem Begriff des Dunkelfeldes sind ganz allgemein Erscheinungen angesprochen, die sich auf die *Sichtbarkeit und Sichtbarmachung kriminellen Verhaltens* beziehen. Dies ist in einem sehr spezifischen Sinne zu verstehen, der unmittelbar mit der Organisation und den Prinzipien strafrechtlicher Sozialkontrolle in modernen, staatlich verfaßten Gesellschaften zusammenhängt. Insofern für diese typisch ist, daß eine Handlung als Straftat und ein Mitglied der Gesellschaft als Straftäter *sozial und rechtlich folgenreich* nur von Personen und Institutionen des gesetzlich festgelegten Rechtsstabs bezeichnet und behandelt werden kann, ist notwendig vorausgesetzt, daß dies nur dann geschehen kann, wenn den bezeichneten Funktionsträgern einschlägige Informationen über das Vorliegen einer strafbaren Handlung verfügbar sind. Blickt man auf den Gesamtvorgang der rechtlichen Verarbeitung eines Verhaltens, das gegen ein Strafgesetz verstößt, so setzt deren „Gelingen" höchst differenzierte und merkmalsspezifische Informationen über die Tat und deren Träger voraus. Diese Informationen können auf verschiedenen Ebenen und in vielerlei Hinsicht defizitär, lückenhaft, nicht klärbar, ambivalent, rechtlich nicht verwertbar sein, so daß der formalisierte Prozeß der strafrechtlichen Verfolgung nicht begonnen, nicht zu Ende geführt werden kann, abgebrochen werden muß oder schlicht scheitert.

Ganz allgemein stellt deshalb das Dunkelfeld einen Unterfall der Entsprechung zwischen der objektiv festgestellten oder feststellbaren Wirklichkeit eines Sachverhalts auf der einen Seite und dem Wissen über diese Wirklichkeit auf der anderen Seite dar. Im Schema 1 sind in binärer Form die logisch denkbaren Fälle der Entsprechung bzw. Diskrepanz zwischen einer Realität und dem Bild über sie festgehalten. Während die Felder 1 und 4 Konstellationen bezeichnen, in denen Realität und Realitätsbild zusammenfallen, bezeichnen die Felder 2 und 3 Konstellationen, in denen beide Ebenen auseinanderfallen. Obwohl sich in einem weiteren Sinne sagen ließe , daß es sich sowohl bei der „fingierten Realität" (Feld 2) wie beim „Dunkelfeld" (Feld 3) um Konstellationen handelt, in denen Teile oder Aspekte der Realität unsichtbar bleiben und damit irriges Handeln auslösen, bezieht sich das Konzept des Dunkelfeldes nur auf die Situation des Feldes 3.

Wie sich aus dem Schema 1 leicht entnehmen läßt, ist das kriminologische Dunkelfeld nur ein Anwendungsfall eines viel generellen Zusammenhangs, der auf grundlegende epistemologische bzw. erkenntnistheoretische Fragen verweist.

Zur genaueren Bestimmung des kriminologischen Dunkelfeldes ist eine weitere Überlegung anzustellen. Die strafrechtlich erfolgreiche Verarbeitung eines sozialen Sachverhalts im Sinne der Realisierung des konditionalen Pro-

Schema 1: Diskrepanz zwischen „objektiver" Realität und Realitätsbild

		„Objektive" Realität liegt vor	 liegt nicht vor
Information über Realität	liegt vor	1 Entsprechung	2 Fingierte Realität
	liegt nicht vor	3 Dunkelfeld	4 Entsprechung

gramms einer Strafrechtsnorm setzt Informationen über den strafrechtlich relevanten sachlichen Aspekt sowie über die personelle Seite des zugrundeliegenden Sozialkonflikts voraus. Mangelt es an Informationen über einen dieser beiden Aspekte, dann kann das strafrechtliche Normenprogramm nicht ausgeführt werden, d. h. eine strafrechtliche Reaktion nicht erfolgen. Diese Zusammenhänge sind im Schema 2 veranschaulicht.

Schema 2: Zusammenhang zwischen Strafverfolgung und Wissen über Realität

		Sachbezogene Informationen liegen vor	 liegen nicht vor
Personenbezogene Informationen	liegen vor	1 Strafverfolgung gelingt	2 unbeweisbare Tat
	liegen nicht vor	3 unbekannte Täter	4 Dunkelfeld

Das Feld 1 entspricht dem von Strafgesetz anvisierten Normalfall. Das Feld 2 beschreibt eine eher analytische als empirisch triftige Konstellation. Das Feld 3 hingegen bezeichnet eine Fallkategorie, die empirisch und zahlenmäßig am stärksten im System krimineller Berichterstattung zu Buche schlägt. Es handelt sich um die durch die „*Aufklärungsquote*" indizierten Fälle, in denen das Vorliegen einer Tat gesichert ist, eine Information über den Träger dieser Tat jedoch fehlt. Das Feld 4 schließlich bezeichnet jene Fälle, auf die der Begriff der Dunkelziffer üblicherweise bezogen wird.

Der schon angedeutete Bezug des Dunkelfeldes zu der Art der Organisation und der Form der strafrechtlichen Sozialkontrolle ist nachdrücklich zu unterstreichen. *Es geht einzig um das Blickfeld der laut Gesetz (GG, GVG, StPO) für die Strafverfolgung alleine zuständigen staatlichen Instanzen.* Institutionell und organisatorisch ist dies konkretisiert auf die Polizeibehörden als (Ermittlungs-) „Hilfsorgane" der Staatsanwaltschaft, denen auch die bürokratische Aufgabe der statistischen Dokumentation der offiziellen Informationen über die Kriminalität obliegt. Das Dunkelfeld ist demnach die *Differenzgröße zwischen der Anzahl „objektiv" vorgefallener Fälle von Kriminalität und der in jene Dokumentation der Polizei* (in der BRD jährlich vom Bundeskriminalamt administrativ gebündelt und publiziert in der „Polizeilichen Kriminalstatistik") *als amtlich gewußten und deshalb aufgenommenen Fälle* („offenses known to the police"). Es geht also nicht um gesellschaftliches Wissen überhaupt, sondern nur um das im skizzierten Sinne eingeschränkte staatlich-administrative Wissen, das die Höhe, den Umfang und die Struktur der Dunkelziffer als „Restgröße" determiniert (vgl. zu alternativen und nicht weiter gefaßten Begriffsbestimmungen des Dunkelfeldes u. a. McClintock 1970; Schwind 1981, 223 ff.).

Im Begriff des Dunkelfeldes, soweit für ihn nur das staatlich autorisierte Wissen konstitutiv ist, ist der Verweis auf außerhalb dieser Grenzen verfügbares Wissen enthalten. Die sogenannte *Dunkelfeldforschung dient der systematischen und methodischen Erschließung* und Aufarbeitung dieses in einer Gesellschaft – außerhalb der Grenzen der staatlichen Instanzen – vorhandenen Wissens über Kriminalität und kriminelles Verhalten. Im einzelnen lassen sich die Verfahrensweisen der Dunkelfeldforschung nach zwei Gesichtspunkten ordnen. Zum einen kann man *naturwüchsige und auf beruflichem Alltagshandeln basierende Erfahrungs- und Wissensvorräte* von solchen unterscheiden, die durch *gezielte und arrangierte Suchoperationen* zustande kommen. Beispiele für den ersten Typus wären Schätzungen und Hochrechnungen von Personen oder Institutionen, die aus beruflichen, lebensweltlichen oder sonstigen Umständen eine strukturell bedingte Nähe zur Kriminalität und ihren Systemen haben (Kriminalisten, Detektive, Polizisten, Angehörige der „Unterwelt"); für den zweiten Typus stehen die methodischen Verfahren, deren sich Wissenschaften bedienen, um den sie interessierenden Gegenstand sinnlich erfahr- und beobachtbar zu machen. Hierzu gehören die verschiedenen Varianten des Interviews und der Befragung, aber auch die systematische Analyse von Dokumenten verschiedenster Art, und selbst methodisch simulierte Formen von Wirklichkeit vermögen Anhaltspunkte für die Aufhellung des Dunkelfeldes zu geben. Zweifellos haben die wissenschaftlich-methodisch angeleiteten Verfahren der Dunkelfeldforschung der zuerst genannten Methode in bezug auf Genauigkeit, Differenziertheit und Sicherheit den Rang abgelaufen.

Der zweite Gesichtspunkt, nach dem sich die Verfahren der außerinstitutionellen Informationserzeugung über die Kriminalität differenzieren lassen, ergibt sich aus dem strafrechtlich rekonstruierten Grundmodell der sozialen Beziehung, die einem strafbaren Geschehen zugrunde liegt. Täter und Opfer stellen die beiden materiellen Basisrollen eines strafrechtlich relevanten Konflikts dar. Bei seiner strafprozessualen Rekonstruktion treten darüber hinaus im strafrechtlichen Sinne unbeteiligte, im sozialen Sinne jedoch mit dem Geschehen und den Trägern der Basisrollen in irgendeiner Weise verknüpfte Personen hinzu. In der Rolle des Zeugen wird solchen Personen u. U. die Funktion der staatlich verfügbaren Informationsquelle angesonnen und zugemutet. Die in der Literatur üblicherweise anzutreffende Einteilung nach *Täter- bzw. Selbstmeldebefragungen, Opferbefragungen* und *Informantenbefragungen* nimmt auf diese strafrechtlich geprägten Rollenaspekte Bezug, ist allerdings etwas mißverständlich. Gemeint ist mit der Bezeichnung nicht, daß Täter, Opfer oder Informanten befragt werden, sondern es werden von zufällig oder systematisch ausgewählten

Stichproben von Personen (samples) Informationen erfragt, die sie entweder als Täter, Opfer und/oder Informanten betreffen.

Dunkelfelduntersuchungen und ihre Ergebnisse gehören mittlerweile zum festen Bestandteil kriminologischer Forschung und Lehre. Ihre historische Verortung reicht zurück bis in die vierziger Jahre, ihren geographischen Ausgangspunkt nahmen sie – wie schon vieles in der Geschichte der Kriminologie – in den Vereinigten Staaten, wenn auch ihr eigentlicher Funkensprung in die Disziplin Anfang der 60er Jahre fast gleichzeitig in der amerikanischen und skandinavischen Kriminologie erfolgte und von dort u. a. – rund ein Jahrzehnt später – auch in die Kriminologie der BRD diffundierte (vgl. dazu u. a. KAISER 1977, 19 ff.; MCCLINTOCK 1970, 31; SACK 1978, 411). Dabei hat sich in der Geschichte dieser Instrumente der Dunkelfeldforschung eine bemerkenswerte Entwicklung in zweierlei Hinsicht vollzogen. Zum einen läßt sich eine Akzentverschiebung bezüglich des Typs der Dunkelfeldforschung ausmachen: die sog. Opferbefragungen, deren entscheidender Stimulus durch die regierungsinitiierten umfangreichen Forschungen in der amerikanischen Kriminologie gesetzt wurden (vgl. BIDERMAN/REISS 1967) und die eine Art zweiter Welle der Dunkelfeldforschung auslösten, haben deutlich und insgesamt die Selbstmeldeerhebungen an Gewicht und Zahl verdrängt. Zum zweiten haben sich solche Opferbefragungen unter der Bezeichnung von *Crime Surveys* in mehreren Ländern (z.B. England, Holland, USA) als „offiziöses“ Instrument regelmäßiger Kriminalberichterstattung etabliert (vgl. KAISER u.a. 1991).

Tatsächlich ist es angesichts des Bestandes und der Variationsbreite der in den letzten rund 20 Jahren durchgeführten Dunkelfeldforschungen nicht verfrüht, eine Bilanzierung ihrer empirischen Befunde, ihre methodischen Bedeutung und ihres theoretischen Stellenwerts vorzunehmen (vgl. u. a. BOTTOMLEY/COLEMAN 1981; KAISER 1977, 19 ff.; SACK 1978, 187 ff.; KLEIN 1989; KAISER/KURY/ALBRECHT 1991). Eine solche umfassende Evaluation der Dunkelfeldforschung hat dabei natürlich immer den Kontext im Blick, dem sie entsprang, nämlich den Problemen, die sich *für die Kriminologie* mit den offiziellen Kriminalstatistiken verbinden.

Der Versuch, in wenigen Strichen eine Art Ertrag und Ausblick in bezug auf die Dunkelfeldforschung zu notieren, soll mit der Erinnerung beginnen, daß am Anfang der kriminologischen Verwertung kriminalstatistischer Aufzeichnungen durch den Belgier QUETELET (1796–1874) eine „theoretische Skepsis“ (BOTTOMLEY 1979, 21) stand, die mit der Dunkelfeldforschung die Kriminologie wieder eingeholt hat. QUETELET selbst hat sich in seinen eigenen Untersuchungen über sie genauso hinweggesetzt wie die ihm folgenden 130 Jahre kriminologischer Forschung. Dabei half ihm wie der späteren Kriminologie eine Annahme, die als „Gesetz der konstanten Verhältnisse“ davon ausging, „... daß es eine nahezu unveränderliche Beziehung zwischen den bekannten und verurteilten Straftätern einerseits und der gesamten unbekannten Anzahl von begangenen Straftaten gibt“ (zit. u. übers. n. BOTTOMLEY, ebd.). Dieses „Gesetz“ – das ist als erstes festzuhalten – hat die Dunkelfeldforschung nicht bestätigen können. Sie hat statt dessen herausgefunden, daß die „Sanktionsgeltung“ (POPITZ 1968) von Strafrechtsnormen außerordentlich variabel ist, insbesondere, aber keineswegs nur in bezug auf die Delikte.

Zu Einzelergebnissen der Dunkelfeldforschung sei der Leser auf die bereits genannte einschlägige Literatur verwiesen. Das generelle Problem, das die Dunkelfeldforschung auf die kriminologische und auch kriminalpolitische Tagesordnung gebracht hat, betrifft *die Richtung und den Grad der Verzerrung, den die von den Instanzen erfaßte und verfolgte* Kriminalität gegenüber derjenigen ausweist, die die Dunkelforschung zutage fördert. Die brisanteste Teilfrage geht darum, ob die bisher als vielfach bestätigt geltende Behauptung über die *negative Beziehung zwischen der sozialstrukturellen Schichtung und der Kriminalität angesichts der Befunde der Dunkelfeldforschung aufrechtzuerhalten ist oder nicht.* Letztere lassen vielmehr eher vermuten, daß von einer Überrepräsentierung der unteren Sozialschichten lediglich in den offiziellen Kriminalstatistiken auszugehen ist, während die Befunde der Dunkelfeldforschung diese Beziehung tendenziell nicht bestätigen, zumindest erheblich abschwächen und differenzieren.

Obwohl für eine egalitäre, freiheitlich-demokratische und rechtsstaatlich verfaßte Gesellschaft eine schichtverzerrte Verfolgung von Straftaten und Straftätern zum täglichen Dementi des eigenen Selbstverständnisses wird, ist sie aus *kriminologischer Sicht nur der Test- u. Spezialfall für die Frage nach der Eignung und Beschaffenheit der empirischen Daten, die in kriminologische Theoriebildung eingehen.* Das experimentelle Grunddesign der bisherigen ätiologischen Forschung innerhalb der Kriminologie, auf der sämtliche Theoriebildung – aus welcher Perspektive auch immer: Biologie, Psychologie, Soziologie – basiert, besteht in dem kontrollierten Vergleich der differentiellen Merkmale von Straftätern und strafnormloyalen Mitgliedern der Gesellschaft. So gewonnenen unterschiedliche Merkmalsprofile sind das „Roh-“ oder Testmaterial kriminologischer Theoriebildung und Ursachenforschung, unabhängig davon, ob diese auf der Ebene bloßer Indikatoren und Faktoren („Mehrfaktorenansätze“) oder auf der von theoretischen Variablen und Zusammenhängen (genuine Theoriebildung) angesiedelt sind.

Dieses Problem wird in der Kriminologie in die Frage gekleidet, wie der Gegenstand zu definieren ist, auf den sich Kriminalstatistiken beziehen. Die Dunkelfeldforschung hat für diese Frage die traditionelle Antwort der Kriminologie obsolet gemacht, die Antwort nämlich, daß Kriminalstatistiken eine *operationale* Definition für die Kriminalität im Sinne der durch die Strafrechtsnormen *nominal definierten* Straftaten darstellen. Methodisch gewendet und zugespitzt: Liefern Kriminalstatistiken oder instanzenfreie Verfahren der Kriminalitätserfassung „zuverlässigere“, „gültigere“, „objektivere“ und „repräsentativere“ empirische Daten für kriminologische Theoriebildung i. S. d. Ursachenforschung? Während diese Frage in bezug auf Kriminalstatistiken nur analoghaft anzuwenden ist und im streng wissenschaftlichen Gebrauch wenig Sinn macht, lassen sich *Vorbehalte in dieser Hinsicht gegen die Verfahren der Dunkelfeldforschung genauer benennen, aber auch eher kontrollieren und kalkulieren* (vgl. SACK 1978, 287 ff.). So ist auf das *zwar nicht methodisch-prinzipielle, aber faktische Defizit* der sog. Täterbefragungen zu verweisen, das in der Konzentration auf leichte Straftaten und auf Personen leichter Interviewzugänglichkeit (Jugendliche, Schüler, Studenten, Soldaten, Lehrlinge) besteht (vgl. aber REU-

BAND 1989). So ist weiter auf die noch bedenklichere, *methodeninduzierte und strukturelle „Privilegierung" solcher Straftaten durch* die Opferbefragungen aufmerksam zu machen, die dem Grundmodell einer individuell konstituierten Täter-Opfer-Beziehung entsprechen, also diejenigen Straftaten ganz oder tendenziell ausblenden, die (1) als opferlose und/oder konsentierte Delikte zu betrachten sind, die sich (2) gegen nichtindividuelle Opfer richten, die (3) sog. Rechtsgüter der Allgemeinheit betreffen und die (4) ein deliktbedingtes geringes (Opfer-)Entdeckungsrisiko auszeichnet. Angesichts der Struktur und Organisation moderner Gesellschaften, angesichts weiter der Tendenzen des modernen Strafrechts zum Ausbau des Schutzes von Rechtsgütern der Allgemeinheit und zu Gefährdungsdelikten mutet das auf die „klassische Kriminalität" oder das „street crime" orientierte Instrument der Opferbefragung als methodisches Verfahren sehr lückenhaft und anachronistisch an. Seine Beliebtheit auch in der Terminologie spiegelt deshalb wohl eher eine kriminalpolitisch motivierte Reorientierung und Prioritätensetzung im gesellschaftlichen Umgang mit der Kriminalität wider.

Nach alledem ist einerseits richtig, daß die Dunkelfeldforschung strukturell, pragmatisch und auf Dauer der kriminalstatistischen Berichterstattung den Rang nicht wird ablaufen oder sie gar wird ersetzen können. Das bedeutet aber andererseits nicht, daß die Kriminalstatistiken und damit die Kriminologie in ihren „Status quo ante" zurückversetzt würden. Eine Interpretation der Kriminalstatistiken im Sinne der Abbildung einer Wirklichkeit, die sich auch ohne das Zwischenglied des Handelns der staatlichen Instanzen identisch hält, ist nach meiner Ansicht angesichts der Dunkelfeldforschung nicht mehr möglich.

Hinter diese Erkenntnis zurückzufallen, sollte die Kriminologie gefeit sein. Die Lehren, über die die Kriminologie, will sie mehr leisten als die Transformation kriminalstatistischer Befunde und ihrer inneren Ordnung in die Sprache wissenschaftlicher Kausalität und „Gesetze", sich nicht wird hinwegsetzen können, sollen abschließend in einigen Punkten stichwortartig festgehalten werden:

1. Kriminalstatistiken und die Dunkelfeldforschung lassen sich nicht im Sinne alternativer *Zugänge* zu ein- und derselben Verbrechenswirklichkeit zueinander in Beziehung setzen. Die Frage nach dem Grad der größeren Zuverlässigkeit oder Gültigkeit dieser unterschiedlichen „Meßverfahren" verkennt die methodischen Implikationen der Dunkelfeldforschung. Beide Verfahren beziehen sich auf je separate Gegenstände im wissenschaftlichen Sinne.

2. Kriminalstatistiken können, nimmt man sie als Indikator für die durch die Instanzen der strafrechtlichen Sozialkontrolle konstituierte Wirklichkeit, „soziologisch nicht falsch sein" und müssen als „ein Aspekt der sozialen Organisation" behandelt werden (BLACK 1970, 734).

3. Die Vorstellung einer empirischen Dimension von Kriminalität und kriminellem Verhalten, die jenseits von Konstitutionsleistungen der daran als Täter, Opfer, Informanten und/oder Instanzen sozialer Kontrolle beteiligten Akteure liegt, ist eine in der Tradition der ätiologischen Kriminologie begründete und für sie unerläßliche Fiktion oder „Schimäre".

4. Die Frage nach den „Ursachen der Kriminalität" läßt sich in der Naivität der bisherigen ätiologischen Kriminologie nicht mehr stellen und bearbeiten.

Sofern sie die Prämisse enthält, daß es auf der Ebene von Personen und Individuen eine klare Bestimmung der Werte der abhängigen Variablen „Kriminalität“ (Polarisierung der Individuen nach kriminell und normloyal) gibt, kann sie diese nur auf die gesellschaftliche Alltagspraxis und die Perspektive der Instanzen der strafrechtlichen Sozialkontrolle gründen, nicht auf die Befunde der Dunkelfeldforschung. Das Konzept der „Ursache“ nimmt den Charakter einer bloßen Metapher an und gerät in den Bereich des Unverständlichen, will man die Zusammenhänge, die sich auf die oben genannten Konstitutionsleistungen beziehen, nach wie vor in dieser wissenschaftlichen Kunstsprache ausdrücken. Man gelangt dann zu der logisch unbestreitbaren, empirisch unsinnigen, weil tautologischen und erklärungsleeren Behauptung, die letzte Ursache des Verbrechens seien das Gesetz oder deren Anwender selbst.

5. Die Untersuchung von Konstitutionsprozessen der Kriminalität ist, sofern es um die offiziell registrierte und verfolgte Kriminalität geht, gleichbedeutend mit der Analyse der Strukturen und Prozesse, die die Sichtbarkeit sozialen Verhaltens generell, speziell die des abweichenden und kriminellen Verhaltens betreffen. Die beiden zentralen Stichworte und Mechanismen in diesem Zusammenhang sind zum einen die *sozialen, rechtlichen und institutionellen Rahmenbedingungen des Anzeigevorgangs*, dessen strukturelle Arrangements und Determinanten verkürzt werden, wenn man dabei nur an die „kriminelle Reizbarkeit“ oder Anzeigebereitschaft der Bevölkerung oder der Opfer denkt, zum anderen *Struktur, Organisation sowie Arbeitsmittel und -weise der Polizei* als der Pförtnerinstitution strafrechtlicher Sozialkontrolle. „Sichtbarkeit“ der Kriminalität ist ein höchst komplexer, alles andere als nur zufälliger und erst recht kein nur technischer, d. h. unpolitischer, sondern ein eng mit der sozialen, ökonomischen und politischen Schichtung und Struktur einer Gesellschaft verknüpfter Vorgang (POPITZ 1968).

6. Die Befunde der Dunkelfeldforschung sind lediglich in dem spezifischen Sinne komplementär zu denen der Kriminalstatistiken, als beide Instrumente zur Analyse der „sozialen Konstruktion von offiziellen Statistiken über kriminelle Abweichungen“ beitragen, keines von ihnen jedoch mit dieser gleichzusetzen ist. Das schon deshalb nicht, weil die Dunkelfeldforschungen selbst aufgrund der generellen Reflexivität sozialen Wissens auf die Konstitutionsbedingungen der offiziellen Kriminalität und auf die Arbeitsweise der strafrechtlichen Sozialkontrolle zurückwirken.

7. Mehr noch als für die Kriminologie sind die Befunde der Dunkelfeldforschung für das Strafrecht und die Kriminalpolitik beunruhigend. Das Strafrecht ist nicht nur „fragmentarisch“, wie es sich selbst attestiert, im Sinne der Partialität und Zurückhaltung auf der Ebene seines Programms, sondern es ist – über und gegen sein Legalitätsprinzip hinaus – auf der Ebene seiner Durchsetzung von *strukturellen Selektionsmechanismen* bestimmt. Diese sind zwar weniger in der Form der fallbezogenen instanziellen Entscheidungsbefugnis („discretionary power“) organisiert, sondern sie haben den Stellenwert von strukturellen Eigenschaften des Systems der strafrechtlichen Sozialkontrolle.

Übersetzt man die vorgenannten Prinzipien in methodologische und theoretische Forschungsstrategien für die Kriminologie, so resultiert daraus nicht bloß ein Katalog von Programmen und Forschungsdesideraten, sondern ein detaillierter Blick auf die kriminologische Wirklichkeit zeigt, daß *die Kriminologie längst vielfältig dabei ist, die aufgezeigten weitgehenden Schlußfolgerungen aus der Dunkelfeldforschung ernst zu nehmen*. Die ätiologische Forschung im traditionellen Sinne ist deutlich gebremst; die Analyse der Instanzen strafrechtlicher Sozialkontrolle, insbesondere die der Polizei, hat einen vorher nicht gekannten Stellenwert erhalten; in theoretischer Hinsicht treten mehr und mehr *an die Stelle individueller relationale Konzepte*, d. h. Kriminalität wird als Ausdruck einer sozialen Beziehung thematisiert und nicht als Merkmal einer Person oder Handlung. Der Fluchtpunkt einer solchen Entwicklung der Kriminologie könnte in einer *Soziologie strafrechtlicher Sozialkontrolle* liegen, die zwar nicht etwas gänzlich Neues an die Stelle der alten Kriminologie setzen würde, aber doch Frage- und Akzentveränderungen mit sich brächte, die die Identität der Kriminologie nur noch dialektisch aufrechterhalten würden.

Biderman, A.D., Reiss, A.J., On Exploring the „Dark Figure“ of Crime, The Annals of the American Academy of Political and Social Science 374 (1967), S. 1–15; *Black, D.M.*, Production of Crime Rates, ASR 35 (1970), S. 733–748; *Bottomley, A.K., Peace, K.*, Crime and Punishment, Interpreting the Data. Milton Keynes u. a. 1986; *Bottomley, A.K.* (Hrsg.), Cross-National Research in Self-Reported Crime and Delinquency. Dordrecht u. a. 1989; *Bottomley, A.K., Coleman, C.*, Understanding Crime Rates, Police and Public Roles in the Production of Official Statistics, Westmead 1981; *Box, St.*, Deviance, Reality and Society. 2. Aufl. London 1981; *v. Dijk, St., Mayhew, P., Killias, M.*, Crime Across the World. Deventer 1989; *Kaiser, G.*, Jugendkriminalität. Rechtsbrüche, Rechtsbrecher und Opfersituation im Jugendalter, Weinheim, Basel 1977; *Kaiser, G., Kury, H., Albrecht, H.-J.* (Hrsg.), Victims and Criminal Justice, 3 Bde., Freiburg 1991; *Kerner, H.J.*, Kriminalstatistiken, in: Die Psychologie des 20. Jahrhunderts, Bd. XIV: Auswirkungen auf die Kriminologie. Delinquenz und Gesellschaft, hrsg. v. Schneider, H.J., Zürich 1981, S. 262–273; *Kitsuse, J.I., Cicourel, A.V.*, A Note on the Use of Official Statistics, SP 11 (1963), S. 131–139; *McClintock, F.H.*, The Dark Figure, in: Collected Studies in Criminological Research, Vol. V, hrsg. v. Council of Europe, Straßburg 1970, S. 7–34; *Popitz, H.*, Über die Präventivwirkung des Nichtwissens, Tübingen 1968; *Sack, F.*, Probleme der Kriminalsoziologie, in: Handbuch der empirischen Sozialforschung, 2. Aufl., Bd. 12, hrsg. v. König, R., Stuttgart 1978, S. 192–492; *Schwind, H.-D.*, Dunkelfeldforschung, in: Die Psychologie des 20. Jahrhunderts, Bd. XIV: Auswirkungen auf die Kriminologie, Delinquenz und Gesellschaft, hrsg. v. Schneider, H.J., Zürich 1981, S. 223–247.

FRITZ SACK

E

Effizienz → Erfolg, Bewährung, Effizienz

Eigentums- und Vermögenskriminalität. Eine scharfe kriminologische Trennung zwischen Eigentums- und Vermögenskriminalität ist *nicht* möglich, da häufig mit dem Eingriff in das Eigentum eines Dritten auch eine Verletzung seiner vermögensrechtlichen Stellung verbunden ist. Die Abgrenzung beider Deliktsgruppen läßt sich aber verdeutlichen, wenn man beispielhaft Diebstahl

(Eigentumsdelikt) und Betrug (Vermögensdelikt) hierfür heranzieht. Für das *Eigentumsdelikt* ist kennzeichnend, daß dem Eigentümer eine Sache entweder entzogen, beschädigt oder zerstört wird, während beim *Vermögensdelikt* der Täter nicht *unmittelbar* die Sache angreift, sondern lediglich die vermögensrechtliche Lage des Opfers verschlechtert. Freilich läßt sich diese Trennung nicht bruchlos durchhalten, wie etwa das Delikt der Wilderei zeigt, bei dem sowohl in das Vermögensrecht (Aneignungsrecht) als auch in das Recht an der Sache (Ansichnahme) eingegriffen wird. Bei der Anwendung der vorstehenden Kriterien lassen sich hauptsächlich als Eigentumsdelikte begreifen Diebstahl, unbefugter Kraftfahrzeuggebrauch, Sachbeschädigung und Brandstiftung. Vermögensdelikte sind demnach vor allem Betrug, Untreue, Hehlerei, Wucher, Wilderei und die Ausbeutung Minderjähriger. Daneben läßt sich auch der Raub als Eigentums- und die Erpressung als Vermögensdelikt begreifen, doch überwiegt hier die Komponente des Zwanges so deutlich, daß diese Straftaten zur → Gewaltkriminalität gehören.

Die Entwicklung der gerichtlichen Verurteilungen wegen Eigentums- und Vermögensdelikten 1950 bis 1990 in der Bundesrepublik Deutschland

Delikt	1950	1960	1970	1980	1990
Einfacher Diebstahl	65 417	52 485	100 417	119 784	122 111
Schwerer Diebstahl	15 945	22 065	27 495	34 967	27 833
Unterschlagung	11 672	12 485	7 399	5 804	6 785
Unbefugter Kfz-Gebrauch	–	5 034	2 888	1 496	1 118
Einfache Sachbeschädigung	2 825*	6 214	6 072	6 455	7 458
Schwere Sachbeschädigung	*	2 146	1 942	1 922	1 069
Vorsätzliche Brandstiftung	215	251	294	494	541
Fahrlässige Brandstiftung	1 436	2 142	847	331	234
Hehlerei	6 787	4 900	5 305	4 041	3 701
Betrug	19 885	41 991	26 451	27 213	49 629
Versicherungsbetrug	100	9	36	108	186
Untreue	1 631	2 895	1 924	1 388	1 530
Wilderei	3 485	2 709	1 293	564	407
Wucher	14	25	10	7	7

* Für das Jahr 1950 sind einfache und schwere Sachbeschädigung zusammengefaßt

Quellen: StatBA (Hrsg): Die Kriminalität in den Jahren 1950 und 1951; Bevölkerung und Kultur, Reihe 9, Rechtspflege 1960; 1970; Rechtspflege, Reihe 1, Ausgewählte Zahlen für die Rechtspflege 1980; 1990.

Die Eigentums- und Vermögenskriminalität nimmt seit jeher als „klassische" Kriminalität den Hauptteil der bekannt gewordenen und wohl auch tatsächlich verübten Straftaten ein. Rechnet man die Straßenverkehrsdelikte *nicht* mit, so kann man davon ausgehen, daß fast 90% aller (registrierten) Delikte Straftaten gegen das Eigentum und Vermögen sind. Der tatsächliche Umfang dieser Kriminalität wird aber erst zutreffend erfaßt, wenn man berücksichtigt, daß von der begangenen Kriminalität allenfalls ein Zehntel wegen des sehr großen Dunkelfeldes auch registriert wird. Eigentums- und Vermögensdelikte bestehen nach der Statistik zu etwa vier Fünfteln aus Diebstählen.

Bei den Tatmodalitäten des registrierten *Diebstahls* sind es vor allem Diebstahl an Fahrrädern, Diebstahl in/aus Kraftfahrzeugen und Diebstahl an Kraftfahrzeugen, die häufig registriert werden. Sie allein ergeben bereits mehr als die Hälfte der Diebstahlsfälle.

Die Polizeiliche Kriminalstatistik 1990 erfaßte insgesamt 2 692 246 Fälle des Diebstahls.

Darunter waren:

Diebstahl		
– von Kraftfahrzeugen	72 172	2,7%
– von Mopeds, Krafträdern	34 801	1,3%
– von Fahrrädern	357 363	13,3%
– von/aus Automaten	63 529	2,4%
– in/aus Dienst-, Büro- und Fabrikräumen	128 508	4,8%
– in/aus Gaststätten, Kantinen und dgl.	72 454	2,8%
– Ladendiebstahl	458 391	17,0%
– in/aus Wohnräumen	190 110	7,1%
– in/aus unbezogenen Wohnungen und dergleichen	31 595	1,2%
– in/aus Kraftfahrzeugen	652 466	24,2%
– an Kraftfahrzeugen	127 718	4,7%

Frauen werden beim Diebstahl etwas häufiger registriert als allgemein in der Kriminalität. Altersmäßig liegt beim Diebstahl die größte Belastung bei den 14- bis 29jährigen. Gemessen am Anteil der Wohnbevölkerung sind sie etwa dreimal so hoch belastet. Der *Schaden*, der durch Diebstähle unmittelbar verursacht wurde, betrug 1990 für die registrierten Fälle etwa 3,5 Milliarden DM. Bei rund einem Viertel der Taten war der Schaden geringer als 100 DM; nur in jedem 42. Fall war er höher als 10 000 DM.

Der *Ladendiebstahl* stellt mit 1990 rund 460 000 Fällen inzwischen ein Massendelikt dar. Obwohl die Eigentumsnorm *abstrakt* eine sehr hohe gesellschaftliche Wertschätzung erfährt, wird das *konkrete* Verhalten nicht immer auch daran ausgerichtet. Offensichtlich gilt inzwischen der Ladendiebstahl als „alltäglich". Diese Diebstahlsform ist die einzige der sogenannten klassischen Kriminalität, bei der sowohl Alters- als auch Schichtverteilung der Täter der Bevölkerungszusammensetzung einigermaßen entsprechen. Die Polizeistatistik erfaßt aber nur einen Bruchteil der begangenen Ladendiebstähle. Würde man (freilich umstrittenen) Schätzungen des Einzelhandels folgen, dann hätte man mit etwa 40 Millionen Fällen jährlich zu rechnen. Dunkelfelduntersuchungen lassen die begründete Vermutung zu, daß diese Zahl nicht ganz unrealistisch ist. Ob allerdings das Delikt in den letzten Jahrzehnten in dem Maße angestiegen ist, wie dies in der Polizeilichen Kriminalstatistik zum Ausdruck kommt, bleibt zweifelhaft. Die Registrierung des Ladendiebstahls bei der Polizei hängt sehr stark vom Selektionsverhalten der Inhaber der Ladengeschäfte ab. Diese Selektionsmuster haben sich im Laufe der Zeit aber offensichtlich geändert. Der Schaden beim Ladendiebstahl betrug nach Angaben der Polizeilichen Kriminalstatistik 1990 fast 58 Millionen DM; hieraus errechnet sich eine durchschnittliche Schadenshöhe von 126 DM pro erfaßte Tat.

Geradezu explosionsartig ist der Anteil der *Diebstähle aus Kraftfahrzeugen* im letzten Jahrzehnt angestiegen. Wurden 1977 rund 292 000 Taten polizeilich registriert, so waren dies 1990 schon rund 650 000 Fälle und damit rund ein Viertel der registrierten Diebstähle überhaupt. Damit ist diese Diebstahlsform zu einem (neuen) *Massendelikt* geworden, das den Ladendiebstahl deutlich überflügelt hat. Hinzu kommt, daß die Aufklärungsquote für das Delikt sehr niedrig ist; sie liegt derzeit deutlich unter einem Sechstel (14%). Der unmittelbare finanzielle Schaden durch Diebstähle aus Kraftfahrzeugen betrug 1990 448 Millionen DM. Man kann davon ausgehen, daß in drei Vierteln der Fälle Objekt der Diebstähle ein Radiogerät ist; dies mag die steigende Zahl der Diebstähle aus Kraftfahrzeugen erklären, da die Bestückung von Autos mit hochwertigen Radiogeräten erst etwa Mitte der siebziger Jahre einsetzte. Da ein sehr großer Teil der gestohlenen Radiogeräte offenbar wieder veräußert wird, ist zu vermuten, daß in den meisten Fällen anschließend Hehlerei begangen wird; diese Delikte werden freilich in der Regel mit der Polizeilichen Kriminalstatistik nicht erfaßt, da sie nur sehr vereinzelt selbständig in Erscheinung treten. Nach der Polizeilichen Kriminalstatistik muß man annehmen, daß überwiegend Jugendliche und Heranwachsende Täter bei diesen Diebstählen sind. 1990 waren nur knapp 45% der ermittelten Täter Erwachsene. Gruppenweise und serienmäßige Begehung scheinen vorzuherrschen. Der Anteil der weiblichen Täter ist gering (unter 5%).

Offensichtlich auch wegen der „Wiederentdeckung" des Fahrrades zeigt sich ein massives Ansteigen der *Fahrraddiebstähle*. Freilich darf man nicht außer acht lassen, daß die Anzeigebereitschaft der Eigentümer entwendeter Fahrräder durch das Ansteigen entsprechender Versicherungsverträge dazu führt, daß möglicherweise allmählich fast alle Taten der Polizei gemeldet werden. Dies dürfte früher anders gewesen sein. 1963 registrierte die Polizei rund 105 000 Fahrraddiebstähle; 1990 waren dies 357 000. Die entstehenden Schäden sind volkswirtschaftlich bedeutsam. Die Polizeiliche Kriminalstatistik 1990 weist als unmittelbare Schäden durch dieses Delikt rund 163 Millionen DM aus.

Der *Wohnungseinbruch* (1990 wurden rund 190 000 Fälle polizeilich registriert) gehört ebenfalls zu den Straftaten, die in den letzten Jahren immer häufiger wurden. Neuerdings werden vor allem Minderjährige als Täter identifiziert, während früher hauptsächlich Erwachsene auffällig wurden. Neu ist der mehr und mehr gemeinsam und arbeitsteilig verübte Wohnungseinbruch. Der entstehende Schaden ist nicht genau zu ermitteln, da der in der Polizeilichen Kriminalstatistik erfaßte Schaden (1990 rund 672 Millionen DM) nur den unmittelbaren Schaden der Taten umfaßt, beim Wohnungseinbruch aber der Begleitschaden oft sehr hoch ist.

Der *Betrug* zählt mit 1990 polizeilich ermittelten rund 364 000 Fällen zu den relativ häufigen Delikten. Allerdings ist die Spannbreite des Betruges sehr groß und das Delikt in seiner Ausgestaltung sehr uneinheitlich. Neben spektakulären Betrugsfällen vor allem im Bereich der Wirtschaftskriminalität stehen die alltäglichen Fälle, bei denen es zu ziemlich geringen Schäden kommt. Für 1990 wurde polizeilich bei 37% der Fälle ein Schaden von unter 100 DM ermittelt. Demgegenüber stehen rund 6% Fälle, bei denen sich ein Tatschaden von mehr als 10 000 DM ermitteln ließ. Beim Betrug dürfte zudem das Dunkelfeld ziemlich groß sein. Nicht nur die Angst vor der „Schande" bei der Aufdeckung der Tat gegenüber den Strafverfolgungsbehörden wird ein großes Dunkelfeld entstehen lassen, sondern auch die Tatsache, daß es kennzeichnend für den Betrug ist, daß das Opfer die an ihm begangene Tat nicht immer wahrnimmt bzw. wahrnehmen kann. Die Ansicht, Betrug sei vor allem ein Delikt „intelligenter" Verbrecher, ist in dieser Vereinfachung nicht zutreffend. Freilich erfordert der Betrug ein gewisses Maß an geistiger Beweglichkeit. Dies dürfte auch dazu beitragen, daß etwa neun Zehntel der registrierten Täter erwachsen sind und die (formale) Schul- und sonstige Ausbildung der Betrugstäter besser ist als die der Diebe. Eine besondere Form des Betruges stellt der sogenannte *Versicherungsbetrug* im Zusammenhang mit einer Autoversicherung dar. Wegen der zahlenmäßig häufigen Sachbeschädigungen und Diebstählen an bzw. aus Kraftfahrzeugen erhält der versicherte Eigentümer des Kraftfahrzeuges die Möglichkeit, sich unrechtmäßig Versicherungsleistungen zu verschaffen, indem er etwa einen Verkehrsunfall fingiert und bei der Versicherung anzeigt oder aber durch unrichtige Angaben einen überhöhten Schadensausgleich herbeiführt.

In den letzten Jahren wurde die *Hehlerei* zu einem zahlenmäßig bedeutsameren (Begleit-)Delikt, obwohl die Polizeiliche Kriminalstatistik 1990 nur rund 18 400 Fälle registriert, was für einen relativ geringen Anteil an der Gesamtkriminalität spräche. Diese Zahlen erfassen aber offensichtlich nur einen Bruchteil der tatsächlichen Hehlerkriminalität, da uns im Zusammenhang mit der Diebstahlskriminalität, aber auch mit der Rauschgift- und organisierten Kriminalität bekannt ist, daß die gestohlenen Gegenstände in den wenigsten Fällen vom Täter selbst behalten, sondern zumeist weiterveräußert werden. Dabei ist davon auszugehen, daß in aller Regel der Erwerber sich wegen Hehlerei strafbar macht. KREUZER (1987) schätzt, daß etwa jeder zweite Diebstahl von Hehlerei begleitet sein dürfte. Unterstellt, diese Annahme stimme, dann hätten wir mit derzeit etwa 25 Millionen Taten pro Jahr zu rechnen.

Die *Sachbeschädigung*, die gelegentlich, aber wohl zu Unrecht, als Gewaltdelikt bezeichnet wird, ist mit im Jahre 1990 insgesamt rund 395 000 registrierten Fällen ein häufiges Delikt. Nach Dunkelfelduntersuchungen soll damit zu rechnen sein, daß allenfalls jede dreißigste Tat statistisch erfaßt wird. Im übrigen dürfte ein Teil der Sachbeschädigungen, vor allem an Kraftfahrzeugen, von Opfern aus versicherungsrechtlichen Gründen als „Diebstahl" bezeichnet werden (GÜNTHER 1981). Kriminologisch stellt die Sachbeschädigung keine einheitliche Tat dar. Neben der „bloßen" Sachbeschädigung läßt sich auch die vandalistische Tat feststellen. Als „vandalistisch" werden üblicherweise jene Sachbeschädigungen bezeichnet, bei denen die Zerstörung oder Beschädigung der Sache scheinbar unmotiviert oder aus „Übermut“ geschieht. Tatsächlich dürften solche „sinnlosen“ Taten Manifestationen von Ohnmachtsgefühlen gegenüber Institutionen und Mächten sein, die der Täter für unkontrollierbar hält (FÜLLGRABE 1980). Häufiges Opfer der Sachbeschädigungen sind Einrichtungen von Verkehrsbetrieben, der Deutschen Bundespost und von Schulen. Zu den bevorzugten privaten Objekten gehören Autos.

Auch in der damaligen *DDR* bildeten die Eigentums- und Vermögensdelikte den größten Anteil an den registrierten Straftaten. Im Jahre 1989 wurden in der DDR insgesamt 99 971 Straftaten erfaßt (STATISTISCHES JAHRBUCH 1990 DER DEUTSCHEN DEMOKRATISCHEN REPUBLIK, Berlin/DDR 1990). Unter diesen Delikten sind 56 301 (56%) als Eigentums- und Vermögensdelikte ausgewiesen. Da diese Auflistung nicht vollständig ist, ist nicht ausgeschlossen, daß der Anteil der Eigentums- und Vermögensdelikte in der registrierten Kriminalität noch höher war. Am häufigsten wurde mit rund 31 000 Straftaten der Diebstahl persönlichen und privaten Eigentums registriert; 25 000 Fälle des Diebstahls am sozialistischen Eigentum folgen. Insgesamt sind mehr als 5000 Fälle des Betruges ausgewiesen. Die unbefugte Benutzung von Fahrzeugen wurde in rund 3000 Fällen erfaßt. In *Österreich* wurden 1989 bei der Polizei 423 025 Straftaten registriert (POLIZEILICHE KRIMINALSTATISTIK 1989, Wien 1990). Rund 293 000 (69%) der Fälle betrafen Straftaten gegen fremdes Eigentum und Vermögen. In der *Schweiz* ermittelte die Polizei (ohne Straßenverkehrsdelikte) im Jahre 1989 insgesamt 313 209 Straftaten (STATISTISCHES JAHRBUCH DER SCHWEIZ 1992, Zürich 1992). Registriert wurden dabei rund 287 000 Fälle des Diebstahls und 14 000 des Betruges und der Veruntreuung. Damit sind in diesem Jahre mindestens 96% der polizeilich registrierten Straftaten Eigentums- und Vermögensdelikte gewesen.

Die Eigentums- und Vermögenskriminalität nimmt in nahezu allen statistisch hinreichend zuverlässig erfaßten Staaten einen sehr großen, meist sogar den überwiegenden Teil der Kriminalität ein. Selbst in sozialistischen Staaten mit einer von den westlichen Staaten sich deutlich unterscheidenden Struktur der Eigentumsverteilung waren diese Straftaten häufig.

So sind nach der INTERPOL-Statistik 1986 81% der in der *Volksrepublik China* registrierten Straftaten Diebstahl und Betrug (STATISTIQUES CRIMINELLES INTERNATIONALES 1985-1986, Paris 1988).

Besondere, die Eigentums- und Vermögenskriminalität selbständig erklärende Ansätze in → Kriminalitätstheorien haben sich nicht durchgesetzt. Dies wäre angesichts des Ausmaßes dieser Delikte auch nicht erwartungsgemäß, weil jede Kriminalitätstheorie in der Lage sein muß, vor allem *diese* Form des Verbrechens überzeugend zu erklären. Im übrigen fällt auf, daß bis auf wenige (und nicht repräsentative) Arbeiten umfassende Studien zur Persönlichkeit von Eigentums- und Vermögenstätern nicht vorliegen.

Beulke, W., Vermögenskriminalität Jugendlicher und Heranwachsender, Göttingen 1974; *Bruch, S.*, Vorsätzliche Brandstiftungen. Ein Beitrag zur strafrechtlichen Regelung dieser Delikte unter besonderer Berücksichtigung historischer, kriminologischer und kriminalistischer Aspekte, Frankfurt/M. 1983; *Füllgrabe, U.*, Die psychologische Analyse des Vandalismus, Schriftenreihe der Polizei-Führungsakademie 1980, S. 148–161; *Götzfried, J.*, Sachbeschädigung – Verhütung und Verfolgung im mittelstädtischen und ländlichen Bereich, Die Polizei 74 (1983), S. 154–161; *Günther, P.*, Die Sachbeschädigung

– der Vandalismus, Die Polizei 74 (1983), S. 153–154; *ders.*, Sachbeschädigung und Vandalismus – präventable Delikte, Kriminalistik 35 (1981), S. VI–VIII; *Heiland, H.G.*, Wohlstand und Diebstahl. Eine Makroanalyse ausgewählter ökonomischer, sozialer und kriminalistischer Indikatoren unter Anwendung der multiplen Regressionsanalyse, Bremen 1983; *Kaspar, K.*, Der Fahrraddiebstahl am Beispiel München. Eine Studie über Zahlen, Hintergrund und Bekämpfung, Kriminalistik 36 (1982), S. 45–50; *Kreuzer, A.*, Aspekte der Phänomenologie, Gesetzgebung und Strafverfolgung von Hehlerei, Die Polizei 78 (1987), S. 163–168; *Kube, E.*, Vandalismus. Erkenntnisstand und Bekämpfungsansätze, 3. Aufl., Wiesbaden 1983; *Rössner, D.*, Bagatelldiebstahl und Verbrechenskontrolle. Ein exemplarischer Beitrag zur Entkriminalisierung durch qualitative Begrenzung des Strafrechts, Bern 1976; *Schmechting, B.*, Personendelikte. Parallelen und Abweichungen zum Ladendiebstahl, Marburg 1982; *Schoreit, A.* (Hrsg.), Problem Ladendiebstahl. Moderner Selbstbedienungskauf und Kriminalität, Heidelberg 1979; *Steinke, W.*, Der Wohnungseinbruch, Kriminalistik 35 (1981), S. 49–53; *Wagner, J.*, Ladendiebstahl – Wohlstands- oder Notstandskriminalität? Ein Beitrag zur Kriminologie des Ladendiebstahls, Heidelberg 1979.

JOSEF KÜRZINGER

Einstellung des Strafverfahrens → Bagatellkriminalität

Empirische Sozialforschung → Methoden der Kriminologie

Entkriminalisierung → Alternativen zum Strafrecht, → Kriminalpolitik, → Verbrechenskontrolle und Verbrechensvorbeugung

Entlassenenfürsorge → Soziale Dienste in der Strafjustiz, → Strafvollzug

Erfolg, Bewährung, Effizienz. Der „Zweckgedanke im Strafrecht" und damit das *Effizienzprinzip* haben auch der Erfolgsbeurteilung in Wissenschaft und Praxis zum Durchbruch verholfen. Nur auf diese Weise kann nach moderner Auffassung rationale und wirksame → Verbrechenskontrolle sowohl ermöglicht als auch legitimiert werden. Ein dysfunktionales Strafrecht leidet an mangelnder Steuerungskraft. Dies läßt sich partiell an den Erscheinungen der Drogenkriminalität erkennen (→ Drogen und Kriminalität).

Die Forderung nach Rationalität umfaßt und durchdringt die gesamte Verbrechenskontrolle. Entsprechend bedarf es der Erfolgsbeurteilung auf den verschiedenen Ebenen, und zwar des materiellen Strafrechts, des Strafverfahrens, der polizeilichen Tätigkeit, der Sanktionierung und des Sanktionenvollzuges. Sowohl die Kriminalprävention als auch die Repression des Verbrechens müssen einbezogen werden. Der wissenschaftlichen Dauerbeobachtung, Prüfung und Kritik kommen dabei vorwiegend als Informationsinstrument Bedeutung zu. Sie können den Hintergrund rechtspolitischer Entscheidungsprozesse erhellen, diese Prozesse gestalten und die Folgen der Entscheidungen verdeutlichen. Zwar läßt sich nur in seltenen Fällen ein bedeutender Zusammenhang zwischen empirischer Forschung und kriminalpolitischer Entscheidung nachweisen. Dennoch finden erfahrungswissenschaftliche Informationen während des Entscheidungsfindungsprozesses Beachtung. Sie können aufzeigen, ob und inwieweit die rechtspolitischen Entscheidungen primär anderen Zielen folgen als der Rationalität einer zweckorientierten Verbrechenskontrolle. Obschon der Erfolgsmessung einzelner Bereiche und des Gesamtsystems strafrechtlicher Sozialkontrolle erhebliche praktische und methodische Schwierigkeiten entgegenstehen, läßt sich auf sie nicht verzichten. Erfolgskontrolle oder *Evaluation* fördert den Druck für zweckrationale Argumentationen, insbesondere im kriminalpolitischen Entscheidungsprozeß, und auf dessen notwendige Transparenz. Überdies ruft der sich international hektisch vergrößernde Problemdruck als Folge sozialer und technischer Wandlungsprozesse nach einer immer rascheren Rückmeldung (feedback) über staatliche, gesellschaftliche und wirtschaftliche Eingriffe. Deshalb findet die Evaluation als Prüfungs- und Steuerungsinstrument in Kriminalpolitik sowie Justiz- und Polizeiverwaltung zunehmend Widerhall. Andernfalls würde das Feld gänzlich der Pragmatik von Ad-hoc-Lösungen, wenn nicht gar der Ungewißheit, Spekulation und Irrationalität überlassen. Die ungelösten Kriminalitätsprobleme der Gegenwart verlangen ein ständiges Bemühen um eine Steigerung der Leistungsfähigkeit kriminologischer Kontrollinstrumente und der Widerspruchsfreiheit erfahrungswissenschaftlicher Aussagen.

Zu den methodischen Schwierigkeiten trägt bei, daß innerhalb des Gesamtsystems strafrechtlicher Sozialkontrolle verschiedene Ziele verfolgt werden und ferner die Verbrechenskontrolle als solche nur ein Politikfeld staatlicher Gesellschaftsgestaltung darstellt. So kann die erfolgreiche Zielverfolgung in einem Bereich in Konflikt treten mit effizienter Zielverfolgung auf anderen Gebieten. Effizienz kann daher zwar relativ, bezogen auf ein bestimmtes Ziel oder einen bestimmten Träger der Verbrechenskontrolle, betrachtet werden. Dabei ist jedoch zu bedenken, daß das Effizienzurteil im Hinblick auf das Gesamtsystem und das Zusammenspiel verschiedener Zielvorgaben anders ausfallen kann. Demgemäß ist die Erfolgsbeurteilung stets von der Gewichtung und Abstimmung verschiedener Ziele abhängig. So kann die Effizienz der Kriminalprävention nicht nur an Opferrisiken oder der Kriminalitätsrate gemessen werden. Sie muß auch die Vorgaben einer normativen und sozialen Struktur beachten. Dabei hat sie die rechtsstaatlichen Beschränkungen staatlicher Machtausübung oder die Kostenbelastung der öffentlichen Hand zu berücksichtigen (vgl. ALBRECHT 1988, 159 f.).

Im Bereich des materiellen Strafrechts geht es vornehmlich um einen sparsamen, treffsicheren Einsatz strafrechtlicher Mittel an den das soziale Zusammenleben am stärksten gefährdenden Stellen. Besonders bei der Schaffung neuer Straftatbestände sind die Ergebnisse der empirischen Forschung über die general- und spezialpräventiven Wirkungen der Stigmatisierung sozialschädlichen Verhaltens und der Androhung einer bestimmten Art und Höhe der Strafe zu beachten. Auch insoweit kann man von einer gewissen Austauschbarkeit und Alternativität der angedrohten Strafen ausgehen. Für die generalpräventive Wirkung erscheint das Entdeckungsrisiko gegenüber der Art der Strafandrohung wichtiger. Daher müssen bei der Neukriminalisierung stets die Durchsetzbarkeit der neuen Normen und die Verfolgbarkeit entsprechender Verstöße im Blickfeld behalten werden. Entsprechende Grenzen äußern sich etwa bei der Gewaltdarstellung oder beim sog. Vermummungsverbot. Deshalb darf nicht verkannt werden, daß Implementations- und Vollzugsdefizite an der Unverbrüchlichkeit des zu schützenden Rechtsgutes rütteln und die Normgeltung gravierend beeinträchtigen können. Solche unerwünschten Effekte werden etwa im Bereich des

Umweltstrafrechts beobachtet. Insgesamt, namentlich auf dem Gebiet der konventionellen Kriminalität, weisen die moralische Verbindlichkeit der Norm und die zu erwartenden informellen Reaktionen auf eine Verletzung das größte generalpräventive Gewicht auf. Um eine moralische Stützung zu ermöglichen, ist jedoch die Klarheit von Strafnormen und die Beschränkung ihrer Zahl unerläßlich.

Die Effektivitätskontrolle von Strafverfolgung und Strafrechtspflege leidet erkennbar unter der *Vielzahl der* ihnen auferlegten *Zielvorgaben*. Außerdem wirkt sich die stets begrenzte Kapazität der Polizei- und Justizbehörden effektivitätsmindernd aus. Dies wirkt wiederum negativ auf das rechtsstaatlich unverzichtbare Legalitätsprinzip zurück, wonach die Staatsanwaltschaft jede Straftat zu verfolgen hat. Außerdem wird das Sicherheitsgefühl der Bevölkerung ungünstig beeinflußt, auch wenn die Meinung der Bevölkerung nicht mit der objektiven Strafverfolgungslage übereinstimmt.

Ferner ist das Zusammenspiel der verschiedenen Träger der Strafverfolgung für die Erfolgsbewertung bedeutsam. So kann eine Erfolgssteigerung in Gestalt einer höheren Zahl von Tatverdächtigen durch verstärkte Kontrollaktivitäten der Polizei neutralisiert werden, wenn die Staatsanwaltschaft bei unveränderten Ressourcen in ihrem Bereich mit mehr Einstellungen reagiert (vgl. ALBRECHT 1988, 166). Bei der Beurteilung polizeilicher Aufklärungsquoten ist ferner zu beachten, daß außerhalb des Bereichs der typischen Kontrolldelikte (in Umwelt, Wirtschaft und Verkehr) die Aufklärungswahrscheinlichkeit am stärksten von der Anzeigebereitschaft von Opfern und Zeugen abhängt sowie von den Ermittlungsbehörden wenig beeinflußt werden kann. Zudem bedeuten höhere Kontrolle und Deliktsaufklärung nicht stets eine Minderung an tatsächlicher Kriminalität. Im Bereich der Strafverfolgung werden die vielbeklagten Vollzugsdefizite akut. Sie bestehen nicht nur in den neueren Bereichen wie dem Umwelt- und Drogenstrafrecht, sondern auch auf traditionellen, aber problematisch gewordenen Gebieten wie z. B. dem Schwangerschaftsabbruch. *„Symbolische" Strafgesetzgebung* sowie *Implementations- und Vollzugsmängel* werden zwar wesentlich durch die stets begrenzte Kapazität der Polizei- und Justizbehörden beeinflußt, hängen jedoch nicht allein davon ab. So ist es noch immer nicht gelungen, strafrechtliche Verfahren mit überlanger Prozeßdauer zu vermeiden, z. B. gegen Terroristen und Wirtschaftsverbrecher, und überhaupt die Strafprozesse wesentlich zu beschleunigen. Wohl werden im Bereich der Kleinkriminalität die Verfahren relativ zügig durchgeführt, jedoch mit dem häufigen Ergebnis der Verfahrenseinstellung. Vom Grundsatz der Verhältnismäßigkeit her betrachtet und im Hinblick auf die Vermeidung von schädlicher Stigmatisierung der Täter mag ein solches Ergebnis wünschenswert erscheinen. Im Hinblick auf das Deliktsopfer und auf das Vertrauen des Bürgers in die Schutzfähigkeit des Staates erscheint eine solche Strategie nicht stets funktional und erwünscht. Demgegenüber beschäftigen die Mängel in → Strafzumessung und informeller Erledigung, etwa wegen Ungleichheiten und Inkonsistenzen, oder die zeitweilige Überfüllung des Strafvollzugs mehr die Justizverwaltung und die Wissenschaft. Die Justizförmigkeit des Strafverfahrens hat als Zielvorgabe das Prozeßrecht bisher bestimmt. Obwohl dieses Vorgehen auch den Täter in den Blickwinkel nimmt, hat es sich nicht nur zu dessen Gunsten ausgewirkt. Denn auch für den Täter vorteilhafte Ziele wie die Beschleunigung des Verfahrens und der auch im Hinblick auf seine Resozialisierung notwendige Schutz der Persönlichkeit sind nicht annähernd verwirklicht. Für dieses letztgenannte Schutzziel wird man eine befriedigende Sanktionierung gravierender Fälle erst mit der Einrichtung des sog. Schuldinterlokuts, also der Teilung der Hauptverhandlung nach Schuld- und Straffrage, erwarten dürfen.

Eine Erfolgsbetrachtung des Strafverfahrens muß sich freilich in das übergeordnete Ziel der Wiederherstellung des Rechtsfriedens einfügen. Hierbei wird der Position des Opfers in den letzten zwei Jahrzehnten in der Forschung verstärkt Aufmerksamkeit gewidmet, aber noch immer ungenügend in der Praxis verwirklicht. Das Prozeßziel des Rechtsfriedens ist herkömmlich weithin formalistisch, nämlich abhängig vom Eintritt der Rechtskraft, verstanden, und inhaltliche Aspekte wie fortbestehende Interessengegensätze, Schadensausgleichs- und Schutzbelange des Opfers sind vernachlässigt worden. Die neueren Erfahrungen mit dem Täter-Opfer-Ausgleich und der Schadenswiedergutmachung ermutigen jedoch zu weiterem Experimentieren, das auch unter dem Gesichtspunkt der Subsidiarität der Sanktionierung einsichtig erscheint.

Auf der Ebene der Sanktionierung haben u. a. im Hinblick auf die Resozialisierung die Fragen der Gleichheit – auch im Unrecht –, der Erforderlichkeit und Verhältnismäßigkeit im Kriminal- und Sozialverwaltungsrecht herausragende Bedeutung erlangt. Ihnen widmet sich die Sanktions- und → Behandlungsforschung, die in dieser Aufgabe und ihrer Lösung ihre moderne Legitimation findet. Staatsanwalt, Richter und Strafvollzugsverwaltung müssen das Wissen über Wirkungen und Folgen der von ihnen verantworteten Sanktionen in ihre Entscheidungspraxis einbeziehen. Diese *Folgenorientierung* betrifft sowohl die voraussichtliche Effizienz als auch mögliche unerwünschte Nebenwirkungen (vgl. § 46 Abs. 1 S. 2 StGB; § 3 Abs. 2 StVollzG). Zudem bedarf es einer Begründung der Auswahl der jeweiligen Sanktion. Damit ist die Frage nach dem gesicherten Wissen über die Strafe erneut gestellt. Das internationale Interesse richtet sich dabei stark auf die Frage, ob man mit der zur Bewährung ausgesetzten Freiheitsstrafe und der Bewährungshilfe erfolgreich arbeiten kann. In diesem Forschungsbereich schlagen sich unterschiedliche Erfolgskriterien, regionale Unterschiede und die Struktur des jeweiligen Probandenkreises erschwerend nieder. Gleichwohl mehren sich in der jüngeren Vergangenheit empirische Belege, welche die Annahme stützen, daß die Strafaussetzung zu einer höheren Legalbewährung als die Verbüßung der Freiheitsstrafe führt. Dies erscheint um so bedeutsamer, als gleichzeitig vermehrt auch Risikogruppen aus dem Bereich des Vollzuges in jenen der Strafaussetzung verlagert werden, was grundsätzlich eine entsprechende Gefahr höherer Rückfälligkeit begründen könnte (KAISER 1988, 934 ff. m. w. N.). Für den Fall, daß als ultima ratio Freiheitsstrafe verhängt wird, bleibt fraglich, ob und wie deren Zweck, nämlich das Behandlungsziel (§ 2 StVollzG), erreicht werden kann. Da der Gefangene im Vollzug befähigt werden soll, künftig „ein Leben ohne Straftaten" zu führen, hat das Gesetz die Effizienzkontrolle der Sache nach sowohl unentbehrlich gemacht wie der Richtung nach auf die Rückfallproblematik zumindest konzentriert (KERNER 1992, 554 ff.).

Auch hinsichtlich der *Wirksamkeit des Vollzuges der Freiheitsstrafe* wissen wir bei kritischer Bestandsaufnahme noch immer wenig. Die Zusammenhänge, auf die es entscheidend ankommt, liegen auf weiten Strecken im Dunkeln. So gibt es in der Bundesrepublik bis heute keine repräsentative und umfassende Rückfalluntersuchung auf bundesweiter Ebene (KERNER 1992, 554 m. w. N.). Diese Bilanz muß gezogen werden, ohne dabei jedoch die erhebliche Erweiterung des Forschungsstandes in den letzten Jahren zu übersehen.

In einer vorsichtigen Gesamtschau kann der Ertrag dieser Erkenntnisse damit zusammengefaßt werden, daß sich zwar ein überzeugender Erfolg behandlungsorientierter oder sozialtherapeutischer Maßnahmen im Strafvollzug (noch) nicht nachweisen läßt. Immerhin zeigt die Meta-Evaluation von 15 deutschen Studien zur Sozialtherapie, daß trotz aller Mängel in der Durchführung die sozialtherapeutisch Behandelten eine, obschon geringfügig günstigere Legalbewährung als die entsprechenden Vergleichsgruppen aufweisen (siehe LÖSEL u. a. 1987, 414 f.; vgl. auch DÜNKEL 1983, 137 f.). Für den *Erfolg* eines kriminalrechtlichen Sanktionsmittels genügte es allerdings, wenn es den üblichen Strafen bereits in geringem Maße überlegen ist, etwa eine Ausweitung des erwartbaren Rückfallintervalls erreicht wird. Ferner kann die Auswahl der unterschiedlichen Risikogruppen mit entsprechender Zuordnung von Kriminalsanktionen dann als erfolgreich gelten, wenn eine andere Sanktionierung oder Behandlung unterlegen wäre. Denn der „Erfolg" einer Sanktionsart muß aufgrund des Vergleichs mit dem Erfolg einer alternativen Sanktionsform gemessen werden. Bei gleichen Kosten und geringerer Rückfälligkeit ist sie ein „Erfolg" (MORRIS u. a. 1990, 238, 240).

Seit Anfang der sechziger Jahre wird in der Behandlungsforschung zunehmend betont, daß die verschiedenen *Sanktionsmittel* in einem weiten Bereich *austauschbar* und d. h. in gleicher Weise präventiv tauglich seien. Dem liegt die Feststellung zugrunde, daß im Durchschnitt, also im sog. Mittelfeld der verurteilten Rechtsbrecher sowie der entsprechenden Kriminalsanktionen, die Erfolgschance unabhängig von der Art der jeweils verhängten Sanktion verhältnismäßig gleich groß ist. Diese Erkenntnis begründet die Forderung, soweit wie möglich nur die Kriminalsanktionen anzuwenden, die den als Rechtsbrecher Identifizierten nicht übermäßig belasten oder gar seine bürgerliche Existenz vernichten. Auf der Aktualisierung des Grundsatzes der Erforderlichkeit beruht nicht zuletzt der epochale Wandel in der Zurückdrängung der Freiheitsstrafe überhaupt, insbesondere der kurzfristigen. Insofern hat die Regelung des § 47 StGB den rechtspolitischen Erwägungen Rechnung getragen und klare Prioritäten gesetzt. Gegenüber ambulanten Sanktionen kommt der stationäre Strafvollzug nur ausnahmsweise und falls unbedingt geboten in Betracht. Da dieser aber als reiner Arbeits- und Sicherungsvollzug keineswegs ausreicht, die entstehenden sozialtherapeutischen Aufgaben zu lösen, und die Praxis nach wie vor oftmals hinter den Forderungen des Strafvollzugsgesetzes zurückbleibt, bedarf es weiterer Anstrengungen. Auch die bisherige Geschichte der Einführung sozialtherapeutischer Anstalten belegt die Gefahren nur teilweiser Neuerungen.

Als alternative Erledigungsstrategie haben in der Bundesrepublik auch das Absehen von Verfolgung und Verfahrenseinstellungen durch die Staatsanwaltschaft oder das Gericht große Bedeutung erlangt (→ Diversion). Sie sind hierzulande die einzigen Diversionsarten und beziehen vor allem die Bereiche der Jugendkriminalität, der Bagatelldelinquenz bei Erwachsenen und der Drogenkriminalität ein. Auf diesen Gebieten scheint das herkömmliche Strafverfahren überwiegend keine angemessene, ökonomische und zugleich effiziente Bewältigung zu gewährleisten.

Darüber hinaus bleibt die kritische Frage zu beachten, wie sich die verschiedenen Sanktionen, Sanktionssysteme und -alternativen auf die Kriminalitätsbewegung oder zumindest das Sicherheitsgefühl der Bevölkerung auswirken. Denn den Bürger interessiert weniger das Steigen oder Fallen der Rückfallquote als vielmehr sein persönliches Viktimisierungsrisiko. Allerdings herrscht nach dem gegenwärtigen Stand der Forschung im Bereich der Erfolgsmessung noch große Unsicherheit (zu den methodischen Mängeln SECHREST u. a. 1979, 3 ff.; KURY 1986, 102 ff., 132 ff.; LÖSEL u. a. 1987; ORTMANN 1987, 42 ff., 66 ff.). Dieser Sachverhalt beruht nicht zuletzt darauf, daß sich die Wirkungsweise einer sozialen Reaktion immer nur in Zusammenhang mit dem jeweiligen Gesamtsystem der Verbrechenskontrolle abschätzen läßt, wenn man den Sozialisationsgrad oder das Risiko der Straffälligkeit als gruppenspezifisch gleich unterstellt. Mit der Annahme, daß es nicht genügt, etwa den Erfolg der Freiheitsstrafe nur an der späteren Legalbewährung, also am fehlenden Rückfall des einstmals Straffälligen zu messen, ist gemeint, daß noch weitere *Gesichtspunkte bei der Erfolgsmessung* zu berücksichtigen sind. Denn es kommt nicht nur auf die Verhängung und Durchführung der konkreten Sanktionen, etwa von 6 Monaten Freiheitsstrafe, an. Auch und vor allem die Umstände der Entlassung, Entlassungsfürsorge, die Übergangshilfe, die Aufnahmebereitschaft des sozialen Umfeldes, in das der Gefangene entlassen wird, und die weitere Stützung durch die Familie, den Bekanntenkreis oder den Betrieb sind wichtig. Eindimensionale Kontrollmodelle gelten angesichts der Vielschichtigkeit justizförmiger und sozialer Kontrollsysteme heute als überholt. Je komplexer jedoch der Forschungsansatz wird, um so größer wird auch die Zahl der methodischen Probleme und mit ihnen die entsprechende Kritik. Als schwierig erweist sich besonders, daß sich die Effizienz einer bestimmten Maßnahme nicht so isolieren läßt, daß man das spätere Legalverhalten (oder gar die Legalbewährung) sicher und ausschließlich als einen Erfolg gerade dieser Maßnahme ansprechen, ja überhaupt in eine relevante Beziehung bringen könnte. Pragmatisch kann hieraus jedoch zunächst nur folgen, die jeweiligen Forschungsergebnisse möglichst zurückhaltend und vorsichtig (vgl. DÜNKEL 1983) zu formulieren.

Die Aussagekraft begleitender *Sanktions- und → Behandlungsforschung* steigt erheblich, wenn sie gewissen, heute weithin anerkannten *methodischen Kriterien* genügt (vgl. KAISER 1988, 897). Dazu gehören:

- angemessene Begriffsbestimmung der Behandlungs- oder Sanktionsform;
- Verwendung eines Kontrollgruppendesigns, wenn möglich unter Zufallszuteilung der Probanden auf Kontroll- und Experimentalgruppe;
- empirischer Nachweis, daß die Experimentalgruppe die definierte Behandlung auch tatsächlich erhielt, die Kontrollgruppe aber nicht;
- die Kontrolle der Verhaltensänderung durch Vor- und Nachhermessung des Verhaltens, das geändert werden soll;

- genaue Festlegung und Messung eines verläßlichen und gültigen Erfolgskriteriums sowie die
- Nachuntersuchung für Kontroll- und Experimentalgruppe nach Ablauf einer mehrjährigen Risikozeit.

Nach solchen Kriterien können allerdings nur wenige der bisherigen Untersuchungen bestehen.

Insgesamt scheint die Erfolgsmessung im individualpräventiven Bereich eher über Charakterstruktur, Persönlichkeitsproblematik und Schicksal sozial Auffälliger, über die Gleichförmigkeit einer homogen behandelten Gruppe, über die Richtigkeit einer Persönlichkeitsbeurteilung (→ Täterpersönlichkeit) sowie über Auslese und Prognose (→ Kriminalprognose) Aufschluß zu geben als über die Wirkungsweise der überprüften Maßnahme selbst. Deshalb bleibt der *Ertrag der bisherigen Erfolgsmessung* nach wie vor nur teilweise befriedigend. Dies brauchte nur dann nicht zu bekümmern, wenn Eingriffsintensität, Nebenwirkungen und rechtspolitischer Stellenwert jeder kriminaltherapeutischen Maßnahme und Kriminalsanktion als gleich zu veranschlagen wären. Dies ist aber nicht der Fall. Deshalb müssen wir versuchen, Rechtsbrecher verläßlich und gültig nach ihrer Persönlichkeitsstruktur und nach der Gefährlichkeitsprognose zu unterscheiden. Diesem Ziel trägt denn auch im Strafvollzug die *Behandlungsuntersuchung* nach § 6 StVollzG Rechnung. Mit der Erfolgsbeurteilung ist das *Problem des Maßstabes* der Erfolgsmessung eng verknüpft. Dieser kann sich auf das Täterverhalten (z. B. Bewährung), aber auch auf die Einstellungen von Opfer und Öffentlichkeit (z. B. Zufriedenheit) beziehen.

Im individualpräventiven Bereich pflegt man ein wirksames Behandlungskonzept an dem Grad späterer Legalbewährung oder – negativ formuliert – an Intervall, Art und Ausmaß der Rückfälligkeit behandelter Probanden abzulesen. Ein solcher Meßvorgang, auch wenn er sich eines Indexes der Schwereeinschätzung bedient, krankt an dem offenkundigen Schematismus. Deshalb und wegen des vermuteten Symptomcharakters der Straftat wird statt dessen gelegentlich auch ein komplizierter Schlüssel von kombinierten Merkmalen der *Legal-, Sozial- und Arbeitsbewährung* von behandelten Straftätern verwandt (PONGRATZ/HÜBNER 1959, 13 ff. u. a.).

Im Blickfeld kriminologischer → Sanktionsforschung muß zwar zunächst das äußere Legalverhalten, das formal gesetzmäßige Leben als Indikator für die soziale Integration des sanktionierten Straftäters genügen. Selbst wenn nur ein Wechsel der Auffälligkeitssymptome vorläge, ist es nach den Aufgaben des Kriminalrechts wichtiger, den Probanden vor der Strafanstalt zu bewahren als ihn von inneren Spannungen zu befreien. Gleichwohl sei nicht verkannt, daß die an der *Legalbewährung* orientierte Betrachtung sozialpädagogischen oder sozialtherapeutischen Ansprüchen einerseits zu umfassend und andererseits zu eng erscheint. Zu umfassend ist die Legalbewährung als Maßstab deshalb, weil bei ihr das Gewicht der Straftat zu stark betont wird, und zu eng, weil als Erfolgskriterium nur die Legalbewährung dient. Kein Zweifel, daß dort – wie in Kriminalrecht und Strafvollzug –, wo bestenfalls nur eine partielle Sozialisation versucht wird, werden kann und wohl unter Beachtung verfassungsrechtlicher Vorgaben auch nur angestrebt werden darf, Spannungen mit weitergehenden sozialpädagogischen und sozialtherapeutischen Ansprüchen offenbar werden. Deshalb muß man sich Klarheit darüber verschaffen, was man erreichen will und unter dem Blickfeld justizförmiger Verbrechenskontrolle und Behandlungslehre auch bewirken kann. Es handelt sich hierbei um die Frage der Infrastruktur eines zeitgemäßen Sanktions- und Behandlungsrechts, das den Gegensatz von „Strafe oder Behandlung“ hinter sich läßt. Beispiele für Sozialisationsforderungen über das bloße Legalverhalten hinaus finden sich unter anderem im Maßregelsystem. Hier ist besonders die Führungsaufsicht einer kritischen Beurteilung ausgesetzt. Allerdings greifen auch die *Weisungen* nach §§ 56 c StGB, 10, 23, JGG erheblich in die Lebensführung der Bewährungsprobanden ein. Daher reichen diese Eingriffe in Störbereich und soziale Bezüge weit über das Legalverhalten hinaus sowie in die Sozial- und Arbeitsbewährung hinein. Auf diese Weise treten die erwähnten Unterschiede zwischen Legal- und Sozialbewährung merklich zurück. Die Erfolgskriterien gehen vielmehr ineinander über.

Obwohl nach einigen Jahren partieller Behandlungseuphorie der Trend umgeschlagen ist und dem auch moderne Effizienzanalysen folgen (vgl. LIPTON u. a. 1975), ist zu bedenken, daß im weltweiten Blickfeld gesehen der Behandlungsgedanke keinesfalls überwiegend verworfen wird. Nach den amerikanischen Situationsanalysen ist die Frage nach dem Erfolg von Resozialisierungsmaßnahmen noch immer offen (SECHREST u. a. 1979, 15, 34; MARTIN u. a. 1981).

Die Beurteilung der *Kriminalprävention* ist methodisch und von der Vielfalt der zu betrachtenden Lebenszusammenhänge her ebenso problematisch und komplex wie jene der Sanktionierung. Schon aus der traditionellen Unterscheidung von primärer, sekundärer und tertiärer Prävention ist erkennbar, daß viele Bereiche menschlichen Lebens und sozialer Organisation erfaßt werden müssen, um einzelne Zusammenhänge zwischen präventiven Maßnahmen und hieraus resultierenden Folgen zu isolieren. Die Kriterien für die Präventionseffizienz ähneln denen der Sanktionseffizienz. Die Wirkung von Präventionsmaßnahmen kann ebensowenig in streng kontrollierten Experimenten überprüft werden. Daher sind immer solche Störfaktoren und Drittvariablen zu kontrollieren, welche die Kriminalprävention auch positiv oder negativ beeinflussen bzw. überlagern oder neutralisieren können (ALBRECHT 1988, 159, 164). Dazu gehören z. B. Verlagerungseffekte der Verbrechensbegehung, Umschichtungseffekte und Eskalationsfolgen, wo die der Straftat zugrunde liegenden sozialen Konflikte und unterschiedlichen Rechtsauffassungen nicht, insbesondere nicht durch ein Kompromißgesetz, ausgeräumt werden. Der Forschungsstand ist dabei noch ungenügend. Beispielsweise fehlt es zu den Präventionsmaßnahmen der Polizei bislang an einer umfassenden, alle vertretbaren Alternativerklärungen von Veränderungen in Präventionskriterien kontrollierenden Studie. Eine solche umfassende Untersuchung ist auch kaum denkbar. Der bisherige Forschungsstand zur polizeilichen Kriminalprävention läßt allerdings eindeutige Nachweise für oder gegen das Auftreten – wenn auch bescheidener – Präventionseffizienz in verschiedenen Lebenszusammenhängen kaum zu (ALBRECHT 1988, 167, 170).

Albrecht, H.-J., Legalbewährung bei zu Geldstrafe und Freiheitsstrafe Verurteilten, Freiburg 1982; *ders.*, Effizienz der Kriminalprävention – aus wissenschaftlicher Sicht, in: Bundeskriminalamt, Symposium: Der polizeiliche Erfolg, Bundeskriminalamt, Wiesbaden 1988, S. 159–173; *Dölling, D.*, Effizienzsteigerung durch Beurteilung der Aufklärungswahrscheinlichkeit, in: Bundeskriminalamt, a.a.O., 1988, S. 113-137; *Dünkel, F.*, Methodische Probleme der Effizienzforschung bei Behandlungsmaßnahmen im Strafvollzug, insbesondere der Sozialtherapie, in: Methodische Probleme der Behandlungsforschung – insbesondere in der Sozialtherapie, hrsg. v. Kury, H., Köln u. a. 1983, S. 121–147; *Gilles, P.* (Hrsg.), Effiziente Rechtsverfolgung. Deutsche Landesberichte zur VIII. Weltkonferenz für Prozeßrecht in Utrecht, Heidelberg 1987; *Kerner, H.-J.*, Erfolgsbeurteilung des Strafvollzugs (Rückfallproblematik), in: Strafvollzug, 4. Aufl., hrsg. v. Kaiser, G., Kerner, H.-J., Schöch, H., Heidelberg 1992, S. 554–564; *Kury, H.*, Die Behandlung Straffälliger. Teilbd. 1: Inhaltliche und methodische Probleme der Behandlungsforschung, Berlin 1986; *Lipton, D., Martinson, R., Wilks, J.*, The Effectiveness of Correctional Treatment. Survey of Treatment Evaluation Studies, New York 1975; *Lösel, F.* u. a., Meta-Evaluation der Sozialtherapie. Qualitative und quantitative Analysen und Vorschläge zur Behandlungsforschung in sozialtherapeutischen Anstalten des Justizvollzugs. Abschlußbericht, Stuttgart 1987; *Mair, G.*, What works – nothing or everything?, Home Office Research Bulletin 30 (1991), S. 3–8; *Martin, S., Sechrest, I., Redner, R.* (Hrsg.), New Directions in the Rehabilitation of Criminal Offenders, National Research Council, Washington D.C. 1981; *Morris, N., Tonry, M.*, Between prison and probation. Intermediate punishments in a rational sentencing system, New York u. a. 1990; *Ortmann, R.*, Resozialisierung im Strafvollzug, Freiburg 1987; *Pongratz, L., Hübner, H.*, Lebensbewährung nach öffentlicher Erziehung. Eine Hamburger Untersuchung über das Schicksal aus der Fürsorgeerziehung und der freiwilligen Erziehung entlassener Jugendlicher, Darmstadt u. a. 1959; *Sechrest, L., White, S.O., Brown, E.D.*, The Rehabilitation of Criminal Offenders: Problems and Prospects, Washington/D.C. 1979.

GÜNTHER KAISER

Erpressung → Gewaltkriminalität

Ersttäter. Als Ersttäter gilt förmlich der wegen der Begehung eines Verbrechens oder Vergehens zum ersten Mal durch Gerichtsurteil bestrafte bzw. allein aus Gründen der Schuldunfähigkeit statt dessen mit einer selbständigen Maßregel belegte Straftäter. Kriminologisch könnte man zwar auch die Ordnungswidrigkeiten einbeziehen, die vor allem im Straßenverkehrsrecht und im Nebenstrafrecht zahlreich normiert sind (z. B. Betäubungsmittel-, Lebensmittel-, Wettbewerbs- und Verwaltungsrecht). Denn die gesetzliche Grenze zwischen Kriminalunrecht und sog. Ordnungsunrecht am unteren Ende der Intensitätsskala kriminellen Verhaltens scheint mitunter recht willkürlich zu verlaufen (→ Verbrechensbegriff). Doch empfiehlt sich dies nicht, weil sonst von den früher ausdrücklich und generell im StGB geregelten Voraussetzungen und Folgen des → Rückfalls her der enge Bezug zum Rückfalltäter verlorenginge. Im Vergleich zur Justiz kann es die Polizei zu Zwecken der Vorbeugung und Kontrolle angebracht halten, bereits den ihr selbst erstmals Aufgefallenen als „Ersttäter“ zu notieren. Das Registrieren und Veröffentlichen solcher Daten kann für kriminalpolitische Programme Bedeutung erlangen. Da aber wegen der Unschuldsvermutung die polizeilich ermittelten Täter bis zur rechtskräftigen gerichtlichen Verurteilung lediglich als Tatverdächtige gelten müssen, dürfte sich eine solche Erweiterung des Ersttäter-Begriffs jedenfalls amtlich nicht empfehlen. Sachlich ähnliche Bedeutung hat allerdings der (auch) für die Polizeiliche Kriminalstatistik zur Unterscheidung eingeführte Begriff des noch nicht „kriminalpolizeilich in Erscheinung getretenen“ Tatverdächtigen. Wollte man schließlich für praktische Belange noch früher ansetzen und als Ersttäter jeden bezeichnen, der tatsächlich zum ersten Mal eine Straftat begeht, dann würde dies unüberwindliche Schwierigkeiten erzeugen.

Die klassischen Richtungen der Kriminologie indes können für Forschungszwecke genau die erwähnten Bedeutungsebenen aufgreifen, um etwa Unterschiede zwischen „tatsächlicher" und „offizieller" Kriminalität zu bestimmen (→ Dunkelfeld, Kriminalstatistik) oder um „Kriminelle" und „Nichtkriminelle" im Hinblick auf Persönlichkeitsmerkmale zu untersuchen (→ Täterpersönlichkeit). Grundsätzliche theoretische Probleme stellen sich insofern nicht, als von der tatsächlichen Gegebenheit des Phänomens ausgegangen wird. Der *Definitionsaspekt* geht allenfalls als Modifikation ein. Er betrifft den Umstand, daß „Kriminalität" nichts aus sich selbst heraus exakt Vorgegebenes ist, sondern vielmehr das Ergebnis von Feststellungsvorgängen und Bewertungen durch *andere* Personen, die ein bestimmtes Verhalten überhaupt erst einmal „als Straftat" bemerken bzw. festlegen müssen, ungeachtet dessen, ob und inwieweit es im übrigen tatsächlich gefährlich oder schädlich ist. Prinzipielle theoretische Schwierigkeiten des Akzeptierens einer „tatsächlichen Kriminalität" außerhalb von (institutionellen) Zuschreibungsprozessen erfahren demgegenüber diejenigen jüngeren kriminologischen Theorien, die den sozialwissenschaftlichen Strömungen der Ethnomethodologie oder des symbolischen Interaktionismus nahestehen bzw. insgesamt den sog. Etikettierungstheorien zugehören (→ Kriminalitätstheorien, soziologische; → Selektion und Selektionsmechanismen).

Kriminalpraktische und besondere kriminalpolitische Bedeutung erhält der Ersttäterbegriff neuerdings dadurch, daß die Bundesländer damit beginnen, die längere Jahre eher „naturwüchsig" in der Jugendstrafrechtspflege sich ausbreitende Bewegung der → Diversion durch Richtlinien zu kanalisieren. Dies geschieht auf unterschiedlichen Ebenen. In Hamburg beispielsweise sieht die Weisung des Generalstaatsanwalts beim HansOLG für die Anwendung des § 45 JGG (Absehen von der Verfolgung) vor: Als Ersttäter gilt, wer innerhalb eines Jahres nicht nochmals oder nur wegen eines anderen (ebenfalls) als diversionsfähig angesehenen Delikts aufgefallen ist.

Die *verurteilten Ersttäter* werden in der Strafverfolgungsstatistik ausgewiesen. Obwohl man deren Ergebnisse zurückhaltend beurteilen muß, vermittelt sie dennoch einige interessante Einsichten. Die absolute Zahl der Erstbestraften steigt danach – besonders wegen der großen Menge der (schweren) Straßenverkehrsdelikte – seit 1950 relativ kontinuierlich an. Die Ersttäter-Quote dagegen, d. h. der Anteil der Erstverurteilten an der Gesamtzahl der Verurteilten überhaupt, nahm bis Anfang der 70er Jahre allmählich ab, weil die Zahl der erneut gefaßten Täter, der sog. *Vorbestraften*, überproportional anwuchs. Seit den dann gültigen Bestimmungen der Strafrechtsreformgesetze, die auch (einmalige bedeutsame „Bereinigungen" und längerwirkende) Veränderungen des Strafregisterwesens mit sich brachten, ist dieser Prozeß unterbrochen. Besonders hoch ist die *Ersttäter-Quote* im übrigen in den Deliktsbereichen, in denen für alle Bürger eine Art „alltägliche Deliktschance" auftaucht, wie z. B. im Verkehrsgeschehen; hohe Werte bestehen auch bei Taten, die aus einer besonderen Konfliktsituation heraus entstehen, und bei Amtsdelikten. Überdurchschnittliche Ersttäter-Anteile finden sich weiter im Bereich der in der Öffentlichkeit als

Kavaliersdelikte gewerteten Vergehen, etwa den täglich hundert- bis tausendfach begangenen Zollhinterziehungen und Steuerhinterziehungen, den Diebstählen von „Erinnerungsstücken" (z. B. in Hotels), von Betriebseigentum (z. B. Werkzeuge, Schrauben, Bleistifte) und von sonstigen geringwertigen Alltagsgegenständen einschließlich Lebensmitteln.

Je mehr eine Deliktsart *zielgerichtete kriminelle Aktivität* von einiger Dauer und Stärke erfordert, desto weiter sinken die Ersttäter-Anteile ab; als Beispiele seien der Einbruch und der Raub erwähnt. Eine ähnlich gegenläufige Tendenz ergibt sich, wenn man die Altersgruppen der Jugendlichen (14–17 J.), der Heranwachsenden (18–20 J.) und der Erwachsenen (ab 21 J.) gegenüberstellt. Hier wirken das Lebensalter allgemein und die Entwicklungsdauer einer sog. → kriminellen Karriere speziell als interdependente Faktoren zusammen (→ Rückfall, Rückfallkriminalität). Außerdem spielen noch die Unterschiede im Risiko des Entdecktwerdens und in der sog. Bestrafungsimmunität eine gewichtige Rolle.

Über den *Ersttäter als Einzelperson* besagen kriminalstatistische Überblicke indes nicht viel, es sei denn etwa zur Abschätzung des gruppenspezifischen Rückfallrisikos. Ansonsten kommt man für individuelle Maßnahmen, gerade im Bereich (nicht ganz unerheblicher) klassischer Kriminalität, ohne genaue Erfassung der einzelnen Person und ihres Verhaltens einschließlich ihrer vorkriminellen Auffälligkeiten nicht aus. Denn der Erstbestrafte kann ein Täter sein, bei dem das Delikt einen *Einbruch in eine sonst unauffällige Lebensführung* bedeutet und der voraussichtlich ein „Einmaltäter" bleiben wird – von kleineren Bagatelldelikten (→ Bagatellkriminalität) einmal abgesehen. Aber es kann sich aus dem erfaßten *Lebenslängsschnitt* und der individuellen *Wertorientierung* des Täters auch ergeben, daß das strafbare Verhalten keineswegs aus seiner alltäglichen Lebensführung herausfällt, sondern daß er bei entsprechenden künftigen Bedingungen günstigen Gelegenheiten zu einer Tat möglicherweise nicht ausweichen dürfte (→ Kriminalprognose). Insoweit mag man, wenn sich das Risiko verwirklicht, von einem *Gelegenheitstäter* sprechen. In besonderen Fällen endlich kann sich der erstmals gefaßte Täter sogar als ein *professioneller Täter* erweisen, dem es bislang dank großer Geschicklichkeit und Planung gelungen ist, einer Bestrafung auszuweichen (→ Intensivtäter, gefährliche Straftäter). Bei erstmaliger strafrechtlicher *Auffälligkeit in höherem Lebensalter* mit Sexualdelikten und dort mit sexuellem Mißbrauch von Kindern kann die Tat ein Indiz für einen beginnenden Abbauprozeß der Persönlichkeit sein, so daß eine Begutachtung durch den Sachverständigen angezeigt ist (→ Alterskriminalität).

Jeder dieser Entwicklungsverläufe, die hier nur grob skizziert sind und die auch nicht im Sinne von ausschließlichen Kategorien mißverstanden werden wollen, verlangt nach einer *unterschiedlichen Behandlung*. So erscheint es sinnvoll, bereits die Strafverfolgung gegen Einmaltäter und Gelegenheitstäter anders zu gestalten als gegen (mehrfach) Rückfällige. Einige Gesichtspunkte seien kurz erwähnt: Es sollte zunächst im weitest möglichen Umfang Geldstrafe verhängt werden. Im Straßenverkehr könnte das Fahrverbot von einer Nebenstrafe zu einer selbständigen Strafe umgewandelt werden. Erscheint in schweren Fällen Freiheitsstrafe unumgänglich oder ist sie von Gesetzes wegen zwingend vorgeschrieben, dann wäre das Strafmaß am unteren Ende des Strafrahmens zu halten, auch um zusätzlich die Möglichkeit der Modifikation der Freiheitsstrafe zur → ambulanten Maßnahme der Strafaussetzung zur Bewährung voll ausnutzen zu können. Wenn schließlich der Vollzug der Freiheitsstrafe in Ausnahmefällen unumgänglich erscheint, der Täter aber für die Umwelt nicht gefährlich ist und eine gute → Kriminalprognose erhält, dann sollte der Vollzug unter erleichterten Bedingungen stattfinden, z. B. in einer halboffenen oder offenen Anstalt, mit regulärer Arbeit in außerhalb gelegenen Betrieben (Freigänger) und erweiterten sozialen Kontaktmöglichkeiten (Besuche, Familienurlaub). Außerdem empfiehlt sich die Trennung von eigentlich „Vollzugserfahrenen", die schon mehrfach eingesessen haben, um die Gefahr der kriminellen Ansteckung zu vermindern. Nach Verbüßung der Strafen sollte den Ersttätern die Chance geboten sein, daß die Eintragungen in das Strafregister nach Ablauf verkürzter Fristen einer Legalbewährung gelöscht werden.

Engel, S.W., Zur Metamorphose des Rechtsbrechers, Stuttgart 1973; *Engel, S.W., Engelhardt, D.v.* (Hrsg.), Kriminalität und Verlauf, Heidelberg 1978; *Göppinger, H.*, Kriminologie. Ein Lehrbuch, 4. Aufl., München 1980, S. 445 ff.: Kriminalität und Lebenslauf; *Göppinger, H. u. M.v., Maschke, W.*, Angewandte Kriminologie, Berlin u. a. 1985; *Lösel, F.*, Handlungskontrolle und Jugenddelinquenz, Stuttgart 1975; *Quensel, S.*, Soziale Fehlanpassung und Stigmatisierung, in: Jahrbuch für Rechtssoziologie und Rechtstheorie, Bd. 3, hrsg. v. Rehbinder, U., Schelsky, H., Düsseldorf 1972, S. 447–490; *Schmid, A.*, Anlage und Umwelt bei 500 Erstverbrechern, Leipzig 1936; *Schüler-Springorum, H.* (Hrsg.), Mehrfach auffällig, München 1982; *West, D.J.*, Delinquency. Its Roots, Careers and Prospects, London 1982.

HANS-JÜRGEN KERNER

Etikettierung → Kriminalitätstheorien, soziologische, → Kritische Kriminologie, → Stigmatisierung

Exhibitionismus → Sexualkriminalität

Experiment → Behandlungsforschung, → Erfolg, Bewährung, Effizienz, → Methoden der Kriminologie

F

Fahrerlaubnisentzug → ambulante Maßnahmen

Familie. Die Familie ist die vermutlich universellste Form menschlicher Vergemeinschaftung und überindividueller sozialer Gebilde. Sämtliche kulturelle und historische Überlieferung über frühere Gesellschaften, alle verfügbare anthropologische Forschung über Gesellschaften nicht-europäischer und moderner Art bis hin zu schriftlosen Kulturen weisen die Familie als konstantes Organisationsprinzip sozialen Zusammenlebens unter den verschiedensten Umwelten und Bedingungen menschlichen Lebens aus.

Neben der Universalität der Familie weist die Familie *eine außerordentliche Variabilität und Vielfalt auf.* Diese Erkenntnis hat sich indessen erst allmählich durchgesetzt und ist hauptsächlich den Forschungen *der modernen Kulturanthropologie* zu verdanken, die noch vor der eigentlichen *Familiensoziologie* das Hauptverdienst in der Analyse der Familie als einer sozialen Institution für sich reklamieren kann. Die ersten bedeutsamen wissenschaftlichen Untersuchungen zur Familie datieren aus der Mitte des vorigen Jahrhunderts und waren *kultur- und gesellschaftsvergleichende Forschungen*, mit einer *dominanten Fragestellung*, die nicht nur theoriegeschichtlich interessant ist, sondern noch heute eng mit den Forschungen und Diskussionen um die Familie verknüpft ist: Wie die Soziologie selbst war auch die wissenschaftliche Beschäftigung mit der Familie veranlaßt durch die umfassenden gesellschaftlichen, politischen, kulturellen und institutionellen Krisenerscheinungen, die die Etablierung der bürgerlichen Gesellschaft und der Siegeszug des Kapitalismus für die vorindustrielle Gesellschaftsordnung mit sich brachten.

In *theoretischer Hinsicht* bedeutet dies, daß auch die Analyse der Familie – wie die der Gesellschaft überhaupt – von der alles andere überragenden *evolutionistischen Fragestellung des Woher und des Wohin* der Familie gekennzeichnet war. In *politischer Hinsicht* war – wie vielleicht auf keinem anderen Einzelbereich der Gesellschaft – die Diskussion um die Familie ein *Feld der ideologischen Auseinandersetzung*, die sich bis hinein in ihre wissenschaftliche Erforschung verfolgen läßt, wo sie sich in der gleichsam zyklisch wiederkehrenden Frage nach den *Zukunftschancen der Familie* niederschlägt, wobei die einen auf die Bestandskraft und die Anpassungsfähigkeit der Familie setzen, die anderen der Familie die Totenglocke läuten.

Die Familie wird dabei oft zum *Kristallisationspunkt ethnozentrischer Verallgemeinerung und Projektion*, die historisch wie kulturell abweichende Formen nur als pathologische Vorformen oder bloße Entwicklungsstufen zur gewohnten Form der Familie erscheinen lassen. Selbst die These des Anthropologen MURDOCK (1949), der auf der Basis einer quantitativen anthropologischen Analyse von 250 Gesellschaften der verschiedensten Geschichtsepochen und Kulturkreise die *Universalität der sog. Kernfamilie* postulierte, hat sich als nicht frei erwiesen von solchen ideologisch gefärbten Vorstellungen.

Es ist deshalb nicht verwunderlich, daß die Familie unter den menschlichen und gesellschaftlichen Einrichtungen eine besonders intensive Zuwendung von seiten der Politik, des Staates und des Rechts erfährt. Sie galt schon bei ARISTOTELES als die „Keimzelle" des Staates, kein geringerer als der große Begründer der historischen Rechtsschule und damalige preußische Justizminister v. SAVIGNY verteidigte die strafrechtliche Pönalisierung des Ehebruchs mit dem Bezug auf „die wichtigsten Interessen des Staates, der Familie und der öffentlichen Sittlichkeit" (GERHARD 1978, 451), in der Bundesrepublik gilt das Programm eines staatlichen umfassenden *Familienlastenausgleichs* als eine gesellschafts- und sozialpolitische Aufgabe hohen Ranges.

Familie

Für die Soziologie ist die Familie nicht nur Gegenstand einer ihrer *quantitativ bedeutsamsten sog. Bindestrich-Soziologien*, sondern sie wird auch als zentral für die allgemeine soziologische Theoriebildung überhaupt betrachtet. In diesem Sinne wird die Familie als der zentrale Mechanismus angesehen, der die sog. „Zweite Geburt" des Menschen „als sozialkulturelle Person" (KÖNIG 1974, 71) bewirkt. Sie erhält damit einen Status, der sie zugleich als eine soziale Institution und als eine Bedingung der Möglichkeit von Gesellschaft überhaupt ausweist. Diese Auffassung ist ihrerseits jedoch nicht unbestritten geblieben und dem Verdacht einer – weiteren – ideologischen Absolutsetzung einer spezifischen und historisch bestimmten Form der Familie, der *Kernfamilie* in modernen Gesellschaften, ausgesetzt worden (ROSENBAUM 1973).

Die Kernfamilie hat das Modell abgegeben für die Minimaldefinition einer Familie, die KÖNIG – in sinngemäßer Übereinstimmung mit einer Vielzahl anderer Autoren – als *„Gruppe von Mann und Frau mit ihren unverheirateten und unmündigen Kindern"* (1976, 55) bezeichnet. Auf die Kernfamilie bzw. die *Gattenfamilie* (DURKHEIM) ist die Funktionsbestimmung ausgerichtet, um die sich insbesondere die *strukturell-funktionale Betrachtungsweise* innerhalb der Kulturanthropologie und der Soziologie verdient gemacht hat. Zur Bezeichnung des funktionalen Grundinventars der Kernfamilie, das durch keine andere soziale Struktur gänzlich substituierbar sei, wird dabei an die vier Bestimmungen angeknüpft, die MURDOCK ihr gegeben hat: *sexuelle Regelung, ökonomische Kooperation, soziale Fortpflanzung und Erziehung bzw. Sozialisation.*

Indessen ist die sogenannte Definition der Kernfamilie um weitere Merkmale zu erweitern. *Zum einen* lassen sich verschiedene *Formen der Gattenbeziehung* unterscheiden: Danach hat man *monogame* von *polygamen Familien* zu trennen, wobei die letztere Form noch in die Unterformen der *Polyandrie* (eine Frau und mehrere Männer) und der *Polygynie* (ein Mann und mehrere Frauen) zerfällt.

Ein *zweites* Differenzierungsmerkmal besteht in den *Lokalitätsregeln*, d. h. wo und wie eine Kernfamilie ihren Haushalt bzw. ihren Sitz begründet. Dies kann entweder im Hause der Eltern der Mutter (*Matrilokalität*), der Vater-Eltern (*Patrilokalität*), des Bruders der Mutter des Mannes (*Avunkulokalität*) sein, oder – der Regelfall der modernen Kernfamilie – es wird ein autonomer Sitz der Familie begründet (*Neolokalität*). Mit den Lokalitätsregeln sind Familientypen verbunden, die als *erweiterte oder Großfamilien* bezeichnet werden, d. h. das Zusammenleben mehrerer Kern- bzw. Gattenfamilien, wobei soziologisch die Mehrgenerationenfamilie mit einer hierarchischen Gliederung und Ordnung (*patriarchalische Familie*) von der der horizontal verbundenen *Großfamilie* mit mehreren Kernfamilien gleicher Generation zu unterscheiden ist.

Ein *dritter* Gesichtspunkt schließlich betrifft die *Abstammungs- und Verwandtschaftsregeln*, d. h. die Art der sozialen Verknüpfung der Kernfamilie mit umgreifenden sozialen Gruppierungen familiärer Art. Hier lassen sich *matrilineare*, *patrilineare* und *bilaterale* (typisch für die moderne Kernfamilie) Abstammungsregeln unterscheiden. Diese eindrucksvolle Vielfalt der Familienformen macht vor allem einen Gesichtspunkt deutlich, auf den es gerade bei einer soziologischen Betrachtungsweise ankommt: Die Familie ist ein Koordinatensystem von Regeln zwecks Definition von sozialen Positionen und Rollen und *kein biologisches oder blutsbestimmtes Phänomen*. Vater, Mutter, Kind, Onkel usw. sind Bezeichnungen für *soziale Beziehungen*, die an biologische Fakten anknüpfen können, aber auch davon ablösbar sind.

Vor diesem Hintergrund der kulturellen Vielfalt und der normativen Interpretation der Familie lassen sich die Fragen zur Struktur und Funktion der Familie entfalten. Dabei können zwei große Problemkomplexe voneinander getrennt werden. Der eine betrifft *die Integration der Familie in die umgebende* Gesellschaft und deren *andere Teilstrukturen* bis hin zur Ebene der Gesamtgesellschaft und des Staates. Der zweite Problemhorizont bezieht sich auf die *Familie als eigenes soziales System*, auf ihre Binnenstruktur und *ihre interne Organisation*. Beide Aspekte hängen eng miteinander zusammen, d. h. die *Integration* der Familie in die Gesellschaft wirkt auf die *Organisation* der Familie zurück und vice versa.

Die oben genannten vier Funktionsbestimmungen der Familie sind Aspekte und Dimensionen, die das Verhältnis der Familie zur umgebenden Gesellschaft zu bestimmen gestatten. Die weitaus bedeutendste unter ihnen ist die *ökonomische Funktion*. Struktur, Produktion, Umfang und Verteilung der ökonomischen Ressourcen einer Gesellschaft werden weitgehend über die Familie geregelt. Der Wandel gerade dieser gesellschaftlichen Dimension, der sich in der *Trennung von Wohn- und Arbeitsstätte*, der *organisatorischen und institutionellen Verselbständigung des Produktionsprozesses* manifestiert, hat den Struktur- und Funktionswandel der Familie nach sich gezogen, der zumindest für diesen geographisch, kulturell und gesellschaftlich begrenzten Raum zu Recht als *Kontraktionsprozeß der Familie von der erweiterten Großfamilie zur kleinen und isolierten Kernfamilie* einerseits und als *Funktionsverlust der Familie* andererseits beschrieben wird. Einhergegangen mit diesem Funktionsverlust sind andere Einbußen der Familie in bezug auf die Kranken- und Altenfürsorge und -vorsorge, die in den modernen Gesellschaften von eigenen, *funktional spezifischen, zweckrational* und *bürokratisch organisierten* Einrichtungen wahrgenommen werden. Auch die Regelung der *Sexualfunktionen* geschieht zunehmend über Mechanismen außerfamilialer Art, und selbst die *Sozialisationsfunktion* wird in immer vermehrtem Maße von gesellschaftlichen Einrichtungen außerfamiliärer Art wahrgenommen, von den formellen Stätten der Erziehung und Ausbildung (Kindergarten, allgemein- und berufsbildende Schulen) bis hin zu den weniger formalisierten gesellschaftlichen Institutionen altershomogener Sozialgebilde (peer groups, Jugendkultur).

Allerdings darf dieser Prozeß nicht als ein gradliniger und widerspruchsfreier bezeichnet werden. Ebenso werden die Akzente falsch gesetzt, wenn dieser Vorgang als die Freisetzung der Familie für ihre ureigenste und letztlich unverzichtbare Aufgabe, nämlich für jene bereits erwähnte soziokulturelle „Zweitgeburt" des Menschen, interpretiert wird.

Und noch darüber hinaus: Die moderne Kernfamilie ist zwar als *isoliertes soziales Gebilde* zu begreifen, aber das bedeutet keineswegs, daß sie nicht eng mit anderen Teilstrukturen der Gesellschaft verklammert ist, im Gegenteil: Ihre interne Rollendifferenzierung und Arbeitsteilung, die den Mann und Vater tendenziell über dessen Beruf zum *instrumentellen Rollenträger* – und damit auch zum *abwesenden Vater* (MITSCHERLICH: *Die vaterlose Gesellschaft*) der Familie macht und die Mutter auf eine *expressive Binnenrolle* festlegt, bedeutet eine Komplementarität zwischen Familie und der ökonomischen Teilstruktur der Gesellschaft, die eine strukturelle Abhängigkeit und Dominierung der Familie durch die Berufs- und Arbeitswelt der Gesellschaft fixiert. *Insofern vermittelt und reproduziert sich über die Familie die gegebene Sozialstruktur der Gesellschaft.* In bezug auf die Frau und die Kinder bedeutet dies, daß die Familie für sie *die Funktion der sozialen Plazierung* hat. Wenn gelegentlich von der Familie als „Gegenstruktur" zur Gesellschaft gesprochen wird (ROSENBAUM 1973) und die Familie als letzter verbliebener „Zufluchtsort" erscheint, den die Gesellschaft dem einzelnen Menschen läßt als Raum von Intimität, Privatheit und Gefühl: Dann wird zwar einerseits richtig gesehen, daß die Beziehungen unter diesen Menschen nach den Prinzipien *der Affektivität* (statt: affektiver Neutralität), *des Partikularismus* (statt: Universalismus), *der funktionalen Diffusität* (statt: funktionaler Spezifität) und der *Zuschreibung* (statt: des Leistungsverhaltens) organisiert sind.

Das ermöglicht jedoch auch eine Art *Externalisierung von sozialen Kosten zu Lasten der Familie*, die gleichsam zum sorgsam abgeschirmten Raum des Ausagierens von Spannungen und Enttäuschungen wird, die die Mitglieder der Familie in den zweckrationalen Strukturen der Gesellschaft erfahren, am Arbeitsplatz, im Beruf, in der Schule, kurz: „in der Welt draußen". M. a. W.: Die Privatheit der Familie hat auch die Funktion, die zentral bedeutsamen Teile aus der Gesellschaft vor Störungen abzuschirmen, die ihnen potentiell aus der Tatsache drohen, daß der Mensch existentiell in seinem Verhalten kontingent, d. h. nicht festgelegt ist.

Andere Strukturmerkmale der in modernen Gesellschaften dominanten Berufs- und Wirtschaftswelt bedrohen die Familie in ihrer Existenz, in dem sie ihr etwa eine Flexibilität und Mobilität abfordern, der familiäre, emotionale und soziale Bindungen entgegenstehen. Die Wahrnehmung beruflicher Chancen und die Planung von Karrieren werden durch Investitionen in Familie und Kinder nicht gefördert, sondern behindert. Die Kräfte, die die Auflösung der traditionellen Familie bewirkten, setzen auch die Kern- und Gattenfamilie weiter unter Druck. Der amerikanische Sozialhistoriker SHORTER (1977) hat diesen Trend über die letzten 300 Jahre nachgezeichnet und ihn zur „postmodernen Familie" hin extrapoliert, deren Wendemarke er in den zurückliegenden 60er/70er Jahren lokalisiert und deren Merkmale er (1) in der „definitiven Trennung der Verbindungslinien, die von der jüngeren Generation zur älteren führen", (2) in der „neuen Unbeständigkeit im Leben des Paares" und (3) in dem „systematischen Abbau des ‚Nestbegriffs' des Kernfamilienlebens, den die neue Befreiung der Frauen bedeutet", sieht (SHORTER 1977, 304).

Für die *Organisation der Familie*, d. h. für ihr Binnengefüge, sind diese widersprüchlichen Tendenzen und Anforderungen seitens der Gesellschaft nicht folgenlos. Die Freisetzung der Familie von Funktionen im unmittelbaren ökonomischen Produktionsprozeß hat sich einerseits niedergeschlagen in einem strukturellen Wandel der „Paarungsregel": *An die Stelle der Zweckheirat ist die Liebesheirat getreten*, über die die unmittelbar beteiligten Partner und nicht mehr die Verwandtschaft disponieren, was übrigens keineswegs dazu geführt hat, daß soziale Heiratsbarrieren poröser wurden oder gar abgetragen worden sind. Allerdings hat die Liebesheirat die Ehe und Familie unstabiler gemacht, wie der säkulare Trend des Anstiegs der Scheidungsziffern in allen westlichen und industrialisierten Ländern belegt.

Andere Rückwirkungen sind mit dem Stichwort der „*Unvollständigkeit der Familie*" und ihren Folgen benannt, deren wichtigster Unterfall die Scheidung darstellt, neben die durch Verwaisung, faktische Trennung, Unehelichkeit verursachten Formen der Unvollständigkeit. In der oben schon erwähnten Erscheinung der „vaterlosen" Familie kann man ebenfalls eine Art *funktionaler Unvollständigkeit* sehen.

Die Unvollständigkeit der Familie, die in der Mehrzahl der Fälle darauf hinausläuft, daß die Mutter mit den Kindern zurückbleibt, läßt einen typischen Sachverhalt familiärer Sozialisation besonders augenfällig werden, der auch für die vollständige Familie tendenziell zutrifft: *die Mutterzentrierung der familiären Erziehung*. Dadurch werden diejenigen Aspekte im Erziehungsprozeß unterbetont, die sich auf die außerfamiliären gesellschaftlichen Bereiche, insbesondere die der Berufswelt, beziehen. Dies macht das Herauslösen der Kinder aus der Familie einerseits dringlich, führt andererseits oft zu sehr konfliktvollen und aggressiven Formen der Ablösung.

Alle diese Erscheinungen bedeuten insbesondere für die Mutter Risiko, Abhängigkeit und Instrumentalisierung durch Familie und Gesellschaft. Diese Position der Frau hat sich weiter durch den *veränderten Lebenszyklus der Familie* verschärft, der infolge erheblich vergrößerter Lebenserwartung, verringerter Kinderzahl und vorverlegter Ablösung und – auch physischer – Trennung der Kinder von den Eltern dazu geführt hat, daß die Familie zu einem Zeitpunkt einem dramatischen Funktionsverlust ausgesetzt ist, zu dem die Ehegatten noch eine Lebenserwartung von ca. weiteren 30 Jahren haben.

Insgesamt resultiert aus dieser besonderen Lage der Frau und Mutter in der modernen Kernfamilie ein verstärkter Trend der Frau zur Emanzipation, zu einer Reorganisation innerfamiliärer Arbeitsteilung, zu einer *veränderten Ökonomie im Haushalt der weiblichen Gefühle, Motive und Interessen*.

Aus alledem wird deutlich, daß die eine zeitlang die Diskussion beherrschende Problematik der Sozialisationsleistung der Familie, die sich besonders auf die Mutter-Kind-Beziehung konzentrierte, etwas in den Hintergrund getreten und relativiert worden ist. Arbeiten des Schweizers M. SPITZ über den Hospitalismus von Heimkindern und des Engländers BOWLBY über die Folgen der Muttertrennung und -entbehrung (vgl. dazu den Reader von NEIDHARDT 1975, und darin insbesondere LEHR und SCHMALOHR), die weithin – auch in Öffentlichkeit und Politik – Aufmerksamkeit erregten, schienen – wissenschaftlich durch psychoanalytische Persönlichkeitstheorien unterstützt (MOSER 1970) – die nachhaltige Störung des Sozialisationsprozesses des Kindes bei berufsbedingter Abwesenheit der Mutter unabweisbar zu belegen. Nachfolgende Forschungen haben die Dramatik und Dringlichkeit der ersten Befunde auf diesem Gebiet deutlich zurückgenommen und damit auch in dieser Diskussion einen deutlichen Anteil von Vorurteilen und Ideologie bloßgelegt. Widerstände gegen mütterliche Berufstätigkeit und gegen Tendenzen zur Auflösung der traditionellen Arbeitsteilung zwischen Mann und Frau waren die Motive derjenigen, die solchen Befunden ihr Ohr liehen.

Ihre Gegner vermochten darauf zu verweisen, daß nicht die Mutter-Kind-Beziehung als solche, sondern die Verfügbarkeit einer stabilen Bezugsperson die ausschlaggebende Variable zu sein schien; sie lenkten weiter die Aufmerksamkeit auf den Beitrag der Vaterrolle zum Sozialisationserfolg; und ihnen kamen auch Befunde zu Hilfe, die zu einer durchaus ambivalenten Einschätzung der Mutter-Kind-Beziehung nötigen. Letztere werden auf sehr verschiedene Weise manifest. Unter dem Begriff der *familialen Überorganisation*, die von der *Desorganisation der Familie* in Form u. a. ihrer Unvollständigkeit unterschieden wird, faßt KÖNIG (1976, 150 ff.) u. a. den Fall der überstarken, zu ausgedehnten Kind-Mutter-Beziehung, die gravierende Anpassungsprobleme für die Kinder bei dem Eintritt in den Beruf oder bei der Gründung der eigenen Familie auszulösen vermag.

Für die Analyse der Kriminalität ergeben sich aus dieser differenzierten Diskussion über die Familie komplexe und kaum auf einen Nenner zu bringende Schlußfolgerungen. Sie gehen weit über die Problematik der unvollständigen Familie bzw. des „broken home“ hinaus, die in der Vergangenheit und Gegenwart immer noch das Hauptkapitel der ätiologischen Kriminologie darstellt, soweit sie sich mit der Familie als einem „kriminogenen“ Faktor beschäftigt. In vielen empirischen Untersuchungen, angefangen von den *genealogischen Untersuchungen* der Jahrhundertwende über „kriminelle Familien“ bis hin zu den quantitativen Untersuchungen in der *Tradition des Mehrfaktorenansatzes* vom Ehepaar GLUECK (1962), von den MCCORDS (1959), von GÖPPINGER und *qualitativen Forschungen psychoanalytischer Orientierung* und solchen *kommunikationsanalytischer Art,* spielen die unvollständige Familie, gewisse interne Kommunikations- und Interaktionsstrukturen, pathologische Beziehungsstörungen („double bind“, „Pseudogemeinschaft“, „Sündenbock-Mechanismus“, „Ausbeutung zu narzistischen Zwecken“ u. ä.), Erziehungsstile und -inkonsistenzen inhaltlicher oder personenbezogener Art eine mehr oder weniger zentrale Rolle bei der *empirischen Systematisierung der Verteilung* von Kriminalität und der *theoretischen Erklärung der Genese von kriminellem Verhalten*. Aktuelle Überblicke liefern ALBRECHT (1991) und PETERS (1989).

Damit sind indessen die Wechselwirkungen zwischen Familie und Kriminalität nicht erschöpft. Zweifel daran sind in den letzten Jahren zunehmend aufgekommen. In empirischer Hinsicht haben sich aufgrund der *Befunde der Dunkelfeldforschung* analoge Zweifel an der Gültigkeit der Beziehungen zwischen gestörten Familienstrukturen und der Kriminalität eingestellt wie im Zusammenhang mit dem Schicht- und Klassenfaktor. Theoretisch bedeutete dies die „Entdeckung“ und die Betonung des Aspekts der *sozialen Kontrolle* durch die Familie, konkreter: *die Komplementarität familiärer und strafrechtlicher Kontrolle*. M. a. W.: *Die Familie begünstigt bzw. verhindert nicht nur Kriminalität im Sinne des Verhaltens, sondern sie begünstigt und verhindert Kriminalität im Sinne ihrer Sichtbarkeit und offiziellen Relevanz*. Nicht die *Sozialisations-, sondern die Plazierungsfunktion* der Familie im Kontext der Sozialstruktur gewinnt damit eine stärkere Betonung. In diesem Zusammenhang ist auf das seit 10-15 Jahren insbesondere im Gefolge *feministischer Wissenschaft* entstandene Forschungsfeld *Gewalt in der Familie* zu verweisen (v. HASSELT u. a. 1988, HONIG 1986, WAHL 1990).

Mit dieser Akzentverlagerung von der Sozialisation auf soziale Kontrolle im Zusammenhang von Kriminalität und Familie treten an der Kriminologie auch stärker Fragen nach den Rückwirkungen der Prozesse der strafrechtlichen Sozialkontrolle auf die Struktur und Funktion der Familie hervor, die in der traditionellen Kriminologie weitgehend vernachlässigt worden sind. Mit LEMERTs Unterscheidung von *Primär-* und *Sekundärabweichungen* ist eine theoretische Verortung solcher Rückwirkungen von Prozessen der strafrechtlichen Sozialkontrolle auf die Familie auch für eine Kriminologie von unabweisbarem Belang, die an der Priorität der ätiologischen Tradition der Kriminologie glaubt festhalten zu müssen. Einer Kriminologie, die solche disziplinfesselnden Vorgaben ignoriert oder „vergißt", erschließen sich indessen Zusammenhänge zwischen Kriminalität, Bedingungen und Strukturen staatlicher Reaktion auf sie und Familie, die weitaus komplexer sind, über mehrere Ebenen institutioneller Art – Individuum-Familie-Schicht- u. Klassenstruktur-Sozialstruktur-Staat – verlaufen und methodologisch nicht in Modellen rekonstruiert werden können, die auf der eindeutigen Trennbarkeit von Faktoren in „Ursachen" und „Wirkungen" insistieren.

Albrecht, G., Howe, C.-W., Wolteshoft, J., Familienstruktur und Delinquenz, in: Soziale Probleme 2 (1991); *Gerhard, U.*, Verhältnisse und Verhinderungen. Frauenarbeit, Familie und Rechte der Frauen im 19. Jahrhundert. Mit Dokumenten, Frankfurt/M. 1978; *Glueck, S. u. E.*, Family, Environment and Delinquency. London 1962; *v. Hasselt, V.B., Morrison, R.L., Bellack, A.S., Herson, M.*, Handbook of Family Violence. New York u.a. 1988; *Honig, M.-S.*, Verhäuslichte Gewalt, Frankfurt/M. 1986; *König, R.*, Die Familie der Gegenwart. Ein interkultureller Vergleich, München 1974; *ders.*, Soziologie der Familie, in: Handbuch der empirischen Sozialforschung, 2. völlig neubearbeitete Aufl., Bd. 7, hrsg. v. König, R., Stuttgart 1976, S. 1–217; *Lemert, E.M.*, Der Begriff der sekundären Devianz, in: Seminar: Abweichendes Verhalten I, hrsg. von Lüderssen, K., Sack, F., Frankfurt/M. 1975, S. 433–476; *McCord, W., McCord, J., Zola, I.K.*, Origins of Crime, New York 1959; *Monahan, Th.P.*, Familienstatus und Jugenddelinquenz, in: Kriminalsoziologie, hrsg. v. *Sack, F., König, R.*, 2. Aufl., Frankfurt/M. 1974, S. 73–90 (amerikan. Original 1957); *Moser, T.*, Gesellschaftsstruktur und Kriminalität, Frankfurt/M. 1970; *Murdock, G.P.*, Social Structure. London u.a. 1949; *Neidhardt, F.* (Hrsg.), Frühkindliche Sozialisation. Theorien und Analysen, Stuttgart 1975; *Peters, M.*, Kriminalität u. Familie, in: Handbuch der Familienforschung, hrsg. v. Nave-Herz, R., Neuwied 1989, S. 577-593; *Rodman, H., Grams, H.*, Juvenile Delinquency and the Family: A Review and Discussion, in: The President's Commission on Law Enforcement and Administration of Justice, Task Force Report: Juvenile Delinquency and Youth Crime, Washington D.C. 1967, S. 188–221; *Rosenbaum, H.*, Familie als Gegenstruktur zur Gesellschaft. Kritik grundlegender theoretischer Ansätze der westdeutschen Familiensoziologie, Stuttgart 1973; *Shorter, E.*, Die Geburt der modernen Familie, Reinbek b. Hamburg 1977 (amerikan. Original 1975); *Wahl, K.*, Studien über Gewalt in Familien. München 1990; *Wilson, J.Q., Loury, G.C.*, From Children to Citizens. Families, Schools and Delinquency Prevention, New York u. a. 1987.

FRITZ SACK

Forensische Psychiatrie ist Psychiatrie im Dienste der Rechtsprechung. Sie soll medizinisch-empirische (meist aber schon ihrerseits nicht von Wertungen freie) Feststellungen über psychische Störungen und Defekte aller Art in Beziehung setzen zu den normativen Begriffen der Rechtssphäre. Dabei sind die Verschiedenheiten des Sprachgebrauchs zu berücksichtigen. Beispielsweise bedeuten

Geistesschwäche und Geisteskrankheit in der medizinischen Terminologie qualitativ Verschiedenes, im juristischen Sinne aber nur quantitative Abstufungen geistiger Gestörtheit, die einen unterschiedlichen Grad von z. B. Geschäftsfähigkeit bezeichnen.

Die beiden Rechtsgebiete, die sich der forensischen Psychiatrie in erster Linie bedienen, sind das Strafrecht und das Zivilrecht. Im *Strafrecht* geht es zumeist um die Beurteilung der → Schuldfähigkeit eines Straffälligen, daneben aber auch – gerade wegen der Grobmaschigkeit des durch §§ 20 und 21 StGB gebildeten Netzes – um die Vermittlung eines Persönlichkeitsbildes (wobei dann auch die Möglichkeiten der Testdiagnostik, aber auch des psychoanalytischen Interviews sinnvoll eingesetzt werden können). In diesen Rahmen gehört u. U. auch eine Aussage über die Strafempfänglichkeit und die Strafempfindlichkeit eines Täters.

Bei Jugendlichen im Alter von 14 bis 18 Jahren geht es neben der Schuldfähigkeit auch um die Beurteilung der jugendstrafrechtlichen Verantwortungsreife (§ 3 JGG), die bei einer Entwicklungsverzögerung auch nach Erreichung des Strafmündigkeitsalters in Frage gestellt sein kann. Dabei ist zu beachten, daß körperliche und psychische Entwicklung oft asynchron verlaufen. Vor allem einer gegenüber der zurückgebliebenen psychischen Reife vorauslaufenden biologischen Vorentwicklung kann kriminogene Bedeutung zukommen, z. B. bei einem Sexualdelikt aufgrund eines pubertären Triebdurchbruchs. Schwieriger als die Beurteilung im Rahmen der §§ 20 und 21 StGB und 3 JGG ist es oft, bei einem Heranwachsenden zwischen 18 und 21 Jahren zu entscheiden, ob er altersgemäß entwickelt und dementsprechend nach allgemeinem Strafrecht (Erwachsenenstrafrecht) zu beurteilen ist oder ob „die Gesamtwürdigung der Persönlichkeit des Täters bei Berücksichtigung auch der Umweltbedingungen ergibt, daß er zur Zeit der Tat nach seiner sittlichen und geistigen Entwicklung noch einem Jugendlichen gleichstand“ (§ 105 I 1 JGG), so daß – wie auch im Zweifelsfall – die milderen Bestimmungen des Jugendstrafrechts mit seinem differenzierteren, mehr auf die Erziehung des Täters als auf Tatschuldvergeltung, Sicherung oder Generalprävention zugeschnittenen Instrumentarium Anwendung auf ihn finden können. Bei einem Mord im Heranwachsenden-Alter kann diese schwierige Zuordnung die Entscheidung bedeuten zwischen lebenslangem Freiheitsentzug (vgl. aber hierzu auch § 106 JGG) und einer Jugendstrafe bis zu 10 Jahren. Als besondere, mehr oder weniger deliktsträchtige Eigentümlichkeiten des juvenilen Seelenlebens gelten u. a. Abenteuerlust und Erlebnishunger, Kraftmeierei, Geltungsbedürfnis, übersteigerte Ichbetonung, Auflehnung gegen Autorität, andererseits aber auch Verführbarkeit und Anlehnungsbedürfnis (daher die vielen Gemeinschaftstaten Jugendlicher!) sowie Triebhaftigkeit, Impulsivität und Situationsgebundenheit des Handelns. Entwicklungspsychologisch betrachtet, liegen die vom Gesetz bestimmten Zäsuren (Vollendung des 18. bzw. 21. Lebensjahres) zu früh. Bei jedem Menschen unter 21 Jahren sind noch viele jugendliche Persönlichkeitszüge vorhanden und Entwicklungskräfte in größerem Umfang wirksam. Daher wäre zu fordern, die Gruppe der Heranwachsenden noch grundsätzlich dem Jugendstrafrecht zu unterstellen oder gar in ein Jungtäterstrafrecht mit nochmals erhöhter oberer Altersgrenze einzubeziehen.

Eine weitere Kompetenz der forensischen Psychiatrie im Dienste des Strafrechts betrifft die Beurteilung der Sozial- und Kriminalprognose eines schuldunfähigen oder erheblich vermindert schuldfähigen Rechtsbrechers, der wegen Wiederholungsgefahr und dadurch bedingter Gefährdung der öffentlichen Sicherheit (aber nicht wegen bloßer Gemeinlästigkeit) gemäß § 63 StGB in einem psychiatrischen Krankenhaus bzw. bei Alkohol- oder Drogenabhängigkeit gemäß § 64 StGB in einer Entziehungsanstalt unterzubringen ist, während gegen strafrechtlich voll verantwortliche Rückfalltäter unter den gleichen Umständen die Sicherungsverwahrung (§ 66 StGB) angeordnet werden kann. Bei der Frage der Unterbringung steuert der Psychiater nur den medizinischen und charakterologischen Befund bei, während die Beurteilung der „Gefährlichkeit", orientiert an dem Ausmaß des materiellen, physischen oder psychischen Schadens, den das einzelne Opfer erleidet, eine ausschließlich rechtliche Wertung darstellt.

In zunehmendem Maße wird der Psychiater durch die bei den Landgerichten bestehenden Strafvollstreckungskammern in Anspruch genommen, die während des Straf- bzw. Maßregelvollzugs ggf. mit gutachterlicher Hilfe entscheiden, ob eine (vorzeitige) bedingte Entlassung des Gefangenen (§ 57 StGB) bzw. des Untergebrachten in Frage kommt oder ob in anderen Fällen nach vollzogener Freiheitsstrafe auf den Vollzug einer gleichzeitig angeordneten Unterbringung verzichtet werden kann (§ 67 c StGB). Bei zu lebenslanger Freiheitsstrafe Verurteilten muß diese Überprüfung nach spätestens 15 Jahren erfolgen (§ 57 a StGB).

Zu den Aufgaben des Psychiaters im Rahmen des Strafrechts gehört auch die Untersuchung von meist kindlichen oder jugendlichen, selten auch von erwachsenen Zeugen auf Glaubwürdigkeit. Es handelt sich fast immer um die Opfer und gleichzeitig einzigen Tatzeugen von Sittlichkeitsdelikten. Die Begutachtung erfordert eine genaue Exploration, nach Möglichkeit auch der Angehörigen, die Erforschung des Milieus, die Einholung von Beurteilungen durch die Schule u. a. sowie Leistungs- und Persönlichkeitstests. Zu unterscheiden sind die Aussagebereitschaft, die Aussagetüchtigkeit, die generelle und die spezielle Aussageehrlichkeit, die von der generellen positiv oder negativ abweichen kann. Die besonders wichtige Beurteilung der speziellen Aussageehrlichkeit orientiert sich in erster Linie an der Aussagequalität (Spontaneität, Affektgehalt und Adäquanz des Affekts, Stimmigkeit, Detailreichtum, Konstanz und Unbeirrbarkeit der Aussage), sie beachtet auch die Motivlage, ggf. gruppendynamische Gegebenheiten und etwaige Einflüsse, die von dritten Personen ausgehen. Begutachtungen dieser Art sind im Zunehmen begriffen, obwohl die früher verbreitete generelle Skepsis gegenüber Aussagen von Kindern und insbesondere von Mädchen in der Pubertät schon seit langem als unberechtigt erkannt ist. Psychiatrie und Psychologie, die sich immer noch um die Kompetenz streiten, könnten sich kooperativ die Aufgabe der Glaubwürdigkeitsuntersuchung teilen. Ohnehin sind Erfahrung, Geschick und Gespür des Untersuchers hierbei viel wichtiger als sein spezieller Ausbildungsgang.

Im Bereich des Strafrechts bleibt schließlich noch die Beurteilung der Haftfähigkeit und der Verhandlungsfähigkeit aus psychiatrischer Sicht zu erwähnen, während die Beurteilung der Fahrtüchtigkeit mehr der administrativen Psychiatrie zuzurechnen ist. Der forensischen Psychiatrie angegliedert ist die Psychiatrie des Strafvollzugs, zu deren wichtigsten Gegenständen die – meist durchaus einfühlbaren und nur z. T. abnormen – sog. Haftreaktionen zählen.

Andere Aufgaben stellt dem Psychiater das *Zivilrecht:* Bei Personen, gegen die ihre Angehörigen oder die Staatsanwaltschaft Entmündigungsantrag gestellt haben, hat der Nervenarzt festzustellen, ob der betreffende wegen Geisteskrankheit oder Geistesschwäche nicht (mehr) in der Lage ist, seine Angelegenheiten zu besorgen (§ 6 BGB). In diesen Fällen handelt es sich meist um Schwachsinnige, um psychiatrisch Alterskranke oder um chronisch-psychotische Patienten, denen zum eigenen Schutz, vor allem zwecks Wahrnehmung vermögensrechtlicher Interessen, ein Vormund beigeordnet wird, der eine quasi-elterliche Gewalt mehr oder weniger uneingeschränkt ausübt. Auf Einzelgebiete beschränkt ist hingegen die Befugnis des Gebrechlichkeitspflegers (§ 1910 BGB), der beispielsweise einen durch geistigen Abbau und körperlichen Verfall etwas unbeweglich gewordenen, aber noch geschäftsfähigen und weitgehend noch zur Selbständigkeit befähigten Menschen in einem schwierigen Rentenverfahren oder bei der Verwaltung von Mieteinkünften unterstützt. Eine Pflegschaft kann nur mit Einwilligung des Pfleglings errichtet werden, es sei denn, es wäre unmöglich, sich mit ihm über den Sinn der Maßnahme zu verständigen. Auch eine Vormundschaft ist manchmal nur vorübergehend notwendig, so vor allem bei Psychotikern. In beiden Fällen (Entmündigung und Pflegschaft) sind daher oft Nachuntersuchungen erforderlich. Häufig verlangt wird auch die Feststellung der Geschäftsunfähigkeit (§§ 104, Ziff. 2, 105 BGB). Sie muß positiv erwiesen sein, Zweifel genügen nicht (wie im Strafrecht). Chronische geistige Störungen sind dem § 104, Ziff. 2 BGB zuzuordnen, akute rückbildungsfähige, vorübergehende Störungen dem § 105, Ziff. 2 BGB. Dauernde Geschäftsunfähigkeit wird zur Errichtung einer Vormundschaft oder Pflegschaft Anlaß geben. Sonderfälle der Geschäftsunfähigkeit sind die Prozeßunfähigkeit (als partielle Geschäftsunfähigkeit), die fast ausschließlich bei umschriebener Querulanz auf nichtpsychotischer Grundlage in Frage kommt, und die Testierunfähigkeit (§ 2229 IV BGB), die fast immer bei schon verstorbenen Personen, deren Testament angefochten werden soll, festgestellt werden muß. Diese Aufgabe stellt den Gutachter vor oft unlösbare Probleme. Sie erfordert zumindest sehr sorgfältige Befragungen der Personen, die dem verstorbenen Erblasser in seiner letzten Lebenszeit nahegestanden haben. Bloße Zweifel an der Testierfähigkeit sind zur Anfechtung des Testaments nicht ausreichend. Der Gutachter sollte sich – und Entsprechendes gilt für die Entmündigung – davor hüten, betonten Individualismus und Nonkonformismus einer Person, ja skurrile Eigenwilligkeit, bei der durchaus schon eine gewisse Wunderlichkeit und Altersstarrsinn mitspielen mögen, für das Symptom der Geistesschwäche zu nehmen, die erst bewiesen werden soll. Es kann nicht Aufgabe der Psychiatrie sein, Außenseiter zu majorisieren und die wirtschaftlichen Interessen erschreckter Nachkommen durchzusetzen, die um ihre Erbschaft bangen.

Psychiatrische Fragen tauchen des weiteren im Eherecht auf, wenn es um die Aufhebung einer Ehe wegen geistig-seelischer Krankheit oder Abnormität eines Partners geht, die vom anderen unerkannt schon bei der Eheschließung bestanden hat (§ 32 EheG) oder erst während der Ehe zu deren Zerrüttung oder zur

Aufhebung der geistigen Gemeinschaft zwischen den Ehegatten geführt hat (§§ 44, 45 EheG), oder wenn nach erfolgter Scheidung eine Untersuchung der aus der Ehe hervorgegangenen Kinder notwendig wird, um eine dem Besten des Kindes dienende Regelung des Sorgerechts und des Verkehrsrechts vorzubereiten. Hier wie in manchen anderen Fragen werden aber nicht selten Entscheidungen, die allein vom Richter gefällt und verantwortet werden müssen, auf den psychiatrischen Sachverständigen übergewälzt, dessen zunehmender Einfluß andererseits oft bedauert wird.

Interessante Probleme birgt die versicherungsrechtliche Frage, ob ein Suizid in einem „die freie Willenswahrnehmung ausschließenden Zustand krankhafter Störung der Geistestätigkeit" (§ 169 VVG), somit aus Krankheitsgründen, oder im Sinne des sog. Bilanzselbstmords aus freien Stücken begangen wurde.

Einer Mitwirkung des Psychiaters bedarf schließlich in manchen Fällen auch eine Anordnung der Fürsorgeerziehung (nach § 64 JWG), die die Feststellung einer drohenden oder bereits eingetretenen Verwahrlosung voraussetzt. Können die erforderlichen Feststellungen durch ambulante Untersuchungen des Probanden nicht getroffen werden, so erlaubt § 66 JWG eine bis zu drei Monaten dauernde stationäre Beobachtung des Minderjährigen. Entsprechend geben § 73 JGG, § 81 StPO und § 656 ZPO die Rechtsgrundlage für eine bis zu sechs Wochen dauernde stationäre Beobachtung auch gegen den Willen des Probanden, wenn es um die Feststellung des Entwicklungsstandes eines straffälligen Minderjährigen, der strafrechtlichen Verantwortlichkeit eines Erwachsenen oder um die Feststellung der Voraussetzungen zur Entmündigung geht.

Erhard, H., Villinger, W., Forensische und administrative Psychiatrie, in: Psychiatrie der Gegenwart, Bd. III, Berlin, Heidelberg u. a. 1961; *Glatzel, J.*, Forensische Psychiatrie, Stuttgart 1985; *Göppinger, H., Witter, H.* (Hrsg.), Handbuch der forensischen Psychiatrie, Berlin u. a. 1972; *Langelüddeke, A., Bresser, P.*, Gerichtliche Psychiatrie, 4. Aufl., Berlin u. a. 1976; *Lempp, R.*, Gerichtliche Kinder- und Jugendpsychiatrie, Berlin u. a. 1983; *Mechler, A.*, Psychiatrie des Strafvollzugs, Stuttgart u. a. 1981; *Pohlmeier, H., Deutsch, E., Schreiber, H.-L.* (Hrsg.), Forensische Psychiatrie heute, Berlin u. a. 1986; *Rasch, W.*, Forensische Psychiatrie, Stuttgart u.a. 1986; *Venzlaff, U.* (Hrsg.), Psychiatrische Begutachtung, Stuttgart u. a. 1986; *Witter, H.*, Grundriß der gerichtlichen Psychologie und Psychiatrie, Berlin u. a. 1970; *ders.* (Hrsg.), Der psychiatrische Sachverständige im Strafrecht, Berlin u. a. 1987; *Wyrsch, J.*, Gerichtliche Psychiatrie, 2. Aufl., Bern 1955.

ACHIM MECHLER

Forensische Psychologie. Forensische Psychologie (gerichtliche Psychologie) wird als Teildisziplin der Rechtspsychologie angesehen, die ihrerseits Teil der Angewandten Psychologie ist. Grundsätzlich könnte unter Forensischer Psychologie die Anwendung psychologischer Erkenntnisse im gesamten Dienst der Rechtspflege verstanden werden. Tatsächlich wird aber in einschlägigen Veröffentlichungen unter diesem Begriff nahezu ausschließlich die gerichtliche Sachverständigentätigkeit von Psychologen und die Tätigkeit von Diplompsychologen im Bereich des Strafvollzugs behandelt.

Schwerpunkte forensisch-psychologischer Tätigkeit liegen im strafrechtlichen (z. B. Zurechnungsfähigkeit), familienrechtlichen (z. B. elterliches Sorgerecht), verkehrsrechtlichen (z. B. Eignungsbeurteilung) und sozialrechtlichen (z. B. Arbeitsunfähigkeit, Rehabilitation) Bereich (vgl. KÜHNE 1988).

Als inhaltliche Schwerpunkte sind insbesondere zu nennen: Verhaltensprognosen für Täter (Kriminalprognose), Möglichkeiten der Therapie bzw. Rehabilitation von Tätern, Beurteilung der psychischen Schädigung von Opfern (→ Viktimologie) sowie die Beurteilung der Glaubwürdigkeit von Zeugen (vgl. UNDEUTSCH 1967, 1976; ARNTZEN 1980; KÖHNKEN 1990, schließlich auch Grundlagenforschung zum Beweiswert von Personenidentifizierung MEUNER/SPORER 1990; KÖHNKEN/SPORER 1990).

Obgleich der Beginn forensisch-psychologischer Tätigkeit bereits mit der ersten gutachterlichen Stellungnahme durch W. STERN im Jahre 1903 angesetzt werden kann und der Psychologe als akademischer Beruf mit der Einführung des Diploms 1941 seit mehr als einem halben Jahrhundert etabliert ist, haftet ihm immer noch „der Geruch einer ‚Neuerscheinung‘ “ (UNDEUTSCH 1976) an. Bedeutsamer dürfte allerdings sein, daß die prozeßrechtliche Stellung des psychologischen Sachverständigen durch eine besondere Problematik gekennzeichnet ist, denn „gegenüber sonstigen Sachverständigen bringt der psychologische Sachverständige sein Fachwissen zu einem beträchtlichen Teil bei Fragen zur Geltung, die in den Bereich der eigentlichen richterlichen Tätigkeit fallen“ (FÜRST 1970, 178; vgl. auch PETERS 1967; UNDEUTSCH 1976; v. USLAR 1979; WEGENER 1981). Weiter wird die Konfliktspannung zwischen Psychologie und Rechtsprechung, die in der Literatur unbestritten ist, auch durch die Tatsache gefördert, daß hier zwei von der Ausgangsposition her grundverschiedene Wissenschaften miteinander konfrontiert werden:

Die Psychologie ist eine Erfahrungswissenschaft, während die Strafrechtswissenschaft „Wertlehre“ (BAUMANN 1968) sein will. Deutlich wird dies beispielsweise bei der für Gesetzgebung und Rechtsprechung so bedeutsamen Frage der Willensfreiheit (TOMAN 1983). Dieser strukturelle Konflikt zwischen psychologischem Sachverständigen und Richter erschwert die Kommunikation zwischen beiden wesentlich, wobei hinzukommt, daß die Vielfalt der empirisch gewonnenen psychologischen Erkenntnisse die Nutzbarmachung dieses Wissens für die Rechtspflege nicht gerade erleichtert. Wie zwar STEPHAN (1989 a; 1989 b) aufzeigen konnte, gibt es auch überraschend konvergente Entwicklungen zwischen der Erfahrungswissenschaft Psychologie und der Rechtsprechung. Die Beiträge des psychologischen Sachverständigen erhöhen aber vielfach die Komplexität der vom Richter zu beurteilenden Sachverhalte und „erschweren“ insoweit die richterliche Entscheidung.

Der Sachverständige ist „prozessual der Gegenpol zum Zeugen. Beide haben die Funktion, dem Richter den Sachverhalt zu unterbreiten“ (PETERS 1967). Im Gegensatz zum Zeugen wird aber die Beobachtung des Sachverständigen durch richterlichen Auftrag ausgelöst. „Nur im Hinblick auf diesen richterlichen Auftrag hat es Sinn, den Sachverständigen als einen Gehilfen des Gerichts zu charakterisieren“ (SCHMIDT 1957).

Strittig ist, in welchen Fällen ein psychologischer und in welchen ein psychiatrischer Sachverständiger (→ Forensische Psychiatrie) heranzuziehen ist. Der von UNDEUTSCH (1966; vgl. hierzu auch WEGENER 1981) sehr dezidiert vorgetragenen Auffassung, daß ausschließlich der psychologische Sachverständige für die Begutachtung eines Beschuldigten zuständig sei, sofern dieser „dem breiten Bereich der empirischen Norm angehört", und daß nur als psychologischer Sachverständiger gelten kann, „wer Psychologie als Hauptfach studiert, in diesem Fach ein Abschlußexamen abgelegt und berufliche Praxis erworben hat", kann zwar aus sachlogischen Gründen nur schwer widersprochen werden. Es wird aber beispielsweise durch die häufig anzutreffende unangemessene Wortverknüpfung „psychiatrisch-psychologisches Gutachten" (erstattet vom Psychiater!; vgl. LANGELÜDDEKE/BRESSER 1976) ein Kompetenzanspruch deutlich, der dies in Frage zu stellen sucht. Auch die Auseinandersetzungen, die sich bei der Neufassung des alten § 51 StGB in den neuen §§ 20 und 21 StGB und deren Auslegung ergaben, sind Teil dieses Rechtsstreits. Der Gesetzgeber hat zwar in der Fassung der §§ 20 und 21 dem psychologischen Sachverständigen Raum gegeben. Es sind aber, wie TOMAN (1983) meint, Versuche einer psychiatrisierenden Interpretation dieser Paragraphen zu beobachten.

Die Tatsache, daß hier immer noch Unklarheit herrscht, dürfte darauf zurückzuführen sein, daß den Gerichten lange Zeit für die gutachterliche Stellungnahme bei Körper und Psyche ausschließlich medizinische Sachverständige zur Verfügung standen. Gleichwohl wurde von juristischer Seite seit langem die Notwendigkeit psychologischer Hilfestellung bei der Beurteilung juristischer Probleme gesehen (KAISER 1973). Nach ersten, aber eher vereinzelten Kontakten zwischen Psychologen und Juristen (z.B. STERN 1905, 1926; LIPMANN 1905) kam es zu einer wesentlichen Intensivierung der Zusammenarbeit nach dem Zweiten Weltkrieg (vgl. BOCKELMANN 1955; KAISER 1973).

Tätigkeitsschwerpunkte psychologischer Sachverständiger sind insbesondere die Beurteilung der Glaubwürdigkeit von Zeugen, des Entwicklungsstandes von Tätern (z. B.: Ist Jugend- oder Erwachsenenstrafrecht anzuwenden?), Täterprognose sowie Fragen des elterlichen Sorgerechts.

Die Beurteilung der Glaubwürdigkeit von Zeugen: In den Anfängen hatte bei den psychologischen Gutachtern die Ansicht bestanden, daß die Aufgabe des Psychologen vor allem darin bestehe, die Möglichkeit von Aussageirrtümern aufzuzeigen und ihre Wahrscheinlichkeit darzulegen (STERN 1926). LIPMANN (1925) war der Ansicht, daß die Frage, ob der Zeuge überhaupt bereit sei, die Wahrheit zu sagen, vom Richter entschieden werden müsse, da dies nicht eine Frage der psychologischen Wissenschaft, sondern der Menschenkenntnis sei. 1939 entschied das Reichsgericht, daß es nicht Aufgabe des Sachverständigen sei, wissenschaftliche Erkenntnisse über die allgemeine Glaubwürdigkeit beispielsweise von Kindern wiederzugeben, daß für den Tatrichter vielmehr die Gründe wichtig seien, „aus denen der Sachverständige die Kinder oder eines von ihnen für glaubwürdig hält oder nicht". Von seiten der Richter kam zu Beginn psychologischer Sachverständigengutachten häufig die Frage nach der „allgemeinen Glaubwürdigkeit" des jeweils Betroffenen. Diese Frage wird heute zunehmend mehr auf die differenzierte Kurzformel gebracht: „Wer belügt möglicherweise wen, womit, wann und warum?" (MÜLLER-LUCKMANN 1973; LÖSEL 1983).

„Es interessiert im Rahmen des Gerichtsverfahrens nicht die Glaubwürdigkeit des Zeugen – ein fiktiver, statischer Begriff –, sondern einzig und allein die

Glaubwürdigkeit seiner konkreten konkreten, hic et nunc gemachten Aussage zur Sache" (UNDEUTSCH 1966). UNDEUTSCH nennt u. a. folgende Kriterien für eine wahrheitsgemäße Aussage: Konkretheit, Anschaulichkeit, innere Stimmigkeit, Realistik von Unvorteilhaftem über die eigene Rolle, Gleichbleiben des geschilderten Vorgangs bei verschiedenen Befragungen usw. (UNDEUTSCH 1966). Bei der Untersuchung und Begutachtung von Tätern bzw. Beschuldigten ist die sog. psychologische Tatbestandsdiagnostik (Spurensymptomatologie oder auch Lügendetektion) im Rechtsraum der Bundesrepublik ohne aktuelle Bedeutung und nur von historischem Interesse. Dennoch soll im folgenden kurz auf zwei Verfahren aus diesem Bereich eingegangen werden: Im „Assoziationsversuch" wird der Proband nacheinander mit ca. 100 Reizwörtern konfrontiert, von denen jeweils ein Teil in Zusammenhang mit dem „Wissen" stehen soll, das der Betreffende möglicherweise verbergen will. Auf jedes Reizwort muß mit einem Assoziationswort reagiert werden. Falls der Proband sein „Wissen" verbergen will, soll er sich bei den einschlägigen Reizworten z. B. durch verlängerte Reaktionszeit, inhaltliche Auffälligkeit des Assoziationswortes usw. verraten. Diese Methode konnte sich wegen der geringen Treffsicherheit nicht durchsetzen.

Das Registrieren physiologischer Variablen ist ein anderer Weg, den Willensentschluß des Beschuldigten zu umgehen. Der Grundgedanke, der diesem Vorgehen ebenso wie dem Assoziationsversuch zugrunde liegt, ist der, daß jedes Erlebnis, d. h. im allgemeinen auch jede kriminelle Handlung, emotionale Erinnerungsspuren beim Täter bzw. Tatzeugen zurückläßt. Diese emotionalen Erinnerungsspuren versucht man über physiologische, insbesondere vegetativ gesteuerte körperliche Reaktionen zu erfassen (STELLER 1987). Als wichtige körperliche Indikatoren gelten: die hautgalvanische Reaktion (HGR) oder auch psychogalvanische Reaktion (PGR), d. h. die Messung des Hautwiderstandes gegenüber einem von außen zugeführten (exosomatischen) elektrischen Strom oder die Änderung von endosomatischen Potentialdifferenzen zwischen jeweils zwei verschiedenen Stellen der Hautoberfläche sowie die Messung von Atembewegung, Blutdruck, der Feinmotorik an den Extremitäten usw. Die sinnvollsten Ergebnisse werden durch die parallele Messung mehrerer der genannten Indikatoren mit Hilfe von Polygraphen erzielt, d. h. mit Geräten, die die gleichzeitige Registrierung verschiedener Variablen einschließlich Zeitmarkierungen auf einem Datenträger ermöglichen. Gemessen werden hierbei die körperlichen Reaktionen auf bestimmte Reize (z. B. Nennung des Tatortes). Die Verwendung von Polygraphen, im allgemeinen „Lügendetektoren" genannt, ist in Deutschland nach einer Entscheidung des BGH (BGHSt 5, 333 ff.) nicht zulässig. UNDEUTSCH (1966) ist der Ansicht, daß diese Entscheidung „eine Fülle falscher Annahmen und fehlerhafter Schlußfolgerungen" enthalte. Nach einer von ihm berichteten Untersuchung konnte mit Hilfe von Polygraphen eine Trefferwahrscheinlichkeit von 68% (gemessen an Geständnissen der fraglichen Täter) erreicht werden. Kritisch anzumerken bleibt, daß auch physiologische Werte willentlich verfälscht werden können (beispielsweise bei Beherrschung des autogenen Trainings), und ferner, daß physiologische Messungen zwar die Quantität der physiologischen Reaktion, aber nicht die Qualität der damit in

Zusammenhang stehenden psychischen Reaktionen zu messen erlauben. Durch die inzwischen insbesondere in den USA entwickelten Verbesserungen der Untersuchungsmethodik hat die „psychophysiologische Ermittlung“ allerdings eine erstaunliche Treffsicherheit erlangt. Es werden Trefferquoten (gemessen an späteren Geständnissen) bis zu 95,5% berichtet.

Die Persönlichkeitsbegutachtung von Tätern umfaßt auf dem Gebiet des Strafrechts im wesentlichen vier Fragestellungen: die Beurteilung der strafrechtlichen Verantwortlichkeit (Strafmündigkeit) von Jugendlichen (nach § 3 JGG), die Frage, ob auf Heranwachsende das Jugendstrafrecht anzuwenden ist oder nicht (§ 105 JGG), die Beurteilung der persönlichen Voraussetzungen der Schuldfähigkeit und die prognostische Beurteilung von Rechtsbrechern.

Die Beurteilung der persönlichen Voraussetzungen der Schuldfähigkeit ist deswegen von Bedeutung, weil das Strafrecht nur dann erlaubt, gegen einen Täter wegen eines objektiv rechtswidrigen Verhaltens einen Schuldvorwurf zu erheben, wenn der Täter die Möglichkeit gehabt hat, die Rechtswidrigkeit seiner Handlung zu erkennen und sich normgerecht zu verhalten. Fraglich kann das Vorliegen dieser Voraussetzung bei Jugendlichen sein, wenn die körperliche Entwicklung der psychischen vorausgeeilt ist und es daher zu Sexualdelikten gekommen ist, sowie bei Heranwachsenden und bei Tätern, die aufgrund ihrer biographischen Entwicklungsmöglichkeiten nicht in zureichender Form sozialisiert wurden („infolge eines Mangels in der Ausbildung oder momentanen Ausprägung des subjektiven Normgefüges …“, UNDEUTSCH 1966). Schließlich sind auch die sogenannten „Affekttäter“ (§§ 20 und 21 StGB) zu nennen.

Die psychologische Begutachtung stützt sich dabei auf eine sorgfältige biographische Anamnese, auf die Ergebnisse von ausführlich validierten Testverfahren und auf eine aussagepsychologisch orientierte Exploration über Tatmotive und Tathergang. Wichtig für die Beurteilung des Affektzustandes können hier auch psychologisch zu analysierende Zeugenaussagen über das Verhalten des Täters im Augenblick der Tat (z. B. das Ausdrucksverhalten) sein. Die prognostische Beurteilung des Rechtsbrechers gewinnt im Zusammenhang mit Reformbestrebungen innerhalb des Strafvollzugs eine zunehmende Bedeutung. Die psychologische Begutachtung umfaßt hier zwei eng zusammenhängende Bereiche, nämlich die Wahrscheinlichkeit zukünftigen kriminellen Verhaltens und die Frage der therapeutischen Behandlungsmöglichkeiten, um die Rückfallgefahr beim einzelnen Straftäter zu reduzieren oder ganz auszuschließen.

Die Frage der Rückfallgefährdung kann aufgrund einer klinischen oder statistischen Individualprognose (→ Kriminalprognose) entschieden werden. Die statistische Individualprognose geht von bei großen Stichproben empirisch-statistisch festgestellten Zusammenhängen zwischen bestimmten Persönlichkeitsmerkmalen, biographischen Daten, Umwelteinflüssen und kriminellem Verhalten aus. Diese Zusammenhänge finden in der Konstruktion von sogenannten Prognosetafeln ihren Niederschlag. Die klinische Individualprognose lehnt die Verwendung von statistischen Prognosetafeln ab und versucht, durch eine intensive Analyse der Einzelpersönlichkeit einschließlich deren Biographie und gegenwärtigen Lebenssituation die Wahrscheinlichkeit straffälligen oder straffreien Verhaltens zu erfassen. Eine theoretisch scharfe Trennung zwischen beiden Verfahren ist nicht möglich, da auch bei klinischen Prognosen der Sachverständige zweckmäßigerweise von empirisch – im allgemeinen unsystematisch – gewonnenen Erfahrungen bei anderen Personen ausgehen muß. Am sinnvollsten dürfte die Verbindung beider Prognoseverfahren sein (eine zusammenfassende Darstellung der Prognoseproblematik findet sich bei LEFERENZ 1972).

Die → Kriminalprognose hat besondere Bedeutung im Zusammenhang mit dem in den letzten Jahrzehnten angestrebten Wandel vom Vergeltungs- hin zu einem Maßnahmestrafrecht gewonnen. In diesem Zusammenhang ist die Kriminalprognose entsprechend mit der Frage nach den für die Resozialisierung adäquaten Maßnahmen verbunden. Hierzu gehört auch im Rahmen des Strafvollzugs die Frage der vorzeitigen Entlassung oder auch vorher die Frage, ob eine Strafe zur Bewährung ausgesetzt werden kann.

Einen Spezialfall gutachterlicher Aussagen in Form einer Prognose über die zukünftige Bewährung stellt die gutachterliche Beurteilung der Fahreignung von Personen dar, an deren Eignung zum Führen von Kraftfahrzeugen Zweifel bestehen (§ 9 StVZO, STEPHAN 1992).

Quantitativ gesehen, nimmt dieser Bereich den größten Teil psychologischer Gutachtertätigkeit ein, wobei vor allem Gutachten für die zuständigen Verkehrsbehörden, aber auch für die Verwaltungsgerichte erstellt werden. Zur Begutachtung werden von den Behörden Mitarbeiter der gemäß § 3 Abs. 3 StVZO amtlich anerkannten medizinisch-psychologischen Untersuchungsstellen herangezogen.

Charakteristisch für diese Stellen ist die enge Zusammenarbeit von Medizinern und Psychologen bei der Begutachtung. Die spezifisch verkehrspsychologischen Untersuchungsmethoden erfassen die psychophysische und die intellektuelle Leistungsfähigkeit sowie die Persönlichkeitsstruktur (Beurteilung der „persönlichen Zuverlässigkeit"). Im Bereich der Verkehrspsychologie hat sich in neuerer Zeit durch die Entwicklung von Modellen für die „Nachschulung" (vgl. z. B. „Mainz 77"; KUNKEL 1979; STEPHAN 1988) ein Schwerpunkt psychologischer Intervention entwickelt. Sinn dieser Interventionen, die am Schnittpunkt zwischen pädagogischen und therapeutischen Maßnahmen angesiedelt sind, ist es, durch eine Veränderung des Erlebens und Verhaltens (z. B. die Schaffung von Problembewußtsein hinsichtlich der Verbindung zwischen Alkoholkonsum und Fahren sowie der Hilfestellung zur Kontrolle des Alkoholkonsums) die Wahrscheinlichkeit der Verkehrsbewährung des einzelnen Kraftfahrers zu erhöhen und damit einen Beitrag zur Verkehrssicherheit zu leisten (vgl. STEPHAN 1983, 1989 a, 1989 b).

Eine psychologische Begutachtung ist auch bei der Frage nach der zivilrechtlichen Haftung junger Menschen (Kinder und Jugendliche, die das 7., aber nicht das 18. Lebensjahr vollendet haben) vielfach notwendig. Gegenstand der Begutachtung ist hier die Einsichtsfähigkeit nach § 828, II 1 BGB.

Die psychologische Gutachtertätigkeit im Bereich des Familienrechts befaßt sich mit Fragen wie der Unterstützung der Eltern bei der Erziehung (§ 1631 II BGB), Entziehung der elterlichen Gewalt (§ 1666 BGB), Übertragung der elterlichen Gewalt auf einen Elternteil nach der Scheidung (§ 1671 BGB), Fürsorgeerziehung (§ 64 JWG), Vormundschaft über Minderjährige (§ 1779 BGB), Unterbringung zur stationären Beobachtung (§ 66 JWG), Annahme an

Kindes Statt (§§ 1741–1742 BGB), vorzeitige Volljährigkeitserklärung, vorzeitige Ehemündigkeitserklärung (§§ 3 und 4 BGB, §§ 1–3 EheG) und Entmündigung (§ 6 BGB), Geschäftsunfähigkeit (§§ 104/105 BGB), Testierunfähigkeit (§ 2229 IV BGB), Pflegschaften (§ 1910 BGB).

Inhaltlich handelt es sich hier um Fragen der Pädagogischen Psychologie, der Klinischen Psychologie, der Persönlichkeitspsychologie, der Sozialpsychologie und der Entwicklungspsychologie.

Grundsätzlich sind an forensisch-psychologische Gutachten eine Reihe formaler Anforderungen zu richten, die nicht immer erfüllt werden. Prinzipiell sollte das schriftliche Gutachten eine kurze Einführung in die Aktenlage enthalten und zunächst die für das Gutachten relevanten Anknüpfungstatsachen hervorheben. Zu nennen und inhaltlich zu charakterisieren sind die durchgeführten psychologischen Testverfahren und Untersuchungsmethoden sowie die Fragenbereiche, die mit dem jeweiligen Untersuchungsansatz bearbeitet werden sollten. Relevant sind auch die Bedingungen, unter denen die Datenerhebung erfolgte. Von zentraler Bedeutung ist, daß für den Adressaten deutlich erkennbar wird, wo der Gutachter nur Fakten aus der Vorgeschichte (oder auch aus den Testunterlagen) nennt und wo er diese bewertet. Datennennung bzw. -beschreibung und Datenbewertung sollten also deutlich getrennt werden. Die Bewertung sollte sich nur auf Daten stützen, die im vorausgehenden Teil des Gutachtens aufgeführt wurden. Es sollten auch divergierende Interpretationsmöglichkeiten erörtert werden. Schließlich ist die gesamte Begutachtung auf die konkrete Fragestellung auszurichten, die Anlaß für die Begutachtung ist. Darüber hinaus sollten zum Schutz des Probanden im Gutachten keine Informationen aufgeführt werden, die sich nicht unmittelbar auf die Fragestellung beziehen. Belege und Überlegungen, die zu bestimmten Bewertungen führen, sollten so dargestellt werden, daß diese Bewertungen von Adressaten nachvollzogen werden können (vgl. hierzu die Forderungen an psychologische Begutachtung, wie sie vom zuständigen Ausschuß des Berufsverbandes Deutscher Psychologen, bdp 1983, aufgestellt wurden). Hinsichtlich der wissenschaftlichen Fundierung forensischer Gutachten und allgemein forensisch-psychologischer Tätigkeit ist die Forderung zu erheben, daß die Verfahren und Konstrukte der Forensischen Psychologie durch Feldstudien sowie Feld- und Laborexperimente so zu objektivieren und abzusichern sind, daß sie den gleichen hohen methodischen Anforderungen genügen, wie sie für die psychologische Grundlagenforschung selbstverständlich sind (vgl. Wegener 1981). Unbefriedigend bleibt das bisherige Fehlen einer wissenschaftlich zufriedenstellenden „Gesamttheorie" forensisch-psychologischer Begutachtung. Dieser Mangel gilt freilich, eher noch verstärkt, für wissenschaftliche Nachbardisziplinen, wie Forensische Psychiatrie und Kriminologie.

Arntzen, F., Vernehmungspsychologie. Psychologie der Zeugenvernehmung in Strafverfahren, München 1980; *Baumann, J.*, Strafrecht. Allg. Teil, 5. Aufl., Bielefeld 1968; *Berufsverband Deutscher Psychologen* (bdp), Bonn 1983; *Bockelmann, P.*, Strafrichter und psychologischer Sachverständiger, GA, 1955, S. 321–335; *Fürst, G.*, Beweiswert und Beweiswürdigung psychologischer Gutachten in verwaltungsgerichtlichen Verfahren, Kraftfahrt und Verkehrsrecht 9 (1970), S. 175–186; *Kaiser, G.*, Strafrecht und Psychologie, in: Das Recht und seine Nachbarwissenschaften, hrsg. v. Grimm, D., Frankfurt 1973, S. 195–214; *ders.*, Kriminologie, Eine Einführung in die Grundlagen, 6. Aufl., Heidelberg 1983; *Köhnken, G.*, Glaubwürdigkeit – Untersuchungen zu einem psychologischen Konstrukt, in: Fortschritte der psychologischen Forschung. Band 5, hrsg. von Frey, D., Greif, S., Lantermann, E.D., Silbereisen, R.K., Weidenmann, B., München 1990; *Köhnken, G., Sporer, L.*, Identifizierung von Tatverdächtigen durch Augenzeugen, Stuttgart 1990; *Kunkel, E.*, Mainz 77. Maßnahme zu Verhaltensänderung bei Trunkenheitstätern, BA 16 (1979), S. 1–18; *Kühne, A.*, Psychologie im Rechtswesen, Psychologie und psychodiagnostische Fragestellungen bei Gericht, Weinheim 1988; *Langelüddeke, A., Bresser, P.*, Gerichtliche Psychiatrie, Berlin 1976; *Leferenz, H.* u. a., Die forensischen Aufgaben der Psychiatrie. Teil D. Der Sachverständige – Gutachten und Verfahren, Berlin 1972; *Lipmann, O.*, Reformvorschläge zur Zeugenvernehmung vom Standpunkt des Psychologen, ArchKrim 20 (1905), S. 68–81; *ders.*, Grundriß der Psychologie für Juristen, Leipzig 1925; *Lösel, F.* (Hrsg.), Kriminalpsychologie. Grundlagen und Anwendungsbereich, Weinheim 1983; *Meurer, D., Sporer, L.*, Zum Beweiswert von Personenidentifizierungen: Neuere empirische Befunde, Marburg 1990; *Müller-Luckmann, E.*, Psychologie und Strafrecht, in: Das Recht und seine Nachbarwissenschaften, hrsg. v. Grimm, D., Frankfurt 1973, S. 215–230; *Peters, K.*, Die prozeßrechtliche Stellung des psychologischen Sachverständigen, in: Forensische Psychologie, Band 11, hrsg. v. Undeutsch, U., Göttingen 1967, S. 768–800; *Saks, M.J., Hastie, R.*, Social psychology in court, New York 1978; *Sales, B.D.* (Hrsg.), Psychology in the legal process, New York 1977; *Schmidt, E.*, Lehrkommentar zur Strafprozeßordnung und zum Gerichtsverfassungsgesetz, Teil II, Göttingen 1957; *Schneewind, K.A.* (Hrsg.), Wissenschaftstheoretische Grundlagen der Psychologie, München 1983; *Stephan, E.*, Psychologische Intervention als kriminalpolitisches Instrument zur Bekämpfung von Trunkenheitsdelikten im Verkehr, in: Kriminologie – Psychiatrie – Strafrecht. Festschrift für Heinz Leferenz zum 70. Geburtstag, hrsg. v. Kerner, H.-J. u. a., Heidelberg 1983, S. 163–180; *ders.*, „Bedingte Eignung", eine Chance für die Verkehrssicherheit und den „alkoholauffälligen Kraftfahrer" I, DAR 58 (1989 a), S. 1–5; *ders.*, „Bedingte Eignung", eine Chance für die Verkehrssicherheit und den „alkoholauffälligen Kraftfahrer" II, DAR 58 (1989 b), S. 125–135; *Steller, M.*, Psychophysiologische Aussagebeurteilung – Zur Verwendung psychophysiologischer Aktivierungsdiagnostik bei der Erfassung intraindividueller Bedeutungsunterschiede von Kognitionen, Göttingen 1987; *Stephan, E.*, Naturwissenschaftlich-psychologische Verkehrsprognose und Wagniswürdigung in der Eignungsbeurteilung, Deutsches Autorecht 61 (1) (1992), S. 1-6; *Stern, W.*, Psychologische Tatbestandsdiagnostik. Beiträge zur Psychologie der Aussage II/2, Leipzig 1905/06, S. 145–147, S. 275–277; *ders.*, Jugendliche Zeugen in Sittlichkeitsprozessen, Leipzig 1926; *Tapp, J.L.*, Psychology and policy perspectives on the law: Reflections on a decade, Journal of Social Issues 36 (1980), S. 165–192; *Toman, W.*, Der psychoanalytische Ansatz zur Delinquenzerklärung und Therapie, in: Kriminalpsychologie, hrsg. v. Lösel, F., Weinheim 1983; *Undeutsch, U.*, Forensische Psychologie, in: HwbKrim, hrsg. v. Sieverts, R., Berlin 1966, S. 205–231; *ders.*, Forensische Psychologie. Handbuch der Psychologie, Bd. 11, Göttingen 1967; *ders.*, Überblick über die gerichtspsychologische Gutachtertätigkeit in Deutschland, in: Probleme des gerichtspsychiatrischen und -psychologischen Gutachtens, hrsg. v. Rehberg, J., Diessenhofen 1976, S. 27–44; *Uslar, W. von*, Ansätze zu einer sozialwissenschaftlich ausgerichteten Forensischen Psychologie, Köln 1979; *Wegener, H.*, Einführung in die Forensische Psychologie, Darmstadt 1981.

EGON STEPHAN

Forschungsförderung, -finanzierung → Kriminologische Institute

Frauenkriminalität. Unter Frauenkriminalität wird hier die Gesamtheit der strafbaren Handlungen von Personen des weiblichen Geschlechts verstanden, also auch von weiblichen Jugendlichen und Kindern. Die Kriminalität dieser Sozialkategorie hat vor allem deshalb besonderes Interesse gefunden, weil sie in den Kriminalstatistiken aller Länder erheblich niedriger ist als die Kriminalität von Personen des männlichen Geschlechts. Dieser Sachverhalt hat die Frauenkriminalität zu einem bevorzugten Beispiel kriminalbiologischer und kriminalanthropologischer Theoretiker gemacht. Diese argumentieren, daß die Frau körperlich schwächer („Kriminalität der Schwäche") und psychisch passiver sei als der Mann bzw. den kriminellen Anreizen stärkere innere Kräfte entgegenzusetzen habe. Die dennoch vorhandene Kriminalität wird dann wiederum mit spezifisch weiblichen Geschlechtseigenschaften erklärt, den psychischen Ausnahmezuständen während der Menstruation, Schwangerschaft und Klimakterium sowie besonderen „geschlechtsgebundenen Umweltlagen" (EXNER 1949, neuerdings SAGEL-GRANDE 1988). Sozialwissenschaftlich orientierte Theoretiker haben demgegenüber die kulturell bedingte Sozialisation in spezifisch weibliche Rollen, die geschütztere gesellschaftliche Stellung der Frau und die daraus folgenden geringeren Kriminalitätsneigungen und -möglichkeiten, bei deutlich an männlichem Verhalten orientierten Strafrechtsnormen, betont. Daraus wird teilweise sogar der Schluß gezogen, daß die weibliche Kriminalität sich in dem Maße der männlichen angleichen werde, in dem Frauen in allen Bereichen des sozialen Lebens ihre Gleichberechtigung mit den Männern erreichen (so etwa Freda ADLER, zuletzt 1984). Ob eine solche einseitige Angleichung wünschenswert wäre, kann allerdings mit guten Gründen bezweifelt werden (LEONARD 1982). Noch weiter geht CAIN (1990), die den Vergleich selbst als „androzentrisch" ablehnt.

Bevor die vorhandenen Untersuchungen an Statistiken im Hinblick auf diese Theorien und Hypothesen referiert werden, müssen jedoch einige grundsätzliche Bedenken und Einwände gegen die Vergleichbarkeit der statistisch registrierten Kriminalität männlicher und weiblicher Täter angeführt werden (→ Kriminalstatistik): Die Strafgesetzgebung der meisten Staaten kennt eine Reihe von Straftaten, die nur von Männern (Zuhälterei, Unzucht zwischen Männern etc.) begangen werden können. Soweit Delikte per definitionem nur von Frauen begangen werden können (Kindestötung, Selbstabtreibung etc.), handelt es sich zumeist um privilegierte Formen von Straftatbeständen, die bei Männern mit härteren Strafen bedroht sind. Ferner ist das Dunkelfeld bei einigen spezifisch weiblichen Delikten (z. B. Abtreibung, Kaufhausdiebstahl) besonders groß. Dazu kommt, daß bei manchen Delikten die als Täter ermittelten Frauen seltener abgeurteilt, verurteilt und eingesperrt werden als männliche Täter. Schließlich wird plausibel vermutet, daß die Frauenkriminalität vielfach „maskierten Charakter" hat (POLLACK 1950) und daher weniger leicht zu entdecken ist als die männliche Kriminalität. Diese Tatsachen und Überlegungen haben einige Theoretiker dazu verführt, die niedrigere Kriminalitätsrate von Frauen für scheinbar und das eingangs erwähnte Problem für ein Scheinproblem zu halten. Dunkelfelduntersuchungen (→ Dunkelfeld) haben jedoch ergeben, daß der Unterschied in den Kriminalitätsraten sich bei der selbstberichteten Delinquenz zwar reduziert, in abgeschwächter Form jedoch bestehen bleibt (ADLER 1984, 27 ff.; HEIDENSOHN 1991). Es scheint also, daß die Kriminalstatistiken einen realen Unterschied, wenn auch in seiner Größe verzerrt, wiedergeben. Dies dürfte sich vor allem daraus erklären, daß weibliche Handlungsfelder nach wie vor primär im privaten Bereich liegen und „abweichendes Verhalten" daher primär dort, also informell kontrolliert wird, mit der Konsequenz einer Entlastung der formellen Sozialkontrolle (vgl. GIPSER/STEIN-HILBERS 1980, 271 ff.). Vor diesem Hintergrund sollen die folgenden Daten zur Verteilung, Entwicklung und Struktur der Frauenkriminalität betrachtet werden.

Wenn auch der weibliche Kriminalitätsanteil in allen uns bekannten Gesellschaften weniger als 50% beträgt, so sind doch erhebliche Unterschiede sowohl zwischen Ländern (ADLER 1984; HEIDENSOHN 1991) als auch innerhalb von Ländern zu verzeichnen: In entwickelten Industrieländern stellen Frauen zwischen 8% (Niederlande) und 19% (Japan, BRD) aller Verurteilten; in den Entwicklungsländern sind die Prozentsätze dagegen wesentlich niedriger (z. B. Nigeria: 3%, Venezuela: 3%). In den Großstädten kommt die weibliche Kriminalität quantitativ näher an die männliche heran als in kleinen Städten und auf dem Lande. Ferner findet man, daß die Frauenkriminalität in Kriegszeiten stets absolut wie relativ zur Männerkriminalität stark zunimmt.

Diese Unterschiede sind von einer rein biologischen Theorie nicht zu erklären und zeigen, wie stark der Umfang der Frauenkriminalität von der gesellschaftlichen Stellung der Frau abhängt. Gegenüber der Emanzipationstheorie kann jedoch eingewandt werden, daß der weibliche Kriminalitätsanteil im 19. Jahrhundert nicht niedriger, sondern erheblich höher war als heute: 1805 stellten Frauen etwa ein Drittel der in England Verurteilten, ebenso 1832 in Dänemark; im Deutschland der 1880er Jahre waren unter den Verurteilten 20% Frauen, einhundert Jahre später waren es weniger (1980: 15,2%). Dieses Phänomen ist bisher kaum analysiert worden. Für Deutschland läßt sich jedoch zeigen, daß der scheinbare „Rückgang" wesentlich darauf beruht, daß es im Kaiserreich keine Straßenverkehrskriminalität gab, während diese heute etwa die Hälfte aller Verurteilungen ausmacht: klammert man die Straßenverkehrskriminalität aus, dann ergibt sich für 1882 wie für 1980 ein Frauenanteil von 20% an den Verurteilungen. Hat also kein Rückgang stattgefunden, so auch kein dramatischer Anstieg, wie Freda ADLER ihn für die USA berichtet (zuletzt ADLER 1984, 1 ff.).

Bei Betrachtung der Deliktstruktur der Frauenkriminalität ist es sinnvoll, zwischen besonders häufigen und spezifischen Delikten zu unterscheiden. Einen besonders großen Anteil der gesamten verurteilten Frauenkriminalität machen Diebstähle und Unterschlagungen aus (1989: 38%), gefolgt von Straßenverkehrsvergehen (25%). Dies bedeutet eine Umkehrung der bei Männern vorliegenden Reihenfolge, die sich aus der geringeren Beteiligung von Frauen am Straßenverkehr erklären läßt. Abgesehen von den per definitionem spezifisch weiblichen Delikten (Kindestötung, Selbstabtreibung) ist der Frauenanteil unter den Verurteilten überdurchschnittlich hoch bei relativ selten abgeurteilten Delikten wie Verletzung der Fürsorgepflicht (57%), Mißhandlung von Schutzbefohlenen (32%). Hinzu kommt der hohe (34%) Anteil am einfachen Diebstahl, der sich aus der absolut wie relativ steigenden Bedeutung des Ladendiebstahls erklärt. Beim Ladendiebstahl werden nach der Polizeilichen Kriminalstatistik in 40% (1990) der Fälle Frauen als Tatverdächtige zur Anzeige gebracht. Ein weiteres spezifisches Frauendelikt, die Prostitution, ist weitgehend entkriminalisiert worden und taucht in den deutschen Kriminalstatistiken kaum noch auf. Die Belastung von Frauen mit Gewaltdelikten liegt in der Bundesrepublik stark unter dem Durchschnitt der weiblichen Kriminalitätsbelastung. Dennoch erscheint die Kennzeichnung weiblicher Kriminalität als „Kriminalität der Schwäche" äußerst mißverständlich. Kriminalstatistische Vergleiche zeigen, daß niedrige Gewaltkriminalität kein universelles Wesensmerkmal der Frauenkriminalität darstellt: in einzelnen Ländern Südamerikas macht die Gewaltkriminalität über ein Viertel der gesamten registrierten weiblichen Kriminalität aus.

Wenn schon „Schwäche", dann scheint es eher die soziale Schwäche der Frau zu sein, die in der Kriminalität verschiedener Gesellschaften ihren verschiedenen Niederschlag findet: „Kriminalität als aktive Problemlösungsstrategie zur Bewältigung gesellschaftlich bedingter Konfliktlagen hat für Frauen eine geringere Bedeutung, weil Frauen dem doppelten Joch kapitalistischer und patriarchalischer Unterdrückungsmechanismen ausgesetzt sind und deshalb eher passive Problemlösungen wählen" (GIPSER/STEIN-HILBERS 1980, 175).

Angesichts der hohen Dunkelziffer und der plausiblen Vermutung einer unterschiedlichen Aufklärungs- und Sanktionswahrscheinlichkeit können Aussagen über die Merkmale weiblicher Straftäter nicht gemacht werden. Dagegen sind aus Untersuchungen einige Merkmale der registrierten weiblichen Straftäter bekannt. Bemerkenswert ist dabei zunächst die Altersverteilung: die Tabelle zeigt, daß bei den polizeilich registrierten Frauen die Altersgruppen bis zum 50. Lebensjahr unterdurchschnittlich, diejenigen über 50 weit überdurchschnittlich vertreten sind. Bei den verurteilten und eingesperrten Frauen sind die unter 30jährigen sogar unterdurchschnittlich vertreten, während wiederum die über 50jährigen weit überdurchschnittlich auftauchen. Die über 70jährigen Frauen sind von Kriminalisierung fast genauso häufig betroffen wie Männer der gleichen Altersgruppe. Insgesamt dürfte dies am ehesten rollentheoretisch zu erklären sein: die volle Ausübung der sozialen Rolle als Hausfrau und Mutter reduziert sowohl die Neigung als auch die Möglichkeit zu außerfamiliärer Kriminalität. Berufstätigkeit kommt bei Frauen typischerweise zu diesen Rollenverpflichtungen hinzu, mit der Konsequenz einer extremen Einschränkung der Freizeit (so auch ANTTILA 1981, 81). Dies erscheint als wichtigste Modifikation der Emanzipationsthese. Bei der relativ geringen kriminellen Belastung der weiblichen Jugendlichen ist zu bedenken, daß deren abweichendes Verhalten im Rahmen unserer Kultur eher als „Verwahrlosung" denn als „Kriminalität" definiert wird. Dem entspricht der hohe Anteil von Mädchen, welche vom Jugendamt im Rahmen der Hilfe zur Erziehung „nicht nur vorübergehend" untergebracht werden (1977: 47%, vgl. WIRTSCHAFT UND STATISTIK 1978, 814). Der weibliche Anteil an der Fürsorgeerziehung ist ebenfalls hoch (1977: 35%), wenn auch rückläufig (WIRTSCHAFT UND STATISTIK 1978, 815). Keine nennenswerten Unterschiede zu den männlichen Straftätern ergeben sich im Hinblick auf die soziale Herkunft der registrierten weiblichen Straftäter: sie kommen überwiegend aus dem Unterschichtmilieu, verfügen zumeist nur über Volks- und Hilfsschulausbildung und haben nur selten eine abgeschlossene Berufsausbildung: allerdings trifft dies sehr viel weniger auf Drogenabhängige zu, die einen immer größeren Teil der weiblichen Verurteilten und Gefangenen bilden (GIPSER/STEIN-HILBERS 1980, 95 ff.).

Mehr noch als die männliche Kriminalität scheint die Kriminalität bei Frauen den Charakter einer Auflehnung gegen gesellschaftliche Rollenzumutungen zu haben. Die soziale Reaktion darauf, insbesondere die „Resozialisation" in Heimen und Strafanstalten (DÜRKOP/HARDTMANN), hat dagegen das Ziel und teilweise auch den Effekt, das übliche Selbstbild der Frau zu reproduzieren (HEIDENSOHN 1991, 64 f.).

Anteil von Mädchen und Frauen an der Gesamtzahl strafjustizieller Registrierungen ohne Straßenverkehr (1990)

Alter	Art der Registrierung		
	Polizeil. bekanntgeworden (ohne Straßenverkehr)	Gerichtlich verurteilt (ohne Straßenverkehr)	Strafhaft (inkl. Straßenverkehr)
bis 14	24%	–	–
14–18	23%	13%	4%
18–21	19%	12%	2%
21–25	20%	17%	3%
25–30	21%	19%	4%
30–40	23%	21%	4%
40–50	25%	23%	5%
50–60	29%	28%	5%
60–70	{43%	37%	7%
über 70	{…	47%	11%
Insgesamt	24%	20%	4%
(N)	(337 644)	(85 617)	(1 575)

Quellen: Polizeiliche Kriminalstatistik 1990; Statistisches Bundesamt, Fachserie 10, Reihe 3: Strafverfolgung 1990; Statistisches Bundesamt, Fachserie 10, Reihe 4: Strafvollzug 1990.

Adler, F. (Hrsg.), The Incidence of Female Criminality in the Contemporary World, New York 1984; *Albrecht, H.-J.*, Die sanfte Minderheit. Mädchen und Frauen als Straftäterinnen, BewHi 34 (1987), S. 341–359; *Anttila, I.*, Female Criminality in Finland – What do the Statistics show?, in: Adler, F. (Hrsg.), a. a. O. 1981, S. 64–84; *Cain, M.*, Towards Transgression: New Directions in Feminist Criminology, in: International Journal of the Sociology of Law 18 (1990), S. 1–18; *Dürkop, M., Hardtmann, G.* (Hrsg.), Frauen im Gefängnis, Frankfurt/M. 1978; *Gipser, D., Stein-Hilbers, M.* (Hrsg.), Wenn Frauen aus der Rolle fallen. Alltägliche Leiden und abweichendes Verhalten von Frauen, Weinheim u.a. 1980; *Heidensohn, F.*, Women and Crime in Europe, in: Heidensohn, F., Farrell, M. (Hrsg.), Crime in Europe, London and New York 1991; Kaiser, G., Das Bild der Frau im neueren kriminologischen Schrifttum, in: ZStW 98 (1986), S. 658–678; *Leonard, E.B.*, Women, Crime an Society. A Critique of Theoretical Criminology, London 1982; *Pollack, O.*, The Criminality of Women, Philadelphia 1950; *Sagel-Grande, I.*, Zur Erklärung der Frauenkriminalität, in: ZStW 100 (1988), S. 994–1002.

JOHANNES FEEST

Freiheitsberaubung → Gewaltkriminalität

Freiheitsentziehende Maßnahmen. Die Bezeichnung freiheitsentziehende oder auch, in Anlehnung an die medizinische Terminologie, stationäre Maßnahmen umgreift alle mit *Freiheitsentzug* verbundenen, gesetzesförmigen → Sanktionen, mit denen staatliche Instanzen der sozialen Kontrolle (→ Recht und soziale Kontrolle) auf schwerere Formen abweichenden (Sozial-)Verhaltens oder sonstige als erheblich gewertete Auffälligkeiten einer Person reagieren. Freiheitsentzug meint dabei vornehmlich die Einschränkung der Freiheit in der körperlichen Bewegung und der Wahl des Aufenthaltsortes. Dazu gehören nicht nur die Freiheitsstrafe und die mit Freiheitsentzug verbundenen Formen der sog. Maßregeln der Besserung und Sicherung, sondern auch außerhalb des Strafrechts angeordnete Maßnahmen wie die Unterbringung und Einweisung in Heime und Anstalten. Das Mitbeachten der öffentlich- und zivilrechtlichen Verfahrensweisen neben den strafrechtlichen erscheint schon deshalb angebracht, weil die Grenzen zwischen den „Systemen" durchlässig sind und weil der rechtliche Unterschied in der Erlebniswirklichkeit der Betroffenen oft nicht zum Tragen kommt.

Das gesamte System der *außerstrafrechtlichen* Reaktionen stützt sich im wesentlichen auf sicherheitspolitische und fürsorgerische Erwägungen. Bei Gefahr im Verzug kann die Polizei im ersten Zugriff die erforderlich erscheinenden Maßnahmen einleiten, bis die zuständige Behörde tätig wird. In allen Fällen länger dauernden Freiheitsentzugs ist aber die endgültige Entscheidung einem Gericht vorbehalten. Kriminologisch verwertbare Daten über dieses Gebiet behördlichen Eingreifens fehlen fast völlig.

Zu den zentralen Aufgaben inhaltlich *verwaltungsrechtlicher Kontrolle* (die förmlich freilich von Gerichts wegen in zivilrechtlichen Verfahren der sog. freiwilligen Gerichtsbarkeit abgesichert werden) gehört die Reaktion auf Verwahrlosungsgefahr und psychische Auffälligkeiten. Hier bildet die Unterbringung nach den sog. *Unterbringungsgesetzen* den Schwerpunkt; sie wird angeordnet bei „Geisteskranken einschließlich Geistesschwachen und Gemütskranken sowie bei Suchtkranken, die gegen ihren Willen in einer Krankenanstalt untergebracht oder festgehalten werden sollen", wenn ein Betroffener „für sich oder andere gefährlich oder für die öffentliche Sittlichkeit anstößig oder ohne Anstaltspflege der Gefahr der Verwahrlosung oder ganz der Gesundheitsschädigung ausgesetzt ist" (so z. B. §§ 1, 4 UBG Baden-Württemberg). Kriminologisch werden die Eingriffstatbestände vor allem insoweit relevant, als auf diesem Weg Alkoholiker (→ Alkohol und Kriminalität) und Drogensüchtige (→ Drogen und Kriminalität) auch ohne direkte Straftaten, etwa bei lediglich gemeinlästigem Verhalten, eingewiesen werden können. In bezug auf die *psychisch Kranken* bzw., in alter Terminologie, die *Geisteskranken* (z. B. Schizophrenie) hat sich gegenüber früher manches geändert. Noch bis zum Ende des 18. Jh. wurden unruhige Kranke, auch wenn sie kein Delikt begangen hatten, vielfach an Ketten gelegt und mit Tätern schwererer Verbrechen zusammen in Zuchthäusern festgehalten. Die auch heute gelegentlich noch bestehende Angst vor der uneinfühlbaren Krankheit führt zu einer Überschätzung der „Gefährlichkeit" der Kranken: Nach allen vorliegenden Erhebungen sind Schizophrene allgemein *nicht* stärker kriminell anfällig als die Durchschnittsbevölkerung; allein die Ausführung mancher Gewalttaten geschieht vereinzelt in besonders erschreckender Weise, z. B. beim erweiterten Selbstmord. Die Mehrzahl der Kranken in den rd. 120 000 Betten der psychiatrischen Krankenhäuser (Abteilungen) der Bundesrepublik wird im freiwilligen Verfahren aufgenommen; nur ein Bruchteil der Zwangseingewiesenen kommt wegen Gefährlichkeit in die Anstalt, und dann noch meist wegen primärer Gefahr der Selbstschädigung.

Mit den Maßnahmen des *Sozialhilferechts* (vor allem BSHG) will man vorwiegend der Verwahrlosung bei „Asozialen" oder „Gefährdeten" begegnen.

Der betroffene Personenkreis rekrutiert sich aus den insgesamt mehr als 60 000 *Obdachlosen* (→ soziale Probleme und Sozialpathologie) der Bundesrepublik und umfaßt auch mehr als 50 000 *nichtseßhafte* Personen wie die mittellosen Wanderer oder die als Landstreicher bzw. bei engerem Aufenthaltsbereich als Stadtstreicher bezeichneten, gewöhnlich stark alkoholgefährdeten Personen. Sie können u. a. mit ihrer Einwilligung in eine der von den Trägern der freien Wohlfahrtspflege betriebenen *Arbeiterkolonien* eingewiesen werden. Nach altem Sozialhilferecht, das vom Bundesverfassungsgericht für nichtig erklärt wurde, konnten die Sozialbehörden *Zwangseinweisungen* in besondere Einrichtungen verfügen; diese Maßnahme war sozusagen kriminalrechtlich flankiert durch die Maßregel des *Arbeitshauses* nach altem StGB, die bis 1968 galt und häufig tatsächlich angewandt wurde. Mit diesem einfachen Weg der „Behandlung" vieler Gemeinlästiger übernahm das Strafrecht gewissermaßen die Ausfallfunktion für die unzureichende Sozialhilfe. Da die unstete Lebensweise entwurzelter Obdachloser und Nichtseßhafter fast zwangsläufig zu kleineren Delikten des „Überlebens" führt, bietet sich den staatlichen Organen genügend Anlaß zum Einschreiten; so bei Kleindiebstählen, beim verbotenen Aufenthalt in Bahnhofsgebäuden (Hausfriedensbruch) oder früher bei Nichterfüllen der Unterkommensauflage (als Übertretung strafbare Obdachlosigkeit) bzw. beim Ansprechen von Passanten (Bettelei), schließlich bei Widersetzlichkeit gegen kontrollierende Beamte (Beleidigung, Nötigung, Widerstand gegen Vollstrekkungsbeamte). Die 1969/1970 eingeführte Beschränkung der kurzzeitigen Freiheitsstrafe hat in der Praxis an der wiederholten Einweisung solcher Personen in den Vollzug nicht allzu viel geändert, da sich die dogmatischen Einschränkungen (der §§ 47 und 56 StGB) umgehen lassen.

Freiheitsentziehende Maßnahmen nach *allgemeinem Strafrecht* sind zum einen die *Freiheitsstrafe*, zum anderen von den sog. *Maßregeln der Besserung und Sicherung* die Einweisung in das psychiatrische Krankenhaus (früher Heil- und Pflegeanstalt), die Unterbringung in einer Entziehungsanstalt (früher auch Trinkerheilanstalt) und die Sicherungsverwahrung. Die sozialtherapeutische Anstalt stand lange Zeit im Maßregelkatalog des StGB. Das Inkrafttreten der Normen (§§ 65, 63 Abs. 2 StGB) war für 1985 geplant. Nach vielem Hin und Her in der Kriminalpolitik wurden sie schließlich durch ein StVollzÄndG Ende 1984 ganz gestrichen. Übrig blieb dann die sog. Vollzugslösung nach StVollzG (Sozialtherapie). Die Freiheitsstrafe als Einheitsstrafe ist durch das 1. Strafrechtsreformgesetz 1969 neu eingeführt worden, nicht zuletzt deshalb, weil die überkommene Unterscheidung nach Zuchthaus, Gefängnis, Einschließung, Haft und Strafarrest von der Wirklichkeit des Vollzugs nicht mehr getragen wurde. Der Strafrahmen der Freiheitsstrafe beträgt für Vergehen 1 Monat bis in der Regel 5 Jahre und für Verbrechen 1 Jahr bis höchstens 15 Jahre. Vor allem bei Mord und besonders schwerem Totschlag droht das Gesetz lebenslange Freiheitsstrafe an. Die Maßregeln der Besserung und Sicherung setzen allgemein eine Bestrafung des Täters voraus; eine Ausnahme gilt für die Einweisung in das psychiatrische Krankenhaus nach Freispruch wegen Schuldunfähigkeit (→ Schuldfähigkeit), aber weiterbestehender Gesellschaftsgefährlichkeit des Täters. Die Entziehungsanstalt ist für straffällige Alkoholiker und Drogenabhängige vorgesehen. Die Sicherungsverwahrung ist für gefährliche sog. Hangtäter und mehrfach erheblich vorbestrafte Rückfalltäter gedacht. (Am 31.3.1989 befanden sich in der Bundesrepublik noch 204 Sicherungsverwahrte in Justizvollzugsanstalten, dagegen mehr als 600 Gefangene in der Sozialtherapie. 2412 Untergebrachte befanden sich im psychiatrischen Krankenhaus, 1088 in der Entziehungsanstalt.)

Die freiheitsentziehenden *Maßnahmen* zur sozialen Kontrolle auffälliger *Kinder und Jugendlicher* erstrecken sich in breiterem Maß als bei Erwachsenen auf außerstrafrechtliche Bereiche. Hier verbinden sich sozialpädagogische Zielsetzungen mit Gesichtspunkten des Jugendstrafrechts (JGG), des Jugendschutzrechts (z. B. GjS) und des Kinder- und Jugendhilferechts (KJHG) sowie des Familienrechts (BGB). Es geht dabei in erster Linie um *Vorkehrungen gegen* die allgemeine Gefahr einer *Verwahrlosung* und erst in zweiter Linie um die Sanktionierung einer konkreten *Straftat* oder einer sonstigen konkret-auffälligen Verhaltensweise. Vorweg bleibt den Erziehungsberechtigten die wichtige Möglichkeit, aus eigenem Entschluß ihr Kind in ein Heim zu geben, wobei sie seit der Familienrechtsreform ab 1980 wie der Vormund eine gerichtliche Genehmigung benötigen. Umgekehrt kann das Vormundschaftsgericht bei Kindern und Jugendlichen (im Verfahren der Freiwilligen Gerichtsbarkeit) stationäre Maßnahmen anordnen, die sich „eigentlich" gegen Erzieher richten. Falls sie durch ihr eigenes (auch schuldloses) Verhalten den Minderjährigen gefährden, wird ihnen nach § 1666 BGB das Personensorgerecht teilweise oder in Extremfällen auch ganz entzogen; als schärfste Maßnahme kommt dann nach § 1666 a die Fremdplazierung in einem öffentlichen Heim in Betracht. Bei z. B. zerrüttetem häuslichen Milieu brachten die Jugendwohlfahrtsbehörden bis zum Inkrafttreten des KJHG im Jahre 1990 den Minderjährigen auch im Rahmen der „Hilfe zur Erziehung" nach §§ 5 und 6 JWG in Heimen oder bei geeigneten anderen Familien unter (1970 rund 18 900 Fälle; 1986 gab es 25 888 sog. Zugänge). Die Jugendbehörden können mit Heimunterbringung auch dann reagieren, wenn ein Minderjähriger im Rahmen des Jugendschutzgesetzes (JSchÖG) oder des sog. Schmutz- und Schundgesetzes (GjS) mehrfach auffällt und andere Maßnahmen als nicht mehr ausreichend erscheinen. Die für relevant erachteten Verhaltensweisen ähneln den im amerikanischen mit „juvenile delinquency" umschriebenen Ordnungsverstößen, wie etwa Aufenthalt an Plätzen, wo „sittliche Gefahr oder Verwahrlosung droht", Zutritt bei Glücksspielen, Besuch verbotener Filme, Branntweingenuß in der Öffentlichkeit oder Weitergabe pornographischer Schriften an Gleichaltrige. Insgesamt im Rahmen der Hilfe zur Erziehung (also auch aus anderen, stärker als passive Maßnahmen ausgestalteten Gründen, z. B. bei sog. Scheidungswaisen) waren vom Jugendamt nicht nur vorübergehend untergebracht 1970 = 101 399 und 1971 = 101 711 Minderjährige, davon 44,3% wegen Erziehungsmängeln; 60,6% lebten in Heimen, 39,4% in anderen Familien; 59,1% waren weniger als 10 Jahre, 30,1% 10–14 Jahre und 10,8% 15–20 Jahre alt. Am Jahresende 1986 befanden sich 78 309 Minderjährige in Fremdplazierung (andere Familie, Wohngruppe etc., Heim).

Das Anliegen der *Jugendhilfe* (→ Jugendrecht, Jugendhilfe, Jugendschutz) sollte dabei – im Sinne einer öffentlichen Ersatzerziehung – nach der Formulierung des § 1 JWG sein, das *Recht des Kindes auf Erziehung* „zur leiblichen, seelischen und gesellschaftlichen Tüchtigkeit" zu gewährleisten. Erhebliche Bedeutung gewann die Formel insoweit, als behördliche Eingriffsbefugnisse nicht erst bei bereits offensichtlich eingetretener Schädigung bestanden, sondern schon bei lediglich zugeschriebener Gefahr einer Fehlentwicklung. Besondere Vorkehrungen standen dem Jugendamt zu Gebote, wenn Jugendliche *Zeichen von Dissozialität* bzw., in überkommener Behördenterminologie aufgrund § 64 JWG, Verwahrlosungssymptome erkennen lassen, wozu regelloses Umherstreunen, hartnäckiges Schuleschwänzen, sexuelle „Haltlosigkeit" (vorwiegend Mädchen), Bandenaktivität (vorwiegend Jungen) oder überhaupt erhebliche Erziehungsschwierigkeiten zählen. Es veranlaßte dann beim Vormundschaftsgericht die Anordnung der *Fürsorgeerziehung*, die in schweren Fällen im Wege der Einweisung in ein Fürsorgeerziehungsheim durchgeführt wurde (Bestand gesamt am Jahresende 1970 = 18 901, 1980 = 3149, 1986 = 1041, davon 73,8% in Heimunterbringung). Die besondere Problematik und die Schwierigkeiten dieser speziellen Heimerziehung können hier nicht behandelt werden. Vom theoretischen Standpunkt aus unzuträglich war allerdings, daß auch die Probanden aus der *freiwilligen Erziehungshilfe* (25 186/15 798/11 700/83,5%), die einen Antrag der Eltern voraussetzte, dort überwiegend zusammen mit den „Fürsorgezöglingen" untergebracht waren. Für einfachere Fälle hatte das Gesetz die → ambulante Maßnahme *der Erziehungsbeistandschaft* (8203/3065/7185) vorgesehen; das Vormundschaftsgericht ordnete den Eltern auf ihren eigenen Antrag oder den des Jugendamtes eine dritte Person zur Unterstützung ihrer Erziehungsbemühungen zu. In der Praxis hatte sich seit den 60er Jahren zunehmend die sog. *formlose erzieherische Betreuung* eindeutig in den Vordergrund geschoben (1970 = 392 897, 1981 = 367 714 und 1986 = 342 246 Fälle).

Sollen gegen einen mindestens 14jährigen Minderjährigen strafrechtliche Maßnahmen verhängt werden, dann schaltet sich das Jugendamt im Weg der *Jugendgerichtshilfe* zur Unterstützung des Gerichts bei der Persönlichkeitserforschung des Täters ein (1970 = 189 210, 1981 = 350 330 und 1986 = 283 772 erledigte Fälle). Im übrigen steht den staatlichen Verfolgungsorganen, hier in Gestalt von Jugendstaatsanwaltschaft und Jugendgericht, eine reiche Palette von Eingriffsformen zur Verfügung, die es ermöglichen sollen, die verschiedenen Täter von Reaktionsstufe zu Reaktionsstufe nach Tatschwere und Grad ihrer Gefährlichkeit voneinander abzuscheiden (→ Jugendstrafrecht). Die Praxis dieses „Ausfilterungsprozesses" beginnt rechtsförmlich mit der folgenlosen Einstellung des Vorverfahrens nach allgemeinen strafprozessualen Prinzipien, weil z. B. der Tatnachweis von vornherein nicht geführt werden kann oder weil dem minderjährigen Beschuldigten ein Rechtfertigungsgrund zugute kommt. Interessanter für Theorie und Praxis sind jedoch die Verfahrenseinstellungen aus Gründen der Opportunität bzw., jugendstrafrechtsspezifisch gesehen, der Subsidiarität.

Jugendstaatsanwalt wie Jugendrichter können nach §§ 45, 47 JGG vorweg von der *Verfolgung* eines geständigen jungen Straftäters *ganz absehen*, wenn sie anderweitig bereits angeordnete (oder noch anzuordnende) erzieherische Maßnahmen für ausreichend halten, auch die Schuld des Täters gering erachten und ein öffentliches Verfolgungsinteresse verneinen. Die entsprechenden Paragraphen eröffnen auch die Möglichkeit für das sog. formlose oder *informelle Erziehungsverfahren*, von dem die Praxis in der Bundesrepublik seit ungefähr 1980, nach längerem „Vorpreschen" der Stadtstaaten, zunehmend häufigen Gebrauch macht und dabei weit über die ehemals gebräuchlichen Formen sozialpädagogisch orientierter Auflagen bzw. Weisungen hinausgeht (→ Diversion). Nach neuerer Lehre kann der Staatsanwalt oder später der Richter selber Erziehungsmaßnahmen ergreifen bzw. veranlassen und dann Verfolgungsverzicht erklären. Der vom Gesetz erwähnte Normalfall sieht vor, daß der Staatsanwalt beim Jugendrichter bestimmte Anordnungen anregt (z. B. Teilnahmepflicht des Beschuldigten an einem Verkehrsunterricht) und von der Verfolgung bei günstigem Verlauf am Ende absieht. Im Bundesschnitt kann derzeit von einem Verhältnis 1 : 1 ausgegangen werden, es kommt also auf jede förmliche Verurteilung nach Jugendstrafrecht eine Maßnahme aufgrund informellen Verfahrens; in den Stadtstaaten reicht das Verhältnis bis 1 : 3 oder gelegentlich noch höher (speziell in Hamburg). Erscheint bei Verbrechen und Vergehen jedoch ein Urteil unumgänglich, so bietet sich für die förmliche Verurteilung erneut ein breites Feld abgestufter Maßnahmen, angefangen bei den *Erziehungsmaßregeln* (1990 = 14 978) als Hauptsanktion und 32 861 insgesamt) über die *Zuchtmittel* (50 193/63 507) bis hin zu *Jugendstrafe* (11 522/12 103). Die verschiedenen Sanktionen können auch nebeneinander verhängt werden, wobei jedesmal ambulante und stationäre Maßnahmen bereitstehen. Geldstrafe gegen Jugendliche ist ausgeschlossen. Zu den *ambulanten gerichtlichen Erziehungsmaßregeln* gehörten die Weisungen (32 702 insgesamt, z. B. gegen Aufnahme einer Lehre) und die Erziehungsbeistandschaft (129). *Stationäre Erziehungsmaßregel* war die Fürsorgeerziehung (30); die tatsächliche Erheblichkeit dieses Eingriffs läßt seine gesetzliche Bewertung als eine der systematisch „leichteren" strafrechtlichen Sanktionen problematisch erscheinen. Der Jugendrichter kann in Einzelfällen – falls die Funktionen getrennt sind – auch dem Vormundschaftsrichter die Auswahl der Maßregel überlassen (36). Als nächst schwerere Sanktionen enthalten die *Zuchtmittel als ambulante Maßnahmen* die Verwarnung (24 755) und die Auferlegung besonderer Pflichten (25 967; z. B. Wiedergutmachung des Schadens = 1678 Fälle oder Zahlung eines Geldbetrags = 24 154 Fälle). Der *stationäre Jugendarrest* (12 785) wird verhängt entweder als Freizeitarrest (6281) oder als Kurzarrest bis zu 6 Tagen (879) oder als Dauerarrest bis höchstens 4 Wochen (5625). Erziehungsmaßregeln und Zuchtmittel werden in der Regel nicht in das Strafregister, sondern nur in das sog. Erziehungsregister eingetragen.

Jugendstrafe als Freiheitsentzug in der Jugendstrafanstalt soll nach dem Gesetz nur verhängt werden, wenn „wegen der schädlichen Neigungen des Jugendlichen, die in der Tat hervorgetreten sind, Erziehungsmaßnahmen oder Zuchtmittel zur Erziehung nicht ausreichen oder wenn wegen der Schwere der Schuld Strafe erforderlich ist" (§ 17 Abs. 2 JGG). Gerade die Formel von den *schädlichen Neigungen* ist kriminologisch bis heute nicht zureichend abgegrenzt und bietet großen Auslegungsspielraum. Jugendstrafe dauert bei Jugendlichen mindestens 6 Monate und i. d. R. höchstens 5 Jahre, bei Mord z. B. kann sie allerdings auf 10 Jahre ausgedehnt werden; bei Heranwachsenden reicht die Obergrenze von vornherein bis zu 10 Jahren. Sind die erwähnten schädlichen Neigungen ungewiß, so kann der Richter es bei einem Schuldspruch nach § 27 JGG belassen; ist nur die Einwirkungsdauer ungewiß, dann kann der Richter Jugendstrafe von unbestimmter Dauer verhängen, jedoch für nicht länger als 4 Jahre. Die genaue Höhe der Strafe bemißt sich dann nach dem künftigen Verhalten des Täters im Vollzug – eine problematische Regelung angesichts des Fehlens gesicherter Erkenntnisse über Vollzugswirkungen. (1990 wurde § 27 in 1189 Fällen angewendet; von den 12 103 Jugendstrafen waren 12 050 bestimmt und 53 unbestimmt). Der nach Jugendstrafrecht Verurteilte, dessen Strafe zur Bewährung ausgesetzt wurde, erhält ausnahmslos einen *Bewährungshelfer*, der ihn nach gerichtlich ausgearbeitetem Bewährungsplan betreut und überwacht (→ Bewährungshilfe). Von den verhängten Jugendstrafen wurden 1990 = 7784 zur Bewährung ausgesetzt (entsprechend 64,3% bzw. 71,3% der aussetzungsfähigen Strafen bis 2 Jahre Dauer). Zum *stationären Vollzug* vorgesehene Jugendstrafen beliefen sich also lediglich noch auf 4319 (entsprechend 35,7%). Daraus folgt, daß im Ergebnis 5,5% der nach Jugendstrafrecht Verurteilten und rund 3,5% aller im kriminologischen Sinn Sanktionierten (= Verurteilte und informell Behandelte) mit dem schärfsten Eingriff bedacht wurden. Bewährungshilfe erfolgt auch in Fällen des § 27 JGG. Zur Frage des Erfolgs der einzelnen Sanktionen vgl. → ambulante Maßnahmen, → Erfolg, Bewährung, Effizienz und → Rückfall, Rückfallkriminalität.

Alexander, F.G., Selesnick, S.T., Geschichte der Psychiatrie, Konstanz 1969; *Baumann, J.*, Unterbringungsrecht, Tübingen 1966; *Böker, W., Häfner, H.*, Gewalttaten Geistesgestörter, Berlin u. a. 1973; *Hartmann, K.*, Theoretische und empirische Beiträge zur Verwahrlosungspraxis, MschrKrim 64 (1981), S. 148–173; *Miehe, O.*, Fürsorgeerziehung und Heimunterbringung nach §§ 1666, 1909 BGB, in: Festschrift für H. Leferenz, hrsg. v. Kerner, H.-J., Göppinger, H., Streng, F., Heidelberg 1983, S. 647–667; *Schaffstein, F., Beulke, W.*, Jugendstrafrecht, 10. Aufl., Stuttgart u. a. 1991; *Terdenge, F.*, Rechtsfolgen im Jugendgerichtsgesetz, JA 10 (1978), S. 95–101 u. 147–151; *Volckart, B.*, Maßregelvollzug, Neuwied u. a. 1984.

HANS-JÜRGEN KERNER

Freiheitsstrafe → freiheitsentziehende Maßnahmen, → Strafvollzug, → Strafzumessung

Frühprognose → Kriminalprognose

Funktionen der Kriminalität. Es bedarf keiner besonderen Begründung, daß Kriminalität für die Gesellschaft dysfunktional ist. Sie beschädigt die physische, psychische, soziale Identität von Opfer und Täter. Kriminalität erzeugt bei den nicht unmittelbar Betroffenen ein Gefühl des Bedrohtseins und mindert damit Lebensqualität. Kriminalität verursacht einen unmittelbaren wirtschaftlichen Schaden in Milliardenhöhe; hinzu kommt ein mittelbarer, ebenfalls auf Milliardenbeträge zu veranschlagender Folgeschaden, nämlich die Kosten der Anstrengungen zur Aufdeckung, Sanktionierung und prophylaktischen Verhinderung von Kriminalität; die hier eingesetzten Mittel haben eine ganz erhebliche Verknappung gesellschaftlicher Ressourcen für andere öffentliche Aufgaben zur Folge. Schließlich stellt Kriminalität mit den strafrechtlichen Bestimmungen zentralste gesellschaftliche Normen, also fundamentale Voraussetzungen einer Gesellschaft in Frage. Insofern erscheint es selbstverständlich, daß in jeder bekannten Gesellschaft ein besonders großer Konsensus darüber besteht, gegen Kriminalität so wirksam wie irgend möglich vorzugehen.

Das wohl seit jeher prinzipiell angestrebte Ziel einer kriminalitätsfreien Gesellschaft ist aber noch nirgendwo erreicht worden. Das liegt nur vordergründig daran, daß die gesellschaftlichen Ressourcen hierfür zu knapp sind. Die historische Erfahrung spricht dafür, daß ein solches Ziel höchstens um den Preis eines totalitären und dann seinerseits kriminellen Gesellschaftssystems „erreicht" werden könnte. Die Vorstellung einer kriminalitätsfreien Gesellschaft ist wahrscheinlich aber auch aus anderen Gründen eine Utopie. Bereits vor zweieinhalb Jahrhunderten sind von MANDEVILLE, einem der Mitbegründer der Nationalökonomie, systematische Zweifel daran geäußert worden, ob eine Gesellschaft ohne Kriminalität funktionieren könne, ob ein solches Ziel daher überhaupt angestrebt werden *sollte*. MANDEVILLEs Analyse, vorsichtshalber verfremdet als „Bienenfabel", führte zu dem Ergebnis, daß „öffentliche Wohlfahrt" auf „privater Untugend" beruhe (MANDEVILLE 1968); als Reaktion auf diese These wurde ein Exemplar der „Bienenfabel" in Paris seinerzeit öffentlich gehenkt. Später hat MARX auf folgendes hingewiesen: „Der Verbrecher produziert nicht nur das Verbrechen, sondern auch das Kriminalrecht und damit auch den Professor, der Vorlesungen über das Kriminalrecht hält, und zudem das unvermeidliche Kompendium, worin dieser selbe Professor seine Vorträge als „Ware" auf den allgemeinen Markt wirft. Damit tritt Vermehrung des Nationalreichtums ein" (MARX/ENGELS 1965).

Kriminalität ist in der Tat die Voraussetzung von vielfältigen, zum Teil auch ökonomisch bedeutsamen Kulturgütern, Dienstleistungen, Berufen, Gewerben und Wirtschaftszweigen (bspw. Kriminologie, Kriminalromane, Boulevardzeitungen, Sicherheitsbehörden, Kriminaljustiz, Sozialarbeit, Rechtswissenschaftliche Fachbereiche, Versicherungswesen, Tresor- und Türschloßfabrikation, Waffenherstellung). Betrachtet man dies alles auch nur als eine Reaktion der Gesellschaft auf Kriminalität, so besitzen diese ökonomischen und sozialen Tatbestände doch eine Eigendynamik. Ein rapider dauerhafter Kriminalitätsrückgang würde viele Arbeitsplätze und Wirtschaftszweige zur Disposition stellen und das Steueraufkommen erheblich mindern (→ Kosten des Verbrechens).

Neben ihrer ökonomischen Bedeutung hat die Kriminalität auch Schrittmacherfunktionen für den sozialen Wandel. Ihre innovative Funktion besteht darin, daß sie die Fragwürdigkeit und Veränderungsbedürftigkeit gesellschaftlicher Zustände in das öffentliche Bewußtsein hebt. Häufig sind fundamentale gesellschaftliche Verhältnisse durch strafrechtliche Normen tabuisiert. Hier sind grundlegende Veränderungen geradezu zwangsläufig mit Verstößen gegen strafrechtliche Normen verbunden; das zeigt beispielsweise die Geschichte der Arbeiterbewegung (Gesetz gegen die gemeingefährlichen Bestrebungen der

Sozialdemokratie, Streikverbot) oder die Geschichte sexueller Emanzipationsbestrebungen (Homosexualität).

Es gibt Anhaltspunkte dafür, daß die Kriminalität auch eine *andere* Seite hat: Abweichendes Verhalten allgemein wie Kriminalität im besonderen markieren für jedes gesellschaftliche System „jenen Punkt, bis zu dem das Verhalten annehmbar ist, und liefern so Inhalt und Autorität für die Norm selbst" (ERIKSON 1968). Ihre Entsprechung findet diese Aussage in dem Theorem der Wahrnehmungspsychologie, daß eine „Gestalt" nur wahrgenommen werden kann, wenn zugleich ein Hintergrund sichtbar ist. Eine solche dialektische Beziehung gilt ebenso zwischen Norm und Normabweichung: „Moral wird angegeben durch ihr Gegenteil, nämlich durch das, was nicht erlaubt ist" (COSER 1974).

Die Stabilität jeglicher gesellschaftlichen Ordnung hängt davon ab, daß als unverzichtbar erachtete Normen immer wieder öffentlich demonstriert, daß die Grenzen, die jedem Individuum gezogen sind, um Gesellschaft überhaupt erst zu ermöglichen, verdeutlicht werden. Kriminalität als Auslöser von gesellschaftlichen Reaktionen hebt zentrale Verhaltensregeln immer von neuem in das öffentliche Bewußtsein und bekräftigt damit immer wieder je nach Art und Ausmaß der Sanktionen die Bedeutung dieser Regeln (DREITZEL 1968). Wie die Funktion der *Normverdeutlichung* (→ Generalprävention) folgt auch die *Entlastungsfunktion* von Kriminalität daraus, daß soziale Erwartungen oder Normen für die Gesellschaft konstitutiv sind, da nur sie eine allgemeine und damit über Gruppen oder andere gesellschaftliche Teilsysteme hinaus kalkulierbare, verläßliche Ordnung zu garantieren vermögen (→ Norm, Normgenese). Jedoch nicht die Normen als solche stabilisieren ein gesellschaftliches System. Dies geschieht mittels ihrer faktischen, von den Mitgliedern der Gesellschaft so wahrgenommenen Geltung. Eine genaue Kenntnis der tatsächlichen Verletzung sämtlicher Verhaltenserwartungen würde das Vertrauen in die Verläßlichkeit und Stabilität der gesellschaftlichen Ordnung zwangsläufig erschüttern (→ Dunkelfeld) (POPITZ 1968). Die strafrechtliche Fixierung und die staatliche Verfolgung zentralster Normbrüche, die gewichtige Symbolik dieses Aktes und sein in der Strafe meßbarer Erfolg schaffen stellvertretend ein allgemeines Bewußtsein der Sicherheit und der Verläßlichkeit (DURKHEIM 1965). Eine weitere positive Funktion hat Kriminalität insofern, als sie die Majorität der sonst divergierende Einzelinteressen verfolgenden Mitglieder einer Gesellschaft auf ein gemeinsames Ziel hin solidarisiert (MEAD 1928).

Ausgangspunkt weiterer sozialpsychologischer Begründungen einer positiven Funktion von Kriminalität ist die These FREUDS, daß gesellschaftliche Organisation und kulturelle Entwicklung nur um den Preis eines Verzichts auf Triebverwirklichung erreicht werden können (FREUD 1940, 1965). Danach wird in jeglicher Gesellschaft ein Potential nicht verwirklichter Triebenergie, Aggression aufgebaut. Der Unterschied zwischen Konformen und Nichtkonformen besteht lediglich darin, daß bei ersteren ein Triebdurchbruch noch nicht erfolgt ist. Triebverzicht der Majorität und damit Gesellschaft bleiben dadurch gewährleistet, daß Normbrecher als Projektionsobjekte für die eigenen Triebwünsche zur Verfügung stehen. Mit der Strafverfolgung kann die konforme Majorität ihre eigenen aggressiven Triebwünsche auf andere übertragen und in erlaubter Form ausleben (ALEXANDER/STAUB 1929). Eine für die Gesellschaft positive (Ventil-) Funktion hat Kriminalität auch insofern, als ständiges Verdrängen nicht erlaubter, aggressiver Triebwünsche zu unbewußten Schuldgefühlen und daraus resultierenden Selbstbestrafungstendenzen führen würde. Diese Selbstbestrafungstendenzen können aber von der Majorität ersatzweise befriedigt werden durch eine Identifizierung mit dem angeklagten Verbrecher und dessen Verhaltensweisen (REIK 1925).

Die Hinweise auf ihre unmittelbaren und mittelbaren Beiträge zur Volkswirtschaft, zur Normverdeutlichung, zur Bildung und Aufrechterhaltung eines Normbewußtseins, zum sozialen Wandel, zur Integration und zum emotionalen Zusammenhalt der Mehrheit und zur Kanalisierung antigesellschaftlicher Tendenzen erzeugen eine gewisse Plausibilität dafür, daß Kriminalität nicht nur dysfunktional, sondern zugleich auch ein integraler, notwendiger Bestandteil gesellschaftlicher Organisation ist. An Versuchen, diese Thesen empirisch zu überprüfen, hat es bisher allerdings gefehlt. Dabei wäre insbesondere die Frage zu klären, ob Kriminalität schlechthin oder ob eine bestimmte Kriminalität oder ob eine bestimmte Kriminalitätsrate notwendiger Bestandteil einer bestimmten Gesellschaft ist. Die Thesen von der Notwendigkeit des Verbrechens gehen davon aus, daß die Mitglieder einer Gesellschaft sich in ihrer Majorität immer konform verhalten und in ihrer Minderheit straffällig sind. Bei immanenter Betrachtung bleibt zu fragen, welcher Straffälligenanteil in der Bevölkerung ein funktionales Optimum darstellt, ob es hier eine kritische Grenze gibt, ab der Kriminalität vollends dysfunktional ist. Klärungsbedürftig ist weiterhin, wie die für eine Gesellschaft funktionale Verbrechensrate zusammenkommt, ob sie Ausdruck prästabilierter Harmonie ist, oder durch welche Prozesse sie gesteuert wird. Jedenfalls ist eine Stabilität von Sanktionsraten im zeitlichen Längsschnitt festzustellen (BLUMSTEIN/COHEN 1973; MOITRA 1987). Das für die Thesen von der gesellschaftlichen Notwendigkeit der Kriminalität fundamentale Majorität-Minorität-Schema ist empirisch auf die amtliche Kriminalitätsmessung gegründet (→ Kriminalstatistik). Deren Ergebnisse stimmen darin überein, daß die Straffälligen eine eindeutige Minderheit in der Bevölkerung darstellen. Gerade diese allgemeine empirische Voraussetzung hat die kriminologische Forschung der letzten Jahrzehnte obsolet werden lassen. Dunkelfelduntersuchungen haben nachgewiesen, daß eine Trennung der Gesellschaft in eine Majorität sich konform Verhaltender und in einen Rest Krimineller der Wirklichkeit nicht entspricht, daß Kriminalität ein ubiquitäres Phänomen ist (→ Dunkelfeld). Die amtlich registrierte und sanktionierte Kriminalität macht nur einen Bruchteil der tatsächlichen Verstöße gegen strafrechtliche Bestimmungen aus. Damit wäre die These dahingehend zu revidieren, daß die von Staats wegen getroffene Auswahl aus der Kriminalität positive Funktionen für die Gesellschaft hat. Bei einer restlosen Aufdeckung sämtlicher Verstöße gegen die strafrechtlichen Bestimmungen würden der Sanktionsapparat zweifellos zusammenbrechen und auch die Geltung des Normensystems schwinden; eine „Unschärferelation des sozialen Lebens“ ist also auch hier systemnotwendig (POPITZ 1968).

Klärungsbedürftig ist aber auch hier die Frage nach dem funktionalen Optimum, nämlich nach dem funktionalen Optimum an Verhaltenstransparenz beziehungsweise nach dem notwendigen Ausmaß von Verhaltenssanktionierung bzw. von Sanktionsverzicht. Klärungsbedürftig ist es insbesondere, wie die Kontrollinstanzen die funktionale Auswahl aus der Gesamtmenge der Verstöße gegen strafrechtliche Bestimmungen treffen. Die kriminologische Forschung hat erwiesen, daß dies keineswegs nach den Kriterien einer statistischen Zufallsauswahl oder -Stichprobe geschieht (→ Selektion und Selektionsmechanismen). Das gilt nicht nur in dem Sinne, daß die Aufklärungs- und Sanktionsrate mit zunehmender Deliktsschwere – jedenfalls bei der klassischen Kriminalität – steigt (→ Kriminalstatistik). Hinzu kommt, daß die Kriminalität von Angehörigen der unteren Schichten ganz erheblich häufiger registriert und sanktioniert wird als die Kriminalität der übrigen Bevölkerung. Somit wäre für die Gesellschaft nicht die Kriminalität, sondern die bevorzugte Kriminalisierung von Unterschichtangehörigen notwendig (→ Kritische Kriminologie).

Alexander, F., Staub, H., Der Verbrecher und seine Richter, Wien 1929; *Baratta, A.*, Soziale Probleme und Konstruktion der Kriminalität. KrimJ 18 (1986), Beiheft 1, S. 200-218; *Blumstein, A., Cohen, J.*, A Theory of the Stability of Punishment, Journal of Criminal Law and Criminology 64 (1973), S. 198–207; *Coser, L.A.*, Einige Funktionen abweichenden Verhaltens, in: Kriminalsoziologie, hrsg. v. Sack, F., König, R., 2. Aufl., Frankfurt/M. 1974, S. 21–37; *Dreitzel, H.P.*, Das gesellschaftliche Leiden und das Leiden an der Gesellschaft, Stuttgart 1968; *Durkheim, E.*, Die Regeln der soziologischen Methode, Neuwied 1965; *Erikson, K.T.*, Social Margins: Some Notes on the Sociology of Deviance, unveröffentlichtes Manuskript, zitiert nach Coser, L.A., a. a. O.; *Freud, S.*, Totem und Tabu, London 1940; *ders.*, Das Unbehagen in der Kultur, Frankfurt/M. 1965; *Geiger, Th.*, Vorstudien zu einer Soziologie des Rechts, Neuwied u. a. 1964; *Mandeville, B.*, Die Bienenfabel, Frankfurt/M. 1968; *Marx, K., Engels, F.*, Werke. Band 26, I. Teil, Berlin 1965; *Mead, G.H.*, The Psychology of Punitive Justice, AJS 23 (1928), S. 577–602; *Moitra, S.*, Crimes and Punishments. A Comparative Study of Temporal Variations, Freiburg 1987; *Phillipson, M.*, Die Paradoxie der sozialen Kontrolle und die Normalität des Verbrechens, in: Seminar: Abweichendes Verhalten I. Die selektiven Normen der Gesellschaft, hrsg. v. Lüderssen, K., Sack, F., Frankfurt/M. 1975, S. 126–148; *Plack, A.*, Die Gesellschaft und das Böse, München 1968; *Popitz, H.*, Über die Präventivwirkung des Nichtwissens, Tübingen 1968; *Reik, T.*, Geständniszwang und Strafbedürfnis, Wien 1925; *Reiwald, P.*, Die Gesellschaft und ihre Verbrecher, Zürich 1948.

HARTMUT SCHELLHOSS

G

Gefährlichkeit → Intensivtäter, gefährliche Straftäter

Gefängnis → Pönologie, → freiheitsentziehende Maßnahmen, → Strafvollzug

Geisteskrankheit → Alterskriminalität, → Forensische Psychiatrie, → Schuldfähigkeit

Geldstrafe → Ambulante Maßnahmen

Gelegenheitstäter → Ersttäter

Gemeinnützige Arbeit → Kriminalpolitik

Generalprävention. Der Begriff der Generalprävention findet zunächst vor allem in der Strafrechtswissenschaft Verwendung. Straf- und Strafzumessungstheorien beinhalten nämlich als wesentliche Bestandteile generalpräventive Funktionen der Strafe. Mit der Postulierung von Generalprävention verbindet sich der Anspruch, durch strafrechtliche Sanktionen nicht nur die Schuld des Straftäters auszugleichen und ihn durch die mit der Strafe gesetzte Warnung bzw. die im Vollzug der Strafe erfolgende Behandlung oder Betreuung spezialpräventiv zu beeinflussen, sondern auch potentielle Straftäter von strafbaren Handlungen abzuschrecken (so schon die Feuerbachsche Theorie des psychologischen Zwangs) und in der Bevölkerung auf die Erhaltung und Bekräftigung strafrechtlicher Normen hinzuwirken (negative und positive Generalprävention, dazu vor allem KAISER 1970). Teils wird die Strafe gar allein mit positiver Generalprävention erklärt (JAKOBS 1976). Zwar ist die Zulässigkeit einer Strafschärfung (→ Strafzumessung) im Einzelfall mit generalpräventiven Erwägungen umstritten (KÖHLER 1983), wenngleich nach herrschender Auffassung und insbesondere höchstrichterlicher Rechtsprechung durchaus gestattet (HASSEMER/LÜDERSSEN/NAUCKE 1979). Jedoch besteht Übereinstimmung darin, daß die kriminalpolitische Entscheidung, bestimmte Verhaltensweisen überhaupt unter die Androhung staatlicher Strafe zu stellen, sowie die Festlegung der Strafrahmen durch Rechtsgüterschutzerwägungen und damit auch durch generalpräventive Gründe bestimmt werden. Ferner sind generalpräventive Überlegungen im Sanktionsrecht positiviert worden. Denn in §§ 47 Abs. 1, 56 Abs. 3, 59 Abs. 1 Nr. 3 StGB wird mit der Formel von der „Verteidigung der Rechtsordnung" (MAIWALD 1983) auf die positive Generalprävention oder Integrationsprävention (MÜLLER-DIETZ 1985; ROXIN 1984) Bezug genommen. Spezialpräventive Rücksichtnahme soll dort enden, wo die Beschädigung des Vertrauens der Allgemeinheit in die Wirksamkeit der Strafrechtspflege sowie des allgemeinen Rechtsbewußtseins befürchtet wird.

In Anlehnung an die kriminalpolitischen Hypothesen über die Folgen unterschiedlicher Reichweite und Intensität des Strafrechts wie der Folgen von Unterschieden in der Art und im Ausmaß von Strafe läßt sich in empirisch-kriminologischer Hinsicht die Frage der Generalprävention in zwei Untersuchungsgegenstände aufspalten:

1. In ihrer negativen Variante ist Generalprävention auf die der Sanktionsdrohung und einer gegebenen Sanktionspraxis eigene Abschreckung potentieller Normbrecher bezogen. Ihre Basis ist die Annahme, daß die Häufigkeit des Auftretens krimineller Handlungen von der Wahrscheinlichkeit und der Schwere staatlicher Strafe sowie der Schnelligkeit, mit der Strafe eintritt, abhängt. Einem solchen Zusammenhang zwischen Sanktionsandrohung und Sanktionspraxis sowie Verhaltensraten auf der Makroebene liegt die Vorstellung auf der Mikroebene zugrunde, daß die Erhöhung von Wahrscheinlichkeit und Schwere

der Bestrafung gleichzeitig bei potentiellen Rechtsbrechern die Furcht vor der Strafe erhöht.

2. In ihrer positiven Variante sind generalpräventive Funktionen auf die dem Strafrecht und seiner Handhabung unterstellte „erzieherische Kraft“ bzw. integrative Wirkung bezogen (JESCHECK 1988). Aus dieser Perspektive wird angenommen, daß der Bestand sozialer Ordnung und die „Rechtstreue der Bevölkerung“ auch von der Androhung von Strafe für den Normbruch abhängig sind und darüber hinaus von dem Grad der praktischen Anwendung von Sanktionen und deren Intensität moderiert werden. Die positive Generalprävention ist damit Folge einer Funktionsbestimmung, die die Androhung von Strafe und die Sanktionsintensität verknüpft mit dem Grad der Mobilisierbarkeit sozialer Ablehnung bestimmter Verhaltenweisen, wobei die Bestrafung einmal dafür sorgt, daß die zugrunde liegende Norm „sichtbar“ bleibt, Verhaltenserwartungen kontrafaktisch stabilisiert werden, und zum anderen als Folge formalisierter kollektiver Mißachtung der Straftat soziale Integration gestärkt wird.

Eine empirische Theorie der Generalprävention gibt es nicht. Es sind vielmehr die genannten kriminalpolitischen Hypothesen, die kriminologische Forschung unter der Fragestellung auslösten, ob und inwieweit die Mittel des Strafrechts dazu geeignet sind, Kriminalität in ihrem Umfang zu reduzieren. Vor allem hat die Frage der abschreckenden Wirkung der Todesstrafe bei Tötungsdelikten kriminologische Forschung stimuliert. Der erste bedeutende Beitrag zu einer empirischen Überprüfung der abschreckenden Wirkung der Todesstrafe stammt aus den 50er Jahren (SELLIN 1959). Der in dieser Untersuchung verwendete Forschungsansatz ist gleichzeitig typisch für eine ganze Reihe von Folgeuntersuchungen der Abschreckungsdimension der Generalprävention. In der SELLIN-Studie wurde die Entwicklung der Tötungsdelikte in Einzelstaaten der USA, die die Todesstrafe beibehalten hatten, verglichen mit derjenigen in abolitionistischen Staaten, die hinsichtlich anderer Merkmale parallelisiert worden waren. Unterschiede in den Trends der Entwicklung der Tötungsdelikte konnten jedoch nicht entdeckt werden. Dieser Befund wurde dahingehend interpretiert, daß der Todesstrafe eine Abschreckungswirkung nicht eigen sei. Weitere Untersuchungen auf der Basis aggregierter Kriminalitäts- und Sanktionsdaten beziehen sich auf andere Deliktgruppen oder die Entwicklung der Kriminalität im allgemeinen. Im Vergleich von verschiedenen geographischen Einheiten oder unterschiedlichen Zeiträumen (die sich hinsichtlich der Sanktionisierungspraxis oder der gesetzlichen Strafandrohung unterscheiden) werden Daten über die Häufigkeit von Straftaten und die Anzahl ermittelter oder verurteilter Straftäter herangezogen, um hieraus Indikatoren für Verfolgungswahrscheinlichkeit, Bestrafungswahrscheinlichkeit, Bestrafungsschwere und die Häufigkeit von strafbaren Handlungen zu gewinnen. Unterschiede in der Entwicklung von Zeitreihen (in Längsschnittuntersuchungen) oder zwischen geographischen Einheiten (im Querschnitt) werden als Ausdruck von marginalen Abschreckungsfolgen unterschiedlicher Sanktionierungstrategien interpretiert. Die Resultate dieser Untersuchungen lassen sich wie folgt zusammenfassen: Konsistente Zusammenhänge konnten zwischen der Entwicklung von Kriminalitätsraten (auf Einzeldelikte wie Eigentums-, Gewalt-, Sexualdelikte bezogen) oder der Entwicklung der Kriminalitätsrate insgesamt und der Entdeckungs-/Bestrafungswahrscheinlichkeit nachgewiesen werden. Andererseits sind die Befunde zu Zusammenhängen zwischen der Bestrafungsschwere (Länge der verhängten Freiheitsstrafen) und der Entwicklung einzelner Deliktstypen oder der Kriminalität insgesamt widersprüchlich. Soweit Korrelationen vorliegen, die für einen Abschreckungseffekt sprechen, sind sie grundsätzlich schwächer als diejenigen, die hinsichtlich der Bestrafungswahrscheinlichkeit festgestellt wurden. Auch Untersuchungen, die den Einfluß der Polizeistärke und der Polizeipräsenz sowie der Höhe der öffentlichen Ausgaben für die Strafverfolgung auf die Kriminalitätsentwicklung unter der Abschreckungsperspektive zum Gegenstand hatten, lassen inkonsistente Resultate beobachten (BEYLEVELD 1980, S. 306 ff.).

Während die erwähnten Untersuchungen weitgehend einen theoretischen Bezug vermissen lassen und allenfalls den Einfluß einiger „außerrechtlicher" Variablen (Arbeitslosenrate, Einkommensstruktur, ethnische Zusammensetzung der Bevölkerung), deren Zusammenhang mit der Kriminalitätsraten belegt erschien, kontrollierten, werden ab Ende der 60er Jahre zunächst von Ökonomen vermehrt Forschungen zur Abschreckung durchgeführt, die ein explizites theoretisches Modell krimineller Handlungen zugrunde legen und in methodischer Hinsicht subtile ökonometrische Verfahren zur Analyse von Zeitreihendaten einsetzen (vgl. bspw. BECKER 1968; EHRLICH 1975; OTTO 1982; zusammenfassend KÖBERER 1982). Es war sodann vor allem die Arbeit des amerikanischen Ökonomen EHRLICH, die auf der Basis eines utilitaristischen Konzeptes menschlichen Handelns und der Annahme, daß die Tötungskriminalität entsprechend einem wirtschaftlichen „Bedarf- und Nachfragemodell" auftrete, die Diskussion um die abschreckende Wirkung der Todesstrafe neu belebte. EHRLICH zog aus seiner ökonometrischen Analyse der Entwicklung von Hinrichtungen und Tötungsdelikten in den USA den Schluß, daß pro (zusätzlicher) Exekution zwischen einem und acht Tötungsdelikte verhindert werden könnten. Sowohl die Untersuchung selbst als auch die hieraus gezogenen Schlußfolgerungen zogen erhebliche Kritik nach sich, die sich vor allem auf Zweifel an der Verläßlichkeit der zugrunde liegenden Datenbasis (offizielle → Kriminalitätsstatistik, → Dunkelfeld) sowie Zweifel an der Angemessenheit der zur Analyse der Zeitreihen eingesetzten multivariaten statistischen Verfahren stützte. Denn die Identifizierung und Isolierung eines Abschreckungseffektes in einem Mehr-Variablen-Zusammenhang erfordert, daß jedenfalls all die Faktoren in ein Erklärungsmodell einbezogen werden, die die Kriminalitätsentwicklung mitbedingen (KLEIN u. a. 1978). Darüber hinaus werden erhebliche Zweifel daran geäußert, ob die ökonomische Kriminalitätstheorie geeignet sei, Entscheidungen, die kriminelle Handlungen zum Gegenstand haben, in ihrer Komplexität adäquat abzubilden. Der ökonomischen Kriminalitätstheorie liegt die Vorstellung von Konformität und Abweichung als Funktion von Nützlichkeitserwägungen zugrunde (→ ökonomische Kriminalitätstheorien). Da die hier vermuteten Zusammenhänge ein utilitaristisches Handlungsmodell voraussetzen, also vom Bild des ‚homo oeconomicus" (BENTHAM) ausgehen, kann der Geltungsbereich der Annahmen aber nur soweit reichen, wie das Auftreten rationaler Handlungsdispositionen überhaupt erwartet werden kann. Das heißt: nur soweit Menschen rational kalkulieren und Vorteile und Nachteile verschiedener Handlungsalternativen, die ihnen subjektiv zur Verfügung stehen, gegeneinander abwägen, kann erwartet werden, daß die Sanktionsdrohung als „Kostenfaktor" in die Entscheidung einfließt. Hier bleibt deshalb zunächst zu klären, wann und unter welchen Bedingungen Menschen rational kalkulieren, um von daher den Geltungsbereich der ökonomischen Abschreckungstheorie, auf Verhalten, Situation und Person bezogen, einschränken und bestimmen zu können (BLINKERT 1981). Rationale Verhaltensdimensionen nehmen allerdings auch die sog. Kontrolltheorien abweichenden Verhaltens auf (HIRSCHI 1969). Zwar wird in ihnen keine Nützlichkeitsabwägung vorausgesetzt. Doch kann hier Furcht vor Strafe dann als konformitätserzeugend und kriminalitätsverhindernd auftreten, wenn und soweit erworbene Bindungen an die konventionelle Gesellschaft aufs Spiel gesetzt würden.

Das gegen Ende der 60er Jahre verstärkt festzustellende Interesse an empirischen Theorien zur Generalprävention und der Abschreckung entsprang aber nicht allein dem Wunsch, kriminalpolitische Hypothesen über Folgen von Strafgesetzen und Sanktionsdrohungen zu überprüfen, sondern war Teil eines darüber hinausgehenden Interesses an einer theoretischen Neubestimmung der Bedingungen menschlicher Vergesellschaftung. Theorien der Kriminalität waren bis dahin zumeist konzipiert als Erklärungen pathologischer Erscheinungen im Verlaufe von Vergesellschaftungs- und Sozialisationsprozessen, als Erklärung der Fehl- oder Nichtanpassung eines Menschen, verursacht durch sozialstrukturelle Pathologien, familiäre Ausnahmesituationen oder persönlichkeitsspezifische Defizite. Unter dem Oberbegriff „Streßtheorien" lassen sich solche Ansätze zusammenfassen, die gemeinhin von einem allgemeinen gesellschaftlichen Norm- und Wertekonsensus ausgehen und die abweichende oder kriminelle Handlung als durch blockierte Zugänge und hiervon ausgelösten Streß verursacht ansehen. Insbesondere die gesellschaftstheoretischen Analysen der amerikanischen Soziologie (PARSONS 1937) basierten auf der Vorstellung, daß das Ergebnis eines gelungenen Sozialisationsprozesses in Form von Norminternalisierung die Deckungsgleichheit von gesellschaftlichen Anforderungen einerseits und der persönlichen Bedürfnisse und Bestrebungen des Individuums andererseits mit sich bringe, damit Konfliktpotential individueller und kollektiver Art ausgeschlossen werde und so etwas wie soziale Kontrolle in Form der Androhung von Zwang und Nachteilen eigentlich für den normal Sozialisierten überflüssig sei. Die Einsicht in die Probleme einer „übersozialisierten" Konzeption des Menschen in Kriminologie und Sozialwissenschaft (WRONG 1961) verhalft dem Konzept Sozialer Kontrolle zu neuem Gewicht. In einem solchen theoretischen Bezugsrahmen erst kann die Frage nach der Rolle von strafrechtlichem Zwang und der Furcht vor Strafe in der Erklärung von Kriminalität bzw. Konformität schlüssig gestellt werden (MINOR 1978, zusammenfassend OTTO 1982). Verschiedene, insbesondere auch methodische Probleme der Generalpräventionsforschung, führten in den 70er Jahren sodann dazu, das Forschungsproblem der „Abschreckung" mehr und mehr von der Makroebene auf die Ebene des individuellen Akteurs zurückzuverlagern und das Problem der Abschrekkung als sozialpsychologische Fragestellung zu reformulieren. Denn „Abschreckungsvariablen“ wurden bis dahin überwiegend definiert als die Wahrscheinlichkeit oder die Schwere einer Bestrafung. Diese Variablen wurden gemessen über das Verhältnis zwischen angezeigten Straftaten und offiziell ermittelten Tätern (Verfolgungswahrscheinlichkeit), über das Verhältnis zwischen Ermittlungsziffer und Verurteiltenziffer (Verurteilungswahrscheinlichkeit) sowie eine Skalierung verhängter Strafen. Der Einwand, der gegen die Verwendung offiziell ausgeworfener Ermittlungs- und Verurteilungsziffern sowie von Strafzumessungsergebnissen geltend gemacht wird, sieht in der Abschreckung (die durch Furcht vor Strafe ausgelöst wird) aber einen psychischen Vorgang, der nur als eine subjektive Annahme über die Wahrscheinlichkeit und Schwere der Bestrafung sowie die individuelle Bewertung der Schwere der Sanktionierung durch eine davon potentiell betroffenen Person erfaßt werden kann. Dies ist alleine deshalb plausibel, weil die offizielle Verfolgungswahrscheinlichkeit und Sanktionsschwere lediglich in Ausnahmefällen bekannt sein dürften und überdies in hohem Maße überschätzt werden (ERICKSON/GIBBS 1977). Dies unterstreicht gleichzeitig, daß die Frage der Generalprävention erhebliche Kommunikationsprobleme in sich birgt. Außerdem geben neuere Untersuchungen der begründeten Vermutung Raum, daß die Perzeption der potentiellen Bestrafungsschwere nicht das Wissen um die objektiven Strafrahmen, sondern eher die subjektive Einschätzung der sozialen Bewertung des zugrunde liegenden Verhaltens reflektiert (WILLIAMS/ERICKSON 1981; SCHÖCH 1985). Wenn Abschreckung als „Entscheidung gegen eine kriminelle Handlungsalternative aus Furcht vor einem subjektiv angenommenen Bestrafungsrisiko“ definiert wird, dann ist dieser Sachverhalt nicht beobachtbar. Vielmehr müssen die Bedingungen benannt werden, unter denen aus dem Nichtauftreten einer kriminellen Handlung auf die Existenz von „Abschreckung“ als Unterlassungsmotiv geschlossen werden kann. Wenn „Abschreckung“ aber nur denkbar ist als psychischer Prozeß, dann kann sie nur über Perzeption und Einstellung, also in Interviews (→ Methoden der Kriminologie), erhoben werden. Da aber die Erhebung von Informationen über 1. die Kenntnis des kriminellen Charakters einer Handlung, 2. die Kenntnis der hierfür angedrohten Strafen, 3. die Perzeption der Bestrafung als wahrscheinlich und schwer und 4. das Verhalten einer Person selbst noch keinen sicheren Schluß darauf zuläßt, daß das Nichtauftreten der abweichenden Handlung ursächlich beruht auf Annahmen über die vermutete Schwere oder Wahrscheinlichkeit einer Strafe (das Nichtauftreten der Handlung wäre nämlich ebenso plausibel erklärbar als Folge beispielsweise der persönlichen Anerkennung des normativen Systems generell bzw. der speziellen Norm), kann „Abschreckung“ nur im Rahmen eines allgemeinen theoretischen Ansatzes erfaßt werden. Denn es muß ausgeschlossen werden können, daß das Unterlassen einer Handlung von etwas anderem als der Furcht vor Strafe verursacht wurde. Methodisch denkbar, aber praktisch wohl nur in seltenen Fällen durchführbar, wäre eine solche Kausalitätsüberprüfung in Form eines Experiments (vgl. hierzu bspw. TITTLE/ROWE 1973; BUIKHUISEN 1974, 1988). Ist das Experiment aber ausgeschlossen, so bleibt nur die Einbeziehung aller theoretisch maßgeblicher, Verhalten determinierender Variablen, um den auf

Abschreckung zurückführbaren Verhaltensanteil isolieren zu können und Alternativerklärungen auszuschließen. Wenn nun die Beantwortung der Frage „Schrecken Strafen ab?“ bzw. der Frage, welche der einzelnen Schritte im Prozeß der Sanktionierung „Furcht“ erzeugen, voraussetzt, daß ein eventuell ermittelter Zusammenhang zwischen Einstellungen und Perzeptionen und dem Nichtauftreten von abweichendem oder kriminellem Verhalten als Kausalverhältnis interpretiert werden kann, so spricht nunmehr gegen die Verwendung von offiziell registrierten Kriminalitätsdaten auch, daß ein Zusammenhang zwischen Verurteilungswahrscheinlichkeit und -schwere und den ermittelten und registrierten Straftaten durchaus auch als umgekehrtes Kausalverhältnis, also als Sicherungseffekt oder als Effekt einer normativen Validierung interpretiert werden kann. Andererseits sind auch Daten, die über Interviews gewonnen werden und Einstellungen mit selbstberichtetem kriminellem Verhalten oder zukünftigem erwartetem Verhalten verknüpfen, Beschränkungen ausgesetzt. Denn die Verbindung von gegenwärtigen Einstellungen und Erwartungen mit selbstberichtetem kriminellem Verhalten, das in der Vergangenheit liegt, bedingt eine Reihenfolge der Variablen, die die theoretisch geforderte Reihenfolge geradewegs umkehrt (TITTLE 1980; SCHUMANN 1987). Die Erfassung von gegenwärtigen Einstellungen und von Verhaltensintentionen bei Untersuchungspersonen bringen die Variablen zwar in eine theoretisch angemessene kausale Anordnung, doch zeigen bisherige Forschungsresultate, daß keinesfalls davon ausgegangen werden kann, daß Einstellungen über längere Zeit hinweg stabil bleiben (PATERNOSTER u. a. 1983). Die methodischen Probleme der Generalpräventionsforschung lassen sich deshalb wohl nur in komplex angelegten Längsschnittstudien lösen (SCHUMANN u. a. 1987; kritisch hierzu SCHÖCH 1988).

Die Forschungsresultate zur Mikroebene der Abschreckung können wie folgt zusammengefaßt werden:

Entsprechend den auf der Makroebene an aggregierten Daten gewonnen Ergebnissen lassen sich zunächst konsistente Beziehungen zwischen dem subjektiv empfundenen Entdeckungs-/Bestrafungsrisiko und der Häufigkeit selbstberichteter Straftaten bzw. der Prognose kriminellen Handelns in der Zukunft beobachten (SCHUMANN u. a. 1987; SCHÖCH 1988). Andererseits spielt die Einschätzung der Schwere der Bestrafung, jedenfalls bei subjektiv als niedrig empfundenem Verfolgungsrisiko, kaum eine Rolle. Erst wenn das Verfolgungsrisiko als sehr hoch eingeschätzt wird, lassen vereinzelte Ergebnisse darauf schließen, daß die erwartete Bestrafungsschwere mit selbstberichtetem oder prognostiziertem Verhalten korreliert. Frauen und ältere Menschen bewerten im übrigen die mit der erwarteten Strafe verbundenen negativen Konsequenzen als schwerwiegender als Männer bzw. Jugendliche (TITTLE 1980). Bezogen auf einzelne kriminelle Verhaltensweisen haben sich bislang jedoch Unterschiede in der Abschreckungsfähigkeit von „Verhalten mala per se“ und „Verhalten mala quia prohibita“ nicht nachweisen lassen. Im übrigen wird jedoch die Bedeutung der „Furcht vor Strafe“ dann relativiert, wenn die erwartete soziale Ablehnung kriminellen Verhaltens in die Analyse einbezogen wird. Die Erwartung informeller Sanktionen, insbesondere durch Familie und Freundeskreis, scheint größere Bedeutung zu besitzen als die erwarteten Konsequenzen in Form von staatlicher Strafe (BEYLEVELD 1980, 307; SCHÖCH 1985, 1988; SCHUMANN u. a. 1987). Dies führt zu der Frage, ob und inwieweit Grad und Ausmaß formeller Sanktionen und informeller Sanktionen voneinander abhängen. Gleichzeitig betrifft dies die positive Variante der Generalprävention, die von einem Zusammenhang zwischen formellen Sanktionen und der Erzeugung eines „normativen Klimas“ ausgeht, in der mit zunehmender Intensität der Sanktionierung die soziale Ablehnung und damit der Grad der informellen Sanktionierung kriminellen Verhaltens ansteigen. Über das Ausmaß und die Richtung solcher Zusammenhänge, die letztlich die „moralisierenden und erzieherischen“ Effekte des Strafrechts betreffen, ist allerdings wenig bekannt (SCHUMANN 1989). Nichts deutet bislang darauf hin, daß eine empirische Untersuchung solcher, teilweise plausibler Zusammenhänge, auf letzte Sicherheit garantierender methodischer Basis durchgeführt werden könnte. Denn die Fragestellungen sind mit denjenigen des allgemeinen Verhältnisses zwischen sozialem Wandel und Recht identisch. Die Komplexität der hiermit verbundenen Annahmen dürfte sich einer einfachen Antwort mit konventionellen Mitteln empirischer Sozialforschung widersetzen.

Die Feststellung, daß Abschreckung jedenfalls teilweise im Rahmen von Verhaltenssteuerung eine Rolle spielt, ist allerdings kein zureichender Grund, sich auf Abschreckungsstrategien im Strafrecht zu stützen. Wenn eine Maximierung von Abschreckungseffekten, von einem gegebenen Sanktionierungsniveau ausgehend, die Maximierung des Entdeckungs-/Bestrafungsrisikos fordern würde, bleibt nämlich die Frage zu beantworten, welche materiellen und immateriellen Kosten einer solchen Strategie akzeptiert würden und akzeptierbar wären. Grundsätzlich ist aber davon auszugehen, daß das Risiko strafrechtlicher Sanktionierung weit überschätzt wird; dies gilt auch bei Personen, die bereits strafrechtlich in Erscheinung getreten sind, obschon diese realistischere Vorstellungen haben (SCHNEIDER 1990). Ein solcher Ausgangspunkt heißt aber, daß Veränderungen im objektiven Entdeckungsrisiko wahrscheinlich dem subjektiv empfundenen Risiko nicht einmal nahekommen würden, was angesichts der ohnehin nur erwartbaren marginalen Abschreckungseffekte schon aus Kosten-/Nutzengesichtspunkten zu gravierenden Bedenken führen müßte. Andererseits kann eine Abschreckungsstrategie, die auf die Maximierung der Verfolgungswahrscheinlichkeit zielt, auch in unerwünschten Nebeneffekten resultieren. Denn Verbrechen und Abweichung sind als Ausnahmen definiert. Eine zu dichte Kontrolle könnte deshalb, jedenfalls auf dem Gebiet der Massenkriminalität, auf die von POPITZ beschriebenen Grenzen strafrechtlicher Sanktionierung stoßen (POPITZ 1968; → Funktionen der Kriminalität). Außerdem werden die Grenzen strafrechtlicher Sanktionierung, bezogen auf die Wahrscheinlichkeit des Eintretens wie die Schwere von Bestrafung, nicht nur durch die hieraus möglicherweise resultierenden Abschreckungseffekte gezogen, sondern auch durch ihre wiederum in der öffentlichen Einstellung wirksam werdende Bewertung als gerechte und faire Reaktion auf kriminelles Verhalten und die Verfügbarkeit außerstrafrechtlicher Mittel der Verhaltenskontrolle. Was unter einer generalpräventiven Perspektive als wirksame Sanktion eingesetzt werden kann, wird auch durch gesellschaftliche Überzeugungen und Erwartungen mitbestimmt. Hieraus folgt, daß weder negative noch positive Generalprävention die Notwendigkeit bestimmter Inhalte oder der Häufigkeit von Strafe begründen können. Vielmehr unterliegen sowohl der Zusammenhang Strafe/Furcht als auch das durch strafrechtliche Sanktionierung erzeugbare Bewußtsein von Erwartungssicherheit und Stabilität einem sozialen Wandel, der selbst erklärungsbedürftig bleibt (ELIAS 1976; VAN DIJK 1989).

Albrecht, H.-J., Die generalpräventive Effizienz von strafrechtlichen Sanktionen, in: Forschungsgruppe Kriminologie (Hrsg.), Empirische Kriminologie, Ein Jahrzehnt kriminologischer Forschung am Max-Planck-Institut Freiburg i.Br., Freiburg 1980, S. 305-327; *Becker, G.S.*, Crime and punishment: An economic approach, in: JPOLECON 1968, S. 169–217; *Beyleveld, D.*, Biobliography on general deterrence, Westmead u. a. 1980; *Blinkert, B.*, Benachteiligte Jugendliche – Lernen oder kriminell werden? Soziale Welt 32 (1981), S. 86–118; *Buikhuisen, B.*, General deterrence: A field experiment, in: Buikhuisen, B., Mednick, S.A. (Hrsg.), Explaining criminal behavior, Leiden u. a. 1988, S. 181–196; Buikhuisen, B., General deterrence: Research and theory. Abstracts of Criminology 14 (1974), S. 285–298; *Ehrlich, I.*, On the deterrent effect of capital punishment. A question of life and death, American Economic Review 65 (1975), S. 397–417; *Elias, N.*, Über den Prozeß der Zivilisation, 2. Bde., Frankfurt 1976; *Erickson, M.L., Gibbs, J.P.*, Objective and perpetual properties of legal punishment and the deterrence doctrine, Social Problems 25 (1977), S. 253–264; *Hassemer, W., Lüderrsen, K., Naucke, W.*, Hauptprobleme der Generalprävention, Frankfurt 1979; *Hirschi, T.*, Causes of delinquency, Berkeley 1969; *Jakobs, G.*. Schuld und Prävention, Tübingen 1976; *Jescheck, H.-H.*, Strafrecht, Allgemeiner Teil, 4. Aufl., Berlin 1988; *Kaiser, G.*, Verkehrsdelinquenz und Generalprävention, Tübingen 1970; *Klein, L.R., Forst, B., Filatov, V.*, The deterrent effect of capital punishment: An assessment of the estimates, in: Deterrence and incapacitation: Estimating the effects of criminal sanctions on crime rates, hrsg. von Blumstein, A., Cohen, J., Nagin, D., Washington/D.C. 1978, S. 336–360; *Köberer, W.*, Läßt sich Generalprävention messen? MschrKrim 65 (1982), S. 200–218; *Köhler, M.*, Über den Zusammenhang von Strafrechtsbegründung und Strafzumessung. Dargestellt am Problem der Generalprävention, Heidelberg 1983; *Maiwald, M.*, Die Verteidigung der Rechtsordnung – Analyse eines Begriffs, GA 1983, S. 49–72; *Minor, W.W.*, Deterrence research: Problems of theory and method, in: Cramer, J.A. (Hrsg.), Preventing crime, Beverly Hills u. a. 1978, S. 21–45; *Müller-Dietz, H.*, Integrationsprävention und Strafrecht. Zum positiven Aspekt der Generalprävention, in: Festschrift für H.-H. Jescheck, Berlin 1985, S. 813–828; *Otto, H.J.*, Generalprävention und externe Verhaltenskontrolle. Wandel vom soziologischen zum ökonomischen Paradigma in der nordamerikanischen Kriminologie? Freiburg 1982; *Parsons, T.*, The structure of social action, New York 1937; *Paternoster, R., Saltzmann, L.E., Waldo, G.P., Chiricos, T.G.*, Estimating perceptual stability and deterrent effects. The role of perceived legal punishment in the inhibition of criminal involvement, The Journal of Criminal Law and Criminology 74 (1983), S. 270–297; *Popitz, H.*, Über die Präventivwirkung des Nichtwissens. Dunkelziffer, Norm und Strafe, Tübingen 1968; *Roxin, C.*, Zur Problematik des Schuldstrafrechts, ZStW 96 (1984), S. 641–660; *Schneider, A.L.*, Deterrence and juvenile crime, New York u. a. 1990; *Schöch, H.*, Empirische Grundlagen der Generalprävention, in: Festschrift für Hans-Heinrich Jescheck, Berlin 1985, S. 1081–1105; *Schöch, H.*, Göttinger Generalpräventionsforschung, in: Kaiser, G., Kury, H., Albrecht, H.-J. (Hrsg.), Kriminologische Forschung in den 80er Jahren. Projektberichte aus der Bundesrepublik Deutschland, Freiburg 1988, S. 227–246; *Schumann, K.F.* u. a., Jugendkriminalität und die Grenzen der Generalprävention, Neuwied, Darmstadt 1987; *Schumann, K.F.*, Positive Generalprävention. Ergebnisse und Chancen der Forschung, Heidelberg 1989; *Sellin, T.*, The death penalty, Philadelphia 1959; *Tittle, C.R., Rowe, A.R.*, A moral appeal. Sanction threat and deviance: An experimental test, Social Problems 20 (1973), S. 488–304; *Tittle, C.R.*, Sanction and social deviance, New York 1980; *Van Dijk, J.J.M.*, Strafsanktionen und Zivilisationsprozeß. MschrKrim 72 (1989), S. 437–450; *Wrong, D.H.*, The oversocialized conception of man in modern sociology, American Sociological Review 26 (1961), S. 183–193.

HANS-JÖRG ALBRECHT

Gesellschaftsgerichte in der DDR – bestehend aus sogenannten *Konfliktkommissionen* (in Betrieben) und sogenannten *Schiedskommissionen* (in Wohngebieten von Städten und Gemeinden sowie in landwirtschaftlichen und erforderlichenfalls handwerklichen Produktionsgenossenschaften) – waren mit der Ahndung von bestimmten Bagatelldelikten, der Erledigung von einfachen zivilrechtlichen Streitigkeiten sowie (im Falle von Konfliktkommissionen) mit der Schlichtung von arbeitsrechtlichen Streitfällen betreut.

Historische Vorläufer waren die sowjetischen Volks- und Kameradengerichte, wie sie bereits von LENIN gefordert worden waren, um die Teilnahme der Arbeiterklasse an der Gestaltung, Durchsetzung und Kontrolle des sozialistischen Rechts zu ermöglichen (SAVICKI 1983, BUCHHOLZ 1986), und wie sie in der einen oder anderen Form auch in den anderen sozialistischen Ländern eingerichtet wurden (SCHMIDT 1969), ohne freilich dort in der Praxis eine große Rolle erlangt zu haben (LAMMICH 1983, 1985; GYÖRGYI/LAMMICH 1986). Auch nichtsozialistischen Ländern ist die Existenz von nichtstaatlichen Stellen oder sonstigen außerhalb der Justiz stehenden Einrichtungen zur Erledigung von Bagatellfällen nicht gänzlich fremd, wie etwa die frühere, meist mit dem Bürgermeisteramt verbundene Friedensgerichtsbarkeit oder die Einschaltung von Sühnestellen oder Schiedsmännern in Privatklageverfahren zeigt und wie sie auch in der Existenz sogenannter Betriebsjustiz zum Ausdruck kommt. Während jedoch bei ersteren der Schlichtungsgedanke im Vordergrund steht, ohne daß dabei die „Mitbeteiligung des Volkes“ eine maßgebliche Rolle spielen würde, geht es bei der Betriebsjustiz zwar um Streiterledigung innerhalb und mit den Kräften der betroffenen sozialen Einheit, dies aber unter bewußter Ausschaltung des Staates. Demgegenüber wurden die gesellschaftlichen Gerichte der DDR formal als Rechtspflegeorgane verstanden (Art. 92 DDR-Verfassung) und damit als einer der wichtigsten Wege, um die verfassungsrechtlich gewährleistete Teilnahme der Bürger in der Rechtspflege (Art. 90) zu ermöglichen. Anders als die weithin wildwuchernde und allenfalls betriebsintern geregelte Betriebsjustiz in der BRD waren sowohl die Aufgaben und Befugnisse wie auch die Verfahrensweisen der gesellschaftlichen Gerichte gesetzlich detailliert geregelt.

Die dahin führende *Entwicklung* nahm ihren Anfang mit der „Verordnung über die Bildung von Kommissionen zur Beseitigung von Arbeitsstreitfällen (Konfliktkommissionen) in den volkseigenen und ihnen gleichgestellten Betrieben und in den Verwaltungen“ von 1953, wodurch freilich zunächst nur die Befugnis zur erstinstanzlichen Erledigung rein betriebs- und arbeitsrechtlicher Differenzen von den Arbeitsgerichten auf innerbetriebliche Gremien übertragen wurde. In einem zweiten Schritt wurden mit dem Rechtspflegeerlaß von 1963 durch die Einrichtung von Schiedskommissionen auch für den außerbetrieblichen Bereich sogenannte „gesellschaftliche Organe der Rechtspflege“ geschaffen und mit der Beratung und Entscheidung von strafrechtlichen Bagatelldelikten betraut. Im Zuge der Gesamtreform des Strafrechts von 1968 wurden in einem dritten Schritt die Konflikt- und Schiedskommissionen unter Aufwertung zu „gesellschaftlichen Gerichten“ in das System der Rechtsprechung integriert und in einem eigenen Gesetz mit dazugehörigen Vefahrensordnungen zusammenfassend geregelt. In Auswertung der inzwischen gemachten Erfahrungen wurde dieses „Gesetz über die gesellschaftlichen Gerichte der DDR“ (GGG) am 25. März 1982 neu gefaßt und zusammen mit den ebenfalls neugefaßten

Konflikt- und Schiedskommissionsordnungen (KKO bzw. SchKO) zum 1.1.1983 in Kraft gesetzt. Mit dem Ende der DDR kam dann freilich auch das Ende der „gesellschaftlichen Gerichte", und zwar noch mit einem vom DDR-Gesetzgeber verabschiedeten „Gesetz über die Schiedsstellen in den Gemeinden" v. 13.9.1990 (in Kraft seit 3.10.1990), durch das sowohl das GGG als auch die KKO und die SchKO aufgehoben wurden (zu den teils an deren Stelle tretenden „Schiedsstellen" s. Näheres am Ende dieses Beitrags).

Was den *Rechtscharakter* der ehemaligen gesellschaftlichen Gerichte betrifft, so waren sie zwar keine staatlichen Organe; dennoch betrieben sie als Teil der Rechtsprechung jedenfalls Strafrechtspflege im weiteren Sinne. Dies kam auch darin zum Ausdruck, daß die Beratung und Entscheidung durch ein gesellschaftliches Organ der Rechtspflege – neben den sonstigen Strafen mit oder ohne Freiheitsentzug – zu den „Maßnahmen der strafrechtlichen Verantwortlichkeit" zählte (§ 23 DDR-StGB). Deshalb kann in der Behandlung von Bagatelldelikten durch ein gesellschaftliches Gericht, wenn überhaupt, so nur mit Vorbehalt eine Entkriminalisierung erblickt werden.

Die strafrechtliche *Zuständigkeit* der Gesellschaftsgerichte umfaßte vier Deliktskategorien: 1. *Vergehen*, soweit die Sache staatlicherseits (von einem Untersuchungsorgan, der Staatsanwaltschaft oder dem Gericht) dem Gesellschaftsgericht übergeben wurde (§§ 13, 14 GGG). Eine solche Übergabe war angezeigt, wenn die Tat im Hinblick auf die eingetretenen Folgen und die Schuld des Täters nicht erheblich gesellschaftswidrig war und wenn unter Berücksichtigung der Tat und der Persönlichkeit des Täters eine wirksame erzieherische Einwirkung durch das Gesellschaftsgericht zu erwarten war; außerdem mußte der Sachverhalt vollständig aufgeklärt und der Täter geständig sein (§ 28 DDR-StGB). Bei dieser Deliktskategorie, die sich in etwa mit dem unteren Bereich der Verbrechen nach dem BRD-StGB und dem oberen Bereich von dessen Vergehenskatalog deckte und neben Körperverletzung insbesondere auch die Straftaten gegen das sozialistische und persönliche Eigentum erfaßte, gab es somit zwar eine Primärzuständigkeit der staatlichen Justiz, die jedoch in rund einem Viertel der Fälle (1977: 28,7% – 1989: 25,1%) von der Übergabemöglichkeit Gebrauch machte (Statistisches Jahrbuch der DDR 1982 bzw. 1989). 2. Die *Verfehlungen* fielen grundsätzlich unter die Alleinzuständigkeit der gesellschaftlichen Gerichte (§§ 13 I, 14 GGG). Zu dieser durch das DDR-StGB von 1968 neu geschaffenen Deliktskategorie, die zwischen den gesellschaftswidrigen Vergehen einerseits und den mehr verwaltungstechnischen Ordnungswidrigkeiten andererseits anzusiedeln war, zählten Rechtsverletzungen, die in ihren Auswirkungen und nach der Schuld des Täters unbedeutend waren und vom Gesetz ausdrücklich als Verfehlungen bezeichnet sind (§ 4 DDR-StGB): Das galt insbesondere für Bagatelldelikte und -betrügereien sowie für Ehrdelikte und Hausfriedensbruch. 3. Die Behandlung von *Ordnungswidrigkeiten* hing wiederum von einer Übergabe durch den Ordnungsstrafbefugten ab (§§ 13, 14 GGG): Eine solche war veranlaßt, wenn der Sachverhalt aufgeklärt und mit Rücksicht auf den Charakter und die Umstände der Ordnungswidrigkeit sowie die Persönlichkeit des Rechtsverletzers eine bessere erzieherische und vorbeugende Einwirkung durch das gesellschaftliche Organ der Rechtspflege erwarten ließen, wie insbesondere bei

Ordnungswidrigkeiten im Zusammenhang mit der Verletzung betrieblicher Pflichten oder der Beeinträchtigung des sozialistischen Gemeinschaftslebens (§ 31 DDR-OWG). 4. Auch die Behandlung von Schulpflichtverletzungen lag in der Alleinzuständigkeit der gesellschaftlichen Gerichte (§§ 13 I, 14 GGG). Solche Spezialzuweisungen konnten durch Sondergesetze erfolgen (§ 15 GG).

Verhandlungsziel war in der Regel eine gütliche Einigung (§ 37 II KKO, §§ 35 II SchKO). Deshalb fand (ebenso wie bei zivilrechtlichen Streitigkeiten) bei Beleidigung, Verleumdung und Hausfriedensbruch eine förmliche Beratung überhaupt erst dann statt, wenn nicht bereits durch eine Aussprache eine Konfliktlösung zu erreichen war (§ 1 III KKO, § 1 IV SchKO). Doch auch im übrigen hatte die freiwillige Übernahme von Verpflichtungen durch den Rechtsverletzer den Vorrang vor einer zwangsweisen Auferlegung durch das Gesellschaftsgericht (vgl. § 20 GGG; §§ 28, 37, 43, 47 KKO bzw. §§ 26, 35, 41, 45 SchKO). Als *Sanktion* standen erforderlichenfalls folgende „Erziehungsmaßnahmen" zur Wahl (§ 20 GGG): 1. Entschuldigung gegenüber dem Geschädigten oder dem Kollektiv; 2. Wiedergutmachung des Schadens durch Geldzahlung oder Arbeitsleistung; 3. (neu seit 1982) unbezahlte gemeinnützige Arbeit bis zu 20 Stunden; 4. sonstige zur Förderung rechtstreuen Verhaltens geignete Verpflichtung; 5. Erteilung einer Rüge; 6. Geldbußen von 10 bis zu (ursprünglich 150, später) 500 Mark; 7. bei Beleidigung Zurücknahme in geeigneter Form (§ 37 III KKO, § 35 III SchKO). 8. Im übrigen kam selbst bei Vergehen ein Verzicht auf Erziehungsmaßnahmen in Betracht, wenn dies die (geringe) Schwere der Handlung zuließ und das Nachtatverhalten sowie die Wiedergutmachungsanstrengungen des Täters die künftige Achtung der sozialistischen Rechtsordnungen erwarten ließen (§ 28 IV KKO, § 26 IV SchKO). 9. Über diese Sanktionen gegenüber dem Rechtsverletzer hinaus konnten – und darin lag eine seit der Neufassung des GGG von 1982 verstärkte Bedeutung im *präventiven* Bereich – die Gesellschaftsgerichte an Betriebsleiter oder sonstige gesellschaftliche Kräfte *Empfehlungen* zur Beseitigung von Ursachen und Bedingungen von Rechtsverletzungen sowie zur Überwindung von Mängeln und Ungesetzlichkeiten aussprechen und deren Verwirklichung kontrollieren (§ 21 GGG, §§ 15–17 KKO/§§ 15 f. SchKO).

Die *Bildung von Konfliktkommissionen* erfolgte in der Regel in Betrieben mit mehr als 50 Betriebsangehörigen für jeweils bis zu 300 Betriebsangehörigen (§ 4 GGG). Der Tätigkeitsbereich von *Schiedskommissionen* in den Städten, Gemeinden und (nichtindustriellen) Produktionsgenossenschaften sollte in der Regel nicht mehr als 8000 Einwohner umfassen (§ 5 GGG). Die *Besetzung* der einzelnen Gesellschaftsgerichte erfolgte – wie auch die der Richter an staatlichen Gerichten (Art. 95 DDR-Verfassung) – durch *Wahl*, und zwar für die Konfliktkommissionen auf Vorschlag der Betriebsgewerkschaftsleitung durch die Betriebsangehörigen für die Dauer von grundsätzlich 2½ Jahren (§§ 7, 8 GGG), für die Schiedskommissionen auf Vorschlag der Parteien und Massenorganisationen durch die örtlichen Volksvertretungen auf die Dauer von 5 Jahren (§§ 10, 11 GGG). Wählbar waren Bürger vom 18. Lebensjahr an, sofern sie sich durch vorbildliche Arbeit und gesellschaftliches wie persönliches Verhalten ausgezeichnet hatten und Achtung und Vertrauen genossen (§ 6 I GGG); bei

Konfliktkommissionen setzte dies praktisch die Mitgliedschaft im FDGB voraus (KÖRTING 1981). Wie es auch sonst der Verantwortlichkeit von Richtern in der DDR und einigen anderen „sozialistischen“ Systemen entsprach, waren auch die Mitglieder von Gesellschaftsgerichten ihren Wählern gegenüber rechenschaftspflichtig (§§ 27, 28 GGG) und konnten bei Gesetzesverstößen oder sonstigen gröblichen Pflichtverletzungen vorzeitig wieder abberufen werden (§ 6 VI GGG).

Obgleich das Gesellschaftsgericht jeweils mit 8 bis 15 Mitgliedern besetzt war (§§ 8 II, 11 II GGG), mußten im *Einzelverfahren* nur mindestens 4 Teilnehmer mitwirken (§ 18 II GGG). Die Beratung war öffentlich, wobei alle Teilnehmer das Recht zu Fragen und Hinweisen hatten (§ 18 III, V GGG). Gegen die Entscheidung des Gesellschaftsgerichts war innerhalb einer 2wöchigen Frist Einspruch zulässig (§ 19 II GGG, § 53 I KKO, § 48 I SchKO); davon hatten 1981 die Betroffenen in 16,2% der Fälle Gebrauch gemacht. Außerdem hatte die Staatsanwaltschaft ein 3monatiges Überprüfungs- und Einspruchsrecht (§ 26 GGG, § 53 III KKO, § 48 III SchKO), wovon 1982 in ca. 1,5% der Fälle Gebrauch gemacht wurde. Die Aufhebungsquote durch das dafür zuständige Kreisgericht lag 1981 insgesamt bei nur 2% (MÜLLER 1982) bzw. gegenüber Schiedskommissionen 1986 nur bei 1,% (DOKUMENTATION 1987). Im übrigen unterlagen die Gesellschaftsgerichte der allgemeinen Leitungsbefugnis durch die staatliche Justiz sowie der Anleitung und Schulung durch den FDGB bzw. durch Kommissionsbeiräte (§§ 22 bis 33 GGG).

Die *praktische Bedeutung* der Gesellschaftsgerichte zeigte sich sowohl an der Zahl der Mitglieder wie auch am Umfang ihrer Beratungstätigkeit: So haben sich die bereits im Jahre 1970 bestehenden 23 120 Konfliktkommissionen und 5267 Schiedskommissionen bis zum Jahre 1982 bei einer Zahl von 26 085 Konfliktkommissionen mit 229 829 Mitgliedern und 5237 Schiedskommissionen mit 54 290 Mitgliedern weithin konsolidiert (HEUSINGER 1982) und bis 1987 bei 28 533 Konflitkommissionen mit 255 074 Mitgliedern und bei 5552 Schiedskommissionen mit fast 56 000 Mitgliedern noch weiter erhöht (DOKUMENTATION 1987). Das bedeutet, daß – bezogen auf das Jahr 1982 – insgesamt fast 285 000 DDR-Bürger und damit 2% der Bevölkerung an der Rechtsprechung mitwirkten – ein für die Internalisierung von Rechtsnormen nicht zu unterschätzender kriminalpolitischer Faktor (SCHROEDER 1983). Von dem im Jahr 1981 durchgeführten 101 500 Beratungen (HEUSINGER 1982) betrafen ca. 20 000 Bagatellstrafsachen: Das sind 22,5% aller Straftaten, wobei von den Eigentumsdelikten, die ebenso wie in der BRD auch in der DDR den weitaus größten Anteil aller Straftaten ausmachten, über ein Drittel an die Gesellschaftsgerichte übergeben wurden (STATISTISCHES JAHRBUCH der DDR 1982). Damit sind die Strafsachen im Vergleich zum Jahr 1970, als sie noch 37% ausmachten (BERICHT DER BUNDESREGIERUNG 1972), zwar im Verhältnis zu den arbeitsrechtlichen Streitigkeiten als dem Haupttätigkeitsfeld der Konfliktkommissionen etwas zurückgegangen (während für 1986 der arbeitsrechtliche Anteil nur noch 76% betrug: DOKUMENTATION 1987). Doch ganz abgesehen davon, daß mit Ausweitung des Zuständigkeits- und Sanktionsbereichs der Gesellschaftsgerichte (insbesondere durch Erhöhung der Bußgeldobergrenze auf 500 Mark) eine Zunahme der Strafsachen zu verzeichnen war, und zwar auf 25,1% im Jahre

1989, bedeutete selbst ein Erledigungsanteil von rund einem Viertel aller Strafsachen durch Laiengerichte eine nicht unbeträchtliche Entlastung der staatlichen Strafjustiz.

Für die *rechtspolitische Bewertung* der Gesellschaftsgerichte ist dieser ökonomische Entlastungsaspekt zwar für sich allein kein ausschlaggebender Gesichtspunkt, da die Entlastung der staatlichen Justiz zwangsläufig durch verstärkten Einsatz von Laien – und dies womöglich insgesamt noch zeitaufwendiger – aufzuwiegen ist. Doch vermag gerade dieses Engagement zu dem an sich erwünschten Abbau der Entfremdung von Staat und Bürger beizutragen. Auch die Verstärkung des Gefühls gesellschaftlicher Mitverantwortung für die Normverletzung und für die Überwindung ihrer Ursachen ist ein positiver kriminalpolitischer Faktor, ebenso wie die größere Resozialisierungs- bzw. Reintegrierungschance durch betonte Einbeziehung erzieherischer Maßnahmen in die Sanktion (HEUSINGER 1982; KÖRTING 1981). Diese Positiva werden freilich mit kaum weniger gewichtigen Gefahren erkauft: So etwa mit einer nach wie vor wegen des teilweise unterschiedlichen Ausbildungsstandes der Laienkommissionen ungleichmäßigen oder unzulänglichen Rechtsprechung oder mit dem Mangel an Unvoreingenommenheit und Unparteilichkeit, wie er sich aus der Mitwirkung von Personen aus dem unmittelbaren sozialen Umfeld der Konfliktbeteiligten ergeben kann. Dies um so mehr, wenn die Kommissionsmitglieder bereits nach politischen Kriterien ausgesucht werden, einer Rechenschaftspflicht unterliegen und darüber hinaus der Leitungstätigkeit auch außergerichtlicher Instanzen (wie vor allem dem FDGB oder den Ausschüssen der Nationalen Front) unterworfen sind und sich im einzelnen Verfahren einer „engagierten Öffentlichkeit“ gegenübersehen. Nicht zuletzt war dadurch, daß von bis zu 15 Mitgliedern einer Kommission lediglich 4 am Einzelverfahren teilzunehmen brauchten, die Verfassung der Gesellschaftsgerichte vom rechtsstaatlich wesentlichen Grundsatz des „gesetzlichen Richters“ noch weit entfernt. Solche Mängel schließen jedoch nicht aus, für die bislang unzulängliche Behandlung der Bagatelldelikte in der BRD nach rechtsstaatlich vertretbaren Alternativen zu suchen (ESER 1970). Bereits ausformulierte Modellvorschläge dafür finden sich (für Warenhausdiebstähle) im „Entwurf eines Gesetzes gegen Ladendiebstahl“ (1974) sowie (für den betrieblichen Bereich) im „Entwurf eines Gesetzes zur Regelung der Betriebsjustiz“ (1975), die beide im Zusammenhang mit dem Alternativ-Entwurf eines Strafgesetzbuches von einem Arbeitskreis deutscher und schweizerischer Strafrechtslehrer vorgelegt wurden.

Angesichts derartiger Reformvorschläge muß es zumindest als übereilt erscheinen, daß durch das bereits erwähnte „Schiedsstellengesetz“ (SchStG) vom 13.9.1990 die früheren (betrieblichen) Konflikt- und die (nachbarlichen) Schiedskommissionen aufgehoben wurden und allenfalls noch in einer kaum lebensfähigen Kümmerform in Gestalt von nunmehr sogenannten „*Schiedsstellen*“ fortleben sollen (ESER 1991). Der Bereich einer Schiedsstelle soll in der Regel nicht mehr als 10 000 Bürger umfassen (§ 1 SchStG), sie ist mit einem Vorsitzenden und zwei Stellvertretern zu besetzen (§ 2 SchStG), die von der Gemeindevertretung auf fünf Jahre zu wählen (§ 4 SchStG) und ehrenamtlich tätig sind (§ 2 SchStG). In Strafsachen ist die Schiedsstelle Vergleichsbehörde im Sinne von § 380 StPO und für die dort genannten Vergehen (Hausfriedensbruch, Beleidigung, Verletzung des Briefgeheimnisses, Körperverletzung nach §§ 223, 230 StGB, Bedrohung und Sachbeschädigung) zuständig (§ 35 SchStG). Darüber hinaus kann bei einem Vergehen, dessen Folgen geringfügig sind, der Staatsanwalt bei geringer Schuld des Täters und mit dessen Zustimmung die Sache einer Schiedsstelle übergeben, wenn dadurch eine außergerichtliche Erledigung, wie namentlich im Wege der Wiedergutmachung oder des Täter-Opfer-Ausgleichs, zu erwarten ist und kein öffentliches Interesse an der Erhebung der öffentlichen Klage besteht, wobei im Falle von Vermögensdelikten bis zu einer Schadenshöhe von 300 DM von Geringfügigkeit auszugehen ist (§ 40 SchStG). Ziel solcher außergerichtlichen Erledigungsverfahren soll es sein, den durch die Straftat gestörten sozialen Frieden wiederherzustellen und den Ausgleich zwischen Täter und Opfer zu erreichen (§ 43 SchStG). Ob und inwieweit sich diese Schiedsstellen bewähren werden oder vielleicht sogar zu einem Zukunftsmodell werden könnten (FELTES 1991), wird die Zukunft zeigen müssen und nicht zuletzt von der Bereitschaft der Staatsanwaltschaft abhängen, von der Möglichkeit dieses Schlichtungsverfahrens Gebrauch zu machen (LUTHER 1991). Die bisherigen – wenngleich noch kurzen – Erfahrungen müssen eher skeptisch stimmen, wurden doch von der gesetzlich eingeräumten Möglichkeit, die bei Inkrafttreten des SchStG bestehenden Zuständigkeiten der Schiedskommissionen als Bereiche einer Schiedstelle fortbestehen zu lassen und diese innerhalb von zwei Monaten nach Inkrafttreten dieses Gesetzes (am 3.10.1990) zu bilden (§ 56 SchStG), soweit bis Ende 1991 ersichtlich, offenbar kaum Gebrauch gemacht.

Bericht der Bundesregierung und Materialien zur Lage der Nation 1972, Bonn 1972; *Benjamin, M.*, Konfliktkommissionen – Strafrecht – Demokratie, Berlin (Ost) 1968; Entwurf eines Gesetzes zur Regelung der Betriebsjustiz, *Arzt, G.* u. a., Recht und Staat, Heft 447/448, Tübingen 1975; Entwurf eines Gesetzes gegen Ladendiebstahl, *Arzt G.* u. a., Recht und Staat, Heft 439, Tübingen 1974; *Buchholz, E.*, Gesellschaftliche Strafrechtspflicht, ZStW 98 (1986), S. 949–978; *Dokumentation* „Konflikt- und Schiedskommissionen festigen die sozialistische Gesetzlichkeit", Neue Justiz 41 (1987), S. 482–484; *Eser, A.*, Gesellschaftsgerichte in der Strafrechtspflege, Recht und Staat, Heft 388/389, Tübingen 1970; *Eser, A.*, Deutsche Einheit: Übergangsprobleme im Strafrecht, Goltdammer's Archiv für Strafrecht 138 (1991), S. 241–268; *Feltes, Th.*, Gesellschaftliche Gerichte, Schlichtungs- und Schiedskommissionen, Zeitschrift für Rechtspolitik 24 (1991), S. 94–100; *Györgyi, K./Lammich, S.*, Die Sanktionen des ungarischen Straf- und Ordnungswidrigkeitenrechts und deren Einsatz bei der Bekämpfung der Kriminalität, Recht in Ost und West 30 (1986), S. 107–117; *Heusinger, H.-J.*, Neues Gesetz über die gesellschaftlichen Gerichte: Begründung des Gesetzentwurfs, Neue Justiz 36 (1982), S. 146–148; *Heusinger, H.-J.*, Hohe gesellschaftliche Wirksamkeit der Schiedskommissionen, Neue Justiz 42 (1988), S. 126–127; *Körting, E.*, Grundtendenzen in der Entwicklung der gesellschaftlichen Gerichte der DDR, in: Jahrbuch für Ostrecht, hrsg. v Schroeder, F.-C., Rosenthal, W., Band XXII, Bonn 1981, S. 103–116; *Lammich, S.*, Die Strafrechts- und Strafprozeßreformdiskussion in der Tschechoslowakei, Jahrbuch für Ostrecht 24, 1983, S. 336–337; *Lammich, S.*, Zur jüngsten Strafrechtsentwicklung in Bulgarien, Juristenzeitung 40 (1985), S. 883–885; *Lange, R.*, Gesellschaftsgerichte in Ost und West, in: Beiträge zur gesamten Strafrechtswissenschaft, Festschrift für H. Mayer, hrsg. v. Geerds, W., Naucke, W., Berlin (West) 1966, S. 497-515; *Luther, H.*, Schiedsstellen in den Gemeinden als Möglichkeit für eine außergerichtliche Konfliktlösung in den neuen Bundesländern, Deutsch-Deutsche Rechts-Zeitschrift 2 (1991), S. 17-19; *Müller, G.*, Wirksamkeit der gesellschaftlichen Gerichte, Neue Justiz 36 (1982), S. 154 f.; *Otte, S., Kusior, R., Rösler, H.*, Die Konfliktkommission, Arbeitsmaterialien für die Tätigkeit der gesellschaftlichen Gerichte in den Betrieben, Berlin (Ost) 1971; *Reiland, W.*, Die gesellschaftlichen Gerichte der DDR. Studien des Instituts für Ostrecht, hrsg. v. Maurach, R., Schulz, W., Rosenthal, W., Band 23, Tübingen, Basel 1971; *Savicki, V.M.*, Die Kameradengerichte in der

UdSSR, Jahrbuch für Ostrecht 24 (1983), S. 263–273; *Schmidt, H.-Th.*, Die sowjetischen Gesellschaftsgerichte am Beispiel der RSFSR. Abhandlungen des Bundesinstituts für ostwissenschaftliche und internationale Studien, Band XXI, Köln 1969; *Schroeder, F.-C.*, Das Strafrecht des realen Sozialismus. Eine Einführung am Beispiel der DDR, Opladen 1983.

ALBIN ESER

Gewaltkriminalität. Obwohl Gewalt – und damit auch Gewaltkriminalität – zu einem beherrschenden Phänomen entwickelter Gesellschaften geworden ist, läßt sich bisher weder der Begriff der Gewalt noch auch der der Gewaltkriminalität eindeutig festlegen. Welche Straftaten daher zur Gewaltkriminalität zu zählen sind, ist nicht sicher zu bestimmen. Das deutsche Strafgesetzbuch kennt den Begriff „Gewalt" an vielen Stellen, ohne daß freilich gesagt werden könnte, damit sei auch immer dasselbe beschrieben. Es bedarf deshalb einer eigenständigen Definition dessen, was man *kriminologisch* als „Gewaltkriminalität" begreifen will. Tauglicher Ausgangspunkt einer solchen Klassifizierung scheint das Abstellen auf den Eingriff in die physische oder psychische Integrität eines Menschen zu sein. Dieser Definitionsversuch ist nicht unumstritten, da er bestimmte, mit Gewaltausübung verbundene Straftaten, die sich lediglich gegen *Sachen* oder nur *mittelbar* gegen Personen richten, also etwa Sachbeschädigung oder Hausfriedensbruch, *nicht* als Gewaltkriminalität begreift. Daher zählt eine weite Auffassung von Gewaltkriminalität auch solche Taten, bei denen sich die Gewalt gegen Sachen und jene, bei denen sie sich mittelbar gegen Personen richtet, ebenfalls zur Gewaltkriminalität. Obwohl jede Definition letztlich in Grenzen willkürlich bleiben muß, empfiehlt es sich zu verlangen, daß sich die ausgeübte Gewalt wenigstens mittelbar gegen eine Person richten muß, um von Gewaltkriminalität sprechen zu können. Demnach ist zwar der Hausfriedensbruch Gewaltkriminalität, nicht aber auch die (einfache) Sachbeschädigung. Deshalb wird man als Gewaltkriminalität bezeichnen können Mord, Totschlag, Kindstötung, Tötung auf Verlangen, Körperverletzung mit Todesfolge, vorsätzliche (einfache, gefährliche und schwere) Körperverletzung, Mißhandlung Abhängiger (Kindesmißhandlung), Verbrechen gegen die persönliche Freiheit (wie Menschenraub, Verschleppung, Kindesraub, Entführung, Flugzeugentführung, Freiheitsberaubung, Nötigung, Bedrohung) und Raub. Vergewaltigung und andere mit Gewalt verübte sexuelle Handlungen sind ebenfalls Gewaltdelikte, doch werden sie üblicherweise als → Sexualdelikte aufgefaßt. Die sogenannten Delikte gegen die Person wird man kaum als Gewaltkriminalität bezeichnen können. Für eine Anzahl von ihnen, etwa Beleidigung, üble Nachrede oder Verleumdung, kann man immerhin noch eine lockere Beziehung zur Gewalt erkennen, wenn es sich auch allein um verbale „Gewalt" handelt. Von wirklicher Gewaltkriminalität kann aber nicht gesprochen werden.

Der Umfang der Gewaltdelikte ist (auch wegen des hier sehr großen Dunkelfeldes) nicht feststellbar und schwankt offenbar von Delikt zu Delikt. Im übrigen hängt das Ausmaß der registrierten Gewaltkriminalität zu einem beachtlichen Teil von der jeweiligen Sensibilisierung der Tatopfer gegenüber der Gewalt ab. Registrierte Gewaltkriminalität ist daher weniger geschehene, als vielmehr „erlebte" Kriminalität.

Gewaltkriminalität

Polizeilich registrierte Fälle der Gewaltkriminalität 1990 in der Bundesrepublik Deutschland

Mord	839
Totschlag, Tötung auf Verlangen	1 548
Kindstötung	32
Gefährliche und schwere Körperverletzung	67 095
Körperverletzung mit Todesfolge	144
Mißhandlung von Kindern	1 213
Vorsätzliche (einfache) Körperverletzung	128 880
Menschenraub, Kindesentziehung, Entführung	1 048
Freiheitsberaubung, Nötigung, Bedrohung	65 368
Geiselnahme	62
Raub	35 111
Erpressung	2 680
alle Straftaten (ohne Straßenverkehr)	4 455 333

Quelle: PKS 1990.

Im einzelnen stellen sich in der Bundesrepublik Deutschland, Art und Umfang der Gewaltkriminalität wie folgt dar:

Die Entwicklung der gerichtlichen Verurteilungen wegen Gewaltdelikten in der Bundesrepublik Deutschland 1950 bis 1990

	1950	1960	1970	1980	1990
Mord	137	125	197	235	194
Totschlag	187	105	217	447	371
Kindstötung	67	34	16	6	10
Tötung auf Verlangen	3	–	3	4	5
Körperverletzung mit tödlichem Ausgang[1]	62	72	62	106	62
Schw. Körperverletzung	40	65	50	54	55
Gef. Körperverletzung	7 587	11 812	9 642	13 684	12 682
Mißhandlung Abhängiger	130	235	279	231	167
Leichte Körperverletzung	6 814	12 608	12 260	15 132	16 199
Kindesraub	–	1	25	24	45
Freiheitsberaubung	242	316	288	377	261
Nötigung[2]	1 479	1 970	2 413	3 793	6 135
Bedrohung	–	540	486	808	977
Raub[3]	733	1 525	2 754	3 315	5 235
Erpressung	420	331	278	355	369

1 einschließlich der Fälle einer vorsätzlichen Körperverletzung mit beabsichtigter schwerer Folge
2 für 1950 sind Nötigung und Bedrohung zusammengefaßt
3 für 1950 sind im Raub die Delikte der räuberischen Erpressung nicht enthalten

Quellen: Statistisches Bundesamt (Hrsg.), Die Kriminalität in den Jahren 1950 und 1951; Bevölkerung und Kultur, Reihe 9, Rechtspflege 1960, 1970; Rechtspflege, Reihe 1, Ausgewählte Zahlen für die Rechtspflege 1980, 1990.

Aus der Statistik läßt sich (trotz einer notwendigen vorsichtigen Interpretation der Daten) schließen, daß die Gewaltkriminalität in den letzten 40 Jahren deutlich angestiegen ist. Dieses Ansteigen kann nicht allein durch eine veränderte → Selektion erklärt werden. In den beiden letzten Jahrzehnten haben besonders die politisch motivierten kriminellen Gewalthandlungen wegen ihres gesellschaftlichen Stellenwertes Bedeutung erlangt. Dabei spielt einmal der *Terrorismus* eine besondere Rolle und zum anderen die politisch motivierten gewaltsamen *Protesthandlungen* vor allem jüngerer Menschen, die etwa bei Demonstrationen oder (wieder zahlenmäßig reduziert) Hausbesetzungen strafrechtlich relevant werden. Terrorismus spielt gegenwärtig im gesellschaftlichen Bewußtsein eine ambivalente Rolle. Der Terrorist, der für eine (vorgeblich) politisch „gute" Sache kämpft, kann darauf vertrauen, daß er Verständnis findet, während der andere der gesellschaftlichen Verurteilung anheimfällt. Zudem findet (trotz der bedeutend größeren Zahl an Opfern) der *Staatsterrorismus* weniger Aufmerksamkeit und auch Verurteilung als Terrorakte einzelner. In der Bundesrepublik Deutschland gibt es sowohl einen linken als auch einen rechten Terrorismus. Der Linksterrorismus hat sich vor dem Hintergrund der Bekämpfung von „Ausbeutung, Faschismus und Imperialismus" entwickelt. Das ideologische Weltbild der Rechtsterroristen ist geprägt durch Fremdenfeindlichkeit, Rassismus und Militarismus.

Die *vorsätzliche Tötung* kann im deutschen Recht Mord, Totschlag, Tötung auf Verlangen oder Kindstötung sein. Schon dies zeigt, daß es keine einheitliche Bewertung dieser Tötungshandlungen gibt, sondern daß diese sehr differenziert gesehen werden müssen. Im deutschen Strafrecht ist der Mord seit jeher nicht einheitlich verstanden worden. Bis 1941 bezeichnete man als Mord nur die Tötung mit Überlegung; andere vorsätzliche Tötungen galten, soweit sie nicht privilegiert waren, wie etwa die Kindstötung, als Totschlag. Erst seit einer Gesetzesänderung zählen andere Unterscheidungskriterien. Nunmehr kommt es nicht auf die Art des Vorsatzes bei der Tötung an, sondern entscheidend sind Tatmotive, Tatumstände und Tatziele bei der Tötung. 1990 registrierte die Polizei 839 Fälle des Mordes (darunter 53% Versuche) und 1548 Fälle (davon 78% Versuche) des Totschlags und der (äußerst seltenen) Tötung auf Verlangen. Wie weit verbreitet vorsätzliche Tötungen wirklich sind, läßt sich nicht sicher feststellen. Das Delikt verbietet sinnvolle Dunkelfelduntersuchungen, so daß wir auf Schätzungen angewiesen sind, die auf sehr unterschiedlichen Voraussetzungen beruhen und auch divergierende Ergebnisse zeigen. Insgesamt dürfte aber die Zahl der vorsätzlichen Tötungen im Dunkelfeld nicht zu hoch sein, obwohl gerade die spektakulären Fälle von Tötungen im Bereich von Krankenhäusern durch Pflegepersonal (etwa in Wuppertal und Wien) diese Aussagen infrage zu stellen scheinen. Versuche, den Mord kriminologisch sinnvoll zu typisieren, müssen als gescheitert angesehen werden. Typisierungen etwa in solche nach Konflikt-, Deckungs-, Gewinn- und Sexualmord sagen kaum etwas Spezifisches über die Tat selbst aus, sondern sind lediglich Beschreibungen von Fallgestaltungen, die wegen der gesetzlichen Regelung als Mord gewertet werden. Mord ist vor allem ein Delikt des Mannes. Etwa 90% der ermittelten Täter (bei einer an 90% reichenden Aufklärungsquote) sind Männer. Damit werden Frauen hier noch seltener kriminell als generell. Mörder kommen hauptsächlich aus der sozialen Unterschicht. Hinsichtlich der Altersverteilung zeigt sich, daß vor allem 25- bis 40jährige stark belastet sind. Unter den Tatopfern fand SESSAR (1981) rund drei Fünftel Männer und zwei Fünftel Frauen. Die Schichtzugehörigkeit der Opfer ähnelt der der Täter. Tötungsdelikte ereignen sich vor allem im sozialen Nahraum. Bei der Tötungsdurchführung scheinen derzeit vor allem Schießen, Stechen, Würgen, Drosseln, Ersticken, Erschlagen, Stoßen und Treten die häufigsten zu sein.

Die *Kindstötung*, also die Tötung eines nichtehelichen Kindes in oder gleich nach der Geburt durch die Mutter, spielt heute praktisch keine Rolle mehr. 1990 wurden von der Polizei 32 Fälle registriert.

Im Jahre 1990 wurden bei der Polizei rund 213 000 Delikte der vorsätzlichen *Körperverletzung* erfaßt. Die Körperverletzung ist mit nur 12% tatverdächtiger Frauen typisches Delikt des Mannes. Allerdings ist bei der Mißhandlung von Kindern der Anteil weiblicher Täter bedeutend höher. Bei der Körperverletzung zeigt sich ein fühlbares Übergewicht an erwachsenen Tätern. Kinder und Jugendliche werden weit seltener registriert. Dies dürfte allerdings weniger mit dem tatsächlichen Verhalten als vielmehr mit dem Umstand zu tun haben, daß bei Kindern und Jugendlichen (leichte) vorsätzliche Körperverletzung im Alltag als sozialadäquat und damit normkonform gelten, wenn sie sich im sozialen Nahraum ereignen. Körperverletzungsdelikte werden in der kriminologischen Literatur vor allem Angehörigen der sozialen Unterschicht zugeschrieben. Dunkelfelduntersuchungen zeigen, daß diese Straftaten, wie auch andere Gewaltdelikte, tatsächlich häufiger in der Unterschicht zu finden sind, abgesehen von der sicherlich nicht völlig außer acht zu lassenden unterschiedlichen Strafverfolgungsstrategie der sozialen Kontrollinstanzen und dem Umstand, daß Mittelschichtsangehörige bevorzugt psychische Gewalt ausüben.

Eine besondere Form eines Gewaltdeliktes ist die *Kindesmißhandlung*. Die Schätzungen über die Häufigkeit der Straftat sind unterschiedlich hoch und basieren weitgehend auf Spekulationen. Im übrigen bestehen für eine Schätzung des Dunkelfeldes auch deswegen Schwierigkeiten, weil bei dem praktizierten Erziehungsverhalten die Grenze zwischen der (zulässigen) maßvollen körperlichen Züchtigung und der (beginnenden) Mißhandlung eines Kindes nicht hinreichend klar gezogen werden kann. Aufgrund verschiedener Umstände (geringe Sichtbarkeit und mangelnde Kontrolle des Deliktes) dürfte aber in der Tat ein großes Dunkelfeld bestehen.

Die von der Polizei 1990 registrierten 1 213 Fälle stellen offensichtlich nur einen kleinen Teil der wirklich verübten Taten dar. Bei den ermittelten Tätern ist der Anteil der Frauen, gemessen am allgemeinen Anteil an der Kriminalität, hoch. Als Täter der Kindesmißhandlung werden sehr häufig Kindesmutter, Kindesvater und gelegentlich auch der Freund der Kindesmutter ermittelt (TRUBE-BECKER 1987). Andere Personen als Täter konnten nur in einem Fünftel der Fälle gefunden werden. Unzutreffend ist, daß die körperliche Mißhandlung von Kindern über alle sozialen Schichten hinweg gleichmäßig häufig ist. Kindesmißhandlung und -vernachlässigung ist in der Unterschicht offenbar häufiger (MERTEN 1982). Die Betonung einer schichtspezifischen gleichmäßigen Deliktsverteilung dient im Ergebnis einer Verschleierung der bestehenden Verknüpfung von Armut und Kindesmißhandlung. Eine andere Frage ist, ob in der Mittelschicht nicht häufiger versteckte und im Ergebnis ebenso schädliche psychische Gewalt ausgeübt wird, die eine körperliche Gewaltanwendung in den Augen ihrer Anwender überflüssig erscheinen läßt. Ungeklärt ist in diesem Zusammenhang freilich, ob bei Mißhandlungen durch sexuellen Mißbrauch von Töchtern durch ihre Väter für die Schichtzugehörigkeit nicht doch etwas anderes gilt. Die einzelnen Mißhandlungsformen sind in ihrer Vielfalt und Grausamkeit geprägt von einem Einfallsreichtum, der nicht selten Rückschlüsse auf defizitäre Persönlichkeitsstrukturen beim Täter erlaubt. Nach statistischen Daten kann man davon ausgehen, daß männliche Kinder etwas häufiger Opfer von Kindesmißhandlungen werden als weibliche. Besonders gefährdet in einer Familie mit mehreren Kindern ist immer nur ein Kind und dabei sehr häufig das älteste (KIRSCH/MENDE 1968). Kranke und behinderte Kinder sind bevorzugte Opfer. Häufig verursachen die Mißhandlungen dauernde schwere körperliche und seelische Schäden bei den Opfern.

In der letzten Zeit ist ein sehr starkes Ansteigen der polizeilich registrierten *Raubdelikte* zu erkennen. Während 1953 3 584 Fälle zur Anzeige kamen, waren dies 1990 35 111. Der Raub ist seit jeher ein Delikt des Mannes; der Anteil weiblicher Täter ist unbedeutend. Vor allem 18- bis 24jährige werden häufig registriert. Der höhe Anteil an vorbestraften Tätern ist seit langem bekannt. Der Raub ist vor allem eine Straftat von bereits kriminell Auffälligen. Der Einfluß von Alkohol bei der Tat scheint eine große Rolle zu spielen. So weist die Polizeiliche Kriminalstatistik 1990 immerhin bei fast einem Viertel der Tatverdächtigen Alkoholeinfluß zur Tatzeit aus. Neu bei den Raubdelikten ist die zunehmende Brutalität bei der Tatbegehung. Damit verbunden ist immer häufiger eine Geiselnahme zur Tatdurchführung und Beutesicherung. Ob, wie gelegentlich vermutet, vor allem Drogensüchtige Raubdelikte als Beschaffungskriminalität in verstärktem Maße begehen, muß offenbleiben, da nach Polizeidaten nur etwa 10% der entdeckten Räuber auch Konsumenten harter Drogen sind.

Obwohl nicht unbestritten, so ist doch nach zutreffender Ansicht auch die *Erpressung* zur Gewaltkriminalität zu zählen. Ihr Vorkommen ist – gemessen an den registrierten Taten – relativ gering. Für 1990 nennt die Polizeiliche Kriminalstatistik 2 680 Fälle; gerichtlich verurteilt wurden 1990 freilich nur 369 Personen. Dies mag zum Teil daran liegen, daß identifizierte Täter wegen schwerwiegenderer (anderer) Delikte verurteilt werden und statistisch dort erfaßt sind. Unrichtig ist die verbreitete Auffassung, bei den (registrierten) Delikten sei vor allem die Erpressung auf sexueller Grundlage häufig. Die Polizeistatistik weist diesen Tatbestand nur für 4% der Fälle aus. Hier mag sich allerdings das große Dunkelfeld der Tat auswirken. Wegen der Tabuisierung bestimmter sexueller Verhaltensweisen könnte ein Erpreßter seltener als sonst bereit sein, die Tat der Polizei zu offenbaren. Erpresser sind weit überwiegend Männer und etwa zur Hälfte jünger als 25 Jahre. Bei ihnen handelt es sich häufig um vorbestrafte Gewalttäter, die oft aus der sozialen Unterschicht kommen. Bevorzugtes Opfer soll nach der Literatur vor allem der sozial angesehene Mann im mittleren Alter sein. Die finanziellen Schäden der registrierten Erpressungen sind verhältnismäßig bescheiden. Für das Jahr 1990 weist die Polizeiliche Kriminalstatistik einen Schaden von rund 24 Millionen DM für die erfaßten 1723 vollendeten Fälle aus; daraus errechnet sich ein Durchschnittsschaden pro Fall von rund DM 14 000. Gefährlicher als das Delikt der Erpressung selbst ist meist die damit verbundene Voraus-, Begleit- und Anschlußkriminalität (KAISER 1975).

Der *Hausfriedensbruch*, akut geworden wegen der seit Mitte der 70er Jahre in der Bundesrepublik Deutschland zunehmenden Hausbesetzungen, läßt sich nach einer weiten Auffassung als Gewaltkriminalität begreifen. Allerdings ist mit der Kategorie „Hausfriedensbruch" die gesellschaftliche Bedeutung der Hausbesetzung nur unzureichend erfaßt. Mit der herkömmlichen Straftat des Hausfriedensbruchs (1990 2491 Verurteilungen) hat die Hausbesetzung wenig zu tun. Hausbesetzer wollen vor allem das ihrer Meinung nach bestehende staatliche Fehlverhalten bei der Wohnungspolitik anprangern. Neben der Beschaffung von Wohnraum, die mit den Hausbesetzungen erreicht werden soll, suchen manche Hausbesetzer auch in den besetzten Häusern alternative Formen der Arbeit, des Wohnens und des Lebens zu verwirklichen. Zur personellen Struktur der Hausbesetzerszene in Berlin, die sich freilich inzwischen zahlenmäßig deutlich reduziert hat, wurde festgestellt (HÜBNER 1982), daß es sich überwiegend um männliche Personen handelt. Fast vier Fünftel der Hausbesetzer waren zwischen 18 und 25 Jahre alt. Ein Drittel der Hausbesetzer waren Studenten, Schüler und Auszubildende; fast genau soviele hatten einen Beruf erlernt oder waren berufstätig. Nur knapp ein Fünftel war arbeitslos.

In der damaligen *DDR* wurden 1989 insgesamt 99 971 Straftaten erfaßt (STATISTISCHES JAHRBUCH 1990 DER DEUTSCHEN DEMOKRATISCHEN REPUBLIK, Berlin/DDR 1990). An Gewaltstraftaten führt die Statistik nur drei namentlich an, und zwar vorsätzliche Tötung mit 129 Fällen, vorsätzliche Körperverletzung mit 8670 und Raub und Erpressung mit 483 Fällen. Eine weitere Differenzierung von Gewalttaten fehlt. Legt man diese drei Delikte zugrunde, so kommt man auf einen Anteil von (mindestens) 9,3% Gewaltdelikten unter der registrierten Kriminalität. In *Österreich* wurden 1989 bei der Polizei 423 025 Straftaten registriert (POLIZEILICHE KRIMINALSTATISTIK 1989, Wien 1990). Von diesen lassen sich rund 90 000 Taten (21%) der Gewaltkriminalität zuordnen. In der *Schweiz* wurden 1989 313 209 Straftaten polizeilich ermittelt (STATISTISCHES JAHRBUCH DER SCHWEIZ 1992, Zürich 1992). Unter diesen waren 148 Fälle der vorsätzlichen Tötung, 3462 Körperverletzungen, 1671 Raubtaten, 109 Erpressungen, 1742 Drohungen, 356 Nötigungen, 91 Freiheitsberaubungen und 2 Geiselnahmen; ferner sind 353 Delikte der Gewalt und Drohung gegen Behörden und Beamte erfaßt. Von den Straftaten (ohne Straßenverkehrsdelikten) sind 1989 demnach 2,4% Gewaltdelikte.

Die *Ursache* für Entstehung und Ansteigen der Gewaltkriminalität empirisch gesichert anzugeben, ist nicht möglich. Da wohl feststeht, daß ein bedeutender Teil dieser Delikte von Unterschichtsangehörigen begangen wird, bietet sich ein sozialisationstheoretischer Ansatz zur Erklärung weiter Bereiche der Gewaltkriminalität an. Wenn es richtig ist, daß in der Unterschicht körperliche Gewalt als zulässiges Mittel zur Durchsetzung von Normen und zur Erreichung von Zielen Verwendung findet, dann wird der so Sozialisierte später gleiche Verhaltensmuster – auch strafrechtlich relevante – an den Tag legen. Eine ähnliche Erklärung ließe sich auch nach der Lerntheorie geben, wonach kriminelles Verhalten erlerntes Verhalten ist. Demnach würde der (spätere) Gewaltverbrecher bereits in der Familie Art und Weise der Auseinandersetzung mit Gewalt erlernen. Daneben liegt es nahe, Gewaltkriminalität auch mit Hilfe der Aggressionstheorien zu erklären. Ein einheitlicher Ansatz für die Erklärung menschlicher Aggression hat sich bisher nicht erreichen lassen. Während sowohl die psychoanalytische Aggressionstheorie (S. FREUD) als auch die verhaltensbiologische (K. LORENZ) die Aggression auf einen Trieb zurückführen, meint der verhaltenstheoretische Ansatz, Aggression werde erlernt. Zu den bekanntesten Hypothesen dieses Ansatzes gehört die Frustrations-Aggressions-Hypothese (J. DOLLARD). Sie geht in ihrer ursprünglichen Form davon aus, daß jede Aggression die Folge einer vorangehenden Frustration sei und daß jede Frustration auch zu Aggression führe. Allerdings kann diese Hypothese heute als wiederlegt gelten. Versuche, Gewaltkriminalität und hier vor allem Tötungsdelikte, biologisch zu erklären, dürften gescheitert sein. Die Behauptung der Existenz eines sogenannten „Mörderchromosoms“ in den 60er Jahren ist hinsichtlich ihrer tatsächlichen Bedeutung weit überschätzt worden. Demnach sollte ein Zusammenhang zwischen gewalttätiger Kriminalität und chromosomaler Konstitution bestehen und häufig bei Gewaltverbrechern Chromosomenanomalien festzustellen sein, doch sind insgesamt diese Anomalien sehr selten. Ihr Vorkommen in der Bevölkerung liegt zwischen 1 und 2 Promille. Angesichts dieser Größenordnung und der Häufigkeit der Gewaltkriminalität lassen sich auch umfangmäßig bedeutsame Teile dieser Delinquenz mittels dieser Erklärung nicht befriedigend erfassen.

Aust, S., Der Baader-Meinhof-Komplex, Hamburg 1985; *Bakker Schut, P.H.*, Stammheim. Der Prozeß gegen die Rote Armee Fraktion, Kiel 1986; *Baurmann, M.C.*, Gewalt in der Familie, Bewährungshilfe 27 (1980), S. 347–358; *Engfer, A.*, Kindesmißhandlung. Ursachen, Auswirkungen, Hilfen, Stuttgart 1986; *Ganschow, M.*, Hausbesetzungen in Berlin – eine Betrachtung aus gesellschafts- und rechtspolitischer Sicht, Die Polizei 74 (1983), S. 201–206; *Glatzel, J.*, Mord und Totschlag. Tötungshandlungen als Beziehungsdelikte, Heidelberg 1987; *Haesler, W.T.* (Hrsg.), Kindesmißhandlung, Diessenhofen 1983; *Hübner, K.*, Hausbesetzungen aus polizeilicher Sicht, Berlin 1982; *Kaiser, G.*, Kriminologische Aspekte der Erpressung, in: Gewaltkriminalität und Erpressung. Tagungsberichte der Deutschen Kriminologischen Gesellschaft vom 13. Mai 1972 und 11. Mai 1974, Hamburg 1975, S. 80–101; *Kirsch, U., Mende, H.*, Beobachtungen zum Problem der Kindesmißhandlung, München 1968; *Rolinski, K., Eibl-Eibesfeldt, I.* (Hrsg.), Gewalt in unserer Gesellschaft. Gutachten für das Bayerische Staatsministerium des Innern, Berlin 1990; *Schöpf, A.* (Hrsg.), Aggression und Gewalt. Anthropologisch-sozialwissenschaftliche Beiträge, Würzburg 1985; *Schulz, H.J.*, Aggressive Handlungen von Fußballfans, Schorndorf 1986; *Schwind, H.-D., Baumann, J.* u. a. (Hrsg.), Ursachen, Prävention und Kontrolle von Gewalt. Analysen und Vorschläge der Unabhängigen Regierungskommission zur Verhinderung und Bekämpfung von Gewalt (Gewaltkommission), Bände 1-4, Berlin 1990; *Sessar, K.*, Rechtliche und soziale Prozesse einer Definition der Tötungskriminalität, Freiburg 1981; *Trube-Becker, E.*, Gewalt gegen das Kind. Vernachlässigung, Mißhandlung, sexueller Mißbrauch und Tötung von Kindern, 2. Auflage, Heidelberg 1987; *Merten, W.*, Folgen der Gewalt – Erfahrungen und Hilfe, in: Ohnmächtige Gewalt, Kindesmißhandlung, hrsg. von A. Bernecker, Reinbek 1982.

JOSEF KÜRZINGER

Gruppendelinquenz → Bande, Gruppe, Gang

Gutachter → Forensische Psychiatrie, → Forensische Psychologie

H

Haftentlassung → Arbeitslosigkeit und Kriminalität, → Soziale Dienste in der Strafjustiz, → Strafvollzug

Heranwachsende → Jugendstrafrecht

Heroin → Drogen und Kriminalität

Herrschaft → Kritische Kriminologie, → Norm, Normgenese, → Selektion und Selektionsmechanismen

I

Informantenbefragung → Dunkelfeld

Instanzen sozialer Kontrolle → Recht und soziale Kontrolle, → Selektivität, Selektion, Selektionsmechanismen, → Verbrechenskontrolle und Verbrechensvorbeugung

Intensivtäter. Als Intensivtäter gelten solche Mehrfachdelinquenten, die aufgrund von Art, Schwere und Häufigkeit des Rechtsbruchs eine besonders hohe Sozialgefährlichkeit gegenüber sogenannten „intermittierenden", d. h. nur gelegentlich deliktisch handelnden, Rückfalltätern (→ Rückfall) erkennen lassen. Der *Begriff* steht damit im systematischen Zusammenhang einerseits mit dem des Rückfalltäters im kriminologischen Sinn, von dem er typologisch eine Untergruppe bildet (PETERSILIA u. a. 1977, 188; vgl. auch SCHNEIDER 1977, 21 f.), andererseits mit dem des Hangtäters im strafrechtlichen Sinn (§ 66 StGB).

Aus der Erkenntnis, daß es sich bei Rückfalltätern – selbst im Fall der wiederholten Begehung der gleichen Straftat – keinesfalls um eine gleichförmige Gruppe von Rechtsbrechern handelt, finden sich darüber hinaus *Typologisierungsversuche*, die sich zusätzlich an der Richtung des Rückfalls sowie an Persönlichkeits- und Sozialmerkmalen orientieren. Die Untergliederung in Gelegenheits-, Gewohnheits- und Berufsverbrecher (HEINDL 1926; JOHN 1929, 26) oder antisoziale, asoziale und sozial hilflose Rückfalltäter (GEERDS 1968, 43) bergen indessen die Gefahr in sich, daß durch Etikettierungen der Blick auf Bedingungen, Ursachen und Begleitumstände der wiederholten Straffälligkeit verstellt wird. Auch berücksichtigen sie nicht die Auswirkungen von Maßnahmen der strafrechtlichen Kontrollinstanzen, die möglicherweise einen eigendynamischen Prozeß einleiten und damit zur Rückfälligkeit beitragen (BLUMSTEIN u. a. 1985, 1987; HERMANN/KERNER 1988, 485 ff.). Schließlich führen sie zu keinerlei Ansätzen, um auf eine → kriminelle Karriere gezielt einzuwirken. Die Abschaffung der allgemeinen Rückfallschärfung nach § 48 a.F. StGB, die sich nach einhelliger Ansicht nicht bewährt hat, belegt dies.

Allerdings bestehen bis heute keine einheitlichen *Kriterien* zur Eingrenzung des Begriffs „Intensivtäter". Die gehäufte Straffälligkeit wird einmal im Querschnitt des Erfassungszeitraums einer Polizeilichen Kriminalstatistik gesehen. Intensivtäter ist danach, wer zweimal im Berichtsjahr polizeilich in Erscheinung getreten ist und dabei mehr als insgesamt fünf Straftaten begangen hat (so LKA NRW 1981, 123). Hierbei wird der „Serientäter" als Unterfall des Intensivtäters hervorgehoben. Serientäter ist, wer im Berichtsjahr mindestens einmal polizeilich in Erscheinung getreten ist und mehr als 99 Straftaten begangen hat (LKA NRW 1981, 145). Die Problematik der Rückfälligkeit im Längsschnitt über einen längeren Zeitraum wird damit ausgegrenzt und der kriminologischen Perspektive krimineller Karrieren überlassen (vgl. KERNER 1986, 124). Dies erscheint sinnvoll, weil sich gezeigt hat, daß ein Großteil der Intensivtäter im Jugend- und Heranwachsendenalter steht und die Intensivtäterschaft sie nicht automatisch für eine kriminelle Karriere prädisponiert. Vielmehr bildet die lange „Verweildauer im System" bei ihnen die Ausnahme (KERNER 1986, 124). Die Münchner Polizeiliche Kriminalstatistik wiederum verwendet einen kumulativen Begriff „Gewalt- und Intensivtäter". Sie verbindet damit Rückfälligkeit und Rückfallgeschwindigkeit mit der Begehung eines Gewaltdelikts (SCHÜLER-SPRINGORUM 1982, 30).

Befunde zur Frage der Kriminalitätsbelastung von sozial gefährlichen Intensivtätern belegen, daß innerhalb der Gruppe der Straftäter ein geringer Anteil von Intensivtätern einen überproportional hohen Anteil an allen begangenen Straftaten auf sich vereinigt. Dabei wird teilweise von einem Anstieg dieser Tätergruppe berichtet. Nach einer Untersuchung des LKA Nordrhein-Westfalen von unter 21 Jahren alten Tatverdächtigen im Jahr 1981 haben 5133 registrierte „Intensivtäter" allein 94 519 Straftaten verübt. Damit begingen die rund 5% Intensivtäter etwa ein Drittel der Straftaten, die von ihrer Altersgruppe erfaßt worden waren (LKA NRW 1981, 123 ff.). Eine neuere Erhebung in Baden-Württemberg erhärtet dieses Ergebnis. Sie erlaubt darüber hinaus die Vermutung, daß der Kreis der Intensivtäter sich in den letzten Jahren erweitert hat. So gingen von den über einen Zeitraum von 3 Jahren gezählten 44 104 Straftaten, die von 16- bis 18jährigen begangen worden waren, 63,5% auf das Konto von Intensivtätern, die 15,1% der genannten Alterskohorte ausmachten (KARGER/SUTTERER 1988, 96, 98). Ähnliches wird aus den USA berichtet. Eine Zufallsauswahl von 975 Personen des Jahrgangs 1945 ergab, daß 47% von ihnen bis zu ihrem 30. Lebensjahr wenigstens einmal wegen einer Straftat inhaftiert waren. Von diesen Straftätern wiederum befand sich eine Gruppe von 32% bis zu elfmal und mehr im Vollzug der Freiheitsstrafe (WOLFGANG u. a. 1987, 195, 201).

Eine extrem hohe Kriminalitätsbelastung wurde bei der Untergruppe der sogenannten „Serientäter" festgestellt: Die im Jahr 1981 in Nordrhein-Westfalen registrierten 123 Serientäter waren für 21 504 Delikte verantwortlich (LKA NRW 1981, 145). Kohortenstudien in den USA ergaben, daß die einen Anteil von etwa 20% an allen Straftätern ausmachenden Intensivtäter mit 5 und mehr Straftaten rund 60% aller erfaßten Straftaten begangen hatten (WOLFGANG u. a. 1972, 248; TRACY u. a. 1990). Damit entfallen auf 4,1% Intensivtäter 69,4% aller Rechtsbrüche einer Kohorte. Der Großteil der Intensivtäter steht im jugendlichen Alter, wobei mit zunehmendem Erwachsenenalter ein Rückgang der Delinquenz zu beobachten ist (vgl. WOLFGANG u. a. 1987, 196). Weibliche Intensivtäter weisen schwindend geringe Prozentanteile auf, wenngleich mit wachsendem Alter eine Zunahme festzustellen ist (LKA NRW 1981, 130 ff.; KARGER/SUTTERER 1988, 109, 111). Wie bei anderen Straffälligen ist auch bei Intensivtätern die Art der Rechtsverletzung altersabhängig, wobei es sich überwiegend um sogenannte „polytrope" Täter handelt, also um Personen, die in vielen Delinquenzbereichen auffällig werden (Bay LKA 1982, 79). Bei den unter 21jährigen Intensivtätern liegt der Kriminalitätsschwerpunkt eindeutig im Diebstahlsbereich. Allerdings findet hier mit wachsendem Alter eine Verschiebung zugunsten anderer Deliktstypen statt, vor allem der Vermögens- und Fälschungskriminalität sowie der Verstöße gegen das Betäubungsmittelgesetz. Die Diebstähle machen rund 93% der von kindlichen, etwa 85% der von jugendlichen und ca. 76% der von heranwachsenden Intensivtätern begangenen Straftaten aus (LKA NRW 1981, 131 ff.). Bislang läßt sich jedoch der in den USA ermittelte Befund, daß 20% der hauptsächlich 18- bis 25jährigen Intensivtäter durch die Begehung von Gewaltdelikten rückfällig werden, wovon 5% sogar schwere Gewalttaten wie vorsätzliche Tötung, Vergewaltigung, schwere Körperverletzung und Raub begehen (MILLER u. a. 1982, 37 f.), auf die Bundesrepublik nicht übertragen.

Wie die Ergebnisse belegen, ist die wissenschaftliche Erfassung des Intensivtäters nicht nur theoretisch geboten, sondern auch empirisch begründet. Die Erforschung dieser Gruppe chronischer Täter könnte nicht nur erfolgversprechende Maßnahmen zur Verminderung der Kriminalität erwarten lassen, sondern auch Strafrechtsnormen, die das zukünftige Legalverhalten des Straftäters berücksichtigen, effektiver gestalten (HERMANN/KERNER 1988, 487). Erst in der Gegenwart wurde das Thema, das seit Ende der siebziger Jahre eine vertiefte Auseinandersetzung in der Kriminologie nicht mehr erfahren hatte (KERNER 1986, 105, 117), erneut Gegenstand umfangreicher wissenschaftlicher Erörterung (KERNER 1989, 202 ff.; vgl. DVJJ 1990).

Die Tatsache, daß ein kleiner Teil der Bevölkerung mehrfach in Kontakte mit den Trägern strafrechtlicher Sozialkontrolle gerät und einen überproportionalen Anteil an der Delinquenz auf sich vereinigt, läßt die *Schwierigkeiten* des gegenwärtigen Systems der → *Verbrechenskontrolle* erkennen. Die von Strafrecht und → Kriminalpolitik getroffene Unterscheidung von Straftätern nach dem Grad gesteigerter Sozialgefährlichkeit (dazu JESCHECK 1988, 5) verdeutlicht nur das Bestreben, auf Rückfall und Intensivtäter wirkungsvoll zu reagieren, ohne jedoch schon in der Lage zu sein, mit dem heute empirisch Begründbaren zur Deckung zu gelangen. Überdies werden die sozialgefährlichen Intensivtäter in vielen Fällen nicht von den gesetzlich vorgesehenen Sanktionsmustern erfaßt. Obwohl sie mehr und – was zumindest in den USA wahrscheinlich ist – schwerere Straftaten begehen als unregelmäßig handelnde Rechtsbrecher (vgl. WOLFGANG u. a. 1987, 197), werden sie vergleichsweise seltener erfaßt und sanktioniert. Geringe Sichtbarkeit ihrer Delinquenz und höhere Bestrafungsimmunität, namentlich auf dem Gebiet der Wirtschaftskriminalität, führen in nur wenigen Fällen zur Verurteilung (PETERSILIA u. a. 1977; SCHNEIDER 1977, 22, 31).

Der Rückfalltäter im allgemeinen und der Intensivtäter im besonderen gehören zu den schwierigen Problemen von *Kriminalpolitik*, Strafrechtsdogmatik und Kriminologie. Die bisherigen Sozialisierungsbemühungen unter Einschluß von spezial- und generalpräventiven Strategien sind hier weit hinter den Erwartungen zurückgeblieben. Dabei geraten System und Vorgehensweise von Polizei und Justiz zunehmend in die Kritik. Ob die gegenwärtig ergriffenen Maßnahmen der Strafrechtspflege das Entstehen von Intensivtäterschaft fördern oder ob sie unabhängig von ihrer Gestaltung auf den Intensivtäter ohne Einfluß bleiben, läßt sich derzeit im Hinblick auf die Komplexität des Beziehungsfeldes nicht eindeutig beantworten. Eine mit jeder Verurteilung zunehmende Zwanghaftigkeit des Rückfalls – und damit dessen Eigendynamik – anzunehmen (HERMANN/KERNER 1988, 501), erscheint allerdings fraglich, läßt diese Annahme doch die Einsicht außer Betracht, daß häufig der gesamte unstete Lebensstil zur Gefährdung führt (vgl. dazu WOLFGANG u. a. 1987, 200; KAISER 1989, 277, 1990, 32; zur kriminologischen Relevanz von „typischen Lebenssituationen" vgl. auch MASCHKE 1987, 110 ff., sowie zu Lebensentwicklung und Kriminalität anhand der Tübinger Jungtäter-Vergleichsuntersuchung DERS. 1990, 47 ff.).

Angesichts der Kriminalitätsbelastung der Intensivtäter erscheint eine verstärkte Aufmerksamkeit kriminalpolitisch geboten (SHANNON 1982). Wegen der mangelnden Deliktsperseveranz der überwiegend polytrop handelnden Intensivtäter sollte der Schwerpunkt einer Kontrollstrategie allerdings nicht wie das bestehende System des kriminalpolizeilichen Meldedienstes am Delikt ansetzen. Vielmehr sollte das Kontrollsystem vom Täter und seinen Verhaltensmerkmalen ausgehen (Bay LKA 1982, 92). Darüber hinaus könnte eine Anwendung der in den USA erprobten Kontrollstrategien im Umgang mit Mehrfachtätern zur Verbesserung der Verbrechenskontrolle führen.

Bayerisches Landeskriminalamt (Hrsg.), Intensität und Perseveranz krimineller Verhaltensweisen, München 1982; *Blumstein, A., Farrington, D., Moitra, S.*, Delinquency Careers: Innocents, Desisters and Persisters, in: Crime and Justice. An Annual Review of Research, ed. by Tonry, M., Morris, N., Chicago u. a. 1985, S. 187–219; *DVJJ* (Hrsg.), Mehrfachauffällige – Mehrfachbetroffene. Erlebnisweisen und Reaktionsformen. Dokumentation des 21. Deutschen Jugendgerichtstages, Bonn 1990; *Geerds, F.*, Zur Rückfallkriminalität Erwachsener, KrimGegfr 8 (1968), S. 27–52; *Haapanen, R.*, Selective Incapacitation and the Serious Offender. A Longitudinal Study of Criminal Patterns, Berlin 1990; *Heindl, J.*, Der Berufsverbrecher: Ein Beitrag zur Strafrechtsreform, Berlin 1926, 1929; *Hermann, D.*, Inhaftierung und Rückfall, in: ZStrVO 39 (1990), S. 76–82; *Hermann, D., Kerner, H.-J.*, Die Eigendynamik der Rückfallkriminalität, KZfSS 40 (1988), S. 485–504; *Jescheck, H.-H.*, Lehrbuch des Strafrechts AT, Berlin 1988[4]; *John, A.*, Die Rückfalldiebe. Eine Untersuchung über die Erscheinungsformen des Verbrechens, Leipzig 19 29; *Kaiser, G.*, Lebensstil, Entwicklung und kriminologische Bedeutung eines Konzepts, in: FS für H. Göppinger, Heidelberg u. a. 1990, S. 27–40; *Karger, T., Sutterer, P.*, On Longitudinal Research in Criminology and First Results from the Freiburg Cohort Study, in: Crime and Criminal Justice, ed. by Kaiser, G., Geissler, I., Freiburg 1988, S. 89–114; *Kerner, H.-J.*,

Mehrfachtäter, „Intensivtäter" und Rückfälligkeit. Eine Analyse der Strukturen neuerer kriminalistischer Erhebungen, KrimGegfr 17 (1986), S. 103–145; *ders.*, Jugendkriminalität, Mehrfachtäterschaft und Verlauf, in: BewHi 36 (1989), S. 202–220; *Klose, L.*, Die Bestrafung von Rückfalltätern. Eine rechtstatsächliche Untersuchung, Frankfurt/M. u. a. 1989; *Landeskriminalamt Nordrhein-Westfalen*, Jugendkriminalität und Jugendgefährdung im Land Nordrhein-Westfalen, Düsseldorf 1981; *Maschke, W.*, Das Umfeld der Straftat, München 1987; *ders.*, Lebensentwicklung und Kriminalität. Erste Eindrücke aus der Fortuntersuchung der Tübinger Jungtäter-Vergleichsuntersuchung, in: Jehle, J.-M. u. a. (Hrsg.), Strafrechtspraxis und Kriminologie, Bonn 1990², S. 47–65; *Miller, S.J., Dinitz, S., Conrad, J.P.*, Careers of the Violent. The Dangerous Offender and Criminal Justice, Lexington/Mass. u. a. 1982; *Petersilia, J., Greenwood, P.W., Lavin, M.*, Criminal Careers of Habitual Felons, Santa Monica/Ca. 1977; *Schneider, H.J.*, Berufsverbrecher und gefährliche Intensivtäter – ihre kriminelle Karriere, ihre Persönlichkeitsmerkmale, ihre Reaktionen und die Reaktion auf ihr kriminelles Verhalten, Schriftenreihe der Polizei-Führungsakademie 4 (1977), S. 20–42; *Schüler-Springorum, H.* (Hrsg.), Mehrfach auffällig. Untersuchungen zur Jugendkriminalität, München 1982; *Shannon, L.W.*, Assessing the Relationship of Adult Criminal Careers to Juvenile Careers – A Summary, Washington/D.C. 1982; *Tracy, P., Wolfgang, M., Figlio, R.*, Delinquency Careers in two Birth Cohorts, New York 1990; *Wolfgang, M.E., Figlio, R., Sellin, Th.*, Delinquency in a Birth Cohort, Chicago u. a. 1972; *Wolfgang, M.E., Thornberry, T., Figlio, R.*, From Boy to Man, from Delinquency to Crime, Chicago 1987.

GÜNTHER KAISER

Interview → Methoden der Kriminologie

J

Jugendkriminalität umfaßt in rechtlicher Sicht strafbares Verhalten strafmündiger Personen, die dem Jugendstrafrecht unterstehen; das sind „Jugendliche", zur Tatzeit 14-18jährige, und „Heranwachsende", 18-21jährige. Kriminologisch spricht man in Anlehnung an das angelsächsische Konzept der „juvenile delinquency" unbestimmter und offener von „*Jugenddelinquenz*". Damit soll Vielschichtiges ausgedrückt werden: Personell meint man die Altersstufe der zwischen Kindheit und Erwachsenheit Stehenden, noch nicht vollauf Sozialisierten bis weit in das 3. Lebensjahrzehnt hinein. Diese Offenheit ist schon deshalb angezeigt, weil rechtshistorisch und rechtsvergleichend Altersgrenzen variieren, Reformbewegungen an rechtlichen Fixierungen rütteln (z. B. „Jungtäterrecht" für 18-24jährige) und starre Altersfestlegungen keine entwicklungspsychologischen und soziologischen Entsprechungen finden. Gegenständlich bezieht man über strafbares hinaus abweichendes Verhalten ein, welches symptomatisch für dissoziale Entwicklungen sein kann, wie etwa Schuleschwänzen, Bandenzugehörigkeit, Alkoholmißbrauch, Weglaufen, Selbstmord. Auch will „Delinquenz" von strafrechtlichen Begriffen abheben, weil sich diese weitgehend an der Vorstellungs- und Verhaltenswelt Erwachsener ausrichten, motivationalen und sonstigen Besonderheiten des Verhaltens junger Menschen nicht gerecht werden. Schließlich sollen unnötige Nachteile vermieden werden, die von etikettierenden Begriffen wie Schuld, Straftat, Verbrechen, Kriminalität ausgehen können.

Erste Vorstellungen vom *Ausmaß verfolgter Jugendkriminalität* vermittelt die *Polizeiliche Kriminalstatistik.* Abgesehen von üblichen Fehlerquellen und Interpretationsschwierigkeiten ist hier auf die Abhängigkeit der Daten von der Aufklärungsquote hinzuweisen. Diese liegt zwar seit zwei Jahrzehnten konstant um 45% (1990: 47%), ist aber im Jahrzehnt davor um 10% gefallen. Der Rückgang verschleiert möglicherweise einen tatsächlich noch stärkeren Kriminalitätsanstieg bei jungen Tätern (übersehen bei ALBRECHT/LAMNEK 1979); gerade bei einigen jugendtümlichen Delikten wie Diebstählen von Mopeds und Krafträdern ist der Aufklärungsrückgang stetig und drastisch. 1990 waren 38,4% aller 1 437 923 Tatverdächtigen unter 24 Jahre alt. Die Kriminalitätsbelastungszahlen (Tatverdächtige je 100 000 Einwohner entsprechender Bezugsgruppen) haben sich in den letzten drei Jahrzehnten bei Jugendlichen mehr als verdoppelt, bei Heranwachsenden fast verdoppelt, sonst nur gering erhöht. Sie betrugen 1989 für männliche bzw. weibliche Jugendliche 7042 bzw. 1995, für Heranwachsende 8141 bzw. 1939, für 21-23jährige 7175 bzw. 1814, für 23-25jährige 6542 bzw. 1730, um sich in nachfolgenden Altersgruppen bis auf 983 bzw. 440 bei ab 60jährigen (→ Alterskriminalität) zu vermindern (Angaben jeweils nach der seit 1983 geltenden „echten" Tatverdächtigenzählung). Die Kurve der Kriminalitätsbelastung kulminiert im Alter um 19/20 Jahre; bei Frauen verläuft sie flacher. Diebstahl in seinen facettenreichen Mustern stellt das Kernstück verfolgter Jugendkriminalität dar, und zwar mit abnehmender Bedeutung bei wachsendem Alter. Es dominieren Diebereien aus Läden sowie von und aus Kraftfahrzeugen. Dabei zeigt sich die Faszination verschiedener Fahrzeugarten und deren Bedeutung als Statussymbol in einzelnen Altersgruppen. Bei Kindern überwiegen Fahrrad-, bei Jugendlichen Moped-, bei Heranwachsenden Kraftwagendiebstähle. Quantitativ zwar nachrangig, sind Gewaltdelikte aber – wie auch z. B. in den USA (UNIFORM CRIME REPORTS 1979) – ähnlich den Eigentumsdelikten stark angestiegen; so entfällt wie in vielen Ländern auch bei uns 1990 ein Großteil aller Raube (42,8%) auf unter 21jährige. Das Gros verfolgter Taten konzentriert sich auf wenige Tatverdächtige. 1/20 aller jugendlichen Tatverdächtigen verübt etwa 1/3 aller dieser Altersgruppe zugeordneten Delikte (LKA NORDRHEIN WESTFALEN 1986). Selbst Mehrfachauffälligkeit bleibt aber großenteils episodenhaft, relativ wenige gelangen in eine „kriminelle Karriere" (KERNER 1989; SCHÜLER-SPRINGORUM 1982).

Von diesem Bild weicht das nach *Verurteiltenstatistiken* zu zeichnende nicht entscheidend ab. Die Belastungszahlen sind jedoch weitaus niedriger, weil insbesondere von Staatsanwaltschaft und Gerichten zahlreiche Jugendstrafverfahren wegen Geringfügigkeit, Beweisschwierigkeiten oder anderweitiger erzieherischer Erledigung ohne Urteil eingestellt werden (§§ 153 ff. StPO 45, 47 JGG). Diese Statistiken beziehen Straßenverkehrsdelikte ein, welche bei Jugendlichen etwa 1/5, bei Heranwachsenden und Jungerwachsenen schon über 1/3 aller Strafurteile ausmachen (→ Verkehrsdelikte). Bemerkenswerterweise verläuft die Verurteilungsdichte bei Straßenverkehrsdelikten und allgemeiner Kriminalität in den einzelnen Alters- und Geschlechtergruppen ziemlich ähnlich. Darin drücken sich Impulsivität, Risikobereitschaft, mangelnde soziale Erfahrung und andere jugendmäßige Eigenheiten aus (KAISER 1978). Insgesamt wird gegenwärtig etwa jeder 3. junge Mann bis zum Alter von 25 Jahren mindestens einmal bestraft. Auch diese Datenquelle weist im 30-Jahres-Vergleich zunächst eine starke Steigerung verfolgter Jugendkriminalität aus (vgl. Tabelle); ein rückläufiger Trend der letzten Jahre dürfte vor allem auf einer stärkeren Nutzung alternativer Verfahrensabschlüsse (Diversion) beruhen.

Entwicklung der Strafverurteilungen in der Bundesrepublik Deutschland nach Altersgruppen

	Alle Altersstufen		Jugendliche (14–17 J.)		Heranwachsende (18–20 J.)		Erwachsene (ab 21 J.)	
	absolut	VZ	absolut	VZ	absolut	VZ	absolut	VZ
1954	502 211	1 281	29 212	842	58 854	2 623	414 138	1 225
1959	572 496	1 362	41 036	1 321	89 233	3 066	442 227	1 228
1964	586 266	1 281	44 270	1 506	67 666	3 108	474 330	1 167
1969	618 173	1 310	54 504	1 728	76 968	3 179	486 701	1 169
1974	699 198	1 419	60 496	1 677	86 695	3 426	552 107	1 279
1979	718 779	1 421	77 857	1 887	96 240	3 369	544 682	1 249
1984	753 397	1 436	73 122	1 842	98 600	3 054	581 675	1 284
1989	693 499	1 304	38 020	1 399	73 078	2 639	582 401	1 221
1990	692 363	1 286	34 684	1 348	66 972	2 787	590 707	1 214

Absolut: Gesamtzahl rechtskräftiger Verurteilungen wegen Straftaten (einschließlich Straßenverkehr).
VZ: Zahl rechtskräftiger Verurteilungen je 100 000 Einwohner der jeweiligen Altersgruppe.

Haftstatistiken sagen wegen vorangegangener gestaffelter Ausfilterungen noch weniger über Ausmaße tatsächlicher Kriminalität aus. Bedeutsam sind sie aber für Verteilung und Entwicklung jener Kriminalität, die von Verfolgungsorganen als schwerste gewertet wird und am deutlichsten in das öffentliche Bewußtsein tritt. Infolge der im Jugendstrafrecht reichhaltigen Palette anderweitigen Regulierens und Sanktionierens nimmt sich die Rate inhaftierter junger Menschen gegenüber den Tatverdächtigen- und Verurteiltenraten – zumal bei Mädchen – gering aus. Sie verringert sich in dem Maße, in welchem man sich phantasievoller aller erzieherisch gedachten Alternativen des JGG bedient (für die USA: MILLER/OHLIN 1981; HEINZ u. a. 1988; WALTER 1988). Im (Jugend-) Strafvollzug befanden sich am 31.3.1988 391 männliche, 8 weibliche Jugendliche, 2439 bzw. 50 Heranwachsende. Beunruhigend war bis zum Anfang der 80er Jahre der verhaltnismäßig hohe, über Jahrzehnte – vor allem bei Mädchen – gewachsene Anteil junger Untersuchungsgefangener. Entscheidend dürften sich dabei die vermehrte Inhaftierung Drogenabhängiger und Ausländer der „zweiten Generation“, wohl auch apokryphe Haftgründe, ausgewirkt haben. Am 31.12.1988 waren 355 männliche, 24 weibliche Jugendliche, 946 bzw. 64 Heranwachsende in Untersuchungshaft. Bei durchschnittlich zweimonatiger Verweildauer bedeutet dies ca. 10 000 junge Untersuchungsgefangene p. a. Der Anteil überhaupt inhaftierter 14-21jähriger an der gesamten Haftpopulation beträgt 7,0%. Im Laufe der 80er Jahre ist jedoch eine deutliche Tendenz der Jugendgerichte festzustellen, freiheitsentziehende Sanktionen wie Untersuchungshaft, Jugendarrest und Jugendstrafe bei jungen Menschen zu vermeiden, statt dessen ambulante Maßnahmen zu wählen (BUNDESMINISTERIUM DER JUSTIZ 1989; PFEIFFER 1989). Dies hat – zusammen mit dem Geburtenrückgang – zu einer beträchtlichen Entlastung entsprechender geschlossener Institutionen geführt.

Das von der *Dunkelfeldforschung* gezeichnete Bild tatsächlicher i. S. erfragter Delinquenz deutet zunächst quantitativ auf eine gewisse Normalität und Ubiquität: Irgendwelche Delikte kommen bei fast jedem in der Jugend vor. Manche Deliktsarten weisen ein nahezu totales Dunkelfeld auf. Eine Reihe solcher bagatellhafter, massentypischer Deliktsarten wird von einer stattlichen Anzahl, oft über 50%, Befragter angegeben, und zwar unabhängig von sozialer Herkunft und Vorbildung. Qualitativ läßt dies darauf schließen, daß man sporadischer, episodenhafter Delinquenz auch eine gewisse Bedeutung im Lernen sozialer und rechtlicher Normen beimessen kann. Obschon die Palette tatsächlicher Jugenddelinquenz bunter ist als die verfolgter, dominiert hier gleichfalls Diebstahl in vielfältigen Varianten. Über 80% junger Männer räumen irgendwelche früheren Diebstähle in Delinquenzbefragungen ein. Häufig sind außerdem wegen wachsenden außengerichteten Freizeitverhaltens schmarotzerhafte Delikte wie das Hinterziehen von Fahr- und Eintrittsgeld. Jugendliches Kraft- und Imponiergehabe drückt sich in ebenfalls häufig vorkommenden aggressiven Delikten aus, die als Beschädigung öffentlicher und privater Sachen sowie Schlägereibeteiligung erfragt, als Vandalismus, Rowdytum und Hooliganismus bezeichnet zu werden pflegen. Während der Geschlechterabstand in der verfolgten Kriminalität westlicher Industrieländer etwa 6:1 bzw. 4:1 beträgt, mindert er sich in Delinquenzbefragungen eher auf 2:1 (z. B. CANTER 1982; LAWRENCE/SHIREMAN 1980). Aber nur bei wenigen Deliktsarten nähern sich die Geschlechter so stark an wie etwa bei Fahrgeldhinterziehen, Ladendiebstahl, Gebrauch harmloserer Rauschmittel. Mit steigender Häufigkeit und Schwere erfragter Delikte wächst der Geschlechterabstand. Hierin wird die überproportionale Berücksichtigung bagatellhafter, massentypischer Delinquenz in der Dunkelfeldforschung sichtbar; freilich wird dies mitunter in dem Sinne fehlgedeutet, im Dunkelfeld handele es sich schlechthin um mehr oder minder Bagatellhaftes (ALBRECHT/LAMNEK 1979); es ist nicht zu verkennen, daß auch ein Teil schwererer Delinquenz gleichermaßen für Strafverfolgung und Befragungsforschung unerreichbar bleibt. Diese Befunde werden konsequent ergänzt durch zunehmende Geschlechterabstände in Verfolgungs-, Verurteilungs- und Haftstatistiken. Mit Gewalt und Zerstörung assoziierte Delikte finden sich fast nur bei Jungen. Das hängt wohl mit rollenspezifischer Erziehung, größerem Behütetsein und physischen Eigenheiten der Mädchen zusammen (→ Frauenkriminalität).

Breiten Raum nimmt von Anbeginn der Dunkelfeldforschung die Frage nach *schichtspezifischen Delinquenzbelastungen* und Selektionen ein. Der Ertrag ist vergleichsweise gering und umstritten (CLELLAND/CARTER 1980; JOHNSON 1980; KREUZER 1980 b; KROHN u. a. 1980, VILLMOW 1980; WADSWORTH 1979; G. ALBRECHT u. a. 1988). Vordergründig kontrastiert eine nicht oder lediglich geringfügig höhere Delinquenzbelastung unterer Schichten mit der eindeutig unterschichtgerichteten verfolgten und sanktionierten Kriminalität. Die auf einen einseitig konzipierten labeling approach gestützte Hypothese schichtspezifischer Selektion ist dennoch infragezustellen. So stößt man bereits auf etwas stärkere Delinquenzbelastungen junger Menschen aus unteren Schichten bei schwereren, für Anzeigeverhalten und Verfolgungsstrategien relevanten Deliktsarten, namentlich bei Einbruch, Körperverletzung, Raub. In den Befragungen schlagen überdies Verkürzungen der Stichproben hinsichtlich bedeutsamer Teile unterster Schichten zu Buche. Oft wird übersehen, daß stärker Delinquenz- und Verfolgungserfahrene Delinquenzfragen enger, an schweren Vorfällen ausgerichtet, verstehen als junge Leute in Normalpopulationen (verkannt z. B. bei LAMNEK 1982). Vor allem aber belegen etliche Befragungen, daß Polizeiauffälligkeit primär funktional mit Häufigkeit und Schwere erfragter Delinquenz zusammenhängt; die Verfolgungswahrscheinlichkeit wächst rapide mit zunehmender tatsächlicher Delinquenzbelastung (KREUZER 1975 a; SCHÖCH 1976; HINDELANG u. a. 1980; VILLMOW 1980). Auffälligerweise wird von Vertretern des labeling approach die ganz parallele, oben angedeutete Auslese bei delinquenten jungen Frauen übersehen; auf dem Weg vom Dunkel- zum Hellfeld bis hin zum Strafvollzug nimmt der Geschlechterabstand zu, der Frauenanteil rapide ab; statt etwa männerfeindliche Selektion zu unterstellen, wird es hier als selbstverständlich erachtet, daß zuallererst Art, Häufigkeit und Schwere der Delikte im Ausfilterungsprozeß ausschlaggebend sind (KREUZER 1986).

In erster Linie die erwähnten amtlichen Datenquellen lassen auf einen kontinuierlichen *Anstieg der Jugendkriminalität* in den Nachkriegsjahrzehnten schließen. Nach der Dunkelfeldforschung erscheint dies allenfalls in Ansätzen belegbar (z. B. KIRCHHOFF 1975; CANTER 1982), da es noch an längerfristigen Trenduntersuchungen, an verläßlichen, rhythmisch durchgeführten Replikationsstudien fehlt. Bei aller Fragwürdigkeit internationaler Kriminalitätsvergleiche fällt doch auf, daß ziemlich übereinstimmend zumindest im Langzeitvergleich über steigende registrierte Jugendkriminalität berichtet wird. Dies gilt wenigstens für einige westeuropäische und nordamerikanische Länder; allerdings scheint der Anstieg in den letzten Jahren geringer zu sein (COUNCIL OF EUROPE 1979; FRIDAY 1980; PFEIFFER 1988). Nach Delinquenzbefragungen scheinen sich geringere Anstiege abzuzeichnen (LAWRENCE/SHIREMAN 1980; MCDERMOTT/HINDELANG 1981). Ein im Vergleich dazu unverhältnismäßig höherer Anstieg dürfte künftig in den osteuropäischen Ländern und in den neuen Bundesländern zu verzeichnen sein. Als Kehrseite der neu gewonnenen Freiheit nach jahrzehntelanger Gängelung, Unterdrückung und Entrechtung ist ein Nachholeffekt an Rechtsbrüchen – Kriminalität als Preis von mehr Freiheit – zu erwarten. Als Folge eines gewissen „Nachholbedürfnisses“, wachsender Konsumwünsche, sich ausweitenden Warenangebotes, teilweiser und vorübergehender Normlosigkeit und Desorientierung sowie schwächerer Kontrolle ist mit einer Anpassung an westliche Verhältnisse zu rechnen. Japan mit seiner ganz anderen kulturellen Tradition, seinen festen familiären und kollektiven Strukturen schien lange gefeit gegen Jugendkriminalität größeren Ausmaßes, soll aber neuestens gleichfalls Anzeichen für einen Anstieg erkennen lassen (KÜHNE/MIYAZAWA 1988). In Entwicklungsländern dürfte – trotz noch geringerer Vergleichbarkeit und defizitärer Datenlage – Jugendkriminalität ebenfalls eher zunehmen, gleichgültig, ob man dies auf sozioökonomische Mangellagen, Kulturkonflikte und Kolonisationsfolgen oder abrupte Zivilisationsumbrüche zurückführt.

Während steigende Jugendkriminalität lange zum ebenso gesicherten wie beklagten Merkmal der Nachkriegsentwicklung zu gehören schien, diskutierte man über *Erklärungen des Anstiegs* allerdings kontrovers. Sprach etwa WILKINS (1960) von einer delinquenten, Kriegs- und Nachkriegswirren ausgesetzten Generation, meinte KAUFMANN (1965), es handele sich, u. a. infolge der Akzeleration, um eine bloße Vorverlegung der Kriminalitätshöchstbelastung auf jüngere Altersstufen bei gleichbleibendem Kriminalitätsbudget. Doch daß der Anstieg anhielt, anfänglicher Notkriminalität eine anscheinend noch stärker wachsende Wohlstandskriminalität zu folgen schien, ließ an solchen Erklärungen zweifeln (Übersicht: KAISER 1982). Deswegen werden in jüngster Zeit gelegentlich der Jugendkriminalitätsanstieg selbst und die Berechtigung, diesen in den Brennpunkt politischen und wissenschaftlichen Interesses zu rücken, infragegestellt (ALBRECHT/LAMNEK 1979; kritisch: KREUZER 1980 a; KAISER 1982). Abgesehen von vielfältigen methodischen Mängeln der sog. „Zerrbildstudie" – es wird u. a. mit einem zu geringen Zeitraum und fragwürdigen Altersbündelungen gearbeitet –, beruht sie auf empirisch ungesicherten Annahmen: Weder ist mit generell wachsender Anzeigebereitschaft und darauf beruhenden steigenden Verfolgungszahlen zu rechnen; das Anzeigeverhalten könnte sich nämlich ambivalent entwickeln; teils könnte an die Stelle familiärer, nachbarschaftlicher oder schulischer Regulierung „normaler" Delinquenz in der Tat vermehrt förmliches Reagieren treten; teils könnten sich aber auch Resignation, Gleichgültigkeit und Distanz zu Verfolgungsorganen verbreiten. Noch läßt sich wachsende Jugendkriminalität undifferenziert mit sich ausweitender polizeilicher Verfolgungskapazität erklären; stagnierende Aufklärungsquoten sprechen schon dagegen. Neue Schubkraft erhält die Diskussion um Trends der Jugendkriminalität und deren Erklärung wegen besonders in der Bundesrepublik zu beobachtender demographischer Umschichtungen. Angesichts drastisch sinkender Anteile der jungen und wachsender Anteile der alten Bevölkerung ist absolut mit einem Rückgang von Jugendkriminalität zu rechnen; doch könnte bei gleichbleibender Verfolgungskapazität langfristig durch steigende Kontrolldichte der Eindruck einer tendenziell gegenläufigen Entwicklung entstehen (DEUTSCHE VEREINIGUNG 1987; PFEIFFER 1988). Im Ergebnis wird man derzeit tatsächlich mit allmählich, wenngleich nicht rasant ansteigender Jugendkriminalität zu rechnen haben. In diese Richtung weisen zugleich allgemeinere Beobachtungen über zunehmende Erziehungsschwierigkeiten, Intoleranz, Entfremdung. Insofern bedarf – durchaus im Sinne DURKHEIMS – zwar nicht „normale" Delinquenz junger Menschen, wohl aber eine konstante Zunahme, ein sozialpathologisches Ausufern wissenschaftlicher Erklärung, politischer Beachtung und gesellschaftlicher Abhilfe. Wieweit etwa sozialstrukturelle Rahmenbedingungen, Umbrüche in Wertordnungen, Sozialisationsschwierigkeiten erklärend zu berücksichtigen sind, ist Gegenstand der bekannten kriminologischen Theorien (HEINZ 1983; → Kriminalitätstheorien), die ja weitgehend an Jugenddelinquenz bzw. -kriminalität ausgerichtet sind.

Jugendkriminalität

Jugendkriminalität unterscheidet sich nicht nur quantitativ nach Ausmaß, Entwicklung und Deliktsarten von der Kriminalität Erwachsener, sondern auch qualitativ. Einige ihrer *Wesensmerkmale* seien hervorgehoben: Jugendtümliche *Motivation* delinquenten Verhaltens ist häufig zu suchen in Neugier, Spiel, Unfug, Ausgelassenheit, Übermut, Abenteuerlust und Erlebnisdrang, Sport, Sichaustoben, Ulk, Schabernack; bewußt oder unbewußt erstrebt man oftmals Prestige, Anerkennung, Zugehörigkeit in der Bezugsgruppe; man mißt seine Kräfte, will sich durchsetzen, stark, den Älteren ebenbürtig sein; man erstrebt noch unerreichbare Statussymbole Erwachsener. – Das Gros der Delinquenz ist *episodenhaft*, ohne daß es strafender Eingriffe bedürfte. Eher laienhafter Vorstellung als der Realität entspricht die Meinung, das Jugenddelikt – etwa ein Ladendiebstahl – sei potentieller „Schrittmacher", verdiene gerade in frühen Stadien energischer prophylaktischer Signale, um den jungen Menschen nicht in eine kriminelle Karriere abgleiten zu lassen (Pongratz u. a. 1975; Shannon 1982). Auch ist der junge Mensch noch stärker und ambivalent prägbar. Das Episodenhafte gilt sogar für ein Gutteil der Gewalt- und Sexualdelinquenz, soweit es sich um peripubertäre Übergangsschwierigkeiten handelt. – Junge Menschen suchen in delinquentem Verhalten oft *Risiken*, deren soziale Bedeutung sie meist nicht übersehen. Das gilt ebenso für den Straßenverkehr, in dem sie sich mitunter technisch erstaunlich sicher, aber rücksichtslos, leichtsinnig, von technischen Möglichkeiten fasziniert zeigen, wie für Umgang mit Alkohol und Rauschmitteln, wo sie mit ihrem Körper, neuen Mitteln, Dosierungen, Kombinationen, Einnahmearten bis in Todesnähe experimentieren und renommieren (Kreuzer 1987). – Delinquenz junger Menschen ist stärker als bei Erwachsenen auf *Freizeit*, auf unkontrollierte Freiräume konzentriert; diese können zur Langweile werden, welcher man zu entrinnen trachtet, etwa dadurch, daß man in Delinquenz Abwechslung sucht. – Bei den meisten Delikten sind junge Menschen *enthemmt*, namentlich durch Einflüsse des *Alkohols*, Der *Gruppe* und des *Rituals*. Über die Hälfte aller Delikte steht in irgendeinem Zusammenhang mit Alkohol, sei es, daß Alkohol oder Geld dafür erbeutet wird, sei es, daß unter Alkoholeinfluß vandalistische, aggressive oder verkehrsgefährdende Handlungen ausgelöst werden. Trinken und Spendieren haben für viele, vor allem randständige Jugendliche hohen Prestigewert in den „peer groups". Mit der Wirkung des Alkohols verbindet sich häufig noch der wiederum enthemmende Cliqueneinfluß. Jugenddelinquenz geschieht wohl überwiegend in kleineren und größeren Gruppierungen (Zimring 1981; Kaiser 1982). Manche neueren Erscheinungsformen von Flucht, Rückzug, Aussteigen, aber auch Rebellion und Protest sind ohne das stimulierende und enthemmende Solidarverhalten herausfordernde Wirken großer Guppierungen nicht vorstellbar. Dazu gehören Kollektivformen des Drogenumgangs, Ausweichens in „Jugendreligionen", ansatzweise sogar kollektive Selbsttötungshaltungen, desgleichen Demonstrationsausschreitungen, Großkrawalle, und gewaltsame Hausbesetzungen, in denen sich zugleich jugendmäßige Kompromißlosigkeit und Ungeduld zeigen. Trotz unterschiedlicher Erscheinungsformen und Ursachen im einzelnen lassen sich in all dem doch auch zwei Seiten derselben Medaille, Symptome gleicher gestörter Grundbefindlichkeiten junger Menschen in modernen Zivilisationen erkennen. Enthemmende Gruppenwirkungen werden oftmals verstärkt durch zu Ritualen gerinnende Handlungsformen delinquenten Verhaltens; Rituale binden den einzelnen ein in das Gruppengeschehen (KREUZER 1987). – Delinquenz junger Menschen ist selten ursprünglich; sie verdichtet sich zu Verhaltensmustern, die durch *Nachahmung* weitergetragen werden. Vorbilder findet man in Bezugsgruppen, Massenmedien und in der Erwachsenenwelt. – Jugenddelinquenz ist nach *Ausführungsart und Folgen weniger schwer* als Erwachsenenkriminalität (MC DERMOTT/HANDELANG 1981; ZIMRING 1981). Öfter bleiben Taten im Versuch stecken; seltener werden Waffen eingesetzt, Androhungen wahrgemacht; die Schadenshöhe insbesondere bei Eigentumsdelinquenz ist durchschnittlich weitaus geringer; Taten geschehen zumeist spontan, ungeplant, impulsiv, momentanen Stimmungen und Stimmungsschwankungen entsprechend; sie ähneln oft nur äußerlich Vorbildern professioneller Verbrechen. Einschränkend gilt aber, daß Ziel- und Begleitschäden meist erheblich auseinanderklaffen und daß im fehlenden Planen und Abwägen sowie in der Gruppendynamik auch Momente gefährlicher Unberechenbarkeit liegen. – Mangelnder Planung vor der Tat entsprechen geringe Rücksichtnahme auf mögliche Entdeckung, leichtere *Überführbarkeit*, größere Geständnisbereitschaft während und nach der Tat junger Menschen sowie geringere Beschwerderaten während Strafverfolgung und Haft. Intensiver müßten junge Täter daher im Verfolgungsgang beraten, betreut und verteidigt werden.

Die Frage nach *Ursachen und Erklärungsmöglichkeiten der Jugendkriminalität* wird von Anfang an und anhaltend kontrovers beantwortet. Erklärungen sind vom theoretischen Vorverständnis abhängig. Sie weisen dementsprechend die Bandbreite auf, die zwischen traditionell ätiologischen und neueren kontrollorientierten Ansätzen liegt. Dabei haben sich Erkenntnisinteressen heute teilweise verlagert. So wird nicht mehr nur danach gefragt, warum viele junge Menschen delinquent oder wegen Delinquenz verfolgt werden, vielmehr auch danach, warum noch mehr junge Menschen bei vergleichbaren soziokulturellen und Sozialisationsbedingungen eben nicht in delinquente Entwicklungen geraten. Demgemäß wandelt sich auch das methodische Design der Vergleichsgruppen- und Longitudinaluntersuchungen, die sich schwerpunktmäßig Entstehungsbedingungen jugendlicher Delinquenz und Verfolgungsbedingungen nach zumeist multifaktoriellen Zugängen widmen. Sie reichen von ersten Arbeiten des Ehepaars GLUECK (1943) und der „Cambridge-Somerville-Study" der MCCORDS (1959) über GÖPPINGERS „Tübinger Jungtäter-Vergleichs-Untersuchung" (1980 S. 169 ff.) und die Philadelphia-Kohorten-Studie von SELLIN und WOLFGANG (1972; WOLFGANG et al. 1987) bis zu den Londoner Arbeiten von WEST und FARRINGTON (1977), um nur wichtigste Studien zu nennen. Solche Arbeiten weisen immer wieder auf entscheidende Einflußgrößen für gelingende oder mißlingende Sozialisation junger Menschen hin. Delinquenz wird danach wesentlich beeinflußt von Störungen im Familiengefüge sowie in der frühkindlichen und peripubertären Erziehung und Entwicklung (heute wird man zusätzlich prä- und perinatale Einflüsse und Schädigungen mit berücksichtigen müssen). Neuere Umbrüche in Strukturen von Gesellschaft und Familie lassen aber familiäre Einflüsse inzwischen etwas zurücktreten zugunsten etwa

„heimlicher Miterzieher“, wie Massenmedien und Freizeitgruppen (peer groups). Dabei weichen frühere Annahmen über unmittelbare Zusammenhänge beispielsweise zwischen funktional gestörtem Familienleben und der Wahrscheinlichkeit erheblicher Delinquenz heute differenzierteren Betrachtungen; sie gehen von wechselseitig wirksamen, reziproken Beeinflussungen von Störfaktoren und Risiken in der Entwicklung sowie Delinquenz aus (THORNBERRY et al. 1991). Auch dürfte man Störfaktoren in der Entwicklung anders gewichten; es sind dann nicht mehr die Probleme in der Familie, Schule, Freizeit und Partnerorientierung an sich, welche Delinquenz wahrscheinlicher werden lassen; vielmehr können es sowohl Menschen sein, die einem nicht mehr zu bewältigenden Übermaß an Problemen und Konflikten ausgesetzt sind und daran scheitern, wie auch solche, die gerade wegen Konfliktarmut, Überbehütetsein und Beziehungslosigkeit an einer normalen Identitätsfindung und sozialen Entwicklung gehindert sind (ansatzweise z. B. bei REINHARD/BRINKMANN/GÖBEL 1991).

Albrecht, G., Howe, C.-W., Wolterhoff-Neetix, J., Neue Ergebnisse zum Dunkelfeld der Jugenddelinquenz: Selbstberichtete Delinquenz von Jugendlichen in zwei westdeutschen Großstädten, in: Kaiser, G./Kury, H./Albrecht, H.-J., Kriminologische Forschung in den 80er Jahren, Bd. 35/2, Freiburg 1988, S. 661–696; *Albrecht, P.A./Lamnek, S.*, Jugendkriminalität im Zerrbild der Statistik, München 1979; *Bundesministerium der Justiz* (Hrsg.), Jugendstrafrechtsreform durch die Praxis, recht, Bonn 1989; *Canter, R.J.*, Sex Differences in Self-Report Delinquency, Criminology 20 (1982), S. 373–393; *Clelland, D., Carter, T.J.*, The New Myth of Class and Crime, Criminology 18 (1980), S. 319–336; *Council of Europe* (Hrsg.), European Committee on Crime Problems, Social Change and Juvenile Delinquency, Strasbourg 1979; *Deutsche Vereinigung für Jugendgerichte und Jugendgerichtshilfen e.V.* (Hrsg.), Und wenn es künftig weniger werden – die Herausforderung der geburtenschwachen Jahrgänge, München 1987; *Friday, P.C.*, International Review of Youth Crime and Delinquency, in: Crime and Deviance, hrsg. v. Newman, G.R., Beverly Hills, London 1980, S. 100–129; *Glueck, S., Glueck, E.*, Criminal Careers in Retrospect, New York 1943; *Heinz, W.*, Theorie und Erklärung der Jugenddelinquenz, ZfPäd 29 (1983), S. 11–20; *Heinz, W., Spieß, G., Storz, R.*, Prävalenz und Inzidenz strafrechtlicher Sanktionierung im Jugendalter. Ergebnisse einer Untersuchung von zwei Sanktioniertenkohorten anhand von Daten des Bundeszentralregisters, in: Kaiser, G./Kury, H./Albrecht, H.-J., Kriminologische Forschung in den 80er Jahren, Bd. 35/2, Freiburg 1988, S. 631–660; *Hindelang, M.J., Hirschi, T., Weis, J.G.*, Measuring Delinquency, Beverly Hills u. a. 1980; *Johnson, R.E.*, Social Class and Delinquency Behavior – A New Test, Criminology 18 (1980), S. 85–93; *Kaiser, G.*, Möglichkeiten der Bekämpfung von Bagatellkriminalität in der Bundesrepublik Deutschland, ZStW 90 (1978), S. 877–904; *Kaiser, G.*, Jugendkriminalität, 3. Aufl., Weinheim u. a. 1982; *Kaufmann, H.*, Steigt die Jugendkriminalität wirklich? Bonn 1965; *Kerner, H.-J.*, Jugendkriminalität, Mehrfachtäterschaft und Verlauf, BewHi 1989, S. 202–220; *Kirchhoff, G.F.*, Selbstberichtete Delinquenz, Göttingen, 1975; *Kreuzer, A.*, Schülerbefragung zur Delinquenz, RdJ 23 (1975 a), S. 229–244; *Kreuzer, A.*, Anstieg der Jugendkriminalität – ein Mythos? Kriminalistik 34 (1980 a), S. 67–73; *Kreuzer, A.*, Weitere Beiträge aus Gießener Delinquenzbefragungen, MschrKrim 63 (1980 b), S. 385–396; *Kreuzer, A.*, Cherchez la femme? Beiträge aus Gießener Delinquenzbefragungen zur Diskussion um Frauenkriminalität, in: Hirsch, H.J/Kaiser, G./Marquardt, H., Gedächtnisschrift für Hilde Kaufmann, Berlin u. a. 1986, S. 291–308; *Kreuzer, A.*, Jugend – Drogen – Kriminalität, 3. völlig neubearbeitete Auflage, Neuwied u. a. 1987; *Krohn, M.D., Akers, R.L., Radosevich, M.J., Lanza-Kaduce, L.*, Social Status and Deviance, Criminology 18 (1980), S. 303–318; *Kühne, H.-H., Miyazawa, K.*, Die Kriminalitätsentwicklung in Japan und Süd-Korea, MschrKrim 71 (1988), S. 266–274; *Lamnek, S.*, Sozialisation und kriminelle Karriere, Befunde aus zwei Erhebungen, in: Mehrfach auffällig. Untersuchungen zur Jugendkriminalität, hrsg. v. Schüler-Springorum, H., München 1982, S. 86–125; *Landeskriminalamt Nordrhein-Westfalen* (Hrsg.), Jugendkriminalität und Jugendgefährdung im Land Nordrhein-Westfalen 1984, Düsseldorf 1986; *Lawrence, J.S., Shireman, C.H.*, The Findings of Juvenile Misbehavior. A Summary, (National Center for the Assessment of Alternatives to Juvenile Justice Processing), Chicago/Ill. 1980; *Lekschas, J, Kosewähr, E.*, Kriminologie in der DDR, in: Kaiser, G./Kury, H./Albrecht, H.J., Kriminologische Forschung in den 80er Jahren, Bd. 34, Freiburg 1988, S. 19–56; *McCord, W., McCord, J., Zola, I.*, Origins of Crime: A New Evaluation of the Cambridge-Somerville-Youth-Study, New York u. a. 1959; *McDermott, M.J.*,

Hindelang, M.H., Analysis of National Crime Victimization Survey Data to Study Serious Delinquent Behavior. Monograph One: Juvenile Criminal Behavior in the United States: Its Trends and Patterns, U.S. National Inst. for Juvenile Justice and Delinquency, Washington/D.C. 1981; *Miller, A.D., Ohlin, L.E.*, The Politics of Secure Care in Youth Correctional Reform, Crime and Delinquency 27 (1981), S. 449–476; *Pfeiffer, C.*, Jugendkriminalität und jugendstrafrechtliche Praxis – eine vergleichende Analyse zu Entwicklungstendenzen und regionalen Unterschieden, Expertise zum 8. Jugendbericht, Hannover 1988; *Pongratz, L., Schäfer, M., Weisse, D.-T., Jürgensen, P.*, Kinderdelinquenz, München 1975; *Reinhard, H.G., Brinkmann-Göbel, R.*, Die Bedeutung der Eltern-Kind-Beziehung für die Entwicklung des moralischen Bewußtseins der Adoleszenz: Eine Studie mit psychisch gestörten Jugendlichen, Zeitschrift für Kinder- und Jugendpsychiatrie 19 (1991), S. 5–14; *Schüler-Springorum, H.* (Hrsg.), Mehrfach auffällig. Untersuchungen zur Jugendkriminalität, München 1982; *Shannon, L.W.*, Assessing the Relationship of Adult Criminal Careers to Juvenile Careers – A Summary, Iowa City 1982; *Thornberry, T.P., Lizotte, A.J., Krohn, M.D., Farnworth, M., Jang, S.J.*, Testing Interactional Theory: An Examination of Reciprocal Causal Relationship Among Families, School and Delinquency, The Journal of Criminal Law and Criminology 82 (1991), S. 3–35; *Villmow, B.*, Umfang und Struktur der Jugendkriminalität, in: Kinderdelinquenz und Jugendkriminalität, hrsg. v. Wollenweber, H., Paderborn u. a. 1980, S. 49-73; *Wadsworth, M.*, Roots of Delinquency, Oxford 1979; *Walter, M.*, Über die Entwicklung neuer Formen und Konzepte im Umgang mit Jugendkriminalität in der Bundesrepublik Deutschland, in: Kaiser, G./Kury, H./Albrecht, H.-J., Kriminologische Forschung in den 80er Jahren, Bd. 35/2, Freiburg 1988, S. 795-821; *West, D., Farrington, D.*, The Delinquent Way of Life, London 1977; *Wilkins, L.*, Delinquent Generations. A Home Office Research Unit Report, London 1960; *Wolfgang, M.E., R. Figlio, T. Sellin*, Delinquency in a Birth Cohort, Chicago u. a. 1972; *Wolfgang, M., Figlio R., Thornberry, T.*, From Boy to Man: From Delinquency to Crime, Chicago 1987; *Zimring, F.E.*, Kids, Group and Crime: Some Implications of a Wellknown Secret, JCrim 19 (1981), S. 867–885.

ARTHUR KREUZER

Jugendrecht, Jugendhilfe, Jugendschutz. Mit dem Oberbegriff des Jugendrechts lassen sich alle rechtlichen Regelungen zusammenfassen, die soziologisch, psychologisch oder pädagogisch erfaßbare Sachverhalte unter besonderen jugendspezifischen Gesichtspunkten ordnen. Jugendrecht ist kein eigentlich positiv-rechtlicher Begriff, da nach geltendem deutschen Recht die sehr komplexe Materie unter verschiedenen anderen Gesichtspunkten aufgeteilt worden ist. Das frühere Jugendwohlfahrts- und jetzige Kinder- und Jugendhilferecht (KJHG) stellt einen Teil des Sozialrechts (Sozialgesetzbuch, Achtes Buch) dar (zur Begründung s. d. Stellungnahme d. Bu Reg. i. BT-Drucks. 7/868 S. 44; vgl. a. BT-Drucks. 7/3786 S. 3), die rechtlichen Eltern-Kind-Beziehungen werden im Familienrecht (Bürgerliches Gesetzbuch) geregelt, das Jugendstrafrecht (besser: Jugendkriminalrecht) rechnet man dem Bereich des Strafrechts zu, der Jugendschutz gar ist von den Rechtsnormen her weitgehend zersplittert und findet sich in einzelnen Gesetzen sowie verstreuten gesetzlichen Vorschriften wieder (i. e. s. RAMM 1990). Häufig wird der Begriff des Jugendrechts in einem eingeschränkten Sinne verstanden, indem man vor allem das Recht der vorschulischen, schulischen und beruflichen Bildung und Ausbildung ausklammert. Damit entsteht ein Schwerpunkt beim Ausgleich bestimmter Defizite und der Bewältigung sozialer Probleme (→ Soziale Probleme und Sozialpathologie). Das entspricht der historischen Entwicklung insofern, als die Notwendigkeit jugendspezifischer Gesetze und administrativer Eingriffe mit der zunehmenden Industrialisierung unabweisbar wurde. Aus dieser allgemeinen Entwicklung, die in erster Linie zu punktuellen Notmaßnahmen des Staates und anderer gesellschaftlicher Organisationen (Wohlfahrtsverbände) geführt hat, wird zugleich der bis heute spürbare Mangel an übergreifenden jugendpolitischen Konzepten verständlich. Sie konnten entweder aus Finanzgründen oder wegen grundsätzlicher Kontroversen nicht durchgesetzt und implementiert werden (vgl. PEUKERT 1986). In letzter Zeit ist verschiedentlich behauptet worden, die Schaffung von speziellen Jugendgesetzen habe in erster Linie der Ausdehnung und Intensivierung der Kontrolle junger Menschen gedient (s. VOSS 1986). Doch diese Sicht erfaßt die historischen Prozesse nur einseitig und läßt die vielen begünstigenden und fördernden Komponenten der jugendspezifischen Regelungen unberücksichtigt (WOLFF 1989). Die aus historischer Perspektive naheliegende Vorstellung, daß das Jugendrecht hauptsächlich berufen sei, die Voraussetzungen zu schaffen, gefährdete junge Menschen durch fürsorgerische Maßnahmen gesellschaftlich zu integrieren und somit ebenfalls Gefahren für die Gesamtgesellschaft abzuwenden, wird heute mit Recht als zu eng abgelehnt. Das zentrale Anliegen der Jugendhilfe, den Jugendlichen zu fördern und ihm die Möglichkeit einer verantwortungsvollen gesellschaftlichen Teilhabe zu vermitteln (s. FÜNFTER JUGENDBERICHT 1980; §§ 1 Abs. 1 u. 3 KJHG, 8 SGB I), geht über eine derart eingegrenzte soziale Kontrolle hinaus. Der hierfür herkömmlich verwendete Ausdruck der Jugendpflege (neuer: Jugendarbeit) bezieht sich auf ein weitgestecktes Spektrum sozialer Anregungen und Unterstützungen (z. B. außerschulische Jugendbildung, Jugendfreizeiten, Jugendberatung; s. § 11 Abs. 3 KJHG), deren Adressaten keineswegs nur Randgruppenangehörige sind. Angesprochen sind vielmehr allgemeine Prozesse vergesellschaftlicher Erziehung. Soweit nämlich die traditionellen privaten und öffentlichen Agenturen wie vor allem Familie und Schule es allein nicht mehr bewältigen, ein Hineinwachsen des jungen Menschen in die differenzierten Lebensbedingungen zu besorgen, sollen und müssen ergänzende Angebote der Jugendhilfe hinzutreten. Der Ausgleich besonderer sozialer Benachteiligungen oder individueller Beeinträchtigungen wird mit dem Begriff der Jugendsozialarbeit erfaßt (s. § 13 KJHG). Den empirischen Sozialwissenschaften fällt die Aufgabe zu, die Struktur und Wirkungsweise der verschiedenen Strategien im Umgang mit jungen Menschen zu untersuchen sowie ebenfalls neue Konzepte zu entwickeln und zu erproben (Stadtteilarbeit, Wohngemeinschaften, Selbsthilfegruppen usw.). In letzter Zeit haben sich allerdings die Akzente dadurch verschoben, daß wieder vermehrt die Bedeutung der Familie in den Mittelpunkt gerückt und Jugendhilfe in erster Linie als Familienförderung und -unterstützung verstanden wird (SIEBENTER JUGENDBERICHT 1986; s. §§ 3 Nr. 2, 16 f. KJHG, 8 SGB I). In Verbindung mit einer Orientierung am Elternrecht und mit einem Vorrang der freien Träger vor staatlichen Initiativen (s. §§ 1 Abs. 2, 4 Abs. 2 KJHG) kann man darin eine gewisse Reprivatisierung der Jugendhilfe erblicken.

Aus kriminologischer Sicht stellen jugendhilferechtliche Angebote oder Maßnahmen eine unter mehreren möglichen Strategien im Umgang mit abweichendem Verhalten dar (KAISER 1977). Weit verbreitete Bagatelldelinquenz (Fahrgeldhinterziehung, Kaufhausdiebstahl u. ä.) und episodenhafte Delikte bestimmen das Bild registrierter Jugendkriminalität. Abgesehen davon wird eine kleine ganz überwiegend männliche Personengruppe stärker auffällig, für die immer wieder überdurchschnittliche soziale Belastungen aus der vorausgegangenen Sozialisation benannt werden (→ Kriminalitätstheorien, psychologische; → Selektion und Selektionsmechanismen). Ein spezifisch jugendrechtliches Verständnis des devianten Verhaltens läßt sich auf verschiedene Momente gründen. Delikte junger Menschen können als konflikthaftes Verhalten begriffen werden (PETERS 1966), das weniger auf persönliche Schuld, als hauptsächlich auf schwierige Entwicklungssituationen und länger und komplexer werdende Übergangsphasen zurückzuführen ist. Junge Menschen erwerben ihre Handlungskompetenz erst noch, sie erkunden Verhaltensspielräume, stehen teilweise unter erheblichen psychischen Belastungen und müssen neue soziale Rollen erlernen. Soweit ihre Handlungen kriminalrechtlichen Definitionen und Interpretationen zugänglich sind, erscheinen meist ermahnende Normverdeutlichungen ausreichend (→ Diversion). Im übrigen bieten sich erzieherische Alternativen zu Strafen an, wobei Erziehung negativ gewendet die Abkehr von Strafen und in positiver Hinsicht vorwiegend eine beispielhafte friedensstiftende Bereinigung der Tatfolgen meint (insbes.: Täter-Opfer-Ausgleich). Dementsprechende jugendrechtliche Strategien erfüllen für das allgemeine Strafrecht eine Schrittmacherfunktion. Demgegenüber besteht bei Zugrundelegung eines erziehungswissenschaftlich begründeten Erziehungsverständnisses die Gefahr, daß Straftaten zu einem Anzeichen eines mißlungenen Werdegangs gewertet werden (HÄUSSLING, BRUSTEN, MALINOWSKI 1981), obwohl die betreffenden Delikte aus der Lebensperspektive der Jugendlichen oft nur einen peripheren Stellenwert haben. Nicht zuletzt deswegen bleibt bei kriminalrechtlich veranlaßten erzieherischen Hilfen oder Interventionen ständig zu prüfen, ob die verfassungsrechtlichen Grenzen und insbesondere die Schranken eingehalten sind, die das Übermaßverbot zieht. An der Notwendigkeit, schwer gestörten jungen Delinquenten – letztlich unabhängig von ihrer strafrechtlichen Belastung – entwicklungspsychologische Hilfen zu vermitteln, ändert das freilich nichts.

Zwei Reichsgesetze, das Jugendwohlfahrtsgesetz (RJWG) von 1922 und das Jugendgerichtsgesetz (JGG) von 1923, bildeten in der Vergangenheit die Grundlage des Jugendrechts. Beide Gesetze gründeten auf wegbereitenden Forderungen und Entwürfen aus dem ausgehenden 19. und beginnenden 20. Jahrhundert (HASENCLEVER 1978). Das JGG führte für Straftaten Jugendlicher ein vom allgemeinen Strafrecht abweichendes und erzieherisch orientiertes Rechtsfolgensystem ein (→ Jugendstrafrecht). Das RJWG war ein Gesetz der vielfachen Kompromisse, hauptsächlich zwischen Sozialisten und Vertretern des politischen Katholizismus. Als Ergebnis entstand eine Summe verschiedener Organisations- und Eingriffsformen. Der Schwerpunkt lag bei Maßnahmen gegenüber Funktionsausfällen auf seiten der leiblichen Eltern (Schutz von Pflegekindern, Amtsvormundschaft, Mitwirkung bei der Schutzaufsicht und der Fürsorgeerziehung usw.). Die Zielsetzung des Gesetzes, den Aufbau von im wesentlichen eigenständigen Jugendämtern im gesamten Reichsgebiet einzuleiten („Jugendamtsgesetz"), ließ sich nur sehr begrenzt erreichen, da die Länder die ihnen eingeräumten Organisationsformen extensiv nutzten. Selbständige Jugendämter bildeten sich vornehmlich dort, wo schon vor Inkrafttreten des RJWG eine entsprechende Behördenstruktur geschaffen worden war. Das war hauptsächlich in den Städten der Fall; besonders hervorzuheben sind die Hansestädte. Von den

Aufgaben her lag der Arbeitsschwerpunkt der Jugendämter bei den individuell-fürsorgerischen Maßnahmen. Während der nationalsozialistischen Zeit erfuhren die Regelungen der RJWG und andere Vorschriften relativ wenig Änderungen. Vielmehr baute man neben den Jugendämtern neue parteiabhängige Organisationen auf, die mit voranschreitender Machtergreifung und Gleichschaltung immer mehr Aufgaben übernahmen. Erreicht wurde das durch zahlreiche gesetzesüberlagernde Verordnungen und Anordnungen. Die schrittweise Erfassung der gesamten Jugend in der Hitlerjugend (HJ) bedingte eine nahezu umfassende Kontrolle aller jugendlichen Lebensbereiche. Störer der neuen Ordnung klassifizierte man von den „gutartigen" bis zu den „minderwertigen", für die eine Aussonderung in polizeiliche Jugendschutzlager und eventuell KZs vorgesehen war. Nach dem Krieg hat man von den Engländern und Nordamerikanern neuere Methoden der Sozialarbeit sowie ferner sozialpsychologische, soziologische und tiefenpsychologische Forschungen rezipiert. 1953 wurde ein neues JGG und danach ein ÄnderungsG zum RJWG verabschiedet. Während das JGG immerhin einige neue Impulse vermittelte, das Jugendkriminalrecht teilweise bis auf die 20jährigen ausdehnte und nach angelsächsischem Vorbild die Bewährungshilfe gesetzlich einführte, begnügte man sich hinsichtlich des Jugendwohlfahrtsrechts damit, die Inhalte des alten RJWG zu aktualisieren. Die 1949 geschaffene Verfassung (Grundgesetz, GG) ist staatlichen Befugnissen gegenüber verständlicherweise zurückhaltend eingestellt. Art. 6 betont das Elternrecht, der Staat hat grundsätzlich nur eine Wächterfunktion. Das bis zum Jahre 1990 in Kraft gewesene JWG (novelliert 1961, zuletzt bekanntgemacht 1977 (BGBl I S. 633, 795) wurde spätestens seit den 70er Jahren allseits als ungenügend empfunden. In § 1 statuierte es das Recht auf Erziehung für jedes „deutsche Kind". Zwar besagte § 8 SGB AT (bisherige Fassung), daß „jeder junge Mensch ... zur Entfaltung seiner Persönlichkeit ein Recht auf Erziehung" habe, doch wurde dadurch das einfache Bundesrecht im Ergebnis nicht abgeändert, sondern für dessen Vorschriften lediglich eine Auslegungs- und Ermessensausübungsrichtlinie geschaffen (§ 2 Abs. 1 S. 2, Abs. 2 SGB I). Modifikationen gab es lediglich durch ratifizierte Internationale Abkommen. Wie die amtliche Jugendhilfestatistik ausweist, belegte die Praxis gerade die ausländischen Jugendlichen mit den einschneidensten und problematischsten Maßnahmen (Fürsorgeerziehung, FE). Die §§ 4 f. und 23 JWG enthielten einen umfangreichen Aufgabenkatalog für die Jugendbehörden. Doch wurden dadurch die in der Praxis zwischenzeitlich entwickelten neueren Jugendhilfeformen immer weniger erfaßt. Deswegen erwuchs die Notwendigkeit, diese Fortentwicklungen gesetzlich „einzuholen" und zu verankern. Die im früheren JWG besonders auch für delinquente Jugendliche vorgesehenen Institute der FE sowie ferner die Erziehungsbeistandschaft (EB) spielten in der Praxis der letzten Jahre zahlenmäßig nur eine äußerst geringe Rolle. Für das Jahr 1986 weist die Statistik weniger als 300 Zugänge bei der EB hinsichtlich des gesamten Bundesgebiets aus, davon wurden 162 von Jugendgerichten veranlaßt. Die entsprechenden Zugänge bei der FE betrugen ca. 1000, jedoch wurden von den Jugendgerichten lediglich 94 Anordnungen getroffen.

Das seit dem 1. Januar 1991 in Kraft getretene KJHG verleiht jedem rechtmäßig in Deutschland lebenden jungen Menschen ein Recht „auf Förderung seiner Entwicklung und auf Erziehung zu einer eigenverantwortlichen und gemeinschaftsfähigen Persönlichkeit" (§ 1 Abs. 1; 6 Abs. 2 KJHG). über konkrete „harte Rechtsansprüche" ist damit allerdings noch nichts Definitives gesagt (s. MÜNDER 1990, S. 349). Den betreffenden Gesetzentwurf hat die Bundesregierung in der 11. Legislaturperiode eingebracht (s. BT Drucks. 11/5948 u. BR-Drucks. 267/90). Entsprechend einem breiten Konsens innerhalb der Jugendhilfe sind mit diesem Gesetz die FE sowie die freiwillige Erziehungshilfe (FEH), die der FE nachgebildet war und nur die Zustimmung des Personensorgeberechtigten voraussetzte, abgeschafft worden. Ersetzt wurden diese Eingriffstatbestände durch „Hilfen zur Erziehung" (§§ 27 f. KJHG), welche sich als Leistungsangebote der Jugendhilfe verstehen (s. § 2 Abs. 2 Nr. 4 KJHG). Die mit der FE und der FEH korrespondierenden Angebote reichen von der „Erziehung in der Tagesgruppe" (§ 32 KJHG) bis zur „Erziehung in einer Einrichtung über Tag und Nacht oder in einer sonstigen betreuten Wohnform" (§ 34 KJHG). Für Jugendliche, für die solche Hilfen nicht geeignet erscheinen, die aber einer nachhaltigen „Unterstützung zur sozialen Integration" bedürfen, wird eine „individuelle sozialpädagogische Intensivbetreuung" (§ 35 KJHG) vorgesehen. Das KJHG steht entsprechend der allgemeinen rechtspolitischen Entwicklung freiheitsentziehenden Maßnahmen sehr zurückhaltend gegenüber und betont deshalb in seinem vierten Abschnitt über erzieherische Hilfen die ambulanten und offenen Angebote. Als eine Art Krisenintervention ist in § 42 eine „Inobhutnahme" als „vorläufige Maßnahme zum Schutz von Kindern und Jugendlichen" vorgesehen. Gem. Abs. 3 sind auch in diesem Kontext freiheitsentziehende Maßnahmen nur zulässig, „wenn und soweit sie erforderlich sind, um eine Gefahr für Leib oder Leben des Kindes oder des Jugendlichen oder eine Gefahr für Leib oder Leben Dritter abzuwenden".

Aus kriminalpolitischer Sicht spielt die geschlossene Unterbringung eine besondere Rolle, weil sie Gefängnisfunktionen (einschließlich der Untersuchungshaft) zu erfüllen vermag. Bezogen auf die Gesamtzahl von ca. 50 000 Heimunterbringungen erscheinen die knapp 400 Plätze in 25 geschlossenen Einrichtungen mit einer Belegung von ca. 360 (im Jahr 1986) sehr marginal. Allerdings liegt in dieser Randerscheinung durchaus latenter Sprengstoff, da sich sichernde Verwahrung und Erziehung zur Selbstverantwortung prinzipiell widersprechen. Von teilweise skandalösen Zuständen in solchen Einrichtungen, wie sie vor allem zu Ende der 60er Jahre in den Medien herausgestellt wurden („Heimkampagne"), hört man in letzter Zeit nichts mehr. Geschlossene Einrichtungen werden nach wie vor als erfolgreich angesehen und halten ihren – freilich geringfügigen – Anteil. Offenbar gründet ihre Existenz nicht nur auf Sicherheitsüberlegungen, sonst wäre z. B. kaum erklärlich, warum die durchschnittliche Aufenthaltsdauer von Mädchen die der Jungen übertrifft (im einzelnen s. WOLFFENDORFF-EHLERT u. a. 1989).

Die langjährigen Bestrebungen, das im früheren JWG verkörperte herkömmliche Eingriffsrecht durch ein „modernes Leistungsgesetz" abzulösen, dürfen mit dem KJHG ihren vorläufigen Abschluß gefunden haben. Dessen Vorläufer, insbesondere ein Diskussionsentwurf (DE) eines JHG von 1973, ein bereits vom Bundestag verabschiedetes, aber vom Bundesrat zu Fall gebrachtes JHG von

1980 sowie der Entwurf eines Vierten JWG-Änderungsgesetzes von 1984 waren an den parlamentarischen Hürden und Einwänden der Länder gescheitert (im einzelnen s. WIESNER 1990). Jeder Reformversuch stößt ebenso auf Fragestellungen mit weltanschaulichen Bezügen wie auch auf heikle Finanzierungsfragen für die Länder und Kommunen. Die Trias von Rechten und Pflichten des Kindes, der Eltern und des Staates deckt das Problemfeld ab. Die Schwierigkeiten und Meinungsverschiedenheiten folgen daraus, daß die Gewichte und Akzente unterschiedlich gesetzt werden können (KIEHL 1990). In den 70er Jahren betonte man die Leistungsansprüche und Mitwirkungsrechts des Kindes, im Konfliktsfall oft gegen die Eltern. Das KJHG hat insoweit einen neuen Ansatz gefunden, als nunmehr unter Berufung auf das Elternrecht und dessen Verankerung in der Verfassung die „familiäre Autonomie" (s. BT Drucks. 11/5948 S. 42) zum Ausgangspunkt gewählt wird. Von dort aus lassen sich Unterstützungsansprüche der Personensorgeberechtigten (in der Regel die Eltern – s. insbes. § 27 Abs. 1 KJHG) und gestufte Beteiligungsrechte der jungen Menschen (bis zur grundsätzlichen Selbständigkeit ab 18 Jahren) herleiten (s. §§ 1–8; 36 KJHG, kritisch MÜNDER 1990, S. 353). Für den Staat folgen die legitimen Funktionen aus seinem Wächteramt, dessen Wahrnehmung zu vormundschaftsgerichtlichen Eingriffen in das Sorgerecht (gemäß den Vorschriften des BGB und des FGG) und zu vorläufigen Maßnahmen (§§ 41 u. 42 KJHG) der Jugendämter berechtigt und verpflichtet. Die Entwicklung der letzten Jahre hat zu weitgehenden Übereinstimmungen im organisatorisch-technischen Bereich geführt. Nach früheren Kontroversen (s. SCHELLHORN in BURDENSKI, v. MAYDELL, SCHELLHORN § 8 Rnrn. 1–7, 13–15 u. 22. u. 23) besteht inzwischen Einvernehmen über die Zuordnung des Jugendhilferechts zum Sozialgesetzbuch. Als allgemein akzeptiert darf ferner die Bündelung der Zuständigkeit für alle Leistungen der öffentlichen Jugendhilfe auf der örtlichen Ebene der Jugendämter – Kommunalisierung – gelten (s. §§ 85 f. KJHG). Unstreitig ist schließlich die Notwendigkeit, die freien Träger ihrer Bedeutung entsprechend zu beteiligen und deren Initiativen zu unterstützen. Freilich wird es insoweit im Detail wohl nie einen vollständigen Konsens geben. Das KJHG räumt den anerkannten Trägern der freien Jugendhilfe (s. § 75 KJHG) hinsichtlich der Einrichtung von Leistungsangeboten einen klaren Vorrang ein (s. § 4 Abs. 2), bei den „anderen Aufgaben" (s. § 2 Abs. 3 KJHG – im Kontext des staatlichen Wächteramts) bestimmte Mitwirkungsmöglichkeiten (vgl. § 3 Abs. 3 S. 2 KJHG). Die Struktur der Jugendämter, deren Zweigliederung in einen Jugendwohlfahrts- bzw. nunmehr Jugendhilfeausschuß und die Verwaltung des Jugendamts sowie die Lokalisierung der zweigliedrigen Jugendämter auf örtlicher und überörtlicher Ebene (Jugendämter und Landesjugendämter) behält das KJHG bei (s. §§ 69 f.). Von daher wird auch die Einflußnahme der freien Träger über die Jugendhilfeausschüsse im wesentlichen fortbestehen (vgl. § 71 KJHG). Im übrigen gestattet das Gesetz hier – wie anderenorts – nicht unerhebliche Modifikationen und Detailregelungen durch das jeweilige Landesrecht.

Das Verhältnis von Jugendhilfe und kriminalrechtlicher Kontrolle wirft spezifische Probleme auf. Institutionell zeigen sie sich bei der Jugendgerichtshilfe (JGH), die von den Jugendämtern als „andere Aufgabe der Jugendhilfe" zu leisten ist (s. §§ 2 Abs. 3 Nr. 8, 52 KJHG). Gedacht als sozialpädagogischer Sauerteig für die Justiz, hat sich die JGH im Laufe der Zeit allzuoft zu einem einfügsamen Bestandteil der Strafrechts„pflege“ entwickelt, ohne dieser nennenswerte innovative Impulse zu vermitteln. Teilweise fielen die Sanktionsvorschläge der JGH sogar punitiver aus als die in den folgenden jugendrichterlichen Entscheidungen (s. HEINZ 1988). Innerhalb der Jugendämter ist die JGH oft nur unzureichend ausgestattet. Das KJHG enthält insofern neue Impulse, als die Leistungskomponente der JGH betont wird. Das Jugendamt hat gem. § 52 Abs. 1 S. 2 KJHG insbesondere zu prüfen, ob für den betreffenden Jugendlichen oder den jungen Volljährigen Leistungen der Jugendhilfe in Betracht kommen. Eine Distanz zur Gerichts-Hilfe würde entstehen, wenn für das Strafverfahren nur Daten mit Zustimmung des Beschuldigten erhoben und weitergegeben werden dürften, man mithin die Aufgabenbeschreibung in § 38 JGG nicht als gesetzliche Eingriffsnorm im Sinne des § 62 Abs. 3 Nr. 1 KJHG begreift (vgl. d. näheren TRENCZEK u. MÖRSBERGER 1990). Die vom Beginn dieses Jahrhunderts an lebendige Zielvorstellung, das Kriminalrecht gegenüber jungen Menschen in einem einheitlichen Jugendhilferecht aufgehen zu lassen, hat u. a. den DE-JHG von 1973 hervorgebracht, danach aber alsbald sehr an Attraktivität verloren. Denn einerseits können strafrechtliche Auffälligkeiten junger Menschen nicht als hinreichend zuverlässige Signale für jugendhilferechtliche Interventionen betrachtet werden, andererseits erwiesen sich gerade intensivere Eingriffe in pädagogischer Absicht als in der gewünschten Richtung wenig wirksam und individualpräventiv äußerst zweifelhaft (→ Sanktionen, Sanktionsforschung; → freiheitsentziehende Maßnahmen; → Erfolg, Bewährung, Effizienz). Überdies ist ein vollständiger Rückzug des Strafrechts in einer konkretisierten Form bislang nie vorgeschlagen worden. Die Bildung einer Ausnahmegruppe schafft dann aber verschärfte Probleme und wertet die Abgrenzungsfrage noch auf. Für das Jugendhilferecht tritt schließlich ein Etikettenschwindel ein, falls Denkzettelsanktionen und andere strafende Momente zu Hilfen erklärt werden (MÜLLER-DIETZ 1986; WALTER 1986). Bei fortbestehender Zweigleisigkeit können die beiden Regelungsbereiche auf verschiedene Weise miteinander verknüpft werden. Einem Diversionsmodell (→ Diversion) entspricht es, auf eine strafrechtliche Verfolgung im Falle jugendhilferechtlicher oder jugendhilferechtlich indizierter Aktivitäten zu verzichten (vgl. § 45, 47 JGG → Jugendstrafrecht; s. nunmehr § 41 Abs. 3 KJHG).

Das zweite Modell der Öffnung des Jugendhilferechts für den Strafrichter (Jugendrichter) ist dem vergangenen und dem neuen Recht ebenfalls bekannt. Unter den materiellen Voraussetzungen des Jugendhilferechts kann der Jugendrichter eine EB gem. § 30 KJHG oder die Unterbringung in einer Einrichtung über Tag und Nacht oder in einer sonstigen betreuten Wohnform im Sinne des § 34 KJHG – allerdings nur im Einvernehmen mit dem Jugendamt – vorsehen (s. § 12 JGG n. F.). Der Grundwiderspruch zwischen Hilfe und Sanktion kommt dabei in der Wendung zum Ausdruck, daß der Jugendliche verpflichtet wird, „Hilfe in Anspruch zu nehmen“. Das Jugendkriminalrecht wurde ab 1975 (Vorverlagerung der Volljährigkeitsgrenze auf das 18. Lebensjahr) im Verhältnis zum Jugendhilferecht bedeutsamer, weil es unter der Voraussetzung einer Reifeverzögerung auch Heranwachsende erfaßt (s. §§ 105 f. JGG). Derzeit gehen die Bestrebungen im Bereich der Jugendhilfe indessen dahin, das verlorene Terrain zurückzugewinnen (s. insbes. § 41 KJHG einschl. d. ab 1995 geltenden Fassung).

Das Interesse des Staates an „der" Jugend ist ambivalent. Der Fürsorge und Unterstützungsbereitschaft steht die Sorge um die Normeinhaltung und um materielle sowie ideelle Güter (der Erwachsenen) gegenüber. Die Nähe beider Aspekte kommt sprachlich in dem Begriffspaar gefährdet – gefährlich zum Ausdruck. Oft wird von gefährdeten Jugendlichen gesprochen, obwohl unterschwellig eher deren Gefährlichkeit gemeint ist. Rechtliche Mitgestaltungsmöglichkeiten, Teilhabe und Verantwortlichkeiten werden differenziert nach Regelungsbereichen zu unterschiedlichen Alterszeitpunkten zuerkannt, wobei die betreffenden Altersgrenzen überwiegend positiv-rechtlich festgesetzt worden sind und der Rechtsklarheit dienen, kaum jedoch empirisch-psychologisch begründete Zäsuren bezeichnen. Am insgesamt einschneidensten ist das 18. Lebensjahr, von dem an der junge Mensch (s. jetzt § 7 Abs. 1 Nr. 4 KJHG) als Wehrpflichtiger unter Umständen mit seinem Leben für die staatliche Gemeinschaft einstehen muß und zivilrechtlich als voll handlungsfähiger Erwachsener eingestuft wird. Bis zu dieser Altersgrenze reicht der Jugendschutz (vgl. a. § 1 Abs. 3 Nr. 3 KJHG), der trotz aller beschützenden und gefahrabwendenden Intentionen gleichfalls die präventive Abwehr gefährlicher Persönlichkeitsentwicklungen beinhaltet.

Der beste Jugendschutz ist der, den Eltern durch ihr vorbildliches Verhalten bewirken, durch das sie die Kinder zu einer eigenverantwortlichen Auseinandersetzung mit der realen Umwelt befähigen. Die familiäre erzieherische Zuwendung ist durch nichts zu ersetzen. Wenn ausdrücklich und gesondert von Jugendschutz die Rede ist, meint man gewöhnlich einen flankierenden Jugendschutz mit Normen des öffentlichen Rechts. Auch dieser Jugendschutz hat Verfassungsrang. Unter dem Gesichtspunkt des Jugendschutzes können insbesondere bestimmte Grundrechte gesetzlich eingeschränkt werden (vgl. Art. 5 Abs. 2, 11 Abs. 2 u. 13 Abs. 3 GG). Zum Jugendschutz zählt einmal der strafrechtliche Jugendschutz. Er wird viktimologisch bestimmt (Gefährdung oder Verletzung von Kindern und Jugendlichen durch Erwachsene) und bezieht sich weiterhin auf strafbewehrte Vorschriften, die ihrerseits dem Jugendschutz oder der Jugenderziehung dienen. Ein solches Jugendschutzgesetz ist vor allem das Jugendarbeitsschutzgesetz von 1976, das im wesentlichen ein Verbot der Beschäftigung von Kindern, Beschäftigungsbeschränkungen für Jugendliche, besondere Betreuungsmaßnahmen gesundheitlicher Art sowie entsprechende Aufsichtsmaßnahmen vorsieht. Jugendschutzgesetze stellen ferner das Gesetz zum Schutze der Jugend in der Öffentlichkeit (JöSchG) und das Gesetz über die Verbreitung jugendgefährdender Schriften (GjS) dar. Diese beiden Gesetze sind durch das Gesetz zur Neuregelung des Jugendschutzes in der Öffentlichkeit im Jahre 1985 geändert worden, um neben bekannten Gefahren (Alkohol und sonstige Drogen) insbesondere einer Überschwemmung mit gewalt- und kriegsverherrlichenden Produkten sowie einer rücksichtslosen Ausnutzung der Spielleidenschaft entgegenzutreten. Videokassetten dürfen Jugendlichen unter 18

Jahren weder öffentlich noch privat zugänglich gemacht werden, wenn sie nicht von einer Prüfstelle entsprechend freigegeben wurden. Sie dürfen auch nicht in besonderen Räumen eines Videoverleihs, die nur für Erwachsene bestimmt sind, zur Vermietung angeboten werden. Auch der Zugang zu zweifelhaften elektronischen Unterhaltungsspielgeräten, die häufig Vernichtungshandlungen (Abschießen, Auffressen usw.) simulieren, ist vom Gesetzgeber erschwert worden. Die Restriktionen sind gelockert, soweit Personensorgeberechtigte mitwirken. Um eine Umgehung der Eltern und anderer persönlicher Kontrollen zu erschweren, wurde nunmehr ferner verboten, Alkohol in Automaten anzubieten. So unverzichtbar rechtlich sanktionierte Verbote gegenüber Arbeitgebern, Veranstaltern, Gewerbetreibenden u. a. und entsprechende Überwachungen durch Polizei- und Jugendbehörden auch immer sein mögen, um mögliche – empirisch indessen wenig erhellte – Gefahren von Kindern und Jugendlichen abzuwenden, so deutlich tritt andererseits die Begrenztheit entsprechender Strategien hervor (KAISER 1977). Denn der Zugang zu den gefährdenden Quellen vermag über äußere Restriktionen nur unvollkommen versperrt zu werden. Wichtiger als der in der Vergangenheit erstrebte Schonraum („pädagogische Provinz") sind die Bemühungen geworden, die jungen Menschen rechtzeitig zum Selbstschutz zu befähigen.

Bundesregierung, Bericht über Bestrebungen und Leistungen der Jugendhilfe – Fünfter Jugendbericht, BT-Drucks. 8/3684, Bonn 1980; Jugendhilfe und Familie – die Entwicklung familienunterstützender Leistungen der Jugendhilfe – Siebenter Jugendbericht, BT-Drucks. 10/6730, Bonn 1986; *W. Burdenski, B. v. Maydell, W. Schellhorn*, Gemeinschaftskommentar zum Sozialgesetzbuch – Allgemeiner Teil, 2. Aufl. Neuwied 1981; *Hasenclever, C.*, Jugendhilfe und Jugendgesetzgebung seit 1900, Göttingen 1978; *Häußling, J.M., Brusten, M., Malinowski, P.* (Hrsg.), Jugendkonflikte, Kriminologische Forschungen und Analysen aus neun Ländern, Stuttgart 1981; *Heinz, W.*, Jugendgerichtshilfe in den 90er Jahren, BewHi 35 (1988), S. 261–307; *Kaiser, G.*, Gesellschaft, Jugend und Recht, System, Träger und Handlungsstile der Jugendkontrolle, Weinheim u. a. 1977; *Kiehl, W.H.*, Die Rechtsstellung Minderjähriger und Sorgeberechtigter im neuen Kinder- und Jugendhilfegesetz, ZRP 1990, S. 94–99; *Müller-Dietz, H.*, Jugendhilfe und Jugendkriminalrechtspflege. Zum Beitrag der Jugendhilfe zur Einschränkung jugendstrafrechtlicher Konfliktlösungen, FS Lieselotte Pongratz, München 1986, S. 102–107; *Münder, J.*, Das neue Kinder- und Jugendhilfegesetz, NP 1990, S. 341–354; *Peters, K.*, Die Grundlagen der Behandlung junger Rechtsverbrecher, in: Erstkriminalität und Frühkriminalität, hrsg. v. DVJJ„ Hamburg 1966; *Peukert, D.J.K.*, Grenzen der Sozialdisziplinierung, Köln 1986; *Ramm, T.*, Jugendrecht, München 1990; *Trenczek, R. u. Mörsberger, T.*, Jugendgerichtshilfe – quo vadis? i. DVJJ-Journal, Nr. 132 (1990), S. 10–13; *Voss, M.*, Jugend ohne Rechte, Frankfurt a.M. 1986; *Wolff, J.*, Jugend und Recht – Freisetzung und Kontrolle, Hdbuch d. Fam. – u. Jugendforschung, hrsg. v. Narkefka, M. u. Nave-Herz, R., Bd. 2, Neuwied 1989; *v. Wolffersdorff-Ehlert, C., Sprau-Kuhlen, V., Kersten, J.*, Geschlossene Unterbringung in Heimen, München 1989; *Walter, M.*, Angebote der Jugendhilfe und Jugendkriminalität, ZfJ 1986, S. 429–436; *Wiesner, R.*, Der mühsame Weg zu einem Jugendhilfegesetz, RdJB 1990, S. 112–125.

MICHAEL WALTER

Jugendstrafrecht. Das moderne Strafrecht beruht allgemein auf der Annahme, daß die Zurechnungsfähigkeit des Menschen erst das Ergebnis eines längeren Sozialisations- und Entwicklungsprozesses darstellt. Deshalb wird auch einem von der Rechtsordnung mißbilligten Verhalten junger Menschen nicht dieselbe Bedeutung beigemessen wie dem äußerlich gleichen Verhalten von Erwachsenen. Jedoch erscheint in solchen Fällen ein völliger Reaktionsverzicht ungeeignet. Denn hierdurch könnte neben dem schutzwürdigen Opferinteresse auch die angestrebte Herausbildung einer verantwortungsfähigen Persönlichkeit gefährdet werden. Unter „Jugendstrafrecht" versteht man deshalb die Summe all derjenigen materiell- und verfahrensrechtlichen sowie die Gerichtsverfassung betreffenden *Sondervorschriften, welche die rechtliche Reaktion auf die Straftaten junger Menschen mit Rücksicht auf die Besonderheiten ihres Entwicklungsstadiums abweichend von denen des allgemeinen Strafrechts regeln* (SCHAFFSTEIN/BEULKE 1991, 13).

Da das Jugendstrafverfahren nach Zielsetzung, Aufbau und Durchführung nicht bloß eine Abart des allgemeinen Strafprozesses, sondern ein eigenständiges Verfahren darstellt (BGHST 8, 349 ff. [354]), wird auch die Bezeichnung als „Sonderstrafrecht" verständlich. Gleichwohl handelt es sich um „echtes Strafrecht", weil die Verhängung der Rechtsfolgen stets die Begehung einer schuldhaften Tat voraussetzt. Die *Strategie* des Jugendstrafrechts zielt dementsprechend wie die allen Strafrechts auf die Verhaltenskontrolle (→ Verbrechenskontrolle). Insofern trifft es sich mit den Absichten des Ordnungswidrigkeitenrechts, das auch für Jugendliche gilt. Primär soll also das Jugendstrafrecht die Verbrechenskontrolle sichern und sekundär eine weitere oder ersatzweise Sozialisation ermöglichen (KAISER 1977, 116).

Die *Geschichte* des Jugendstrafrechts ist vergleichsweise jung. In fast jedem älteren kodifizierten Strafrecht war die Jugend nicht von dem Recht der Erwachsenen ausgenommen; allenfalls fanden sich entsprechende Milderungsmöglichkeiten im Rahmen der Strafzumessung. Als selbständiger Rechtsbereich ist das Jugendstrafrecht in den Kulturstaaten erst um die Jahrhundertwende entstanden (zur Geschichte eingehend SCHAFFSTEIN/BEULKE 1991, 30 ff.). Die entscheidenen Impulse gingen hierzu von neueren biologischen, psychologischen und soziologischen Einsichten und sozialpolitischer Programmatik einerseits und der „modernen Strafrechtsschule" (FRANZ V. LISZT) andererseits aus. Heute hat sich *international* weitgehend die Tendenz durchgesetzt, auf strafrechtlich relevantes Verhalten junger Menschen mit grundsätzlich milderen Maßnahmen als im Erwachsenenstrafrecht zu reagieren. Darüber hinaus sind schon ganz unterschiedliche Tendenzen festzustellen (dazu DÜNKEL/MEYER 1985): So herrscht etwa im Jugendstrafrecht der skandinavischen Staaten der Trend vor, auf Straftaten Jugendlicher so weit wie möglich nur mit erzieherischen oder fürsorgerischen Maßnahmen zu antworten. Dem entspricht die inzwischen fast vollständige Abschaffung der Gefängnisstrafe für die 15- bis 20jährigen. Demgegenüber wird aus den USA von einer ganz entgegengesetzten Entwicklung berichtet (siehe ALBRECHT 1986, 1217). Dort haben nämlich mehrere Einzelstaaten Gesetze verabschiedet, nach denen Jugendliche – vor allem bei Kapitalverbrechen – wieder den Erwachsenengerichten überstellt werden können. Davon wird teilweise bereits in erheblichem Umfang Gebrauch gemacht.

In der *Bundesrepublik* ist das Jugendstrafrecht im Jugendgerichtsgesetz (JGG) vom 4.8.1953 geregelt (zur Entstehungsgeschichte SCHAFFSTEIN/BEULKE 1991, 35 ff.). Dieses Gesetz enthält ein weitreichendes Instrumentarium zur Erreichung der spezifisch jugendstrafrechtlichen Ziele. Dieses beginnt mit dem → Verbrechensbegriff. Denn gemäß §§ 1 Abs. 1, 4 JGG richtet sich die rechtliche Anordnung der Straftaten von Jugendlichen nach den Vorschriften des allgemeinen Strafrechts. So behält die Tat auch im Jugendstrafrecht ihr Gewicht, denn sie allein legitimiert das Eingreifen des Strafrichters (BRUNNER 1991, Einführung II Rn. 12 f.). Eine solche Handlungsdefinition, die vor allem – wie auch der Verbrechensbegriff allgemein – soziale Kontrolle garantieren soll, enthält noch keine pädagogisch relevanten Kriterien. Die inhaltlichen Abweichungen vom allgemeinen Strafrecht, die durch die Begriffe „*Täterstrafrecht*" und „*Erziehungsstrafrecht*" gekennzeichnet werden (SCHAFFSTEIN/BEULKE 1991, 13; kritisch außerdem BEULKE 1991, 677 ff.); offenbaren sich deshalb vor allem in den jugendspezifisch konzipierten besonderen Sanktionen des JGG, welche die Strafen des allgemeinen Strafrechts vollständig ersetzen. Die *Sanktionen* reichen von einfachen Erziehungsmaßregeln, also der Erteilung von Weisungen, der Erziehungsbeistandschaft und der Fürsorgeerziehung (§§ 9 ff. JGG), über die Zuchtmittel wie Verwarnung, Auflagen und Jugendarrest (§§ 13 ff. JGG) bis zu den verschiedenen Formen der Jugendstrafe (§§ 17 ff. JGG). Dabei können die unterschiedlichen Maßnahmen in relativ weitem Umfang miteinander kombiniert werden (§ 8 JGG). Die zentrale Richtschnur für die Auswahl und Bemessung der zu verhängenden Rechtsfolgen findet sich in § 5 JGG. Hiernach können „aus Anlaß der Straftat" Zuchtmittel und Jugendstrafe nur dann verhängt werden, wenn Erziehungsmaßregeln nicht ausreichen. Diese Vorschrift wird heute nach ganz herrschender Meinung sehr weit ausgelegt (BRUNNER 1991, § 5) Rn. 1 f.), da anerkannt ist, daß etwa das Zuchtmittel der bloßen Verwarnung sicher einen minderschwereren Eingriff als etwa die Fürsorgeerziehung als Maßregel darstellt. Neben das auch im Jugendstrafrecht geltende Schuldprinzip stellt die genannte Norm das „*Subsidiaritätsprinzip*". Dieses liefert eine praktikable Auflösung der dualistischen Zielsetzung des Gesetzes. Der Streit um „Erziehung durch Strafe" oder„Erziehung statt Strafe" erfährt jedenfalls rechtlich eine relativ eindeutige Lösung: Das Subsidiaritätsprinzip verlangt, die Rechtsfolgen primär an der Erforderlichkeit erzieherischer Maßnahmen in jedem Einzelfall zu orientieren. Die eher tatorientierte Schuldfeststellung begrenzt sodann das Entscheidungsermessen des Gerichts hinsichtlich der Obergrenze der Intensität der angeordneten Rechtsfolge. Im Jugendstrafrecht kann weder allein um dieses Schuldausgleichs willen (Sühne) gestraft werden, noch sind Maßnahmen zulässig, die zwar aus pädagogischer Sicht erforderlich, hinsichtlich der Tat jedoch unverhältnismäßig wären.

Im Bereich der *Erziehungsmaßregeln* sind die Weisungen von auch praktisch herausragender Bedeutung. Da die möglichen Weisungen in § 10 JGG nur beispielhaft aufgezeichnet werden, können auch nach geltendem Recht stets neue sozialpädagogische Angebote Eingang in die gerichtliche Praxis finden und somit – wegen des Subsidiaritätsprinzips – sogar Rechtstatsachen schaffen. In der jüngsten Vergangenheit läßt sich eine derartige Fortentwicklung an der Einführung sogenannter „Erziehungskurse" und der „Betreuungsweisung", bei welcher der Verurteilte der Aufsicht und Anleitung einer geeigneten Person unterstellt wird, sowie der Möglichkeit von „Arbeitsweisungen", die am ausländischen Vorbild des „community service" orientiert sind, erkennen (PFEIFFER 1989^2, 150 ff.).

1990 wurde daneben in § 10 Abs. 1 S. 3 Nr. 7 JGG als Weisung die Bemühung um einen Täter-Opfer-Ausgleich eingefügt. Inwieweit die großen Hoffnungen, die mit dieser Weisung verbunden sind, erfüllt werden können, wird sich erst in Zukunft zeigen (SCHAFFSTEIN/BEULKE 1991, 96).

Demgegenüber sind die eher ahndenden *Zuchtmittel*, die zudem als Maßnahmen im Sinne eines „short sharp shock" konzipiert wurden, im Gesetz abschließend aufgezählt (§§ 13 ff. JGG). Der Jugendarrest, dessen Dauer maximal vier Wochen betragen darf, wird heute fast einhellig als veraltet und pädagogisch verfehlt empfunden (vgl. FELTES 1988, 158 ff.), weshalb sich auch Gesetzgeber und Praxis zunehmend bemühen, seine Anwendung zurückzudrängen (vgl. EISENBERG 1991, § 15 Rn. 4 ff.) Zukunftsträchtiger erscheint hingegen die herkömmlich eher mißachtete Auflage zur Schadenswiedergutmachung.

Die Verhängung der *Jugendstrafe*, der einzigen „echten" Strafe des JGG, stellt nach den Prinzipien des Gesetzes die „ultima ratio" des Rechtsfolgenkataloges dar. Das Mindestmaß der Jugendstrafe beträgt 6 Monate, ihr Höchstmaß 5 und in Ausnahmefällen 10 Jahre (§ 18 JGG). Die Voraussetzungen der Aussetzung zur Bewährung entsprechen rechtstechnisch denen des allgemeinen Strafrechts und können daher bislang nur im Rahmen richterlicher Rechtsfortbildung unter Betonung des Erziehungsauftrages geringfügig entschärft werden. Auch die Jugendstrafe wird gegenwärtig stark kritisiert. Insoweit wird nicht nur auf die unzureichende rechtliche Regelung des Vollzuges, sondern auch auf die pädagogische Fragwürdigkeit dieser Sanktion hingewiesen.

Auch die nach § 105 JGG zulässige Anwendbarkeit des Jugendstrafrechts auf *Heranwachsende*, also auf 18- bis 20jährige, ist als Ausfluß des Erziehungsgedankens zu sehen. Das JGG findet danach auf die Taten Heranwachsender Anwendung, wenn diese zur Tatzeit Jugendlichen gleichstanden oder die Taten als Jugendverfehlungen angesehen werden können.

Das *Jugendstrafverfahren* ist durch drei wesentliche Entscheidungsstufen gekennzeichnet. In den §§ 45, 47 JGG sind mehrere Möglichkeiten gegeben, das Verfahren entweder schon vor Anklageerhebung oder in der Hauptverhandlung durch Einstellung zu beenden. Diese Vorschriften sind eindeutig am Kriterium der erzieherischen Erforderlichkeit orientiert und gehen weit über die daneben anwendbaren Einstellungsvorschriften der StPO hinaus (eingehend BOTTKE 1983, 78 ff.). Wesentlich ist insoweit, daß diese Vorschriften in begrenztem Umfang auch die Anordnung verschiedener Auflagen bereits im Vorverfahren ermöglichen. Nach Anklageerhebung besteht die Möglichkeit, die Hauptverhandlung im nicht formgebundenen sogenannten „vereinfachten Jugendverfahren" (§§ 76 ff. JGG) durchzuführen, was sich meist schneller organisieren läßt als eine andere Hauptverhandlung. Ebenfalls der Beschleunigung dienen die Beschränkung auf nur ein Rechtsmittel (§ 55 JGG) und die Regelung der Bearbeitung in Fällen angeordneter Untersuchungshaft (§ 72 Abs. 4 JGG). Hinsichtlich der Strafvollstreckung ist zu betonen, daß diese von den urteilenden Richtern geleitet wird (§§ 82 ff., 90 ff. JGG).

Die Interessen der Allgemeinheit und des Verletzten müssen im Jugendstrafverfahren, soweit möglich, hinter den Forderungen der Erziehung zurücktreten (BRUNNER 1991, Einführung II Rn. 5 ff.). Das Verfahren ist nicht öffentlich (§ 48

JGG), und Privat- sowie Nebenklage sind ausgeschlossen (§ 80 JGG). Demgegenüber räumt das Gesetz den Erziehungsberechtigten, ohne oder gegen deren Mitwirkung pädagogisch kaum sinnvoll interveniert werden kann, weitgehende Rechte ein (§ 67 JGG). Der Wahrung einer umfassenden Persönlichkeitsforschung sowie einer sachgemäßen Vorbereitung der Sanktionsauswahl dient schließlich die im Regelfall von den Jugendämtern ausgeübte Jugendgerichtshilfe (§ 38 JGG).

Allerdings ist auch das Jugendstrafrecht umstritten. Neben der heftigen *Kritik* des Jugendstraf- und Arrestvollzugs wird eine zunehmende Annäherung der Rechtsfolgen an die des allgemeinen Strafrechts unter dem Stichwort der „Annäherung an ein Tatstrafrecht" bemängelt (EISENBERG 1991, Einleitung Rn. 7). Darüber hinaus und prinzipiell wird seit über 20 Jahren die Unangemessenheit sowohl des Jugendstrafrechts als Strategie wie seiner Sanktionen als Mittel der Sozialisation eingewandt. Nicht zuletzt weist man auf eine mangelnde Verhaltenskontrolle hin (SCHAFFSTEIN/BEULKE 1991, 38 ff.), da deren Indikator, die Kriminalität, oft als Anzeichen für die Wirkungslosigkeit angenommen wird. Als erster größerer Erfolg der Reformdiskussion sind die endlich im Jahre 1990 erfolgten Gesetzesänderungen, dem Ersten Gesetz zur Änderung des Jugendgerichtsgesetzes vom 30.8.1990 (vgl. HEINZ 1991 a, 193 ff.) und dem Gesetz zur Neuordnung des Kinder- und Jugendhilferechts vom 26.6.1990 zu verbuchen. Daneben fand eine weiter fortgeschrittene „Reform des JGG von unten", die sich vor allem in den Bereichen der richterlichen Weisungen und der Diversion ausgewirkt hat, statt. Dennoch besteht weiterer Reformbedarf, was auch vom Gesetzgeber anerkannt wurde, der die Bundesregierung aufforderte, bis zum 1.10.1992 den „Entwurf eines Zweiten Gesetzes zur Änderung des Jugendgerichtsgesetzes" vorzulegen (HEINZ 1991 b, 899 f.).

Da sich die deutschen Reformbestrebungen dem international feststellbaren Trend zur Entkriminalisierung, Entinstitutionalisierung und → Diversion weitgehend verpflichtet fühlen, erscheint es weder verwunderlich noch entbehrlich, *auch* bei der Fortentwicklung des deutschen Jugendstrafrechts *rechtsstaatliche Gesichtspunkte* wieder vermehrt in die Diskussion einzubringen (dazu und zum Modell eines „fairen Jugendstrafverfahrens" BOTTKE 1983). So wird in den meisten europäischen Ländern eine Verteidigermitwirkung – notfalls auf Kosten des Staates – auch im Jugendstrafverfahren für erforderlich gehalten. Entsprechend der international vorherrschenden Meinung, erscheint nicht der Verteidiger legitimierungsbedürftig, sondern der Verzicht darauf (vgl. BUNDESMINISTERIUM DER JUSTIZ 1987, 199).

Albrecht, H.-J., Entwicklungstendenzen des Jugendkriminalrechts und stationärer Freiheitsentziehung bei jugendlichen Straftätern in den USA, in: Jugendstrafe und Jugendstrafvollzug, hrsg. v. Dünkel, F. u. a., Teilbd. 2, Freiburg 1986, S. 1211–1296; *ders.*, Zur Reform des Jugendstrafrechts in der Bundesrepublik Deutschland, in Österreich und in der Schweiz, RdJB 36 (1988), S. 387–415; *Albrecht, P.A.*, Jugendstrafrecht, München 1987; *Beulke, W.*, Brauchen wir eine Wende im Jugendstrafrecht? in: GS für R. Meyer, Berlin u. a. 1990, S. 677–697; *Böhm, A.*, Einführung in das Jugendstrafrecht, München 1985²; *Bottke, W.*, Zur Ideologie und Teleologie des Jugendstrafverfahrens, ZStW 95 (1983), S. 69–103; *Brunner, R.*, Jugendgerichtsgesetz. Kommentar, Berlin u. a. 1991⁹; *Bundesministerium der Justiz* (Hrsg.), Verteidigung in Jugendstrafsachen, Kölner Symposium. Eine Dokumentation des Bundesministeriums der Justiz, Bonn 1987; *Dünkel, F., Meyer, K.*, Jugendstrafe und Jugendstrafvollzug, Bd. 1

und 2, Freiburg 1985; *Eisenberg, U.*, Jugendgerichtsgesetz mit Erläuterungen, München 1991[4]; *Feltes, T.*, Jugendarrest – Renaissance oder Abschied von einer umstrittenen jugendstrafrechtlichen Sanktion. ZStW 100 (1988), S. 158–183; *Heinz, W.*, Das Erste Gesetz zur Änderung des Jugendgerichtsgesetzes (1. JGGÄndG): Rückblick, Zwischenbilanz und Ausblick auf ein 2. JGGÄndG, in: ZRP 24 (1991 a), S. 183–189; *ders.*, Das Jugendstrafrecht auf dem Weg in das 21. Jahrhundert, in: JuS 31 (1991 b), S. 800–900; *Heinz, W., Hügel, C.*, Erzieherische Maßnahmen im deutschen Jugendstrafrecht, Bonn 1987[2]; *Kaiser, G.*, Gesellschaft, Jugend und Recht. System, Träger und Handlungsstile der Jugendkontrolle, Weinheim u. a. 1977; *ders.*, Die Entwicklung von Mindestgrundsätzen der Vereinten Nationen zur Prävention von Jugendkriminalität und zum Schutz inhaftierter Jugendlicher, RdJB 37 (1989), S. 44–58; *Kerner, H.-J.*, Jugendkriminalität als „Vorreiter" der Strafrechtsreform? Überlegungen zu 40 Jahren Rechtsentwicklung in Rechtsprechung, Lehre und Kriminalpolitik, in: 40 Jahre Bundesrepublik Deutschland – 40 Jahre Rechtsentwicklung, Tübingen 1990, S. 347–379; *Ostendorf, H.*, Erziehung im Jugendstrafrecht – Anspruch und Realität, in: DVJJ Nr. 137 (1991), 351–356; *Pfeiffer, Chr.*, Kriminalprävention im Jugendgerichtsverfahren. Jugendrichterliches Handeln im Hintergrund des „Brücke-Projekts", Köln u. a. 1989[2]; *Schaffstein, F., Beulke, W.*, Jugendstrafrecht, Stuttgart u. a. 1991[10]; *Schüler-Springorum, H.*, Die Mindestgrundsätze der Vereinten Nationen für die Jugendgerichtsbarkeit, ZStW 99 (1987), S. 908–944; *Walter, M.* (Hrsg.), Beiträge zur Erziehung im Jugendkriminalrecht, Köln u. a. 1989; *Weber, M.*, Die Anwendung der Jugendstrafe. Rechtliche Grundlagen und gerichtliche Praxis, Frankfurt/M. u. a. 1990; *Wolff, J., Marek, A.* (Hrsg.): Erziehung und Strafe. Jugendstrafrecht in der Bundesrepublik Deutschland und Polen. Grundfragen und Zustandsbeschreibungen, Bonn 1990.

GÜNTHER KAISER

Justizforschung. Die empirische Untersuchung der am Strafverfahren beteiligten Instanzen der sozialen Kontrolle kann als Justizforschung bezeichnet werden. Im Vordergrund stehen Forschungen über die Praxis der Staatsanwaltschaften und Gerichte; einbezogen sind auch Verteidiger, Sachverständige und Gerichtshilfen (vgl. dafür auch → soziale Dienste in der Strafjustiz). Die polizeiliche Ermittlungstätigkeit und der Einsatz von Zwangsmitteln wie Untersuchungshaft usw. sind eigene Gebiete (vgl. auch → Polizeiforschung; → Strafvollzug). Insofern ist Justizforschung begrifflich nicht gleichbedeutend mit Stichworten wie Strafverfahrensforschung oder Instanzenforschung oder dem englischen criminal justice system research.

Justizforschung ist in der deutschen Kriminologie ein relativ junger Forschungszweig. Am Anfang ihrer Entwicklung stand die große Aktenuntersuchung von Wiederaufnahmeverfahren von PETERS (1970), deren Ziel die Effizienzsteigerung des Strafverfahrens war. Spätere Untersuchungen über Gerichte und andere Justizinstanzen wurden mit Bezug auf den labeling approach (Definitionsansatz) in den siebziger Jahren durchgeführt. Dieser Theoriebezug trat schließlich wieder hinter Effizienzforschung, etwa zu alternativen Formen der Hauptverhandlungspraxis zurück. Auffallend ist ein starkes Nachhinken der deutschen Justizforschung gegenüber z. B. der amerikanischen. So ist bislang die Alltagspraxis der Justiz mit Methoden der Feldforschung (teilnehmende Beobachtung), die sonst in der Organisationsoziologie eingesetzt werden, noch kaum erforscht worden. Demgegenüber wurde in den USA bereits in den Jahren 1956/57, getragen von der American Bar Foundation, in mehreren Bundesstaaten eine umfassende Feldforschung aller Stadien des Strafverfahren durchgeführt. Auf die Ergebnisberichte wurde bei Reformen in der Folgezeit stark zurückgegriffen. Insbesondere informelle Wege des Umgangs mit und Umgehens von Verfahrensnormen wurden dokumentiert. Beispielsweise trug der

Band über Verurteilung dazu bei, daß bislang verschwiegene Prozesse des Aushandelns von Geständnissen (plea bargaining) nunmehr offen eingestanden wurden. Eine Fülle von Folgestudien der amerikanischen Justizforschung wurde dadurch ausgelöst (vgl. SCHUMANN 1977).

Kriminologie und Justiz in der BRD taten sich schwer mit der Anerkennung von Justizforschung als Arbeitsbereich. Die herkömmliche Kriminologie beschränkte ihren Gegenstand auf Tat und Täter; eine Untersuchung der Kontrollinstanzen galt als verfehlt. Darüber hinaus wurde soziologischen Forschungen das Verständnis für Justizpraxis schlicht abgesprochen. Insoweit sich Projekte der Justizforschung auf den labeling approach stützten, dessen Grundannahmen der selektiven und stigmatisierenden Entscheidungspraxis als der Position marxistischer Klassenjustizanalysen gefährlich nahestehend gewertet wurden, galt Justizforschung als ideologisch. Dem trotz solcher Skepsis durchgeführten Staatsanwaltschaftsprojekt des Max-Planck-Instituts in Freiburg kommt das Verdienst zu, Justizforschung „hoffähig" gemacht zu haben, wozu dessen deutliche Abgrenzung zum labeling approach das Ihrige beigetragen haben mag (BLANKENBURG/SESSAR/STEFFEN 1978, 310).

Vom *labeling approach* hat die Justizforschung stark profitiert. Danach ist eine Handlung nicht per se Straftat, sondern wird dazu erst durch Definitionsprozesse der Strafverfolgungsorgane gemacht. Strafverfahren sind zerlegbar in mehrere Stadien jeweils eigener Definitionsprozesse des Anzeigenden, der Polizei, der Staatsanwaltschaft, des Gerichts und eventuell des Obergerichts, wobei erst nach Eintritt der Rechtskraft für die abschließende Definition eine Handlung als Straftat feststeht. Illustrativ für einen einschlägigen Forschungsansatz ist SESSARS Studie über Tötungsdelikte (1981). Von 191 Todesfällen, bei denen die Polizei vorsätzliche Tötung annahme, klagte die Staatsanwaltschaft lediglich 106 als solche an; dafür verurteilte wurde in 81 Fällen. Noch dramatischer war der Definitionswechsel bei Körperverletzungen: in 527 Fällen unterstellte die Polizei Tötungsversuch, die Staatsanwaltschaft hielt diese Version nur noch in 144 Fällen aufrecht, und es kam zu bloß 82 Verurteilungen aufgrund dieser Definition (SESSAR 1981, 63). Es zeigt sich eine durchgängige Tendenz zur Übertreibung des Tatvorwurfs bei den jeweils früher im Verfahren tätigen Instanzen. Insbesondere bei Delikten, bei denen die subjektive Tatseite von besonderer Bedeutung ist, kommt es zu Definitionsverschiebungen, denn die Motivation des Handelnden wird von jeder Instanz diesem unterschiedlich zugeschrieben. Zweifellos spielt einerseits eine vom Prozeßrecht gebotene unterschiedlich kritische Bewertung der Beweislage eine Rolle. Andererseits ist die Beweissituation immer interpretierbar aufgrund von Alltagstheorien und Vorurteilen, wodurch eventuelle Lücken geschlossen werden können. Schuld kann nach affektiven Mechanismen zugeschrieben werden (Attributionstheorie). Die Definition kann von anderen Merkmalen des Beschuldigten nach einem sogenannten second code mitbestimmt sein, z. B. von vermuteter Arbeitsscheu (D. PETERS 1973). Auch in SESSARS Studie zeigt sich, daß eine Abmilderung der Definition im Verlauf des Strafverfahrens bei Mittelschichtsangehörigen häufiger zustandekommt als bei Unterschichtsangehörigen (1981, Tab. 2 und 37). Ungleichheiten in der Strafverfolgung zu dokumentieren, ist nicht Selbstzweck, sondern analytisches Prinzip einer interaktionistischen Justizforschung. Allgemein geht es darum, daß die im Justizapparat tätigen ihre unterschiedlichen kriminalpolitischen Vorstellungen und ihre Kriminalitätstypologien (z. B. Auffassungen von Routinefällen bzw. „normal crimes“) in selektiven Urteilen und Sanktionsentscheidungen zum Ausdruck bringen (vgl. → Selektion).

Die Erforschung von Routinen und Alltagstheorien kann zugleich als Beitrag zur Oganisationssoziologie der Justiz angesehen werden. Sie weist eine gewisse Schnittmenge an Fragestellungen mit Studien auf, deren Erkenntnisinteresse auf *Effizienzsteigerung* gerichtet ist: auf Verkürzung der Verfahrensdauer, Verbesserung der Ergebnisse, Vereinfachung der Prozeduren usw. Vielfach greifen solche Untersuchungen aber auch irgendwelche Reformvorschläge auf (z. B. die Göttinger Interlokutforschungen, vgl. SCHÖCH 1981, oder die Mannheimer Untersuchungen zur Vorurteilsbildung durch Aktenkenntnis, vgl. SCHÜNEMANN u. a. 1983), der theoretische Bezug tritt dann zurück.

In gewissem Umfang wurde im Rahmen eines *professionssoziologischen* Ansatzes untersucht, inwieweit Herkunft, rechtspolitische Überzeugungen, professionelle Standards und Gesellschaftsbilder von Richtern deren Arbeitsergebnisse beeinflussen (vgl. STRENG 1984). Forschung zur Abhängigkeit des Richterurteils von Bezugsgruppen oder sozialer Herkunft hat in der deutschen Rechtssoziologie, auch im Zusammenhang mit der Klassenjustizfrage, eine gewisse Tradition.

Systemtheorie und *Kleingruppenansatz* bieten weitere Orientierungen für Justizforschung. Bislang blieb aber der Einfluß von LUHMANNs systemtheoretischer Perspektive gering; danach besteht die Legitimation des Verfahrens nicht darin, „den Betroffenen innerlich zu binden, sondern darin, ihn als Problemquelle zu isolieren und die Sozialordnung von seiner Zustimmung oder Ablehnung unabhängig zu stellen“ (1969, 121). Wer im Strafverfahren eine Resozialisierungsstrategie sieht, kann LUHMANNs Position nicht zustimmen. Dabei liegt die Fruchtbarkeit seines Ansatzes wohl gerade darin, zu prüfen, ob die Legitimationsvoraussetzungen (z. B. Offenheit des Verfahrensausgangs) in der Strafjustiz überhaupt existieren. Instruktiv ist PACKERs These, die Strafjustiz sei durch die Reformentwicklung zunehmend nach dem „Kriminalitätskontrollmodell“ strukturiert; das alternative „Rechtsstaatmodell“, das allein zur Legitimation durch Verfahren taugt, werde zunehmend zurückgedrängt (vgl. PACKER 1968; SCHUMANN 1977, 176 f.).

Dem Kriminalitätskontrollmodell entspricht es auch, Hauptverhandlungen als kleine Gruppen anzusehen, die – relativ stabil in ihrer Zusammensetzung aus Richtern, Staatsanwälten, Verteidigern und Sozialarbeitern – bei wechselnden Angeklagten kooperativ Entscheidungen in großer Zahl herstellen. Bislang wurde die Tauglichkeit der Kleingruppenperspektive erst für US-Gerichte nachgewiesen; Ähnliches dürfte aber auch für das deutsche Jugendgericht gelten.

Verbreitete *Forschungsmethoden* sind Interviews und Aktenanalysen. Ihr Nachteil liegt in der Unfähigkeit, informelle Regeln und Alltagstheorien der Entscheider sichtbar zu machen. Bei Befragungen besteht bei den normativ denkenden Juristen stets die Verzerrungsgefahr in Richtung sozialer Wünschbarkeit. Aus Akten können nur Informationen erhoben werden, die von den

Autoren der Akte im Wissen hineingebracht wurden, daß Kritiker und Kontrolleure (Verteidiger, Obergerichte) sie auch gegen die Autoren benutzen könnten. Polizei, Staatsanwaltschaft, Gerichte und Sachverständige beschränken sich deshalb auf prozeßfördernde, verfahrensrechtlich unanstößige knappe Vermerke. Die die Entscheidungen tragenden Denkfiguren fehlen oft; Herstellung und Darstellung von Entscheidungen fallen auseinander (→ Methoden der Kriminologie). Es wäre von großer Bedeutung, durch Feldbeobachtungen die organisatorischen Praktiken der Justiz zu erheben (zu Details s. McCall 1978). Diese Ethnographie des deutschen Strafverfahrens wurde nur bruchstückhaft in Angriff genommen. Lautmanns teilnehmende Beobachtung von Gerichtsberatungen (1973) galt überwiegend der Ziviljustiz; im Strafprozeß wäre bei Wahrung des Beratungsgeheimnisses auch durch Übernahme der Schöffenrolle eine Feldstudie der richterlichen Beratung möglich. Gerichtsverhandlungen sind mehrfach beobachtet worden. Auch Tonbandaufnahmen von Verhandlungen wurden sprachanalytisch ausgewertet; wie ergiebig diese soziolinguistische Analyse für die Aufdeckung von Kommunikationsstörungen in der Interaktion vor dem Jugendgericht sind, zeigt die neuere Forschung (Reichertz 1984).

Bei Effizienzuntersuchungen ist mit experimenteller Forschungsanlage gearbeitet worden. Dies waren einmal Laborexperimente, aber auch Feldexperimente zur Änderung des Verhandlungsarrangements (runder Tisch, Zweiteilung der Verhandlung), die in Kooperation mit der Justiz erreicht wurden. Dabei stellt die Trennung der Experimentiervariablen von denen der Persönlichkeit der kooperierenden Richter noch ein Problem dar. Ungelöst ist die Forderung an das Design, Personen zufällig auf Experimental- und Kontrollgruppen zu verteilen; in der Regel wirken sich Kooperations-und Zustimmungsergebnisse als Einflußgrößen aus, die nur im natürlichen Experiment entfallen.

Über die einzelnen am Kriminalisierungsprozeß beteiligten Instanzen liegen in unterschiedlicher Genauigkeit Forschungserkenntnisse vor. Bislang fehlt allerdings die komplette Analyse des Systemzusammenhangs der sozialen Kontrolle, also des Zusammenspiels aller Teilinstanzen etwa auf lokaler oder regionaler Ebene. In der amerikanischen Justizforschung wurden gelegentlich die regionalen Justizsysteme in ihrer Arbeitsteiligkeit bei der Entscheidungsfindung erforscht (vgl. McIntyre 1967). In der Bundesrepublik haben erstmals Oswald/Langer (1989) einen Forschungsansatz gewählt, der die Interdependenz von Entscheidungsroutinen der Staatsanwaltschaften und Gerichte in Rechnung stellt.

Die *Staatsanwaltschaft* als Instanz sozialer Kontrolle wurde mehrfach untersucht, wobei die schon erwähnte Freiburger Studie aufgrund ihrer Repräsentativität und methodischen Sorgfalt als der maßgebliche Forschungsbeitrag gelten kann. Von ihr wurde die Rechtswirklichkeit zweier strafrechtlicher Maximen dokumentiert; beide erwiesen sich als nur eingeschränkt gültig. Daß die Staatsanwaltschaft „Herrin des Ermittlungsverfahrens" ist, also die Polizei bei der Zusammenstellung des Beweisgebäudes anleitet, kann nach der Aktenanalyse allenfalls für einige Gewaltdelikte und Wirtschaftsstrafsachen als zutreffend angesehen werden; im Bereich der Massenkriminalität (Eigentums-, Vermögensdelikte) legt die Polizei erst nach Abschluß der Ermittlungen die Akten der Staatsanwaltschaft vor. Diese nimmt nur ausnahmsweise durch Rückverfügungen selbst Einfluß. Dabei haben Rückverfügungen nicht das Ziel, weiter aufzuklären, um danach je nach Beweislage über den Fortgang des Verfahrens zu entscheiden. Vielmehr dienen sie der Absicherung von bereits ins Auge gefaßten Einstellungs- bzw. Anklageentscheidungen. Die Staatsanwaltschaft ist weitgehend beschränkt auf die Rolle der Würdigung jener Beweislage, die von der Polizei autonom erarbeitet wurde, darauf stützt sie ihre Weichenstellung für den möglichen Verfahrensausgang: Einstellung, Einstellung gegen Auflagen, Antrag auf Strafbefehl oder Anklage. Die zweite Maxime, das Legalitätsprinzip, ist in der Rechtswirklichkeit ebenso löchrig geworden. Die vielfältigen Möglichkeiten der Verfahrenseinstellung bei geringer Schuld mit oder ohne Auflagen, als unwesentliche Nebenstraftat oder mangels öffentlichen Interesses haben der Staatsanwaltschaft ein breites Spektrum für Ermessensentscheidungen geschaffen, wobei verschiedene Untersuchungen (AHRENS 1978) gezeigt haben, daß keine Kriterien benannt werden können, nach denen die eine oder andere Form der Einstellung gewählt wird. Die Entscheidung über den „genügenden Anlaß zur Erhebung öffentlicher Klage" (§ 170 StPO) hat längst nicht die klaren Konturen, die das Legalitätsprinzip (im Unterschied zum Opportunitätsprinzip) vorzugeben scheint, auch nicht bezüglich der Entscheidung zwischen dem nicht-öffentlichen Strafbefehl und der Anklageerhebung. Nach den Ergebnissen der Freiburger Studie stellen Schadenshöhe und Vorstrafen des Beschuldigten die Hauptkriterien dar, nach denen über Einstellung oder Sanktionierung entschieden wird (BLANKENBURG u. a. 1978, 216). Welcher Art die Alltagstheorien sind, an die diese Kriterien der Weichenstellung anknüpfen, läßt die Freiburger Studie offen. Aktenanalysen sind nicht in der Lage, die informellen Interpretations- und Selektionsregeln herauszufinden, die innerhalb einzelner Abteilungen der Staatsanwaltschaften kollektiv zur pragmatischen Strukturierung des lokalen Kriminalitätsspektrums nach kriminalpolitischen Prioritäten entwickelt und perpetuiert werden. Nur teilnehmende Beobachtung oder Erfahrungsberichte von Staatsanwälten bspw. solcher aus verschiedenen Städten, die ihre Arbeitsplätze tauschen, könnten hier Aufschlüsse geben. Der fehlende Einsatz solcher Methoden hat dazu geführt, daß informelle Kontakte zwischen Staatsanwaltschaft, Gericht und Verteidigung lange Zeit so gut wie unerforscht bleiben. Erst in jüngster Zeit wurden Teilergebnisse aus Befragungsuntersuchungen bei Staatsanwälten und Richtern vorgelegt, die auf eine beträchtliche Verbreitung informeller Absprachen zwischen Staatsanwälten, Verteidigern und Richtern insbesondere bei Wirtschaftsstraftaten und Drogendelikten schließen lassen (SCHÜNEMANN 1992).

Über *Verteidigung* fehlt soziologisches Wissen nahezu völlig. Die in den USA aufgewiesene Qualitätsdifferenz zwischen Pflichtverteidigung und Wahlverteidigung (BLUMBERG 1970) ist in der BRD unerforscht geblieben. Organisatorische Unterschiede (Pflichtmandatvergabe durch Gerichte) und die aktuelle Anwaltsschwemme schaffen Rahmenbedingungen, die vom deutschen Pflichtverteidiger größere Gerichtsabhängigkeit erwarten ließen. Andererseits ist gerade der junge Verteidiger nach Zeitbudget und Engagement besonders in der Lage, eine gute Verteidigung zu bieten. Auch die Abhängigkeit des Verteidigungshandelns von kostenrechtlichen und honorarbezogenen Rahmenbedingungen bedarf über vorliegende Praxisberichte (z. B. in der Zeitschrift STRAFVERTEIDIGER) hinaus noch der Untersuchung.

Zu den Handlungsweisen und Arbeitsbedingungen der *Gerichte* liegt mit LAUTMANNS Beobachtungsstudie eine informationsreiche Beschreibung richterlicher Urteilsprozesse vor. Nachgewiesen wird, daß die Beweiswürdigung mit dem Blick auf gewollte Ergebnisse erfolgt (1973, 84 f.), daß Herstellungsargumente und Darstellungsargumente der Entscheidungen auseinanderfallen und daß die denkbaren Reaktionen der Obergerichte antizipatorisch von Bedeutung sind. Bei der Gestaltung von Hauptverhandlungen lassen sich verschiedene Stile der Prozeßleitung (autoritär, liberal) unterscheiden; der liberale Verhandlungsstil (Mißverständnisse werden geklärt; suggestive Fragen, Unterbrechungen, Verhaltenskritik sind selten) fördert die Zustimmung des Angeklagten zum Verfahren (WINTER/SCHUMANN 1972, 539). Bei der Urteilsfindung spielen Sozialmerkmale des Angeklagten wie Schichtzugehörigkeit und das Image von Arbeitsunwilligkeit ebenso eine große Rolle wie Vorstrafen (PETERS 1973). Entschuldigungs- und Rechtfertigungsgründe wirken nicht notwendig strafmindernd; das Gegenteil kann im Routineverfahren der Fall sein (MILESKI 1977). Die Bedeutung der Sozialmerkmale für Strafzumessungserwägungen zeigt sich regelmäßig; allerdings hängt ihr Gewicht davon ab, ob in anderen Faktoren der multivariaten Modelle (z. B. Pflicht- vs. Wahlverteidigung) schon Aspekte der Schichtzugehörigkeit miterfaßt wurden (SESSAR 1981, 179). Eine komplexe Strafzumessungsstudie wie diejenige über kanadische Richter von HOGARTH (1971) war lange ohne deutsche Parallele; mittlerweile haben OSWALD/LANGER (1989) ähnlich komplexe Analysemodelle für die Strafzumessungsforschung gewählt. Über die beachtlichen Fortschritte in diesem Themenbereich informiert der Sammelband von PFEIFFER/OSWALD 1989.

In Anfängen stehen Untersuchungen zur Rolle von *Laiengerichten*. Widerlegt ist das justizinterne Vorurteil, Schöffen tendierten zu schwererer Bestrafung als Berufsrichter (HAISCH 1981, 7). Sie verhalten sich vielmehr bei der Masse der Strafverfahren über Bagatelldelikte anders als bei solchen über Schwerkriminalität: Bei leichten Delikten zweifeln sie eher die Beweislage an und tendieren zur Entkriminalisierung; bei schweren Taten lassen sie sich eher von Vortaten und Gefährlichkeitsimage des Angeklagten zum unkritischen Umgang mit Beweisproblemen verleiten.

Forschung zu den Beziehungen zwischen Unter- und *Obergerichten* liegen bislang nur für Österreich vor (MIKINOVIC/STANGL 1978). Erwiesen wurde dabei die relative Erfolglosigkeit der vom Angeklagten eingelegten Rechtsmittel. Erwähnung verdient ferner die Kooperation zwischen Gericht und *Sachverständigen*. Die forensischen Gutachter scheinen ihre Begutachtung stark an juristischen Kriterien (wie Vorstrafen, Deliktart usw.) zu orientieren und ihre psychiatrische Fachkompetenz in Kooperation mit den Richtern gegen ein Vordringen psychologischer Sachverständiger einzusetzen.

Insgesamt haben die verschiedenen Ansätze zur Justizforschung wenigstens teilweise vermocht, die Gloriolen im Selbstverständnis von Richtern und Staatsanwälten beiseite zu schieben und Aburteilung als Berufsroutine aufzufassen; dabei wurde die Kooperation zwischen den verschiedenen Instanzen sozialer

Kontrolle aber nur anfänglich erfaßt. Zu hoffen ist, daß der Mangel an ethnographisch arbeitender, das Gesamtsystem lokaler Rechtsprechung thematisierender Forschung in Zukunft behoben wird.

Ahrens, W., Die Einstellung in der Hauptverhandlung, Göttingen, 1978; *Blankenburg, E., Sessar, K., Steffen, W.*, Die Staatsanwaltschaft im Prozeß strafrechtlicher Sozialkontrolle, Berlin 1978; *Blumberg, A.S.* (Hrsg.), The Scales of Justice, Chicago 1970; *Haisch, J.*, Vollständigkeit der Attributionsanalyse und Ursachen delinquenten Verhaltens. Zur Vorhersage der Strafzumessung durch Juristen und Laien, Psychologie und Praxis 25 (1981), S. 1–9; *Hogarth, J.*, Sentencing as a Human Process, Toronto 1971; *Lautmann, R.*, Justiz – die stille Gewalt, Frankfurt 1973; *McCall, G.J.*, Observing the Law. Field Methods in the Study of Crime and the Criminal Justice System, New York u. a. 1978; *Luhmann, N.*, Legitimation durch Verfahren, Neuwied 1969; *McIntyre, D.* (Hrsg.), Law Enforcement in the Metropolis, Chicago 1967; *Mikinovic, S., W. Stangl*, Strafprozeß und Herrschaft. Eine empirische Untersuchung zur Korrektur richterlicher Entscheidungen, Neuwied u. a. 1978; *Oswald, M., W. Langer*, Versuch eines integrierten Modells der Strafzumessungsforschung: Richterliche Urteilsprozesse und ihre Kontextbedingungen, in: Strafzumessung, hrsg. von C. Pfeiffer, M. Oswald, Stuttgart 1989, S. 197–228; *Packer, H.*, The Limits of Criminal Sanctions, Stanford 1968; *Peters, D.*, Richter im Dienste der Macht, Stuttgart 1973; *Peters, K.*, Fehlerquellen im Strafprozeß, Karlsruhe 1970; *Pfeiffer, C., M. Oswald* (Hrsg.), Strafzumessung – empirische Forschung und Strafrechtsdogmatik im Dialog, Stuttgart 1989; *Reichertz, J.* (Hrsg.), Sozialwissenschaftliche Analysen jugendgerichtlicher Interaktion, Tübingen 1984; *Schöch, H.*, Neuere Entwicklungen in der Strafverfahrensforschung, SchwZfStR 98 (1981), S. 293–316; *Schünemann, B., W. Geissler, R.G., T. Hassemer*, Experimentelle Untersuchungen zur Reform der Hauptverhandlung in Strafsachen. Bericht aus dem Sonderforschungsbereich 24, Sozialwissenschaftliche Entscheidungsforschung, Universität Mannheim, Mannheim 1983; *Schünemann, B.* (Hrsg.), Absprachen im Strafverfahren, Köln 1992; *Schumann, K.F.*, Der Handel mit Gerechtigkeit, Frankfurt 1977; *Sessar, K.*, Rechtliche und soziale Prozesse einer Definition der Tötungskriminalität, Freiburg 1981; *Streng, F.*, Strafzumessung und relative Gerechtigkeit, Heidelberg 1984; *Winter, G., Schumann, K.F.*, Sozialisation und Legitimierung im Strafverfahren, in: Rehbinder, M., Schelsky, H. (Hrsg.), Zur Effektivität des Rechts, Düsseldorf 1972.

KARL F. SCHUMANN

K

Kastration → Sexualkriminalität

Kinderkriminalität. Unter Kinder-„Kriminalität“ wird hier die Gesamtheit aller von Kindern begangenen, mit Strafe bedrohten Handlungen verstanden. Dabei macht es einen Unterschied, ob man von einem erfahrungswissenschaftlichen oder von einem positivrechtlichen Konzept der Kindheit ausgeht. Die moderne Entwicklungspsychologie bezeichnet als Kindheit die Zeit vor der Pubertät, die durchschnittlich im elften (Mädchen) bzw. dreizehnten (Knaben) Lebensjahr einsetzt, wobei neben geschlechtsspezifischen Unterschieden die fließenden Übergänge sowie die Möglichkeit beträchtlicher individueller Sonderentwicklungen betont werden muß. Über Kinder-„Kriminalität“ in diesem Sinne gibt es allenfalls Fallstudien, jedoch keine Massenstatistiken. Letztere werden ausschließlich entsprechend den jeweiligen Altersgrenzen des staatlichen Strafrechts erhoben. Im strafrechtlichen Sinne versteht man heute in Deutschland unter Kindern Personen, welche zur Zeit der Tat noch nicht 14 Jahre alt und daher strafmündig sind (§ 1 Abs. 3 JGG). Ausländische Rechtsordnungen sehen vielfach niedrigere Altersgrenzen vor. All diese Grenzziehungen sind entwicklungspsychologisch willkürlich und nur normativ-politisch begründbar. Neuerdings wird deshalb auch eine Anhebung der Strafmündigkeitsgrenze und ihre Verknüpfung mit der zivilrechtlichen Volljährigkeit gefordert (PAPENDORF/SCHUMANN/VOSS 1980, S. 19).

Die beiden erwähnten Konzepte der Kindheit sind Ausdruck und Ergebnis eines umfassenden sozialen Definitionsprozesses, der im 13. Jahrhundert begann und seinen Höhepunkt im 17. Jahrhundert erreichte. Diese „Entdeckung der Kindheit" steht in engem Zusammenhang mit der etwa gleichzeitigen Entstehung der modernen Familie und der modernen Schule: „Es wurde nun erkannt, daß das Kind für das Leben noch nicht vorbereitet war, daß es einer besonderen Behandlung, einer Art Quarantäne unterworfen werden mußte, bevor man ihm erlauben konnte, sich unter die Erwachsenen zu begeben" (ARIES 1960). Mit dieser Verstärkung der informellen Sozialkontrolle ging jedoch eine Abschwächung der formellen staatlichen Strafverfolgung von Jugendlichen und Kindern einher, die in Deutschland ihren vorläufigen Höhepunkt im Jugendgerichtsgesetz (1953) gefunden hat. Strafbare Handlungen von Kindern werden von der Polizei (insbesondere der weiblichen Kriminalpolizei) bearbeitet und an die Staatsanwaltschaft weitergeleitet, welche das Verfahren dann mangels eines strafmündigen Täters einstellt. Seit dem Ende des 19. Jahrhunderts zeichnet sich eine Umkehrung dieses Trends ab: die berufstätigen Eltern moderner Kleinfamilien werden den Aufgaben informeller Sozialkontrolle immer weniger gerecht und entlassen ihre Kinder frühzeitig in die relative Freiheit einer kommerzialisierten Jugendkultur. Andererseits entstehen neue jugend- und kinderspezifische Organisationen formeller Sozialkontrolle (Jugendschutz und Jugendhilfeinstitutionen, Familiengerichte, weibliche Kriminalpolizei etc., → Jugendrecht, Jugendhilfe, Jugendschutz).

Die folgenden Angaben zur Deliktstruktur und zur Entwicklung der Kinder-„Kriminalität" sowie zu den Merkmalen kindlicher Täter stehen unter dem generellen Vorbehalt, daß es sich um Angaben über die polizeilich registrierte Kinder-„Kriminalität" handelt. Das Dunkelfeld dürfte jedoch gerade hier besonders groß sein, insbesondere aufgrund des Verzichts der Opfer und anderer potentieller Informanten (z. B. Lehrer), Anzeige zu erstatten. Bei der Deliktsstruktur der Kinder-„Kriminalität" muß man zwei Gesichtspunkte unterscheiden: besonders häufige und besonders spezifische Formen. Im Verhältnis zur gesamten Kinder-„Kriminalität" besonders häufig ist der einfache Diebstahl (1990: 68%), gefolgt von Sachbeschädigung (14%) und dem schweren Diebstahl (11%), der Brandstiftung (3%) und der gefährlichen bzw. schweren Körperverletzung (2%). Diese Deliktsgruppen ergeben zusammen 98%, wodurch deutlich wird, daß die registrierte Kinder-„Kriminalität" auf sehr viel weniger Straftatgruppen beschränkt ist als die älterer Tätergruppen. Betrachtet man die Täterstatistik unter dem Gesichtspunkt, bei welchen Straftaten kindliche Täter einen besonders hohen Prozentanteil an der Gesamtheit der registrierten Täter stellen, dann zeigt sich folgende Reihenfolge: Brandstiftung (19% Kinderanteil), einfacher Diebstahl (9%), Sachbeschädigung (9%), schwerer Diebstahl (7%) und Raub/räuberische Erpressung (5%). Bei allen übrigen Deliktgruppen ist der Kinderanteil durchschnittlich (4,3%) oder unterdurchschnittlich. Dabei muß jedoch betont werden, daß die strafrechtlichen Tatbestände des Erwachsenenstrafrechts hier vielfach ein falsches Bild geben. Bei einem Großteil der Delikte der Kinder handelt es sich nicht um bewußte Straftaten, sondern um durchaus normales kindliches Verhalten (Spiel, Sport, Abenteuer etc.), bei dem jedoch nicht immer die Grenzen erkannt bzw. eingehalten werden (vgl. die self-reports in BLANDOW u. a. 1983).

Insgesamt wies die Polizeiliche Kriminalstatistik in der Nachkriegszeit eine kontinuierlich steigende Tendenz der Kinder-„Kriminalität" auf. Absolut gesehen hätte sie sich danach seit 1955 mehr als verdoppelt, und selbst wenn man den Anstieg der Kinderzahlen im gleichen Zeitraum berücksichtigt, bliebe eine relative Steigerung bestehen. Eine Analyse von Polizeiakten hat allerdings gezeigt, daß diese Steigerung allenfalls die Anzahl der Taten betrifft, im übrigen auf mehrfacher Registrierung der gleichen Täter beruht. Die Zahl der jährlich neu hinzukommenden tatverdächtigen Kinder hat sich während des 10-Jahres-Zeitraumes der Untersuchung nicht wesentlich verändert (PONGRATZ u. a. 1975, 26 ff.). Die Eliminierung der Mehrfachzählmengen aus der PKS (1984) hat eine drastische Reduzierung der registrierten Kinder-„Kriminalität" zur Folge gehabt (1982: 81 954; 1984: 66 309, 1988: 51 817). Erst in den letzten Jahren ist wieder ein (demographisch bedingter) Anstieg zu verzeichnen (1988: 51 817; 1990: 62 500).

Bei den registrierten Tätern handelt es sich überwiegend um Knaben, wobei jedoch der Prozentanteil der Mädchen in der Nachkriegszeit kontinuierlich gestiegen ist (→ Frauenkriminalität). Anders als bei der Kriminalität im allgemeinen sind die unteren Sozialschichten hier nicht überrepräsentiert (SPITTLER 1968). Dieses Bild ändert sich jedoch, wenn man zwischen solchen Kindern unterscheidet, die nur einmal (das sind etwa ¾ aller registrierten Fälle), und solchen, die mehrfach auffällig werden. Nach neueren Untersuchungen (PONGRATZ u. a. 1975; LAMNEK 1982) unterscheiden sich die mehrfach Auffälligen von den übrigen durch einige oder alle der folgenden Merkmale sozialer Benachteiligung: unvollständige, kinderreiche Familie; Sonderschulbesuch; längerer Aufenthalt in Heimen; Ausländereigenschaft. Es gibt Anhaltspunkte dafür, daß diese Unterschiede – unabhängig von der Häufigkeit der Straftaten – zu erhöhter Kriminalisierung führen (LAMNEK 1982, 34 ff.).

Theoretisch wie kriminalpolitisch gewinnt die Kinder-„Kriminalität" besondere Bedeutung durch die These, daß sie eine Einstiegsfunktion für spätere Kriminalität hat, „daß die Wahrscheinlichkeit späterer Entwicklung zum Rückfallverbrecher ... um so größer ist, je früher die Verwahrlosung und die kriminelle Phase einsetzt" (FREY 1951). Tatsächlich haben retrospektive Untersuchungen an Rückfalltätern ergeben, daß diese zumeist schon als Kinder und dabei wieder relativ früh wegen strafbarer Handlungen auffielen. Untersuchungen, die von polizeilich registrierten delinquenten Kindern ausgehen, zeigen jedoch, daß das Tatalter der Kinder für eine Prognose späterer Kriminalität nicht ausreicht. Etwa die Hälfte solcher Kinder wird später nicht wieder straffällig, geschweige denn rückfällig (TRAULSEN 1976, 38). Auch mehrere Straftaten in der Kindheit lassen nicht ohne weiteres auf spätere kriminelle Karrieren schließen; vielmehr bleibt in der Mehrzahl aller Fälle sogar der multiple Tatverdacht und die dabei unterstellte Delinquenz episodenhaft (LAMNEK 1982, 34).

Delinquente Kinder gelten in Deutschland als strafunmündig und können daher nicht bestraft werden. Als Maßnahmen kommen jedoch die verschiedenen Reaktionsformen der Jugendhilfe in Betracht: z. B. Erziehungsberatung, Erziehungsbeistand, freiwillige Erziehungshilfe und Fürsorgeerziehung. Während Erziehungsberatung und freiwillige Erziehungshilfe formell auf freiwilliger Basis erfolgen, kann das Vormundschaftsgericht die Erziehungsbeistandschaft und die Fürsorgeerziehung anordnen (§§ 55 ff. JWG). Es gibt jedoch weder Statistiken noch Spezialuntersuchungen über die Frage, wieviele der von der Polizei registrierten Kinder diesen Maßnahmen unterworfen werden. Verfügbar sind lediglich einige statistische Angaben aus der allgemeinen Arbeit der genannten Institutionen: Danach waren im Jahre 1971 unter den Probanden der Erziehungsberatungsstellen etwa 30 000 Kinder; hinzu kommen etwa 3000 Kinder, die in freiwillige Erziehungshilfe, sowie etwa 1000 Kinder, die in Fürsorgeerziehung überwiesen wurden. Da in diesen Zahlen auch solche Kinder enthalten sind, bei denen die genannten Maßnahmen nicht im Zusammenhang mit strafbaren Handlungen stehen, wird deutlich, daß nur ein Bruchteil der (damals über 70 000) von der Polizei registrierten kindlichen Täter zur Kenntnis der Jugendhilfeinstitutionen kommt.

Das in der BRD praktizierte System der Reaktion auf die Kinder-„Kriminalität" ist umstritten. Insbesondere wird kritisiert, daß die Zuständigkeit von Polizei und Staatsanwaltschaft sowie die Einweisung in Fürsorgeerziehungsheime einen Stigmatisierungseffekt haben, der zur Entstehung sekundärer Devianz führen kann. Zunehmend wird die Rechtmäßigkeit der strafrechtlichen Ermittlungsverfahren gegen Kinder bezweifelt (OSTENDORF 1986; FREHSEE 1988). Darüber hinaus muß eine an den Erfahrungswissenschaften orientierte Jugendhilfe vom spezifischen Erziehungsnotstand eines Kindes ausgehen und nicht davon, ob die jeweilige Konfliktsituation zu einer vom Gesetz mit Strafe bedrohten Handlung geführt hat oder ob sie sich in anderer Weise geäußert hat. Ein neues und erweitertes Jugendhilferecht wird diesen Gesichtspunkten Rechnung tragen müssen. Es wird allerdings auch zu bedenken haben, daß die Verknüpfung von Freiheitsentzug und Erziehung pädagogisch kaum zu rechtfertigen und auch verfassungsrechtlich höchst problematisch ist (BUNDESJUGENDKURATORIUM 1982).

Aries, Ph., L'enfant et la vie familiale sous l'ancien régime, Paris 1960; *Blandow, J.* u. a. (Hrsg.), Kinderdelinquenz junger Kriminologen. Autobiographische Beichten, Bremen u. a. 1983; *Bundesjugendkuratorium* (Hrsg.), Erziehung in geschlossenen Heimen. Ein Symposium, München 1982; *Frehsee, D.*, „Strafverfolgung" von strafunmündigen Kindern, ZStW 100 (1988), S. 290–328; *Frey, E.*, Der früh-kriminelle Rückfallverbrecher, Basel 1951; *Lamnek, S.*, Sozialisation und kriminelle Karriere. Befunde aus zwei Erhebungen, in: Mehrfach auffällig. Untersuchungen zur Jugendkriminalität, hrsg. v. Schüler-Springorum, H., München 1982, S. 86–125; *Ostendorf, H.*, Persönlicher und sachlicher Anwendungsbereich des JGG – die strafrechtliche Verfolgung von Kindern, in: Festschrift Pongratz, München 1986, S. 63–75; *Papendorf, K., Schumann, K., Voß, M.*, Kritik der Jugendstrafvollzugsreform, Bremen 1980; *Pongratz, L., Schäfer, M., Jürgensen, P., Weiße, D.*, Kinderdelinquenz,

Daten, Hintergründe und Entwicklungen, München 1975; *Spittler, E.*, Die Kriminalität Strafunmündiger. Eine Untersuchung nach den Akten der Kriminalpolizei, Augsburg, Jur. Diss., Gießen 1968; *Traulsen, M.*, Delinquente Kinder und ihre Legalbewährung, Bern 1976.

JOHANNES FEEST

Kindesmißhandlung → Gewaltkriminalität, → Sexualkriminalität

Klassenjustiz → Justizforschung, → Kritische Kriminologie, → Selektion und Selektionsmechanismen

Klassifikation und Typologie. Beide Begriffe dienen der Systematisierung, Gruppierung und Kennzeichnung von Straftätern und Straftaten, Verbrechensopfern und Täter-Opfer-Beziehungen. Die *Unterschiede* zwischen Klassifikation und Typologie werden oft nicht hinreichend beachtet. Bei vielen sog. Typologien handelt es sich nur um Klassifikationen (z. B. bei den sog. Reaktions-Typen Konformität, Rückzug, Innovation oder Rebellion in MERTONs Anomietheorie → Kriminalitätstheorien). Dagegen geht es bei der seit über 100 Jahren im Strafvollzug angestrebten „Klassifizierung" der Gefangenen nach Behandlungsgesichtspunkten eher um komplexere Persönlichkeitstypen. In Anlehnung an andere Natur- und Humanwissenschaften kann man *Klassifikation* als logisch stringente (definitorische) Einteilung von Erscheinungsformen in Klassen oder Gruppen (evtl. mit Unterklassen) bezeichnen; JØRGENSEN (1971) hat sie anschaulich als „Prokrustesbett der Realität" bezeichnet. Demgegenüber bezweckt die *Typologie* die Gruppenzuordnung aufgrund einer Kombination von Merkmalen. In einer begrenzten Zahl von *Typen* sollen Personen, Taten oder Objekte mit vergleichbaren körperlichen, psychischen oder sozialen Merkmalsausprägungen zusammengefaßt werden.

Die Klassifikation teilt auf höherem Abstraktionsniveau sämtliche Einheiten des Forschungsgegenstandes abschließend ein und läßt in der Regel eine eindeutige Zuordnung des Individuums zu. Die Typologie bewegt sich demgegenüber zwischen Individualität und Verallgemeinerung, sie ist meist mehrdimensional angelegt, weist fließende Übergänge auf und muß gelegentlich mit offenen Restgruppen bzw. Mehrfachzuordnung des Individuums arbeiten (ähnlich SCHNEIDER 1987, 384 f.). Begrifflich-klassifizierendes Denken eignet sich bevorzugt für das logisch strenge Schlußverfahren deduktiver Systeme, typologisches Denken dagegen ist ein Hilfsmittel induktiver Forschung. Da auch diese letztlich das Ziel hat, allgemeingültige Gesetzmäßigkeiten zu formulieren, läßt sich die *Typologie* auch als *Ordnungsprinzip deskriptiver Forschung* bezeichnen. Sie ordnet empirische Befunde und bewegt sich damit auf der ersten Stufe empirischer Forschung. In der Kriminologie hat die Typologie deshalb so große Bedeutung, weil sich kriminologische Forschung vielfach noch auf reine Beschreibung von Zusammenhängen beschränkt, ohne zur theoretischen Erklärung der Phänomene vorzudringen. Als *empirische Verallgemeinerungen* dienen Typen zur Ordnung einer Vielzahl von Einzelerscheinungen der Realität. Von diesen *Realtypen* sind die vieldiskutierten *Idealtypen* MAX WEBERs zu unterscheiden, die zwar ebenfalls auf empirischer Grundlage beruhen, aber durch theoretisch optimale Ausprägung der einzelnen Begriffselemente „idealtypisch" überhöht werden und so als Modell oder Leitbild wiederum einen Maßstab für die Beurteilung der Realität bilden können. In diesem Sinne verwendet GÖPPINGER (1985) den Idealtypus als methodisches Instrument zur Verdichtung von Erfahrungsregeln aus Einzelfalluntersuchungen. Gelegentlich nähern sich auch kriminologische Typen in der abgeschwächten Form sog. „*Repräsentativtypen*" (z. B. der typische Gewohnheitsverbrecher) den Idealtypen an.

Kriminologische Typologien können verschiedenen Zwecken dienen. Neben der wissenschaftlichen *Ordnung* und Systematisierung der Erscheinungsformen der Kriminalität kommt ihnen vor allem die Aufgabe zu, empirisch feststellbare *Zusammenhänge* (Merkmalskombinationen, Syndrome) darzustellen. Auch zur Anregung von Hypothesen oder Theorien können sie herangezogen werden, obwohl dies bisher selten geschehen ist. Ihre Hauptbedeutung dürfte aber auf dem Gebiet der *Anwendung* kriminologischer Forschungsergebnisse liegen, und zwar in der Täter-*Behandlung*, der *Kriminalpolitik* und der *Kriminalistik* (vgl. → Behandlungsforschung, → Kriminalpolitik, → Sanktionen, → Strafvollzug). All diese Anwendungsbereiche müssen sich in der Regel an typischen Fallgestaltungen oder Persönlichkeitsmerkmalen ausrichten. Die meisten der herkömmlicherweise dargestellten Typen berücksichtigen jedoch solche Verwertungsmöglichkeiten zu wenig.

Eine kriminologische Typologie oder Klassifikation kann je nach Ausgangspunkt oder praktischem Anliegen unter verschiedenen Aspekten aufgebaut werden. Zur Verdeutlichung seien im folgenden einige *Beispiele* genannt (vgl. dazu GÖPPINGER 1980; SCHNEIDER 1987).

Historisch bedeutsam ist die *medizinisch-anthropologische Einteilung*, die LOMBROSO (1887) aufgrund langjähriger Untersuchungen, die meist als Beginn der empirischen Kriminologie betrachtet werden, vornahm: Geborener (moralisch irrer, epileptischer) Verbrecher, Verbrecher aus Leidenschaft, irrer Verbrecher (Alkoholiker, Hysteriker), Gelegenheitsverbrecher, Gewohnheitsverbrecher, geheimer Verbrecher. LOMBROSO erkannte später selbst die Unzulänglichkeit dieser vereinfachten Klassifizierung. Erhebliche kriminalpolitische Veränderungen im deutschen Strafrecht gehen u. a. auf die Dreiteilung in Gelegenheitsverbrecher, besserungsfähige und unverbesserliche Gewohnheitsverbrecher zurück, die F.v. LISZT (1905) zur Grundlage seiner Forderung nach *spezialpräventiver Differenzierung* des Strafensystems machte (Abschreckung, Besserung, Sicherung). Dabei handelt es sich zwar um eine einfache Aufteilung sämtlicher Täter in 3 Klassen, doch läßt sich ein gewisser Realitätsgehalt ebensowenig leugnen wie bei der noch einfacheren Zweiteilung in Ersttäter und Rückfalltäter.

Als Hilfsmittel für die psychiatrisch-psychologische Diagnose, aber auch für kriminologische Untersuchungen, werden gelegentlich die *konstitutionsbiologischen Typen* von KRETSCHMER (1931, 1961) herangezogen, bei denen körperliche und psychische Merkmale kombiniert sind. In der amerikanischen Kriminologie wurden umfangreiche Untersuchungen aufgrund der ähnlichen Typologie von SHELDON (1949) durchgeführt; dabei wurde unter den Straffälligen ein überproportionaler Anteil von sog. Mesomorphen (Athletikern) festgestellt. In

Deutschland konnten keine quantitativen, sondern nur geringe qualitative Unterschiede gefunden werden: Neigung der Leptosomen zu Eigentumsdelikten, der Athletiker zu Gewaltdelikten, der Pykniker zu Betrug und Affekthandlungen.

Aus der Psychopathieforschung sind die *10 Psychopathen-Typen* K. SCHNEIDERS (vgl. 1967) zu erwähnen. GÖPPINGER wertet sie im Hinblick auf ihre kriminologische Relevanz aus und fügt den Typ der „Bedenkenlosen“ hinzu (GÖPPINGER 1980).

Die weitgehende Ausrichtung an möglichen *strafrechtlichen Reaktionen* ist kennzeichnend für typologische oder klassifizierende Ansätze von Juristen. So unterscheidet MEZGER (1955) zwischen Situationsverbrechern (Untergruppen: Konflikts-, Entwicklungs- und Gelegenheitsverbrecher) und Charakterverbrechern (Untergruppen: Neigungs-, Hang- und Zustandsverbrecher). Manche Typisierungsversuche sind hauptsächlich an das Straftatensystem des StGB angelehnt und versprechen keinen zusätzlichen Erkenntnisgewinn. Der kriminalpolizeiliche Meldedienst zur Aufklärung von Verbrechen baut auf einer Mischung von Tat-Typen und typischen Tätergewohnheiten auf, wobei die Erfahrungen der Verbrecherpersevanz und des Modus-operandi-Systems verwertet werden.

Unter der Annahme, daß psychisches Verhalten sich im sozialen Bereich niederschlägt, weist GÖPPINGER (1980, 1985) auf die Möglichkeiten einer „integrierten“ Typologie hin, die auf der *„Stellung der Tat im Lebenslängsschnitt“* aufbaut und das Verhalten in Familie, Schule, Beruf und Freizeit sowie zu Bezugspersonen im Längs- und Querschnitt einbezieht. Dabei sollen typische Konstellationen, das Wertgefüge und die Relevanzbezüge mitverwertet werden. Aufgrund umfangreicher Untersuchungen beschreibt GÖPPINGER folgende Erscheinungsformen mit prognostischer und therapeutischer Relevanz: die (kontinuierliche) Hinentwicklung zum Verbrechen, Kriminalität im Rahmen der Persönlichkeitsreifung, Kriminalität bei sonstiger sozialer Unauffälligkeit, den kriminellen Übersprung, seelische Abnormitäten. Hier wie bei anderen multifaktoriellen Untersuchungen erwiesen sich vor allem Alter und Intensität bei Beginn der kriminellen Laufbahn in Verbindung mit Art und Ausmaß von *Sozialisationsdefiziten* als geeignete Typisierungskriterien (TRAULSEN 1976; DOLDE 1978).

Ebenfalls von der Längsschnitt-Betrachtung ausgehend, aber unter Einbeziehung interaktionistischer Theorieelemente (→ Kriminalitätstheorien, soziologische), versuchen neuere Arbeiten die Darstellung typischer krimineller (Rollen-) Karrieren, die – in Einzelheiten sehr differenziert – auch gesellschaftliche Reaktionen und Sanktionen (z. B. CLINARD/QUINNEY 1973) oder Selbstbilder und Gruppeninteraktionen (z. B. GIBBONS 1973) berücksichtigen.

Besonders wichtig sind Typologien für die → Sanktions- und → Behandlungsforschung sowie für die Vollzugspraxis (vgl. PAETOW 1972). Denn einerseits verspricht die gleichartige Behandlung verschiedenster Delinquenten wenig Erfolg, andererseits ist eine vollkommen individualisierte Behandlung wegen der begrenzten Mittel der Strafvollstreckungsorgane nicht möglich (→ Strafvollzug). Ein bedeutsamer Versuch unter den verschiedenen Ansätzen zur Überwindung dieses Dilemmas ist das von 1961 bis 1969 und von 1969 bis 1974 in zwei Phasen in Kalifornien durchgeführte Community Treatment Project (vgl. EIDT 1973; SCHNEIDER 1987). Dabei werden Jugendliche einer zufällig ausgewählten Experimentalgruppe nach etwa einmonatigem Anstaltsaufenthalt (Beobachtung und Klassifikation) bedingt entlassen und in Freiheit intensiv betreut (in der 2. Phase in Wohnheimen), während die Jugendlichen einer Kontrollgruppe im normalen Anstaltsvollzug bleiben. Die Behandlung erfolgt unterschiedlich nach Typen, die auf der (nicht unbestrittenen) Konzeption der „*interpersonalen Reifungsstufen*“ beruhen, ergänzt durch Untergruppen aus dem JESSNESS-Inventory. Dieser Versuch zur *typenspezifischen Behandlung* verdient besondere Beachtung als Modell für eine sinnvolle Anwendung von Typen (zum Stand der Behandlungstypologie KAISER/KERNER/SCHÖCH 1982).

Allgemein kann man sagen, daß Typologien und Klassifizierungen dann aussagekräftig und praktikabel sind, wenn es gelingt, einen Mittelweg zu finden zwischen zu starker Abstraktion, welche die Realität verkürzt, und zu starker Differenzierung, die das Typische und Wesentliche nicht mehr erkennen läßt. Stets ist auch die Gefahr zu beachten, daß Typisierungen und Klassifikationen *Etikettierungseffekte* haben und eine soziale *Eigendynamik* entfalten können (sog. „self-fulfilling prophecy; → Kriminalprognose). Ihre Anwendung setzt daher die selbstkritische Bereitschaft und Fähigkeit voraus, Straffällige positiv zu beeinflussen und unerwartete Verhaltensänderungen zur Kenntnis zu nehmen.

Clinard, M.B., Quinney, R. Criminal Behavior Systems, A Typology, 2. Aufl., New York 1973; *Dolde, G.*, Sozialisation und kriminelle Karriere, München 1978; *Eidt, H.-H.*, Behandlung jugendlicher Straftäter in Freiheit, Göttingen 1973; *Gibbons, D.C.*, Crime and Criminal Careers, Englewood Cliffs/N.J. 2. Aufl. 1973; *Göppinger, H.*, Angewandte Kriminologie, Berlin u. a. 1985; *Jørgensen, St.*, Typologie und Realismus in der neueren Rechtswissenschaft, Göttingen 1971; *Kretschmer, E.*, Körperbau und Charakter, 23./24. Aufl., Berlin u. a. 1961 (zuerst 1931); *Liszt, F.v.*, Der Zweckgedanke im Strafrecht (1882), in: Strafrechtliche Aufsätze und Vorträge, Bd. 1, hrsg. von Liszt, F.v., Berlin 1905, S. 126–179; *Lombroso, C.*, Der Verbrecher, Bd. 1 (deutsch), Bd. 2 (deutsch), 1890, Hamburg 1887; *Mezger, E.*, Das Typenproblem in Kriminologie und Strafrecht. Sitzungsberichte der Bayerischen Akademie der Wissenschaften, Philosophisch-Historische Klasse, H. 4, München 1955; *Paetow, S.*, Die Klassifizierung im Erwachsenenstrafvollzug, Stuttgart 1972; *Sheldon, W.*, Varieties of Delinquent Youth, New York 1949; *Schneider, K.*, Klinische Psychopathologie, 8. Aufl., Stuttgart 1967; *Traulsen, M.*, Delinquente Kinder und ihre Legalbewährung, Frankfurt/M. 1976.

HEINZ SCHÖCH

Kokain → Drogen und Kriminalität

Körperverletzung → Gewaltkriminalität

Konflikt, Konflikttheorie → Alternativen zum Strafrecht, → Bande, Gruppe, Gang, → Kritische Kriminologie

Konkurs → Wirtschaftskriminalität

Kontrolle → Recht und soziale Kontrolle, → Verbrechenskontrolle und Verbrechensvorbeugung

Kontrolltheorie → Arbeitslosigkeit und Kriminalität, → Generalprävention, → Kriminalitätstheorien, psychologische, soziologische

Kosten der Kriminalität → Kosten des Verbrechens

Kosten des Verbrechens. Auch in der deutschen Kriminalpolitik und Kriminologie stößt die Frage, in welchem Umfang Kriminalität in monetären Größen ein Kostenfaktor ist, auf immer stärkeres Interesse. Detaillierte Informationen zu den Gesamtkosten der Kriminalität in Form einmal der unmittelbaren, monetär bestimmbaren Folgen von Straftaten, zum anderen in Form der Kosten der Kriminalitätskontrolle stehen aber bis heute nicht in ausreichendem Maße zur Verfügung. In den USA dagegen wurden die Kosten des Verbrechens bereits Mitte der 60er Jahre zum ersten Mal amtlich taxiert (THE PRESIDENT'S COMMISSION ON LAW ENFORCEMENT AND ADMINISTRATION OF JUSTICE 1967 a). Die Gesamtrechnung ergab damals eine Summe an Kriminalitätskosten in Höhe von 21 Milliarden US-Dollar. Jedoch haben sich die Kosten seitdem erwartungsgemäß beträchtlich erhöht. Im Jahre 1990 belief sich allein der polizeilich registrierte Beutewert aus Raub und Diebstahl auf knapp 15 Milliarden US-Dollar (UCR 1990, 162). In Frankreich wurden die Gesamtkosten der Kriminalität im Jahr 1987 auf etwa 35 Milliarden US-Dollar geschätzt (GODEFROY/LAFFARGUE 1989, 100), wobei allerdings knapp zwei Drittel auf Steuerdelikte entfallen und ein stattlicher Anteil den Folgekosten von Straßenverkehrsdelikten zuzurechnen ist. Hinsichtlich der Deliktskosten in Deutschland enthält die Polizeiliche Kriminalstatistik differenzierte Angaben, nach denen der registrierte Schaden im Jahr 1990 7,6 Milliarden DM betrug. Freilich sind hierbei Steuerdelikte nicht enthalten. Ferner bleiben auch die kostenintensiven Umweltdelikte unberücksichtigt. In der Polizeilichen Kriminalstatistik dürfte deshalb nur ein Bruchteil der Kosten des Verbrechens ausgewiesen werden. Denn allein der den staatsanwaltschaftlichen Anklagen zugrundeliegende Schaden der Wirtschaftskriminalität belief sich im Durchschnitt der Jahre 1974–1981 schon auf 3,5 Milliarden DM (LIEBL 1984).

Die Ermittlung der Gesamtkosten der Verbrechenskontrolle ist in Deutschland gleichfalls mit Problemen verbunden. Denn die Kosten für Kriminalpolizei und Strafjustiz sowie Strafvollstreckung sind den Haushaltsplänen der Innen- und Justizressorts nicht zu entnehmen. Vergleichende Kostenanalysen für den Bereich des Strafvollzugs auf europäischer Ebene spiegeln diese Probleme wider (PRISON INFORMATION BULLETIN 1990, 25 ff.). Eine französische Untersuchung beziffert die Gesamtkosten der Kriminalitätskontrolle (unter Einschluß von Repression, Prävention sowie der privaten Vorsorge) auf etwa 12 Milliarden US-Dollar (GODEFROY/LAFFARGUE 1989, 98), wobei mehr als die Hälfte der Ausgaben dem privaten Bereich zuzurechnen ist (bei steigender Tendenz). Auch für die USA liegen genauere Angaben zu den Kosten der Kriminalitätskontrolle vor. Danach wurden im Rechnungsjahr 1988 von der öffentlichen Hand (Bund, Staaten, Gemeinden) 61 Milliarden US-Dollar für Strafverfolgung, Strafjustiz und Strafvollstreckung ausgegeben, die sich im wesentlichen wie folgt verteilen: Polizei 28 Milliarden, Gerichte 7,6 Milliarden, Pflichtverteidigung 1,4 Milliarden, Strafvollstreckung 19 Milliarden (SOURCE BOOK OF CRIMINAL JUSTICE STATISTICS 1990, 2). Die Entwicklung der Kosten der Strafvollstreckung zeigt im Verlauf der 70er und 80er Jahre, daß ein immer größerer Anteil des staatlichen Budgets auf die Unterhaltung von Strafvollzugsanstalten entfällt (1977: 74%; 1988: 85%) und daß der auf ambulante Sanktionen entfallende Kostenanteil entsprechend zurückgeht. Steigende Ausgaben für den Strafvollzug sind auch in Deutschland festzustellen. So wurden für das Bundesland Nordrhein-Westfalen im Jahr 1970 Nettokosten pro Hafttag und Haftplatz in Höhe von 25 DM errechnet, im Jahre 1989 aber 116 DM (KAISER/KERNER/SCHÖCH 1992, 566). Die Kosten für private Kriminalitätskontrolle und -vorbeugung belaufen sich in den USA Ende der 80er, Anfang der 90er Jahre auf mehr als 50 Milliarden US-Dollar jährlich und erreichen damit fast die Größenordnung der staatlichen Ausgaben für die Kriminalitätskontrolle (CUNNINGHAM/STRAUCHS/VAN METER 1991). Die Entwicklung der Kosten der privaten Kontrolle und Vorbeugung (Privatisierung der Verbrechenskontrolle) entspricht offensichtlich einem allgemeinen Trend in den westlichen Industriestaaten (COUNCIL OF EUROPE 1990). Hinweise auf die Größenordnungen privater Verbrechensvorbeugung lassen sich im übrigen auch der internationalen Opferforschung entnehmen (VAN DIJK/MAYHEW/KILLIAS 1990, 85 ff.). Der Bundesverband Deutscher Wach- und Sicherheitsunternehmen veranschlagte den Umsatz seiner Mitglieder für 1991 auf 3 Milliarden DM.

So problematisch die konkreten Angaben im einzelnen sind, so zeigen sie doch, in welchen Dimensionen die Kriminalität wirtschaftlich zu Buche schlägt. Um so bedenklicher muß es erscheinen, daß die kriminalpolitischen Konzepte in der Bundesrepublik bislang noch nicht auf den volks- oder betriebswirtschaftlichen Prüfstand gestellt worden sind. Zwar sehen die allgemeinen Haushaltsplanvorschriften vor, daß für geeignete Maßnahmen von erheblicher finanzieller Bedeutung Kosten-Nutzen-Analysen anzustellen sind. Soweit erkennbar, ist aber bei kriminalpolitischen Maßnahmen die ökonomische Rationalität des Einsatzes der Mittel bisher noch nicht geprüft worden. Die Vernachlässigung ökonomischer Aspekte der Kriminalität und ihrer staatlichen Bekämpfung in der Bundesrepublik Deutschland ist wahrscheinlich darauf zurückzuführen, daß auf Kriminalität in erster Linie moralisch und prinzipiell reagiert wird. Dies kommt auch darin zum Ausdruck, daß in diesem Bereich staatlichen Handelns noch nach der tradierten kameralistischen Budget-Maxime des jährlichen Ausgleiches von Einnahmen und Ausgaben verfahren wird. In anderen Politikbereichen wird das staatliche Budget heute auch als ein Instrument langfristiger Steuerung gesellschaftlicher Entwicklungen eingesetzt; die Sozial- und Wirtschaftshaushalte beispielsweise sind mittel- oder gar langfristig auf bestimmte konkrete Ziele ausgerichtet. Im Bereich der Planung und des Einsatzes ökonomischer Ressourcen zur Beeinflussung von Kriminalität sind derartige Strategien bis heute kaum auszumachen. Trotz zahlreicher gegenseitiger Abhängigkeiten werden in Deutschland Kriminalpolitik und Sozialpolitik völlig unabhängig voneinander budgetiert und geplant. Jedoch werden immerhin auf der wissenschaftlichen Ebene jedenfalls in Teilbereichen die Voraussetzungen einer auch durch ökonomische Kriterien geleiteten Reaktion auf Kriminalität erörtert (GROHMANN 1973; KUNZ 1985; PFAFF/KISTLER 1982; PFEIFFER 1983; ALBRECHT 1991).

Freilich werden diese Fragen in den USA bereits seit Jahrzehnten systematisch untersucht, und dies sowohl auf behördlicher wie auch auf kriminologischer Ebene. Als Beispiel dafür kann das National Program of Research, Development, Test and Evaluation on Law Enforcement and Criminal Justice gelten (BLUMSTEIN 1968).

Insgesamt befindet sich aber die Diskussion über die Kosten des Verbrechens noch in einem Stadium, in dem methodologische Fragen dominieren (GODEFROY/LAFFARGUE 1989) bzw. die Informationslücken so groß sind, daß es schon als verdienstvoll gelten muß, wenn diese katalogisiert werden (LINDBY 1971).

Vieles spricht dafür, daß sich eine Kriminalitäts-Gesamtkostenrechnung nicht aufstellen läßt. „Über die totalen Kosten des Verbrechens reden zu wollen, ist noch absurder, als über den totalen Umfang der Kriminalität zu reden“ (MORRIS/HAWKINS 1970). Eine volkswirtschaftliche Rechnung scheitert bereits daran, daß es verläßliche Daten über den tatsächlichen Umfang der Kriminalität nicht gibt (→ Kriminalstatistik, → Dunkelfeld). Und es ist auch nicht davon auszugehen, daß zwischen einer bestimmten Kriminalitätsmenge und dem Umfang der Kriminalitätskosten ein direkter Zusammenhang besteht; ein (soweit überhaupt feststellbares) Absinken von Kriminalitätsraten würde bestenfalls langfristig zu einer Abnahme der Investitionen in die staatliche Verbrechensbekämpfung führen. Eine Bestimmung der Kriminalitäts-Gesamtkosten setzte vor allem eine Klärung der Frage voraus, was Kriminalität volkswirtschaftlich bedeutet. Schon früh ist von Ökonomen darauf hingewiesen worden, daß Kriminalität nicht nur Kosten verursacht, sondern auch positive wirtschaftliche Funktionen hat. Eine Reihe von Wirtschaftszweigen (wie Versicherungen, Produktion von Sicherheitstechnik) und von Berufen (wie Staatsanwälte) gründet ihre Existenz auf Kriminalität (→ Funktionen der Kriminalität). Und gesamtwirtschaftlich betrachtet müssen insbesondere Eigentums- und Vermögensdelikte nicht unbedingt als Verluste, sie können auch als Umverteilungen (Wealth Transfer) angesehen werden.

Erfolgversprechender und von kriminalpolitischer Relevanz dürften jedoch betriebswirtschaftliche Analysen von Kriminalitätskosten sein. Kosten-Nutzen-Analysen werden hier allerdings weitgehend nicht in Frage kommen, da der Nutzen kriminalpolitischer Maßnahmen oder Strategien in monetären Größen kaum erfaßbar ist. Ein wesentlicher Nutzenfaktor ist beispielsweise das Sicherheitsgefühl der Bürger (→ Viktimologie). Dies läßt sich aber kaum in Währungseinheiten messen. Das Gleiche gilt für eine Reihe weitere Nutzenaspekte. Der wichtigste Nutzen staatlicher Kriminalitätsbekämpfung ist darin zu sehen, daß weniger Bürger Opfer von Straftaten werden. Was Opfer von Straftaten erleiden bzw. was Bürgern durch eine erfolgreiche Kriminalpolitik erspart wird, läßt sich jedoch häufig nur zu geringen Teilen oder überhaupt nicht in Mark und Pfennig ausdrücken. Freilich läßt sich neuerdings eine Tendenz in der Kriminalpolitik beobachten, Strafrecht und Strafverfahren stärker auf eine Berücksichtigung und Reduzierung der dem Opfer entstandenen Kosten durch Wiedergutmachung oder Entschädigung auszurichten (ESER/KAISER/MADLENER 1990). Bedenken gegen Kosten-Nutzen-Analysen im Bereich der Kriminalitätsbekämpfung sind allerdings kein Grund, auf eine Analyse der Rationalität des Mitteleinsatzes ganz zu verzichten. Es bleibt immerhin noch die Möglichkeit von Kosten-Wirksamkeits-Analysen (→ Erfolg, Bewährung, Effizienz). Solche Analysen klären die sicherlich auch im Kriminalbereich sinnvolle Frage, mit welcher von mehreren denkbaren Maßnahmen ein (nicht monetär zu bestimmendes) konkretes Ziel am kostengünstigsten zu erreichen ist. Ein solches Ziel wäre beispielsweise eine Abnahme der Rückfallkriminalität oder etwa eine Verringerung der durch Kriminalität verursachten Schäden oder eine Verringerung des Ausmaßes, in dem sich die Bevölkerung durch Kriminalität bedroht fühlt. Mittels solcher Analysen wäre zunächst zu klären, in welchem Umfang in jedem der drei Hauptbereiche staatlicher Reaktion auf Kriminalität, nämlich Kriminalitätsvorbeugung, repressive Kriminalitätsbekämpfung und Resozialisierung investiert wird und ob bzw. in welchem Maße diese einzelnen Investitionen sich auf den Umfang und auf die Struktur der registrierten Kriminalität auswirken (→ Verbrechenskontrolle und Verbrechensvorbeugung). Nur eine solche Untersuchung kann Klarheit darüber verschaffen, ob beispielsweise die Kriminalprävention am erfolgreichsten ist und damit bei insgesamt unverändertem Mitteleinsatz per saldo mehr Erfolg dadurch erzielt werden kann, daß in die Kriminalprävention auf Kosten etwa der Repression mehr investiert wird. Auch verdient die Frage Aufmerksamkeit, ob Nutzen oder Erfolg letztlich nicht größer wären, wenn der Staat auf eine Reaktion bei bestimmten Deliktsbereichen zugunsten einer intensiveren Reaktion bei anderen Straftaten verzichten würde. So konnte für die USA nachgewiesen werden, daß durch eine Kriminalisierung von Verhaltensweisen, durch die andere nicht unmittelbar beeinträchtigt werden, beträchtliche Kosten auftreten. 1967 wurden in den Vereinigten Staaten zwei Millionen Personen wegen öffentlicher Trunkenheit festgenommen. Bei durchschnittlichen Kosten von 50 Dollar pro Festnahme entstanden somit 100 Millionen Dollar Gesamtkosten (THE PRESIDENT'S COMMISSION ON LAW ENFORCEMENT AND ADMINISTRATION OF JUSTICE 1967 b). Als weiteres Beispiel kann das 1937 in den USA erlassene Marihuana-Steuer-Gesetz dienen. Es hat zuvor einer großen Kampagne des Federal Bureau of Narcotics bedurft, um ein Marihuana-Verbot plausibel zu machen. Mit Erlaß und Durchsetzung dieses Verbots wurden Verkauf, Erwerb und Besitz kriminalisiert und somit auch neue Kriminalität und entsprechende Kosten erzeugt (BECKER 1963). Gerade im Hinblick auf die internationale und nationale Drogenpolitik wird heute verstärkt die Frage untersucht, welche Folgekosten mit der Kriminalisierung bestimmter Rauschgifte verbunden sind (WAGGSTAFF/MAYNARDI 1988; ALBRECHT 1991) und ob andere Zugänge zur Drogenkontrolle unter Kostengesichtspunkten nicht vorzuziehen seien (BOAZ 1990). Kosten-Wirksamkeits-Analysen können mehr Klarheit auch darüber verschaffen, mit welcher von mehreren alternativ einzusetzenden Teilstrategien entweder bei gleichen Kosten der größere Erfolg erzielt oder bei identischem Erfolg die geringsten Kosten verursacht werden; gerade in der Erörterung von Alternativen zum Strafvollzug hat das Kostenargument in den 80er Jahren erhebliche Bedeutung erlangt. Denn einerseits ist in vielen westlichen Industriestaaten, insbesondere in den USA, ein starker Anstieg der Strafgefangenenzahlen zu beobachten, zum anderen ist unbestritten, daß der Vollzug von Freiheitsstrafe die teuerste Sanktion darstellt. Es ist davon auszugehen, daß eine dreijährige Bewährungsaufsicht ungefähr ein Drittel dessen kostet, was für den Vollzug einer sechsmonatigen Freiheitsstrafe (Kosten im Jahre 1989: ca. 19 000 DM) zu veranschlagen ist. Der Kostenvorteil der Bewährungshilfe ist um so bedeutsamer, als diese Investition gemessen an (amtlich festgestellter) Legalbewährung erfolgreicher ist als der Strafvollzug (→ Bewährungshilfe; → Erfolg, Bewährung, Effizienz; → Rückfall, Rückfallkriminalität; → Strafvollzug). Freilich darf das Kostenargument nicht auf die Aussage reduziert werden, daß alles, was billiger sei, eben auch besser sei (CORBETT 1989). Gerade die elektronische Kontrolle stellt derzeit ein Feld dar, auf dem das Kostenargument kontrovers erörtert wird (BALL/LILLY 1988).

Betriebswirtschaftliche Analysen können vor allem einen Beitrag zu einer zentralen kriminologischen und kriminalpolitischen Frage, nämlich zur Frage der gesellschaftlichen Dimensionen und Konsequenzen der öffentlichen Kriminalitätskontrolle leisten (→ Kriminalitätstheorien, soziologische, ökonomische; → kritische Kriminologie). Die viktimologische Forschung und Dunkelfelduntersuchungen liefern immerhin Anhaltspunkte dafür, daß die einkommensschwächeren Teile der Bevölkerung von dem staatlichen Schutz vor Kriminalität vergleichsweise weniger profitieren (→ Viktimologie; → Dunkelfeld). Es stellt sich die Frage, ob dies auch auf einen differentiellen Einsatz staatlicher Investitionen in die Verhinderung und Kontrolle von Kriminalität zurückzuführen ist oder ob die Art und Weise der Investitionen gleiche Chancen des Schutzes vor Kriminalität garantiert. Schließlich ist es untersuchenswert, ob die staatlichen finanziellen Mittel so eingesetzt werden, daß für alle Straftäter die Chance, als solche auch registriert und sanktioniert zu werden, gleich ist – unangesehen ihres sozialen Status.

Neuerdings spielen betriebswirtschaftliche Analysen auch im Zusammenhang mit der Frage eine Rolle, ob und inwieweit bestimmte Aufgabenbereiche im Rahmen der strafrechtlichen Sozialkontrolle privatisiert werden sollen (COUNCIL OF EUROPE 1990).

Albrecht, H.-J., Voraussetzungen und Konsequenzen einer Entkriminalisierung im Drogenbereich, in: Institut für Konfliktforschung (Hrsg.), Entkriminalisierung im Drogenbereich?, Köln 1991, S. 1–38; *Ball, R.A., Lilly, J.R.*, Home Incarceration with Electronic Monitoring, in: Scott, J.E., Hirschi, T. (Hrsg.), Controversial Issues in Crime and Justice, Newbury Park 1988, S. 147–165; *Bartling, H.*, Zur Ökonomik der Kriminalitätsbekämpfung, Zeitschrift für Wirtschafts- und Sozialwissenschaften 4 (1974), S. 313 ff.; *Blumstein, A.*, National Program of Research. Development, Test and Evaluation on Criminal Law Enforcement and Criminal Justice, Washington 1968; *Boaz, D.* (Hrsg.), The Crisis of Drug prohibition, Washington/D.C. 1990; *Corbett, R.*, Electronic Monitoring, Corrections Today 51 (1989), S. 74–80; *Council of Europe* (Hrsg.), Prison Information Bulletin, Straßburg 1990; *Council of Europe* (Hrsg.), Privatization in Criminal Justice, Straßburg 1990; *Cunningham, B.C., Strauchs, J.J., van Meter, C.W.*, Private Security: Patterns and Trends, National Institute of Justice, Research in brief, August 1991; *Department of the Solicitor General* (Hrsg.), The Cost of Crime and Crime Control. Analysis of the Work of the 2nd International Symposium in Comparative Criminology, Ottawa 1971. *Eser, A., Kaiser, G., Madlener, K.* (Hrsg.), Neue Wege der Wiedergutmachung im Strafrecht, Freiburg 1990; *Godefroy, T., Laffargue, B.*, Les coûts du crime en France. Données 1984, 1985, 1986 et 1987, Paris 1989; *Grohmann, G.*, Strafverfolgung und Strafvollzug. Eine ökonomische Analyse. Göttingen 1973; *Klingemann, H.*, Anwendung und Konsequenzen der Kosten-Nutzen-Analyse in der Kriminalpolitik, MschrKrim 4 (1978), S. 238–252; *Kunz, H.*, Zur Entstehung und Verhaltenswirkung sozialer Normen, mit einigen Argumenten für eine ökonomisch-rationale Kriminalpolitik, MschrKrim 68 (1985), S. 201-215; *Liebl, K.*, Die Bundesweite Erfassung von Wirtschaftsstraftaten nach einheitlichen Gesichtspunkten. Ergebnisse und Analysen für die Jahre 1974–1981; Freiburg 1984; *Lindby, K.*,

Reading Guide, in: Department of the Solicitor General, a. a. O., 1971; *Morris, N., Hawkins, G.*, The Honest Politicians' Guide to Crime Control, Chicago 1970; *Pfaff, M., Kistler, E.*, Kosten-Nutzen-Aspekte der inneren Sicherheit – aus wissenschaftlicher Sicht, in: Bestandsaufnahmen und Perspektiven der Verbrechensbekämpfung, Bundeskriminalamt, Wiesbaden 1982, S. 167–182; *Pfeiffer, Ch.*, Kriminalprävention im Jugendgerichtsverfahren, Köln u. a. 1983; *Source Book of Criminal Justice Statistics – 1989*, Washington 1990; *The President's Commission on Law Enforcement and Administration of Justice*, Task Force Report: Crime and its Impact – An Assessment, Washington D.C. 1967 a; *The President's Commission on Law Enforcement and Administration of Justice*, Task Force Report: Drunkenness, Washington D.C. 1967 b; *van Dijk, J., Mayhew, P., Killias, M.*, Experiences of Crime across the World, Deventer u. a. 1990; *Waggstaff, A., Maynard, A.*, Economic Aspects of the Illicit Drug Market and Drug Enforcement Policies in the United Kingdom, London 1988.

HARTMUT SCHELLHOSS

Krankheit. Kriminologisch liegt es nahe, von der Leitformel „Krankheit und Verbrechen" auszugehen. Die Formel wirft jedoch Probleme auf, die bis in das wissenschaftstheoretische Vorverständnis verschiedenster Disziplinen hineinreichen. Medizin (Psychiatrie), Psychoanalyse, (klinische) Psychologie, Rechtswissenschaft und Sozialpsychologie (Soziologie) sind gleichermaßen betroffen, so daß hier nur ein Aufriß ausgewählter Fragestellungen möglich ist. Die Existenz beider Phänomene, „der" *Krankheit* und „des" *Verbrechens*, ist zunächst einmal für jedermann evident im Sinne einer vorwissenschaftlich gesicherten Alltagserfahrung. Jenseits dieser Erfahrung treten jedoch in beiden Fällen alsbald Aporien auf, die eine wissenschaftlich zuverlässige Aussage erschweren. Zum einen sind beide Worte offenbar kaum mehr als hochabstrakte, mehrfach reduzierte Oberbegriffe, die eine *Fülle inhomogener Erscheinungen der Lebenswirklichkeit* umgreifen. Zum andern liegt beide Male nicht nur und ausschließlich etwas Gegebenes vor, das lediglich *be*schrieben würde: Realität „gilt" als *soziale Realität* erst dann, wenn sie bemerkt und mit Bedeutungsgehalt versehen wird, d. h. besondere Eigenschaften *zu*geschrieben erhält. Nimmt man das „ist" nicht als Existenzaussage, sondern als ein auf die Geltungskomponente eines Geschehens bezogenes Wort, dann könnte man schlagwortartig sagen: *Krankheit ist, was dafür gehalten wird* oder *Kriminalität ist, was so definiert wird*. Diese Formeln mögen für eine naturwissenschaftlich-medizinisch begründete Auffassung provokativ klingen. Ihre Nützlichkeit als analytisches Konzept erweist sich jedoch unmittelbar dann, wenn es auf die Analyse der Bedeutung von Krankheit(en) für die Versagung oder Gewährung persönlicher Hilfen und Vorteile ankommt, vor allem im Renten- und Versicherungswesen. Doch schon für innermedizinische Zwecke vermittelt ein am reinen (organischen) Krankheitsgeschehen orientierter Anknüpfungspunkt keinen ausreichenden Geltungsgrund. Beim Abstellen auf die Abweichung vom empirisch-naturwissenschaftlich feststellbaren Durchschnitt des Körperzustands oder seiner Organfunktionen würden etwa die sog. Zivilisationskrankheiten den Krankheitscharakter verlieren. Die Beeinträchtigung des körperlichen Wohlbefindens reicht schon deshalb nicht, weil organische Störungen subjektiv lange als nicht belastend erlebt werden können. Die Beeinträchtigung des seelischen Wohlbefindens eignet sich ebenfalls nur beschränkt, weil ein Patient sich als Kranker fühlen kann, ohne daß der Arzt greifbare Symptome erheben könnte. *Kranksein und Krankheit* können also, müssen aber nicht zusammenfallen. Besondere Schwierigkeiten treten bei den sog. Geistes- oder *Gemütskrankheiten* auf.

Solange ein Mediziner nur in seiner Eigenschaft als dem Patienten helfender Arzt betroffen ist, braucht ihn die Definitionsfrage letztlich wenig zu berühren. Selbst wenn er im speziellen Fall sogar überzeugt ist, daß ein Patient „eigentlich" nichts habe, kann er sinnvollerweise Behandlungsbedürftigkeit konstatieren. Im übrigen ist ärztliche Kunst immer konkret, sie hat es mit einzelnen Krankheiten, d. h. mehr oder minder exakt umschriebenen Syndromen, nosologischen Einheiten bzw. Krankheitsbildern zu tun. Dies ändert sich, wenn und soweit die Entscheidung des Arztes über das Vorliegen einer (bestimmten) Krankheit sachlich konstitutiv ist für sozial relevante Maßnahmen. Die Medizin-Soziologie versucht (auch), dies dadurch in den Griff zu bekommen, daß sie Krankheit oder besser: das „Sich-Krank-Benehmen" einer Person als Ausdrucksform → abweichenden Verhaltens einstuft. Gemeint ist damit neben anderem, daß das (organisch oder seelisch begründete) Kranksein, soweit es Dritte in ihren Beziehungen und Interessen berührt, zu einem *sozial bedeutsamen Tatbestand* wird, der soziale Reaktionen provoziert. Krankheit kann privilegieren und stigmatisieren, kann Recht verleihen und Pflichten begründen, mit anderen Worten: positive wie negative → Sanktionen hervorrufen. Das klassische Beispiel für → Stigmatisierung bilden die *Aussätzigen* der biblischen Welt. Für ambivalente Reaktionen seit je prädestiniert erscheinen die *Geisteskranken.* Äußerlich sichtbare Krankheit kann in gleicher Weise wie *körperliche Mißbildung* die Kommunikationschancen gefährden. So kann sich ein Betroffener gedrängt sehen, „Techniken der Bewältigung beschädigter Identität" als (die Reaktion des anderen vorwegnehmenden) Gegenstrategien zu entwickeln. In einer Gesellschaft, die Arbeit als Wert betrachtet und Leistung belohnt, gilt *Nichtarbeiten* bei objektiver Arbeitsgelegenheit als Makel. Der „Bummler" verhält sich manifest abweichend. Das sog. Krankschreiben verändert jedoch unmittelbar die Bewertung durch die Umwelt: Dem Nichtarbeitenden ist durch die soziale Rolle des Kranken der Makel genommen. Er hat einen positiven Status durch den Arzt verliehen bekommen, der sich auch *arbeitsrechtlich* auswirkt: So bleibt der Lohnfortzahlungsanspruch erhalten, die Krankheitszeit wird nicht auf den Urlaub angerechnet, und es besteht die Aussicht auf eine Kur. Im *Zivilrecht und Sozialrecht* hängt von der Zuerkennung einer Krankheit z. B. ab, ob jemand Schadensersatz erhält, vor allem in Form einer (lebenslangen) Arbeitsunfähigkeitsrente, oder ob er auf Sozialfürsoge angewiesen bleibt. So geht es etwa darum, ob nach einem Unfall für Spätfolgen Rente gezahlt werden muß oder ob der Anspruch verneint wird mit der Begründung, es liege lediglich eine sog. Rentenneurose vor. Im Rahmen der *freiwilligen Gerichtsbarkeit* bilden Krankheiten den Anlaß für Maßnahmen wie beispielsweise Pflegerbestellung, Entmündigung oder Unterbringung in einer Anstalt. Im *Strafrecht* schließlich gibt es zahlreiche Anknüpfungspunkte: So das Hervorrufen von Krankheiten (bei schwerer Körperverletzung und Vergiftung), die Probleme der Organtransplantation, die Sterbehilfe bei tödlichen Erkrankungen, der ärztliche Heileingriff, die Rechtfertigung einer Abtreibung bei schwerer Gefährdung der Mutter und, als besonders bedeutender Bereich, die Beurteilung der Zurechnungsfähigkeit eines Beschuldigten, die besonders bei den sog. Psychopathen – im Gegensatz zu den endogenen Psychosen Schizophrenie und Zyklothymie – umstritten ist (→ Schuldfähigkeit).

Innerhalb der *kriminologischen Diskussion* geht am weitesten das von psychodynamischen Überlegungen beeinflußte Konzept, das *Verbrechen und Krankheit gleichsetzt*. Für die Gesamtheit allein in irgendeiner Beziehung gegen Strafnormen verstoßenden Verhaltens ist die Gleichsetzung offenbar unrichtig. Bei der Alltagskriminalität leistet sie einer Pathologisierung und Individualisierung sozial „normalen" Verhaltens Vorschub (→ Dunkelfeld). Zudem überläßt sie faktisch dem Gesetzgeber dann die Kompetenz zur Schaffung oder Beseitigung von Krankheit durch das einfache Mittel der Gesetzesänderung; und sie führt schließlich zu einer Vermischung von Seins- und Sollenskategorien. Stärkeres Gewicht erhalten *Thesen der Psychoanalyse bei exzeptionellen Verbrechen* im Bereich triebhafter Persönlichkeitskomponenten oder affektiv besetzter zwischenmenschlicher Beziehungen. Das Verbrechen erscheint in der verstehenden Analyse als äußere Manifestation für (krankhafte) Störungen der Persönlichkeit, die tief im Unter- oder Unbewußten verankert sind. Ein anderer (früher viel erörterter) Problemkreis betrifft das Auftreten von einzelnen, bestimmten *Krankheiten* bei offiziell registrierten Straftätern und besonders *Strafgefangenen*, wobei nicht selten als kausale Beziehung interpretiert wurde, was lediglich zufälliges Zusammentreffen verschiedener Phänomene war. Als Beispiel kann die Tuberkulose dienen, die früher stärker als heute – epidemiologisch gesehen – schichtabhängig verteilt und verbreitet war. In neueren Reihenuntersuchungen über Gefangene wird berichtet von erhöhter psycho-vegetativer Störbarkeit, von Selbstschädigungstendenzen, hohen Neurotizismuswerten bei Persönlichkeitstests, Neigung zu Arbeitsunfällen und Verkehrsunfällen („Unfäller"-Persönlichkeit) sowie einer generell erhöhten Opferanfälligkeit. Dabei sei hingewiesen auf die *Situationskomponente* bei der Entstehung entsprechender Symptomkomplexe. Ein weiterer Problembereich bezieht sich auf die Rolle von Krankheiten und Abnormitäten eines Betroffenen für dessen *Disposition zur Deliktsbegehung*. Klassische Diskussionsgegenstände sind die Geisteskrankheiten (z. B. Schizophrenie und Gewaltverbrechen) sowie die Entwicklungs- und Generationsvorgänge (z. B. Pubertät und Konfliktstaten, Menarche und Brandstiftung, Menstruation und Ladendiebstahl). Nach neuerer Einsicht handelt es sich um allenfalls qualitativ wichtige Phänomene für den spezifisch gelagerten Einzelfall, nicht jedoch um quantitativ bedeutsame Mengen für das Gesamt der Kriminalität. In der jüngeren Diskussion werden genannt: Im Zusammenhang mit dem Straßenverkehr z. B. das Blutzuckermangel-Syndrom und die Epilepsie, im Rahmen aggressiven Verhaltens z. B. die genetische Abweichung des XYY-Syndroms, innerhalb der kindlichen Delinquenz (motorische Unruhe mit Weglaufen, Erziehungsschwierigkeiten, Stehlen; → Kinderkriminalität) die frühkindliche Hirnschädigung und die Phosphatunverträglichkeit als ernährungsbedingte Störung sowie innerhalb der Spät- oder → Alterskriminalität die Folgewirkungen von Entbehrungssituationen (KZ, Straflager, Gefangenschaft) und senilen Abbauerscheinungen.

Bach, H. (Hrsg.), Der Krankheitsbegriff in der Psychoanalyse, Göttingen 1982; *Badura, B.* (Hrsg.), Soziale Unterstützung und chronische Krankheit, Frankfurt/M. 1981; *Bochnik, H.J.*, Krankheit, in: HwbKrim, 2. Aufl., hrsg. v. Sieverts, R., Schneider, H.J., Bd. I, Berlin 1966; S. 482–496; *Böker, W., Häfner, H.*, Gewalttaten Geistesgestörter, Berlin 1973; *Degkwitz, R., Siedow, H.* (Hrsg.), Standorte der Psychiatrie, Bd. 2: Zum umstrittenen psychiatrischen Krankheitsbegriff, München u. a. 1981; *Engelhardt, D.v.*, Kriminalität zwischen Krankheit und Abnormität im wissenschaftlichen Denken des 19. Jahrhunderts, in: Festschrift für H. Leferenz, hrsg. v. Kerner, H.-J., Göppinger, H., Streng, F., Heidelberg 1983, S. 261–278; *Goffman, E.*, Stigma. Über Techniken der Bewältigung beschädigter Identität, Frankfurt/M. 1967; *Keupp, H.*, Krankheitsbegriff und Normalität, in: Grundbegriffe der Psychotherapie, hrsg. v. Bastine, R., Weinheim u. a. 1982, S. 225–227; *Mergen, A.*, Krankheit und Verbrechen, München 1972; *Nass, G.* (Hrsg.), Biologische Ursachen abnormen Verhaltens, Wiesbaden 1981.

HANS-JÜRGEN KERNER

Kriminalgeographie, Städtebau und Kriminalität. Kriminalgeographie oder *Kriminalökologie* nennen wir einen Ansatz, der im Bereich der Soziologie des abweichenden Verhaltens bis heute noch keine eigene Theorie darstellt, sondern durch eine bestimmte Art von Daten – nämlich „ökologische", d. h. Daten über Stadtbezirke oder andere Gebietseinheiten – und bestimmte methodisch-statistische Probleme (z. B. „ökologischer Fehlschluß") gekennzeichnet ist (vgl. OPP 1968), auch wenn in den letzten Jahren Versuche vorgelegt wurden, eine eigenständige kriminalökologische Theorie zu konstruieren (vgl. z. B. BURSIK 1988). „Ökologische Analysen abweichenden Verhaltens beschreiben die geographische Verteilung abweichenden Verhaltens in Gebieten, oder sie versuchen zu erklären, warum sich abweichendes Verhalten in bestimmter Weise auf die Gebiete verteilt" (OPP 1968). Dabei lassen sich je nach der Art der Fragestellung *deskriptive* und *erklärende* ökologische Analysen unterscheiden: Sehr oft werden in einer Studie beide Typen miteinander verknüpft. Ökologische Arbeiten zeichnen sich in der Regel durch folgende weitere Eigenarten aus: 1. Es werden bereits vorliegende statistische Daten benutzt, meist der amtlichen bzw. öffentlichen Buch- bzw. Berichtsführung, so daß ökologische Analysen im allgemeinen auf einen ganz bestimmten Datentyp (z. B. Berufsgliederung, ethnische Zugehörigkeit, demographische Daten insgesamt) beschränkt sind und damit vor spezifischen Problemen stehen. 2. Diese Auswahl der Daten führt dazu, daß gerade jene Variablen nicht verwendet werden, an denen Soziologen in der Regel besonders interessiert sind, so daß sie unter z. B. problematischen Annahmen aus den genannten Indikatoren erschlossen werden müssen.

Die Kriminalgeographie kann auf eine lange Tradition zurückblicken und wird auch nur in einer historisch orientierten Darstellung verständlich. Sie geht in ihren Anfängen auf die im ersten Drittel des 19. Jahrhunderts sich entwickelnde Kriminal-und Moralstatistik zurück (vgl. ELMER 1933; SACK 1969) und fand in GUERRYS „Essai sur la statistique morale de la France" (1833) und einer weiteren vergleichenden Untersuchung über die Moralstatistik in England und Frankreich (Paris 1864) bahnbrechende Vorreiter. Ein wichtiges Ergebnis GUERRYS war die Feststellung, daß relativ konstante Faktoren und Bedingungen die Determinanten bei der Erforschung sozialer Phänomene sind. GUERRY überprüfte u. a. die Thesen, daß Kriminalität durch Armut, mangelnde Bildung und

Bevölkerungsdichte verursacht wird, wobei er die später so bedeutsam werdende Betonung der Chancenstruktur für die Kriminalität vorwegnahm. Nahezu gleichzeitig – allerdings wohl auf Anregung durch GUERRY entstanden – und ähnlich bedeutsam war QUETELETs „Physique sociale" (1835).

Der Wert dieser Untersuchungen beruht darauf, daß sie ihre Datenaufbereitung mit Hilfe geographischer Darstellungstechniken vorgenommen und damit Interpretationen zugänglich gemacht haben, die sich später als wichtig herausstellen sollten, ganz abgesehen von den deskriptiven Informationen, die uns diese Arbeiten hinterlassen haben. Allerdings wurden bei der Analyse zunächst recht grobe und z. T. rein administrative Kriterien für die Wahl der Arealgrenzen verwendet (ein auch heute noch nicht leicht lösbares Problem). Andererseits gab es schon sehr früh auch eine geographisch-regionale oder ökologische Analyse von gesellschaftlichen Teilgebilden, vor allem von Städten und Großstädten. Hierfür sind besonders bezeichnend die Arbeiten von PARENT-DUCHATELET (1837) über die Prostitution in Paris und von MAYHEW (1862) und FLETCHER (1848/49) über Kriminalität und soziale Probleme in England und Wales. MAYHEW hat u. a. die seiner Zeit sieben Polizeidistrikte Londons getrennt untersucht und dabei eine Präzision und Prägnanz erreicht, die wegen ihrer methodischen Basis noch heute vorbildlich sein könnte. Vor allem aber hat er theoretische Konstrukte und Hypothesen entwickelt, die später von großer Wichtigkeit werden sollten (vgl. MORRIS 1975); so z. B. Anklänge an die Theorie der differentiellen Assoziation und der Chancenstruktur. MAYHEW befand sich in einer Auseinandersetzung mit FLETCHER (1848/49), der eine Serie ökologischer Karten, in denen die Kreise Englands und Wales nach dem Kriterium der ökonomischen Struktur gruppiert worden waren, und entsprechende Daten für die Kriminalität präsentierte, um die Wichtigkeit des Faktors Schulbildung für die Kriminalität zu belegen. MAYHEW betonte demgegenüber die Relevanz der „kriminellen Karriere". MAYHEWs „Kausalanalyse" war nach heutigen methodologischen Kriterien unzulänglich, aber wichtige Entwicklungslinien sind immerhin angedeutet, wenn er postuliert, daß Kriminalität durch Armut, mangelnde Bildung und Bevölkerungsdichte nicht *zureichend* erklärt werden kann. Seine Datenanalyse sprach für seine These. MAYHEWs eigene „Theorie" lautete, daß „Krimineller" ein Beruf sei, in den Kinder hineingeboren und auf den sie hin erzogen werden, wobei sie ihr Training in den Unterschichtvierteln der großen Städte, in deren Gefängnissen etc. erhielten.

Eine fruchtbare Entwicklung der Kriminalsoziologie hätte in der Kriminalgeographie deshalb angelegt sein können, weil die von letzterer verwendeten Daten sich vor allem auf Gesamtgesellschaften, Regionen, Städte, Gemeinden und Stadtviertel beziehen, also auf den gesellschaftlichen *Kontext*, in dem Kriminalität auftritt, und *nicht* auf die *Person des Täters*. Diese Vorarbeit der Kriminalgeographie ist leider lange Zeit folgenlos geblieben, obwohl durch die Verknüpfung kriminalgeographischer Analyseverfahren mit soziologischen Theorien in DURKHEIMs Werk über den Selbstmord (1897) einer der wichtigsten sozialwissenschaftlichen Klassiker entstand. Die in den letzten Jahrzehnten durchgeführten kriminalgeographischen Arbeiten sind keine direkte Fortsetzung dieser alten Forschungstradition, denn diese wurde zunächst durch die mit

DARWIN verknüpfte Tradition der Kriminologie LOMBROSOscher Prägung mit ihrer starken Betonung der Person des Täters verdrängt, andererseits jedoch auch durch die Umschmelzung DARWINscher Ideen neu belebt. Nach DARWIN spielen die Umwelt bzw. die Bedingungen, an die sich der Organismus anpassen muß, eine kritische Rolle im Prozeß der natürlichen Auslese. Aus den damit verknüpften Überlegungen entwickelten sich die Konzepte der Humanökologie (vor allem Wettbewerb, Symbiose, Invasion, Sukzession, Segregation und natural area). Diese wurde zunächst weitestgehend in enger Anlehnung an biologische Konzepte formuliert.

Das Konzept des natural area wurde als menschliches Äquivalent zum natural area der Pflanzengemeinschaft verstanden, das sich auf der Grundlage der unpersönlichen Prozesse des Wettbewerbs und der Kooperation entwickelt, und zwar innerhalb des Prozesses des Stadtwachstums. Implizit war in dieser „Theorie" die Gleichsetzung der natural areas mit den konzentrischen Zonen, die nach BURGESS (1925) das Stadtwachstum kennzeichnen, enthalten: Zentraler Geschäftsbereich (1); Übergangszone rund um den zentralen Bereich, die von innen her verändert wird (2); Arbeiterviertel, die von Personen bewohnt werden, die sich aus der Zone wegen deren Niedergangserscheinungen abgesetzt haben (3); Wohnviertel der gehobenen sozialen Schichten mit gut ausgestatteten Mietshäusern bzw. Einfamilienhäusern (4); Pendlergebiete am Rande oder in der Nähe der Stadt (5).

Dieses als *allgemein* nachweisbar postulierte Muster wurde später in der Literatur häufig – mit Recht – bestritten, die übertriebene Betonung des Wettbewerbs und die Vernachlässigung kultureller Faktoren nachgewiesen, dennoch bot es für die Kriminalgeographie lange Zeit das allgemein akzeptierte Analyseparadigma, an dem sich vor allem die wichtigsten kriminalgeographischen Arbeiten der Studien von SHAW und MCKAY (1929, 1931, 1942, 1969) orientierten, die folgende Regelmäßigkeiten nachweisen:

1. Es gibt deutliche Unterschiede in den Raten für Schuleschwänzen, Jugenddelinquenz und Erwachsenenkriminalität zwischen den Gebieten der Stadt Chicago.
2. Die genannten Raten tendieren zu einer umgekehrt proportionalen Beziehung zur Distanz vom Stadtzentrum, d. h., je näher zum Stadtzentrum ein Gebiet liegt, desto höher sind die genannten Raten abweichenden Verhaltens.
3. Es besteht eine deutliche Ähnlichkeit in der Verteilung der verschiedenen Raten abweichenden Verhaltens.
4. Die Differenzen in den Raten der verschiedenen Arten abweichenden Verhaltens spiegeln Unterschiede in den Gemeindestrukturen wider. Hohe Raten treten in den Gebieten auf, die durch physischen (baulichen) Niedergang gekennzeichnet sind, wobei die Variablen, die für die Ausprägung des abweichenden Verhaltens verantwortlich sind, sozialer Natur sind.
5. Gebiete mit hohen Raten abweichenden Verhaltens haben diese hohen Raten in der Regel über einen längeren Zeitraum, und dies auch dann, wenn sich innerhalb dieser Zeiträume z. B. die ethnische Bevölkerungszusammensetzung drastisch verändert hat.
6. Die Rückfallquoten variieren proportional zur Rate der Kriminalität in den Gebieten und umgekehrt proportional zur Distanz zum Stadtzentrum.

In den Untersuchungen, die diese Ergebnisse zeitigten, wurde eine Reihe von Problembedingungen in ihrer Verteilung über die natural areas der Stadt analysiert (u. a. Schuleschwänzen, Kriminalität junger Erwachsener, Kindersterblichkeit, Tuberkulose, psychische Behinderung) und in Beziehung zum demographischen, ökonomischen und ethnisch-rassischen Status der Gebiete gesetzt. Gebiete hoher Delinquenz- und Kriminalitätsraten waren gekennzeichnet durch Mobilität, ökonomische Notsituationen, physischen (baulichen) Niedergang, hohe Anteile von Mietwohnungen und ethnisch heterogene Bevölkerungszusammensetzung, d. h., es waren Übergangsgebiete mit ablaufenden Invasions- und Sukzessionsprozessen. SHAW und MCKAY zogen daraus die Schlußfolgerung, daß die Wurzel der Kriminalität in der sozialen Organisation der sozialen Gebilde zu suchen ist, die sich in den sozialen Beziehungen, Normen und Werten, die die soziale Welt des Kindes ausmachen, widerspiegelt. Während in Gebieten mit niedrigen Devianzraten Kinder und Jugendliche vor allem konventionellen Situationsdefinitionen ausgesetzt sind, lernen Kinder und Jugendliche in Gebieten mit hohen Raten abweichenden Verhaltens vor allem kriminelle Situationsdefinitionen. Kinder und Jugendliche in Gebieten mit mittleren Devianzraten haben die Chance, beide Arten von Situationsdefinitionen zu lernen: Ihr Verhalten hängt von dem konkreten Partizipations- und Rollenmuster ab, in dem sie stehen. Die Ähnlichkeit zur Theorie der differentiellen Assoziation (SUTHERLAND) ist offensichtlich.

Viele der von SHAW und MCKAY vorgetragenen Ergebnisse haben sich in späteren Studien bewährt (vgl. u. a. SHORT 1969; OPP 1968), andere nicht. Eine intensive Diskussion dieser Bilanz läßt sich hier nicht darlegen, so daß wir einige zentrale Punkte herausgreifen müssen. Einmal sind Kritiken deshalb laut geworden, weil die Mehrzahl der Arbeiten versäumt hat, das Problem des „ökologischen Fehlschlusses“ zu berücksichtigen, also naiv von Aggregatdatenkorrelationen auf Individualkorrelationen schloß (vgl. dazu G. ALBRECHT 1976), zum anderen wird von vielen Kritikern auf die Fragwürdigkeit der mathematischen Auswertungsprozeduren (z. B. Faktorenanalyse) verwiesen, die oft nur begrenzt Interpretationen zulassen, bzw. auf die dabei aufgetretenen statistischen Fehler. Die Kritik an der Forschungsarbeit von SHAW und MCKAY ist besonders durch LANDER (1954) vorgetragen worden, der u. a. die Berechnungen von linearen Zero-order-Korrelationen kritisiert und statt dessen Partial- und multiple Korrelationen berechnet hat und die Regressions- und Faktorenanalyse heranzog. Aber es ging ihm vor allem um eine Kritik der theoretischen Konstrukte des Zonenmusters, der Invasion und des natural area sowie der These von der Verursachung der Kriminalität durch soziale Desorganisation, wobei er auf die Zirkularität der Argumentation bei SHAW und MCKAY verweist, bei denen in die Operationalisierung der unabhängigen Variablen Indikatoren eingehen, die mit der abhängigen Variablen nahezu identisch sind. LANDER verwendete bei seiner Studie über Baltimore im Prinzip sehr ähnliche Variablen wie SHAW und MCKAY, berechnete aber auf Nichtlinearität hin korrigierte Korrelationskoeffizienten zwischen den genannten Variablen und den Delinquenzraten sowie Partialkorrelationen. Wurde der Einfluß der übrigen Variablen eliminiert, so waren die beiden Partialkorrelationen zwischen schlechten Wohnungsbedingungen und Überbelegung der Wohnungen auf der einen und Delinquenz auf der anderen Seite nahezu Null. Das Vorgehen bei der Partialisierung wurde von einigen Autoren als unhaltbar erwiesen (HIRSCHI/SELVIN 1976). Bei seiner Faktorenanalyse extrahierte LANDER einen „Anomiefaktor" und einen Faktor „sozioökonomische Situation". Indikatoren für ersteren waren „Delinquenzrate", „Anteil der Mietwohnungen" und „Anteil der Schwarzen", für den zweiten Faktor waren es „niedrige Mieten" und „niedrige Schulbildung". LANDER betont, daß beide Faktoren unterschiedlich sind, da die Ladungen der Indikatoren des einen Faktors auf dem anderen jeweils niedrig sind. Wenn LANDER jedoch ausführt, daß die Delinquenz in Baltimore deutlich mit der Stabilität oder Anomie eines Gebietes verknüpft ist und keine Verbindung mit den ökonomischen Merkmalen eines Gebietes besteht, dann argumentiert auch er tautologisch, da ja u. a. „Anomie" durch „Delinquenzrate" operationalisiert worden war. LANDER kritisiert ferner die Annahme von BURGESS (1942), daß ein einziger Faktor die Delinquenz erkläre, da nach seinen Daten die zu einem Faktor gehörenden Indikatoren auf dem anderen nur sehr niedrig laden. Bei einem Replikationsversuch verwendete BORDUA (1958/59) für Detroit zusätzlich zu LANDERs Variablen Angaben über das Einkommen und Daten auf der Basis der SROLEschen Anomieskala aus einer Bevölkerungsumfrage. BORDUA extrahierte in seiner Faktorenanalyse die drei Faktoren Wohnungszustand und Überbelegung der Wohnung (1), sozio-ökonomischer Status (2) und Armut und soziale Desorganisation (3). Abgesehen von kleineren Differenzen, bestätigte BORDUA die Ergebnisse LANDERs, dessen unklare Verwendung des Anomiekonzepts er jedoch zu vermeiden suchte.

CHILTON (1968) versuchte, die Differenzen in den Ergebnissen von LANDER und BORDUA zu versöhnen, und verwendete bei seiner Studie erheblich mehr Variablen (19), mit dem Ergebnis, daß er keine relevante Beziehung zwischen der Delinquenz und der Situation der Anomie herausfand. Die Ähnlichkeit der Zero-order-Korrelationen zwischen den verschiedenen Studien spricht dafür, daß in allen drei Städten, die untersucht wurden, ähnliche Faktoren mit der Delinquenz verknüpft sind. Eine Umfaktorierung der Daten für Baltimore und Detroit ergab keine Bestätigung für LANDERs Interpretation. Zwar lassen sich manche der verwendeten Variablen als Indikatoren für Anomie interpretieren, aber eine eindeutige Klärung der Problematik ergibt sich dadurch nicht. CHILTON zog aus seiner Studie den Schluß, daß sich eine erheblich stärkere Berücksichtigung mentaler Konzepte (Normen, Ziele, Selbstbild, Statusaspiration etc.) empfehle, so daß das alleinige Operieren mit Aggregatdaten fragwürdig werde, ebenso wie das meist völlig untheoretische Experimentieren mit Faktorenanalysen, die letztlich keine Hypothesenüberprüfung in bezug auf kausale Zusammenhänge erlauben, ein Ende haben müsse. Zu letztlich gleichen Ergebnissen – wenn auch differenzierteren – kam OPP in der für lange Zeit einzigen brauchbaren deutschen Studie, die im übrigen auch die Zonenhypothese starker Kritik unterzieht.

Durch eine methodisch sehr interessante Replikationsstudie von JACKSON (1973) wissen wir, daß ein wesentlicher Teil der vermeintlichen Unterschiede zwischen den zuvor genannten Studien ein methodisches Artefakt zu sein scheint, das sich aus Unterschieden in der Zahl der Untersuchungseinheiten, des Umfangs und der Struktur der Variablensätze und der Art der durchgeführten Faktorenanalyse ergibt. Demnach stünde das altbekannte Verteilungsmuster der Delinquenz im Stadtbereich im wesentlichen als bestätigt da, und vor allem ließe eine nähere inhaltliche Betrachtung der Faktorstruktur erkennen, daß sowohl „Anomie" und „sozio-ökonomischer Status" relevant sind und keine unabhängigen, diskreten Faktoren darstellen (JACKSON 1973, 139).

Eine andere Richtung der Kriminalökologie bedient sich der social area analysis, bei der Bevölkerungsmerkmale nach drei Dimensionen (ökonomische, familiale und ethnische Dimension), von denen jede ein Maß der grundlegenden Merkmale und Trends moderner Städte sein soll, gruppiert werden. Es werden keine Zonen gegeneinander abgegrenzt, die unterschiedliche Typen von Gebieten zusammenfassen, sondern es wird eine nach den genannten Kriterien verfahrende Gruppierung von räumlichen Einheiten angestrebt; ein Verfahren, das nicht ohne heftige Kritik geblieben ist. In einer derart angelegten Studie fand QUINNEY (1964) so gut wie keine Beziehung zwischen Kriminalitätsraten und „Familienstatus" (s. u.) von Gebieten, jedoch eine negative Relation zwischen Kriminalitätsraten und ökonomischem Status der Gebiete sowie eine positive Korrelation zwischen Kriminalitätsraten und ethnischer Zugehörigkeit bzw. Zusammensetzung der Gebiete. Im Gegensatz dazu ergaben sich zwischen den genannten Variablen und der Delinquenz jeweils signifikante Beziehungen.

Vor allem ist wichtig, daß ein hoher „Familienstatus" (nicht zu verwechseln mit dem sozio-ökonomischen Status von Familien!) in einem Gebiet einen Schutz vor Kriminalität nur in Gebieten mit niedrigem ökonomischen Status bietet, vor Delinquenz jedoch in Gebieten mit beliebigem ökonomischen Status. In einer ähnlichen Studie zeigte POLK (1957/58), daß bei Gebieten mit besonders niedrigem „Familienstatus" die Delinquenz mit der Höhe der Schicht im betreffenden Gebiet zunimmt, während bei allen anderen Ausprägungen des „Familienstatus" abnehmende Delinquenzraten von einem Anstieg der sozialen Schichtzugehörigkeit der Einwohner begleitet werden.

Die Kriminalökologie schien in der Mitte der 60er Jahre wissenschaftlich steril und unergiebig zu werden, obwohl immer komplexere und aufwendigere Datenanalysen durchgeführt wurden, so daß wir von einer weiteren Auflistung von Befunden dieser Zeit absehen wollen. Unabhängig von diesen zahlreichen älteren Befunden tritt seit den 80er Jahren die Diskussion der kriminalökologischen Desorganisationstheorie der SHAW- und MCKAY-Tradition in ein neues Stadium (BURSIK 1984), die zu angemesseneren Konzeptualisierungen der Theorie und zu angemesseneren Forschungsdesigns führt. Auf dieser Basis bewährt sich die Theorie durch Nachweis der Relevanz von niedriger sozialer Schicht, ethnischer Heterogenität, geographischer Mobilität und Familiendesorganisation in den Wohnquartieren für die Kriminalitätsraten in erstaunlichem Maße (SAMPSON/GROVES 1989).

Gegenüber all diesen Studien, die sich mit Deliktraten an sich begnügen, ist nach dem Erscheinen der Studie von BOGGS Skepsis anzumelden. BOGGS (1964) nahm den Gedanken von LOTTIER auf, daß die Analyse der Verteilung von Delikten und Deliktraten nur dann zu sinnvollen Ergebnissen führen kann, wenn die Delikte in bezug zu *Deliktgelegenheiten* gestellt werden. Wählt man diese realistischere Berechnungsbasis, so ergeben sich von dem üblichen Muster deutlich abweichende Verteilungen (z. B. verschwinden die sonst typischen hohen Deliktraten von „Wohnungseinbruch" und „Autodiebstählen" im Stadtzentrum etc.), und andererseits stellen sich theoretisch besser interpretierbare Zusammenhänge ein als vorher (vgl. für deutsche Städte dazu auch FRIEDRICHS 1985). Diese Befunde haben dazu geführt, die räumliche Verteilung der Kriminalität nicht mehr allein durch stadtstrukturelle Bedingungen erklären zu wollen, die auf die Entstehung von abweichenden Dispositionen hinwirken, sondern die *Gelegenheitsstrukturen* im umfassenden Sinne einzubeziehen. Damit ist gemeint, daß das Auftreten von Delikten – und damit auch ihre räumliche Verteilung – aus dem spezifischen Wechselspiel von abweichenden Dispositionen/Tatabsichten und von geeigneten Gelegenheiten resultiert. Nur dann, wenn sich einem zur Abweichung bereiten Akteur ein lohnendes Ziel ohne allzu großes Risiko bietet, wird er, nach diesem Modell, abweichend handeln. Die räumliche Verteilung von Beuteobjekten, potentiellen Tätern und potentiellen Bewachern bzw. Zeugen entscheidet demnach über Häufigkeit und Verteilung von kriminellen Handlungen. Alle drei Faktorenbündel hängen wiederum ab von der Stadtstruktur im Makro- und Mikrobereich (z. B. Flächennutzungsmuster, Quartiersgestalt, Anordnung von Häuserblocks, Gestaltung der Häuser und ihrer unmittelbaren Umgebung usw.), die 1. darüber entscheidet, ob sich „defensible space" (NEWMAN 1972) ergibt oder nicht, 2. den raumzeitlichen Rhythmus des Alltagslebens und im Zusammenwirken mit den Lebensstilen der Bevölkerung die Verteilung von Tätern, Opfern/Beute sowie von „Wächtern" maßgeblich bestimmt und 3. für die Verteilung der Aktivitäten der Instanzen sozialer Kontrolle von großer Bedeutung ist.

Insbesondere das Konzept des „defensible space" von NEWMAN (1972) hat lange Zeit zu der allzu optimistischen Erwartung geführt, man könne durch gezielte städteplanerische und architektonische Kniffe eine nennenswerte Verringerung der Kriminalität erzielen. Sowohl für die USA selbst als auch für die Bundesrepublik läßt sich jedoch zeigen, daß die Zusammenhänge offensichtlich komplexer sind. Für die Bundesrepublik jedenfalls zeigt sich, daß von einer nennenswerten *direkten* Beziehung zwischen „defensible space" und Kriminalitätshäufigkeit bei Kontrolle anderer zentraler Variablen nicht geredet werden kann (ROLINSKI 1980). Zeigte sich ferner zunächst ein deutlicher Zusammenhang zwischen Lebensstil sowie zwischen den damit auch verknüpften Variablen Exposition, Grad der Überwachung, Nähe und symbolischer Attraktivität der Beute/des Opfers und Viktimisierungsrisiko, so ergeben genauere Analysen, daß unabhängig von diesen mit der Stadtstruktur eng verknüpften Variablen auch der sozio-ökonomische Status von zentraler Bedeutung ist. Prüft man die Frage, ob die sich aus der Stadtstruktur über die sozial und lebensstilbedingten Aktivitätsmuster der Bevölkerung ergebende Gelegenheitsstruktur oder die soziale Ungleichheit in den untersuchten Städten für die Höhe der Kriminalitätsraten verantwortlich sind, so erweist sich die Gelegenheitsstruktur möglicherweise sogar als irrelevant (vgl. CARROLL/JACKSON 1983). Die empirischen Belege stützen den Routineaktivitäten-Ansatz in seiner ursprünglichen Form meist nur begrenzt, so z. B. für Eigentumsdelikte (gemessen über Viktimisierungserfahrungen) (MASSEY/KROHN/BONATI 1989), für Totschlag alter Menschen (KENNEDY/SILVERMAN 1990), während KENNEDY/FORDE (1990) aus der Kombination von Routineaktivitäten und riskantem Lebensstil passable Erklärungen für Körperverletzung, Raub, Einbruch ableiten konnten. Auch wenn der Routineaktivitätenansatz nicht ganz die in ihn ursprünglich gesetzten Erwartungen erfüllt zu haben scheint, so lassen sich doch eine Reihe von brauchbaren präventionspolitischen Konsequenzen ziehen (FELSON 1987).

Allerdings ist zu beachten, daß die Analysen teilweise auf sehr unterschiedlichen Daten beruhen (Surveydaten/Opferbefragungen auf der einen, offizielle statistische Daten auf der anderen Seite), so daß vor schnellen Schlußfolgerungen zu warnen ist. Ferner ist zu beachten, daß die Wahl der Untersuchungs-/Analyseebene für Ergebnisse sehr relevant sein kann. Während beispielsweise SHICHOR u. a. (1979) auf der Basis von Dichtemaßen für ganze Städte bei der Überprüfung der Gelegenheitsstrukturthese eine negative Korrelation zwischen Bevölkerungsdichte und Viktimisierungsraten ermittelten, ergaben sich in einer anderen Studie bei etwas veränderter Dichtemessung und bei Untersuchung auf der Ebene der Nachbarschaft positive Korrelationen zwischen der Dichte und Raub- und Überfalldelikten. Ganz ähnliche Befunde werden berichtet, wenn die Dichte (Crowding) auf den familialen Wohnraum bezogen wird, bei gleichzeitiger Kontrolle sozialstruktureller Variablen. Auch hier sollten voreilige Schlüsse unterbleiben, denn die Befunde über die Relation zwischen Bevölkerungsdichte und den Raten abweichenden Verhaltens sind überaus widersprüchlich, wenn auch im deutschen Sprachraum anscheinend immer wieder bestätigt (vgl. z. B. SCHWIND u. a. 1978, 376 f.). Zudem spricht vieles dafür, daß es sich dabei – wie bei vielen sozialökologischen Befunden – um ein statistisch-methodisches Artefakt, bedingt durch Autokorrelation räumlich-strukturierter Daten, handelt.

Angesichts der Vielfalt von amerikanischen Studien, die mit sehr unterschiedlichen theoretischen Fragestellungen und einer Vielzahl von Datenquellen und auf breiter empirischer Basis *innerstädtische Verteilungsmuster* von Kriminalität teilweise recht erfolgreich zu erklären versuchen, überrascht die relativ schmale Forschung in Deutschland. Die breit angelegten Studien von SCHWIND u. a. (1978) und von FREHSEE (1978), die den besonderen Vorzug haben, Individualdaten und Aggregatdaten sowie offizielle kriminalstatistische Daten und das Dunkelfeld erhellende Daten zu verwenden, haben ganz wichtige Erkenntnisse beigesteuert, die insbesondere deutlich machen, daß viele, aber längst nicht alle amerikanischen Befunde auf deutsche Verhältnisse übertragen werden können, aber sowohl in theoretischer als auch methodisch-analytischer Hinsicht müßten die Studien weiterentwickelt bzw. fortgesetzt werden.

Ähnliches gilt für die kriminalökologische Forschung, die auf ganze Städte oder Regionen zurückgreift und dabei auch den Besatz derselben mit Vertretern der Instanzen sozialer Kontrolle, insbesondere der Polizei, einbezieht. Während wir für die USA z. B. durch die Arbeiten von PYLE (1974) und HARRIES/BRUNN (1978) über Studien verfügen, die innerstädtische, aber auch regionalvergleichende Analysen durchführen und dabei z. T. auch die Dynamik des kriminellen Handelns sowie die Verfolgungs- und Sanktionspraxis einbeziehen, sind diese

Arbeiten hierzulande sehr selten. HELLMERs klassischer Beitrag (1972), dessen viele Einzelbefunde hier nicht darstellbar sind, bleibt zu sehr in der deskriptiven Verarbeitung stecken. Allerdings zeigen Versuche einer eingehenden multivariaten Re-Analyse (G. ALBRECHT 1976), daß sich einer theoretisch befriedigenden Interpretation sowohl die Datenqualität (theoretische Relevanz) als auch statistisch-methodische Probleme in den Weg stellen. Gelänge es, einige dieser Fragen befriedigend zu lösen, so könnten auch wir zu Aussagen über den Zusammenhang zwischen verschiedenen Typen von Kriminalitätsraten und sozialer Ungleichheit, Armut und regionalen subkulturellen Traditionen kommen, wie sie für die USA – allerdings auch hier mit teilweise sehr widersprüchlichen Ergebnissen – vorliegen. Angeregt durch eine Studie von BLAU/BLAU (1982), die für die großstädtischen Regionen der USA einen deutlichen Zusammenhang zwischen sozialer Ungleichheit und verschiedenen Gewaltdelikten berichtete, ergaben sich eine Reihe von Folgestudien, die ähnlich wie die frühere von BRAITHWAITE (1979) einen solchen Zusammenhang nicht erbrachten, dann jedoch wiederum durch andere Studien widerlegt zu werden schienen (vgl. als gute Übersicht dazu GOLDEN/MESSNER 1987). Auch in diesem Falle scheint die Widersprüchlichkeit der Befunde weniger in der Sache selbst als vielmehr in Operationalisierungsunterschieden für die zentrale unabhängige Variable zu liegen, die wiederum darin begründet sind, daß wir von einer befriedigenden theoretischen Fundierung der Kriminalökologie noch weit entfernt sind (GOLDEN/MESSNER 1987).

Ein ähnliches Defizit finden wir in bezug auf deutsche Forschung über die Relevanz regionaler und lokaler Unterschiede im Polizeibesatz, die für die Diskussion um die innere Sicherheit immer wichtiger werden. Während die amerikanische Forschung (vgl. z. B. JACOBS 1979, aber auch GREENBERG u. a. 1983) hierzu wichtige Arbeiten beigesteuert hat, sind diese Aspekte in Deutschland nahezu sträflich vernachlässigt worden. Dies dürfte neben dem Mangel an geeigneten Datenquellen auch daran liegen, daß entsprechende Studien eine komplexe Verknüpfung von ökologischer und von Zeitreihenanalyse erfordern, methodisch daher außerordentlich anspruchsvoll sind. Grundsätzlich dürfte es jedoch eine vielversprechende Strategie sein, auch oder gerade die Arbeit der Instanzen sozialer Kontrolle in ihren räumlichen Bezügen zu analysieren, so wie dies z. B. MICHALOWSKI/PEARSON (1990) für das Wirken der Strafjustiz getan haben, um Zusammenhänge zwischen Strafpraxis und Sozialstruktur herauszuarbeiten. Generell gilt es dabei auch zu beachten, daß die kriminalgeographische Forschung nicht auf die kleinräumige Analyse beschränkt bleiben muß, sondern insbesondere regionale, aber auch gesamtgesellschaftliche bzw. international-vergleichende Forschungen zu wichtigen Ergebnissen führen können (vgl. in bezug auf soziale Ungleichheit und Gewaltkriminalität AVISON/LORING 1986).

Wenig beachtet, aber doch bedeutsam dürften die Auswirkungen sein, die die räumliche Verteilung, insbesondere die wahrgenommene räumliche Konzentration der Kriminalität auf die Stadtstruktur und die Stadtentwicklung selbst hat, da man davon ausgehen kann, daß Wanderungsströme innerhalb von Städten davon nicht unbeeinflußt bleiben und durch die Selektion von spezifischen

Teilgruppen zu Segregationsphänomenen beitragen (vgl. diese Nachweise bei G. ALBRECHT 1982).

Relevante Fortschritte in der Kriminalgeographie dürften nur dann zu erreichen sein, wenn die Theoriebildung sich einerseits nicht nur auf die Erklärung kriminellen Verhaltens beschränken, sondern auch verstärkt andere Formen abweichenden Verhaltens einbeziehen würde. Das Augenmerk sollte nicht nur auf soziale, ökonomische und demographische Strukturmerkmale gerichtet sein, sondern gerade auch deren Dynamik müßte beachtet werden, ganz unabhängig davon, daß auch physische Ressourcen eines Gebietes von gravierender Bedeutung sein können (vgl. O'DONNELL/LYDGATE 1980). Des weiteren gilt es, genauer zu erforschen, in welcher Weise Kontextbedingungen für das Zusammenspiel von auf individueller Ebene kausal relevanten Variablen bedeutsam sind und die Erklärungsleistung klassischer kriminalsoziologischer Theorien erheblich verbessern.

Neuere Versionen der Theorie der sozialen Desorganisation (BURSIK 1987) lassen in Zusammenwirken mit einer sich entwickelnden „Theorie devianter Orte" (STARK 1987) und dem Ansatz der Routineaktivitäten (vgl. SHERMAN/GARTIN/BUERGER 1989) erhoffen, daß diese klassische Forschungstradition sich aus Jahren der Stagnation befreit. Allerdings wird sie auch gut daran tun, ihre Analysestrategien zu verbessern und zu einer genaueren Erforschung der Relationen zwischen Wohnsitzen, Lebensräumen, Tatorten etc. fortzuschreiten.

Albrecht, G., Erkenntnisgegenstand und Entwicklungsmöglichkeiten der Kriminalgeographie, in: Die Kriminologische Regionalanalyse – ein kriminalgeographischer Ansatz für die Beurteilung der Sicherheitslage, hrsg. v. Polizeiführungsakademie in Münster, Münster 1976, S. 45–148; *ders.*, Theorien der Raumbezogenheit sozialer Probleme, in: Raumbezogenheit sozialer Probleme, hrsg. v. Vaskovics, L.A., Opladen 1982, S. 19–57; *Avison, W.R., Loring, P.L.*, Population Diversity and Cross-National Homicide: The Effects of Inequality and Heterogeneity, Criminology 24 (1986), S. 733–749; *Blau, J.R., Blau, P.M.*, The Cost of Inequality: Metropolitan Structure and Violent Crime, ASR 47 (1982), S. 114–129; *Boggs, S.L.*, The Ecology of Crime Occurence in Saint Louis: A Reconceptualization of Crime Rates and Patterns, Phil. Diss., Washington University 1964; *Bordua, D.J.*, Juvenile Delinquency and „Anomie": An Attempt at Replication, SP 6 (1958/59), S. 230–238; *Burgess, E.W.*, The Growth of the City, in: The City, hrsg. von Park, R.E. u. a., Chicago 1925, S. 47–62; *Bursik, R.J.*, Urban Dynamics and Ecological Studies of Delinquency, Social Forces 63 (1984), S. 393–413; *ders.*, Social Disorganization and Theories of Crime and Delinquency: Problems and Prospects, Criminology 26 (1988), S. 519–551; *Chilton, R.J.*, Continuity in Delinquency Area Research. A Comparison of Studies for Baltimore, ASR 33 (1968), S. 600–601; *Cohen, L.E., Kluegel, J.R., Land, K.C.*, Social Inequality and Predatory Criminal Victimization: An Exposition and Test of a Formal Theory, ASR 46 (1981), S. 505–525; *Durkheim, E.*, Le suicide. Etude de sociologie Paris 1960 (deutsch: Der Selbstmord, eingel. v. Dörner, Berlin u. a. 1973); *Elmer, M.C.*, Century-old Ecological Studies in France, AJS 39 (1933), S. 63–70; *Felson, M.*, Routine Activities and Crime Prevention in the Developing Metropolis, Criminology 25 (1987), S. 911–931; *Fletcher, J.*, Moral and Educational Statistics of England and Wales, Journal of the Statistical Society of London 12 (1849), S. 189–336; *Frehsee, D.*, Strukturbedingungen urbaner Kriminalität. Eine Kriminalgeographie der Stadt Kiel unter besonderer Berücksichtigung der Jugendkriminalität, Göttingen 1978; *Friedrichs, J.*, Kriminalität und sozio-ökonomische Struktur von Großstädten, Zeitschrift für Soziologie 14 (1985), S. 50–63; *Golden, R.M., Messner, St.F.*, Dimensions of Racial Inequality and Rates of Violent Crime, Criminology 25 (1987), S. 525–541; *Harries, K.D., Brunn, S.D.*, The Geography of Law and Justice System, New York 1978; *Hellmer, J.*, Kriminalitätsatlas der Bundesrepublik Deutschland und Westberlins, Wiesbaden 1972; *Jackson, R.F.*, Ecological Factors and Official Delinquency in Louisville, Kentucky, 1957–1959, Phil. Diss., Indiana University 1973; *Jacobs, D.*, Inequality and Police Strength: Conflict Theory and Coercive Control in Metropolitan Areas, ASR 44 (1979), S. 913–925; *Jonassen, Ch.T.*, A Re-evaluation and Critique of the Logic and

Some Methods of Shaw and McKay, ASR 14 (1949), S. 608–614; *Kennedy, L.W., Forde, D.R.*, Risky Lifestyles and Dangerous Results: Routine Activities and Exposure to Crime, Sociology and Social Research 74 (1990), S. 208–211; *Kennedy, L.W., Silverman, R.A.*, The Elderly Victim of Homicide: An Application of the Routine Activities Approach, The Sociological Quarterly 31 (1990), S. 307–319; *Lander, B.*, Towards an Understanding of Juvenile Delinquency, New York 1954; *Lottier, S.*, Distribution of Criminal Offences in Metropolitan Regions, JCrim 29 (1938), S. 37–50; *Massey, J.L., Krohn, M.D., Bonati, L.M.*, Property Crime and the Routine Activities of Individuals, Journal of Research in Crime and Delinquency 26 (1989), S. 378–400; *Mayhew, H.*, London Labour and the London Poor, London 1862; *McKay, H.D.*, Preface to the Revised Edition, in: Juvenile Delinquency and Urban Areas, hrsg. v. Shaw, C.R., McKay, H.D., rev. Aufl., Chicago 1969, S. XIX–XXI; *Messner, St.F.*, Poverty, Inequality, and the Urban Homicide Rate, Criminology 20 (1982), S. 103–114; *Michalowski, R.J., Pearson, M.A.*, Punishment and Social Structure at the State Level: A Cross-Sectional Comparison of 1970 and 1980; Journal of Research in Crime and Delinquency 27 (1990), S. 52–78; *Morris, T.*, The Criminal Area. A Study in Social Ecology, London 1957; *Newman, O.*, Defensible Space, New York 1972; *O'Donnell, C.R., Lydgate, T.*, The Relationship to Crimes of Physical Resources, Environment and Behavior 12 (1980), S. 207–230; *Opp, K.D.*, Zur Erklärung delinquenten Verhaltens von Kindern und Jugendlichen. Eine ökologische Analyse der Kinder- und Jugenddelinquenz in Köln und eine Kritik des kriminal-ökologischen Ansatzes, München 1968; *Parent-Duchatelet, A.J.B.*, De la prostitution dans la ville de Paris, 2 Bde, Paris 1837; *Polk, K.*, Juvenile Delinquency and Social Areas, SP 5 (1957/58), S. 214–217; *Pyle, G.F.*, The Spatial Dynamics of Crime, Chicago/Ill. 1974; *Quetelet, A.*, Physique sociale, 2 Bde., dt.: Über den Menschen und die Entwicklung seiner Fähigkeiten, Stuttgart 1938, Brüssel u. a. 1869; *Quinney, R.*, Crime, Delinquency and Social Area, JResDel 1 (1964), S. 149–154; *Rolinski, K.*, Wohnhausarchitektur und Kriminalität, Wiesbaden 1980; *Sampson, R.J., Groves, W.B.*, Community Structure and Crime: Testing Social Disorganization Theory, AJS 94 (1989), S. 774-802; *Schmid, C.F.*, Urban Crime Areas, Teil 1 und Teil 2, ASR 25 (1960), S. 527–542, 655–678; *Schwind, H.D., Ahlborn, W., Weiß, R.*, Empirische Kriminalgeographie. Kriminalitätsatlas Bochum, Wiesbaden 1978; *Shaw, C.R., McKay, H.D.*, Juvenile Delinquency and Urban Areas, Chicago 1942; *Sherman, L.W., Gartin, P.R., Buerger, M.E.*, Hot Spots of Predatory Crime: Routine Activities and the Criminology of Place, Criminology 27 (1989), S. 27–55; *Shichor, D., Becker, D., O'Brian, R.*, Population Density and Criminal Vcitimization: Some Unexpected Findings in Central Cities, Criminology 17 (1979), S. 184–193; *Turner, St.*, The Ecology of Delinquency, in: Delinquency: Selected Studies, hrsg. v. Sellin, T., Wolfgang, M.E., New York 1969, S. 27–60.

GÜNTER ALBRECHT

Kriminalisierung → Selektion und Selektionsmechanismen, → Kriminalpolitik, → Verbrechensbegriff

Kriminalistik. Der Begriff der Kriminalistik ist das Ergebnis eines historischen Schrumpfungsprozesses: VON LISZT gebrauchte „Kriminalistik“ synonym mit der von ihm geforderten „Gesamten Strafrechtswissenschaft“, welche aus dem materiellen und formellen Strafrecht sowie verschiedenen strafrechtlichen Hilfswissenschaften bestehen sollte. GROSS (1893), vielfach als Begründer der Kriminalistik angesehen, faßte unter diesem Begriff zunächst die strafrechtlichen Hilfswissenschaften zusammen (Vorwort zur 3. Auflage), was praktisch zur Identität mit dem Begriff Kriminologie führte. Später bezeichnete er als Kriminalistik nur noch die Kriminalphänomenologie und die praktische Untersuchungskunde (Vorwort zur 4. Auflage). Heutigem Sprachgebrauch dürfte es eher entsprechen, von dem Oberbegriff der „Forensischen Wissenschaften“ auszugehen, worunter solche Disziplinen zu verstehen sind, „die ihre Erkenntnisse und Verfahren bewußt in den Dienst der Rechtspflege stellen“ (STELZER 1967). Dazu gehört dann neben der forensischen Medizin, Psychopathologie,

Psychologie und Biologie, gewissermaßen als Leitdisziplin, die „Strafuntersuchungskunde" oder Kriminalistik. Inwieweit letztere als „autonome Wissenschaft" (GEERDS 1980) oder als klinische Kriminologie (MERGEN 1983) anzusehen ist, bleibt eine in Fachkreisen beliebte, wenn auch nicht sehr weiterführende Frage.

„Wer eine Fußspur ansah, ein Gaunerwort auffing, eine Skizze vom Tatort aufnahm, jeder von ihnen hat Kriminalistik getrieben, aber wissenschaftliche Disziplin waren diese einzelnen Bestrebungen nicht, und erst wenn in jeder ihrer Richtungen weiter geforscht und das Gefundene systematisch zusammengetragen und geordnet wurde, erst dann verlangen wir den Namen einer Disziplin für die Kriminalistik ..." (GROSS 1893). Als Disziplin in diesem Sinne entstand die Kriminalistik im Laufe des 19. Jahrhunderts. Wichtigster Faktor bei ihrer Entstehung war die Abschaffung des inquisitorischen Verfahrenssystems durch die bürgerliche Revolution in Frankreich. War die Beweisführung bis dahin starr und formalgesetzlich geregelt, so stand nun im System der freien Beweiswürdigung die Möglichkeit und die Notwendigkeit, objektive, wissenschaftliche Beweise heranzuziehen. Insbesondere die Abschaffung der Folter erhöhte den juristischen Bedarf an neuen Mitteln der Strafverfolgung und der Beweisführung im Strafverfahren. Befriedigt werden konnte dieser Bedarf vor allem durch die rasche Entwicklung der Naturwissenschaft im 18. und 19. Jahrhundert. Die naturwissenschaftliche Kriminalistik oder Kriminaltechnik profitierte vor allem von der Entdeckung des Mikroskops, der Entwicklung einer wissenschaftlichen Toxikologie und Ballistik. Die objektive Personenidentifizierung (signalement) wurde Ende des 19. Jahrhunderts durch die Entwicklung der Daktyloskopie und der Kriminalphotographie erleichtert. Ferner wirken sich die Fortschritte in der Biologie (Gentechnologie; DNA-Analyse) aus (zusammenfassend TAK 1990). Seit der Jahrhundertwende haben alle größeren Polizeiorganisationen kriminaltechnische Laboratorien aufgebaut. In Deutschland stellen das Bundeskriminalamt sowie die Landeskriminalämter Zentren der kriminaltechnischen Forschung und Anwendung dar (BUNDESKRIMINALAMT 1985; KUBE 1988).

Von der Kriminaltechnik wird zumeist die Kriminaltaktik unterschieden, worunter das richtige und zweckmäßige Vorgehen beim Verhüten und Aufklären strafbarer Handlungen gerechnet wird (soweit es nicht ausgesprochen naturwissenschaftlich-technischer Natur ist). Besondere Bedeutung hat in diesem Zusammenhang das Modus-operandi-System erlangt, insbesondere als Mittel zur Aufklärung von Verbrechen unbekannter Täter. Zur Aufklärung eines Verbrechens wird dabei auf bereits früher registrierte Taten mit einer gleichen, gleichartigen oder mindestens ähnlichen Arbeitsweise eines früher identifizierten Verbrechers zurückgegriffen. Zu diesem Zweck existieren bei der Kriminalpolizei bzw. bei Bundes- und Landeskriminalämtern EDV-gestützte Informationssysteme, die auf der Grundlage des Schengen-Abkommens im Zuge der europäischen Integration auch grenzübergreifend genutzt werden sollen. Das Modus-operandi-System beruht indes auf theoretischen Annahmen (Täter-Perseveranz), die inzwischen als höchst problematisch erkannt wurden (STEFFEN 1982; SCHUSTER 1983; KUBE 1988, 254 f.). Eine andere Methode, die sich unmittelbar aus den Möglichkeiten elektronischer Datenverarbeitung ergeben hat, ist die

Raster-Fahndung (kritisch dazu SIMON/TAEGER 1981). Hier geht es darum, große, unter Umständen für ganz andere Zwecke angelegte Datenbestände (Meldedaten, Daten über Strombezieher, Bibliotheksbenutzer etc.) untereinander zu vergleichen bzw. durch aufeinanderfolgende Sortiervorgänge nach zuvor festgelegten Verdachtskriterien auf einen „Bodensatz" zu reduzieren, der dann nach traditionellen Methoden observiert und eventuell strafbarer Handlungen überführt werden kann. Bei der Überführung von Straftätern stehen klassische Methoden (Vernehmung, Gegenüberstellung) nach wie vor im Vordergrund.

Die Kriminalistik wird aus einem Erkenntnisinteresse betrieben, welches als Kontrollperspektive bezeichnet werden kann. Sie ist insoweit ein Wissenssystem im Dienste der Polizei, der Kriminalitätsbekämpfung, der inneren Sicherheit. Indem sie in erster Linie an der – „repressiven und präventiven Kontrolle des Verbrechens" interessiert ist, verliert sie das Phänomen „Verbrechen" und seine politische Erzeugung und Zurichtung aus den Augen. Dies galt schon für das Werk von Hans Groß, „der in scharfsinnigster Form den Techniken der Verbrechensbegehung und -aufklärung nachgespürt hatte, die gesellschaftlichen Normierungs- und Bewertungsprozesse, die abweichendes Verhalten konstituieren, konsequent ignorierte. Homosexuelle, Malkontente, Arbeitsscheue waren für ihn Abweichende per se, die es zu bekämpfen galt" (STANGL 1982, 15). Aber auch heute ist die Kriminalistik wesentlich eine Hilfe für die Strafverfolgungsbehörden, nicht für die Verteidigung. Dies gilt vor allem für den Bereich des kontinentaleuropäischen Strafrechts, wegen der hier immer noch fortbestehenden Inquisitionsmaxime. Im anglo-amerikanischen Parteiprozeß wird die Kriminalistik dagegen in sehr viel stärkerem Maße auch aus anwältlicher Perspektive nachgefragt und betrieben. In Deutschland ist ein wachsendes Interesse im Rahmen der Strafverteidiger-Initiativen zu verzeichnen (vgl. BARTON 1988).

Barton, S., Strafverteidigung und Kriminaltechnik. StV 8 (1988), S. 124-130;*Bundeskriminalamt*, 2. Symposium: Wissenschaftliche Kriminalistik, Wiesbaden 1985; *Geerds, F.*, Kriminalistik, Lübeck 1980; *Gross, H.*, Handbuch für Untersuchungsrichter, Graz 1893; *Kube, E.*, Kriminalistisch-kriminologische Forschung im Bundeskriminalamt, in: Kaiser, G., Kury, H., Albrecht, H.-J. (Hrsg.), Kriminologische Forschung in den 80er Jahren, Freiburg 1988, S. 249–262; *Mergen, A.*, Die Kriminalistik im Wissenschaftssystem der Kriminologie, in: Wissenschaftliche Kriminalistik. Grundlagen und Perspektiven. Teilband 1, Systematik und Bestandsaufnahme, hrsg. von Kube, E., Störzer, H.U., Brugger, S., Wiesbaden 1983, S. 19–35; *Schuster, L.*, Persevanz, in: Kube, E. u. a., a. a. O., 1983, S. 321–352; *Simon, J., Taeger, J.*, Rasterfahndung. Entwicklung, Inhalt und Grenzen einer kriminalpolitischen Fahndungsmethode, Baden-Baden 1981; *Stangl, W.*, Bruchlose und abgebrochene Traditionen der österreichischen Kriminologie, in: KB 9 (1982), S. 3–23; *Steffen, W.*, Kriminologische Forschung an Landeskriminalämtern: Die Kriminologische Forschungsgruppe der bayerischen Polizei, in: Kaiser, G., Kury, H., Albrecht, H.-J. (Hrsg.), Kriminologische Forschung in den 80er Jahren, Freiburg 1988, S. 263–276; *Steffen, W.*, Untersuchung der Möglichkeiten des datenmäßigen Abgleichs von Täterbegehungsmerkmalen zur Fallzusammenführung, München 1982; *Stelzer, E.*, Kriminalistik und forensische Wissenschaften, Berlin 1967; *Tak, P.*, DNA en strafproces, Arnhem 1990;

JOHANNES FEEST

Kriminalität. Das Verbrechen (→ Verbrechensbegriff) als Sozialerscheinung bezeichnet man als „Kriminalität". Dieser *Begriff* meint die Summe der strafrechtlich mißbilligten Handlungen. Sie werden gewöhnlich nach Raum (national, regional, lokal) und Zeit sowie Umfang (Zahl der Delikte), Struktur (Art und Schwere der Delikte) und Entwicklung beschrieben. Daten zur Kriminalität setzt man ferner mit den von der Rechtspflege verhängten Kriminalsanktionen in Beziehung und bereitet sie nach bestimmten Merkmalen der Rechtsbrecher auf (Alter und Geschlecht, Vorstrafenbelastung, Familienstruktur, Schulbesuch, sozioökonomischer Status). Besondere Aufmerksamkeit widmet man der gemeinschaftlichen Begehungsweise, der Opfersituation, der Schadenshöhe und der Nationalität. Kriminalität ist aber keine Wirklichkeit für sich, sondern abhängig von gesellschaftlichen und staatlichen Einrichtungen, die auf Verbrechen antworten, sie verfolgen oder ahnden. Tatsächlich erfaßt werden daher vor allem die amtlich bekanntgewordenen Rechtsbrüche. An diesen wird deutlich, was das jeweilige Kontrollsystem – bestehend aus Verbrechensopfer und Anzeigeerstatter (→ Anzeigeverhalten der Bevölkerung) bis hin zu Polizei und Strafrechtspflege – besonders mißbilligt und somit bestraft wissen will. Kriminalität spiegelt in dieser *Abhängigkeit von der Verbrechenskontrolle* soziale Empfindlichkeiten wider. Wird in einer Gesellschaft dem Privateigentum ein hoher Wert beigemessen, werden vermehrt auch Handlungen registriert, die gerade dieses Rechtsgut verletzen. Entsprechendes gilt für den Schutz von Leib und Leben, Freiheit und Umwelt. Rechtsbrecher und Verbrechensopfer leben gewöhnlich in demselben System von Symbolen und Bedeutungen, von Fällen des Kulturkonflikts abgesehen. Die Verletzbarkeit einer Gesellschaft gegenüber bestimmten Verhaltensweisen und die daraus folgende verstärkte Anzeigefreudigkeit läßt sich anhand von Beispielen aus der Geschichte belegen. Im alten Zürich waren rund zwei Drittel aller mit dem Tode bestraften Jugendlichen Sodomiten und Bestiarier, hingegen nur ein Fünftel Diebe. Im kaiserlichen Deutschland konnte man zeitweise Anzeigehäufungen bei Beleidigung und Körperverletzung beobachten. Im Attentatsjahr 1878 vermehrte sich die Zahl der Majestätsbeleidigungsprozesse um mehr als das Dreizehnfache. Seit einigen Jahren besteht eine *Blickschärfung* für Kindesmißhandlung, Drogengebrauch (→ Drogen und Kriminalität) und → Wirtschaftskriminalität. Die zunehmende Land- und Luftverschmutzung und das dadurch bedingte „Waldsterben" lassen eine stärker werdende Sensibilität gegenüber Umweltschutzdelikten erkennen.

Um Kriminalität analysieren zu können, stehen verschiedene *Erkenntnismittel* zur Verfügung: → Kriminalstatistik, Dunkelfeldforschung (→ Dunkelfeld), Aktenanalyse, Fallsammlungen, Beschreibung von Einzelfällen in Büchern und Zeitungen, Lehrbücher und Monographien. Von herausragender Bedeutung ist die Kriminalstatistik. Bei ihrer Auswertung muß allerdings berücksichtigt werden, daß die amtlich gezählten Rechtsbrüche und andere Daten nicht die Realität des Verbrechens wiedergeben, sondern bereits Produkte eines vorausgegangenen Prozesses des Filterns und der Bewertung sind (KERNER 1981, 266). Polizei- und Rechtspflegestatistiken sowie Täter- und Opferbefragungen liefern eine Reihe von Anhaltspunkten (*Indikatoren*), die begründete Rückschlüsse auf Umfang, Struktur und Bewegung tatsächlicher Kriminalität erlauben.

Im Gebiet der Bundesrepublik Deutschland wurden in den achtziger Jahren jährlich rd. 4 Mio. Straftaten angezeigt und in der Polizeilichen Kriminalstatistik erfaßt. Dabei bleiben die Verkehrsdelikte noch unberücksichtigt. Bezieht man die fragliche Anzeigenmenge auf die Bevölkerung, so erhält man eine Häufigkeitsziffer von etwa 7100 auf 100 000 Einwohner für das Bundesgebiet, im Jahr 1990 z. B. 7108. Bezieht man auch die Verkehrsstraftaten mit ein – 1990 immerhin 37% aller nach der Strafverfolgungsstatistik ausgewiesenen Verurteilungen –, so hat man in Anlehnung daran mit einer *jährlichen Verbrechensmenge* im Bundesgebiet von rd. 7 Mio. angezeigter und amtlich registrierter Straftaten zu rechnen. Abgeurteilt werden jährlich allerdings nur weniger als 1 Mio. Personen und verurteilt etwa 700 000 Personen. Von den als tatverdächtig Ermittelten sind ca. 43% bereits zuvor polizeilich in Erscheinung getreten, von den Verurteilten rd. die Hälfte vorbestraft. Legt man die jährlichen Zuwachsraten erstmals amtlich zur Kenntnis genommener Straffälligen zugrunde, so ist nach begründeten Schätzungen am Ende des 24. Lebensjahres bereits ein Drittel der gesamten männlichen Bevölkerung mindestens einmal wegen Verbrechen und Vergehen gerichtlich verurteilt („bestraft") worden. Von den gleichaltrigen Frauen sind es allerdings weniger als 5%. Nach einer amerikanischen Kohorten-Untersuchung waren 35% der männlichen Jugendlichen bis zum Alter von 18 Jahren und sogar 47% der Männer bis zum 30. Lebensjahr mindestens einmal wegen einer Straftat polizeilich verdächtigt („arrested") worden. Allgemein wird ein *Vorbestraftensatz in der Bevölkerung* von 18 bis 25% angenommen.

Weil die statistisch erfaßten Straftaten nur gezählt, nicht aber nach dem Schweregrad gewichtet werden, ist die Frage nach der *Struktur* der Kriminalität, nach ihrer *Schwere* und der *Entwicklung* der Delikte bedeutsam. Nach der Polizeilichen Kriminalstatistik (PKS, zuletzt 1990) steht der Diebstahl mit einem Anteil von fast zwei Dritteln (60,5%) an erster Stelle registrierter Kriminalität. Dabei fällt der Diebstahl unter erschwerten Umständen (34,7%) stärker ins Gewicht als der einfache Diebstahl. Zwischen beiden Deliktsgruppen hat eine Umschichtung stattgefunden, die zum Großteil auf die Neufassung des Gesetzes (§ 243 StGB) zurückgeht. Sachbeschädigung (8,9%) und Betrug (8,2%) machen zusammen mit dem Diebstahl etwa 80% der erfaßten Kriminalität aus, eine in den letzten Jahren gleichbleibende Verteilung. Dabei erreichen 48,5% der einfachen Diebstähle sowie 40% der Betrugsfälle allerdings keinen Schaden von 100 DM (PKS 1990, 107, 16). Die Gewaltkriminalität fällt, gemessen an der Gesamtzahl der registrierten Straftaten, gegenüber der Eigentumskriminalität kaum ins Gewicht. Jedoch ist die Zahl der ermittelten Fälle absolut gesehen beträchtlich. Mord und Totschlag erreichen 0,1% aller erfaßten Kriminalfälle, der Raub in seinen verschiedenen Ausprägungen 0,8%, was absolut gesehen mehr als 35 000 Fällen im Jahr 1990 entspricht. Bei der Vergewaltigung wird schon seit längerem ein leichter Rückgang verzeichnet, während die Rauschgiftdelikte *erheblich* angestiegen sind, aber in ihrem Anteil an der Gesamtkriminalität kaum über 2% hinausreichen. Auch die polizeilich erfaßten Straftaten gegen die Umwelt weisen eine bedeutende Steigerung auf, der allerdings die Verurteilungsraten kaum folgen. Die Vergehen gegen die Sicherheit des Straßenverkehrs machen etwa 35% der durch die Rechtspflege abgeurteilten Delikte aus. Dieser hohe Anteil entspricht dem beträchtlichen Kraftfahrzeugbestand und der großen Zahl jährlicher Todesopfer und Verletzter sowie dem Umfang des Sachschadens im öffentlichen Straßenverkehr. Die wechselnde Wirtschaftsentwicklung hingegen hat im Bereich der Eigentumskriminalität bislang nur begrenzt meßbare Wirkungen gezeigt. Bei den Eigentumsdelikten spielt der Fahrrad- und Ladendiebstahl, bei den Vermögensdelikten die Fahrgeldhinterziehung eine wichtige Rolle. Zunehmend wird bei Entdeckung solcher Straftaten auf informelle Lösungen verzichtet. Die „Ertappten" werden an Polizei und Justiz weitergemeldet. Außerdem hat die Ausweitung des Sachversicherungsschutzes zu einer verstärkten Anzeigefreundlichkeit geführt. Die Versicherungssumme wird in der Regel, zumindest wenn der Schaden nicht unerheblich ist, nur dann ausgezahlt, wenn die Meldung des Geschädigten an die Strafverfolgungsbehörde vorliegt. Die zunehmende Beliebtheit des Fahrrads, dessen temporäre Einbeziehung in die Hausratversicherung, aber auch Betrügereien mit „gestohlenen" Fahrrädern haben die Diebstahlsrate ebenfalls erhöht (KERNER 1981, 277). Mit den Erscheinungen der Alltags- und Massenkriminalität, insbesondere im Falle des Ladendiebstahls und der Großstadtkriminalität, teilen die Verkehrsstraftaten weithin das Merkmal der Anonymität. Diese Kennzeichnung findet sich außerdem bei benachbarten Deliktstypen wie der gemeinschädlichen Sachbeschädigung und vor allem bei der Wirtschaftskriminalität. Für die Bundesrepublik Deutschland finden wir eine Legaldefinition der schweren Wirtschaftskriminalität in der Zuständigkeitsregelung des § 74 c GVG. Im Jahre 1990 wurde ein im Bundesgebiet durch Wirtschaftsstraftaten entstandener Schaden in Höhe von rd. 4 Mrd. DM durch die Staatsanwaltschaften ermittelt, sicher nur ein Bruchteil des Gesamtschadens.

Nicht minder große Aufmerksamkeit in Wissenschaft und Praxis erfährt neuerdings das → *organisierte Verbrechen*. Hier haben sich verschiedene Organisationen mit unterschiedlichen Strukturen und Eigenschaften herausgebildet; neben der ursprünglich vorherrschenden horizontalen Organisationsstruktur haben sich neuerdings Gruppen mit nur örtlichem Einflußbereich etabliert, die locker miteinander verbunden wie ein Netzwerk das Land überziehen und wegen ihrer komplexen Gliederung und der damit verbundenen Flexibilität als sehr gefährlich eingeschätzt werden. Durchgängige Merkmale organisierter Verbrecherbanden sind planvolles Vorgehen, beträchtliche finanzielle Mittel, Internationalität und beeinträchtigte Kontrolle durch die Strafverfolgungsorgane. Schwerpunkte organisierter Kriminalität finden sich abgesehen vom internationalen Rauschgifthandel noch immer in den USA und Süditalien, obschon derartige Verbrechensformen offenbar zunehmend auch aus der Bundesrepublik, der Schweiz, Japan, der Türkei und dem Gebiet der ehemaligen Sowjetunion berichtet werden. Deliktstypisch sind Großdiebstähle von Lastkraftwagenladungen, von Kunstgegenständen aus Kirchen und Museen, Kraftfahrzeugverschiebung, Falschgeldherstellung und -verbreitung, Rauschgiftkriminalität und Prostitution. Die Bekämpfung organisierten Verbrechens ist schwierig, kostspielig und zeitintensiv. Besonders wichtig scheint hier die Vernichtung der finanziellen Macht zu sein. Im übrigen ist die Frage der räumlichen Verteilung von Kriminalität bedeutsam. Damit beschäftigt sich die → *Kriminalitätsgeographie* unter Einbeziehung von soziologischen, wirtschaftlichen, psychologischen und kulturellen Einflußgrößen. Von räumlichen Gegebenheiten abhängig und daher beachtenswert ist die Einflußnahme der Gesellschaft, der Polizei und Rechtspflege, aber auch des Anzeigeerstatters und des Opfers. Diese Faktoren bestimmen das beträchtliche Stadt-Land-Gefälle mit. Ausweislich der Polizeilichen Kriminalstatistik wird rd. die Hälfte der Straftaten in Großstädten (100 000 Einwohner und mehr) begangen. Städte mit einer Einwohnerzahl ab 500 000 weisen einen Kriminalitätsanteil von 32,2% auf, dem ein Bevölkerungsanteil von rd. 16,5% gegenübersteht (PKS 1990, 27). Es handelt sich wohl um eine Mehrfachbelastung, die auf besondere Kommunikationsformen mit dem Kennzeichen einer höheren Mobilität und Anonymität zurückgeführt werden kann. Die Muster der strafrechtlichen Sozialkontrolle formen dabei die Kriminalitätsgeographie mit. Belangvoll ist ferner die Verteilung krimineller Verhaltensweisen nach *Lebensalter und Geschlecht*. Der Anteil der *Frauen* (→ Frauenkriminalität) an allen Straftätern liegt seit einigen Jahren bei etwa 24%. Gesichtspunkte wie unterschiedliche geschlechtsorientierte Sozialisation und verschiedene Rollenerwartungen können dieses Phänomen ansatzweise erklären. Überrepräsentiert sind die weiblichen Tatverdächtigen hingegen beim Ladendiebstahl ohne erschwerende Umstände. Bei *Jugendlichen* (→ Jugendkriminalität) ist die Zahl der Tatverdächtigen in den achtziger Jahren um fast 20% zurückgegangen. Diese Entwicklung ist jedoch im Hinblick auf den Geburtenrückgang hauptsächlich demographisch bedingt. Denn die Kriminalitätsbelastung, also die auf 100 000 Mitglieder der gleichen Bevölkerungs- und Altersgruppe entfallende Zahl der ermittelten Tatverdächtigen, ist nahezu gleichgeblieben.

Die *Erscheinungsformen* der Kriminalität sind mannigfaltig. Daher besteht das Bedürfnis, sie zu ordnen. Die Einteilung von Verhaltensweisen nach dem strafrechtlich vorgegebenen Verbrechensbegriff erscheint oft zu eng und zu wenig aussagekräftig. Deshalb ist seit langem in der Wissenschaft versucht worden, umfassendere Strukturen zu entdecken. So hat man z. B. nach reinen Angriffs- und Gewinndelikten unterschieden. Andere Einteilungen differenzieren nach Eigentums-, Gewalt-, Drogen-, Sexual-, Umwelt-, Wirtschafts- und Straßenverkehrsdelikten. Diese an der strafrechtlichen Legalordnung orientierte Deliktsgruppierung befriedigt jedoch nicht stets. Deshalb gehen andere Einteilungsversuche dahin, nach zwischenmenschlicher, politischer und kollektiver Gewalt zu differenzieren (SIEGEL 1986, 283 ff.) Eine weitere Typologie unterscheidet nach Oberwelt-, Alltags-, Gewalt-, organisierter, politischer, berufsmäßiger und die öffentliche Ordnung verletzender Kriminalität (BLUMBERG 1981, 25 ff.). Eine stärker kriminalsoziologisch orientierte *Verbrechenstypologie* will nach den situationsspezifischen Rollenverhalten der Neuerung, der Auflehnung und des Rückzugs differenzieren. Doch auch diese Typologie oder genauer Klassifikation (→ Klassifikation und Typologie) beschreibt das Delinquenzverhalten nicht ergiebiger als die einzelnen strafrechtlichen Deliktstypen und -gruppen. Andere Ansätze zu Typologisierung versuchen, Tätermerkmale einzubeziehen und überdies Aspekte der Strafrechtssystematik sowie der Sozialkontrolle zu integrieren. Die Magnitudenschätzung nimmt eine Gewichtung nach dem geschätzten Schweregrad des Verbrechens vor. Verschiedene Delikte werden von Angehörigen unterschiedlicher Sozialschichten und Altersgruppen sowie von Opfern und Tätern nach ihrer Schwere eingestuft. Aus diesen Schätzungen, bei denen über die „Schichten hinweg“ eine Konstante entdeckt wurde, versuchte man, einen wissenschaftlichen Index zu erarbeiten. Ein solcher *Verbrechensindex* sollte neben anderen Aufgaben und Zielen die Voraussetzung für einen internationalen Vergleich schaffen.

Die vergleichende Untersuchung ist ebenso notwendig wie problematisch. Sie ist geboten, weil nur sie zureichende Anhaltspunkte darüber vermittelt, ob der jeweilige Zustand von Kriminalität und Verbrechenskontrolle befriedigend, normal, bedenklich oder bedrohlich erscheint. Die *international komparative Analyse* ist aber zugleich auch problematisch, weil die Vergleichbarkeit der Kriminalitätsstrukturen international aufgrund verschiedener Strafrechts- und Verfolgungssysteme sowie unterschiedlicher Meßsysteme erheblich beeinträchtigt ist. In fast allen Industriestaaten wurde in der Zeit nach dem Zweiten Weltkrieg ein erheblicher *Kriminalitätsanstieg* beobachtet. Eine Ausnahme scheint nur für Japan zu bestehen (KÜHNE/MIYAZAWA 1991), wenn man aufgrund der lückenhaften Information und der Besonderheiten im Kontrollsystem von sozialistischen Staaten absieht (dazu ADLER 1983, 37 ff.). Durchgängige Erscheinung in den westlichen Gesellschaften ist der Zuwachs der allgemeinen Kriminalität. Unterschiede liegen jedoch in den Zeitpunkten, zu denen der Zuwachs einsetzte. Während in Skandinavien und Kontinentaleuropa überwiegend erst in den sechziger Jahren ein Anstieg beobachtet wird, trifft dies für die englischsprachigen Länder bereits für die fünfziger Jahre zu. Im Vergleich der westeuropäischen Staaten befindet sich die Bundesrepublik Deutschland ausweislich der Kriminalstatistik insgesamt im oberen Mittelfeld der Kriminalitätsbelastung und des Verbrechenszuwachses. Das Nachbarland *Österreich* weist geringere Belastungsziffern auf: 1990 entfielen auf 100 000 Einwohner etwa 6000 Delikte, in der Bundesrepublik hingegen mehr als 7100. Unterschiedliche Erfassungsmodalitäten in der jeweiligen Polizeistatistik sind freilich nicht auszuschließen. Ähnliche Zählweisen allein garantieren noch keine tatsächlich gleiche Registrierung. Die Häufigkeitsziffer beim Bankraub, einem Delikt, bei dem die unterschiedliche Erfassung das Bild wenig verfälschen wird, liegt nur etwa halb so hoch wie in der Bundesrepublik Deutschland. Schon mit der Größe des Landes scheinen die Kriminalitätsprobleme überproportional zu wachsen (SCHIMA 1981, 289). Die überwiegend ländliche Struktur, weniger Großstädte und dadurch bedingte andersartige strafrechtliche und informelle Sozialkontrolle kann mitursächlich für die geringere Kriminalitätsbelastung sein. Hingegen ist die Struktur der Delikte ähnlich. Zwei Drittel aller registrierten strafbaren Handlungen richten sich gegen Eigentum und Vermögen. Auch in der *Schweiz* werden vergleichsweise weniger Delikte registriert. Unter Berücksichtigung des jeweiligen Bevölkerungsanteils wurden 1990 im deutschen Bundesgebiet erheblich mehr Fälle erfaßt als in der Schweiz. Ähnlich verhält es sich beim Diebstahl und beim Raub, obwohl die Gesamtzahl der 1990 registrierten Straftaten in der Schweiz gegenüber den Vorjahren markant zugenommen hat und damit ein neuer Höchststand der statistisch erfaßten Gesamtkriminalität erreicht wurde. Aufgrund besonderer innenpolitischer Verhältnisse – 26 auf Selbständigkeit bedachter Kantone und einer daraus folgenden Schwerfälligkeit von Polizei und Justiz – ist es jedoch schwierig, ein gesamtschweizerisches Bild der Kriminalität zu zeichnen (HAESLER 1981, 300). Betrachtet man die Polizeiliche

Kriminalstatistik des Kantons Zürich, bewahrheitet sich die These von der Schweiz als „kriminalitätsfreiem Raum“ nicht. Die Häufigkeitsziffer von annähernd 12 500 liegt deutlich über der in der Bundesrepublik Deutschland festgestellten. Sie dürfte eher den Verhältnissen bundesdeutscher Großstädte mit einer Häufigkeitsziffer von 13 671 bezüglich der Großstädte über 500 000 Einwohner entsprechen. Unter Berücksichtigung des Stadt-Land-Gefälles ist daher eine höhere Kriminalitätsrate für Zürich zu erwarten, die sich jedoch nicht auf die Gesamtschweiz übertragen läßt. Die Schweiz ist zwar ein hochindustrialisiertes Land, hat aber kaum reine Industriestädte. In den urbanisierten Bereichen gibt es nur wenige typische Kriminalitätsareale. Viele Schweizer ziehen es vor, in ihrem traditionellen Wohnbereich zu bleiben; sie sind wachsamer gegenüber dem, was in ihrer Gemeinde vorgeht.

Ein breitgefächertes Netz sozialer Kontrolle sowie geringere individuelle Freiräume bremste die Kriminalitätsentwicklung in der ehemaligen DDR. Allerdings lag der DDR-Statistik durch die Erfassung der Straftaten zum Zeitpunkt des endgültigen Verfahrensabschlusses ein anderer Ausweisungsmodus zugrunde als den bekanntgewordenen Fällen der Polizeilichen Kriminalstatistiken. Die Häufigkeitsziffern fielen schon deshalb im Vergleich zu denen westeuropäischer Staaten niedriger aus. Dies trifft auch dann zu, wenn man die von der offiziellen Registrierung bewußt ausgenommenen Fahrrad- und Ladendiebstähle miteinbezieht und die politisch motivierte Manipulation der damaligen Kriminalstatistik berücksichtigt (VON DER HEIDE u. a. 1991, 11 ff.). Danach belief sich die steigende Zahl der Straftaten Ende der 80er Jahre schätzungsweise auf knapp 400 000 mit einer Häufigkeitsziffer von rund 2400 pro 100 000 Einwohner. Wegen des partiell gedämpften und restriktiv beeinflußten Anzeigeverhaltens bestehen für den minderschweren Delinquenzbereich begründete Anhaltspunkte dafür, daß in Wirklichkeit die Kriminalitätsbelastung weit höher war. Gleichwohl dürfte sie kaum die Hälfte jener Westdeutschlands (hier rund 7000) erreicht haben. Selbst für das Jahr 1990 wurden für das Gebiet der neuen Bundesländer „nur“ etwa 300 000 Straftaten polizeilich erfaßt. Diesem Sachverhalt steht nicht entgegen, daß es in der Zeit des politisch-sozialen Umbruchs bei einzelnen Deliktsgruppen wie Raub, aber auch Verkehrsdelikten zu einem dramatischen Anstieg und ferner zu einem bedeutsamen Zuwachs an Verbrechensfurcht (dazu KURY u. a. 1992) gekommen ist.

Eine intensive Sozialkontrolle, allerdings basierend auf Tradition und festen familiären Strukturen, findet sich auch in *Japan*. Trotz hohen Industrialisierungsgrades ist dort die Kriminalitätsbelastung vergleichsweise niedrig. Freilich scheinen nach neueren Daten der vergleichend angelegten Opferbefragung (dazu SVERI 1982, 160 ff.; ARNOLD u. a. 1988, 909 ff.) manche Strukturunterschiede in der Kriminalitätsbelastung zwischen dem Bundesgebiet und Japan nicht so erheblich zu sein, wie sie nach offiziell registrierter Kriminalität zum Ausdruck gelangen (dazu GOVERNMENT OF JAPAN 1990). Im übrigen gilt hier wie auch für die in anderen Staaten registrierte Kriminalität, daß sie eine abhängige Größe, ein Struktur und Intensität der Verbrechenskontrolle jeweils widerspiegelnder Sachverhalt ist. Kriminalität beschränkt sich als Begriff, Erscheinung, Wissen und sozialpolitisches Problem danach weitgehend auf die amtlich bekanntgewordenen Rechtsbrüche. Insofern liefert sie allerdings nur einen Anhalt für die wirkliche Kriminalität.

Daß Verbrechen geschehen, ist an sich weder problematisch noch erstaunlich. Beunruhigend ist vielmehr die *Kriminalitätsbewegung*. Dieser Befund wird auch nicht dadurch entkräftet, daß ein wachsender Teil der angezeigten Kriminalfälle Delikte mit Bagatellcharakter zum Inhalt hat. Der internationale Vergleich der Kriminalität weist überdies strukturelle und tendenzielle Gleichförmigkeiten hochindustrialisierter Gesellschaften des Westens aus, im Gegensatz zu den Kriminalitätsbildern in Japan, der sozialistischen Gesellschaft sowie jenen der unterentwickelten Staaten. Mit Wirtschaft, Arbeit und Technik sowie demographischen Veränderungen – von der gewaltigen Wanderungsbewegung von Millionen ausländischer Arbeiter in der Nachkriegszeit gar nicht zu reden – hängt auch die *Urbanisierung* zusammen. Die anonymen Großstadtverhältnisse begünstigen nicht nur die Entstehung von Anomiepotentialen, sondern schwächen zugleich informelle und formelle Sozialkontrolle. Schon mit dem räumlichen Auseinanderfallen von Wohnung und Arbeitsplatz durch die zeitweilige Abwesenheit vieler Menschen von der Wohnung wird die informelle Sozialkontrolle beeinträchtigt, vor allem durch Zusammentreffen von potentiellen Tätern und Situationen mit geeigneten Objekten. Durch die *Schwächung informeller Sozialkontrolle* bieten sich mehr Gelegenheiten als früher zur Begehung von Eigentumsdelikten. Ferner verweist das Konzept des sozialen Wandels auf Veränderungen in der Religiosität, des Wertewandels und des Erziehungsstils sowie auf Motorisierung, wirtschaftliche Krise und Arbeitslosigkeit. Im Hinblick auf die sozialisatorische Funktion wird man auch die Massenmedien und die Freizeit einbeziehen müssen. In diesem komplexen Bedingungsgefüge nehmen der Werte- und Sozialisationswandel sowie die Veränderungen in der Familie und die Mediensozialisation einen herausragenden Rang ein. Danach beruht das gesteigerte Maß an Kriminalität, das unsere Gesellschaft hervorbringt, offenbar auf vielschichtigen Veränderungen in unserer Gesellschaft. *Der soziale Wandel* reicht von dem Wertsystem, der Familienstruktur, den Beziehungen der Menschen sowie der Wohn- und Arbeitswelt bis hin zu technologischen Veränderungen. Anscheinend steigt die Bereitschaft zur Delinquenz als Antwort auf Belastungssituationen, die der soziale Wandel bedingt und die nicht konfliktfrei verarbeitet werden können, die vielmehr als *Streß* erfahren und als Sinnkrise erlebt werden. Dies ist wiederum dann wahrscheinlich, wenn die soziale Stützung der Familie und der Gesellschaft versagt. *Anomietheoretische Interpretationen* von Gefühlen der Verlorenheit, der Orientierungs- und Perspektivelosigkeit machen dies einsichtig. Aufgrund solcher Einsichten haben neuerdings die sogenannten Kontrolltheorien, welche die Bindung des Menschen an die Gesellschaft in den Mittelpunkt rücken, zunehmend an Bedeutung gewonnen (→ Kriminalitätstheorien, soziologische). Deshalb liefern Werte, Bindungen und Gewissen das durchgehende Thema kriminologischer Reflexion der Gegenwart.

Adler, F., Nations not obsessed with Crime, Littleton/Col. 1983; *Arnold, H., Teske, R., Korinek, L.*, Viktimisierung, Verbrechensfurcht und Einstellungen zur Sozialkontrolle in West und Ost. Ergebnisse vergleichender Opferbefragungen in der Bundesrepublik Deutschland, den Vereinigten Staaten und

Ungarn, in: Kriminologische Forschung in den achtziger Jahren, hrsg. v. Kaiser, G. u. a., Freiburg 1988, S. 909–942; *Balvig, F.*, Weiß wie Schnee. Die verborgene Wirklichkeit der Kriminalität in der Schweiz, Bielefeld 1990; *Blumberg, A.S.* (Hrsg.), Typologies of Criminal Behavior. Current Perspectives on Criminal Behavior, New York 1981; *Bondeson, U.*, Surveys of Victimization in the Scandinavian Countries, in: Victims and Criminal Justice, ed. by Kaiser, G., Kury, H., Albrecht, H.-J., Vol. 50, Freiburg 1991, S. 333-346; *Bundeskriminalamt*, Organisierte Kriminalität in einem Europa durchlässiger Grenzen. Arbeitstagung des BKA vom 6.–9. Nov. 1990, Wiesbaden 1991; *van Dijk, J.J.M., Mayhew, P., Killias, M.*, Experiences of Crime across the World. Key findings of the 1989 International Crime Survey, Deventer u. a. 1990; *Fijnaut, C.J.C.F.*, Organized Crime: The forms it takes, background and methods used to control it in Western Europe and the United States, in: Kaiser, G., Albrecht, H.-J. (Hrsg.), Crime and Criminal Policy in Europe. Proceedings of the II. European Colloquium, Freiburg 1990, S. 53–97; *Government of Japan*, Ministry of Justice, Summary of the White Paper on Crime, Tokyo 1990; *Haesler, W.T.*, Kriminalität in der Schweiz, in: Die Psychologie des 20. Jahrhunderts, Bd. XIV, hrsg. v. Schneider, H.J., Zürich 1981, S. 299–325; *v.d. Heide, F., Lautsch, E.*, Entwicklung der Straftaten und der Aufklärungsquote in der DDR von 1985 bis 1989, in: Neue Justiz 45 (1991), S. 11–15; *Heidensohn, F.*, Crime and Society, New York 1989; *Heidensohn, F., Farrell, M.* (Hrsg.), Crime in Europe, London 1991; *Hellmer, J.*, Beiträge zur Kriminalgeographie, Berlin 1981; *Kerner, H.-J.*, Kriminalitätsverlauf und -struktur in der Bundesrepublik Deutschland, in: Die Psychologie des 20. Jahrhunderts, a. a. O., 1981, S. 274–285; *ders.* (Hrsg.), Kriminologie Lexikon, Heidelberg 1991[4]; *Kühne, H.-H., Miyazawa, K.*, Kriminalität und Kriminalitätsbekämpfung in Japan, Wiesbaden 1991[2]; *Kury, H., Richter, H., Würger, M.*, Opferbefragungen und Meinungen zur inneren Sicherheit in Deutschland, Wiesbaden 1992; *Latter, R.*, Crime and the European Community After 1992, London 1991; *Rebscher, E., Vahlenkamp, W.*, Organisierte Kriminalität in der Bundesrepublik Deutschland, Wiesbaden 1988; *Sack, F.*, Die Ost-West-Wanderung der Kriminalität, in: Grundlagen der Kriminalistik, Bd. 4, Hamburg 1968, S. 245–293; *Schima, K.*, Kriminalität in Österreich, in: Die Psychologie des 20. Jahrhunderts, a. a. O., 1981, S. 286–298; *Schneider, H.J.*, Kriminologie, Berlin u. a. 1987; *Schwarzenegger, C.*, Opfermerkmale, Kriminalitätsbelastung und Anzeigeverhalten im Kanton Zürich: Resultate der Züricher Opferbefragung, Schweizerische Zeitschrift für Strafrecht 108 (1991), S. 63 ff.; *Schwind, H.-D.*, Kriminalgeographie, in: Die Psychologie des 20. Jahrhunderts, a. a. O., 1981, S. 248–261; *Siegel, L.*, Criminology, St. Paul u. a. 1986[2], 1988[3]; *Sveri, K.*, Vergleichende Kriminalitätsanalyse mit Hilfe von Opferbefragungen – Die skandinavische Erfahrung, in: Das Verbrechensopfer in der Strafrechtspflege, hrsg. v. Schneider, H.J., Berlin u. a. 1982, S. 160–170.

GÜNTHER KAISER

Kriminalität der Mächtigen ist die Summe der Straftaten, die zur Stärkung oder Verteidigung überlegener Macht begangen werden. Damit entspricht der Begriff dem des *repressiven Verbrechens* (HESS 1976). Unterschiede bestehen allenfalls in der Betonung der Täter („Mächtige") gegenüber der Funktion („repressiv"), in der unterschiedlichen Nähe der Begriffe zu polemischer und analytischer Verwendung und in der Einengung des Begriffs des repressiven Verbrechens auf besonders gravierende Delikte („Verbrechen"), während der andere zumindest konzeptionell auch Platz bietet für die Kleinkriminalität der Inhaber privilegierter Positionen (z. B. kleinere Betrügereien, Bestechungen, Freiheitsberaubungen). Ganz auf die Großformen konzentriert ist der Begriff der *Makrokriminalität*, unter dem JÄGER (1989) solche Erscheinungsformen kollektiver Destruktivität zusammenfaßt, bei denen individuelles Handeln nur als Teil des konformen Handelns organisierter Großkollektive denkbar ist – also insbesondere Genozid, Kriegsverbrechen, Staatsterrorismus und nukleare Massenvernichtung.

1. Der Begriffsinhalt hängt entscheidend davon ab, was jeweils unter „Macht" verstanden wird. Gelegentlich wird Macht als eine Sache angesehen, die im Besitz einer personell gut bestimmten Gruppe (Machtelite) ist und in nur

zwei Formen ausgeübt wird: als Kontrolle über die Ökonomie (wirtschaftliche Macht) und als Kontrolle über die politischen Institutionen (politische Macht). Versteht man unter Macht hingegen mit MAX WEBER (1976, 28) schlechthin jede Chance, den eigenen Willen auch gegen das Widerstreben oder den Widerstand der Betroffenen durchzusetzen – egal, ob diese Chance auf körperlicher Überlegenheit, auf Charisma, wirtschaftlicher Stellung oder einem privilegierten Zugang zu staatlichen Zwangsstäben beruht, dann zeigt sich der amorphe Charakter des Gewaltbegriffs, der auch für Michel Foucault von zentraler Bedeutung war. Macht ist also weder Sache noch Ware noch sonst ein Fixum, sondern „ein offenes, mehr oder weniger koordiniertes (letzten Endes zweifellos schlecht koordiniertes) Beziehungsknäuel" (FOUCAULT 1980, 199). Die Erkenntnis des (erstens) *soziologisch amorphen* und (zweitens) wesentlich *relationalen* Charakters der Macht hat für den Begriff der Kriminalität der Mächtigen zwei Konsequenzen. Erstens läßt sich der Begriff nicht auf politische und wirtschaftliche Delikte im engeren Sinne einengen; da Macht in zahllosen Formen ausgeübt wird, gehört zur Kriminalität der Mächtigen auch die Kriminalität von Erwachsenen gegenüber Kindern (Kindesmißhandlung), von Männern gegenüber Frauen (nicht nur, aber auch die Sexualkriminalität) und z. B. die von Inländern gegenüber Ausländern. Zweitens bedeutet der relationale Charakter von Macht, daß die Frage nach der Kriminalität der Mächtigen immer nur im Hinblick auf die konkrete soziale Beziehung zwischen Täter und Opfer entschieden werden kann. Das heißt, daß ein und dieselbe Person in einer Hinsicht Täter und in einer anderen Hinsicht Opfer von Kriminalität der Mächtigen sein bzw. werden kann.

2. *Ausmaß und Erscheinungsformen* der Kriminalität der Mächtigen sind unbekannt. Wer allerdings an die Kriminalgeschichte des Christentums denkt (DESCHNER 1986 ff.), an die Kolonial- und Kriegsverbrechen, die Folter (REEMTSMA 1991), den Völkermord (HILBERG 1982) und all die anderen Verbrechen von Staatsführungen (EISENBERG 1990, 933 ff.), wird schnell feststellen, „daß der private Mord in geschichtlichen Zeiten nie mit dem öffentlichen sich hat messen können" (ENZENSBERGER 1964, 17). Im Gegensatz zur herkömmlichen kriminologischen Unterstellung, daß Kriminalität hauptsächlich von Angehörigen der unteren Gesellschaftsschichten begangen wird (und sozusagen einen individualistisch revoltierenden Charakter trägt), dürfte eine nähere Befassung mit der Kriminalität der Mächtigen die Annahme stärken, daß die große Mehrzahl aller Delikte gerade nicht zur Kompensation von Benachteiligung und Ohnmacht, sondern zur Aufrechterhaltung und Stärkung von gesellschaftlichen Vorzugslagen begangen wird, also von Diktatoren in ungesicherter Stellung, von verunsicherten Familienoberhäuptern, die Konkurrenz fürchtenden Großkonzernen und anderen Privilegierten, die sich durch sozialen und ökonomischen Wandel, Reformgesetze und Befreiungsbewegungen in ihrer angestammten Rolle bedroht sehen.

Zu den Charakteristika der Kriminalität der Mächtigen gehören: (1) Arbeitsteilige Begehungsweise unter Ausnutzung bestehender sozialer, politischer und wirtschaftlicher Institutionen und Schaffung neuer Organisationen (von Briefkastenfirmen bis zu Todesschwadronen), (2) Extremer materieller und immaterieller Schaden bei einer häufig merkwürdig geringen Beunruhigung der Bevölkerung, deren Sicherheitsgefühl oft durch Wohnungseinbrüche, Raubüberfälle und Geiselnahmen stärker berührt wird, (3) relative Sanktionsimmunität durch komplexere Tatstrukturen, bessere Vertuschungsmöglichkeiten, Beeinflussung der veröffentlichten Meinung, besseren Rechtsschutz, geringere Stigmatisierung usw. (vgl. PFEIFFER/SCHEERER 1979).

3. Die Berücksichtigung von Kriminalität der Mächtigen in der *Theoriebildung* hätte u.a. folgende Konsequenzen:

a. Überwindung sowohl von Ansätzen, die im Recht einen neutralen Mechanismus der Konfliktregelung sehen, wie auch von solchen, die es als reines Herrschaftsinstrument definieren. Aus der Existenz illegalen Privilegienschutzes ergibt sich geradezu zwingend, daß geschriebenes Recht einen Kompromiß im Machtkampf darstellt und als solcher in der Regel sowohl die Willkür einzelner (Gruppen) innerhalb der herrschenden Klasse als auch die Willkür dieser herrschenden Klasse gegenüber den beherrschten, subalternen und aufsteigenden Klassen begrenzt: „Die Unterworfenen, insbesondere eine aufsteigende Klasse, drängen ja stets auf verstärkte Kodifizierung, auf rechtliche Fixierung errungener Zugeständnisse (Verfassung, Gleichheit vor dem Recht, Wahlrecht, Streikrecht etc.). Das Recht unterliegt dem dauernden Reformdruck von beiden Seiten und ist als ein sich ständig wandelnder Kompromiß zu betrachten (...). Das repressive Verbrechen bricht diesen Kompromiß, mißachtet die legale Beschränkung von Privilegien. Die Berufung auf das Recht könnte also ein Mittel gegen die illegale Repression sein" (HESS 1976, 14).

Gerade weil zwischen geschriebenem Recht (first code) und den informellen Regeln seiner Anwendung (second code) eine Differenz besteht, ist es „durchaus nicht unerheblich, ob ein Verhalten kriminalisiert ist – oder besser: ob ihm die Qualität Verbrechen möglicherweise schon aufgrund des bestehenden Rechts zugeschrieben werden kann" (HESS 1976, 14), sind doch die Entscheidungskriterien, „nach denen die Funktionsträger sozialer Kontrolle ihr Urteil über Vorliegen oder Nichtvorliegen von Kriminalität treffen" (SACK 1974, 32), u. a. durch Verbrecherstereotypen und Devianztheorien, aber mehr noch durch die Mobilisierung „dritter Kräfte" wie z. B. der öffentlichen Meinung oder anderer Zweige der Staatsgewalt zu beeinflussen.

b. Relativierung des Behandlungsideals. Der Erfolg, die Angepaßtheit und Zweckrationalität des Handelns zahlreicher Täter aus dem Bereich des repressiven Verbrechens lassen erkennen, „daß die üblichen Resozialisierungsansätze gar nicht auf den Verbrecher als solchen zielen, sondern, indem sie vom gängigen Stereotyp des Unterschichtkriminellen ausgehen, nur auf die Modifizierung von Eigenschaften zugeschnitten sind, die vom Mittelschichtstandard oder von an die Unterschicht gerichteten Erwartungen abweichen und die als Vorbedingungen für die vermittelte revoltierende Kriminalität anzusehen sind: Sozialisationsmängel und psychische Störungen, unregelmäßige Lebensführung, vor allem unregelmäßige Berufstätigkeit, Schwierigkeiten in der Familie, Marginalität, Bildung von Kontrakulturen etc. (...). Die Behandlungstheorie ist also, wie die gesamte Kriminologie, orientiert an einer gemäß bestimmten Anwendungsregeln ausgewählten Kriminalität" (HESS 1976, 15 f.).

c. Revision der Kriminalitätstheorien. Ursachentheorien der Kriminalität, die auf der Basis offizieller Statistiken und/oder Dunkelfelduntersuchungen sozio-ökonomische Mängellagen, Verwahrlosung u. a. als generelle Ursachen postulieren, greifen schon deshalb zu kurz, weil die Kriminalität der Mächtigen weder in den offiziellen Statistiken abgebildet noch in den Dunkelfelduntersuchungen überhaupt zum Gegenstand der Befragungen gemacht wird/werden kann. Eine allgemeine Kriminalitätstheorie wird sich hingegen mit dem Gedanken anfreunden müssen, „daß Normbruch anthropologisch ohne weiteres möglich und in den Auseinandersetzungen um Macht, Besitz, Prestige etc. der Einsatz aller, auch illegaler Mittel soziologisch ohne weiteres verstehbar ist. Und zwar spielt dabei der Umfang, in dem jemand diese Güter besitzt, keine Rolle. Der Herrscher wie der Beherrschte, der Reiche wie der Arme sind zum Verbrechen motiviert, da alle vom Recht in dem Bestreben, diese Güter zu mehren, eingeschränkt werden. Es ist also das System der sozialen Differenzierung und der Konkurrenz um Güter (Güter im weitesten Sinne) und nicht nur deren Nichtbesitz, das Handlungen hervorbringt, denen sich die Qualität Verbrechen zuschreiben läßt" (HESS 1976, 17). Insofern kann auch nicht überraschen, daß überall dort, wo die Stigmatisierung durch Bezugsgruppen für bestimmte Taten gering und wo die Sanktionsgefahr durch formelle Instanzen u. U. noch geringer ist, strafbare Handlungen ausgesprochen hemmungslos begangen werden. Der Mensch ist zu einer begrenzten Manipulation insbesondere der eigenen kognitiven Bewußtseinsinhalte, Wahrnehmungsformen, affektiven Hemmungen usw. offensichtlich in der Lage (SYKES/MATZA 1968; MILGRAM 1974; PFEIFFER/SCHEERER 1979, 87 ff.; zu einzelnen Bedingungen, die das „normative Vakuum" auf der Täterseite gerade im Hinblick auf Makrokriminalität begünstigen: JÄGER 1989). Nimmt man allein diese wenigen Bruchstellen der traditionellen Kriminologie ernst, so ändert sich das Bild der Kriminalität und ihrer Täter vollständig. Ob und wie dies künftig erfolgt, bleibt deshalb der unverrückbare Prüfstein der Kriminologie.

Amnesty International, Politischer Mord durch Regierungen, Frankfurt/M. 1983; *Deschner, K.*, Kriminalgeschichte des Christentums, Reinbek (bisher 3 Bände) 1986 ff.; *Eisenberg, U.*, Kriminologie, Köln u. a., 3. Aufl. 1990; *Enzensberger, H.M.*, Politik und Verbrechen, Frankfurt/M. 1964; *Foucault, M.*, The Confession of the Flesh, in: Gordon, C. (Hrsg.), Power/Knowledge: Selected Interviews and other writings by Michel Foucault 1972–1977, New York 1980; *Hess, H.*, Repressives Verbrechen, KrimJ 8 (1976), S. 1–22; *Hilberg, R.*, Die Vernichtung der europäischen Juden, Berlin 1982; *Jäger, H.*, Makrokriminalität, Frankfurt/M. 1989; *Milgram, St.*, Das Milgram-Experiment, Reinbek 1974; *Ostendorf, H.*, Die Kriminalität der Mächtigen. Überlegungen zur staatsanwaltlichen Schwerpunktbildung, Recht und Politik 1990, H. 3, S. 155–160; *Pfeiffer, D.K., Scheerer, S.*, Kriminalsoziologie, Stuttgart u. a. 1979; *Reemtsma, J.P.* (Hrsg.), Politik der Unterwerfung, Hamburg 1991; *Sack, F.*, Definition von Kriminalität als politisches Handeln: der labeling approach, in: Arbeitskreis Junger Kriminologen (Hrsg.), Kritische Kriminologie, München 1974, S. 18–43; *Spirakos, D.*, Folter als Problem des Strafrechts, Frankfurt/M. u. a. 1990; *Sykes, G.M., Matza, D.*, Techniken der Neutralisierung: Eine Theorie der Delinquenz, in: Sack, F., König, R. (Hrsg.), Kriminalsoziologie, Köln 1968, S. 360–371; *Weber, M.*, Wirtschaft und Gesellschaft, 5. Aufl., Tübingen 1976.

SEBASTIAN SCHEERER

Kriminalitätsangst → Opfer und Strafverfahren, → Viktimologie

Kriminalitätsatlas → Kriminalgeographie

Kriminalitätstheorien, ökonomische. Ökonomische Faktoren (z. B.: das Sozialprodukt, die Höhe und Verteilung der Einkommen, die Lebenshaltungskosten, die Arbeitsmarktverhältnisse, das Wirtschaftssystem als solches – Armut und Ungleichheit in der offeneren Sprache der älteren Autoren) spielen in Kriminalitätstheorien verschiedenster Art eine Rolle. Nicht vom Umstand der Berücksichtigung ökonomischer Faktoren, sondern von der Stellung, die ihnen in der Theorie zukommt, hängt es ab, ob und inwiefern man von einer ökonomischen Kriminalitätstheorie sprechen kann.

Erstmals deutlich hingewiesen auf einen Zusammenhang zwischen feudalen Vorrechten, rechtlicher Willkür und Gesetzlosigkeit der besitzlosen Massen wird von den Aufklärern und Rechtsreformern des 18. Jahrhunderts, namentlich von BECCARIA. Er beginnt, Kriminalität nicht mehr in den Begriffen von Sünde und Laster zu fassen, sondern als Folge einer den wirtschaftlichen und gesellschaftlichen Fortschritts hemmenden Rechtsverfassung zu analysieren. Ein Recht, das die freie Entwicklung von Handel und Wandel durch Privilegierung der Feudalherren und Unberechenbarkeit hindert, habe jene ökonomischen und sozialen Verhältnisse zu verantworten, aus denen heraus eine beständige Auflehnung gegen Gesetz und Ordnung resultiere. Im Rahmen dieser politischen und Rechtsphilosophie zeigen sich erste Ansätze, das politisch-ökonomische System als solches in die Kriminalitätstheorie einzubeziehen.

Durchgesetzt hat sich die kriminalitätstheoretische Beachtung ökonomischer Faktoren im 19. Jahrhundert, ausgelöst durch die augenfällige Beschleunigung des wirtschaftlichen und sozialen Strukturwandels (Industrialisierung, Urbanisierung) und durch dessen besondere Begleiterscheinungen. In zunehmendem Maße wurden damals Niveau, Verteilung und Entwicklung der Kriminalität mit ökonomischen Struktur- und Prozeßmerkmalen in Verbindung gebracht. Prominent wurden die Arbeiten von ALPHONSE QUETELET (1869). Er setzte als einer der ersten Kriminalitätsraten mit demographischen und sozialen Variablen statistisch in Beziehung, um über die Kovariation beobachtbarer Phänomene die Gesetzmäßigkeit moralischer Erscheinungen empirisch etwa so zu erschließen wie physikalische Gesetze. Auf ihn gehen die Überlegungen über die „relative Deprivation", d. h. über subjektive Benachteiligung (anstelle objektiven Mangels) als Kriminalitätsfaktor zurück. Auf QUETELET folgten Generationen von Moralstatistikern, welche Kriminalität insgesamt oder einzelne Delikte mit materiellen Lebensverhältnissen und deren Veränderungen korrelierten (zumeist gemessen an Getreide- oder Brennstoffpreisentwicklungen), aber ebenso und eklektizistisch mit Alphabetisierungsraten, vorherrschendem Religionsbekenntnis, ethnischer Zusammensetzung, Familienkonstellationen etc. unter der Bevölkerung (z. B. SCHWARZ 1938). Auffassungsunterschiede gab es nicht so sehr über die Existenz und Kriminalitätsrelevanz von Freisetzungs- und Verelendungsprozessen im Zeitalter der industriellen Revolution, wohl jedoch über die Wurzeln dieser Prozesse. Sie wurden von manchen Zeitgenossen bei den gesellschaftlichen Machtinhabern und der Verwaltung der Zustände durch sie geortet, von anderen Autoren in der einen oder anderen Zeiterscheinung (z. B. im Bevölkerungswachstum, in Angleichungsproblemen zwischen wirtschaftlichem und kulturellem Entwicklungstempo) ausgemacht.

In der Kriminologie breitgemacht haben sich Theorien, welche einzelne ökonomische Faktoren wie Armut, Ungleichheit und Konjunkturkrisen aufgegriffen und neben andere kriminalitätsrelevant erachtete soziale Probleme reihten (z. B. mangelhafte Bildung, Familiendesorganisation, Alkoholismus, Krankheiten, andere individuelle Defizite etc.), die sich – so die Vorstellung – wechselseitig bedingten und verschärften. Die Gewichtung der ökonomischen und Umweltfaktoren braucht dabei gegenüber den individuellen und Anlagefaktoren keineswegs gering auszufallen. Wesentlich ist, daß solche „multifaktoriellen Kriminalitätstheorien" gegenüber einseitigen ökonomistischen und biologistischen Theorieansätzen integrativ sind (die Kenntnis kriminalitätsbegünstigender wirtschaftlicher und sozialer Situationsfaktoren sei um die individueller Dispositionsfaktoren für Kriminalität zu ergänzen, vice versa; keine Wissenschaftsdisziplin für sich vermöge Kriminalität hinreichend zu erklären) und im Gegensatz zu konflikttheoretischen Positionen stets mit der Praxis eines individuell Schuld zurechnenden Strafrechts vereinbar bleiben. Darauf beruht der Siegeszug „multifaktorieller Kriminalitätstheorien" bis in die Kriminologie und Strafrechtslehre der Gegenwart.

Die Problematik der positivistisch empiristischen Näherungsweise an soziale Phänomene liegt in der Ablehnung eines Gesellschafts- und Geschichtsmodells, nach welchem die verschiedenen untersuchten Erscheinungen geordnet und aufeinander bezogen werden könnten. Ohne dieses bleibt offen, ob die Armut eines Teils der Menschheit auf Erziehungs- und Bildungsmängeln, auf undiszipliniertem und kriminellem Verhalten beruht, ob sich diese gemeinsam auftretenden Probleme aus der „Natur" des Menschen ergeben oder ob alle auf der gesellschaftlichen Organisation von Produktion und Reproduktion der materiellen Lebensgrundlagen und der sozialen Ordnung aufruhen. Von (politisch-)ökonomischen Kriminalitätstheorien im strikten Sinn wird man erst dann sprechen, wenn Kriminalität im Rahmen einer Theorie der Verflechtung aller sozialen, politischen und geistigen Lebensprozesse mit der Produktionsweise des materiellen Lebens interpretiert wird, etwa im Rahmen marxistischer Konzeptionen.

Der Bezug der Kriminologie auf diese globale Gesellschaftstheorie mündet keinesfalls in einer ökonomistischen Kriminalitätssicht. MARX hat zwar einerseits die Gebundenheit menschlichen Handelns an die im Verlauf der Geschichte geschaffenen Produktionsverhältnisse betont, andererseits aber auch dieses Handeln als ständige Auseinandersetzung mit den Verhältnissen und ihren Widersprüchen bestimmt, im Kapitalismus konkret mit dem Widerspruch zwischen vergesellschafteter Produktion und privater Aneignung. Aus diesem allgemeinen Analyseprinzip für historisch-gesellschaftliche Prozesse ergibt sich – auf das Studienobjekt Kriminalität angewendet – eine Differenzierung und Erweiterung der theoretischen Aufgabe, nunmehr den Gesamtzusammenhang zwischen materiell-gesellschaftlichen Entwicklungen, politischen und (Straf-) Rechtsinstitutionen und Rechtsbewußtsein sowie zwischen Klassengegensätzen und -kämpfen und alltäglichen oder auch politisch gesetzten Rechtsverletzungen und Rechtspolitik aufzuklären. MARX selbst und detaillierter BLASIUS (1976) haben dies exemplarisch am Beispiel des Holzdiebstahls in Preußen versucht. BLASIUS beschreibt die allmähliche Zurückdrängung gemeinschaftlicher Nutzungsrechte am Wald durch Privateigentumsrechte im Moment entstehender industrieller Nutzungsinteressen sowie zunehmender Interessen an der Beseitigung akkumulationshinderlicher agrarischer wie urbaner Sozialstrukturen. Er zeigt, wie massenhafter Holzdiebstahl als eine – wiewohl unorganisierte – Widerstandsform der Landbevölkerung gegen eben jene sozialen und rechtlichen Transformationsprozesse zu verstehen ist.

Es gibt inzwischen eine Vielzahl wirtschafts- und sozialgeschichtlicher Untersuchungen, die sich der MARXschen Rekonstruktionsprinzipien der Geschichte bedienen. Vor allem so angelegte Untersuchungen kollektiver Gewalttätigkeiten und ihrer historischen Zyklen haben die Kriminalitätsforschung in die Nähe des Studiums sozialer Bewegungen gerückt. Die Erkenntnisse der Repressions- und Aufstandsforschung, daß Protest nicht so sehr der materiellen Not als vielmehr moralisch ungerechtfertigt erlebten Veränderungen der Lebenslage entgegengebracht wird (LOHDI/TILLY 1973), haben auch kriminalitätstheoretische Konsequenzen gezeitigt. Es wird heute nicht mehr nur nach Korrelationen zwischen Wirtschaftsindikatoren und Kriminalstatistiken gesucht, sondern es wird über die Interaktion zwischen Kapitalverwertungsproblemen (Akkumulationskrisen), konkreten Kapitalstrategien dagegen, den Kosten derselben für die einzelnen Produzenten, die „Allgemeinheit“ oder konkurrierende Kapitalien sowie der politischen Interpretation und Bewältigung dieser Kosten (der sog. „sozialen Probleme“) nachgedacht (BRUSTEN/HOPPE 1986; CREMER-SCHÄFER 1986). Kriminalitätstheoretisch von Interesse scheinen vor allem jene Kapitalstrategien, die via Rationalisierung der Produktion auf eine „relative Überbevölkerung“ (Arbeitslosigkeit) hinauslaufen und den Konkurrenzdruck unter den Arbeitskräften steigern. Der Einsatz dieser Strategie ist jedoch – wie unterschiedliche Arbeitslosigkeitsraten in vergleichbaren Ökonomien zeigen – ebensowenig ausschließlich ökonomisch determiniert wie die soziale Beantwortung des Problems durch die Konkurrenten der Randgruppen oder durch staatliche Politik (BOX 1987). Wie weit soziale Konkurrenz mit kriminellen Mitteln oder den Mitteln der Kriminalisierung ausgetragen wird, wird mitbestimmt vom Ausmaß der sozialen Absicherung der produktiven und nicht-produktiven Bevölkerung; wie weit staatlicherseits präventiv oder repressiv, reintegrativ oder segregativ gegen bestimmte Bevölkerungssegmente reagiert wird, hängt vom allgemeinen Funktionscharakter des Staates ab. Eine ökonomische Kriminalitätstheorie wird heute nicht deterministisch sein, sondern nur ökonomische Relevanzstrukturen angeben können, in deren Rahmen die „Politik der Kriminalität“ konkret zu analysieren ist (KB 1988, Heft 60).

Weitab vom theoretischen Komplexitätsniveau politisch ökonomischer Analysen der Kriminalisierung von sozialen Konflikten bewegen sich Ansätze, die den Namen „ökonomische Kriminalitätstheorien“ vor allem deshalb tragen, weil sie von Ökonomen (speziell aus der Chicago-Schule) formuliert worden sind (z. B. BECKER 1968). Tatsächlich bezieht sich der Begriff hier auf ein generalisiertes (nicht nur im Wirtschaftsverhalten wirksames) rationalistisches Handlungskalkül von Individuen, für die sich normkonformes Verhalten als Alternative zur Normabweichung eben auch unter Kosten-Nutzen-Aspekten entscheide. Obwohl die Vertreter dieser Richtung eine Anzahl von disparaten sozialen und wirtschaftlichen Variablen in ihre ökonometrischen Modelle einbeziehen, steht im Mittelpunkt ihrer und der Aufmerksamkeit ihrer Rezipienten die Abschreckungswirkung von Strafmodus, Strafhöhe und -gewißheit. Dies hat mit der kriminalpolitischen Brisanz der Ergebnisse etwa über den Zusammenhang zwischen Todesstrafe und Mordkriminalität zu tun, aber auch mit dem theoretischen Paradigma, das Abschreckungszusammenhänge eben besser als andere Befunde erklärt. Demgegenüber erscheinen intervenierende soziale Variablen (von allgemeinen Wohlstands-, über Wohlfahrts-, Güterverteilungs- bis zu kriminellen Gelegenheitsindikatoren) in den theoretischen Modellen, um die es hier geht, kriminalsoziologisch eher zufällig ausgewählt und unreflektiert (PRISCHING 1982). Eine Verbindung zwischen der Verbreitung einer utilitaristisch-kalkulativen Orientierung gegenüber sozialen Normen bzw. der Zunahme der Normübertretungen und säkularen Trends der Durchsetzung industriewirtschaftlicher Modernisierung und ökonomischer Rationalität insgesamt unterstellt BLINKERT (1988). Er versucht, Kriminalität (Eigentumskriminalität im besonderen) als Folge von Modernisierungsprozessen (Durchdringung immer weiterer Lebensbereiche mit rationalen Denkweisen, Lösung von Individuen aus traditionellen sozialen Bindungen) zu deuten, im Zuge derer ein Sozialcharakter geschaffen werde, der dem Modell des homo oeconomicus zunehmend real entspreche. Die Problematik dieser und ähnlicher Ansätze liegt in ihrer Anthropologie, in der Devianz und Konformität, Kriminalität und Kontrolle wohl ein und derselben ökonomischen Rationalität folgen, in der von den sich im Normbruch bzw. seiner Zuschreibung manifestierenden historischen Auseinandersetzungen um Wertmaßstäbe und Normen hingegen völlig abstrahiert wird.

Becker, G.S., Crime and Punishment: An Economic Approach, The Journal of Political Economy 76 (1968), S. 169–217; *Blasius, D.*, Bürgerliche Gesellschaft und Kriminalität, Göttingen 1976; *Blinkert, B.*, Kriminalität als Modernisierungsrisiko? Das „Hermes-Syndrom" der entwickelten Industriegesellschaften, Soziale Welt 39 (1988), S. 397–412; *Box, S.*, Recession, Crime, and Punishment, London 1987; *Brusten, M., Hoppe, R.*, Greifen unsere Theorien noch? Entwicklung und Struktur der Kriminalität als Folge „betriebswirtschaftlicher Entscheidungen" am Beispiel von Ladendiebstahl und „Schwarzfahren", KrimJ 1986, (1. Beiheft), S. 45–73; *Cremer-Schäfer, H., Steinert, H.*, Sozialstruktur und Kontrollpolitik. Einiges von dem, was wir glauben, seit Rusche & Kirchheimer dazugelernt haben, KrimJ 1986, S. 169–217; *Lodhi, A.Q., Tilly, Ch.*, Urbanization, Criminality and Collective Violence in Nienteenth-Century France, AJS 79 (1973), S. 296–318; *Prisching, M.*, Sozioökonomische Bedingungen der Kriminalität. Über empirische Divergenzen und theoretische Kontroversen, MschrKrim 65 (1982), S. 163–176; *Quetelet, A.*, Physique sociale, 2 Bde., Brüssel u. a. 1869, deutsch: Über den Menschen und die Entwicklung seiner Fähigkeiten, Stuttgart 1938; *Schwarz, H.*, Kriminalität und Konjunktur. Eine kausalstatistische Untersuchung über die deutsche Vermögenskriminalität 1882–1936, International Review for Social History 3 (1938), S. 335–395.

ARNO PILGRAM

Kriminalitätstheorien, psychologische. Wie sich allgemein die Gegenstandsbereiche der Humanwissenschaften überlappen, so bestehen auch zwischen *psychologischen* Kriminalitätserklärungen und jenen anderen Bezugsdisziplinen der Kriminologie teilweise enge Beziehungen. Dazu einige Beispiele: Zwar wird SUTHERLANDS (1944) Theorie der differentiellen Assoziation zumeist unter den soziologischen Kriminalitätstheorien abgehandelt, sie enthält jedoch psychologische Hypothesen über Lernprozesse und ist nach lerntheoretischen Prinzipien reformuliert worden (BURGESS & AKERS 1966). Die Theorie von EYSENCK (1977) ist zwar hauptsächlich der Persönlichkeits- und Lernpsychologie zuzuordnen, sie beruht aber auch auf Forschungen aus der Humangenetik, Physiologie und Psychiatrie. MERTONS (1974) Anomietheorie gilt als klassische kriminalsoziologische Theorie, in handlungs-, entscheidungstheoretischen und anderen „kognitiven" Ansätzen der Psychologie finden sich jedoch ähnliche Konzepte. „Soziologische" Theorien der informellen Sozialkontrolle (z. B. HIRSCHI 1969, ELLIOTT, HUIZINGA & AGETON 1985) betonen zwischenmenschliche Bindungen und Normorientierungen, wie dies auch in der Tiefenpsychologie, in Theorien der moralischen Entwicklung und der sozialen Unterstützung geschieht. Die Theorie der Neutralisationstechniken (SYKES & MATZA 1957, AMELANG, SCHAHN & KOHLMANN 1988) enthält Ähnlichkeiten zu psychoanalytischen Abwehrmechanismen und zu Konzepten der Selbstregulation in sozialen Lerntheorien. Auch die Labeling-Perspektive läßt sich mit psychologischen Theorien verknüpfen und ausgestalten, z. B. durch Attributionstheorien bei Zuschreibungsprozessen in der Strafverfolgung oder durch Selbstkonzept-Theorien bei der Entwicklung einer devianten Identität (vgl. KEUPP 1983).

Derartige Beziehungen von Theorien unterschiedlicher Herkunft zeigen, daß der in der Kriminologie zeitweise bestehende theoretische Provinzialismus problematisch ist. Zu seiner Überwindung ist es sinnvoll, abweichendes (wie anderes) Sozialverhalten durch möglichst allgemeine Verhaltenstheorie zu erklären bzw. kriminologisch relevante Hypothesen aus ihnen abzuleiten (vgl. OPP 1974). Dabei muß es keineswegs zu einem einseitigen Reduktionismus kommen, indem z. B. soziologische Erklärungen auf psychologische und diese auf psychophysiologische usw. zurückgeführt werden. Die Beziehungen zwischen verschiedenen Kriminalitätstheorien und Erklärungsebenen sollten jedoch – wie weiter unten näher erörtert wird – mehr als bislang analysiert und überprüft werden.

Die psychologische Perspektive der Kriminalitätserklärung gibt es ebensowenig wie Einigkeit darüber besteht, was allgemein das Psychologische an psychologischen Theorien sei (vgl. HERRMANN 1987). Ungefähr läßt sich der psychologische Gegenstandsbereich darauf eingrenzen, „wie erlebende Subjekte mit ihrer Umwelt in Beziehung treten und sich mit ihr auseinandersetzen" (TRAXEL 1976, S. 122). Dem entspricht, daß sich psychologische Kriminalitätstheorien überwiegend auf die Analyseebene des Individuums und seiner Interaktionen in kleinen Gruppen (z. B. Familie, Peers) beziehen. Historischen und gesellschaftlichen Aspekten der Kriminalität wird weniger Aufmerksamkeit gewidmet. Es handelt sich dabei aber nicht um eine grundsätzliche „Blindheit" psychologischer Perspektiven, sondern eher um eine tradierte disziplinäre Arbeitsteilung. Falsch ist es auch, psychologische Kriminalitätstheorien mit dem Postulat einer „kriminellen Persönlichkeit" gleichzusetzen. Dies gilt insbesondere für neuere Trends in der psychologischen Forschung über abweichendes

Verhalten. Hier sind u. a. folgende Entwicklungen feststellbar (vgl. LÖSEL 1988, 1989): (a) Neben dispositionellen Merkmalen werden in verstärktem Maß situative Bedingungen von Straftaten betont, wie man sie z. B. im Rahmen der Kriminalökonomie, Viktimologie oder der Prävention erforscht (SCHNEIDER 1983, CLARKE 1983, LÖSEL 1987). (b) Persönlichkeitspsychologische Sichtweisen sind aber nicht unbedeutend geworden, sondern erweisen sich gerade für die Erklärung persistenter Kriminalität als wichtig (z. B. YOCHELSON & SAMENOW 1976/1985, WILSON & HERRNSTEIN 1985, FARRINGTON & SAMENOW 1976/1985, WILSON & HERRNSTEIN 1985, FARRINGTON, OHLIN & WILSON 1986). (c) Kriminalität wird nicht allein als Ausdruck einer „gestörten" Persönlichkeit oder Sozialisation gesehen, sondern vermehrt unter dem Blickwinkel einer rationalen Entscheidung (z. B. CAROLL 1978, CORNISH & CLARKE 1987). (d) Es wird seltener als früher versucht, pauschal „die" Kriminalität zu erklären, sondern mehr zwischen spezifischen Formen oder alterstypischer, gelegentlicher, persistenter und schwerer Kriminalität differenziert (z. B. CHAIKEN & CHAIKEN 1984, WILSON & HERRNSTEIN 1985, CORNISH & CLARKE 1989). (e) Abweichendes Verhalten wird weniger statisch gesehen, sondern in einem flexiblen Zusammenspiel von entwicklungspsychologischen Risiko- und Schutzfaktoren, wobei Kriminalität als eine spezifische Belastungsreaktion interpretiert werden kann (z. B. MAWSON 1987, LÖSEL, BLIESENER & KÖFERL 1989, WERNER 1989). (f) Im Sinne einer ökologischen Entwicklungspsychologie widmet man sich verstärkt einer Mehrebenen-Betrachtung, in der neben Faktoren der personalen und sozialen Mikro-Ebene auch solche aus Meso- und Makro-Ebenen einbezogen werden (z. B. BRONFENBRENNER 1979, BELSCHNER & KAISER 1981). (g) Psychologen erforschen auch vermehrt die gesellschaftlichen Reaktionen auf Kriminalität, z. B. die Entscheidungsprozesse sozialer Kontrollinstanzen (vgl. KONECNI & EBBESEN 1982, HAISCH 1983, SCHÜNEMANN & BANDILLA 1989).

Im vorliegenden Rahmen können aus der Vielzahl psychologischer Kriminalitätstheorien nur einige Beispiele dargestellt werden (siehe außerdem LÖSEL 1983, AMELANG 1986, SCHNEIDER 1987, KAISER 1988; auch → Täterpersönlichkeit). Ein wissenschaftshistorisch und für die Behandlungspraxis nach wie vor bedeutsamer Ansatz ist die *Psychoanalyse*. Sie umfaßt verschiedene Theorien. Gemeinsam ist ihnen, daß sie Kriminalität als Ausdruck einer Persönlichkeitsstörung auffassen, deren Bedingungen in frühen Beeinträchtigungen der psychischen Entwicklung gesehen werden. Solche Entwicklungsstörungen bestehen in traumatischen Veränderungen oder Defekten der sozialen Umwelt (z. B. Elternverlusten, Konflikten und Persönlichkeitsstörungen der Eltern) sowie in konstitutionellen Schwächen des Kindes (z. B. hinsichtlich der emotionalen Bindungsfähigkeit oder Frustrationstoleranz). Psychoanalytiker konstatieren aber auch, daß Straftaten anders bedingt sein können, z. B. bei „normaler" Persönlichkeitsstruktur durch extreme aktuelle Belastungen oder durch ein „antisoziales Überich" im Sinne devianter Subkultur-Normen (KÜNZEL 1965). Seit AICHHORN (1925), ALEXANDER & HEALEY (1935) u. a. unterscheidet man insbesondere zwischen Kriminalität infolge neurotischer Persönlichkeitsstruktur und infolge Verwahrlosungsstruktur. Bei der *neurotisch bedingten*

Kriminalität werden ungelöste Konflikte zwischen (verdrängten) Triebansprüchen des Es und einem zu starken Überich angenommen. Das dominante Überich kann z. B. durch rigide elterliche Erziehung bedingt sein. Während sich andere Neurotiker in der Symptomwahl gegen die eigene Person richten, wird die neurotische Kriminalität als Ausagieren aufgefaßt. Den Straftaten schreibt man Symbolcharakter zu, wobei auch unbewußte Strafwünsche postuliert werden. Durch *Verwahrlosung bedingte Kriminalität* soll dagegen von einem zu schwach ausgeprägten Überich ausgehen. Hier wird angenommen, daß gravierende Störungen der frühen Mutter-Kind-Beziehung vorliegen, die Identifikation und Gewissensbildung verhindert haben. Da keine intensive mütterliche Zuwendung erfahren worden sei, stelle auch der für das Lernen von Schuldgefühlen notwendige Liebesentzug bei Normenübertretung keine Bedrohung dar. Die grundlegende Entbehrung einer Bezugsperson führe zu Urmißtrauen und (mangels stabiler Objektbeziehungen) zu einer defizitären Ich-Entwicklung (vgl. auch BOWLBY 1951).

In der Theorie des *dissozialen Syndroms* von DE BOOR (1977; auch BÖLLINGER 1983) wird ein psychosozialer Aufschaukelungsprozeß angenommen. Dieser werde in Gang gebracht durch eine persönlichkeits- und/oder umweltbedingte Störung der Mutter-Kind-Beziehung im Alter von 8-24 Monaten und erfordere eine Abwehrstruktur, die sich später u. a. in Straftaten manifestiere. Die primäre Auffälligkeit kann durch die soziale Umwelt oder eigene Reaktionen verstärkt werden und zu sekundärer Abweichung führen. Beschreibungen des dissozialen Syndroms ähneln jenen der soziopathischen Persönlichkeit (→ Täterpersönlichkeit). REDL & WINEMAN (1979) betonen anstelle der Überich-Defizite die Störungen des Realitätskonzepts bzw. *Ich-Störungen*, z. B. geringe Frustrationstoleranz und Konfliktbewältigungsfähigkeit, kausale Fehlschlüsse, sehr begrenzter Zeit- und Planungshorizont, unangemessene Rationalisierungen (ähnlich, aber nicht auf psychoanalytischer Basis: YOCHELSON & SAMENOW 1976). Mit dem Konzept der *Überich-Lücken* weisen JOHNSON & SZUREK (1969) darauf hin, daß die Dissozialität jeweils nur auf bestimmte Bereiche konzentriert sein kann. Die Autoren nehmen an, daß delinquente Kinder/Jugendliche latente dissoziale Impulse der Eltern ausagieren, die sie durch inkonsistente Erziehung, unbewußte Ermutigung, Beispielverhalten etc. erfahren haben. Der Ansatz versucht, auch delinquente Entwicklungen bei an sich emotional positiver Eltern-Kind-Beziehung zu erklären, wobei das Kind in einer Sündenbock-Funktion gesehen wird.

Psychoanalytische Kriminalitätserklärungen sind besonders umstritten. Man kritisiert u. a., die Psychoanalyse sei begrifflich unscharf und gehe von fiktiven Persönlichkeitsstrukturen aus (z. B. Es, Ich, Überich), sie enthalte tautologische Annahmen (z. B. geringer Befriedigungsaufschub wegen mangelnder Frustrationstoleranz), man gehe in der Hypothesenprüfung zumeist retrospektiv vor (z. B. Stimmigmachen von Fällen), die Beobachtungsdaten seien vieldeutig (z. B. hinsichtlich der Entwicklungsphasen), sie basierten auf subjektiven Validierungsmethoden (z. B. Erinnerung, Deutung des Psychoanalytikers), die bei Straftätern angenommenen Persönlichkeitsmerkmale seien zu sehr verallgemeinert und Kriminalitätsphänomene würden zu sehr individualisiert und pathologisiert („medizinisches Devianzmodell"). Derartige Argumente weisen auf wichtige Probleme hin. Trotz der spekulativen Anteile in der Psychoanalyse ist es ihr unzweifelhaftes Verdienst, auf die Bedeutung familialer Deprivationen und psychischer Konflikte für delinquente Entwicklungen aufmerksam gemacht zu haben. Entgegen einem rein „medizinischen Devianzmodell" betonen Psychoanalytiker auch sozialstrukturelle Zusammenhänge (z. B. MOSER 1970) und analysieren kritisch die Rolle von offiziell Kriminellen für die „strafende Gesellschaft" (z. B. DECHENE 1975).

Den derzeit wohl bedeutsamsten psychologischen Ansatz der Kriminalitätserklärung bilden die *Lerntheorien*. Man nimmt an, daß kulturspezifisch abweichendes Verhalten nach den gleichen Prinzipien erworben und ggf. wieder verlernt wird wie andere Verhaltensweisen. Lerntheorien gehen von möglichst präzisen Beschreibungen des Problemverhaltens aus. Sie sind stärker auf das beobachtbare Verhalten als auf latente Dispositionen gerichtet. Sie widmen den aktuellen, situativen Verhaltensdeterminanten besondere Aufmerksamkeit und analysieren auch die Möglichkeiten bzw. Bedingungen alternativer (nicht-devianter) Verhaltensweisen. Mehr als andere Kriminalitätstheorien hat die lerntheoretische Perspektive auch zu methodisch kontrollierten Untersuchungen über Maßnahmen der Prävention und Rehabilitation angeregt (vgl. KURY 1986, LÖSEL KÖFERL & WEBER 1987). Innerhalb der lerntheoretischen Kriminalitätserklärungen bestehen allerdings beträchtliche Unterschiede (vgl. NIETZEL 1979, BARKEY 1983, WILSON & HERRNSTEIN 1985). Zum Beispiel interpretiert EYSENCK (1977) das „Gewissen" als konditionierte Angstreaktion, die durch Prozesse der *klassischen Konditionierung* (Signallernen), des Vermeidungslernens, lernrelevante Persönlichkeitsmerkmale und konsistente (elterliche) Sanktionen beeinflußt werde (→ Täterpersönlichkeit). Andere Ansätze sind hauptsächlich an der *operanten Konditionierung* im Sinne SKINNERS (1953) orientiert. Man nimmt an, daß das Problemverhalten aufgrund von (verstärkenden) Verhaltenskonsequenzen erworben und/oder gefestigt wird. Eine Person wird antisoziales Verhalten zeigen, wenn sie in der Vergangenheit dafür (auch intermittierend) bekräftigt worden ist und aversive Konsequenzen das Verhalten nicht unterdrückt haben, z. B. indem Delikte unentdeckt bleiben, eventuelle Sanktionen zu inkonsistent oder zu spät erfolgen. Worin positive Verstärkerqualitäten von Konsequenzen dissozialen Verhaltens bestehen, ist im Einzelfall anhand der Abfolge von Stimulus – Organismus – Reaktion – Kontingenz – Konsequenz zu analysieren (vgl. REINECKER 1987).

Kriminalitätserklärungen mittels Bekräftungslernen bringen aber nicht nur theoretische Probleme bei erstmaligen oder selten begangenen Delikten mit sich, sondern tragen auch dem Lernen menschlichen Sozialverhaltens nur unzureichend Rechnung. Deshalb sind zunehmend kognitive Faktoren einbezogen worden, insbesondere im Rahmen der sozialen Lerntheorien (z. B. MISCHEL 1973; BANDURA 1979 a). Charakteristisch hierfür ist die Aggressionstheorie von BANDURA (1979 b, c, vgl. auch SELG, MEES & BERG 1988). Sie unterscheiden die Prozesse des Erwerbs, der Anregung/Auslösung und der Aufrechterhaltung/Stabilisierung aggressiver Verhaltensweisen (vgl. Tabelle 1).

Tabelle 1: Bedingungen aggressiven Verhaltens nach BANDURA (1979 c, 200); übersetzt und modifiziert

Für den Erwerb aggressiver Verhaltensweisen sind bedeutsam:	Für die Auslösung/Anregung aggressiver Verhaltensweisen sind bedeutsam:	Für die Stabilisierung/Destabilisierung aggressiver Verhaltensweisen sind bedeutsam:
BEOBACHTUNGSLERNEN BEKRÄFTIGUNGSLERNEN STRUKTURELLE DETERMINANTEN	MODELL-WIRKUNGEN Enthemmung Richtungsweisung Emotionale Erregung Akzentuierung AVERSIVE BEHANDLUNG Körperliche Angriffe Verbale Beleidigungen und Bedrohungen Deprivierende Lebensbedingungen Blockierung zielgerichteten Verhaltens MOTIVIERENDE ANREIZE BEFEHLE UND ANWEISUNGEN BIZARRE DENKWEISEN	EXTERNE BEKRÄFTIGUNG Materielle Belohnung Soziale Bestätigung und Statusgewinn Reduzierung aversiver Behandlung Ausdruck von Schmerz BESTRAFUNG Hemmung der Ausführung Information über Ausführungsfolgen STELLVERTRETENDE BEKRÄFTIGUNG Beobachtete Belohnung Beobachtete Bestrafung SELBSTREGULATION Selbstbelohnung Selbstbestrafung (Selbstkritik) Neutralisation der Selbstbestrafung – Moralische Rechtfertigung – Bagatellisierende Vergleiche – Beschönigender Sprachgebrauch – Abschieben der Verantwortlichkeit – Diffussion der Verantwortlichkeit – Abwertung von Opfern – Schuldzuweisung an die Opfer – Fehldarstellung der Konsequenzen

Die in der ersten Spalte genannten biologisch-strukturellen Voraussetzungen für die *Aneignung aggressiven Verhaltens* werden in der lerntheoretischen Forschung nur am Rande diskutiert. Neben der Erfahrung direkter Bekräftigungen spontaner Aggressionen gilt vor allem das Beobachtungslernen als Prinzip der Verhaltensübernahme. Dieses umfaßt (a) Aufmerksamkeitsprozesse (z. B. abhängig von der Attraktivität der Modellperson, der Auffälligkeit und dem vermuteten funktionalen Wert des beobachteten Verhaltens), (b) Behaltensprozesse (z. B. abhängig von der kognitiven Organisation, symbolische Codierung), (c) motorische Nachahmungsprozesse (z. B. abhängig von bereits erworbenen Teilfertigkeiten), (d) motivationale Prozesse (z. B. abhängig vom angenommenen funktionalen Wert des Verhaltens, erfahrenen Konsequenzen und informativen Bezugsnormen des Beobachters). Als wesentliche Sozialisationsinstanzen für das Beobachtungslernen aggressiven Verhaltens betrachtet BANDURA die Familie, Peer-Gruppen und Massenmedien. In der Familie sind u. a. aggressive Interaktionsmuster der Eltern, punitive Erziehungspraktiken, verdeckte Billigungen von (außerfamiliären) Aggressionen von Bedeutung. Hinsichtlich der Einflüsse von Gewaltdarstellungen im Fernsehen wird angenommen, daß sie nicht direkt zu Gewalt führen, sondern eher über Desensibilisierung, Indifferenz und Erweiterung des aggressiven Verhaltensrepertoires wirksam werden (vgl. WILLIAMS 1986).

Bei der *Auslösung aggressiven Verhaltens* (2. Spalte) spielen nach BANDURA emotionale und kognitive Motivationsvariablen zusammen. Gewalthandlungen sind zum einen durch die Beobachtung aggressiven Verhaltens in der Umwelt aktivierbar und kanalisierbar. Diese Modellierungseinflüsse anderer bestehen darin, daß sie z. B. durch soziale Legitimierung enthemmen, im Falle des Erfolgs das Verhalten des Beobachters entsprechend ausrichten, durch emotionale Erregung die Aggressionsbereitschaft erhöhen und die Aufmerksamkeit auf spezifische Verhaltensaspekte lenken (z. B. geeignete Hilfsmittel). Die unter „aversiver Behandlung“ zusammengefaßten aggressionsauslösenden Situationsmerkmale entsprechen zum Teil der Frustrations-Aggressions-Hypothese, ohne deren frühere triebdynamischen oder deterministischen Annahmen zu übernehmen. Im Gegensatz zum motivierenden „Druck“ aversiver Behandlung bestehen andere Aggressionsauslöser im „Zug“ (Anreiz) der erwarteten positiven Konsequenzen. Dabei kann eine fehlerhafte Einschätzung von Risiken zugrunde liegen, wie dies z. B. bei manchen Straftätern der Fall ist. Aggression als gehorsames Verhalten hält BANDURA für sehr verbreitet, insbesondere wenn Befehle das Leid des Opfers nicht deutlich werden lassen. Schließlich können aggressive Verhaltensweisen auch durch bizarre Denkweisen (z. B. paranoide Tendenzen) angeregt werden.

Für die *Aufrechterhaltung und Festigung aggressiven Verhaltens* (Spalte 3) spielen direkte Bekräftigungen oder Bestrafungen durch die soziale Umwelt eine Rolle, außerdem die Beobachtung entsprechender Handlungsfolgen bei anderen (stellvertretende Bekräftigung). Typische positive Verstärker sind z. B. die materiellen Werte bei Eigentumsdelinquenz, Statusgewinn bei Bandendelinquenz, die Beendigung aversiven Verhaltens anderer bei provozierten Schlägereien oder Schmerzreaktionen des Opfers bei manchen Sexualdelikten. Neben der externen Handlungsregulation betont BANDURA die Eigensteuerung (Selbstbelohnung, Selbstkritik, Neutralisation). Indem der Gewalttäter sein antisoziales Verhalten rechtfertigt und beschönigt, seine schädigenden Folgen herunterspielt und das Opfer abwertet, wird er in der moralischen Bewertung des eigenen Verhaltens graduell desensibilisiert (vgl. auch die Theorie der Neutralisationstechniken von SYKES & MATZA 1957).

Die Theorie BANDURAs läßt sich teilweise auch auf nicht i. e. S. gewalttätige Delikte anwenden. Sie ist relativ differenziert, allerdings sind die einzelnen Bedingungen noch wenig miteinander verknüpft. Ihr jeweiliger Einfluß ist insoweit präzisiert, als die Wahrscheinlichkeit aggressiven Verhaltens erhöht sein soll. Es mangelt an Untersuchungen, in denen das Zusammenspiel der Teilprozesse und ihre relative Bedeutsamkeit geprüft werden. Viele einschlägige empirische Arbeiten wurden zudem als Laborexperimente durchgeführt, bei denen unklar ist, inwieweit sie auf die komplexen sozialen Kontexte von Straftaten generalisiert werden können. Allerdings sind auch in Feldstudien zahlreiche theorienmäßige Zusammenhänge nachgewiesen, insbesondere zwischen elterlicher Erziehung und Jugendkriminalität (vgl. LÖSEL & LINZ 1975, RUTTER & GILLER 1984, SEITZ 1983). Ein anderes Problem liegt darin, daß die beträchtlichen zwischenmenschlichen Unterschiede in den Lernprozessen (z. B. der Übernahme von Modellverhalten, der Wirkung bestimmter Verstärker, der Reaktion auf aversive Bedingungen) noch wenig geklärt sind.

Die kognitiv-sozialen Lerntheorien greifen zum Teil auf Konzepte aus anderen Theorien zurück, zum Beispiel auf *Entscheidungstheorien* bzw. *Kosten-Nutzen-Theorien.* In diesen Theorien nimmt man – in der einfachsten Version – an, daß die Wahl einer delinquenten Handlungsalternative abhängt von der subjektiven Wahrscheinlichkeit, mit der bestimmte Handlungsergebnisse erwartet werden, und deren Wert (Nutzen, Valenz) für den Handelnden. Eine Person wird demnach dann eine Straftat begehen, wenn sie die subjektive Wahrscheinlichkeit erwünschter Handlungsergebnisse (materieller oder immaterieller Art) und deren Wert als hoch einschätzt, die Wahrscheinlichkeit unerwünschter/aversiver Konsequenzen und deren negative Valenz dagegen als gering beurteilt (z. B. hohe Erfolgswahrscheinlichkeit, ein wertvolles Diebesgut zu erlangen; niedriges Sanktionsrisiko und geringe Sanktionsintensität). Nach den empirischen Befunden scheint dabei nicht die zu erwartende Strafhärte abschreckend zu wirken, sondern eher das Sanktionsrisiko (BEYLEFELD 1979, SCHÖCH 1988; → Generalprävention).

Die Rational Choice Perspektive wird zwar in der Kriminalpsychologie schon seit längerem betont (vgl. RETTIG & RAWSON 1963; LÖSEL 1975; FARRINGTON & KNIGHT 1980), hat jedoch in den letzten Jahren erheblich an Bedeutung gewonnen (vgl. CORNISH & CLARKE 1986). Merkmale der Kosten, des Nutzens und vor allem der Tatgelegenheitsstruktur haben sich z. B. in unterschiedlichen Deliktsbereichen als relevant erwiesen (CARROLL 1978, CLARKE 1983, CORNISH & CLARKE 1989). Sie bilden die Grundlage für viele Konzepte der situationalen Kriminalprävention (KUBE 1986, LÖSEL 1987). Neben den genannten deliktbezogenen Parametern ist z. B. auch die Kosten-Nutzen-Relation zu prosozialen Handlungsalternativen oder die zeitliche Verzögerung der positiven/negativen

Folgen von Belang (WILSON & HERRNSTEIN 1985). Manche Autoren sehen zwar situationsbezogene, entscheidungstheoretische Kriminalitätserklärungen als Gegensatz zu mehr dispositionsbezogenen (vgl. CLARKE 1983), doch lassen sich auch persönlichkeitspsychologisch bedeutsame Konstrukte – wie z. B. der Grad der Handlungsstrukturierung oder der Impulsivität – mit ihnen integrieren (LÖSEL 1974, WILSON & HERRNSTEIN 1985). Unklar ist noch der Geltungsbereich der Modelle rationaler Entscheidung, doch erscheinen sie z. B. sowohl für „traditionelle" Eigentumsdelinquenz ebenso geeignet wie für „moderne" Wirtschafts- oder Umweltdelikte. Die methodischen Probleme der Überprüfung sind im Kriminalitätsbereich beträchtlich, da letztlich die subjektiven Einschätzungen in bzw. vor der Tatgelegenheit zu erfassen wären, was praktisch kaum möglich ist. Objektive Merkmale des Tatrisikos und der Kosten-Nutzen-Relation sind aber nur indirekte Operationalisierungen, und von der Tatsituation abgehobene, retrospektive Angaben unterliegen Verfälschungstendenzen.

Entscheidungstheorien sind stärker formalisierte und quantifizierbare Varianten von *Handlungstheorien*. In Handlungstheorien läßt sich eine Straftat zum einen auf der Ebene der Ziele erklären, indem z. B. mit strafrechtlichen Normen unverträgliche Zielsetzungen, persönliche Werturteile oder gruppenspezifische Normen bestehen. Zum andern kann der Handelnde versuchen, gesellschaftlich akzeptierte Ziele mit strafbaren Mitteln zu erreichen, und zwar weil er nicht über erlaubte Mittel verfügt, die Handlung defizitär plant oder unfähig ist, die als legale Mittel akzeptierten Handlungen auszuführen (vgl. WERBIK 1983). Es handelt sich also teilweise um Konzepte, wie sie die Anomietheorie oder sozialstrukturelle „Strain-Theorien" enthalten (z. B. CLOWARD & OHLIN 1960). In den psychologischen Ansätzen wird jedoch mehr der Handlungsprozeß analysiert, z. B. hinsichtlich seiner Defizite in den Phasen a) der Situationseinschätzung, b) des Suchprozesses (Planen und Abwägen) und c) der Handlungsausführung. Auch handlungstheoretische Kriminalitätserklärungen sind nicht für alle Deliktbereiche gleichermaßen adäquat und erst ansatzweise empirisch überprüft. Die Angemessenheit, Unverträglichkeit etc. von Zielen und Mitteln läßt sich oftmals nur ausschnitthaft oder im nachhinein beurteilen. Schließlich bleibt im Sinne einer zweiten Erklärungsebene die Frage, wie es gerade zu den jeweiligen Zielsetzungen und -durchführung gekommen ist. Damit werden Beziehungen zu anderen Theorien erforderlich, z. B. zu Lerntheorien.

Ein weitere Beispiel für einen „kognitiven" Ansatz, der vor allem zur Erklärung von Jugenddelinquenz herangezogen wird, ist die *Entwicklungstheorie des moralischen Urteils* (moral reasoning) von KOHLBERG (1981, 1984). Sie baut auf PIAGETS (1954) Arbeiten zur heteronomen, autoritätsbezogenen und autonomen, kooperationsbezogenen Moral auf. Es werden sechs Entwicklungsstufen des moralisch-ethischen Urteils unterschieden:

(1) *Orientierung an Gehorsam und Strafe*: Es besteht eine heteronome Moral, die sich an Geboten und Sanktionen von mächtigen anderen orientiert. Die Handlungsbewertungen sind vom Effekt bestimmt.

(2) *Naiv-egoistische Orientierung*: Handlungen werden nach ihrem instrumentellen Wert zur Befriedigung eigener Bedürfnisse beurteilt. Die individuelle Relativität von Bewertungen wird wahrgenommen. Bewertungen von Sozial-

beziehungen sind an Prinzipien der Gleichheit und des Tauschgeschäfts orientiert.

(3) *Orientierung am Bild des braven Kindes*: Eigene Handlungsbewertungen werden an den Erwartungen anderer (Rollen) und an sozialen Stereotypen ausgerichtet. Handlungen sollen anderen gefallen, helfen etc. Konformität geht vor eigene Interessen.

(4) *Orientierung an Autorität und sozialer Ordnung*: Moralische Urteile werden am Primat des Sozialsystems orientiert. Pflichterfüllung, Respekt vor Autoritäten, Bewahrung von Recht und Ordnung sind wesentlich. Persönliche Beziehungen werden nach systemspezifischen Rollengesichtspunkten strukturiert.

(5) *Orientierung an Recht und Sozialverträgen:* Maßstäbe des Handelns ergeben sich aus mehrheitlich akzeptierten Normen, die zwar als willkürlich und gruppenspezifisch erkannt, aber als verbindlich angesehen werden. Pflicht beruht auf Sozialkontrakten, individuelle Rechte und das Gemeinwohl sollen gewahrt werden.

(6) *Prinzipienorientierung*: Handlungsbewertungen basieren nicht nur auf aktuellen sozialen Regeln, sondern auch auf universellen Prinzipien der Gerechtigkeit, die das Individuum in freier, vernünftiger Entscheidung wählt. Orientierung an Gewissen, gegenseitigem Vertrauen und Respekt.

Die Stufen eins und zwei bilden das vorkonventionelle Niveau, die Stufen drei und vier das konventionelle und die Stufen fünf und sechs das nachkonventionelle oder prinzipiengeleitete. Wie PIAGET nimmt KOHLBERG an, daß die Entwicklung des moralischen Urteils funktional abhängt von der Entwicklung des Denkens (operativen Niveaus) und der Entwicklung sozial-kognitiver Kompetenz (z. B. Perspektivenübernahme). Das individuelle Entwicklungsniveau wird zumeist über Antworten in hypothetischen moralischen Dilemmata erfaßt. Ein höheres Niveau soll einen abschirmenden Effekt gegenüber Anreizen für delinquentes Verhalten haben (TAPP & KOHLBERG 1971, JENNINGS, KILKENNY & KOHLBERG 1985).

Theorie und Empirie des KOHLBERGschen Ansatzes sind heftig umstritten (KURTINES & GRIEF 1974, TRAINER 1977, BLASI 1980, GIBBS & SCHNELL 1985, PELTZER 1986). Das Modell konfundiert deskriptive und normative Aspekte. Die Entwicklungssequenz wird als invariant und universell gültig postuliert, was allerdings nach Längsschnittstudien fraglich ist. Es läßt sich auch nur ein Teil der Personen eindeutig einem bestimmten Niveau zuordnen, wobei die letzte Stufe selten erreicht wird. Die Annahme, daß Kriminalität mit einem niedrigen Niveau der Moralentwicklung einhergehe, konnte in mehreren Untersuchungen bestätigt werden, insgesamt ist die Korrelation aber eher schwach (IRVINE 1979, BLASI 1980, GIBBS & WIDAMAN 1982). Auf Grund derartiger Ergebnisse und der allgemeinen Einwände gegen die Theorie KOHLBERGs erscheint sie als Delinquenzerklärung unzureichend. Um das Entwicklungskonzept des moralischen Urteils für die Erklärung konkreter Straftaten tragfähiger werden zu lassen, müßten verstärkt auch andere Merkmale des individuellen Wertsystems, Zielprioritäten und situative Faktoren einbezogen werden (vgl. GOLDSMITH, THROFAST & NILSSON 1989).

Neben den skizzierten existieren noch zahlreiche andere psychologische Theorien zur Erklärung von Kriminalität. Eine vergleichende Evaluation ist nur teilweise möglich, denn die jeweiligen Ansätze unterscheiden sich in vielfältigen Aspekten: Zum Beispiel im zugrundeliegenden Menschenbild, in der Präzision ihrer Formulierung, in ihrem Allgemeinheitsgrad, in der Bevorzugung von Individual-, Gruppen- oder Aggregatdaten, in den Methoden der Datenerhebung und -Analyse, in den untersuchten Straftäterpopulationen und Deliktformen, in der Berücksichtigung sozialer Reaktionen auf Devianz usw. Die meisten psychologischen wie auch die soziologischen oder biologischen Kriminalitätstheorien scheinen weder generell „richtig" oder „falsch" noch untereinander unvereinbar zu sein (WARREN & HINDELANG 1979). Sie sind jedoch mehr oder weniger gut geeignet, bestimmte Formen oder Phänomene von Kriminalität zu erklären. Die zukünftige Forschung sollte vermehrt prüfen, (a) in welchen Hypothesen die verschiedenen Theorien tatsächlich konkurrieren, (b) welche Theorien welche Kriminalitätsphänomene jeweils besser erklären als andere und (c) inwieweit sich verschiedene Theorien integrieren lassen. Zur Theorieintegration liegen eine Reihe von Ansätzen vor (z. B. LÖSEL 1978, DUSSICH 1985, WILSON & HERRNSTEIN 1985, ALBRECHT & KARSTEDT-HENKE 1987, COHEN & LANDA 1987). Einen relativ umfassenden Vorschlag machen z. B. PEARSON & WEINER (1985):

Die Autoren gehen von 13 häufig zitierten kriminologischen Theorien bzw. Erklärungskonstrukten aus: Differentielle Assoziation, Negatives Labeling, (informelle) soziale Kontrolle, Abschreckung, Ökonomischer Nutzen, kriminelle Routineaktivität bzw. differentielle Gelegenheit, Neutralisation, relative Deprivation bzw. soziale Benachteiligung (Strain), normativer (Kultur-)Konflikt, generalisierter Strain und normativer (Kultur-)Konflikt, kritischer Marxismus/Gruppenkonflikt. Diese Konstrukte integrieren sie in einem Ansatz, dessen Grundlage die (kognitive) soziale Lerntheorie bildet. Sie unterscheiden dabei Einflüsse auf der Mikro-Ebene und auf der Makro-Ebene (siehe Abbildung 1). Auf der Mikro-Ebene wird kriminelles Verhalten – wie anderes Verhalten – durch vorangehende Motivationsfaktoren und die Verhaltensfolgen erklärt. Die Tatmotivation hängt ab (1) vom „Bedarf" an Nutzen (utility demand), z. B. dem Grad der Deprivation an sozialen oder materiellen Verstärkern; (2) von einschlägigen Verhaltensfertigkeiten (behavioral skills), z. B. physiognomotorischen Kompetenzen; (3) von der Wahrnehmung günstiger Gelegenheiten (signs for favorable opportunities), z. B. diskriminativen Stimuli für risikoarme Tatausführung; (4) von verfügbaren Verhaltens-Ressourcen (behavioral resources), z. B. Werkzeug oder Tatgehilfen; (5) von Maximen der Nützlichkeit (rules of expedience), z. B. der Vermeidung von Sanktionen, der Nutzen-Maximierung; (6) von Maximen der Moral (rules of morality), z. B. internalisierten Normen, Geboten. Die wichtigsten Folgen der Tat sind der resultierende Nutzen (utility reception) und die angeeignete Information (information, acquisition. Der Nutzen besteht aus Belohnungen (z. B. in Form von Macht, Geld, Prestige, sozialer Zuwendung) oder Strafen (z. B. soziale Ächtung, Gefängnis, Geldbußen), die Information betrifft z. B. Merkmale der Tatsituation, den künftig zu erwartenden Nutzen etc.

Die individuellen Faktoren auf der Mikro-Ebene werden differentiell beeinflußt von makro-sozialen Rahmenbedingungen (Aggregat-Ebene). Hier sind z. B. die sozio-ökonomischen Bedingungen, die unterschiedlichen Chancen der Schul- und Berufsausbildung, die Zugehörigkeit zu Subkulturen und Kulturkon-

Dynamisches Modell der Wahrscheinlichkeit kriminellen Verhaltens nach PEARSON & WEINER *(1985) (modifiziert und aus Teilmodellen zusammengefaßt)*

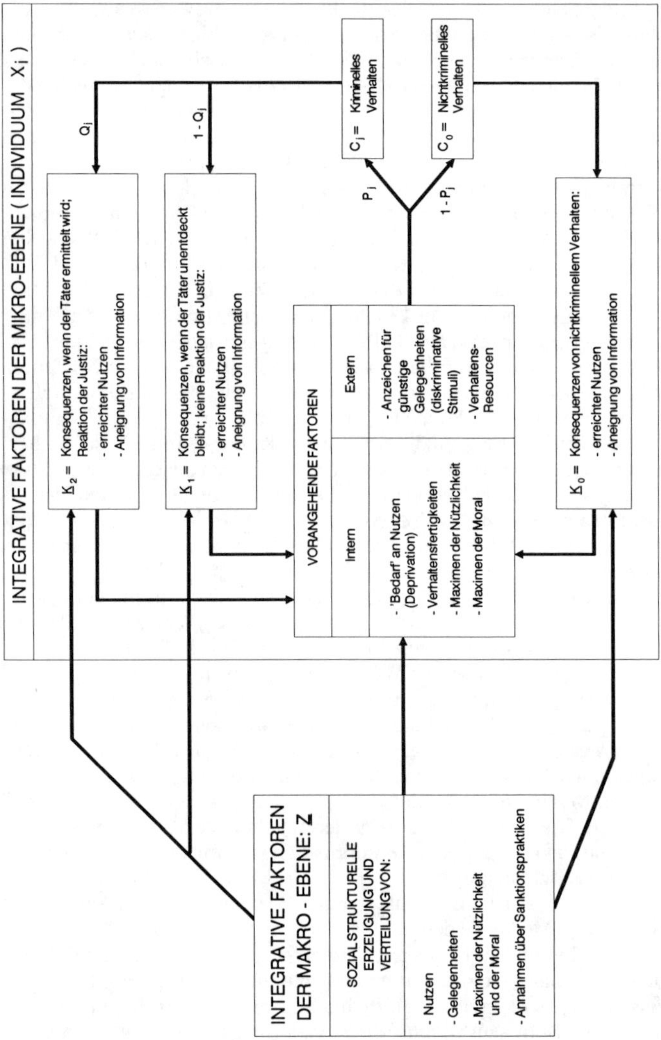

flikte, unterschiedliche Sozialisationsprozesse durch die Familie, Peer-Gruppen und Medien von Bedeutung. Die makrosozialen Faktoren beeinflussen über die individuellen Motivationsvariablen die situationsbezogenen Wahrscheinlichkeiten für kriminelles oder nicht-kriminelles Verhalten. Sie wirken aber auch über ihre Einflüsse auf die jeweiligen Tatfolgen (z. B. die Reaktionsweisen des Kriminaljustizsystems) auf die Tatmotivation zurück.

PEARSON & WEINER (1985) zeigen, daß die explizierten Konstrukte jeweils in mehreren Theorien enthalten oder mit ihnen kompatibel sind. Auf der Basis dieser Konstrukte entwickeln sie auch konkretere Hypothesen für verschiedene Deliktformen (z. B. Gewaltdelikte, Eigentumsdelikte, Delikte gegen die öffentliche Ordnung).

Bislang ist das Modell nicht in allen Bereichen gleichermaßen differenziert. Die einzelnen integrierten Hypothesen sind nach dem derzeitigen Forschungsstand keineswegs gleich gut bewährt (siehe z. B. die zumeist nur schwache Korrelation zwischen Merkmalen der sozialen Schichtung und Kriminalität; WEIS 1987). Simultan ist das Modell wahrscheinlich kaum empirisch prüfbar. Es vernachlässigt, daß zwischen Makro- und Mikro-Ebene mehrere Zwischenebenen bestehen (BRONFENBRENNER 1979). Bei den Tatfolgen sollten die subjektiven von den objektiven Wahrscheinlichkeiten unterschieden werden. Neben den Gemeinsamkeiten der Theorien wären auch die partiellen Unterschiede stärker herauszuarbeiten. Trotz solcher Probleme sind Integrationsansätze wie der von PEARSON & WEINER wichtig. Denn sie konkretisieren die vielbeschworene „Interdisziplinarität" in der Kriminologie und vermeiden sachlich unangemessene theoretische Reservate der kriminologischen Bezugswissenschaften.

Aichhorn, A., Verwahrloste Jugend, Bern u. a. 1925, 7. Aufl., 1971; *Albrecht, G., Karstedt-Henke, S.*, Alternative Methods of Conflict-Settling and Sentencing: Their Impact on young Offenders, in: Social Intervention: Potential and Constraints, hrsg. v. Hurrelmann, K., Kaufmann, F.-X., Lösel, F., Berlin u. a. 1987, S. 315–332; *Alexander, F., Healey, W.*, Roots of Crime, Montclair/NJ 1935; *Amelang, M.*, Sozial abweichendes Verhalten, Berlin 1986; *Amelang, M., Schahn, J., Kohlmann, D.*, Techniken der Neutralisierung: Eine modelltestende Untersuchung auf der Basis offizieller und selbstberichteter Delinquenz, MschrKrim 71 (1988), S. 178–190; *Bandura, A.*, Sozial-kognitive Lerntheorie, Stuttgart 1979 a (amerik. 1977); *Bandura, A.*, Aggression – Eine Sozial-lerntheoretische Analyse, Stuttgart 1979 b (amerik. 1973); *Bandura, A.*, The Social Learning Perspective: Mechanisms of Aggression, in: Psychology of Crime and Criminal Justice, hrsg. v. Toch, H., New York 1979 c, S. 198–236; *Barkey, P.*, Lerntheoretische Ansätze zur Delinquenzerklärung, in: Kriminalpsychologie, hrsg. v. Lösel, F., Weinheim u. a. 1983, S. 52–62; *Belschner, W., Kaiser, P.*, Darstellung eines Mehrebenenmodells primärer Prävention, in: Kritische Lebensereignisse, hrsg. v. Filipp, S.-H., München 1981, S. 174–195; *Beylefeld, D.*, Identifying, Explaining and Predicting Deterrence, BritJKrim 19 (1979), S. 205–224; *Blasi, A.*, Bridging Moral Cognition and Moral Action: A Critical Review of the Literature, Psychological Bulletin 88 (1980), S. 1–45; *Böllinger, C.*, Psychoanalytisch orientierte Sozialtherapie, in: Kriminalpsychologie, hrsg. v. Lösel, F., Weinheim u. a. 1983, S. 239–247; *Boor, C. de*, Soziotherapie als angewandte Psychoanalyse in einer Sondereinrichtung der holländischen Justiz, in: Seminar: Abweichendes Verhalten III, hrsg. v. Lüderssen, K., Sack, F., Frankfurt/M. 1977, S. 402–416; *Bowlby, M.*, Maternal Care and Mental Health, London 1951; *Bronfenbrenner, U.*, The Ecology of Human Development: Experiments by Nature and Design, Cambridge/MA 1979; *Burgess, E.W., Akers, R.L.*, A Differential Association-Reinforcement Theory of Criminal Behavior, Social Problems 14 (1966), S. 129–147; *Carroll, J.S.*, A Psychological Approach to Deterrence: The Evaluation of Crime Opportunities, Journal of Personality and Social Psychology 36 (1978), S. 1512–1520; *Chaiken, M.R., Chaiken, J.M.*, Offender Types and Public Policy, Crime and Delinquency 30 (1984), S. 195–226; *Clarke, R.V.*, Situational Crime Prevention: Its Theoretical Basis and Practical Scope, in: Crime and Justice: An Annual Review of Research, Vol. 4, hrsg. v. Tonry, M., Morris, T., Chicago 1983; *Cloward, R.A., Ohlin, L.E.*, Delinquency and Opportunity, New York 1960; *Cohen, L.E., Land, K.C.*, Sociological Positivism and the Explanation of Criminality, in: Positive Criminology, hrsg. v. Gottfredson, M.R., Hirschi, T., Newbury Park/CA 1987, S. 43–55; *Cornish, D.B., Clarke, R.V.* (Eds.): The Reasoning Criminal. Rational Choice Perspectives of Offending, New York 1986; *Cornish, D.B., Clarke, R.V.*, Crime Specialisation, Crime Displacement and the Rational Choice Theory, in: Criminal Behavior and the Justice System: Psychological Perspectives, hrsg. v. Wegener, H., Lösel, F., Haisch, J., New York 1989, S. 103–117; *Dechêne, H.*, Verwahrlosung und Delinquenz, München 1975; *Dussich, J.P.J.*, New Perspectives in Control Theory: Social Coping of Youth under Supervision, Köln 1985; *Elliott, D.S., Huizinga, D., Ageton, S.S.*, Explaining Delinquency and Drug Use, Beverly Hills/CA 1985; *Eysenck, H.J.*, Kriminalität und Persönlichkeit, München 1977; *Farrington, D.P., Knight, B.J.*, Four Studies of Stealing as a Risky Decision, in: New Directions in Psycholegal Research, hrsg. v. Lipsitt, P.D., New York 1980, S. 26–50; *Farrington, D.P., Ohlin, L.E., Wilson, J.Q.*, Understanding and Controlling Crime: Toward a New Research Strategy, New York 1985; *Gibbs, J.C. & Schnell, S.V.*, Moral Development „versus" Socialization: A Critique, American Psychologist 40 (1985), S. 1071–1080; *Gibbs, J.C.. Widaman, K.F.*, Social Intelligence. Measuring the Development of Sociomoral Reflection, Englewood Cliffs/NJ 1982; *Goldsmith, R.W., Throfast, G., Nilsson, P.-E.*, Situational Effects on the Decisions of Adolescent Offenders to Carry Out Delinquent Acts. Relations to Moral Reasoning, Moral Goals, and Personal Constructs, in: Criminal Behavior and the Justice System: Psychological Perspectives, hrsg. v. Wegener, H., Lösel, F., Haisch, J., New York 1989, S. 81–102; *Haisch, J.*, Psychologie der Gerichtsverhandlung und richterliche Urteilsbildung, in: Kriminalpsychologie, hrsg. v. Lösel, F., Weinheim u. a. 1983, S. 162–172; *Herrmann, T.*, Was ist das Psychologische an psychologischen Theorien?, in: Bericht über den 35. Kongreß der Deutschen Gesellschaft für Psychologie 1986 in Heidelberg, hrsg. v. Amelang, M., Göttingen 1987; *Hirschi, T.*, Causes of Delinquency, Berkeley 1969; *Irvine, R.*, Legal Socialisation – A Critique of a New Approach, in: Psychology, Law and Legal Process, hrsg. v. Farrington, D.P., Hawkins, K., Lloyd-Bostock, S.M., London 1979, S. 69–89; *Jennings, W.S., Kilkenny, R., Kohlberg, L.*, Moral-Development. Theory and Practice for Youthful and Adult Offenders, in: Personality Theory, Moral Development and Criminal Behavior, hrsg. v. Laufer, W.S., Day, J.M., New York 1985, S. 281–355; *Johnson, A., Szurek, S.A.*, The Genesis of Antisocial Acting Out in Children and Adults, in: Experience, Affect and Behavior. Psychoanalytic Explorations of Dr. A. McFadyen Johnson, hrsg. v. Robinson, D.B., Chicago 1969, S. 145–154; *Keupp, H.*, Kriminalität als soziale Konstruktion – zum interpretativen Potential der Labeling-Perspektive, in: Kriminalpsychologie, hrsg. v. Lösel, F., Weinheim u. a. 1983, S. 106–117; *Kohlberg, L.*, Essays on Moral Development, Vol. 1. The Philosophy of Moral Development, San Francisco 1981; *Kohlberg, L.*, Essays on Moral Development, Vol. 2. The Psychology of Moral Development, San Francisco 1984; *Konecni, V.J., Ebbesen, E.B.* (Eds.), The Criminal Justice System. A Social Psychological Analysis, San Francisco 1982;*Kube, E.*, Systematische Kriminalprävention, Wiesbaden 1986; *Künzel, E.*, Jugendkriminalität und Verwahrlosung, Göttingen 1965; *Kurtines, W., Grief, E.B.*, The Development of Moral Thought. Review and Evaluation of Kohlberg's Approach, Psychological Bulletin 81 (1974), S. 453–470; *Kury, H.*, Die Behandlung Straffälliger: Inhaltliche und methodische Probleme der Behandlungsforschung, Berlin 1986; *Lösel, F.*, Handlungskontrolle und Jugenddelinquenz, Stuttgart 1975; *Lösel, F.*, Über elementare Konzepte sozialer Devianz und ihre Beziehung, Zeitschrift für Sozialpsychologie 9 (1978), S. 2–18; *Lösel, F.* (Hrsg.), Kriminalpsychologie, Grundlagen und Anwendungsbereiche, Weinheim u. a. 1983; *Lösel, F.*, Psychological Crime Prevention: Concepts, Evaluations, Perspectives, in: Social Intervention: Potential and Constraints, hrsg. v. Hurrelmann, K., Kaufmann, F.-X., Lösel, F., Berlin u. a. 1987, S. 289–313; *Lösel, F.*, Rechtspsychologie, in: Handwörterbuch der Psychologie, hrsg. v. Asanger, R., Wenninger, G., 4. Aufl., München 1988, S. 644–653; *Lösel, F.*, Zur neueren Entwicklung der Rechtspsychologie: Versuch einer Standortbestimmung, in: Bericht über den 36. Kongreß der Deutschen Gesellschaft für Psychologie 1988 in Berlin, hrsg. v. Schönpflug, W., Göttingen 1989; *Lösel, F., Bliesener, T., Köferl, P.*, On the Concept of „Invulnerability": Evaluation and First Results of the Bielefeld Project, in: Children at Risk: Assessment, Longitudinal Research, and Intervention, hrsg. v. Brambring, M., Lösel, F., Skowronek, H., Berlin u. a. 1989, S. 186–219; *Lösel, F., Köferl, P., Weber, F.*, Meta-Evaluation der Sozialtherapie, Stuttgart 1987; *Lösel, F., Linz, P.*, Familiale Sozialisation von Delinquenten, in: Abweichendes Verhalten, hrsg. v. Abele, A., Mitzlaff, S., Nowack, W., Stuttgart 1975, S. 181–203; Mawson, A.R., Transient Criminality. A Model of Stress-Induced Crime, New York 1987; *Merton, R.K.*, Sozialstruktur und Anomie, in: Kriminalsoziologie, hrsg. v. Sack, F., König, R., 2. Aufl., Frankfurt/M. 1974, S. 283–313; *Mischel, W.*, Toward a Cognitive Social Learning Reconceptualization of Personality, Psychological Review 80 (1973), S. 252–283; *Moser, T.*, Gesellschaftsstruktur und Kriminalität, Frankfurt/M. u. a. 1970; *Nietzel, M.T.*, Crime and its Modification, New York 1979; *Opp, K.-D.*, Abweichendes Verhalten und Gesellschaftsstruktur, Darmstadt u. a. 1974; *Pearson, F., Weiner,*

N.A., Toward an Integration of Criminological Theories, Journal of Criminal Law and Criminology 76 (1985), S. 116–150; *Peltzer, U.*, Lawrence Kohlbergs Theorie des moralischen Urteilens, Opladen 1986; *Piaget, J.*, Das moralische Urteil beim Kinde, Zürich 1954; *Redl, F., Wineman, D.*, Children Who Hate, New York 1951 (deutsch 1979); *Reinecker, H.*, Grundlagen der Verhaltenstherapie, München 1987; *Rettig, S., Rawson, H.E.*, The Risk Hypothesis in Predictive Judgements of Unethical Behavior, Journal of Abnormal and Social Psychology 66 (1963), S. 243–248; *Rutter, M., Giller, H.*, Juvenile Delinquency: Trends and Perspectives, New York 1984; *Schneider, H.-J.*, Situative Aspekte delinquenter Handlungen und der Prozeß des Opferwerdens, in: Kriminalpsychologie, hrsg. v. Lösel, F., Weinheim u. a. 1983, S. 74-84; *Schneider, H.-J.*, Kriminologie, Berlin, 2. Aufl. 1987; *Schöch, H.*, Göttinger Generalpräventionsforschung, in: Kriminologische Forschung in den 80er Jahren, Bd. 1, hrsg. v. Kaiser, G., Kury, H., Albrecht, H.-J., Freiburg i.Br. 1988, S. 227–246; *Schünemann, B., Bandilla, W.*, Perseverance in Courtroom Decisions, in: Criminal Behavior and the Justice System: Psychological Perspectives, hrsg. v. Wegener, H., Lösel, F., Haisch, J., New York 1989, S. 181–207; *Seitz, W.*, Familiäre Erziehung und Delinquenz, in: Kriminalpsychologie, hrsg. v. Lösel, F., Weinheim u. a. 1983, S. 63–73; *Selg, H., Mees, U., Berg, D.*, Psychologie der Aggressivität, Göttingen 1988; *Skinner, B.F.*, Science and Human Behavior, New York 1953; *Sutherland, E.H.*, Principles of Criminology, Chicago 1944; *Sykes, G.M., Matza, D.*, Techniques of Neutralization: A Theory of Delinquency, American Sociological Review 22 (1957), S. 664–670; *Tapp, J.C., Kohlberg, L.*, Developing Senses of Law and Legal Justice, Journal of Social Issues 27 (1971), S. 65–92; *Trainer, F.*, A Critical Review of Kohlberg's Contribution to the Study of Moral Thought, Journal for the Theory of Social Behavior 7 (1977), S. 41–64; *Traxel, W.*, Der Gegenstand der Psychologie als Produkt und Problem des psychologischen Denkens, in: Psychologie – Wissenschaft ohne Gegenstand? hrsg. v. Eberlein, G., Pieper, R., Frankfurt/M. 1976, S. 105–139; *Warren, M.Q., Hindelang, M.J.*, Current Explanations of Offender Behavior, in: Psychology of Crime and Criminal Justice, hrsg. v. Toch, H., New York 1979, S. 166–182; *Weis, J.G.*, Social Class and Crime, in: Positive Criminology, hrsg. v. Gottfredson, M.R., Hirschi, T., Newbury Park, CA 1987, S. 71–90; Werbik, H., Perspektiven handlungstheoretischer Erklärungen von Straftaten, in: Kriminalpsychologie, hrsg. v. Lösel, F., Weinheim u. a. 1983, S. 85–95; *Werner, E.E.*, Vulnerability and Resiliency: A Longitudinal Perspective, in: Children at Risk: Assessment, Longitudinal Research, and Intervention, hrsg. v. Brambring, M., Lösel, F., Skowronek, H., Berlin u. a. 1989, S. 156–172; *Williams, T.M.* (Ed.): The Impact of Television, Orlando 1986; *Wilson, J., Herrnstein, R.J.*, Crime and Human Nature, New York 1985; *Yochelson, S., Samenow, S.E.*, The Criminal Personality, Vol. I/II, New York 1976/1985.

FRIEDRICH LÖSEL

Kriminalitätstheorien, soziobiologische. Im Verlauf der Zeiten wurde das Phänomen Kriminalität sehr unterschiedlich behandelt. Eine erst seit kurzem praktizierte Form der Untersuchung ist die biosoziale Kriminologie. Diese Schule geht von der Tatsache aus, daß Kriminalität Verhalten ist und deshalb auch als solches untersucht werden muß. Die Verhaltenswissenschaften lehren uns, daß jedes Verhalten (V) prinzipiell das Ergebnis zweier Faktorengruppen ist, die eine betrifft die Person des Handelnden (P) und die andere die Situation, in der sich diese Person befindet (S). Man kann diesen ersten Ausgangspunkt der biosozialen Kriminologie auch folgendermaßen darstellen):

$V = f(P_i, S_i)$, wobei

V = strafbares Verhalten,

P_i = alle zur Erklärung kriminellen Verhaltens relevanten Merkmale der Person, wie z. B. soziographische –, psychologische –, psychiatrische – und biologische Fakten und

S_i = die Situation, in der sich die betreffende Person befindet bzw. befand. Hier sind drei Ebenen zu unterscheiden, und zwar:

S_1 = die Situation auf dem Mikro-Niveau, d. h. die Situation, in der sich das kriminelle Verhalten abspielte (bei einem Ladendiebstahl also die Situation im Laden zur Zeit der strafbaren Handlung).

S_2 = die Situation auf dem Meso-Niveau, d. h. die Situation, in der wesentliche Interaktionen zwischen dem Täter und Dritten stattfinden. (Wesentlich müssen diese Interaktionen deshalb sein, weil sie erst dann Formung und Beeinflussung bewirken.) Beispiel hierfür sind das Elternhaus, die Schule, der Freundeskreis usw.

S_3 = die Situation auf dem Makro-Niveau, d. h. die gesellschaftlichen Verhältnisse, unter denen die Person lebt bzw. lebte (Wohnverhältnisse, Wohnlage, Rekreationsmöglichkeiten, Schulungs- und Ausbildungsmöglichkeiten, Arbeitsmarkt, Konjunktur, sozialpolitisches Klima, herrschende Normen und Werte).

Das soeben Gesagte macht deutlich, daß die Kriminologie wesentlich auf den Erkenntnissen zweier Wissenschaften beruht, nämlich der Sozialwissenschaften und der Biologie. Die biosoziale Kriminologie will dies mit ihrem Namen zum Ausdruck bringen. Mit Hilfe der Integration von Kenntnissen, die durch die Biologie und die Sozialwissenschaften erarbeitet wurden, versucht sie, unser Wissen über das Entstehen der Kriminalität zu vergrößern.

Kriminalität ist jedoch keinesfalls ein homogener Begriff. Zu ihr gehören so verschiedenartige Formen strafbaren Handelns wie Vermögensdelikte, Gewalt- und Sittlichkeitsverbrechen, Verkehrsstraftaten, Verletzungen der Vorschriften des Umweltschutzes, Drogenmißbrauch usw. Das führt zum zweiten Ausgangspunkt der biosozialen Kriminologie, nämlich dem Prinzip der *differentiellen Kriminologie*. Dieses Prinzip besagt, daß den verschiedenen Kriminalitätsformen verschiedene Ursachen zugrunde liegen. Die biosoziale Kriminologie weist deshalb generalisierende Aussagen über das Entstehen *der* Kriminalität ab.

Schließlich wird in der biosozialen Kriminologie davon ausgegangen, daß die Kriminalität aus einer Entwicklungsperspektive heraus untersucht werden muß. Während eines Prozesses anhaltender Interaktion zwischen Individuum und Umgebung ($V\ f\ P_i\ S_i$) entwickelt sich der zukünftige Straftäter langsam zu seiner Straftat hin. Während dieses Entwicklungsprozesses können zu verschiedenen Zeitpunkten Ereignisse oder Prozesse ein- bzw. auftreten, von denen sich später herausstellen wird, daß sie von ausschlaggebender Bedeutung für das sich später vollziehende kriminelle Verhalten waren. Der Kriminologe sucht diese kriminogenen Momente. Am häufigsten wendet er dabei die korrelative Methode an: Er überprüft, ob eine Korrelation, ein Zusammenhang, zwischen den mitspielenden Faktoren und der Kriminalität besteht. Im Zusammenhang mit der Entwicklungsperspektive könnte man von einer *prospektiven* Orientierung sprechen.

Dem steht die *retrospektive* Methode gegenüber. Nachdem festgestellt wurde, daß eine Variable mit der Straftat zusammenhängt, fragt man sich anschließend, was zum Entstehen dieses Faktors führte. Dieses Vorgehen ist mit dem Schälen einer Zwiebel vergleichbar: Eine Schale nach der anderen wird abgelöst, bis man zum Innersten und Wesentlichsten durchgedrungen ist.

Statistisch gesehen kann man die These aufstellen, daß, wenn der Prozeß des Zum-Täter-Werdens als eine Reihe aufeinanderfolgender Ereignisse zu verstehen ist, die jeweiligen Verbindungsstücke abwechselnd unabhängige und abhängige Variablen sind. Hierin zeigt sich auch der prinzipielle Unterschied zwischen der hergebrachten und der biosozialen Kriminologie. Die traditionelle Kriminologie kennt nur eine abhängige, d. h. zu erklärende, Variable, und zwar das strafbare Verhalten. Die biosoziale Kriminologie richtet sich dagegen nicht nur auf das Beantworten der Frage, wie Kriminalität entsteht, sondern will auch wissen, was den festgestellten kriminogenen Faktoren zugrunde liegt, weil sie davon ausgeht, daß nur auf diese (retrospektive) Weise der Prozeß, der zur Entstehung der Kriminalität führte, hinreichend erkennbar gemacht werden kann. Dieser Unterschied in der Problembehandlung erklärt auch, weshalb die herkömmliche Kriminologie sich auf eine Disziplin, z. B. die Soziologie, beschränken kann. Solange man sich nämlich nicht die Frage stellt, was den möglichen kriminogenen Variablen, die man als Ausgangspunkt für eine Untersuchung wählt, zugrunde liegt, kann man sich auf eine Disziplin beschränken. Weil die biosoziale Kriminologie diese Frage aber unbedingt beantwortet wissen will, muß sie interdisziplinär zu Werke gehen.

Damit sind wir wieder zum wesentlichsten Merkmal der biosozialen Kriminologie zurückgekehrt, dem Wunsch, Erkenntnisse aus den sozialen und biologischen Wissenschaften zu integrieren.

Wenn man den Begriff Erkenntnisse als Faktoren pro Disziplin versteht, bei denen sicher ist, daß sie direkt oder indirekt mit der Kriminalität zusammenhängen, dann wird dieses Integrieren zu einer praktisch undurchführbaren Aufgabe. Die Zahl der zu integrierenden Variablen ist nämlich sehr groß. Wenn dieses Integrieren außerdem mehr sein soll als ein bloßes Korrelieren loser Elemente aus verschiedenen Wissenschaftsbereichen, dann muß diese amorphe Masse zunächst geordnet werden. Mit Hilfe von Arbeitshypothesen werden Konstrukte einer höheren Ordnung geschaffen, von denen selbstverständlich feststehen muß, daß sie prinzipiell zum Begehen strafbarer Handlungen prädisponieren können. Derartige Konstrukte können grundsätzlich aus verschiedenen Wissenschaften stammen. Es muß sich jedoch um Kernbegriffe handeln, Begriffe, von denen angenommen werden darf, daß sie der weiteren Entwicklung der Person einen Stempel aufdrücken werden. Als Beispiele sind hier zu nennen: kognitive Dysfunktionen, gestörte Emotionalität, fehlerhafte Informationsverarbeitung, zu geringe Frustrationstoleranz, Versagen gegenüber schulischen Anforderungen, Arbeitslosigkeit usw.

Hat man einmal bestimmte Konstrukte gewählt, so muß anschließend prospektiv untersucht werden, wie diese sich in der weiteren Entwicklung der betreffenden Person auswirken können, und retrospektiv, welche Faktoren ihrer Entstehung zugrunde lagen.

Die gewählten Begriffe dienen als Anknüpfungspunkte für die Darstellung einer Vielzahl von Beziehungen, aus der uns schließlich der Prozeß des Zum-Straftäter-Werdens erkennbar wird.

Ein Beispiel soll diese biosoziale Untersuchungsstrategie verdeutlichen:

Als Konstruktum wählen wir den Faktor kognitive Dysfunktion. Neuropsychologische Untersuchungen haben wiederholt gezeigt, daß Straftäter sich hinsichtlich solcher psychologischer Funktionen wie logisches Denken, Wahrnehmung, Gedächtnis, Konzentration usw. in negativem Sinne von Nicht-Straftätern unterscheiden. Es dürfte deutlich sein, daß diese Funktionen prospektiv betrachtet einen wesentlichen Einfluß auf das Ergebnis eines jeden Lernprozesses haben, möge dieser nun schulische Leistungen betreffen oder das Lernen von Normen und Werten und damit den Sozialisierungsprozeß. *Direkte* Folge hiervon ist, daß diese Kinder in der Schule schneller versagen und deshalb ein niedrigeres Ausbildungsniveau erreichen, während sie zu Hause den Eindruck machen, als wollten sie nicht zuhören, als wären sie unzugänglich und kümmerten sich nicht um die im häuslichen Bereich geltenden Regeln. *Indirekt* kann dies wiederum verschiedene Konsequenzen haben: Im Elternhaus wird die Beziehung zwischen Eltern und Kind beeinträchtigt. Weil das Kind böswillig zu sein scheint, werden die Eltern immer härter auftreten (Wer nicht hören will, muß fühlen!). Dadurch entsteht eine langsame Entfremdung. Das Kind fühlt sich unverstanden und von den Eltern abgewiesen. Umgekehrt entspricht das Kind nicht den Erwartungen seiner Eltern, die es deshalb in zunehmendem Maße schwieriger finden, dieses Kind zu lieben. Diese Situation beeinträchtigt die Persönlichkeitsentwicklung, insbesondere die Entwicklung der Emotionalität. Das Kind wird beispielsweise eine Lösung dafür finden müssen, wie es dem Druck und der Spannung, denen es ausgesetzt ist, begegnen kann. Eine mögliche Reaktion ist, daß es sich emotional verschließt, allem pseudo-gleichgültig gegenübersteht, was ihm zu Hause widerfährt oder sogar eine Art Bravourverhalten zeigt. Physiologisch gesehen kann dies seinen Niederschlag in der Reaktivität des autonomen Nervensystems finden. Ohne „arousel" gibt es letztlich keine Emotionalität. Durch Manipulation des autonomen Nervensystems wird ein Schutz vor einer zu heftigen Emotionalität geschaffen. Man kann hier von einem physiologischen Abwehrmechanismus sprechen.

Die so entstandene flache Emotionalität und, damit verbunden, das Fehlen von Angstgefühlen hat wiederum neue Folgen für die weitere Entwicklung des Kindes. Die Psycho-Physiologie lehrt uns nämlich, daß Angstgefühle die Voraussetzung für das Erlernen von Vermeidungsverhalten, also für die Entwicklung eines wichtigen Mechanismus im Sozialisierungsprozeß, sind. Die Endokrinologie erklärt uns,warum das so ist. Unter Einfluß von Streß oder Angst scheidet die Hypophyse Hormone aus, die großen Einfluß auf das Erlernen negativer Erfahrungen und ein optimales Funktionieren des Gedächtnisses haben. Bisher wurde die Bedeutung des Vorliegens kognitiver Dysfunktionen prospektiv betrachtet. Im folgenden wird die Frage behandelt, was diesen Dysfunktionen zugrunde gelegen haben könnte (retrospektive Analyse).

Untersuchungen haben ergeben, daß die Ursachen hierfür auf sehr unterschiedlichen Gebieten liegen können. So haben möglicherweise aufeinander folgend genetische Faktoren, Komplikationen während der Schwangerschaft und bei der Geburt, und zwar vor allem solche, die zu Sauerstoffmangel führten, Kinderkrankheiten, insbesondere Viruskrankheiten, bei denen hohes Fieber auftrat, wie Enzephalitis, Gehirnschäden, z. B. als Folge eines Unfalls oder einer Kindesmißhandlung, geistige und affektive Verwahrlosung des Kindes, und zwar insbesondere, wenn diese mit dem Fehlen kognitiver Anregungen in den frühen Kinderjahren gepaart ging, Intoxikation des zentralen Nervensystems, z. B. als Folge einer Bleivergiftung oder, allgemeiner, als Folge der Umweltverschmutzung und Allergien des Zentralnervensystems, z. B. gegen bestimmte Konservierungsmittel oder Farbstoffe, eine Rolle gespielt.

Wesentlich ist auch noch das folgende: Die Wahrscheinlichkeit, daß kognitive Dysfunktionen wieder überwunden werden, ist, wie Untersuchungen ergeben haben, bei Kindern aus den niedrigeren sozialen Schichten geringer.

Damit wurde aufgezeigt, wie um den Begriff kognitive Dysfunktion eine Vielzahl von Beziehungen angesiedelt werden kann. Das Vorhandensein dieser Störung scheint mit verschiedenen anderen Erscheinungen zusammenzuhängen. Wer die kriminologische Literatur kennt, wird in ihr allerlei Faktoren begegnet sein, die allgemein mit dem Entstehen der Kriminalität in Verbindung gebracht werden. Dazu gehören: Erblichkeit, Schwangerschaftkomplikationen, Kinderkrankheiten, psycho-physiologische Variablen, endokrinologische Faktoren, Störungen auf dem Gebiet der Persönlichkeit und der Emotionalität, Probleme im Elternhaus und in der Schule, niedriges Bildungsniveau, Zugehörigkeit zu einer niedrigen sozialen Schicht usw.

Die biosoziale Kriminologie geht davon aus, daß diese Faktoren nicht als von einander getrennte Größen gesehen werden dürfen. Sie hängen eng miteinander zusammen. Aus dem einen entwickelt sich sozusagen das andere. Die biosoziale Kriminologie will diesen Prozeß aufdecken. Sie versucht dies, indem sie, ausgehend von einem Entwicklungsprozeß, biologische und soziale Faktoren miteinander in Verbindung bringt. Darin liegt das wesentlichste Kennzeichen dieser Schule innerhalb der Kriminologie beschlossen. Sie substituiert nicht (z. B. neue biologische Theorien an Stelle von bereits vorhandenen soziologischen), sondern strebt nach Integration vorhandener Erkenntnisse.

Buikhuisen, W., Kriminologie in biosociaal perspektief, Deventer 1979; *ders.*, Aggressive Behavior and Cognitive Disorders. International Journal of Law and Psychiatry 5 (1982), S. 205–217; *Buikhuisen, W.*, Kriminaliteit, Deventer 1985; *ders., Mednick, S.A.* (Hrsg.), Explaining Criminal Behavior, Leiden 1988; *Hippchen, L.J.* (Hrsg.), Ecologic-Biochemical Approaches to Treatment of Delinquents and Criminals, New York 1978; *Mednick, S.A., Moffitt, T.E., Stack, S.A.*, The Causes of Crime, Cambridge 1987; *Mednick, S.A., Volavka, J.*, Biology and Crime, in: Crime and Justice: An Annual Review of Research, Bd. II, hrsg. v. Morris, N., Tonry, M., Chicago 1980; *Mednick, S.A., Christiansen, K.D.*, Biosocial Bases of Criminal Behavior, New York 1977, Bd. II, hrsg. v. Morris, N., Tonry, M., Chicago 1980; *Shah, S.A., Roth, L.H.*, Biological ans psychophysiological Factors in Criminality, in: Handbook of Criminology, hrsg. v. Glaser, G., Chicago 1974, S. 101–175; *Wilson, J.Q., Herrnstein, R.J.*, Crime and Human Nature, Simon and Schuster, New York 1985.

WOUTER BUIKHUISEN

Kriminalitätstheorien, soziologische. Vor einer Darstellung soziologischer Kriminalitätstheorien im einzelnen sind einige generelle Bemerkungen angebracht, die als Ausgangsprämissen und Hintergrundannahmen jeglicher soziologischer Analyse von Kriminalität und den mit ihnen zusammenhängenden Erscheinungen zu betrachten sind.

1. Aus soziologischer Sicht *erfordert die Analyse kriminellen Verhaltens prinzipiell keine anderen theoretischen und methodologischen Voraussetzungen als die Analyse normgetreuen Verhaltens*. Kriminalitätstheorien sind deshalb nicht eigene und separate Theorien, sondern sie stellen nur eine Anwendung allgemeiner Prinzipien und Aussagen auf einen Teilausschnitt sozialer Wirklichkeit dar.
2. Darin drückt sich ein Anspruch aus, der den soziologischen Kriminalitätstheorien gelegentlich den Vorwurf eines disziplinären Imperialismus einträgt. Anders gewendet bedeutet die theorieindifferente Behandlung norm-

konformen und abweichenden Verhaltens nämlich die Behauptung, *Kriminalität ist ein ausschließlich soziales Phänomen*, zu dem letztlich kein wissenschaftlicher Zugang über die Bloßlegung der physischen oder psychischen Struktur des Menschen erfolgreich möglich ist.

3. Zur Begründung dieser Perspektive werden in der Soziologie mehrere Argumente entwickelt. Die Anthropologie hat den Menschen als ein aus biologischen Zwängen, Instinkten und Verhaltensschemata entlassenes und befreites Produkt gattungsgeschichtlicher Entwicklung ausgemacht, das seine Festlegungen, Verhaltensregelmäßigkeiten und Ordnungsprinzipien selbst zu bewerkstelligen und zu garantieren hat. *Der Inbegriff dieser Leistungen wird mit dem Begriff der Kultur ausgedrückt*. Das bedeutet, daß menschliches Handeln in seiner anthropologischen Grundstruktur „kontingent" (LUHMANN) ist, d. h. prinzipiell immer auch anders sein könnte. Daraus folgt wiederum die *Mitsetzung der Möglichkeit abweichendes Verhaltens und die daraus resultierende Notwendigkeit der Vorkehrung dagegen*.
4. Mit dieser anthropologischen Grundbestimmung menschlichen Verhaltens hängt ein weiteres Argument zusammen, das der spezifisch kriminalsoziologischen Tradition zu entnehmen und vor allem mit dem Namen DURKHEIMS verbunden ist: Abweichendes Verhalten ist nicht nur eine universelle Erscheinung im Zusammenleben der Menschen, sondern es *variiert über Kulturen und Gesellschaften* hinweg, und zwar buchstäblich in dem Sinne, daß es kein Verhalten gibt, von dem sich nicht sagen läßt, es sei nicht unter bestimmten historisch und kulturell spezifizierbaren Bedingungen mit den Etiketten „abweichend" oder „kriminell" belegt worden. Ließe sich die Tatsache der Universalität vielleicht auf die biologische Ausstattung des Menschen projizieren, so dürfte dies für die Variabilität und Relativität abweichenden Verhaltens nur unter Rückgriff auf darwinistische und rassentheoretische Konstruktionen möglich sein, wofür die Geschichte der Kriminologie allerdings auch Beispiele bereithält.
5. Die anthropologische und empirisch ausweisbare Universalität der Abweichung hat Anlaß gegeben, auch die *Funktionalität des Verbrechens* zu behaupten, was bedeutet, daß die Gesellschaft zu ihrer eigenen normativen Versicherung, Stabilisierung und Erhaltung des Verbrechens bedarf, genauer: die Kriminalität zum Anlaß nimmt, eine Bühne der Selbstdarstellung und Neubekräftigung zu errichten.
6. Schließlich reklamiert die Soziologie Kriminalität als ein soziales Phänomen aus *der empirischen Struktur ihrer Erscheinung*: Die Verteilung der Kriminalität in der Gesellschaft weist systematische Aspekte auf, die sich nicht auf Merkmale und Attribute beziehen, die den Menschen als biologisches oder psychisches Individuum ausmachen, sondern die mit der Art und Weise zusammenhängen, wie der Mensch in Beziehung zu anderen Mitgliedern der Gesellschaft steht. So ist ausweislich aller darüber verfügbaren Informationen die Kriminalität in der Stadt größer als auf dem Lande, in den unteren sozioökonomischen Schichten verbreiteter als in den höheren, bei Mädchen und Frauen um ein Vielfaches geringer als bei Jungen und Männern, um nur

die bedeutendsten sozialen Strukturmerkmale der Kriminalität auf der Ebene von aggregierten Daten zu nennen.

7. Die vorgenannten Argumente eines soziologischen Primats zur wissenschaftlichen Analyse der Kriminalität und ihrer Folgeerscheinungen sind nicht gleichbedeutend mit dem Ignorieren nicht-soziologischer Aspekte des Verbrechens. Nur: *Die verhaltensbestimmende Kraft von biologischen und individuellen Merkmalen ist eine sozial angesonnene, unter bestimmten Umständen erzwungene* und – nach diesen Umständen variierend – *auch angenommene.*

Die vorstehenden Grundannahmen, empirischen Ausgangspunkte und theoretischen Prämissen stecken das immer mitzudenkende Selbstverständnis ab, das soziologischen Kriminalitätstheorien bei aller Verschiedenheit in Akzentsetzung und Ausarbeitung im Detail gemeinsam ist. Daneben ist eine weitere Vorbemerkung hinsichtlich des Theoriebegriffs erforderlich. Ohne in wissenschaftstheoretische Grunderörterungen eintreten zu wollen, ist doch anzumerken, daß es verfehlt wäre, die Präsentation der Kriminalitätstheorien an einem Kriterienkatalog zu orientieren, der den rigiden Vorstellungen des logischen Empirismus entnommen ist. Abgesehen davon, daß im Raster einer solchen Epistemologie und Methodologie sicherlich sämtliche Kriminalitätstheorien hängen blieben – und nicht nur sie, sondern sozialwissenschaftliche Theorien wohl generell –, erscheint eine Theorieauffassung unangemessen, die der Tatsache nicht Rechnung trägt, daß menschliches Wissen und Handeln reflexiv und subjektiv-objektiv-verschränkt ist. Statt dessen wird von einem Theoriekonzept ausgegangen, das zum einen den *empirischen Bezug* unterstreicht, zum anderen auch die interne Kohärenz und Konsistenz anstrebt, wie sie mit *Ordnungs- und Systematisierungsprinzipien heuristischer Art* verknüpft sind. Insbesondere neue Theorierichtungen auch in der Kriminalsoziologie, die dem sogen. *interpretativen Paradigma* zuzurechnen sind und einer stärker *qualitativen Methodologie* (hermeneutisches Verfahren, narrative Interviews, Ethnographie, „sentisizing concepts", „grounded theorybuilding") zuneigen, sind nicht nur nicht an der Elle eines *hypothetisch-deduktiven Theoriemodells* zu messen, sondern betrachten diese nicht einmal als Fluchtpunkt möglicher Theoriebildung überhaupt oder gar als „höchstrichterliche Instanz" der Wahrheitsentscheidung im Rahmen sozialwissenschaftlicher Forschung.

Das bedeutet keineswegs eine Herabgewichtung von Theoriebildung oder gar Theorieverzicht, und vor allem bedeutet es keine Zurücknahme der heftigen Kritik, die gerade von soziologischer Seite in der Kriminologie gegen eine Theorieauffassung vorgebracht worden ist, wie sie sich im sogen. *Mehrfaktorenansatz* – dem unter Kriminologen vermutlich nach wie vor am meisten gehuldigten Theoriemißverständnis – manifestiert (vgl. dazu SACK 1978, 208 m. w. N.). Gleichsam als alter Wein in neuen Schläuchen wird heute zunehmend in der Kriminologie statt von der Schwierigkeit oder Unmöglichkeit der theoretischen Ordnung und Systematisierung der Vielheit der Faktoren, mit denen Kriminalität zusammenhängt, von der *Notwendigkeit interdisziplinärer Kooperation* gesprochen, womit allerdings kaum mehr bewirkt ist als die Verlagerung eines Konflikts aus dem Forum des wissenschaftlichen Austauschs in das der disziplinären und personellen Eitelkeiten. Interdisziplinarität kann nicht in Analogie zu tarifpolitischen Auseinandersetzungen abgehandelt oder zum Gegenstand disziplinärer Aushandlungsprozesse gemacht werden. Mit anderen Worten: *Interdisziplinarität kann nur* bedeuten die *theoretische Integration und Verarbeitung* von Beiträgen, Befunden und Ansätzen aus den verschiedenen wissenschaftlichen Disziplinen, die ihr analytisches und methodisches Instrumentarium auch auf den Gegenstand der Kriminalität und der mit ihr verbundenen Phänomene angewandt haben.

In der *Geschichte der Kriminologie*, die unter historischen wie theoriesystematischen Gesichtspunkten eindrucksvoll in der zuerst 1958 erschienenen, inzwischen aktualisierten Monographie von VOLD und BERNARD (1986), pointierter noch bei DOWNES und ROCK (2. Aufl. 1988) dokumentiert wird, haben kriminalsoziologische Ansätze eine wechselnde Rolle gespielt. Sicherlich kann man gegen ein sehr weitverbreitetes Verständnis, das die Kriminologie als genuine Wissenschaft erst mit der sogen. *positivistischen Schule* im Gefolge des italienischen Kriminologen C. LOMBROSO (1835-1909) begründet sieht, mit einem weiter gefaßten Kriminologie-Verständnis argumentieren: „Die Kriminologie beginnt ... als Kriminalsoziologie ...", wie dies MECHLER (1970, 5) tut, dem die beste deutschsprachige Aufarbeitung der Kriminologie unter kriminalsoziologischem Aspekt zu verdanken ist. Er erinnert zu Recht an die zahlreichen, aus dem Umkreis der sogen. *Kriminal- und Moralstatistiker* des vergangenen Jahrhunderts (u. a. QUETELET, v. ÖTTINGEN, MAYR) entstandenen Arbeiten, die die *aggregierten Befunde und Regelmäßigkeiten* im statistischen Zahlenbild der Kriminalität zu Erklärungen und soziologischen Gesetzmäßigkeiten der Erzeugung von Kriminalität verarbeiteten. Er macht weiterhin mit gleichem Recht auf die z. T. mit großer empirischer Sorgfalt erstellten Arbeiten aus marxistischer Sicht aufmerksam.

Obwohl diese kriminalsoziologischen Arbeiten des 19. Jahrhunderts, von denen weitere in der leider vertanen Chance zu einer „Einführung in die Kriminalsoziologie" von FILSER (1983) erwähnt und z. T. auch dokumentiert werden, der positivistischen Schule – bekanntlich sah sie im Kriminellen ein evolutionistisches Relikt früherer gattungsgeschichtlicher Entwicklungsstufen – vorausgingen oder zumindest zeitgleich mit ihr entstanden, hat sich jener „lombrosianische Mythos" in der Kriminologie etablieren können, der ihre eigenen kriminalsoziologischen Wurzeln schlicht kappte – ein disziplingeschichtlicher Irrtum, der zweifellos mehr ist als ein Verstoß gegen die Regeln korrekten Archivierens in der Wissenschaft und nur wissenssoziologisch dechiffrierbar scheint.

Dem *positivistischen Paradigma der Kriminologie*, dessen forschungsstrategische Grundstruktur darin bestand, den Kriminellen als „abhängige Variable" zu sehen und den Kriminologen auf die ins Unendliche führende Suche nach den „unabhängigen Variablen" zu schicken, schmiegte sich die Kriminalsoziologie an und zeitigte subversive „latente Konsequenzen", um die Sprache der *struktur-funktionalistischen Theorie* aufzunehmen, die auch für die Analyse der Kriminalität die fruchtbarste soziologische Theorierichtung unter der positivistischen Ägide darstellte. Zunächst noch nicht unter dieser theoretischen Flagge entwickelte sich in der sog. *Chicago-Schule* im Kontext stadtsoziologischer und ökologischer, großangelegter empirischer Untersuchungen eine *intensive krimi-*

nologische Strömung, deren Brennpunkt des Interesses nur noch elliptisch den Kriminellen als Individuum einschloß. Sie war vielmehr darauf aus, „natural areas" der Delinquenz auszumachen, *soziale Systeme mit eigenem Sollwert* festzustellen, die als Anpassungs- und Überlebensleistungen von Menschen interpretiert wurden, die in einer fluktuierenden, mobilen, bindungslosen, ethnisch außerordentlich differenzierten Umwelt *Lebenswelten eigener Ordnung* etablieren, die in späteren Stadien der kriminologischen Reflexion mit dem Konzept der *Subkultur* belegt wurden. Die Pathologie des kriminellen Individuums wurde zu einer solchen der sozialen Institutionen und der Strukturen der Gesellschaft, die Konzepte der *Desintegration* – aus der Logik der positivistischen Kriminologie die Kräfte, die Menschen in die Kriminalität hineinführen – erhielten eine merkwürdige Ambivalenz, indem sie in reziproker Anwendung gleichsam zur Beschreibung der *Rationalität von Abweichung und Verbrechen verkehrt wurden*: Kriminelle Systeme waren organisiert und integriert, und zwar nach Maßgabe der sozialen Umstände und Situationen, die als strukturell irreversible Randbedingungen gleichsam ökologisch vorgegeben waren.

Aus diesem Fundus empirischer und theoretischer Forschungen speisten sich *Anomietheorie, Subkulturtheorie*, das Konzept des *Kulturkonflikts*, die *Theorie der differentiellen Assoziation* und deren Verlängerung in *lerntheoretische* und *kontrolltheoretische* Ansätze zur Erklärung der Entstehung, Struktur und Funktion von Kriminalität. Der Kriminelle war dabei zunehmend aus dem Blick geraten, obwohl natürlich als entfernte „abhängige Variable" nach positivistischem Muster immer noch präsent. Er wurde aus dieser Situation symbolisch und theoretisch befreit durch die allmählich anschwellende Kritik gegen die „domain assumptions" des kriminologischen Positivismus, die durch die Arbeit von MATZA (1964) gleichsam auf den Begriff gebracht wurde. Mit seiner Skizze des *postpositiven Delinquenten* – einer Seitenverkehrung des „positiven" Kriminellen –, der (1) nicht voraussetzungslos handelt, sondern eine Norm bricht, der (2) weniger determiniert ist, als ihm unterstellt wird, und der (3) dem gesetzestreuen Mitglied der Gesellschaft ähnlicher ist, als man ihm glauben mag, bahnte er eine Neuorientierung kriminalsoziologischer Theoriebildung an, die sich seither zu einem eigenen Strom kriminologischen Denkens entfaltet und verdichtet hat. Als → *kritische Kriminologie* hat sie sich selbst stilisiert, und hier und da ist sie auch schon bis zur Lehrbuchanerkennung vorgestoßen. Der Teil dieser theoretischen Neuorientierung in der Kriminologie, der MATZA gleichsam auf dem Fuße folgte, sich in der Tat in den Arbeiten von LEMERT (1951, 1964), schon früher zu Worte gemeldet hatte, die *Labeling-Theorie*, gehört zum fast schon kanonisierten Bestand in der kriminalsoziologischen Theorienvielfalt. Zweifellos ist mit ihr auch der zentralste Kritikpunkt MATZAs am Bild des positiven Kriminellen aufgenommen worden, nämlich die Unterdrückung der Tatsache, daß Kriminalität ohne das sie konstituierende Strafrecht keine wäre (→ Strafrechtssoziologie).

Die einzelnen kriminalsoziologischen Theorien können hier nur oberflächlich skizziert werden, wobei der Leser zusätzlich auf das nur zu berechtigte Monitum des englischen Kriminalsoziologen ROCK (1979) hingewiesen sei, daß sich die Reichweite, Struktur und Fragestellung der kriminalsoziologischen

Ansätze authentisch nur erschließen, wenn der theoretische Kontext miterfaßt wird, dem sie entstammen und der sich typischerweise in ihrer kriminalsoziologischen Bezugsliteratur nicht auftut. Die Anomietheorie läßt sich ohne DURKHEIM, die Labeling-Theorie ohne MEAD nicht zureichend erörtern, wenn man die „Vulgarisierung und Simplifizierung" vermeiden will, die die meisten soziologischen Ideen und Konzepte ROCK zufolge (S. 56) bei ihrem Einzug in die Kriminologie erfahren haben.

Die Anomietheorie ist zweifellos die „Theorie mittlerer Reichweite" (→ Theorie und Erklärung), die der Kriminologie in ihrer vorkritischen Phase den nachhaltigsten soziologischen Stempel aufgedrückt hat. Seit ihrer ersten Nach-DURKHEIMSCHEN Neuformulierung durch MERTON im Jahre 1938 hat sie eine steile Karriere durchgemacht, die erst im Laufe der 60er Jahre durch die ähnlich erfolgreiche Labeling-Theorie abgelöst wurde (vgl. dazu SACK 1978, 329).

Sie zielte auf eine *sozialstrukturelle* Erklärung der durch die Kriminalstatistiken und die empirische Kriminologie mit scheinbar unabweisbarer Regelmäßigkeit und Invarianz in allen industrialisierten Ländern westlichen Typs festgestellten Beobachtung der *inversen Beziehung zwischen dem Auftreten von Kriminalität und der sozioökonomischen Struktur der Gesellschaft*. Die kausale Verknüpfung bzw. Interpretation dieser statistischen Korrelation, die im übrigen den Hauptfocus für nahezu sämtliche kriminalsoziologische Theorien darstellt, will die Anomietheorie liefern. Anomie, d. h. Normlosigkeit, wird als Produkt eines *strukturellen Widerspruchs* zwischen *einerseits dem kulturellen Anspruch westlich-demokratischer Gesellschaften, egalitäre und „offene" Gesellschaften zu sein*, und andererseits *der sozialen Struktur dieser Gesellschaften, die den Zugang zu den legitimen Möglichkeiten der Realisierung der für jedermann verbindlichen kulturellen Zielsetzungen nach sozialen Kriterien organisiert.* Diese Diskrepanz führe zu einem Spannungsverhältnis zwischen den kulturell vorgeschriebenen Zielen und den ihnen zugeordneten, ebenfalls kulturell regulierten Normen, auf das das Mitglied der Gesellschaft entsprechend der bekannten „Typologie der Arten individueller Anpassung" (MERTON 1968, 293) reagieren könne.

Diese Grundstruktur der Anomietheorie ist in zahlreichen theoretischen Anschlußarbeiten und empirischen Forschungen weiterentwickelt und ausprobiert worden, wie es etwa bei BOHLE (1975), OPP (1974), LAMNEK (1977, 1979) nachzulesen ist. Die gegen sie erhobenen Einwände beziehen sich z. e. auf die Ebene, auf der MERTON die strukturellen Spannungen lokalisiert. In seiner Version der Anomietheorie verblaßt der Gedanke DURKHEIMS der ja in seiner Gesellschaftstheorie der „Arbeitsteilung" die Anomie aus der ökonomischen Produktionsstruktur moderner Gesellschaften hergeleitet hatte, zu einem kulturellen Schatten seiner selbst. Sodann ist gegen die moderne Version der Anomietheorie die Fragwürdigkeit der Prämisse gesellschaftlicher Integration qua normativem Konsens – bekanntlich die Grundannahme des Strukturfunktionalismus – geltend gemacht worden. Damit enthielt die Anomietheorie bei aller Betonung der „Rationalität" der Anpassungsmodi deren latente Pathologisierung. Schließlich verfehlt die Anomietheorie eine zentrale Pointe: Sie benennt nicht die strukturellen Bedingungen, unter denen welche Formen der individuellen Anpassungsmodi gewählt werden.

Dieses genau ist die Fragestellung, die zu einer anderen kriminalsoziologischen Theorie hinführt und die man als noch direkten Reflex der Chicago-Schule nehmen muß: die *Theorie der differentiellen Assoziation* von SUTHERLAND. Dieser forschte und lehrte selbst in Chicago zur Zeit, als die Chicago-Schule – auch mit ihm – ihren Ruhm begründete. Zwei Jahre nach der Anomietheorie formulierte er 1939 in einer neuen Auflage seines Lehrbuchs in 9 Punkten die Quintessenz seiner Theorie (SUTHERLAND 1968), die in ihrer schematischen Kargheit die zentrale und für die damalige Kriminologie auch „ungeheuerliche" Botschaft leicht übersehen läßt, die bis heute als heuristisches Prinzip für die Analyse der Kriminalität an Bedeutung nichts eingebüßt hat: Ein Krimineller *ist* man nicht, sondern *man wird* zu ihm, *Kriminalität muß man ebenso erlernen wie jeden ehrenwerten Beruf auch*. Seine berühmte, zwei Jahre zuvor erschienene Einzelfallstudie „The Professional Thief" und die spezifischen ökologischen Befunde der Chicago-Schule haben zwar bei der konkreten Formulierung dieser Theorie die Handschrift mehr geprägt als das damals schon verfügbare Wissen über Lernprozesse im menschlichen Verhalten, aber er hat damit das Tor der Kriminologie in diese Richtung aufgestoßen und hat sich selbst in dieser kruden Form das theoretische Pulver bereitet, mit dem er unaufhörlich gegen eine Kriminologie schoß, die von einer Forschungs- und Erklärungsstrategie der Suche nach statistisch begriffenen Merkmalen oder Attributen der Persönlichkeit nicht loskam.

Die Chicago-Schule als Entstehungszusammenhang gab SUTHERLANDs Theorie jedoch einen spezifischen Akzent, der weniger auf die Lernprozesse als solche abstellte, sondern stärker auf die Identifizierung und Betonung von *sozialen Lernmilieus* für die Kriminalität aus war. Man lernt in Interaktion und Kommunikation mit anderen, aber dafür müssen diese verfügbar und lehrwillig sein. Dieser Aspekt von SUTHERLANDs Theorie kommt auch darin zum Ausdruck, daß sie in der Literatur auch als Theorie der *differentiellen Organisation* bezeichnet wird. Ob jemand zum Kriminellen wird oder nicht, hängt dann von seiner „differentiellen" Teilnahme an abweichenden oder normkonformen Lernmilieus ab.

Hier ist genau der Punkt, an dem sich die Lücke ausfüllen läßt, die MERTON in der Anomietheorie nicht geschlossen hatte. Es war die MERTON und SUTHERLAND gewidmete Arbeit von CLOWARD und OHLIN (1960), die in der Tat eine solche Verknüpfung der Anomietheorie mit den theoretischen und empirischen Befunden der Chicago-Schule unternahmen (vgl. hierzu CLOWARD 1968). Der elegante Trick dieser *Chancenstrukturtheorie* („theory of differential opportunity Systems" – 1960, S. X) bestand darin, den Gedanken des sozial – nicht persönlich bzw. „egalitär" – strukturierten Zugangs zu den institutionalisierten Mitteln der Erfolgsrealisierung nicht nur auf den gesellschaftlich lizensierten Bereich, sondern auch auf deren illegitimen und illegalen Bereich auszudehnen. Die Pointe der Theorie läßt sich am Beispiel des „Doppelversagers" demonstrieren, dem die etablierten Institutionen erfolgreicher beruflicher Lebensgestaltung ebenso verschlossen sind wie die Wege zu einer erfolgreichen Karriere im subinstitutionellen Bereich.

Die Chancenstrukturtheorie verarbeitet indessen auch schon die ersten Etappen und literarischen Klassiker der besonders für die Jugendkriminalität bedeutsamen *Subkulturtheorie*. 1943 war die berühmte Studie von WHYTE eines italienischen Slums in Boston erschienen, und 1955 hatte COHEN seine „Delinquent Boys. The Culture of the Gang“ herausgebracht, die – auch personell – in direkter Verbindung zu den Chicagoer Untersuchungen über jugendliche Banden standen (→ Bande, Gruppe, Gang). COHEN unterstrich in seiner Version der Subkulturtheorie den der Psychoanalyse entlehnten Gedanken der *Reaktionsbildung*. Der nichthedonistische Charakter eines Großteils der subkulturell gestützten Kriminalität von Jugendlichen ließe darauf schließen, daß ihr „Sinn“ nicht so sehr darin läge, illegitime Mittel zur Realisierung allgemein verbindlicher kultureller Ziele einzusetzen, sondern darin, der dominanten Kultur ihre eigene Verkehrung zu signalisieren und handelnd zu vollziehen.

Die Subkulturtheorie hat vermutlich mehr noch als die Anomietheorie und die Theorie der differentiellen Assoziation/Organisation die weitere Forschung stimuliert und belebt, insbesondere auch deshalb, weil sie sehr schnell den engen Anwendungsbereich der Kriminalität in Richtung der Jugendsoziologie überschritten hat. In der Kriminologie haben sich zwei generelle Fortführungen und Modifizierungen registrieren lassen. Die eine ist durch MILLERs (1968) stark anthropologisch gewendete Studie der Unterschichtkultur angezeigt. Sie betont die strukturell fundierte Autonomie einer spezifischen Tradition der Unter- und Arbeiterklasse, aus der sich kulturelle *Kristallisationspunkte* („focal concerns“ herausgebildet hätten, denen nachzuleben die Risiken der Rechtsverletzung in sich trügen. Die andere – repräsentiert durch eine Reihe von empirischen und theoretischen Arbeiten – bestreitet den Grad der Organisation, Stabilität und Geschlossenheit von Subkultur, wie die Theorie sie in ihren ersten literarischen Formulierungen skizziert hat. Darüber hinaus werden die Beziehungen zwischen der dominanten Kultur und der Subkultur ineinander verschränkter gesehen.

Überblickt man diese theoretische Linie in der Kriminalsoziologie insgesamt und versucht, sie auf ein einheitliches Prinzip zu bringen, so läßt sich bei aller erforderlichen Differenzierung im Detail dies sagen: Die Entwicklung ist 1. durch eine *zunehmende Entpathologisierung des Kriminellen als Täter gekennzeichnet*. Das *Pathologisierungskonzept* im Gewande der Kategorien „Desorganisation“, „Subkultur“ – *wird* 2. *auf die Ebene von sozialen Systemen und Strukturen gehoben*. 3. Schließlich erneuert sich diese Tradition in letzter Zeit in bemerkenswerter Weise (vgl. u. a. LILLY/CULLEN 1989).

Mit dieser Entwicklung einher geht eine wachsende theoretische und empirische Zuwendung zu Fragen der Struktur und des Aufbaus des normativen Systems der Gesellschaft, das sich gleichsam in der Kriminalität und im Verhalten des Kriminellen in entäußerter Form manifestiert. *Die Kategorien „kriminell“, „pathologisch“, „abweichend“ werden ihres deskriptiven Scheins beraubt und als politische (askriptive), herrschaftsbezogene Kategorien entschlüsselt* (→ abweichendes Verhalten). Damit sind wir an dem Punkt angelangt, an dem das Terrain der Kriminalsoziologie zu betreten ist, das mit der *Labeling-Theorie* erstmals Anfang der 60er Jahre sichtbar wurde und sich inzwischen zu einer eigenen, relativ abgedeichten Insel mit dem Namen → „*Kritische Kriminologie*“ innerhalb der Kriminologie ausgewachsen hat. Hier sei nur – in der Sprache des zuvor verwendeten Bildes – bemerkt, daß die Insel der „kritischen Kriminologie“ Verbindungen zum Festland der allgemeinen Sozialwissenschaften unterhält, die in der bisherigen Geschichte der Kriminalsoziologie und der Kriminologie bei aller Ausbaufähigkeit und -notwendigkeit noch nie so ausgeprägt, solide und produktiv waren.

Daran ändert nach meiner Ansicht auch die Entwicklung des zweiten Theoriestranges von SUTHERLANDS differentieller Assoziation nichts. Lernen ist natürlich ein Vorgang, der sich nicht subkulturell und institutionell erledigen läßt, sondern der auch die Genese und Rekonstruktion der Logik und der Struktur des individuellen Handelns notwendig mitumfaßt. Dieser Aspekt der Theorie der differentiellen Assoziation war wenig überzeugend ausgearbeitet, hat mittlerweile jedoch zu einer Rezeption lerntheoretischer Ansätze geführt, die sich in zwei Richtungen entwickelt haben. Die eine führt aus der Soziologie heraus bzw. reduziert sie auf die *behavioristische* Psychologie. Für diese ist „Sozialstruktur ein Arrangement von Systemen und Mustern von Verstärkungskontingenzen" (AKERS 1977, 64), in die das Individuum reizreaktiv eingebunden ist (→ Kriminalitätstheorien, psychologische). Diese antisoziologische Theorierichtung hat in den letzten Jahren auch in den allgemeinen Sozialwissenschaften zu einer Wiedergeburt utilitaristischer Konzeptionen geführt (→ Generalprävention). In VANBERG (1982) hat sie einen gescheiten und kompromißlosen Verfechter im deutschsprachigen Bereich gefunden, ganz zu schweigen von dem deutschen Pan-Utilitaristen K.-D. OPP. „The Reasoning Criminal" (CLARKE/CORNISH 1986) hat zu einem in Deutschland noch kaum registrierten Ausmaß Eingang in Kriminologie und – vor allem – Kriminalpolitik gefunden.

Die andere Richtung des vom Individuum her konzipierten Lernprinzips führt zu der sogenannten *Kontrolltheorie*, die HIRSCHI (1969) auf der Basis eines großen theoretischen und empirischen Fundus der Kriminalsoziologie am verbindlichsten formuliert hat (GOTTFREDSON/HIRSCHI 1990). Ihre forschungsleitende Problemstellung wird präziser als durch den Begriff der Kontrolle durch den des „Bandes" („*control* or bond-theories" 1969, 3) bezeichnet, womit diejenigen Elemente gemeint sind, die das Mitglied einer Gesellschaft an letztere und deren Institutionen binden. HIRSCHI unterscheidet vier solcher Dimensionen: Beziehung zu anderen Personen und Institutionen (attachments), die Bindung an die Gesellschaft aufgrund instrumenteller Interessen (commitment), Bindungen auf der Basis faktischer Teilnahme an den Institutionen der Gesellschaft (involvement), die Bindung aufgrund gemeinsam geteilter Wert- u. Normvorstellungen (belief). Die Affinität der Kontrolltheorie mit der skizzierten Entwicklung der genuinen kriminalsoziologischen Tradition liegt auf der Hand. Ein *gesellschaftstheoretisches Zusammenführen* dieser verschiedenen theoretischen Strömungen der Kriminalsoziologie, wie es COLVIN/PAULY (1983) auf der Basis eines strukturalistischen marxistischen Modells vorgestellt haben, mag verfrüht sein, nicht aber perspektivlos oder gar irrig, auch wenn die beiden renommierten Harvard-Wissenschaftler WILSON/HERRNSTEIN (1986) mit ihrem enzyklopädischen Bestseller „Crime and Human Nature" ein machtvolles Aufbäumen gegen den Verlust der Hegemonie des individualistischen Paradigmas in der Kriminologie unternommen haben.

Akers, R.L., Deviant Behavior: A Social Learning Approach, Belmont/Cal. 1977; *Bohle, H.H.*, Soziale Abweichung und Erfolgschancen. Die Anomietheorie in der Diskussion, Neuwied u. a. 1975; *Cloward,*

R.A., Illegitime Mittel, Anomie und abweichendes Verhalten, in: Kriminalsoziologie, hrsg. v. Sack, F., König, R., Frankfurt 1968, S. 314–338; *ders., Ohlin, L.E.*, Delinquency and Opportunity. A Theory of Delinquent Gangs, New York 1960; *Cohen, A.K.*, Delinqent Boys: The Culture of the Gang, Chicago/Ill. 1955 (dt. 1961); *Colvin, M., J. Pauly*, A Critique of Criminology: Toward an Integrated Structural-Marxist Theory of Delinquency Production, AJS 89 (1983), S. 513–551; *Downes, D., Rock, P.*, Understanding Deviance. Oxford, 2. Aufl. 1988; *Filser, F.*, Einführung in die Kriminalsoziologie, Paderborn u. a. 1983; *Garland, D.*, Punishment and Modern Society. Oxford 1990; *Gottfredson, M.R., Hirschi, T.*, A General Theory of Crime. Stanford 1990; *Heintz, P., König, R.* (Hrsg.), Soziologie der Jugendkriminalität. Sonderheft 2 der KZfSS 1958; *Hirschi, T.*, Causes of Delinquency, Berkely u. a. 1969; *Lamnek, S.*, Kriminalitätstheorien kritisch, München 1977; *Lamnek, S.*, Theorie abweichenden Verhaltens, München 1979; *Laufer, W.S., Adler, F.* (Hrsg.), Advances in Criminological Theory, New Brunswick u. a. 1989; *Lemert, E.*, Social Pathology, New York 1951; *Lemert, E.*, Social Structure, Social Control and Deviation, in: Anomie and Deviant Behavior, hrsg. von M. Clinard, London u. a. 1964, S. 57–97; *Lilly, J.R., Cullen, F.*, Criminological Theory. Context and Consequences. Newbury Park 1989; *Matza, D.*, Delinquency and Drift, New York u. a. 1964; *Merton, R.K.*, Sozialstruktur und Anomie, in: Kriminalsoziologie, hrsg. v. Sack, F., König, R., Frankfurt/M. 1968, S. 283–313; *Mechler, A.*, Studien zur Geschichte der Kriminalsoziologie, Göttingen 1970; *Miller, W.B.*, Die Kultur der Unterschicht als ein Entstehungsmilieu für Bandendelinquenz, in: Kriminalsoziologie, hrsg. v. Sack, F., König, R., Frankfurt/M. 1968, S. 339–359 (am. Original 1958); *Moser, T.*, Jugendkriminalität und Gesellschaftsstruktur. Zum Verhältnis von soziologischen, psychologischen und psychoanalytischen Theorien des Verbrechens, Frankfurt/M. 1970; *Opp, K.*, Kriminalität und Gesellschaftsstruktur. Eine kritische Analyse soziologischer Theorien abweichenden Verhaltens. 2. Aufl. Neuwied 1974;*Rock, P.*, The Sociology of Crime, Symbolic Interactionism and Some Problematic Qualities of RAdical Criminology, in: DEviant Interpretations. Problems in Criminological Theory, hrsg. v. Downes, D., Rock, P., Oxford 1979, S. 52-84; *Sack, F.*, Probleme der Kriminalsoziologie, in: Handbuch der empirischen Sozialforschung, 2. völlig neu bearb. Auflage, Bd. 12, hrsg. v. König, R., Stuttgart 1978, S. 192–492; *ders., König, R.* (Hrsg.), Kriminalsoziologie, Frankfurt/M. 1968; *v. Trotha, T.*, Jugendliche Bandendelinquenz. Über Vergesellschaftungsbedingungen von Jugendlichen in den Elendsvierteln der Großstädte, Stuttgart 1974; *Sutherland, E.H.*, Die Theorie der differentiellen Kontakte, in: Kriminalsoziologie, hrsg. v. Sack, F., König, R., Frankfurt/M. 1958, S. 395–399; *Vanberg, V.*, Verbrechen, Strafe und Abschreckung. Die Theorie der Generalprävention im Lichte der neuen Sozialwissenschaftlichen Diskussion, Tübingen 1982; *Vold, G.B., Bernard, T.J.,, u. a.*, Theoretical Criminology, New York, 1979; *Wilson, J.Q., Herrnstein, R.J.*, Crime an Human Nature, New York 1986; *Whyte, W.F.*, Street Corner Society. The Social Structure of an Italian Slum, 3. Auflage, Chicago 1981.

FRITZ SACK

Kriminalpolitik betrifft als Teil der Politik den *kriminalrechtlich verankerten Schutz der Gesellschaft* und des einzelnen Bürgers. Bezeichnung und internationale Bewegung der sogenannten *Sozialverteidigung* („défense sociale"; dazu ANCEL 1970) verdeutlichen Zielsetzung und Inhalt. Da gemessen an Umfang und Schwere der Kriminalität sowie an ihren Folgewirkungen, soweit zu sehen, kein bekanntes System des Gesellschaftsschutzes zu befriedigen vermag, findet die Kriminalpolitik seit jeher ihren *Schwerpunkt* in der Erneuerung des Strafrechts, der Reform der Strafrechtspflege und des Strafensystems. Dem liegt die Erwartung zugrunde, optimale Problemlösungen der Kriminalpolitik zu erreichen, indem man die relevanten Sachfragen rational erörtert und die Praxis Stück für Stück verbessert. Daher faßt man Kriminalpolitik und Strafrechtsreform nicht selten als sinngleich auf.

Ein völlig anderer Ansatz wird von neueren Tendenzen des sogenannten Abolitionismus vertreten (→ Alternativen zum Strafrecht). Diese Richtung postuliert eine „negative Kriminalpolitik" und zielt u. a. aus Sorge vor totaler Sozialkontrolle auf die Abschaffung des Strafrechts überhaupt (vgl. z. B. MAELICKE/ORTNER 1988; kritisch KAISER 1988, 285 ff.).

Soweit sich *Kriminalpolitik wissenschaftlich* versteht, strebt sie die systematisch geordnete Darstellung der gesellschaftlichen Strategien, Taktiken und Sanktionsmittel an, die auf eine optimale → Verbrechenskontrolle gerichtet sind. Sie zielt daher vor allem auf die wissenschaftliche Analyse der entsprechenden Überlegungen und Prozesse der Willensbildung des Gesetzgebers, insbesondere die Erneuerung des → Verbrechensbegriffes und des Sanktionensystems (→ Sanktionen). Erschöpft sie sich hingegen in den staatlichen Maßnahmen zur Verbrechensverhütung und Verbrechensbekämpfung und nimmt dabei den Verbrechensbegriff als feste Gegebenheit unbezweifelt hin, so kann sie modernen Ansprüchen nicht genügen.

Praktische Kriminalpolitik dagegen beschränkt sich auf jene staatliche Tätigkeit, die vor allem durch Entscheidungshandeln anhand der Grundsätze, Verfahrensweisen und Mittel des Kriminalrechts auf → Verbrechenskontrolle zielt und vorwiegend von Juristen ausgeübt wird (vgl. SCHWIND 1988, 10 f.).

Praktische Kriminalpolitiker hat es – vor allem unter den Gesetzgebern – zu allen Zeiten gegeben. Wissenschaftliche Kriminalpolitik hingegen beginnt erst mit dem Zweifel am Strafrecht in der Aufklärungszeit. Unabhängig davon, ob „Verhütung", „Bekämpfung" oder „Kontrolle" der Kriminalität beabsichtigt ist, wird seit den *Anfängen der kriminalpolitischen Reflexion im 18. Jahrhundert* vor allem die Strafgesetzpolitik problematisiert. Das Strafrecht wird nunmehr auf die Vernunft, damit auch auf die Notwendigkeit und Zweckmäßigkeit, gestützt. Der Begriff „Kriminalpolitik" wird erstmals um 1800 gebraucht. In der Folgezeit wird Kriminalpolitik als umfassende Erforschung der menschlichen Natur und der Entstehung des Verbrechens beschrieben. Ihr Ziel war das Ideal einer vollkommenen Strafgesetzgebung und Strafrechtspflege. Allerdings wurde die kriminalpolitische Erörterung durch den sogenannten Streit der Strafrechtsschulen geprägt. Zunächst wurde als Zweck der Strafe neben der einer rationalen Analyse kaum zugänglichen Vergeltung die allgemeine verbrechensverhütende Einwirkung auf das Bewußtsein des Menschen („psychologischer Zwang"; A. V. FEUERBACH 1800, 167) gesehen, also Abschreckung aller vor Rechtsverletzungen (→ Generalprävention). Später kam die „Bekämpfung des Verbrechens durch individualisierende Entwicklung auf den Verbrecher" (V. LISZT 1905, 174 f.) hinzu (Spezialprävention). Um die Jahrhundertwende verstärkte sich die Auffassung, den Kriminellen als Opfer der Gesellschaft zu begreifen, als schuldig nicht den betroffenen Menschen, sondern die Gesellschaft zu betrachten. Derartigen Anregungen verdanken Konzept und Bewegung der „défense sociale" (PRINS 1910) ihre Entstehung. Das Kriterium der individuellen Schuld wurde durch den gefährlichen Zustand des Täters (état dangereux) ersetzt. Demgemäß forderte man geeignete schuldunabhängige Abwehrmaßnahmen der Gesellschaft, welche die Strafe ersetzen sollten. Die Verbesserung des Strafrechts sollte nicht mehr „in ein besseres Strafrecht ausmünden, sondern in ein Besserungs- und Bewahrungsrecht, das besser als das Strafrecht wäre" (RADBRUCH 1950, 269). Die 1949 in Lüttich gegründete „Internationale Gesellschaft für Sozialverteidigung" verlagerte ihren Schwerpunkt auf die soziale Aktion, während das Wort „Verteidigung" nur noch darstellen sollte, in welchem Bereich die Aktivitäten erfolgen sollten (sogenannte Neue Sozialverteidigung). Lediglich die Extremrichtung um GRAMATICA (1965) forderte die vollständige Aufgabe des Strafgedankens und dessen Ersetzung durch ein ausschließlich therapeutisch ausgerichtetes Maßnahmerecht.

Als *Mittel der Kriminalpolitik* dienen sowohl der → Verbrechensbegriff als Instrument der → Verbrechenskontrolle als auch die Androhung, Verhängung und Anwendung von → Sanktionen. Dem Verbrechensbegriff ist zu entnehmen, ob und wann eine staatliche Reaktion überhaupt notwendig ist. Der Umfang der → Kriminalität hängt daher wesentlich von den Vorgaben des Verbrechensbegriffs ab. Wie die konkrete staatliche Reaktion ausfällt, wird durch das gesetzlich geregelte Sanktionenrecht bestimmt. Allgemein wird man Kriminalpolitik aber nicht nur im Sinne der Vorbeugung begreifen dürfen. Denn sie kann sich zur Kontrolle des Verbrechens prinzipiell verschiedener Strategien – Prävention oder Repression – und auch gemischter Behandlungsweisen bedienen. Mag nach heutigem Verständnis die repressiv wirkende Strafe im Sinne reiner Tatvergeltung als allgemeine Strategie der Verbrechenskontrolle kaum befriedigen, so spielt sie in der Sanktionspraxis doch eine nicht unerhebliche Rolle (z. B. Verhängung lebenslanger Freiheits- und Geldstrafen, Sanktionen im Bagatellbereich mit Denkzettelwirkung). Deren Bedeutung ist durch die neuere Renaissance der Strafidee in manchen Teilen der Welt überdies gewachsen.

Die Androhung und Verhängung von Kriminalsanktionen ist aber nur zulässig, wenn bestimmte *rechtspolitische Grundsätze* beachtet werden. Diese haben sich im Laufe der strafrechtlichen Entwicklung als notwendig und unverzichtbar herausgebildet. Sie gelten geradezu als „kriminalpolitische Konstanten“. Vor allem die Unantastbarkeit der Menschenwürde und der Grundsatz der Humanität müssen beachtet werden (dazu vor allem ANCEL 1954, neuerdings SCHÜLER-SPRINGORUM 1991). Nach der Rechtsprechung ist der Mensch „ein geistig sittliches Wesen, das darauf angelegt ist, in Freiheit sich selbst zu bestimmen und sich zu entfalten“ (BVerfG NJW 1977, 1526). Die Humanisierung des Strafrechts spielt vor allem bei der Diskussion um die Todesstrafe oder die lebenslange Freiheitsstrafe eine wichtige Rolle. Zu berücksichtigen sind ferner die Grundsätze der Verhältnismäßigkeit, der Freiheit („in dubio pro libertate“), der Gleichheit, der Effizienz und des rechtsstaatlichen Verfahrens. Daher darf die Kriminalstrafe nur dort angesetzt werden, wo andere Schutzmechanismen nicht genügen; stets hat die mildeste, noch wirksame Sanktion den Vorzug (ZIPF 1980, 47). Das Effizienzprinzip gebietet nicht nur ein möglichst zügiges Strafverfahren, sondern verlangt auch die Berücksichtigung der Effektivität von Rechtsnormen. Diese wird nicht zuletzt durch die sogenannte Normenklarheit ermöglicht. Wie die geschichtliche und internationale Betrachtung zeigt, finden sich bei der Verwirklichung dieser Grundsätze recht verschiedene Problemlösungen und Praktiken. Stets spiegelt sich in ihnen der Konflikt zwischen den Schutzbedürfnissen der Gesellschaft und dem individuellen Anspruch auf freie Entfaltung der Persönlichkeit wider. Aufgabe der Kriminalpolitik muß es daher sein, einen konsensfähigen Ausgleich zwischen Individualfreiheit, sozialer Toleranz und Verbrechenskontrolle zu erreichen. Zur Lösung dieser Aufgabe verwertet die Kriminalpolitik auch empirische Befunde. Darauf kann sie nicht verzichten, wenn sie heutzutage überzeugen will (ANCEL 1981). Freilich werden damit dem Vorrang der Verwertung alle die Schwierigkeiten aufgebürdet, die mit der Übertragbarkeit des Erfahrungswissens in rechtspolitische Entscheidung und der Vereinigung mannigfaltiger, zum Teil sich widerstreitender Gesichtspunkte zusammenhängen (KAISER 1988, § 120 m. w. N.).

Vor allem der „Zweckgedanke im Strafrecht" (v. LISZT 1882; 1905, 126 ff.) hat prognostische Aussagen (→ Kriminalprognose) über den voraussichtlichen Erfolg der Sanktionen erforderlich gemacht. Prognosen über die Sozialgefährlichkeit des Täters haben im geltenden Recht erhebliche Bedeutung erfahren, z. B. bei der Straufaussetzung zur Bewährung und bei der Verhängung von Maßregeln der Besserung und Sicherung. Kriterien sind z. B. die latente Bereitschaft des Täters, Verbrechen zu begehen, sowie der Grad der sozialen Anpassungsfähigkeit. Aufschlußreich ist die Entwicklung des Täters bis zur Vollendung der Tat (Längsschnittanalyse). Ihr werden die Hinweise auf den Grad des Potentials zu delinquentem Verhalten, also der Sozialgefährlichkeit, entnommen. Trotz rechtspolitischen Bedürfnissen nimmt freilich die Prognoseforschung ebenso wie die Täteranalyse in der gegenwärtigen internationalen Kriminologie keinen breiten Raum ein, ja stagniert sogar.

Die *strafrechtliche Erneuerung* zielt vor allem auf die Humanisierung und Liberalisierung des Strafrechts. Unter dem Blickfeld der Humanisierung wurde besonders die Wiedereingliederung des Täters in die Gesellschaft und die Vermeidung nachteiliger Wirkungen der Strafe angestrebt. Auch wurde der Aspekt der Folgenorientierung in Strafgesetzgebung, → Strafzumessung und → Strafvollzug betont. Angesichts kaum vermeidbarer Schäden durch Freiheitsentziehung setzte sich ein Trend zur Verlagerung von stationären zu ambulanten Kriminalsanktionen zunehmend durch und läßt sich heute international nachweisen. Auf eine Entinstitutionalisierung zielen auch verschiedene Diversionsstrategien (→ Diversion, → Sanktionen), welche die Kriminalität möglichst außerhalb strafrechtlicher Sozialkontrolle bewältigen wollen. Im übrigen gibt es seit Anfang der siebziger Jahre in Großbritannien und später auch in anderen Staaten eine „community service order", also die Anordnung gemeinnütziger Arbeit. Hiernach kann bei Vorliegen bestimmter Voraussetzungen mit Zustimmung des Betroffenen statt kurzer Freiheitsstrafen gemeinnützige Arbeit während der Freizeit angeordnet werden. Ferner haben Strafvollzug und Bewährungshilfe als Institutionen einen erheblichen Bedeutungsgewinn erfahren. Sie werden nunmehr auch hierzulande stärker anerkannt als je zuvor, obschon dies noch immer nicht ausreicht und die Suche nach neuer Identität keinesfalls als abgeschlossen gelten kann. Insbesondere im Bereich des Vollzuges der Untersuchungshaft bestehen Mängel, welche nicht zuletzt durch das Fehlen einer eigenständigen gesetzlichen Regelung erklärt werden können. Reformvorschläge zielen deshalb auf eine neue Kompetenzverteilung, Verbesserung der Rechtsstellung des Untersuchungshaftgefangenen und Integration der U-Haft in ein behandlungsorientiertes Gesamtkonzept der Freiheitsentziehung. Unter Beachtung der erwähnten rechtspolitischen Grundsätze wurde die strafrechtliche Verteidigungslinie teilweise durch Einschränkung (z. B. Reform des Schwangerschaftsabbruchs) oder Aufhebung von Straftatbeständen (z. B. im Bereich der Verkehrsdelinquenz und Kleinkriminalität) zurückgenommen. Diversion,

Entinstitutionalisierung und Entkriminalisierung verbinden sich daher gemeinsam mit der Stärkung der rechtsstaatlichen Anforderungen zu einer breiten, internationalen Strömung. Allerdings lassen sich auf der anderen Seite aufgrund neu aufgetretener oder bewußt gewordener Schutzbedürfnisse auch Schritte zur Neukriminalisierung nicht übersehen (→ Verbrechenskontrolle). Betroffen sind besonders die Bereiche des Terrorismus und der Demonstrationsgewalt, des Drogenhandels (→ Drogen und Kriminalität), der Umweltverschmutzung (→ Umweltkriminalität) sowie des Mißbrauchs wirtschaftlicher Macht (→ Wirtschaftskriminalität; vgl. TIEDEMANN 1981, 629 ff. und TRIFFTERER 1991, 184 ff.). In diesem Zusammenhang gewinnt ferner die gesetzgebungspolitisch aktuelle, praktisch aber noch wenig relevante Frage der „Geldwäsche" und der Abschöpfung von Verbrechensgewinnen Bedeutung (dazu KAISER 1989, 685 ff.). Zwar ist nach geltendem Recht die Gewinnabschöpfung mittelbar durch die kumulative Geldstrafe und die Geldauflage möglich (§§ 41, 56 b II StGB), unmittelbar durch die Anwendung der Verfallsvorschriften (§§ 73 ff. StGB). Die praktische Anwendung der Gewinnabschöpfung, insbesondere des Verfalls, erfolgt jedoch höchst selten.

Strafrechtliche Drogenkontrolle, → Diversion und Opferorientierung bilden die Schwerpunkte kriminalpolitischer Diskussion der Gegenwart. Dem kommt zum Teil entgegen, daß nach Jahren partieller Behandlungseuphorie eine Ernüchterung, nicht zuletzt aufgrund moderner Effizienzanalysen, eine Abkehr vom Behandlungsgedanken eingetreten ist (→ Erfolg, Bewährung, Effizienz). Demgegenüber wird die sogenannte positive oder Integrations-Generalprävention favorisiert. Gleichwohl kann bei aller berechtigten Kritik auf therapeutische und sozialpädagogische Anstrengungen nicht verzichtet werden. Allerdings muß Grundlage des Behandlungskonzeptes die freie Selbstbestimmung des Probanden bleiben. Insofern ist die gelegentlich zu beobachtende Rückkehr zum Vergeltungsgedanken skeptisch einzuschätzen. Nicht weniger problematisch wird mitunter die Verbindung von kriminologischer Forschung und praktischen Bedürfnissen der Kriminalpolitik empfunden (→ angewandte Kriminologie). Diese Wechselwirkung führt zu einer gewissen Bedarfsorientierung der Forschung und hat ihr den Vorwurf eingebracht, sich von der Kriminalpolitik abhängig zu machen. Dies habe eine systematische Entwertung ihres empirischen Gehalts zur Folge. Zwar läßt sich die Gefahr nicht leugnen, daß der Kriminologe als praxisbegleitender Forscher seine Distanz zur Praxis verlieren und zum bloßen Verteidiger des jeweiligen Status quo werden kann. Vertreter einer → kritischen Kriminologie meinen, angewandte Kriminologie trage zu einer Stabilisierung der gegenwärtigen politischen Macht bei, da sie dem Staat eine umfassende Kontrolle über die soziale und politische Ordnung erlaube. Dieser Ansicht liegt allerdings ein wohl ideologisch eingeengtes Verständnis der Kriminologie zugrunde. Dem steht gegenüber, daß die Kriminologie eigenständige Konzepte und Strategien zur Kriminalitätskontrolle entwickelt und immer wieder wesentliche Impulse zur Strafrechtsreform vermittelt hat (vgl. ANCEL 1985, 779 ff.).

Beachtung verdient ferner der ökonomische Ansatz zur Kosten-Nutzen-Analyse, obschon er bislang in der Kriminalpolitik lediglich eine untergeordnete Rolle spielt. Während die Kosten-Nutzen-Analyse ebenso wie die Evaluationsforschung rationale Entscheidungshilfen liefern soll, richtet sich die Kostenwirksamkeitsanalyse weniger nach ökonomischen Nutzungsaspekten als vielmehr nach diesen vorgelagerten politisch bestimmten Zielvorgaben. Zu denken ist vor allem an die vergleichende empirische Sanktionsforschung (→ Sanktionen, Sanktionsforschung). So ist der geschlossene Strafvollzug kostenintensiver als der offene Vollzug und dieser wiederum teurer als ambulante Maßnahmen (→ Kosten des Verbrechens). Kriminalökonomische Erwägungen stützen daher in der Kriminalpolitik eine nach Verhältnismäßigkeitsgesichtspunkten abgestufte Sanktionspraxis, die sich am Prinzip des geringsteingreifenden Mittels orientiert. Außerdem bleiben Prävention im Strafverfahren, Rückfallprävention im Vollzug und Erwachsenenhilfe nach dem Vollzug (vgl. SEEBODE 1983) ebenso wie Wiedergutmachung des Schadens (vgl. SESSAR 1983; SCHÖCH 1987; ESER u. a. 1990) und Opferschutz dringliche kriminalpolitische Aufgaben (→ Opfer und Strafverfahren, → Viktimologie).

Angesichts der grenzüberschreitenden und internationalen → Wirtschafts- und → Umweltkriminalität, insbesondere in Gestalt organisierter Verflechtungen (→ Kriminalität), setzt eine erfolgreiche Kriminalpolitik die bi- und multilaterale Zusammenarbeit zwischen den Staaten voraus. Dazu gehören die Harmonisierung der Rechtsbereiche (zu den Anstrengungen des Europarates TSITSOURA 1991, 20 ff.), die Erleichterung der Fahndung sowie Rechtshilfe und Auslieferungsabkommen (HUBER 1988, 171 ff., KÜHNE 1991).

Ancel, M., La défense sociale nouvelle, Paris, 1954, 1981 (deutsch: Neue Sozialverteidigung, Stuttgart 1970); *ders.*, Direction et directives de politique criminelle dans le mouvement des réformes pénales modernes, in: FS für H.-H. Jescheck, Berlin 1985, S. 779–789; *Dünkel, F., Spieß, G.* (Hrsg.), Alternativen zur Freiheitsstrafe – Strafaussetzung zur Bewährung und Bewährungshilfe im internationalen Vergleich, Freiburg 1983; *Eser, A., Kaiser, G. Madlener, K.* (Hrsg.), Neue Wege der Wiedergutmachung im Strafrecht, Freiburg 1990; *v. Feuerbach, A.*, Über die Strafe als Sicherungsmittel vor künftigen Beleidigungen des Verbrechers, Chemnitz 1800; *Gramatica, F.*, Grundlagen der Défense Sociale, in: Kriminologische Schriftenreihe der Deutschen Kriminologischen Gesellschaft, Bd. 18, 19, Hamburg 1965; *Hassemer, W.* (Hrsg.), Strafrechtspolitik. Bedingungen der Strafrechtsreform, Frankfurt/M. u. a. 1987; *Hirsch, H.J., Weigend, Th.*, Strafrecht und Kriminalpolitik in Japan und Deutschland, Berlin 1989; *Huber, B.*, Beobachtungen zur Strafrechtsentwicklung in Europa zwischen 1984 und 1986, in: Strafrechtsentwicklungen in Europa, hrsg. v. Eser, A. u. a., Bd. II, Freiburg 1988, S. 1713–1774; *dies.*, Beobachtungen zur Strafrechtsentwicklung in Europa zwischen 1986 und 1988, in: Strafrechtsentwicklung in Europa, hrsg. v. Eser, A. u. a., Bd. II, Freiburg 1990, S. 1399–1481; *Jescheck, H.-H.*, Lehrbuch des Strafrechts, AT, Berlin 1988, S. 17–23; *Kaiser, G.*, Abolitionismus – Alternative zum Strafrecht? in: FS für K. Lackner, Berlin u. a. 1987, S. 1027–1046; *ders.*, Gewinnabschöpfung als kriminologisches Problem und kriminalpolitische Aufgabe, in: FS für H. Tröndle, Berlin u. a. 1989, S. 685–704; *Kühne, H.-H.*, Kriminalitätsbekämpfung durch innereuropäische Grenzkontrollen? Auswirkungen der Schengener Abkommen auf die innere Sicherheit, Berlin 1991; *Lüderssen, K.*, Neuere Tendenzen der deutschen Kriminalpolitik, StrV 1987, S. 163–173; *v. Liszt, F.*, Der Zweckgedanke im Strafrecht, 1982, in: Strafrechtliche Aufsätze und Vorträge, Bd. 1, Berlin 1905, S. 126–179; *Maelicke, B., Ortner, H.*, Alternative Kriminalpolitik, Weinheim 1988; *Naucke, W.*, Die Abhängigkeiten zwischen Kriminologie und Kriminalpolitik, Kiel 1977; *Prins, A.*, La Défense sociale et les transformations du droit pénal, Bruxelles u. a. 1910; *Radbruch, G.*, Rechtsphilosophie, Stuttgart 1950; *Roxin, C.*, Zur neuen Entwicklung der Kriminalpolitik, in: Die Bedeutung der Wörter. FS für S.E. Gagnér, München 1991, S. 341–356; *Schöch, H.* (Hrsg.), Wiedergutmachung und Strafrecht, München 1987; *Schüler-Springorum, H.*, Kriminalpolitik für Menschen, Frankfurt/M. 1991; *Schwind, H.-D.* (Hrsg.), Präventive Kriminalpolitik, Heidelberg 1980; *ders.*, Kriminologie, Heidelberg 1988[2]; *Seebode, M.*, Verbrechensverhütung durch staatliche Hilfe bei der Schuldenregulierung Straffälliger, ZRP 16 (1983), S. 174–181; *Sessar, K.*, Schadenswiedergutmachung in einer künftigen Kriminalpolitik, in: Kriminologie – Psychiatrie – Strafrecht, FS für H. Leferenz zum 70. Geburtstag, hrsg. v. Kerner, H.-J. u. a., Heidelberg 1983,

S. 145–161; *Tiedemann, K.*, Die Bekämpfung des Mißbrauchs von internationaler Wirtschaftsmacht aus der Sicht und mit den Mitteln des Strafrechts, in: Europa der 2. Generation. GS für Chr. Sasse, hrsg. v. Bieber, Bleckmann, A. u. a., Baden-Baden 1981, S. 629–648; *Triffterer, O.*, Kriminologische Erscheinungsformen des Machtmißbrauchs und Möglichkeiten zu ihrer Bekämpfung. Zeitschrift für Rechtsvergleichung 1991, S. 184–209, 262–287; *Tsitsoura, A.*, The Role of the Council of Europe in the Field of Crime Policy. Report, in: 4th Conference on Crime Policy, ed. by the Council of Europe. Strasbourg 1991, S. 20–30; *Würtenberger, Th.*, Kriminalpolitik im sozialen Rechtsstaat, Stuttgart 1970; *Zipf, H.*, Kriminalpolitik, Heidelberg u. a. 1980^2.

GÜNTHER KAISER

Kriminalprognose. Unter Kriminalprognose versteht man die Vorhersage des Auftretens von Kriminalität. Im einzelnen kann es sich dabei handeln um die Vorhersage der Kriminalitätsentwicklung (Kriminalitätsraten in einem bestimmten Gebiet, Zeitraum, einer bestimmten Bevölkerungsgruppe: *Kollektivprognose*) oder aber um die Einschätzung der künftigen Straffälligkeit einer bestimmten Person (*Individualprognose*). Je nach Zeitpunkt und Anlaß der Prognosestellung wird hier unterschieden zwischen der sog. *Frühprognose* (vor Auftreten der Straffälligkeit), der *Urteilsprognose* (zum Zeitpunkt eines Gerichtsentscheids) und der *Entlassungsprognose* (mit Bezug auf die Zeit nach Haftentlassung). Da es sich in den beiden letzten Fällen um bereits straffällig gewordene Personen handelt, wird häufig auch von „Rückfall"- oder „Bewährungsprognose" gesprochen. Diese und die (maßregelrechtlichen) *Gefährlichkeitsprognosen* sind häufig Gegenstand forensischer Begutachtung (→ forensische Psychologie, forensische Psychiatrie) und wurden in zahlreichen kriminologischen Studien behandelt.

Die *praktische Bedeutung* der Kriminalprognose für das Strafrecht rührt daher, daß verschiedene Gesetzesbestimmungen vorschreiben, bei alternativen Reaktionsmöglichkeiten die mutmaßliche künftige Legalbewährung des Angeklagten und die mögliche Einwirkung der infragekommenden Rechtsfolgen in die Entscheidung mit einzubeziehen. Dies gilt insbesondere bei Fragen der Verhängung kurzer Freiheitsstrafen, der Strafaussetzung und Strafrestaussetzung zur Bewährung, der Anordnung von Maßregeln der Sicherung und Besserung (z. B. Sicherungsverwahrung, Entzug der Fahrerlaubnis), aber auch schon – vor allem im Jugendstrafrecht – bei der Frage, ob überhaupt und ggf. welche strafrechtlichen Maßnahmen erforderlich und zweckmäßig sind.

Aus *wissenschaftstheoretischer* Sicht stellt das Prognoseproblem den wichtigsten Prüfstein für Informationsgehalt, Präzisionsgrad und Bewährung kriminologischer (wie überhaupt erfahrungswissenschaftlicher) Theorien dar. Die Struktur erfahrungswissenschaftlicher Prognosen entspricht der *Erklärung* insofern, als in beiden Fällen auf (a) allgemeine Gesetzesaussagen (Theorien, Hypothesen) und (b) Aussagen über die empirischen Anfangsbedingungen (z. B. Situation und Lebensumstände einer Person) Bezug genommen wird, um durch logische Ableitung aus (a) und (b) einen vorliegenden Sachverhalt (wie Straffälligkeit) zu erklären bzw. das künftige Auftreten oder Nichtauftreten eines solchen Sachverhalts zu prognostizieren (→ Theorie und Erklärung). Je nachdem, ob die Prognose hierbei an *veränderbare* Bedingungen (z. B.: die Art der Strafe; die berufliche Integration) oder an *unveränderbare* Bedingungen (z. B.: das Vorleben, Vorstrafen, die soziale Herkunft eines Straftäters) anknüpft, kann man *technologische (Interventions-, Behandlungs-)Prognosen* und *nicht-technologische Prognosen* unterscheiden (ALBRECHT 1966). Der Praxisbezug der Prognose ist demnach darin zu sehen, daß sie über zu erwartende Folgen einer Entscheidung zwischen Handlungsalternativen informieren kann; empirisch abgesichertes prognostisches Wissen ist Voraussetzung jeder *folgenbezogenen*, zweckorientierten Entscheidungsstrategie.

Voraussetzung einer wissenschaftlichen Kriterien genügenden Prognose ist, daß sie sich auf bereits in der Vergangenheit hinreichend *überprüfte* und *bewährte Theorien* sowie auf eine *vollständige Beschreibung* der im Lichte dieser Theorie bedeutsamen *Anfangsbedingungen* stützt. Die bislang entwickelten kriminologischen Prognoseansätze genügen dieser Anforderung jedoch nur bedingt: Wie vielfach in den Sozialwissenschaften fehlt es auch in der Kriminologie an streng allgemeinen (unter allen Bedingungen gültigen) und allseitig bewährten Theorien, so daß in der Regel auf keinesfalls unstrittige Hypothesen und Verallgemeinerungen Bezug genommen wird (→ Kriminalitätstheorien). Allzu häufig werden die theoretischen Annahmen nicht präzise (und somit auch nicht überprüfbar) formuliert, sondern lediglich mehrere als bedeutsam erachtete Anknüpfungsmerkmale (sog. Prädiktoren oder Prognosefaktoren, „kriminoresistente" und „kriminovalente" Merkmalskonstellationen) aufgezählt. Die Bezugnahme auf verschiedene oder auf unterschiedlich definierte Anknüpfungsmerkmale ist denn auch einer der Gründe dafür, daß die Anwendung verschiedener Prognoseverfahren für ein und denselben Fall zu höchst unterschiedlichen Ergebnissen führen kann (SCHÖCH (1975) – dies auch dann, wenn es sich um Instrumente gleicher statistischer Anpassungsgüte handelt, so daß das Begutachtungsergebnis im *Einzelfall* häufig nicht als eindeutig bezeichnet werden kann. Da deterministische Hypothesen in diesem Bereich nicht vorliegen, können nur *Wahrscheinlichkeitsaussagen* zum Auftreten künftiger Straffälligkeit innerhalb der durch eine bestimmte Merkmalskonstellation beschriebenen *Fallgruppe* abgeleitet werden (→ Theorie und Erklärung), wobei die Interpretation einer solchen Wahrscheinlichkeitsaussage im Einzelfall oftmals problematisch ist (eine Rückfall*wahrscheinlichkeit* von 80% schließt die Rückfallfreiheit im *Einzelfall* keineswegs aus). Dies Problem betrifft insbesondere die Vielzahl der Fälle im sog. *Mittelfeld* mit relativ unsicherer (d. h. nahe bei 50% liegender) Einschätzung des Rückfallrisikos. Einstweilen haftet somit der Kriminalprognose nicht nur statistische, sondern auch erhebliche theoretische Unsicherheit an – was nicht gegen die Formulierung prognostischer Aussagen, wohl aber für deren Präzisierung und sorgfältige Überprüfung spricht und zugleich die Grenzen der prognostischen Begründbarkeit strafrechtlicher Eingriffe unter Bedingungen ‚aufgeklärten Nichtwissens' verdeutlicht (FRISCH 1983, RASCH 1985, JUNG 1986, DÖLLING 1989; HEINZ 1989; KAISER 1990).

In die *Strafrechtspraxis* haben sich die statistischen Prognoseverfahren jedenfalls in Deutschland bislang keinen Eingang verschaffen können; hier überwiegt die sog. „intuitive", auf der Alltagserfahrung von Praktikern beruhende Prognose. Für die Einschätzung des Rückfallrisikos spielen hier überwiegend Faktoren eine Rolle, die auch in statistischen Prognosetafeln berücksichtigt zu werden pflegen: Insbesondere die strafrechtliche Vorbelastung, Sozialisationsbiographie und Arbeitsverhalten, das Bestehen sozialer Bindungen, Hinweise auf Suchtgefährdung u. a. m. Das Problem der intuitiven Prognose ist darin zu sehen, daß der Praktiker in der Regel über keine systematische Rückmeldung über die Richtigkeit seiner Annahmen verfügt, so daß eine systematische Überprüfung und Korrektur nicht möglich ist. Da die Vorstellungen von Strafrechtspraktikern über Ursachen und Indikatoren der Rückfallgefährdung vor allem durch die Extremgruppe der wiederholt Rückfälligen geprägt werden, scheinen diese in der Tendenz zu einer Überbewertung der strafrechtlichen Vorbelastung und anderer biographischer Negativmerkmale zu neigen (FENN 1981), die indessen durch die Forschung nicht gerechtfertigt ist (ALBRECHT 1983; HERMANN/KERNER 1988; KERNER 1989).

Von den in der kriminologischen Literatur vorgeschlagenen Prognoseverfahren stehen der intuitiven Prognose der Strafrechtspraxis am nächsten die *sog. klinischen, psychiatrisch-kriminologischen* oder „*individuellen*" Prognoseverfahren. Diese beruhen – meist in programmatischer Abgrenzung zu den statischen Prognoseverfahren – auf dem Bemühen um „sorgfältig-abwägende, verstehende Erfassung und Beurteilung der Täterpersönlichkeit" (so LEFERENZ 1972, 59). Grundlage ist hierbei eine den jeweiligen Präferenzen des Gutachters folgende, häufig am sog. Mehrfaktorenansatz (→ Kriminalitätstheorien) oder an klinischen Typologien (→ forensische Psychiatrie) orientierte Exploration hinsichtlich erblicher Belastung, Sozial- und Legalbiographie, Familienverhältnissen, Arbeits- und Freizeitverhalten, evtl. ergänzt durch körperliche und testdiagnostische Untersuchungen. Aus der Sicht der analytischen Wissenschaftstheorie erscheint der wissenschaftliche Status dieser Verfahren indessen vor allem aufgrund des Fehlens intersubjektiv überprüfbarer Hypothesen und der fehlenden empirischen Validierung strittig (→ Theorie und Erklärung). Die *statistischen Prognoseverfahren* beruhen demgegenüber auf dem Versuch, in verallgemeinerbarer und überprüfbarer Form diejenigen Merkmale zu bestimmen, aus deren Vorliegen auf die Wahrscheinlichkeit künftiger Straffälligkeit geschlossen werden kann. Ausgangspunkt ist hier die Ermittlung des empirischen Zusammenhangs zwischen dem Auftreten verschiedener Merkmale oder Merkmalskonstellationen und der Legalbewährung in einer sog. *Konstruktionsstichprobe*. Der Anteil der unter einer bestimmten Merkmalskonstellation tatsächlich als straffällig (rückfällig) bekannt gewordenen Personen wird als Maß des individuellen Delinquenzrisikos einer durch diese Merkmale ausgezeichneten Person interpretiert; es wird also angenommen, daß auch andere (nicht zur Konstruktionsstichprobe gehörende) Personen mit entsprechenden Merkmalsausprägungen dasselbe Delinquenzrisiko aufweisen werden. Da es sich hierbei lediglich um eine hypothetische Verallgemeinerung handelt, bedarf diese der Überprüfung, die in der Regel gleichzeitig an einer zweiten sog. *Validierungsstichprobe* von Personen mit ebenfalls bereits bekannter Legalbewährung vorgenommen wird (*Kreuzvalidierung*). Um die Verallgemeinerbarkeit über die Zeit zu prüfen, wird ferner gefordert, statistische Prognoseverfahren fortlaufend auch an Gruppen mit dem Prognosezeitpunkt tatsächlich noch unbekannter Legalbewährung, also *prospektiv*, zu validieren. Zu Recht wird allerdings eingewandt, daß Konstruktion und Validierung am Merkmal der *registrierten*

Kriminalität zu einer starken Gewichtung jener Faktoren führen, die das Entdeckungs- und Bestrafungsrisiko (im Gegensatz zum eigentlichen Legalverhalten) bestimmen (EISENBERG 1990), so daß systematische Verzerrungen des Sanktionierungsrisikos (etwa zu ungunsten der nicht-professionellen konventionellen Begehungsweisen) reproduziert und scheinbar gerechtfertigt werden.

Nach der Kombination und Gewichtung der Anknüpfungsmerkmale (Prognosefaktoren) lassen sich verschiedene Formen der statistischen Prognosetafel unterscheiden: Im sog. *Schlechtpunktverfahren* wird bei einer Reihe von – in der Regel den Strafakten zu entnehmenden – Negativmerkmalen jeweils ein Schlechtpunkt gezählt (MEYER 1956: Kriminalität eines Elternteils, Trunksucht eines Elternteils, Broken-home-Situation, Sitzenbleiben, Schuleschwänzen, Heimaufenthalt, Ausreißen aus dem Heim, häufiger Arbeitsstellenwechsel, Frühkriminalität; Art und Zahl von Straftaten und Strafen). Seltener werden auch positive Faktoren im Sinne von ‚Gutpunkten' berücksichtigt oder Gut- und Schlechtpunkte miteinander verrechnet; Abwandlungen ergeben sich ferner aus der Einführung unterschiedlicher Gewichtungen (und damit unterschiedlicher Punktwerte) für verschiedene Faktoren. Der resultierenden Punktzahl wird – analog zur Rückfallverteilung in der Konstruktionsstichprobe – ein Rückfallrisiko zwischen 0 und 100% zugeordnet. – Weiterentwicklungen beruhen vor allem auf der Konstruktion nach testpsychologischen Kriterien der Zuverlässigkeit und Gültigkeit und der Einführung induktiv (anhand der Verteilung in der Konstruktionsstichprobe) ermittelten Gewichtungen für die verschiedenen Merkmale, etwa anhand der Beta-Gewichte der multiplen Regression. Eine bessere Berücksichtigung der Interkorrelationsstruktur versuchen schließlich auch verschiedene faktoranalytisch oder konfigurationsanalytisch begründete Verfahren; die Strukturprognosetafeln (SCHULTZ 1975) kombinieren die einzelnen Faktoren nicht additiv, sondern ordnen bestimmten Merkmalskombinationen je spezifische Rückfallwahrscheinlichkeiten zu.

Im Gegensatz zur großen Zahl von Individualprognosetafeln liegen bislang nur wenige *Kollektivprognosen* zur gesamtgesellschaftlichen Kriminalitätsentwicklung vor; meist handelt es sich um den Versuch, aus der Fortschreibung der in der Vergangenheit beobachteten Zusammenhänge zwischen sozialstatistischen Daten und der Kriminalitätsrate Anhaltspunkte für die künftige Kriminalitätsentwicklung zu gewinnen. Daneben werden Anhaltspunkte für die kurz- und mittelfristige Bedarfsplanung der Kontrollinstanzen aus der Berücksichtigung demographischer Veränderungen (insbesondere der Entwicklung der Jahrgangsstärken) gewonnen.

Die Erwartung, durch Anwendung weiterentwickelter mathematisch-statistischer Verfahren die Treffsicherheit der Prognoseverfahren deutlich erhöhen zu können, hat sich bislang kaum bestätigt. Zwar kann durch regressions- und konfigurationsanalytische Verfahren die jeweilige Merkmalsverteilung in der Konstruktionsstichprobe präziser reproduziert und in eine Prognoseformel übersetzt werden; jedoch zeigt sich, daß diese Überanpassung an die Besonderheiten der Konstruktionsstichprobe beim Versuch der Übertragung auf andere Untersuchungsgruppen zu einer entsprechend stärkeren Schrumpfung der Vorhersagegüte führt (WIGGINS 1973; SCHULTZ 1975; FARRINGTON/TARLING 1985). Diese Beobachtung bestätigt den grundsätzlicheren wissenschaftstheoretischen

Einwand, wonach die Verallgemeinerbarkeit einer Hypothese nicht durch induktive Verfahren (um solche handelt es sich bei den genannten Konstruktionsverfahren), sondern nur durch Ableitung aus allgemeinen und hinreichend bestätigten Theorien, also deduktiv, begründet werden kann (POPPER 1935).

Dagegen setzt das induktive Verfahren der Konstruktion von Prognosetafeln anhand biographischer Belastungsmerkmale die Gültigkeit zweier Annahmen voraus: Daß (1.) ein gesetzmäßiger Zusammenhang besteht zwischen den in der *bisherigen* Biographie aufgetretenen (und in Strafakten festgeschriebenen) Belastungen in sozialer und strafrechtlicher Hinsicht und der *künftigen* Legalbewährung eines Probanden; und (2.) daß die in der *Konstruktionsstichprobe* beobachtete Zusammenhangsstruktur auch für *künftige Anwendungsfälle* gilt.

Die Gültigkeit beider Annahmen wird durch die bislang vorliegenden Befunde von Längsschnittuntersuchungen allerdings in Frage gestellt: Zum einen kommt den früher festgestellten Belastungsmerkmalen im Vergleich zu später eintretenden Veränderungen nurmehr reduzierte Bedeutung zu; das Auftreten günstigerer Lebensumstände kann demnach in allen Risikogruppen, auch den a priori ungünstig beurteilten, zu einer Verbesserung der Bewährungschancen führen (KERNER/JANSSEN 1983). Entgegen vorherrschenden Annahmen über Zusammenhänge zwischen ursprünglichen Sozialisationsdefiziten und Rückfallrisiko erweisen sich nicht diese, sondern *aktuelle* Handlungs- und Integrationsbedingungen als bedeutsamer für den Karriereverlauf (HERMANN/KERNER (1988). Auch stellen Änderungen der kriminalpolitischen Rahmenbedingungen, so die Entwicklung von Strafaussetzung und Bewährungshilfe, die Übertragbarkeit der Prognosetafeln bereits innerhalb weniger Jahre in Frage, da der Ausbau dieser Institutionen nicht nur das Aussetzungsverhalten der Gerichte beeinflußt hat, sondern zugleich mit einem Rückgang der gerichtlichen Widerrufsentscheidungen auch innerhalb überdurchschnittlich vorbelasteter Tätergruppen verbunden war (SPIESS 1982).

Zwar kann in retrospektiven Aktenanalysen regelmäßig eine überdurchschnittliche Häufung der in Prognosetafeln enthaltenen Negativmerkmale bei strafrechtlich besonders belasteten Extremgruppen nachgewiesen werden; ein solches Verfahren ist, wiewohl häufig zu diesem Zweck angewandt, für die Überprüfung der Validität von Prognosetafeln ungeeignet. Denn das gehäufte Auftreten biographischer Belastungsmerkmale bei den strafrechtlich am höchsten belasteten Gruppen sagt weniger über die Rückfallgefährdung dieser Gruppe als über die strafrechtliche Selektion, in deren Verlauf häufig strafende Eingriffe auf das Vorliegen solcher Merkmale gründen. Daher kann nicht ausgeschlossen werden, daß bereits in frühere Entscheidungen der Instanzen eben diejenigen Negativmerkmale selektiv Eingang fanden (etwa zugunsten der Verhängung von Freiheitsstrafen), die der Prognoseforscher in einer Extremgruppe (etwa von Strafgefangenen) hernach gehäuft vorfindet und nunmehr als Indikator der Kriminalitätsgefährdung meint deuten zu können.

Hierauf weist auch der Umstand, daß unter den erklärungskräftigsten Prädiktoren jeweils die früheren Verurteilungen dominieren, und ferner die Beobachtung, daß die üblicherweise eingesetzten Prädiktoren-Sets sich in der Vorhersage *förmlicher* Verurteilungen besser bewähren als in der Vorhersage selbstberichteter (unentdeckt gebliebener) Delinquenz (FARRINGTON 1985), so daß die

Prognoseverfahren mehr Information über Selektions- und Sanktionierungsstrategien der Instanzen enthalten als über das eigentlich interessierende künftige Legalverhalten (FARRINGTON/TARLING 1985; EISENBERG 1990).

Validiert werden müssen Prognosetafeln daher grundsätzlich an solchen noch unausgelesenen Fallgruppen, die für die Zielgruppe der Tafel tatsächlich repräsentativ sind; ungeeignet für eine unabhängige Validierung sind dagegen retrospektive Untersuchungen an bereits ausgelesenen Extremgruppen (etwa von bereits rückfällig gewordenen Verurteilten). Extremgruppenvergleiche führen häufig zu einer Überschätzung der Trennschärfe von Prädiktoren, wenn (wie in den seinerzeit einflußreichen Untersuchungen des amerikanischen Forscherehepaars GLUECK; ähnlich noch GÖPPINGER 1983) nicht die Wahrscheinlichkeit künftiger Straffälligkeit in Abhängigkeit vom Vorliegen der Prädiktormerkmale untersucht wird, sondern umgekehrt die relative Häufigkeit der Prädiktorvariablen innerhalb der Gruppen Straffälliger und Nichtstraffälliger. Da bei einem solchen Vergleichsgruppendesign der Anteil der Risikofälle im Vergleich zur Risikorate in der unausgelesenen Population (base rate) künstlich überhöht ist, kann dieses Verfahren bei späterer Anwendung auf unausgelesene Populationen zu einer (auch in der Praxis beobachteten) erheblichen *Überschätzung des Kriminalitätsrisikos* führen, und zwar desto stärker, je geringer die ‚base rate', d. h. je seltener das vorherzusagende Ereignis ist (KÜHL/SCHUMANN 1989). Prospektive Untersuchungen an unausgelesenen Populationen dagegen (WADSWORTH 1979; PETERSILIA 1980; WEST 1982) zeigen, daß eine frühzeitige Risikodiagnose anhand der Sozialisationsbiographie sich nur für einen kleinen Teil der Probanden als zutreffend erweist, ja daß selbst nach mehrmaliger Straffälligkeit eine hinreichend sichere Rückfallprognose noch nicht gestellt werden kann (WOLFGANG u. a. 1972; FIGLIO 1981; BLUMSTEIN/FARRINGTON/MOITRA 1985). Besonders fragwürdig erscheinen deshalb Vorschläge (so von GLUECK/GLUECK, in Deutschland von ELMERING 1969), bereits im Kindergarten- und Schulalter das künftige Kriminalitätsrisiko zu prognostizieren. Neben den empirischen und rechtlichen Einwänden ist die Gefahr zu bedenken, daß derartige „*Frühprognosen*" eine fatale Eigendynamik gewinnen und folgenreiche Ausgrenzungs- und Stigmatisierungsprozesse in Gang setzen können, die sie schließlich zu „self-fullfilling prophecy" (MERTON 1966) werden lassen.

Für eine überaus zurückhaltende Einschätzung der Treffsicherheit von Kriminalprognosen sprechen auch verschiedene Validierungsuntersuchungen. Die Überprüfung einiger älterer Prognosetafeln durch HÖBBEL (1968) ergab, daß deren Ergebnisse einer Zufallsentscheidung (etwa durch Münzwurf) nicht systematisch überlegen sind. Mangelhafte Validität betrifft indessen nicht nur die statistischen Prognoseverfahren: Eine Analyse der Treffsicherheit klinischer Gefährlichkeitsprognosen bei Verurteilten und Psychiatriepatienten ergab, daß zwischen 60 und 85% der als weiterhin gewalttätig eingeschätzten Personen in der Folgezeit tatsächlich kein derartiges Verhalten zeigten (‚false positives'). Zum Vergleich herangezogene statistische Prognoseverfahren zeigten ähnlich hohe Raten unzutreffender Gefährlichkeitsprognosen (MONAHAN 1981). Die Effizienz von Incapacitation-Strategien gegenüber Intensiv- und Gewaltdelinquenten (BLUMSTEIN 1978) wie überhaupt die Begründung langfristiger Straf-

und Sicherungsmaßnahmen durch Gefährlichkeitsprognosen begegnet daher aus empirischer (GOTTFREDSON/HIRSCHI 1986;GREENWOOD/TURNER 1987), aber auch aus rechtlicher Sicht erheblichen Einwänden (BUSCH 1987; WEBER 1988).

Der Einsatz klinischer wie statistischer Prognoseverfahren zur Vorhersage *seltener Ereignisse*, insbesondere also des Übergangs zu besonders häufiger oder besonders schwerer (Gewalt-)Kriminalität, würde demnach regelmäßig zu einer gravierenden Überschätzung des Anteils rezidivierender Probanden führen (GREENWOOD/TURNER 1987), ein Problem, das neben der statistischen Base-rate-Problematik vor allem auf das Scheitern zweier grundlegender Vor-Annahmen zurückgeht: Die Überschätzung der Bedeutung stabiler Persönlichkeitseigenschaften, wie sie auch der älteren Psychodiagnostik noch eigen war, im Vergleich zum Einfluß situativer Bedingungen, ferner die Überschätzung der Perseveranz (d. h.: konsistenter Delikts- und Handlungsmuster i. S. d. ‚modus operandi') bei mehrfach rückfälligen Tätern.

Ein weiterer Einwand gegen die Heranziehung der vorliegenden Prognoseinstrumente zur Begründung strafender Eingriffe betrifft die mangelnde Berücksichtigung derjenigen Faktoren, die das Geschehen im Risikozeitraum selbst beeinflussen. Während zahlreiche Untersuchungen der Bedingungen von Rückfälligkeit oder erfolgreicher Resozialisierung von Straftätern vorliegen, die sich auf die Zeit *nach* einer erfolgten Verurteilung und hier insbesondere auf Auswirkungen von Verurteilung, Strafmaßnahmen und Nach-Entlassungs-Situation beziehen (→ Behandlungsforschung; Kriminelle Karriere; Rehabilitation; Resozialisierung; Rückfall; Rückfallkriminalität; Sanktionen, Sanktionsforschung; Stigmatisierung), sind diese Forschungen für die Kriminalprognose nicht rezipiert worden. In der Praxis ist die kriminologische Individualprognose jedoch stets in Hinblick auf die gesetzlich vorgesehenen *Reaktionsalternativen* (wie z. B. Inhaftierung vs. Strafaussetzung) hin zu stellen, wobei insbesondere die mutmaßlichen Auswirkungen der in Betracht kommenden Maßnahmen zu berücksichtigen sind (so z. B. gem. §§ 21 JGG; §§ 56, 64, 65, 67 StGB). Gefordert ist daher eine Abwägung der von den infragekommenden Reaktionsalternativen mutmaßlich ausgehenden Wirkungen auf die künftige Straffälligkeit bzw. Straffreiheit (*Vergleichsprognose, Alternativprognose*). Unter den Bedingungen, an welche die Prognosestellung anknüpft, müssen demnach insbesondere die zur Diskussion stehenden Strafmaßnahmen selbst sowie deren mutmaßliche Auswirkungen auf die künftige Lebenssituation des Bestraften enthalten sein, soweit diese (etwa die soziale und berufliche Integration) für das Bewährungsrisiko bedeutsam ist und durch die anzuordnenden Maßnahmen beeinflußt werden kann. Dagegen beziehen sich die vorliegenden kriminologischen Prognosetafeln überwiegend auf solche Merkmale der Sozialisations- und Legalbiographie, die (wie z. B. die Zahl der Vorstrafen, Heimaufenthalte etc.) einer gegenwärtigen Beeinflussung nicht mehr zugänglich sind. Für die Auswahl geeigneter Maßnahmen sowie für die Beurteilung der Erforderlichkeit und Verhältnismäßigkeit einer Strafmaßnahme sind diese Prognosemodelle daher offensichtlich nicht geeignet; sie begegnen auch rechtlichen Einwänden, da sie mangels Bezugnahme auf die das Rückfallrisiko moderierenden Lebensbedingungen von vornherein eine Rate ‚überflüssigen Freiheitsentzugs' einkalkulieren (FRISCH 1983). Insbesondere das Rechtsinstitut der Straf(rest)aussetzung zur Bewährung erwies sich als geeignet, auch bei retrospektiv erheblichen Belastungen die Risiken einer rückwärtsgerichteten, statischen Prognose durch Erprobungsstrategien (FRISCH 1983) ggf. in Verbindung mit flankierenden Maßnahmen (→ Bewährungshilfe), zu überwinden.

Ansatzpunkte für eine Verbesserung und zugleich praxisnähere Gestaltung der Prognoseverfahren werden nicht alleine von der Anwendung weiterentwickelter mathematisch-statistischer Verfahren zu erwarten sein, sondern in erster Linie von einer Rezeption der Theoriediskussion und des Forschungsstandes der Resozialisierungs- und vergleichenden Sanktionsforschung, deren Untersuchungen die künftigen Auswirkungen unterschiedlicher Reaktionsstrategien bei verschiedenen Tätergruppen zum Gegenstand haben. Befunde der Forschung zur Generalprävention sind schließlich von Belang, soweit sich die prognostische Fragestellung auf die Auswirkungen einer Maßnahme auf Rechtsbewußtsein und Rechtstreue der Allgemeinheit bezieht (→ Generalprävention).

Albrecht, G., Möglichkeiten und Grenzen der Prognose „krimineller Karrieren", in: DVJJ (Hrsg.), Mehrfach Auffällige – Mehrfach Betroffene. Erlebnisweisen und Reaktionsformen. Schriftenreihe der DVJJ. Band 18. Bonn 1990, S. 99-116; *Albert, H.*, Theorie und Prognose in den Sozialwissenschaften, in: Logik der Sozialwissenschaften, hrsg. v. E. Topitsch, Köln u. a. 1966, S. 126–143; *Albrecht, H.-J.*, Kriminologische Aspekte der Rückfallkriminalität und des Rückfalls, in: Jescheck, H.H., Kaiser, G. (Hrsg.), Erstes deutsch-polnisches Kolloquium über Strafrecht und Kriminologie, Baden-Baden 1983, S. 101–131; *Blumstein, A.* u. a. (Hrsg.), Deterrence and Incapacitation. Estimating the effects of Criminal sanctions on Crime Rates. Washington 1978; *Blumstein, A., Farrington, D.P., Moitra, S.*, Delinquency Carrers: Innocents, Desisters, and Persisters. Crime and Justice 6 (1985), S. 187-219; *Blumstein, A., D. Farrington, S. Moitra*, Delinquency Careers: Innocents, Desisters and Persisters, in: Crime and Justice. An Annual Review of Research, hrsg. von M. Tonry, N. Morris, London u. a. 1985, S. 187–219; *Busch, T.*, Selective Incapacitation – ein Beispiel für den Versuch von Kriminalprävention durch Strafzumessung. München 1988; *Dölling, D.*, Mehrfach auffällige junge Straftäter – kriminologische Befunde und Reaktionsmöglichkeiten der Jugendstrafrechtspflege. ZBlJJW 76 (1989), S. 313-319; *Elmering, H.*, Die kriminologische Frühprognose. Überprüfung der Glueckschen fünfpunktigen sozialen Prognosetafel an Hand von 100 mit Jugendstrafe bestraften Jungtätern, Hamburg 1969; *Farrington, D.P.*, Predicting self-Report and Official Delinquency. In: Farrington, D.P., Tarling, R. (Hrsg): Prediction in Criminology. Albany/N.Y., 1985, S. 150-173;*Farrington, D.P., Tarling, R.* (Hrsg.), Prediction in Criminology, Albany/N.Y., 1985; *Fenn, R.*, Kriminalprognose bei jungen Straffälligen, Freiburg 1981; *Figlio, R.M.*, Delinquency Careers as a Simple Markov Process. In: Models in Quantitative Criminology, ed. by Fox, J.A., New York u. a. 1981, S. 25-37; *Frisch, W.*, Prognoseentscheidungen im Strafrecht. Zur normativen Relevanz empirischen Wissens und zur Entscheidung bei Nichtwissen, Heidelberg u. a. 1983; *Glueck, S., Glueck, E.*, Unraveling Juvenile Delinquency, Cambridge/Mass. 1950; *Göppinger, H.*, Der Täter in seinen sozialen Bezügen. Ergebnisse aus der Tübinger Jungtäter-Vergleichsuntersuchung, Berlin u. a. 1983; *Gottfredson, D.M.*, Assessment and Prediction Methods in Crime and Delinquency, in: Task Force Report: Juvenile Delinquency and Youth Crime, ed. by the President's Commission on Law Enforcement and Administration of Justice, Washington 1967, S. 171–187; *Gottfredson, D.M., Hirschi, F.*, The true value of lambda would appear to be zero: An essay on career criminals, criminal careers, selective incapacitation, cohort studies, and related topics. Criminology 24 (1986), S. 213-234; *Greenwood, P.W., Turner, S.*, Selective incapacitation revisited: why the high rate offenders are hard to predict. Santa Monica/CA. 1987; *Heinz, W.*, Möglichkeiten und Grenzen der Kriminalitätsprognose. In: Polizei-Führungsakademie (Hrsg.): Planung der Verbrechensbekämpfung – 1. Kriminalitätslagebilder. Münster 1989, S. 71-89; *Hermann, D., Kerner, H.-J.*, Die Eigendynamik der Rückfallkriminalität. KZFSS 40 (1988), S. 485-504; *Höbbel, D.*, Die Bewährung des statistischen Prognoseverfahrens im Jugendstrafrecht, Göttingen 1968; *Jung, H.*, Die Prognoseentscheidung zwischen rechtlichem Anspruch und kriminologischer Einlösung, in: Festschrift für Lieselotte Pongratz, München 1986, S. 251–262; *Kaiser, G.*, Befinden sich die kriminalrechtlichen Maßregeln in der Krise?, Heidelberg 1990; *Kerner, H.-J., Janssen, H.*, Rückfall nach Jugendstrafvollzug, i n: Kriminologie – Psychiatrie – Strafrecht (Festschrift für H. Leferenz). Heidelberg 1983, S. 211-232; *Kerner, H.-J.*, Jugendkriminalität, Mehrfachtäterschaft und Verlauf. Betrachtung zur neueren quantitativ orientierten Forschung, mit besonderer Rücksicht auf die Beendigung sog. krimineller Karrieren. BewHi 36 (1989), S. 202-220; *Kühl, J., Schumann, K.F.*, Prognosen im Strafrecht – Probleme der Methodologie und Legitimation. Recht und Psychiatrie 7 (1989), S. 126-148; *Leferenz, H.*, Neuere Ergebnisse der Kriminalprognostik bei Jugendlichen, in: Jugenddissozialität, hrsg. von H. Koch, H. Stutte, Villingen 1972, S. 57–63; *Lösel, F.*, Prognose und Prävention von Delinquenzproblemen, in: Psychologische Prävention, hrsg. v. Brandstädter, J., Eye, A. von, Bern, u. a. 1982, S. 197–239; *Meyer, F.*, Rückfallprognose bei unbestimmt verurteilten Jugendlichen. Bonn 1956; *Monahan, J.*, Predicting Violent Behaviour: An Assessment of Clinical Techniques. Beverly Hills 1981; *Petersilia, J.*, Criminal Career Research: A Review of Recent Evidence. In: Crime and Justice, ed. by Morris, N., Tonry, M., Vol. 2, Chicago, London 1980, S. 321-379; *Popper, K.R.*, Logik der Forschung. Wien 1935, 4. erw. Auflage Tübingen 1971; *Rasch, W.*, Die Prognose im Maßregelvollzug als kalkuliertes Risiko, in: Schwind, H.D. u. a. (Hrsg.), Festschrift für Günter Blau zum 70. Geburtstag, Berlin u. a. 1985, S. 309–325; *Schöch, H.*, Prognose, Aussetzung des Strafrestes zur Bewährung. In: Fälle zum Wahlfach Kriminologie, Jugendstrafrecht, Jugendstrafvollzug. Hrsg. v. H. Jung. München 1975, S. 73-90; *Schultz, P.*, Zum Problem der Prognose in der Bewährungshilfe, Math-Nat. Diss. Köln 1975; *Spieß, G.*, Probleme praxisbezogener Forschung und ihrer Umsetzung am Beispiel der Bewährungsprognose, in: Kury, H. (Hrsg.), Prävention abweichenden Verhaltens – Maßnahmen der Vorbeugung und Nachbetreuung, Köln u. a. 1982, S. 571–604; *Wadsworth, M.*, Roots of Delinquency. Infancy, Adolescence and Crime. Oxford 1979; *Weber, H.*, Gefährlichkeitsprognose bei Lebenslänglichen – Gefahr für wen? in: Weber, H., Scheerer, S. (Hrsg.): Leben ohne Lebenslänglich. Gegen die lebenslange Freiheitsstrafe. Bielefeld 1988, S. 85-123; *West, D.J.*, Delinquency. Its Roots, Careers and Prospects, London 1982; *Wiggins, J.S.*, Personality and Prediction, Reading/Mass. u. a. 1973; *Wolfgang, F., Figlio, F., Sellin, Th.*, Delinquency in a Birth Cohort. Chicago/Ill. 1972.

GERHARD SPIESS

Kriminalsoziologie → Kriminologie, → Kriminalitätstheorien, soziologische, → Strafrechtssoziologie

Kriminalstatistik. Der Begriff umfaßt alle diejenigen amtlichen Veröffentlichungen, in denen Ergebnisse staatlicher Ermittlungs- und Strafverfolgungstätigkeit nachgewiesen werden. Solche regelmäßig (jährlich) erscheinenden „Statistiken" enthalten meist umfangreiche, vielfach untergliederte und in Tabellenform aufbereitete Angaben über Art und Ausmaß der registrierten Straftaten sowie über einzelne Eigenschaften der offiziell festgehaltenen Straftäter. In der Bundesrepublik tragen nur noch die *kriminalpolizeilichen Datenwerke* den ausdrücklichen Titel Kriminalstatistik, so die vom Bundeskriminalamt zusammengestellte *Polizeiliche Kriminalstatistik* für die gesamte Bundesrepublik und die entsprechenden Mitteilungen der Landeskriminalämter und (groß-)städtischen Polizeipräsidien. In ihnen wird Näheres berichtet über die polizeilich bekanntgewordenen Vergehen und Verbrechen, über die Aufklärungserfolge und über die ermittelten „Tatverdächtigen", welche die Polizei als Beteiligte eines Deliktes für hinreichend überführt hält. Die nächste Stufe amtlicher Nachweise beginnt erst wieder dort, wo aus den vielen *Tatverdächtigen* die verhältnismäßig wenigen Angeschuldigten bzw. dann *Angeklagten* ausgelesen werden, die die Staatsanwaltschaft vor Gericht gestellt und als Täter bestraft sehen will. Über die dazwischen liegende Verfolgungstätigkeit der Staatsanwaltschaft, vor allem die Ausscheidung von ursprünglich als Täter identifizierten Personen aus den weiteren Ermittlungen, besitzen wir nur unzureichende Informationen. Die im Erhebungsprogramm seit Jahren festgelegte Erledigungsstatistik bezüglich des Geschäftsanfalls der Staatsanwaltschaften beginnt, die Lücken zu füllen, nachdem inzwischen fast alle Bundesländer die wesentlichen Daten veröffentlichen. Da es sich um eine verfahrensbezogene und nicht personenbezogene Zählung handelt sowie auch nach der jüngsten Revision nur Globalunterscheidungen nach allgemeiner, Verkehrs- und Wirtschaftskriminalität getroffen werden können, besteht keine Kompatibilität mit den anderen Statistiken. Über das Verfahren von der Anschuldigung bei Gericht jedenfalls bis zum Urteil oder zu einer anderen endgültigen Entscheidung berichtet die *Strafverfolgungsstatistik*, die vom Statistischen Bundesamt und von den Statistischen Landesämtern für ihren jeweiligen Bereich als Teil der sog. Rechtspflegestatistik herausgegeben wird; sie ist eine reine Täter-Statistik. Ergänzende Informationen vermitteln die Statistik über den Geschäftsanfall bei den Strafgerichten, die Strafvollzugsstatistik und die Bewährungshilfestatistik. Am Rande spielen die Verkehrsunfallstatistik und die Statistik über Maßnahmen der öffentlichen Jugendhilfe eine Rolle.

Kriminalstatistiken neuerer Art erschienen bereits zu Beginn des 19. Jh., in differenzierter Form wohl erstmals 1827 in Frankreich, als der Justiz-Staatssekretär Jacques GUERRY DE CHAMPNEUF eine *Gerichtsstatistik* für das Jahr 1825 veröffentlichte. Man verknüpfte bis zum Ende des 19. Jh. mit solchen Nachweisen die Hoffnung, ein exaktes Meßinstrument für die Wirklichkeit des Verbrechens bzw. die Qualität der (sittlichen) öffentlichen Zustände (im Sinne einer sog. Moralstatistik) in die Hand bekommen zu haben, sowie ein Mittel, mit dem man unmittelbar kriminalpolitische Maßnahmen planen und bereits durchgeführte auf ihren Erfolg hin überprüfen könne. Einen vergleichbaren Anspruch an die Kriminalstatistik stellte bis zu den Umwälzungen Ende der 80er Jahre die sozialistische Kriminologie. Ansonsten ist das frühere Hochgefühl weithin dem Zweifel gewichen, seit man sich eingehender mit den vielen *Verzerrungsgefahren* beschäftigt. Von den begangenen Straftaten wird nur ein Teil entdeckt, von den entdeckten nur ein Teil angezeigt, von den angezeigten nur ein Teil aufgeklärt und von den dabei ermittelten Verdächtigen schließlich nur ein Bruchteil verurteilt. Sehr viele strafbare Handlungen (und damit auch Gesetzesbrecher) gelangen also niemals zur Kenntnis der Strafverfolgungsorgane, weshalb deren Statistiken von vornherein nur einen Ausschnitt des tatsächlichen Geschehens erfassen können. Und auf den Stufen amtlicher Registrierung bestehen die verschiedensten Möglichkeiten, das ursprüngliche Bild der Erscheinungen zu verändern.

Die Wissenschaftsrichtung, die sich mit den dadurch hervorgerufenen Erkenntnisproblemen beschäftigt und u. a. die amtlichen Tabellen zu analysieren versucht, bildet ein Teilgebiet der Kriminologie und wird selbst als „Kriminalstatistik" bezeichnet. Ihr Forschungsgegenstand ist das systematische Erarbeiten von grundlegenden *Strukturen, Zusammenhängen und Bewertungstendenzen des Verbrechens* als Gesamterscheinung in der Gesellschaft. Auf einer höheren Stufe der Datenanalyse geht es um den möglichst differenzierten *Kriminalitätsvergleich* verschiedener Gruppen, sozialer Systeme und Gesellschaften. Methodisch werden dabei die amtlichen Tabellen mit Hilfe der Verfahren der sog. beschreibenden Statistik ausgewertet. Die frühen „Kriminalstatistiker" beschränkten sich vorwiegend auf die Begutachtung der offiziellen Tabellenwerte als solcher, leisteten allerdings so gute Vorarbeit, daß viele Fragestellungen und Verbesserungsvorschläge bis heute aktuell geblieben sind. An wichtigen Namen seien genannt der Franzose H.M. GUERRY (1802–1866), der Belgier A. QUETELET (1796–1874) und dann in Deutschland A. von OETTINGEN (1827–1905) und G. von MAYR (1841–1925).

Der lange Weg von der Verübung einer Straftat bis zu ihrer evtl. Aburteilung führt über viele „Gabelungen" hinweg, deren jede dazu beiträgt, die Menge der im System der Entdeckung und Verfolgung verbleibenden Taten und Tatverdächtigen weiter zu vermindern. Diese gestufte Verminderung läßt sich als *Ausfilterungsprozeß* kennzeichnen, an dessen Ende die Strafgefangenen stehen als diejenigen, die vor dem Gesetz für besonders strafwürdig befunden wurden. Die wichtigsten Gabelungsstellen sind in dem beigefügten Schaubild festgehalten. Es stellt den Verfahrensgang für die deutschen Verhältnisse vereinfacht dar und soll dazu dienen, die stichwortartig gedrängten Ausführungen im Text bildhaft zu verdeutlichen. (Die großen Buchstaben A, B, C usw. stellen jeweils den direkten Bezug her.)

Viele der jährlich millionenfach verübten, *mit Strafe bedrohten Handlungen* (A) bleiben überhaupt *unentdeckt*. Dazu gehören vor allem die Delikte gegen anonyme Opfer, etwa den Staat bei Zollhinterziehung oder Subventionsschwindel, aber auch die kleinen Diebstähle des täglichen Lebens in Kaufhäusern, Selbstbedienungsläden und Betrieben, das Schwarzfahren sowie auch das Bestehlen oder Betrügen von Privatpersonen, sofern es sich um alltägliche Fallgestaltungen handelt, die nicht immer besonders auffallen. Weiter gehören hierher sog. Delikte ohne Opfer, beispielsweise die Abtreibung. Als nicht entdeckt können in einem übertragenen Sinn auch die Fälle der sog. notwendigen Teilnahme gelten, bei denen einer der allein informierten Beteiligten vom Gesetz als Opfer bestimmt wird, auch wenn er in Wirklichkeit „mitschuldig" ist und in vollem Einverständnis mit den Absichten des anderen handelte, z. B. bei Sexualdelikten mit Minderjährigen. Große Teile der schließlich von irgendeinem *Unbeteiligten entdeckten Straftaten* (B) gelangen nicht über die Entdeckungsstufe hinaus. Dabei wird vorweg schon das grundlegende theoretische Problem relevant, daß die Entdeckung nicht lediglich einen Akt der neutralen Beobachtung bildet, sondern *wertende Zuschreibung* voraussetzt, durch die erst ein Geschehen „als strafbares" konstituiert wird. Doch kann dies hier nicht weiter vertieft werden (→ Selektion und Selektionsmechanismen). Verhältnismäßig viele entdeckte Taten werden jedenfalls im Wege einer Art *privaten Gerichtsbarkeit* abgehandelt. Diese erstreckt sich von individuellen Wiedergutmachungsvereinbarungen zwischen Täter und Geschädigtem über besondere Sanktionsmaßnahmen in Vereinen, geschlossenen Gemeinschaften oder im „Milieu" bis hin zu der mehr formalisierten Betriebsjustiz (→ private Verbrechenskontrolle). Der große Rest bleibt ohne jede → Sanktion, wenn der Geschädigte bzw. Beobachter nicht selbst eingreifen kann oder will und auch kein Interesse daran hat, die Strafverfolgungsorgane zu benachrichtigen (→ Anzeigeverhalten der Bevölkerung). Dazu können ihn mannigfache Gründe veranlassen, so z. B. Furcht vor Rache (der Bekannten) des Täters, Angst vor öffentlicher Blamage, Nichterscheinenwollen vor Gericht, Mißtrauen in die Arbeit von Polizei und

Die Entdeckung und Verfolgung von Straftaten in der Bundesrepublik (Vereinfachtes Modell)

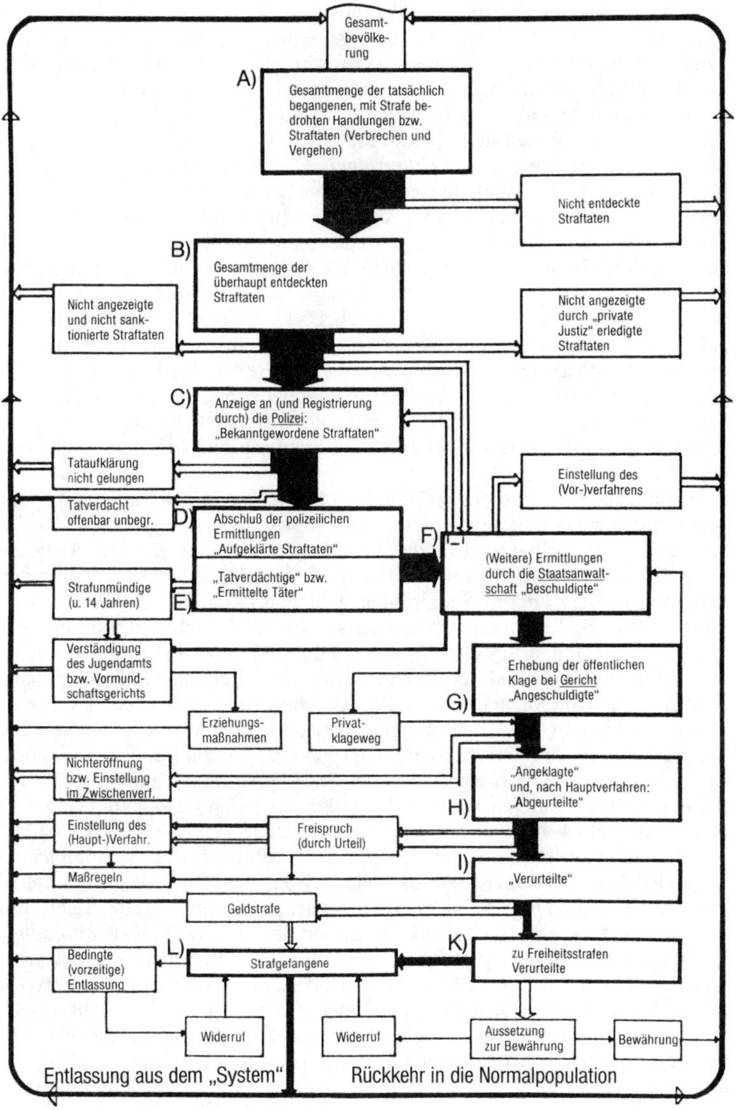

Staatsanwaltschaft generell oder auch Nachsicht mit dem Täter und Verzeihung der Tat. Das danach noch Übriggebliebene und Angezeigte bildet, zusammen mit dem anderweitig zur Kenntnis der Polizei Gelangten, die Summe der „*bekanntgewordenen Straftaten*" (C). Davon weist die Polizeiliche Kriminalstatistik lediglich die als Verbrechen und Vergehen eingestuften Taten nach, seit 1963 vermindert um die Straßenverkehrsvergehen (→ Verkehrskriminalität) und die in Staatsschutzangelegenheiten eingeleiteten Ermittlungsverfahren (→ Politische Delikte, politische Kriminalität). In der jährlichen Gesamtmenge der verbleibenden (zur Zeit über 4 Millionen) bekanntgewordenen Straftaten verbergen sich natürlich etliche *Fehlanzeigen*. Diebstahl, Betrug und die anderen Eigentums-/Vermögensdelikte stellen über ⅔ der registrierten Kriminalität. Im Diebstahlsbereich gelingt auch die Aufklärung besonders selten (1990 in 51,3% der Fälle einfachen und in 14,5% der Fälle schweren Diebstahls), weshalb die Gesamtquote der aufgeklärten Straftaten (D) schon seit mehreren Jahren unter rd. 50% gesunken ist und 1990 noch 47% beträgt. Bei der Kapitalkriminalität dagegen hat die Polizei in der Regel bis über 90% Erfolg. In der Bundesrepublik gelten (u. a.) die Beamten der *Kriminalpolizei* im übrigen als Hilfsbeamte der Staatsanwaltschaft. Diese ist nach dem Gesetz Herrin des Ermittlungsverfahrens. Tatsächlich führt aber die Kriminalpolizei in den meisten Fällen die Ermittlungen selbständig durch und erhält auch die direkt bei der Staatsanwaltschaft eingehenden Sachen per Ermittlungsauftrag zur weiteren Bearbeitung übertragen (B → F → C).

Wenn nach Abschluß der polizeilichen Ermittlungen ein Tatverdacht gegen bestimmte Personen bestehen bleibt, dann registriert die Polizei diese als „Tatverdächtige" (E), ohne Rücksicht auf die Art der ihnen angelasteten Tatbeteiligung. Diese schon lange Jahre mehr als 1 Million zählenden „*Täter*" waren bis zum Jahrgang 1983 der PKS allerdings nicht identisch mit „*Individuen*", da vor allem zahlreiche Eigentumsdelinquenten mehrmals im Jahr auffällig und dann auch mehrfach registriert werden. Die mit dem Jahrgang 1983 eingeführte und seit 1984 funktionierende neue Zählweise wird „Echttäterzählung" genannt. Seither werden die Angaben zu den Tatverdächtigen mit Hilfe der elektronischen Datenverarbeitung von Fall zu Fall gegeneinander abgeglichen. Das Verfahren garantiert mit einer gewissen Sicherheit (maximal für den Bereich eines einzelnen Bundeslandes), daß am Jahresende jede Person nur einmal für die PKS gezählt wird, ganz gleich, wieviele Ermittlungen gegen sie gelaufen waren. Für das Bundesgebiet wurden nach der neuen Methode 1990 insgesamt 1 437 923 Tatverdächtige ermittelt. Es gibt seit langem Versuche, das umfangreiche → Dunkelfeld (gelegentlich auch als Dunkelziffer oder Dunkelzahl bezeichnet) zwischen Tatbegehung (A) und amtlicher Tatregistrierung (C) oder Täterermittlung (E) aufzuhellen. Nach den Ergebnissen der *älteren Dunkelfeldforschung* ist es besonders groß bei Delikten, bei denen gesetzliche Unrechtsbewertung und alltägliches Normbewußtsein auseinanderfallen (Abtreibung) oder wo allseitige Verheimlichungstendenzen bestehen (Homosexualität), verhältnismäßig klein dagegen bei Straftaten, die entweder persönliche Schutzgüter erheblich verletzen (Mord) oder das soziale Miteinander stören (Auflauf, Aufruhr) oder sich schließlich direkt gegen die Strafverfolgungsorgane richten (Widerstand gegen die Staatsgewalt). Generell bleibt aber das Ausmaß des Dunkelfeldes auch innerhalb einzelner Deliktsbereiche nicht gleich, entgegen der Annahme früherer Kriminalstatistiker. Es verändert sich im Zeitlauf entsprechend dem Wandel der sog. kriminellen Reizbarkeit der Bevölkerung einerseits, der polizeilichen Verfolgungsarbeit und Registrierungsmethodik andererseits. Seit den Ergebnissen der ersten Opferbefragungen kann man für die Gesamtheit aller Straftaten als generelle Faustregel annehmen, daß die im Dunkelfeld wahrgenommene Delinquenz zweimal größer ist als die von der Polizei als Hellfeld registrierte Delinquenz. Dabei unterscheidet sich die grundlegende Struktur der anteilsmäßigen Verteilung der einzelnen Deliktsgruppen im Dunkelfeld nicht von der des Hellfeldes, d. h. auch dort machen z. B. die Eigentums- und Vermögensdelikte zwei Drittel des Feldes aus. Daß es im einzelnen je nach Delikt freilich zu erheblichen Verschiebungen in der Dunkelziffer kommen kann, läßt sich exemplarisch den Anzeigequoten aus dem British Crime Survey von 1984, der international zur Zeit methodologisch ausgefeiltesten und auf ein ganzes Staatsgebiet bezogenen Opferbefragung, entnehmen. Betrug danach die Anzeigerate für die Versicherungsfälle Autodiebstahl und Wohnungseinbruch (mit Schaden) noch 99% bzw. 87%, so sank sie bei Raub auf 57%, beim Wohnungseinbruch (ohne Schäden) auf 51% und bei der Körperverletzung auf 31%, um schließlich bei Sexualdelikten (einschließlich Vergewaltigung) bei nur noch 10% zu liegen.

Schließlich wirken auch Gesetzesänderungen entscheidend herein, sofern sie nicht bereits einzelne Delikte oder Deliktsunterarten von vornherein ganz „beseitigen“ bzw. überhaupt erst „erschaffen“. Bei dieser Gelegenheit sei erneut auf den wichtigen Umstand hingewiesen, daß es zwar Verhaltensweisen in Fülle gibt, die in irgendeiner Hinsicht unangenehm, unpassend, unerwünscht oder gar schädlich sind, daß sie aber erst durch das Setzen einer *Bewertung* zu sozial relevantem → abweichendem Verhalten und erst durch *gesetzliche Abgrenzung* und Strafdrohung zu → Verbrechen werden. Insoweit stellt Kriminalität also weniger eine unmittelbare Eigenschaft einer Handlung als vielmehr eine von außen herangetragene Zuschreibung dar.

In den USA mit ihrem wenig vereinheitlichten polizeilichen Straftatmeldesystem ergaben sich bei neu eingeführten organisatorischen Verbesserungen verschiedentlich sprungartige Anstiege der registrierten Kriminalität, die nicht von einer tatsächlichen Entwicklung getragen waren. Das deutsche System ist demgegenüber stark vereinheitlicht, die Polizei steht unter dem gesetzlichen Zwang, jedem Tatverdacht nachzugehen – Legalitätsprinzip –, und zudem ist ihre Personalstärke in der Nachkriegszeit relativ (bestenfalls) zur gemeldeten Straftatenmenge gleichgeblieben. Deshalb kann man den amtlich ausgewiesenen Anstieg der Kriminalität hier kaum als alleiniges Ergebnis intensivierter Verfolgungsarbeit oder neuer Registrierungsmethoden bewerten. Beschränkte Ausnahmen gelten u. a. für typische „Modedelikte“, etwa die sog. Rauschgiftdelikte (→ Drogen und Kriminalität).

Die *moderne Dunkelfeldforschung* arbeitet vor allem mit Methoden der direkten Befragung der Bevölkerungsangehörigen, sei es als Täter, Opfer oder sog. Informanten (→ Viktimologie). Sie interessiert sich außer für die unentdeckten Taten auch für die Frage, ob das *Entdeckungsrisiko* für alle „wirklichen“

Täter zufallsverteilt ist oder ob evtl. bestimmte Arten von Personen bevorzugt ausgelesen werden (→ Dunkelfeld; Selektion und Selektionsmechanismen). Unter den Bedingungen der deutschen Verhältnisse verbleiben die Probleme bisher ungelöst. Sie dürften auch nicht so sehr auf der Stufe der Tataufklärung verborgen liegen, als eher dort, wo aus den rd. 1,3 Millionen von der Polizei im klassischen Deliktsbereich (also ohne Verkehrsdelikte) amtlich angezeigten „Tätern" (F) rd. 600 000 wegen entsprechender Delikte *Angeschuldigte* (G) und schließlich – über die weiteren Filterstufen, z. B. des *Hauptverfahrens* (H) – die rd. 450 000 *Verurteilten* (I) werden, d. h. die *offiziell für schuldig erklärten Straftäter*. Von den dabei nach allgemeinem Strafrecht wegen klassischer Delikte Verurteilten (rund 370 000) erhalten mehr als 75% lediglich Geldstrafen (Wert für die Gesamtheit aller Straftaten = 82%), die übrigen *Freiheitstrafe* (K); nur ein Rest von gut 5% bis 6% muß die auch nicht zur *Bewährung* ausgesetzte Freiheitsstrafe *verbüßen* (L). Das Gesetz eröffnet der Staatsanwaltschaft und später noch dem Gericht reichhaltige Möglichkeiten, *Sanktionsverzicht* zu üben, mithin die Strafverfolgung gegen Beschuldigte einzustellen; das geschieht durchschnittlich in der Hälfte aller Fälle, bei einzelnen Delikten und jugendlichen Tätern gelegentlich sogar in noch höherem Ausmaß (→ Diversion). Einzelheiten über die Praxis auf diesen Verfahrensstufen werden erst allmählich in zureichendem Umfang veröffentlicht.

Unter diesen Voraussetzungen wundert es nicht, daß manche Forscher der Kriminalstatistik jeglichen Aussagewert absprechen. In der Tat wird man schon wegen der bis dahin wirksam gewordenen vielen Filterstufen mindestens mit den Ergebnissen der Strafverfolgungsstatistik (ab Stufe H), die eine reine Personenstatistik ist, in der der jährliche „Ausstoß" der Justiz verzeichnet wird, sehr vorsichtig verfahren müssen. Auch die Polizeiliche Kriminalstatistik ist zunächst einmal lediglich ein *Tätigkeitsnachweis*, mit dem die Polizei ihre Arbeit dokumentieren will. Erst in zweiter Linie kann man sie auch unter dem Gesichtspunkt eines „Maßstabs der Verbrechenswirklichkeit" betrachten. Das Begehen von Straftaten ist nach der neuen Dunkelfeldforschung im statistischen Sinne „normal". Die Kriminalstatistik weist nur einen Bruchteil dieser Taten aus. Sie ist daher *kein getreuer Spiegel der Wirklichkeit des Verbrechens*, zumal Verzerrungsfaktoren schon auf der Tatebene (C in Verbindung mit B) einkonstruiert sind. Sie erweist sich unter den hierzulande geltenden Bedingungen, wenn man bei jedem konkreten Versuch einer Querschnittsanalyse oder Längsschnittbetrachtung die entsprechenden Hintergrundbedingungen beachtet, im Hinblick auf die *Kriminalität* (als *Gesamt*erscheinung und als Summe von *Taten*) und deren *Struktur* (nicht aber beliebige Einzelheiten) als *ein* „Indiz für die Erschließung von Wirklichkeit" neben einer Menge weiter Indizien, die man mit in das nicht durch die Daten selber determinierte Kalkül einbeziehen muß. Es ist auch nach der Dunkelfeldforschung statistisch nicht normal, viele Verbrechen zu begehen; die Entdeckungsrate zeigt einen funktionalen Zusammenhang mit der Häufigkeit unentdeckter Deliktsverwirklichung. Damit soll gesagt sein, daß sich auch die Struktur des Tatbildes im Dunkelfeld qualitativ nicht völlig konträr zum Bild der registrierten Kriminalität verhält. Die Faktoren, die trotzdem zu einer ungleichen Verteilung der gekennzeichneten „Kriminellen" über die Gesamtbevölkerung führen (können), sind dann ein Problem der *Täter* als Individuen und deren echter oder angeblicher Eigenschaften. Betroffen ist davon die Strafverfolgungsstatistik, obwohl auch dort explizit nur minimale Hinweise zu Besonderheiten der Person verzeichnet sind. Tatebene und Täterebene sollten streng auseinandergehalten werden, da die spezifischen Verzerrungsgefahren weithin nicht identisch sind. Die Prozesse selektiver Zuschreibung der Eigenschaft „kriminell" bedeuten jeweils etwas anderes, wenn man soziale Phänomene im Bereich des Gesetzes der großen Zahl („die" Kriminalität) einerseits oder *sozialpsychologisch-interaktive Prozesse* im Bereich individueller Schicksale („die" Kriminellen) andererseits analysiert. Interdependenzen müssen bei jeder einzelnen Deliktsart genauer erforscht werden, bevor verläßliche Aussagen möglich sind. Begreift man schließlich die Kriminalstatistik, bei einem Abstellen ganz auf die Verbrechens-Verfolgungsseite, als Nachweis des Ausmaßes und der Struktur der sozialen Kontrolle (→ Recht und soziale Kontrolle), so lassen die Ergebnisse der Methoden der Kriminalitätserfassung im Dunkelfeld vermuten, daß auch dort die Wirklichkeit ähnlich „vorgefiltert" gespiegelt wird, so daß die Erkenntnis des „tatsächlichen Kriminalitätsgeschehens" möglicherweise prinzipiell auf Dauer verschlossen bleiben wird.

Albrecht, P.A., Lamnek, S., Jugendkriminalität im Zerrbild der Statistik, München 1979; *Collman, H.J.*, Internationale Kriminalstatistik, Stuttgart 1973; *Heinz, W.*, Bekanntgewordene Kriminalität und Erkenntnisinteressen, MschrKrim 58 (1975), S. 225–246; *ders.*, Kriminalstatistiken – Indikatoren der Kriminalität und ihrer Entwicklung?, in: Polizei und Justiz, hrsg. v. Bundeskriminalamt, Wiesbaden 1977, S. 93–110; *Herold, H.*, Ist die Kriminalitätsentwicklung – und damit die Sicherheitslage – verläßlich zu beurteilen?, Kriminalistik 30 (1976), S. 333–345; *Hough, M., Mayhew, M.*, Taking Account of Crime, Key Findings from the 1984 British Crime Survey, HMSO, London 1985; *Kerner, H.J.*, Kriminalitätseinschätzung und innere Sicherheit, Wiesbaden 1980; *ders.*, Präventionsmaßnahmen und Kriminalstatistik, in: Präventive Kriminalpolitik, hrsg. v. Schwind, H.D., Berckhauer, F., Steinhilper, G., Heidelberg 1980, S. 103–126; *ders.*, Verbrechenswirklichkeit und Strafverfolgung, München 1973; *Kube, E.*, Die polizeiliche Kriminalstatistik als Planungsinstrument, in: Schriftenreihe der Polizei-Führungsakademie 5 (1982), H. 2, S. 89–108; *Sessar, K.*, Neue Wege der Kriminologie aus dem Strafrecht, in: GS f. H. Kaufmann, Berlin 1986, S. 373–391; *Stein-Hilbers, M.*, Statistik und Kriminalität, in: HwbKrim, 2. Aufl., hrsg. v. Sieverts, R., Schneider, H.J., Bd. III, Berlin 1975, S. 199–225.

HANS-JÜRGEN KERNER

Kriminelle Karrieren. Der Begriff der kriminellen Karriere kann in die 30er Jahre zurückverfolgt werden. In den Arbeiten von GLUECK/GLUECK (1930) sowie SHAW (1931) wurde der Begriff der kriminellen Karriere aber eingeführt, ohne daß damit ein feststehendes Konzept, eine Theorie oder bloß eine Definition verbunden gewesen wäre. Vielmehr diente der Begriff allein dazu, die in Längsschnittstudien erfaßbare Abfolge der Delikte (oder Verurteilungen) von Mehrfach- oder Rückfallstraftätern plakativ zu bezeichnen oder mit der biographischen Darstellung des Werdegangs einzelner Straftäter als Prozeß der Einbindung in eine kriminelle Subkultur, des Erlernens krimineller Fertigkeiten und Techniken etc. eine Analogie zu ziehen zu konventionellen Verläufen in Beruf und Arbeit (SHAW 1931). Freilich hat sich im Gebrauch des Begriffs der kriminellen Karriere bislang keine Eindeutigkeit feststellen lassen, wie das kriminologische Schrifttum zu erkennen gibt (vgl. hierzu eingehend HAFERKAMP 1975; G. ALBRECHT 1990). Unklar bleibt in der Regel, was zur Definition der kriminellen Karriere selbst gehört und welche Aussagen hiervon zu unterscheidende Annahmen über Bedingungen und Prozesse krimineller Karrieren darstellen (G. ALBRECHT 1990, 100). Es scheint im übrigen, daß der Begriff der kriminellen Karriere *Bedeutungsüberschneidungen* erfährt mit Begriffen wie *Mehrfachtäterschaft*, wiederholte Straffälligkeit, *Rückfallkriminalität*, → *Intensiv-* oder *chronischer* Straftäter, wenn diese Begriffe teilweise nicht gar als Synonyme verwendet werden. Ferner ergeben sich Berührungspunkte mit dem *Lebensstilkonzept* (KAISER 1990, 36; WALTERS 1990). Jedoch ist mit Begriff und Konzept der kriminellen Karriere mehr verbunden als eine bloße Neubezeichnung traditionell als Hang- oder Mehrfachtäterschaft, Gewohnheits- oder Berufsverbrechertum beschriebener Phänomene. Denn der Begriff der kriminellen Karriere verweist zwar nicht sofort auf eine bestimmte kriminologische oder kriminalsoziologische Theorie, stellt aber einen Bezugsrahmen dar, der Fragestellungen ordnet und abgrenzt, darüber hinaus nach bestimmten Forschungsmethoden verlangt (KAISER 1990, 36 f.). Es geht grundsätzlich um die Erfassung von (Lebens-)Verläufen und damit um Längsschnittforschung sowie Wiederholungsmessungen. In Anlehnung an die Berufssoziologie wird auch in der Untersuchung krimineller Karrieren der Untersuchungsrahmen gesetzt durch: 1. die Frage nach dem Beginn bzw. Einstieg, 2. die Frage nach dem Verlauf oder der Entwicklung sowie 3. die Frage nach der Beendigung bzw. dem Ausstieg aus der kriminellen Karriere. Dem liegt die allseits akzeptierte Beobachtung zugrunde, daß eine Gruppe von Straftätern in bestimmten Lebensphasen immer wieder strafrechtlich in Erscheinung tritt. Insoweit ist es deshalb verständlich, wenn als Minimalbestandteil der Definition der kriminellen Karriere das Begehen einer erheblichen Anzahl von Straftaten über einen längeren Zeitraum hinweg gefordert wird (G. ALBRECHT 1990, 101). Darüber hinaus geht es immer um die Untersuchung einer Abfolge von Straftaten als einer Sequenz aufeinander bezogener und zusammenhängender Aktivitäten im Unterschied zur Erfassung von Straftaten als einzelne, isolierte Ereignisse.

Mit der Erforschung solcher Verläufe hat sich zunächst die interaktionistische Kriminalsoziologie (labeling approach, → Kriminalitätstheorien, soziologische) befaßt und den Begriff der kriminellen oder „devianten" Karriere mit inhaltlichen Bezügen versehen (BECKER 1963, 25 ff.). Hier liegt der Schwerpunkt auf dem Verlauf und der sog. *Sekundärdevianz* (→ abweichendes Verhalten), wenn, wie in der Untersuchung von Drogenkonsumenten (BECKER 1963) oder Prostituierten (HESS 1978, *Identitätswandel* sowie die langfristig oder gar dauerhaft wirksame Übernahme devianter *Rollen* und Selbstbilder als Folge eines Austauschprozesses zwischen Umwelt, darunter insbesondere (strafrechtlichen) Kontrollinstanzen, und Individuum erklärt werden. Insoweit stellt die deviante oder kriminelle Karriere eine Abfolge von aufeinander bezogenen Handlungen und Zuschreibungen dar, teilweise als Aufschaukelungsprozeß bezeichnet (QUENSEL 1970), wobei im Begriff der devianten oder kriminellen Karriere auch Elemente enthalten sind, die an den in konventionellen Karrieren enthaltenen Aspekt des *Aufstiegs* erinnern. Aufstieg kann einmal die „erfolgreiche" Übernahme einer devianten Rolle oder eines devianten Selbstbilds meinen, zum anderen erfolgreiche Professionalisierung bzw. Spezialisierung in der

Deliktsbegehung (SHAW 1931) oder das Auftreten einer Eskalation in der Deliktsschwere. Der „Aufstieg“ mag auch auf Kontakte mit Instanzen sozialer Kontrolle bezogen werden, wie in den Begriffen der „Gerichts-“ oder „Strafvollzugskarriere“ deutlich wird. Jedoch dürften jedenfalls in kriminellen Organisationen bzw. im organisierten Verbrechen tatsächlich solche Aufstiegsmöglichkeiten enthalten sein, die denjenigen in konventionellen Karrieren gleichkommen. Denn die im Begriff des → organisierten Verbrechens mitenthaltene Hierarchie erlaubt grundsätzlich ein entsprechendes Fortkommen im Hinblick auf Status und Einkommen. Die Frage, welchen Stellenwert die formelle Reaktion auf eine Straftat für den Verlauf einer kriminellen Karriere i. S. der Veränderung des Selbstkonzepts und der Übernahme krimineller Rollen hat, ist abschließend noch nicht zu beantworten. Freilich ist die strafrechtliche Reaktion offensichtlich kein notwendiger Bestandteil einer kriminellen Karriere. Denn es verbleibt ein substantieller Anteil von Karrierestraftätern im → Dunkelfeld der Kriminalität. Insoweit scheint es aber notwendig zu sein, in der Erforschung krimineller Karrieren über die polizeilich oder gerichtlich registrierte Kriminalität hinauszugehen und selbstberichtete Straftaten einzuschließen (PETERSILIA 1980, 333).

Das Konzept der kriminellen Karriere wird auch mit sozialisations- und lerntheoretischen Erklärungen der Kriminalität verknüpft (DOLDE 1978), teilweise wird eine Integration von Handlungs- und Etikettierungstheorien versucht (HAFERKAMP 1975; HESS 1978). Ferner ist auf typologisierende und strukturelle Ansätze zu verweisen, in denen *Karrieremuster* anhand von spezifischen Delikten, unterschiedlichen historischen Wurzeln, dem jeweiligen subkulturellen Bezug, schließlich anhand der jeweiligen Fähigkeit, „Immunität“ gegenüber strafrechtlicher Sozialkontrolle zu erzeugen und deshalb dauerhafte, stabile Strukturen auszubilden, differenziert werden (INCIARDI 1975). Freilich läßt die Verwendung des Konzepts der kriminellen Karriere in der kriminologischen Forschung unschwer erkennen, daß dieses (sicher als Folge der begrifflichen Variabilität) auf ganz unterschiedliche Sachverhalte angewendet wird. Einerseits wird nämlich der durch den Begriff der kriminellen Karriere abgesteckte Untersuchungsgegenstand in Professionalisierung, berufsmäßiger Tatbegehung oder organisiertem Verbrechen gesehen und damit auf kriminelles Verhalten begrenzt, das der Erzielung von Einkommen und Gewinn dient (INCIARDI 1975). Andererseits geht es in einem neueren Karrierekonzept nur mehr um einen Bezugsrahmen, aus dem heraus einem Individuum zugeordnete Straftaten als voneinander abhängige Ereignisse im zeitlichen Längsschnitt, unabhängig von Motivation oder Zielrichtung, untersucht werden. Im Vordergrund steht das Interesse an einer *Modellbildung*, die eine präzise Differenzierung der Gruppen von „innocents“ („Unschuldige“ oder Konforme), „desisters“ (Abbrecher) und „persisters“ (Karrierekriminelle) erlaubt. In diesem Konzept der kriminellen Karriere spielen die Unterscheidung zwischen Personen, die Straftaten begehen, und solchen, die keine Straftaten begehen (*Teilnahme*/participation), sowie die *Häufigkeit* der Begehung von Straftaten, sodann die *Dauer* der kriminellen Karriere (Zeitspanne zwischen dem ersten und dem letzten Delikt), schließlich die *Deliktsschwere* die entscheidende Rolle (BLUMSTEIN u. a. 1986, 12 f.). Sind die Methoden, die im Zusammenhang mit einem interaktionistischen Verständnis der kriminellen Karriere Verwendung finden, eher qualitativer Art, insbesondere teilnehmende Beobachtung, die Einzelfallanalyse, autobiographische Aufzeichnungen, so verbinden sich mit dem weiten und unspezifischen Karrierekonzept vor allem quantitative Analysen, die auf prospektiv gewonnenen Längsschnittdaten beruhen.

Ein wesentlicher Impuls für die letztere Orientierung in der Forschung zu kriminellen Karrieren bzw. Karrieretätern wurde vor allem durch die Philadelphia-Geburtskohortenstudie (WOLFGANG u. a. 1972) gesetzt. Der zentrale Befund dieser Studie bestand in der Feststellung, daß zwischen 70 und 80% aller schweren Straftaten wie Tötungsdelikte, Vergewaltigung, Raub und Körperverletzung, die von dem untersuchten Geburtsjahrgang begangen wurden, auf eine verhältnismäßig kleine Gruppe von Mehrfachstraftätern entfielen (etwa 6% des Geburtsjahrgangs). Dieser Befund hat sich seitdem in einer Vielzahl von Längsschnittstudien international erhärten lassen. In Folgeuntersuchungen konzentrierte sich das Forschungsinteresse auf die Fragen, ob und inwieweit diese Gruppe schon in einem frühen Stadium der kriminellen Karriere identifiziert werden kann, ob und inwieweit ein Trend zur Eskalation in der Straftatenschwere besteht, ob und inwieweit ein Trend zur Spezialisierung auf bestimmte Delikte gegeben ist, und schließlich, unter welchen Bedingungen ein Abbruch der Karriere erfolgt. Hinter diesen Fragestellungen verbirgt sich aber weniger ein theoretisches Interesse, vielmehr die kriminalpolitisch motivierte Suche nach einer Antwort auf die Frage, mit welchen Effekten i. S. reduzierter Kriminalität gerechnet werden kann, wenn auf Karrierestraftäter gezielt sichernde oder verwahrende Strafstrategien angewendet werden (selective incapacitation). Im Vordergrund der so konzipierten Karrieretäterforschung stehen methodische Probleme der präzisen empirischen Erfassung der oben genannten Elemente (Teilnahme, Häufigkeit, Dauer und Schwere) sowie die Entwicklung angemessener statistischer Prozeduren zur Beantwortung der Frage, wie sich verschiedene Bedingungen (darunter justitielle Interventionen) auf die Wahrscheinlichkeit weiterer Straftatbegehung auswirken. Im wesentlichen konzentriert sich die Forschung auf die Fragen: 1. In welchem Alter oder in welcher Altersstufe beginnen Phasen mehrfacher Auffälligkeit? 2. Wie lange dauern kriminelle Karrieren? 3. Wieviele Straftaten begehen Karrierestraftäter in ihrer aktiven Zeit? 4. Kommt es zur Spezialisierung, d. h. zur ständigen Begehung bestimmter Delikte? 5. Kommt es zur Eskalation in der Tatschwere? 6. Können Karrierestraftäter schon frühzeitig identifiziert werden?

Bereits die „science and technology"-Arbeitsgruppe der PRESIDENT'S COMMISSION (1967) hat eine sog. „Kriminalitäts-Übergangs-Matrix" (Crime-Switch-Matrix) eingeführt, um aufeinanderfolgende Delikte von Straftätern einer angemessenen statistischen Analyse zu unterwerfen. Eine ganze Reihe von Untersuchungen (auch aus dem deutschsprachigen Raum) befaßte sich in der Folge mit der Anwendung von *Markov-Modellen* zur Beschreibung jugendlicher und erwachsener Delinquenzkarrieren. Hier geht es um die Frage, ob und inwieweit die Art eines Delikts abhängig ist vom Typus oder der Anzahl vorangegangener Delikte, also um die Frage nach Spezialisierung und Eskalation, zum anderen um das Problem, ob Anzahl und Art der bereits begangenen Delikte mit der Fortsetzung oder dem Abbruch der kriminellen Karriere zusammenhängen.

Zur Analyse der Frage nach Spezialisierung oder Eskalation werden die Übergänge (Wahrscheinlichkeiten) vom 1. bis n-ten Delikt anhand verschiedenartiger statistischer Verfahren untersucht (ALBRECHT/MOITRA 1988). Derartige „Übergangsmatrizen" wurden bereits in der Untersuchung von WOLFGANG u. a. (1972) intensiven Analysen unterzogen. Dabei konnte ein beträchtliches Ausmaß an Wechsel zwischen einzelnen Delikten in aufeinanderfolgenden Straftaten derselben Straftäter beobachtet werden. Dies führte zu der Schlußfolgerung, daß weder die Annahme einer bedeutsamen Spezialisierung noch diejenige einer bedeutsamen Eskalierung bei kriminellen Karrieren plausibel sei. HOOD/SPARKS (1970) folgerten aus einer Sekundäranalyse einschlägiger Untersuchungen zwar eine Spezialisierung bei Karrierestraftätern, hoben allerdings gleichfalls hervor, daß eine solche Spezialisierung nicht den Regelfall des Verlaufs krimineller Karrieren darstelle. Insgesamt gesehen wird nur ein geringes Ausmaß an Spezialisierung festgestellt, ansonsten jedoch eher zufällig gestreuter (und damit nicht vorhersagbarer) Wechsel, also voneinander unabhängige Übergänge zwischen einzelnen Deliktstypen beobachtet.

Der Höhepunkt erstmaliger Auffälligkeit von Karrierestraftätern liegt ausweislich der internationalen Forschung im Zeitraum von 14-16 Jahren. Knapp 50% der in einer Berliner Untersuchung des Geburtsjahrgangs 1953 wegen fünf oder mehr Straftaten im Alter bis zu 21 Jahren auffälliger Jugendlicher wurden im Alter von 14 bis 16 Jahren erstmals registriert. Selten erfolgte der erste Kontakt mit der Polizei im Heranwachsendenalter, vergleichsweise häufig jedoch im Kindheitsalter. Diese Verteilung deckt sich mit anderen Befunden, aus denen sich ergibt, daß „Spätbeginner", also Personen, die erstmals im Heranwachsenden- oder Jungerwachsenenalter und dann häufiger registriert werden, eher Ausnahmeerscheinungen darstellen. Der Regelfall ist der Einstieg im mittleren Jugendalter (PETERSILIA 1980). Allerdings ist frühes Auffälligwerden, insbesondere Auffälligkeiten wegen schwerer Delikte, in Kombination mit anderen sozialen oder psychologischen Belastungen kein guter, aber im Rahmen der verfügbaren Prädiktoren für die Entwicklung krimineller Karrieren, vor allem in das Erwachsenenleben hinein, der beste Prädiktor. Kriminelle Karrieren jugendlicher Straftäter sind i. d. R. passagere Erscheinungen. Die Betroffenen werden ganz überwiegend und spätestens gegen Ende des Jugendalters oder Heranwachsendenalters sozusagen in die Unauffälligkeit absorbiert. Ganz entscheidend für die Analyse von mehrfacher Auffälligkeit ist schließlich die Frage nach der Anzahl von Delikten, die im Verlauf einer kriminellen Karriere begangen werden. Gerade hier fallen noch erhebliche Forschungslücken auf (G. ALBRECHT 1990). Denn klar ist, daß die polizeilich registrierten Delikte kein allzu verläßlicher Anhaltspunkt sind. Es bleiben viele Straftaten im Dunkelfeld. Zwar kann man davon ausgehen, daß die Wahrscheinlichkeit polizeilicher Registrierung auch eine Funktion der Häufigkeit der Tatbegehung sowie der Schwere der begangenen Straftat ist. Doch ist damit, stützt man sich auf polizeiliche Daten, noch nichts gewonnen hinsichtlich der tatsächlichen Anzahl begangener Delikte. Im Hinblick auf die Frage der Spezialisierung und der Eskalation im Verlauf von kriminellen Karrieren herrscht dagegen weitgehend Konsens darüber, daß beides im Jugendalter wenigstens nicht zu beobachten ist.

Vielmehr findet sich bei Jugendlichen eine große Spannbreite von Deliktstypen. Die Art der aufeinanderfolgenden Delikte in einer kriminellen Karriere ist also unabhängig von dem jeweils vorausgegangenen Delikt. Gleiches gilt für die Schwere von Delikten. Anders scheint jedoch die Lage bei Jungerwachsenen und Erwachsenen zu sein. In kriminellen Karrieren erwachsener Straftäter ist Spezialisierung und Eskalation tatsächlich zu beobachten, wenn auch nicht in einem erheblichen Ausmaß. Erklärt wird dies damit, daß offensichtlich in kriminellen Karrieren jugendlicher Straftäter expressive Gründe und Motivationen, Peer-group-Einflüsse und damit auch Statuserwägungen ganz im Vordergrund stehen. Demgegenüber ist die Motivation in kriminellen Karrieren Erwachsener eher durch instrumentelle Gründe geprägt, darunter auch das Motiv Drogenbeschaffung.

Fragt man nun danach, welche Bedingungen bei der Entstehung krimineller Karrieren eine Rolle spielen, so läßt sich der Ertrag der Forschung folgendermaßen zusammenfassen. Wenig ergiebig sind offensichtlich Erkenntnisse, die sich auf die frühe Kindheit beziehen, jedenfalls dann, wenn unausgelesene Stichproben prospektiv verfolgt und nicht hochausgelesene Gruppen von Heim- oder Gefängnisinsassen retrospektiv untersucht werden. Die aktuelle Situation eines Jugendlichen, nicht die Vergangenheit, ist ausschlaggebend. Die wesentlichen Faktoren sind eng mit familiären und schulischen Lagen verknüpft, wobei nicht der schulische Erfolg selbst entscheidend ist, sondern die allgemeine Zufriedenheit und der Grad der Einbindung in den schulischen Bereich. Dies umfaßt insbesondere auch die Beziehungen zu Lehrern und Mitschülern. Der Befund deckt sich im übrigen mit Erkenntnissen zum Erfolg von Bewährungsaufsichten, für den die Lösung aktueller Probleme (Arbeitsplatz, Wohnung, persönliche Beziehungen) ganz entscheidend zu sein scheint. Dagegen spielen Vorstrafenbelastung oder andere biographische Belastungsmerkmale kaum eine Rolle. Inhaltlich stehen demnach die Bindung des Jugendlichen an relevante andere Personen und die Integration in konventionelle Lebensbereiche im Vordergrund.

Diese Variablenbereiche werden auch bei der Analyse des Abbruchs von kriminellen Karrieren im Mittelpunkt stehen müssen. Gerade im Zusammenhang mit kriminellen Karrieren im Jugendalter ist häufig von Spontanremission und *Herausreifen* aus der Kriminalität die Rede. Damit wird auf das Phänomen verwiesen, daß eine kriminelle Karriere, die im Kindes- oder Jugendalter begann, nur selten im Erwachsenenalter fortgesetzt wird (PETERSILIA 1980). Dabei ist wohl davon auszugehen, daß sich hinter diesem Phänomen Veränderungen im Grad der Integration und im Ausmaß von Bindungen verbergen, ferner Einwirkungen einschneidender Lebensereignisse. Freilich verweist die Chancen-Struktur-Theorie (CLOWARD/OHLIN 1960) auch darauf, daß der Zugang zu kriminellen Karrieren, vergleichbar dem Zugang zu respektablen Karrieren, nicht jedem Straftäter offensteht. Schließlich sind kriminelle Karrieren instabil und ggfs. nur kurzfristig. Im Hinblick auf den Abbruch von kriminellen Karrieren dürften aber unabhängig davon, wie sich der Zugang zu entsprechenden Erwachsenenkarrieren im einzelnen gestaltet, zwei Phasen zu trennen sein. Die eine Phase betrifft die kriminelle Karriere im Jugendalter selbst. Die andere Phase umfaßt den Übergang zum Erwachsenenleben und die Fortsetzung der Karriere. Ist in der Jugendphase die Integration in Familie und Schule entscheidend, so ist der Übergang in das Erwachsenenleben gerade durch eine angemessene Lösung aus diesen Bereichen und durch den Aufbau bzw. die Integration in Erwachsenenrollen (Familiengründung, Berufsfindung etc.) gekennzeichnet. Dabei lassen sich die Anforderungen konventioneller Rollen (Beruf, Ehe etc.) nicht mit einem Lebensstil vereinbaren, der durch eine kriminelle Karriere bedingt ist. Treten in dieser Phase des Übergangs in das Erwachsenenalter erhebliche Probleme auf, beispielsweise in Form von Arbeitslosigkeit, aber auch in Form von Drogenabhängigkeit, ggfs. auch in Form von Problemen, die aus strafrechtlicher Sanktionierung, insbesondere Inhaftierung, resultieren, und reduziert dies die Plausibilität eines konventionellen Lebens, dann vermag der Ausstieg aus einer kriminellen Karriere verhindert oder doch erschwert werden (zu besonderen Problemen jugendlicher Ausländer vgl. BIELEFELD/KREISSL 1982). Andererseits konnte bislang nicht nachgewiesen werden, daß die Art oder Intensität strafrechtlicher Reaktion auf die Entwicklung krimineller Karrieren Auswirkungen hat. Insbesondere hat sich bislang nicht belegen lassen, daß eine Kriminalpolitik, die auf einen durch Sicherungsverwahrung oder lange Freiheitsstrafen erzwungenen Abbruch krimineller Karrieren zielt, zu einer wesentlichen Reduzierung der allgemeinen Kriminalitätsbelastung führen könnte (BLUMSTEIN u. a. 1986; G. ALBRECHT 1990). Denn eine solche Strategie setzte die Möglichkeit einer frühen Identifizierung des Karrierestraftäters voraus. Dies ist bislang nicht gelungen. Vielmehr lassen die bisherigen Forschungen nur den Schluß zu, daß jeder Versuch der Frühidentifizierung mit einer nicht akzeptablen Fehlerquote verbunden ist.

In neuerer Zeit werden das Konzept der kriminellen Karriere und vor allem auch die zugrundeliegende Forschungsmethodologie (Kohorten-, Längsschnittstudien) grundsätzlicher Kritik unterzogen (HIRSCHI 1989, vgl. im übrigen die Auseinandersetzung in Criminology 1988). Dabei wird hervorgehoben, daß dem „Paradigma der kriminellen Karriere" eine angemessene theoretische Grundlage fehle und allein ein theoretisch begründeter Zugang zur Analyse von Kriminalität und zwar unabhängig von den jeweiligen Altersphasen, die entscheidende, aber auch ausreichende Rolle spiele (HIRSCHI 1989, 414). Ferner wird geltend gemacht, die langfristige Investition erheblicher Ressourcen in aufwendige Kohorten- und Längsschnittuntersuchungen lohne angesichts eines zu erwartenden minimalen Ertrages nicht. Freilich ist die Debatte um die Brauchbarkeit des Konzepts der kriminellen Karriere stark verkürzt auf die Bedeutung der Variable „Alter" für die Verbrechensentstehung. Die Beziehung zwischen Alter und Kriminalität, so lautet der (empirische) Einwand, sei invariant, sozusagen eine biologische Konstante, und beinhalte, daß, ausgehend von einem Höhepunkt im früheren Jugendalter, mit zunehmendem Alter die Rate der Kriminalitätsbegehung beständig abnehme. Im übrigen genüge die Identifizierung von Verbrechensursachen in einem Altersabschnitt auch für alle anderen Altersphasen. Die Untersuchung von Beginn, Verlauf und Beendigung eines kriminellen Lebensweges sei deshalb in demselben Maße wie aufwendige Längsschnittuntersuchungen bedeutungslos. Jedoch ist die Annahme einer invarianten Beziehung zwischen Alter und Kriminalität offensichtlich nicht angemessen (GREENBERG 1991; WIKSTRÖM 1991, 40 ff.). Kriminelle Verläufe sind deshalb nicht gleichförmig, sondern Bedingungen unterworfen, deren Untersuchung theoretisch wie kriminalpolitisch belangvoll bleibt.

Albrecht, G., Möglichkeiten und Grenzen der Prognose krimineller Karrieren, in: DVJJ (Hrsg.), Mehrfach Auffällige – Mehrfach Betroffene. Erlebnisweisen und Reaktionsformen, Bad Godesberg 1990, S. 99–116; *Becker, H.S.*, Outsiders. Studies in the Sociology of Deviance, New York 1963; *Bielefeld, U., Kreissl, R.*, Isolation und Anpassung: Karrieren junger Ausländer, in: Mehrfach auffällig. Untersuchungen zur Jugendkriminalität, hrsg. von Schüler-Springorum, H., München 1982, S. 126–167; *Blumstein, A., Cohen, J., Roth, J.A., Fisher, C.A.* (Hrsg.), Criminal Careers and „Career Criminals", 2 Bde, Washington 1986; *Cloward, R.A., Ohlin, C.E.*, Delinquency and Opportunity. A Theory of Delinquent Gangs, New York 1960; *Dolde, G.*, Sozialisation und kriminelle Karrieren. Eine empirische Analyse der sozio-ökonomischen und familialen Sozialisationsbedingungen männlicher Strafgefangener im Vergleich zur „Normal"-Bevölkerung, München 1978; *Haferkamp, H.*, Kriminelle Karrieren. Handlungstheorie, teilnehmende Beobachtung und Soziologie krimineller Prozesse, Reinbek 1975; *Hess, H.*, Das Karrieremodell und die Karriere von Modellen. Zur Integration mikroperspektivischer Devianztheorien am Beispiel von Apartment-Prostituierten, in: Hess, H., Störzer, H.U., Streng, F. (Hrsg.), Sexualität und soziale Kontrolle. Beiträge zur Sexualkriminologie, Heidelberg 1978; *Hirschi, T.*, Das Karriereparadigma aus der Sicht der Kontrolltheorie, MschrKrim 72 (1989), S. 413–422; *Hood, R., Sparks, R.*, Kriminalität, München 1970; *Inciardi, J.A.*, Careers in Crime, Chicago 1975; *Kaiser, G.*, „Lebensstil". Entwicklung und kriminologische Bedeutung eines Konzepts, in: Kerner, H.-J., Kaiser, G. (Hrsg.), Kriminalität. Persönlichkeit, Lebensgeschichte und Verhalten. Festschrift für Hans Göppinger zum 70. Geburtstag, Berlin u. a. 1990, S. 27–40; *Petersilia, J.*, Criminal Career Research: A Review of Recent Evidence. Crime and Justice. An Annual Review of Research, Bd. 2, Chicago, London 1980, S. 321–380; *Petersilia, J.* u.a., Criminal Careers of Habitual Offenders, Santa Monica 1977; *Shannon, L.W.*, Criminal Career Continuity. Its Social Context, New York 1990; *Shaw, C.R.*, The Natural History of a Delinquent Career, Chicago 1931; *Walters, G.O.*, The Criminal Lifestyle. Understanding Patterns of Conduct, London 1990; *Wolfgang, M.E., Figlio, R.M., Sellin, T.*, Delinquency in a Birth Cohort, Chicago u. a. 1972.

HANS-JÖRG ALBRECHT

Kriminologie. Der Begriff wird auf den französischen Anthropologen Topinard zurückgeführt (MANNHEIM 1972, 1). Eine überzeugende knappe Definition der Kriminologie gibt es nicht. Kriminologie ist zunächst die Sammelbezeichnung für vielfältige wissenschaftliche Auseinandersetzungen mit Kriminalität als einer Form abweichenden Verhaltens sowie der Kontrolle von Kriminalität. Ferner bestehen Bezüge zum Opfer und zur Kriminalitätsprävention (KAISER 1988, 4). Die Kriminologie zählt zu den empirischen Wissenschaften, vertreten wird ferner ihre interdisziplinäre Ausrichtung. Die Kriminologie wird auf nationaler und internationaler Ebene von einer Reihe kriminologischer Institutionen wie Zeitschriften und wissenschaftlichen Gesellschaften sowie Forschungsinstituten (vgl. den erschöpfenden Überblick bei JEHLE 1990) repräsentiert (→ Kriminologische Institute). Im Unterschied zu anderen wissenschaftlichen Disziplinen gibt es aber jedenfalls in Deutschland keine gesonderte und selbständige → kriminologische Ausbildung (einen Überblick, auch bezüglich ausländischer Studiengänge, enthält LÖSCHPER/MANKE/SACK 1986). Herkömmliche Voraussetzungen einer kriminologischen Karriere sind eine Ausbildung in einer der sog. Grundwissenschaften (Soziologie, Psychologie, Rechtswissenschaft, Psychiatrie oder Pädagogik) und eine Spezialisierung im Rahmen einer (oder mehrerer) der sog. Bezugswissenschaften (Kriminalsoziologie, Kriminalpsychologie, Kriminalpädagogik, Strafrechtswissenschaft, Kriminalpsychiatrie). Einen durch Ausbildung begründeten Status eines Kriminologen, dem ein hierzu komplementäres Berufsfeld zugeordnet wäre, gibt es im übrigen nicht (ALBRECHT 1986, 234 f.).

Die *Geschichte* kriminologischer Fragestellungen und wissenschaftlicher Befassung mit Kriminalität reicht bis in das 15. Jahrhundert zurück, hebt man auf die Rechtsmedizin ab (KAISER 1988, 39). Die Anfänge könnten allerdings auch dort vermutet werden, wo Strafzwecke akzeptiert werden oder das Prinzip der Erforschung der materiellen Wahrheit im Strafverfahren übernommen wird und deshalb Erfahrung zum Maßstab der Beurteilung von Verbrechen und Strafe wird. Eine vollständige Geschichte der Kriminologie ist bislang aber noch nicht geschrieben worden (zu Ansätzen vgl. HERING 1966; MECHLER 1970; MANNHEIM 1972; auf die Kriminalpsychologie bezogen KÜRZINGER 1992). Jedoch besteht weitgehend Konsens darüber, daß sich die Kriminologie als eigenständiges Wissenschaftsgebiet erst in der zweiten Hälfte des 19. Jahrhunderts konstituiert und etabliert. Mit der Entstehung der Kriminologie als selbständiges Wissenschaftsgebiet sind die Arbeiten von Lombroso, Ferri sowie Garofalo verbunden (KÜRZINGER 1992), in denen unterschiedliche, jedoch einem aus heutiger Sicht überzeichneten Determinismus verpflichtete Ansätze in der Kriminalitätserklärung aufgegriffen werden (vgl. bspw. FERRI 1886). Freilich kann die aus diesen Perspektiven abgeleitete positivistische Linie der Kriminologie ergänzt werden um die auf Beccaria und Bentham zurückzuführende klassische Schule der Kriminologie (KÜRZINGER 1975; SACK 1978, 230 ff.; GOTTFREDSON/HIRSCHI 1987), in der der Zugang zum Verbrechen auf einem Modell freier Entscheidung des Menschen beruht und der Kritik des Strafrechts und der Strafrechtspraxis besondere Bedeutung zukommt. Die im 19. Jahrhundert zwischen Positivismus und klassischer Schule geführte Auseinandersetzung um das angemessene Verständnis von Kriminalität in Form von Handlungsmodellen und Menschenbildern sowie die Art der untersuchungsbedürftigen Fragestellungen lebt dann in den sechziger Jahren wieder auf (hierzu auch SACK 1989, 86; zusammenfassend GOTTFREDSON/HIRSCHI 1987). Auch aus der Soziologie kommen im 19. Jahrhundert Impulse für die Kriminologie. Sie entstammen insbesondere den Arbeiten von Durkheim, Bonger, Tarde und Tönnies. Im ausgehenden 19. und beginnenden 20. Jahrhundert gehen die europäische und die nordamerikanische Kriminologie unterschiedliche Wege. Während in Nordamerika die Fragestellungen der Kriminologie sowie deren Lehre weitgehend als Kriminalsoziologie und als Teilgebiet der Soziologie aufgegriffen werden, wird die Kriminologie vor allem in Deutschland schwerpunktmäßig von Juristen und Psychiatern vertreten. Die grundlegenden kriminologischen Ansätze sind in Deutschland deshalb zunächst sehr stark am Strafrecht und den dort zu beobachtenden Entwicklungen orientiert (vgl. das kriminalpolitische Programm von v. Liszt). Ferner steht im Mittelpunkt der so konzipierten Kriminologie die Frage nach dem Verbrecher und der Täterpersönlichkeit sowie Möglichkeiten der Einwirkung durch strafrechtliche Sanktionen (Pönologie). Neben juristischer und psychiatrischer Kriminologie, die zeitweise auch als „Kriminalbiologie" bezeichnet wird, fallen psychologische, psychoanalytische, soziologische und historische Arbeiten kaum ins Gewicht. Erst seit den sechziger Jahren kommt es zu einer nachdrücklichen Rezeption amerikanischer kriminalsoziologischer Theorien in Deutschland und in der Folge zu einer weitergehenden Differenzierung der kriminologischen Fragestellungen, an der neben der Kriminalsoziologie die Psychologie, die Ökonomie, die Geschichtswissenschaft und die Rechtssoziologie beteiligt sind (vgl. bspw. KERNER 1988; SAVELSBERG 1989). Freilich lassen sich auch in Nordamerika analoge Prozesse erkennen. Dort geht die strenge Begrenzung der kriminologischen Forschung auf die Kriminalsoziologie verloren, eine strikte Arbeitsteilung in Wissenschaft und Forschung wird, ähnlich der Entwicklung in anderen Disziplinen, zunehmend als unbefriedigend empfunden (GOTTFREDSON/HIRSCHI 1987, 21). Angesichts der Vielzahl von Grundlagendisziplinen, die zum kriminologischen Wissen beitragen, ist die starke Betonung der Interdisziplinarität kriminologischer Forschung und der Kriminologie verständlich, wenn auch die Interdisziplinarität bislang weitgehend Programm geblieben ist. Dies dürfte nicht zuletzt damit zusammenhängen, daß Interdisziplinarität erst mit einer Integration verschiedener disziplinärer Theoriebestände Umsetzung finden kann.

Kriminologische Erkenntnisse, die aus der systematischen Befassung mit kriminologischen Fragestellungen folgen, sind deshalb immer noch den Bezugswissenschaften zuzurechnen. Begriffe, Definitionen und Theorien, schließlich auch Forschungstechniken und -methoden werden den obengenannten Grundwissenschaften entnommen. Dies zeigt sich nicht zuletzt auch an der Aufgliederung in soziologische, soziobiologische, biologische, psychologische und ökonomische Kriminalitätstheorien. Aussagen zur Erklärung oder zu Ursachen von Kriminalität, zur Erklärung von sozialer Kontrolle und Strafrecht sind damit immer Aussagen der Bezugswissenschaften. Im Zusammenhang mit der Heterogenität der Ansätze ist auch der Streit darüber zu behandeln, ob und inwieweit die Kriminologie überhaupt als selbständige Disziplin Berechtigung haben solle oder ob das kriminologische Forschungsfeld nicht vollständig auch durch eine (oder mehrere) der Grundlagendisziplinen abgedeckt werden könne (SACK 1978). Hierzu gehört im übrigen die Vorstellung von den Kriminologen als „Könige ohne Land" (MANNHEIM 1972, 1). Freilich wäre durch eine Auflösung der Kriminologie in Kriminal-, Strafrechtssoziologie oder Kriminalpsychologie der Gegenstandsbereich nur in einem Ausschnitt erfaßbar, der Verknüpfungen zu anderen Ausschnitten nicht mehr zuläßt. Sodann wäre zu fragen, ob durch eine solche „reduktionistische" Strategie nicht der Forschungsimpuls selbst versiegen würde, denn zweifellos haben die zentralen Fragestellungen der Kriminologie für die Grundlagen- oder Bezugswissenschaften selbst bislang nur randständigen Charakter. Schließlich besteht Anlaß, das Verhältnis von Grundlagen- und angewandter Forschung in der Kriminologie zu erörtern. Die Nähe der Kriminologie zum Strafrecht wirft das Problem der Beteiligung an Herrschaft und der Zulieferung von herrschaftsstabilisierendem Wissen auf. Freilich wurde auch aus anderer Perspektive die Frage gestellt, ob die Kriminologie vom Strafrecht „noch etwas übrig lasse". Hieraus folgen die Fragen nach der Rolle und Funktion der Kriminologie, nach derjenigen von „Staatsforschung" und schließlich, allgemeiner, nach der Berechtigung von → angewandter Kriminologie (zur Auseinandersetzung KURY 1985; JEHLE/EGG 1986).

Wird Kriminologie als die „geordnete Gesamtheit des Erfahrungswissens über das Verbrechen, Rechtsbrecher, die negative soziale Auffälligkeit und über die Kontrolle dieses Verhaltens" bezeichnet, so scheint klar, daß der Nachweis eines bestimmten Standes der Wissenschaft und Forschung, also eine zusammenfassende Bilanz, nicht einfach ist. Selbst eine schlüssige Systematisierung des bislang unter der Bezeichnung Kriminologie zusammengetragenen Wissens stellt eine schwierige Aufgabe dar. Eine solche Systematisierung wird in kriminologischen Lehrbüchern versucht (KAISER 1988; SCHNEIDER 1987; EISENBERG 1990). Jedoch dürfte eine engere Auffassung der Kriminologie, unabhängig davon, ob sie sich allein dem Rechtsbrecher, seiner Person und den Straftaten widmen würde oder anderen Perspektiven verpflichtet hat, nicht genügen. Es ist aber nicht zu verkennen, daß bis in die neuere Zeit ein großer Teil der kriminologischen Analysen in der Tradition einer positivistischen Kriminologie auf eine solche enge Auffassung reduziert war. Mit diesem Paradigma, das auch als ätiologisches Paradigma bezeichnet wird, werden die Ursachen oder Bedingungen der Kriminalität als biologische, psychiatrische, psychologische, pädagogische oder soziologische Defekte bzw. Defizite bei einzelnen Personen verstanden. Auch insoweit erscheinen die kriminologischen Forschungsergebnisse, versucht man eine Gesamtschau, häufig disparat und widersprüchlich. Freilich wird man die Lösung nicht in einem „multifaktoriellen" Ansatz finden können. Denn mit den verschiedenen Bezugsdisziplinen werden unterschiedliche Ebenen der Analyse eingeführt, die nicht zwanglos nebeneinandergestellt werden dürfen. Deshalb werden auch Theoriekonkurrenz und Theorievergleich (OPP/WIPPLER 1990) nur partiell weiterführen.

Vom positivistischen Paradigma unterscheidet sich das interaktionistische Paradigma der Kriminalität. Kriminalität wird danach als Ergebnis eines gesellschaftlichen, viele Akteure und Operationen einschließenden Interpretations- und Interaktionsprozesses verstanden. Kriminalität kann daher nur mittels Analyse ihrer gesellschaftlichen Produktionsbedingungen erklärt werden. Im Mittelpunkt des Erkenntnisinteresses stehen daher die Setzung und Anwendung von Normen (→ Norm, Normgenese), die Selektivität von Normsetzung und -anwendung (→ Selektion, Selektionsmechanismen) und des Kriminalisierungsprozesses (→ Stigmatisierung; → kriminelle Karriere; → Schicht und Klasse). Die Rezeption des Interaktionismus in der deutschen Soziologie hat sicher dazu beigetragen, daß sich heute eine weite Auffassung von Kriminologie etabliert hat (KAISER 1988). Umstritten ist aber, ob das interaktionistische Paradigma im Verlaufe der Rezeption nicht sein kritisches Potential verloren habe und nur mehr dazu diene, die ätiologisch orientierte Forschung mit weiteren Erklärungsvariablen für Kriminalität zu versehen (HESS/STEINERT 1986, 4) und diesen Forschungsansatz methodisch zu verfeinern (SACK 1989). Querschnitte der deutschen kriminologischen Forschung wurden in den 80er Jahren in Gestalt von Sammelbänden vorgelegt (KERNER/KURY/SESSAR 1983; KAISER/KURY/ALBRECHT 1988). Aus diesen Sammelbänden ergibt sich ein eindrucksvolles Bild der Vielfältigkeit von Fragestellungen, freilich auch ein Hinweis auf die Veränderung von Schwerpunkten in der Forschung (hierzu auch SCHÜLER-SPRINGORUM 1989). Denn Ende der achtziger Jahre kommt den Themen der Behandlung und Resozialisierung sowie des Strafvollzugs nicht mehr der in den sechziger und siebziger Jahren noch zu beobachtende Rang zu. Im Vordergrund stehen Fragen der Normentstehung und der Implementation von Strafrechtsnormen,

Viktimisierung und Opferreaktion und -erwartungen, Entscheidungen in der Justiz und die Evaluation. Die Entwicklungsrichtung der Kriminologie und kriminologischer Forschung wird auch in Zukunft Gegenstand von Kontroversen bilden. Dies zeichnet sich in den Debatten der letzten Jahre ab (SAVELSBERG 1987, 1989; QUENSEL 1989). Geworben wird für eine stärkere Betonung der historischen Perspektive von Strafrecht und Kriminalitätskontrolle. Diese Forderung wird von abolitionistischen und anderen kritischen Positionen getragen. Andererseits wird Bedarf an prospektiven Längsschnittstudien zur Kriminalitätsentstehung angemeldet. Im übrigen steht die Untersuchung neuer Kriminalitätsformen, vor allem organisierter Kriminalität, auf dem Plan.

Albrecht, H.-J., Theorie und Empirie in der kriminologischen Ausbildung, in: Löschper, G., Manke, G., Sack, F. (Hrsg.), Kriminologie als selbständiges, interdisziplinäres Hochschulstudium, Hamburg 1986, S. 233–245; *Ferri, E.*, Polemica in Difesa della Scuola Criminale Positiva, 1886; *Gottfredson, M.R., Hirschi, T.*, The Positivist Tradition, in: Gottfredson, M.R., Hirschi, T. (Hrsg.), Positive Criminology, Newbury Park u. a. 1987, S. 9–22; *Hering, K.-H.*, Der Weg der Kriminologie zur selbständigen Wissenschaft, Hamburg 1966; *Hess, H., Steinert, H.*, Zur Einleitung: Kritische Kriminologie – Zwölf Jahre danach, KrimJ 1986, S. 2–8; *Jehle, J.-M.* (Hrsg.), Criminological Research and Planning in State and Supranational Institutions, Wiesbaden 1990; *Jehle, J.-M., Egg, R.* (Hrsg.), Anwendungsbezogene Kriminologie zwischen Grundlagenforschung und Praxis, Wiesbaden 1986; *Kaiser, G., Kury, H., Albrecht , H.-J.* (Hrsg.), Kriminologische Forschung in den 80er Jahren, 3 Bände, Freiburg 1988; *Lüderssen, K., Sack, F.* (Hrsg.), Seminar: Abweichendes Verhalten I. Die selektiven Normen der Gesellschaft, Frankfurt/M. 1975; *dies.*, Seminar: Abweichendes Verhalten II. Die gesellschaftliche Reaktion auf Kriminalität I, Frankfurt/M. 1975; *dies.*, Seminar: Abweichendes Verhalten III. Die gesellschaftliche Reaktion auf Kriminalität II, Frankfurt/M. 1976; *Kerner, H.-J., Kury, H., Sessar, K.* (Hrsg.), Deutsche Forschungen zu Kriminalitätsentstehung und Kriminalitätskontrolle, 3 Bände, Köln 1983; *Kerner, H.-J.*, Kriminologische Forschung an den Universitäten. Das Forschungsprofil der Kriminologie im Bereich der Hochschulen der Bundesrepublik Deutschland seit Mitte der 70er Jahre anhand von Eigenberichten, in: Kaiser, G., Kury, H., Albrecht, H.-J. (Hrsg.), Kriminologische Forschung in den 80er Jahren, Freiburg 1988, S. 113–138; *Kury, H.* (Hrsg.), Kriminologische Forschung in der Diskussion: Berichte, Standpunkte, Analysen, Köln 1985; *Kürzinger, J.*, Cesare Beccaria, Enzyklopädie „Die Großen der Weltgeschichte", Zürich 1975, S. 761–771; *ders.*, Cesare Lombroso, Enzyklopädie „Die Großen der Weltgeschichte", Zürich 1978, S. 627–635; *ders.*, Johann Gottlieb Münch (1774–1837) und die Anfänge der Kriminalpsychologie in Deutschland, in: Festschrift für Rudolf Schmitt, Tübingen 1992, S. 403–411; *ders.*, Karl von Eckartshausen (1752–1803) und die Anfänge der Kriminalpsychologie in Deutschland, in: Festschrift für Wolf Middendorff, Bielefeld 1986, S. 177–192; *Löschper, G., Manke, G., Sack, F.* (Hrsg.), Kriminologie als selbständiges, interdisziplinäres Hochschulstudium, Pfaffenweiler 1986; *Mannheim, H.*, Pioneers in Criminology, Montclair/New Jersey 1972; *Mechler, A.*, Studien zur Geschichte der Kriminalsoziologie, Göttingen 1970; *Opp, K.-D., Wippler, R.*, Empirischer Theorienvergleich. Erklärungen sozialen Verhaltens in Problemsituationen, Opladen 1990; *Quensel, St.*, Krise der Kriminologie: Chancen für eine interdisziplinäre Renaissance?, MschrKrim 72 (1989), S. 391–412; *Sack, F.*, Kriminologie und Geschichtswissenschaft: Wege der Reflexion einer Disziplin, in: Savelsberg, J.J. (Hrsg.), Zukunftsperspektiven der Kriminologie in der Bundesrepublik Deutschland, Stuttgart 1989, S. 71–144; *ders.*, Probleme der Kriminalsoziologie, in: König, R. (Hrsg.), Handbuch der empirischen Sozialforschung, Bd. 12, 2. Aufl., Stuttgart 1978, S. 192–492; *Savelsberg, J.J.* (Hrsg.), Zukunftsperspektiven der Kriminologie in der Bundesrepublik Deutschland, Stuttgart 1989; *ders.*, Die Zukunft der Kriminologie – Neue Perspektiven der kriminologischen Forschung in der Bundesrepublik Deutschland in den 90er Jahren, MschrKrim 70 (1987), S. 89–111; *Schüler-Springorum, H.*, Kriminologie als Kongreßthema, MschrKrim 72 (1989), S. 383–390.

HANS-JÖRG ALBRECHT

Kriminologie und Strafrecht. 1. Das Verhältnis von Kriminologie und Strafrecht war immer und ist auch heute umstritten und von *Konflikten* gekennzeichnet. Es gibt eine im wesentlichen reibungslose Zusammenarbeit dort, wo die

Kriminologie (wie etwa bei der Beurteilung der → Schuldfähigkeit, § 20 StGB, oder der Glaubwürdigkeit einer Aussage) Informationen als Grundlage eines strafrichterlichen Urteils gutachterlich bereitstellt. Aber selbst hier regt sich unter Strafrechtlern der Widerstand gegen ein Übergewicht von *Gutachtern*, deren Forschungsergebnisse ein Strafrichter kaum sachverständig beurteilen könne und in deren Abhängigkeit er zunehmend gerate. Kriminologen und Strafrechtler bestehen auf dem fundamentalen Unterschied beider Bereiche, da es die Kriminologie mit dem „*Sein*", das Strafrecht mit dem „*Sollen*" zu tun habe und eine Brücke nur um den Preis der Wissenschaftlichkeit zu schlagen sei. Kriminologen bestreiten dem Strafrecht dessen Legitimation, da es (etwa im Bereich von → Schuld und Verantwortung) auf bestenfalls ungesicherter Grundlage baue, Strafrechtler antworten mit dem Hinweis auf die Irrelevanz kriminologischer Einsichten für die dem Strafrecht gestellten Aufgaben. Strafrechtler, die sich der Kriminologie in kooperativer Absicht nähern, beklagen das mangelnde Interesse der Kriminologen an Grundproblemen des Strafrechts (etwa den präventiven Wirkungen der Strafrechtsfolgen), Kriminologen verweisen demgegenüber auf eine nur selektive Wahrnehmung ihrer Erkenntnisse in Theorie und Praxis des Strafrechts. Über allem schweben die Klagen, Strafrechtler verstünden zu wenig von Kriminologie (und umgekehrt), um eine Integration sachverständig leisten zu können, die *juristische Ausbildung* enthalte zu viel (zu wenig, die falsche) Kriminologie, die juristischen Fachbereiche und Fakultäten böten zu wenig Stellen für Kriminologen und beriefen auf diese überdies weniger kriminologisch als strafrechtlich ausgewiesene Bewerber. So nimmt es nicht wunder, daß die von Kriminologen und Strafrechtlern seit den siebziger Jahren betriebene *„sozialwissenschaftliche Orientierung" des Strafrechts*, die zu einem guten Teil eine kriminologische war und ist, aus beiden Lagern (unterschiedlich begründete) Ablehnung erfuhr und mittlerweile eher einer vorsichtigen Distanzierung Platz machte (unten 3. b).

2. In dieser Situation läßt sich zum Verhältnis von Kriminologie und Strafrecht *wenig Gesichertes* sagen.

a) Art und Umfang der *Bedeutung*, welche das *Strafrecht für die Kriminologie* hat, hängen von den Forschungsrichtungen der Kriminologie ab.

Eine klinisch, biologisch, medizinisch, psychiatrisch, empirisch-anthropologisch orientierte Kriminologie macht sich das Strafrecht nicht zum Forschungsgegenstand (wenn man von der marginalen und überholten Strafrechtskritik etwa der italienischen kriminal-anthropologischen Schule einmal absieht). Sie stellt die Erkenntnisse zu ihrem Forschungsgegenstand, dem Abweicher oder Delinquenten, dem Strafrecht auf Anfrage zur Verfügung. Sie tritt deshalb als „*Hilfswissenschaft*" des Strafrechts auf: Sie läßt sich die sie betreffenden Fragen (etwa nach Faktoren von Schuld- oder Besserungsfähigkeit eines Menschen) vom Strafrecht vorgeben und überläßt die endgültige Antwort auf diese Fragen wiederum dem Strafrecht. Sie beachtet die Trennung von „Sein" und „Sollen".

Eine sozialwissenschaftlich orientierte Kriminologie macht sich das Strafrecht (mit) zum Forschungsgegenstand. Wenn sie (etwa in der Variante des „labeling approach") das Handeln der formellen Instanzen sozialer Kontrolle untersucht, hat das Strafrecht für sie eine zentrale Bedeutung. Wenn sie (etwa in der Variante der Sozialisationstheorien) die Stabilisierung → krimineller Karrieren untersucht, hat auch das Strafrecht, neben anderen Sozialisationsinstanzen, für sie eine Bedeutung. Insoweit sie das Strafrecht zu ihrem Gegenstand macht, tritt diese Kriminologie deshalb als „*Grundlagenwissenschaft*" des Strafrechts auf: Sie formuliert Fragen an das Strafrecht und beantwortet sie nach ihren eigenen Methoden. Sie konkurriert mit dem Strafrecht auf dessen eigenem Felde und leugnet die Trennung zwischen „Sein" und „Sollen".

b) Art und Umfang der *Bedeutung*, welche die *Kriminologie für das Strafrecht* hat, hängen von der Strafrechtstheorie einerseits und den Forschungsrichtungen der Kriminologie andererseits ab.

Eine Strafrechtstheorie, welche die Aufgabe des Strafrechts im Schutz des „ethischen Minimums" sieht und mit der Strafe die Vergeltung begangenen Unrechts betreibt, hat an Erkenntnissen der Kriminologie grundsätzlich keinen Bedarf. Eine so angeleitete Strafrechtspraxis kann, und sie hat es über lange Zeit getan, sich für die Antworten auf „empirische" Fragen (wie die nach Schuldfähigkeit, Verbotskenntnis oder Glaubwürdigkeit) selber zuständig halten und dabei – modern gesprochen – nach *Alltagstheorien* verfahren. Erst mit dem Aufkommen einer Kultur (und Rechtskultur), die auf empirische Methoden, auf Beobachtung und Experiment setzt, entsteht ein Interesse des Strafrechts an kriminologischen Hilfswissenschaften, welche die empirischen Annahmen der Strafrechtspraxis nach den Gesetzen der naturwissenschaftlichen Methodologie absichern.

Erst mit der *Zweckorientierung* der Strafrechtstheorie öffnet sich das Strafrecht weit für kriminologische Belehrung, auch hinsichtlich seiner Grundlagenprobleme. Die Verfolgung präventiver Strafziele (Besserung, Abschreckung, Stabilisierung der Normen) setzt Wirklichkeitswissen notwendig voraus. Neuere Konzepte, die das Strafrecht als (formalisierten) Teilbereich der sozialen Kontrolle begreifen, formulieren die Theorie des Strafrechts gar in (auch) kriminologischer Begrifflichkeit. Damit rückt die Kriminologie auch auf Betreiben der Strafrechtstheorie in den Rang einer Grundlagenwissenschaft des Strafrechts.

3. Es kann keine Rede davon sein, daß diese strukturelle Beschreibung des Verhältnisses von Kriminologie und Strafrecht die heutige Wirklichkeit dieses Verhältnisses vollständig abbilde. Dazu ist diese Wirklichkeit, wie unter 1. beschrieben, zu komplex und verworren. Über diese Strukturen hinaus lassen sich jedoch einige *Tendenzen* deutlich erkennen.

a) Die Zweckorientierung des Strafrechts wird durch den *Strafgesetzgeber* in jüngster Zeit nachhaltig gefördert. Er verpflichtet den Strafrichter, bei der Strafzumessung die Wirkungen zu berücksichtigen, „die von der Strafe für das künftige Leben des Täters in der Gesellschaft zu erwarten sind" (§ 46 I 2 StGB), und er erlegt ihm auf, die Strafrechtsfolgen so zu wählen, daß die „Verteidigung der Rechtsordnung" gefördert bzw. nicht gefährdet werde (§§ 47, 56 III, 59 I Nr. 3 StGB). § 2 S. 1 des Strafvollzugsgesetzes definiert als „Vollzugsziel": „Im Vollzug der Freiheitsstrafe soll der Gefangene fähig werden, künftig in sozialer Verantwortung ein Leben ohne Straftaten zu führen." Das Gesetz über den Verkehr mit Betäubungsmitteln (BtMG 1981) sieht für betäubungsmittelabhängige Straftäter einen weitgehenden Verzicht auf Strafe zugunsten einer Behandlung vor (§§ 35 ff. BtMG). Darin liegt nicht nur die Entscheidung für ein *präventives Strafkonzept*; für das Verhältnis von Kriminologie und Strafrecht ebenso wichtig ist, daß der Richter bzw. die Vollzugsbehörde darauf verpflichtet werden, bei der Findung einer Entscheidung die Folgen dieser Entscheidung mit zu beachten und die Entscheidung notfalls an den erwartbaren Folgen zu korrigieren. Dies verlangt ihnen *Prognosen* ab, die ohne empirisches Wissen nicht zu bewerkstelligen sind.

b) Diese Entwicklungen, die zweifellos die Bedeutung der Kriminologie für das Strafrecht aufwerten, stoßen nicht mehr auf ungeteilte Zustimmung. In den strafrechtstheoretischen Konzepten läßt sich eine Tendenz erkennen, das Strafrecht wieder deutlicher von der Kriminologie abzugrenzen und seine normativ-rechtsstaatlichen Aufgaben klarer zu konturieren.

Insoweit der „Neoklassik" in Skandinavien und den USA vergleichbar, schwinden die Hoffnungen auf wirksame Besserung und Abschreckung von Straftätern durch die Strafe und wächst die Einsicht in die Notwendigkeit, *Opfergrenzen* auch auf die Gefahr hin zu markieren und einzuhalten, daß präventive Ziele innerhalb der gegebenen Strafzeit nicht erreicht werden können. Diese Grenzen zu ziehen, ist Aufgabe des Strafrechts. Zu ihrer Bestimmung bedarf es wertender Abwägung zwischen der Schwere von Unrecht und Schuld einerseits und der Intensität der Strafrechtsfolge andererseits nach dem Grundsatz der Verhältnismäßigkeit. Sowohl dem Strafgesetzgeber (in der Strafrahmenbestimmung) als auch dem Strafrichter (in der → Strafzumessung) obliegt die Pflicht, unverhältnismäßige Eingriffe in die Rechtsgüter der Betroffenen abzuwehren.

Jenseits solcher aktueller Tendenzen gibt es zwei – miteinander verbundene – Phänomene, an denen sich Kriminologie und Strafrecht langfristig unterscheiden: die *Orientierung* der Strafjustiz *am Einzelfall* und die *Individualzurechnung* (→ Schuld und Verantwortung).

Anders als der Strafgesetzgeber, bekommt die Strafjustiz kriminologisch relevante Erscheinungen nur punktuell in den Blick. Auch wenn sich in vielen Punkten Gesamtbilder abzeichnen mögen: Der Strafrichter sieht im Rahmen seiner beruflichen Routine Delinquenz nur aus einer verengten und wenig systematischen Perspektive. Der Strafgesetzgeber hingegen studiert (oder kann studieren) kriminologisch relevante Erscheinungen, wie die Umweltverschmutzung oder die sexuelle Verführung Minderjähriger, in ihrem Zusammenhang. Daraus folgt u. a., daß kriminologisch akzeptable Diagnose- und Prognoseentscheidungen für die Strafjustiz besonders prekär sind: wegen der verringerten Chance, über die Ergebnisse kriminologischer Forschung im Überblick zu verfügen, und wegen der Notwendigkeit, solche Ergebnisse auf einen konkreten Fall hin zu bündeln. Was die Kriminologie verächtlich „richterliche Alltagstheorien" nennt, entsteht also (auch) aus der Handlungssituation des Richters und widersteht folglich entsprechend hartnäckig dem Wunsch nach Veränderung.

Auch wenn die Theorien des Strafrechts und der Strafe die kriminologische Einsicht zur Kenntnis genommen haben, daß an einer Rechtsgutsverletzung viele Faktoren, Gruppen und Individuen verursachend beteiligt sein können, ziehen sie daraus nicht die Konsequenz kollektiver Zurechnung, sondern bestehen auf der Zurechnung dieser Verletzung gegenüber einem Individuum. Kollektive Zurechnung ist mit den Instrumenten, die das Strafrecht (derzeit?) zur Verfügung hat, nicht zu leisten, sondern liefe darauf hinaus, die Rechtsgutsverletzung strafrechtlich unbearbeitet zu lassen und sie an die verursachenden Instanzen (Arbeitsmarktpolitik, Familie etc.) „zurückzugeben". Im Gesamtbereich sozialer Kontrolle hat das Strafrecht (derzeit?) die Aufgabe, Delinquenz an der Stelle aufzunehmen und zu verarbeiten, an der sie sich als „Straftat" eines einzelnen manifestiert hat; gerade dadurch unterscheidet es sich von anderen Institutionen – auch der Kriminologie –, die sich mit Delinquenz beschäftigen. Das ändert freilich nichts daran, daß auch das Strafrecht straftatverursachende Faktoren, vor allem in der Strafzumessung, zur Kenntnis nimmt und sie in der Beurteilung des Einzelfalls mitverarbeitet.

Frisch, W., Prognoseentscheidungen im Strafrecht. Zur normativen Relevanz empirischen Wissens und zur Entscheidung bei Nichtwissen, Heidelberg u. a. 1983; *Haffke, B.*, Strafrechtsdogmatik und Tiefenpsychologie, GA 96 (1978), S. 33–57; *Hassemer, W.*, Über die Berücksichtigung von Folgen bei der Auslegung der Strafgesetze, in: Europäisches Rechtsdenken in Geschichte und Gegenwart. Festschrift für H. Coing, Band I, hrsg. v. Horn, N., München 1982, S. 493–524; *ders.* (Hrsg.), Sozialwissenschaften im Strafrecht, Neuwied u. a. 1984; *Hassemer, W., Lüderssen, K., Naucke, W.*, Fortschritte im Strafrecht durch die Sozialwissenschaften?, Heidelberg 1983; *Jäger, H.* (Hrsg.), Kriminologie im Strafprozeß, Frankfurt/M. 1980; *ders.*, Individuelle Zurechnung kollektiven Verhaltens, Frankfurt/M. 1985; *Lüderssen, K., Sack, F.* (Hrsg.), Seminar: Abweichendes Verhalten, 4 Bände, Frankfurt/M. 1975 ff.; *dies.* (Hrsg.), Vom Nutzen und Nachteil der Sozialwissenschaften für das Strafrecht, 2 Bände, Frankfurt/M. 1980; *Naucke, W.*, Über die juristische Relevanz der Sozialwissenschaften, Frankfurt/M. 1972; *ders.*, Die Abhängigkeiten zwischen Kriminologie und Kriminalpolitik, Kiel 1977.

WINFRIED HASSEMER

Kriminologische Ausbildung. Eine Zustandsbeschreibung kriminologischer Lehre und Ausbildung in der Bundesrepublik führt auch noch 30 Jahre nach Leon Radzinowicz' „in search of criminology in Western Germany" (RADZINOWICZ 1961, 39–62) unweigerlich zu einer Spurensuche nach ihren Ansätzen, Versatzstücken und Experimenten an den Randbereichen etablierter Wissenschaftsdisziplinen und traditioneller Ausbildungsgänge. Daß sich das professionelle Profil von Kriminologen immer noch daraus ableitet, wer in der Praxis, Forschung und Lehre kriminologisch tätig ist und sich hierzu berufen fühlt bzw. wer in einer Institution arbeitet, deren Aufgabenbeschreibung das Wort „Kriminologie" enthält, und dieses nicht an einer Profilierung durch formale kriminologische Studien(-abschlüsse) orientiert ist, reflektiert diesen „status nascendi" kriminologischer Lehre und Ausbildung. Dieser Entwicklungsstand, bei dem die Kriminologie für Studenten eher eine Rolle „intellektueller Kompensation" im Rahmen eines studium generale spielt (BERCKHAUER 1975, 286), steht in deutlichem Widerspruch zur Entwicklung der Kriminologie zu einer autonomen Wissenschaft, ablesbar an zentralen wissenschaftlichen Strukturmerkmalen (Forschungszusammenhänge, fachbezogene Literatur und wissenschaftliche Vereinigungen).

Kriminologische Lehre, wissenschafts- und theoriegeleiteter und eher an Fragen als an Antworten orientierter als die praxisbezogene kriminologische

Aus- und Fortbildung, erfährt im traditionellen Fachbereichssystem und Wissenschaftskanon der wissenschaftlichen Hochschulen und Fachhochschulen der Bundesrepublik eine Aufsplitterung. Diese läßt die Interdisziplinarität ihres wissenschaftlichen Gegenstandes zerfallen in die Bindestrich-Soziologie „Abweichendes Verhalten" bzw. „Soziologie sozialer Probleme und sozialer Kontrolle", in die rechtswissenschaftliche Wahlfachgruppe „Kriminologie, Jugendstrafrecht und Strafvollzug", in Seminare zu psychischen Störungen bei den Psychologen und psychiatrischen Krankheiten an den medizinischen Fakultäten wie zu sozialen Auffälligkeiten, persönlichen und sozialen Desintegrationen und Marginalisierungen bei den (Sozial-)Pädagogen.

Eine Auswertung der Vorlesungsverzeichnisse der westdeutschen Hochschulen für das Wintersemester 1981/82 ergab, daß von den hierin aufgeführten kriminologischen Veranstaltungsangeboten 60 Prozent auf juristische, 17 Prozent auf soziologische, 6 Prozent auf (rechts-)medizinische Fakultäten/Fachbereiche entfielen und 16 Prozent in sonstigen Einrichtungen durchgeführt wurden. Es überrascht daher nicht, daß die Kriminologie bisher vor allem im Zusammenhang mit der Juristenausbildung diskutiert wurde (KAISER 1986). Dies gilt auch für die sozialistische Kriminologie in der ehemaligen DDR, deren Erbe auf Grund der Wiedervereinigung genauso gefährdet erscheint wie dasjenige der insbesondere an der Humboldt Universität renommierten, naturwissenschaftlich-interdisziplinären Kriminalistik (vgl. LEONHARDT 1991).

Der Verlust der Interdisziplinarität der Kriminologie in ihrer Lehre, die Zentrierung der Aufmerksamkeit der disziplinspezifischen Curricula auf Delikte und Abweichler, die Ausblendung kriminologischer Fragestellungen anderer Wissenschaftsdisziplinen (etwa der Politologie, der (Sozial-)Geschichte, der Ökonomie und der Ethnologie), die als solche möglicherweise gar nicht erkannt und thematisiert werden, wie die wissenschaftsorganisatorische Verankerung der Kriminologie an den juristischen Fakultäten, favorisieren implizit ein ätiologisch-täterorientiertes Lehrprogramm wie die Servicefunktion der Kriminologie für das Strafrecht und entschärfen damit das kritische Theoriepotential der Kriminologie.

Obgleich es eine lange Tradition der Kriminologie an den deutschen Universitäten gibt, ist die Entstehungsgeschichte einer systematischen kriminologischen Lehre jüngeren Datums (KAISER 1986, 592). Sie ist nach H. JUNG (1990) durch folgende drei Phasen gekennzeichnet: 1. Gründung des von 1953–1956 bestehenden kriminologischen Instituts in Saarbrücken durch Prof. Seelig (KIELWEIN 1985) sowie andere Initiativen kriminologischer Forschung und Lehre an westdeutschen Universitäten (STÖRZER 1984, 339); 2. Einrichtung kriminologischer Lehrstühle, von denen diejenigen in Heidelberg und Tübingen mit den Namen Heinz Leferenz und Hans Göppinger verbunden sind; 3. Etablierung der kriminologischen Forschung am Max-Planck-Institut in Freiburg, Zweiteilung rechtswissenschaftlicher Ausbildung in die traditionelle zweistufige und in die seit 1971 sukzessive in sieben Bundesländern eingeführten acht Reformmodelle der einstufigen Juristenausbildung sowie Einführung der Kriminologie ab 1971 entsprechend dem Modellvorschlag der Justizminister der Länder von 1969 in die, länderspezifisch allerdings zum Teil erheblich variierende, strafrechtsorientierte Wahlfachgruppe „Kriminologie, Jugendstrafrecht, Strafvollzug" in der zweistufigen Juristenausbildung.

In der letzten Phase hat sich die kriminologische Lehre durch die verstärkte Hereinnahme der Sozialwissenschaften in die Strafrechts- und Kriminologieausbildung der reformierten Juristenausbildung und durch die Pionierleistungen der Trias „Kriminologie, Jugendstrafrecht, Strafvollzug", etwa bei der Einrichtung kriminologisch-strafrechtlicher Lehrstühle und bei der Hervorbringung einer Fülle von kriminologischen Lehrbüchern und sonstiger kriminologischer Ausbildungsliteratur, aus der Binnenperspektive und der Dienerschaft des Rechts in unterschiedlichem Grade gelöst.

Dieses bereits in dem weiten Konzept einer „gesamten Strafrechtswissenschaft" im Sinne Franz v. Liszt angelegte, wenn auch selbst noch auf das Strafrecht zentrierte, Programm wird je nach der mehr oder weniger intensiven Auseinandersetzung mit der „unresolved relationship between penal law dogma and criminology" (RADZINOWICZ 1961) verwirklicht.

Mit Auslaufen der Experimentierphase im Jahre 1984 trat die Experimentierklausel des § 5 b DRiG a. F. durch das am 16. September 1984 in Kraft getretene „Dritte Gesetz zur Änderung des Deutschen Richtergesetzes" außer Kraft, wodurch eine Wiedervereinheitlichung der Juristenausbildung auf der Grundlage des traditionellen Zweistufenmodells eintrat. Dies geschah ohne ernsthafte Auswertung von Erfahrungs- und Begleitforschungsergebnissen zur einstufigen Juristenausbildung und reflektiert die Angst vor den Sozialwissenschaften als „Trojanisches Pferd in der Zitadelle des Rechts" (A. HELDRICH) bzw. der juristischen Ausbildung. Damit ist auch der von der Reform der Juristenausbildung ausgehende Innovationsschub für die kriminologische Lehre wieder deutlich zurückgenommen worden (HEINZ 1986). Sie ist damit wieder in den „bewährten", wenn auch bezüglich der Prüfungsrelevanz selbst nicht ungefährdeten (HEINZ 1984, 37 f.), Hort eines der Wahlfächer gem. § 5 a, Abs. 2, S. 2 DRiG zur Ergänzung des Studiums und der Vertiefung der mit ihnen zusammenhängenden Pflichtfächer zurückverwiesen. Bemühungen, kriminologische Lehrinhalte in den Ausbildungsvorschriften als Pflichtfach aufzuwerten bzw. zu verankern, sind erfolglos geblieben.

Andererseits war die einstufige Juristenausbildung in Hamburg, bevor sie selbst den Existenzkampf um ihren Erhalt zumindest als reformierte zweistufige Juristenausbildung antreten mußte, an der Etablierung des „Aufbau- und Kontaktstudiums Kriminologie an der Universität Hamburg" im Jahre 1984, der ersten autonomen kriminologischen Hochschulausbildung in der Bundesrepublik, wesentlich beteiligt. Diese beiden Studiengänge, zunächst als gemeinsames Modellprojekt des Landes Hamburg und des Bundesministeriums für Bildung und Wissenschaft von Lieselotte Pongratz in Kooperation mit anderen Hamburger Hochschullehrern auf den Weg gebracht, konnten unter der Leitung von Fritz Sack im Jahre 1988 zu einer regulären Hochschuleinrichtung der Universität Hamburg überführt werden. Das zu einem Hochschuldiplom hinführende viersemestrige interdisziplinäre Postgraduiertenstudium (DEICHSEL/KUNSTREICH/LÖSCHPER 1986) hat als Zielgruppe Absolventen sozial- und geisteswissenschaftlicher Studiengänge und kann als wichtiges Bindeglied einer kriminologischen Ausbildungsstufenfolge (RADZINOWICZ 1988, 61–68) weder auf dem Fundament eines grundständigen kriminologischen Studiums aufbauen noch in den „Überbau" einer bisher nicht existenten Promotion in Kriminologie hineinführen.

Während das Aufbaustudium Kriminologie dem hochschulpolitischen Trend zu einer postgraduellen akademischen Spezialisierung entspricht, verfolgen das ebenfalls 1981 an der Universität Hamburg gegründete Kontaktstudium Kriminologie wie auch der seit 1966 bestehende „Kriminologische Arbeitskreis" bzw. der 1985 eingerichtete „Fortbildungskurs in Angewandter Kriminologie" an der Universität Tübingen (JEHLE 1989, 323–330) das andere zunehmend bedeutsam werdende hochschulpolitische Ziel der Einwirkung auf die gesellschaftliche Praxis durch die berufsbegleitende und berufsübergreifende Ausbildung von Praktikern in kriminologisch relevanten Tätigkeitsbereichen.

Kriminologische Aus- und Fortbildung findet in viel stärkerem Maße außeruniversitär in einem unüberschaubar werdenden Programmangebot an Tagungen, Fortbildungsveranstaltungen, Kursen etc. höchst unterschiedlicher Dauer und Träger (etwa Deutsche Vereinigung für Jugendgerichte und Jugendgerichtshilfen e. V., Deutsche Bewährungshilfe e. V., Deutsche Richterakademie in Trier, Polizeiführungsakademie in Hiltrup), zu heterogenen kriminologischen Themen statt. Die Selbstorganisation kriminologischer Aus- und Fortbildung durch die Professionellen in Eigenregie nimmt dabei einen deutlichen und zunehmenden Schwerpunkt ein.

Auch wenn die außeruniversitäre kriminologische Aus- und Fortbildung für Professionelle auf eine größere Durchlässigkeit des Kriminaljustizsystems zu treffen verspricht, so wird ihre noch weithin vorfindbare strikte Trennung von kriminologischer Hochschullehre zunehmend in Frage gestellt.

Die defizitäre Lage und Randexistenz kriminologischer Lehre und Ausbildung in der Bundesrepublik und auch westlicher wie östlicher Nachbarländer wie Frankreich, die Niederlande, die Länder der iberischen Halbinsel und des sozialistischen Ostblocks (LÖSCHPER u. a. 1986; BERISTAIN/DE LA CUESTA 1990) werden um so deutlicher, wenn man sie mit kriminologischen Hochschul- und Ausbildungseinrichtungen in den Ländern des angelsächsischen Kultur- und Sprachraums im Hinblick auf ihre Anzahl mit ihrer personellen und sachlichen Ausstattung (UNSDRI 1986), auf ihre Heterogenität (WARD/WEBB 1984) und ihren qualitativen Entwicklungsstand hin vergleicht.

Exemplarisch hierfür seien nur die legendäre, von 1950 bis 1976 bestehende, „School of Criminology" in Berkeley (Crime and Social Justice 1974, No. 1, 58–61, No. 2, 42/47, 1976, No. 6, 1–4), das 1959 gegründete renommierte „Cambridge Institute of Criminology" (RADZINOWICZ 1988) und die seit 1960 bzw. 1963 existierenden einflußreichen kriminologischen Institute in Montreal (BERTRAND 1986) und Toronto (EDWARDS 1985, 1–35) hervorgehoben.

Diese kriminologischen Lehr- und Forschungszentren vereint ihre weitgehende Autonomie gegenüber der Ägide anderer Wissenschaftsdisziplinen, Fakultäten bzw. Fachbereiche, so wie es eine Empfehlung der „Internationalen Gesellschaft für Kriminologie" auf Grund einer von der UNESCO unterstützten vergleichenden Enquête über kriminologische Ausbildung im Jahre 1956 (PICCA 1990, 329/332) nahegelegt hatte.

Eine Berichtsserie über international anerkannte kriminologische Hochschuleinrichtungen findet sich in „‚The Criminologist', Official Newsletter of the American Society of Criminology", beginnend mit Heft Nummer 2, Vol. 10, 1985 und fortgesetzt in den Ausgaben der folgenden Jahrgänge.

Kriminologische Hochschulausbildung und der gemeinsame Erfahrungsaustausch zwischen Universitätsinstituten und ihrem wissenschaftlichen Lehrpersonal werden immer stärker auch ein zentrales Thema nationaler (AJK-Tagung in Ratzeburg 1990: Curriculum einer kritischen Kriminologie; Fachtagung der Kriminologischen Zentralstelle Wiesbaden zur kriminologischen Aus- und Fortbildung 1991) wie internationaler Tagungen in London 1955, Mendoza 1969, Hamburg 1986, San Sebastian 1989 (UNESCO 1957; RADZINOWICZ 1988, 45; LÖSCHPER u. a. 1986; BERISTAIN/DE LA CUESTA 1990) und entprovinzialisieren sich zunehmend durch Internationalität (JUNG 1988, 6). Dies geschieht auf europäischem Boden insbesondere durch die von der Europäischen Kommission ins Leben gerufenen Erasmusprogramme zur Mobilität unter Dozenten und Studenten. Im Bereich der Kriminologie ermöglichen sie im „grenzüberschreitenden Wissenschaftsverkehr" Strafrechtssysteme verschiedener Länder einem interdisziplinären und interkulturellen Vergleich zu unterziehen und dabei durch paradigmatische, erkenntnistheoretische Nähe gekennzeichnete kriminologische Curricula an verschiedenen Hochschulen enger zusammenzuführen und zu stärken (BARATTA 1989).

Gerade in der kriminologischen Lehre und Ausbildung findet die Perspektivenkonkurrenz in der Kriminologie einen besonders wichtigen Austragungsort ihrer wissenschaftlichen Auseinandersetzungen. Diese überraschen nicht, wenn man bedenkt, daß die Kriminologie, als eine durch ihren Gegenstand, nicht aber durch einen gemeinsamen wissenschaftlichen Ansatz konstituierte Disziplin, offen für sehr unterschiedliche Perspektiven ist und durch ein Spannungsfeld charakterisiert wird, dessen beide Pole sich grob als angewandte, praxisnahe Kriminologie einerseits und als sozialwissenschaftliche Analyse von Kriminalisierungsprozessen andererseits beschreiben lassen.

Als weitere wichtige „externe Faktoren", die auf kriminologische Lehre und Ausbildung durchschlagen, sind zu berücksichtigen: die kulturell und national geprägten Hochschulsysteme (etwa das kontinentale und das angelsächsische) mit sehr verschiedenen Studienverläufen und Abschlußzertifikaten, die relative Benachteiligung der Kriminologie als Sozialwissenschaft bei der Zuteilung von Universitäts- und Drittmitteln in Relation zu naturwissenschaftlichen und technischen Fächern, und schließlich der Charakter der Kriminologie und Kriminalität als nationales Produkt selbst. „Criminology (like crime) is a national product and therefore a variable one. It reflects the legal, political and social flavour of each country, the nature of each civilization ... Both the composite and the national character of criminology have an impact upon what is taught and the way it is taught." (RADZINOWICZ 1988, 43).

Jenseits dieser strukturell vorgegebenen differenten Ausformungen gibt es Übereinstimmungen in der Umsetzungspraxis der Ergebnisse intensiver Auseinandersetzungen mit einem Fragenkatalog, dem sich jede um Autonomie von heterogenen Ausbildungskontexten bemühende kriminologische Hochschullehre zu stellen hat. Er umfaßt als zentrale Strukturmerkmale kriminologischer Hochschulausbildung ihr Verhältnis zur theoretisch-methodischen Interdisziplinarität, zum Strafrecht, zu den gesellschaftlichen Verwertungsbedingungen, zur Theorie-Empirie bzw. Theorie-Praxis Problematik wie zur Curriculumsplanung und Hochschuldidaktik, mit jeweils einer Fülle von Unterfragestellungen (vgl. Referate und Diskussionsergebnisse der Arbeitsgruppen auf dem Hamburger Symposium: LÖSCHPER u. a. 1986, 177–279, als Grundlage der folgenden Ausführungen).

Auch wenn der „atomistische Ansatz", der eine Separierung, Spezialisierung und ausschnitthafte Vertiefung des Wissens favorisiert, in der Diskussion um kriminologische Lehre und Ausbildung zusehends der Forderung nach einem ganzheitlichen („holistischen") Ansatz Platz machte, so haben sich bei dessen Konkretisierung als „Interdisziplinarität" wiederum zwei unterschiedliche Verständnisse hiervon herausgebildet. Eine, als „Multidisziplinarität" ausgewiesene, Auffassung von Interdisziplinarität fügt die für kriminologische Fragestellungen relevanten Wissenschaftsdisziplinen in einem Mehrfaktorenansatz additiv nach Maßgabe ihres Erklärungsansatzes zusammen. Demgegenüber wird eine wissenschaftlich schwierigere und anspruchsvollere Konzeption von Interdisziplinarität dadurch zu erreichen versucht, daß sie die disziplinspezifischen Fragestellungen aufeinander bezieht und auf ihre Verträglichkeit, Kooperation und Konflikte hin untersucht.

Das Strafrecht ist theoretischer wie empirischer Fluchtpunkt und Fokus kriminologischer Lehre und Ausbildung. Die auf der Bühne dieses gemeinsamen Nenners ausgetragenen wissenschaftlichen Kontroversen, in denen die Funktion der Kriminologie aus ihrem Verhältnis zum Strafrecht selbst bestimmt wird, haben für die Institutionalisierung kriminologischer Lehre und Ausbildung im Spannungsfeld einer juristendominierten, konsensorientierten und eher praxisnahen „criminal justice" Perspektive einerseits und einer stärker theoretisch-erklärend und konfliktorientiert ausgerichteten human- und sozialwissenschaftlichen Orientierung andererseits (WARD/WEBB 1984) weitreichende Konsequenzen. Kriminologische Curricula unterscheiden sich wesentlich darin, ob sie sich auf den Fragenkatalog des Strafrechts als Ausgangs- und Anknüpfungspunkt ihrer Lehrinhalte beschränken oder aber ob sie das Strafrecht selbst als untersuchungsbedürftige Variable zum Gegenstand kriminologischer Analyse nehmen.

Die Verwertungsinteressen an kriminologischer Lehre und Ausbildung sind sowohl aus einer Analyse des gesellschaftlichen Bedarfs nach kriminologischen theoretischen wie empirischen Erkenntnissen wie aus dem Bedürfnis der Absolventen eines kriminologischen Studiums nach ihrer Umsetzung in angemessene berufliche Aufgaben und Positionen zu bestimmen. Daß sich kriminologische Hochschullehre an der Eröffnung oder Verbesserung von Berufschancen zu orientieren hat ist unumstritten, obgleich diese Zielerreichung unterschiedlich chancen- und folgenreich ist, je nachdem ob als didaktisches Ziel kriminologischer Curricula ein emanzipatorisch-ideologiekritisches Erkenntnisinteresse oder aber eher eine Praxisorientierung zugrunde gelegt wird. In der Debatte um Sinn und Zweck der (außer-)universitären Kriminologieausbildung wird auf allen Diskussionsforen von einer erweiterten gesellschaftlichen Nachfrage nach kriminologischem Spezialwissen ausgegangen. Dekonstruktivistisches-entmystifizierendes Aufklärungsinteresse, steigende Kriminalitätsraten und eine Zunahme gesellschaftlicher Konflikte werden als heterogene Gründe hierfür angeführt. Bedarfsanalysen bezüglich der beruflichen Einsatzmöglichkeiten von Kriminologen/Kriminologinnen (HEINZ 1984) bei der Einrichtung kriminologischer Studiengänge sowie vorliegende erste Evaluationsergebnisse (LANDREVILLE/DIONNE, Publikationsheft Nr. 17 der „Ecole de Criminologie" der Universität Montreal, 1985; Aufbau- und Kontaktstudium Kriminologie an der Universität Hamburg, Abschlußbericht, Hamburg 1988) stützen – allerdings auf noch recht schwacher empirischer Basis – die Einschätzung, daß die Nachfrage nach kriminologischer Ausbildung nicht in erster Linie durch wissenschaftspolitisch gesteuerte Disziplin- und Jobinteressen künstlich erzeugt ist, sondern sich real in beruflichen Stellen auf dem kriminologischen Arbeitsmarkt niederschlägt. Allerdings gibt es noch kein typisches kriminologisches Berufsbild, wohl aber Berufslaufbahnen und Berufsstellungen, für die kriminologische Ausbildung unerläßlich ist bzw. sein sollte (HEINZ 1984, 24).

Auch das Verhältnis der kriminologischen Lehre und Ausbildung zur Praxis ist ein spannungsreiches. Vertraute Kenntnis und Vermittlung der phänomenalen „wirklichen Welt" wie reflektierte Vorstellungen und Annahmen über den Objektbereich, auf den sich Kriminologie bezieht, sind ebenso wichtig für kriminologische Curricula wie die Wahrung kritischer Distanz zur Praxis, um sich nicht von dieser als an technokratischer Rationalität, Praktikabilität und Effizienz orientierter Besserungswissenschaft zur Prävention und Beseitigung von Kriminalität wie zur Abmilderung ihrer Konsequenzen in den Dienst nehmen zu lassen. Die Theorie-Praxis-Relation in kriminologischen Curricula ergibt sich aus den Praxisanteilen bezogen auf das Gesamtausbildungsvolumen in Form des Nachvollzugs realer Handlungsverläufe der Praxis durch Praktika, Praxiskontakte, Exkursionen etc. und durch Empirie als wissenschaftliche Praxis in Projektarbeit und Einzelstudien. Diese fallen bei den human- und sozialwissenschaftlich orientierten Studiengängen im Gegensatz zu den „criminal justice" Programmen (WARD/WEBB 1984) eher gering aus. Auch wenn kriminologische Lehre und Forschung in der universitären Kriminologieausbildung eng verbunden sind und sein sollten, sind sie in der Hochschulpraxis immer noch weitgehend wenig ausbalanciert (KERNER 1972, 51). Die Organisation und Infrastruktur der kriminologischen Forschung, etwa in Fachgebieten und Schwerpunktprogrammen der Deutschen Forschungsgemeinschaft, wie der kriminologischen Wissenschaft selbst in Berufsverbänden bzw. Wissenschaftlervereinigungen („Neue Kriminologische Gesellschaft", fusioniert 1988 aus der „Gesellschaft für die gesamte Kriminologie" und der „Deutschen Kriminologischen Gesellschaft"; der seit 1969 bestehende „Arbeitskreis Junger Kriminologen" und die 1989 gegründete „Gesellschaft für Interdisziplinäre Wissenschaftliche Kriminologie") wirken sich entscheidend als weitere Einflußfaktoren auf das Verhältnis von Lehre und Forschung wie auf inhaltliche Konzeptionen, auf vorhandene personelle und sachliche Ressourcen wie curriculare Verlaufs- und Lehrformen in kriminologischen Studiengängen aus.

Kriminologische Curricula lassen sich hochschuldidaktisch nach ihren Zielen, der Auswahl und der Organisation ihrer Inhalte und den ihnen angemessenen Unterrichtsmethoden bestimmen. Auf der Zielebene werden durch kontroverse Auffassungen und Entscheidungen über die gesellschaftliche Funktion, über Sinn und Zweck einer kriminologischen (Hochschul-)Ausbildung, über die Wertorientierung oder Wertfreiheit der Wissenschaft, über die emanzipatorisch-ideologiekritische oder eher praxis- und anwendungsbezogene Ausrichtung der kriminologischen Lehre, gleichzeitig Weichenstellungen für die Auswahl bestimmter Lehrinhalte und Lehrmaterialien getroffen. Wegen der Theorie- und Methodenkomplexität der Kriminologie wird diese ohnehin unumgänglich. Jeder Blick in ein kriminologisches Lehrbuch läßt das weite inhaltliche Themenspektrum für kriminologische Lehre und Ausbildung erkennen. Gleichwohl lassen sich kriminologische Studiengänge und Lehrangebote nach der Auswertung ihrer Curricula, Kursprogramme und „reading lists" drei zentralen struktur- und identitätsstiftenden inhaltlichen Parametern zuordnen. Danach unterscheidet sich ihre inhaltliche kriminologische Ausrichtung dadurch, ob sie von Kriminalität als Tatsache oder aber als einem konstruierten Phänomen ausgehen, inwieweit sie ätiologisch oder kontrollparadigmatisch orientiert sind und Kriminalität als ein von gesellschaftlichen Herrschaftsverhältnissen, sozialer Ungleichheit und Ausgrenzungsprozessen (nicht) separierbares Phänomen (PFOHL 1980, 249) ansehen. Kriminologische Wissensinhalte und empirische Befunde werden in allen möglichen denkbaren Lehr- und Lernformen vermittelt. Diese reichen vom systematischen Frontalunterricht, insbesondere in Form einer „Wanderschau von Kriminalitätstheorien" (G. KAISER), bis hin zu einem mit dem Prüfungssystem verzahnten Projektstudium, das theoretische Reflexion, interdisziplinären Austausch, empirische Forschungserfahrung und Kontakte mit der Lebenswelt der Kriminalisierten gleichermaßen ermöglicht.

Kriminologische Lehre und Ausbildung, die ihren Einfluß auf die Überwindung des machtlosen Status der Kriminologie als „König ohne Königreich" (Th. SELLIN) oder richtiger als „Königreich ohne König" ausüben könnten, wecken gerade auch durch hiermit assoziierte, auf gesellschaftliche wie wissenschaftliche Praxis gerichtete, „Kolonisierungsbestrebungen" Befürchtungen, für die Effektivierung und Rationalisierung des Strafjustizsystems kooptiert zu werden. Sie könnten über spezialisiertes Fachwissen und die Konfliktdelegation an Experten einen zentralen Beitrag zur Konstitution des Gegenstandes der Kriminalität selbst erst leisten, der allen dekonstruktivistischen Bemühungen seiner Auflösung und Rückführung auf seinen sozialen Konfliktgehalt und zu den Konfliktpartnern zuwider laufen könnte. Eine systematische Curriculums-, Berufsbildungs- oder Verwendungsforschung bezüglich der Vermittlung kriminologischen Wissens in Lehre und Ausbildung wie in die verschiedenen professionellen Praxisfelder hinein, die auch Einsicht darüber vermitteln könnten, inwieweit diese Skepsis berechtigt ist, stehen noch weitgehend aus.

Die Notwendigkeit, Kriminologie als eigenständiges Lehrfach zu institutionalisieren und in den einzelnen Bezugswissenschaften wie Fachbereichen und

Fakultäten zu stärken, wird in zehn Thesen im Anschluß an die Fachtagung „Kriminologische Aus- und Fortbildung" (1991) der Kriminologischen Zentralstelle e. V. mit Nachdruck eingefordert.

Baratta, A., Das Strafrechtssystem und die kritische Kriminologie: Ein europäisches Studienprojekt, in: JuS 4 (1989), S. 343/344; *Berckhauer, F.H.*, La situation de la criminologie dans l'enseignement universitaire de la République Fédérale d'Allemagne, in: Revue Internationale de Criminologie et de Police Technique 28 (1975), S. 281–287; *Beristain, A., de la Cuesta, J.L.* (Hrsg.), La enseñanza universitaria de la Criminologia en el mundo de hoy, XLI Curso Internacional de Criminologia, San Sebastian 1990; *Bertrand, M.-A.*, Die Kriminologie in Quebec – Hochschulausbildung, Beruf und Orientierung, in: Kriminologie als selbständiges, interdisziplinäres Hochschulstudium, hrsg. v. Löschper, G., a. a. O., S. 131–146; *Deichsel, W., Kunstreich, T., Löschper, G.*, Das Aufbaustudium Kriminologie – Ein Bericht in theoretischer Absicht, in: Integration von Strafrechts- und Sozialwissenschaften, Festschrift für L. Pongratz, hrsg. v. Ostendorf, H., München 1986, S. 171–185; *Edwards, J.*, Directing the Development of a University Centre of Criminology, in: Perspectives in Criminal Law, hrsg. v. Doob, A., Greenspan, E., Toronto 1985, S. 1–35; *Heinz, W.*, Ausbildung und Einsatzmöglichkeiten von Kriminologen, in: Kriminologisches Bulletin 10 (1984), S. 3–55; *ders.*, Was läßt die vereinheitlichte Juristenausbildung von der Kriminologie übrig?, in: Gedächtnisschrift für H. Kaufmann, hrsg. v. Kaiser, G., Berlin 1986, S. 329–353; *Jehle, J.M.*, Kriminologische Fortbildung in der Strafrechtspflege, in: Festgabe für H. Göppinger, Bonn 1989, S. 315–330; *Jung, H.*, L'enseignement de la Criminologie en République Fédérale d'Allemagne, in: La enseñanza universitaria de la Criminologia en el mundo de hoy, hrsg. v. Beristain, A., de la Cuesta, J.L., a. a. O., S. 217–230; *Kaiser, G.*, Kriminologie in der Juristenausbildung, in: Festschrift für R. Wassermann, Neuwied 1986, S. 589–604; *Kerner, H.-J.*, The Relationship between Scientific Research and Teaching in Criminology, in: Criminological Research Trends in Western Germany, hrsg. v. Kaiser, G., Würtenberger, Th., Berlin u. a. 1972, S. 35–55; *Kielwein, G.*, Zur Gründungsgeschichte des Instituts für Kriminologie der Universität des Saarlandes, in: Entwicklungslinien der Kriminologie, hrsg. v. Kielwein, G., Köln 1985, S. 1-12; *Leonhardt, R.*, Abschied von einem Schatz. Zur Geschichte der Kriminalistik an der Berliner Universität (Von den Anfängen bis 1945), in: Kriminalistik 8/9 (1991), S. 529–534; *Löschper, G., Manke, G., Sack, F.* (Hrsg.), Kriminologie als selbständiges, interdisziplinäres Hochschulstudium, Int. Symposium vom 8.–10. Mai 1986, Universität Hamburg, Pfaffenweiler 1986; *Pfohl, S.*, Teaching Critical Criminology: the Ethical Issues, in: Radical Criminology, The Coming Crises, hrsg. v. Inciardi, J., London 1980, S. 245–256; *Picca, G.*, L'enseignement de la Criminologie à l'Université: observations générales et perspectives internationales, in: La enseñanza universitaria de la Criminologia en el mundo de hoy, hrsg. v. Beristain, A., de la Cuesta, J.L., a. a. O., S. 329–334; *Radzinowicz, L.*, In Search of Criminology, London u. a. 1961; *ders.*, The Cambridge Institute of Criminology, Its Background and Scope, London 1988; *Störzer, U.*, Kriminologisch-kriminalistische Ausbildung an der Universität. Eine phänomenologische Bestandsaufnahme, in: Wissenschaftliche Kriminalistik, Teilband 2, hrsg. v. Kube, E., Störzer, U., Brugger, S., Wiesbaden 1984, S. 325–412; *UNESCO*, The University Teaching of Social Sciences. Criminology, Paris 1957; *Ward, R.H., Webb, V.J.*, Quest for Quality, A Publication of the Joint Commission on Criminology and Criminal Justice Education and Standards, New York 1984.

WOLFGANG DEICHSEL

Kriminologische Institute. Ohne *Institutionalisierung* ist eine Wissenschaft nicht lebensfähig. Die Geschichte der Kriminologie ist nicht allein als eine Folge von Anstrengungen zu verstehen, abweichendes Verhalten erklärend beherrschbar zu machen (oder Herrschaftsverhältnisse zur Erklärung abweichenden Verhaltens zu analysieren), sie ist auch durch das Bemühen gekennzeichnet, eine eigene Aufgabe bei der Lösung gesellschaftlicher Probleme zu (er)finden und diese gegen andere Professionen zu verteidigen. Die *Herkunft der Kriminologen* aus der Medizin, zumal der Psychiatrie, der Jurisprudenz, der Psychologie und der Soziologie ließ Konflikte mit den Trägern der monopolisierten strafrechtlichen Sozialkontrolle erwarten. Diese Konfrontation konnte durch Anpassung an die Vorgaben des „Monopols" gemildert oder durch betonte Ablehnung der Vorgaben verschärft werden. Vordergründig geht es hier um das stets aktuelle Verhältnis zwischen Theorie und Praxis der Sozialkontrolle, das freilich im Gewande jeweils neuartiger Theoriediskussionen auftritt. Theorielastigkeit und Theoriefeindlichkeit, Praxisferne und Praxishörigkeit waren Schlagworte, die im Streit zwischen sog. freier Kriminologie und sog. Staatskriminologie die Debatte über die kriminologische Institutionalisierung beherrschten. In Wirklichkeit ging es hierbei aber mehr um die Verteilung knapper Forschungsressourcen. Da ein nicht unwesentlicher Teil der Forschungsmittel unmittelbar von der öffentlichen Hand vergeben wird, ist es verständlich, daß eine kritische Kriminologie nur verminderte Finanzierungschancen erwartet. Die Träger der strafrechtlichen Sozialkontrolle haben nämlich kaum Hypothesenbedarf, sondern bestenfalls Handlungsbedarf, sie benötigen, wenn überhaupt, Gebrauchsforschung, aber keine Grundlagenforschung.

Bis zu Beginn der 70er Jahre wurde die *kriminologische Forschung* fast ausschließlich von den Universitäten getragen, insbesondere durch Promotionsvorhaben. Erst der politische Wechsel Ende der 60er Jahre und die Überzeugung, die Gesellschaft sei sozialtechnisch auf wissenschaftlicher Grundlage gestaltbar, hat hier einen Wandel bewirkt. Von dem neuen Klima profitierten insbesondere Wissenschaften, die im weitesten Sinne eine rationale Fundierung der Politik versprachen: Die Zahl der Geistes- und Sozialwissenschaftler an den Hochschulen hat sich von 1969 bis 1981 vervierfacht (BMFT 1982). Zahlreiche Bestandsaufnahmen (z. B. Familien-, Jugend-, Sozialberichte, Berichte zur Lage der Nation) sind das Ergebnis dieser Entwicklung. Auch die Kriminologie hat in dieser Zeit einen institutionellen Aufschwung genommen. Gemessen an der Zahl von kriminologischen Veröffentlichungen und Forschungsprojekten scheint sie sich auch heute noch in einer Ausbauphase zu befinden. Hierfür sprechen die Einrichtung des Instituts für Rechtstatsachenforschung in Konstanz, die Inbetriebnahme der Kriminologischen Zentralstelle e. V. in Wiesbaden und die Einrichtung eines Sonderforschungsbereichs Prävention und Intervention im Kindes- und Jugendalter an der Universität Bielefeld. Es bleibt aber abzuwarten, ob der politischen Wende des Jahres 1982 nicht auch eine Einsparung von Planstellen und Forschungsmitteln folgen wird. Hinzuweisen ist in diesem Zusammenhang beispielsweise auf das Kriminologische Forschungsinstitut Niedersachsen e. V. in Hannover, das sich institutionell zwar behaupten konnte, aber Abstriche hinnehmen mußte. Die hierzu als Praxisalternative im Niedersächsischen Ministerium der Justiz in Hannover 1978 eingerichtete Referatsgruppe „Planung, Forschung, Soziale Dienste" hat dagegen ihre Arbeit Ende 1988 eingestellt.

Die *Entfaltung der außeruniversitären Kriminologie* an privaten Einrichtungen und als Teil von Behörden wurde an den Hochschulen vereinzelt nicht ohne Sorge betrachtet. Die Befürchtungen, die Staatskriminologie könne das Forschungsbudget der freien Kriminologie auszehren, waren aber weit überzogen, wie zunächst eine Umfrage Ende 1982 bei den kriminologischen Forschungseinrichtungen der Bundesrepublik Deutschland zeigte (BERCKHAUER 1985, 153). Danach war der Anteil der Behördenkriminologie am gesamten Wissenschaftsbudget der Kriminologie (Forschung *und* Lehre) insgesamt bescheiden. Dies wird durch die jüngste Forschungsdokumentation Kriminologie (IZS/KrimZ 1988) bestätigt. Richtig ist allerdings, daß die Forschungsressourcen insgesamt dürftig sind. Die geringe gesellschaftliche Bedeutung, die der Kriminologie bei der Lösung von Fragen der inneren Sicherheit auch Mitte der 80er Jahre zugemessen wurde, läßt der Vergleich mit Aufwendungen in anderen gesellschaftlichen Bereichen erkennen (BERCKHAUER 1985, 154).

Zur *Situation der kriminologischen Forschung in der Bundesrepublik Deutschland* in der ersten Hälfte der 80er Jahre weist eine neuere Dokumentation (IZS/KrimZ 1988) folgendes Bild aus:

Insgesamt entfallen von den rund 500 bundesdeutschen Anstalten, die in der Forschungsdokumentation ausgewiesen sind, 77% auf Universitäten und Fachhochschulen, 15% auf private Einrichtungen und Privatpersonen, 8% auf öffentliche Forschungseinrichtungen. Ebenfalls nur 8% beträgt das Finanzvolumen der staatskriminologischen Forschung. Dagegen tragen Bund, Länder und Gemeinden immerhin knapp die Hälfte der Drittmittelfinanzierung der freien Forschungseinrichtungen. Die öffentliche Hand bedient sich also in weitem Umfang privater Forschungseinrichtungen und betreibt nur sehr beschränkt Eigenforschung (FEUERHELM u. a. 1988, 26).

Kriminologisch geforscht wird an zahlreichen Einrichtungen (IZS/KrimZ 1988). In nennenswertem Umfang (je Forschungsstelle mindestens ein Prozent aller Forschungsvorhaben) wird kriminologische Forschung an 24 Einrichtungen betrieben, auf sie entfallen etwas mehr als die Hälfte (54%) aller Forschungsnachweise. Bei den Universitäten sind dies Bielefeld (Fakultät für Soziologie; Sonderforschungsbereich Prävention und Intervention im Kindes- und Jugendalter), Bonn (Kriminologisches Seminar), Bremen (Forschungsschwerpunkt Soziale Probleme), Gießen (Professur für Kriminologie, Jugendstrafrecht und Strafvollzug), Göttingen (Juristisches Seminar, Lehrstuhl für Kriminologie, Strafrecht, Strafvollzug), Hamburg (Seminar für Jugendrecht und Jugendhilfe), Heidelberg (Institut für Kriminologie), Köln (Kriminalwissenschaftliches Institut, Kriminologische Forschungsstelle), Konstanz (Institut für Rechtstatsachenforschung), Mainz (Professur für Kriminologie, Strafrecht und Strafvollzug), Marburg (Institut für Kriminalwissenschaften), München (Institut für die gesamten Strafrechtswissenschaften), Münster (Institut für Kriminalwissenschaften, Abt. Kriminologie), Tübingen (Institut für Kriminologie), Universität/Gesamthochschule Wuppertal (Forschungsstelle für Straffälligenpädagogik und Delinquenzprophylaxe; Internationales Dokumentations- und Studienzentrum – IDSZ –; Lehr- und Forschungsgebiet Soziologie abweichenden Verhaltens und sozialer Kontrolle). Diese universitären Einrichtungen haben 33% aller Forschungsprojekte gemeldet. Private kriminologische Forschungseinrichtungen außerhalb der Universitäten sind das Max-Planck-Institut für ausländisches und internationales Strafrecht, Forschungsgruppe Kriminologie, in Freiburg und das Kriminologische Forschungsinstitut Niedersachsen e. V. in Hannover; auf sie entfallen zusammen 11% der Projekte. Die staatskriminologische Forschung, vertreten durch die (ehemalige) Forschungsgruppe des Justizministeriums in Hannover, das Bayerische Landeskriminalamt in München, die Strafvollzugsschule – Kriminologischer Dienst in Stuttgart und das Bundeskriminalamt in Wiesbaden, kommt in diesem Zusammenhang auf einen Anteil von 6%.

Dank öffentlicher und privater *Forschungsförderung* haben kriminologische Großprojekte einen festen Platz im kriminologischen Forschungsspektrum erlangt. Die Hauptthemen und Schwerpunkte kriminologischer Forschung haben sich im letzten Jahrzehnt nur wenig verändert. Für die 80er Jahre ergibt sich folgende quantitative Reihung: Strafrechtliche Sozialkontrolle (einschl. Instanzen, Verfahren und Sanktionen, hier ist vor allem ein Schwerpunkt der Themenkomplex Rechtsfolgen, Vollzug, Therapie und Behandlung von Straftätern), einzelne Kriminalitätsformen, Forschungen zu Tätern und zu Opfern. Das Niveau der kriminologischen Forschung ist nur schwierig zu beurteilen. Immerhin bedient sich nur ein Drittel aller Forschungsarbeiten multivariater Auswertungsverfahren; ebenfalls ein Drittel der Vorhaben beruht auf Studienabschlußarbeiten und Dissertationen. Nur jedes siebte Projekt wurde von multidisziplinären Teams erarbeitet. Nach wie vor stehen die Juristen an der Spitze der kriminologischen Forschungsdisziplinen (26% aller Forscher), es folgen Soziologen (22%) und Psychologen (11%) (vgl. FEUERHELM u. a. 1988, 19 ff.).

Neben der Förderung durch die DFG und die *Vergabe von Forschungsaufträgen* z. B. durch die Bundesminister für Jugend, Familie, Frauen und Gesundheit, der Justiz, des Innern und das Bundeskriminalamt ist die Vergabe von Forschungsmitteln durch die Stiftung Volkswagenwerk zu nennen.

Nach dem Willen des Gesetzgebers soll auch im Strafvollzug kriminologische Forschung betrieben werden. § 166 Strafvollzugsgesetz sieht deshalb vor: „Dem Kriminologischen Dienst obliegt es, in Zusammenarbeit mit den Einrichtungen der Forschung den Vollzug, namentlich die Behandlungsmethoden, wissenschaftlich fortzuentwickeln und seine Ergebnisse für Zwecke der Strafrechtspflege nutzbar zu machen.“ Von den elf Landesjustizverwaltungen der Bundesrepublik Deutschland haben lediglich sechs einen *Kriminologischen Dienst* eingerichtet. Zum Teil werden seine Aufgaben von Referenten der Landesjustizverwaltungen neben anderen administrativen Aufgaben wahrgenommen. Allein Baden-Württemberg, Niedersachsen, Nordrhein-Westfalen und Rheinland-Pfalz haben einen institutionalisierten Kriminologischen Dienst. Insgesamt waren 1987 13 hauptamtliche Kräfte mit knapp 30% ihrer Arbeitskraft mit Aufgaben des Kriminologischen Dienstes betraut, daneben haben drei ABM-Kräfte derartige Aufgaben wahrgenommen (JEHLE 1988, 15–65).

Kriminologische Interessenvertretungen sind u. a. die Neue Kriminologische Gesellschaft, die aus der Gesellschaft für die gesamte Kriminologie und der Deutschen Kriminologischen Gesellschaft hervorgegangen ist, der Arbeitskreis Junger Kriminologen, die Gesellschaft für vorbeugende Verbrechensbekämpfung und die Deutsche Vereinigung für Jugendgerichte und Jugendgerichtshilfen.

Die Institutionalisierung der Kriminologie ist auch an der *Literaturproduktion* ablesbar. Neben z. T. mehrfach aufgelegten Lehrbüchern und Gesamtdarstellungen zeugen hierfür mehrere kriminologische Schriftenreihen und Zeitschriften. Die Gesamtheit des kriminologischen Schrifttums kann heute kaum noch erschlossen werden (vgl. hierzu die Criminological Abstracts, das Bestandsverzeichnis des Bibliotheksschwerpunktes an der Universität Tübingen, die Heidelberger Dokumentation sowie die Bibliographie VOM ENDEs 1982). Allerdings ist der Umfang des gängigen Schrifttums durchaus noch überschaubar (BERCKHAUER 1988; KÜRZINGER 1988), zumal ein großer Teil der kriminologischen Literatur rasch veraltet (BERCKHAUER 1988, 288).

Nach der Vereinigung von West- und Ostdeutschland hat sich die Kriminologie in den neuen Bundesländern ganz erheblich gewandelt. Denn in der ehemaligen Deutschen Demokratischen Republik war die Kriminologie eine staatlichen Leitungsaufgaben verpflichtete Gesellschaftswissenschaft, zu deren Hauptaufgaben es gehörte, eingebunden in die marxistische Gesellschaftstheorie Wege zur Bekämpfung und Vorbeugung von Straftaten aufzuzeigen. Die Kriminologie stand vor der Schwierigkeit, sich gegenüber der „bürgerlichen" oder westlichen Kriminologie ideologisch abzugrenzen, obwohl sie zum Teil mit dieser Probleme, Methoden und Ergebnisse teilte. Die ideologischen Gefährdungen, die das empirische Herangehen an ein gesellschaftliches Problem, das orthodoxer Lehrmeinung zufolge schon lange hätte überwunden sein sollen, in sich bergen, hatten einer Institutionalisierung der Kriminologie in der ehemaligen DDR deutliche Grenzen gesetzt. Jedoch hatte vor der Vereinigung in den 80er Jahren bereits ein Wandel eingesetzt. Dieser Wandel läßt sich an den Forschungsprojekten und der Art der wissenschaftlichen Diskussion in den 80er Jahren ablesen (vgl. i. e. LEKSCHAS/KOSEWÄHR 1988). Die Zahl der kriminologischen Lehrstühle und Forschungseinrichtungen war jedoch klein. Kriminologische Forschungen wurden an der Humboldt-Universität Berlin, der Friedrich-Schiller-Universität Jena, der Karl-Marx-Universität Leipzig, der Akademie für Staats- und Rechtswissenschaft Potsdam-Babelsberg und der Akademie der Wissenschaften der DDR durchgeführt (LEKSCHAS/KOSEWÄHR 1988, 40). Im Zuge der Neueinrichtung der Juristischen Fakultäten im Beitrittsgebiet und der Auflösung der Akademie der Wissenschaften hat sich eine vollständig neue Lage für die Kriminologie ergeben. Die kriminologische Forschungsgruppe an der Akademie der Wissenschaften besteht nach positiver Evaluation zeitlich befristet weiter fort. Dasselbe gilt für die kriminologische Forschung an der Friedrich-Schiller-Universität Jena. Beide Forschungsgruppen sind in kriminologische Projekte, die den deutsch-deutschen Vergleich auf der Grundlage von Opferbefragungen zum Gegenstand haben, eingebunden (vgl. KURY 1992). Ferner wurde an der Universität Greifswald ein kriminologischer Lehrstuhl eingerichtet. Im übrigen ist die Kriminologie an allen bislang eingerichteten Juristischen Fakultäten der neuen Bundesländer (Jena, Leipzig, Dresden, Potsdam, Berlin, Frankfurt/O., Halle) insoweit vertreten, als jedenfalls ein strafrechtlicher Lehrstuhl auch das Fachgebiet Kriminologie abdeckt.

Grundsätzlich ähnlich wie in der DDR war die Lage im vormals *sozialistischen Ausland*. Das „World Directory of Criminological Institutes" (UNSDRI 1982) führte für diese Länder insgesamt nur zwölf (1978 erst fünf) kriminologische Institute auf (zum Vergleich 279 Nennungen in 23 „kapitalistischen" Ländern, davon allein den USA 111, in 14 Ländern Lateinamerikas 48 Institute, sonstige Staaten 36 Nennungen). Aufmerksamkeit finden hierzulande kriminologische Arbeiten vor allem aus Polen, Ungarn und Jugoslawien. Im *westlichen Ausland* hat die Kriminologie den breitesten Grad der Institutionalisierung in den USA gefunden, wo staatliche, öffentliche und private Einrichtungen ein weit gefächertes Arbeitsgebiet in Forschung, Dokumentation, Lehre und Krisenmanagement teilen. Zu nennen sind ferner insbesondere Einrichtungen in Großbritannien (z. B. Home Office Research Unit), in den Niederlanden (Wetenschappelijk Onderzoek-en Documentatiecentrum des Justizministeriums), in Schweden (Nationaler Rat für Verbrechensverhütung, Brottsförebyggande Radet) und in Japan (Research and Training Institute). Fast 30 *internationale Einrichtungen* dokumentieren die weltweite Bedeutung der Kriminologie. Hervorzuheben sind der Europarat in Straßburg (European Committee for Crime Problems), der sich auf zahlreichen Tagungen Fragen der Kriminologie widmet, die Crime Prevention and Criminal Justice Branch der Vereinten Nationen in Wien, das International Centre for Comparative Criminology in Montreal, und das United Nations Social Defence Research Institute (UNSDRI) in Rom.

Berckhauer, F., Institutionen der Kriminologie, in: Kleines Kriminologisches Wörterbuch, hrsg. v. Kaiser, G., Kerner, H.-J., Sack, F., Schellhoss, H., Heidelberg 1985, S. 152–156; *ders.*, Kriminologische Auswahlbibliographie – Kriminologisches Schrifttum aus Deutschland, Österreich und der Schweiz im Spiegel bundesdeutscher Gesamtdarstellungen der Kriminologie aus den 80er Jahren –, in: Kriminologische Forschung in den 80er Jahren, hrsg. von Kaiser, G., Kury, H., Albrecht, H.-J., Freiburg 1988, S. 281–343; *Bundesminister für Forschung und Technologie BMFT* (Hrsg.), Faktenbericht 1981 zum Bundesbericht Forschung, Bonn 1982; *Ende, R. vom*, Criminology and Forensic Sciences. An International Bibliography, 1950–1980, München u. a. 1981, 1982; *Feuerhelm, W., Jehle, J.-M., Schwefel, E.*, Die Forschungslandschaft der Kriminologie in den 80er Jahren. Eine Analyse dokumentierter Forschungen, in: InformationsZentrum Sozialwissenschaften, Kriminologische Zentralstelle e. V. (Hrsg.), Kriminologie Forschungsdokumentation 1980–1986, Bonn 1988, S. 13–38; *InformationsZentrum Sozialwissenschaften, Kriminologische Zentralstelle e. V. IZS/KrimZ* (Hrsg.), Kriminologie Forschungsdokumentation 1980–1986, Bonn 1988; *Jehle, J.-M.* (Hrsg.), Der Kriminologische Dienst in der Bundesrepublik Deutschland, Wiesbaden 1988; *Kürzinger, J.*, Deutschsprachige kriminologische Literatur 1980–1987. Eine Auswahlbibliographie, in: Kriminologische Forschung in den 80er Jahren, hrsg. von Kaiser, G., Kury, H., Albrecht, H.-J., Freiburg 1988, S. 345–449; *Kury, H.* (Hrsg.), Gesellschaftliche Umwälzung: Kriminalitätserfahrungen, Straffälligkeit und soziale Kontrolle. Das Erste deutsch-deutsche Kriminologische Kolloquium, Freiburg 1992; *Lekschas, J., Kosewähr, E.*, Kriminologie in der DDR, in: Kriminologische Forschung in den 80er Jahren, hrsg. von Kaiser, G., Kury, H., Albrecht, H.-J., Freiburg 1988, S. 19–56; United Nations Social Defence Research Institute UNSDRI (Hrsg.), A World Directory of Criminological Institutes, 3. Aufl., Rom 1982.

FRIEDHELM BERCKHAUER

Kritische Kriminologie. 1.Die kritische Kriminologie ist ein Sammelbegriff für Positionen und Richtungen kriminologischer Gegenstandsbestimmungen, Theoriebildung und Forschungspraxis, die *auf unterschiedliche Weise eine Zäsur zur bisherigen, „alten", konventionellen, „mainstream" Kriminologie markieren und intendieren.* Die Bezeichnung dieser Ansätze, die seit etwa Anfang der 60er Jahre die wissenschaftliche Diskussion um die soziale Erforschung des Verbrechens zunächst irritiert, dann zunehmend auch bestimmt haben, ist keineswegs einheitlich. In der Literatur finden sich neben dem Adjektiv „kritisch" auch diese: „neue", „radikale", „konfliktorientierte", „marxistische", „sozialistische" Kriminologie, ohne daß sich von einer einheitlichen Begrifflichkeit sprechen ließe. Der wissenschaftlichen Semantik und Grammatik am nächsten kommen noch die Bezeichnungen „kritische", „konfliktorientierte", „marxistische" und „sozialistische" Kriminologie insofern, als sie die Theorieperspektiven bezeichnen, denen sie zuzurechnen sind, wobei in bezug auf die marxistischen Ansätze unter ihnen darauf zu verweisen ist, daß es sich bei ihnen ausschließlich um Positionen handelt, die in der westlichen Kriminologie vertreten werden. Im Gegensatz dazu sind die Bezeichnungen „neu" und „radikal" *weniger theorieidentifizierend als disziplinpolitisch* zu verstehen, d. h. mit ihnen wird vor allem der Anspruch geltend gemacht, die Kriminologie als eine wissenschaftliche Disziplin neu und anders zu begründen als bisher (YOUNG 1988).

2. Die Entwicklung der kritischen Kriminologie zu ihrer heutigen Gestalt läßt sich an einigen Daten, Personen und literarischen Ereignissen festmachen, ohne daß allerdings mit ihnen von Beginn an schon die Identität und der Zusammenhang etabliert waren, für die sie im Kontext der kritischen Kriminologie heute reklamiert werden. Die Kritik an der positivistischen Tradition der Kriminologie stand am Beginn dieser Entwicklung und ist bis heute eine Kraft geblieben, die die verschiedenen Ausprägungen der kritischen Kriminologie über ihre internen Differenzen zusammenhält.

Obwohl sich diese Kritik bereits früher angebahnt hatte, kommt zweifellos der Arbeit des amerikanischen Kriminalsoziologen MATZA (1964) „Delinquency and Drift" die Funktion eines Katalysators zu, der einem weit verbreiteten Unbehagen an der herkömmlichen Kriminologie zum Durchbruch und zur Artikulation verhalf. Seine Skizze des Bildes vom „positiven Delinquenten", das unausgesprochen und prämissenhaft der positiven Kriminologie zugrunde liege – gleich welcher theoretischen Provenienz: biologischer, psychologischer oder soziologischer Art –, wirkte wie das Aufbegehren gegen eine lästige Tradition. Seine drei zentralen Kritikpunkte erschlossen der Kriminologie Perspektiven und Forschungsfelder, die jenseits ihrer bis dahin als gegeben hingenommenen Grenzen lagen. Sie haben bis heute an Aktualität nicht eingebüßt und sind *Hintergrundannahmen der kritischen Kriminologie:* 1. Die positive Kriminologie habe die Tatsache ausgeblendet, daß vor der kriminellen Handlung das Gesetz stehe, das die Handlung erst zu einem kriminellen Akt mache. *Die Handlung sei keine „action", sondern eine „fraction".* 2. Die positive Kriminologie habe einen *nicht gerechtfertigten epistemologischen Determinismus zugrunde gelegt* und die Tatsache ignoriert, daß der Mensch handeln und wählen könne. 3. Die positive Kriminologie gehe von einer *übergangslosen und abrupten Unterscheidung zwischen dem kriminellen und nonkonformen Mitglied der Gesellschaft aus.*

Entlang den drei Kritikpunkten von MATZA lassen sich sowohl die Einzelaspekte der Defizite der traditionellen Kriminologie aus der Sicht ihrer Gegner wie auch die Strukturmerkmale der kritischen Kriminologie organisieren. Vor allem erlauben sie auch, die internen Differenzierungen näher zu bezeichnen und zu lokalisieren, die im Rahmen der kritischen Kriminologie seither entwickelt worden sind.

3. In *wissenschaftssystematischer Hinsicht* läßt sich als allgemeinstes und folgenreichstes Ergebnis der Kritik die Tatsache bezeichnen, *daß die kritische*

Kriminologie die Analyse der Kriminalität aus ihrer wissenschaftlichen Isolierung gegenüber der allgemeinen Entwicklung in den Sozial- und Verhaltenswissenschaften, insbesondere derjenigen gegenüber der Soziologie, herausgeführt hat. Bei MATZA selbst wird dieser Aspekt hervorgekehrt, und er ist von einer Reihe von Autoren immer wieder nachdrücklich herausgestellt worden. BECKER konstatiert gar gegenüber der sozialwissenschaftlich orientierten amerikanischen Kriminologie: „The study of crime lost its connections with the mainstream of sociological development and became a very bizarre deformation of sociology“ (in DEBRO 1970, 165–66). Insbesondere in der für die Entwicklung der kritischen Kriminologie *impulsgebenden Diskussion in der englischen Kriminologie* ist diese Kritik an der traditionellen Kriminologie immer wieder betont worden (vgl. u. a. COHEN/TAYLOR 1975). Bei COHEN geht sie bis zur Polemik „Against Criminology“ (1988).

Diese Aussage ist jedoch zu modifizieren und um einen anderen Aspekt der Entwicklung zu erweitern. Parallel zur Kritik an der traditionellen Kriminologie und zur weiteren Entwicklung der kritischen Kriminologie entfaltete sich in den Sozialwissenschaften auch eine interne Diskussion um erkenntnistheoretische Grundlagen, theoretische Prämissen, methodologische Strategien und adäquate Forschungstechniken. Diese Diskussion führte zu dem Entstehen zweier Richtungen auch in den allgemeinen Sozialwissenschaften, die sich analog den beiden kriminologischen Lagern stilisierten. Diese Tatsache drückte sich u. a. darin aus, daß MATZAs Kritik auch gegen Positionen innerhalb der Kriminologie gerichtet war, die nach damaligem Verständnis eine genuin soziologische Struktur aufwiesen (u. a. Anomietheorie, Subkulturtheorie). Insofern war die kritische Kriminologie nicht nur eine Fortsetzung der Konkurrenz von Biologie, Psychologie und Soziologie innerhalb der Kriminologie, sondern ihr Ziel ist angemessen nur auf einer Ebene auszumachen, die oberhalb der herkömmlichen Arbeitsteilung zwischen den einzelnen Disziplinen anzusiedeln ist.

Entsprechend heftig und zentral war deshalb die *Kritik am interdisziplinären Selbstverständnis der herkömmlichen Kriminologie*, wie es sich im *induktiv permanent fortgeschriebenen Mehrfaktorenansatz* und in der theoretischen Polemik gegen monokausale Erklärungsversuche der Kriminologie manifestierte. Dagegen setzte die kritische Kriminologie im Verlauf ihrer eigenen Entwicklung immer mehr den Anspruch nach einer theoretischen und methodologischen Analysestrategie, die nicht disziplinären Imperialismus meinte, sondern *auf die Integration der verschiedenen Disziplinen und ihrer Befunde ausgerichtet* war, und zwar auf der Basis einer *gesellschaftlichen* Theorie, die die verschiedenen Aspekte und Ebenen der Kriminalität umfaßt.

4. Für die theoretischen und forschungspraktischen Impulse zu einer Neuorientierung der Kriminologie ist MATZAs erster Kritikpunkt sicherlich am höchsten einzuschätzen. Die Forderung nach der Einbeziehung des Rechts und der Normen in die Analyse der Kriminalität, *die Konzipierung der kriminellen Handlung als eine soziale Beziehung* zwischen dem Handelnden und der die Norm repräsentierenden sozialen, rechtlichen und staatlichen Gruppen und Institutionen ist zu einem der zentralen theoretischen und empirischen Brennpunkte der kriminologischen Diskussion und Forschungspraxis geworden.

Die *Labeling-Theorie* ist der konsequenteste Ausdruck einer solchen Neuorientierung der Kriminologie in Richtung der Einbeziehung der sozialen Kontrolle in die Analyse der Kriminalität. Wiederum löste die Publikation einer Arbeit – mehr noch als die von MATZA – eine Lawine kriminologischer Diskussion aus. Es war die Arbeit von H.S. BECKER (1963): „Outsiders – Studies in the Sociology of Deviance", von der DOWNES (1979, 3) zu Recht konstatiert: „His central organizing principle – ‚Deviant behaviour is that which is so labeled' – superficially a banal and even trivial assertion, caused an explosion in the petrified forest of criminology." Details ihrer Wirkungsgeschichte und ihrer Struktur können hier nicht nachgezeichnet werden. Nur ein Datum: Unter den zwischen 1945–1972 in der amerikanischen kriminologischen Literatur am meisten zitierten Einzelarbeiten rangieren mit jeweils 648 Nennungen zwei Arbeiten gemeinsam an der Spitze, neben BECKERs genannter Publikation die Arbeit des Ehepaars Sh. u. E. GLUECK „Unravelling Juvenile Delinquency" aus dem Jahre 1950. Beide Arbeiten stehen für antithetische Programmstrukturen in der Kriminologie.

Die Einbeziehung des normativen Aspekts der Kriminalität in die kriminologische Analyse, wie sie in reziproker Umkehrung der traditionellen Kriminologie von der Labeling-Theorie gefordert und praktiziert wird, lenkte einerseits das kritische Augenmerk auf das *Verhältnis der traditionellen Kriminologie* zum *Recht in Theorie und Praxis* und *wies andererseits über die theoretischen und forschungspraktischen Möglichkeiten der interaktionistischen Analyse* der Kriminalität hinaus. In bezug auf die Beziehung zu den ideologischen, politischen und institutionellen Strukturen des Rechts ist die traditionelle Kriminologie nachhaltig mit Vorwürfen der „Praxisunterwerfung", des theorielosen „Pragmatismus" und einer rein strafrechtlich geprägten Anwendungs- und Verwertungsorientierung ihrer Befunde, eines „klinischen Positivismus" konfrontiert worden, die sie sämtlichst daran erinnern, daß sie statt das *Alltags- und Rechtsverständnis von Kriminalität zum Gegenstand der wissenschaftlichen Analyse zu machen*, dieses zum eigenen Selbstverständnis erhebt. Die Kriminologie hat sich damit der ihr angesonnenen Funktion, eine Hilfswissenschaft im Sinne strafrechtlicher Praxis und des das Strafrecht prägenden Menschenbildes zu sein, mehr oder weniger widerstandslos gefügt und damit gleichzeitig die Chance zu einer Grundlagenwissenschaft vertan. Sie verfehlt damit strukturell die Errungenschaft institutioneller Wissenschaftsautonomie, die ja gerade darin besteht, der Wissenschaft staatsfreie Räume der Betätigung zu sichern. Dieses „wissenschaftliche" Selbstverständnis der traditionellen Kriminologie wiegt um so schwerer, als die Kriminologie darüber hinaus auch institutionell, organisatorisch und personell mit dem Recht verknüpft ist – in juristischen Fakultäten, in staatlich oder von Beiräten kontrollierten und beaufsichtigten Institutionen von Wissenschaft und Forschung, in Juristen-Kriminologen.

Andererseits hat sich die kritische Kriminologie der Aufgabe gestellt, das institutionalisierte Alltagsverständnis der Kriminalität und ihrer Institutionen, so wie es sich im Recht und in der Rechtspraxis ausdrückt, genauer zu analysieren. Sicherlich läßt sich dies nicht mit den theoretischen und methodischen Instrumenten der Labeling-Theorie erledigen und nicht interaktionistisch auf der Ebene mikrosozialer Strukturen und Prozesse ohne Rest auflösen. Die *Instanzenforschung*, insbesondere solche über die exekutiv-dominierten Phasen der strafrechtlichen Sozialkontrolle (Polizei, Staatsanwaltschaft und Strafvollstreckung), hat einerseits im Gefolge der Labeling-Theorie und aller jener Ansätze, die auf die Analyse von sozialen Mikrostrukturen und -prozessen ausgerichtet sind, eine bis dahin unbekannte Blüte erfahren (→ Recht und soziale Kontrolle).

Die Einbeziehung des normativen Aspekts des kriminellen Konflikts in die kriminologische Analyse erfordert andererseits die systematische Verknüpfung – und nicht nur additive Aneinanderreihung – von Kriminalität auf der Ebene des Handelnden und Reaktion auf der Ebene der Instanzen. *Die Lösung dieses Zusammenhangs ist aus der Sicht der kritischen Kriminologie das zentrale Problem für die Kriminologie und zugleich der Kreuzungspunkt, von dem aus die nachtraditionelle Kriminologie in unterschiedliche Richtungen geht.* Denn diese Frage ist nicht lösbar ohne eine Analyse der *Strukturen, Prozesse, Institutionen und Mechanismen von Recht, Macht, Herrschaft* in der Gesellschaft und den damit zusammenhängenden politischen und staatlichen Institutionen (→ Strafrechtssoziologie). Damit sind Stichworte bezeichnet, die im Zentrum soziologischer und politikwissenschaftlicher Analyse stehen und von dort aus Eingang auch in die kriminologische Diskussion gefunden haben. Der wichtigste Brennpunkt dieser Kontroverse stellt die Analyse der Struktur und Funktion des Staates in den modernen kapitalistischen Gesellschaften dar. Der englische Kriminologe YOUNG lastet der traditionellen Kriminologie – wie vorher schon MATZA (1973, 155 ff.) – daher auch vor allem die Tatsache an, daß „sie es fertiggebracht hat, für beinahe ein ganzes Jahrhundert über Kriminalität ohne jeglichen Rekurs auf eine Staatstheorie zu sprechen" (Vorw. in: PEARCE 1976, 12).

Die Labeling-Theorie und der Interaktionismus haben mit dem Insistieren auf der Bedeutung der sozialen Reaktion für die Konstitution von Kriminalität auf der sozialpsychologischen wie auf der gesellschaftlichen (offizielle versus tatsächliche Kriminalität) Ebene für die Kriminologie die *politische Dimension* der Kriminalität über die Normsetzungsebene (→ Norm, Normgenese) hinaus auch für die alltägliche Rechtspraxis und die Rechtsanwendung zur Geltung gebracht (BECKER 1974). Zum theoretischen Gestaltungsprinzip und forschungsleitenden Orientierungspunkt innerhalb der kritischen Kriminologie wird die politische Dimension jedoch erst mit der *konfliktorientierten Kriminologie* einerseits und mit der *marxistischen Kriminologie* andererseits.

Die Verknüpfung dieser beiden Varianten der kritischen Kriminologie, mit denen erst die Bezeichnungen „neu", „kritisch", „radikal" etc. in die disziplinpolitische Diskussion verbreiteten Eingang fanden, mit Fragestellungen und Konzepten in den allgemeinen Sozialwissenschaften ist sicherlich unvermittelter herzustellen, als dies für den Interaktionismus und die Labeling-Theorie gesehen worden ist. Gleichwohl läßt sich gerade an dieser Nahtstelle der kritischen Kriminologie die Triftigkeit einer Feststellung des englischen Interaktionisten ROCK (1979, 70) nicht von der Hand weisen: „Sie (die symbolischen Interaktionisten – F.S.) waren die Kolonisatoren, die die Disziplin für die Invasion durch die konventionelle (soziologische – F.S.) Theorie vorbereitet haben".

In der Tat reproduzieren sich auf dem Gebiet der Kriminologie strukturgleich die Diskussionen in der allgemeinen Soziologie und Politologie um die Frage nach der Basis gesellschaftlicher Ordnung: „Konsens oder Konflikt", „Zwang oder normative Integration": Theoriestichworte, die das Feld der Auseinandersetzung um die der bis in die 60er Jahre in der soziologischen Theorie dominanten Position des „Strukturfunktionalismus" beherrschten.

Namen, die in dieser allgemeinen soziologischen Theoriediskussion als Wortführer und dezidierte Vertreter einer konfliktorientierten Perspektive hervortraten (z. B. DAHRENDORF und GOULDNER), fanden unmittelbaren Eingang auch in die kriminologische Diskussion durch das kritische Lager der Disziplin. Hier ist vor allem auf die Arbeit der englischen Kriminologen TAYLOR, WALTON und YOUNG („The new criminology. For a social theory of deviance" 1973) hinzuweisen, denen eine ähnliche Katalysator-Funktion wie den Arbeiten von MATZA und BECKER zukommt, letzteren sogar noch den Rang abläuft, Kritik und Kontroversen ausgelöst zu haben. Differenzierungen lassen sich hier nicht detailliert nachzeichnen (vgl. u. a. YOUNG 1988), zur Fixierung des Ausgangspunktes wäre vor allem auf die Arbeiten von TURK (1966) und QUINNEY (1964) Bezug zu nehmen; avancierte Lehrbuch-Formulierungen liefern PFOHL (1985), BEIRNE u. MESSERSCHMIDT (1991), eingeschränkt auch HAGAN (1989).

Die *konflikttheoretische Perspektive* richtet sich gegen das *demokratietheoretische Pluralismusmodell*, das bis in die 60er Jahre hinein das dominante wissenschaftliche Paradigma darstellte, dann aber zunehmend durch ein *Konfliktmodell* abgelöst wurde. Dies ging von strukturell verankerten Machtdifferentialen auf der Basis von gesellschaftlich relativ geschlossenen politischen, ökonomischen, sozialen Eliten aus. Die theoretische Verlängerung dieser Linie, in deren Mittelpunkt sehr schnell die Frage nach der Verknüpfung von Politik und Ökonomie, von Staat und Wirtschaft geriet, führte dann zu der erwähnten Wiederbelebung marxistischer Konzepte und Ansätze. Eine paradigmatische Gegenüberstellung der konsensgeprägten und konfliktorientierten Kriminologie findet sich bei CHAMBLISS (1973), die wichtigsten Beiträge sind in einer Reihe von Anthologien nachzulesen.

Die *marxistisch orientierte Kriminologie* ist in sich keineswegs homogen und hermetisch gegen andere Theorieansätze abgeschlossen. Sie hat sich gegen manche Vertreter eines orthodoxen, exegetischen „Ableitungsmarxismus" entwickelt, die sich vehement gegen die „revisionistische" Möglichkeit einer marxistischen Kriminologie überhaupt wandten (vgl. dazu die Kontroverse in TAYLOR/WALTON/YOUNG 1975), ironischerweise indessen die Diskussion darum nur um so mehr beflügelten. Die bekannte Tatsache, daß es bei den Klassikern des Marxismus keine ausgebaute Rechts- oder Staatstheorie gab und MARX und ENGELS sich nur sporadisch und in unterschiedlichen Kontexten zur Funktion von Recht und Staat äußerten, – wenn auch die Summe ihrer Äußerungen recht stattlich ist –, hat zu einer marxistischen Analyse originärer Art beigetragen, die sich viel stärker von Bedingungen und Entwicklungen inspirieren läßt, die sich auf die Verhältnisse spätkapitalistischer Gesellschaften – statt auf den Kapitalismus des 19. Jahrhunderts – beziehen. Kruden ökonomischen Interpretationen und Analysen stehen heute marxistische Positionen gegenüber, die dem Staat und dem Recht autonome Spielräume konzedieren und den Zusammenhang zwischen Ökonomie, Politik und Staat wesentlich vermittelter und gebrochener sehen, als dies in Basis-Überbau-Reduktionen unterstellt wird. Zwar findet eine *instrumentalistische Position marxistischer Rechts- und Staatstheorie*, deren zentrales Konzept das der Klassenherrschaft (→ Schicht und Klasse) darstellt und diese sehr personalistisch, homogen und mit unmittelbarem Zugang zu den Schaltstationen von Macht und Herrschaft sieht, immer wieder Anhänger und Verwendung, aber ihr stehen Theoriepositionen innerhalb des Marxismus gegenüber, die die Zusammenhänge zwischen Ökonomie, Recht und Staat komplexer und mehrdimensionaler fassen (u. a. GREENBERG 1981, 190 ff.; → Kriminalitätstheorien, ökonomische).

Die marxistische Kriminologie erschöpft sich keineswegs in Theoriediskussionen, sondern ist entscheidend beeinflußt von einer Reihe sozialhistorischer Untersuchungen, die in den letzten Jahren vor allem im angelsächsischen und französischen Raum gemacht worden sind (COUNCIL OF EUROPE 1983). Ihr entscheidender Theorieimpetus zielt natürlich auf eine gesamtgesellschaftlich orientierte Analyse von Kriminalität und allen ihren Folgeerscheinungen. Sie hat diesen Anspruch empirisch vorgeführt in einer ausgezeichneten, bereits mehrfach aufgelegten englischen Arbeit über den gewaltsamen Straßenraub und sie ist in kriminalätiologischer Absicht aus strukturalistischer Perspektive von COLVIN/PAULY (1983) probiert worden. Ihre zunehmende Bedeutung insbesondere in der amerikanischen Kriminologie ist an einer Reihe von Anthologien (GREENBERG 1981) und ersten Lehrbüchern ablesbar.

5. Ein theorie- und erklärungsstrategisch außerordentlich bedeutsamer Unterschied zwischen der traditionellen und sämtlichen Varianten der kritischen Kriminologie besteht in den jeweils verwendeten *Akteurmodellen*. Schon bei MATZA (1964) als eines der drei kritisierten Strukturmerkmale des „positiven Delinquenten“ herausgestellt, ganz ausgeprägt in der Labeling-Theorie, ebenso nachhaltig in der konflikttheoretisch orientierten Kriminologie betont und in der marxistischen Kriminologie ein traditioneller Theorietopos: In der kritischen Kriminologie herrscht ein Akteurmodell vor, das den Handelnden nicht von physischen, psychologischen oder sozialen Kräften oder Faktoren gedrängt und marionettengleich determiniert sieht, wie es das positivistische Handlungsmodell implizit oder explizit annimmt, sondern das ihm *„Rationalität“, Authentizität, Kompetenz und Verantwortlichkeit* zuerkennt.

Drei Jahre vor MATZAS Kritik an der positivistischen Kriminologie war mit Blick vor allem auf den Strukturfunktionalismus *die berühmte Einschlagung einer handlungstheoretischen Wendung in der soziologischen Theoriebildung* durch WRONG (The Over-socialized Conception on Man – 1961) erfolgt, und im gleichen Jahr wie MATZA erschien die „presidential address“ von HOMANS – der wie PARSONS an der Harvard University lehrte –: Bringing Men Back In (1964). Dieser Theorieimpuls ist vielleicht nirgends so intensiv aufgenommen worden wie in der Soziologie des abweichenden Verhaltens und der sich als „neu“ verstehenden Kriminologie. Der *Naturalismus* und *Phänomenalismus* von MATZA waren der philosophische Ausdruck dieses Theorieakzents, die Wiederbelebung der *sinn-„verstehenden“* Soziologie mit gleichzeitiger Rezeption und Weiterentwicklung (*Ethnomethodologie*) der bis dahin nur marginal bedeutsamen *Phänomenologie* von A. SCHUTZ wie der Einzug des bis in die zwanziger Jahre zurückreichenden *symbolischen Interaktionismus* in das Zentrum allgemeiner soziologischer Theoriebildung geschahen vornehmlich an abweichenden Phänomenen der verschiedensten Art. Als bevorzugte methodologische Strategien erfuhren alle *Formen qualitativer Forschung und Datengewinnung* eine bis dahin nicht gekannte Aufwertung – bis hin zu ethnologischen Forschungstechniken.

Dieser handlungstheoretische Akzent spielte auf der Ebene kollektiver und aggregierter Akteure eine ebenso prominente Rolle – über BECKERs „moral entrepreneurs", die Interessengruppen und Machteliten in der konfliktorientierten Kriminologie, bis hin zu dem „historischen Subjekt" im Marxismus.

Kriminalität – von der Makroebene der Normsetzung bis zur Mikroebene der alltäglichen Interaktion im Prozeß der Normdurchsetzung und der Struktur des Sachverhalts – läßt sich mit dieser handlungstheoretischen Perspektive durchgängig nach einem einheitlichen Prinzip analysieren, das disziplinäre Grenzen schneidet und verschiedene, gesellschaftlich separate, institutionell getrennte und relativ autonome Bereiche theoretisch miteinander verknüpft.

6. Der dritte Kritikpunkt MATZAs an der traditionellen Kriminologie – die zu starke Trennung des Kriminellen vom normtreuen Mitglied der Gesellschaft – war folgenreich in zweierlei Hinsicht. Zum einen stimulierte er die Forschung und das Nachdenken über die *nichtentdeckte Kriminalität* in einer Gesellschaft. *Die Dunkelziffer erhielt dadurch einen theoretischen Akzent* und war nicht länger nur bloß als eine Frage der Techniken der Datengewinnung und der Defizite der statistischen Erfassung abzutun (→ Dunkelfeld). Zum anderen machte diese Kritik ebenfalls auf die „Kriminalität" erzeugenden Aspekte der Aktivitäten der Instanzen strafrechtlicher Sozialkontrolle aufmerksam. Dadurch vor allem wurde die deskriptive Kategorie „kriminell" politisiert und wurden die gesellschaftlich institutionalisierten Grenzen zwischen kriminellem, abweichendem, politischem und normgerechtem Verhalten verwischt und flüssig, was vor allem für die Fragen der intentionalen, motivationalen und psychischen Struktur des Täters Rückwirkungen hatte.

7. Faßt man die hier gedrängt und grobstrichig gegebene Skizze der kritischen Kriminologie in ihrer Entwicklung und in ihren Hauptakzenten noch pointierter zusammen, so läßt sich dies sagen: Ihr Ziel ist es, das theoretische und methodische Instrumentarium bereitzustellen, mit dem es gelingt, die Kriminalität und den Kriminellen aus dem gesellschaftlich Irregulären und Negativen zurückzuholen und sie als „Folge von Strukturentscheidungen des sozialen Systems zu begreifen" (LUHMANN 1972, 121). Die von der kritischen Kriminologie kritisierte traditionelle Kriminologie läßt sich im Gegensatz dazu in allen ihren Varianten auf den Nenner bringen, das Böse der Kriminalität von der „guten" Gesellschaft zu distanzieren und/oder es an sie durch Korrektur wieder heranzuführen.

8. Bleibt als letzte Frage die nach dem Einfluß der kritischen Kriminologie auf das kriminologische Denken und auf die Disziplin in ihrem Selbstverständnis. Für die amerikanische Kriminologie stellt zwar PELFREY (1979) fest:

„Mainstream Criminology: More New than Old" und berichtet an anderer Stelle (PELFREY 1980, 238), daß in einer Befragung von Mitgliedern einschlägiger kriminologischer Vereinigungen 57% der verwertbaren Antworten die „Neue Kriminologie" als eine „lebensfähige Alternative" ansehen; aber solche Befunde sind zu relativieren und zu korrigieren angesichts der z. T. heftigen Kontroversen zwischen den Vertretern der traditionellen und der kritischen Kriminologie, wie man sie etwa im „most controversial book in criminology in recent years", in der von INCIARDI (1980) herausgegebenen Anthologie „Radical Criminology. The Coming Crises" nachlesen kann und die sicherlich mit dem Urteil eines anderen Beobachters der amerikanischen Situation konvergieren, wonach immer noch ein „riesiger Dissens über das Wesen der Kriminologie" (MEIER 1977, 9) existiert. Kritik und Dissens werden dabei um so heftiger, je mehr sich die kritische Kriminologie der Makroebene der Analyse zuwendet und das Selbstverständnis der Institutionen des Rechts, der Politik und des Staates tangiert. In der weiteren Diskussion allerdings wird man gegen Versuche der Normalisierung und Kooptation der kritischen Kriminologie festhalten müssen: „Die kritische Kriminologie könnte lediglich als eine bloße Akzentverschiebung betrachtet werden. Die einzelnen Ideen zusammengenommen bilden indessen ein integriertes Ganzes, das hinreichend verschieden ist von vielem der amerikanischen Kriminologie unmittelbar vor und nach dem 2. Weltkrieg, um ihm zu Recht das Etikett ‚neu' zu geben" (SYKES 1978, 18).

AJK (Hrsg.), Kritische Kriminologie. Positionen, Kontroversen u. Perspektiven, München 1974; *Becker, H.*, Outsiders. Studies in the Sociology of Deviance, New York u. a. 1963; *Beirne, P., Messerschmidt, J.*, Criminology. San Diego 1991; *Chambliss, W.J.*, Functional and Conflict Theories of Crime, MSS Modular Publications, New York, Module 17, 1974, S. 1–23; *Cohen, S.*, Against Criminology, New Brunswick 1988; *Cohen, S., Taylor, L.*, From Psychopaths to Outsiders: British Criminology and the National Deviancy Conference, in: Deviance and Control in Europe, hrsg. v. Bianchi, H., Simondi, M., Taylor, I., London 1975, S. 3–33; *Colvin, M., Pauly, J.A.*, A Critique of Criminology: Toward an Integrated Structural-Marxist Theory of Delinquency Production, AJS 89, 1983, S. 513–551; *Debro, J.*, Dialogue with Howard S. Becker, Issues in Criminology 5 (1970), S. 159–175; *Downes, D.M.*, Praxis Makes Perfect, in: Deviant Interpretations Problems in Criminological Theory, hrsg. von Downes, D., Rock, P., Oxford 1979, S. 1–16; *Glueck, S., Glueck, E.*, Unraveling Juvenile Delinquency, Cambridge/Mass. 1950; *Greenberg, D.F.* (Hrsg.), Crime and Capitalism. Readings in Marxist Criminology, New York 1981; *Hagan, J.* u. a., Structural Criminology, New Brunswick 1989; *Inciardi, J.A.* (Hrsg.), Radical Criminology. The Coming Crises, Beverly Hills, London 1980; *Kaiser, G.*, Was ist eigentlich kritisch an der „kritischen Kriminologie"?, in: Festschrift für Richard Lange zum 70. Geburtstag, Berlin, New York 1976, S. 521–539; *Luhmann, N.*, Rechtssoziologie, 2 Bde., Reinbek b. Hamburg 1972; *Matthews, R., Young, J.*, Confronting Crime, London 1986; *Matza, D.*, Delinquency and Drift, New York u. a. 1964; *ders.*, Abweichendes Verhalten, Heidelberg 1973 (am. Org. 1969); *Meier, R.T.* (Hrsg.), Theory in Criminology. Contemporary Views. Beverly Hills u. a. 1977; *Pearce, F.*, Crimes of the Powerful. Marxism, Crime and Deviance, London 1976; *Pelfrey, W.V.*, The New Criminology: Acceptance within Academe, in: Radical Criminology. The Coming Crises, hrsg. v. Inciardi, J.A., Beverly Hills, London 1980, S. 223–244; *Pelfrey, W.,M.*, Main Stream Criminology: More New than Old, in: Criminology 17 (1979), S. 323-329; *Pfohl, S.J.*, Images of Deviance and Social Control. A Sociological History, New York u. a. 1985; *Quinney, R.*, Crime, Delinquency, and Social Areas, JResDel 1 (1964), S. 149–154; *Schur, E.M.*, The Politics of Deviance. Stigma contests and the uses of power, Englewood Cliffs/N.J. 1980; *Sykes, G.M.*, Criminology, New York u. a. 1978; *Taylor, I., Walton, P., Young, P.*, The new criminology: for a social theory of deviance, London, Boston 1973; *dies.* (Hrsg.), Critical Criminology, London, Boston 1975; *Turk, A.*, Conflict and Criminality, ASR 31

(1966), S. 338–352; Young, J., Radical criminology in Britain: The Emergency of a Competing Paradigm, in: The British Journal of Criminology 28 (1988), S. 159-183.

FRITZ SACK

Kultur, Subkultur, Kulturkonflikt. Als TYLOR beeinflußt von KLEMM (1843 ff.),1871 für unzählige Definitionen von „Kultur" das Vorbild lieferte, indem er „Kultur" definierte als „jenes vielgestaltige und differenzierte Ganze, das Wissen, Glaube, Kunst, Moral, Recht, Gewohnheit und alle anderen, vom Menschen in seiner Eigenschaft als Mitglied der Gesellschaft erworbenen Fähigkeiten und Gewohnheiten umfaßt", trug er nicht viel zur begrifflichen Klärung des gemeinten Sachverhalts bei. Aber er steht am Beginn eines Weges, auf dem sich der Begriff „*Kultur*" als die *Umschreibung eines allgemeinen heuristischen Prinzips* des im Abendland spätestens seit der Renaissance sich in der Subjektivität seiner Wirklichkeit zu erfahren beginnenden Menschen durchsetzt. Mit diesem Prinzip wird menschliche Wirklichkeit, seien es Verhaltensweisen von Personen, Institutionen im allgemeinsten Sinne oder die vom Menschen in Produktion durch Arbeit angeeignete und gestaltete Natur, als Konstitutionsleistung vergesellschafteter und sich in der Geschichte vergesellschaftender Menschen verstanden. Der Begriff der „Kultur" verweist auf Kategorien und Ebenen der Erklärung, die keines Rekurses auf religiöse oder metaphysische Ordnungsschemata notwendig bedürfen und zugleich nicht auf die Begriffe und Theorien der neuzeitlichen und modernen Naturwissenschaften reduziert werden können. Er zielt dagegen auf die Strukturen und Prozesse der in und durch die Gesellschaft und ihrer Geschichte und im Vergesellschaftungsprozeß interagierender Individuen sich verwirklichende Konstitutionsleistung des Menschen selbst. Über die Präzisierungen der philosophischen Anthropologie, MEADschen Sozialpsychologie (1934), interaktionistisch-phänomenologischen Soziologie und insbesondere der wesentlich durch britische und amerikanische Forscher geprägten Kultur- und Sozialanthropologie hat dies allgemeine heuristische Prinzip auch grundsätzliche Bedeutung für die Kriminologie und vor allem für ihre sozialwissenschaftliche Grundlegung.

1. Das Prinzip der „Kultur", in dem die notwendige Existenzform eines weltoffenen, riskierten und durch Reflexivität bestimmten, d. h. durch Formbarkeit, Formungsfähigkeit und Sinngebung gekennzeichneten Wesens bezeichnet wird, verbietet es, abweichendes Verhalten als „Durchbruch" von „ungezügelten Trieben des Instinkts" zu begreifen. Abweichung in welcher Form auch immer innerhalb der vom Menschen konstituierten Wirklichkeit kann sich nur als *soziale Form* verwirklichen, weil unsere „Triebe" schon immer reflexiv, d. h. sozial gebrochen sind. – Damit wendet sich das Konzept der „Kultur" gegen den leidigen Streit um „Anlage und Umwelt", d. h. gegen eine insbesondere in der deutschen Kriminologie diskutierte theoretische Formel, die darüber hinaus allzu leicht zur Leerformel gerät. 2. Wenn im Prinzip der „Kultur" uns die philosophische Anthropologie für die Analyse von Abweichung und abweichendem Verhalten auf die Konstitutionszusammenhänge sozialer und kultureller Strukturen und sozialer Interaktionsformen und ihrer Inhalte verweist, dann

unterstreichen andererseits die Ergebnisse der Kultur- und Sozialanthropologie die unübersehbaren Tatsachen der *Universalität von Abweichung und abweichendem Verhalten* und ihrer *inhaltlichen Relativität*. Daraus folgt u. a., daß wir Abweichung zwar einerseits als Konstruktionsprinzip sozialer Ordnung und ihres Wandel und als konstitutives Element sozialer Interaktion bestimmen können, andererseits uns jedoch die Möglichkeit genommen ist, bestimmtes konkretes abweichendes Verhalten unter Bezugnahme auf bestimmte anthropologisch vorgegebenen Inhalte abzugrenzen oder es aus ihnen abzuleiten. 3. Als Produkt von Kontroversen zwischen Kultur- und Sozialanthropologie ist der Begriff der „Kultur" durch die *Unterscheidung zwischen „Gesellschaft" und „Kultur"* eingeengt worden, wobei in Widerspiegelung des altehrwürdigen Dualismus von Form und Inhalt unter „Gesellschaft" die organisierten Beziehungsmuster von Individuen, die Ordnung der sozialen Beziehungen, unter „Kultur" der Inhalt dieser Muster, die in diesem geordneten Beziehungsnetz verwirklichte Lebensart („way of life"), d. h. die materiellen und immateriellen Lebens- und Sinnzusammenhänge verstanden werden. *Mit dieser Unterscheidung wird das Verhältnis zwischen kulturellen und sozialen Strukturen problematisiert* und die direkte Abweichung von konformem oder abweichendem Verhalten aus kulturellen Mustern ebenso wie das häufig anzutreffende Ineinssetzen bzw. die komplementäre Bestimmung von Tradition und Kultur infragegestellt. Die Unterscheidung unterstreicht, daß die Beziehung zwischen Kultur und konformem oder abweichendem Verhalten eine vielfältige (zumindest durch soziale Beziehungsmuster) vermittelte ist, daß das Problem der Tradierung sich nicht nur auf der kulturellen Ebene stellt, und daß die Traditionalität kultureller Muster und des an ihnen orientierten und sie zum Ausdruck bringenden Verhaltens jeweils empirisch und historisch zu entscheidende Fragen sind. 4. Wie TYLOR in seiner Definition hervorhebt, wird in den heuristischen Prinzipien des Konzepts der „Kultur" das *Problem der Tradierung*, d. h. die Probleme der Vermittlung, Übermittlung und Aneignung des kulturellen Bestands einer sozialen Ordnung formuliert, sei es einer Gruppe oder einer Nation. Der Begriff der „Kultur" stellt damit Abweichung und abweichendes Verhalten unter das *Prinzip des Lernens* und die mit ihm verbundenen Fragen nach den Formen sozialer Integrationsstrukturen und in ihnen zum Tragen kommender Prozesse, Konflikte, Techniken und Mittel der Vermittlung und Übermittlung wie des Lernens auf seiten des sozialen und kulturellen Neuankömmlings. 5. Der Begriff der „Kultur" hält den *Bedeutungs- und Sinnaspekt* menschlichen Handelns fest und stellt Abweichung und abweichendes Verhalten in den Rahmen Bedeutung schaffender und gesellschaftlich vermittelte Sinnzusammenhänge ausdrückender Erscheinungen. Unter diesem Gesichtspunkt weist der Begriff der „Kultur" über die makroanalytischen Ebenen von kulturellen und sozialen Strukturen hinaus auf die mikroanalytischen Ebenen der Sinn konstituierenden Prozesse sozialer Interaktion, denen sich insbesondere die phänomenologische und symbolisch-interaktionistische Soziologie und die in ihrem Rahmen formulierten Abweichungstheorien (z. B. „labeling"-Theorien) zugewendet haben. 6. Eine den heuristischen Prinzipien des Begriffs der „Kultur" folgende Forschung zeichnet sich darüber hinaus durch eine Methodologie aus, die bei aller methodischen

Vielfalt eine *Präferenz für interpretative, qualitative und historische Methoden* erkennen läßt. So ist z. B. gerade in der Sozial- und Kulturanthropologie und der an ihnen orientierten sozialwissenschaftlichen Kriminologie das Instrument der teilnehmenden Beobachtung eingesetzt und entwickelt worden, weil diese Methode in besonderem Maße die Perspektiven und die Authentizität der untersuchten Menschen und ihrer sozialen und kulturellen Ordnungen zugänglich zu machen vermag.

Die Entwicklung der Konzepte des „*Kulturkonflikts*" und der „*Subkultur*" setzt unter vielfältigen theoretischen und methodischen Akzentuierungen unmittelbar die Diskussion der Fragen, Problemstellungen und Ergebnisse um den Begriff der „Kultur" fort. Aber ihre Entwicklung ist zugleich die Antwort auf eine spezifische Erfahrung: die Erfahrung, daß die Tatsache der *inter*kulturellen Relativität sozialer Ordnungen sich als *intra*kulturelle Relativität, und das heißt auch als *intrakulturelle Relativität von Abweichungsdefinitionen* in staatlichen und besonders modernen nationalstaatlichen und stark arbeitsteiligen Gesellschaften wiederfindet, deren ausgeprägte strukturelle soziale Differenzierung mit einer vertikalen und horizontalen Vielfalt kultureller Ordnungen einhergeht. Darüber hinaus werden beide Konzepte vor allem am Problem der Tradierung der kulturellen Ordnung ausgearbeitet, d. h. dort, wo diese Tradierung gefährdet erscheint: an den Problemen der Kriminalität, der Jugend und ihrer Verknüpfung in Gestalt der Jugendkriminalität. Und sie werden mithin auch und gerade dort thematisiert, wo die soziale und kulturelle Vielfalt mit der Idee und dem Anspruch der Einheit des Rechts zusammenstößt. Ergänzend ist zu bemerken, daß beide Konzepte in erster Linie am Beispiel der amerikanischen Gesellschaft entworfen werden, die aufgrund ihrer spezifischen Merkmale (z. B. ethnische Vielfalt, hohe horizontale Mobilität) sich unter den hoch industrialisierten Gesellschaften vorzugsweise anbietet, und daß das Konzept des „Kulturkonflikts" der Entstehung des Konzepts der „Subkultur" vorausgeht, eine Tatsache, die wissenssoziologisch und für das Verständnis der Kontroversen um das Konzept der „Subkultur" nicht unerheblich ist.

1. Das Konzept des „Kulturkonflikts" entsteht auf dem Hintergrund der Erfahrung der großen Einwanderungswellen in die USA, die zu Beginn der 20er Jahre an ihr Ende kommen und das Erlebnis des Zusammentreffens und des Konflikts zwischen einer Vielzahl scheinbar authentischer Kulturen hervorbringen. Es spiegelt die Erfahrung eines quasi-*inter*kulturellen Konflikts wider und sucht, obwohl am Problem der Kriminalität entwickelt, schon in der Wahl des Wortes, auf Abweichung und Kriminalität zielende Konnotationen zu vermeiden. Mehr oder minder ausdrücklich in den Stadt- und Kriminalitätsstudien und -theorien der frühen „Chicago-Schule" thematisiert und von nicht unerheblichem Einfluß auf die Problemstellung der Theorie der differentiellen Kontakte, erhält es aber erst durch die Arbeit von SELLIN (1938) eine gewisse Prominenz in der kriminologischen Theorie. SELLIN geht von Vorstellungen aus, deren grundsätzliche theoretisch-systematische und empirische Bedeutung allerdings erst in den jüngeren Abweichungstheorien („labeling"-, Konflikt- und rechtssoziologische Theorien) in Anknüpfung an Diskussionen und Ergebnisse der Rechts- und Sozialgeschichte, der politischen Philosophie und Theorie heraus-

gearbeitet worden ist und durch sie zu grundlegenden Bausteinen der Analyse und Erklärung von Abweichungsphänomenen gemacht worden sind:

a) Das Strafrecht ist ein System von Normen, die verbindlich sind für alle, die sich innerhalb der Grenzen des politischen Verbands eines Staates aufhalten und die über das Gewaltmonopol des Staates durchzusetzen versucht werden. b) Der jeweilige Inhalt gesetzlicher Normen ist abhängig von den Werten, der Moral, den Interessen usw. derjenigen Bevölkerungsgruppen, die die Gesetzgebung beeinflussen. c) Diese Bevölkerungsgruppen repräsentieren *nicht notwendigerweise* die Mehrheit der Bevölkerung oder zumindest nicht bestimmte Minderheiten. d) Gesellschaften und insbesondere moderne Gesellschaften sind durch die Vielfalt normativer Ordnungen charakterisiert. Das Konzept des „Kulturkonflikts" unterstreicht also einerseits die Probleme der *mangelnden Übereinstimmung zwischen dem Strafrecht*, das von einer dominanten Mehrheit oder Minderheit bestimmt ist, *und den Werten, der Moral, den Interessen usw. derer, die ihm unterworfen sind*, und andererseits die Probleme des *Konflikts zwischen den vielfältigen normativen Ordnungen* moderner Gesellschaften. Beide Problembereiche können nun im Hinblick auf Kriminalität virulent werden a) unter den Bedingungen jenes quasi-interkulturellen Konflikts bei großen Wanderungsbewegungen, Immigration, Kolonisierung und Staatenbildung und b) unter der Bedingung einer hohen Wachstumsrate des strukturellen sozialen und kulturellen Differenzierungsprozesses, wie er für moderne Gesellschaften kennzeichnend ist. Aber so wesentlich der Ausgangspunkt des Konzepts des „Kulturkonflikts" in neuen konzeptuellen, theoretischen und methodischen Zugängen in den modernen Abweichungstheorien geworden ist, so wenig konnte sich eine Abweichungstheorie als eine Theorie des „Kulturkonflikts" durchsetzen. Zweierlei Gründe sind hierfür verantwortlich: a) In Widerspiegelung des historischen Ausgangspunkts wird das Konzept des „Kulturkonflikts" fast ausschließlich zur Analyse und Erklärung von Kriminalität in quasi-interkulturellen Konflikten (u. a. Gastarbeiterkriminalität) herangezogen (vgl. SHOHAM 1962; KAISER 1988). b) Hierbei zeigt sich aber, daß seine Brauchbarkeit zur theoretischen Formulierung empirischer Zusammenhänge außerordentlich begrenzt ist, so daß u. a. auch seine Weiterentwicklung in bezug auf den von SELLIN genannten Zusammenhang zwischen dem Wachstumsprozeß sozialer und kultureller Differenzierung und Kriminalität ausbleibt. *Das Konzept des „Kulturkonflikts" ist für die genaue Analyse und Erklärung der Zusammenhänge abweichenden und kriminellen Verhaltens zu unbestimmt* (HOLLANDER 1955; KAISER 1988). Es geht mit Ausnahme der genannten wichtigen SELLINschen Ausgangsperspektiven nicht über die Wiederholung der allgemeinen heuristischen Prinzipien des theoretischen Begriffs der „Kultur" hinaus. In gewisser Weise fällt es durch die einseitige Gewichtung der kulturellen Zusammenhänge abweichenden und kriminellen Verhaltens hinter die schon zwischen Sozial- und Kulturanthropologie geführten Kontroversen über „Kultur" und „Gesellschaft" zurück, ganz zu schweigen davon, daß es uns genaue Begriffe für die Analyse der vielfältigen Vermittlungsprozesse zwischen den Makroebenen sozialer und kultureller Strukturen, den Mikroebenen sozialer Prozesse und kriminellen Verhaltens an die Hand gäbe. Es vermag darüber hinaus ebenso wenig das

Prinzip des Lernens abweichenden und kriminellen Verhaltens wie die Analyse der Konstitutionsprozesse von Sinn in sozialen Interaktionen des Konflikts zu präzisieren.

2. Die historische Ausgangssituation der Entstehung des Konzepts der „Subkultur" nach dem Zweiten Weltkrieg ist im Vergleich zu der der Einführung des Konzepts des „Kulturkonflikts" eine ganz andere. Sie unterscheidet sich nicht zuletzt dadurch, daß aus einer Mitglieder fremder und verschiedener Kulturen aufnehmenden eine „Kultur exportierende" Nation geworden war und die Erfahrung der kulturellen Vielfalt nun – ganz im Sinne des zweiten von SELLIN genannten Entstehungszusammenhangs kriminellen Verhaltens – als Differenzierungsphänomen eines gemeinsamen kulturellen Systems erscheint, die daraus erwachsenden Konflikte als *intra*kulturelle Konflikte verstanden werden können, das Merkmal der Authentizität der konfligierenden kulturellen Ordnungen problematisch wird und dementsprechend sehr bald das Konzept der „Subkultur" reich an Konnotationen der Abweichung ist. Wie erwähnt, liegt das Schwergewicht seiner Anwendung in der Jugendsoziologie (OSWALD 1980) und in der kriminologischen Theorie, wo es im Zusammenhang mit der Analyse und Erklärung insbesondere der Jugendkriminalität zu einem Schlüsselkonzept avanciert. Um so überraschender ist es, daß die Weiterentwicklung und Präzisierung des Konzepts seit den Arbeiten von GORDON (1947), COHEN (1955), der bezeichnenderweise noch von der „Kultur der Bande" spricht, von YINGER (1960), WOLFGANG/FERRACUTI (1967) und ARNOLD (1970) nicht wesentlich weiter gediehen sind, gleichzeitig hingegen jener inflationäre Gebrauch des Begriffs um ein Vielfaches zugenommen hat, den YINGER schon im Jahre 1960 glaubte feststellen zu können. Obwohl in dieser Inflation des Begriffs sich Veränderungen der sozialen und kulturellen Strukturen der Industriegesellschaften selbst widerzuspiegeln scheinen, so liegt er auch in den besonderen Schwierigkeiten, die sich bei der Abgrenzung des Konzepts gegenüber den verschiedenen kulturellen Aspekten der Phänomene sozialer Differenzierung (z. B. soziale Rolle, soziale Gruppe, soziale Schicht usw.) ergeben, wie am Beispiel der Definition von „Subkultur" bei SHORT (1963) deutlich wird. „Eine Subkultur", schreibt SHORT, „ist eine Lebensart (‚way of life'), die unter Mitgliedern einer besonderen Kategorie oder Untergruppe von Individuen innerhalb einer größeren Gesellschaft, die eine gemeinsame Kultur teilt, überliefert ist, d. h. z. B. die Lebensart einer bestimmten Berufsgruppe …, einer Landschaft …, einer Altersgruppe … Jeder Mensch gehört so unvermeidlich zu einer Vielzahl von Subkulturen …". Abgesehen davon, daß SHORT das problematische Kriterium der Traditionalität einer Lebensart mit in die Definition von „Subkultur" hereinnimmt, hebt er zwar in Anknüpfung an die allgemeinen heuristischen Prinzipien des Begriffs „Kultur" die für das Konzept der „Subkultur" wichtige Perspektive hervor, daß die *Elemente* und die besonderen Verbindungen der Elemente (z. B. Süddeutscher–Arbeiter–Nebenerwerbslandwirt) *der Organisation sozialer Differenzierung Sinnzusammenhänge schaffende Einheiten bilden*, aber er geht zugleich nicht über die unter dem Bedeutungsaspekt vorgenommene Wiederholung der Tatsache sozialer Differenzierung und der ansonsten durch die Konzepte der sozialen Rolle, Position, Schicht usw. ausgedrückten Tatsachen hinaus.

Im Rahmen dieser Konzeptualisierung wird deshalb in sehr allgemeiner Weise von der „Subkultur" der Ärzte, der Fakultätsmitglieder, der Arbeiter usw. gesprochen. Knüpft man jedoch an den allgemeinen jugendsoziologischen und kriminologischen Problemzusammenhängen an, in denen das Konzept der „Subkultur" Verwendung findet, wird deutlich, daß das Konzept zusätzlicher Grenzziehungen bedarf, wobei folgende Elemente im Vordergrund stehen:
a) *Subkulturen sind normative und kulturelle Systeme abgrenzbarer Gruppen innerhalb einer* durch makrosoziologische Variablen bestimmbaren *Einheit des gesamtgesellschaftlichen Systems sozialer Differenzierung, die von dem kulturellen und/oder normativen System derjenigen Mehrheit oder Minderheit abweichen, die innerhalb dieser Einheit sozialer Differenzierung dominant* ist, wobei unter „dominant" die Kontrolle über die institutionalisierten Formen und Inhalte des sozialen und kulturellen Systems verstanden wird. Auf dieser Grenzziehung beruht u. a. z. B. die Kontroverse zwischen den anomietheoretischen Subkulturtheorien der jugendlichen Bandenkriminalität und der kulturanthropologischen Theorie der Unterschicht*kultur* in der angenommen wird, daß jugendliche Bandenkriminalität *im Einklang mit der* Jugend*kultur* der Unterschicht steht, die sich lediglich durch bestimmte *Akzentuierungen* der *Kultur* der Unterschicht auszeichnet. Die Grenzziehung unterstreicht damit, daß es wenig hilfreich ist, gesetzesverletzende Gruppen wie z. B. die Bande als „Subkultur" zu bezeichnen, *so lange nicht geklärt ist*, in welchem Verhältnis das normative und kulturelle System der gesetzesverletzenden Gruppe zu der sie umgebenden, sozialstrukturell differentiellen dominanten Kultur ist (→ Bande, Gruppe, Gang). b) *Subkulturen sind Einheiten, in denen die Sozialisation der Mitglieder einer sozialstrukturell differentiellen Kultur „in eigener Regie" erfolgt*, d. h. von den Zielen, Inhalten und/oder Techniken der sie umgebenden, sozialstrukturell differentiellen dominanten Kultur im Sinne des normativen und kulturellen Systems der Subkultur abweicht. Dieser Sozialisationsaspekt stellt heraus, *daß Subkulturen für die einzelnen Mitglieder und für die sie tragenden Gruppen „Welt" oder zumindest „Teilwelten" konstituierende Einheiten sind.* c) Obwohl es besondere Erscheinungen geben mag, wo eine Subkultur mit einer einzelnen (größeren) Gruppe in eins fällt, ist nicht nur in Fortführung der festgehaltenen Unterscheidung zwischen „Kultur" und „Gesellschaft", sondern aufgrund folgender Zusammenhänge *zwischen „Gruppe" und „Subkultur" zu unterscheiden:* ca) *Eine Subkultur ist ein kulturelles und normatives System auf der Grundlage der Beziehungen zwischen Gruppen.* Sie setzt m. a. W. symbolisch und/oder vor allem durch soziale Interaktion von Angesicht zu Angesicht zwischen einzelnen Mitgliedern oder Repräsentanten einzelner Gruppen vermittelte Kommunikations- und soziale Beziehungsstrukturen voraus. cb) *Die Mitgliedschaft in einer Subkultur bedarf einer zumindest teilweisen Unterstützung des kulturellen Musters.* D. h.: Die Mitgliedschaft in einer Gruppe, deren kulturelles System selbst Teil einer Subkultur ist, bedeutet nicht notwendig die Mitgliedschaft in der Subkultur. Unter anderem werden sich gerade aufgrund dieser Differenz die Randpersonen oder Außenseiterpositionen in Subkulturen ergeben. d) *Subkulturen unterscheiden sich von „Kontrakulturen"* in der Weise, daß ihre normativen und kulturellen Muster *nicht notwendig eine bewußte oder*

unbewußte direkte Umkehrung des normativen und kulturellen Systems der sie umgebenden, sozialstrukturell differentiellen dominanten Kultur beinhalten. Unter diesem Gesichtspunkt sind Kontrakulturen zwar immer Subkulturen, Subkulturen jedoch nicht identisch mit Kontrakulturen. Ihre Abweichungen können z. B. auch gerade in der selektiven Auswahl und einem Ausmaß der Betonung bestimmter Teile der sie umgebenden dominanten Kultur bestehen, die von den Mitgliedern der dominanten Kultur als Abweichung definiert werden. e) In gleicher Weise wie die Beziehung zwischen Kultur und konformem oder abweichendem Verhalten ist auch *die Beziehung zwischen subkulturellen Systemen und abweichendem Verhalten eine* u. a. über soziale Strukturen, Interaktions- und Gruppenprozesse oder Situationskontingenzen *vielfältig vermittelte*. Man darf nicht müde werden, gerade diesen Gesichtspunkt zu betonen, weil in den Debatten um die Subkulturtheorien gesetzesverletzenden Verhaltens sowohl von den Befürwortern wie von den Kritikern, insbesondere sofern letztere z. B. von der Perspektive des Zusammenhangs zwischen einer „Kultur der Armut" oder der „Unterschichtkultur" und gesetzesverletzendem Verhalten ausgehen, der normative Aspekt kultureller Muster zuungunsten der vielgestaltigen mikrosozialen Prozesse weit überschätzt wird.

Die vorangegangenen Abgrenzungen des Konzepts der „Subkultur" engen die Anwendung des Begriffs – wenn auch nicht die mit ihm verbundenen theoretischen Fragestellungen – restriktiv ein, insofern sie das Problem der Abweichung in den Mittelpunkt stellen. Diese Einengung mag je nach theoretischer Problemstellung zu stark oder gar noch zu weit gefaßt sein. Angesichts des inflationären Gebrauchs des Begriffs sind aber diese und andere Präzisierungen notwendig, wenn der Begriff und das Konzept der „Subkultur" ihren Status als analytische Instrumente bewahren wollen, was sie nur können, wenn sie einigermaßen erkennbare Konturen behalten und nicht zu Omnibusmethaphern werden, die die verschiedensten Erscheinungen wie soziale Rolle, soziale Positionen, Sozialschichten, Gruppen, Banden, Lebenswelten, Bezugswelten usw. unterschiedslos vereinnahmen. Nur dann können sie zur Formulierung der für die Theoriebildung wichtigen Zusammenhänge *zwischen* den verschiedenen, konzeptuell schon erarbeiteten oder noch zu erfassenden Phänomenen dienen.

Arnold, D.O. (Hrsg.), The Sociology of Subcultures, Berkeley 1970; *Brake, M.*, Soziologie der jugendlichen Subkulturen. Eine Einführung, hrsg. und mit einem Nachwort versehen v. R. Lindner, Frankfurt/M., New York 1981; *Cohen, A.K.*, Delinquent Boys. The Culture of the Gang, Chicago 1955; *Gordon, M.M.*, The Concept of the Sub-Culture and Its Application, Social Forces 26 (1947), S. 40–42; *Hollander, A.N.J.*, Der „Kulturkonflikt" als soziologischer Begriff und als Erscheinung, KZfSS 7 (1955), S. 161–187; *Klemm, G.F.*, Allgemeine Kulturgeschichte der Menschheit, 10 Bde., Leipzig 1843–1851; *König, R., Schmalfuß, A.* (Hrsg.), Kulturanthropologie, Düsseldorf, Wien 1972; *Sack, F.*, Die Idee der Subkultur: Eine Berührung zwischen Anthropologie und Soziologie, KZfSS 23 (1971), S. 261–282; *Schwendinger, H., Siegel-Schwendinger, J.*, Adolescent Subcultures and Delinquency, Research Edition, New York 1985; *Sellin, Th.*, Culture Conflict and Crime, Social Science Research Council Bulletin No. 41, New York 1938; *Short, J.F.*, Introduction to the Abridged Edition, in: The Gang. A Study of 1313 Gangs in Chicago, 2. gekürzte Aufl., hrsg. von Trasher, F.M., Chicago u. a. 1963 (S. XV ff.); *Singer, M.*, The Concept of Culture, in: International Encyclopedia of the Social Sciences, Bd. 3, New York 1968, S. 527–542; *Tylor, E.B.*, Primitive Culture. Researches into the Development of Mythology, Philosophy, Religion, Art and Custom, 2 Bde., Boston, wieder abgedr.

Gloucester/Ma. 1871; *Voget, F.W.*, The History of Cultural Anthropology, in: Handbook of Social and Cultural Anthropology, hrsg. v. Honigmann, J.J., Chicago 1973, S. 1–88; *Wolfgang, M.E.* (Hrsg.), Crime and Culture. Essays in Honor of Thorsten Sellin, New York u. a. 1968; *Wolfgang, M.E., Ferracuti, F.*, The Subculture of Violence. Towards an Integrated Theory in Criminology, London u. a. 1967; *Yinger, J.M.*, Contraculture and Subculture, ASR 25 (1960), S. 625–635.

TRUTZ VON TROTHA

L

Labeling approach → Kriminalitätstheorien, soziologische, → Stigmatisierung

Ladendiebstahl → Bagatellkriminalität, → Eigentums- und Vermögenskriminalität

Längsschnittuntersuchung → Behandlungsforschung, → Methoden der Kriminologie

Legalitätsprinzip → Bagatellkriminalität, → Kriminalpolitik

Lerntheorie → Kriminalitätstheorien, psychologische, → Kriminalitätstheorien, soziologische

M

Massenmedien und Kriminalität. Bei dem Verhältnis von Kriminalität und Massenmedien geht es um mehrere ineinander verzahnte Fragestellungen. Zunächst interessiert die Art und Weise, wie die Medien das Phänomen Kriminalität „reproduzieren". In diesem Ansatz ist im Kern schon die weitergehende Fragestellung angelegt, inwieweit die Medien Kriminalität „produzieren". Damit ist einerseits die Möglichkeit der „Konstruktion" einer bestimmten Verbrechenswirklichkeit durch die Medien, zum anderen aber auch die Wirkung der Darstellung von Kriminalität in den Medien auf Einstellung und Verhalten des Konsumenten angesprochen.

Betrachtet man die Rolle der Massenmedien im Prozeß der sozialen Kontrolle von Kriminalität, so bietet sich kein klares, einfach strukturiertes Bild. Schon das Bezugsobjekt „Medien" stellt sich nicht als Einheit dar, sondern diese

Sammelbezeichnung umfaßt Presse, Rundfunk, Film und Fernsehen, wobei, bedingt durch die technische Entwicklung namentlich im Videobereich, die Grenzen zwischen diesen Gruppen z. T. fließend geworden sind. Wir stoßen zudem, gleichgültig aus welcher Richtung wir uns annähern, sehr schnell auf wissenschaftliche Grundfragen. Das Stichwort „Medienwirkung" zählt zu den Grundfragen der Kommunikationsforschung und führt mitten in das Zentrum von Sozialisationsforschung und kriminologischer Theoriebildung. Vor diesem Hintergrund stellt „Kriminalität und Massenmedien" im Grunde nur eine Variation des allgemeineren Themas „Medienwirkung und Medienverantwortung" (KÜBLER 1975) dar. Die kriminalpolitischen und strafrechtsdogmatischen Ableitungen lassen sich von der Kriminalitätsberichterstattung bis zur Generalprävention, von der Verstärkung von Bedrohungsgefühlen und Verbrechensfurcht (SCHNEIDER 1991) bis zu den Voraussetzungen staatlichen Strafens oder aber von der Aufklärung über Strafgesetzgebung bis zur Figur des Unrechtsbewußtseins verfolgen. Gesellschaftspolitisch gewendet geht es im Grunde um den Beitrag der Massenmedien im Prozeß der Bewußtseinsbildung. Dieser Gesichtspunkt tritt in der neuerlichen Pornographiedebatte, durch die auch die Gesamtthematik zusätzliche Aktualität erlangt hat, deutlich hervor.

Solche multidisziplinären Bezüge und Verästelungen spiegeln sich auch im Stand der Forschung. An Thesen, Analysen und Studien mangelt es namentlich im Bereich der kriminalitätsorientierten Wirkungsforschung nicht. Die unterschiedlichen wissenschaftstheoretischen Ansatzpunkte und Hypothesen lassen aber zusammenfassende konsensfähige Aussagen nur begrenzt zu. Hinzu kommt, daß zwischen der Zahl der Studien und dem empirischen Ertrag ein gewisses Mißverhältnis besteht. Größere Untersuchungen sind einstweilen auf den anglo-amerikanischen Raum beschränkt geblieben (z. B. HALLORAN/BROWN/CHANEY 1972). Jedoch wird die Diskussion in der Bundesrepublik Deutschland inzwischen auf einer breiteren theoretischen und empirischen Grundlage geführt, zum Teil eingebettet in übergreifende kriminologische Perspektiven (z. B. KERNER 1980) oder spezielle kriminalpolitische Fragestellungen (z. B. v. BECKER 1979).

Ungeachtet des insgesamt noch keineswegs befriedigenden Forschungsstandes konvergieren die Beobachtungen über die Darstellung der Kriminalität in den Massenmedien – vereinfacht betrachtet – in folgendem Grundmuster: Über allem steht der Zug zum Sensationellen. Dementsprechend konzentrieren sich die Medien auf das Kapitaldelikt, namentlich auf die Gewaltkriminalität. Die alltägliche Vermögenskriminalität interessiert dagegen kaum. Durchweg nehmen die Medien die Perspektive der Strafverfolgungsorgane ein, was sich auch in der Überbewertung des Momentes der Verhaftung des Beschuldigten niederschlägt (ABENHAUSEN 1983; SCHNEIDER 1991). Der soziale Zusammenhang wird selten thematisiert. Die komplexe Realität wird vielmehr auf den einfachen Nenner „Gut" oder „Böse" gebracht. Der Straftäter erscheint als der grundlegend Andere, der Außenseiter, Gegner, gar als der Feind des normalen Bürgers.

Natürlich gibt es Variationen und Ausnahmen von diesem Grundmuster. So differiert die Berichterstattung über Kriminalität zwischen der Boulevardpresse und der seriösen Presse, wenn auch nicht so erheblich, wie man vermuten möchte (Schneider 1991). Auch weist allgemein die Kriminalitätsdarstellung in der Berichterstattung größere Realitätsnähe auf als in Unterhaltungssendungen. Bisweilen stützen und verfolgen die Massenmedien differenziertere kriminalpolitische Anliegen; auch sollte man in diesem Zusammenhang das justizkritische Potential der Presse nicht außer acht lassen. Im Gesamteindruck entsteht jedoch ein verzerrtes Bild vom Straftäter, der Kriminalität und der Struktur der Delinquenz (→ Kriminalität).

Die Gründe für solche Verzerrungen müssen teils in dem Thema selbst, teils in medienspezifischen Bedingungen der Informationsaufnahme und -weitergabe, teils in den Beziehungen zwischen den Trägern der strafrechtlichen Sozialkontrolle und den Medien, teils in einer bestimmten (Fehl-)Einschätzung der Erwartungen des Konsumenten gesucht werden. Kriminalität entzieht sich als soziales Phänomen dem schnellen Zugriff. Die Medien aber sind nicht zuletzt wegen des Anspruchs auf Aktualität oftmals nicht in der Lage, die Summe an Informationen aufzunehmen und zu verarbeiten, die zu einer der Sache angemessenen Darstellung der Kriminalität erforderlich wäre.

Zwar greift man im Interesse der Fahndung, ja selbst der Führung eines Strafprozesses, immer wieder auch auf die Medien zurück (Wagner 1987). Der Informationsaustausch zwischen den Trägern der strafrechtlichen Sozialkontrolle und den Medien beschränkt sich aber durchweg auf einzelne Anlässe und Fälle, was weniger eine Folge unverzichtbarer rechtlicher Restriktionen für die Kriminalitätsberichterstattung (dazu v. Becker 1979; Justice Pénale, Police et Presse 1988) als vielmehr Ausdruck einer gewissen Berührungsangst und mangelndem gegenseitigem Verständnis für die unterschiedliche berufliche Rolle sein dürfte. Vor allem aber geht man seitens der Medien offenbar davon aus, mit einer verkürzenden, das Spektakuläre über Gebühr akzentuierenden Darstellung beim Konsumenten besser anzukommen als mit einer nuancierteren Berichterstattung.

Zwar sind Zweifel angebracht, ob die Medienpolitik Informationskapazität und Verarbeitungsvermögen der Öffentlichkeit richtig einschätzt. Auch ist das Wissen über Kriminalität je nach Ausbildung, Lebens- und Arbeitsbedingungen sowie Alter in der Bevölkerung ungleich verteilt. Dessenungeachtet dürfte die Annahme, wonach weite Teile der Bevölkerung von den Medien zumindest latent eher eine Verfestigung als eine Destabilisierung bestimmter stereotyper Vorstellungen von Kriminalität erwarten, der Realität durchaus entsprechen. Dahinter steht möglicherweise ein tief empfundenes Bestreben nach Abgrenzung („Sündenbocktheorie"). Fest steht jedenfalls, daß Kriminalitätsberichterstattung einem Bedürfnis des Konsumenten entgegenkommt. Nicht nur Kriminalromane und -filme, sondern auch Presseberichte über Kriminalfälle erfreuen sich großer Beliebtheit (Kerner 1980). Zugleich besteht aber zwischen der Darstellung der Kriminalität in den Medien und der Einstellung der Bevölkerung zur Kriminalität eine Wechselwirkung. Das irrationale Verhältnis der Gesellschaft zur Kriminalität wird perpetuiert. Mit ihrer Wiedergabe der Kriminalität drohen die Medien der Gesellschaft die Möglichkeit zu versperren, dieses soziale Phänomen rational zu verarbeiten (Schneider 1991). Mehr noch: Die Realität verändert sich unter dem Einfluß der Massenmedien. Die Medien suggerieren vor allem die Allgegenwart der ernsthaften Kriminalität und der gesteigerten Bedrohlichkeit. Einiges spricht dafür, daß Krisen im Sicherheitsgefühl der Bevölkerung von den Medien wenn nicht ausgelöst, so doch zumindest verstärkt werden. Am Ende dieses Verstärkerkreislaufs steht die Feststellung, wonach die Darstellung der Kriminalität von der Mehrheit der Bevölkerung als die Realität widerspiegelnd bis eher untertreibend eingeschätzt wird (KERNER 1980). „Kriminalitätswellen" werden durch die Medien erst recht sichtbar gemacht und rufen den Gesetzgeber auf den Plan, der sich unter Zugzwang sieht und entsprechend (über-)reagiert (SCHNEIDER 1982).

Angesichts der Verengung der Perspektive auf Gewalt und Aggression konzentriert sich die Medienwirkungforschung seit jeher auf die Frage, inwieweit solche massenmedialen Gewaltdarstellungen ihrerseits aggressionssteigernd oder allgemein kriminalitätsfördernd wirken. Auf diesem Feld rivalisieren eine Reihe von Ansätzen und Theorien miteinander. Sie werden teilweise aus der allgemeinen Kommunikations- und teilweise aus der allgemeinen Aggressionsforschung gespeist. Innerhalb der Kommunikationsforschung haben namentlich die Verstärker-Hypothese und die Theorie der selektiven Wahrnehmung Bedeutung erlangt. Beide laufen im Grunde auf die Annahme hinaus, daß die Massenmedien entsprechende Einstellungs- und Verhaltensmuster nur verfestigten. Sie stehen damit in einem gewissen Gegensatz zu der Vorstellung, wonach die Massenmedien weitgehend die Themen bestimmten, mit denen sich das Publikum beschäftigt („Agenda Setting"). In der kriminalitätsorientierten Diskussion dominieren psychoanalytische und lerntheoretische Ansätze zur sog. Mediengewalt, die ihrerseits in zum Teil gegenläufige Thesen einmünden (→ Kriminalitätstheorien, psychologische). Nach der Katharsisthese bewirkt Mediengewalt den Abbau aggressiver Emotionen oder Verhaltenstendenzen durch Identifikation mit der dargestellten Gewalt. Die Inhibitionsthese und die Habitualisierungsthese gelangen zu ähnlichen Ergebnissen, die Inhibitionsthese, indem sie der Mediengewalt eine hemmende Wirkung zuschreibt, die Habitualisierungsthese, indem sie behauptet, Mediengewalt führe zur Gewöhnung und damit zu einer allmählichen Abnahme und zum Ausbleiben aggressiver Emotionen und Verhaltenstendenzen. Demgegenüber geht die Stimulationsthese davon aus, daß Mediengewalt zu aggressivem Verhalten anrege und zum Erlernen eines solchen Verhaltens beitrage.

Die zur Bestätigung oder Widerlegung dieser Modellvorstellungen namentlich in den USA vorgenommenen Untersuchungen haben keine absolut gesicherten Erkenntnisse geliefert. Immerhin bezeichnet die Kommunikationsforschung heute die Wirkung der Medien – kommunikationstheoretisch betrachtet – als stark, weitreichend und vielgestaltig (LÜSCHER 1982), was eine gewisse Relativierung der Verstärker-These und der Theorie der selektiven Wahrnehmung bedeutet. Außerdem dürfte weitgehend Konsens darüber bestehen, daß Mediengewalt kurzfristig oder auf Dauer durchaus Einstellungen und Verhalten beeinflußt, auch wenn vereinzelt noch die Nullhypothese vertreten wird. Hingegen bleibt in der Kernfrage, inwieweit Gewaltdarstellungen stimulierend auf das Verhalten des Rezipienten wirken, noch manches im Streit, was mit auf die komplexe Struktur sozialer Lernprozesse zurückzuführen sein dürfte. Für das spezielle Anwendungsfeld der Pornographie markieren etwa die Untersuchungen von KUTSCHINSKY (1972) und SELG (1986) die Bandbreite der vertretenen Positionen. Unklar bleibt vor allem die Langzeitwirkung, die einer empirischen Feldforschung kaum zugänglich ist (KAISER 1987). Auch wenn die exakte Beweisführung in ein non-liquet zu münden scheint, geht man heute überwiegend davon aus, daß die These, wonach Mediengewalt ein Gefährdungspotential innewohnt, von hoher Plausibilität ist. Als besonders gefährdet gelten Kinder und Jugendliche. Um freilich delinquentes Verhalten auszulösen, müssen noch zusätzliche Bedingungen gegeben sein. Es mangelt noch an Erkenntnissen über diese Zusatzbedingungen. Hier wird man im Grunde auf die Aufhellung des individuellen und sozialen Gesamtzusammenhanges auf seiten des Rezipienten verwiesen.

Ist man sich allenthalben der Gefahr massenmedialer Beeinflussung bewußt, so besteht auf der anderen Seite eine gewisse Unsicherheit in der Frage, welche kriminalpolitische Antwort hierauf namentlich im Bereich des Jugendmedienschutzes angemessen und zulässig ist (KAISER 1987). Dies hängt auch damit zusammen, daß der Gesetzgeber sich dabei in einem verfassungsrechtlich sehr sensiblen Bereich bewegt (→ Jugendrecht, Jugendhilfe, Jugendschutz). Einigkeit besteht wohl darin, daß Strafrechtsnormen gegen die Verherrlichung von Gewalt nach Art. des § 131 dStGB und des Art. 135 schStGB wohl nur symbolische Funktion zukommt (JUNG/MÜLLER-DIETZ 1981). Im übrigen spricht einiges dafür, daß man verstärkt auf medienrechtliche Mechanismen der Selbststeuerung setzen sollte. Dazu gehört auch eine stärkere Professionalisierung der Kriminalitätsberichterstattung (HÖBERMANN 1989). Dahinter steht die Erwartung, daß Professionalisierung und die Entfaltung eines differenzierten sozialen Verantwortungsgefühls Hand in Hand gehen. Auf diese Art dürfte man auch den Gefahren einer Vorverurteilung durch die Gerichtsberichterstattung am ehesten entgegenwirken. Die rechtliche Kontrolle sollte durchaus den Auswüchsen gegensteuern und damit zugleich auf eine stärkere Sensibilisierung für die Komplexität des Phänomens „Kriminalität" auf seiten der Medien hinwirken, wie dies das Bundesverfassungsgericht mit der Betonung des Resozialisierungsgedankens im sog. Lebach-Urteil (BVerfGE 35, 202) getan hat. Nicht zuletzt wird man auf medienpädagogische Angebote und Hilfen vertrauen müssen. Vor allem in der Schule sollte der Medienpädagogik größere Bedeutung eingeräumt werden.

Die Fokussierung auf die negativen Auswirkungen der Massenmedien hat dazu beigetragen, daß man das Potential der Massenmedien für eine Popularisierung realitätsgerechterer Informationen über Kriminalität möglicherweise unterschätzt. Dabei geht es weniger um einzelne Kampagnen, sondern darum, auf Dauer zu einem reflektierteren Niveau der Problembehandlung zu gelangen (SCHNEIDER 1991). Sicher gehört die soziale Kontrolle von Straftaten nicht zu den Aufgaben der Medien. Gleichwohl erscheinen die präventiven Möglichkeiten der Massenmedien im Gesamtsystem der sozialen Kontrolle von Kriminalität nicht hinreichend untersucht und gewürdigt. Kriminalitätsberichterstattung trägt sicher zur Normverdeutlichung bei (KERNER/FELTES 1980; SCHNEIDER 1982) und kann auch sonst Straftaten vorbeugen helfen. Allerdings gibt es zwischen notwendiger Stützung der sozialen Kontrolle von Kriminalität und unkritischer Stabilisierung des Status quo sowie zwischen gesellschaftlich tolerierbarer Mitwirkung bei der Strafverfolgung und unverhältnismäßiger Stigmatisierung von Betroffenen fließende Übergänge.

Abenhausen, F., Untersuchungshaft und Massenmedien, in: Reform der Untersuchungshaft, Vorschläge und Materialien, hrsg. v. Jung, H., Müller-Dietz, H., Schriftenreihe des Bundeszusammenschlusses für Straffälligenhilfe, Bonn 1983, S. 205–263; *v. Becker, P.*, Straftäter und Tatverdächtige in den Massenmedien: Die Frage der Rechtmäßigkeit identifizierter Kriminalberichte, Materialien zur interdisziplinären Medienforschung, Bd. 10, Baden-Baden 1979; *Halloran, J.D., Brown, R.L., Chaney, D.C.*, Fernsehen und Kriminalität, Berlin 1972; *Hauptmann, W.*, Medien und Kriminalität, in: Kriminalität und Massenmedien, Grazer Rechts- und Staatswissenschaftliche Studien, Bd. 38, hrsg. v. Godler, H.W. u. a., Graz 1981, S. 12–23; *Höbermann, F.*, Der Gerichtsbericht in der Lokalzeitung: Theorie und Alltag, Baden-Baden 1989; *Jubelius, W., Stein-Hilbers, M.*, Vermittlung von Informationen über Kriminalität in Massenmedien, MschrKrim 60 (1977), S. 177–185; *Jung, H., Müller-Dietz, H.*, Jugendschutz und die Neuen Medien, in: Expertenkommission Neue Medien-EKM Baden-Württemberg, Abschlußbericht, Bd. II, Materialien – Gutachten und Stellungnahmen, Stuttgart 1981, S. 133–196; Justice Pénale, Police et Presse, Travaux de l'Institut de Sciences criminelles de Poitiers, Vol. VII, Paris 1988; *Kaiser, G.*, Jugendschutz und Medien aus kriminologischer Sicht, in: Jugendschutz und Medien, hrsg. von Oehler, u. a., Beck, München 1987, S. 67–89; *Kerner, H.J.*, Kriminalitätseinschätzung und Innere Sicherheit, Wiesbaden 1980; *ders., Feltes, Th.*, Medien, Kriminalitätsbild und Öffentlichkeit. Einsichten und Probleme am Beispiel einer Analyse von Tageszeitungen, in: Strafvollzug und Öffentlichkeit, hrsg. v. Kury, H., Freiburg 1980, S. 73–112; *Kübler, F.* (Hrsg.), Medienwirkung und Medienverantwortung, Materialien zur interdisziplinären Medienforschung, Bd. 1, Baden-Baden 1975; *Kutschinsky, B.*, Pornographie und Sexualverbrechen, Das Beispiel Dänemark, Köln 1972; *Lüscher, K.*, Medienwirkungen und Gesellschaftsentwicklung, in: Verhandlungen des 54. Deutschen Juristentages Nürnberg 1982, Bd. II (Sitzungsberichte), Teil H., München 1982, S. H 21–H 43; *Schneider, H.-J.*, Massenmedien, in: HwbKrim, hrsg. v. Sieverts, R., Schneider, H.-J., 2. Aufl., 5. Bd., Berlin 1991, S. 301–324; *ders.*, Meinungsbildung durch Rundfunk über Straftaten und deren Ahndung – Aus der Sicht des Kriminologen –, in: Meinungsbildung durch den Rundfunk über Straftaten und deren Ahndung, hrsg. v. Oehler u. a., München 1982; *Selg, H.*, Pornographie, Psychologische Beiträge zur Wirkungsforschung, Bern u. a. 1986; *Smaus, G.*, Funktion der Berichterstattung über die Kriminalität in den Massenmedien, KrimJ 10, 1978, S. 187–201; *Wagner, J.*, Strafprozeßführung über Medien, Baden-Baden 1987.

HEIKE JUNG

Mediation → Opfer und Strafverfahren

Mehrfachtäter → Intensivtäter, gefährliche Straftäter, → Rückfall, Rückfallkriminalität

Mehrfaktorenansatz → Theorie und Erklärung

Methoden der Kriminologie. System und Methode sind die zwei Hauptmerkmale jeder Wissenschaft (vgl. BRUGGER 1988, KLAUS/BUHR 1983). Während das System die geordnete Ganzheit der Erkenntnisse, also einen inhaltlichen Aspekt meint, bezeichnen die Methoden einer Wissenschaft die Wege, auf denen das System entwickelt wurde, also einen formalen Aspekt.

Methoden sollen von einem Ausgangspunkt zu einem Ziel führen. Das Ziel soll notwendig, d. h. nicht zufällig, erreicht werden. Das verlangt nach einer Logik, die Ausgangspunkt und Ziel planmäßig, methodisch, verbindet. Die Logik kann nur aus einer Analyse von Ausgangspunkt und Ziel abgeleitet werden.

Innerhalb der kriminologischen Forschung ist der Ausgangspunkt eine offene Forschungsfrage zum Gegenstandsbereich der Kriminologie. Das Ziel ist, Antworten zu finden, die unser Erkenntnisinteresse befriedigen. Die Forschungsmethoden haben dabei die Aufgabe, den Weg zum Ziel überzeugend und planmäßig zu lenken. Das sieht man am besten, wenn man den Weg, auf dem eine aktuelle Forschungsfrage der Kriminologie bearbeitet wurde, vollständig begleitet: von der Forschungsfrage bis hin zu ihrer Beantwortung. Dadurch wird am ehesten deutlich, daß die Forschungsmethoden eng mit dem Gegenstandsbereich der Kriminologie verknüpft sind.

Anhand einer Studie von PATTERSON und DISHION, die 1985 in der Zeitschrift Criminology eine Untersuchung unter dem Titel „Contributions of families and peers to delinquency" veröffentlicht haben, soll beispielhaft methodisches Vorgehen in der kriminologischen Forschung beschrieben werden. Wir geben zunächst eine Zusammenfassung der Arbeit aus der Sicht der Verfasser:

„Es wird ein Modell vorgestellt, das den Beitrag von Eltern und Bezugspersonen auf das delinquente Verhalten Heranwachsender erklärt. Dabei wird angenommen, daß Mängel im Aufsichtsverhalten der Eltern und Defizite an sozialer Kompetenz die Wahrscheinlichkeit erhöhen, daß Heranwachsende Kontakte mit devianten Bezugspersonen (deviant peers) knüpfen. Schlechtes elterliches Aufsichtsverhalten, deviante Bezugspersonen und ein geringes Niveau schulischer Leistung (academic skills) tragen nach den Hypothesen der Studie direkt zum abweichenden Verhalten (delinquent behavior) der Heranwachsenden bei. Das vorliegende Modell wurde an einer Stichprobe von 136 heranwachsenden Jungen geprüft ... Die Prüfung ergab, daß das Modell hinreichend genau mit der beobachteten Datenstruktur übereinstimmt ... Ehe man das Modell jedoch endgültig akzeptiert, sollten noch eine Längsschnittstudie durchgeführt werden, die Aufschluß über die zeitliche Abfolge der angenommenen Beziehungen ergibt, und eine experimentelle Studie, in der Einfluß auf eine oder mehrere der unabhängigen Variablen genommen wird" (a. a. O., S. 63).

Was heißt das nun? Und vor allem: Ist die Zusammenfassung seriös? Zur Beantwortung dieser beiden Fragen muß man den Forschungsprozeß prüfen, auf dem die Zusammenfassung beruht. Dazu ist es zweckmäßig, das aus der Zusammenfassung gewonnene Wissen nicht bereits als ein Ergebnis zu betrachten, sondern beim Anfang – der Forschungsfrage – zu beginnen.

1. Forschungsfrage, theoretischer Kontext, Forschungsparadigmen. Die Forschungsfrage von PATTERSON und DISHION lautet: „Welchen Beitrag haben Familien und Bezugspersonen bei der Entstehung von Delinquenz?"

Wie untersucht man das? Was läßt man als gute Bearbeitung der Forschungsfrage gelten? Woher stammt die Frage überhaupt? Forschungsfragen sind in das Wissen, den gesellschaftlichen Zusammenhang und den theoretischen Kontext ihrer Zeit eingefügt. Hier nun haben drei theoretische Grundorientierungen zur Auswahl der Arbeit von PATTERSON und DISHION geführt:

1. Die Sozialisation des Menschen, seine Einbindung in soziale Gefüge, wird solange ein Forschungsthema von Relevanz bleiben, wie Menschen Menschen erziehen und beeinflussen.

2. Im aktuellen Moment des Handelns sind Menschen mit sich und ihrem „Kopf" allein. Alles, was vor der Ausführung der Handlung geschehen ist und einen handlungsleitenden Einfluß hat, muß im „Kopf" des Menschen repräsentiert sein und genau dort auch nachgewiesen werden. Der Mensch handelt – und nicht seine Biographie oder die soziale Schicht, der er angehört.
3. Biographie und soziale Schicht können ihren Einfluß auf menschliche Handlungen – und der mag beträchtlich sein – nur indirekt vermitteln, indem sie Erwartungen und Normen beeinflussen, die zum Zeitpunkt der Handlung im „Kopf" des Menschen repräsentiert sind.

Freilich wird man auch wissen wollen, woher die Normen und Erwartungen, die unser Handeln bestimmen, „letztlich" kommen. PATTERSON und DISHION betonen hier hauptsächlich einen formalen Aspekt: Die „Familie" „sozialisiert" und „Bezugspersonen" „sozialisieren". Dabei werden Werte und Normen vermittelt, die einem bestehenden Spektrum von Werten und Normen entnommen werden, deren Entstehung selbst bis zu den Bezugspersonen, aber nicht weiter, verfolgt wird. Der Prozeß der Vermittlung von Normen steht so im Zentrum der Perspektive. Die Einflüsse, die vom „Zeitgeist" oder von gesellschaftspolitischen Gegebenheiten auf die Entwicklung von Normen ausgehen, beschäftigen die Verfasser dagegen nicht.

Es gibt also Alternativen zum Forschungsparadigma von PATTERSON und DISHION, die anderen theoretischen Grundorientierungen folgen (vgl. dazu AMELANG 1986; KAISER 1989). Auch im theoretischen Kontext von PATTERSON und DISHION selbst gibt es Alternativen, weil es bisher an Explikation und Präzision fehlt, was genau untersucht werden soll. Die Präzisierung geschieht hauptsächlich mit Begriffen wie „Familie", „Bezugspersonen", „Delinquenz" und „Beitrag bei der Entstehung von", so daß der Begriff des Begriffs behandelt werden muß, damit der theoretische Kontext von PATTERSON und DISHION genauer beschrieben werden kann.

2. Begriffe, Merkmale, Objekte. Begriffe sind Bestandteile von Aussagen und Vorstellungsinhalte, die durch Nennung eines Wortes präsent werden. Sie sind eine Form des Denkens, in der Individuen (*Objekte*) nach *Merkmalen* (Eigenschaften) zu Klassen zusammengefaßt werden: Die Familie (Objekt) hat drei Kinder (Merkmal, Eigenschaft, Variable). Grundlage der Begriffsbildung ist die Unterscheidung von Identität und Nichtidentität: Die Familie dort ist die Familie dort, die Familie neben ihr ist eine andere Familie.

Die obige Definition des Begriffs enthält das Prinzip der Begriffserklärung, Objekte nach Merkmalen zu klassifizieren.

Der Begriff „Geschlecht" hat zwei Unterbegriffe, „männlich" und „weiblich". Dies sind die *Merkmalsausprägungen* des Merkmals „Geschlecht". Statt Merkmal sagt man auch: *Variable* (Veränderliche).

Dem Merkmal „Delinquenz" wurden bei PATTERSON und DISHION bisher keine Objekte zugeordnet. Gemeint sind „heranwachsende Jugendliche". „Gemeint" heißt, daß die Autoren ihr Untersuchungskonzept im Text ihrer Veröffentlichung derart spezifizieren. „Bezugspersonen" sind „Objekte" (Personen), die zu den Jugendlichen einen „Bezug haben". „Bezug haben" ist ein Merkmal.

Das Merkmal muß, wie wir gesehen haben, genauer bestimmt werden. Das machen die Verfasser jedoch nicht, sondern sie setzen voraus, daß man weiß, was eine „Bezugsperson" („peers") ist. Aber sie geben das Merkmal an, das beobachtet werden soll: „Delinquente Orientierung" der Bezugspersonen der Jugendlichen. Die Familie des Jugendlichen zählt jedoch nach dem theoretischen Verständnis der Verfasser nicht unter den Begriff der „Bezugsperson", so daß der mögliche Einfluß ihrer „delinquenten Orientierung" auch nicht untersucht wird. Man fragt sich, ob hier nicht eine gewisse Schwäche der internen Logik der Studie besteht.

Der Begriff „Familie" kann als Variablenausprägung gemeint sein. In diesem Fall wäre er ein Unterbegriff, der Oberbegriff könnte vielleicht „Familienstand" sein. Die Untersuchungsfrage könnte dann heißen: Hängt die Delinquenz junger Heranwachsender davon ab, ob sie in Familien aufwachsen? Der Text der Veröffentlichung zeigt aber, daß Familien Objekte der Studie sind. Auch das ist eine theoretische Entscheidung. Die soeben genannte Untersuchungsfrage kann nunmehr nicht untersucht werden. Statt dessen wird man erwarten, daß die Merkmale (Aspekte) genannt und ihre Wahl begründet wird, die dem „Objekt" „Familie" zugeordnet werden. Wir nennen das zentrale „Familienmerkmal" von PATTERSON und DISHION: Parental monitoring, Aufsichtsverhalten der Eltern. Was erwartet man aufgrund des Begriffs? Eher Liebe oder eher strenge Kontrolle? PATTERSON und DISHION nehmen also offenbar an, daß die Delinquenz junger Heranwachsender (auch) von zwei Variablen beeinflußt wird, d. h. abhängt von:

1. dem elterlichen Aufsichtsverhalten.
2. dem Einfluß der „delinquenten Orientierung" von Bezugspersonen der Jugendlichen.

Das heißt: Verändert sich – aus welchen Gründen auch immer – das elterliche Aufsichtsverhalten und/oder der Einfluß der Bezugsperson, so muß sich auch die Delinquenz der Jugendlichen verändern.

Deshalb heißt die „Delinquenz" in diesem Fall *abhängige Variable*, während „Aufsichtsverhalten" und „Bezugspersonen" je eine *unabhängige Variable* sind.

Der Zusammenhang zwischen zwei Variablen wird *bivariater Zusammenhang* genannt. Der Zusammenhang zwischen mehr als zwei Variablen heißt *multivariat*. Die Beziehungen der Variablen zueinander definieren ein *theoretisches Modell* der Entstehung von Delinquenz, sofern die Variablenzusammenhänge aus theoretischen Überlegungen erschlossen werden. Für das Modell von PATTERSON und DISHION hatten wir soeben zwei bivariate Zusammenhänge behauptet, die dieselbe abhängige Variable haben. Das ergibt zusammen ein multivariates Modell.

Man unterscheidet theoretische Begriffe von Beobachtungsbegriffen. *Theoretische Begriffe* wie – „elterliches Aufsichtsverhalten" oder „Delinquenz" – sind Abstraktionen konkreter Vorstellungsinhalte. Sie beziehen sich nicht auf unmittelbar Beobachtbares. Andere, äquivalent verwendete Bezeichnungen sind: Latente Variable, (theoretisches) Konstrukt.

Beobachtungsbegriffe beziehen sich dagegen auf Beobachtbares. Sie heißen auch „empirischer Begriff" oder „konkreter Begriff". Als Variable sagt man:

Manifeste Variable oder (empirischer) Indikator. Ein Beispiel einer manifesten Variablen sind „Polizeikontakte". „Elterliches Aufsichtsverhalten" und „Delinquenz" müssen demnach beobachtbar gemacht werden. Wir kommen darauf zurück.

Begriffe haben zwei weitere wesentliche Merkmale: Sie liefern eine Perspektive und sie sind kontextabhängig. Die *Perspektive* legt fest, wie uns ein Objekt erscheint, das heißt, welche Merkmale wir aus der großen Vielzahl beobachtend herausheben wollen. Die *Kontextabhängigkeit* ist die von den Verfassern angenommene Abhängigkeit zwischen den Variablen.

Perspektive und Kontextabhängigkeit sind die Domäne theoriegeleiteter Forschung. Die in ihr verwendeten Merkmale werden in einem Gefüge wechselseitiger Beziehungen vernetzt und verankert, das zur Klärung aller vernetzten Merkmale (und Begriffe) beiträgt.

PATTERSON und DISHION haben nunmehr zwei konkrete Aufgaben:
1. Bereitstellung eines theoretischen Kontextes, einer Theorie.
2. Zuordnung von Indikatoren zu den latenten Variablen ihrer Studie (bisher: Delinquenz, Aufsichtsverhalten, Bezugsperson), damit anhand von Beobachtungen Aussagen über die Beziehungen zwischen den latenten Variablen gemacht werden können.

Die Bereitstellung eines theoretischen Kontextes steht am Ende des Verfahrens, das wir bisher verwendet haben, nämlich aus gewissen Vorstellungen über den Untersuchungsgegenstand heraus zunehmend eine festere begriffliche und theoretische Struktur zu entwickeln. Dieser Prozeß ist gemeint, wenn von „Konzeptualisierung einer Untersuchung" oder von *Konzeptspezifikation* (SCHNELL u. a. 1989) gesprochen wird.

3. Theoretischer Kontext der Untersuchung. PATTERSON und DISHION stützen sich selbst auf einen theoretischen Kontext: Die Prinzipien sozialer Lerntheorien. Danach hat die Sozialisation zentrale Bedeutung: Belohnung erwünschten bzw. Bestrafung unerwünschten Verhaltens erhöht bzw. vermindert die Wahrscheinlichkeit, daß das Verhalten in Zukunft auftritt. Nach dieser Theorie müssen Belohnung und Bestrafung möglichst bald dem entsprechenden Verhalten folgen. Damit dies geschehen kann, muß das Verhalten der Jugendlichen gut beaufsichtigt werden. So etwa begründen PATTERSON und DISHION die Funktion der latenten Variablen „Aufsichtsverhalten der Eltern" in ihrer Studie.

Zur Begründung der übrigen Variablen in ihrem Modell greifen PATTERSON und DISHION noch auf weitere Rahmentheorien zurück, die hier aber nicht beschrieben werden können.

In ihrem theoretischen Modell gibt es insgesamt fünf latente Merkmale:
1. Delinquenz der Jugendlichen (delinquent behavior)
2. Aufsichtsverhalten der Eltern (parental monitoring)
3. nonkonforme Bezugspersonen (deviant peers)
4. Schulleistungen (academic skills)
5. soziales Geschick, soziale Kompetenz (social skills)

Wir beschreiben das Modell. Links steht jeweils die Variablennummer der abhängigen Variablen:

1: 2,3,4 (Aufsichtsverhalten, nonkonforme Bezugspersonen, Schulleistungen beeinflussen 1: Delinquenz).
3: 2,5 (Aufsichtsverhalten, soziales Geschick beeinflussen 3: nonkonforme Bezugspersonen).

Das Aufsichtsverhalten soll also auch die Variable „nonkonforme Bezugspersonen" (3) beeinflussen, die ihrerseits „Delinquenz" beeinflußt. Das ist ein sog. *indirekter Effekt*, weil er über eine zwischengeschaltete Variable wirken soll. Das Gegenstück ist der *direkte Effekt*. Theoretisch ist das schon sehr interessant: Eltern können ihre Kinder „direkt" beeinflussen, aber auch „indirekt", indem sie kontrollieren, welche Freunde ihre Kinder haben. Beide Varianten sollen Einfluß auf die Kriminalität ihrer Kinder haben.

Die Theorie von PATTERSON und DISHION spezifiziert alle erwarteten Beziehungen zwischen den latenten Variablen. Sie beschreibt eine Struktur latenter Variablen, eine *latente Struktur*.

In dem theoretischen Modell sind zwei abhängige Variablen vorgesehen: „Delinquenz" und „Bezugspersonen". „Bezugsperson" ist aber gleichzeitig auch eine unabhängige Variable, da sie die „Delinquenz" beeinflussen soll. Deshalb wird ein neuer Begriff benötigt: Variablen, die in einem theoretischen Modell erklärt werden, heißen *endogene* Variablen. Die übrigen Variablen heißen *exogen*. „Delinquenz" ist eine endogene, aber keine unabhängige Variable. Um ihre Erklärung geht es in der Hauptsache.

„Überzeugt" das Modell von PATTERSON und DISHION? Hat die Delinquenz von Kindern keinen Einfluß darauf, welche Freunde sie sich suchen? Worüber unterhält man sich mit Freunden? Und außerdem: Sind Eltern keine „Bezugspersonen"? Sind Eltern keine möglichen „deviant peers"? Und schließlich: Warum wird im „elterlichen Aufsichtsverhalten" toleriert, daß Kinder „deviant peers" haben?

Jetzt muß der Bezug von der theoretischen Ebene der latenten Variablen, die ja nicht unmittelbar beobachtet werden können, zu manifesten Variablen, Indikatoren, hergestellt werden.

Der Übergang von latenten zu manifesten Variablen ist das Herzstück jeder empirischen Untersuchung. Hier ist das zentrale Verbindungsglied von Theorie und Empirie und nur hier kann man ganz genau prüfen, was die Verfasser unter „Aufsichtsverhalten der Eltern" oder „Bezugspersonen" tatsächlich meinen bzw. ob sie überhaupt das „Aufsichtsverhalten" oder eher „etwas anderes" erfassen.

Wir behandeln das wichtige Teilthema in den folgenden zwei Abschnitten.

4. Grundlagen der Operationalisierung latenter Variablen. Ziel der Operationalisierung latenter Merkmale ist die Bereitstellung von beobachtbaren Merkmalen, mit denen Ausprägung der latenten Merkmale bei hoher Gültigkeit (*Validität*) erfaßt werden. Gelingt die Operationalisierung hochvalide, können anhand von Beobachtungen (Daten zu Merkmalen) gültige (valide) Aussagen über die Beziehungen latenter Merkmale gemacht werden. Die Theorie von PATTERSON und DISHION ist dann prüfbar.

Ergebnis von Operationalisierung sind Vorschriften, die genau regeln

a) was beobachtet werden soll und

b) wie es beobachtet werden soll.

Für den ersten Punkt werden Merkmale wie „Delinquenz“ meist in Merkmalsfacetten zerlegt. Diese sogenannten Verhaltenscharakteristika werden möglichst eng gefaßt, damit sie einer interpretationsarmen Beobachtung zugänglich sind. Sie decken erst in ihrer Gesamtheit das Spektrum des Merkmals ab. Zu ihnen werden Aussagen formuliert, die sog. Items, z. B.: „Hast Du in den vergangenen zwei Wochen ein Kino besucht, ohne eine Eintrittskarte zu kaufen?“ Das Gesamt der Items bildet eine *Skala*, deren zusammenfassender Wert, der *Skalenwert*, den Beobachtungswert des latenten Merkmals darstellt. Dieser Beobachtungswert ist die operationalisierte Ausprägung der latenten Variablen: der *Indikator*.

Für den zweiten Punkt muß die Methode der Beobachtung angegeben werden: Beobachtung im umgangssprachlichen Verständnis, Interview (mündlich oder telephonisch, strukturiert oder unstrukturiert), Fragebogen, Tests, Auswertung von Akten und Dokumenten. Denn die Methode der Beobachtung (*Datenerhebung*) ist Bestandteil der Beobachtung und oft folgt sie unmittelbar aus dem Gegenstand der Beobachtung. Wie wir später sehen werden, ist das auch bei PATTERSON und DISHION der Fall.

Damit die Methode der Operationalisierung zu empirischen Indikatoren führt, die hohe Validität für die Erfassung der latenten Merkmale haben, müssen die Indikatoren und ihre Facetten (!) stringent aus den theoretischen Annahmen der Studie abgeleitet sein. Dies ist die sogenannte *kausalanalytische* Methode der Operationalisierung (vgl. SCHNELL u. a. 1989). Davon zu unterscheiden ist die deskriptive, *operationalistische*, Methode, die das Verfahren – die Operationen – der Gewinnung der Beobachtungsdaten (der Ausprägungen manifester Variablen) definitorisch gleichsetzt mit der latenten Variablen: Kriminalität „ist“ die Zahl registrierter Delikte, Intelligenz ist das, was der Intelligenztest erfaßt.

Die operationalistische Methode verzichtet weitgehend auf die immense Fruchtbarkeit des Konzeptes latenter Variablen. Sie ist Ausdruck eines naiven Realitätsverständnisses, nach dem wir die soziale Wirklichkeit so sehen, wie wir sie sehen, weil sie so „ist“. Unsere Perspektive der Beobachtung und die Kategorien unseres Denkens werden als Bestandteil der Wirklichkeit außerhalb von uns gedacht. Perspektive und Kategorien können daher „beobachtet“, „wahrgenommen“, werden, so daß sich die „Wirklichkeit“ durch Beobachtung selbst interpretiert und erklärt.

Dem ist aber nicht so. Das weiß zum Beispiel auch ein Richter. Eine Freiheitsstrafe setzt er nämlich nicht deshalb nicht zur Bewährung aus, „weil“ der Angeklagte vorbestraft ist. Statt dessen denkt er aus der Perspektive latenter Variablen (z. B. „Hangtäter“), indem er Beobachtbares („Delikte“) als Ausdruck der latenten Variablen („Hangtäter“) begreift und interpretiert. Vorstrafen sind demnach empirische Indikatoren für die Kriminalitätstheorie des Richters. Hat nun ein Angeklagter viele Vorstrafen, so ist sein „Hang zur Kriminalität“ stark. Der „Hang“ wird vermutlich zeitlich stabil bleiben, so daß zu befürchten ist, daß er auch in Zukunft zu Delikten „führt“. Der Bezug auf die als relativ invariant angenommene latente Variable („Hang“) ermöglicht also erst die Prognose, nicht etwa die Vorbestrafung – „Belastung“ selbst.

Erkenntnistheoretisch ist die Perspektive unserer Betrachtung eine „Konstruktion“ (daher: *theoretisches Konstrukt*). Wir müssen das Konstrukt „Delinquenz“ haben, damit wir Beobachtbares nach „Delinquenz“ klassifizieren können. Die „Delinquenz“ ist kein Bestandteil beobachtbarer Taten. Geht zum Beispiel – wie in der Studie von PATTERSON und DISHION erfragt – ein Jugendlicher in ein Kino, ohne eine Eintrittskarte zu lösen, so erschließt sich der „Deliktcharakter“ dieser Handlung aus der Perspektive und nicht aus der Handlung selbst. Allerdings muß die Handlung – Kinobesuch, keine Eintrittskarte lösen – beobachtbar sein, damit die Kategorie „Delikt“ angelegt werden kann. Hinzu kommt aber eben die Kategorie – „verboten – erlaubt“ – und sie ist ganz gewiß kein Bestandteil der beobachtbaren Realität. Sie ist aber ein „theoretisches Konstrukt“, eine latente Variable, und als solche muß sie die Kriterien aller latenten Variablen erfüllen. Insbesondere muß die Validität die Erfassung anhand empirischer Indikatoren hoch sein. Insofern wird die Kategorie unseres Geistes – „verboten – erlaubt“ – beobachtbar, indem definitorisch (genauer: durch Operationalisierung) festgesetzt wird, welche Handlung „verboten“ ist. Theoretische Konstrukte sind demnach Kategorien unseres Denkens, weitgehend frei gewählte Perspektiven unserer Betrachtung.

PATTERSON und DISHION wählen für „Delinquenz“ zwei Indikatoren – das allein hat schon theoretische Bedeutung: „Polizeikontakt“ und „selbstberichtete Delinquenz“. Offenbar erzwingt der Zugang zu den zwei Indikatoren verschiedene Methoden der Beobachtung bzw. Datenerhebung.

Kausalanalytisch wäre nun zu zeigen, daß hohe Delinquenz

1. die Wahrscheinlichkeit erhöht, daß Interviewern „Delikte“ mitgeteilt werden,
2. die Wahrscheinlichkeit erhöht, daß es „Polizeikontakt“ geben wird.

Hilfreich wäre auch die theoretische Bearbeitung der Frage, in welchem Ausmaß die beiden Indikatoren zu übereinstimmenden und zu nicht übereinstimmenden Einschätzungen der „Delinquenz“ führen sollten.

Der Indikator „Polizeikontakt“ bestand aus einem *Item*: Polizeigewahrsam (Arrest in bestimmter Zeitspanne), „ja“ oder „nein“. Die Informationen wurden einer Datei eines Polizeicomputers entnommen. Die Datei hat als Quelle der Datenerhebung den Charakter eines Dokumentes. Die „Methode der Beobachtung“ war also die Analyse eines Dokumentes.

11% der untersuchten Jugendlichen hatten „Polizeikontakt“, das heißt, daß beide Auswertungsklassen („ja“ und „nein“) auch besetzt sind. Demnach sind die Jugendlichen nach diesem Merkmal verschieden, sie variieren und es gibt nun etwas zu erklären: Warum haben die einen (11%) Polizeikontakt gehabt und die anderen (89%) nicht? Die Antwort geben PATTERSON und DISHION in ihrem theoretischen Modell: Die Jugendlichen variieren auch nach anderen Merkmalen, und zwar so, daß die *Variation* im Merkmal „Polizeikontakt“ mit der Variation in anderen Merkmalen zusammenhängt (*ko-variiert*). Deshalb kann die Variation des Merkmals „Polizeikontakt“ „erklärt“ werden – jedenfalls teilweise.

Die Variation im Merkmal „Polizeikontakt“ könnte kleiner (nämlich alle Antworten gleich) oder größer sein als die gefundenen 11%. Das mögliche Maximum an Verschiedenheit zwischen den Jugendlichen – an interindividueller Variation – läge bei „50% Polizeikontakt". In diesem Fall hätten Rateversuche – wer hatte wohl Polizeikontakt – die höchste Fehlerquote (50%), während das Wissen, daß 11% Polizeikontakt hatten, zur stereotypen Antwort „kein Polizeikontakt" motivieren würde. Das ergäbe eine Trefferquote von 89%, also nur 11% Fehler.

5. Messung latenter Variablen.

5.1. Grundlagen. Ordnet man nun zum letzten Schritt jeder Ausprägung des Indikators „Polizeikontakt" „sinnvoll" Zahlen zu, so könnte man eine „1" für „ja" und eine „2" für „nein" wählen. Dann hätte man zwischen den Zahlen dieselben Beziehungen (1=1, 2=2, 1 ungleich 2) wie zwischen den Merkmalsausprägungen. Eine derartige Abbildung von empirischen Relationen in numerische Relationen heißt Messung (*Skalierung*). Sie begründet eine Skala. Die Feststellungen von empirischer Gleichheit und Verschiedenheit für das Merkmal „Polizeikontakt" definieren eine sog. *Nominalskala*. Auf Nominalskalen darf man Häufigkeiten und Prozentwerte berechnen. Da wir das aber schon getan haben, bevor Zahlen zugeordnet wurden, ist zu schließen, daß die Zuordnung von „ja" und „nein" bereits eine Messung (Skalierung) ist.

Auch kann das Ausmaß der Variation nun in einem Maß (einer Kennziffer, einer Statistik) angegeben werden, der *Varianz*. Das Maß für die Ko-Variation, d. h. die Enge des Zusammenhangs von Merkmalen, ist die *Kovarianz*. Die normierte Kovarianz heißt *Korrelation* oder *Korrelationskoeffizient*. Der Korrelationskoeffizient ist null, wenn überhaupt kein Zusammenhang zwischen zwei Variablen A und B besteht. In diesem Fall wird die Fehlerquote beim Erraten der Ausprägungen von B nicht niedriger, wenn man die Ausprägungen von A kennt: A enthält keinerlei Informationen über B. Der Koeffizient ist vom Betrag „1", wenn man B fehlerfrei vorhersagen kann, obwohl man nur A kennt. Und zwar ist die Korrelation „+1", wenn die Beziehung „je größer A desto größer B" gilt und „-1", wenn die Beziehung „je größer A desto kleiner B" gilt. PATTERSON und DISHION behaupten also u. a., daß „Delinquenz" negativ mit „Aufsichtsverhalten der Eltern" und positiv mit „Bezugspersonen" korreliert, und sie behaupten ferner, daß die beiden Korrelationen kausal zu interpretieren sind.

Ein Problem der kausalen Interpretation der Korrelation zwischen zwei Variablen A und B ist, daß der Zusammenhang auf drei verschiedenen Wegen entstanden sein kann: A beeinflußt B, B beeinflußt A, C beeinflußt A und B. Bei PATTERSON und DISHION beeinflußt eine latente Variable eine oder mehrere andere latente Variablen (Fall 1/Fall 2), während manifeste Variablen korrelieren, weil sie mit derselben (denselben) latenten Variablen korrelieren (Fall 3). Das erwähnte Richterbeispiel entspricht ebenfalls Fall 3.

Das Quadrat des Korrelationskoeffizienten zwischen zwei Variablen A und B – der sog. *Determinationskoeffizient* – beschreibt denjenigen Varianzanteil von B, der durch seine Korrelation mit A „erklärt" wird. PATTERSON und DISHION werden demnach auch berichten müssen, wieviel Prozent der Varianz der „Delinquenz" ihr Modell erklären kann.

Bei PATTERSON und DISHION korrelieren die beiden Indikatoren der Delinquenz – nämlich „Polizeikontakt" und „selbstberichtete Delinquenz" – zu 0.40.

Das ergibt eine „erklärte Varianz" von 16% und eine „nicht-erklärte Varianz" von 84%. Die Frage ist nun, ob dieses Ergebnis „kausalanalytisch" in etwa erwartet wurde. Wurde es das, so ist es ein Hinweis auf die *Validität* jeder der beiden Messungen (und Operationalisierungen). Das Verfahren, die Validität hypothesengeleitet zu prüfen, heißt *Konstruktvalidierung*. Es ist die Methode der Wahl bei der Prüfung auf Validität, denn es verlangt nichts anderes als Forschung generell: Theorien, Ableitung von prüfbaren Hypothesen, Prüfung (Vergleich von Theorie und Empirie). Ein Schritt bei der Prüfung auf Konstruktvalidität ist die Inspektion der *Inhaltsvalidität*, der Iteminhalte. Ein zweiter Schritt ist die Prüfung der sog. *Kriterienvalidität*. Hier wird die Korrelation zwischen zwei Merkmalen berechnet, von dem eines zum „Kriterium" des anderen erklärt wird. Beispiel: Schulnoten als Kriterium eines Intelligenztests.

Voraussetzung der Validität einer Messung ist deren Zuverlässigkeit (*Reliabilität*). *Reliabilitätskoeffizienten* entstehen aus der Korrelation einer Variablen mit sich selbst, zum Beispiel durch wiederholte Messung derselben Variablen nach der Test-Retest-Methode. PATTERSON und DISHION haben so die selbstberichtete Delinquenz ein zweites Mal erhoben und einen Reliabilitätskoeffizienten von 0.78 erhalten. Hätten die Jugendlichen bei mindestens einem der Interviews per Zufall geantwortet, wäre die Korrelation null gewesen. Die hohe Korrelation von Test und Retest läßt darauf schließen, daß sie nach systematischen Gesichtspunkten geantwortet haben. Das wiederum bedeutet, daß ihre Antworten von einer (oder mehreren) latenten Variablen bestimmt wurden, die relativ invariant ist (sind) und zudem ausreichend fehlerfrei erfaßt werden kann (zu 78%). Ob die reliabel gemessene Variable allerdings „Delinquenz" ist, weiß man noch nicht. Dies ist eine Frage der Validität.

5.2. Messung bei PATTERSON und DISHION. Der zweite Indikator der Delinquenz, die selbstberichtete Delinquenz, besteht aus 16 Items, die das mündliche Interview mit dem Jugendlichen strukturieren (strukturiertes Interview). Itembeispiele sind: Zerstörung von Eigentum? Verstecktes Tragen einer Waffe? Bedrohung von Mitschülern? Trunkenheit? Nichtbezahlen bei Kinobesuch? Nichtbezahlen bei Busfahrten?

Die Antworten des Jugendlichen konnten „trifft zu" (Punktwert „2") oder „trifft nicht zu" (Punktwert „1") sein. Die 16 Items wurden durch Addition über alle Itempunktwerte zu einer Skala zusammengefaßt, deren Wert – der Skalenwert – der Indikator „selbstberichtete Delinquenz" ist. Die Addition ist „sinnvoll", sofern ein Jugendlicher A, der mehr Items zugestimmt hat als ein Jugendlicher B, auch eine höhere „Delinquenz" hat als B. In diesem Fall begründen Operationalisierung und Messung eine *Rangskala* (*Ordinalskala*). Darf man zusätzlich zu den Voraussetzungen der Ordinalskala annehmen, daß gleichen Differenzen der Punktwerte gleiche Differenzen der „Delinquenz" entsprechen, liegt eine *Intervallskala* vor. Man kann dann Aussagen der folgenden Art sinnvoll machen: Das Ausmaß, in dem sich die Delinquenz der Personen A und B unterscheidet, ist doppelt so groß wie der Unterschied bei C und D. Zusätzlich zu den Voraussetzungen der Intervallskala muß es bei *Verhältnisskalen* (*Ratioskalen*) empirisch sinnvoll sein, Verhältnisse zu bilden: A ist doppelt so delinquent wie B. Allerdings ist es nicht einfach, soviel theoretisches Wissen zu erwerben, daß Operationalisierung und Messung eine Intervall- oder gar eine Verhältnisskala ergeben können.

Die Sichtung des Iteminhalts ist die Prüfung der Inhaltsvalidität. Die Iteminhalte veranlassen zur Frage, ob die latente Variable „Delinquenz" nicht besser – d. h. valider – als „Verwahrlosung" verstanden werden muß. Das Studium der Frage wird allerdings die bereits genannte Korrelation der beiden Indikatoren der Delinquenz maßgeblich berücksichtigen müssen.

Die latente Variable „Bezugspersonen" wurde durch den Indikator „Einschätzung der Mutter" (1 Item: Ist ihr Kind oft mit Freunden zusammen, die in Schwierigkeiten (troubles) geraten) und den zweiten Indikator „Einschätzung des Jugendlichen" (strukturiertes Interview) operationalisiert. Der zweite Indikator besteht aus 13 Items, die deutliche Überlappungen zum Indikator der „selbstberichteten Delinquenz" haben, aber – und darüber müßte man nachdenken – nicht mit ihnen identisch sind. Insgesamt wird der Charakter von Delinquenz hier konturierter getroffen (Itembeispiel: Handeln Deine Freunde mit harten Drogen?).

Ein zweites Interview zu denselben Items ergab einen Reliabilitätskoeffizienten von 0,86, so daß die hohe Meßgenauigkeit erwarten läßt, daß die Korrelationen zwischen den Indikatoren nicht allzu sehr durch den Einfluß von Meßfehlern gedrückt wurden. Insbesondere korreliert der zweite Indikator (Bezugspersonen, Bericht des Jugendlichen) mit stattlichen 0.59 mit der selbstberichteten Delinquenz, so daß nahezu 36% der Varianz der Delinquenz allein durch diese Beziehung *erklärt* wären.

Die latente Variable „Aufsichtsverhalten der Eltern" wurde mit 4 Indikatoren operationalisiert (Mutter, Kind, Mutter-Kind-Differenzwert, Interviewereinschätzung), wobei der Schwerpunkt wiederum auf Items liegt, die der Jugendliche beantwortet: Wie oft wissen die Eltern, wo Du bist? Wie oft verbringst Du mit Deinen Eltern Zeit? Wie oft teilst Du Gedanken und Gefühle mit Deinen Eltern (share thoughts and feelings with)? Zu wem gehst Du normalerweise, wenn Du Probleme hast?

Das sind vier der insgesamt 5 Items. Der Charakter der Kontrolle und Aufsicht ist weniger stark als erwartet. Die Qualität der Beziehung zwischen Eltern und Kind, die emotionale Bindung, scheint mehr zu dominieren. Das würde bedeuten, daß PATTERSON und DISHION über die Variable weniger die Prinzipien des sozialen Lernens testen als vielmehr einen wichtigen Aspekt der Theorie der sozialen Kontrolle von HIRSCHI, nach der die Bindung zwischen Personen (attachment) Delinquenz beeinflußt.

Ein zweiter Indikator zur Elternaufsicht ist ein Mutter-Kind-Differenz-Wert: Mutter und Kind wurden in Telephoninterviews zu mehreren Verhaltensmerkmalen befragt, was das Kind während der letzten 16 Stunden gemacht habe. Ein hoher Skalenwert wird als Maß (Indikator) ungenauer Information der Mutter über die Aktivitäten ihres Kindes interpretiert. Die beiden Indikatoren korrelieren zu 0.25 und erfassen somit überwiegend verschiedene Aspekte (Varianzanteile).

Der erste Indikator (zweite Indikator) der Elternaufsicht korreliert mit der selbstberichteten Delinquenz zu 0.27 (0.33), mit „Polizeikontakt" zu 0.14 (0.30), mit „Bezugspersonen“ (Sicht der Mutter) zu 0.25 (0.39) und Bezugspersonen (Sicht des Kindes) 0.24 (0.26).

Die Korrelationen zum zweiten Indikator der Elternaufsicht (Differenzwert) sind durchweg höher als zum ersten. Vor allem aber gibt es sowohl zu „Bezugspersonen“ als auch zu „Delinquenz“ Korrelationen nutzbarer Höhe, die nach dem theoretischen Modell von PATTERSON und DISHION kausal interpretiert werden. Allerdings ist auch deutlich zu sehen, daß die Korrelation zwischen Bezugsperson und Delinquenz (jeweils aus der Sicht des Jugendlichen) mit 0.59 weitaus kräftiger ist.

Schulleistung (academic skills) hat drei Indikatoren: Leseleistung, „verbale Intelligenz“ (Wortschatztest), Schulnoten. Der Wortschatztest ist ein Text, d. h. er besteht aus einer oder mehreren Skalen, deren Items ausformuliert sind und dem Jugendlichen zur Bearbeitung vorgelegt wurden.

Die drei Indikatoren sollte man insgesamt nicht „academic skills“ nennen. Der Wortschatztest ist eine gebräuchliche Skala in Intelligenztests, die sehr hoch mit dem Gesamtwert, vor allem aber mit der „verbalen Intelligenz“, korreliert. Schulnoten sind ein übliches Kriterium zur Überprüfung der Validität von Intelligenztests. „Verbale Intelligenz“ wäre vielleicht eine zutreffendere Bezeichnung.

Im Korrelationsmuster der drei Indikatoren der „Schulleistung“ ragt die „verbale Intelligenz“ (Wortschatztest) heraus. Sie korreliert mit „Delinquenz“ (selbstberichtet) zu -0.28, mit „Delinquenz“ (Polizeikontakt) zu -0.24, mit „Bezugspersonen“ (Sicht des Jugendlichen) zu -0.31 und mit „Bezugspersonen“ (Sicht der Mutter) zu -0.16.

Die letzte Variable, soziale Kompetenz, hat 3 Indikatoren. Heraus ragt einer: „Feindlich/zurückgezogen“. Erfaßt wird die Sicht der Mutter. Unbeliebt; schlechte Kontakte; Gefühl der Wertlosigkeit; zurückgezogen; kämpferisch. Das ergibt ein Gesamtbild deutlich depressiver und aggressiver Prägung.

Der Indikator korreliert mit der Delinquenz (Bericht Jugendlicher) zu 0.25, mit „Bezugspersonen“ (Sicht des Jugendlichen) zu 0.23 und mit „Bezugspersonen“ (Sicht der Mutter) mit eindrucksvollen 0.51.

Nonkonforme Bezugspersonen haben demnach sowohl aus der Perspektive der Jugendlichen (Korrelation von 0.59 mit der selbstberichteten Delinquenz) als auch aus der Perspektive der Mutter (Korrelation von 0.51 mit dem Indikator „feindlich/zurückgezogen“) die varianzstärksten Zusammenhänge. Korrelationen zur Elternaufsicht sind noch beträchtlich, aber doch deutlich niedriger. Leider weiß man nicht, wie die Mutter die „Delinquenz“ ihres Kindes beurteilt und das Kind die „Delinquenz“ seiner Mutter. Dazu kann man allerdings Hypothesen formulieren, wenn man weitere Variablen zum Themenkreis Aggressivität, nonkonforme Einstellungen und Werte (z. B. zur Legitimität der Gesetze) und deviante Bezugspersonen einbezieht (s. dazu ORTMANN 1987 und Stichwort „Prisonisierung“ in diesem Band). Die offenen Fragen sind aber weniger Ausdruck der Kritik als vielmehr der Tatsache, daß kriminologische Forschung ein Prozeß ist, der weniger technisch, sondern eher subtil gehandhabt werden sollte.

6. Auswahlverfahren. Die „Objekte“, an denen die Merkmale erhoben werden, sind bei PATTERSON und DISHION Jugendliche, Familien, Polizeiberichte und Aufzeichnungen der Schule. Insbesondere müssen nun Familien mit Kindern ausgesucht werden, wobei die Kinder ein bestimmtes Alter haben sollten, damit die latente Variable „Aufsichtsverhalten“ und die latente Variable „Delinquenz“ untersucht werden können. Diese und andere theoretisch bedingte Eingrenzungen bestimmen die Menge aller Objekte, für die die theoretischen Aussagen gelten sollen. Die Menge heißt *Grundgesamtheit* (*Population*) der Untersuchung. Kennwerte (wie z. B. die Varianz), mit denen Verteilungen von Populationen beschrieben werden, heißen *Parameter*.

Da normalerweise nicht alle Objekte einer Population untersucht werden können, müssen der Grundgesamtheit Teilmengen entnommen werden. Sie heißen *Stichproben*. Ihre Kennwerte sind *Statistiken*. Die Mitglieder von Stichproben werden *Probanden* oder *Versuchspersonen* genannt.

Untersucht werden also Stichproben, während die Aussagen für alle Mitglieder der Population gelten sollen. Das ist nur möglich, wenn die Beziehungen zwischen den Statistiken ein Abbild der Beziehungen der Parameter sind: Die Stichprobe soll *repräsentativ* sein.

Repräsentativität wird mit Zufallsverfahren hergestellt, indem nur der Zufall entscheidet, welches Objekt für die Stichprobe gezogen wird. Denn es ist mathematisch belegt, daß die Wahrscheinlichkeit, daß eine Statistik von einem Parameter um einen bestimmten Betrag abweicht, bei einer Zufallsziehung mit dem Umfang der Stichprobe (Stichprobenumfang) abnimmt. Im Prinzip kann man deshalb jede gewünschte Genauigkeit erreichen, wenn man den Stichprobenumfang erhöht.

Die Mitglieder der Stichprobe, die Probanden der Studie von PATTERSON und DISHION, wurden folgendermaßen gewonnen: 21 Schulen übermittelten die Namen aller Schüler, die in bestimmte Schulklassen gehörten, an die Projektmitarbeiter. 1000 Familien dieser Schüler wurden um Beteiligung an der Studie gebeten. Davon sagten 300 ihre Teilnahme zu. 90 von ihnen wurden nicht berücksichtigt, weil das Untersuchungsbudget das nicht zuließ.

Die Stichprobe besteht im Ergebnis aus 136 Jugendlichen im Alter von ca. 13 bis ca. 16 Jahren. Die statistischen Berechnungen beruhen jedoch auf Zahlen, die je nach Merkmal zwischen 115 und 136 Probanden schwanken. Von den 136 Probanden gab es für 11% Eintragungen in den Polizeiakten. Bei einer Zufallsstichprobe wären 16% Prozent Eintragungen zu erwarten gewesen.

7. *Forschungsdesigns* (*Untersuchungspläne*). Das Design der Untersuchung (Versuchsplan, Untersuchungsplan, -anordnung) bezeichnet die Anordnung der Stichproben, ihre Zuordnung zu den Variablen der Studie und die Zahl der Anordnung der Datenerhebungen (Untersuchungszeitpunkte, Meßpunkte). Das Design hat – wie alles in einer Studie – die Funktion, die kausal Interpretation von Zusammenhängen zu begründen („interne Validität“), innere Gültigkeit, COOK/CAMPBELL 1979) und die Übertragung der Untersuchungsergebnisse auf andere Stichproben und andere Bedingungen zu ermöglichen („externe Validität“ des Designs, äußere Gültigkeit).

Nach dem Kriterium der „internen Validität“ ist das klassische Experiment vorbildlich, dessen Grundzug – die Zufallszuweisung der „treatments“ – wir nun beschreiben: Man wählt zwei „treatments“. *Treatments* sind Ausprägungen einer unabhängigen Variablen, z. B.: Sorgfältige Aufsicht der Eltern über ihre

Kinder, weniger sorgfältige Aufsicht. An einer Zufallsstichprobe von Eltern wird per Zufall entscheiden, wer „sorgfältig" und „wer nicht sorgfältig" beaufsichtigen soll. Für das Beispiel setzen wir voraus, daß sich die Eltern nach Plan verhalten. Die treatments sind nun *implementiert*. Die zufällige Zuweisung der treatments auf die Kinder der Eltern ergibt zwei Zufallsstichproben: Eine Experimental- (Aufsicht weniger sorgfältig) und eine Kontrollstichprobe (Aufsicht sorgfältig). Weisen die Experimentalprobanden nach Ablauf einer Zeitspanne, während der die treatments wirksam sind, ein höheres Maß an Delinquenz auf als die Kontrollprobanden, wird man schließen, daß die Aufsicht der Eltern eine kausale Wirkung auf die Delinquenz ihrer Kinder hat. Denn der Zufall stellt sicher, daß vor „Implementation" der treatments keine systematischen Ausgangsunterschiede zwischen den Stichproben vorhanden waren.

Offenbar konnten PATTERSON und DISHION so nicht vorgehen. Sie haben ein *survey – design*, einen korrelativen Forschungsansatz. Die Ausprägungen der Variablen werden nicht experimentell zugeteilt, sondern so genommen, wie sie bei den Probanden vorliegen. Zwar hatten sie keine Alternative zum korrelativen Untersuchungsplan, gleichwohl ist festzuhalten, daß die interne Validität ihrer Studie nicht hoch ist. Sehr hilfreich für die Verfasser ist hier jedoch die funktionale Äquivalenz von Theorie und Design: Beide verfolgen dasselbe Ziel.

Bei PATTERSON und DISHION ist die Theorie zudem gut entwickelt. Sie ist als Gefüge präzisiert, in dem die einzelnen Elemente sich gegenseitig stützen. Damit ist eine gute Grundlage für kausale Interpretationen vorhanden, obwohl das Design weit mehr den Möglichkeiten des „Untersuchungsfeldes" als den Anforderungen eines Experimentes entspricht.

Der korrelative Ansatz bei PATTERSON und DISHION ist außerdem ein *Querschnittsdesign*: Die Daten werden innerhalb kurzer Zeit erhoben, eine Wiederholungsuntersuchung – z. B. nach einem Jahr – wurde nicht durchgeführt. Deshalb ist es nicht möglich, die Abfolge der Entstehung der Variablenzusammenhänge empirisch zu untersuchen: Haben die Eltern erst ein großzügiges Aufsichtsverhalten gehabt und wurden ihre Kinder dann delinquent oder war es umgekehrt oder gibt es sogar beide Wirkungsrichtungen? Derartige Fragen kann man in Längsschnittdesigns prüfen. Sie haben zwei oder mehr als zwei Untersuchungszeitpunkte, „Meßpunkte" oder „Wellen".

Für die Studie von PATTERSON und DISHION wäre für mögliche Folgearbeiten zu fragen, ob nicht

1. für alle Personen, deren Delinquenz anhand eines strukturierten Interviews eingestuft wird, dieselben Items gewählt werden sollten,
2. alle Personengruppen – Jugendliche, Eltern, Bezugspersonen – prinzipiell nach denselben Variablen untersucht werden sollten, so daß man z. B. auch eine Selbsteinschätzung der Delinquenz der Mutter (Sicht der Mutter) und eine Fremdeinschätzung ihrer Delinquenz aus der Sicht des Sohnes hätte,
3. das elterliche Aufsichtsverhalten im Versuchsplan durch Entwicklung weiterer Hypothesen in mehrere Aspekte getrennt werden sollte,
4. nicht zusätzliche „harte" Datenquellen erschlossen werden sollten, die zur Validierung der dominierenden Sicht einer Personengruppe auf die Korrelation von Variablen beitragen könnten.

Alle Planungsarbeiten sind nun abgeschlossen. Es folgt die „Durchführung" der Untersuchung, die „Datenerhebung", sodann die „Auswertung".

8. Auswertung der Untersuchung. Die wichtigsten Grundsätze der Auswertung und zentrale Ergebnisse der Studie wurden bereits besprochen. Hauptziel ist die Theorieprüfung bzw. die Prüfung von Hypothesen. Deshalb dominiert die Berechnung und Analyse von Korrelationen und Korrelationsmuster.

Als erstes ist zu prüfen, ob die perspektivisch aus der Sicht der theoretischen Konzeption gesuchten Korrelationsmuster eine valide Identifizierung der latenten Merkmale gestatten (Skalenbildung, Reliabilitätskoeffizienten, Inhalts- und Kriterienvalidität, Konstruktvalidität).

Als zweites ist zu prüfen, ob die Korrelationsmuster, die nach dem ersten Auswertungsschritt die latenten Variablen reliabel und valide identifizieren, untereinander so korrelieren, wie man das erwarten würde, falls die Theorie zutrifft und Operationalisierung und Messung valide sind. Dies ist gleichzeitig eine Fortsetzung der Prüfung auf Validität der Messung. Der zweite Schritt kann zunächst dem Verfahren folgen, das wir für die (vorgezogene) Auswertung im Zusammenhang von Operationalisierung und Messung gewählt haben: Hypothesengeleitete Inspektion der Korrelationsmatrix, in der für jedes Paar empirischer Indikatoren (PATTERSON und DISHION: 14 Indikatoren) der zugehörige Korrelationskoeffizient steht.

Im Anschluß daran wird man jedoch das Gesamtmodell möglichst exakt prüfen wollen. Dafür gibt es statistische Prüfverfahren, die *Signifikanztests* heißen. Mit ihnen kann man berechnen, wie genau die empirisch gefundenen Korrelationsmuster (Empirie) mit dem theoretisch Erwarteten (Theorie) übereinstimmen. Dazu wird als erstes das theoretisch Erwartete präzise formuliert. Die Formulierung hat den Charakter einer Hypothese (Erwartung). Sie heißt *Nullhypothese.* Stellt man nun mit dem Signifikanztest fest, daß die empirischen Daten recht oft erscheinen werden, falls die Nullhypothese zutrifft, wird sie „beibehalten".

Das Ergebnis ist nun „statistisch nicht bedeutsam" (*nicht signifikant*). Stellt man dagegen fest, daß die empirischen Daten bei Gültigkeit der Nullhypothese nur selten erwartet werden können, spricht das gegen die Gültigkeit der Nullhypothese. Sie wird daher „verworfen", die *Alternativhypothese* wird „akzeptiert". Das Ergebnis ist „statistisch bedeutsam" (*statistisch signifikant*).

Für PATTERSON und DISHION ergibt die *Signifikanzprüfung*: Nicht signifikant. Die Nullhypothese wird beibehalten, der „fit" zwischen Theorie und Empirie ist hinreichend gut.

In einem letzten Schritt wird man die Erklärungskraft des Modells anhand der *erklärten Varianz* beurteilen. Dazu sagen PATTERSON und DISHION, daß mit den drei Konstrukten „Aufsichtsverhalten", „nonkonforme Bezugspersonen" und „Schulleistungen" mehr als 50% der Varianz der „Delinquenz" erklärt werden konnte. Das ist sehr, sehr viel, vermag uns aber nach den Analysen der Operationalisierung und Messung nicht mehr zu überraschen.

Beide Hauptergebnisse – Modellprüfung und Höhe der erklärten Varianz – sind gewichtige Hinweise auf die *Gesamtvalidität* der Studie.

Die Biographie eines Menschen scheint ein Stück Lebensschicksal zu ergeben. Es könnte lohnenswert sein, auf der Grundlage der Studie von PATTERSON und DISHION darüber nachzudenken, wie das Schicksal von Kindern verläuft, die keine Eltern haben oder in Heimen aufwachsen.

Dennoch ist dies der richtige Ort, um noch einmal zu betonen, daß die Validität der Aussagen einer Studie wesentlich von allen Stufen des Forschungsprozesses abhängt, insbesondere aber von der Theorie, der Operationalisierung und Messung und dem Versuchsplan.

An diesen Punkten würde man auch nach den Fragen und Ergebnissen, die unser Ausflug in die kriminologischen Forschungsmethoden ergeben hat, in zukünftigen Studien zur Forschungsfrage von PATTERSON und DISHION, deren Arbeit weit über dem Standard der Forschungspraxis liegt, ansetzen wollen.

Amelang, M., Sozialabweichendes Verhalten. Entstehung, Verbreitung, Verhinderung, Berlin u. a. 1986; *Backhaus, K., Erikson, B., Plinke, W., Schuchard-Ficher, Ch., Weiber, R.*, Multivariate Analysemethoden. Eine anwendungsorientierte Einführung, 5. Aufl. Berlin u. a. 1989; *Binder A., Geis, G.*, Methods of Research, Criminology and Criminal Justice, New York 1983; *Blacklock, H.-M.*, Conceptualization and Measurement in the Social Science, London 1982; *Bortz, J.*, Lehrbuch der Statistik. Für Sozialwissenschaftler, 3. Aufl. Berlin u. a. 1988; *Brugger, W.* (Hrsg.), Philosophisches Wörterbuch, 19. Aufl. Freiburg 1988; *Cook, Th., Campbell, D.T.*, Quasi-Experimentation. Design & Analysis, Issues for Field settings, Chicago 1979; *Friedrichs, J.*, Methoden der empirischen Sozialforschung, 13. Aufl. Opladen, 1985; *Hirschi, T.*, Causes of Delinquency, Berkeley 1969; *Johnson, E.S.*, Research Methods in Criminology and Criminal Justice, London 1981; *Kaiser, G.*, Kriminologie, 8. Aufl. Heidelberg 1989; *Klaus, G., Buhr, M.*, Marxistisch-Leninistisches Wörterbuch der Philosophie, Band I–III, 10. Aufl. Hamburg 1983; *Lamnek, S.*, Qualitative Sozialforschung, Band I, Methodologie, München 1988; *Ortmann, R.*, Resozialisierung im Strafvollzug. Theoretischer Bezugsrahmen und empirische Ergebnisse einer Längsschnittstudie zu den Wirkungen von Strafvollzugsmaßnahmen, Kriminologische Forschungsberichte aus dem Max-Planck-Institut für ausländisches und internationales Strafrecht, Band 27; Freiburg i. Br. 1987; *Patterson, G.R., Dishion, Th.*, Contributions of Families and Peers to Delinquency, Criminology 23 (1985), S. 63–79; *Patzelt, W.J.*, Sozialwissenschaftliche Forschungslogik, München u. a. 1986; *Schnell, R., Hill, P.B., Esser, E.*, Methoden der empirischen Sozialforschung, 2. Auflage München 1989; *SPSS-X User's Guide*, 4th Edition, Chicago/Illinois 1990; *Stegmüller, W.*, Neue Wege der Wissenschaftstheorie und analytischen Philosophie, Band I, Erklärung, Begründung, Kausalität, 2. Aufl., Berlin u. a. 1983; *Stephan, E.*, Zur logischen Struktur psychologischer Theorien, Berlin u. a. 1990.

RÜDIGER ORTMANN

Modus operandi → Polizeiforschung

Mord → Tötungskriminalität

N

Naturrecht → Verbrechensbegriff

Neurosen → Sexualkriminalität, → Täterpersönlichkeit

Norm, Normgenese. Normen sind die *Standards*, anhand derer menschliches Verhalten als *abweichend* oder *konform, kriminell* oder *gesetzestreu* bewertet sind. Der Normbegriff ist darum von zentraler Relevanz für das Verständnis kriminologischer Phänomene als Teilmenge gesellschaftlicher Phänomene. Als Grundkategorie des Sozialen ist er einer der klassischen soziologischen Begriffe. Seine Abhandlung kann sich auf eine reiche Diskussion und Forschungstradition über den Begriff, die Bedingtheit, Funktionen und Folgen von Normen stützen. Neue Lehrbücher zur Rechtssoziologie räumen dem Normbegriff breiten Raum ein (RAISER 1987, S. 217–237).

Aufgrund der großen begrifflichen Vielfalt (LAUTMANN 1969, bes. S. 54–68) können hier nur die wichtigsten kriminologisch relevanten Aspekte der Normdiskussion besprochen werden. Nur erwähnt werden kann auch die Verwandtschaft des Normbegriffs mit dem Wertbegriff (LAUTMANN 1969, S. 69–72), durch die Prozesse des Wertewandels eng mit dem Wandel von Normen und deren Anwendung verknüpft sind (HAFERKAMP 1989). Die Diskussion der kriminologischen Bedeutsamkeit des Normbegriffs hat sowohl auf Vorleistungen zurückzugreifen (v. a. HAFERKAMP 1980, bes. S. 13–67) als auch neue Forschungen zur Normgenese zu berücksichtigen. Sie hat schließlich jüngere Thematisierungen gesellschaftlichen Wandels einzubeziehen, die gerade die normative Fundierung moderner Gesellschaften betreffen.

Die zentrale soziologische Relevanz des Normbegriffs beruht auf der anthropologischen Grundbefindlichkeit des Menschen als eines weltoffenen Wesens. Menschliches Verhalten ist – im Gegensatz zu dem von Tieren – nicht instinktgesteuert. Menschen sind darauf angewiesen, sich an *kulturell generierten Symbolen*, das heißt auch an Normen zu orientieren. Normen sind in sozialen Prozessen geschaffene, weitergegebene und veränderte Verhaltenserwartungen, denen ein Verpflichtungscharakter innewohnt. Normen werden in Sozialisationsprozessen gelernt. Akteure identifizieren sich mit den Normen, die sie internalisiert haben, andere Normen kennen sie nur, erfahren sie aber distanziert.

Normen sind mit anderen Worten *kontrafaktische Verhaltenserwartungen* (LUHMANN 1969, S. 37 ff.). Das heißt, daß sie – im Gegensatz zu reinen Wahrscheinlichkeitserwartungen – auch im Falle von Enttäuschungen nicht aufgegeben werden. Dies ist der Kern des modernen soziologischen Verständnisses von Normen.

Ein zusätzliches Definitionskriterium, das von zahlreichen Autoren herangezogen wird, ist die *Sanktionierung* des Normbruchs. Gemeint ist die Sanktionierung durch die Gruppenöffentlichkeit, also nicht nur durch die von einer schädigenden Handlung unmittelbar Betroffenen. Danach ist eine Verhaltenserwartung dann als Norm anzusehen, wenn auf ihre Enttäuschung mit einer Bestrafung reagiert wird.

Die Betonung des einen oder des anderen Definitionskriteriums geht mit der Anwendung je spezifischer Methoden der empirischen Messung von Normen einher. Wenn Autoren das Kriterium „kollektive Vorstellungen“ hervorheben, bevorzugen sie die Methode der Gruppendiskussion. Wenn sie auf „Sanktion“ abstellen, neigen sie dazu, Normen mit der Methode der nicht-teilnehmenden oder der teilnehmenden Beobachtung zu untersuchen.

Sanktionen sind zentral für die *Stabilität normativer Systeme*. Es ist früh darauf hingewiesen worden, daß vor allem der Normbruch in Verbindung mit negativen Sanktionen Normen bewußt macht und so zu ihrer Stabilisierung beiträgt. Umgekehrt kann unter bestimmten Voraussetzungen die rigorose und lückenlose Bestrafung von Normbrüchen zu einer *Untergrabung des Normglaubens* führen.

Auch das sanktionierende Handeln ist normiert, durch *sekundäre Normen*. Der Bruch solcher Sanktionsausübung regulierender Normen, Bestrafung ohne Normbruch oder Strafverzicht trotz Normbruch, kann also ebenfalls bestraft werden. Schließlich ist die Bestrafung bei Verstößen gegen sekundäre Normen ihrerseits normativ geregelt. Hier ist allerdings die Tatsache von besonderer Bedeutung, daß die Normierung der Sanktionsausübung der labilste Teil des normativen Systems und damit ein zentraler Ansatzpunkt für normativen und gesellschaftlichen Wandel ist: Die Bestrafung des Verzichts auf normativ erwartete Sanktionierung ist weniger wahrscheinlich als die des ursprünglichen Normbruchs.

Letzteres gilt auch für *Strafrechtsnormen*. Ihre Streichung aus dem Strafgesetzbuch folgt häufig einem bereits zuvor praktizierten Sanktionsverzicht bei den Strafgerichten, einem Anklageverzicht der Staatsanwaltschaft und/oder einem Anzeigeverzicht der Bevölkerung. Unter bestimmten Voraussetzungen ist die Aufgabe von Sanktionierung selbst eine Reflektion massenhaften Normbruchs infolge fehlender Akzeptanz von Normen, damit der faktischen Unmöglichkeit einer Verfolgung. Fehlende Akzeptanz ist in solchen Fällen gegeben, in denen von der Rechtsordnung betonte Werte von großen Teilen der Gesellschaft aus normativen oder utilitaristischen Erwägungen grundsätzlich nicht geteilt werden.

Das Funktionieren von Normen ist hinreichend nur im Verhältnis zu anderen gesellschaftlichen Regelungsmechanismen zu verstehen. Menschliches Verhalten wird auch durch *utilitaristische Nutzenkalküle* gelenkt. Dies gilt etwa in Marktprozessen, aber auch bei Gehorsam gegenüber herrschaftlich gesetzten Normen, also Rechtsnormen, deren Internalisierung gerade bei positiv gesetztem und immer in Wandlung befindlichem Recht nicht erwartet werden kann. Das Gewicht normativer Regulierung im Verhältnis zu utilitaristischen Mechanismen variiert nach Ort und Zeit. Gerade moderne, strukturell hoch differenzierte Gesellschaften zeichnen sich durch große normative Vielfalt und die Relativierung spezifischer, nur innerhalb von Subkulturen gültiger Normsysteme aus. Je größer die Zahl der sozialen Kreise ist, die das Individuum einschließen, und je unterschiedlicher in diesen Kreisen formulierte normative Erwartungen sind, desto mehr werden Menschen widersprüchlicher Normerwartungen ausgesetzt, desto größer ist schließlich die zu erwartende Normdistanz. Das Steuerungsversagen informeller Normsysteme in öffentlichen Bereichen sich modernisierender Gesellschaften ist darum auch als Triebkraft für die Vermehrung von Rechts- und Strafrechtsnormen identifiziert worden. Ein klassisches Beispiel zeigt die Arbeit von HALL (1952) über die Ursprünge der Diebstahlsgesetzgebung in England.

Rechtsnormen heben sich durch mehrere Merkmale von anderen Normen ab: Schriftlichkeit der Formulierung, Setzung in einem selbst normierten Verfahren und allgemeine Verbindlichkeit. *Strafrechtsnormen* sind durch folgende weitere

Merkmale unterschieden: den Anspruch der Identifikation von Abweichungen und die postulierte Bestrafung der Abweichler durch die formalen Instanzen sozialer Kontrolle (Polizei, Staatsanwaltschaft, Strafjustiz und Strafvollzug). Entscheidend ist weiter, daß die Strafverfolgung vom Willen von Opfern weitgehend unabhängig ist und daß die Bestraften in einem öffentlichen Verfahren diskreditiert und stigmatisiert werden.

Strafrechtsnormen sind zu unterscheiden nach *materiellen und Verfahrensnormen*. Mit materiellen Normen sind hier an die Normadressaten gerichtete Ge- und Verbotsnormen gemeint. Verfahrensnormen schließen zwei Untertypen ein: erstens strafprozessuale Regelungen und zweitens solche Bestimmungen, die Sanktionsinstrumente und Strafzumessung definieren. In beiden Bereichen sind in modernen Wohlfahrtsstaaten Wandlungsprozesse zu beobachten, die erhebliche Konsequenzen für die Funktionen und Folgen von Strafrechtsnormen haben. Kennzeichnend für die Entwicklung bei materiellen Normen ist einerseits der Rückzug aus bestimmten Bereichen des allgemeinen Strafrechts, etwa des Moralstrafrechts, andererseits die Zunahme und *wachsende Differenziertheit* von Normen des sogenannten Nebenstrafrechts, z. B. im Umwelt- und Wirtschaftsbereich, die nicht in das Strafgesetzbuch, sondern in andere Gesetze eingestellt werden. Zentrales Folgeproblem einer wachsenden Normdifferenziertheit ist das der Integration, der Konsistenz und der Aufrechterhaltung von Vergleichsmaßstäben bei der Anwendung von Normen.

Kennzeichnend für Verfahrensnormen ist die zunehmende *Entformalisierung*, etwa durch die Ermöglichung vermehrter Verfahrenseinstellung auf der Ebene der Staatsanwaltschaft. In Verbindung mit den Integrationsproblemen im Bereich materieller Normen macht diese Entwicklung Raum für die zunehmende Berücksichtigung außerrechtlicher Standards etwa ethischer, ökonomischer und/oder soziologischer Art in Prozessen rechtlicher Entscheidungsfindung. Dieser zuerst durch WEBER (1976, bes. S. 504–513) beobachtete und begrifflich als *Materialisierung des Rechts* gefaßte Prozeß wird heute als Schlüssel zum Verständnis von Verrechtlichung moderner Wohlfahrtsstaaten gesehen. Nicht die quantitative Zunahme von Rechtsnormen selbst ist entscheidend, sondern die mit ihr einhergehende Interpretation rechtlicher Normen mit gesellschaftlichen Standards in Verbindung mit zunehmender Deformalisierung, technokratischer Instrumentalisierung und Aushandlungsorientierung.

Normgenese ist der Prozeß, in dem Normen in interaktiven Prozessen und durch Entscheidungshandeln geschaffen werden (s. EICHNER 1981, S. 129–183). Wir sprechen spezifischer von *Normsetzung*, wenn die Entscheidungsbefugnis bestimmten Akteuren bei gleichzeitiger Festlegung des Verfahrens übertragen ist. Der in diesem Kontext relevante Bereich der Normsetzung ist die *Strafgesetzgebung*. In der deutschsprachigen kriminologischen Literatur wurde das Thema der Normgenese erst spät rezipiert. Auslöser waren die Diskussion des Arbeitskreises Junger Kriminologen (1973, S. 255 f.), die die unkritische Übernahme von Kriminalitätsdefinitionen durch Wissenschaftler als unwissenschaftlich problematisierten, um sodann den Bestand, die Anwendung und zuletzt die Entstehung von Strafrechtsnormen selbst zu thematisieren und zum Gegenstand empirischer Analyse zu machen.

Vor allem in Folge normativer und kultureller Differenzierung moderner Gesellschaften und des rapiden Wandels von Rechtsnormen wurden ältere Ansätze der Rechtstheorie, die in Strafrechtsnormen den *konsensualen Kern* des gesellschaftlichen Normsystems sahen, verdrängt. Heute wird Normsetzung in der in den zurückliegenden Jahren stark angewachsenen Forschungsliteratur zunehmend als das Ergebnis von Interessenhandlungen angesehen. Ein zentrales Forschungsproblem ist, wie grundlegende *gesellschaftliche Funktionsprobleme* in strafrechtsrelevante *Interessen* transformiert werden (CHAMBLISS/SEIDMANN 1982, bes. S. 148 f., 171–206). Interessen werden über die jeweils artikulierten und antizipierten Machtpotentiale und Kommunikationsstrukturen in *Entscheidungen über Strafrechtsnormen* übersetzt. Die Art der berücksichtigten Interessen und relevanten Strukturen variiert erheblich mit dem jeweils untersuchten Gegenstand. Empirische Untersuchungen von Prozessen der Strafrechtssetzung weisen je nach Themenbereich unterschiedliche Interessengruppen nach. Bei der Analyse der österreichischen Strafrechtsreform werden parteipolitische Interessen als zentral identifiziert. Gleiches gilt für die Setzung von Strafrechtsnormen im Bereich der Eigentumsdelikte in der Bundesrepublik Deutschland (HAFERKAMP 1980, S. 182 ff.). Parteipolitische Interessen und Interessen mächtiger Lobbygruppen der Wirtschaft sind ausschlaggebend bei der Setzung und Verhinderung von Strafrechtsnormen im Wirtschaftsbereich. HAGAN (1980) identifiziert bei einer vergleichenden Analyse von 43 amerikanischen Studien zur Strafrechtsnormgenese in den Bereichen Jugenddelinquenz, Alkohol und Drogen, Sexualvergehen und Prostitution eine Pluralität von Interessen, die in verschiedenen Verfahren artikuliert wurden. Mittelfristig angelegte Untersuchungen zur Entwicklung des Strafrechts belegen, daß die aggregierten Effekte von Interessenhandlungen in durchaus andere als von den Initiatoren intendierte Richtungen weisen (BERK et al. 1977), wobei die Übersetzungslogik von individuellen Handlungen in aggregierte Effekte bisher unverstanden ist. Andere Studien stellen weniger auf artikulierte Interessen ab als auf theoretisch abgeleitete Funktionsbedürfnisse vor allem der Wirtschaft (klassisch: RUSCHE/KIRCHHEIMER 1981).

Schwierigkeiten des Studiums der Normgenese sind *erstens* durch die extreme *Komplexität der Prozesse* bedingt, in denen Gesetzesnormen generiert werden. Eine große Vielzahl von Akteuren ist beteiligt. Zahlreiche Vorentscheidungen werden getroffen. Schließlich vollziehen sich die Prozesse in mehreren Phasen: Problematisierungen etwa durch soziale Bewegungen oder die Presse, Beratungen und Empfehlungen von Sachverständigenkommissionen, Erstellung von Gesetzentwürfen in Ministerien, Beratungen und Entscheidungen im Parlament. Diese Phasen sind relativ unabhängig voneinander und durch jeweils eigene Bedingungen charakterisiert. Gleiches gilt freilich für andere gesellschaftliche Phänomene wie für Prozesse der Implementation öffentlicher Programme und für historische Prozesse allgemein. Gerade in diesen Bereichen ist aber demonstriert worden, daß vor allem vergleichende Untersuchungen plausible Hypothesen über den Zusammenhang zwischen bestimmten gesellschaftlichen und organisatorischen Strukturvariablen und dem Verlauf und Ergebnis von Normsetzung generieren können.

Soweit aktuelle Gesetzgebungsprozesse untersucht werden, ergeben sich *zweitens* erhebliche Schwierigkeiten des *Datenzugangs*. Es wird aber deutlich, daß auch die Analyse von in relativ leicht zugänglichen Dokumenten oder Interviews enthaltenen Argumenten wichtigen Aufschluß über die Motivation beteiligter Akteure geben kann.

Ein *drittes* Problem der Normsetzungsstudien ist die relative *Seltenheit* des zu untersuchenden Ereignisses. Es lassen sich kaum größere Stichproben bilden, die das systematische Testen von Hypothesen erlauben würden. Ein partieller Ausweg wäre eine Konzentration auf innerhalb eines Setzungsprozesses häufig wiederkehrende Ereignisse (z. B. Teilentscheidungen oder Argumentationen, siehe SAVELSBERG/BRÜHL 1988). Lohnend sind auch systematisch vergleichende Analysen der bisher vorgelegten Einzelfalluntersuchungen (für Nordamerika siehe HAGAN 1980).

Viertens sind Normgenesestudien mit dem Hinweis auf die relative Unabhängigkeit des *Implementationsprozesses* als irrelevant kritisiert worden. In dem Maße, in dem diese Autonomie besteht, ist sie durch die oben diskutierten jüngeren Schübe der Materialisierung des Rechts eher noch vorangetrieben worden. In der Tat finden z. B. Untersuchungen zur Strafzumessung erhebliche Disparitäten im Vergleich verschiedener Richter und Regionen miteinander, demonstrieren damit die *begrenzte Steuerungskraft* des oben unterschiedenen zweiten, die Anwendungen von Sanktionen regelnden Typs von Verfahrensnormen. Sie verweisen damit gleichzeitig auf die Bedeutsamkeit informeller Normen regionaler juristischer Subkulturen für das Funktionieren von Recht, deren Bedingtheit noch nicht ausreichend erforscht ist.

Dieser grundsätzlichen Kritik an Normsetzungsstudien ist freilich entgegenzusetzen, daß zwar die Existenz von Strafrechtsnormen deren Gebrauch durch die Instanzen formaler Kontrolle nicht hinreichend bestimmt, daß aber zumindest in Rechtsstaaten die Existenz von Strafrechtsnormen auch faktisch häufig eine *notwendige Voraussetzung* für Sanktionierung ist. In Fällen, in denen Strafrechtsnormen lediglich aus symbolischen oder politischen Motiven ohne eine realistische Chance der Anwendung geschaffen werden, ist zu prüfen, wie sie durch die Bevölkerung wahrgenommen werden und welche kulturellen Wirkungen von ihnen ausgehen.

Dennoch ist diese Kritik ernst zu nehmen, wie Implementationsforschung auch in anderen Bereichen staatlicher Steuerung nachgewiesen hat. Eine Antwort ist die Durchführung historischer Studien, die aufgrund der zeitlichen Distanz die praktische Umsetzung und die tatsächlichen Wirkungen der gesetzten Normen in verschiedenen Phasen beobachten und mit den Intentionen der Normsetzer konfrontieren können (z. B. BLASIUS 1976; THOMPSON 1975). Historische Studien bieten gleichzeitig einen Ausweg aus den oben angeführten Problemen des Datenzugangs infolge Geheimhaltung und aktueller Interessen. Der mit einer solchen Strategie verbundene Nachteil ist freilich die – soziologisch nicht zufällige – doppelte Selektivität des Quellenmaterials durch die Beschränkung auf erstens selektiv aufgezeichnete und zweitens selektiv (z. B. durch Archivierung) erhaltene schriftliche Dokumente. Im übrigen ist die Suche nach über konkrete historische Situationen hinaus wirksamen sozialen Gesetzmäßigkeiten einerseits ein wichtiges Unterfangen, andererseits sind Schlüsse von unter spezifischen historischen Bedingungen vorfindbaren gesellschaftlichen Mechanismen auf andere historische Situationen, etwa auf Gegenwartsgesellschaften, nur mit größter Vorsicht zu ziehen.

Wo Forscher auf das Verständnis der Besonderheiten gegenwärtigen Strafrechts also nicht verzichten wollen, verknüpfen sie zunehmend die Untersuchung von Normsetzungsprozessen mit der empirischen Analyse der Implementation. Projekte dieser Art sind in jüngerer Zeit in der Bundesrepublik in den Bereichen Führungsaufsicht durch BRUSTEN und FLOERECKE (FLOERECKE 1989) sowie Umwelt- (RÜTHER 1986) und Wirtschaftsrecht (SAVELSBERG 1987) initiiert und durchgeführt worden.

Arbeitskreis Junger Kriminologen, Zu einem Forschungsprogramm für die Kriminologie. KrimJ 5 (1973), S. 241-259; *Berk, R.A., Brackmann, H., Lesser, S.*, A Measure of Justice: An Empirical Study of the Changes of the California Penal Code, 1955–1971, New York 1977; *Blasius, D.*, Bürgerliche Gesellschaft und Kriminalität: Zur Sozialgeschichte im Vormärz, Göttingen 1976; *Chambliss, W., Seidmann, R.*, Law, Order, and Power, 2. Auflage, Reading MA 1982; *Eichner, K.*, Die Entstehung sozialer Normen, Opladen 1981; *Floerecke, P.*, Die Entstehung der Gesetzesnormen zur Führungsaufsicht: Die Gesetzgebung von 1962–1975 und die Anwendungspraxis der Führungsaufsicht, Bonn 1989; *Haferkamp, H.*, Herrschaft und Strafrecht: Theorien der Normentstehung und Strafrechtsetzung, Opladen, 1980; *Haferkamp, H.*, Werte, Kriminalität und Strafsanktionen im Wandel: Zur zukünftigen Neuorientierung der Kriminologischen Forschung, in: Zukunftsperspektiven der Kriminologischen Forschung in der Bundesrepublik Deutschland, hrsg. v. J.J. Savelsberg. Stuttgart 1989; *Hagan, J.*, The Legislation of Crime and Delinquency: A Review of Theory, Method, and Research, Law and Society Review 14, 1980, S. 603–628; *Hall, J.*, Theft, Law, and Society, Indianapolis, 1952; *Lautmann, R.*, Wert und Norm: Begriffsanalysen für die Soziologie, Köln 1969; *Luhmann, N.*, Normen in soziologischer Perspektive, Soziale Welt 20 (1969), S. 28–48; *Röhl, K.F.*, Rechtssoziologie: Ein Lehrbuch, Köln 1988; *Rüther, W.*, Ursachen für den Anstieg polizeilich registrierter Umweltschutzdelikte, Berlin 1986; *Rusche, G., Kirchheimer, O.*, Sozialstruktur und Strafvollzug, erweiterte Neuausgabe 1981, Frankfurt/M. 1974; *Savelsberg, J.J.*, Von der Genese zur Implementation von Wirtschaftsstrafrecht: klassen-, schicht- und sektorspezifische Aushandlungsprozesse? KrimJ 19 (1987), S. 193–211; *Savelsberg, J.J., Brühl, P.*, Politik und Wirtschaftsrecht: eine soziologische Analyse von Kommunikationen, Rationalitäten und Macht, Opladen, 1988; *Thompson, E.P.*, Whigs and Hunters: The Origin of the Black Act, London 1975; *Weber, M.*, Rechtssoziologie, in: Wirtschaft und Gesellschaft, 5. Aufl. (zuerst 1921), hrsg. von Weber, M., Tübingen 1976, S. 387–513.

JOACHIM SAVELSBERG

Normalität des Verbrechens → Bagatellkriminalität, → Dunkelfeld, → Funktionen der Kriminalität, → Kosten des Verbrechens, → Kriminalstatistik, → Selektion und Selektionsmechanismen, → Strafrechtssoziologie

O

Obdachlose → Soziale Probleme und Sozialpathologie

Ökologischer Ansatz → Kriminalgeographie

Opfer → Viktimologie, → Opfer und Strafverfahren

Opferbefragung → Dunkelfeld, → Viktimologie

Opferentschädigung → Opfer und Strafverfahren, → Viktimologie

Opfer und Strafverfahren. Das Opfer initiiert in der Regel das Strafverfahren (→ Anzeigeverhalten), es beeinflußt faktisch vielfach dessen Gang, mindestens mittelbar wirkt es auf die Entscheidung im Strafverfahren ein. Der Umgang mit dem Opfer im Strafverfahren, der für die Akzeptanz der Strafrechtspflege von maßgeblicher Bedeutung sein dürfte, begründet die Gefahr, daß der Verletzte ein zweites Mal Opfer wird. Obwohl dies keine grundlegend neue Einsicht ist, wurde das Opfer (→ Viktimologie) hinsichtlich seiner Stellung im Strafverfahren in Wissenschaft, Gesetzgebung und Kriminalpolitik (→ Kriminalpolitik) bis in die 70er Jahre hinein weitgehend vernachlässigt. Im Vordergrund der wissenschaftlichen Diskussion standen Fragen der Garantie eines fairen Verfahrens für den Beschuldigten, dessen Schutz vor Übergriffen der Strafverfolgungsorgane sowie dessen Behandlung im Strafvollzug; das Opfer interessierte vornehmlich als Beweismittel. In der Gesetzgebung war der Verletzte zwar auch in seiner Subjektstellung anerkannt, seine Interessen waren aber nur unzulänglich berücksichtigt. Im Strafrecht wurde der Verletzte lediglich im Strafantragsrecht ausdrücklich anerkannt. Im Strafverfahrensrecht spielte er scheinbar eine größere Rolle. Denn ihm wurden unter bestimmten Voraussetzungen die Rechtspositionen als Privatkläger (§ 374 ff. StPO), als Nebenkläger (§§ 395 ff. StPO) und als Adhäsionskläger (§§ 403 ff. StPO) eingeräumt. Darüber hinaus hat er als einziger die Befugnis, die Einstellungsentscheidung der Staatsanwaltschaft mangels hinreichenden Tatverdachts (§ 170 Abs. 2 StPO) mit dem Klageerzwingungsverfahren (§§ 172 ff. StPO) überprüfen zu lassen. Schon bei ihrer Einführung waren diese Institute Fremdkörper; infolge rechtlichen wie sozialen Wandels sind sie weitgehend „totes Recht" geworden. In der Rechtswirklichkeit sind die hierauf gegründeten Verletztenpositionen wenig bis gar nichts wert (WEIGEND 1989). Der Verweis auf den Weg der Privatklage ist faktisch nahezu eine Einstellungsentscheidung; selbst dort, wo Privatklage erhoben wird, liegt die Urteilsquote bei unter 10%. Die Nebenklage (alter Form) führt zu einer Verdoppelung der Anklagerolle, und zwar ohne daß damit zur Wahrheitsfindung wesentlich beigetragen werden könnte; faktisch diente sie im wesentlichen der kostensparenden Vorbereitung eines zivilrechtlichen Schadensersatzanspruches. Das Adhäsionsverfahren wurde von der Praxis nie akzeptiert, entsprechende Anträge wurden überwiegend abgelehnt. Das Klageerzwingungsverfahren geht heute weitgehend ins Leere, weil es bei den staatsanwaltschaftlichen Ermessenseinstellungen nach §§ 153 ff. StPO nicht zulässig ist.

Inzwischen aber ist das Opfer durch die Kriminalpolitik wiederentdeckt worden. Mit von Einfluß hierfür dürfte zum einen gewesen sein, daß die viktimologische Forschung die Notwendigkeit des Opferschutzes deutlich gemacht hat. Ein weiterer Grund dürfte in kriminalpolitischen Strömungen zu sehen sein, die einerseits auf Zurückdrängung der repressiven Funktion des Strafrechts zugunsten von Wiedergutmachung, auf Ausgleich zwischen Täter und Opfer und auf Diversion gerichtet sind, die andererseits gegenüber der Betonung der Täterperspektive auch die Beachtung der Opferperspektive in Erinnerung gerufen haben. Die viktimologische Forschung hat die Grundlage für die Einsicht gelegt, daß staatlicher Schutz vor den materiellen, physischen oder psychischen Schäden, die dem Opfer unmittelbar durch die Straftat drohen oder durch sie herbeigeführt worden sind, sowie vor den im sozialen Umfeld als unmittelbares Resultat der Tat eintretenden Schäden (*primäre Viktimisierung*) der Ergänzung bedarf durch Schutz vor indirekter Schädigung, die durch das Verhalten des sozialen Umfeldes, der Instanzen sozialer Kontrolle, von Anwälten, Ärzten usw. erfolgen kann (*sekundäre Viktimisierung*). Da der staatliche Schutz vor primärer Viktimisierung gegenüber dem durch die Straftat Verletzten konkret versagt hat und der staatliche Schutz des Opfers im und durch das Strafverfahren vielfach als zu spät kommend, ungenügend und unökonomisch empfunden wurde, wurden rechtliche und organisatorische Regelungen im Strafverfahren angemahnt, um weitere vermeidbare Beeinträchtigungen des Opfers zu verhindern. Gefordert wurde und wird eine „opferbezogene Strafrechtspflege" (RÖSSNER/WULF 1984). Ihre Durchsetzungskraft verdanken derartige Forderungen vermutlich den zugrundeliegenden sozialpolitischen Anliegen, der Blickschärfung für sozial Schwache und für Ungleichheit, der Sensibilität für Gewalt in ihren verschiedensten Formen.

Als Regelungsmaterien zum Schutz von *Opferinteressen* (Genugtuungs- und Wiedergutmachungsinteresse, Kontroll-, Schutz- und Abwehrrechte) kommen insoweit materielles und formelles Strafrecht in Betracht. Ihre Grenzen findet die Berücksichtigung dieser Interessen im Strafverfahren insbesondere darin, daß die Verteidigungsmöglichkeiten des Beschuldigten gewahrt bleiben müssen und die Pflicht zur umfassenden Sachverhaltsaufklärung nicht nachhaltig tangiert werden darf. Die Wiederentdeckung des Opfers in der Kriminalpolitik des In- und Auslandes hat ihren Niederschlag u. a. in einer Empfehlung des Ministerrates des Europarates zur Verbesserung der Rechtsstellung des Opfers im Strafrecht und im Strafverfahren vom 28.6.1985 und einer Deklaration der Vollversammlung der Vereinten Nationen über die „Basic Principles of Justice for Victims of Crimes and Abuse of Power" vom 29.11.1985 gefunden (SCHNEIDER 1990). Die in der Bundesrepublik Deutschland in den 80er Jahren geführte Diskussion (RIESS 1984) erbrachte zwar weitgehende Übereinstimmung über die Ziele, aber nur ein geringes Maß an konsensfähigen Lösungen im Detail. Das Ergebnis war eine „kleine Lösung", die zu einer systemimmanenten Verbesserung der Stellung des Verletzten im Strafverfahren führte.

Durch das Erste Gesetz zur Verbesserung der Stellung des Verletzten im Strafverfahren (*Opferschutzgesetz*) vom 18.12.1986 sollten der Persönlichkeitsschutz, die Beteiligungsbefugnisse und die Wiedergutmachungsmöglichkeiten erweitert und verbessert werden:

– Um den *Schutz der Persönlichkeitssphäre* des Opfers und anderer Prozeßbeteiligter zu verbessern, wurde das Fragerecht eingeschränkt soweit es den persönlichen Lebensbereich des Zeugen betrifft (§ 68 a Abs. 1 StPO); entsprechende Fragen können beanstandet und eine Entscheidung des Gerichts herbeigeführt werden (§ 406 f. Abs. 2 StPO). Weitergehenden Vorschlägen, insbesondere hinsichtlich von Beweisthemenverboten, z. B. über das sexuelle Vorleben einer vergewaltigten Zeugin, wurde wegen der Befürchtung nicht entsprochen, die Verteidigungsrechte könnten hierdurch zu sehr eingeschränkt werden. Die Vernehmung der Zeugen kann nunmehr auch dann in Abwesenheit des Angeklagten erfolgen, wenn sonst die dringende Gefahr eines schwerwiegenden Nachteils für die Gesundheit des Zeugen besteht (§ 247 S. 2 StPO). Zum Schutz des persönlichen Lebensbereichs eines Prozeßbeteiligten, Zeugen oder Verletzten kann in weiterem Umfang als bisher die Öffentlichkeit in der Hauptverhandlung ausgeschlossen werden (§ 171 b GVG).

– Die *Beteiligungsbefugnisse und Informationsrechte* des Opfers am Strafverfahren sind neugestaltet worden. Dem Verletzten wurde ein (beschränktes) Recht auf Akteneinsicht und auf Mitteilung über Verlauf und Ausgang des Strafverfahrens eingeräumt (§§ 406 d ff. StPO). Der Stärkung der Schutz- und Abwehrposition dient es, daß sich alle Verletzten des Beistandes eines Rechtsanwaltes bedienen können, der ihnen auch zur Seite steht, wenn sie vor Gericht als Zeuge vernommen werden (§ 406 f. StPO).

– *Weitergehende Rechte* erhalten im allgemeinen Strafverfahren die *Opfer schwerer, gegen höchstpersönliche Rechtsgüter gerichteter Straftaten*, wie Vergewaltigung, schwerwiegende Körperverletzungen oder versuchte Tötungsdelikte. Dieser Verletztengruppe wurden im neugestalteten Institut der Nebenklage erheblich weitergehende Rechte als den sonstigen Verletzten eingeräumt. Die hier zusammengefaßten Delikte zeichnen sich vor allem dadurch aus, daß sich deren Opfer in besonderem Maße Verantwortungs- und Schuldzuweisungen ausgesetzt sehen, weshalb sie zu ihrer Verteidigung der verfahrensrechtlichen Waffengleichheit bedürfen. Sie können sich unmittelbar als Nebenkläger aktiv am Verfahren gegen den Täter beteiligen (§§ 395 ff. StPO). Sie haben insbesondere ein Anwesenheitsrecht, ein Äußerungsrecht, ein Frage- und Beanstandungsrecht, ein Ablehnungsrecht gegenüber Richter und Sachverständigen und ein Beweisantragsrecht (§ 397 Abs. 1 StPO). Schon im Ermittlungsverfahren kann ihnen auf Kosten der Staatskasse ein Rechtsanwalt als Beistand zugeordnet werden (§§ 397 a, 406 g Abs. 1 StPO), der erweiterte Befugnisse hat als der allgemeine Verletztenbeistand. Im Verfahren gegen Jugendliche, in dem die Nebenklage unzulässig ist (§ 80 Abs. 3 JGG), bleibt freilich für diese erweiterten Befugnisse des nebenklageberechtigten Verletztenbeistandes kein Raum, weil dies der Grundkonzeption des Jugendstrafrechts zuwiderlaufen würde (→ Jugendstrafrecht). Inwieweit Befürchtungen begründet sind, die Neugestaltung der Nebenklage führe zu einer Schwächung der Verteidigungsposition, läßt sich derzeit noch nicht abschließend beantworten. Die quantitativen Auswirkungen der Neuregelung sind, jedenfalls auf der Ebene des Amtsgerichts, gering; 1989 kamen in der letzten (einzigen) Hauptverhandlung auf 100 Beschuldigte 2,5 Nebenkläger/Nebenklägervertreter und 0,1 Verletztenbeistände. Auf Landesgerichtsebene zeichnen sich dagegen Verschiebungen ab: 1985 entfielen hier in Verfahren 1. Instanz auf 100 Angeklagte, die an der Hauptverhandlung teilgenommen hatten, 10,5 Nebenkläger/Nebenklägervertreter, 1989 waren es 14,6.

– Die *Schadenswiedergutmachung* soll behutsam durch drei Maßnahmen gefördert werden: Erstens wurde in die Strafzumessungskriterien des § 46 Abs.

2 StGB der Täter-Opfer-Ausgleich aufgenommen und damit zugleich verdeutlicht, daß dieser über die – bereits bisher schon erwähnte – Schadenswiedergutmachung hinausgeht und auch andere Formen der Genugtuung meint. Zweitens sollte durch Abbau anwendungshemmender Vorschriften das Adhäsionsverfahren, also das Verfahren, in dem das Opfer Schadensersatzansprüche gegen den Täter schon im Strafprozeß geltend machen kann, effizienter ausgestaltet werden (§§ 403 Abs. 1, 406 Abs. 1 S. 2 StPO). Drittens wurde der Wiedergutmachung des dem Verletzten aus der Straftat erwachsenen Schadens Vorrang eingeräumt gegenüber der Vollstreckung einer Geldstrafe und den Verfahrenskosten (§ 459 a Abs. 1 S. 2 StPO). Weitergehenden Vorschlägen zur Realisierung der Schadenswiedergutmachung und zum Täter-Opfer-Ausgleich (stärkere Verankerung des Täter-Opfer-Ausgleichs im Ermittlungsverfahren, Ausdehnung der Strafaussetzung zur Bewährung auf die Geldstrafe und Verbindung mit der Wiedergutmachungsauflage, Befriedigung des Verletzten aus der Geldstrafe, Einführung der Wiedergutmachung als eigenständiger Sanktion) wurde nicht entsprochen.

Eine einheitliche Konzeption zur Stärkung der Stellung des Opfers im Strafverfahren, durch die Opferinteressen entsprechend einerseits Ausmaß und Richtung möglicher Gefährdungen, andererseits unter Berücksichtigung der im jeweiligen Verfahrensstadium bestehenden Schutzmöglichkeiten wirksamer als bisher geschützt werden könnten (opferschützende polizeiliche Ermittlungen, Opferschutz und Opferfürsorge im staatsanwaltschaftlichen Ermittlungs- und im gerichtlichen Hauptverfahren, opferfreundliche Verfahrensarten), ist nicht erkennbar. Insgesamt hat das Opferschutzgesetz nur punktuelle Änderungen gebracht und eine Art „Mindestbestand" allgemeiner Mitwirkungsbefugnisse gesichert. Eine allseits befriedigende Lösung der Wahrnehmung der Opferinteressen einerseits, der Verteidigung der Beschuldigten andererseits, ist freilich noch nicht in Sicht (KÜHNE 1988, SCHÜNEMANN 1986, WEIGEND 1989).

Im materiellen Strafrecht wird der Einbau der *Wiedergutmachung* als selbständige „dritte Spur" im Kriminalrecht gefordert (AE-Wiedergutmachung 1992; FREHSEE 1987), deren straftheoretische Auswirkungen bis hin zum Abolitionismus reichen (→ Alternativen zum Strafrecht, Kriminalpolitik). Derzeit ist der Gedanke der Wiedergutmachung im allgemeinen Strafrecht nur als genereller Strafzumessungsgesichtspunkt (§ 46 Abs. 2 StGB) sowie als Auflage der Schadenswiedergutmachung bei der Strafaussetzung und Strafrestaussetzung zur Bewährung (§§ 56 b Abs. 2, 57 Abs. 3, 57 a Abs. 3, 59 a Abs. 2 StGB), bei der Einstellung des Verfahrens nach § 153 a StPO sowie im Vollzugsrecht (§ 73 StVollzG) anerkannt. Angewandt werden diese Regelungen in der Praxis noch relativ selten bzw. ihnen fehlt, wie im Vollzug wegen des niedrigen Arbeitsentgelts, die Grundlage. So entfielen 1989 z. B. auf die Auflage der Schadenswiedergutmachung 0,8% aller Auflagen nach § 153 a Abs. 1 StPO, auf die der Unterhaltszahlungen 0,2%. Im gerichtlichen Verfahren nach § 153 a Abs. 2 StPO werden zwar mehr Schadenswiedergutmachungsauflagen (1989: 8,6%) und Verpflichtungen zu Unterhaltszahlungen (1989: 1,8%) ausgesprochen, aber auch hier dominiert die schlicht sanktionierende Auflage der Zahlung eines Geldbetrages. Die Errichtung von *Opferhilfs- und Opferbehandlungsprogrammen* stellt deshalb eine nur folgerichtige Weiterentwicklung dieser Gedanken dar. Ansätze zur Hilfe von Opfern finden sich des weiteren in dem Einsatz der Gerichtshilfe als Opferhilfe und mit der Aufgabe, einen Opferbericht zu erstellen, sowie in der *Opferbetreuung* durch ehrenamtlich tätige und private Vereinigungen.

Hinsichtlich der normativen Berücksichtigung der Gedanken der Wiedergutmachung und des Täter-Opfer-Ausgleichs kommt dem *Jugendstrafrecht* eine Vorreiterfunktion zu. Die Schadenswiedergutmachung konnte schon nach dem JGG 1923 als besondere Verpflichtung, also selbständig, auferlegt werden; im geltenden Jugendstrafrecht stellt sie eine eigenständige Form der Auflage dar (§ 15 Abs. 1 Nr. 1 JGG). Entsprechende Auflagen können auch im formlosen Erziehungsverfahren nach §§ 45, 47 JGG angeordnet werden (→ Diversion).

Der *Täter-Opfer-Ausgleich* (TOA) hängt zwar eng mit dem Gedanken der Schadenswiedergutmachung zusammen, geht aber insofern darüber hinaus, als die Idee des Ausgleichs, der „Befriedung", betont wird. Durch Eingehen auf die Bedürfnisse und Interessen beider Seiten soll ein gegenseitiger Ausgleich, im besten Fall eine Aussöhnung, erreicht werden. Genutzt werden soll hierdurch die Chance einer privatautonomen Lösung, beim Täter soll die Wahrnehmung von Opferschäden gefördert und soziale Verantwortung aktiviert werden. Diese Grundidee weist freilich über den TOA in seiner gegenwärtig erprobten Form hinaus und führt zur Berücksichtigung der *Opferperspektive als Ansatzpunkt sozialen Lernens in der Straffälligen-und Bewährungshilfe und im Vollzug*. In zahlreichen Modellprojekten wurde der TOA in den letzten Jahren in der Praxis des In- und Auslandes, insbesondere durch Einsatz von Vermittlern bzw. Schlichtern, erprobt (SCHRECKLING 1991). Durch das Erste Gesetz zur Änderung des Jugendgerichtsgesetzes vom 30.8.1990 wurde der TOA in den Katalog sowohl der durch Urteil auferlegbaren (§ 10 JGG) als auch der im formlosen Erziehungsverfahren (§§ 45, 47 JGG) in Betracht kommenden Weisungen aufgenommen.

Innerhalb des Strafverfahrens kann der Verletzte gem. §§ 403 ff. StPO zivilrechtliche Ansprüche geltend machen. Dieses *Adhäsionsverfahren* hat jedoch in der Praxis so gut wie keine Bedeutung. Durch die punktuelle Verbesserung durch das Opferschutzgesetz konnte es nicht entscheidend „wiederbelebt" werden. 1989 ergingen 0,5% aller Urteile von Amtsgerichten in Strafsachen in Adhäsionsverfahren. Im Jugendstrafverfahren ist diese Verfahrensart unzulässig (§ 81 JGG), im Verfahren gegen Heranwachsende ist es nur dann zulässig, wenn allgemeines Strafrecht angewendet wird (§ 109 Abs. 2 JGG).

Auf der Erkenntnis, daß Opfern von Gewalttätern in weiterem Umfang als bisher mit öffentlichen Mitteln geholfen werden muß, beruht das *Gesetz über die Entschädigung für Opfer von Gewalttaten* (OEG) vom 11.5.1976, geändert durch Gesetz vom 20.12.1984. Hinter den Zielen und Bedürfnissen der Opferentschädigung ist das OEG weit zurückgeblieben, seine Handhabung ist unbefriedigend. Entsprechend der restriktiven gesetzlichen Regelung bestehen öffentlich-rechtliche Entschädigungsansprüche nur für Opfer vorsätzlicher Gewalttaten, die hierdurch gesundheitliche Schäden erlitten haben. Als Ansprüche kommen in Betracht Rentenansprüche, Ersatz für bestimmte Aufwendung (z. B. Pflegezulage), Heil- und Krankenbehandlung sowie Maßnahmen zur beruflichen Rehabilitation. Leistungen sind zu versagen, wenn ein Mitverschulden des Opfers festgestellt wird oder das Opfer nicht unverzüglich Anzeige erstattet (§ 2

OEG). Nur ein geringer Teil der Opfer von Gewalttaten stellt einen Antrag auf Entschädigung. Nur rd. jeder vierte Antrag wird anerkannt, überdies mit regional erheblich voneinander abweichenden Anerkennungsquoten. Untersuchungen zur Handhabung des OEG in der Praxis zeigen ferner, daß der Großteil der Leistungen den Sozial- und Krankenversicherungsträgern zugute kommt. Eingewandt wird deshalb, im ganzen gesehen sei nicht die Situation der Verbrechensopfer verbessert worden, sondern die der Krankenkassen (VILLMOW/PLEMPER 1989).

Eine stärkere Berücksichtigung von Opferbelangen wird sich über die hier angesprochenen Bereiche der Rechtsstellung im Strafrecht und der Entschädigung bzw. Wiedergutmachung auswirken müssen auf die *Strafrechtsdogmatik*, die bereits viktimo-dogmatische Ansätze entwickelt hat, die darauf abzielen, Opferinteressen bei der Tatbestandsauslegung, das Opferverhalten bei den Rechtfertigungs- und Entschuldigungsgründen sowie der Strafzumessung zu berücksichtigen. Wiederentdeckt wurde das Opfer schließlich in der *Entkriminalisierungsdebatte*, deren Spektrum bis zur „Verbrechensbekämpfung durch Opferbestrafung" (EBERT 1983) reicht.

Alternativ-Entwurf Wiedergutmachung (AE-WGM), Entwurf eines Arbeitskreises deutscher, österreichischer und schweizerischer Strafrechtslehrer (Arbeitskreis AE). München 1992; *Ebert, U.*, Verbrechensbekämpfung durch Opferbestrafung, JZ 38 (1983), 633–643; *Eser, A., Kaiser, G., Madlener, K.*, Neue Wege der Wiedergutmachung im Strafrecht, Freiburg i. Br. 1990; *Frehsee, D.*, Schadenswiedergutmachung als Instrument strafrechtlicher Sozialkontrolle, Berlin 1987; *Janssen, H., Kerner, H.-J.*, Verbrechensopfer, Sozialarbeit und Justiz, Bonn, 2. Aufl., 1986; *Kühne, H.H.* (Hrsg.), Opferrechte im Strafprozeß. Ein europäischer Vergleich, Kehl u. a. 1988; *Rieß, P.*, Die Rechtsstellung des Verletzten im Strafrecht. Gutachten C. Verhandlungen des 55. Deutschen Juristentages. Bd. 1, München 1984; *Rössner, D., Wulf, R.*, Opferbezogene Strafrechtspflege, Bonn 1984; *Schneider, H.J.*, Berücksichtigung viktimologischer Gesichtspunkte bei der Reform des Strafrechts, des Strafverfahrens und des Strafvollzugs, ÖJZ 1990, 10–20; *Schreckling, J.*, Bestandsaufnahmen zur Praxis des Täter-Opfer-Ausgleichs in der Bundesrepublik Deutschland, Bonn 1991; *Schünemann, B.*, Zur Stellung des Opfers im System der Strafrechtspflege. NStZ 1986, 193–200; *Villmow, B., Plember, B.*, Praxis der Opferentschädigung, Pfaffenweiler 1989; *Weigend, Th.*, Deliktsopfer und Strafverfahren, Berlin 1989.

WOLFGANG HEINZ

Organisiertes Verbrechen. Die syndikatsähnlichen Erscheinungsformen des organisierten Verbrechens, die im Vordergrund des herkömmlichen Verständnisses des Begriffs stehen, fanden sich früher fast ausschließlich in den Vereinigten Staaten von Amerika. Im weitesten Sinne versteht man unter diesem *Organized Crime* eine besondere Art gemeinschaftlicher (krimineller) Betätigung, die sich durch strenge hierarchische Gliederung sowie durch kaufmännisch geplantes und kontrolliertes Vorgehen auszeichnet. Mit dem Wort „Verbrechensindustrie" (Crime-Industry) versucht man, dieses gegenüber anders strukturierten Kriminalitätsarten unterscheidende Merkmal deutlicher hervorzuheben. Es ist bis heute nicht gelungen, die innere Struktur, die Arbeitsgebiete und den Tätigkeitsumfang des Organized Crime vollständig aufzudecken. Denn nur selten glückt einem Außenstehenden ein näherer Einblick in die Zusammenhänge des alltäglichen Lebens und des Geschäftsgebarens der engeren Mitgliedschaft, der rund 20 000 Personen zugerechnet werden. Die Organisationen selbst, vor allem der innere Kreis der entscheidenden Personen, sind durch ein erprobtes System von Geheimhaltung und Kontrolle gegen Infiltration und auch gegen Verrat aus den eigenen Reihen abgesichert. Trotz Polizeiunterlagen und Ergebnissen amtlicher Untersuchungsgremien bleibt auch gegenwärtig die Kenntnis vom Organized Crime bei wissenschaftlicher Einschätzung kaum anders zu beurteilen als ein untrennbares Gemisch von vielen Spekulationen und Meinungen, einigen Einsichten und wenigen gesicherten Fakten. Verständlicherweise führt dies zu schwankender Bewertung der Gefährlichkeit des organisierten Verbrechens zwischen Überbetonung und Bagatellisierung, je nach persönlicher Einstellung der Betrachter und den Einzelheiten, die man gerade in einem besonderen Fall erfassen kann.

Bis zum Beginn des 20. Jh. gibt es wenigstens zwei historische *Vorläufer*, aus deren Quellen das Wachstum des amerikanischen Organized Crime gespeist wurde: Zum einen zogen sich damals die funktionslos gewordenen Randexistenzen der sog. Western-Generation immer mehr in den Dunstkreis der Großstädte zurück, wo sich den vormaligen „Desperados" ein neues Betätigungsfeld als „Gangster" (→ Bande, Gruppe, Gang) bot. Zum anderen verschaffte das puritanische Erbe des amerikanischen protestantischen Mittelstandes den sog. *Mafiosi* unter der italienischen Einwandererbevölkerung eine günstige Gelegenheit, ihren Einfluß über der Volksgruppe hinaus auszudehnen und damit überhaupt erst relevante Macht zu gewinnen: 1919 wurde mit der *Prohibition* das totale Alkoholverbot eingeführt. Bis dahin war der amerikanische Ableger der sizilianischen Mafia kaum mehr gewesen als eine volksgruppeninterne, an überkommenen Formen ländlichen Patronagesystems gebundene Form von „Staatsersatz", der die soziale Kontrolle zwar ungesetzlich, aber mit durchaus begrenzter, subkulturell legitimierter Gewaltanwendung bestimmte. Durch das Einsteigen der Mafiosi jedoch in das Geschäft der illegalen Branntweinherstellung und des staatenweiten Alkoholschmuggels (boot-legging) floß ihnen außergewöhnlicher Profit zu, mit Hilfe dessen sie sich in die Lage versetzt sahen, andere gesetzwidrige Aktivitäten zu finanzieren. Chicago vor allem wurde zur Zentrale der nun entstehenden „Cosa Nostra". Sie beherrschte alsbald die gesamte lokale und regionale Unterwelt. Vielfältige Verwandtschaften und Sippenbeziehungen in den wesentlichen Großstädten garantierten ein verläßliches Netzwerk von Stützpunkten für kriminelle und andere Geschäftsvorhaben.

Die 1933 nach wenig Erfolg und vielen (für die Initiatoren unverhofft) schädlichen Nebenwirkungen notgedrungen durchgeführte Aufhebung der Prohibition setzte die bisher an das Alkoholgeschäft gebundenen Energien der Mafiosi-Gruppen größtenteils frei. Ihre Aktivität verlagerte sich auf Bereiche, die auch heute noch als Betätigungsfeld des Organized Crime bevorzugt genannt werden: Produktion, Schmuggel und Verbreitung von *Rauschdrogen* (Heroin), Schmuggel von hoch besteuerten oder *Luxusgütern* (Zigaretten, Gold, Juwelen), Organisation verbotener *Wetten und Glücksspiele* (in den wenigen „legalen Oasen" wie z. B. Nevada, dürfte ihr Anteil am Geschäft kaum geringer sein), gewerbsmäßiger *Wucher* (loan-sharking), systematische finanzielle *Erpressungen* aller Art (racketeering) und organisierte *Prostitution*, speziell in den ertragreichen Formen der sog. Call-Girl-Ringe. Der jährliche Gesamtumsatz einschließlich aller Nebenbetriebe wurde schon vor Jahrzehnten mit 50 Milliarden

Dollar eingeschätzt; offizielle Schätzungen, z. B. der Kefauer-Commission des Senats, nahmen den Mindestumsatz mit etwa 7 Milliarden Dollar an. Jedenfalls scheint soviel gesichert, daß vor allem das Geschäft mit Glücksspiel und der Handel mit Heroin einige hundert Millionen Dollar an jährlichem Reingewinn abwerfen.

Die Art der Betätigungen macht deutlich, um was es beim organisierten Verbrechen – jenseits dogmatischer Bewertung der einzelnen Taten – letztlich geht: Erst in zweiter Linie um gesellschaftsfeindliches kriminelles Verhalten, in vorderster Linie dagegen um den marktorientierten *Handel mit Gütern* und das *Bereitstellen von Mitteln oder Dienstleistungen*, die zwar von Gesetz wegen eingeschränkt bzw. ganz verboten sind, nach denen aber aus der Bevölkerung heraus nichtsdestoweniger, unter der Decke der offiziellen ablehnenden Moral, ein beständiges Bedürfnis entsteht. Daraus folgt zugleich die Unmöglichkeit, organisiertes Verbrechen losgelöst vom gesamtgesellschaftlichen Hintergrund erfassen und in den Griff bekommen zu können. Die Verbrechensindustrie schafft sich neue Nachfrage wie andere (legale) Konzerne auch, um den Gewinn zu halten oder zu mehren: Aber genau wie jene ist sie ebenfalls eingebettet in die Bedürfnisstruktur der Gesellschaft, in der sie sich betätigt. Wenn die Abnehmer nicht mitspielen, geht die Geschäftsgrundlage verloren. Diese Überlegung hilft Mythologisierung zu vermeiden, ferner das bequeme Ausweichen in Scheinlösungen, die sich für die wenigstens sozialpsychologische Bewältigung des Verbrechensproblems anbieten: Sich z. B. dadurch zu entlasten, daß man Minderheiten die „Sündenbockrolle" anmutet und sie mit der Verantwortlichkeit für alles Übel belastet.

So erscheint es auch fraglich, ob die Cosa Nostra tatsächlich das Organized Crime der USA ausschließlich beherrscht, ob das Land unter wenige, straff durchorganisierte „Syndikate" aufgeteilt ist, die mit brutaler Gewalt ihr Herrschaftssystem aufrechterhalten und immer weiter verbreiten. Mehr als Anzeichen dafür hat man nicht in der Hand. Die „Mord GmbH" (murder inc.) der 30er Jahre dürfte zwar Nachfolger gefunden haben: Im übrigen aber läßt sich der verzweigte, tief in das normale Gesellschaftsleben reichende Einfluß systematisierter Gesetzesverstöße auch ohne das Modell einer *militärisch organisierten Gewaltorganisation* begreifen. Unter den heutigen Bedingungen moderner Nachrichtentechnik genügt für erfolgreiche Arbeit ein *betriebswirtschaftlich* straff organisiertes System örtlicher Niederlassungen, das durch ein *Netzwerk informeller Bekanntschaften* und persönlicher Geschäftsbeziehungen kanalisiert wird. Freilich erfordern die speziellen Bedingungen dieses weitgehend kriminalisierten Marktes besondere Sicherheitsvorkehrungen und einen eigenen Zwangs- und Vollstreckungsapparat für Fälle des Vertragsbruches wie des Verrates; doch dürfte neben dem für alle Beteiligten vergleichbaren Geschäftsinteresse meist schon das alleinige *Gefühl der Bedrohung* ausreichen, um die Einhaltung der Regeln zu gewährleisten.

Nach außen hin bildet die Infiltration von örtlichen Behörden und Ämtern, das Durchsetzen regionaler politischer und gewerkschaftlicher Organisationen mit eigenen Vertrauensleuten und umfangreicher Bestechung der Polizei die schlüssige Fortsetzung des Bemühens, das Geschäft gegen Risiken abzusichern. Diese nüchterne Betrachtungsweise soll andererseits nicht die Gefahren bagatellisieren. Insbesondere können aus der Tendenz der Gruppen des Organized Crime, sich mit dem erwirtschafteten Profit in legale Unternehmungen (Wäschereien, Ladenketten, Tankstellenbetriebe) einzukaufen, unsteuerbare Rückwirkungen auf die allgemeinen Handelsgepflogenheiten der Geschäftswelt entstehen, die die sowieso schon weit hinausgeschobene „Grenzmoral" noch weiter an das Kriminelle annähern dürften.

In Asien spielen organisierte Verbrechensgruppierungen eine in den einzelnen Gesellschaften fest etablierte und durchaus offen erkannte, dabei in der Statushierarchie aber nicht als bedeutend anerkannte Rolle. Besonders bekannt sind die chinesischen Triaden und die japanischen Yakuza, über deren Zahl (mehr als 100 000) und Eigenheiten in polizeilichen Weißbüchern detailliert berichtet wird. Warum und woher man dieses Wissen hat und warum die Behörden dann dennoch offenbar nichts Entscheidendes ausrichten können: Solche Fragen führen rasch ins Zentrum des Problems, das vorstehend schon verschiedentlich angetippt wurde und für künftige Analysen wie Strategien entscheidend sein wird. Organisierte Kriminalität, die wirklich „auf der Höhe der Zeit" ist, hat sich vom Image der aus Minderheitsgruppen oder aus unteren sozialen Schichten emporgekommenen Kriminellenorganisation erfolgreich emanzipiert. Sie beginnt, wo sie besonders erfolgreich ist, das soziale, wirtschaftliche und politische Gefüge von Staaten im Kernbereich zu beeinflussen. Die Rede ist dann von Macht und Herrschaft, das Phänomen ist die anfänglich gezielte einzelfallbezogene, nach und nach aber sich elastisch vernetzende Zusammenarbeit staatlicher, (partei)politischer, wirtschaftlicher und krimineller Kreise.

Die lateinamerikanischen Drogenkartelle (sog. Kokainmafia, Medellin-Kartell u. a.) könnten ein exemplarisches Studienobjekt abgeben. Der internationale Skandal über die mehrstelligen Dollarmilliarden, um die es in dem globalen Geschäft geht, ist vergleichsweise jungen Datums, die Aktivitäten und die bis zur erfolgreichen sog. Geldwäsche regelmäßig unversteuerten Gewinne sind schon viel länger etablierte Realität. Anscheinend überzogen die so bezeichneten „Drogenpaten" letztlich auch die weitest gesteckten Grenzen der Duldung. Innerhalb dieser Grenzen muß man fragen, wer *auch noch* von den Organisationen Nutzen zieht oder von ihren Gewinnen profitiert. Die erkennbaren Indizien deuten eine außerordentliche Spannweite an: Am einen extremen Ende stehen hungernde Kleinbauern und Taglöhner, denen der schmale Anteil am Geschäft das Überleben sichert; am anderen extremen Ende erkennt man Geheimdienste, die mit Drogengewinnen oder über Drogengewinnler unliebsame Regierungen oder Regimes infiltrieren bzw., je nach Zeitläuften und politischen Konstellationen, auch einmal umgekehrt am Leben halten. Wenn einmal derartige Lagen sich entwickelt haben, haftet allen Konzepten, eine Lösung über rein polizeilich oder strafrechtliche Strategien zu suchen, von vornherein ein Hauch von Unwirklichkeit an.

In Europa gibt es dem Anschein nach trotz aller Veränderungen seit den 70er Jahren nach wie vor *keine ausgeprägten Formen* syndikatsähnlicher Verbrechensorganisationen. Die (sizilianische) *traditionelle Mafia* insbesondere darf nicht als reines Gewalt- oder Verbrechenssystem mißverstanden werden. In ihren überkommenen Strukturen bedeutete sie eher eine Art Ersatz für die in der ländlichen Bevölkerung traditionell als Fremdherrschaft erlebte zentrale Staatsgewalt und vielfach ineffektive Verwaltung; sie scheint als relativ lockere Verbindung in lokale Macht- und Einflußzonen gegliedert zu sein. Neuerdings freilich werden zunehmend Ergebnisse bekannt, die Ansätze für eine Professionalisierung der jüngeren Mafiosi-Gruppen als *Neue Mafia* nach amerikanischem Vorbild vermuten lassen. Es zeichnen sich Tendenzen ungebundener Gewalttätigkeit ab, außerdem höchst gesellschaftsgefährliche Vernetzung mit den tragenden Parteistrukturen im Staat einerseits, mit politisch-terroristischen Bewegungen andererseits. Erste handfestere Indizien für das sich Festsetzen internationaler Strukturen organisierten Verbrechens modernen Zuschnitts in den anderen westeuropäischen Staaten glauben die Ermittlungsbehörden seit Mitte der 80er Jahre zu haben. Jedoch wie meist: „gerichtsverwertbar" ist davon nur wenig. Ansonsten kennzeichnet folgendes die europäische Szene: ein grenzüberschreitendes, informelles Netzwerk gegenseitiger Bekanntschaften von sog. Vollzeit-Kriminellen, die in Kleingruppen arbeiten. Die Gruppenmitglieder wechseln mitunter von Aktion zu Aktion, aber sie stammen aus einem gemeinsamen Grundbestand von Spezialisten, die bei Bedarf zur Verfügung stehen. Mit finanzkräftigen Hehlergruppen im Hintergrund widmen sie sich dem (zum Teil auf gezielte Bestellung hin ausgeführten) Diebstahl wertvoller Gebrauchs- oder Luxusgüter im großen Maßstab, z. B. Kraftfahrzeuge, Pelze, Schmuck, Uhren und Antiquitäten, in jüngerer Zeit kommt die Verwertung ganzer beladener Lastzüge hinzu. Andere Aktivitäten sind groß angelegte Betrügereien mit Schecks und Wechseln, Warenkreditbetrug, Gemäldefälschungen und verstärkt der Handel mit Waffen und Drogen sowie neue Formen internationalen Mädchenhandels und Flüchtlingshandels. Dieser neue Typ von *Professionellem Verbrecher* entspricht nicht mehr dem Bild des sog. „gefährlichen Gewohnheitsverbrechers" oder auch „Berufsverbrechers" altgewohnter Art, etwa dem einzelgängerischen Einbruchsspezialisten oder dem internationalen Hoteldieb. Diese wurden immer wieder überführt und bestraft, während bei jenen die Polizei trotz verbesserter Mittel oft zusehen muß, wie sie sich der Strafverfolgung entziehen. Ihr Auftreten, Verhalten und Erscheinungsbild läßt die Grenze zum Weiße-Kragen-Verbrechen und zur engeren → Wirtschaftskriminalität undeutlich werden (s. a. → Intensivtäter).

Albini, J.L., Mafia as a Method, IntJCrimPen 3 (1975), S. 295–305; *Bundeskriminalamt* (Hrsg.), Organisiertes Verbrechen, Wiesbaden 1975; *Burgdorff, S.* (Hrsg.), Wirtschaft im Untergrund, Hamburg 1983; *Hess, H.*, Mafia, Zentrale Herrschaft und lokale Gegenmacht, Tübingen 1970; *ders.*, Drogenpolitik: Schattenwirtschaft und Abenteuerkapitalismus, Neue Kriminalpolitik, H. 2. 1989, S. 24–29; *Kerner, H.J.*, Moderne Formen von Gruppenkriminalität und Konsequenzen für kriminalpolizeiliche Ermittlungen, Der Kriminalität 32 (1979), S. 14–21; *ders.*, Professionelles und organisiertes Verbrechen, Wiesbaden 1973; *Lenhard, K.-H.*, Es ist fünf vor zwölf. Zur organisierten Kriminalität und ihrer wirksamen Bekämpfung, Kriminalistik 43 (1989), S. 194–198; *Mack, J.A.*, The Crime Industry, Farnborough, Hants 1975; *Rebscher, E., Vahlenkamp, W.*, Organisierte Kriminalität in der Bundesrepublik Deutschland, Wiesbaden 1988; *Reeg, A.R.*, Strafrecht in der Bundesrepublik, Neue Kriminalpolitik H. 2, 1989, S. 30–35; *Schneider, H.J.*, Organisiertes Verbrechen, in: Kriminalität und abweichendes Verhalten, hrsg. v. Schneider, H.J., Bd. 1, Weinheim u. a. 1983, S. 367–380; *Steinke, W.*, Das organisierte Verbrechen. Eine kriminalistisch/kriminologische Analyse, Kriminalistik 36 (1982), S. 78–80, 97–100; *Wiedermann, O.*, Berufsmäßige Tatbegehung, Hamburg 1969.

HANS-JÜRGEN KERNER

P

Pädophilie → Alterskriminalität, → Sexualkriminalität

Personendelikte → Gewaltkriminalität

Politische Delikte, politische Kriminalität. Nirgends wird der politische Charakter des Strafrechts so deutlich wie in dem Bereich der sogen. politischen Delikte. Nirgends auch hat es das Recht schwerer, den eigenen Ruf und das eigene Gesicht zu wahren, d. h. die „Herrschaft des Rechts" statt die des Staates und seiner politischen Kräfte zu sein. Damit scheint es zusammenzuhängen, daß sich in den Lehrbüchern der Kriminologie – sieht man von einigen neueren außerdeutschen Beispielen ab – in den Kapiteln zu den „Einzeldelikten" nur sehr selten eine befriedigende wissenschaftliche Behandlung dieses Bereichs der Kriminalität nachlesen läßt. Forscher bzw. Arbeiten, die sich diesem Gegenstand widmen, pflegen daher auch nicht im Gewande der Kriminologie aufzutreten, und ihnen wird umgekehrt von der Disziplin diese Identität auch nicht angetragen. Exemplarisch läßt sich dies an dem dem legendären Frankfurter Institut für Sozialforschung entstammenden Soziologen O. KIRCHHEIMER demonstrieren, der zweimal literarische Ausflüge auf das Terrain der Kriminologie machte und mit beiden keinen gesicherten und unbestrittenen Platz in den Annalen der Kriminologie errang. Die mit G. RUSCHE zusammen erarbeitete Studie „Sozialstruktur und Strafvollzug" (1974) ist lediglich im Rahmen der → *kritischen Kriminologie* zu einem Klassiker kriminologischer Forschung geworden. Die traditionelle Kriminologie geht sehr ängstlich damit um. Das spätere Werk KIRCHHEIMERS „Politische Justiz. Verwendung juristischer Verfahrensmöglichkeiten zu politischen Zwecken" (1965) wird z. B. im bedeutendsten zeitgenössischen deutschen kriminologischen Lehrbuch von KAISER (1980) nicht einmal nachgewiesen. Das gleiche Schicksal trifft die wichtigste deutsche Nachkriegspublikation auf diesem Gebiet, die außerordentlich penible und detailreiche empirische Analyse v. BRÜNNECKS über die „Politische Justiz gegen Kommunisten in der Bundesrepublik Deutschland 1949–1968", die, in der Tradition KIRCHHEIMERS stehend, zwar in der journalistisch gehobenen Öffentlichkeit rühmende Anerkennung gefunden hat, in die Spalten der kriminologischen Fachjournale jedoch nicht eingedrungen ist.

In der Tat spiegelt sich in der Behandlung politischer Delikte und politischer Justiz in der Kriminologie nicht nur das durchaus wechselnde Selbstverständnis der Disziplin, sondern an den politischen Delikten lassen sich beispielhaft sämtliche Probleme erörtern, die in den letzten 15–20 Jahren zu schulenprägenden Richtungskontroversen innerhalb der Kriminologie avanciert sind und die insbesondere als Markierungspunkte zwischen der traditionellen und kritischen Kriminologie fungieren. Die Notwendigkeit nach einer *theoretischen Erweiterung der Kriminologie um Fragen der Struktur und Funktionsweise des Straf-*

rechts und seiner institutionellen Einrichtungen, Probleme der *Definition des Verbrechens*, der *Zuverlässigkeit und Gültigkeit von Kriminalstatistiken*, der *Selektivität der Strafverfolgung*, des *Verhältnisses der Disziplin zu den staatlichen und politischen Institutionen*, der *kriminalpolitischen Anwendung kriminologischer Befunde*, des *„politischen" Charakters von Kriminalität*: Alle diese Stichworte, die die kritische Kriminologie in die Debatte um die theoretischen, methodologischen und methodischen Grundlagen der Disziplin mit Ungeduld, bisweilen mit polemischer Arroganz eingeführt hat, lassen sich bei einer sorgfältigen und unvoreingenommenen kriminologischen Analyse politischer Delikte nachhaltig als triftig ausweisen und weniger vorschnell, als dies gelegentlich geschieht, als eine disziplinbefleckende Politisierung der Kriminologie abtun.

Schon ein Blick in die Geschichte der Disziplin lehrt, daß sich die Kriminologie mit der politischen Kriminalität schon immer schwer getan hat. Interessant ist die Behandlung des politischen Kriminellen durch die Begründer der positivistischen Kriminologie um die Jahrhundertwende. Übereinstimmend mit der kriminalpolitischen und strafrechtlichen Sonderbehandlung des politischen Straftäters und im Widerschein der politischen Umwälzungen und Kämpfe, die die Geburt der modernen kapitalistischen bürgerlichen Gesellschaft begleiten, trennten sie kriminalpolitisch wie theoretisch scharf zwischen der „politischen" und der „normalen" Kriminalität: LOMBROSO bescheinigte ersteren „eine edle Physiognomie", letztere brachte er in seinen biologisch definierten kriminellen Typen unter; für FERRI waren politische Kriminelle entweder überhaupt keine Kriminelle oder politische Motive simulierende Vertreter seiner kriminellen Typologie. ELLIS, ein englischer Zeitgenosse von LOMBROSO und FERRI, brachte die wissenschaftlichen Implikationen der Kontroverse auf eine pointierte Formel, die ihren Platz in der derzeitigen kriminologischen Diskussion haben könnte: „Von jedem wissenschaftlichen Gesichtspunkt aus bedeutet die Verwendung des Wortes ‚Verbrechen' zur Bezeichnung eines Unterschieds nationaler Gesinnung oder politischer Überzeugung einen Mißbrauch der Sprache. Eine solche Konzeption mag notwendig sein, um die Vorherrschaft einer Regierung zu sichern, ebenso wie das Konzept der Häresie erforderlich ist, um die Vorherrschaft der Kirche sicherzustellen …" (alles zit. n. BOTTOMLEY 1979, 10 ff.). In dieser Frage herrschte übrigens Übereinstimmung – anders als heute – mit einem Kriminologen wie BONGER, einem dezidierten Vertreter einer kriminalsoziologischen Kriminologie der damaligen Zeit: Für ihn war der politische Kriminelle ein „homo nobilis" – der normale Kriminelle ein „l'homme canaille" (ebda., S. 15).

Trotz dieser prinzipiellen und theoretischen Eindeutigkeit in der Differenzierung von politischer und nichtpolitischer Kriminalität war die praktische Handhabung dieser Unterscheidung außerordentlich schwierig und ist es bis auf den heutigen Tag geblieben. Das Problem liegt in den subjektiven Elementen und Kriterien der Unterscheidung: Was den politischen vom normalen Straftäter unterscheidet, wurde in der Motivation des Täters gesehen. Der politische Straftäter ist derjenige, der strafbare Handlungen als Instrument und Mittel zu einem politischen, moralischen oder wertbezogenen, kurz: zu einem über ihn hinausweisenden Zweck einsetzt, im Gegensatz zu demjenigen, dessen Straftaten eine Funktion des privaten und individuell bestimmbaren Bedürfnissystems des Täters sind. Es ist offensichtlich, daß man sich damit alle Unwägbarkeiten, Beliebigkeiten und begrifflichen Sperrigkeiten einhandelt, von denen die Geschichte des politischen Strafrechts so eindringlich zeugt. Eine noch bedeutsamere Konsequenz dieser Sachlage besteht in der damit gegebenen strukturellen *Politisierbarkeit* des Konzepts einerseits, der Instrumentalisierung andererseits: Politische Motive können unterstellt, geleugnet, simuliert oder vorgegeben werden, und damit werden sie zu einem Spielball der politischen Auseinandersetzung mit der permanenten Tendenz der *Entgrenzung des kriminellen Konflikts*: Die Definition und Verfolgung von Kriminalität wird zu einer gesellschaftsweiten Angelegenheit, an der nicht nur die „Parteien des Konflikts" – der kriminelle Straftäter und die den staatlichen Strafanspruch repräsentierenden und realisierenden Institutionen – beteiligt sind, sondern auch die üblicherweise aus dem Forum der Verarbeitung des Konflikts ausgeschlossene Öffentlichkeit, wobei hier den Massenmedien eine besonders zentrale und „vermittelnde" Rolle zukommt. Diese Prozesse sind beispielhaft an der Auseinandersetzung und den gesellschaftlichen Konflikten ablesbar, die der politische Terrorismus in der Bundesrepublik in den siebziger Jahren ausgelöst hat (SACK 1984), sie lassen sich ebenso dokumentieren an den strafrechtlichen und politischen Vorgängen um die Hausbesetzerbewegung Ende der 70er/Anfang der 80er Jahre (CILIP 1981).

Die Grenzziehung zwischen politischer und unpolitischer Kriminalität ist nicht nur wegen des intentionalen bzw. motivationalen Kriteriums der Unterscheidung eine eminent kontroverse Angelegenheit. Sicherlich trifft auch in dieser Hinsicht der Vorwurf MATZAS (1964) gegen die positivistische Kriminologie, den man getrost auf das Strafrecht und das Alltagsverständnis ausdehnen kann, zu, daß *auch hier die Grenzen eher flüssig als scharf markiert sind.* BOTTOMLEY ist zuzustimmen, daß die Positivisten „die zweifelsfreie politische Natur bestimmter Verbrechen anerkannten, während sie gleichzeitig die prinzipiell nicht-politischen und anti-sozialen Aspekte der Mehrzahl der Verbrechen überbetonen" (1979, 15).

Mit dem Aufkommen der kritischen Kriminologie, angebahnt aber bereits in anomie- und subkulturtheoretischen Interpretationen von Kriminalität und Delinquenz (→ Kultur, Subkultur, Kulturkonflikt), läßt sich in der Kriminologie eine ausgesprochene Sensibilisierung für die Frage nach den Übergängen und Grauzonen zwischen den beiden Klassen von Kriminalität beobachten. HOROWITZ/LIEBOWITZ (1968) hatten an den Vorgängen der Rassenunruhen und der sozialen und politischen Bewegungen der Bürgerrechtler, Studenten und Anti-Vietnam-Demonstranten eine *Politisierung abweichenden und kriminellen Verhaltens auf der einen Seite und eine zunehmende Hinwendung zu gesetzesverletzenden Taktiken politischer Dissidenten auf der anderen Seite* und damit eine Entwicklung ausgemacht, die sie in der Aussage zusammenfaßten: „Die Grenze zwischen sozialer Abweichung und politischer Marginalität verblaßt. Die Unterscheidung wird rapide obsolet" (S. 285).

Diese Entwicklung ist seither in vielen empirischen Arbeiten und theoretischen Analysen der kritischen Kriminologie dokumentiert, analysiert und fortgeschrieben worden. PEARSON (1975) hat die sozialen, sozialpolitischen und theoretischen Aspekte dieses gesellschaftsweiten und „interdisziplinären" Prozesses in einer faszinierenden Arbeit beschrieben, ROCK (1973) hat aus phänomenologisch-interaktionistischer Perspektive Prozesse der Entstehung, Verfestigung, Organisation und der Transformation von kriminellen Rollen, Identitäten und Organisationen analysiert und dabei den politischen Aspekt besonders herausgearbeitet. Neuere Monographien von SCHAFER (1974), SCHUR (1980) und TURK (1982) haben sich dem Gegenstand monographisch und enzyklopädisch zugewandt und mehr und mehr eine Art *polito-kriminologischen Bezugsrahmen* entwickelt.

Das Dilemma freilich einer eindeutigen und analytisch einwandfreien Trennung beider Formen von Kriminalität ist keineswegs gelöst und wohl auch strukturell nicht lösbar. Es kompliziert sich zusätzlich dadurch, daß es nicht nur um eine Grenzziehung innerhalb der Teilklasse „abweichenden oder kriminellen Verhaltens" geht, sondern daß das Kontinuum zu verlängern ist in die Verhaltensbereiche, die in der politischen Soziologie mit dem Begriff des „*unkonventionellen politischen Verhaltens*" bezeichnet werden. Hier sind Definitionsprozesse analoger Art in Rechnung zu stellen, wie dies für den Kontext der Kriminalität der Fall ist. Hier ist der politische Aspekt natürlich augenscheinlicher und greifbarer als bei der Abgrenzung politischer und nicht-politischer Kriminalität.

Eine analytische und empirische Möglichkeit, über die nur schwer feststellbare und deshalb prinzipiell kontroverse Ebene der persönlichen Motivation des Täters hinauszugelangen, bietet ein Rückgriff auf die *theoretische Unterscheidung zwischen dem „Kriminellen" und dem „Nonkonformisten"* von MERTON (1957, 357 ff.) an. Er verknüpft in einer typologischen Kontrastierung des Kriminellen mit dem Nonkonformisten Elemente zu dem folgenden Merkmalssyndrom: (1) der Nichtkonforme verbirgt im Gegensatz zum Kriminellen seine Abweichungen nicht, sondern macht sie öffentlich; (2) der Nichtkonforme bestreitet, der Kriminelle anerkennt die „Legitimität der verletzten Norm" und instrumentalisiert sie für seine Zwecke; (3) der Nichtkonforme zielt auf Normwandel und eine „alternative" Moral; (4) „schließlich, und ganz entscheidend: Dem Nichtkonformen wird, wie widerstrebend und unbewußt auch immer, zugute gehalten, daß er von den bestehenden Normen aus völlig oder überwiegend uneigennützigen Gründen abweicht; der Kriminelle wird als jemand gesehen, der die Normen aus seinem Eigeninteresse verletzt" (S. 361). Die entscheidende Pointe dieser Typologie liegt im letzten Element, das eine bezugsgruppenhafte Verknüpfung des Nonkonformisten mit Dritten und anderen, ebenfalls nonkonformen oder auch *normkonformen* Mitgliedern der Gesellschaft herstellt. Für die Identifizierung politischer Kriminalität werden damit neben der Motivation die Reaktion der Gesellschaft von Teilen von ihr – eben Bezugsgruppen – entscheidend. Die unterschiedlichen Reaktionen der Gesellschaft auf Kriminalität und Nonkonformität entwickelt MERTON – unter Rückgriff auf die Arbeit des dänischen Rechtssoziologen RANULF – am Konzept der „moralischen Entrüstung": Der Kriminelle trifft auf eine „im wahrsten Sinne des Wortes desinteressierte moralische Entrüstung auch derjenigen Mitglieder der Gesellschaft, die nicht unmittelbar durch die konkrete Normverletzung betroffen sind" (S. 362). Nur diese garantiere der formellen sozialen Kontrolle Nachdruck und Effektivität im Sinne der Isolierung des Täters und seiner Wiederverpflichtung auf die Normen. Im Gegensatz dazu kann der Nonkonforme mit einer Art „interessierter moralischer Entrüstung" rechnen, d. h. die moralische Verurteilung ist nicht generell, sondern bricht sich gleichsam an anderen Interessen. So kann der politische Attentäter oder Tyrannenmörder damit rechnen, daß er neben der moralischen Verdammnis durch den einen Teil der Gesellschaft auch offene oder „klammheimliche" Anerkennung und Bewunderung durch einen anderen Teil erfährt. Dies ist die Rolle des Märtyrers, die von seiten der Herrschaftsträger ebenso gefürchtet wie von manchen politischen Kriminellen gesucht wird.

MERTONS Unterscheidung – das ist wichtig hervorzuheben – stellt nicht auf die Schwere der Tat oder Rechtsgutverletzung ab, sondern insistiert unabhängig davon auf der *„strukturellen, kulturellen und funktionalen" Unterscheidung des Kriminellen und des Nonkonformisten*, obwohl „der Nichtkonforme nicht selten zum Kriminellen erklärt" wird und „obwohl das konkrete Recht einer Gesellschaft nicht immer diesen Unterschied anerkennen mag": „Allen öffentlichen Verlautbarungen zum Trotz (stellt) eine weitverbreitete Meinung den Nichtkonformen aus politischer, religiöser oder ethischer Überzeugung in der Tat erheblich über den Kriminellen" (a. a. O., S. 361).

Diese bezugsgruppentheoretische Perspektive erklärt viele Vorgänge um die Auseinandersetzung mit dem deutschen Terrorismus der 70er Jahre. Das Beharren der staatlichen und politischen Institutionen und Funktionsträger darauf, daß es sich bei den Terroristen um „normale Kriminelle" handle, das sich ständig selbst dementierte, der politische Streit um die angemessene Terminologie (Baader-Meinhof-*Gruppe* oder -*Bande*), die Auseinandersetzung um die sog. Sympathisanten und vieles andere mehr signalisieren in der Tat, daß die Entrüstung über die Straftaten der Terroristen keine ungeteilte und desinteressiert-moralische war, sondern eine politisch differenzierte. Deshalb war die Auseinandersetzung mit den Terroristen eben keine primär-strafrechtliche, sondern vor allem eine „geistig-politische", wie es auch von höchsten staatlichen Funktionsträgern als notwendig eingeräumt wurde (vgl. dazu SACK 1984).

Der am politischen Terrorismus demonstrierbare Zusammenhang zwischen Politik und Kriminalität ist natürlich an minderen und weniger gravierenden Straftaten und Rechtsverletzungen in politischer Absicht noch ungleich ausgeprägter und in gewisser Weise als Gegenstand rechtlicher, vor allem strafrechtlicher Repression risikobehafteter für den Staat und seine Institutionen. Das Reservoir desinteressierter moralischer Entrüstung hängt – wenn auch nicht alleine damit – sicherlich mit der Schwere der jeweiligen Straftat zusammen. Umgekehrt dürfte es weniger verfügbar sein, wenn es sich um leichtere Straftaten oder auch nur Ordnungswidrigkeiten oder um Formen des „civil disobedience" handelt. Hier hat eine kompromißlose Durchsetzung von Rechtsnormen oft einen offen solidarisierenden Effekt, der die politischen „Straftäter" gerade nicht moralisch und politisch isoliert, sondern ihnen öffentliche Unterstützung und zusätzliche „politische Ressourcen" zuführt. Politische Bewegungen können in diesem Sinne eine „Strategie der begrenzten Regelverletzung" praktizieren, die sich zudem aus zusätzlichen strukturellen Gründen nahelegt, die damit zusammenhängen, daß solchen sozialen und politischen Bewegungen der Zugang in die Öffentlichkeit nur auf dem Umweg ihrer Unkonventionalität und ihrer spektakulären Aktionen gelingt. Von der Hausbesetzerbewegung ist oft und unwidersprochen gesagt worden, daß sie erst dann politische Aufmerksamkeit auf sich gezogen hat, als die ersten Steine flogen. *Aus den genannten Gründen ist strafrechtliche Repression gegen politische Täter und Konflikte taktischen und strategischen Kalkülen unterworfen.* Die Kriminalisierung politischer und sozialer Bewegungen aus dem nicht-lizensierten politischen Raum ist um so weniger ambivalent und kontraproduktiv, je mehr die Straftaten an den klassischen Kern der Kriminalität rühren, vor allem je mehr Gewalt im Spiele ist. Es gibt deshalb auf seiten der politischen und staatlichen Institutionen eine strukturell begründete Versuchung der Eskalation solcher Konflikte in die Gewalthaftigkeit, deren nicht nur theoretisch bestehenden Extremmöglichkeiten bis zum Einsatz von „agents provocateurs“ reichen (G.T. MARX 1981, 198), wie sie u. a. in der Studentenbewegung der 60er Jahre praktiziert worden sind. Auf einer solchen Stufe des Konflikts angelangt, ist es meistens nur eine Frage der Zeit, bis die moralische Unterstützungsressourcen aus der Gesellschaft für die politische Bewegung und deren „politische Straftäter“ aufgezehrt sind.

Mit dem Stichwort staatlicher und politischer Strategien der Kriminalisierung und Konflikteskalation gegenüber politischen und sozialen Bewegungen ist eine Seite politischer Delikte angesprochen, die üblicherweise in der kriminologischen Diskussion nicht oder nur am Rande angesprochen wird. Die Legitimität politischer Ordnung in rechtsstaatlichen Demokratien basiert auf der Herrschaft des Rechts auch in bezug auf die staatlichen Organe und Funktionsträger. Dieses verfassungsrechtlich verankerte Prinzip, das sich sowohl auf prozessuale wie materielle Regeln und Normen bezieht und institutionell durch die staatliche Gewaltenteilung abgesichert ist, ist rechtstatsächlichen Anfechtungen und Verletzungen gerade in politisch motivierten Auseinandersetzungen ausgesetzt. Solche *„politischen Delikte“ staatlicherseits „political policing“* (TURK 1982), von HESS (1976) als eine Form „repressiver Verbrechen“ bezeichnet, werden üblicherweise von seiten der Polizei in Konfrontationen mit Demonstranten und politischen Dissidenten begangen und reichen von Tötungsdelikten über Körperverletzungen und Freiheitsberaubung im Amte bis hin zu strafrechtlich nicht ahnbaren Verletzungen prozessualer Regeln (LANDREVILLE 1989). STARK (1972) hat solche Rechtsverletzungen der Polizei in der Auseinandersetzung mit der amerikanischen Studentenbewegung, SCHNEIDER (1982) hat Verfehlungen der strafrechtlichen Institutionen der Schweiz in der Bekämpfung der Züricher Jugendunruhen, SACK (1984) analoge Vorfälle im Kontext der deutschen Studentenbewegung untersucht. Die weitgehende Fehlanzeige in der kriminologischen Literatur bezüglich dieser Art politischer Delikte hat einen ebenso simplen wie „systematischen“ Grund: Sie finden sich in den Kriminalstatistiken nicht aufgezeichnet, weil sie offiziell nicht existieren; sie finden keinen Kläger, weil die ihnen zugrunde liegende soziale Wirklichkeit in der Interpretationsherrschaft derjenigen liegt, die die potentiell Beschuldigten sind; sie sind Richtern konfrontiert, deren Arm nicht über den des Klägers hinausreicht. „Politische Kriminalität" markiert im übrigen einen Kontext, in dem die staatlichen Gewalten „zusammenzurücken" pflegen und in dem wechselseitige Kontrolle der staatlichen Gewalten latent suspendiert ist.

Hinzu kommt noch ein weiteres, das den taktischen und strategischen Spielraum staatlich-repressiver Sozialkontrolle im Kontext der Auseinandersetzung mit politischen Straftätern steigert. In der konkreten Auseinandersetzung mit „unkonventionell" ausgetragenen politischen Konflikten handelt die Polizei aus „zweierlei" Recht, nämlich in ihrer Rolle als gefahrenabwehrende „Präventivpolizei" und in der als strafverfolgendes „Repressivorgan". Dies verschafft ihr eine situative „discretionary power", die ihr einen weiten Spielraum der Steuerung des Geschehens einräumt, der justitiell nur schwer zu kontrollieren und einzuschränken ist.

Die vorstehenden Zusammenhänge zwischen Politik, Kriminalität und strafrechtlicher Sozialkontrolle sind mit den Mitteln der traditionellen kriminologischen Analyse und in deren überkommenem Selbstverständnis angemessen nicht zu erfassen. Gleichwohl offenbaren sie sich bei einer Gegen-den-Strich-Lektüre der verfügbaren Unterlagen und Dokumente der „politischen Delikte". Dies soll abschließend anhand einer aus verschiedenen Quellen zusammengestellten Übersicht über die Rechtstatsächlichkeit der politischen Delikte in der Bundesrepublik geschehen.

Entgegen einer weitverbreiteten Überzeugung und der rechtsstaatlich begründeten Ablehnung nach einer *Sonderbehandlung politischer Delikte*, ist genau das Gegenteil zu registrieren.

1. *Art und Umfang der offiziellen Berichterstattung weisen eine uneinheitliche Praxis auf*, die mit der Entwicklung selbst wenig, vor allem vielmehr mit den organisatorischen Strukturen der strafrechtlichen Kontrolle dieser Delikte zu tun hat. Bis 1958 verzeichnete die jährliche übliche Polizeiliche Kriminalstatistik die „statuarischen" politischen Delikte „Hochverrat, Staatsgefährdung und Landesverrat". In den Jahren 1959–1964 gab es keine derartigen Veröffentlichungen (v. BRÜNNECK 1978, 238). Seit dem Jahre 1961 werden „Staatsschutzdelikte" in der üblichen Polizeistatistik nicht mehr registriert, sondern in einer Sonderstatistik festgehalten, die als „VS – Nur für den Dienstgebrauch" ausgewiesen wird. Erst ab 1976 enthält die normale Polizeistatistik wieder Grobdaten zu den Staatsschutzdelikten, die mit denen der Sonderstatistik übereinstimmen.

2. Anders als in der normalen kriminalstatistischen Berichterstattung wird die Sonderstatistik zwar auch als „Ausgangsstatistik" geführt, aber: „Maßgebend für die statistische Erfassung ist, daß bei Abschluß der polizeilichen Ermittlungen noch der Verdacht einer strafbaren Handlung besteht" (Polizeil. Kriminalstatistik – Staatsschutzdelikte 1977, 9). Daraus wird zweierlei deutlich: a) *Der „Straftatenanfall" im sonst üblichen kriminalstatistischen Wortsinn ist höher als ausgewiesen*; b) *Die Entscheidungsbefugnisse der Polizeibehörden* gehen bei den Staatsschutzdelikten – gegen den Wortlaut der strafprozessualen Normen – wesentlich über diejenigen bei der normalen Kriminalität hinaus, d. h. *die den Anklagebehörden vorbehaltene Entscheidung über das Vorliegen von Tatverdacht wird bei einem Teil der Ermittlungsverfahren von den Polizeibehörden getroffen.*

Struktur „politischer Delikte" bzw. der „Staatsschutzdelikte" in der Bundesrepublik[1]

	Politische bzw. Staatsschutzdelikte ins.				„Sonstige Delikte"							Propagandadelikte[3]		Se. Propagandadel. u. Sonstige (v.H.) Spalte 5 u. 14
	absolut	Zu- bzw. Abnahme in %	Se.	v.H. v. Spalte 2	Sachbeschädigung § 303, 304	v.H. v. Spalte 4	Hausfriedensbruch §§ 123, 124	Landfriedensbruch §§ 125, 125 a	Beleidigung §§ 185 –187a[2]	Nötigung, Bedrohung §§ 240, 241	Spalten 6, 8–11 in v.H. zu Spalte 4	absolut	v.H. zu Spalte 2	
1	2	3	4	5	6	7	8	9	10	11	12	13	14	15
1953	5 934													
1955	8 073	36,0												
1958	13 823	71,2												
1961	14 028	1,5												
1964	9 089	–35,2												
1967	2 784	–69,4												
1974	2 727	– 2,0	1 429											
1977	7 220	42,0	5 206	72,1	2 280	43,8	224	113	346	791	72,1	1 339	18,5	90,6
1980	9 078	19,8	5 622	61,9	2 931	52,1	114	314	345	414	73,2	2 334	25,7	87,6
1981	16 545	82,3	12 527	75,8	8 079	64,5	404	825	397	629	82,5	2 653	16,0	91,8
1983	14 766	–10,8	10 076	68,2	5 049	50,1	368	360	487	1 314	75,2	3 702	25,,7	93,9
1985	12 479	–15,5	8 594	68,9	3 757	43,7	290	299	412	670	43,5[4]	2 998	24,0	92,9
1987	16 617	33,2	12 227	73,6	6 268	51,3	146	541	537	744	67,4	3 632	21,9	95,5
1989	13 043	–21,5	8 397	64,4	4 071	48,5	96	580	463	410	66,9	4 042	31,0	95,4
1990	10 335	–20,8	6 727	65,1	3 204	47,6	142	433	321	367	66,4	3 184	30,8	95,9

Quellen:

1 Zur Struktur der Delikte vgl. Text Nr. 3.
Ab 1983 sind die Straftatengruppen innerhalb der „Staatsschutzdelikte" von vorher 15 auf 11 reduziert und neu definiert worden.

2 § 187a ist ab 1983 zu den Beleidigungstatbeständen hinzugetreten.

3 Ab 1983 ist an die Stelle der Straftatengruppe „Propagandadelikte" die Straftatengruppe „Gefährdung des demokratischen Rechtsstaates" getreten. Beide Gruppen sind nur annähernd deckungsgleich.

4 Dieser statistische „Ausreißer" hängt u. a. mit einem abrupten Hochschnellen der Straftat „Störung des öffentlichen Friedens durch Androhung von Straftaten" (§ 126 StGB) zusammen. Diese betrugen: 1984: 397 Fälle; 1985: 1 171; 1986: 1 051; 1987: 668; 1988: 407; 1990: 416.

3. Die Struktur der Staatsschutzdelikte scheint sich im Laufe der Zeit erheblich gewandelt zu haben. Während in der ersten Nachkriegsperiode bis etwa Mitte der 60er Jahre als politische Delikte solche ausgewiesen wurden, die sich ganz bestimmten als politische Deliktstatbestände positivierten Normen subsumieren ließen, *entfällt seit Mitte der siebziger Jahre der statistisch weit überwiegende Anteil der Staatsschutzdelikte auf die Straftatengruppe „XV. sonstige Straftaten, die ein bedeutsames politisches Element enthalten, das sich aus dem Motiv des Täters oder aus der Zielsetzung der steuernden bzw. begünstigten Organisation ergibt"* (Polizeil. Kriminalstatistik – Staatsschutzdelikte 1977, 8). Der Anteil dieser Delikte reicht bis zu 75% der Gesamtdelikte (Sp. 5 d. Tab.). Nimmt man noch hinzu, daß die nächst häufige Kategorie der „Propagandadelikte" ebenfalls nicht zu den „klassischen" Staatsschutzdelikten zu zählen ist, dann ergibt sich, daß letztere insgesamt nur einen Bruchteil politischer Delikte ausmachen. Zum einen spiegelt sich darin die veränderte Stoßrichtung der strafrechtlichen Sozialkontrolle politischer Vorgänge: Die erste Phase war beherrscht von der „politischen Justiz gegen Kommunisten" (v. BRÜNNECK 1978); die zweite Phase wird zunehmend bestimmt von der Kontrolle politisch und organisatorisch weniger institutionalisierter Formen von Aktivitäten politischer Art. Zum anderen drückt sich darin eine Tendenz zu einer rechtsstaatlich bedenklichen Verfolgungspraxis aus: War schon in der ersten Phase des politischen Strafrechts der Bundesrepublik infolge der weit gefaßten und intentional orientierten Tatbestände und einer noch darüber hinausgehenden Spruchpraxis der Gerichte von einer „*Aushöhlung der Garantiefunktion des gesetzlichen Tatbestandes*" die Rede (v. BRÜNNECK 1978, 360), so ist diese Tendenz durch den hohen Anteil der „unechten", kontext- und nicht tatbestimmten Delikte an dem Gesamtumfang von Staatschutzdelikten ins nicht mehr Kalkulierbare gesteigert.

4. Die dadurch gegebene Beliebigkeit und politische, d. h. *von konkreten rechtlichen Tatbestandsmerkmalen losgelöste Interpretationsherrschaft über Umfang und Struktur* politischer Delikte wird durch ein weiteres Praxisdetail unterstrichen: Mit dem Ziel „einer Reduzierung" der sonstigen politischen Delikte wurde ab 1977 das „politische Element", das „sonstige Straftaten" zu politischen macht, zu einem „bedeutsamen" heraufqualifiziert, gleichzeitig wurde indessen nicht mehr bloß auf die „Zielsetzung der *steuernden*", sondern auch auf die der „*begünstigten*" Organisation abgestellt.

5. Ein Zeitreihenvergleich üblicher Art mit dem Ziel der Abbildung *der Entwicklungstendenzen der politischen Delikte in einem realen Sinne* verbietet sich nicht nur aus den vorgenannten Gründen. Dagegen sprechen weiter: a) die einem schnellen Wandel unterworfenen gesetzlichen Ausgestaltungen des politischen Strafrechts; b) der offensichtliche Zusammenhang zwischen dem generellen politischen Kontext und den ausgewiesenen politischen Delikten: Die Ära der CDU-geprägten ersten Nachkriegsperiode steht im Zeichen der – auch strafrechtlichen – Abwehr des Kommunismus; die sozialliberale Ära hält die Zurücknahme des politischen Strafrechts nur einige Jahre durch und münzt dies dann zu einem Instrument der strafrechtlichen Bekämpfung neuer, spontaner, punktueller Formen des unkonventionellen politischen Protest um: Spektakulär wird dies sichtbar an der Entwicklung der politischen Delikte im Zeitraum

1979–1982, der gleichzeitig bestimmt war von der Hausbesetzerbewegung (vgl. CILIP 1981).

6. Bei der Straftatengruppe „sonstige Delikte“ ist weiter bemerkenswert, daß sie sich *hauptsächlich aus Delikten minderer Art zusammensetzt*: Vergehen, privatklagefähige Antragsdelikte, wobei die Sachbeschädigung mit bis nahezu zwei Drittel zu Buche schlägt: Ein Umstand, der erklärt, warum eine Gesetzesnovellierung inzwischen auch eine antragslose Verfolgung dieser Straftat ermöglicht. Diese Tatsache macht zweierlei deutlich: Zum einen wird man eine ungleiche Intensität der Verfolgung dieser Gruppe von Delikten unterstellen können, je nachdem, ob es sich um ein politisches oder normales Delikt handelt; zum anderen erschließt sich gerade aus dieser Straftatengruppe der Bedeutungsgehalt einer „politischen Justiz“ in KIRCHHEIMERs (1965) Sinne der „Verwendung juristischer Verfahrensmöglichkeiten zu politischen Zwecken“.

Nimmt man zu diesen Kommentierungen und Schlußfolgerungen aus der abgedruckten Tabelle weitere Merkmale politischer Strafverfahren hinzu, wie etwa die Tatsachen einer vergleichsweise extrem niedrigen Verurteilungsquote (BERCKHAUER 1974, 245; v. BRÜNNECK 1978, 243 ff.), einer deutlich höheren Quote polizeilich initiierter Ermittlungsverfahren – die Straftaten gehen durchschnittlich zu einem Drittel auf „polizeiliche Feststellungen“ zurück – hinzu, so läßt sich – entgegen dem rechtsstaatlichen und politisch immer wieder artikulierten Selbstverständnis – die These erdrückend belegen, daß politische Delikte in massiver Weise kriminalpolitisch und verfahrenspraktisch anders behandelt werden als nichtpolitische Delikte, d. h. daß hier das Recht in einer Weise durchlässig und anfällig ist für die Entscheidungskriterien nicht-rechtlicher und politischer Art, die die Wurzeln seiner eigenen Legitimität tangieren bzw. die „Dialektik rechtlicher Repression“ (BALBUS 1973) augenfällig demonstrieren. Diese Sonderbehandlung, das ist eine Ironie der Geschichte, verläuft dabei in genau umgekehrter Richtung wie die im 19. Jahrhundert: wurden damals politische Straftäter privilegiert, so werden sie heute schärfer behandelt als die normalen Straftäter.

Balbus, I.D., The Dialectics of Legal Repression. Black Rebels Before the American Criminal Courts, New York 1973; *Berckhauer, F.*, Politische Delikte, in: Kleines Kriminologisches Wörterbuch, hrsg. v. Kaiser, G., Sack, F., Schellhoss, H., Freiburg 1974, S. 243–247; *Bottomley, A.K.*, Criminology in Focus. Past Trends and Future Prospects, London 1979; *v. Brünneck, A.*, Politische Justiz gegen Kommunisten in der Bundesrepublik Deutschland 1949–1968. Vorwort von Denninger, E., Frankfurt/M. 1978; *CILIP – civil liberties and police*, Berlin, Zürich, Amsterdam – Politik, Protest und die Polizei, 1981, S. 2–157; *Hess, H.*, Repressives Verbrechen, KrimJ 8 (1976), 1–22; *Horowitz, I.L., Liebowitz, M.*, Social deviance and political marginality: toward a redefinition of the relation between sociology and politics, SP 15 (1968), S. 280–296; *Jäger, H.*, Makrokriminalität, Studien zur Kriminologie kollkektiver Gewalt, Frankfurt 1989; *Kirchheimer, O.*, Politische Justiz. Verwendung juristischer Verfahrensmöglichkeiten zu politischen Zwecken, Neuwied u. a. 1965; *Landreville, P.*, Kriminalität und Machtmißbrauch. MschrKrim 72 (1989), 423–436; *Lehmann, L.* Legal und opportun. Politische Justiz in der Bundesrepublik, Berlin 1966; *Lüttger, H.*, Staatsschutzverfahren – statistisch gesehen, MDR 21 (1967), S. 165 ff., 257 ff., 349 ff.; *Marx, G.T.*, Ironies of Social Control: Authorities as Contributors Through Escalation, Nonenforcement and Covert Facilitation, SP 28 (1981), S. 221–246; *Marx, G.T.*, Undercover. Police Surveillance in America, Berkely u. a. 1988; *Matza, D.*, Delinquency and Drift, New York u. a. 1964; *Merton, R.K.*, Continuities in the Theory of Reference Groups and Social Structure, in: Social Theory and Social Structure, Rev. u. erw. Ausgabe, hrsg. v. Merton, R.K., Glencoe/Ill., 1957, S. 281–386; *Pearson, G.*, Deviant Imagination. Psychiatry, Social Work and Social Change, London 1975; *Rock,*

P., Deviant Behavior, London 1973; *Rusche, G., Kirchheimer, O.*, Sozialstruktur und Strafvollzug, Frankfurt a. M. 1974 (erweit. Ausg. 1981; amer. Original 1939); *Sack, F.*, Staat, Gesellschaft und politische Gewalt: Zur „Pathologie" politischer Konflikte, in: Analysen zum Terrorismus, Bd. 4, 2. Opladen 1984; *Schafer, S.*, The Political Criminal: The Problem of Morality and Crime, New York, London 1974; *Schneider, P.*, Unrecht für Ruhe und Ordnung, Zürich 1982; *Stark, R.*, Police Riots: Collective Violence and Law Enforcement, Belmont/Ca. 1972; *Schur, E.M.*, The Politics of Deviance. Stigma contests and the uses of power, Englewood Cliffs/N. J. 1980; *Turk, A.T.*, Political Criminality, Beverly Hills u. a. 1982.

FRITZ SACK

Polizei → Polizeiforschung

Polizeiforschung. Der Polizei kommt im Rahmen der Kriminologie, ebenso wie in der sozialwissenschaftlichen Forschung generell, eine zentrale Bedeutung zu. Diese leitet sich sowohl aus ihrer besonderen Stellung im Zusammenspiel der Institutionen des Strafrechts als auch aus ihrer politisch brisanten gesellschaftlichen Funktion ab. Die Polizei stellt die Eingangspforte des Strafrechtssystems für unterschiedlichste Ereignisse (Konflikte, Schädigungen, etc.) dar und ist darüber hinaus der Hauptträger des staatlichen Monopols legitimer physischer Gewaltanwendung für den Innenbereich der Gesellschaft. In dieser Funktion ist sie der Kern des Staates, auf dessen Hintergrund jegliches Staatshandeln stattfindet.

Diese zentrale Stellung der Polizei spiegelt sich in der wissenschaftlichen Beschäftigung mit ihr allerdings nur sehr gebrochen und in verschiedenen Ländern auf unterschiedliche Weise wider. Vergleicht man die angelsächsische mit der bundesrepublikanischen Forschung, dann werden deutliche Unterschiede sichtbar. In der angelsächsischen Diskussion hat sich seit den 60er Jahren (z.B. SKOLNICK 1966) kontinuierlich die Tradition einer gesellschaftstheoretisch fundierten Polizeiforschung innerhalb eines breiten kriminologischen Kontextes herausgebildet (zum Überblick siehe: RUMBAUT/BITTNER 1980, CAIN 1979) und dazu geführt, daß heute von einem etablierten Forschungsfeld (ab 1989 auch mit einem entsprechenden Fachjournal: „Policing and Society") gesprochen werden kann. Vertreter unterschiedlicher Disziplinen (Historiker, Soziologen, Politologen, Verwaltungswissenschaftler, Juristen etc.) haben einen breiten Kanon an Wissen zusammengetragen und sich dabei der Feinanalyse polizeilichen Alltagshandelns ebenso zugewandt wie den politischen Aspekten, die damit zusammenhängen, daß die Polizei eine wichtige Schnittstelle zwischen Staat und Gesellschaft darstellt. Selbst Berichte staatlicher Kommissionen, wie z. B. der berühmte Scarman Report (London 1981) über die Ursachen der „Brixton Disorders", weisen einen hohen Grad an Reflexion und Einordnung des Polizeihandelns in das Gesamtgeflecht gesellschaftlicher und staatlicher Prozesse auf.

In der Bundesrepublik gestaltete sich die Entwicklung dieser Forschungsrichtung entschieden schwieriger, was zu großen Teilen mit der Situation der Kriminologie generell zu tun hat. Die bundesrepublikanische Kriminologie ist stark juristisch geprägt und wird in der Forschungsabteilung des Bundeskriminalamtes ebenso wie in anderen institutionellen Arbeitszusammenhängen überwiegend unter einer gesellschaftstheoretisch unreflektierten und technokratischen Perspektive betrieben, die entweder den Blick gar nicht erst auf die Polizei lenkt oder aber sich ausschließlich für Fragen der Effektivierung polizeilicher Tätigkeit interessiert. Lediglich die relativ kleine Gruppe der sogenannten Kritischen Kriminologen (→ Kritische Kriminologie), die unter dem notwendigen Rückbezug auf gesellschaftsstrukturelle Aspekte und mit sozialwissenschaftlichem Selbstverständnis kriminologische Forschung betreibt, stellt eine Gegengewicht zu dieser Ausrichtung dar. Autoren aus diesem Kreis haben in den 70er Jahren vielversprechend mit verschiedenen Arbeiten (ARBEITSKREIS JUNGER KRIMINOLOGEN 1975, FEEST/LAUTMANN 1971, FEEST/BLANKENBURG 1972) an die angelsächsische Diskussion angeknüpft, allerdings fanden diese Ansätze, sieht man von vereinzelten Untersuchungen, Aufsätzen und sonstigen Publikationen (BRUSTEN 1985, FELTES 1988) ab, in den folgenden Jahren keine direkte Fortführung. Dementgegen kristallisierte sich um die Zeitschrift „Bürgerrechte und Polizei (CILIP)“ ein neues Zentrum bundesrepublikanischer Polizeiforschung heraus, wenn auch weniger inspiriert durch die kriminologische Diskussion als durch gesellschaftspolitische Fragestellungen, die auf dem Hintergrund einer Bürgerrechtsposition bearbeitet wurden (BUSCH u. a. 1985; WERKENTIN 1985, FUNK 1986). Außerdem beschäftigte sich eine Reihe von journalistisch angelegten Arbeiten mit dem Thema Polizei (z. B. GÖSSNER/HERZOG 1982).

Wendet man sich den Befunden zu den Strukturen des alltäglichen Polizeihandelns und der Organisation Polizei zu, so muß als wichtigstes Ergebnis schon der frühen Arbeiten (z. B. BANTON 1964, FEEST/LAUTMANN 1971, SKOLNICK 1966) der Nachweis enormer Handlungs- und Entscheidungsspielräume der agierenden Polizisten in ihrem Alltagshandeln angesehen werden. Dieses Faktum, in der Literatur unter den Stichworten „*police discretion*“ und „*Definitionsmacht der Polizei*“ abgehandelt, steht in krassem Gegensatz zum Bild einer Polizei, die lediglich ausführendes, quasi passives Organ der Legislative ist, und unterstreicht die Bedeutung der Analyse der Strukturen der Polizeiorganisation und der polizeilichen Handlungsmuster. Die festgestellte Unbestimmtheit des Polizeihandelns wurde zwar von einigen Autoren als Folge von Mängeln oder Lücken in den Rechtsgrundlagen angesehen, weitgehend sind die polizeilichen Entscheidungsspielräume jedoch als struktureller und notwendiger Aspekt polizeilicher Tätigkeit zur Kenntnis genommen worden.

Über die Herausarbeitung der polizeilichen Handlungsspielräume und der festgestellten *Selektivität* (→ Selektion) sowohl bei der Verdachtsgewinnung und Kriminalisierung (FEEST/LAUTMANN 1971) als auch bei anderen polizeilichen Tätigkeiten wie z. B. der Anzeigenaufnahme wurde der Blick auf die Faktoren gelenkt, die steuernden und systematisierenden Einfluß auf die Ausfüllung dieser Spielräume haben: Rekrutierung und Ausbildung, Berufs- und Gesellschaftsbild, Alltagstheorien, Effizienzkriterien, Organisationsstruktur, etc. Gleichzeitig verwies die Richtung polizeilicher Selektivität innerhalb sozialstruktureller Dimensionen, konkret die vorwiegende Beobachtung, Verdächtigung und Kriminalisierung unterer sozialer Schichten (siehe FEEST/BLANKENBURG 1972), auf die Notwendigkeit einer weitergehenden Reflexion des Zusammenhangs zwischen Polizei und Gesellschaftsstruktur.

Auf die vielfältigen Befunde, die die Beschäftigung mit der Polizei aus einer bürokratie- und professionssoziologischen Perspektive zu Tage gebracht hat, kann hier im Detail nicht eingegangen werden. Festhalten läßt sich aber, daß auf der Ebene der Akteure ähnlich wie in anderen Organisationen sowohl arbeitsökonomische Aspekte als auch Erfolgsabwägungen für die Gestaltung polizeilicher Tätigkeit von zentraler Bedeutung sind.

Untersuchungen zur *Polizeikultur* haben weitergehend gezeigt, daß sich in dieser Organisation eine spezifische Form von „*polizeilicher Subkultur*“ und in der Folge eine entsprechende „*working personality*“ (SKOLNICK 1966) herausgebildet hat. Bedingt durch die Situation, Träger staatlicher Gewalt zu sein und häufig eine feindselige, aber gleichzeitig gesellschaftlich als wichtig erachtete Rolle ausfüllen zu müssen, bildet sich das Selbstbild einer „elite ‚pariah‘ class“ (WESTLEY 1970) heraus. Als Folge davon wird eine professionelle Sichtweise beschrieben, in der die Öffentlichkeit als Feind betrachtet wird und sich gleichzeitig in den eigenen Reihen einer spezieller Corpsgeist (Zusammenhalt, Loyalität, Geheimhaltung) herausbildet. Auf dem Hintergrund dieser Situationswahrnehmung verlangt die Polizei von der Bevölkerung Anerkennung ihrer Autorität und entwickelt Berufsnormen, die stark mit Gewalt und Härte in Verbindung stehen.

Entgegen dieser distanzierten Einstellung der Polizei gegenüber der Bevölkerung haben verschiedene Untersuchungen zum *Image der Polizei* zu durchweg positiven Ergebnissen geführt (für die Bundesrepublik siehe z. B. GROH 1985). Das Berufsimage bewegt sich zwar nur im Mittelfeld einer Skala von 26 vorgegebenen Berufen, das Ansehen der Institution Polizei wird aber auf Platz 3 von 11 öffentlichen Einrichtungen eingestuft (GROH 1985). Untersuchungen im angelsächsischen Bereich (siehe zusammenfassend BRODGEN 1982, S. 199 ff.) bestätigen diese positiven Befunde. Zur Frage der differentiellen Einstellung verschiedener gesellschaftlicher Gruppen und Schichten ist sowohl eine negativere Einstellung von jungen Menschen festzustellen als auch ein komplexer Zusammenhang mit den Merkmalen Schichtzugehörigkeit, Gemeindestruktur (City oder Vorort) und der damit zusammenhängenden Gewichtung der polizeilichen Aufgaben (Rechtsdurchsetzung vs. Ordnungsaufgaben) zu vermerken. So ergibt eine Untersuchung von MARPLAN (1978, zit. n. BRODGEN 1982), daß die vorwiegend aus unteren sozialen Schichten stammende Innenstadtbevölkerung vor allem die Kriminalitätsbekämpfung im Blick hat und dabei zu 40% die Polizei für ineffektiv hält, während die Mittelschichtsangehörigen der Vorstädte die Ordnungsaufgaben betonen und nur zu 29% Unzufriedenheit äußern. Bemerkenswert ist auch der Befund, daß z. B. der Glaube an die Bestechlichkeit der Polizei ebenso wie entsprechende öffentliche Skandale dem positiven Polizeiimage keinen Abbruch tun (BRODGEN 1982, S. 201 u. 205).

Sowohl für eine genauere Beschreibung und Auffächerung des gesamten Spektrums polizeilicher Tätigkeit als auch weiterführend für die Frage nach der gesellschaftlichen Funktion der Polizei war die begriffliche Fassung und Herausarbeitung der *reaktiven* im Gegensatz zu den *proaktiven Handlungsanteilen* und der polizeilichen Tätigkeit als „*law enforcer*“ im Gegensatz zum „*peace officer*“ (BANTON 1964) von großer Bedeutung.

Die letztgenannte Differenzierung wurde im Kontext der Fragestellung, welcher Stellenwert der strafrechtlichen Verarbeitung von Ereignissen im Verhältnis zu den außerstrafrechtlichen Funktionen innerhalb des polizeilichen

Handlungsspektrums zukommt, vorgenommen. Weitergehend verbirgt sich dahinter auch die Frage, ob die verbreitete Selbstdarstellung der Polizei ebenso wie entsprechende Konzeptualisierungen dieser Institution primär als Organ der Strafverfolgung in dieser Form haltbar sind.

Schon auf der Ebene der internen Ressourcenverteilung der Polizei wird deutlich, daß mit dem engen Bereich der Kriminalitätsverarbeitung nur ein Bruchteil der Gesamtorganisation befaßt ist. Der Anteil des Personals, das im Bereich der Kriminalpolizei speziell für die strafrechtliche Verarbeitung von Ereignissen zuständig ist, betrug 1986 in der Bundesrepublik z. B. nur 13,6%, die quantitativ größte Abteilung stellte dagegen die Schutzpolizei mit ca. 68% (FELTES 1988, S. 148).

Untersuchungen zur Tätigkeit dieser bedeutendsten Abteilung der Polizei haben gezeigt, daß der Anteil der Einsätze, die strafrechtlich verarbeitet werden, d. h. bei denen die Polizei im Sinne von „*law enforcers*“ tätig wird, lediglich 25% bis max. 40% ausmacht (z. B. BITTNER 1983, S. 45) und damit weit hinter dem Anteil der Einsätze zurückbleibt, bei denen die Polizei im Sinne von „peace officers“ tätig wird und entweder einen Beitrag zur außerstrafrechtlichen Bereinigung einer Problemsituation leistet oder sonstige unspezifische Serviceleistungen erbringt. Daß das polizeiliche Eingreifen zu über 90% durch Anzeigen oder Alarmierungen über den Polizeinotruf eingeleitet wird (REISS 1971) und damit als weitgehend reaktiv charakterisiert werden kann, ist in diesem Kontext ein weiteres Ergebnis von großer Bedeutung.

Auf der einen Seite wird durch diese Befunde die Frage aufgeworfen, warum gerade die Polizei zu Ereignissen hinzugezogen wird, bei denen es nicht um strafrechtliche Verarbeitung geht und was sie zu einer außerstrafrechtlichen Verarbeitung eigentlich beizutragen hat. Eine Erklärung, die für die Mobilisierung der Polizei in solchen Kontexten in die Diskussion gebracht wurde (HANAK 1984), ist auf seiten der Mobilisierer eine Erschöpfung der informellen Konfliktregelungsressourcen und auf seiten der Gesellschaft das Nichtvorhandensein anderer „remedy agents“, die wie die Polizei sowohl 24 Stunden als auch kostenlos und unproblematisch verfügbar sind.

Von BITTNER wird hingegen darauf hingewiesen, daß bei sämtlichen polizeilichen Tätigkeiten, d. h. auch dann, wenn sie als „remedy agent“ mobilisiert wird, die polizeiliche Verfügung über legitime physische Gewalt für alle Beteiligten von zentraler Bedeutung ist (BITTNER 1970). Was die Polizei leisten kann und was von ihr auch erwartet wird, ist nach BITTNER der Einsatz und in der Mehrzahl der Fälle die Bereitstellung und Androhung der Möglichkeit, Widerstand gegenüber der informellen Bereinigung einer Situation oder auch gegenüber bestimmten polizeilichen oder anderen staatlichen Maßnahmen legitimerweise brechen zu können.

Andererseits verleitet der Befund des zu über 90% reaktiven Einschreitens zu einem Verständnis der Polizei als staatlicher Dienstleistungsinstitution, die auf Nachfrage der Bevölkerung sowohl das Strafrecht als auch andere Leistungen zur Verfügung stellt. Die Unhaltbarkeit eines solchen Konzepts wird schon bei einer näheren Betrachtung und Kontextualisierung dieses Befundes deutlich.

So werden auf das zu 90% reaktive Einschreiten der Schutzpolizei lediglich 15% der gesamten Zeitressourcen verwandt, während 85% auf die polizeilich gesteuerte Durchführung von Routinetätigkeiten, Streifenfahrten, unspezifische Observationen etc. entfallen (REISS 1971, S. 95). Weiterhin ist der oft benutzte Ausdruck der Alarmierung der Polizei durch die Bevölkerung irreführend und undifferenziert. Es handelt sich nämlich bei den Polizeialarmierern ebenso wie bei den zugrundeliegenden Konflikten um sehr verschiedene und teils unvergleichbare Konstellationen. Nicht nur sozial gleichgestellte Akteure, deren informelle Konfliktregelungsressourcen erschöpft sind, alarmieren die Polizei, sondern in großem Umfang handelt es sich sowohl um sehr asymmetrische Konfliktkonstellationen, bei denen die Polizei planmäßig instrumentalisiert wird (Kaufhausdiebstahl, Schwarzfahren, etc.), als auch um andere Bürokratien, die die Polizei*gewalt* regelmäßig bei ihrer Tätigkeit hinzuziehen (Gerichtsvollzieher, Sozialarbeiter, etc.; siehe BUSCH u. a. 1985, S. 191/92).

Neben der Schutzpolizei und der Kriminalpolizei gilt es für eine Gesamtbeschreibung noch die dritte wichtige organisatorische Einheit, nämlich die Bereitschaftspolizei, mit zu berücksichtigen, die so gut wie ausschließlich auf staatliche Initiative und nicht in Folge von Alarmierungen tätig wird. Ihre Aufgaben sind überwiegend im Feld der „Ordnungssicherung" angesiedelt (z. B. bei Demonstrationen oder anderen Großveranstaltungen), wenn auch in einzelnen Fällen instrumentell auf das strafrechtliche Programm zurückgegriffen wird.

Zusammenfassend ergibt sich also ein Bild der Polizei, in dem sowohl die strafrechtliche Verarbeitung von Ereignissen als auch das reaktive Tätigwerden nur einen Sonderfall der zentralen Aufgabe der Sicherung und Reproduktion der gesellschaftlichen Ordnung ausmachen. Die Reproduktion dieser Ordnung, die eine historisch je spezifische und gesellschaftsstrukturell bestimmte ist, stellt die verbindende Zielperspektive verschiedenster polizeilicher Tätigkeiten dar. Die legitime Verfügung über physischen Zwang ist dabei das gemeinsame polizeiliche Mittel.

Verschafft man sich einen Überblick über die *historischen und komparativen Arbeiten*, die sich mit der Entstehung und Entwicklung der Polizei bzw. mit den Gemeinsamkeiten und Unterschieden der Polizeien verschiedener Länder beschäftigt haben, so wird deutlich, daß die Charakterisierung als Ordnungsmacht unabhängig von der historischen Epoche, den politischen Systemen, deren Entwicklungsstufe und sonstigen Besonderheiten einzelner Länder als Kern Bestand hat.

Gerade die Arbeiten zur Entstehung der Polizei im 19. Jhd. weisen deutlich nach, daß nicht „Kriminalitätsprobleme" den Ansatzpunkt bildeten, sondern soziale Konflikte, die sich in Aufständen und Unruhen äußerten (z. B. LÜDTKE 1982). Die Schaffung einer, der politischen Führung unterstellten Polizeitruppe war auf die Träger dieser Unruhen, die „dangerous classes" gerichtet und schuf ganz generell die Grundlage für differenzierte staatliche Eingriffe in den gesellschaftlichen Alltag zum Zwecke der Stabilisierung des gesellschaftlichen Status quo.

Berichte über die Polizei in instabilen und teils totalitären Systemen, sei es das „Dritte Reich" oder die Diktatur in Chile, führen uns die Kernfunktion der Polizei, Gewaltinstrument der Machthaber des politischen Systems zur Stützung der jeweiligen gesellschaftlichen Ordnung zu sein, in ihrer brutalsten und entkleidetsten Form vor. Moderne, demokratisch organisierte Gesellschaften unterscheiden sich zwar im Ausmaß der staatlichen Anwendung physischer Gewalt und können sich in Phasen gesellschaftlicher Stabilität auf einen breiten Konsens hinsichtlich der Legitimität des staatlichen Gewalteinsatzes berufen, aber schon die periodisch wiederkehrenden Krisen, die auf Brüche in diesem Konsens verweisen (Rassenunruhen, Gewerkschaftskonflikte, soziale Bewegungen, Riots), lassen den Herrschaftscharakter der Polizei deutlich hervortreten. Was die Polizeien verschiedener historischer Epochen, verschiedener Gesellschaften und gesellschaftlicher Phasen voneinander unterscheidet, ist die Form der Erfüllung ihrer herrschaftlichen Aufgabe und der Grad der Sichtbarkeit, mit der es geschieht (zur aktuellen Entwicklung in der Bundesrepublik siehe BUSCH u. a. 1985, FUNK 1986, WERKENTIN 1985; zum Ländervergleich BAYLEY 1985, FUNK u. a. 1980).

Als zentrale Merkmale der Polizeientwicklung in der Bundesrepublik seit Beginn der 70er Jahre wurde der zunehmende Einsatz von öffentlich nicht sichtbaren Arbeitsweisen (verdeckte Ermittlungsmethoden, Einsatz elektronischer Überwachungs-, Datenerfassungs- und Datenverarbeitungstechnologien; siehe MARX 1988), Zentralisierung und Spezialisierung (Sonderermittlungsgruppen, Mobile Einsatzkommandos, etc.), eine Ausdifferenzierung der Gewaltmittel und eine generelle Flexibilisierung der Arbeitsweisen festgestellt (zur Gesamtentwicklung siehe BUSCH u. a. 1985).

Diese Organisationsentwicklung im Zusammenspiel mit einer generellen präventiven bzw. treffender proaktiven Umorientierung, die auf rechtlicher Ebene durch verschiedene Gesetzesinitiativen gestützt wurde (Novellierung der Landespolizeigesetze, Sicherheitsgesetze), führt zu einer Polizei, die noch besser in der Lage ist, unabhängig von den Alarmierungen einzelner Bürger potentielle und akute gesellschaftliche Krisenherde zum Gegenstand polizeilicher Beobachtung und differenzierter staatlicher Einflußnahme zu machen.

Die Spielräume der Polizei werden dabei in dem gleichen Maße ausgedehnt, in dem die gesellschaftlichen Kontrollmöglichkeiten gegenüber der Polizei weiter abnehmen. Das Prinzip der rechtlichen Begrenzung, Festlegung und Kontrollierbarkeit polizeilichen Handelns mit Hilfe des Rechts verkehrt sich dabei in eine „Verpolizeilichung des Rechts“ (NAUCKE 1986), d. h. in eine Anpassung des Rechts an die polizeilichen Bedürfnisse und nicht umgekehrt. Über die Formel der vorbeugenden Verbrechensbekämpfung und Gefahrenabwehr findet eine verrechtlichte Entgrenzung des Polizeihandelns statt.

Damit erlangt die Frage der *Kontrolle und „Accountability“ der Polizei*, d. h. welchen staatlichen und gesellschaftlichen Gremien gegenüber sie sich zu verantworten hat, an zusätzlicher Bedeutung. Dieses Thema wird in der angelsächsischen Diskussion schon lange ausführlich behandelt und war unter dem Kontrollaspekt oft verknüpft mit der Frage der Einrichtung und Evaluation von Police-Complaint-Boards (z. B. HARRISON 1987). In der Bundesrepublik haben zwar immer wieder vorkommende und öffentlich gewordene Übergriffe der Polizei zu einer Befassung mit diesem Themenkomplex in den Medien geführt und wurden vereinzelt „Skandalierungspublikationen“ auf den Markt gebracht, eine fundierte und angemessene Auseinandersetzung mit der Thematik gibt es dagegen nur in Ansätzen (BRUSTEN 1988, BUSCH u. a. 1985, CILIP versch. Hefte).

Als wichtige Erkenntnis hinsichtlich der vermeintlichen Ursachen polizeilichen Fehlverhaltens findet sich bei einigen Autoren die These, daß insbesondere die Überschreitung gesetzlich vorgegebener Kompetenzen im Sinne der polizeilichen Aufgabenerfüllung, nicht eine Frage von „rotten apples" oder „schwarzen Schafen" ist, sondern auf strukturelle Konstellationen in der Polizeiarbeit verweist (z. B. SACK 1982, STARK 1972).

Ein ebenfalls das Problem der Kontrolle betreffendes bzw. noch potenzierendes Phänomen stellen die zunehmend sich etablierenden *„privaten Polizeien"* (Werkschutz, Wachdienste von Verkehrsbetrieben, Gebäuden oder speziell gesicherten Wohnvierteln) dar (→ private Verbrechenskontrolle). Diese „Privatpolizeien" werfen insofern über die staatliche Polizei hinausgehende Probleme auf, als sie in ihrem Handeln (z. B. Schußwaffengebrauch) den Polizeigesetzen nicht unterliegen, sondern sich auf die teilweise sehr weit gefaßten allgemeinen Rechtsbegriffe des Notwehr- und Nothilferechts beziehen und damit sowohl dem Verhältnismäßigkeitsprinzip als auch dem Übermaßverbot nicht unterliegen. Insgesamt besteht die Gefahr der zunehmenden „Käuflichkeit von Sicherheit" bzw. der „Privatisierung von Gefahren". Eine öffentliche Einflußnahme auf Rekrutierung, Ausbildung und Ausrichtung der „privaten Polizei" ist kaum noch möglich (z. B. SOUTH 1988).

Zwei weitere, für die angelsächsische Polizeiforschung traditionell wichtige Themen, die sich ebenfalls um das Verhältnis von Polizei und Gesellschaft drehen, sind die Debatten um eine *Professionalisierung* der Polizei und um die *Police-Community-Relations.*

In der Professionalisierungsdiskussion ging es den meisten Autoren dabei um das generelle Selbstverständnis der Polizei und deren primäre Funktionen. Auf dem Hintergrund der Befunde zur Unbestimmtheit sowohl polizeilicher Zuständigkeit als auch angemessener polizeilicher Vorgehensweisen wurden Modelle z. B. im Sinne eines „legal professionalism" in die Diskussion gebracht, die eine stärkere Orientierung der Polizei an den Restriktionen des Rechts als an bloßem Effektivitäts- und Erfolgsdenken vorschlugen (SKOLNICK 1966).

Die Diskussion um die Police-Community-Relations und die in diesem Zusammenhang entwickelten Programme (siehe FELTES/REBSCHER 1990) zielten bei den meisten Autoren auf eine stärkere Orientierung der Polizei an den Bedürfnissen der Gemeinde, insbesondere der schwachen Mitglieder, und auf eine stärkere wechselseitige Kommunikation und Einflußnahme.

Eine vergleichbare Zielrichtung verfolgt seit einigen Jahren in Großbritannien eine Gruppe sich kritisch verstehender Kriminologen, die sogenannten „Neuen Realisten". Ausgehend von den Ergebnissen verschiedener Studien, daß Kriminalität ein ernsthaftes Problem gerade der Unterschichtsbevölkerung sei und sich in entsprechender Kriminalitätsfurcht niederschlage, wurden spezielle Stadtteilprogramme entwickelt, die u. a. dazu beitragen sollen, das Verhältnis zur Polizei zu verbessern und diese für die Gemeinde besser nutzbar zu machen (BOOGAART/SEUS 1988). Eine Realisierung dieser Zielsetzung soll vor allem dadurch erreicht werden, daß die polizeiliche Aufgabenstellung weitgehend auf die

Kriminalitätsbekämpfung konzentriert und reduziert wird, während für Störungen unterhalb der Strafrechtsschwelle alternative gesellschaftliche bzw. Gemeindeorgane geschaffen werden.

Von einer Realisierung der Zielsetzungen des Community-Policing im dargestellten Sinne kann nicht gesprochen werden; statt dessen wurden die genannten Begriffe und Konzepte von der Polizei und den zuständigen politischen Akteuren in einer Weise neu besetzt und umgewandelt, daß sie im Sinne einer Modernisierung und Legitimierung einer im Kern unveränderten Polizei nutzbar wurden (RUMBAUT/BITTNER 1980, S. 248). SKOLNICK und BAYLEY (1985) arbeiteten diesen Trend in einer Untersuchung der aktuellen Polizeipraxis in sechs amerikanischen Städten heraus und kommen zu dem Ergebnis, daß u. a. auf dem Hintergrund einer Fülle von Befunden zu den Grenzen bisheriger Polizeistrategien und Effizienzvorstellungen durchgängig ein Wandel weg von dem distanzierten technisch orientierten Professionalismus der 60er Jahre hin zu einem mehr gemeinde- und präventionsorientierten Agieren gesprochen werden kann. Daß ein positives Verhältnis der Polizei zu den Bürgern und darüber eine möglichst intime Kenntnis derer Lebensgewohnheiten und des Milieus für die Polizeiarbeit wichtige Grundlagen darstellen, ist auch in der Bundesrepublik zur Kenntnis genommen worden und hat z. B. zur Einrichtung sogenannter Kontaktbereichsbeamten (KOB's) geführt, deren Aufgabe darin besteht, den in der Folge der zentralistischen Polizeireform der 70er Jahre stattgefundenen Verlust an Nähe zur und an Informationen durch die Bevölkerung zu kompensieren.

Die aktuelle Herausforderung der Polizeiforschung generell besteht darin, die mit der Institution Polizei untrennbar verbundene herrschaftliche Aufgabe nicht aus dem Blick zu verlieren und gleichzeitig den vielfältigen und sich ständig wandelnden Formen und Aspekten polizeilichen Alltagshandelns gerecht zu werden.

Dieser Herausforderung kann sich die Kriminologie nur stellen, wenn sie über ein Konzept von Herrschaft, Staat und Gesellschaft verfügt, das den entwickelten westlichen Gesellschaften angemessen ist. Genau an dieser Basis mangelt es vielen Arbeiten mit der Folge, daß es zwar auf der einen Seite ziemlich undifferenzierte Ansätze im Sinne eines Polizei- und Überwachungsstaates und auf der anderen Seite Arbeiten ohne jeden gesellschaftsstrukturellen Bezug gibt, eine umfassende und angemessene Bearbeitung der gesellschaftlichen Funktion der Polizei, die dem Zusammenspiel der verschiedenen Aspekte polizeilichen Handelns gerecht werden kann, aber nur in Bruchstücken vorhanden ist.

Als weiterführend im Sinne der genannten Zielsetzung sind solche Arbeiten zu nennen, die von einem Herrschaftskonzept ausgehen, in dem sowohl Machtausübung nicht auf Zwang reduziert wird als auch berücksichtigt wird, daß eine stabile Herrschaft um weitestgehende Legitimierung ihrer Zwangshandlungen bemüht ist. Die Polizei auf diese Weise zu betrachten, bedeutet auf der einen Seite, nach den Prozessen der Legitimation der staatlichen Gewaltausübung zu fragen und andererseits auch die nicht unmittelbar gewalthaften Anteile polizeilicher Tätigkeit im Dienste der Absicherung des gesellschaftlichen Status quo zu berücksichtigen.

Von einem solchen Grundverständnis ausgehend, hat O'MALLY (1983) den Begriff der „hegemonialen Polizei" in die Diskussion eingeführt, einer Polizei also, die auf dem Hintergrund des Zusammenspiels von Zwang und Konsens

(GRAMSCI) zu betrachten ist, und vertritt die Position, daß verschiedenste Konzepte und Merkmale aktueller Polizeitätigkeit in dem Sinne zu interpretieren sind, daß sie eine auf breite gesellschaftliche Zustimmung ausgerichtete Art der Erfüllung der alten Aufgabe der Sicherung der sozialen Ordnung darstellen.

So tragen die verschiedenen Service- und Hilfsleistungen der Polizei und die damit einhergehende Nähe zur Bevölkerung sowohl dazu bei, daß der Zwangscharakter dieser Institution in den Hintergrund tritt und die Polizei als eine Einrichtung im Dienste der Community erscheint, gleichzeitig wird dadurch die Kooperationsbereitschaft der Bevölkerung gestärkt, ein Beitrag zur Abfederung sozialer Spannungen geleistet und ein breiter Informationsfluß auch für repressive Zwecke eröffnet. Die Selbstdarstellung der Polizei als Strafverfolgungsorgan unter der Herrschaft des Rechts wird als Ideologie betrachtet, die die direkte Unterordnung der Polizei unter die politische Führung bzw. den Staat aus dem Blickfeld geraten läßt (O'MALLY 1983, S. 57).

In gleicher Richtung argumentiert auch MANNING, der die Bedeutung der „dramatic aspects" (1977, S. 317) polizeilicher Tätigkeit herausgearbeitet und hervorgehoben hat. So sieht MANNING z. B. den Professionalismusanspruch der Polizei und die Police-Community-Rhetorik ebenso wie zunehmenden Technologieeinsatz und die Benutzung der Kriminalstatistik als Tätigkeitsnachweis als verschiedene Formen von Impression-Management an, die in erster Linie dazu dienen, in der Bevölkerung sowohl Rückhalt als auch den Eindruck von Effektivität und Wichtigkeit zu erzeugen (siehe auch CAIN 1979, S. 151). Das Wesen der Polizei, gewalthaftes staatliches Machtinstrument des politischen Systems zu sein, gerät dabei aus dem Blick.

BRODGEN (1982) geht hier noch einen Schritt weiter. Die zunehmenden Serviceaktivitäten der englischen Polizei seit Beginn der 70er Jahre, z. B. im Kontext der Police-Community-Aktivitäten, werden von ihm als eine Strategie zur (Wieder-)Herstellung eines gesellschaftlichen Konsenses zwischen der Polizei und den verschiedenen gesellschaftlichen Gruppen gesehen. Die daraus resultierenden ideologischen und realen Prozesse haben in diesem Konzept aber nicht nur Public-Relations-Charakter, sondern tragen zu einer Umstrukturierung von Klassenbeziehungen und zur Verankerung der Polizei im Zentrum des sozialen Geschehens bei (S. 196 ff.).

Nicht die polizeiliche Tätigkeit allein, sondern diese in beispielhafter Weise eingeordnet in andere institutionelle und gesellschaftliche Zusammenhänge haben HALL u. a. (1978) in einer Arbeit über das Phänomen „mugging" zum Gegenstand einer Analyse gemacht. Sie arbeiten heraus, in welcher Weise ein scheinbar „normales kriminelles Delikt" in einem entsprechenden öffentlichen Diskurs (moral panic) mit bestimmten, die Gesellschaftsstruktur zentral berührenden Konnotationen versehen und als gesellschaftliche Bedrohung konstruiert wurde und wie über die anschließende polizeiliche Verarbeitung ein weitgehender Beitrag zur Absicherung und Reproduktion des ideologischen Gerüsts der Gesellschaft geleistet wurde.

Auch der Einsatz der Polizei im Kontext aktueller politischer Protestbewegungen, ein Aktionsfeld, in dem unmittelbarer Gewalteinsatz eine bedeutende Rolle spielt, läßt sich angemessen nur analysieren, wenn man die ideologische

Ebene mit einbezieht. Neben der Erkenntnis, daß das Agieren der Polizei in diesem Kontext nicht nur ein Reagieren ist, sondern den Verlauf der Ereignisse mitgestaltet (siehe SACK 1984), wurde in verschiedenen Arbeiten deutlich, daß die politischen Effekte polizeilichen Handelns daran zu messen sind, wie sie vermittelt über die Medien auf den öffentlichen Diskurs wirken (z. B. BUSCH u. a. 1985, S. 327 ff.). Die Struktur dieses ideologischen Prozesses genauer herauszuarbeiten ist eine Aufgabe, die weiterhin auf der Tagesordnung der kriminologischen Forschung stehen sollte.

Arbeitskreis Junger Kriminologen (Hrsg.), Die Polizei: Eine Institution öffentlicher Gewalt, Neuwied 1975; *Banton, M.*, The Policeman in the Community, New York 1964;*Bayley, D.H.*, Pattern of Policing. A Comparative International Analysis, New Brunswick 1985; *Bittner, E.*, The Functions of Police in Modern Society, Washington 1970; *Bittner, E.*, The Functions of Police in Modern Society, in: Klockars, C.B. (Hrsg.), Thinking about Police, New York u. a. 1983, S. 35-51; *Boogaart, H. v. d./Seus, L.*, „Towards a socialist crime prevention": Kriminalpolitische Konzepte der Neuen Realisten, in: Kriminologisches Journal 20 (1988), S. 265-277; *Brodgen, M.*, The Police: Autonomy and Consent, New York u. a. 1982; *Brusten, M.*, Eine ‚politisch neutrale' Polizei? – Ergebnisse einer empirischen Untersuchung zum politischen Bewußtsein von Polizeibeamten, in: Kriminologisches Journal 17 (1985), S. 186-203; *Brusten, M.*, Neue Wege zur demokratischen Kontrolle der Polizei?, in: Kaiser, G. u. a. (Hrsg.), Kriminologische Forschung in den 80er Jahren, Freiburg 1988; *Busch, H.* u. a., Die Polizei in der Bundesrepublik, Frankfurt a. M./New York 1985; *Cain, M.*, Trends in Sociology of Police Work, International Journal of the Sociology of Law 7 (1979), S. 143–167; *Feest, J. & Blankenburg, E.*, Die Definitionsmacht der Polizei, Düsseldorf 1972; *Feest, J. & Lautmann, R.* (Hrsg.), Die Polizei, Opladen 1971; *Feltes, T.*, Polizeiliches Alltagshandeln – Eine Analyse von Funkstreifeneinsätzen und Alarmierungen der Polizei durch die Bevölkerung, in: Bürgerrechte und Polizei (CILIP) 19 (1984), S. 11 ff.; *Feltes, T./Rebscher, E.* (Hrsg.), Polizei und Bevölkerung. Beiträge zum Verhältnis von Polizei und Bevölkerung und zur gemeindenahen Polizeiarbeit („Community Policing"). Empirische Polizeiforschung Bd. 1, Holzkirchen/Obb. 1990; *Funk, A.*, Polizei und Rechtsstaat, Frankfurt a. M. 1986; *Funk, A.* u. a., Die Ansätze zu einer neuen Polizei – Vergleich der Polizeientwicklung in England/Wales, Frankreich und der Bundesrepublik Deutschland, in: E. Blankenburg (Hrsg.), Politik der inneren Sicherheit, Frankfurt a. M. 1980; *Gössner, R., U. Herzog*, Der Apparat. Ermittlungen in Sachen Polizei, Köln 1982; *Groh, E.*, Polizeiliches Image und politische Verantwortlichkeit. Der Kriminalist 6 (1985), 269–272; *Hall, S.* u. a., Policing in Crises, London 1978; *Hanak, G.*, Kriminelle Situation. Zur Ethnographie der Anzeigeerstattung, in: Kriminologisches Journal 16 (1984), S. 161-180; *Harrison, J.*, Police Misconduct, Legal Remedies, London 1987; *Lane, R.*, Urban Police and Crime in Nineteenth-Century America, in: Morris, N. u. a., Crime and Justice. An Annual Review of Research, Vol. 2, Chicago 1980; *Lüdtke, A.*, „Gemeinwohl", Polizei und „Festungspraxis". Staatliche Gewaltsamkeit und innere Verwaltung in Preußen 1815-1850, Göttingen 1982; *Manning, P.K.*, Police Work: The social Organization of Policing, London 1977; *Marx, G.T.*, Undercover: police surveillance in America, Berkeley u. a. 1988; *O'Malley, P.*, Law, Capitalism and Democracy. A Sociology of Australian Legal Order, Sydney 1983; *Reiss, A.J.* Jr., The Police and the Public, New Haven/London 1971; *Rumbaut, R.G. & Bittner, E.*, Changing Conceptions of the Police Role: A Sociological Review, Crime and Justice 1980, S. 239–288; *Sack, F.*, Staat, Gesellschaft und politische Gewalt, in: F. Sack & H. Steinert (Hrsg.), Protest and Reaktion, Opladen 1984; *Skolnick, J.H.*, Justice without Trial: Law Enforcement in Democratic Society (2. Aufl. 1977), New York 1966; *South, N.*, Policing for Profit. The Private Security Sector, London 1988; *Stark, R.*, Police Riots. Collective Violence and Law Enforcement, Belmond/California 1972; *Werkentin, F.*, Die Restauration der deutschen Polizei, Frankfurt a. M. u. a. 1985; *Westley, W.*, Violence and the Police: A Sociological Study of Law, Custom and Morality, Cambridge/Mass. 1970.

WERNER LEHNE

Polizeiliche Kriminalstatistik → Kriminalstatistik, → Kriminalität

Prävention → Generalprävention, → Kriminalpolitik, → Verbrechenskontrolle und Verbrechensvorbeugung

Primärabweichung → Abweichendes Verhalten, → Strafvollzug

Prisonisierung. 1. Wie stets beim Zusammenleben von sozialen Gruppen werden auch die Häftlinge und Mitarbeiter von Strafvollzugsanstalten ihr Verhalten gegenüber Mitgliedern der eigenen und der anderen Gruppe an Normen und Wertvorstellungen ausrichten. Sie haben den Aufforderungscharakter eines Verhaltenskodexes, bestimmen den Umgang miteinander, die Entwicklung sozialer Strukturen und das Klima des Zusammenlebens. Sie haben Einfluß auf die Herausbildung und Bewertung von Zielen, auf die Bewertung der als zulässig erachteten Mittel und Möglichkeiten, Ziele zu erreichen, und die Chancen, die angestrebten Ziele zu verwirklichen.

Die Ziele der Anstaltsmitarbeiter sind die Organisationsziele der Anstalt (s. KLINGEMANN 1975) – Bewachung, Kontrolle und Resozialisierung der Insassen – und das Ziel jedes Berufstätigen, den Berufsalltag als zufriedenstellend zu erleben.

Die Ziele der Häftlinge werden um die Inhaftierung kreisen. Sie bestimmt fundamental alle Aspekte der täglichen Gegenwart und ist bis zum Haftende Bestandteil der vorhersehbaren Zukunft. Die Inhaftierung ist im Erleben der Insassen eine harte Bestrafung, eine grundlegende Beeinträchtigung der Lebensqualität in Bereichen hoher und höchster Bedeutung (s. ORTMANN 1987). Dies erfordert von jedem Insassen eine beträchtliche Auseinandersetzung mit den Deprivationen der Haft, den formellen, bis in Details restriktiven Anstaltsregeln einer „totalen Institution" (GOFFMANN 1977) und den Normen seiner wichtigsten Bezugsgruppe – den Mithäftlingen.

Der Begriff der Prisonisierung bezeichnet die Normen und Verhaltenscodes, denen Insassen zur Bewältigung der mit der Inhaftierung verbundenen Anpassungsprobleme folgen.

Die Geschichte der Prisonisierungsforschung beginnt 1937 mit einer Arbeit von HANS REIMER über „Socialization in Prison" (REIMER 1937). REIMER beschrieb deskriptiv-atheoretisch „typische" Insassen, deren Rolle in der sozialen Struktur der Insassenkultur er mit griffigen Bezeichnungen – „right guys", „politicians" – zu benennen wußte. Es folgten andere „typische" Klassifikationen gleicher Farbigkeit, die sich bis heute gehalten haben: Der „Gorilla" beherrschte seine Umwelt durch körperliche Gewalt, und er soll mehr Einfluß haben als der „right guy", der den Maximen der Solidarität („Insassen betrügt man nicht"), Autonomie und Härte („Laß' Dich nicht unterkriegen") folge. Diesen eher atheoretischen Anfängen folgten ernsthafte theoretische Bemühungen, die Entstehung der Insassenkultur und insbesondere die Entstehung „nonkonformen Verhaltens" in Gefängnissen (Beispiel: Aufbewahren von Konterbande, brutale körperliche Gewalt), „illegitimer Normen" (Itembeispiel aus einer Arbeit des Verfassers: „Das Gesetz ist durch und durch verfault"; 62% der befragten Insassen: „stimmt") und „oppositioneller Einstellungen" (Beispiel: „Meiner Meinung nach sind die meisten Mitglieder des Stabes dumm und brutal"; 40% „stimmt") zu erklären.

Die theoriegeleiteten Versuche führten zu zwei theoretischen Hauptrichtungen, deren Höhepunkte um 1960 erreicht wurden. Die erste, funktionalistische Theorie erklärt die Insassenkultur als „Gefängniskultur" oder „Insassenkultur", die vollständig aus der Funktion, Struktur und Gestaltung der Gefängnisse zu verstehen sei. Marksteine dieser Richtung sind die Arbeiten „The Society of

Captives“ von SYKES (1958) und „Theoretical Studies in Social Organization of the Prison“ aus dem Jahre 1960 (CLOWARD u. a. 1975). Die zweite Theorierichtung wurde 1963 in der Arbeit „Thieves, convicts and the inmate culture“ von IRWIN und CRESSEY (1963) begründet. Ihre „kulturelle Übertragungstheorie“ besagt, daß die spezifischen Anpassungsmuster der Insassen an die deprivierenden Haftbedingungen weitgehend übereinstimme mit den Verhaltensmustern, Normen und Maximen der Kultur der Unterschicht im allgemeinen und der „kriminellen Kultur“ im besonderen. Die Insassenkultur sei demnach importiert („importation model“) (zu Prisonisierungstheorien s. a. v. TROTHA 1982).

2. Eine elaborierte Variante der funktionalistischen Theorierichtung ist die Deprivationstheorie von SYKES (1958). Fünf „pains of imprisonment“ verletzen das innerste Selbst des Häftlings, sein Selbstwertgefühl. Das Ziel, das Selbstwertgefühl wieder herzustellen, führe zur Solidarität mit Insassengruppen und zur Feindschaft gegenüber den Anstaltsmitarbeitern. Die „pains of imprisonment“ sind: Der Verlust der Freiheit, der Entzug materieller und immaterieller Güter, der Entzug heterosexueller Beziehungen, die Bedrohung durch Mithäftlinge und die Beschränkung der Autonomie.

Nach der kulturellen Übertragungstheorie von IRWIN und CRESSEY gibt es in Gefängnissen drei Subkulturen: Die „Subkultur der Diebe“, die „Subkultur der Gefangenen“ und die „legitime Subkultur“.

Der Begriff der „Subkultur der Diebe“ ist willkürlich gewählt. Er bezeichnet eine „kriminelle Subkultur“ außerhalb von Gefängnissen, für die Diebe als Repräsentant gewählt wurden. Die „Subkultur der Diebe“ – innerhalb und außerhalb von Gefängnissen – folge zentralen Werten der „hard-core“-Unterschicht: Loyalität innerhalb der Gruppe, Standfestigkeit (toughness), Autonomie. In der „delinquenten hard-core“-Unterschicht sei dieses Wertebündel zusätzlich in „illegitime soziale Normen“ integriert. Das zusammen ergäbe im Gefängnis die „Subkultur der Diebe“, die durch den „antisozialen Insassen“ des „right guy“ repräsentiert werde. Zum Verhaltenskodex des „right guy“ gehöre: „Nicht schlapp machen“ und „Insassen hilft man, auch wenn man dadurch Probleme bekommt“.

Die „Subkultur der Gefangenen“ bestehe aus Einstellungs- und Verhaltensmustern, die bei jeder Inhaftierung – Gefängnisse, Kriegsgefangenschaft, Konzentrationslager – „erblühe“. Ihr zentraler Wert sei „Nützlichkeit“. Die „manipulativsten“ Menschen seien hier am erfolgreichsten. Jedoch sei der Schluß, diese Verhaltensmuster seien eine Konsequenz der Inhaftierung, nicht zulässig (Offen gestanden: Hier wundert man sich). Denn diese Verhaltensmuster seien für die „hard-core“-Unterschicht insgesamt typisch. Zwar werde „Autorität“ generell abgelehnt und mit ihr auch die „Fürsorge“ („Ich brauche überhaupt niemanden, der sich um mich kümmert. Ich kann mich selbst um mich kümmern“). Dennoch würden dieselben Menschen bevorzugt Berufe ergreifen (Militär, Polizei), in denen sie ihre Autonomie durch Unterwerfung unter eine strikte Autorität aufzugeben hätten, dann aber selbst (dienstlich legitimiert) Zwang und Autorität auf andere, vorzugsweise aus der eigenen Bezugsgruppe, ausüben. Neben diesem Muster aus „Nützlichkeit“ und „Autorität“ hätten Mitglieder der Gefangenensubkultur oft ein langes Register an Jugendvorstrafen.

Die „legitime Subkultur“ bereite der Anstalt keine Probleme. Sie gliedere sich in keine der beiden anderen Gruppen ein. Die „Subkultur der Gefangenen“ dagegen habe ihr Lebenszentrum im Gefängnis. Das Zentrum der „Subkultur der Diebe“ sei die „kriminelle Subkultur“, die es innerhalb aber eben auch außerhalb des Gefängnisses gäbe.

3. Die empirische Prüfung der beiden Theorien gestaltet sich schwierig. Beide Theorien lassen wichtige Fragen offen und behaupten außerdem komplexe Variablenbeziehungen, die aufwendige Versuchspläne verlangen. Bei SYKES stimmt die funktionale Äquivalenz von „Gruppensolidarität“ und „Opposition gegenüber Anstaltsmitarbeitern“ bedenklich. Sie wird in der Theorie nicht erklärt. Auch erläutert SYKES nicht, warum Deprivation zur Entwicklung „illegitimer“ Normen führen soll. In diesem Punkt überzeugt die Anomietheorie weitaus mehr. IRWIN und CRESSEY dagegen haben weniger eine Theorie als eine Theorieskizze, die zudem außerordentlich viele Einzelaussagen enthält. Die Einzelaussagen haben aber eine gewisse Plausibilität. Ihre Theorieskizze gilt weniger der Prisonisierung speziell als der Kriminalität generell. Das ist allerdings, wie wir meinen, kein Nachteil, sondern ein Vorzug von Bedeutung. Etwas unklar bleiben ihre Aussagen zur Entstehung der „Subkultur der Gefangenen“. Man findet sie, sagen sie, bei jeder Inhaftierung, aber auch in der „hard-core“-Unterschicht. Dem Schluß, den IRWIN und CRESSEY daraus ziehen (s. oben), das heißt eigentlich genauer, dem Leser nahelegen, folgen wir nicht. Wenn – so behaupten wir – ein Einstellungs- und Verhaltensmuster unter den Bedingungen jeder Inhaftierung „erblüht“ und es außerdem in der Unterschicht zentral verankert ist, dann hat das Leben in der Unterschicht mit dem Leben von Inhaftierten funktionale Äquivalenzen, die zu funktional äquivalenten Reaktionsmustern führen. Ähnlich wäre die Theorie von SYKES auf Kriminalität generell zu „exportieren“.

Die Probleme der Theorieprüfung, hier nur angedeutet, sind demnach gravierend. Trotzdem gibt es gute Annäherungen der Prüfung, wenn auch stets unter Ausklammerung zentraler Variablen der Theorien. Dazu zählen die multivariaten Studien von HEPHURN u. STRATTON (1977) und THOMAS (1977). Wir beschreiben die Arbeit von THOMAS. Sie bezieht sich auf eine kustodiale Anstalt („medium security“). THOMAS hat drei abhängige Variablen: (1) „Prisonisierung“, (2) „Opposition“ und (3) „kriminelles Selbstbild“. Prisonisierung hat die Facetten der Insassensolidarität, der physischen Härte und der manipulativen Beziehungen. „Anstaltserzeugte Machtlosigkeit“ (4) und „Dauer der jetzigen Inhaftierung“ (5) stehen für die unabhängigen Variablen der Deprivationstheorie.

Für die kulturelle Übertragungstheorie stehen: „Postinstitutionelle Erwartungen“ (6), „geregelte Arbeit“ (7), „monatliches Einkommen“ (8), „Verdacht auf weitere Verbrechen (felony arrests)“ (9) und „Schulabschluß“ (10). Die Variablen (6) bis (10) beziehen sich auf die Zeit vor der Inhaftierung. Auswahl und Zuordnung der Variablen (5), (7), (8) und (10) bieten Ansatzpunkte für Bedenken; auch fehlen Zentralvariablen beider Theorien. Im Rahmen dieser so definierten Deprivationstheorie wurden 16%, 32% bzw. 7% der Gesamtvarianz der Variablen (1), (2) und (3) erklärt, während die kulturelle Übertragungstheorie die Varianzanteile 8%, 10% und 23% ergab. Mit beiden Theorien zusammen – also den Variablen (4) bis (10) – wurde 40% der Varianz der Variablen „Opposition" erklärt. Was heißt das nun? Beide Theorien treffen bedeutsame Variablenbereiche. Der hohe erklärte Varianzteil bei „Opposition" im Vergleich zum niedrigen Varianzteil bei „Prisonisierung" bedeutet, daß der größte Teil des Einflusses der „Deprivationsvariablen" (4) und (5) an der Prisonisierung vorbei direkt auf „Opposition" wirkt. Das stimmt mit SYKES' Theorie nicht überein. Das Ergebnis macht aber Sinn: Hätte eine Anstalt nur einen Insassen, wäre er vermutlich ebenfalls „oppositionell". In der Studie des Verfassers zu einer kustodial orientierten Anstalt Süddeutschlands hatten die fünf über Skalen erfaßten Deprivationsvariablen von SYKES mit der hochreliabel gemessenen „Opposition" 42% gemeinsame Varianz. Das entspricht etwa dem Ergebnis von THOMAS. Aber zwischen „Deprivation" und „Selbstwertgefühl" (Reliabilität: 0.76) gab es nur 6% und zwischen „Selbstwertgefühl" und „Opposition" nur 9% gemeinsame Varianz (ORTMANN/KAISER 1981, S. 41 ff.). Mit SYKES würde man hier aber mehr gemeinsame Varianz erwarten.

Zudem hatte der Deprivationsaspekt „Begrenzungen der Autonomie", für sich genommen, in einer anderen Studie des Verfassers zu einer eher gemischten Stichprobe aus dem norddeutschen Raum allein 36% gemeinsame Varianz mit „Opposition" (ORTMANN 1987, 1988). Auch korrelierte die Einbindung in Insassengruppen unter 0.20 mit „Opposition", so daß hier weniger als 4% gemeinsame Varianz vorliegen. Der Deprivationsbereich selbst ergibt, mit Ausnahme der Angst vor Mithäftlingen, eine (faktoriell) homogene Skala hoher Reliabilität. Das alles spricht dafür, daß es nicht der Mangel, das Fehlen von irgendetwas ist, was Bedeutung hat, sondern der fundamentale Eingriff in Lebensbereiche, deren autonome Gestaltung man freiwillig nicht aus der Hand gibt. Der freie „Import" von Frauen oder materiellen Güter würde daran, so steht zu vermuten, nichts ändern. Der bedrohliche Charakter der Begrenzung der Autonomie bliebe – und das Gefühl der Machtlosigkeit auch.

Die Begrenzung der Autonomie ihrerseits (Itembeispiel: „Viele Regeln und Vorschriften hier haben einfach den Sinn, den Häftling zu demütigen"; 76% der befragten Insassen stimmten dem zu; Korrelation des Items mit der Gesamtskala: 0.60) korreliert außer mit der bereits genannten „Opposition" (0.61) mit anomischer Einstellung zum Gesetz (0.54), einer negativen Bewertung von Schulung und Berufsausbildung (0.40), der „Angst vor Mithäftlingen" (0.49. Itembeispiel: „Hier im Knast gilt das Recht des Stärkeren". 68% der Befragten stimmten dem zu, Trennschärfekoeffizient 0.60) und der Einstellung zum eigenen Delikt (0.46. Itembeispiel: „Mein einziger Fehler war, daß ich mich von der Polizei habe erwischen lassen". 40% Zustimmung. Trennschärfekoeffizient 0.46).

Das Korrelationsmuster der „Autonomie" mit Variablen wie diesen und insbesondere der nahezu weltanschaulich gefärbten Einstellung zum Gesetz ist ein klarer und kräftiger Validitätshinweis für den „Import" eines maßgeblichen Teils der Varianz dieser Variablen. Zudem besagt es auch, wieviel „Autonomie" in Variablen enthalten ist, bei denen man das zunächst gar nicht erwarten würde.

4. „Autonomie", aber auch andere Kernvariablen der Prisonisierungstheorien – Deprivation, Autorität und Fürsorge, Selbstwertgefühl, Stolz und Demütigung, Kampf und Niederlage –, erscheinen in einem theoretischen Bezugsrah-

men zur Entstehung von Kriminalität generell, der versuchsweise weiter präzisiert werden soll:

„Deprivation“ und „Autonomie“ sind funktional überlappende Konzepte, indem die Autonomie einer Person unverzichtbare Voraussetzungen eines gesicherten Zugangs zu angestrebten Zielen, d. h. zur Vermeidung von Deprivationen ist. Einschränkungen der Autonomie – genauer: perzipierte Einschränkungen – sind deshalb bedrohlich und angstauslösend.

Die Beschränkung der Autonomie selbst kann, wie bei SYKES, ihre Quelle außerhalb der Person haben. In den extremeren Fällen führt dieser Gedanke zur Anomietheorie: Die Varianz des menschlichen Verhaltens im Merkmal „abweichendes Verhalten“ nimmt ab, die Einstellung, daß man mit „legitimen“ Normen die Existenz sichern kann, desgleichen. Eine zweite Quelle liegt in der Person selbst. Sie bewertet, wann und in welcher Intensität „Deprivation“ und (Beschränkung der) „Autonomie“ vorliegen, trägt aber auch direkt durch Personenmerkmale der sozialen und kognitiven Kompetenz zu den Merkmalen der Deprivation und Autonomie bei. Verurteilung und Inhaftierung sind nach diesem Verständnis zweifach sehr bedrohlich: Als direkte Beschränkung der Autonomie im Sinne von SYKES und als Entzug der Achtung durch soziale Gruppen, in die man unter partieller Aufgabe eigener Autonomie, d. h. durch Bindungen, eingebunden sein muß, durch die Ächtung aber ausgeschlossen wird.

Die subjektive Perzeption und Zuschreibung, ob die Ursachen von „Deprivation“ und „Autonomiebeschränkung“ primär in der Umwelt, das heißt bei anderen, oder in der eigenen Person zu finden sind, wird die Einstellungs- und Reaktionsmuster, die die perzipierte Bedrohung begleiten und ihr folgen, maßgeblich bestimmen und zu einer Differenzierung nach einem eher kraftvoll-sthenischen und grüblerisch-asthenischen Merkmalscluster führen. Das entspricht – kurz gesagt – der subjektiven Polarität der Selbstbehauptung gegenüber einer Selbstaufgabe.

Der asthenische Pol wird durch das Persönlichkeitsmerkmal der Ängstlichkeit – mit depressivem Charakter – beschrieben (ORTMANN 1987). Ängstlichkeit ist ein gut bestätigter Sekundärfaktor der Persönlichkeitsforschung. Der sthenische Pol wird durch das Persönlichkeitsmerkmal der aggressiven Erregbarkeit beschrieben, das als Sekundärfaktor in den Forschungen von FAHRENBERG u. a. (1984) ausgewiesen ist. „Ängstlichkeit“ korreliert mit „Haftdeprivationen“ im Sinne von SYKES zu maßgeblichen 0.34, aber mit „Persönlichkeitsdeprivationen“ (relevanter Anteil: Ausbildungsdefizite) zu 0.64. Es korreliert negativ mit dem erreichten Schulabschluß (-0.24) und der bildungsunabhängigen Intelligenz (-0.18). Schulabschluß und Intelligenz ihrerseits korrelieren – und das hat SYKES nicht gesehen – über eine Palette von Merkmalen aus sozialisations- und anomietheoretischen Konzepten, wobei die Korrelation zwischen (negativer) „Einstellung zur Arbeit und Ausbildung“ und Intelligenz mit -0.43 theoretisches Gewicht hat. Aus der Sicht der Anstalt sind ängstliche Menschen eher „konform“.

Ganz anders ist das bei aggressiv-erregbaren Insassen. „Aggressive Erregbarkeit“ korreliert mit „Haftdeprivationen“ zu 0.26 und mit „Persönlichkeitsdeprivationen“ gar nicht (0.09). Die Gründe der eigenen Inhaftierung liegen nicht in der eigenen Person, sondern woanders: Das Merkmal korreliert substantiell und in der erwarteten Richtung („prisonisiert") mit der Einstellungsvariablen zum Legalbereich, zur Devianz der Freunde außerhalb der Anstalt, zur Arbeit und Ausbildung, zur Begrenzung der Autonomie und zur Opposition. Dieser Merkmalsbereich (hier als Ausschnitt beschrieben) erfaßt ein einheitliches Konzept (Generalfaktor, eine latente Variable, die mit allen anderen hoch korreliert; das Ergebnis wurde von TAUSS (1988) an einer anderen Stichprobe repliziert), das seine Verflechtung in einen kriminalitätstheoretischen Rahmen belegt.

Für „aggressive Erregbarkeit" besteht die Homogenität des subjektiven Erlebens in der frühzeitigen und starken Ablehnung aller die eigene Autonomie beschränkenden Autoritäten, Regeln, Bindungen. Mit ihnen kann man nicht leben und die stolze Bindung an das Selbstbild der eigenen Autonomie erkennt schnell Anforderungen mit demütigendem Charakter, denen es wirkungsvoll zu begegnen gilt. Es verlangt überdies Opfer: Die Rolle des reuigen Sünders steht ihnen nicht, so daß sie auch auf wenig Nachsicht treffen dürften.

Die Einbindung dieser Personengruppe in deviant orientierte Bezugsgruppen (Korrelation 0.38) dürfte durch eine gemeinsame Weltanschauung – „Mit den Gesetzen kann man nicht leben" – gefördert werden. „Deviante Bezugspersonen" korreliert in einer Studie von PATTERSON und DISHION (1985) mit „selbstberichteter Delinquenz" zu 0.59 wobei die Verfasser einen direkten Effekt annehmen. AMELANG (1986) schreibt in diesem Kontext, es scheine, als habe HIRSCHI in seiner Theorie der sozialen Kontrolle „insbesondere die Bedeutung delinquenter Freunde etwas unterschätzt" (a. a. O., S. 196). Das sehen wir auch so, wobei wir zusätzlich einen starken direkten Effekt der „Einstellung zum Gesetz" auf „deviante Bezugspersonen" (Merkmalskorrelation über alle Personen 0.52) und „abweichendes Verhalten" ansetzen würden. Spätestens hier aber ist eine enge Verbindung von Theorien der Prisonisierung und Theorien der Kriminalität hergestellt.

Aber eben auch diese Verbindung läßt zunehmend stärkere Zweifel an den Reformmöglichkeiten des Strafvollzugs aufkommen. Davon ist auch IRWIN, einer der Autoren der kulturellen Übertragungstheorie, 25 Jahre nach der Publikation dieser Theorie, ganz deutlich befallen (IRWIN 1988). Die Zweifel gelten der erreichbaren „Effizienz", aber – und grundlegender – der immanenten Härte des Strafvollzugs, die nahezu alle Forscher, die diese Aspekte des Strafvollzugs nicht nur aus der Literatur oder Akten der Anstalt kennen, sehr betroffen gemacht hat.

5. Für die Perspektive einer Resozialisierung im Strafvollzug setzt – so muß man aus den Hypothesen und empirischen Ergebnissen zur Prisonisierung schließen – die Inhaftierung selbst in zweifacher Hinsicht sehr enge Grenzen. Zum einen fördert sie direkt Einstellungen und Verhaltensweisen, die das Rückfallrisiko erhöhen. Zum anderen prägt sie das Klima zwischen Insassen und Anstaltsmitarbeitern in ausgesprochen feindlicher Weise, so daß sowohl die Variable „Resozialisierungsmotivation" als auch die Variable „therapeutisches Klima" stark negativ beeinflußt werden. Diese zwei Hauptaussagen werden durch die Existenz eines kräftigen und inhaltlich sehr breiten, scheinbar heterogenen Generalfaktors der Prisonisierung gut belegt (ORTMANN 1987, S. 355 ff.) (zusätzlich sind freilich maßgebliche Einflüsse der vorinstitutionellen Biographie nachweisbar).

Für die kriminologische Forschung folgt daraus, daß Studien zur Resozialisierung im Strafvollzug den Blick nicht – wie in der Behandlungsforschung üblich – auf das potentiell Positive am Strafvollzug (Sozialtherapie, Schulung und Berufsausbildung, Freigang usw.) einengen dürfen. Behandlungsforschung muß mit Prisonisierungsforschung zusammengeführt werden. Der Effekt des gesamten Strafvollzugs auf Resozialisierung und Rückfall muß untersucht werden.

Und zweitens sollten die „pains of imprisonment" als (abhängige) Variablen eines eigenständigen, nicht der Resozialisierung verpflichteten Forschungsgegenstandes erscheinen. So viel ist sicher: Eine Freiheitsstrafe ist als Strafe weitaus umfassender als der Entzug der Freiheit.

6. Etwa dieser Bezugsrahmen begründet zunehmend stärkere Bedenken gegenüber dem Konzept eines Strafvollzugs generell. Von diesen Bedenken ist auch IRWIN, einer der Autoren der kulturellen Übertragungstheorie, 25 Jahre nach der Publikation dieser Theorie, ganz deutlich befallen (IRWIN 1988). Die Bedenken gelten der erreichbaren „Effizienz" einer Resozialisierung im Strafvollzug sowie – grundlegender – seiner immanenten Härte, die durch Reformen des Strafvollzugs allenfalls graduell gemildert werden kann.

Amelang, M.: Sozialabweichendes Verhalten. Entstehung, Verbreitung, Verhinderung, Berlin, Heidelberg, New York 1986; *Clemmer, D.*, The prison community, 2. Aufl., New York 1958; *Cloward, R.A., Cressey, D.R., Grosser, G.H., McClerry, R., Ohlin, L.E., Sykes, G.M., Messinger, S.L.* (Hrsg.), Theoretical Studies in Social Organisation of the Prison, New York 1975, S. 20–48; *Fahrenberg, J., Selg, H., Hampel, R.*, Das Freiburger Persönlichkeitsinventar FPI, Handanweisung 4. Aufl., Göttingen u. a. 1984; *Goffman, E.*, Asyle. Über die soziale Situation psychiatrischer Patienten und anderer Insassen. 2. Auflage, Frankfurt/Main 1977; *Harbordt, S.*, Die Subkultur des Gefängnisses. Eine soziologische Studie zur Resozialisierung, 2. Aufl., Stuttgart 1972; *Hephurn, J.R., Stratton, H.R.*, Total institutions and inmate self-esteem, Brit. J. Criminol. 17 (1977), S. 237–250; *Hirschi, T.*, Causes of Delinquency, Berkley 1969; *Irwin, J., Cressey, D.R.*, Thieves, Convicts and the Inmate Culture, Social Problems 10, 1963, S. 142–155; *ders.*, Donald Cressey and the Sociology of the Prison, Crime and Delinquency, 34,3, 1988; *Johnson, R.*, Hard Time. Understanding and Reforming the Prison, California 1987; *Kassebaum, G., Ward, D., Wilner, D.*, Prison, Treatment and Parole Survival. An Empirical Assessment, New York 1971; *Klingemann, H.*, Die kulturelle Übertragungstheorie als Erklärungsmodell der Insassensubkultur im Strafvollzug, Zeitschrift für Soziologie 4 (1975), S. 183–199; *Ortmann, R.*, Resozialisierung im Strafvollzug. Theoretischer Bezugsrahmen und empirische Ergebnisse einer Längsschnittstudie zu den Wirkungen von Strafvollzugsmaßnahmen, Kriminologische Forschungsberichte aus dem Max-Planck-Institut für ausländisches und internationales Strafrecht, Band 27, Freiburg i. Br. 1987; *ders.*, Deviant Behavior, Personality and Prisonization. Theoretical Remarks on the Relation between Deviant Behavior and Selected Personality Traits, with Examples from Empirical Studies, in: Crime and Criminal Justice. Criminological Research in the 2nd Decade at the Max Planck Institute in Freiburg, hrsg. v. Kaiser, G., Geissler, I., Freiburg 1988, S. 189–218; *ders., Kaiser, G.*, Resozialisierung im Strafvollzug. Eine vergleichende Längsschnittsstudie zu Regelvollzugs- und sozialtherapeutischen Modellanstalten, unveröffentl. Ms. Freiburg 1981; *Patterson, G.R., Dishion, Th.*, Contributions of Families and Peers to Delinquency, Criminology, 23 (1985), S. 63–79; *Reimer, H.*, „Socialisation in Prison". Proceedings of the Sixty-Seventh Congress of American Prison Association, 1937; *Sykes, G.M.*, The Society of Captives, Princeton/N.J. 1958, 1970; *Tauss, R.*, Subcultural Integration and Prisonization. Structures and Stability of Prisonization, Determinants in Regard to Immates of Juvenile Correctional Facilities, in: Crime and Criminal Justice. Criminological Research in the 2nd Decade at the Max Planck Institute in Freiburg, hrsg. v. Kaiser, G., Geissler, I., Freiburg 1988, S. 251–272; *Thomas, Ch.W.*, Determinants of Prisonization. A Test of two Analytical Perspectives on Adult Resocialization in Total Institutions, University Microfilms 1972; *ders., Foster, S.D.*, Prisonization in the Immate Contraculture, Social Problems, 20 (1972), S. 229–239; *ders.*, Theoretical Perspectives on Prisonization, A Comparison of the Importation and Deprivation Models, The Journal of Criminal Law & Criminology, 68 (1977), S. 135–145; *Tittle, C.R.*, Inmate Organisation. Sex Differentiation and the Influence of Criminal Subcultures, Amer. Soc. Review 34 (1969), S. 492–505; *Trotha, T. von*, Recht und Kriminalität. Auf der Suche nach Bausteinen für eine rechtssoziologische Theorie des abweichenden Verhaltens und der sozialen Kontrolle, Tübingen 1982; *Wheeler, St.*, Socialisation in Correctional Communities, Amer. Soc. Review 26 (1961), S. 697–712.

RÜDIGER ORTMANN

Private Verbrechenskontrolle. Eine begriffliche Annäherung an das Thema Private Verbrechenskontrolle fällt schwer, weil damit ganz verschiedene, z. T. gar miteinander unversöhnliche Vorstellungen verknüpft werden, die Diskussion von unterschiedlichen kriminologisch-kriminalpolitischen Leitbildern ausgeht und dementsprechend die inhaltliche Reichweite und gedankliche Stoßrichtung unklar bleiben. Vereinfacht betrachtet lassen sich zwei Entwicklungsstränge ausmachen, die hier zusammentreffen (JUNG 1990 a): Zum einen wird die Diskussion gespeist von verbreiteten Zweifeln an dem Konfliktregelungspotential der staatlich organisierten Strafjustiz. Hier bewegen wir uns in einem Feld, das durch die Stichworte „Alternativen zur Strafjustiz" (→ Alternativen zum Strafrecht), „Schlichten statt Richten" und „informal justice" gekennzeichnet ist. Parallele Entwicklungen lassen sich in anderen Rechtsgebieten beobachten (zum Zivilrecht PRÜTTING 1985; zum öffentlichen Recht HOFFMANN-RIEM 1989). Einer ganz anderen ideologischen Ecke entstammt die Forderung, Verbrechensbekämpfung und staatliche Strafrechtspflege mit der Elle wirtschaftlicher Effizienzüberlegungen zu messen und für eine (Teil-)Privatisierung im Sinne einer Verlagerung staatlicher Leistungen auf die Privatwirtschaft zu öffnen. Während man bei Alternativen zur Strafjustiz auch die Entscheidungsinstanz im Auge hat, werden die neueren Modelle einer Kommerzialisierung bevorzugt mit Verbrechensverhütung und -aufklärung einerseits und dem Vollzug von Sanktionen andererseits in Verbindung gebracht. Im Ergebnis steht jedenfalls das staatlich organisierte System der Strafrechtspflege insgesamt auf dem Prüfstand.

Historisch betrachtet zielt „Private Verbrechenskontrolle" auf den Kern des politischen Verständnisses nicht nur von Verbrechensbekämpfung, sondern von Staatlichkeit überhaupt: das staatliche Gewaltmonopol (SCHÜLER-SPRINGORUM 1991). Die Forderung nach einer Privaten Verbrechenskontrolle mögen manche daher von vornherein als Anachronismus abtun. Schließlich gilt das staatlich-organisierte System der Strafrechtspflege als Ausdruck des zivilisatorischen Fortschritts. Die Epoche der Landfriedensbewegung und das Zeitalter der Aufklärung markieren bedeutende Einschnitte in der Entwicklung des Staates oder besser der öffentlichen Gewalt zum Garanten für den Schutz des einzelnen sowie für die Entwicklung einer dem Gleichheitsgedanken verpflichteten rechtlich gebundenen Strafrechtspflege. Auch gilt das Erstarken der öffentlichen Polizei als Markstein für die Herausbildung einer geordneten Strafverfolgung. Privatwirtschaftlich organisierte Gefängnisse schließlich haben in der Geschichte eine ausgesprochen zwielichtige Rolle gespielt und sind insbesondere durch vielfältige Formen des Mißbrauchs in Erinnerung geblieben.

Wenn gleichwohl ernsthaft erwogen wird, die Strafrechtspflege zu „entstaatlichen" und wenn hierfür alle ihre Felder als Anwendungsbeispiele herangezogen werden, so ist dies im wesentlichen auf folgende Punkte zurückzuführen:

Das Konzept des Staates durchlebt Wandlungen. In dem Viereck „Staat-Gesellschaft-Gemeinschaft-Individuum" scheint sich die Balance zu verschieben. Die Leistungsfähigkeit des Systems staatlicher Strafrechtspflege wird in Zweifel gezogen (STANGL 1988). Die Vorzüge privater Mitwirkung an der Strafrechtspflege und gesellschaftlicher Selbststeuerungsmechanismen gegenüber einer entrückten formalisierten staatlichen Strafrechtspflege werden deutlicher akzentuiert. Insofern besteht auch ein Zusammenhang mit der Renaissance des Verletzten in der Strafrechtspflege (→ Viktimologie).

Versucht man die staatstheoretischen Wurzeln der Diskussion freizulegen, so stößt man auf eine bemerkenswerte ideologische Gemengelage. Der moderne interventionistische Wohlfahrtsstaat ist zunehmend ins Schußfeld der Kritik geraten (ROSENTHAL-HOOGENBOOM 1988). Keine Staatsaufgabe ist mehr sakrosankt. Vielmehr hat die Rhetorik der Privatisierung auch den repressiven Bereich erfaßt. Dabei finden sich jene, die auf das Selbststeuerungspotential der Gemeinschaft setzen, in einer eigenartigen Koalition mit jenen, die auf die Steuerungsfunktion des Marktes vertrauen. Kritik an bürokratischen Strukturen mischt sich mit den Denkmodellen von „participatory models of justice" (JUNG 1989). Auch lassen sich Verbindungslinien zu dem staatstheoretischen Schlagwort der „Dezentralisierung" und dem wirtschaftstheoretischen Programm der „Deregulierung" ausmachen (PERNTHALER 1982). Manche stellen gar einen Zusammenhang mit einer stärker verbraucherorientierten Betrachtungsweise her, die nicht zögert, auch die Leistungsfähigkeit einer staatlich organisierten Strafrechtspflege unter diesem Blickwinkel zu überprüfen.

Neuerdings sind zunehmend ökonomische Überlegungen in den Vordergrund der Diskussion getreten bis hin zu der Konsequenz, daß Privatisierung bisweilen mit „Kommerzialisierung" gleichgestellt wird. Angesichts verstärkt artikulierter Sicherheitsbedürfnisse der Bevölkerung und der Überfüllung der Gefängnisse in verschiedenen Staaten erscheint die Kommerzialisierung bestimmter Bereiche der Strafrechtspflege vor dem Hintergrund einer chronischen (finanziellen) Überlastung des Staates und im Gefolge neo-liberaler wirtschaftspolitischer Vorstellungen nicht länger als Tabu. Die Befürworter versprechen sich davon mehr Flexibilität, mehr Effizienz und mehr Ressourcen.

Nicht allen erscheint der Staat in seiner Abstraktheit zudem als Garant der Menschenrechte und als Bollwerk gegen den Mißbrauch. Die Befürworter von participatory models of justice fordern vielmehr demokratische Beteiligung auf der Ebene strafrechtlicher Sozialkontrolle ein und streben nach neueren Formen sozialer Steuerung, die zugleich demokratischer, wirksamer und sozialer sein sollen als die bisherigen (CARLEN 1983). Freilich dürfte dieser aus Skepsis gegenüber staatlicher (Über-)Macht gespeisten und einer eher gemeinschaftsorientierten Form der Konfliktregelung verpflichteten Vorstellung der Gedanke, hierfür das Modell des Marktes zu beanspruchen, völlig fremd sein. Nicht von ungefähr hat sich etwa CHRISTIE als profilierter Verfechter einer stärkeren Privatisierung der Strafrechtspflege (1977) hiervon distanziert (1988).

Bei näherer Betrachtung muß man feststellen, daß die Tradition des privaten Elementes in der Strafrechtspflege ausgeprägter ist, als das Vorstellungsbild von der staatlich organisierten Strafrechtspflege dies vermuten läßt. Schon der

Begriff der (informellen) Sozialkontrolle verweist hierauf. Insofern mag man sich mit ROBERT (1989) fragen, ob man überhaupt von einer staatlichen Prärogative sprechen kann. Mechanismen der informellen Sozialkontrolle werden zunehmend bewußter in das Konzept strafrechtlicher Sozialkontrolle integriert; man denke nur an das kriminalpolitische Programm der Diversion, an die Institution der Betriebsjustiz (METZGER-PREGIZER 1985) oder allgemein an Formen der Schlichtung und privatrechtlich organisierter Konfliktregelung, in denen auch strafrechtlich geprägte Konflikte aufgearbeitet werden. Im Bereich der Verhütung und der Entdeckung von Straftaten hat die staatliche Polizei private Sicherheitsdienste nie ganz verdrängen können. Im Gegenteil: Die Sicherheitsbranche gilt als Wachstumsbranche par excellence, so daß ROSENTHAL-HOOGENBOOM (1990) schon das Bild von einer „quiet revolution which threatens the autonomy of the state" bemüht haben. Schließlich kann man für den Vollzug ambulanter und stationärer Sanktionen auf die bedeutsame Rolle gemeinnütziger Institutionen als Träger von Einrichtungen verweisen. Aber auch sonst haben sich private Träger profiliert, namentlich wenn es sich um Modelleinrichtungen in speziellen Bereichen (z. B. Behandlung von Drogendelinquenten) handelt. Im ambulanten Bereich schließlich zählt der private Verein (z. B. Bewährungshilfevereine) zu den bewährten Sammelbecken kriminalpolitischen Engagements und zu den Katalysatoren der Rechtsfortentwicklung. Selbst gewinnorientierte Einsprengsel sind dem Vollzug der Freiheitsstrafe nicht völlig fremd (z. B. Arbeitsbetriebe, Kantine).

Nachdem der Sog jener neo-liberalen wirtschaftspolitischen Denkmodelle in den USA auch den Strafvollzug erfaßt hatte und dort die ersten, wenn auch nicht sehr zahlreichen Projekte und Institutionen auf kommerzieller Grundlage betrieben worden waren (MCCONVILLE 1987, 1990), begann man sich auch in Europa für derartige Formen der Privatisierung zu interessieren, durchweg freilich mit Zurückhaltung. Die Bereitschaft, sich hierauf einzulassen, scheint in Großbritannien noch am größten zu sein. Das Green Paper „Private Sector Involvement in the Remand System" (1988) bringt es auf die Formel: „But the potential benefits to both prisons and the whole criminal justice system are real enough to justify further serious study of the possibilities …". Während der Gedanke in Frankreich zunächst auf fruchtbaren Boden zu fallen schien, hat sich der Gesetzgeber dort schließlich weitgehend darauf beschränkt, die gesetzlichen Voraussetzungen für die Beteiligung privater Investoren bei der Errichtung von Strafanstalten zu verbessern. Die 18. kriminologische Forschungskonferenz des Europarates hat 1988 „Privatisation of Crime Control" thematisiert und damit den allgemeineren Zusammenhang hergestellt, der es erlaubt, so vergleichsweise heterogene Bereiche wie die Privatisierung der Sicherheitsdienste und Privatisierung ambulanter und stationärer Einrichtungen des Vollzugs von Sanktionen gleichermaßen einzubeziehen. Man mag dies aber auch als Bestätigung für die unterschiedlichen Erwartungen und Assoziationen werten, die sich mit dem Begriff der Privatisierung verbinden, was sich zwangsläufig bei der Sprachregelung, dem Problemverständnis und dem Ziel der Diskussion bemerkbar macht. In den abschließenden Empfehlungen der Konferenz überwiegen die skeptischen Töne, werden die rechtsstaatlichen Postulate an die Strafrechtspflege angemahnt, wird die Letztverantwortlichkeit des Staates für den Rechtsfrieden unterstrichen.

Der umfassende Transfer von öffentlichen zu privaten Formen strafrechtlicher Sozialkontrolle dürfte als kapitalistischer Rückfall in die Feudalherrschaft oder als illusionärer Wunschtraum von der Realisierbarkeit gleicher Ausgangsbedingungen denn auch weitgehend auf Ablehnung stoßen. In Kategorien des Marktmodells gedacht wird die Vorstellung, der Staat könne sein System der Strafrechtspflege einfach an Private verkaufen („selling off"), nicht ernsthaft vertreten. Allein einzelvertragliche Regelungen („contracting out") oder die Preisgabe einzelner Aufgabenfelder („abandoning tasks", „benevolent neglect") werden erwogen (ROSENTHAL-HOOGENBOOM 1990). Insofern beschränkt man sich auch in der anglo-amerikanischen Diskussion eher auf sektorale Ansätze, geht es darum, Nischen aufzuspüren, denkt man an Mischstrukturen öffentlicher und privater Elemente.

Im *polizeilichen Bereich* haben sich weithin akzeptierte Formen der Zusammenarbeit zwischen der Polizei und privaten Sicherheitsdiensten herausgebildet. Das starke Anwachsen des Privateigentums („mass private property") und die allgemeine Zugänglichkeit vieler Privatbereiche haben Zwischenzonen („espaces intermédiaires") entstehen lassen (OCQUETEAU 1990).

Die Zunahme privater Sicherheitsdienste wird auf eine Art autonomen Prozeß der Selbsthilfe zurückgeführt. Die Größenordnung des privaten Sicherheitsmarktes („Sicherheit als Dienstleistung") zwingt zur Überprüfung der theoretischen Prämissen. Danach erscheint jedenfalls die Vorstellung von den privaten Sicherheitskräften als bloßen „junior partner" der staatlichen Polizei und damit als untergeordnetes Teilstück im System der Verbrechenskontrolle überholt (ROSENTHAL-HOOGENBOOM 1990; OCQUETEAU 1990). Eher antizyklisch zu dem Stichwort „Privatisierung" hat diese Entwicklung deswegen Überlegungen in Richtung auf eine Verstärkung der öffentlichen Kontrolle („publicisation") vorhandener privater Strukturen ausgelöst (OCQUETEAU 1990).

Die vorbeugende Verbrechenskontrolle ist sicher auf die private Mitwirkung angewiesen. Die Palette reicht vom verantwortlichen Selbstschutz des einzelnen bis zum privaten Werkschutz. Insofern kann es dann auch nicht darum gehen, private Sicherheitsdienste zu negieren oder pauschal zu diskreditieren. Insgesamt besteht ein ausgesprochener Mangel an Transparenz, erscheinen Phänomene und Begriffe der „privaten Polizei" – für manche ohnehin eine semantische Heräsie (OCQUETEAU 1990) – noch zu wenig erforscht. Dies gilt auch für das komplexe Wechselspiel von „öffentlichen" und „privaten" Sicherheitskräften. Die Zusammenhänge mit der Verbrechensfurcht sowie mit tatsächlichen, vermeintlichen oder künstlich geschaffenen Sicherheitsbedürfnissen („Angstmarkt") sind allenfalls in Ansätzen deutlich. Die Gefahr, daß durch eine Aufspaltung der Polizei die Gesamtzahl der Polizeikräfte anwachsen und die Implementation einheitlicher Kontrollstrategien – auch gegenüber der Polizei selbst – erschwert wird, liegt auf der Hand (HOOGENBOOM-MORRE 1988). Die gewisse Konzentration privater Sicherheitskräfte auf den Eigentums- und Objektschutz sollte im übrigen nicht darüber hinwegtäuschen, daß ein „Sicherheitsgefälle" sich alsbald als sozialpsychologischer Störfaktor par excellence erweisen könnte (HOFFMANN-RIEM 1977).

Private wirken auch in den engeren Bereichen der *Strafjustiz* hinein. Allein schon die vielfältigen Wechselbeziehungen zwischen der informellen und der formellen Sozialkontrolle belegen dies in eindrucksvoller Weise. Namentlich im Bagatellbereich – z. B. bei Verstößen im Betrieb und Schwarzfahren – oder dort, wo allgemein die Schadenswiedergutmachung im Vordergrund steht, haben zivilrechtliche Erledigungsmuster an Bedeutung gewonnen. Darüber hinaus wird man mit vielfältigen Strömungen konfrontiert, die die Barriere zwischen den Rechtsanwendern und den Rechtsunterworfenen überwinden wollen (BANKOWSKI-MUNGHAM 1981). Hier geht es auch – aber nicht nur – um die Beteiligung von Laien an der Justiz.

Ungeachtet der ideologischen Divergenzen zwischen solchen Vorstellungen von Partizipation und marktorientierten Modellen verkörpert das Begriffspaar „privat-öffentlich" den gemeinsamen systematischen Rahmen, dessen Ordnungsfunktion aber längst nicht mehr eindeutig ist, signalisieren Begriffe wie „Gemeinwohl", „gemeinnützig" oder „intérêt collectif" die Existenz von Zwischenformen, deren Potential noch nicht ausgelotet erscheint (ROBERT 1989; OCQUETEAU 1990), bleibt als gemeinsame Meßlatte die Garantie individueller Rechte der Betroffenen (JUNG 1989). Insofern wird man auch der Gefahr entgegenwirken müssen, daß die Koexistenz von Modellen, die einander nie ganz ersetzen, sondern einander überlagern, zu einer Steigerung der Kontrollintensität führt (DELMAS-MARTY 1986).

Für dem Bereich der *Vollstreckung von Sanktionen* wird sicher zu Recht darauf verwiesen, daß speziell das Resozialisierungsgebot das Engagement Privater geradezu gebietet (FAVOREU 1987). Andererseits kommt es nicht von ungefähr, daß dieses private Engagement namentlich beim entscheidungsärmeren Vollzug ambulanter Sanktionsformen besonders ausgeprägt ist und eine Kommerzialisierung in den USA folgerichtig in erster Linie für den offenen Vollzug erwogen worden ist. Schon in diesem Bereich stellen sich Fragen der „accountability" und der Grenzen der Delegation von Entscheidungen (MCCONVILLE 1990; ROBBINS 1988; WEIGEND 1989). Insofern bleibt die Implementation adäquater Kontrollstrukturen gegen den Mißbrauch von Macht und für die Gewährleistung bestimmter kriminalpolitischer Standards die Feuerprobe für derartige Konzepte. Zu den Gesetzen des Marktes zählt schließlich der Expansionsdrang. Dieser erscheint aber im System der Strafrechtspflege kontraproduktiv. Die Vorstellung vom Aufkommen einer „pressure group", der aus finanziellen Gründen an einer Ausweitung des Netzes strafrechtlicher Kontrolle gelegen sein muß, gibt Anlaß zur Sorge. Gemeinnützige Einrichtungen zeichnen sich demgegenüber durch eine unterschiedliche Motivationslage aus, so daß es problematisch erscheint, deren Wirken als Argument für die Tragfähigkeit einer Kommerzialisierung heranzuziehen.

Hinter dem gemeinsamen Nenner von Privatisierung und Kommerzialisierung, der Frage der Vereinbarkeit privater Regelungsmodelle mit rechtsstaatlichen und sozialstaatlichen Grundanforderungen, namentlich der Gleichheit und den menschenrechtlichen Grundkategorien, leuchtet die staats- und gesellschaftspolitische Relevanz derartiger Überlegungen auf. In dem Augenblick, in dem das staatliche Gewaltmonopol zur Diskussion gestellt wird, steht die

Staatskonzeption selbst auf dem Prüfstand. Nichts belegt die staatstheoretischen Implikationen deutlicher als die Tatsache, daß man der Privatisierung der Gefängnisse in Frankreich die „tradition républicaine" entgegengehalten hat. Mit diesem Begriff werden wir zugleich daran erinnert, daß die enge gedankliche Nachbarschaft strafrechtlicher Grundpositionen mit staats- und gesellschaftlichen Vorstellungsbildern im Grunde in der Natur der Sache verankert ist. Es ist sicher kein Zufall, daß man in Großbritannien noch am ehesten dazu bereit zu sein scheint, einer Privatisierung im Bereich der strafrechtlichen Sozialkontrolle näherzutreten. Denn für den Begriff des Staates ist im dortigen Verfassungsverständnis kein rechter Platz (MACCORMICK 1984; DAMASKA 1986). Dementsprechend signalisiert der für die kontinental-europäische Tradition typische Verweis auf den Rechtsstaatsbegriff, daß sozio-kulturell unterschiedliche Vorstellungsbilder von der Relevanz der rechtlichen Rahmenbedingungen im Spiel sind. Insofern setzt man in der kontinental-europäischen Tradition stärker auf den Zusammenhang von öffentlicher Gewalt mit rechtlicher Bindung.

Abstrahiert von diesem staatstheoretischen Hintergrund erweist sich die Kontrolle von Macht als das Kernproblem, gleichgültig, von wem diese Macht ausgeübt wird. Die begriffliche Gegenüberstellung von „privat" und „öffentlich" ist hier nicht länger weiterführend (ROBERT 1989, JUNG 1990 b). Insofern werden wir auf das allgemeine Spannungsfeld „Individuum-Gesellschaft-Gemeinschaft" verwiesen. Die Frage, ob und wie die individuellen Rechte des einzelnen im Rahmen einer privatisierten strafrechtlichen Sozialkontrolle gewährleistet werden können, bleibt offen, unabhängig davon, ob hinter der Forderung nach einer Privatisierung kommerzielle oder partizipatorische Erwägungen stehen. Als entscheidender Test für die Sozialverträglichkeit von Lösungsmodellen dürfte sich dabei das Gleichheitsargument erweisen, mit dem sich z. B. die Vorstellung von Sicherheit als einer „frei auszuhandelnden Ware" schwerlich vertragen dürfte. Insofern birgt die Öffnung der Verbrechenskontrolle für den Markt die Gefahr normativer Desintegration. Andererseits ist die soziale Kontrolle von Straftaten seit jeher im Wechselspiel von „privat" und „öffentlich" erfolgt, wobei das Element des „Öffentlichen" besonders deutlich hervortritt, wenn es um die Anwendung von Zwang geht. Hier schimmert die auch entwicklungsgeschichtlich enge Verflechtung von Repression mit staatlicher Souveränität durch. Es wäre jedoch verfehlt, zur Grenzziehung allein das Element des Zwanges heranzuziehen. Aus dem Gedanken der Gleichheit erwächst vielmehr die Verpflichtung, die Strafrechtspflege von den unterschiedlichen individuellen Macht- und Besitzverhältnissen zu entkoppeln. Insoweit wird das Konzept der Privatisierung dort auf Grenzen stoßen, wo die kompensatorische Funktion des sozialen Rechtsstaates angesprochen ist (JUNG 1988).

Besonders aufschlußreich für das Grundverständnis der Problematik erscheint es, welche Schubkraft die Gesamtdiskussion in dem Augenblick erhielt, als eine zumindest teilweise Kommerzialisierung des Strafvollzugs zur Diskussion gestellt wurde. Dies hat wohl damit zu tun, daß dadurch die rechtliche Brisanz einer Privatisierung im Bereich der Strafrechtspflege besonders deutlich akzentuiert worden ist. Trotzdem muß man sich fragen, ob eine Zusammenfassung all dieser Phänomene unter *einen* Begriff der Privatisierung der Komplexität des Phänomens gerecht werden kann (OCQUETEAU 1990), mag auch als gemeinsame Grundmelodie das Gleichheitspostulat – oder umgekehrt gewendet – die Gefahr einer Re-Feudalisierung der Strafjustiz immer erkennbar bleiben.

Bankowski, Z., Mungham, G., Laypeople and Lawpeople and the Administration of the Lower Courts, in: International Journal of the Sociology of Law 1981, S. 85–100; *Carlen, P.*, On Rights and Powers: Some Notes on Penal Politics, in: Garland, D., Young, P. (Eds.), The Power to Punish, London 1983, S. 203–216; *Christie, N.*, Conflicts as Property, in: British Journal of Criminology 1977, S. 1–15; *ders.*, Überlegungen zum Konzept Verbrechen, in: Kriminologisches Journal 1988, S. 50–61; *Damaska, M.*, The Faces of Justice and State Authority, New Haven u. a. 1986; *Delmas-Marty, M.*, Le flou du droit, Paris 1986; *Favoreu, L.*, Approche constitutionelle du principe de la participation du secteur privé au fonctionnement du service public pénitentiaire, in: Boulan, F. (Hrsg.), Les prisons dites „privées", Aix-en-Provence/Paris 1987, S. 45–62; *Hoffmann-Riem, W.*, Übergang der Polizeigewalt auf Private?, ZRP 1977, S. 277–284; *ders.*, Konfliktmittler in Verwaltungsverhandlungen, Heidelberg 1989; Home Office, Private Sector Involvement in the Remand System, London 1988; *Hoogenboom-Morre, H.*, Honderden, Kleine Theaters von Bestraffing: de verspreiding van de politiefunctie, Delikt en Delinkwent 1988, S. 429–445; *Jung, H.*, Paradigmawechsel im Strafvollzug? Eine Problemskizze zur Privatisierung der Gefängnisse, in: Kaiser, G., Kury, H., Albrecht, H.-J. (Hrsg.), Kriminologische Forschung in den 80er Jahren. Projektberichte aus der Bundesrepublik Deutschland, Freiburg 1988, S. 377–388; *ders.*, Introductory Report, in: Council of Europe (Ed.), Privatisation of Crime Control, Straßburg 1990 a, S. 5–14; *ders.*, General Report, in: Council of Europe (Ed.), Privatisation of Crime Control, Straßburg 1990 b, 109–124; *ders.* (Hrsg.), Alternativen zur Strafjustiz und die Garantie individueller Rechte der Betroffenen – Participatory Models and Individual Rights, Bonn 1989; *McConville, S.*, Aid from Industry? Private Corrections and Prison Crowding, in: Gottfredson, S., McConville, S. (Eds.), America's Correctional Crisis: Prison Populations and Public Policy, New York 1987, S. 221–242; *ders.*, The Privatisation of Penal Services, in: Council of Europe (Ed.), Privatisation of Crime Control, Straßburg 1990, S. 77–108; *MacCormick, N.*, Der Rechtsstaat und die rule of law, Juristenzeitung 1984, S. 65–70; *Metzger-Pregizer, G.*, Betriebsjustiz, in: Kaiser, G., Kerner, H.J., Sack, F., Schellhoss, H., Kleines Kriminologisches Wörterbuch, 2. Aufl., Heidelberg 1985, S. 63–67; *Ocqueteau, F.*, How far can Crime Prevention and Detection Services be Privatised? What Specific Problems may this Pose for this Part of the Criminal Justice System?, in: Council of Europe (Ed.), Privatisation of Crime Control, Straßburg 1990, S. 45–76; *Pernthaler, P.* (Hrsg.), Dezentralisation und Selbstorganisation. Theoretische Probleme und praktische Erfahrungen, Wien 1982; *Prütting, H.*, Schlichten statt Richten?, Juristenzeitung 1985, 261–271; *Robbins, I.*, The Legal Dimensions of Private Incarceration, American Bar Association , Washington DC 1988; *Robert, P.*, The Privatisation of Social Control, in: Hood, R. (Ed.), Crime and Criminal Policy in Europe. Proceedings of a European Colloquium, Oxford 1989, S. 104–120; *Rosenthal, K., Hoogenboom, B.*, Some Fundamental Questions on Privatisation and Commercialisation of Crime Control, with Special Reference to Developments in the Netherlands, in: Council of Europe (Ed.), Privatisation of Crime Control, Straßburg 1990, S. 15–43; *Schüler-Springorum, H.*, Kriminalpolitik für Menschen, Frankfurt 1991; *Stangl, W.*, Wege in eine gefängnislose Gesellschaft, Wien 1988; *Weigend, Th.*, Privatgefängnisse, Hausarrest und andere Neuheiten, BewHi 1989, S. 239–301.

HEIKE JUNG

Privatjustiz → Private Verbrechenskontrolle

Prognose → Kriminalprognose

Prostitution → Abweichendes Verhalten

Psychiatrie → Forensische Psychiatrie

Psychologie → Forensische Psychologie, → Kriminalitätstheorien, psychologische

Psychopathologie → Forensische Psychiatrie, → Sexualkriminalität, → Täterpersönlichkeit

Psychotherapie → Behandlungsforschung

R

Randgruppe → Soziale Probleme und Sozialpathologie

Raub → Gewaltkriminalität

Rauschtat → Alkohol und Kriminalität, → Drogen und Kriminalität

Recht und soziale Kontrolle. Die beiden Begriffe sind aufeinander bezogen, obwohl sie historisch sehr unterschiedlichen Entstehungs- und Wirkungszusammenhängen angehören. Während das Recht als Begriff und Institution im Selbstverständis der Menschen und Gesellschaften auf eine lange Tradition zurückblicken kann, ist das Konzept der sozialen Kontrolle dem Denken der Neuzeit zugehörig und ein Produkt von Vorstellungen, die erst die moderne Wissenschaft bereitgestellt hat.

„Soziale Kontrolle" enthält zwei Aspekte, die im Begriff des Rechts nicht ohne weiteres mitgesetzt sind. Zum einen drückt das Konzept *den Vorgang des Einwirkens auf menschliches Verhalten von außen aus,* was nicht automatisch in „Recht" impliziert ist. Zum zweiten wird dieser Vorgang als ein Prozeß identifiziert, *der zwischen den Menschen selbst abläuft.* Gerade dieser Sachverhalt tritt im Begriff des Rechts insofern stärker in den Hintergrund, als die Wurzeln und Quellen des Rechts oft außerhalb der sozialen Beziehungen angesiedelt vorgestellt werden, was nicht ohne Folgen für die dem Recht zugeschriebenen Funktionen und für die vom Recht reklamierte Verbindlichkeit und Autorität bleibt.

Soziale Kontrolle ist deshalb ein Konzept, das die veränderte Auffassung und Funktion in bezug auf das Recht ausdrückt, die mit dem säkularen Wandlungsprinzip verknüpft sind, dem die europäischen Gesellschaften mit dem Heraufkommen der Industrialisierung und den sie begleitenden, teils sie bedingenden, teils aus ihr resultierenden, Entwicklungen auf den Gebieten der Religion, Philosophie, Wissenschaft und Politik seit den letzten 200–300 Jahren ausgesetzt sind. „Entzauberung der Welt" (M. WEBER) hat auch das Recht in seinen Sog gezogen und es für die Zwecke menschlicher und gesellschaftlicher Gestaltung mehr oder minder verfügbar gemacht (Positivierung des Rechts – LUHMANN 1972).

Mit der Auflösung traditioneller Ordnungen und Bindungen gehen zwei Entwicklungen einher. Zum einen war damit die „Entdeckung“ verbunden, daß der Mensch von Natur aus nicht auf eine bestimmte Lebensform festgelegt, sondern *in seinem Verhalten offen und plastisch* ist. Zum anderen: Da es weder denkmöglich noch empirisch anzutreffen ist, daß soziales Handeln ungeregelt und unkalkulierbar ist, ergibt sich daraus die Notwendigkeit der Standardisierung menschlichen Verhaltens bzw. die Frage nach den Mechanismen der Herstellung, Aufrechterhaltung und Garantie von derartigen über Zeit und Situation hinweg invarianten Verhaltensweisen *(Strukturen)*.

Die Lösung dieses Problems stand und steht im Zentrum eines Großteils soziologischer und politologischer Theoriebildung, sozialer und politischer Ideensysteme: Dabei lassen sich zwei prinzipielle Lösungsvorschläge unterscheiden: 1. Die Tradition, die mit HOBBES (1588–1679) verbunden ist und als das zentrale Medium gesellschaftlicher Ordnung den *Zwang und die Gewalt identifiziert*. 2. Die gegen HOBBES, u. a. von ROUSSEAU (1712–1778) und LOCKE (1632–1704) *vertretene Position des „Gesellschaftsvertrages“* geht davon aus, daß die Mitglieder einer Gesellschaft eine Vereinbarung über ihr Zusammenleben treffen, in der sie sich auf bestimmte Prinzipien, Werte, Ziele etc. einigen und sich ihnen verpflichten und unterwerfen. Beide Traditionen leben in der zeitgenössischen soziologischen und politologischen Theoriebildung als *Konflikttheorie* und als *Integrationstheorie* fort. Ihre soziologischen Klassiker sind MARX (1818–1883) einerseits und DURKHEIM (1858–1917) andererseits.

Die ersten Arbeiten aus der (amerikanischen) Soziologie, in denen das Konzept der sozialen Kontrolle um die Jahrhundertwende entwickelt wurde (ROSS, COOLEY), faßten den Begriff sehr weit, so daß er praktisch als Inbegriff sämtlicher sozialer Mechanismen und Erscheinungen verwendet wurde, die auf das Individuum zwecks seiner sozialen Aus-und Abrichtung einwirken. Einen ausgezeichneten Überblick hierzu gibt JANOWITZ (1973). Eine historisch-anthropologisch fundierte Systematik findet sich bei HESS (1983).

Erst mit der genaueren Differenzierung der „sozialen Tatsachen“ (DURKHEIM) und der überindividuellen „kulturellen Elemente“, durch die der Mensch als kompetentes Mitglied eines sozialen Gebildes konstituiert wird, erschließt sich die analytische Möglichkeit, bestimmte Erscheinungen auszugrenzen, die sich als Einrichtungen der sozialen Kontrolle begreifen lassen. Einschlägig für derartige begriffliche Klärungen sind einerseits die klassischen Arbeiten von TÖNNIES, WEBER, GEIGER, andererseits deren Rezeption und Weiterführung durch POPITZ (1980) und LUHMANN (1972).

Konzepte allgemeinster Art, mit denen die Soziologie die dem Individuum vorgelagerte Ebene „sui generis“ der Kultur bzw. des Sozialen zu erfassen sucht, sind Begriffe wie „Erwartung“, „Norm“ und „Regel“.

Unterhalb dieser allgemeinen Ebene von Erwartungen bzw. Normen sind indessen Differenzierungen erforderlich, die der Tatsache Rechnung tragen, daß der weitaus größte Teil menschlichen Verhaltens, obwohl kulturell und sozial determiniert und insoweit durchaus kulturspezifisch und gesellschaftsrelativ, aus *bloßen Verhaltensregelmäßigkeiten, kulturellen Selbstverständlichkeiten, eingelebten und eingeschliffenen Habitualisierungen und Gebarensmustern*

(GEIGER) besteht, die nicht aus sozialem Zwang und kultureller Dressur entstanden erfahren werden. Die Verschränkung der expliziten Ebene von Erwartungen mit den impliziten und „nicht gewußten" Erwartungen versucht BOURDIEU (1985) mit dem Konzept des „Habitus".

Die Soziologie kennt deshalb verschiedene Begriffe unterschiedlicher „normativer Systeme": Oberhalb der rein faktisch gegebenen Übung und beobachtbaren Verhaltensregelmäßigkeiten, die schlicht situations- und reizaktiv wiederholt werden und auf Dauer gestellt scheinen, erhebt sich ein vielschichtiges System von Regeln, Standards und sozialen Verbindlichkeiten, die als Gewohnheit, Brauch, („folkways"), Sitte, Konvention, Rechtsnorm etc. zunehmend eine Form der *Objektivation und Vergegenständlichung von sozialen Normen und Verbindlichkeiten* annehmen und in ihrer entwickeltesten Form zur Herausbildung autonomer Systeme der Ethik, der Sittlichkeit und des Rechts, die einen hohen Grad der Formalisierung, interner Konsistenz und der hierarchischen Gliederung aufweisen, führen.

Zur Präzisierung des Konzepts der sozialen Kontrolle ist weiter der Begriff der *sozialen Reaktion* einzuführen, der den Tatbestand bezeichnet, daß eine Gruppe oder Gesellschaft *abweichendes Verhalten* nicht folgenlos hinnimmt. Allerdings auch hier: Soziale Reaktionen variieren zwischen sehr subtilen Signalen der Mißbilligung bis zu sehr ausdrücklichen Formen des offenen und öffentlichen Tadels, von relativ informellen und willkürlichen Formen der Reaktion bis zu detailliert festgelegten und formalisierten negativen *Sanktionen*. Sie haben einen anderen Charakter bei der „Abweichung" von kulturellen Selbstverständlichkeiten, deren Verletzung oft nicht als vorwerfbares Handeln, sondern als durch das Individuum nicht kontrollierbare Verhaltensweise (z. B. als Krankheit) konzipiert wird, als bei der Nichteinhaltung von expliziten und institutionalisierten Normen wie denen des Rechts.

Zwar hat die Soziologie kaum analoge Reaktionskonzepte zu den unterschiedlichen Begriffen normativer Systeme entwickelt, aber inhaltlich spielt die *Absicherung von sozialen Verbindlichkeiten über die Form der Reaktion eine theoretisch zentrale Rolle*: So bei WEBER, der eine analytische Zäsur zwischen „äußerlich garantierten" und nicht derart abgesicherten Normen legt; so bei POPITZ (1980), der den Begriff der Norm überhaupt für solche Systeme sozialer Verbindlichkeiten reservieren will, bei denen im Fall der Verletzung mit negativen Sanktionen in einem sehr direkten und präzisen Sinn zu rechnen ist; und so schließlich bei LUHMANN (1972), der *normative* von *kognitiven* Erwartungen danach unterscheidet, wie die „Enttäuschungsabwicklung" (d. h. die Reaktion auf Erwartungsverletzung) organisiert ist.

Zusammenfassend läßt sich deshalb sagen, daß gegenüber einem *weiten Begriff der sozialen Kontrolle*, der an Normen, Erwartungen etc. anknüpft, ein *enger Begriff* vorzuziehen ist, der von der Reaktion auf abweichendes Verhalten ausgeht und dabei nur solche Reaktionen einschließt, die der Form nach als *negative Sanktionen* erscheinen und behandelt werden. Die begriffskonstitutive Bedeutung der sozialen Reaktion für die soziale Kontrolle bietet zudem den Vorteil, an dem Prozeß der Durchsetzung von Normen deren Geltungs- und Verbindlichkeitsgrad zu messen:

Normen, die nur noch halbherzig, symbolisch oder gar nicht mehr durchgesetzt werden, büßen ihre verhaltenssteuernde Wirkung ein, werden als Normen und Erwartungen nicht mehr wahrgenommen. Das Anknüpfen an die soziale Reaktion hat schließlich auch den methodisch-empirischen Vorteil, die Operationalisierung von Verhaltenserwartungen und Normen zu erleichtern.

Aus dem Vorstehenden wird schon deutlich, daß das Recht insofern als *Paradigma einer Institution sozialer Kontrolle* zu gelten hat, als die Rechtsnorm am ausgeprägtesten die Merkmale aufweist, die es ermöglichen, die Norm dem Verhalten zu konfrontieren. Dies läßt sich an vielen Aspekten des Rechts demonstrieren: Geschriebenheit, Präzision, Existenz von Sanktionsnormen, Erzwingungsstab, Kompetenzregeln, Verfahrensbestimmungen etc. M. WEBER und (ihm folgend) POPITZ machen das Vorhandensein eines eigenen Erzwingungsstabes geradezu zum Kriterium der Unterscheidung von Rechts- und anderen Normen. LUHMANN sieht in Rechtsnormen einen Spezialtypus von *normativen* – i. Ggs. zu *kognitiven* – *Erwartungen*, die lernresistent bzw. -immun sind und deren Enttäuschungsabwicklung in einer Weise geschieht, daß daraus eine *kontrafaktische Stabilisierung* von Normen resultiert, d. h. die Reaktion auf eine Verletzung von Rechtsnormen ist von einer Art, die die Rechtsnorm in ihrer Existenz und Verbindlichkeit nicht tangiert und das sie enttäuschende Ereignis und dessen Träger isoliert.

Für die Kriminologie sind neben den allgemeinen Erörterungen zur sozialen Kontrolle insbesondere solche Fragen relevant, die sich auf *strafrechtliche Sozialkontrolle* beziehen. Dabei stehen Fragen im Vordergrund, die sich auf die *Funktionen strafrechtlicher Sozialkontrolle*, auf ihre *Effizienz, Struktur, Arbeitsweise* und neuerdings auf Fragen *funktionaler Alternativen* strafrechtlicher Sozialkontrolle beziehen.

Eine Analyse der Ziele strafrechtlicher Sozialkontrolle hat einerseits an die rechtlichen Vorgaben, Rechtfertigungen und Strafzwecke anzuknüpfen, andererseits in eine *soziologische Funktionsanalyse* einzumünden, die sich nicht nur an den expliziten und beabsichtigten Folgen orientiert, sondern auch und besonders die *latenten unbeabsichtigten Konsequenzen* analysiert. Hinsichtlich der sog. offiziellen Strafzwecke, die mit den Begriffen der *Vergeltung, General- und Spezialprävention* umschrieben sind, ist zunächst anzumerken, daß in dem Maße, wie das Recht als ein Instrument der sozialen Kontrolle in dem hier entwickelten Sinne konzipiert worden ist, der (absolute) Strafzweck der Vergeltung und Sühne zugunsten der (relativen) Strafzwecke der General- und Spezialprävention entlegitimiert worden ist. Das aber bedeutet, daß Strafe nur über spezifische und ausweisbare Zwecke zu rechtfertigen ist: Im Falle der Generalprävention über die von der Strafe erhoffte abschreckende *(negative Generalprävention)* oder „sittenbildende" *(positive Generalprävention)* Wirkung auf die Allgemeinheit, im Falle der Spezialprävention über die von der Strafe bzw. Rechtsfolge erwartete Wirkung auf den Täter, die in seiner *Resozialisierung*, *Abschreckung* oder seiner *Neutralisierung* (incapacitation) zum Zwecke des „Gesellschaftsschutzes" bestehen kann.

Die Kriminologie überprüft als empirische Wissenschaft zum einen die Realisierung dieser Strafzwecke. Sie hat dies in den letzten Jahren im Zusammenhang mit dem Ausbau des Systems von *Maßregeln der Besserung und Sicherung* – die sog. *zweite Spur* des strafrechtlichen Rechtsfolgesystems –, und dem *Strukturwandel im System der Strafen (Zurückdrängung stationärer zugunsten ambulanter Strafen* sowie im *Strafvollzug Einführung von offenen Formen des Strafvollzugs)* in zunehmendem Maße getan, wie sie auch die Tradition der Abschreckungsforschung im Sinne der generalpräventiven Wirkungsmaßnahmen wiederbelebt hat (→ Generalprävention). Zum anderen, und das zum Teil als Resultante und Verarbeitung der vorgenannten Effizienzforschung, sensibilisiert die kriminologische Forschung, insbesondere ihre soziologische Variante, für Effekte strafrechtlicher Sozialkontrolle, die man als deren „verborgenes Curriculum" bezeichnen könnte, indem sie auf die *„Normalität" und „Funktionalität"* des Verbrechens aufmerksam macht, die *kontraproduktiven Folgen* z. B. des traditionellen Freiheitsentzuges herausstellt (→ Prisonisierung), Illusionen in bezug auf das sog. Behandlungsstrafrecht zerstört und insgesamt Zweifel an dem überkommenen Selbstverständnis der strafrechtlichen Sozialkontrolle nährt (SCHUMANN u. a. 1987).

Nicht nur Effizienz und Funktionsanalyse der strafrechtlichen Sozialkontrolle, sondern auch die Analyse der Struktur und Arbeitsweise der Instanzen sozialer Kontrolle tangieren das traditionelle Selbstverständnis des Strafrechts.

Die Struktur strafrechtlicher Sozialkontrolle ist in einer Weise durchlässig und reagibel für die Sozialstruktur der Gesellschaft, die das Gleichheitsprinzip des Rechts nachhaltig herausfordert. Diese u. a. als *Selektivität strafrechtlicher Sozialkontrolle* thematisierten Aspekte der Strafverfolgung beziehen sich auf die Sichtbarkeitsschranken von Straftaten, auf polizeiliche Verfolgungsstrategien und die Allokationsstrukturen der Verfolgungsressourcen, auf die Strukturen des Strafverfahrens in seinen aufeinanderfolgenden Phasen, die sozialstrukturell determinierte Verfügbarkeit von Beschwerde- und Gegendefinitionsmacht von Verdächtigen, Beschuldigten und Angeklagten, schließlich auf die *Neutralisierung des sozial*-ethischen Tadels und der *moralischen Degradation* des Strafrechts durch strukturell abgestützte Systeme von Gegennormen herrschaftsnaher und über ökonomische, politische und soziale Macht verfügender Gruppen der Gesellschaft (→ Selektion und Selektionsmechanismen).

Ein weiterer Befund der Strukturanalyse strafrechtlicher Sozialkontrolle, der in den letzten Jahren in verschiedenen westlichen Ländern nahezu gleichlautend festgestellt worden ist, bezieht sich auf die *präventiv-proaktive Tendenz der Entwicklung der strafrechtlichen Sozialkontrolle*. Insbesondere aufgrund der modernen Informationsübertragung und -speichertechnologie, deren sich die strafrechtliche Sozialkontrolle virtuos bedient, erscheint „Der Weg in den Überwachungsstaat" (BÖLSCHE 1979) nicht als eine hysterische Überzeichnung von Kontrollpotentialen, sondern als eine logische Verlängerung und „in der Natur der Sache liegende" Extrapolation von Strukturen, die in der Alltagswirklichkeit der Instanzen strafrechtlicher Sozialkontrolle längst präsent sind.

Fehlende Effizienz strafrechtlicher Sozialkontrolle im Sinne der Reduzierung von Kriminalität, ihre teilweise Kontraproduktivität, ihre uneingestandenen Funktionen der Ausgliederung und der Transformation politischer und sozialer in scheinbar unpolitisch-rechtliche Konflikte haben das Strafrecht und seine

Institutionen zunehmend unter Legitimationsdruck gebracht und die Suche nach Alternativen beflügelt, die mit Stichworten wie „Diversion" und „Abolitionismus" bereits Eingang in die kriminologische Diskussion gefunden haben (→ Alternativen zum Strafrecht, Diversion, private Verbrechenskontrolle).

Vor dem Hintergrund eines brüchig gewordenen Strafrechts hat sich in den achtziger Jahren jenseits der Suche nach Alternativen zum Strafrecht ein „Diskurs" in verschiedenen sozialwissenschaftlichen Disziplinen etabliert, der entscheidend andere Akzente trägt als die vorstehend skizzierten. Dieser bezieht sich ganz allgemein auf eine „Dezentrierung" des Strafrechts als Instrument sozialer Kontrolle und hat seine wohl inspirierendste Quelle in den Arbeiten des verstorbenen französischen „Querdenkers" FOUCAULT (1977).

FOUCAULT, dessen Gedanken und Analysen am nachhaltigsten von einem der bedeutendsten zeitgenössischen Kriminologen, dem Israeli St. COHEN (1985), für die Krimminologie rezipiert worden sind, hat nicht nur in institutioneller Hinsicht die Bedeutung der (wissenschaftlichen) „Disziplinen" (so auch der Kriminologie) für den Prozeß der sozialen Kontrolle belegt, sondern auch den Inhalt dieses Prozesses selbst neu bestimmt und gesellschaftstheoretisch verallgemeinert.

Parallel dazu hat aus der Geschichtswissenschaft das Konzept der „Sozialdisziplinierung" Eingang in die Diskussion gefunden (vgl. BREUER 1986), das intendiert und erlaubt, „soziale Kontrolle" und „Strafrecht" mit historischen Entwicklungen und gesellschaftlichen Prozessen allgemeiner Art zu verknüpfen. Dies und die „Dezentrierung" des Strafrechts meint auch und vor allem empirische Analyse und theoretische Neubestimmung der Rolle des Staates für den Prozeß der sozialen Kontrolle (dazu vorzüglich COHEN u. SCULL 1983 u. MELOSSI 1990).

Bölsche, J., Der Weg in den Überwachungsstaat, Reinbek b. Hamburg 1979; *Bourdieu, P.*, The Genesis of the Concepts of *Habitus* and of *Field*, in: sociocriticism 2 (1985), S. 11-24; *Breuer, St.*, Sozialdisziplinierung. Probleme und Problemverlagerungen eines Konzeptes bei Max Weber, Gerhard Oestreich und Michel Foucault, in: Soziale Sicherheit und soziale Disziplinierung, hrsg. v. Ch. Sachße u. F. Tennstedt, Frankfurt 1986, S. 45-69; *Cohen, St.*, Visions of Social Control, Cambridge 1985; *Cohen, St., Scull, A.* (Hrsg.), Social Control and the State, Oxford 1983; *Foucault, M.*, Überwachen und Strafen, Frankfurt 1977; *Hess, H.*, Probleme der sozialen Kontrolle, in: Kriminologie – Psychiatrie – Strafrecht, Festschrift f. H. Leferenz, Heidelberg 1983, S. 3-24; *Janowitz, M.*, Wissenschaftshistorischer Überblick zur Entwicklung des Grundbegriffs „Soziale Kontrolle", in: KZfSS 25 (1973), S. 499-514; *König, R.*, Das Recht im Zusammenhang der sozialen Normensysteme, in: Seminar: Abweichendes Verhalten I, hrsg. v. Lüderssen, K., Sack, F., Frankfurt/M. 1975, S. 186-207; *Luhmann, N.*, Rechtssoziologie, 2 Bde., Reinbek b. Hamburg 1972; *Melossi, D.*, The State of Social Control, Cambridge and Oxford 1990; *Popitz, H.*, Die normative Konstruktion von Gesellschaft, Tübingen 1980; *Schumann, K.F., Berlitz, C., Guth, H.-W., Kaulitzki, R.*, Jugendkriminalität und die Grenzen der Generalprävention, Neuwied/Darmstadt 1987; *Schumann, K.F.*, Positive Generalprävention, Heidelberg 1989.

FRITZ SACK

Rechtspflegestatistik → Kriminalpolitik, → Kriminalstatistik

Rechtspsychologie. Begriff und inhaltliche Ausfüllung der Rechtspsychologie (legal psychology) (SALES, 1977; SAKS/HASTIE 1978; TAPP 1980; vgl. LÖSEL 1983, 9) sind deutlich weiter gefaßt als bei Forensischer Psychologie und Kriminalpsychologie.

Während die → Forensische Psychologie als „Hilfswissenschaft" in der Rechtspflege nur ein – allerdings sehr bedeutendes – Teilgebiet der Rechtspsychologie darstellt, befaßt sich die Kriminalpsychologie, „in enger Nachbarschaft zur Kriminologie stehend, mit der Entstehung, Ausführungsform, Aufdeckung, Vorbeugung und Bestrafung von Verbrechen. Dazu gehören auch die psychologischen Probleme des Strafvollzugs." (WEGENER/LÖSEL/HAISCH 1989).

Nach KAISER (1979, 20 ff.) kann von einer Kriminalpsychologie im eigentlichen Sinne allerdings noch nicht gesprochen werden, da diese innerhalb der Kriminologie bisher zu wenig Eigenständigkeit gewonnen habe. In der neueren Entwicklung scheint sich hier jedoch eine Änderung zu ergeben (vgl. LÖSEL 1983; SEITZ 1983).

Sowohl Forensische Psychologie als auch Kriminalpsychologie sind also als eigenständige Teilgebiete der Rechtspsychologie zu verstehen. Eine gegenseitige Unter- bzw. Überordnung von Forensischer Psychologie und Kriminalpsychologie ist nicht möglich, da diese beiden Teildisziplinen keinen gemeinsamen Bezugspunkt haben, sondern ihre Identität aus ganz unterschiedlichen Zielsetzungen gewinnen.

Beschreibt man die allgemeine Aufgabenstellung der Rechtspsychologie, so erscheint es sinnvoll, zunächst generell auf die Aufgaben wissenschaftlicher Psychologie einzugehen.

Zu nennen sind hier vier zentrale Bereiche:

Beschreiben, Erklären, Vorhersagen und *Verändern* (vgl. SCHNEEWIND 1977, 16 ff.) menschlichen Erlebens und Verhaltens (→ Theorie und Erklärung).

Beim *Beschreiben* stellt sich als Aufgabe – ausgehend von Normvorstellungen im statistischen Sinn – menschliches Erleben und Verhalten möglichst umfassend und objektiv zu beschreiben und klassifikatorisch einzuordnen. Unterscheiden lassen sich hierbei Zustands- und Zielbeschreibung (Ist- und Soll-Zustand).

Beim *Erklären* ist das Ziel, Bedingungen und Ereignisse in „gesetzmäßige" Zusammenhänge zu bringen. Z. B.: Wenn die Bedingungskonstellation a, b, und c gegeben ist, folgt hieraus zwingend die Konsequenz d. Grundsätzlich gilt es also, ein konkretes Ereignis unter ein bestimmtes empirisch abgeleitetes Gesetz zu subsumieren.

Beim *Vorhersagen* wird, ausgehend von Beschreiben und Erklären (bzw. den beim letzteren formulierten Gesetzmäßigkeiten) versucht, zukünftiges Verhalten und Erleben vorherzusagen (→ Kriminalprognose).

Verändern wird z. B. durch psychologische Intervention erreicht. Psychologische Intervention umfaßt sowohl den Versuch, das Erleben (Bewerten) wie auch den, das Verhalten von Individuen zu verändern. Es stellen sich dabei praktische Probleme der „Festsetzung von Verhaltenszielen" wie auch technologische Probleme der „Erreichung von Verhaltenszielen" durch den „Einsatz geeigneter Mittel" (SCHNEEWIND 1977, 17 f.). Dabei umfaßt der weite Begriff der psychologischen Intervention sowohl psychotherapeutische Bemühungen (vgl. Sozialtherapie) wie auch eher als pädagogische Maßnahmen zu bewertende Interventionen (vgl. die sogenannte Nachschulung von Verkehrsdelinquenten; STEPHAN 1986).

Als Methoden der Rechtspsychologie lassen sich nennen: Quer- und Längsschnittuntersuchungen, Korrelationsstudien, Experimente und Quasiexperimente sowie Labor-, Feld-, Simulations- und Evaluationsstudien. Dabei können selbstverständlich in vielfältiger Weise psychodiagnostische Verfahren, insbesondere psychologische Tests, Anwendung finden (vgl. hierzu u. a. SPORER 1983, 62–67).

Die Rechtspsychologie macht das Recht selbst und die Rechtspflege, ebenso wie deren gesellschaftliche Verankerung, zum Gegenstand des wissenschaftlichen Interesses.

Sie umfaßt eine psychologisch orientierte Rechtstatsachenforschung im weitesten Sinne sowie die Anwendung psychologischen Fachwissens in konkreten Einzelfragen der Rechtspflege.

Grundsätzlich läßt sich das Recht als ein soziales System betrachten, wobei sowohl dessen Entstehung als auch psychologische Annahmen und Erkenntnisse über die Zusammenhänge zwischen Recht und Verhalten Gegenstand dieser wissenschaftlichen Teildisziplin werden können. SPORER (1985) führt hierzu aus, daß Gegenstand der Rechtspsychologie „die Erarbeitung allgemeiner Gesetzmäßigkeiten durch sozial-, kognitiv- und entwicklungspsychologische Ansätze" sei. Dabei spannt sich das Interesse der Rechtspsychologie – wie bereits erwähnt – von sehr konkreten Fragen in strafrechtlichen Verfahren (z. B. Schuldfähigkeit) bis hin zu den Rahmenbedingungen der Genese kodifizierter Normen, die sich z. B. aus den Zusammenhängen zwischen der Darstellung von Kriminalität in Massenmedien, der subjektiven Kriminalitätsfurcht und der objektiven Krimialitätsentwicklung ergeben. So konnte in der „Stuttgarter Opferbefragung" (STEPHAN 1976) gezeigt werden, daß die Kriminalitätsentwicklung und -bedrohung um so negativer beurteilt wurde, je mehr es um die Beurteilung von Sachverhalten außerhalb des eigenen Beobachtungsraums ging (vgl. STEPHAN 1976, 74 ff.).

Die Rechtspsychologie umfaßt also sehr unterschiedliche und weit gestreute inhaltliche Bereiche sowohl in Grundlagenforschung wie Anwendung. Beispielhaft seien über das bereits Gesagte hinaus noch einige Einzelfragestellungen genannt:

Genese formeller und informeller Normen; ihre Beeinflussung durch wissenschaftliche Erkenntnisse der Psychologie (z. B. durch Beratung des Gesetzgebers); rechtliche Sozialisation; Bedingungen und Ursachen von Rechtstreue und Normbrüchen aus sozialpsychologischer, entwicklungspsychologischer und differentialpsychologischer Sicht; Strafverfahren und ihre empirische Prüfung; Analyse struktureller Schwächen in der Gestaltung der Rechtsprechung und Vorschläge für eine Optimierung gerichtlicher Verfahren (vgl. u. a. HAISCH 1985); handlungsleitende Einstellungen bei den Agenten sozialer Kontrolle (Jugendamt, Polizei, Gerichte) und psychologische Analyse der Interaktion zwischen Vertretern unterschiedlicher Kontrollinstanzen; Analyse formeller und informeller sozialer Kontrolle unter Berücksichtigung persönlichkeitsrelevanter Aspekte; psychologisch sinnvolle bzw. fundierte Alternativen zur justizförmigen sozialen Kontrolle; die wechselseitige Beeinflussung von Recht und Psychologie (HOMMERS 1984; DONOVAN 1981; TAPP 1981). Einschlägige Themenbereiche lassen sich an Begriffen wie „Sorgfaltspflicht“, „Vergeltungspflicht“ oder auch an Fragen der Schadenswiedergutmachung (HOMMERS 1985) verdeutlichen.

Wie unter anderem am Beispiel des Schuldbegriffs aufgezeigt werden kann, lassen sich auch psychologische Gesetzmäßigkeiten in der Entwicklung des Rechtsdenkens analysieren und interpretieren. Hierbei zeigt sich auch die Abhängigkeit der Entwicklung von Rechtsvorstellungen von der allgemeinen Entwicklung von Denkstrukturen (vgl. NASS 1985).

Darüber hinaus wird inzwischen auch gefordert, die soziale Konstruktion (straf-) rechtlicher Prozesse und Entscheidungen zum Gegenstand rechtspsychologischer Analysen zu machen (vgl. u. a. LÖSCHER 1986).

Schließlich wird im Rahmen rechtspsychologischer Forschung auch die Funktion der Psychologie als Dienstleistungsberuf in ihren Beiträgen zur sozialen Kontrolle in der bürgerlichen Gesellschaft zum Gegenstand der Forschung gemacht.

Eine zunehmende Bedeutung psychologischer Einstellungsforschung ergibt sich aus dem in den letzten Jahren übermächtig gewordenen Gewicht, das Meinungsumfragen für politische Entscheidungen – insbesondere auch für den Gesetzgeber – gewonnen haben. So kann tendenziöse Berichterstattung (vgl. STEPHAN 1976, 74 ff.) die Entwicklung kodifizierter Normen stärker beeinflussen. Die Untersuchung solcher Zusammenhänge steht erst am Anfang. Dasselbe gilt für die Beratung des Gesetzgebers auf der Basis rechtspsychologischer Erkenntnisse. Auch dort, wo diese Erkenntnisse bereits zur Verfügung stehen (vgl. z. B. bei dem Delikt Trunkenheit am Steuer, STEPHAN 1988; 1989 a; 1989 b), wird auf rechtspsychologische und rechtsmedizinische (vgl. u. a. WAGNER 1975, GERCHOW 1980) Untersuchungen und Erkenntnisse vom Gesetzgeber in der Regel dann nicht zurückgegriffen, wenn hierdurch „unpopuläre“ Konsequenzen, d. h. der Verlust von Wählerstimmmen absehbar sind bzw. auch nur befürchtet werden.

Angesichts der inzwischen gegebenen Auswirkungen auch geringer Umschichtungen innerhalb der Wähleranteile der Parteien für die Regierungsbildung ergeben sich für die Gesetzgebungsprozesse in der Zukunft wohl eher noch ungünstigere Perspektiven. Für rechtspsychologische Erkenntnisse besteht hier deshalb – ebenso wie für die Erkenntnisse anderer Disziplinen – die Gefahr, daß sie nur dann Berücksichtigung finden, wenn sie eine Funktion als Lieferant von Alibiargumenten für ohnehin „populäre“ Entscheidungen gewinnen können, und insoweit instrumentalisierbar sind. Hieraus ergibt sich die Frage nach der gesellschaftlichen Verantwortung des Wissenschaftlers und die zunehmend an Bedeutung gewinnende Forderung, daß wissenschaftliche Erkenntnisse auch seitens der Wissenschaft aktiv in die öffentliche und die politische Diskussion einzubringen sind, da nur so eine gewisse Emanzipation von den jeweils aktuellen politischen Verwertungsinteressen erreichbar ist.

Beispielhaft soll dies am Deliktbereich „Trunkenheit im Verkehr“ aufgezeigt werden:

Aufgrund rechtspsychologischer und rechtssoziologischer Erkenntnis ergibt sich, daß hier alle Bedingungen für eine erfolgreiche Durchsetzung der formellen Norm fehlen (vgl. hierzu OPP 1975):

Die Verletzung der betreffenden gesetzlichen Norm ist wesentlich an ein objektives Kriterium (die Höhe der Blutalkoholkonzentration) gebunden. Ob diese objektiv definierte Grenze überschritten ist, kann das Individuum nicht zuverlässig erkennen, da nicht bekannt ist – hierfür wäre ein entsprechendes Training unter Laborbedingungen erforderlich – welcher subjektiven Befindlichkeit welche objektive Blutalkoholkonzentration entspricht. Erschwerend kommt hinzu, daß in der offiziellen und offiziösen Verkehrssicherheitswerbung systematisch fehlinformiert wird, d. h. es werden unzutreffend geringe Alkoholmengen als hinreichend für das Erreichen bzw. Überschreiten der durch Gesetz- und Rechtsprechung vorgegebenen Grenzwerte (0,3 Promille, 0,8 Promille, 1,1 Promille) vorgegeben.

Daher schätzen 97% der Kraftfahrer die Alkoholmenge, die noch nicht zum Überschreiten der 0,8-Promille-Grenze führt, unrealistisch niedrig ein (vgl. KRETSCHMER-BÄUMEL/KARSTEDT-HENKEL 1986, Tab. 27, S. 148; STEPHAN 1988). Auf diesem Hintergrund gehen zugleich knapp 40% der Kfz-Fahrer – objektiv zu Unrecht – davon aus, daß sie die 0,8-Promille-Grenze schon verletzt haben (KRETSCHMER-BÄUMEL/KARSTEDT-HENKE 1986, Tab. 23, S. 136). D. h. gemessen an der rechtlich geltenden objektiven BAK-Grenze ist die Masse der Verkehrsteilnehmer im Verhalten weit rechtstreuer als sie es selbst weiß, während die im Straßenverkehr registrierten und schließlich verurteilten Trunkenheitstäter sozial weit abweichender (hinsichtlich ihres Trinkverhaltens sowie hinsichtlich ihrer Normverstöße) sind, als ihnen selbst und der Allgemeinheit, nicht zuletzt auch den Richtern, bewußt ist.

Während also im allgemeinen die strafrechtlichen Normen hinsichtlich ihrer Geltung vom Ausmaß des Nichtwissens (über die Regelmäßigkeit der Normverstöße) profitiert (Präventivwirkung des Nichtwissens, vgl. POPITZ 1968), scheitert die Durchsetzung der gesetzlichen Normen – bei dem harten Kern der Trunkenheitstäter – am Nichtwissen über die tatsächlich – allerdings nur auf der objektiven Ebene gegebenen – hohe Rechtstreue der Mehrheit der Normadressaten. KERNER (1985) kommt auf dem Hintergrund umfangreicher empirischer Daten zum Ergebnis, daß nur von 1% bis zu 1,5% erheblich durch Alkohol beeinflußter Kraftfahrer zu einem jeweiligen Kontrollzeitpunkt auszugehen ist (KERNER, a. a. O., 224). Die „Verhaltensgeltung" dieser Norm (vgl. POPITZ 1968) ist also weit höher als allgemein vermutet. Doch durch die vermeintliche Häufigkeit der Normbrüche kommt es bei der Mehrheit der Normadressaten zu einer Solidarisierung zwischen den offiziell registrierten Trunkenheitstätern und den angeblichen „Glückspilzen", die nicht registriert wurden. So ergibt sich eine Diskrepanz von informeller und formeller Norm. Auf dem Hintergrund dieser ungünstigen Bedingungen zur Normdurchsetzung kommt es trotz der Bindung sehr großer gesellschaftlicher Ressourcen zur Kontrolle dieses Delikts zu einem fast völligen Scheitern der Spezialprävention (vgl. STEPHAN 1988) und zu zweifelhaften Erfolgen hinsichtlich der Generalprävention. Aus psychologischer Sicht liegt die Ursache dieses Scheiterns erkennbar in der Fehlinformation der Allgemeinheit, der Normadressaten und nicht zuletzt der hartnäckigen Normbrecher hinsichtlich der tatsächlich notwendigen Alkoholmengen zum Erreichen bestimmter Blutalkoholkonzentrationen.

Es läßt sich in diesem Deliktbereich also von einer „Kontra-Präventivwirkung" des Nichtwissens sprechen.

Aufgabe der Rechtspsychologie kann und sollte es hier sein, nicht nur diese Zusammenhänge auf der individuellen Einstellungsebene, sondern auch im Hinblick auf die sozialpsychologischen, gesellschaftlichen Konsequenzen, d. h. hinsichtlich der Folgen der Solidarisierung zwischen „echten" (objektiven) und vermeintlichen (subjektiven) Normbrechern aufzuzeigen. Es liegt auf der Hand, daß nur dann, wenn es gelingt, diese Zusammenhänge in der Öffentlichkeit zu verdeutlichen, die soziale Akzeptanz für die von Verkehrspsychologie und Verkehrsmedizin im Interesse der Verkehrssicherheit längst geforderte Absenkung der Promillegrenze von 0,8 auf 0,5 Promille erreicht werden kann. Angesichts des oben angesprochenen „Schielens" des Gesetzgebers auf die öffentliche Meinungsbildung kann nur dann, wenn in der Allgemeinheit bekannt ist, wie „erschreckend viel" Alkohol ein Verkehrsteilnehmer trinken kann, ohne die 0,8-Promille-Grenze zu überschreiten, erwartet werden, daß die überwältigende Mehrheit der Wähler eine Absenkung der Promillegrenze akzeptiert und fordert. Und erst wenn dies eingetreten ist, kann gehofft werden, daß der Gesetzgeber seine Furcht vor dem Verlust von Wählerstimmen hinreichend verliert, um eine im Interesse der Verkehrssicherheit zwingend notwendige Gesetzesänderung zu „wagen".

Abgesehen von solchen Fragen können aber rechtspsychologische Beiträge auch zu einer notwendigen Sensibilisierung der Allgemeinheit für weitreichende gesellschaftliche Veränderungen beitragen. Dies gilt u. a. für die gesellschaftlichen Veränderungen, die sich aus der wachsenden Quote alter Menschen in der Bevölkerung und der daraus resultierenden Notwendigkeit, entwicklungs- und alterspsychologischer Erkenntnisse in der Rechtspflege verstärkt zu berücksichtigen, (vgl. LEHR 1987) ergibt.

Hinsichtlich der traditionell-klassischen Frage der Kriminologie nach den Ursachen abweichend-kriminellen Verhaltens sind sowohl die Rechtspsychologische Forschung im vorgenannten weiten Verständnis wie Kriminalpsychologie und Forensische Psychologie im engeren Sinne gefordert. So sollte die Feststellung der multifaktoriellen Genese abweichenden Verhaltens, soweit sie als bloße Addition und/oder Kombination von Variablen aus den Gegenstandsbereichen verschiedener Disziplinen, z. B. Schichtzugehörigkeit (Soziologie) und Neurotizismusforschung (Psychologie), verstanden wurde, eine neue Akzentuierung erfahren. Erforderlich ist eine strukturierte Betrachtung, die das Individuum in den Mittelpunkt stellt. Hierbei ist zu berücksichtigen, daß objektive gesellschaftliche und ökonomische Rahmenbedingungen ihre Bedeutung für Lerndispositionen und Lernergebnisse des sozialen Lernens (Sozialisation) eben erst über ihre jeweilige subjektive Repräsentanz gewinnen. D. h. die individuelle Bedeutung, die gleiche objektive Gegebenheiten für das subjektive Verhalten und Erleben des einzelnen haben, kann sehr unterschiedlich sein. Davon bleibt unbenommen, daß zwischen objektiven Bedingungen und ihrer subjektiven Repräsentanz eine in der Regel sehr effektive Interaktion gegeben ist, die einem starken Auseinanderdriften entgegenwirkt. Es bleiben aber doch erhebliche Diskrepanzen zwischen objektiven Bedingungen und individueller psychischer Repräsentanz (bzw. zwischen individuellem Selbstwertgefühl und Einkommen) möglich.

Insoweit ist die Bezugnahme auf das Verhalten und Erleben des Individuums als Ausgangspunkt kriminologischer Analysen (vgl. u. a. AKERS 1977, 64) weder als „anti-soziologisch" noch als „reduktionistisch" (SACK 1985, 242) zu sehen, sondern als eine problemangemessene, nicht nur die Grundlagenforschung anregende, sondern auch konkrete Anwendungsperspektiven eröffnende Position zu bewerten. Dabei darf nicht unberücksichtigt bleiben, daß die psychologische, individuumorientierte Position der soziologisch dominierten kritischen Kriminologie (→ Kritische Kriminologie) wesentliche Einsichten verdankt. Ob aber die in neuer Zeit versuchte Zusammenführung des bisherigen Kenntnisstandes in einem gesellschaftstheoretischen, strukturalistisch-marxistischen Modell (COLING/PAULY, 1983 zitiert nach SACK, a. a. O.) sich nicht doch entgegen der Überzeugung von SACK (a. a. O., 243) als „perspektivlos und irrig" erweist, bleibt abzuwarten.

Andererseits ist einzuräumen, daß die Psychologie im Bereich von Recht und Kriminalität noch eine „Bringschuld" hat. Bisher ist ein allzu geringer Teil des wissenschaftlichen Potentials in rechtspsychologische Fragestellungen eingebracht worden. Durch die in den letzten Jahren erfolgte Etablierung einer Fachgruppe „Rechtspsychologie" in der Deutschen Gesellschaft für Psychologie ist hier allerdings eine gewisse Besserung zu erwarten. Dies gilt auch für andere Länder:

Die Rechtspsychologie hat sich in den letzten Jahren international zunehmend durchgesetzt, wie sich z. B. in den USA (vgl. zur Entwicklung in Nordamerika: SPORER 1983; DE LEON 1984; BERSHOFF 1986) zeigt. Entsprechendes gilt im übrigen auch für die Sowjetunion, wo sie in den 60er und 70er Jahren unter dem Begriff der „Juristischen Psychologie" etabliert wurde (vgl. hierzu die Ausführungen von DETTENBORN/FRÖHLICH/SCEWCYK 1984, ISAYEV 1986) und „den Status einer selbständigen wissenschaftlichen Disziplin, wodurch ihre organisatorische Rechtsgrundlage geschaffen wurde", erhielt (RATINOFF 1976 b, 11 u. a., zit. nach DETTENBORN u. a. 1984, 12 f). Darüber hinaus gewinnen auch grundlagenwissenschaftliche Forschungen z. B. zum Beweiswert von Personenidentifizierung (NEURER und SPORER 1990, KÖHNKEN und SPORER 1990) zunehmend an praktischer Bedeutung.

Akers, R.L., Deviant Behavior: Social Learning Approach. Belmont/Cal., 1977; *Bersoff, D,N.*, Psychologists and the judicial system: Broader perspektives. Special Issue: The ethics of expert testimony, Law & Human Behavior 10 (1–2), 1986, S. 151–165; *Crombag, F.M.*, When Law and Psychology Meet, in: Criminal Behavior and the Justice System, Psychological Perspectives, hrsg. v. Wegener, H., Lösel, F., Haisch, J., New York 1989, S. 1–13; *De Leon, P.H.*, Federal legislation recognizing psychology, American Psychologist 39 (9), 1984, S. 933–946; *Dettenborn, H., Fröhlich, H.H., Szewcyk, H.*, Forensische Psychologie, VEB Deutscher Verlag der Wissenschaft, Berlin 1984; *Donovan, B.*, Psychology and law: The need for communication, Australian Psychologist 16 (3), 1981, S. 399–405; *Gerchow, J.*, Zur Null-Promille-Forderung im Straßenverkehr, in: Folgen der Sucht, 3. Wissenschaftliches Symposium der Deutschen Hauptstelle gegen die Suchtgefahren in Tutzing 1978, hrsg. v. Keup, W., Stuttgart 1980; *Haisch, J.*, Angewandte Rechtspsychologie: Technologische Empfehlungen zu rationalen Konstruktionen von Strafverfahren und ihre empirische Prüfung, in: Bericht über den 34. Kongreß der Deutschen Gesellschaft für Psychologie in Wien 1984. Band II: Anwendungsbezogene Forschung, hrsg. v. Albert, D., Göttingen 1985, S. 887–890; *Hommers, W.*, Recht und Psychologie –

ein wechselseitiges Verhältnis: Zur Gegenstandsbestimmmung der Rechtspsychologie, Universitas 39 (12), 1984, S. 1323–1332; *ders.*, Rechtliche Aspekte der Schadenswiedergutmachung als psychologische Problemstellung: Zum Gegenstand der Rechtspsychologie, in: Bericht über den 34. Kongreß der Deutschen Gesellschaft für Psychologie in Wien 1984. Band II: Anwendungsbezogene Forschung, hrsg. v. Albert, D., Göttingen 1985, S. 890–893; *Isayev, I.A.*, From the history of judical psychology in Russia, Psikologicheskii Zhurnal 7 (4), 1986, 131–137; *Kaiser, G.*, Kriminologie, Eine Einführung in die Grundlagen, 6. Aufl., Heidelberg 1983; *Kerner, H.-J.*, Untersuchungen zu „Alkohol und Fahren“, Bd. 11, Gesetzgebung, polizeiliche Überwachung und Strafgerichtsbarkeit in der Bundesrepublik Deutschland – Dokumentation und Perspektive – Bericht zum Forschungsprojekt 7612/4 der Bundesanstalt für Straßenwesen Bergisch Gladbach 1985; *Köhnken, G.*, *Sporer, L.*, Identifizierung von Tatverdächtigen durch Augenzeugen, Stuttgart 1990; *Kretschmer-Bäumel, S.*, *Karstedt-Henke, E.*, Untersuchungen zu „Alkohol und Fahren“, Bd. 13, Orientierungs- und Verhaltensmuster der Kraftfahrer, Ergebnisse einer Befragung, Bericht zum Forschungsprojekt 7609/4 der Bundesanstalt für Straßenwesen, Bereich Unfallforschung, Bergisch Gladbach 1986; *Lehr, U.*, Rechtspsychologische Fragen im höheren Lebensalter, in: 2. Internationale Arbeitstagung der Fachgruppe Rechtspsychologie der Deutschen Gesellschaft für Psychologie e. V., 2.–4. Oktober 1987 in Würzburg, hrsg. v. Wegener, H., Lösel, F., Hommers, W., Würzburg, 1987; *Löscher, G.*, Anmerkungen zum Stand der Rechtspsychologie, Gedanken anläßlich zweier rechtspsychologischer Tagungen, Kriminologisches Journal 18 (3), 1986, S. 202–215; *Lösel, F.* (Hrsg.), Kriminalpsychologie. Grundlagen und Anwendungsbereiche, Weinheim 1983; *Meurer, D.*, *Sporer, L.*, Zum Beweiswert von Personenidentifizierungen: Neuere empirische Befunde, Marburg 1990; *Nass, G.*, Angewandte Psychologie als Grundlagendisziplin der Jurisprudenz, in: 12. Kongreß für Angewandte Psychologie, Berufsverband Deutscher Psychologen, 21.–25. September 1983, Universität Düsseldorf, Band 3: Diagnostik und Evaluation bei betrieblichen, politischen und juristischen Entscheidungen, hrsg. v. Hehl, F.J., Ebel, V., Ruch, W., Bonn 1985, S. 385–402; *Opp, K.D.*, Einige Bedingungen für die Befolgung von Gesetzen, in: Seminar abweichenden Verhaltens I, hrsg. v. Lüderssen, K., Sack, F., Frankfurt 1975, S. 214–243; *Popitz, H.*, Über die Präventivwirkung des Nichtwissens; Tübingen 1968; *Sack, F.*, Kriminalitätstheorie, soziologische, in: Kleines Kriminologisches Wörterbuch, 2. völlig neubearb. und erw. Aufl., hrsg. v. Kaiser, G., Kerner, H.J., Sack, F., Schellhoss, H., Heidelberg 1985, S. 234–243; *Saks, M.J.*, *Hastie, R.*, Social psychology in court, New York 1978; *Sales, B.D.* (Hrsg.), Psychology in the Legal Process, New York 1977; *Schneewind, K.A.* (Hrsg.), Wissenschaftstheoretische Grundlagen der Psychologie, München 1977; *Seitz, W.* (Hrsg.), Kriminal- und Rechtspsychologie, München 1983; *Sporer, S.L.*, Kriminal- und Rechtspsychologie, Ein Handbuch in Schlüsselbegriffen, München 1983; *ders.*, Rechtspsychologie versus forensische Psychologie, in: 12. Kongreß für Angewandte Psychologie, Berufsverband Deutscher Psychologen, 21.–25. September 1983, Universität Düsseldorf, Band 3: Diagnostik und Evaluation bei betrieblichen, politischen und juristischen Entscheidungen, hrsg. v. Hehl, F.J., Ebel, V., Ruch, W., Bonn 1985, S. 403–412; *Stephan, E.*, Die Legalbewährung von nachgeschulten Alkoholersttätern in den ersten zwei Jahren unter Berücksichtigung ihrer BAK-Werte, Zeitschrift für Verkehrssicherheit, 23 (1), 1986, 2–9; *ders.*, Trunkenheitsdelikte im Verkehr und Alkoholmißbrauch, Blutalkohol 25 (4), 1988, 201–227; *ders.*, „Bedingte Eignung“, eine Chance für die Verkehrssicherheit und den „alkoholauffälligen Kraftfahrer“ I, Deutsches Autorecht 58 (1), 1989 b, 1–5; *ders.*, „Bedingte Eignung“, eine Chance für die Verkehrssicherheit und den „alkoholauffälligen Kraftfahrer“ II, Deutsches Autorecht 58 (4), 1989 a, 125–135; *ders.*, Die Stuttgarter Opferbefragung. Eine kriminologisch-viktimologische Analyse zur Erforschung des Dunkelfeldes unter besonderer Berücksichtigung der Einstellung der Bevölkerung zur Kriminalität, Wiesbaden 1976; *Tapp, J.L.*, Psychological and policy perspectives on the law: Reflections on a decade, Journal of Social Issues 36 (2), 1980, S. 165–192; *ders.*, Psychologists and the law: Who needs whom?, Applied Social Psychology Annual (2), 1981, S. 263–289; *von Kardorff, E.*, Soziale Kontrolle durch Psychologie und Psychologen, Einige Vorüberlegungen, Psychologie & Gesellschaftskritik 8 (3) 1984, S. 87–105; *Wagner, H.J.*, Mißbrauch und Sucht im Hinblick auf die Arbeits- und Verkehrssicherheit, in: Sucht und Mißbrauch, hrsg. v. Steinbrecher, W., Solms, H., Stuttgart 1975, S. III/50–III/62; *Wegener, H.*, *Lösel, F.*, *Haisch, J.*, Criminal Behavior and the Justice System, Psychological Perspectives, New York 1989.

EGON STEPHAN

Rechtssoziologie → Justizforschung, Recht und soziale Kontrolle, → Strafrechtssoziologie

Reduktionismus → Theorie und Erklärung

Resozialisierung. Der Begriff „Resozialisierung“ ist fester Bestandteil nicht nur juristischer und sozialpädagogischer Fachsprachen, er gehört auch zum Alltagssprachschatz. Er ist (nicht im angelsächsischen, aber im deutschen Sprachgebrauch) zu unterscheiden von dem häufig synonym verwandten Begriff „Rehabilitation“. Er bezeichnet nicht wie dieser die Wiederherstellung eines befriedigenden *gesundheitlichen* Status bei Kranken, sondern ein Ziel *gesellschaftlicher* Reaktion auf Kriminalität (→ Krankheit). Dieses Ziel wird allgemein mit „Wiedereingliederung in die Gesellschaft“ umschrieben. Auf den ersten Blick wird hier von der Möglichkeit einer menschlichen Existenz ohne oder außerhalb von Gesellschaft ausgegangen. Eine solche Vorstellung ist utopisch. Wie bei jedem Individuum gibt es auch bei jedem Straftäter eine Vielzahl informeller und formeller sozialer Beziehungen und damit Teilhabe an Gesellschaft. Dies gilt auch im Extremfall einer Inhaftierung: Der Strafgefangene hat hier zumindest an der „Gefängnisgesellschaft“ teil (→ Strafvollzug; → Prisonisierung). Mit der Chiffre „Wiedereingliederung in die Gesellschaft“ ist allerdings etwas anderes als die Zugehörigkeit zu gesellschaftlichen Teilsystemen – wie beispielsweise Familie, Subkultur oder Schicht –, nämlich die Rolle als Mitglied *der* Gesellschaft gemeint. Diese Rolle ist verknüpft mit allgemeinverbindlichen Erwartungen, die an jedes Mitglied der Gesellschaft gerichtet und deren zentraler Bestandteil die in Strafgesetzen fixierten Normen sind (→ Abweichendes Verhalten; → Norm, Normgenese). Bei Verstoß gegen diese existentiellen Voraussetzungen jeglicher Gesellschaft wird die Zugehörigkeit zu *der* Gesellschaft prinzipiell in Frage gestellt.

Das Monopol dafür, den Normbruch festzustellen und daraufhin auf die gesellschaftliche Existenz des Normbrechers einzuwirken, hat die Strafjustiz. Ihr sind dabei eine Reihe von Strafzwecken „vorgegeben“: Sühne oder Vergeltung, Generalprävention, Spezialprävention und, als Unterfall der Spezialprävention, schließlich auch Resozialisierung (→ Kriminalpolitik; → Pönologie). Dies sind jedoch allgemeine Vorgaben. Amtliche Erläuterungen, was (u. a.) unter Resozialisierung zu verstehen ist, gibt es nicht. Im Strafgesetzbuch, im Jugendgerichtsgesetz, im Strafvollzugsgesetz und in den Kommentaren wird nicht erläutert, was Resozialisierung oder Wiedereingliederung in die Gesellschaft zu bedeuten hat. Die für die Kriminalpolitik in der Bundesrepublik Verantwortlichen haben es sogar ausdrücklich abgelehnt, dem Strafgesetzbuch einen allgemeinen Hinweis des Inhalts, daß die Strafe (neben anderem) „der Wiedereingliederung des Täters in die Gemeinschaft“ dienen soll, voranzustellen; die Mehrheit des Deutschen Bundestages hat sich der Auffassung angeschlossen, daß die Formulierung von Strafzwecken der Rechtsprechung und der Rechtslehre überlassen bleiben solle (DEUTSCHER BUNDESTAG, 230. Sitzung, Protokoll V, 12723). Was die Rechtsprechung unter Resozialisierung versteht, zeigt beispielhaft das sogenannte Lebach-Urteil des Bundesverfassungsgerichts: „Als Träger der aus der Menschenwürde folgenden und ihren Schutz gewährleistenden Grundrechte muß der verurteilte Straftäter die Chance erhalten, sich nach Verbüßung seiner Strafe wieder in die Gemeinschaft einzuordnen. Vom Täter aus gesehen erwächst dieses Interesse der Resozialisierung aus seinem Grundrecht aus Art. 2 Abs. 1 (freie Entfaltung der Persönlichkeit) in Verbindung mit Art. 1 Grundgesetz (Recht auf Menschenwürde). Von der Gemeinschaft aus betrachtet verlangt das Sozialstaatsprinzip staatliche Vor- und Fürsorge für Gruppen der Gesellschaft, die aufgrund persönlicher Schwäche oder Schuld, Unfähigkeit oder gesellschaftlicher Benachteiligung in ihrer persönlichen und sozialen Entfaltung behindert sind; dazu gehören auch die Gefangenen und Entlassenen. Nicht zuletzt dient die Resozialisierung dem Schutz der Gemeinschaft selbst; diese hat ein unmittelbares Interesse daran, daß der Täter nicht wieder rückfällig wird und erneut seine Mitbürger oder die Gemeinschaft schädigt" (BVerfGE 35, 202). Mit solchen Formulierungen werden zwar grundsätzliche Erwartungen fixiert und begründet. Sie lassen aber nicht erkennen, was die Strafjustiz unter „Resozialisierung" konkret versteht bzw. zu verstehen hat. Ein Grund dafür, daß Kriminalpolitik und Strafjustiz ihre mit „Resozialisierung" verbundenen Intentionen nicht präzisiert haben, könnte darin gesehen werden, daß dieser Begriff weniger eine programmatische als eine staatliches Strafen legitimierende Funktion haben soll (ALBRECHT, P.-A. 1985). „Es ist das Legitimationsproblem des modernen Staates, welches auch die staatliche Strafgewalt erfaßt. Eingriffe in Vermögen und Freiheit des Bürgers – auch des straffälligen Bürgers – bedürfen einer Rechtfertigung, welche immer schwieriger beschafft werden kann. Diese Rechtfertigung kann in einer empirisch ausgerichteten Kultur nicht mehr normativ, etwa naturrechtlich, geführt werden. Sie muß vielmehr folgenorientiert sein, sie muß also ausweisen, daß die belastenden Eingriffe letztlich günstige Folgen produzieren, daß sie auch im wohlverstandenen Interesse des Betroffenen liegen. Zu einer Rechtfertigung dieser Art ist das Resozialisierungskonzept hervorragend geeignet. Es nimmt dem strafenden Staat das Odium des Kerkermeisters und teilt ihm die Würde des Arztes mit" (HASSEMER 1982).

Das Fehlen einer amtlichen Resozialisierungskonzeption dürfte jedoch in erster Linie mit einem anderen Legitimationsproblem zusammenhängen. Staatliche Maßnahmen zur Wiedereingliederung gehen davon aus, daß weitere Normbrüche sich mit der Sanktion allein nicht verhindern lassen, daß es hierzu weiterer und längerfristiger Interventionen bei den Normbrechern bedarf. Solche Interventionen zielen auf eine Verhaltensmodifikation in zentralen Lebensbereichen ab. Entscheidende Merkmale der Interventionen sind nicht ihre empirische Begründung, sondern ihr Zwangscharakter und die Tatsache, daß sie häufig wesentlich intensiver als die Strafe auf die soziale Existenz des Normbrechers einwirken. Mit dem Verzicht auf eine geschlossene Resozialisierungskonzeption oder -theorie können amtliche Kriminalpolitik und Strafjustiz die kritische Frage offen lassen, wo die Grenzen solcher Interventionen zu ziehen sind und welche Verhaltensmuster (außer gesetzeskonformem Verhalten) von Staats wegen favorisiert werden (ESER 1974; HAFFKE 1977). Diese Entscheidungen sind der Einzelfalljudikatur und dann schließlich den Institutionen, die mit der Behandlung der Normbrecher beauftragt sind, überlassen (→ Soziale Dienste in der Strafjustiz; → Bewährungshilfe; → Strafvollzug). Aber auch in diesem Bereich sozialer Kontrolle gibt es keine konsistente Resozialisierungstheorie oder wenigstens einen Konsensus darüber, was „Resozialisierung" konkret bedeuten soll und wo die Grenzen von Resozialisierungsinterventionen zu ziehen sind (MESLE 1978; ALBRECHT, P.-A. 1985, 850). Auch in den mit Resozialisierungsaufgaben beauftragten Institutionen wird von Fall zu Fall entschieden; nicht von ungefähr dominiert hier die „Einzelfallhilfe".

Das Defizit an handlungsleitender Resozialisierungstheorie wirkt sich auf verschiedenen Ebenen aus. Es ist eine Ursache der anhaltenden Grundsatzdiskussion der Sozialarbeiter in der Justiz über ihre eigene professionelle Identität (LÜDERSSEN 1976). Das Theoriedefizit bei der sozialen Kontrolle hat dort zwangsläufig insbesondere die Konsequenz, daß über die Ergebnisse der Resozialisierungsinterventionen systematische Erkenntnisse kaum vorliegen, sieht man von Einzeldaten zum Legalverhalten ab (→ Erfolg, Bewährung, Effizienz; → Kriminalstatistik). Nicht zuletzt auf dieses Defizit ist es zurückzuführen, daß der Sinn von Resozialisierung immer wieder grundsätzlich in Frage gestellt wird (LIPTON/MARTINSON/WILKS 1975; zusammenfassend KAISER/KERNER/SCHÖCH 1992, 64 f.). Auch die kriminologische Forschung hat sich bisher mit „Resozialisierung" kaum systematisch befaßt. Wissenschaftliche Untersuchungen von Resozialisierungsmaßnahmen haben bestenfalls partielle Erkenntnisse erbracht (→ Behandlungsforschung). Auch hier ist ein Theoriedefizit zu konstatieren (ORTMANN 1987); es mangelt an überprüfbaren Hypothesen über die Wirkung von Resozialisierungsinterventionen, an Zielgruppendefinitionen, an einer ausreichenden Bestimmung der Resozialisierungsinterventionen selbst, insbesondere hinsichtlich des Zeitfaktors, ihrer institutionellen Rahmenbedingungen und der Bereiche, auf die sie sich erstrecken (MARTIN/SECHREST/REDNER 1981; GENDREAU/ANDREWS 1990). Gleiches gilt hinsichtlich der Kriterien für die Auswirkungen von Resozialisierungsinterventionen (→ Erfolg, Bewährung, Effizienz).

Auch darüber, was die beruflich an der sozialen Kontrolle Beteiligten unter „Resozialisierung" verstehen, liegen eingehende Untersuchungen nicht vor. Es werden aber auch hier die Strukturen maßgeblich sein, die den Umgang mit Kriminalität von Anbeginn kennzeichnen. Resozialisierungsmaßnahmen werden nicht bei jedem Verurteilten eingesetzt. Das Beispiel Wirtschaftskriminalität zeigt, daß sogar bei schwerwiegenden Straftaten deshalb allein die Zugehörigkeit zur Gesellschaft nicht in Frage steht. Maßgebliches Selektionskriterium für Resozialisierungsmaßnahmen dürfte der soziale Status des Straftäters sein. Ein Resozialisierungsbedarf wird vorrangig solchen Verurteilten zugeschrieben, die den dominierenden gesellschaftlichen Standards am wenigsten entsprechen, also Straftätern aus der Unterschicht (→ Selektion und Selektionsmechanismen; → Kriminalitätstheorien, soziologische, ökonomische; → Kritische Kriminologie). Auch Resozialisierung ist dann dem Konzept einer Verbindung von Kriminalität und Unterschicht verhaftet, auch Resozialisierung zielt dann auf unterschichtsspezifische Lebensstile und Verhaltensmuster (FREHSEE 1991).

Albrecht, P.-A., Spezialprävention angesichts neuer Tätergruppen. ZStW 97 (1985), S. 831–870; *Eser, A.*, Resozialisierung in der Krise? Gedanken zum Sozialisationsziel des Strafvollzuges, in: Einheit und

Vielfalt des Strafrechts. Festschrift für Karl Peters zum 70. Geburtstag, hrsg. v. Baumann, J., Tiedemann, K., Tübingen 1974, S. 505–518; Frehsee, G., Zur Abweichung der Angepaßten, KrimJ 1 (1991), S. 25-45; *Gendreau, P., Andrews, D.A.*, Tertiary Prevention: What the Meta-Analysis of the Offender Treatment Literature Tell Us about „What Works", Canadian Journal of Criminology 32 (1990), S. 173–184; *Haffke, B.*, Hat emanzipierende Sozialtherapie eine Chance? Eine Problemskizze, in: Seminar: Abweichendes Verhalten III. Die gesellschaftliche Reaktion auf Kriminalität 2, hrsg. v. Lüderssen, K., Sack, F., Frankfurt/M. 1977, S. 291–320; *Hassemer, W.*, Resozialisierung und Rechtsstaat, KrimJ 3 (1982), S. 161–166; *Kaiser, G.*, Resozialisierung und Zeitgeist, in: Festschrift für Th. Würtemberger, hrsg. v. Herren, R. u. a., Berlin 1977, S. 359–372; *Kaiser, G., Kerner, H.-J., Schöch, H.*, Strafvollzug. 4. Aufl., Heidelberg 1992; *Kury, H.*, Zur Methodendiskussion in der Behandlungsforschung, in: Methodische Probleme der Behandlungsforschung – insbesondere der Sozialtherapie, hrsg. v. Kury, H. u. a., Köln 1983, S. 27–80; *Lipton, D., Martinson, R., Wilks, J.*, The Effectiveness of Correctional Treatment. A Survey of Treatment Evaluation Studies, New York 1975; *Lüderssen, K.*, Strafaussetzung zur Bewährung und Bewährungshilfe in Deutschland, KB 4 (1976), S. 1–19; *Martin, S.E., Sechrest, L.B., Redner, R.* (Hrsg.), New Directions in the Rehabilitation of Criminal Offenders, Washington 1981; *Mesle, K.*, Sozialarbeit im Resozialisierungsbereich als Anpassung an Mittelschichtnormen; BewHi 3 (1978), S. 235–243; *Ortmann, R.*, Resozialisierung im Strafvollzug, Freiburg 1987; *Sechrest, L.B., White, S.O., Brown, E.D.* (Hrsg.), The Rehabilitation of Criminal Offenders: Problems and Prospects, Washington 1979.

HARTMUT SCHELLHOSS

Reliabilität → Methoden der Kriminologie

Repression → Kriminalpolitik, → Verbrechenskontrolle und Verbrechensvorbeugung

Rückfall, Rückfallkriminalität. In einem ersten Ansatz könnte man als Rückfalltäter jede Person bezeichnen, die bereits mindestens einmal wegen eines Verbrechens oder Vergehens bestraft worden ist und dann erneut entsprechend straffällig wird. Die Rückfälligen wären dann identisch mit den sog. *Vorbestraften*. Üblicherweise jedoch behält man den Ausdruck für solche Straftäter vor, die mehrfach und in verhältnismäßig knappen Abständen wegen der Verwirklichung von Straftatbeständen vor Gericht kommen (*Rezidivisten*). Schon aufgrund der vielen Schwierigkeiten einer zuverlässigen Abgrenzung des Rückfälligen vom Gelegenheitstäter (→ Ersttäter) und überhaupt der Bestimmung dessen, was man als sachlich *relevanten Rückfall* gelten lassen will, ob z. B. jedes beliebige Delikt oder nur ganz bestimmte Delikte von einer ganz bestimmten Schwere, gibt es bis heute allerdings keine einheitliche Beschreibung der einzelnen relevanten Merkmale. Im strafrechtlichen Sinn ist Rückfälliger nur, wer die festgelegten formellen gesetzlichen Voraussetzungen erfüllt. Das alte deutsche Strafrecht kannte, in Übereinstimmung mit vielen ausländischen Regelungen (die bis heute Bestand haben), spezifische Rückfallschärfungen, so bei den Tatbeständen des Diebstahls, des Raubes und des Betruges. Die große Strafrechtsreform Ende der 60er Jahre ließ nur noch einen allgemeinen Rückfallparagraphen übrig. Dessen vergleichsweise „bescheidene" Zielvorgabe war der Ausschluß der Geldstrafe und die Vorgabe eines Mindeststrafrahmens. Die

Einsatzkriterien lassen sich vereinfacht umschreiben mit zweimaliger Vorverurteilung zu Freiheitsstrafe wegen eines Verbrechens oder vorsätzlichen Vergehens, mindestens einer Strafverbüßung von 3 Monaten und dann einer erneuten Straftat, derentwegen dem Täter vorzuwerfen ist, „daß er sich die früheren Verurteilungen nicht hat zur Warnung dienen lassen" (§ 48 StGB). In diesen Fällen verhängte das Gericht eine Freiheitsstrafe von mindestens 6 Monaten. Im Jahr 1986 wurde auch diese Regelung aufgehoben. Seither gibt es im StGB nur noch die speziellen Anknüpfungspunkte bei den Maßregeln der Besserung und Sicherung, so bei der Unterbringung im psychiatrischen Krankenhaus (§ 63 StGB, gefährlicher „Zustandstäter") und bei der Sicherungsverwahrung (§ 66 StGB, gefährlicher „Hangtäter"). Bei den Strafzumessungsumständen (§ 46 Abs. 2 StGB) kann Rückfälligkeit als Teil des „Vorlebens" gewürdigt werden. Rückfallgefährdung, definiert als Wiederholungsgefahr, kann darüber hinaus einen Haftgrund für die Anordnung von Untersuchungshaft bilden (§ 112 a StPO).

Nach internationalen *kriminologischen* Erhebungen scheint sich der *Zeitraum erhöhter Rückfallgefahr* überwiegend auf etwa 5–6 Jahre zu konzentrieren. Insoweit bildet die von 1970 bis 1986 geltende Berechnungsgrenze im StGB von 5 Jahren zwischen Verbüßung der Strafe für die Vortat und erneutem Delikt eine sanktionspolitisch wirklichkeitsgerechtere Regelung als die alte 10-Jahres-Grenze. Trotz allem aber bleibt jede äußerliche Abgrenzung fragwürdig. Dies schon deshalb, weil Art und Häufigkeit der endgültigen offiziellen Bestrafung nur sehr eingeschränkte Rückschlüsse auf die ursprünglich strafbaren Verhaltensweisen des einzelnen überführten Täters gestatten. Außerdem stellen die „durchschnittlichen" mehrfach Bestraften einerseits lediglich eine Auswahl aus der Gesamtmenge der Wiederholungstäter dar; zu diesem Problem mögen die Stichworte → Dunkelfeld → Kriminalstatistik, → Intensivtäter, professionelle Kriminalität (→ Organisiertes Verbrechen), Weiße-Kragen-Kriminalität und → Wirtschaftskriminalität genügen. Andererseits bedeutet die äußere Abgrenzung für sich genommen selbst innerhalb der Gruppe der amtlich Erfaßten nur selten mehr als einen ersten Anhaltspunkt für genauere Nachforschungen. Das gilt vergleichbar für andere kriminalistisch-strafrechtlich orientierte Einteilungen und Kategorisierungen, z. B. den sog. Hangtäter, den gefährlichen Gewohnheitsverbrecher oder auch Berufsverbrecher (→ Klassifikation und Typologie). Ob der Täter auch von seiner unentdeckten Tätigung und von seiner Einstellung her als Rezidivist bezeichnet werden kann, ob ihn bloß die Verhältnisse bzw. äußerer Druck und selektiv ungleiche Strafverfolgung (→ Selektion, → Stigmatisierung) oder aber seine eigene verschobene Wertwelt ständig zum Straucheln bringen oder aber beides im Zusammenwirken, ob er lediglich als gefährdet zu gelten hat oder aber als einer, der bewußt den Weg einer → kriminellen Karriere verfolgt: Diese und weitere Alternativen erschließen sich erst – wenn überhaupt – bei einem differenzierten Eingehen auf die einzelne Person und ihre Einbettung in den sozialen Nahraum (→ Kriminalprognose; → soziale Probleme; → Täterpersönlichkeit). Mit diesen Problemen befaßte sich ein großer Teil der traditionellen europäischen Kriminologie, wobei der Forschungsschwerpunkt auf der Persönlichkeitserfassung lag. Neuere Bestrebungen der Kriminologie halten die Suche nach Unterschieden bei den Straftätern, besonders zwischen Rezidivisten und Gelegenheitstätern oder zwischen Rezidivisten und der Normalbevölkerung prinzipiell für vergeblich (→ Kriminalitätstheorien, soziologische; → kritische Kriminologie). Sie begreifen die registrierten Kriminellen weitgehend als das Produkt von gerichteten → Selektionsmechanismen der Gesellschaft.

Bei diesem Streit der Grundsatzpositionen muß man die Probleme der „Ursachen"-Forschung und die der Behandlung auseinanderhalten. Der vorläufige Wissensstand legt es nicht nahe, die Erfassung des einzelnen *verurteilten Täters* mit seinen Besonderheiten aufzugeben. Denn die auf gesamtgesellschaftlicher Ebene akkumulierte Evidenz für eventuelle Ungleichheit des Verurteilungsrisikos (→ Schicht und Klasse) beseitigt noch auf lange Sicht hinaus den Umstand nicht, *daß* Straftäter als Rückfällige bestraft werden, in Gefängnisse geraten und dort als je einzelne zur Bewältigung ihrer Schwierigkeiten Unterstützung benötigen. Im übrigen sind die bei ernsthaft rückfälligen Tätern gehäuft feststellbaren Störungen im Bereich der → Familie, des Berufs (→ Beruf und Kriminalität) und der → Schule wie auch des Freizeitverhaltens bisher erst nach verhältnismäßig äußerlichen Gesichtspunkten im Sinne statisch angelegter Querschnittsbetrachtungen erfaßt, in ihrem tatsächlichen Gewicht und ihrer Interaktion als Faktoren krimineller *Entwicklung* jedoch noch kaum zureichend geklärt, auch dahingehend nicht, inwieweit sie evtl. unmittelbare und direkte Auslesekriterien als Zuschreibungsmerkmale für die Träger der sozialen Kontrolle bilden.

Die Bedeutung des *Rückfalls* als einer strafrechtlich gesteuerten *Gesamterscheinung* ließ sich in Deutschland bis vor wenigen Jahren nur anhand der Vorstrafenangaben in der Strafverfolgungsstatistik beobachten. Danach erfaßten die Strafverfolgungsbehörden seit 1950 einen jährlich erhöhten Anteil von *Vorbestraften* unter der Gesamtmenge der verurteilten Täter. Bei den männlichen Tätern hatte die Quote für die 70er Jahre mehr als 40% erreicht. Der Anteil der mehr als viermal Vorbestraften schwankte, nach raschem Anstieg in den ersten Nachkriegsjahren, um den Wert von 13% aller Verurteilten. Die größte Belastung mit Vorbestraften zeigten u. a. die Delikte Betrug, Diebstahl und Raub. Nach der bis 1969 geltenden strafrechtlichen Regelung wurde die *Freiheitsstrafe* unter verschiedenen Formen verhängt und vollzogen; insoweit ließ sich der Strafverfolgungsstatistik entnehmen, daß und wie mit zunehmendem Täteralter und mit der Art der Delikte die „Rezidivistenauswahl" durch die Justiz zielgerichteter wurde. Von Jugendstrafe über Gefängnis und Zuchthaus und bis zur Sicherungsverwahrung zeigte sich eine aufsteigende Linie des Anteils derer, die tief verstrickt sind in den Kreisprozeß von Verbrechen und Strafe, gekennzeichnet durch eine Beeinträchtigung der persönlichen Wertwelt und sozialen Bindungsfähigkeit einerseits und durch verstärkte gesellschaftliche → Stigmatisierung andererseits (vgl. Tabelle in der 1. Auflage, S. 275). Die ab 1969/70 geltende sog. *Einheitsfreiheitsstrafe* läßt identische Analysen für jüngere Jahrgänge nicht mehr zu. Jedoch zeigt die hier wiedergegebene Tabelle, daß der grundlegende Zusammenhang geblieben ist.

Aufgrund längerer Vorarbeiten im Bundesjustizministerium entwickelt die dem Generalbundesanwalt zugeordnete Dienststelle Bundeszentralregister (in

Vorbelastung von Tatverdächtigen, Verurteilten und Gefangenen in der Bundesrepublik Deutschland 1990

1	2	3	4	5
Bezeichnung	Anzahl der Erfaßten N =	Erstmals Erfaßte % v. 2	Vorbelastete, Vorbestrafte % v. 2	über 4mal Vorbestr. % v. 2
Polizeilich ermittelte Tatverdächtige	1 437 923	62,5	37,5	–
Nach Jugendstrafrecht Behandelte				
– Verurteilte, im Jahr	71 502	54,8	45,2	3,9
– Probanden der Bewährungshilfe, Abgänge (1989)	14 660	44,9	55,1	–
– Gefangene im Jugendstrafvollzug (§ 91 JGG)	4 197	56,6	43,4	0,8
– Aus dem Jugendstrafvollzug herausgenommene Gefangene (§ 92 JGG)				
– Alter 18–21	58	55,2	44,8	1,7
– Alter 21–25	864	30,0	70,0	5,2
Nach allgemeinem Strafrecht Behandelte				
– Verurteilte, im Jahr	599 527	55,9	44,1	15,8
– Probanden der Bewährungshilfe, Abgänge	28 370	42,1	57,9	–
– Gefangene im Jugendstrafvollzug (§ 114 JGG)	104	26,9	73,1	2,9
– Gefangene im allgemeinen Strafvollzug (StVollzG)				
– Alter 18–21	44	65,9	34,1	6,8
– Alter 21–25	3 041	35,8	64,2	7,3
– Alter 25–30	9 410	24,1	75,9	20,4
– Alter 30–40	12 298	19,1	80,9	40,5
– Alter 40 und mehr	9 048	20,1	79,9	51,9
– Sicherungsverwahrte	182	2,2	97,8	72,5

– = nicht nachgewiesen.
Prozentwerte überwiegend nach eigener Berechnung. Quellen für die Grundzahlen: Polizeiliche Kriminalstatistik für die Bundesrepublik Deutschland 1990, Tabelle 22; Rechtspflege = Fachserie 10, hrsg. vom StBA Wiesbaden; Reihe 3: Strafverfolgung 1990 [A], Tabellen 7.1 und 7.2; Reihe 4:Strafvollzug 1990, Tabelle 4; Reihe 5: Bewährungshilfe 1989. Tabellen 9.1 und 9.2.

Berlin) nunmehr eine prospektiv orientierte und damit grundsätzlich zutreffend so bezeichnete *Rückfallstatistik.* Der erste Band erschien 1986 und erfaßte den Verlauf einer Auswahl von Verurteilten, bei denen die Vollstreckung 1980 beendet war, bis 1985, also für den bekannten 5-Jahres-Zeitraum. Bemerkenswert und von der Logik des Verlaufs her dennoch zu erwarten, war die „Umkehr" der Belastung im Vergleich zur Vorbestraftenstatistik alter Art: Die höchste Rückfallquote zeigten die *jungen* (männlichen) Verurteilten, vor allem diejenigen, die eine unbedingte Strafe voll verbüßt hatten. Detailangaben sollen an dieser Stelle vorerst noch unterbleiben, da viele Daten der nur begrenzt verteilten neuen Statistik nur mit Zusatzhinweisen zutreffend interpretiert werden können und da eine Überarbeitung und Erweiterung vorgesehen ist.

Betrachtet man die offizielle *Rückfälligkeit* als *individuelle Erscheinung* unter dem Aspekt einer Art von zugleich selbst- wie fremdinduzierter Einübung in kriminelle Verhaltensweisen, dann lassen – auch wieder ohne Bezug auf die Ursachen – bestimmte Merkmale anhand von Reihenerhebungen einen starken Zusammenhang mit wiederholter Straffälligkeit erkennen. Vereinfacht ausgedrückt: Die Rückfallgefährdung bei einmal ausgeprägter krimineller Karriere scheint desto intensiver zu sein, je früher die erste registrierte Straftat liegt, je kürzer die seitherigen Delikte aufeinanderfolgten und je öfter eine staatliche Reaktion stattfand. Keine große Bedeutung kommt demgegenüber dem früher betonten Unterschied von Homotropie (Gleichgewicht bzw. Gleichartigkeit der Delikte) und Politropie (Verschiedenartigkeit der Straftaten) zu, es sei denn in bestimmten wenigen Ausnahmefällen besonders „festgelegter" oder persönlich auffälliger Straftäter. Rückfälligkeit im klassischen Deliktsbereich ist häufig verbunden mit schweren Verkehrsdelikten. Umgekehrt zeigen (wiederholt auffällige) Trunkenheitstäter im Straßenverkehr oft erhöhte Vorstrafenbelastung im klassischen Bereich (→ Verkehrskriminalität). Bei Tötungs- und Sexualdelikten findet man im Durchschnitt nur geringe Rückfallquoten; wichtig erscheint dies u. a. für die Frage der Begnadigung oder vorzeitigen Entlassung von sog. Langzeitigen oder auch Lebenslänglichen (§ 57 und § 57 a StGB). Alle Aussagen indes beziehen sich nur auf eine Gruppenwahrscheinlichkeit des Rückfalls; für den einzelnen Straftäter bedarf es immer einer ergänzenden, auf ihn persönlich abgestimmten → Kriminalprognose.

Die hier skizzierten Zusammenhänge, früher als kennzeichnend für (jegliche) Rückfälligkeit überhaupt betrachtet (d. h. unabhängig vom Verfahren der Kontrolle), verflüchtigen sich indes, wenn man einen anderen Zugang zum Problem wählt. So konnten Studien der *weiteren Entwicklung* von Kindern, die als → Ersttäter bei der Polizei (während eines Stichjahrs) registriert worden waren, entweder gar keine (so z. B. PONGRATZ) oder nur sehr reduzierte (so z. B. TRAULSEN) Verbindungen zwischen Art oder Schwere oder Häufigkeit kindlicher Delinquenz und späterer Kriminalität im Starfmündigkeitsalter aufdecken. Noch unergiebiger (für klassische Annahmen) sind die Ergebnisse von Studien über Jahrgangsgruppen (Kohorten) aus der *Normalbevölkerung* und deren *spätere Verhaltensauffälligkeiten* bis ins Erwachsenenalter: Danach gibt es am Ende (z. B. mit 18 Jahren) Vielfachtäter, sie können aber am Anfang (z. B. mit 10 Jahren) anhand soziobiographischer Belastungsmerkmale *nicht prognostiziert* werden (z. B. WOLFGANG u. a. 1972; s. a. WESCHKE u. a. 1982). An diesem (scheinbaren?) Widerspruch, der auch für Fragen der Effizienzmessung von Eingriffen eine Rolle spielt (→ Erfolg), wird die künftige Rückfallforschung arbeiten müssen.

Albrecht, H.-J., Kriminologische Aspekte der Rückfallkriminalität und des Rückfalls, in: Erstes deutsch-polnisches Kolloquium über Strafrecht und Kriminologie, hrsg. v. Jescheck, H.-H., Kaiser, G., Baden-Baden 1983, S. 101–131; *Berckhauer, F.*, § 48 StGB: Anspruch und Wirklichkeit, MschrKrim 65 (1982), S. 270–281; *Dillick, P.*, Bedingungen und Rückfälligkeit bei jungen Strafgefangenen – ein Pfadmodell und seine empirische Prüfung, in: Deutsche Forschungen zur Kriminalitätsentstehung und Kriminalitätskontrolle, hrsg. v. Kerner, H.-J., Kury, H., Sessar, K., Bd. 1, Köln u. a. 1983, S. 1778–1817; *Göppinger, H.* u. a., Der Täter in seinen sozialen Bezügen, Berlin u. a. 1983; *Hermann, D.*, *Kerner, H.J.*, Die Eigendynamik der Rückfallkriminalität, KZfSS 40 (1988), S. 488–504; *Jehle, J.-M.* (Hrsg.), Datensammlungen und Akten in der Strafrechtspflege, Wiesbaden 1989; *Kerner, H.-J.*, Jugendkriminalität, Mehrfachtäterschaft und Verlauf, BewHi 36 (1989), S. 202–220; *Keske, M.*, Der Anteil der Bestraften in der Bevölkerung, MschrKrim 62 (1979), S. 257–272; *Mannheim, H.*, Rückfall und Prognose, in: HwbKrim, 2. Aufl., hrsg. v. Sieverts, R., Schneider, H.-J., Bd. 3 I, Berlin 1969, S. 38–93; *Meyer, J.*, Strafrechtliche Aspekte des Rückfalls im Deutschen Recht, in: Erstes deutsch-polnisches Kolloquium über Strafrecht und Kriminologie, hrsg. v. Jescheck, H.-H., Kaiser, G., Baden-Baden 1983, S. 79–99; *Pongratz, L.* u. a., Kinderdelinquenz. Daten, Hindergründe und Entwicklungen, München 1975; *Pongratz, L.*, Herkunft und Lebenslauf, Weinheim u. a. 1988; *Steffen, W.*, Perseveranz und modus operandi. „Säulen" einer erfolgreichen (kriminal)polizeilichen Verbrechensbekämpfung?, Kriminalistik 37 (1983), S. 481–484; *Traulsen, M.*, Delinquente Kinder und ihre Legalbewährung, Frankfurt/M., Bern 1976; *Weschke, E.* u. a. (Autorengruppe Jugenddelinquenz), Handlungsorientierte Analyse von Kinder- und Jugenddelinquenz, Berlin 1982; *Wolfgang, M.E., Figlio, R., Sellin, Th.*, Delinquency in a Birth Cohort, Chicago u. a. 1972.

HANS-JÜRGEN KERNER

Rückfallhäufigkeit → Behandlungsforschung, → Rückfall, Rückfallkriminalität

S

Sanktionen. Die aufeinander bezogenen Begriffe Sanktion, Norm und Wert drücken gemeinsam die Regelhaftigkeit sozialen Geschehens aus. Menschliches Verhalten ist an bestimmten Handlungsmustern ausgerichtet, die sich über lange Entwicklungszeiträume hinweg bilden. Solche Muster werden (beobachtbar) mit einer je unterschiedlichen *Häufigkeit tatsächlich* befolgt und bilden auf diese Weise statistische Normen oder, anders ausgedrückt: das gesellschaftlich faktisch „Normale". Besonderes Gewicht erhalten die Handlungsmuster jedoch erst dadurch, daß ihnen die Mitglieder einer relevanten sozialen Gruppe überhaupt *Geltung* beimessen, d. h. voneinander das Einhalten der Muster erwarten und zugleich feste Vorstellungen oder Kenntnisse über die Art und Weise haben, in der die jeweils anderen auf das eigene individuelle Verhalten reagieren werden. *Normen* in diesem Sinn kennzeichnen sich so als konkrete Verhaltenserwartungen (→ Norm, Normgenese). Erwartungen wiederum bauen auf *Werten* auf, mehrheitlich für wichtig erachteten Zielen, die das Verhalten der Betroffenen lenken und zugleich auch legitimieren sollen und die außerdem der Verhaltensbewertung dienen. Indes ist nicht mit jeder Forderung ein (moralischer) Wert verknüpft.

Verbindlichkeitsgrad und Qualität einer Norm bestimmen sich (auch) nach den Unterschieden in der *Sanktionierung*, also in den auf die Mißachtung der Verhaltensforderung folgenden Reaktionen. Man kann voneinander trennen *Bräuche* oder auch *Sitten*, für deren Einhaltung es keine besonderen Kontrollmechanismen gibt (aber gelegentlich faktische Nachteile bei einer Abweichung), und *Konventionen*, deren Nichtbeachten sog. diffuse Sanktionen hervorzurufen pflegen. Dazu gehören Mißbilligung, Spott, gesellschaftliches „Schneiden" und Boykott; derartige Sanktionen können trotz ihrer Unbestimmtheit den Betroffenen gelegentlich einschneidend belasten. Normen im strengeren Sinne des Wortes sind dann gegeben, wenn ausdrücklich formulierte Verhaltensforderungen und zu deren Einhaltung (förmlich) geregelte Kontrollmechanismen und *organisierte Sanktionen* vorliegen. Zu den wesentlichen Elementen einer Norm gehören demnach der Normgeber, die Normadressaten, an die sich die Forderungen richten, die (eventuellen) Normbegünstigten, zu deren Vorteil die Norm wirkt, die normierte Situation, in der ein bestimmtes Verhalten erwartet wird, die Sanktion, die bei abweichendem Verhalten eintritt, und die Sanktionssubjekte, die die Sanktionen ausführen. Sanktionen werden durch Werte legitimiert, sie sind „Reaktionen auf Abweichungen von Verhaltensregelmäßigkeiten, durch die demonstriert wird, daß das abweichende Verhalten nicht hingenommen wird" (SPITTLER). Der lateinische Ausdruck Sanctio heißt wörtlich übersetzt soviel wie Heiligung; schon früh bedeutete er jedoch im übertragenen Sinn auch den feierlichen Akt, mit dem Gesetzesentwürfe in verbindliches Recht umgewandelt, „sanktioniert" wurden. Die enge Verknüpfung mit dem Recht, (→ Recht und soziale Kontrolle) blieb bis heute erhalten: Im Bereich der gesetzlichen Normen (vor allem des Strafrechts) erhalten die Sanktionen zentrales Gewicht. Dabei fällt die *Rechtsordnung* aber nicht aus der Gemeinsamkeit der das Sozialleben regulierenden Normensysteme heraus. Sie unterscheidet sich von anderen sozialen Ordnungen im wesentlichen durch die besondere Art der Institutionalisierung: Ihre Verhaltensregeln und Muster werden von besonderen sozialen Institutionen verbindlich formuliert (→ Norm, Normgenese) und mit Geltungsanspruch versehen, und die Einhaltung wird von einem fest eingerichteten Apparat zu garantieren gesucht (→ Verbrechenskontrolle).

In der *Psychologie*, Sozialpsychologie und *Soziologie* wird der Ausdruck Sanktion in einem allgemeineren Sinne mehrdeutig verwendet. Neben dem negativen Aspekt erhält er einen positiven: „Strafe" wird komplementär ergänzt durch „Belohnung". Negative und positive Sanktionen dienen als vielfach *austauschbare Mittel der Verhaltenssteuerung* dem Zweck, Verhaltenskonformität zu erreichen. Die Betroffenen sollen sich veranlaßt sehen, bestimmte Dinge zu tun und andere nicht zu tun. Es gehört zu den wichtigen Erkenntnissen der Lernpsychologie, daß den durch ein System der Belohnung erreichten Verhaltensänderungen (z. B. in der Familie und anderen Primärgruppen) die größere Wahrscheinlichkeit dauernden Bestehenbleibens innewohnt als den Verhaltensweisen, die lediglich mit dem repressiven Mittel der Strafe bewirkt und aufrechterhalten werden. Die neuere Verhaltenspsychologie, die sich insoweit mit der Lerntheorie überschneidet, versucht daraus (in einem mitunter mechanistischen Modell) eine allgemeine Theorie des Verhaltens zu entwickeln, worin Belohnung und Bestrafung den Charakter von Stimuli, d. h. Anreizen erhalten, die als „positive Verstärker" bzw. „negative Verstärker" Verhalten ändern oder verfestigen. Im Bereich des Staates indes können Sanktionen im Hinblick auf den einzelnen überwiegend auf die negative Komponente eingegrenzt verstanden werden (Ausnahme etwa: öffentliche Belobigung als „Kavalier der Straße"): Als Reaktionen eines Teils der Bevölkerung oder ihrer designierten Funktionsträger auf bestimmte Verhaltensweisen, um diese für die Zukunft zu unterbinden. (Zur dennoch zugleich möglichen positiven Wirkung auf die gesamte Gruppe vgl. → Funktionen der Kriminalität.) Werte, Normen und Sanktionen gehen als wesentliche Elemente ein in das Gesamtsystem der sozialen Kontrolle (→ Recht und soziale Kontrolle).

Die *Strafrechtswissenschaft* als normative Wissenschaft vom Verbrechen (→ Verbrechensbegriff; → Strafrechtssoziologie) beschäftigt sich u. a. mit der inneren Struktur von Strafnormen, ihren Beziehungen zueinander, ihrer Reichweite und Begrenzung; darüber hinaus mit der angemessenen Art und Weise der anzudrohenden Sanktionen allgemein und der tatsächlichen → Strafzumessung speziell. Demgegenüber geht es der *Kriminologie* und ihren empirischen Bezugswissenschaften primär um das Erfassen der personalen und sozialen Wirklichkeit von Verbrechen und Strafe in all ihren weitreichenden Zusammenhängen (→ Kriminologie und Strafrecht). Bei der Strafzumessung z. B. ist von kriminologischem Interesse, wie sich an Gerichten durch Übung und stille Anpassung der Richter oder auch durch mittelbare Steuerung von Obergerichten her gewisse gerichtsübliche Zumessungsregeln bilden, die als Straftaxen Jahrzehnte und selbst tiefgreifende Gesetzesänderungen überdauern können. Bei den Strafsanktionen generell wird in Deutschland die Einsicht von der Einbettung auch des Rechts in das Gesamt sozialer Verhaltenserwartung und -steuerung vielfach überdeckt durch den altüberkommenen Theorienstreit über die sog. Strafzwecke oder Strafziele. Die im Bedeutungsgehalt unterschiedlich weit auslegbaren Begriffe *Repression* und *Prävention* (→ Verbrechenskontrolle) dienen der Überhöhung und manchmal auch Verschleierung der eigentlich dahinterstehenden Wertentscheidungen für eine bestimmte → Kriminalpolitik, die wiederum auf ethischen, moralischen, philosophischen und theologischen Grundvorstellungen über den Sinn menschlichen wie gesellschaftlichen Handelns aufbauen.

Breland, M., Lernen und Verlernen von Kriminalität, Opladen 1975; *Diekmann, A.*, Die Befolgung von Gesetzen, Berlin 1983; *Doleschal, E.*, Soziales Kräftegleichgewicht und Kriminalität, KrimJ 11 (1979), S. 81–101; *Guss, K.*, Lohn und Strafe. Ansätze und Ergebnisse psychologischer Forschung, Bad Heilbrunn 1979; *Popitz, H.*, Die normative Konstruktion von Gesellschaft, Tübingen 1980; *Schöch, H.*, Kriminologie und Sanktionsgesetzgebung, ZStW 92 (1980), S. 143–184; *Spittler, G.*, Norm und Sanktion, Olten u. a. 1967.

HANS-JÜRGEN KERNER

Sanktionsforschung, Pönologie. *Sanktionsforschung* hat gemäß der Ausdifferenzierung der → Sanktionen die kriminalrechtliche und i. e. S. *strafrechtliche Sanktionenrealität* zum Kernstück. Sie knüpft an die historische (besonders auch sozial-historische) Forschung zum Ursprung des Strafrechts moderner Prägung sowie an die Forschung zur Entwicklung einzelner (jüngerer) Normen bzw. strafrechtlichen Normenkomplexe an (→ Norm, Normgenese). Zur eigentlich *empirischen Sanktionsforschung* gehört auch die Auseinandersetzung mit den sog. Straftheorien (→ Kriminologie und Strafrecht). Interessant ist dabei jedoch nicht deren grundlegende staatstheoretische und strafrechtstheoretische Funktion als Legitimationskonzepte („Rechtfertigung des Strafens"). Vielmehr geht es um Möglichkeiten und Grenzen des empirischen Zugangs zu denjenigen der Straftheorien, die prinzipiell – anders als z. B. reine Vergeltungstheorien – auf „Wirkungen" abstellen oder „Zwecke" in der Realwelt implizieren, also die Theorien der Abschreckung, Sozialintegration (oder auch positiven Generalprävention) und Resozialisierung. Weiterer Gegenstand der empirischen Sanktionsforschung ist auch die Erfassung von in der Bevölkerung oder in Teilgruppen verbreiteten *Einstellung zur Strafe* generell sowie von Einstellungen speziell zur bevorzugten oder befürworteten Reaktion auf Straftaten und Straftäter im Spannungsfeld von förmlicher Bestrafung einerseits, *Schadenswiedergutmachung* und Konfliktausgleich andererseits (→ private Verbrechenskontrolle, → Viktimologie). Ob das gerade von Juristen und (sonst) in der Gesetzgebungspolitik (→ Kriminalpolitik) gerne verwendete „Strafbedürfnis der Bevölkerung" tatsächlich überhaupt und, wenn ja, in dem gewöhnlich hypostasierten Umfang besteht, ist dabei nur eine von vielen interessanten Fragestellungen.

Soweit das Kernstück, die *strafrechtliche Sanktionenrealität*, betroffen ist, können weite Bereiche der in der Kriminologie durchgeführten Erhebungen und Analysen als sog. Rechtstatsachenforschung eingestuft werden. Ihr Hauptziel ist demnach nicht die ausdrückliche Hypothesentestung oder die Entwicklung von Theorien. Vielmehr geht es in teils grundlagenorientierter, teils anwendungsorientierter Perspektive, auch mit unterschiedlichen Ausprägungen von Affirmation oder Kritik, um die möglichst systematische Erfassung des *tatsächlichen Anwendungsbereichs* (einschließlich des zufälligen bis gezielten Anwendungsverzichts) von → ambulanten Maßnahmen und → freiheitsentziehenden Maßnahmen im Handeln der Amtsträger und deren Kooperationspartner. Die klassische Perspektive bezog sich ganz auf die förmlichen Sanktionen, die heutzutage ausschließlich dem (Jugend)Strafrichter vorbehalten sind, also die eigentlichen Strafen (Geldstrafe, Bewährungsstrafe, Freiheitsstrafe und Jugendstrafe sowie Strafarrest), die Maßregeln der Besserung und Sicherung, die Erziehungsmaßregeln und die Zuchtmittel. Die modernere Perspektive ist demgegenüber erweitert. Sie richtet sich nicht nach der juristischen bzw. gesetzlichen Kategorisierung, sondern bezieht sich auf die Handlungsrealität der Akteure und die Erlebensrealität der Betroffenen von belastenden Zugriffen auch: die Auflagen bei der vorläufigen Einstellung des Verfahrens durch Staatsanwaltschaft oder/und Gericht nach § 153a StPO, einschließlich der sich seit wenigen Jahren besonders stark ausbreitenden Variante der „Absprachen im Strafprozeß"; die Weisungen und Auflagen beim erweiterten formlosen Erziehungsverfahren auf der Grundlage von §§ 45, 47 JGG (→ Diversion); die polizeilichen Verwarnungen im Straßenverkehr; die im Bußgeldverfahren wegen Ordnungswidrigkeiten verhängten Geldbußen; das sog. Unterwerfungsverfahren vor den Finanzbehörden im Vergleich zum förmlichen Verfahren des Steuerstrafrechts.

Die Entscheidungskriterien der für die Sanktionierung im konkreten Fall Verantwortlichen führen in das Teilgebiet (oder parallele Gebiet, je nach Ansatz) der *empirischen Strafzumessungsforschung* (→ Strafzumessung). Negative Einwirkungen der Vollstreckung von Sanktionen werden besonders im Teilbereich der Pönologie (s. u.) bzw. der *Strafvollzugsforschung* thematisiert (→ Strafvollzug; → Prisonisierung). Positive Einwirkungen im Sinne der → Resozialisierung, die dem traditionellen Strafvollzug zunehmend abgesprochen wurde, erwartete man bis Mitte der 70er Jahre dominant vom Behandlungsvollzug (Sozialtherapie). Die dazugehörige → *Behandlungsforschung* brachte einen Teil Ernüchterung. Dies war einer von mehreren Gründen für eine allmähliche Verschiebung des Interesses der Forschung auf zunächst die → *Bewährungshilfe* und im weiteren Verlauf auf justizvermeidende (oder -zurückdrängende) Betreuungsangebote im Sinne der schon angesprochenen → *Diversion*. Das neue Gesamtthema der Sanktionsdiskussion, das erst allmählich auch der Sanktionsforschung (als Empirie) den Stempel aufdrückt, heißt → *Alternativen zum Strafrecht*.

Zur Sanktionsforschung gehören schließlich, wie schon angedeutet, alle Fragen der *Wirksamkeit von Sanktionierung* überhaupt (→ Generalprävention) und der *Wirkung von Sanktionsmaßnahmen* im Speziellen, bezogen auf die tatsächlichen Betroffenen (→ Erfolg, Bewährung, Effizienz). Besonders Studien zur *Legalbewährung* aus jüngeren Jahren haben erkennen lassen, daß der → Rückfall fast nie nach dem Modell eines linearen (Eingriffs-)Ursache-(Erfolgs-)Wirkungs-Schema beeinflußt werden kann. Die provokanteste Folgerung aus vergleichenden Effizienzstudien (z. B. ALBRECHT 1982), die von Kriminologen zumindest als erkenntnisleitende Maxime gezogen wird, mündet in der *These der Nichtwirkung* strafrechtlicher Eingriffe oder, milder, in der *These der Gleichwirksamkeit* verschiedenster Sanktionen. Ihre negative Kraft liegt auf der Hand. Positiv läßt sich die praktische Anleitung für Sanktionsanwender daraus entwickeln, daß im Zweifel mit der leichteren Sanktion derselbe unmittelbare Effekt erreicht werden kann.

In der älteren Kriminologie war statt von (empirischer) Sanktionsforschung oder auch Behandlungsforschung verbreitet von *Pönologie* die Rede. Abgeleitet aus dem lateinischen Begriff der „poena“ (= Pein, Buße, Strafe), sollte dieser Terminus theoretisch umfassend den Inbegriff der erfahrungswissenschaftlichen Befassung mit den staatlichen Strafsanktionen von der Verhängung über die Vollstreckung bis zum Vollzug verkörpern. Faktisch setzten die Pönologen entweder einen historischen Schwerpunkt (Geschichte des Verbrechens und der Strafrechtspflege bzw. der Strafformen), oder sie konzentrierten sich auf die aktuelle Realität von Strafvollstreckung und Strafvollzug.

Als wichtiger Vorläufer der Pönologie darf die im 19. Jh. verhältnismäßig weit entwickelte *Gefängniskunde* gelten, die Lehre von den „Gefängnisanstalten und dem Leben in ihnen“ sowie von der „Durchsetzung des Erziehungsstrafvollzugs" (MITTERMAIER). Die ersten systematischen „Vorlesungen über die Gefängniskunde" in Deutschland wurden bereits 1828 von N.H. JULIUS veröffentlicht. Im 20. Jh. verlagerte sich der Schwerpunkt der Entwicklung aber weitgehend in die anglo-amerikanischen und skandinavischen Staaten. Von dort gab die fortgebildete Strafvollzugswissenschaft, die *Penology*, neue Anregungen nach Europa zurück.

Den *engeren Gegenstand* der auch gegenwärtig noch relevanten Pönologie bilden die *Freiheitsstrafen* und freiheitsentziehenden *Maßregeln*, die als einzige regelrecht vollzogen werden und auch wesentlich die Rechtsstellung der Betroffenen beschneiden (→ freiheitsentziehende Maßnahmen), sowie die vollzugsvermeidenden Sanktionsformen der Bewährung und bedingten Entlassung. (In den USA z. B., die noch die Todesstrafe kennen, bezieht man dieses „capital punishment" ebenfalls mit ein). Dieser Pönologie als einer empirischen Wissenschaft geht es nicht primär um das normative Gefüge des Strafvollzugs bzw. *Vollzugsrechts*. Ganz vernachlässigen kann sie es schon deshalb nicht, weil es die Grundlinien der *Vollzugswirklichkeit* vorprägt und den Rahmen bestimmt, innerhalb dessen überhaupt Vollzug existiert. Ähnliche Erwägungen gelten für die technischen und administrativen Voraussetzungen, ohne die der Vollzugsalltag nicht durchgeführt werden könnte. Auch diese „administrative Pönologie" (LOPEZ-REY) wäre einem praktisch orientierten Lehrfach der *Strafvollzugskunde* i. w. S. zuzuordnen (MÜLLER-DIETZ). Im übrigen bleibt eine große Zahl von Fragestellungen und Problembereichen zur Erforschung übrig, deren wichtigste im folgenden stichwortartig erwähnt seien:

Als Ausgangslage gilt für jede Pönologie das grundlegende „Dilemma des Strafvollzugs": Dieser ist Gegenstand divergierender gesellschaftlicher Erwartungen, die er zugleich erfüllen soll, obwohl sie einander letztlich ausschließen. Einerseits soll die Gemeinschaft vollständig vor jeder Gefahr, die von den abgesonderten Gefangenen ausgehen könnte, gesichert werden: Es gelten die Devisen „Sicherheit vor allem" und „kein Risiko". Andererseits sollen die Täter resozialisiert oder überhaupt erst sozialisiert, d. h. befähigt werden, sich in der Gesellschaft ohne ernsthafte Gesetzesverstöße zu bewegen (→ Resozialisierung). Dieses Ziel aber verlangt eine Einübung in soziale Verhaltensweisen, die ohne möglichst an den Alltag angepaßte Vollzugsgestaltung kaum erreicht werden kann: Es gelten die Devisen „Normalisierung" und „soviel Selbstbestimmung wie möglich", die notwendigerweise das wie auch immer verstandene Risiko erhöhen. Innerhalb der einzelnen Strafanstalten bricht der Gegensatz in Form von sog. *Zielkonflikten* auf, vor allem dann, wenn die verschiedenen Gruppen des Personals die Schwerpunkte verschieden setzen. Der Pönologie erwächst hier die Aufgabe, empirische Grundlagen für einen Kompromiß oder aber auch für Differenzierungen zu erarbeiten, die es erlauben, je nach Eignung der verschiedenen Gefangenen-Kategorien eindeutige Entscheidungen zu treffen. Dies berührt den nächsten Schwerpunkt moderner Pönologie, die Persönlichkeitserforschung der Gefangenen und die *Täterklassifizierung*. Individuell abgestimmte Behandlung setzt differenzierte Behandlungseinrichtungen und -formen voraus; dazu muß man dann wissen, welche Form welcher Persönlichkeit angemessen ist (→ Behandlungsforschung). Gerade hier sind Fortschritte nur durch internationalen Erfahrungsaustausch im Sinne *vergleichender Pönologie* (KAISER) zu erzielen. Dieser Vergleich dient dabei auch dem Zurückschrauben hochgespannter Erwartungen, einmal insoweit, als die Problematik des Verhältnisses von Kosten und → Erfolg der Maßnahmen stärker berücksichtigt wird, zum anderen deshalb, weil man schärfer beobachtet, ob die jeweils „neue Pönologie" nicht bloß eine (– auf ein sonst unverändert gebliebenes System nur aufgepfropfte –) vordergründige Verschönerung bedeutet (SCHNUR).

Ergänzt werden müssen die täterorientierten Forschungen durch die Analyse des *Strafvollzugs* als Teil eines mehr oder minder *punitiven Gesamtsystems*. Vor allem der Vollzug ohne Behandlung bestimmt trotz des 1977 in Kraft getretenen Strafvollzugsgesetzes noch überwiegend die Wirklichkeit. Bei der Betrachtung der eigentlichen Vollzugsorganisation (Behörden, Anstalten) selbst geht es z. B. um die Darstellung von Art, Größe, Einrichtung und Belegung der Institutionen, um die Einzelheiten des Zugangs und Abgangs der Insassen, um Zahl und Ausbildung sowie Verteilung des Personals auf die verschiedenen Funktionen im Vollzug, um den Personalschlüssel, d. h. das Zahlenverhältnis von Insassen und Stab, um die Probleme einer zugleich effektiven wie sinnvollen Gefangenenarbeit, um die Frage der (gerechten) Entlohnung, um das (vollständige) Einbeziehen in die Sozialversicherung und schließlich um Kostenanalyse der Vollzugsarten (s. a. → Kosten des Verbrechens). In dieser Hinsicht kann u. U. eine auf den ersten Blick kostenintensivere Form des Anstaltsbaues oder Anstaltsbetriebes von den sozialen Gesamtkosten her betrachtet billiger und effektiver sein, weil die anderweitig eingesparten Beträge den Mehraufwand übersteigen. Verbesserungen des traditionellen Vollzugs bedeuten u. a. der halboffene und offene Vollzug, das Freigängertum, der Urlaub und die erweiterte Gefangenenmitverantwortung.

Zu den weiteren Fragestellungen der Pönologie gehören die psychologische und soziologische *Analyse der Haft*. Vom einzelnen Täter her gesehen: Die Psychologie des Hafterlebens; der Prozeß der Haftgewöhnung mit der Gefahr der Lebensuntüchtigkeit; die *Gefängnisprägung* (Prisonization oder → Prisonisierung) besonders bei langzeitigen Strafgefangenen; die besonderen Haltungsstile, die sich vor allem bei Lebenslänglichen entwickeln, und schließlich die Auswirkungen des Vollzugs auf die personalen und sozialen Kontakte des Gefangenen. Vom Vollzug als einer (sozialen) Organisation her gesehen: das alte Gefängnis als „totale Institution"; die *Gefängnissubkultur* oder auch „Prison Community", die zu einem System von eigenen Normen, sozialen Rollen und Verhaltensmustern bei Stab und Insassen führen kann, wobei noch offensteht, inwieweit sich hier bloß allgemeine, organisationssoziologisch relevante Mechanismen durchsetzen, die denen in anderen Binnengesellschaften (Militär, Internaten, Orden) gleichen und nach der Entlassung keine wesentlichen Spuren im Verhalten hinterlassen.

Moderne Kriminaltherapie als Anwendungsform der klinischen → Kriminologie und *Vollzugsprognoseforschung* schließlich gewinnen seit den 70er Jahren stärkeres Gewicht in den praktischer orientierten Zweigen pönologischen Bemühens. Einen Kristallisierungspunkt bilden die *sozial-therapeutischen Anstalten*. Zu den Vorbildern für die Bundesrepublik gehörten die Anstalt Herstedvester in Dänemark und die VAN DER HOEVEN-Kliniek in Utrecht in den Niederlanden.

Albrecht, H.-J., Legalbewährung bei zu Geldstrafe und zu Freiheitsstrafe Verurteilten, Freiburg 1982; *Albrecht, H.-J., Dünkel, F., Spieß, G.*, Empirische Sanktionsforschung und die Begründbarkeit von Kriminalpolitik, MschrKrim 64 (1981), S. 310–326; *Arzt, G.*, Der Ruf nach Recht und Ordnung, Tübingen 1976; *Doig, J.W.* (Hrsg.), Criminal Corrections. Ideals and Realities, Lexington/Mass., Toronto 1983; *Hanak, G., Stehr, J., Steinert, H.*, Ärgernisse und Lebenskatastrophen. Über den alltäglichen Umgang mit Kriminalität, Bielefeld 1989; *Heinz, W.* (Hrsg.), Rechtstatsachenforschung heute, Konstanz 1986; *Johnston, N.L., Savitz, M.E., Wolfgang, M.* (Hrsg.), The Sociology of Punishment and Correction, 2. Aufl., New York u. a. 1970; *Kaiser, G.*, Perspektiven vergleichender Pönologie, MschrKrim 63 (1980), S. 366–378; *ders.*, Strafvollzug im europäischen Vergleich, Darmstadt 1983; *ders.*, Was wissen wir von der Strafe?, in: Festschrift für P. Bockelmann, hrsg. v. Kaufmann, A. u. a., München 1979, S. 923–942; *Karstedt-Henke, S.*, Die Einschätzung der generalpräventiven Faktoren und ihrer Wirksamkeit durch die Bevölkerung – Ergebnisse einer empirischen Untersuchung, Kriminologisches Journal 19 (1987), S. 66–78; *Lopez-Rey, M. German, G.*, (Hrsg.), Studies in Penology, Den Haag 1964; *Mittermaier, W.*, Gefängniskunde, Berlin, Frankfurt/M. 1954; *Müller-Dietz, H.*, Grundfragen des strafrechtlichen Sanktionensystems, Heidelberg, Hamburg 1979; *ders.*, Strafvollzugskunde als Lehrfach und wissenschaftliche Disziplin, Bad Homburg 1969; *Schnur, A.C.*, The New Penology: Fact or Fiction?, JCrim 49 (1958/59), S. 331–342; *Schüler-Springorum, H.*, Strafvollzug im Übergang, Göttingen 1969; *Sessar, K., Beurskens, A., Boers, K.*, Wiedergutmachung als Konfliktregelungsparadigma?, Kriminologisches Journal 18 (1986), S. 86–104; *Streng, F.,* Strafrechtliche Sanktionen. Grundlagen und Anwendung. Stuttgart u. a. 1991; *Vanberg, V.*, Verbrechen, Strafe und Abschreckung, Tübingen 1982.

HANS-JÜRGEN KERNER

Schadenswiedergutmachung → Opfer und Strafverfahren, → Viktimologie

Schicht und Klasse. Diese beiden Konzepte dienen der theoretischen Erklärung und empirischen Beschreibung der Binnenstruktur komplexer sozialer Großsysteme, im allgemeinen solcher *gesamtgesellschaftlicher* Art. Mit ihnen soll die soziale Tatsache politisch benannt und wissenschaftlich dargestellt werden, daß menschliches Verhalten über die Ebene von kleinen und überschaubaren Gruppen hinaus in übergreifenden sozialen Aggregaten und Gebilden zusammengefaßt und organisiert ist, die in vielfältiger Weise das Leben der Menschen bestimmen. Sie sind damit die entscheidenden Parameter und Kategorien der *Sozialstruktur* einer Gesellschaft oder auch von Typen von Gesellschaften *(Klassengesellschaften vs. geschichtete Industriegesellschaften).*

Theoriegeschichtlich stellen sie Antworten auf die Frage nach den Ursprüngen, der Struktur und der Funktion *sozialer Ungleichheit* dar. Die soziale Erfahrung des Oben und Unten, des Mehr oder Weniger, der Über- und Unterordnung in einer Gesellschaft wurde erst durch die mit der europäischen Aufklärung verbundene und naturrechtlich begründete Lehre von der *natürlichen Gleichheit* aller Menschen zu einem erklärungsbedürftigen Faktum, nachdem seit der Antike die aristotelische Doktrin der natürlichen Ungleichheit unter den Menschen für das gesellschaftliche Selbstverständnis bestimmend gewesen war. Das aber heißt, die Grundlagen der Ungleichheit unter den Menschen in der Art und Weise zu suchen, wie Menschen zueinander in Beziehung treten und welche Verhältnisse sie untereinander typischerweise einzugehen pflegen. Es heißt weiter, soziale Ungleichheit zu einem Gegenstand der *Gesellschaftskritik* und der *politisch zugänglichen Gestaltung* zu machen, in der These und dem Glauben von der natürlichen Ungleichheit der Menschen nichts anderes zu sehen, als die Immunisierung und Tabuisierung sozialer Ungleichheit, denn: „Die ‚Legende' jeder hochprivilegierten Gruppe ist ihre natürliche, womöglich ihre ‚Bluts'-Überlegenheit" (WEBER 1956, 549). Diesem Umstand ist es vor allem zuzuschreiben, daß sich in der Analyse sozialer Ungleichheit seit jeher und nach wie vor *die Konzepte der Schicht und der Klasse unvermittelt und konträr gegenüberstehen.*

Die Erkenntnis, daß soziale Ungleichheit *gemacht* und *nicht vererbt* ist, ist in einem die Wurzel und das *zentrale Problem der Soziologie*. Das bedeutet allerdings nicht, daß die Soziologie den Sachverhalt historisch und sozialstrukturell kontingenter Ungleichheit entdeckt oder gar erfunden hätte. Sie kann nicht einmal für sich reklamieren und dafür zitiert werden, daß sie dieser Tatsache begrifflichen und politischen Ausdruck gegeben hätte.

Der Terminus „Klasse", der dem Begriff der „Schicht" historisch vorausgeht, hat sich zur Bezeichnung sozialer Ungleichheit in der Zeit etwa zwischen 1770–1840 in der öffentlichen Diskussion und der politischen Auseinandersetzung zwischen den Trägern der feudalen Gesellschaft und denen der bürgerlichen Gesellschaft etabliert. Er war damit längst Bestandteil gesellschaftlicher und politischer Selbstreflexion, als er in den Arbeiten von KARL MARX und FRIEDRICH ENGELS um die Mitte des vorigen Jahrhunderts seine theoretische, wissenschaftliche und politische Fixierung erhielt. Und es ist nicht nur von historischem Interesse zu erinnern, daß sein sozialstruktureller Bedeutungshorizont im England der industriellen und im Frankreich der politischen Revolution geprägt wurde und dort bis heute mit einer größeren – auch umgangssprachlichen – Unbefangenheit gebraucht wird, als das etwa je in Deutschland der Fall war.

Der Begriff der sozialen Schicht oder Schichtung – geprägt von der frühen amerikanischen Soziologie und dort entlehnt aus der Sprache der Geologie, in der deutschen Soziologie erst nach dem 2. Weltkrieg populär geworden –, versteht sich als pointierter theoretischer und vor allem politischer Gegenbegriff zu dem der Klasse.

Die marxistische Gesellschaftstheorie hat erst in zweiter Linie zum Ziel, eine präzise und historisch konkrete Klassenanalyse zu sein. Vielmehr ist die Klassentheorie ein abgeleiteter Bestandteil der theoretischen Analyse der „Anatomie der bürgerlichen Gesellschaft", deren zentrales Strukturprinzip der Marxismus *in der Art der Organisation des gesellschaftlichen Produktions- und Reproduktionsprozesses* sieht. Die *kapitalistische Produktionsweise* sei durch ein spezifisches *Produktionsverhältnis* gekennzeichnet, das die *Produktionsmittel* von den unmittelbaren Produzenten trenne. Damit würden die Produzenten – die Lohnarbeiter – selbst zu einer „Ware", über deren Einsatz der Produktionsmittelbesitzer – der Kapitalist oder (politisch) der Bourgeois – verfüge. Diesem Strukturprinzip wohne eine Gesetzlichkeit inne, die mit außerordentlicher Dynamik die gesellschaftlichen Produktivkräfte entwickle und auf der sozialen und politischen Ebene zu einer zunehmenden Polarisierung zwischen den beiden

Klassen der Kapitalisten und der Lohnarbeiter führe, die schließlich in der „Aufhebung" der kapitalistischen Produktionsweise ende. Die marxistische Gesellschaftstheorie ist daher zunächst eine Theorie der Entwicklung von Gesellschaften auf der Basis ökonomischer Strukturprinzipien. Daraus ist auch zu erklären, daß es eine voll ausformulierte und historisch präzise Klassenanalyse zeitgenössischer europäischer Gesellschaften von MARX und ENGELS nur ansatzweise gibt. Die Dichotomie von Kapital und Lohnarbeit ist nicht mit einer solchen zu identifizieren, wie übrigens MARX und ENGELS selbst wiederholt in ihren Schriften bezeugt haben.

In theoretischer Hinsicht hat vor allem WEBER (1956) eine Alternative zur Klassentheorie formuliert, auf der – allerdings in z. T. recht selektiver Form – die empirischen Analysen sozialer Schichtung aufbauen. WEBER hat „Klassenlagen" im ökonomischen Sinne differenzierter („Besitz"- und „Erwerbsklassen") bestimmt, darüber hinaus vor allem aber mit der Kategorie der *„ständischen Lage"* ein autonomes Differenzierungsprinzip geltend gemacht, das in der auf „Lebensführungsart", „formaler Erziehungsweise" und/oder „Abstammungsprestige" oder „Berufsprestige" begründeten „positiven oder negativen Privilegierung in der sozialen *Schätzung*" besteht (a. a. O., 177 ff. Hervorheb. im Original). Im Gegensatz zu der marxistischen Klassentheorie wird hier der Verwendung der Güter (Konsumtion) eine ihrer Produktion gleichwertige Rolle bei der Schichtanalyse eingeräumt. Allerdings ist die „ständische Lage" eine Kategorie bei WEBER, die in seiner historischen Analyse eine ungleich größere Rolle spielt als in seinen Analysen des Kapitalismus. Für letzteren nimmt er als „soziale Klassen" (d. h. „die Gesamtheit derjenigen Klassenlagen", *„zwischen* denen ein Wechsel ... persönlich, ... in der Generationenfolge ... leicht möglich ist ...") „die Arbeiterschaft", „das Kleinbürgertum", die „besitzlose Intelligenz und Fachgeschultheit" und „die Klassen der Besitzenden und durch Bildung Privilegierten" an (ebd.).

Die empirische Tradition der Schichtungsforschung setzt die Akzente insofern noch etwas anders, als sie von sozialen Schichten insoweit spricht, als sich mit „Sozialkategorien" („eine Anzahl von Menschen, die im Hinblick auf ‚sozial relevante' (d. h. das gegenseitige Verhalten beeinflussende) Merkmale gleich oder ähnlich erscheinen") „Differenzierungen im Sinne von besser- oder schlechtergestellt, bevorzugt oder benachteiligt, mehr oder weniger geachtet usw. (verbinden)" (BOLTE u. a. 1974, 15). Eine Schicht wird also definiert und empirisch bestimmt über das Ausmaß und den Grad der Standardisierung und der Gleichartigkeit des sozialen Handelns – oder umgekehrt: Die Gültigkeit eines Schichtkriteriums hängt ab von der Frage der Eignung des jeweiligen Schichtfaktors für die „Erklärung" oder „Prognose" des Verhaltens.

Als Kriterien oder *Dimensionen sozialer Schichtung* werden *in der Schichtungsforschung am häufigsten* das *Einkommen*, die *berufliche Situation* und die *formale Ausbildung* verwendet, die gelegentlich um kulturelle oder am sozialen „Stand" i. S. WEBERs orientierte Dimensionen erweitert werden, die dann bisweilen zu einem sog. gewichteten *Schichtindex* statistisch verdichtet werden. Als besonders zuverlässige und zentrale Dimension hat sich dabei in vielen Untersuchungen der nach den verschiedensten Merkmalen (Selbständigkeit;

Qualifikation; Betriebsgröße; privater oder öffentlicher Sektor) differenzierte berufliche Status erwiesen, der dann auch zur Grundlage eines vielfach eingesetzten Instruments zum Zwecke der sozialen Schichtbestimmung genommen wurde, mit der Besonderheit, daß die Schichteinteilung alleine aufgrund der sozialen Selbsteinstufung (SSE) der Befragten erfolgt.

Ein zentrales und weitgehend ungelöstes Problem der Schichtungsanalyse besteht in der Identifizierung der Anzahl und des Umfangs distinkter sozialer Schichten: Welches sind die Zäsuren in dem Kontinuum hierarchischer sozialer Differenzierung? Damit zusammen hängt die weitere Frage der theoretischen oder bloß empirischen Beziehung der verschiedenen Dimensionen sozialer Schichtung untereinander. Ein drittes Problem schließlich ergibt sich aus *der Vernachlässigung und unbefriedigenden Behandlung der Dimension sozialer Macht und Herrschaft* im Schichtungsparadigma.

Die Klassentheorie hat hierfür Antworten parat: Sie unterscheidet prinzipiell zwei Klassen voneinander, deren interne Differenzierung nach den von der Schichtungsanalyse identifizierten Dimension den Unterschied zwischen den (zwei) *Klassen an sich* und den *Klassen für sich* begründen. Die Transformation einer Klasse an sich zu einer Klasse für sich bewirkt das *Klassenbewußtsein*. Damit ist gleichzeitig der Zusammenhang von der Schichtungsanalyse unterschiedener Dimensionen klassentheoretisch beantwortet. Die Frage gesellschaftlicher Macht und damit zusammenhängend die nach der Struktur und Funktion des politischen Systems und – noch weitergehend – die des Staates, wird ebenfalls aus den Strukturbedingungen der ökonomischen Produktionsprozesse beantwortet, obwohl auch in deren Hinsicht – ähnlich wie bei der Klassentheorie – festzustellen ist, daß es eine voll ausgebaute Staatstheorie bei MARX und ENGELS nicht gibt. In der Schichtungsanalyse dagegen bleibt die Antwort auf die Frage nach Zahl und Umfang distinkter sozialer Schichten mehr oder weniger beliebig.

Die Verknüpfung der verschiedenen Dimensionen sozialer Schichtung geschieht lediglich empirisch-statistisch. Die Rolle gesellschaftlicher Macht und Herrschaft wird im allgemeinen aus der Schichtungsanalyse i. e. S. ausgeklammert und als autonomer Bereich von Gesellschaften thematisiert, zu dem sich Verknüpfungen zur Schichtstruktur nur empirisch über Studien zur *Struktur und Rekrutierung von Eliten* herstellen lassen. Allgemein verflüchtigt sich auch die Schichtungsanalyse empirisch und öffnet sich zu Konzepten wie „Lebenslage", „Lebensstil" u. ä. (vgl. u. a. LÜDTKE 1989).

Die bevorstehenden ungelösten Fragen haben zu einer Umorientierung in der Diskussion um Schicht- und Klassenstruktur geführt, die sich in drei Punkten zusammenfassen läßt:

1. Es ist eine deutliche Abkehr von der empirischen Bildung und Bestimmung von Schichten zu beobachten zugunsten eines *komplexen Systems der sozialstrukturellen und sozialpolitischen Berichterstattung*, die zwar die traditionellen Dimensionen sozialer Schichtung mitumfaßt, darüber hinaus aber um ein komplexes und differenziertes System „sozialer Indikatoren" erweitert ist. Für die Bundesrepublik manifestiert sich diese Richtung der soziologischen Strukturanalyse in dem seit Mitte der 70er Jahre laufenden Projekt „Sozialpolitisches Entscheidungs- und Indikatorensystem für die Bundesre-

publik Deutschland" (SPES) und den daraus erwachsenen Publikationen (GLATZER/ZAPF 1984; GEISSLER 1987).

2. Unter dem massiven Eindruck der empirischen Befunde a) über die *Verteilungsindices* von *Einkommen* und *Besitz* und deren Entwicklungstendenzen in der Bundesrepublik, b) über die nach wie vor hohen Grade beruflicher „Vererbung" und Selbstrekrutierung bzw. *das geringe Ausmaß vertikaler Mobilität* zu Lasten vornehmlich der Arbeiter und zugunsten der Selbständigen und der gehobenen und höheren Angestellten- und Beamtenberufe und schließlich c) über die Struktur und (begrenzte) Autonomie staatlicher Tätigkeit gegenüber der Wirtschaft sind die These der *nivellierten Mittelstandsgesellschaft* aus den 50er und 60er Jahren sowie die sog. *funktionalistische Schichtungstheorie* stark in Zweifel geraten. Ihre These der funktionalen Notwendigkeit der von ihr als universell betrachteten sozialen Ungleichheit zur Rekrutierung knapper Talente für gesellschaftlich hoch bewertete und funktional bedeutsame Positionen ruht auf Prämissen und impliziert empirische Befunde, die die Forschung nicht bestätigt hat.
3. Das Schichtungskonzept hat seinen lange reklamierten Anspruch einer Alternative zur Klassentheorie sichtbar zurückgenommen. Das Konzept selbst wird neuerdings durch die unmittelbare Bezeichnung des Gegenstandes selbst – soziale Ungleichheit – ersetzt (KRECKEL 1983; STRASSER/GOLDTHORPE 1985; GIESEN/HAFERKAMP 1987). Elemente und Konzepte marxistischer Gesellschaftsanalyse werden zur Analyse sozialer Ungleichheit ernster als bislang genommen, wie etwa von dem bekannten englischen Soziologen GIDDENS (1979; GIDDENS/HELD 1982) sowie dem ebenso bekannten französischen Soziologen BOURDIEU (1985). Mehr empirisch orientierte Forschungen suchen nach Modellen, die imstande sind, die *distributiven* Aspekte der Tradition sozialer Schichtung mit den *relationalen* Aspekten der Klassentheorie zu verknüpfen (HALLER 1983).

Die Kriminologie berühren die Existenz von sozialen Schichten und Klassen und die theoretische Diskussion darüber in vielfältiger, wenn auch oft nur vermittelter Weise. Zunächst liegt vorab aller Fragen im einzelnen auf der Hand, daß eine schichtorientierte Analyse sozialer Ungleichheit für die Kriminologie andere Fragen zu formulieren gestattet als eine klassentheoretisch fundierte (→ Kritische Kriminologie).

Eine in den letzten Jahren geführte Kontroverse, die immer noch als nicht geklärt zu betrachten ist und einen nicht geringen Stellenwert in den kriminologischen und soziologischen Zeitschriften einnimmt (vgl. u. a. CLELLAND/CARTER 1980), ist mit der systematischen Dunkelzifferforschung aufgekommen (→ Dunkelfeld). Die lange Zeit für die Kriminologie als ausgemacht geltende *inverse Beziehung zwischen Kriminalität und sozialer Schicht und Klasse*, der z. B. auch so prominente Theorien wie die *Anomietheorie*, die *Chancenstrukturtheorie* und die *Subkulturtheorie* Ausdruck geben (→ Kriminalitätstheorien, soziologische), ist angesichts vieler Befunde aus der Dunkelfeldforschung als *Mythos* bezeichnet (TITTLE/SMITH 1978) und als Ergebnis der selektiven Strukturen der Arbeitsweise der strafrechtlichen Sozialkontrolle bzw. der Durchsetzung strafrechtlicher Normen betrachtet worden.

Quantitative Bestimmung der sozialen Schichten bzw. Klassen nach verschiedenen Modellen und Zeitpunkten

Geiger[1]		Stellung im Beruf (Erwerbspersonen)[2]					Multidimensionaler Index[3,7]		SSE	1962[4,7]	1975[5]
Gesamtbevölkerung	1925		1882	1925	1950	1979					
Kapitalisten	0,9	Selbständige	28,0	16,5	14,5	8,9	OM	7,5	OM	6	7,4
Alter Mittelstand	17,8	Mithelfende Familienangehörige	10,2	17,0	13,8	3,6	MM	12,0	MM	10	11,3
							Um	25,7	UM (ni)	25	28,0
Neuer Mittelstand	18,0	Beamte und Angestellte	6,1	17,3	20,6	45,2	OU	34,8	UM (in)	10	12,3
Proletaroide	12,7	Arbeiter	55,8	49,2	51,0	42,3	MU	11,0	OU (ni)	12	9,2
									OU (in)	17	18,4
Proletariat	50,7						UU	0,5	UU	15	10,7
									SV	4	2,2
	100,1		100,1	100,0	99,9	100,0		92,5		100	100,0

	Klassen nach marxistischer Analyse[6] SED-Institut 1968/69	Projekt Klassenanalyse 1970
Arbeiterklasse	80,6	65,5
Mittelschichten (Mittelklasse)	17,0	30,1
Bourgeoisie (Kapitalistenklasse)	2,4	4,4
	100,0	100,0

1 *Geiger* 1932, S. 73.
2 *Ballerstedt/Glatzer* 1979, S. 55; *Schäfers* 1981, S. 156.
3 wie 2, S. 251.
4 *Ballerstedt/Glatzer* 1975, S. 370.
5 *Schäfers* 1981, S. 64.
6 wie 2, S. 252; das „Projekt Klassenanalyse" ist von einem Zirkel in West-Berlin durchgeführt worden.
7 OS = Oberschicht; OM = Obere Mittelschicht; UM = Untere Mittelschicht; MU = Mittlere Unterschicht; in = industriell; ni = nicht industriell.

Es waren indessen nicht nur solche empirischen Befunde, wiewohl sie immer noch nicht gesichert und von manchen auch als „neuer Mythos von Klasse und Kriminalität" zurückgewiesen werden (CLELLAND/CARTER 1980, 320), die in der Kriminologie die Beziehung zwischen sozialer Schicht bzw. Klasse und Kriminalität erneut auf die Tagesordnung gesetzt haben. Vielmehr waren es Überlegungen aus dem Umkreis des *Interaktionismus*, der *Labeling*-Perspektive und des *Definitionsansatzes*, die die → Kriminologie aus ihrem Gehäuse einer rein täter- bzw. verbrechensorientierten Perspektive befreite und Fragen der Struktur strafrechtlicher Sozialkontrolle ins theoretische und empirische Forschungsprogramm der Kriminologie aufnahm. Die entscheidende „Entdekkung" dieser neuen theoretischen Perspektive läßt sich ganz allgemein darin sehen, daß *Kriminalität nicht als Ausdruck und Merkmal einer Handlung zu konzeptualisieren, sondern als Symptom und Manifestation einer sozialen Beziehung* zu sehen ist. In bezug auf die Problematik sozialer Schichten und Klassen bedeutet dies, daß über die Fragen der sozialen Rekrutierung von Delinquenten und Kriminellen hinaus, wie sie für die vorgenannten schichtorientierten kriminologischen Analysen zentral sind, solche Probleme wieder an Aufmerksamkeit gewinnen, die sich auf die Struktur des Rechts und die Funktionsweise der Justiz beziehen, m. a. W.: Die – von manchen Kriminologen und von den meisten Strafjuristen als polemisch zurückgewiesenen – Stichworte des *Klassenrechts* und der *Klassenjustiz* sind der Sache nach erneut Teil der kriminologischen Agenda (vgl. u. a. BOX 1983).

Ballerstedt, E., Glatzer, W., Soziologischer Almanach, 3. Aufl., Frankfurt/M. u. a. 1979; *Bourdieu, P.*, Sozialer Raum und „Klassen". Leçon sur la leçon, Frankfurt a. M. 1975; *Bolte, K.M., Kappe, D., Neidhardt, F.H.*, Soziale Ungleichheit, 3. Aufl., Opladen 1974; *Box, St.*, Power, Crime, and Mystification, London und New York 1983; *Box, St., Ford, J.*, The facts don't fit: On the relationship between social class and criminal behaviour, The Sociological Review 19 (1971), S. 31–52; *Bytheway, W.R., May, D.R.*, On fitting the „facts" of social class and criminal behaviour: A rejoinder to *Box* and *Ford*, The Sociological Review 19 (1971), S. 585–607; *Clelland, D., Carter, T.J.*, The new myth of class and crime, Criminology 18 (1980), S. 319–336; *Geiger, T.*, Die soziale Schichtung des deutschen Volkes, Stuttgart 1932; *Geißler, R.*, Soziale Schichtung und Lebenschancen in der Bundesrepublik Deutschland, Stuttgart 1987; *Giddens, A.*, Die Klassenstruktur fortgeschrittener Gesellschaften, Frankfurt/M., New York 1979; *Giddens, A., Held, D.* (Hrsg.), Classes, Power, and Conflict. Classical and Contemporary Debates, MacMillan 1982; *Giesen, B., Haferkamp, H.* (Hrsg.), Soziologie der sozialen Ungleichheit, Opladen 1987; *Glatzer, W., Zapf, W.* (Hrsg.), Lebensqualität in der Bundesrepublik, Frankfurt a. M. u. a. 1984; *Haller, M.*, Theorie der Klassenbildung und sozialen Schichtung, Frankfurt/M., New York 1983; *Kreckel, R.* (Hrsg.), Soziale Ungleichheiten. Sonderband 2 der Sozialen Welt, Göttingen 1983; *Lüdtke, H.*, Expressive Ungleichheit. Zur Soziologie der Lebensstile, Opladen 1989; *Schäfers, B.*, Sozialstruktur und Wandel der Bundesrepublik Deutschland, Stuttgart 1981; *Tittle, C.R., Smith, D.*, The myth of social class and criminality: an empirical assessment of the empirical evidence, ASR 43 (1978), S. 643–656; *Strasser, H., Goldthorpe, J.H.* (Hrsg.), Die Analyse sozialer Ungleichheit, Opladen 1985; *Weber, M.*, Wirtschaft und Gesellschaft, 4. Auflage, Tübingen 1956.

FRITZ SACK

Schuld und Verantwortung. 1. Einer der wichtigsten Unterschiede zwischen → Kriminologie und Strafrecht liegt im Phänomen der *Zurechnung*. Die Zurechnung (eines Ereignisses in der Wirklichkeit gegenüber einer für dieses Ereignis „verantwortlichen" Person oder Gruppe) ist für die Kriminologie ein eher beiläufiges Forschungsprodukt, für das Strafrecht ist sie eine zentrale Kategorie. Sieht man einmal von der Attributionstheorie ab, deren Gegenstand alltägliche Kausalitätsvorstellungen und Verantwortlichkeitszuschreibungen sind, so wirft die Kriminologie Zurechnungsfragen auf etwa gegenüber der → Familie als einer für Sozialisationsdefizite verantwortlichen Instanz, bei kriminogenen Wirkungen der Massenmedien (→ Massenmedien und Kriminalität) oder angesichts einer Wirtschafts-, Sozial- und Arbeitsmarktpolitik, die für Arbeitslosigkeit (→ Arbeitslosigkeit und Kriminalität) verantwortlich gemacht wird. Das Strafrecht hingegen entwickelt seine Begrifflichkeit hauptsächlich für die Beantwortung der Frage, unter welchen Voraussetzungen einem Menschen zugerechnet werden darf, daß sich ein „deliktischer Erfolg", eine Rechtsgutsverletzung, ein Verbrechen (→ Verbechensbegriff) ereignet hat.

Nicht nur die Wichtigkeit der Zurechnung, sondern auch die Art und Weise, wie mit der Zurechnung umgegangen wird, unterscheiden Kriminologie und Strafrecht. Zurechnung hat für die Kriminologie typischerweise ein überindividuelles, ein soziales Objekt: „die" Familie, die Massenmedien, die Politik (die Politiker). Das Strafrecht hingegen konzentriert die Zurechnungsfrage ausschließlich auf einen einzelnen Menschen, selbst bei der „Vorbereitung eines Angriffkrieges" (§ 80 StGB) oder bei Konkursstrafen (§§ 283–283 d StGB). Die (individuelle) Zurechnung staatlicher, gesellschaftlicher, jedenfalls: kollektiver Ursachen des Verbrechens gegenüber einem einzelnen Delinquenten (an dem diese Ursachen zur Erscheinung gekommen sind) hat dem Strafrecht die Kritik der Kriminologen eingetragen. Diese Kritik verkennt die Aufgabe des Strafrechts (→ Kriminologie und Strafrecht): Das Strafrecht hat den Einzelfall zum Gegenstand, allenfalls mittelbar die allgemeine Entstehung und Entwicklung von Delinquenz. Es hat präzise Kriterien von Strafbarkeit (von Zurechenbarkeit von Erfolgen an einzelne) zu begründen und Formen eines Verfahrens bereitzustellen, welche die Prüfung eines Verdachts gegenüber einem einzelnen so möglich machen, daß dessen Rechte (und die Rechte der anderen Beteiligten) weitgehend geschützt werden. Es soll nicht die Ursachen von Kriminalität und Kriminalisierung erforschen, es soll vielmehr Konflikte aus Abweichung praktisch verarbeiten.

Schuld (Verantwortung) ist eine Kategorie des Alltags und des Strafrechts, nicht der Kriminologie. Sie ist eine Kategorie der individuellen Zurechnung – freilich die komplizierteste und am heftigsten diskutierte, die ein modernes Strafrechtssystem kennt. Sie ist nicht die einzige Kategorie der Zurechnung, und sie ist die – historisch und systematisch – am spätesten entwickelte. Das Strafrecht rechnet ein schädigendes Ereignis (die Tötung eines Menschen, die schwere Gefährdung eines Vermögens, die Verunreinigung eines Gewässers) einem einzelnen nur dann zu, wenn er überhaupt gehandelt hat und wenn das Ereignis als vom Handeln des einzelnen verursacht nachgewiesen werden kann. „Handlung" und „Kausalität" sind Kategorien der *„objektiven Zurechnung"*. Sie stellen sicher, daß jemand für ein schädigendes Ereignis strafrechtlich nur dann einstehen muß, wenn er es „herbeigeführt" hat. „Schuld" ist eine Kategorie der *„subjektiven Zurechnung"*. Sie stellt sicher, daß jemand für ein schädigendes Ereignis strafrechtlich nur dann einstehen muß, wenn er es „verantwortlich herbeigeführt" hat.

Diese Stufen objektiver und subjektiver Zurechnung (von „Handlung" über „Kausalität" bis zu „Schuld") wirken wie einander nachgeordnete Filter: Jede spätere Stufe setzt jede frühere notwendig voraus; auf der späteren wird die Frage des Einstehenmüssens unter engeren und differenzierteren Kriterien diskutiert; was in einem früheren Filter nicht hängenbleibt, scheidet aus der Verantwortlichkeitsprüfung endgültig aus (die für das schädigende Ereignis nicht-kausale Handlung wird einer Schuldprüfung nicht mehr unterzogen, weil die Frage des Einstehenmüssens damit verneint ist).

2. *Daß* eine Strafrechtsordnung (auch) die Schuld als Voraussetzung strafrechtlicher Haftung akzeptiert und *was* sie unter dieser Voraussetzung im einzelnen versteht, darin liegt ein Indikator für die jeweilige Rechtskultur einer Gesellschaft.

a) Daß strafrechtliche Haftung nicht nur objektive, sondern auch subjektive Zurechnung voraussetzt, beruht auf der Annahme, daß Menschen für ihr Verhalten und für daraus entstehende Wirkungen *grundsätzlich verantwortlich* sind: daß schädigende Ereignisse nicht immer auf „höherer Gewalt" oder auf „Zufall" beruhen, daß sie vielmehr als Ergebnisse menschlicher Entscheidung und Verhaltenssteuerung diskutierbar sind. Sie werden nicht sämtlich als unabwendbar hingenommen (oder übersehen).

b) Von demjenigen her gesehen, der für ein Ereignis verantwortlich gemacht werden soll, bedeutet dies, daß er sich „exkulpieren" kann. Er kann darauf verweisen, daß der Eintritt des Ereignisses nicht im Bereich seiner Möglichkeiten an Entscheidungs- oder Verhaltenssteuerung lag, daß er für die von ihm verursachte Verletzung „nichts konnte": daß eine Strafrechtsordnung, welche auf (auch) subjektiver Zurechnung besteht, damit eine schlichte *Erfolgshaftung* ausschließt, daß sie eine Grenze zwischen Zufall und Fahrlässigkeit zieht und nur (mindestens) fahrlässig verursachte Ereignisse zurechnen darf, zufällig verursachte aber nicht.

c) Unsere Strafrechtsordnung erarbeitet unter dem Zurechnungskriterium der Schuld nicht nur die Grenze der Strafbarkeit (gegenüber dem Zufall), sondern auch Kriterien der Strafwürdigkeit. Sie unterscheidet – und bewertet – *Stufen innerer Beteiligung* des Handelnden am äußeren Ereignis, für das er verantwortlich ist. Diese Stufen beginnen beim unbewußt fahrlässigen Verhalten und führen über die bewußte Fahrlässigkeit, die Leichtfertigkeit, den „indirekten" und den „direkten" Vorsatz bis hin zur Absicht. Wie schon das Alltagshandeln, so geht auch die Strafrechtsordnung davon aus, daß aus Nachlässigkeit und mit Bedacht zugefügte Verletzungen nicht nur unterschieden werden können, sondern daß sie auch unterschiedlich schwer wiegen, daß sie also unterschiedlich schwere Sanktionen rechtfertigen.

d) Mit diesen Unterscheidungen auf der Stufe der subjektiven Zurechnung trägt das Strafrechtssystem zugleich dazu bei, die *Verhältnismäßigkeit* der Sanktionen zu sichern. Das Schuldprinzip wird von der heute überwiegenden Strafrechtslehre vor allem hinsichtlich seiner „limitierenden Funktion" anerkannt, also in seiner Aufgabe, Sanktionen zu verbieten und zu verhindern, welche die in der Tat zur Erscheinung gekommene innere Beteiligung des Täters unverhältnismäßig überschreiten würden. Praktische Konsequenzen hat dies insbesondere gegenüber dem kriminalpolitischen Interesse an intensiver und lange dauernder Behandlung (beispielsweise bei den „kleinkriminellen Hangtätern" → Rückfall, Rückfallkriminaliät), das vom Strafrecht unter Hinweis auf die Verhältnismäßigkeit der Strafrechtsfolgen (Schuld-, Opfergrenze) zurückgewiesen wird. Limitierende Wirkungen hat die Schuldkategorie aber nicht nur bei der Festlegung der Opfergrenze überhaupt, sondern auch bei Bemessung von Strafrechtsfolgen unterhalb dieser Grenze: Eine reduzierte innere Beteiligung des Täters an seiner Tat (etwa Fahrlässigkeit) rechtfertigt nur eine (etwa gegenüber dem Vorsatz) reduzierte Sanktion.

e) Auch an den *Entschuldigungsgründen* läßt sich die jeweilige Rechtskultur einer Gesellschaft erkennen. In ihnen kommt zum Ausdruck, welchen Menschen eine Motivierbarkeit zu rechtlichem Verhalten nicht mehr zugemutet und in welchen Konfliktsituationen ein rechtliches Verhalten (strafrechtlich) nicht mehr erwartet wird. Die → Schuldunfähigkeit (§§ 19, 20 StGB) und der unvermeidbare Verbotsirrtum (§ 17 StGB) verbieten die subjektive Zurechnung einer (objektiv) rechtswidrigen Tat, wenn der Handelnde aufgrund von Defekten in Physis, Psyche, Sozialisation oder Information außerstande war, normgemäß zu handeln. Unzumutbarkeit, Notstand (§ 35 StGB) oder Notwehrüberschreitung aus Verwirrung, Furcht oder Schrecken (§ 33 StGB) führen zur Entschuldigung, weil das Strafrecht dem Handelnden (obwohl es objektiv die Tat als rechtswidrig verurteilt) die situativen Zwänge und Bedrohungen zugutehält, die seine Normverletzung verständlich machen. Die Entschuldigungsgründe markieren, so gesehen, die Grenze der Erwartung rechtstreuen Verhaltens, die das Strafrecht hegt.

f) Ob diese Kriterien subjektiver Zurechnung die „Schuld" ausmachen oder ob sie noch um einen *Schuldvorwurf* gegenüber dem Handelnden zu ergänzen sind, ist in der heutigen Strafrechtslehre umstritten. Dieser Streit hat manche dazu angeregt, anstatt von „Schuld" von „*Verantwortung*", „Verantwortlichkeit" oder „strafrechtlicher Haftung" zu sprechen.

Am Schuldvorwurf hängt die „*Zweispurigkeit*" unseres Strafrechts, das den Vorwurf nur für die Strafen (§§ 38 ff. StGB), nicht aber für die Maßregeln der Besserung und Sicherung (§§ 61 ff. StGB) voraussetzt. Wer also einen Schuldvorwurf für ungerechtfertigt hält, plädiert damit zugleich für ein einspuriges Sanktionensystem (was freilich nicht auf eine schlichte Übernahme der heutigen Maßregeln unter Wegfall der Strafen hinauslaufen muß, sondern vielmehr voraussetzt, daß die oben unter 2 a bis e genannten Kriterien subjektiver Zurechnung beibehalten und in ein neues einheitliches Sanktionensystem eingearbeitet werden).

Mit dem Schuldvorwurf verbinden sich die „klassischen" Probleme der strafrechtlichen Schuldlehre, vor allem die Frage nach der *Willensfreiheit*. Wer den Schuldvorwurf auf ein „individuelles Anders-handeln-Können" gründet, muß voraussetzen, daß der Handelnde in seiner Handlungssituation diese Option tatsächlich hatte. Wer den Vorwurf lediglich auf ein „generelles Anders-handeln-Können" gründet, also fragt, ob der Handelnde die Maßstäbe ordnungsgemäßer Wissens- und Willensbildung verfehlt hat, umgeht zwar das Problem der Willensfreiheit, gibt damit aber auch die reale Basis für ein Urteil auf, welches dem Handelnden diese Verfehlung wiederum „vorwerfen" dürfte. Der Ausweg, dem Handelnden nicht eine (nicht feststellbare) „Einzeltatschuld", sondern ihm eine (ins Vergangene verflüchtigte) „*Lebensführungsschuld*“ vorzuwerfen, wird von der heute überwiegenden Strafrechtslehre zu Recht nicht begangen; auch ein so begründeter Schuldvorwurf könnte sich nicht auf eine reale Beurteilungsbasis stützen. Das Argument aus der Attributionstheorie, daß wir uns im Alltag als Personen wahrnehmen, daß wir einander Schuld und Verantwortung „zuschreiben“, ist richtig, muß aber beachten, daß für das Strafurteil eine so generelle Zuschreibung als Legitimation eines konkreten Schuldvorwurfs gegenüber einem anderen Menschen nicht ausreicht und daß die Möglichkeit, in einem *Strafverfahren* durch Beobachtung und Feststellung Tatsachen zu sammeln, niemals zum Nachweis freien Handelns führen können.

g) Im Strafverfahren können nur Freiheitsbeschränkungen nachgewiesen werden. Daraus hat der *Strafgesetzgeber* die richtige Konsequenz gezogen. Er verlangt (auf der Ebene der Schuld) vom Richter nicht die Feststellung der Handlungsfreiheit, sondern die Feststellung von Indikatoren einer inneren Beteiligung des Täters an seiner Tat (oben 2 c) und von Indikatoren einer Freiheitsbeschränkung (oben 2 e). Auf diese Feststellungen darf sich eine subjektive Zurechnung stützen. Ob sich auf sie auch ein Schuldvorwurf stützen darf, bleibt zweifelhaft.

Baumgartner, H.M., *Eser, A.* (Hrsg.), Schuld und Veranwortung, Tübingen 1983; *Bierbrauer, G.*, *Haffke, B.*, Schuld und Schuldunfähigkeit, in: Sozialwissenschaften im Studium des Rechts, Band III: Strafrecht, hrsg. v. Hassemer, W., Lüderssen, K., München 1978, S. 121–180; *Ellscheid, G.*, *Hassemer, W.*, Strafe ohne Vorwurf. Bemerkungen zum Grund strafrechtlicher Haftung, in: Seminar: Abweichendes Verhalten II, hrsg. v. Lüderssen, K., Sack, F., Frankfurt/M. 1975, S. 266–293; *Hassemer, W.*, Einführung in die Grundlagen des Strafrechts, 2. Auflage, München 1981; *Jaspers, J.*, *Fincham, F.D.*, *Hewstone, M.* (Hrsg.), Attribution Theory and Research: Conceptual, Developmental and Social Dimensions, London 1983; *Kargl, W.*, Kritik des Schuldprinzips. Eine rechtssoziologische Studie zum Strafrecht, Frankfurt u. a. 1982; *Kaufmann, A.*, Schuldprinzip und Verhältnismäßigkeitsgrundsatz, in: Festschrift für R. Lange, hrsg. v. Warda, G. u. a., Berlin u. a. 1976, S. 27–38; *ders.*, Das Schuldprinzip. Eine strafrechtlich-rechtsphilosophische Untersuchung, 2. Aufl., Heidelberg 1982; *Lüderssen, K.*, Erfolgszurechnung und „Kriminalisierung“. Die Jurisprudenz vor den Toren der Soziologie, in: Festschrift für P. Bockelmann, hrsg. v. Kaufmann, A. u. a., München 1979, S. 181–200; *ders.*, Der Freiheitsbegriff der Psychoanalyse und seine Folgen für das moderne Strafrecht, in: Fortschritte im Strafrecht durch die Sozialwissenschaften?, hrsg. v. Hassemer, W. u. a., Heidelberg 1983, S. 67–91; *Roxin, C.*, Zur jüngsten Diskussion über Schuld, Prävention und Verantwortlichkeit im Strafrecht, in: Festschrift für P. Bockelmann, hrsg. v. Kaufmann, A. u. a., München 1979, S. 279–309; *Stratenwerth, G.*, Die Zukunft des strafrechtlichen Schuldprinzips, Heidelberg u. a. 1977.

WINFRIED HASSEMER

Schuldfähigkeit, verminderte Schuldfähigkeit und Schuldunfähigkeit sind in der Sprache des Schuldstrafrechts Benennungen für die verschiedenen Grade der sozialen Verantwortlichkeit einer Person für eine unerwünschte Handlung. Je nach dem Grad seiner psychischen Vollwertigkeit wird der einzelne wie im Alltag so auch vor dem Strafrichter für sein Tun und Lassen in unterschiedlichem Maße in Anspruch genommen. Die forensische Psychiatrie stellt hierbei ein System von konventionellen Regeln zu Verfügung, die den Brückenschlag vom psychischen Befund zur Dimension der Schuldfähigkeit ermöglichen. Die Frage der Willensfreiheit bleibt dabei offen. Verneint würde sie nur in einem konsequent ausgebauten Maßregelstrafrecht, das sich darauf beschränkte, gegenüber einer kriminellen Handlung jeweils nur die zweckmäßigste soziale Verteidigungsreaktion auszulösen, spätestens bei prognostischen Fragen aber doch wieder auf verschiedene Grade von unterstellter Handlungsfreiheit stoßen würde, die den durchschnittlichen Menschen etwa vom Schwachsinnigen oder vom Psychotiker unterscheiden.

§ 20 StGB, der den früheren § 51 StGB ab 1. 1. 1975 abgelöst hat, nennt als sog. biologische Voraussetzungen der Schuldunfähigkeit: krankhafte seelische Störung, tiefgreifende Bewußtseinsstörung, Schwachsinn und schwere andere seelische Abartigkeit. Letztere, erst 1975 in den Gesetzestext eingefügt, umfaßt neben schweren Persönlichkeitsstörungen, sexuellen Deviationen u. a. auch – allerdings nicht unbestritten – gravierende neurotische Fehlentwicklungen. Zurechnungsunfähigkeit ist nicht schon dann anzunehmen, wenn eine der genannten biologischen Voraussetzungen zur Tatzeit gegeben war, sondern erst dann, wenn diese zu der weiteren psychologischen Voraussetzung geführt hat, daß der Täter unfähig war, das Unrecht der Tat einzusehen (Einsichtsfähigkeit) oder nach dieser Einsicht zu handeln (Hemmungs- und Steuerungsfähigkeit). Empirische Aussagen über diese beiden Fähigkeiten sind allerdings unmöglich. Von daher erscheint die Forderung mancher forensischer Psychiater folgerichtig, der Sachverständige solle sich auf die möglichst subtile Schilderung der psychischen Situation des Täters beschränken und es dem Gericht überlassen, Schlußfolgerungen bezüglich der Schuldfähigkeit des Täters zu ziehen. Zwischen voller strafrechtlicher Verantwortlichkeit und voller Zurechnungsfähigkeit liegt der – schwer abgrenzbare – Bereich der erheblich verminderten Schuldfähigkeit (§ 21 StGB), der eine Dekulpation bedingt, eine Strafmilderung aber nicht zwingend nach sich zieht. Ein entsprechender § 51 Abs. 2 StGB wurde erst ab 1.1.1934 in das Gesetz aufgenommen, doch bleibt auch damit das Maschenwerk der gesetzlich vorgesehenen Abstufungen von Schuldfähigkeit noch viel zu grob.

Die akuten Psychosen des zyklothymen und des schizophrenen Formenkreises bedingen nach einhelliger Auffassung in aller Regel Schuldunfähigkeit für alle Delikte, postpsychotischer Persönlichkeitsveränderungen (der früher sog. schizophrene Defektzustand) nur in schwereren Fällen, während es in leichten Fällen sogar anfechtbar erscheinen kann, auch nur § 21 StGB anzunehmen, besonders wenn die Art der Persönlichkeitsveränderung und die Art des Delikts nur wenig aufeinander bezogen erscheinen. Akute symptomatische Psychosen (Kontusionspsychose, Delirium tremens u. a.) begründen ebenfalls, sofern überhaupt Handlungsfähigkeit bestehen bleibt, Schuldunfähigkeit. Unbestritten gilt dies auch für den epileptischen Dämmerzustand. Die sich bei einem länger bestehenden Krampfleiden entwickelnde Demenz und/oder Wesensveränderung, die vor allem bei Affektdelikten Bedeutung gewinnen kann, kann meist im Rahmen des § 21 StGB Berücksichtigung finden, dementsprechend auch der Abbau, der auf dem Boden anderweitig (infektiös, toxisch, physikalisch) verursachter Hirnschädigungen einzutreten pflegt. Schwere cerebrale Involutionserscheinungen, wie sie nicht selten bei vergreisten Ersttätern von Sexualdelikten nachweisbar sind (→ Alterskriminalität), rechtfertigen die Anwendung des § 20 StGB. Die verschiedenen Schwachsinnsformen sind wesentlich leichter zu diagnostizieren als hinsichtlich ihrer Schuldfähigkeit zu beurteilen, die aufgehoben, erheblich vermindert oder erhalten sein kann. Gerade hier darf es keine generellen Aussagen geben, sondern die Zurechnungsfähigkeit kann durchaus je nach Art des Delikts verschieden beurteilt werden. Ein Imbeziller kann für ein Aussagedelikt, für einen Betrug oder für eine Urkundenfälschung zu exkulpieren, für einen Diebstahl aber nur als vermindert zurechnungsfähig zu beurteilen sein. Man spricht von partieller Zurechnungs(un)fähigkeit. Alkoholbeeinflussung führt – normale Alkoholtoleranz vorausgesetzt – bei Blutalkoholkonzentrationen bis zu 2 Promille meist nur zu einer gewissen Enthemmung und Auflockerung, die die strafrechtliche Verantwortlichkeit noch nicht erheblich tangieren. Im Bereich zwischen 2 und 3 Promille kann erheblich verminderte Zurechungsfähigkeit bestehen, während noch höhere Werte, wenn die Volltrunkenheit auch sonst erkennbar ist, Exkulpation bedingen, eine Verurteilung gemäß § 323 a StGB wegen Rauschtat (vorsätzlichen oder fahrlässigen Vollrauschs) aber nicht ausschließen. Unter Ausnahmebedingungen (Hirnschädigung, Übermüdung, Medikamentenwirkung u. a.) können schon bei wesentlich niedrigeren Blutalkoholkonzentrationen abnorme Alkoholkonzentrationen mit auch im Tatbild ersichtlicher tiefgreifender Bewußtseinsstörung auftreten. Der seltene pathologische Rausch rechtfertigt die Anwendung des § 20 StGB. In Fällen, in denen der Vorsatz zu einer Straftat im nüchternen Zustand gefaßt, der Tatplan aber, nachdem sich der Täter Mut angetrunken hat, in mehr oder minder alkoholbeeinflußtem Zustand ausgeführt wird, ist Schuldfähigkeit anzunehmen (actio libera in causa). Die chronischen Folgen des Alkoholmißbrauchs (Persönlichkeitsnivellierung, Demenz, Korsakowsches Syndrom u. a.) können die Schuldfähigkeit erheblich vermindern, in extremen Fällen auch aufheben. Akuter Drogenrausch und Psychosen bei längerem Drogengebrauch (sehr typisch vor allem bei Amphetaminen) sind immer als Exkulpationsgrund anzusehen. Fortgesetzter Haschisch- und LSD-Mißbrauch führen in schweren Fällen zu einer psychosozialen Depravation, die § 21 StGB bedingen kann. Eine deutlich ausgeprägte Opiatsucht, bei der ja neben der psychischen auch eine körperliche Abhängigkeit besteht, rechtfertigt die Anwendung des § 21 StGB für alle mit der Sucht in Zusammenhang stehenden Delikte, also nicht nur für die direkte Beschaffungskriminalität (Vergehen gegen das Betäubungsmittelgesetz, Hehlerei, Rezeptdelikte, Apothekeneinbruch u. a.), sondern auch für alle Straftaten, die der Ermöglichung eines Beschaffungsdelikts oder der Sicherung der Beute dienen, sowie für die indirekte Beschaffungskriminalität in Gestalt von an sich unspezifischen Vermögensdelikten, die in der Situation des suchtbedingt erhöhten Geldbedarfs begangen werden. Nur in Ausnahmefällen kommt Schuldunfähigkeit in Frage, wenn bei einer schweren, langfristig bestehenden Betäubungsmittelsucht (mit entsprechend schweren Abstinenzerscheinungen nach Inhaftierung) unter dem Druck von Entziehungserscheinungen eine Straftat begangen wird, die auch in ihrem Erscheinungsbild deutlich das Gepräge der krankhaften Geistesstörung trägt. Umstritten ist die Bedeutung bloßer psychischer Abhängigkeit wie sie nicht nur beim Drogengebrauch auch ohne körperliche Abhängigkeit (z. B. beim Cocainisten und beim körperlich entgifteten, aber psychisch noch nicht entwöhnten Heroinisten) besteht, sondern sich auch bei anderen Fehlentwicklungen (z. B. bei der Spielleidenschaft) einstellen kann. Der von vielen Psychiatern vertretenen Auffassung, daß in solchen Fällen erheblich verminderte Schuldfähigkeit zumindest zu diskutieren sei, folgt die Rechtsprechung nur zögernd. Dasselbe gilt für schwere neurotische Entwicklungen, bei denen ausnahmsweise, nämlich da, wo die Störung an das Psychotische grenzt (z. B. bei der Magersucht) sogar § 20 StGB in Frage kommt. Bei der zunehmenden Zahl von Ladendiebstählen stellt sich immer öfter die Frage der sog. Kleptomanie, die nur in den sehr seltenen Fällen des Stehlens als sexuelle Ersatzhandlung diagnostiziert und dann im Rahmen von § 21 StGB, zumindest aber im Strafmaß mildernd berücksichtigt werden sollte. Abnorme Persönlichkeiten werden oft als strafrechtlich voll verantwortlich und meist nur dann als erheblich vermindert schuldfähig beurteilt, wenn die Persönlichkeitsstörung besonders ausgeprägt ist und sich in mehreren Lebensbereichen auswirkt, außerdem aber auch das angeklagte Delikt in einem spezifischen Zusammenhang mit der Art der vorliegenden Persönlichkeitsabnormität steht.

Sehr kontrovers ist die forensische Beurteilung von Bewußtseinsveränderungen nicht krankhafter Art (Schlaftrunkenheit, affektive Ausnahmezustände), die nicht ohne weiteres als tiefgreifende Bewußtseinsstörungen im Sinne des Gesetzes interpretiert werden können. Gewaltverbrechen bei hochgradiger Affekterregung werden gelegentlich nach § 20 oder § 21 StGB beurteilt, auch ohne daß konstellative Momente (Alkohol, Drogen, Übermüdung u. a.) mitsprechen. Diese auch vom Bundesgerichtshof favorisierte Bewertung erscheint bedenklich, da es keine nur halbwegs verläßlichen Abgrenzungskriterien zwischen einer hochgradigen, aber noch normalen Affekterregung und einem krankhaften „Affektsturm“ (Affektdämmerzustand) gibt. Strenggenommen handelt es sich bei dem Außer-sich-Sein, dem Sich-nicht-mehr-Kennen des Erregten nicht um eine Störung des Bewußtseins, sondern um eine Beeinträchtigung der Besinnung, die mit einer eigentümlichen Einengung und Umstrukturierung des Bewußtseinsfeldes verbunden ist. Die häufig behauptete Amnesie ist als Abgrenzungsmerkmal ungeeignet, da sie meist nicht objektivierbar ist und in vielen Fällen nur auf rasch einsetzenden Verdrängungsvorgängen beruht. Typischerweise vertieft und erweitert sie sich in diesen Fällen immer mehr, im Gegensatz zur nachträglichen Einengung und Aufhellung hirnorganisch bedingter Erinnerungslücken. Wesentlich glatter wäre der lege ferenda die Lösung, Straftaten, die ein Täter im Zustand hochgradiger Affekterregung begeht, unter dem Gesichtspunkt nicht der Schuldfähigkeit, sondern der Zumutbarkeit normgerechten Verhaltens zu beurteilen, wie dies heute schon z. B. bei Notwehrüberschreitung in Verwirrung, Furcht oder Schrecken (§ 33 StGB) Straflosigkeit, unabhängig von etwaigen Krankheitsbefunden, herbeiführt oder auch eine privilegierte Beurteilung einer Kindestötung bedingt, die die uneheliche Mutter während oder gleich nach der Geburt begeht (§ 217 StGB).

Literatur → Forensische Psychiatrie

ACHIM MECHLER

Schule. Während der Erziehungseinfluß der Familie in den letzten Jahrzehnten infolge der wirtschaftlichen und der gesellschaftlichen Veränderungen zurückgegangen ist, hat eine zunehmende *Funktionsverlagerung auf außerfamiliäre*

Sozialisationsträger stattgefunden. Die Schule als Einrichtung, die sich mit der Ausbildung und Erziehung befaßt, nimmt dabei schon aufgrund ihres zeitlichen Umfanges und ihrer rechtlichen Verankerung eine zentrale Stelle ein. Die Sozialisationsleistung der Schule wird jedoch zunehmend skeptisch beurteilt. Der häufige Wandel pädagogischer Konzepte hat Lehrer, Eltern und Schüler unsicher gemacht. Die Schule hat sich weitgehend auf bloße Wissensvermittlung zurückgezogen, da es allgemein verbindliche Ziele für die ethische und moralische Erziehung und für die Persönlichkeitsbildung kaum mehr gibt. Außerdem ist ihr Einfluß durch gesellschaftliche Veränderungen und durch die Medien zurückgedrängt worden, insbesondere durch Fernseh- und Videokonsum.

Gleichwohl ist die Schule auch heute noch unerläßlich für die allgemeine Ausbildung und für die Vorbereitung des jungen Menschen auf ein selbstverantwortliches Leben in der Gesellschaft. Diese wichtige Aufgabe wird durch die allgemeine *Schulpflicht* gesichert, deren Verletzung nach den Schul(pflicht)gesetzen der Länder als Ordnungswidrigkeit geahndet werden kann, in einigen Ländern sogar mit staatlichen Strafen (vgl. AG Wiesbaden RdJ, 1978, 476; allerdings in Hessen seit 1980 nicht mehr, vgl. HECKEL/AVENARIUS 1986). Diese unmittelbare Verbindung zwischen Schule und Strafrecht ist jedoch glücklicherweise selten. Wichtiger ist die Frage, welche Bedeutung die Schule für die Entwicklung oder Verhinderung krimineller Karrieren hat.

Es gehört zu den gesicherten Erkenntnissen der Kriminologie, daß *registrierte Delinquenz* relativ hoch mit *Schuldefiziten* oder *Störungen* des normalen Schulablaufes korreliert. So liegen bei Bestraften, insbesondere bei Rückfälligen, folgende Merkmale wesentlich häufiger vor als beim Bevölkerungsdurchschnitt (vgl. GÖPPINGER 1980; GRAHAM 1988). Schulische Mißerfolge (schlechte Leistungen, Sitzenbleiben, vorzeitiger Abgang oder Nichterreichen des Schulzieles), Fernbleiben von der Schule (Schwänzen), agressives und destruktives Verhalten, Sonderschulbesuch und fehlender Besuch weiterführender Schulen. Typisch für die in zahlreichen Untersuchungen beschriebenen Zusammenhänge sind die Ergebnisse der Tübinger-Jungtäter Vergleichsuntersuchung (vgl. Tabelle, dazu SCHMEHL 1980; GÖPPINGER 1980):

Schulische Merkmale	Strafgefangene (n = 200)	Vergleichsgruppe (n = 200)
Besuchte Schulart:		
Sonderschule*	8%	2%
Hauptschule	89%	66%
weiterführende Schultypen	3%	32%
Nichterreichter Hauptschulabschluß	45%	7%
Klassenwiederholung	49%	10%
Schwänzen	50%	7%
negative Gesamtbewertung in der Schulzeit	49%	10%

* Keine Aufschlüsselung nach Ursachen des Sonderschulbesuches

Da die zugrundeliegenden Schuldaten noch aus den 50er und 60er Jahren stammen, sei erwähnt, daß der *Sonderschulbesuch* bei Strafgefangenen nach neueren Untersuchungen *höher* liegt (ca. 12 – 15 %, bei Jugendstrafgefangenen bis zu 30 % gegenüber ca. 4 – 6 % in der Gesamtbevölkerung; vgl. KAISER/KERNER/SCHÖCH 1982). Dieser Anstieg dürfte jedoch teilweise auf den Ausbau dieses Schultyps in den letzten Jahren zurückzuführen sein, zumal abweichendes psychosoziales Verhalten die Sonderschulbedürftigkeit begründet (vgl. §§ 1 I, 2 Nr. 10 VO Nieders. MK v. 5.7.1977 i. V. m. VV Nr. 10.1).

Nach den bisherigen Ergebnissen der → Dunkelfeldforschung läßt sich noch nicht abschließend sagen, ob sich bei den selbstberichteten Delikten eine ähnliche Verteilung ergibt, zumal Sonderschüler selten in die Befragung einbezogen wurden. Nach einigen Untersuchungen scheinen sich die *Unterschiede* in abgeschwächter Form auch bei der *nichtregistrierten Kriminalität* widerzuspiegeln, zumindest wenn man Häufigkeit und Schwere der Delikte mitberücksichtigt (vgl. KREUZER 1975).

Die genannten schulischen Störungen können bei (wiederholt) registrierten Straftätern freilich nicht einfach als Ursache der Delinquenz interpretiert werden. Vielmehr zeigen die Zusammenhänge mit anderen Defiziten wie familiären Störungen, sozialen Auffälligkeiten anderer Familienmitglieder, verwahrloster Wohn- und Umgebungssituation und frühem Beginn der Delinquenz (SCHMEHL 1980), daß gravierendes Schulversagen und beharrliches Schulschwänzen Zeichen eines umfassenderen *„Fehlanpassungs-Syndroms“* (KAISER 1988) sind. Dieses führt meist schon in früher Jugend zu Außenseiterrollen (GRAHAM 1988), die sich in der Schule, in der Berufsausbildung und im Arbeitsleben fortsetzen.

Beachtlich ist, daß die Zusammenhänge zwischen Schulversagen und Straftaten zwar überwiegend in der Unterschicht festzustellen sind, jedoch kaum durch den niedrigen sozio-ökonomischen Status erklärt werden können, wie der Vergleich mit nichtregistrierten Vergleichspersonen bei Konstantsetzung der Schichtvariablen zeigt (SCHMEHL 1980). Geringe Intelligenz konnte nur als Ursache für das Sitzenbleiben, nicht aber für sonstige Störungen im schulischen Bereich nachgewiesen werden (SCHMEHL 1980). Dies entspricht der Erkenntnis, daß die Intelligenz der Strafgefangenen nicht wesentlich von der der Normalbevölkerung abweicht (vgl. KAISER/KERNER/SCHÖCH 1992 m. w. N.). Insgesamt ist es daher gerechtfertigt, erhebliche Störungen im normalen Schulablauf (nicht nur vorübergehende Schwierigkeiten), vor allem hartnäckiges Schulschwänzen, als ernstzunehmende Indikatoren für eine kriminelle Gefährdung anzusehen (GÖPPINGER 1980). Insoweit besteht eine gewisse Verwandtschaft mit anderen Gefährdungssymptomen wie familiären Sozialisationsdefiziten, Lehrabbruch, Beginn und Intensität der bisherigen Straffälligkeit (→ Rückfall), → Alkohol- und → Rauschgiftmißbrauch.

Angesichts der deutlichen empirischen Zusammenhänge zwischen schulischen Störungen und Delinquenz liegt es nahe, daß die Schule Anknüpfungspunkt, Teilaspekt und Dokumentationsmodell für verschiedene soziologische und psychologische → Kriminalitätstheorien ist (vgl. dazu u. a. SCHMEHL 1980). Im Gegensatz zu herkömmlichen ätiologischen Theorien interpretieren Vertreter des labeling approach und ähnlicher interaktionistischer Ansätze die Delinquenz als Folge unterschichtsbenachteiligender „Typisierung und Stigmatisierung der

Schüler nach Leistung, Beliebtheit und Konformität", die „in Ansätzen auch immer ein Prozeß der Zuschreibung des Delinquenzstatus" sei (BRUSTEN/HURRELMANN 1973). Wie in vielen anderen Bereichen wird damit ein richtiger Aspekt – die prinzipielle Stigmatisierungsgefahr jeder → Klassifizierung und Typisierung – beleuchtet, jedoch lassen sich derartige Pauschal-Thesen empirisch nicht belegen, solange nicht die Entwicklung der sozialen Abweichung in anderen Lebensbereichen mitberücksichtigt wird. Angesichts der engen Verwobenheit der Schulauffälligkeiten mit anderen Sozialisationsstörungen dürfte der spezifische Nachweis schulinduzierter Kriminalität kaum gelingen.

Es ist jedoch richtig, die Schule nicht nur als Sozialisationsträger, sondern auch als *soziale Kontrollinstanz* zu betrachten (GRAHAM 1988). Hierzu trägt auch die rechtliche Verankerung der Schule im System des → Jugendrechts bei. Obwohl sich die Zusammenarbeit von Schul-, Jugend- und Justizbehörden zum großen Teil auf informeller Ebene abspielt (Anregungen, Auskünfte o. ä.), zeigen einige *gesetzliche Bestimmungen* die weitreichende *institutionelle Verflechtung*. Nur beispielhaft seien folgende Regeln genannt: Die Hervorhebung der Schule als vorrangiger Erziehungsträger neben den Organen der öffentlichen Jugendhilfe (§ 2 Abs. 1 JWG); Auskunftspflichten des Lehrers bzw. der Schule gegenüber Erziehungsbeistand (§ 59 JWG) und Bewährungshelfer (§ 24 Abs. 2 S. 5 JGG); Erteilung von Weisungen bezüglich Schulverhalten und Schulbesuch durch den Jugendrichter (§ 10 JGG analog); Anhörung der Schule im Jugendgerichtsverfahren (§ 43 Abs. 1 S. 2 JGG, praktisch meist durch die Jugendgerichtshilfe über schriftliche Berichte der Schule); zwingende Anhörung der Schule bei Beseitigung des Strafmakels (§ 98 Abs. 2 S. 3 JGG); Mitteilungen an die Schule über Einleitung und Ausgang des Verfahrens „in geeigneten Fällen" (§ 70 JGG), umgekehrt Mitteilungspflicht der Schule an den Staatsanwalt über andere bekannte Strafverfahren (§ 70 JGG).

Dagegen besteht keine gesetzliche Pflicht der Schule zur Anzeige bekanntgewordener Straftaten oder zur Unterrichtung des Jugendamtes. Im allgemeinen ist sogar in den Schulen die Auffassung vorherrschend, daß Delikte Jugendlicher in der Schule wie z. B. Sachbeschädigung, Diebstahl oder Körperverletzung gegenüber Mitschülern nicht kriminologische, sondern pädagogische Probleme seien, die mit schulischen Reaktionen und im Zusammenwirken mit den Eltern zu lösen seien (BEST 1979). Anzeigepflichten können sich jedoch aus Verwaltungserlassen der Schulbehörden ergeben, z. B. bei Drogengebrauch. Die *Schulberichte* an Jugendämter kritisiert BRUSTEN (1983) unter dem Aspekt der Diskriminierung und Kriminalisierung sozial benachteiligter Schüler, weil über sie die Normalitätsmaßstäbe und Devianztheorien der Lehrer zu Determinanten krimineller Karrieren werden könnten. Dabei wird jedoch nicht berücksichtigt, daß die Information aus Schulberichten nur zu einem äußerst geringen Anteil in Strafverfahren einfließt und daß differenzierte Schulberichte trotz ungünstiger schulischer Situation im Zweifel eher zu positiven jugendrechtlichen Interventionen anregen. Deshalb ist es richtig, daß der Gesetzgeber an der bisherigen Rechtslage festhält (vgl. RegE 1. JGG ÄndG. v. 8.9.1989).

Als Erziehungseinrichtung kann die Schule schließlich der Kriminalitätsvorbeugung und Verhinderung krimineller Karrieren dienen, allerdings nur mit bescheidenen Erwartungen. Spezielle Unterrichtsangebote zur Delinquenzprophylaxe finden sich in schulischen Lehrplänen nicht. Am ehesten lassen sich Inhalte mit präventivem Charakter mit dem Fach Sozialkunde verbinden, das in der Regel mit dem 8. Schuljahr, also im 14. Lebensjahr der Schüler beginnt. Je nach Schultyp ist die zur Verfügung stehende Zeit und die Intensität der behandelten Thematik unterschiedlich: Im Lehrplan für die Sonderschule wird z. B. in Niedersachsen ein Minimalkatalog vorgeschlagen, in dem ansatzweise auf Rechte und Pflichten des Bürgers in der Gesellschaft, Drogenmißbrauch und grundlegende Vorschriften des Jugendschutzes eingegangen wird. In Hauptschulen und in Realschulen sollen auch Formen und Ursachen der Straffälligkeit sowie Probleme der Strafe und Resozialisierung behandelt werden. Ein eigenes Unterrichtsfach mit der Bezeichnung „Rechtskunde" existiert erst an Gymnasien und vergleichbaren Schultypen. Der Rechtskundeunterricht soll einerseits der Orientierung für eine spätere Berufswahl dienen, andererseits auf sozialadäquates Verhalten vorbereiten und mit den strafrechtlich geschützten Rechtsgütern vertraut machen. Kritisch ist zu bemerken, daß der einschlägige Unterricht erst zu einem Zeitpunkt beginnt, in dem die delinquente Karriere der Schüler bereits weit fortgeschritten sein kann und daß sein Umfang in den Schultypen am geringsten ist (Sonderschule, Hauptschule), in denen die Delinquenzgefährdung der Schüler am größten ist.

Die große Zahl von Projekten zur Verbrechensvorbeugung und ihr geringer Ertrag (KAISER 1988) veranlassen zur Skepsis gegenüber neuen Versuchen, durch Schüler-, Lehrer- oder Elterntraining effektive Verbrechensvorbeugung zu leisten. Was durch langjährige Lernprozesse in zerrütteten Familien entstanden ist, kann durch Rechtskundeunterricht oder einige kurze Lerneinheiten zum sozialen Verhalten nur relativ oberflächlich beeinflußt werden (vgl. SCHNEIDER 1987, 654 f.). Das ist letztlich auch der Ertrag des vor einigen Jahren an einigen Schulen in Niedersachsen durchgeführten Modellprojektes „Delinquenzprophylaxe im Schulbereich" (LERCHENMÜLLER 1986). In einem halbjährigen zweistündigen Programm für Haupt- und Realschulen im 8. Schuljahr sollten Schüler lernen, in aktuellen Entscheidungssituationen der Versuchung des Deliktes zu widerstehen, die Lehrer sollten üben, präventive Inhalte in den Unterricht einzubauen. Zwar ergab die Auswertung direkt nach Abschluß des Projektes positive Lernergebnisse bei Hauptschülern, eine spätere Überprüfung der Langzeitwirkung ließ jedoch keine signifikanten Unterschiede mehr erkennen (LERCHENMÜLLER 1986). Das Projekt hat gezeigt, daß Lernerfolge erzielbar sind, die aber nur kurz anhalten und das langfristig erlernte Sozialverhalten kaum beeinflussen. Ohne Einbeziehung der Eltern (dazu RETZMANN 1986) sind bei derartigen Projekten positive Effekte schwer zu erzielen (zu einem neuen Projekt BÄUERLE/BENSCH/WEISS, in BÄUERLE 1989 II; weitere Vorschläge bei GRAHAM 1988). Auch die Mitwirkung kriminologisch ausgebildeter Lehrer oder Polizeibeamter am Unterricht erscheint erfolgsversprechend (SCHNEIDER 1987).

Wie schon seit langem im Jugendvollzug (§ 91 Abs. 2 JGG) hat der Schulunterricht durch das StVollzG (§ 38) auch im Erwachsenenvollzug seinen festen Platz erhalten und wird bei geeigneten Gefangenen der beruflichen Bildung und der Arbeit gleichgestellt. Allerdings sind beim Schulunterricht im Strafvollzug erhebliche didaktische und inhaltliche Modifikationen erforderlich, die den spezifischen Sozialisationsdefiziten der Gefangenen gerecht werden. Das durch frühere Mißerfolge zerstörte Selbstwertgefühl der Gefangenen muß gestärkt, die Motivation immer wieder geweckt werden, damit sich der Gefangene Aufgaben zuwendet, an denen er früher gescheitert ist (KAISER/KERNER/SCHÖCH 1992). Der Lehrer darf nicht nur als Wissensvermittler tätig werden, sondern muß ein kooperatives Arbeitsklima herstellen und allgemein pädagogische Aufgaben übernehmen.

Im Rahmen nichtfreiheitsentziehender Sanktionen des Jugendstrafrechts wird Schulunterricht nicht ausdrücklich erwähnt. Es ist aber möglich, allein oder in Verbindung mit anderen Sanktionen Weisungen bezüglich des Schulbesuches und der Erledigung schulischer Pflichten zu erteilen (§ 10 JGG). Weiterhin besteht die Möglichkeit, im Rahmen der Diversion ein Strafverfahren ohne besondere Sanktion einzustellen, wenn bereits durch Schule, Eltern oder andere Einrichtungen eine erzieherische Maßnahme angeordnet ist (§§ 45 Abs. 2 Nr. 1, 47 JGG). Hier eröffnet sich für die Schulen ein beachtliches Feld pädagogischer Maßnahmen, deren Vorrang vor strafenden Sanktionen vor allem bei Delikten in der Schule genutzt werden kann.

Bäuerle, S. (Hrsg.), Kriminalität bei Schülern, Band I: Ursachen und Umfeld von Schülerkriminalität, Band II: Der Umgang mit der Schülerkriminalität in der Praxis, Stuttgart 1989; *Best, P.*, Die Schule im Netzwerk der Sozialkontrolle, München 1979; *Brusten, M.*, Schule und Jugendamt, Behördliche Interaktionsstrukturen und ihre möglichen Folgen für die Verfestigung „krimineller Karrieren" von Schülern, in: *Kury, Lerchenmüller* a. a. O., 1983, 268–327; *Brusten, M., Hurrelmann, K.*, Abweichendes Verhalten in der Schule. Eine Untersuchung zu Prozessen der Stigmatisierung, München 1973; *Graham, J.*, Schools, Disruptive Behavior and Delinquency. A Home Office Research and Planning Unit Report, London 1988; *Heckel, J., Avenarius*, Schulrechtskunde, 6. Aufl, Neuwied 1986; *Kreuzer, A.*, Schülerbefragungen zur Delinquenz, RdJ 23 (1975), S. 229–244; *Kury, H., Lerchenmüller, H.* (Hrsg.), Schule, psychische Probleme und sozialabweichendes Verhalten – Situationsbeschreibung und Möglichkeiten der Prävention, Köln u. a. 1983; *Lerchenmüller, H.*, Evaluation eines sozialen Lernprogramms in der Schule mit delinquenzpräventiver Zielsetzung, Köln u. a. 1986; *Retzmann, E.*, Familiäre Interaktion und delinquentes Verhalten, Köln u. a. 1986; *Schmehl, H.*, Jugendliche und heranwachsende Straftäter während ihrer Ausbildung, München 1980; *Witzel, J.*, Der Außenseiter im Sozialisationsprozeß der Schule, München 1973.

HEINZ SCHÖCH

Schwereeinschätzung → Bagatellkriminalität, → Generalprävention, → Verbrechensbegriff, → Viktimologie

Sekundärabweichung → Abweichendes Verhalten, → Kriminalitätstheorien, soziologische, → Strafvollzug

Selbstmord → abweichendes Verhalten

Selektion und Selektionsmechanismen. Die Konzepte sind in die Kriminologie erst in den siebziger Jahren eingeführt worden, ohne daß man sagen kann, daß sie schon zu ihrem etablierten theoretischen Rüstzeug gehören würden. Im Gegenteil: aus der Traditionssicht der juristischen Kriminologie begegnet man ihnen mit Zurückhaltung bis Polemik. Ihre *theoriesystematische Lokalisierung innerhalb der Kriminologie* hat auf die Gesamtheit derjenigen Ansätze und Theorierichtungen zu verweisen, die seit etwa Mitte der 60er Jahre darum bemüht sind, die Vorherrschaft der sog. *positivistischen Kriminologie in der Nachfolge von* LOMBROSO (1835–1909) zu brechen und deren theoriedominante Fixierung an den kriminellen Täter durch eine Orientierung abzulösen, die Kriminalität und andere abweichende Phänomene als soziale Tatsachen begründet und analysiert. Daneben läßt sich auf konvergierende Entwicklungen in der *rechtstheoretischen und methodologischen Diskussion* verweisen, die zunehmend Sachverhalte zur Kenntnis nimmt und theoretisch aufarbeitet, die mit den Konzepten der Selektivität etc. bezeichnet werden.

Die Verwendung der Konzepte im Kontext der Kriminologie verweist im übrigen auf die generelle Tendenz in der Kriminologie, sich wieder stärker von der allgemeinen Entwicklung in den Sozialwissenschaften inspirieren zu lassen. Denn ganz analoge theoretische Erörterungen spielen sich in der *generellen soziologischen und politologischen Diskussion* ab, und zwar vorzugsweise auf Gebieten und in Zusammenhängen, die die Beziehungen zwischen staatlichen und politischen Institutionen auf der einen Seite und der Gesellschaft auf der anderen Seite zum Gegenstand haben (vgl. dazu OFFE 1972; NEDELMANN 1982). Genauer geht es dabei um die Analyse staatlicher Tätigkeit in ihren verschiedenen Funktionen und Ausprägungen, wobei sich in den letzten Jahren mit der sog. *Implementationsforschung* ein soziologisch-politologisches Spezialgebiet etabliert hat, das für die hier behandelte Fragestellung besonders einschlägig ist und das sich der Aufgabe widmet, die Umsetzung staatlicher Norm- und Handlungsprogramme systematisch zu analysieren.

Bei dieser Diskussion geht es um die Frage der *Interessengebundenheit oder Neutralität politischer und staatlicher Strukturen und Prozesse*. In diesem Zusammenhang kommen OFFE (1972) und neuerdings NEDELMANN (1982) das Verdienst zu, *den Gedanken der Selektivität politik- und sozialwissenschaftlich für die deutsche Diskussion formuliert zu haben*, wobei sie eine Fülle empirischer und theoretischer Arbeiten im wesentlichen amerikanischer Provenienz über die Angemessenheit von Pluralismus- und Elitemodellen zur Beschreibung politischer und staatlicher Strukturen und Prozesse auswerten und systematisieren.

Eine Formulierung OFFEs mag dabei als theoretischer Fluchtpunkt der Analyse herausgegriffen werden, weil sie auf eine Reihe konzeptueller Analogien in anderen wissenschaftlichen Disziplinen und bei anderen Autoren verweist: „Selektivität, so können wir vereinfachend sagen, ist die nicht-zufällige (d. h. systematische) Restriktion eines Möglichkeitsraumes“ (1972, 78). Unschwer ist erkennbar, daß der zentrale Gedanke des systemtheoretischen Strukturfunktionalismus von LUHMANN, die „Reduktion von Komplexität“, eine analoge Prämisse zur Grundlage hat; daß der in der modernen Linguistik insbesondere von CHOMSKY herausgearbeitete Unterschied zwischen der *realisierten Oberflächenstruktur* einer Sprache und dem prinzipiell als *unlimitiert zu denkenden*

Realisierungspotential einer Sprache, ihrer Tiefenstruktur (surface structure vs. deep structure), auf einer ähnlichen Gedankenfigur aufbaut.

Der Grundgedanke der Selektion läßt sich für die Kriminologie an einem hinreichend bekannten und akzeptierten Sachverhalt deutlich machen. Mit der staatlichen Bürokratisierung der Strafverfolgung und Kriminalitätsbekämpfung, insbesondere mit der Etablierung von „nationalen und gesamtgesellschaftlichen Buchhaltungen der Kriminalität" (→ Kriminalstatistiken) im ersten Drittel des 19. Jahrhunderts sind *zwei Ebenen krimineller „Wirklichkeit" immer deutlicher und kontrastreicher einander gegenübergetreten: die der offiziellen bzw. registrierten Kriminalität und die der tatsächlichen Kriminalität.* Daß beide Größen nicht identisch sind, wohl aber miteinander zusammenhängen, liegt auf der Hand und ist ein Ausgangspunkt kriminologischer Analyse. Der Analyse dieses Zusammenhangs zwischen dem *Potential der Verfolgbarkeit krimineller* Ereignisse und dem durch die Instanzen *strafrechtlicher Sozialkontrolle tatsächlich aktualisierten Ausschnitt aus ihm* dienen die Konzepte der Selektivität und der Selektionsmechanismen.

In einem *ersten Sinne* bezeichnen sie schlicht den Sachverhalt, daß strafrechtliche Sozialkontrolle *strukturell bedingte Implementationsdefizite* aufweist, d. h. systematisch eine geringere Kriminalität realisiert, als sie tatsächlich könnte. Diesen Gedanken hat POPITZ (1968) mit einer geradezu klassischen Formulierung ins soziologisch Grundsätzliche verallgemeinert. Sie verdiente es, jedem Strafrechts- u. Kriminologie-Lehrbuch vorangestellt und jedem praktizierenden Strafjuristen so nachhaltig ins Bewußtsein gehoben zu werden wie der Schuldgedanke: „Die Strafe kann ihre soziale Wirksamkeit nur bewahren, solange die Mehrheit *nicht* bekommt, was sie verdient" (S. 20).

Die Konzepte meinen aber darüber hinaus vor allem den Sachverhalt, daß die Beziehung zwischen den „Ereignissen" der Strafverfolgung und den „Nicht-Ereignissen" der unterbliebenen Strafverfolgung, also zwischen der aufgedeckten und der im Dunkelfeld verbleibenden Kriminalität, nicht vom Zufall bestimmt ist. Statt dessen ist davon auszugehen, daß die Ereignisse und die Nichtereignisse der Aufdeckung „systematisch" bedingt sind, d. h. daß „sie unmittelbar durch organisatorische Strukturen und Prozesse des politischen Systems erzeugt werden und ohne Bezug auf diese nicht erklärt werden können" (OFFE 1972, 75). Es geht also nicht nur darum, was in der Tat trivial wäre, daß bestimmte kriminelle Ereignisse eine größere Wahrscheinlichkeit als andere haben, zu offenen und öffentlichen Ereignissen zu werden, sondern darum, daß diese *differentiellen Wahrscheinlichkeiten Regelmäßigkeiten und Wiederholbarkeiten, d. h. Strukturen* aufweisen, die nicht nur aus der rein rechtlichen Struktur der Ereignisse resultieren, sondern außerhalb von ihnen zu suchen sind.

MCNAUGHTON-SMITH (1975), ein englischer Kriminologe und Kriminalstatistiker, hat die Selektivität der offiziellen Kriminalität im Sinne methodisch erzeugter Kriminalität aus zwei Sachverhalten hergeleitet, die empirisch als vielfach bestätigt gelten können. Der eine Sachverhalt besteht in der „Beinahe-Universalität" der Kriminalität unter den Mitgliedern einer Gesellschaft, wie sie als Befund der Dunkelfeldforschung unbestreitbar ist (→ Dunkelfeld). Der andere Sachverhalt, ebenso unleugbar den empirischen Archiven der Kriminologie zu entnehmen, ist die „Teilvorhersagbarkeit" krimineller Auffälligkeit aufgrund der in der Kriminologie seit Jahrzehnten entwickelten Prognosemethoden. Der Universalität der Kriminalität steht die Möglichkeit der gezielten Prognose entgegen; wenn sie dennoch existiert, muß sie eine systematisch erzeugte sein, deren Methoden der Erzeugung nicht auf der Ebene auszumachen sein können, auf der eine universelle Verbreitung der Kriminalität anzutreffen ist. In die gleiche Richtung zielt die analytische Trennung von Primär- und Sekundärabweichungen, die LEMERT (1967), einer der bedeutendsten Vertreter der Labeling-Theorie, vornimmt: Die „Oberflächenstruktur" der Kriminalität ist von der Organisation der sozialen Kontrolle bestimmt. Strukturlogisch davon zu unterscheiden ist die „Tiefenstruktur" der Kriminalität im Sinne des kriminellen Verhaltens. Konsequent plädiert LEMERT deshalb für eine Erklärungsstrategie kriminellen Verhaltens, die nicht bei letzterem ansetzt, sondern bei den Prozessen der sozialen Kontrolle (1964).

Diese Zusammenhänge zwischen den beiden Ebenen der Kriminalität machen deutlich, daß im Rahmen der Kriminologie, allgemeiner noch: im Kontext von Verhaltensbereichen, bei denen wir es mit hochformalisierten und expliziten Normensystemen zu tun haben, *ein methodisches Dilemma des Selektivskonzepts weniger gravierend ist als in anderen Bereichen der Wirklichkeit.* In der politikwissenschaftlichen Diskussion spielt eine Kontroverse eine zentrale Rolle, die mit dem Konzept des „Nicht-Ereignisses" bzw. der „non-decision" verknüpft ist: der „bias" des politischen und staatlichen Systems erschließt sich nicht darüber, welche Entscheidungen von wem zu wessen Gunsten getroffen werden, sondern darüber, welche Entscheidungen an sich möglicher Art unterbleiben und wie diese „Nicht-Ereignisse" zustande kommen. *Die Bestimmung des Möglichkeitsraums von politischen Entscheidungen stellt deshalb ein theoriestrategisches Problem dar.* Dieser Möglichkeitsraum ist im Kontext der Kriminologie operativ vorgegeben durch die Regeln des Strafrechts in seinen materiellen und prozessualen Aspekten. Insofern diese zu simulieren erlauben, daß auch andere Strukturen der Durchsetzung als die historisch oder aktuell gegebenen realisierbar sind, ist eine Ebene fixierbar, die sich als abstrakter Möglichkeitsraum von Ereignissen konzeptualisieren läßt.

Die eingangs erwähnte Reserviertheit der juristisch orientierten Kriminologie gegenüber dem Gedanken der Selektivität wird angesichts der Implikationen und theoretischen Annahmen, die er für Struktur und Funktion des Rechts hat, verständlich. Dieser Zurückhaltung ist jedoch entgegenzuhalten, daß es keineswegs ein Privileg „kritischer" Theoriepositionen ist, Recht anders und abweichend vom Text- und Selbstverständnis des Rechts und der traditionellen Rechtswissenschaft zu konzipieren. Es läßt sich vielmehr ein breiter Konsens darüber registrieren, daß Struktur und Funktion des Rechts als das zentrale Medium staatlicher Steuerung und sozialer Kontrolle nicht so widerspruchsfrei, geschlossen, autonom, fixiert, prognosefest und gestaltungsmächtig ist, wie es sich rühmt. *Diese Kritik des Rechts läßt sich so unterschiedlichen theoretischen Positionen entnehmen wie dem Strukturfunktionalismus*, der *funktional-strukturellen und systemtheoretischen Theorie*, den *verschiedenen rechtssoziologischen Ansätzen* bis hin zu den Arbeiten einer Gruppe von vornehmlich amerikanischen Rechtssoziologen, die unter dem Namen der „Critical Legal Studies" (CLS) in den letzten Jahren – auch in den Fachjournalen renommierter amerikanischer Law Schools – von sich reden gemacht hat.

Selbst in der Rechtswissenschaft i. e. S. ist seit langem eine Diskussion im Gange, die das klassische Verständnis des Rechts als eines geschlossenen, entpolitisierten Instruments staatlicher Steuerung nachhaltig in Frage stellt. Rechtstheoretische und -methodologische Untersuchungen haben die *klassische Position, wonach Rechtshandeln und Rechtsanwendungen im sog. syllogistischen Modell adäquat abgebildet sind, als unhaltbar zurückgewiesen.* Stattdessen hat sich die Erkenntnis durchgesetzt, daß die Konkretisierung und Durchsetzung von Recht mehr erfordert, als das Recht nach eindeutigen und automatenhaft abrufbaren Regeln und Methoden „zum Sprechen zu bringen", sondern daß es ständiger „Durchgriffe" auf außer- und vorrechtliche Sachverhalte bedarf, um das Rechtsprogramm in konkretes Entscheidungshandeln und in Rechtswirklichkeit zu transformieren. Dies alles bedeutet, daß Rechtshandeln nicht alleine herleitbar ist unter Rückgriff auf die rechtsimmanenten Regeln und Normen, oder anders: daß diese nicht die Funktion haben, die sie vorgeben, nämlich eine rechtliche Entscheidung zu beschreiben und zu erklären, sondern vielmehr diese darzustellen und zu legitimieren. Die Rechtsregeln sind Regeln einer „Rekonstruktionslogik" im Gegensatz zur „praktizierten Logik" bzw. – um eine Begrifflichkeit der neueren rechtswissenschaftlichen Methodologie aufzunehmen – *sie sind Regeln auf der „Ebene der Darstellung" einer Entscheidung im Gegensatz zu den Regeln auf der Ebene der „Herstellung einer Entscheidung".*

Entscheidend beigetragen zu dieser rechtsmethodologischen Klärung im genannten Sinne haben vor allem sprachwissenschaftlich und hermeneutisch orientierte Analysen, wie etwa die des Engländers HART (1963), dessen Befunde zur Struktur der Rechtssprache weit über rein methodologische Aspekte hinausreichen: Er leitet aus ihnen eine Funktionsbestimmung rechtlichen Handelns ab, die ganz auffällig mit Annahmen und theoretischen Ansätzen der neueren Kriminologie konvergiert. Rechtsbegriffe haben nach HART eine *askriptive* Struktur – im Gegensatz zu den Begriffen der Wissenschaft, die weitgehend *deskriptiver* Natur sind. Ein rechtliches Urteil, auch wenn es im Gewand einer Beschreibung von Wirklichkeit ist, *beschreibt diese Wirklichkeit nicht, sondern konstituiert* sie, schafft und erzeugt sie. Es stattet somit einen Ausschnitt aus der sozialen Wirklichkeit gleichsam mit einem gesteigerten Wirklichkeitsanspruch aus. Die rechtlich festgestellte Wahrheit und Wirklichkeit ist eine solche besonderer Art mit den ihr eigenen Konsequenzen. Die Affinität dieser Auffassung zu den eingangs erwähnten kriminologischen Ansätzen, denen sich die Konzepte der Selektivität und Selektion verdanken, liegt auf der Hand. Im ganz analogen Sinne spricht MCNAUGHTON-SMITH (1975) von *zwei unterschiedlichen Codes*, dem *ersten* der strafrechtlichen Regeln und dem *zweiten oder latenten Code*, der erst darüber entscheidet, wie der erste Code eingesetzt und angewandt wird.

Die Existenz zweier Ebenen der Wirklichkeit und der dazugehörigen Systeme von Regeln werfen die Frage nach der Funktion eines solchen strukturellen Arrangements auf. Warum operiert das Recht auf zwei unterschiedlichen Ebenen, von denen die eine – die offizielle und gleichsam staatlich autorisierte – einen Schein erzeugt, der auf der anderen nicht eingelöst wird? Die Antwort auf diese Frage führt in die *genauere Analyse von Herrschaftsbeziehungen unter den Strukturbedingungen moderner westlicher Gesellschaften mit demokratischem und sozialpartizipatorischem Anspruch.* Herrschaft steht in solchen Gesellschaften unter besonders hohen Rechtfertigungs- und Legitimationszwängen.

Dies ist der Ausgangspunkt für eine Diskussion in der neueren politik- und sozialwissenschaftlichen Literatur. Das politische System moderner Gesellschaften wird darin als ein *duales System* begriffen, das auf einer *symbolischen* und einer *faktisch-materialen* Ebene operiert. Beide Ebenen sind einander entgegengerichtet und voneinander abgetrennt, und zwar in der Weise, daß auf der symbolischen Ebene der Schein einer Herrschaftsstruktur erzeugt wird, dem auf der faktischen Ebene nichts Analoges entspricht. Auf Herrschaftsteilhabe und -ausübung gezielte Verfahren und Institutionen, wie Wahlen, Mitbestimmungsrechte etc. symbolisieren etwas, was in Wirklichkeit nicht eingelöst wird. Für die Institution von Wahlen konstatiert LUHMANN z. B.: „Die politische Wahl bietet eine Gelegenheit für den Ausdruck von Unzufriedenheit ohne Strukturgefährdung, also für expressives Handeln, das entlastend wirkt" (1969, 171). *Insofern ist die symbolische Ebene ein institutionalisiertes Dementi praktizierter Herrschaft, und letztere benötigt zu ihrer eigenen Stabilisierung – zur Sicherung von demokratischer „Massenloyalität" – den Erfolg dieses Dementis.*

Insoweit nun Selektivitätsstrukturen staatlichen Handelns empirisch ausgewiesen werden können und die Existenz eines zweiten Systems von Regeln – neben dem ersten „offiziellen" – ausmachbar ist, die Ebene der Darstellung systematisch von der der Herstellung variiert, sind sie ihrerseits Dementis des strukturellen Herrschaftsdementis, d. h. entlarven sie die Annahmen, Behauptungen und Darstellungen offizieller Art über die Struktur und Funktion von Herrschaft als eine solche der bloßen Rhetorik auf der symbolischen Ebene.

In diesem Zusammenhang findet der Sachverhalt seine Erklärung, daß die Ebene der Herstellungs- bzw. Anwendungsregeln sich nicht so widerstandslos ausmachen und erkennen läßt, wie dies für die offizielle Ebene der Darstellung der Fall ist – ein Sachverhalt, auf den für die Kriminologie insbesondere MCNAUGHTON-SMITH (1975) aufmerksam macht, den HASSEMER (1982) für das Strafverfahren herausgearbeitet hat.

Selektivitätsstrukturen und -mechanismen sind deshalb auch nicht schlicht nur Herrschaftslügen oder eine Art säkularer „Priestertrug", auch wenn man getrost unterstellen kann, daß das Wissen um ihre Existenz oft intuitiver, manchmal sogar zynischer Bestandteil „gekonnter" Herrschaft ist. Ihre Effektivität erlangen sie durchschnittlich dann am ehesten, wenn sie gleichsam „rationale" Resultate struktureller Vorkehrungen sind, d. h. wenn sie nicht in der Weise funktionieren, daß sie als selektives Handeln auf der Ebene der individuellen Entscheidung zurechenbar und verantwortbar sind. *Deshalb operieren Selektionsregeln am wenigsten als Bestandteile des bewußten Handelns oder gar der willkürlichen Praxis.* Allerdings sind sie auch nicht mißzuverstehen als irreversible und politikunfähige Aspekte von Sozial- und Herrschaftsstruktur oder als bloße latente, d. h. unbeabsichtigte Konsequenzen bzw. „Dysfunktionen" von Recht und Herrschaft. Als solche sind die Grenzfälle auf einem Kontinuum, deren polarer Gegentypus die Konstellation darstellt, in der die strukturell und institutionell verbürgte „mobilization of bias" (NEDELMANN 1982, 29 ff.) versagt und letzterer nur noch dezisionistisch hergestellt werden kann.

Die empirische Identifizierung und Analyse von Selektionsmechanismen ist *einerseits Ergebnis theoretischer Interpretation bzw. „Entdeckung", andererseits Produkt gezielter Forschungsstrategien.* Theoretische Entdeckung sind sie aus den dargelegten Erwägungen über den Zusammenhang zwischen offizieller und nichtentdeckter Kriminalität. Denn wenn richtig ist, daß die Struktur der offiziellen Kriminalität, wie sie sich in den Korrelationen und „Kausalbeziehungen" der ätiologisch orientierten traditionellen Kriminologie niederschlägt, keinen zuverlässigen Schluß auf die Gesamtkriminalität erlaubt, lassen sich *die „erklärenden Faktoren" von Kriminalität prinzipiell nur als Bestandteile von Selektivitätsstrategien der strafrechtlichen Sozialkontrolle interpretieren.* In diesem Sinne verweisen etwa die Merkmale „soziale Schicht- u. Klassenzugehörigkeit", „defizitäre Familienstrukturen" der verschiedensten Art, Merkmale „sozialer Desintegration" und „ökologischer Desorganisation", die sämtlichst statistisch signifikant mit der durch offizielle Daten gemessenen unabhängigen Variablen Kriminalität korrelieren, auf durch Selektivitätsstrategien erzeugte Regelmäßigkeiten der sichtbaren Oberflächenstruktur der Kriminalität.

Für die Konzipierung empirischer Forschungsstrategien ist diese theoretische Entdeckung von Selektivitätsmechanismen jedoch nur erst ein Ausgangspunkt der Analyse, ein „Nettosaldo" gleichsam der strafrechtlichen Sozialkontrolle, der in Einzelpositionen zu zerlegen und aufzufächern ist. Für diese empirische Differenzierung bietet sich ein forschungspragmatisches und heuristisches Vorgehen an, das sich am „Trichtermodell" und der als *„Ausfilterungsprozeß" beschriebenen Funktionsweise strafrechtlicher Sozialkontrolle* orientiert, wie es von KERNER (1973) in die deutsche kriminologische Forschungsdiskussion eingeführt und empirisch ausprobiert worden ist. Eine sehr analoge und theoretisch anspruchsvolle Forschungsstrategie hat LEIBFRIED (1976) am Gegenstand des gesellschaftlichen „Armutspotentials" und der „staatlichen Sozialhilfe" vorgelegt.

Ausgehend vom Filtermodell KERNERs lassen sich auf den dort unterschiedenen Stufen der „Karriere" einer Rechtsverletzung vom Zeitpunkt ihres sozial definierten Geschehens bis zum Ende ihrer rechtsförmigen Verarbeitung Selektionsbeiträge unterschiedlicher Art und Größe ausmachen, die sich gleichsam akkumulieren zu jenem oben erwähnten Nettosaldo der Selektivität. *Besonders kritische Selektivitätsschwellen sind dabei der Anzeigevorgang und die Allokationsstrukturen polizeilicher und staatsanwaltlicher Ermittlungsressourcen*, weshalb gerade diese beiden Stationen strafrechtlicher Sozialkontrolle in der kriminologischen Forschung zunehmend – im angelsächsischen Bereich freilich mehr als in Deutschland (vgl. jedoch BLANKENBURG 1969) – Interesse auf sich ziehen (→ Anzeigeverhalten).

Aber auch auf den nachfolgenden Stufen des strafrechtlichen Entscheidungsprogramms lassen sich Spielräume des Handelns ausmachen, in die Selektivitätsstrategien hineinreichen und -wirken können, obwohl sie dort erstens schwerer ausmachbar und zweitens kontrollauffälliger sind. So spricht HASSEMER (1982) zu Recht von *„informellen Programme(n) im Strafprozeß“ (1982), die sich durch den ganzen Ablauf des Verfahrens hindurchziehen und auf Handlungs- und Entscheidungsdefinitionen verweisen*, wie sie nicht nur – ganz offensichtlich – im Bereich der Rechtsfolgen, sondern auch etwa bezüglich der Tatbestandsfeststellung und der Einstellungsvoraussetzungen existieren. Ein exemplarisches Anwendungsfeld stellt die sogen. „Sencencing“-Forschung dar (PFEIFFER/OSWALD 1989). Die kriminologisch-empirische Durchdringung und Freilegung von alltagstheoretisch verfestigten Normalitätsvorstellungen von Verbrechen und Verbrechern (normal crimes – D. SUDNOW 1965), in Handlungs- und Entscheidungsroutinen sedimentierten Selektivitätsstrategien setzt einerseits eine *entscheidungstheoretische Rekonstruktion des Strafverfahrens* voraus, erfordert andererseits *empirische Forschungsstrategien, die geeignet sind, Mikrostrukturen von Interaktionen und Kommunikationen* datenmäßig zugänglich zu machen. GIEHRING (1978) hat einen solchen Ansatz paradigmatisch vorgezeichnet, dabei sowohl seine empirische Triftigkeit wie seine kriminalpolitischen Implikationen demonstriert.

Insgesamt läßt sich sagen, daß die Konzepte der Selektivität und Selektionsmechanismen eine Programmseite der Kriminologie aufgeschlagen haben, die zwar keineswegs mehr unbeschrieben ist, die aber Forschungshorizonte absteckt, die erst noch auszuschreiten sind. Auf ihren allgemeinen Nenner gebracht, geht es um die Analyse der Frage, wie soziale, ökonomische, politische und ideologische Strukturen das Strafrecht bzw. das Recht überhaupt durchdringen, *wie sich soziale Ungleichheit zur formalen Gleichheit des Rechts verhält.*

Blankenburg, E., Die Selektivität rechtlicher Sanktionen. Eine empirische Untersuchung von Ladendiebstählen, KZfSS 21 (1969), S. 805–829; *Giehring, H.*, Rechte des Beschuldigten, Handlungskompetenz und kompensatorische Strafverfolgung, in: Sozialwissenschaften im Studium des Rechts, Bd. 3: Strafrecht, hrsg. v. Hassemer, W., Lüderssen, K., München 1978, S. 181–214; *Hart, H.L.A.*, The Ascription of Responsibility and Rights, in: Logic and Language, First Series, hrsg. v. Flew, A.N., 5. Aufl., London 1963, S. 145–167; *Hassemer, W.*, Informelle Programme im Strafprozeß. Zu Strategien der Strafverteidigung, Strafverteidiger 2 (1982), S. 377–382; *Kerner, H.-J.*, Verbrechenswirklichkeit und Strafverfolgung, München 1973; *Lemert, E.*, Social Structure, Social Control and Deviation, in: Anomie and Deviant Behavior, hrsg. v. Clinard, M., 1. Aufl., Glencoe/Ill. 1964 (hier zit. n. *Lemert, E.*, Human Deviance, Social Problems and Social Control, Englewood Cliffs/N.J. 1967, S. 3–30); *Luhmann, N.*, Legitimation durch Verfahren. Neuwied 1969; *McNaughton-Smith, P.*, Der zweite Code. Auf dem Wege zu einer (oder hinweg von einer) empirisch begründeten Theorie über Verbrechen und Kriminalität, in: Seminar: Abweichendes Verhalten II, hrsg. v. Lüderssen, K., Sack, F., Frankfurt/M. 1975, S. 197–212; *Nedelmann, B.*, Rentenpolitik in Schweden. Ein Beitrag zur Organisierung soziologischer Konfliktanalyse, Frankfurt u. a. 1982; *Offe, C.*, Klassenherrschaft und politisches System. Zur Selektivität politischer Institutionen, in: Strukturprobleme des kapitalistischen Staates. Aufsätze zur politischen Soziologie, hrsg. v. Offe, C., Frankfurt/M. 1972, S. 65–105; *Pfeiffer, Ch., Oswald, M.*, Strafzumessung. Empirische Forschung u. Strafrechtsdogmatik im Dialog. Stuttgart 1989; *Popitz, H.*, Über die Präventivwirkung des Nichtwissens, Tübingen 1968; *Sack, F.*, Selektion und Kriminalität, KJ 4 (1971), S. 384–400; *Sudnow, D.*, Normal Crimes: Sociological Features of the Penal Code in a Public Defender Office, SP 12 (1965), S. 255–276.

FRITZ SACK

Self-fulfilling prophecy → Kriminalprognose

Sexualkriminalität. Die Sexualkriminalität nimmt innerhalb der Kriminalität eine Sonderstellung ein. Die Kriminalität der letzten Jahrzehnte zeigt, daß sich die Sexualkriminalität in die Entwicklung der Kriminalität nicht einreiht: An der deutlichen Zunahme der Kriminalität hat die Sexualdelinquenz keinen Anteil; sie ist konstant geblieben bzw. rückläufig. Die sexuelle Delinquenz ist offenbar von aktuellen sozialen Veränderungen nicht so unmittelbar und eingreifend tangiert wie die allgemeine Kriminalität bzw. es ist anzunehmen, daß bestimmte soziale Veränderungen (etwa veränderte Toleranzschwellen des moralischen Empfindens) zu einer Minderung der Häufigkeit von Sexualdelikten führen.

1. Ätiologische Konzepte

Das differenzierteste ätiologische Konzept von sexueller Devianz gründet auf der Neurosenlehre (z. B. MORGENTHALER 1974; STOLLER 1979). Der *psychodynamischen Betrachtungsweise* liegt die Hypothese von der individuellen, in der jeweiligen Lebensgeschichte verankerten Genese sexueller Deviationen zugrunde. Die Deviation oder der deviante Impuls hat den Charakter einer psychischen Symptombildung. Eine Symptombildung ist dadurch charakterisiert, daß sie die Bedeutung und Funktion hat, bestimmte intrapsychische Ängste abzuwehren, innere Konflikte zu bewältigen, Persönlichkeitsdefekte auszugleichen. Eine Symptombildung hat daher eine Stabilisierungsfunktion für das Persönlichkeitsgefüge. Die Art der Ängste, Konflikte, inneren Spannungen und Impulse, die der Deviationsbildung zugrunde liegen, können hier nicht erörtert werden; im übrigen stellt die jeweils individuelle Lebensgeschichte erst den Schlüssel dar, der zur Dechiffrierung eines Symptoms und dessen Bedeutungsgehalt führt. Andere differenzierter ausgebaute ätiologische Konzepte liegen nicht vor.

Lerntheoretische Hypothesen, die zur Erklärung von Devianz von einer zufälligen Koppelung von sexueller Erregung und ungewöhnlichen Begleitumständen und einer ständigen Verstärkung durch die Lust des Orgasmus ausgehen (vgl. RACHMANN 1977), können nicht befriedigen.

Die klassische *Psychiatrie* sieht in der sexuellen Deviation eine anlagebedingte Besonderheit, eine nicht weiter zurückführbare Gegebenheit (z. B. WITTER 1972). Wenn auch ein nicht näher zu präzisierender konstitutioneller Faktor als mitbedingendes Agens keineswegs auszuschließen ist, bedeutet die psychiatrische Hypothese einen zu weit getriebenen Agnostizismus, der die Fülle dessen, was über die psychodynamische Entstehung von Deviation bekannt ist, nicht zur Kenntnis nimmt.

Spezifische *biologisch-somatische Ursachen* oder Bedingungen sexueller Deviationen sind nicht gefunden worden; es sind weder hormonelle Auffälligkeiten noch Abweichungen in der Hirnfunktion bekannt, die für Deviationen einigermaßen spezifisch sind. Frühere Vermutungen, daß Chromosomenanomalien, vor allem die XYY-Konstellation, eine besondere Bedeutung haben könnten, haben sich nicht bestätigt.

2. Die einzelnen Sexualdelikte

(1) *Homosexualität:* Seitdem homosexuelle Handlungen unter Erwachsenen keinen Straftatbestand mehr darstellen, brauchte Homosexualität unter dem

Stichwort Sexualkriminalität nicht mehr erörtert zu werden. Die Veränderung der Gesetzgebung ist zugleich ein gutes Beispiel dafür, daß der „Sexualstraftäter“ nicht in erster Linie durch seine Psychopathologie, sondern durch gesetzliche Normen definiert wird. Das Thema Homosexualität bedürfte hier keiner Erwähnung mehr, wäre nicht die Strafrechtsreform auf halbem Wege steckengeblieben. Homosexuelle Handlungen sind nach wie vor strafbar, wenn der männliche Partner noch keine 18 Jahre alt ist. Die Begründung für diesen Straftatbestand ist der Jugendschutz, besonders die Vorstellung, ein Junge könne durch ein homosexuelles Erlebnis zur Homosexualität verführt werden. Diese *Verführungshypothese* ist wissenschaftlich nicht haltbar und gilt allgemein als widerlegt. Ganz unabhängig von der jeweiligen Lehrmeinung, von dem wissenschaftlichen Standpunkt, von dem aus Homosexualität betrachtet wird – ob sie als Resultat der Persönlichkeitsentwicklung in den ersten Lebensjahren gesehen wird, als Ausdruck einer abnormen Veranlagung, als pränatale Prägung im Zwischenhirn durch die Einwirkung von Hormonen, als genetisch verursacht –, stimmen alle Ansichten in einem überein, daß Homosexualität als sexuelle Orientierung bereits vor Eintritt in die Pubertät determiniert ist und eine dauerhafte Veränderung der sexuellen Orientierung durch spätere Erfahrungen nicht mehr möglich ist.

(2) *Exhibitionismus:* Der Exhibitionismus ist das harmloseste aller Sexualdelikte. Sieht man einmal von den hinsichtlich der Auswirkungen gemeinhin weit überschätzten Exhibitionen vor Kindern und den sehr seltenen und atypischen Übergängen in manifeste Aggressionen ab, dann ist Exhibition nicht mehr als eine unschickliche Belästigung. Dieser Harmlosigkeit ist in der Strafrechtsreform Rechnung getragen worden: Die Handlung wird in der Regel nur auf Antrag verfolgt; der Begriff der „Heilbehandlung“ ist in den Gesetzestext eingegangen.

Die typische Exhibition besteht im stummen Präsentieren des meist erigierten Genitale mit oder ohne Masturbation, und zwar überwiegend vor Frauen und Mädchen oder speziell vor Kindern. Gelegentlich wird die Aufmerksamkeit der Frau durch Zeichen, Zurufen auf die Entblößung gelenkt. Ein Übergehen in ein aggressives Attackieren kommt nur selten vor (drei bis fünf Prozent). Die subjektive Intention des Exhibitionisten, soweit sie verbalisierbar ist, geht meist auf ein Erschrecken der Frau oder beinhaltet den geheimen Wunsch nach positiver Reaktion, die Frau möge neugierig oder fasziniert zusehen. Das Gelingen der Befriedigung ist auf eine dieser Reaktionen angewiesen. Die meisten Exhibitionisten vermögen solche Situation zu schildern, in denen eine ausbleibende Reaktion, eine neutrale Objektivität, eine herablassende abschätzige Bemerkung seitens der Frau den Spannungszustand schlagartig lösen und nur noch Beschämung zurücklassen. Dem Akt des Entblößens geht eine schwer verbalisierbare innere Ausgangsverfassung voraus, die neben der sexuellen Spannung durch Rastlosigkeit, Unruhe, Getriebensein gekennzeichnet ist. Von Exhibitionisten wird immer die „Zwanghaftigkeit“ angeführt. Nach der sexuellen Entspannung erfolgt schlagartig die Ernüchterung, verbunden mit Scham und Reue. Schilderungen von Exhibitionisten über ihre innere Verfassung mit der extremen Einengung der Aufmerksamkeit auf den Akt der Entblößung, deren Unkorrigierbarkeit durch die realen Umstände, die Unfähigkeit zur Einfühlung in die Reaktion des Gegenüber wirken eigenartig realitätsfern. Vor allem in der älteren Literatur ist von „tranceartigen“ Zuständen die Rede, vielfach wurde die Exhibition fälschlicherweise als ein Symptom von Epilepsie gewertet.

Exhibitionismus ist das Delikt des jüngeren und mittleren Lebensalters; jenseits des 40. Lebensjahres kommt es selten vor. Teils sind es fixierte Deviationen auch mit Phantasiebeteiligung, bei denen man eine progrediente Verlaufsform häufig beobachten kann; teils sind es periodische, situative Impulshandlungen in Krisen.

Bei dem psychodynamischen Bedeutungs- und Ausdrucksgehalt lassen sich drei Aspekte unterscheiden: Einmal ein Erleben und Demonstrieren von Potenz, Mächtigkeit, Männlichkeit, eine Vergewisserung genitaler Vollwertigkeit als momentane Überwindung von Ängsten, klein, ohnmächtig, unmännlich zu sein. Die andere Ebene sind aggressive Gefühle und Impulse, die meist in verdeckter Form immer enthalten sind, z. B. als symbolische Bedrohung der Frau mit dem „mächtigen Phallus", der die als stark und überlegen erlebte Frau beeindrucken, einschüchtern, faszinieren, in die Flucht schlagen soll. Diese oft nur projizierten Reaktionen dienen als Bestätigung für die Macht der Männlichkeit und als Vergewisserung, daß die Angst vor Frauen unbegründet ist. Auf einer anderen Ebene schließlich liegt in der Exhibition ein ritualisiertes Kontaktangebot, das gleichzeitig Distanz garantiert.

(3) *Pädophilie:* In dem Sammelbegriff Pädophilie verbergen sich außerordentlich heterogene Phänomene. Die Möglichkeiten, wie sexuelle Beziehungen zwischen Erwachsenen und Kindern im gesetzlichen Schutzalter zustande kommen können, sind vielfältig: Gegenseitige Liebesbeziehung; erotisierte pädagogische Beziehung; gewaltlose Verführung von Kindern durch Erwachsene und von Erwachsenen durch Kinder; gewaltsame Attacken; Gelegenheitshandlungen von sozial unintegrierten Außenseitern; aber auch andere sexuelle Abweichungen, die mehr oder weniger zufällig an Kindern realisiert werden: Exhibitionisten, die sich vorzugsweise vor Kindern entblößen, sadistische Handlungen, die sich des Kindes bedienen; bei der Fixierung auf kleine Kinder findet sich nicht selten eine Tendenz zur Vergegenständlichung und Partialisierung des kindlichen Körpers mit fetischistischen Zügen etc. Oft sind sexuelle Handlungen mit Kindern Ersatz und Ausweichhandlungen von nicht-devianten Männern, zu denen besondere Gelegenheiten disponieren.

Das Delikt „sexuelle Handlungen mit Kindern" ist ein Phänomen, das zunächst einmal durch eine im Strafgesetz enthaltene Definition bestimmt wird: Durch die relativ willkürlich anmutende Festlegung des Schutzalters bei 14 Jahren (→ Jugendrecht, Jugendhilfe, Jugendschutz). Psychologisch und sexualwissenschaftlich macht es einen erheblichen Unterschied, ob der Adressat einer sexuellen Handlung ein(e) Pubertierend(e) oder ein kleines vorpubertäres Kind ist. Als Tendenz läßt sich formulieren: Je älter und damit erwachsenennäher der Adressat, desto partnerschaftlicher und reifer ist die Beziehung und desto unauffälliger, „normaler" ist die Persönlichkeit des Erwachsenen; je jünger das Kind, desto pathologischer ist die Beziehung und die Persönlichkeit des Erwachsenen. Je nach dem Geschlecht der bevorzugten Kinder unterscheidet man heterosexuelle (die häufigste), homosexuelle und bisexuelle (die seltenste) Pädophilie, bei der das Geschlecht gegenüber dem Alter eine untergeordnete Rolle spielt.

Psychodynamisch gesehen hat die kindliche Partnerwahl im wesentlichen zwei Wurzeln: Die eine ist die Abwehr von Ängsten, die sich auf die Frau beziehen. Diese Ängste können sich in verschiedener Weise äußern: z. B. in dem Gefühl, genital minderwertig zu sein, einen zu kleinen Penis zu haben, eine Frau nicht befriedigen zu können, also in Form von Potenzängsten. Die Konfrontation mit dem kindlichen Genitale gibt dem Pädophilen das Gefühl, genital vollwertig zu sein und mindert diese Ängste. Oder die Angst bezieht sich auf das weibliche Genitale, welches mit Attributen wie unsauber, verletzt, versehrt, ekelerregend versehen wird. Eine Motivation für die kindliche Partnerwahl ist dann die, daß der kindliche Körper als sauber und rein erlebt wird.

Das Charakteristische der pädophilen Deviation – und dies ist die zweite Wurzel – liegt darin, daß jeweils die eigene kindliche Situation regressiv wieder hergestellt wird: In der pädophilen Situation erkennt der Pädophile sich in dem Kind wieder und identifiziert sich mit ihm. Was er als Erwachsener mit dem Kind tut, ist die Erfüllung seiner Wunschphantasien: Er tut das, von dem er sich wünscht, die Mutter hätte es mit ihm getan. Es ist eine narzißtische Partnerwahl; der Pädophile befriedigt identifikatorisch in dem Kind seine Bedürfnisse, indem er zugleich unbewußt die Mutterrolle übernimmt. Die Befriedigung eigener Bedürfnisse betrifft Wünsche nach Zärtlichkeit, Hautkontakt, Verwöhnung, Geborgenheit und liebevoller Beschäftigung mit seinem Genitale.

Bei aggressiven Handlungen an Kindern, Verletzung, Tötung, werden qualitativ verschiedene Aspekte der frühen Mutter-Kind-Beziehung wiederbelebt und stehen oft unverbunden nebeneinander: Sadistische Impulse sind eingelagert in zärtliche Regungen und Handlungen; die Übergänge sind abrupt. Identifikation mit den guten mütterlichen Anteilen stellen eine liebevoll zärtliche Beziehung zum Kind her; die aggressiven Handlungen sind gleichsam Aktionen der bösen mütterlichen Anteile. Es kommt zu einer oszillierenden Identifikation, in der der Pädophile einmal mit der bösen Mutter identifiziert ist und Momente später mit dem geängstigten Kind, um Sekunden später wieder wie die böse und haßerfüllte Mutter zu empfinden. In das kindliche Opfer wird häufig ein abgelehntes und gehaßtes Stück des eigenen Selbst hineinprojiziert: Das Schwache, Kindliche, Abhängige. Diese eigenen Anteile werden in der aggressiven Aktion attackiert und gleichsam vernichtet.

(4) *Die aggressiven Sexualdelikte:* Phänomenologisch lassen sich die aggressiven Sexualhandlungen Frauen gegenüber in eine Intensitätsskala bringen, was die geäußerte Aggressivität angeht:

Am wenigsten aggressiv verhält sich der *Frotteur*; dieses gar nicht so seltene Verhalten wird nur selten angezeigt. Es sind Männer, die sich in dichtem Gedränge an Frauen heranmachen und ihr Genitale, ohne es zu entblößen, an eine Frau pressen, es reiben und so zur Befriedigung kommen.

Unter Jugendlichen gar nicht so selten ist das *Syndrom des anonymen Anfassers:* Jungen in der Pubertät, sexuell meist unerfahren, hilflos und orientierungslos in heterosexuellen Situationen, fassen vorübergehende Frauen an die Brust, unter den Rock und laufen fort. Wenn es aus Gruppen heraus folgt, hat es gelegentlich den Stellenwert von Mutproben. Es ist meist ein passageres Verhalten, das mit Überwindung der Pubertätskrise verschwindet; gelegentlich steht es aber auch im Beginn einer eskalierenden Aggressivität Frauen gegenüber.

In diesem Zusammenhang ist das relativ häufige Delikt des *Handtaschen-Wegnehmen* von Jugendlichen zu erwähnen. Es kann, muß aber nicht über die Bereicherungsabsicht hinaus eine weitergehende Motivation haben: Ein Impuls, den Frauen etwas zu entwenden, sie zu beschädigen, zu entmachten, zu entwaffnen; es sind symbolische Aggressionen der

Frau gegenüber, besonders deutlich dann, wenn sie im Zusammenhang mit anderen Sexualhandlungen vorkommen.
In der Skala weit oben stehen dann *sexuelle Nötigung* und *Vergewaltigung* als die häufigsten sexuellen Aggressionsdelikte. Es sind Delikte von Jugendlichen, Heranwachsenden und jungen Erwachsenen: Der Altersspiegel liegt bei 20 und 25 Jahren. Jenseits des 35. Lebensjahres sind diese Delikte sehr selten. Die massivste Aggressivität findet sich schließlich bei *sexuell motivierten Tötungsdelikten*.

Was die Rolle und Bedeutung der Aggressivität vor allem bei Vergewaltigungen angeht, lassen sich generell zwei Arten unterscheiden: Einmal ein instrumentelles Einsetzen der Aggressivität, um etwas, hier den Geschlechtsverkehr, zu erreichen. Dieses trifft zu auf den Typ des „Macho", der Frauen einfach benutzt. In der Wahrnehmung von Frauen, die sich neuerdings gegen Vergewaltiger formieren, wird in der Tendenz jeder Mann, der eine Vergewaltigung begeht, zu einem „Macho". Dies ist zweifellos unberechtigt und trifft nur auf einen kleinen Täterkreis zu, am ehesten noch auf Gruppenvergewaltigung, bei denen eine besondere Gruppendynamik zu beachten ist. Es wird dort ein Frauen geringschätzendes und sie verachtendes Bild aufgerichtet, die Aggressivität eskaliert, weil einer den anderen an „Männlichkeit" übertrumpfen will.

Sicherlich häufiger als das instrumentelle Einsetzen ist die Sexualisierung von Aggression. Bei der überwiegenden Mehrzahl hat die Aggression gegenüber der Frau Abwehrcharakter. Es finden sich mehr oder minder ausgeprägte Männlichkeitsprobleme, Unsicherheiten in der männlichen Identität; Frauen werden als überlegen, stark, gefährlich, ausnutzend, kontrollierend erlebt. Ein solches neurotisch verzerrtes Bild von der Frau ist meistens biographisch zurückzuführen auf eine konflikthafte, gestörte Beziehung zur Mutter.

(5) *Sexuelle Motivation bei nicht-sexuellen Tatbeständen.* Sexualisierung ist ein allgemeiner Abwehrmechanismus; das bedeutet, daß alle möglichen Konflikte, Impulse, Ängste in Gestalt besonderer sexueller Phantasien, Tendenzen, Praktiken etc. thematisiert und dadurch gleichsam gebunden und erledigt werden können. Bei zwei Delikten scheint dies häufiger vorzukommen: Beim *Kaufhausdiebstahl* vor allem bei Frauen, seltener auch bei Männern, und bei *Brandstiftung* durch junge Männer. Vor allem dort, wo rational zugängliche Motive wie Bereicherung bei Diebstahl, Versicherungsbetrug oder Rache bei der Brandstiftung offensichtlich nicht vorhanden sind, wird häufiger angegeben, daß diese Handlungen mit sexueller Erregung und Befriedigung verbunden sind. Es besteht keine Veranlassung, hier ein eigenes Syndrom oder Krankheitsbild zu konstruieren, wie es in den veralteten Begriffen „Kleptomanie" oder „Pyromanie" geschehen ist. Beiden ist eines gemeinsam: Situationen, die nicht in einem sexuellen Kontext stehen, die aber spannungsvoll, angstgeladen, prickelnd und bedrängend empfunden werden, können sexuell erlebt werden. Dieses Phänomen ist bekannt in Form sogenannter Angstpollution bei Jungen. Etwas Ähnliches charakterisiert sowohl den Ladendiebstahl als auch die Brandstiftung: Es sind Situationen voller Spannungen, prickelnd, angstgeladen wegen des Heimlichen und Verbotenen der Handlungen. Diese Verfassung kann auch sexuell erlebt (sexualisiert) und deswegen immer wieder aufgesucht werden. Umgekehrt ist es auch bei vielen Deviationen so, daß die Situation etwas

Erregendes, Spannungsgeladenes, Prickelndes hat, ein Spiel mit dem Risiko und der Gefahr darstellt, das wahrscheinlich den besonderen Reiz und die besondere Befriedigung ausmacht.

3. Die Behandlung von Sexualdelikten

(1) *Die somatischen Behandlungsmethoden*

Überlegungen zur Therapie abweichenden Sexualverhaltens – ob es sich um medikamentöse, chirurgische Maßnahmen oder um Psychotherapie der verschiedensten Richtungen handelt – müssen als Verständnishintergrund die Frage beantworten können, welche Bedeutung, welchen Ausdrucksgehalt ein deviantes Verhalten für eine bestimmte Persönlichkeit hat, welche Funktion diesem Verhalten für das psychische Gleichgewicht zukommt. Nur so kann abgeschätzt werden, welche Folgen z. B. eine Symptombeseitigung für die Persönlichkeit hat, nur so können sinnvoll Therapieziele entwickelt werden.

(a) *Medikamentöse Behandlung durch Antiandrogene:* Antiandrogene bewirken eine dosisabhängige Reduzierung bzw. einen Verlust von Libido und Potenz für den Zeitraum der medikamentösen Verabreichung. Dies geht einher mit Infertilität; Ejakulation und Orgasmusintensität sind herabgesetzt. Alle Wirkungen sind, soweit heute bekannt, reversibel, unerwünschte Wirkungen halten sich im Rahmen des Vertretbaren. Angesichts der desolaten Situation, was die Therapiemöglichkeiten von Sexualdelinquenten angeht, wurde das Medikament „Androcur" geradezu enthusiastisch gefeiert. Es ist fast zu einem „Allheilmittel" auf diesem Gebiet geworden. Mißbrauch und blinde Applikation sind verbreitet. Dies soll den Wert der Androgene nicht infrage stellen; sie sind bei gezielter Indikation sehr hilfreich. Eines aber bleibt zu betonen: Es ist keine Kausalbehandlung, sondern eine symptomatische Therapie in dem Sinne, daß das Symptom unterdrückt wird. Anzustreben ist in jedem Fall eine Kombination mit einer psychotherapeutischen Aufarbeitung der zugrundeliegenden Problematik (PETRI 1980). Daß teils aus Gedankenlosigkeit, teils wegen des Fehlens therapeutischer Alternativen die medikamentöse Triebdämpfung eine sehr viel breitere und ungezieltere Anwendung findet, liegt auf der Hand. Vor alleiniger Anwendung ist besonders bei jüngeren Patienten zu warnen, bei denen das Delikt oft Ausdruck dafür ist, daß es ihnen nicht gelungen ist, sexuelle Bedürfnisse zu sozialisieren und in die Persönlichkeit zu integrieren; durch eine solche Behandlung werden sie geradezu daran gehindert, die Reifungsschritte zu vollziehen.

(b) *Die chirurgische Kastration:* Der verstümmelnde Effekt dieses Eingriffs ähnelt mehr einer Abrechnung mit diesen Menschen als einer Therapie. Es sei nur daran erinnert, daß der Hintergrund vieler Sexualstraftaten eine ausgeprägte Männlichkeitsproblematik bildet, psychoanalytisch gesprochen eine Kastrationsangst zugrunde liegt. Operative Kastration bedeutet dann, buchstäblich mit dem Messer diese Wunden zu vergrößern bzw. dort, wo von Patienten die Kastration gefordert wird, deren Bestrafungswünsche mitzuagieren. Dies gilt mit Einschränkung auch für die Antidrogenbehandlung. Eine Kastration ist heute nach Einführung der Antiandrogene, die im Prinzip eine ähnliche Wirkung haben, selten geworden und sollte einen Eingriff darstellen, der, von extremen Einzelfällen abgesehen, der Vergangenheit angehört.

(c) *Stereotaktische Gehirnoperationen:* In den 70er Jahren hatte die stereotaktische Gehirnoperation, d. h. eine gezielte operative Ausschaltung eines Areals im Zwischenhirn in einem Bereich, in dem ein sogenanntes „Sexualzentrum" vermutet wurde, als Behandlungsmethode für sexuelle Deviationen von sich reden gemacht. Dem Eingriff lag eine sehr vage Vorstellung zugrunde, im Sexualzentrum sei das Sexualverhalten eingeprägt. Der Effekt der Operation sollte eine Veränderung des Sexualverhaltens und/oder eine Abnahme der „Triebstärke" bewirken. Nach der anfänglich fast euphorischen Propagierung wird von dieser Methode heute, auch nach einigen Rückschlägen, nicht mehr gesprochen. Sie wird meines Wissens in den letzten Jahren nicht mehr durchgeführt.

(2) *Psychotherapeutische Behandlungsmethoden*

Die somatischen Behandlungsmethoden verkörpern einen reinen Pragmatismus und werden der menschlichen Sexualität und ihrer Bedeutung nicht gerecht. Eine solche Feststellung widerlegt zwar nicht die Berechtigung dieser Methoden, engt sie jedoch ein. Für die meisten Sexualstraftäter ist eine Psychotherapie die eigentliche kausale Behandlung. Es erscheint deshalb zunächst geboten, diese therapeutischen Möglichkeiten auszuschöpfen, wobei die Frage nach besonderen Schulen weniger wichtig ist, solange die Funktion der Deviation für die Persönlichkeitsstruktur im therapeutischen Vorgehen mitbedacht ist. Ohne auf Einzelheiten einzugehen, ist festzustellen, daß es heute eine Vielzahl sinnvoller und erfolgversprechender Ansätze für ein psychotherapeutisches Vorgehen mit diesen Patienten gibt, die aber bisher nur sehr unzureichend in konkrete Erfahrungen umgesetzt worden sind (vgl. SCHORSCH u. a. 1984). Die verschiedenen Techniken, Methoden, Schulen, können hier nicht dargestellt werden. Sicherlich ist auch Psychotherapie kein Allheilmittel, mit deren Hilfe alle Probleme zu lösen sind; aber gerade auf diesem Gebiet sind die Möglichkeiten noch keineswegs ausgeschöpft.

Morgenthaler, F., Die Stellung der Perversionen in Metapsychologie und Technik, Psyche 12 (1974), S. 1077–1098; *Petri, H.*, Analytische Kurztherapie bei sexuellen Perversionen, in: Therapie sexueller Störungen, hrsg. v. Sigusch, V., 2. Aufl. Stuttgart 1980; *Rachmann, S.*, Fetischismus. Ein experimentelles Modell, in: Sexuelle Störungen, hrsg. von Kockott, G., München 1977, S. 268–271; *Schorsch, E., Galedary, G., Haag, A., Hauch, M., Lohse, H.*, Perversion als Straftat. Dynamik und Behandlung, Berlin 1984; *Stoller, R.J.*, Perversion. Die erotische Form von Haß, Reinbek 1979; *Witter, H.*, Die forensische Beurteilung der Sexualdelikte, in: Handbuch der forensischen Psychiatrie, Bd. 2, hrsg. v. Göppinger, H., Witter, H., Berlin, Heidelberg, New York 1972, S. 1050–1094.

EBERHARD SCHORSCH †

Sicherungsverwahrung → freiheitsentziehende Maßnahmen

Soziale Dienste in der Strafjustiz. Soziale Dienste in der Strafjustiz stellen die institutionalisierten, auf soziale Eingliederung Straffälliger und individualpräventive Verbrechensvorbeugung gerichteten Bemühungen von Gerichtshelfern und Bewährungshelfern im Bereich ambulanter Sanktionen dar. Das personelle Rückgrat und Substrat dieser Tätigkeit bilden vorrangig Sozialarbeiter, welche die Aufgabe (re-)sozialisierender Hilfe mit spezifischen Mitteln und Methoden ihres Berufs (psychosoziale Diagnose, Einzelfallhilfe, Gruppenarbeit, Gemeinwesenarbeit usw.) erfüllen (KERNER 1980; STEINHILPER 1984; SALMAN 1986; DEUTSCHE BEWÄHRUNGSHILFE 1986). Die Schaffung sozialer Dienste innerhalb der Strafrechtspflege liegt auf der allgemeinen Linie der Ausweitung sozialer Aufgaben des Staates, die – unter dem Vorzeichen des Sozialstaatsprinzips – vorrangig Personengruppen gilt, welche – aus welchen Gründen immer – in ihrer persönlichen und sozialen Entfaltung, namentlich in ihrer sozialen Handlungskompetenz beeinträchtigt und auf die Unterstützung Dritter angewiesen sind. Begriff und Sache des Sozialdienstes (oder sozialen Dienstes) der Justiz sind relativ neu. Zwar wurde bereits in der Weimarer Zeit an manchen Gerichten vor allem mit Hilfe freier Träger (Vereine für Straffälligenhilfe) eine *Soziale Gerichtshilfe* zu dem Zweck eingerichtet, im Interesse individualisierender Behandlung bessere Informationen über Straffällige zu gewinnen und diesen die zur sozialen Integration erforderlichen Hilfen zu gewähren (KERNER 1990). Indessen fehlte es für eine Einführung auf breiter Grundlage an den notwendigen gesetzlichen Voraussetzungen.

Diese sind nunmehr weitgehend gegeben. Mit der verstärkten individualpräventiven Orientierung des strafrechtlichen Sanktionensystems (§ 46 I 2 StGB), der wachsenden Bedeutung der Strafaussetzung zur Bewährung (§ 56 StGB) und damit auch der → Bewährungshilfe (§ 56 d StGB) waren die Weichen in Richtung auf eine Institutionalisierung sozialintegrierender Bemühungen gestellt. So findet die Verlagerung von stationären Sanktionen hin zu ambulanten darin ihren Ausdruck, daß heute ca. 2/3 aller Freiheitsstrafen zur Bewährung ausgesetzt werden. Damit sind auch Zahl und qualitatives Gewicht der Fälle gewachsen, in denen Bewährungshelfern die Betreuung und Kontrolle Straffälliger obliegt (HEINZ 1982; MÜLLER-DIETZ 1985; HERMANN 1986; HESENER 1986). Nicht nur hat die Zahl der Unterstellungen unter die Bewährungshilfe stark zugenommen; vielmehr hat sich der Probandenkreis insofern erheblich verändert, als er sich heute vielfach aus Verurteilten rekrutiert, die Sozialisationsmängel und Mehrebenenkonflikte im sozialen Nahraum aufzuweisen haben und die früher – zumindest teilweise – in den Strafvollzug eingewiesen wurden. Freilich geht diese Gewichtsverschiebung zumindest in qualitativer – weniger in quantitativer – Hinsicht auch zu Lasten der Führungsaufsicht (FLOERECKE 1989). Im Rahmen dieser ambulanten Maßregel (§ 68 StGB) kommt der Bewährungshilfe gleichfalls erhebliche Bedeutung zu, da sie automatisch mit der Beiordnung eines Bewährungshelfers verknüpft ist (§ 68 a StGB). Die Wahrnehmung der Betreuungs- und Kontrollaufgaben, die dem Bewährungshelfer und der Aufsichtsstelle – in Zusammenarbeit – zugewiesen sind (§ 68 a StGB), erweist sich bei dem der Führungsaufsicht unterstellten Personenkreis im Hinblick auf die vielfach ungünstige Prognose als besonders schwierig (SCHULZ 1982; JACOBSEN 1985). Am 31.12.1987 unterstanden den insgesamt 2007 Bewährungshelfern in der Bundesrepublik insgesamt 143 196 Probanden (der Bewährungshilfe und der Führungsaufsicht); hieraus ergibt sich ein Verteilungsschlüssel von 1 : 71,3 (EISENBERG 1990, 350).

Einen weiteren Schritt auf dem Weg zur Institutionalisierung bildete die Einführung der Gerichtshilfe für Erwachsenen (§§ 160 III, 463 d StPO) in

Anlehnung an das Konzept der Jugendgerichtshilfe (§§ 38, 43 I, 50 III JGG; MOMBERG 1982; JUGENDGERICHTSHILFE 1988; WILD 1989). Die Gerichtshilfe soll dazu beitragen, die richterlichen Erkenntnis- und Entscheidungsmöglichkeiten im Sinne einer individualisierenden Sanktionsbemessung (→ Strafzumessung) durch Information über die Persönlichkeit des Beschuldigten und sein soziales Umfeld zu verbessern (RENSCHLER-DELCKER 1983; SCHÖCH 1983). Neben der strafrechtlichen Weichenstellung erfuhr die Sozialarbeit unter dem Vorzeichen und im Rahmen der Strafrechtspflege entscheidenden Auftrieb durch die verfassungsrechtliche Orientierung der Kriminalpolitik am *Sozialstaatsprinzip*. Hiernach dient der Staat der Sicherheit seiner Bürger am ehesten dadurch, daß er durch helfende sowie (re-)sozialisierende Maßnahmen und Einwirkung auf den Straffälligen einer weiteren Verbrechensbegehung vorbeugt (BVerfGE 35, 202, 235). Durch seine Bemühungen um soziale Integration des Straffälligen erfüllt der Staat also eine doppelte Verpflichtung: nach Kräften Schutz der Allgemeinheit zu gewährleisten sowie Behinderungen und Benachteiligungen, welche die soziale Eingliederung Straffälliger erschweren, abzubauen.

Damit sind heute Sozialarbeiter auf drei Arbeitsfeldern der ambulanten Strafrechtspflege tätig. Als *Gerichtshelfer* sollen sie vor allem den Beschuldigten betreffende Umstände ermitteln, „die für die Bestimmung der Rechtsfolgen der Tat von Bedeutung sind" (§ 160 III StPO), und Staatsanwaltschaft und Gericht Erkenntnisse vermitteln, die für sog. Nachtragsentscheidungen – etwa über die bedingte Entlassung Verurteilter – wesentlich sind (§ 463 d StPO), sowie gegebenenfalls Maßnahmen sozialer Hilfe und Eingliederung einleiten. Als *Bewährungshelfer* sollen sie dem Verurteilten helfend und betreuend zur Seite stehen sowie die Erfüllung der Verpflichtungen überwachen, die diesem obliegen (§ 56 d III StGB). Als Bewährungshelfer haben sie im Rahmen der *Führungsaufsicht* gleichfalls diese Aufgaben sozialer Hilfe und Betreuung zu erfüllen (§ 68 a II, III StGB). Ein vorläufig letzter Schritt auf dem Weg zur Institutionalisierung bestand – etwa im Saarland – in der organisatorischen Zusammenfassung der Bewährungshelfer und Gerichtshelfer beim Landgericht in Form einer besonderen Dienststelle „Sozialdienst der Justiz", die einem Richter untersteht (STÖCKEL 1978). Andere Bundesländer haben sich mit (gesetzlichen) Regelungen von Stellung und Aufgabenbereich der bei der Justiz tätigen Sozialarbeiter begnügt (JUNG 1990). So hat z. B. Baden-Württemberg die Gerichtshelfer, Bewährungshelfer und im Justizvollzug angestellten Sozialarbeiter im Rahmen eines speziellen Gesetzes über die „Sozialarbeiter der Justiz" zusammengefaßt und sie den Justizbehörden zugewiesen, bei denen sie jeweils tätig sind: Gerichtshelfer den Staatsanwaltschaften, Bewährungshelfer den Gerichten und Sozialarbeiter im Vollzug den Vollzugsanstalten (TÖGEL 1982). Unterschiedliche Organisationsformen und Arten der Eingliederung in die Justiz hängen mit einer ganzen Reihe von Fragen zusammen, welche die Zielsetzung und praktische Ausgestaltung der Sozialarbeit in der Justiz betreffen (zur Dienst- und Fachaufsicht DÜNKEL in: BEWÄHRUNGSHILFE 1990, 36 ff.; CORNEL 1990). Darin spiegeln sich z. T. auch Ziel- und Rollenkonflikte, welche zwischen der Aufgabe der Strafrechtspflege im ganzen, den jeweiligen Funktionen der dort tätigen Juristen (Richter, Staatsanwälte) einerseits sowie dem Selbstverständnis der Sozialarbeit und der innerhalb der Justiz beschäftigten Sozialarbeiter andererseits immer wieder aufbrechen (KERNER 1980; DEUTSCHE BEWÄHRUNGSHILFE 1986; MÜLLER/OTTO 1986; MAELICKE/SIMMEDINGER 1987; BewHi 1990 5 ff.). Hat die Strafrechtspflege ihren Auftrag des Rechtsgüterschutzes sowohl mit repressiven als auch mit (individual-)präventiven Mitteln zu erfüllen, so steht in der Sozialarbeit der Charakter eines Angebots von „Hilfe zur Selbsthilfe" ganz im Vordergrund. Wenn auch Zielsetzungen und Formen strafrechtlicher Sozialkontrolle auf der einen Seite und sozialer Hilfe auf der anderen Seite keineswegs immer und naturnotwendig Gegensätze bilden – nach KIRCHHOFF (in: BewHi 1990, 88 f.) freilich schließen sich Repression und soziale Hilfe schlechthin aus (vgl. aber KIRCHHOFF a. a. O., 103) –, so haben sie doch durchaus Konflikte und Spannungen zur Folge, die nicht zuletzt die Sozialarbeit belasten (können) (MÜLLER-DIETZ 1985; LANGE in: BewHi 1990, 63 ff.). Dies wird namentlich an den spezifischen Aufgaben und Verpflichtungen deutlich, die Gerichtshelfer und Bewährungshelfer im Rahmen ihrer Tätigkeit zu erfüllen haben. Dabei muß freilich nach den jeweiligen Funktionen und Berufsrollen differenziert werden. Soweit der Gerichtshelfer als eine Art „Ermittlungshilfe" hinsichtlich der Persönlichkeit und sozialen Umstände des Beschuldigten für Staatsanwaltschaft und Gericht fungiert, liefert er gleichsam Material für eine individualisierende und individualpräventive Sanktionsbemessung; er wird primär im Auftrag und im Interesse der Justiz, nicht des Beschuldigten tätig. Daran ändert auch der Umstand nichts, daß bei der Sanktionsbemessung nicht zuletzt der Gesichtspunkt der sozialen Eingliederung und der Auswirkungen der Bestrafung auf den Verurteilten zu berücksichtigen ist (§ 46 I 2 StGB) und daß diagnostische Aufgaben – wie z. B. Persönlichkeitserforschung – der Sozialarbeit an sich keineswegs fremd sind. Jedenfalls steht der Gerichtshelfer durch die Beschaffung und Übermittlung von Informationen über den Beschuldigten – zumindest mittelbar – auch im Dienste repressiver Funktionen der Strafjustiz (RENSCHLER-DELCKER 1983; SCHÖCH 1983). Das hebt die Rolle des Gerichtshelfers (für Erwachsene) denn doch von der des Jugendgerichtshelfers angesichts der weitgehend erzieherischen Orientierung des Jugendstrafrechts (und Jugendstrafrichters) ab (MOMBERG 1982; SEIDEL 1988; WILD 1989). Hieraus resultiert ein Spannungsverhältnis, das vor allem im Verhältnis zum Beschuldigten praktische Bedeutung gewinnen kann. Diese Konfliktsituation wird insbesondere durch drei Problembereiche veranschaulicht, die Art und Umfang der Tätigkeit des Gerichtshelfers betreffen. Hauptquelle seiner Ermittlungstätigkeit bildet das Gespräch mit dem Beschuldigten. Auf der einen Seite ist der Gerichtshelfer – auch im Interesse einer Offenlegung der relevanten Tatsachen – auf eine vertrauensvolle Beziehung zum Beschuldigten angewiesen. Auf der anderen Seite unterliegt seine Gesprächsführung den strafprozessualen Schranken, die allgemein der ermittelnden Tätigkeit des Staates gesetzt sind. Der Beschuldigte ist zur aktiven Mitwirkung nicht verpflichtet; immerhin könnten ihn Auskünfte belasten; daher treffen den Gerichtshelfer entsprechende Belehrungspflichten. Hier ergeben sich Grenzen für die Tätigkeit des Gerichtshelfers – ebenso wie dies gegenüber dritten Personen (die ihm nicht auskunftspflichtig sind) der Fall ist. Nicht minder schwierige Probleme stellen sich hinsichtlich der Einführung der Informationen des Gerichtshelfers (des Gerichtshilfeberichts) in das Verfahren. Wird der Gerichtshelfer vor Gericht etwa als Zeuge vernommen, so steht ihm kein Auskunftsverweigerungsrecht zur Seite; es liegt auf der Hand, daß eine uneingeschränkte Offenlegung das Vertrauensverhältnis zum Beschuldigten belasten kann. Schließlich wird auch die Frage aufgeworfen, ob und inwieweit sich mit der Ermittlungstätigkeit Funktionen der Hilfeleistung und Betreuung – nach Art der Bewährungshilfe – verbinden lassen. Würde doch eine solche Verknüpfung der Tätigkeit des Gerichtshelfers ein stärker sozialarbeiterisches Gepräge geben. Indessen würde dadurch der Rollenkonflikt des Gerichtshelfers eher noch verschärft werden, weil die Koppelung von Ermittlungs- und Betreuungsfunktionen die Beziehung zum Beschuldigten besonders belasten würde (RENSCHLER-DELCKER 1983). Abgesehen davon wäre der Gerichtshelfer durch eine solche Bündelung von Aufgaben schon faktisch überfordert. Umgekehrt haben sich Tendenzen, Sozialarbeiter von der Ermittlungstätigkeit des Gerichtshelfers freizustellen und diese Aufgabe einer anderen Instanz der strafrechtlichen Sozialkontrolle – etwa der Polizei – zuzuweisen, nicht durchsetzen können. Die Polizei sieht traditionell ihren Auftrag auf die Tat- und Täterermittlung beschränkt; Aufgaben psycho-sozialer Diagnose rechnet sie nicht zu ihrem Arbeitsbereich. Andererseits ist ein Sanktionensystem, das auf den Grundsätzen der Individualisierung und Folgenorientierung beruht, nur leistungsfähig, wenn die gerichtlichen Entscheidungen sich auf eine hinreichend breite Informationsbasis stützen können. Bisher haben Staatsanwaltschaften und Gerichte von den Erkenntnismöglichkeiten des Gerichtshelfers offenbar jedoch nur wenig Gebrauch gemacht (RENSCHLER-DELCKER 1983).

Ähnliche Probleme überlagern die Rolle des Bewährungshelfers, die schon von der gesetzlichen Kompetenz her durch die Doppelstruktur (und Ambivalenz) von Betreuung und Kontrolle gekennzeichnet ist (§ 56 d III StGB) (GRÄBER 1982; MÜLLER-DIETZ 1985; SOMMER 1986; BewHi 1990; KASTENHUBER in: BewHi 1990, 107 ff.). Einerseits soll der Bewährungshelfer dem Probanden die für die soziale Eingliederung erforderlichen Hilfen gewähren oder zumindest vermitteln. Diesen Auftrag kann er nur auf der Grundlage vertrauensvoller Mitwirkung des Probanden zufriedenstellend erfüllen. Andererseits treffen ihn dem Gericht gegenüber Berichtspflichten hinsichtlich der Lebensführung sowie solcher Verstöße des Probanden, die den Widerruf der Strafaussetzung zur Folge haben (können) (§ 56 d III 3, 4 StGB). Ebenso steht dem Bewährungshelfer im Falle einer Vernehmung als Zeuge kein Auskunftsverweigerungsrecht zur Seite (vgl. § 53 StPO; BVerfGE 33, 367). Diese Umstände können sich auf die Bereitschaft des Probanden, sich gegenüber dem Bewährungshelfer zu offenbaren und ihm anzuvertrauen, negativ auswirken. Z. T. besteht daher – aber auch aus anderen Gründen – bei Probanden nur ein eingeschränktes Kooperationsinteresse oder wird das Leistungspotential der Bewährungshilfe als gering eingeschätzt (BIEKER 1989). Teilweise sucht man jene Schwierigkeiten zu verringern, indem man es letztlich dem Bewährungshelfer überläßt, was und wieviel er dem Gericht berichtet. Teilweise wird auch die Einführung eines Zeugnisverweigerungsrechts für Bewährungshelfer gefordert. Dem steht jedoch auf der anderen Seite gegenüber, daß jede Einschränkung von Berichts- und Mitteilungspflichten auch zur Reduzierung der Informationsbasis des Gerichts beiträgt, das ja seine sog. Nachtragsentscheidungen (über Straferlaß, Änderung der Aussetzungsentscheidung, Widerruf der Strafaussetzung) an Persönlichkeit und Verhalten des Probanden orientieren soll (§§ 56 f, 56 g StGB). Eine Stärkung der Stellung des Bewährungshelfers und eine deutlichere Ausprägung seiner spezifischen sozialarbeiterischen Funktion und Rolle innerhalb der Strafrechtspflege erscheinen freilich unerläßlich (MAELICKE/SIMMEDINGER 1987; JUNG 1990; LANGE in: BewHi 1990, 63 ff.). Allerdings zeigen die praktischen Erfahrungen, daß jene Konfliktsituation ganz unterschiedliche Bedeutung je nach Art des richterlichen Verhandlungs- und Entscheidungsstils sowie der Qualität der Zusammenarbeit und des gegenseitigen Austauschs zwischen Richter und Bewährungshelfer hat. Darin liegt zugleich eine Chance des Bewährungshelfers, sog. Nachtragsentscheidungen im wohlverstandenen Interesse des Probanden zu beeinflussen. Freilich ist die Tätigkeit des Bewährungshelfers nicht allein durch Zielkonflikte belastet. Sie wird nicht zuletzt durch die Zunahme von Risikoprobanden sowie anderer Problemgruppen erschwert (HEINZ 1982; HERMANN 1986). So hat die Zurückdrängung der (kurzen) Freiheitsstrafe dazu geführt, daß der Anteil sozial und kriminell vorbelasteter Probanden im Rahmen der Bewährungshilfe angestiegen ist. Ferner hat die Zahl straffälliger Ausländer sowie alkohol- und drogenabhängiger Probanden erheblich zugenommen. Es liegt auf der Hand, daß für solche Problemgruppen die überkommenen Methoden der Einzelfallhilfe und klientenzentrierten Beratung nicht ausreichen, daß vielmehr ein differenzierteres Angebot an sozialen (und therapeutischen) Hilfen erforderlich ist. Deshalb erscheint es um so beachtlicher, daß die Probanden der Strafaussetzung im ganzen eine günstigere Legalbewährung gegenüber Straffälligen aufzuweisen haben, die sich im Strafvollzug befunden haben; allerdings variiert dieses Verhältnis wiederum je nach Tätergruppe. Ins Gewicht fällt ferner, daß die Risikobereitschaft gegenüber Bewährungsprobanden zugenommen hat; freilich sind hier noch etliche Fragen der Wirkungsforschung offen (HERMANN 1986).

Die wohl schwierigste Aufgabe wird Bewährungshelfern indessen im Rahmen der Führungsaufsicht gestellt. Bezieht sich doch die Maßregel, welche die Polizeiaufsicht des früheren Rechts wegen deren Erfolglosigkeit abgelöst hat, zum erheblichen Teil auf kriminell gefährdete und sozial vorbelastete Probanden, von denen weitere Rückfallgefahr ausgeht. Das gilt vor allem für diejenigen Probanden, die wegen ungünstiger Kriminalprognose ihre Freiheitsstrafe restlos verbüßen mußten und wegen fortdauernder krimineller Gefährdung unter Führungsaufsicht gestellt sind. Unter diesen Umständen gewinnt der Gesichtspunkt der Kontrolle (der Lebensführung) des Probanden im Interesse des Schutzes der Allgemeinheit für die Führungsaufsicht – mehr als für die Bewährungshilfe – an Bedeutung (SCHULZ 1982). Den Konflikt, der hieraus für den Bewährungshelfer erwachsen kann, sucht das StGB (§ 68 a) freilich durch eine Art Rollenverteilung abzuschwächen, indem es die Überwachungsaufgaben vorrangig der Führungsaufsichtsstelle, die Betreuungsfunktion hingegen dem Bewährungshelfer zuweist. Gleichwohl bleibt natürlich das Problem, hier mit einer Klientel arbeiten zu müssen, die wegen ihrer vielfachen Vorbelastungen häufig für (re-)sozialisierende Bemühungen wenig geeignet oder motiviert ist. Allerdings liegen umfangreichere Erfahrungen – im Gegensatz zur Bewährungshilfe – insoweit schon deshalb nicht vor, weil die Führungsaufsicht nur einen relativ kleinen Personenkreis erfaßt und erst seit 1975 praktisch erprobt wird (SCHULZ 1982; JACOBSEN 1985). Es bleibt deshalb abzuwarten, wie sich die Tätigkeit des Bewährungshelfers im Rahmen dieser Maßregel gestaltet und bewährt.

Welche Chancen und Möglichkeiten soziale Dienste, vor allem Sozialarbeit, im Rahmen der Strafrechtspflege haben, hängt nach alledem namentlich davon ab, wie sich das Verhältnis zwischen repressiver, generalpräventiver Zielsetzung einerseits und dem individualpräventiven Auftrag andererseits gestaltet. Wesentliche Bestimmungsfaktoren für die grundsätzliche Orientierung der Kriminalpolitik bilden die amtlich registrierte und öffentlich wahrgenommene Kriminalitätsentwicklung sowie die Einstellungen der Öffentlichkeit zur Kriminalität, zu den Institutionen der strafrechtlichen Sozialkontrolle und dem Straffälligen. Ebenso spielt eine Rolle, ob und inwieweit es gelingt, der Tätigkeit sozialer Dienste zu einem sichtbaren Erfolg zu verhelfen und ihren Beitrag zur Kriminalitätsprophylaxe der Allgemeinheit zu verdeutlichen. Dafür sind wiederum die Zusammensetzung der Klientel, die Qualität der Kommunikation und Kooperation mit Staatsanwaltschaft und Gericht und die personelle und sachliche Ausstattung der sozialen Dienste von Bedeutung. Dabei ist ferner auch an die Mitwirkung ehrenamtlich tätiger Gruppen und Helfer zu denken. Nicht unerhebliche praktische Bedeutung dürfte den Aktivitäten freier Träger der Straffälligenhilfe zukommen, die z. T. über weiterreichende Möglichkeiten der Kontaktgewinnung und Vertrauensbildung im Verhältnis zum Probanden sowie der Schaffung neuer Arbeitsformen verfügen dürften (MÜLLER-DIETZ 1991). Freilich sind gerade auf dem Feld der Zusammenarbeit – selbst zwischen Sozialarbeitern, die im ambulanten und im stationären Bereich (Strafvollzug) tätig sind – nach wie vor erhebliche Mängel zu beobachten. Inzwischen wurden neue Tätigkeitsformen, Modelle und Projekte entwickelt. Hierher gehören neben der Gruppenarbeit vor allem die familientherapeutische Tätigkeit, die Betreuung von Probanden in Wohnheimen und Wohngemeinschaften, die Schuldenregulierung, die Mitwirkung an Wiedergutmachungsbestrebungen sowie – nicht zuletzt in Zusammenhang damit – die Beteiligung an Konzepten des Täter-Opfer-Ausgleichs und der Konfliktschlichtung (MÜLLER/OTTO 1986; MAELICKE/SIMMEDINGER 1987). Jene Ausweitung des Angebots ist namentlich eine Folge der Einsicht in die unterschiedlichen Defizite und Bedürfnisse der Klientel. Diese legen im Interesse weitergehender Möglichkeiten sozialer Integration letztlich die Schaffung eines differenzierten Verbundsystems sozialer und therapeutischer Dienste nahe (MAELICKE/SIMMEDINGER 1987). Ein solches System würde natürlich den rechtlich und personell vorgegebenen Rahmen der Bewährungshilfe sprengen, müßte es doch neben Sozialarbeitern auch Psychologen, Psychotherapeuten und Juristen umfassen. Indessen ist die Praxis bisher insoweit über einzelne Projekte und Ansätze nicht hinausgediehen. Dazu haben neben finanziellen Engpässen nicht zuletzt Fragen der Trägerschaft sowie organisatorische Probleme beigetragen. Daß freie Träger (der Straffälligenhilfe) an jener Arbeit partizipieren (sollten), steht längst außer Diskussion. Noch nicht hinreichend geklärt ist, wie jene „Gemengelage" staatlicher und gesellschaftlicher Aktivitäten auf dem Feld ambulanter Eingliederungshilfe und kriminalprophylaktischer Arbeit sinnvoll strukturiert werden kann. Das betrifft nicht nur die Art der Finanzierung und Trägerschaft, sondern auch die Formen der Zusammenarbeit und Organisation. Dabei geht es um unterschiedliche Fragestellungen, die aber durchweg in das Grundproblem münden, wie der für die Sozialarbeit mit Straffälligen notwendige Handlungs- und Gestaltungsspielraum mit institutionellen und behördlichen Strukturen und Interessen sowie den rechtlichen Rahmenbedingungen und Zielvorgaben der Strafrechtspflege am besten in Einklang gebracht werden kann (BAUMANN in: BewHi 1990, 5 ff.; SCHMITT in: BewHi 1990, 57 ff.). Nicht zuletzt bleibt zu bedenken, daß auch soziale Dienste in der Strafjustiz an immanente Grenzen stoßen, deren Überschreitung sie in aller Regel mit dem Verlust an Erfolgschancen, Glaubwürdigkeit und öffentlicher Unterstützung bezahlen müssen: So können sie mit ihrem begrenzten Arbeitsansatz keineswegs die im vorgelagerten gesellschaftlichen Raum ablaufenden Prozesse der Kriminalisierung auffangen und bewältigen. Sie müssen sich auch stets vor der naheliegenden Gefahr hüten, durch die Art des Umgangs mit der Klientel zu deren faktischer Entmündigung und Stigmatisierung beizutragen und auf diese Weise die Entwicklung zum Außenseiter noch zu verfestigen. Insofern stellt eine bloße Expansion sozialer Dienste kein „Allheilmittel" für die Lösung jener sozialen Probleme dar, die sich aus der Kriminalität ergeben. Vielmehr muß die Entwicklung der sozialen Dienste im Gesamtzusammenhang mit den jeweiligen gesellschaftlichen und staatlichen Reaktionen auf sozial abweichendes Verhalten gesehen werden.

Bieker, R., Bewährungshilfe aus der Adressatenperspektive. Sichtweisen, Erfahrungen und Reaktionen der Probanden, Bonn 1989; *Cornel, H.*, Rechtliche Aspekte der Wahrnehmung der Dienst- und Fachaufsicht im Bereich der Bewährungshilfe, GA 1990, S. 55–69; *Eisenberg, U.*, Kriminologie, 3. Aufl., Köln u. a. 1990; *Floerecke, P.*, Die Entstehung der Gesetzesnormen zur Führungsaufsicht. Die Gesetzgebung von 1962 bis 1975 und die Anwendungspraxis der Führungsaufsicht, Bonn 1989; *Gräber, H.*, Die Stellung des Bewährungshelfers in Strafrechtspflege und Justizverwaltung, BewHi (29), 1982, S. 302–311; *Heinz, W.*, Bewährungshilfe im sozialen Rechtsstaat, BewHi (29), 1982, S. 154–173; *Hermann, D.*, Bilanz der Bewährungshilfeforschung, BewHi 33 (1986), S. 367–382; *Hesener, B.*, Die Arbeitsbeziehung Bewährungshelfer – Proband. Eine Evaluationsstudie, Köln 1986; *Jacobsen, H.-F.*, Führungsaufsicht und ihre Klientel. Intentionen und Realitäten einer Maßregel, Köln u. a. 1985; *Jung, H.*, Anmerkungen zur Rechtsstellung des Bewährungshelfers, in: Kriminalität. Persönlichkeit, Lebensgeschichte und Verhalten. Festschr. f. H. Göppinger zum 70. Geburtstag, Berlin u. a. 1990, S. 511–521; *Kerner, H.-J.*, Soziale Dienste im Konfliktfeld der Institutionen und Handlungserwartungen, BewHi 27 (1980), S. 64–85; *ders.* (Hrsg.), Straffälligenhilfe in Geschichte und Gegenwart. Beiträge und Dokumente zur Entwicklung von Gerichtshilfe, Strafaussetzung, Bewährungshilfe, Strafvollzug und Strafentlassenenhilfe, Bonn 1990; *Maelicke, B.*, *Simmedinger, R.*, Sozialarbeit und Strafjustiz. Untersuchungen und Konzeptionen zur Reform der Straffälligenhilfe, Weinheim 1987; *Momberg, R.*, Die Ermittlungstätigkeit der Jugendgerichtshilfe und ihr Einfluß auf die Entscheidung des Jugendrichters, Göttingen 1982; *Müller, S.*, *Otto, H.-U.* (Hrsg.), Damit Erziehung nicht zur Strafe wird. Sozialarbeit als Konfliktschlichtung, Bielefeld 1986; *Müller-Dietz, H.*, Strukturen und Handlungsmuster der Bewährungshilfe, ÖJZ 40 (1985), S. 577–585; *Renschler-Delcker, U.*, Die Gerichtshilfe in der Praxis der Strafrechtspflege. Eine Untersuchung über die Arbeit der Erwachsenengerichtshilfe aus der Sicht der Gerichtshelfer und deren Auftraggeber, Freiburg 1983; *Salman, M.* (Hrsg.), Soziale Arbeit mit Straffälligen. Beiträge aus Theorie und Praxis, Frankfurt/M. 1986; *Schöch, H.*, Die

Gerichtshilfe aus kriminologischer und verfahrensrechtlicher Sicht, in: Kriminologie – Psychiatrie – Strafrecht. Festschr. f. H. Leferenz z. 70. Geburtstag, Heidelberg 1983, S. 127–144; *Schulz, E. M.*, Die Führungsaufsicht. Entstehungsgeschichte, Rechtscharakter und praktische Handhabung in Baden-Württemberg in den Jahren 1975 bis 1978, Frankfurt/M. 1982; *Seidel, G.*, Die Jugendgerichtshilfe in ihrer Ermittlungsfunktion und ihr Einfluß auf richterliche Entscheidungen im Jugendstrafverfahren gegen weibliche Jugendliche, Frankfurt/M. u. a. 1988; *Sommer, M.*, Bewährungshilfe zwischen Beratung und Zwang. Analyse ihrer Struktur und ihres Leistungsvermögens aus erziehungswissenschaftlicher Perspektive am Beispiel der bayerischen Bewährungshilfe, Bonn 1986; *Steinhilper, G.* (Hrsg.), Soziale Dienste in der Strafrechtspflege. Praxisberichte und Untersuchungen aus Niedersachsen, Heidelberg 1984; *Stöckel, H.*, Der Sozialdienst in der Justiz, in: Festschrift für H.-J. Bruns zum 70. Geburtstag, Köln u. a. 1978, S. 299–313; *Tögel, S.*, Organisationsformen der Sozialarbeit in der Justiz BewHi 29 (1982), S. 365–375; *Wild, P.*, Jugendgerichtshilfe in der Praxis, München 1989.

HEINZ MÜLLER-DIETZ

Soziale Kontrolle → Beruf und Kriminalität, → Recht und soziale Kontrolle, → Generalprävention, → Verbrechenskontrolle

Soziale Probleme und Sozialpathologie. Als soziale Probleme bezeichnet man im allgemeinen in der Umgangssprache eine Vielzahl von sozialen Bedingungen, wie z. B. Armut, Kriminalität, psychische Störungen, ohne daß man sich in der Wissenschaft bisher über eine präzise Definition dessen verständigen konnte, was soziale Probleme zu sozialen Problemen macht, obwohl die Diskussion seit mehr als 50 Jahren andauert. Ihren Ausgang nehmen die Definitionsversuche bei FULLER/MYERS (1941 a), die s. P. als Gegebenheit definieren, „die von einer beträchtlichen Personenzahl als Abweichung von verbindlichen Normen eingestuft wird", und führen über den Versuch von MERTON (:„Der erste und grundlegende Bestandteil eines sozialen Problems besteht in einer wesentlichen Diskrepanz zwischen sozial akzeptierten Standards und tatsächlich vorherrschenden sozialen Bedingungen") zu einem vorläufigen Endpunkt bei KITSUSE/SPECTOR (1973): „Als soziale Probleme bezeichnen wir die Aktivitäten von Gruppen, die – anknüpfend an vermeintliche Gegebenheiten – Unzufriedenheit artikulieren und Ansprüche geltend machen." Wenn es auch eine Vielzahl weiterer Differenzierungen und anderer Akzentuierungen gibt (vgl. dazu im Detail G. ALBRECHT 1977; RUBINGTON/WEINBERG 1981), so machen die drei ausgewählten Zitate die zentralen Streitpunkte deutlich: Während bei FULLER/MYERS auf die *soziale Wahrnehmung* der Abweichung von verbindlichen Normen abgestellt wird, also letztlich auf einen *subjektiven* Tatbestand, umfaßt die MERTONsche Definition auch jene Fälle, in denen die Diskrepanz zwischen sozial akzeptierten Standards und tatsächlichen Bedingungen weder von den Betroffenen noch von der nicht-wissenschaftlichen Öffentlichkeit anerkannt wird, also nicht nur die „manifesten", sondern auch die „latenten" sozialen Probleme, deren Diagnose Aufgabe des Soziologen zu sein hätte. Auch bei KITSUSE/SPECTOR findet sich eine Betonung der subjektiven Komponente, wenn sie von vermeintlichen Gegebenheiten ausgehen und das Vorliegen von sozialen Problemen an die Artikulation der Unzufriedenheit binden, aber ganz abweichend von der Tradition bestehen die sozialen Probleme hier nicht mehr in diesen vermeintlichen Gegebenheiten, sondern in den Aktivitäten der Gruppen, die ihre

Unzufriedenheit artikulieren und Ansprüche geltend machen. Soziale Probleme werden damit zu „sozialen Bewegungen" (MAUSS 1975) bzw. zu Fällen kollektiven Verhaltens (BLUMER 1971). Angesichts solcher terminologischer Divergenzen wäre es sicher angeraten, an einem gemeinsamen Bezugsrahmen zu arbeiten, denn es kann nicht übersehen werden, daß jeder der genannten Ansätze seine spezifischen Stärken aufweist (vgl. zur innertheoretischen Kritik G. ALBRECHT 1977, 1990). So verweist der sich aus der interaktionistischen Theorie ergebende Ansatz von KITSUSE/SPECTOR auf den sicher sehr wichtigen Punkt, daß soziale Probleme innig mit politischen Prozessen verknüpft sind und letztlich erst durch diese „konstituiert" werden (vgl. G. ALBRECHT 1980; STALLBERG 1979). Erst wenn man diesen Zusammenhang begriffen und empirisch untersucht hat, kann man zufriedenstellend erklären, weshalb auf bestimmte Tatbestände in einer ganz spezifischen Weise reagiert wird. Wenn diese Position aber wiederum so weit geht, die Prozesse der Artikulation der Unzufriedenheit und ihre Verläufe von den „objektiv" gegebenen Ausgangsbedingungen abzukoppeln und letztere für die Erklärung des Problematisierungsprozesses für irrelevant zu erklären (z. B. BLUMER 1971), so gibt sie einen traditionellen und wissenschaftlich besonders relevanten Teilbereich der Soziologie sozialer Probleme auf bzw. verzichtet unsinnigerweise auf den empirischen Beweis derartiger Hypothesen (vgl. G. ALBRECHT 1990). In den letzten Jahren gibt es in der deutschsprachigen Diskussion Versuche, diese relativ unfruchtbaren Akzentuierungen zu vermeiden. Zu diesem Zweck hat man folgende konzeptuelle Lösung vorgeschlagen: Das, was man traditionell und vielleicht relativ naiv als soziale Probleme bezeichnet hat, wird als „problematischer" bzw. problematisierbarer Sachverhalt bezeichnet, auf den spezifische gesellschaftliche Teilgruppen bzw. Teilsysteme (z. B. Betroffene, Wissenschaftler, Politiker, Massenmedien) unter bestimmten Bedingungen reagieren, d. h. problematisieren, und damit als soziales Problem konstituieren. Der Soziologie sozialer Probleme käme also 1. die Aufgabe zu, die Ursachen jener „problematischen" bzw. „problematisierbaren" Sachverhalte zu erforschen, 2. die Bedingungen zu untersuchen, unter denen spezifische Sachverhalte problematisiert werden und 3. die Variablen herauszuarbeiten, die für die Verläufe solcher Problematisierungsprozesse kausal relevant sind.

Betrachtet man die gesellschaftliche Entwicklung in modernen Gesellschaften, so scheint die Beobachtung schnell zu ergeben, daß 1. die Zahl jener Sachverhalte, die als soziale Probleme gelten, in den letzten Jahrzehnten deutlich gestiegen ist und 2. Probleme historisch Wandlungen unterworfen sind. Einige bleiben über viele Jahrzehnte im Blickpunkt des Interesses, andere verschwinden alsbald, um nach einiger Zeit in modifizierter Form wieder aufzutauchen etc.

In der traditionellen Sicht würden wir die quantitative Ausweitung der Zahl der Probleme – kurzschlüssig – vielleicht darauf zurückführen, daß zunehmende gesellschaftliche Komplexität, abrupter sozialer Wandel etc. zu Erscheinungen „sozialer Desorganisation", zu Konflikten und Krisen führen, die sich in der Ausweitung „alter" und der Entstehung „neuer sozialer Probleme" auswirken. In der fruchtbaren neueren Sicht würden diese Erklärungen nicht rundweg zurückgewiesen, sondern um wichtige zusätzliche Überlegungen erweitert: So stellt sich beispielsweise die Frage, ob die Erweiterung der als soziale Probleme geltenden Tatbestände nicht auch als Folge eines Wertewandels verstanden werden kann, der sich dahingehend auswirkt, daß bis dahin als Mißstände erkannte, aber als unvermeidbar geltende Sachverhalte nun kritischer gesehen und demzufolge erst problematisiert werden. Ferner wäre es denkbar, daß eine Zunahme des gesellschaftlichen Reichtums dazu führt, daß eine Gesellschaft bzw. gesellschaftliche Teilbereiche den Eindruck gewinnen, nun über die Ressourcen zu verfügen, um bestimmte Sachverhalte aktiv anzugehen und entsprechende Problematisierungsprozesse in Gang zu bringen. Eine andere interessante Erklärung könnte darin bestehen, daß im Zuge der Demokratisierung bzw. der generellen Ausdehnung von Partizipationschancen gesellschaftliche Gruppen mit ihren Interessen und Sichtweisen Zugang zu gesellschaftlichen Kommunikationsmedien und Entscheidungsinstanzen finden, von denen sie bis dahin ausgeschlossen waren etc. Ja, es läßt sich sogar nicht selten belegen, daß staatliche Instanzen von sich aus bestimmte Sachverhalte problematisieren und zu neuen sozialen Problemen machen, sei es aufgrund langfristiger Politikentwürfe zur Vermeidung gravierender Schwierigkeiten (im Sinne von Prävention) oder aber zum Zwecke der Loyalitätsbeschaffung (Politik als Ritual). Eine Reihe anderer, wichtiger Erklärungen – z. B. Ausweitung des wissenschaftlichen Diagnosepotentials, Verwissenschaftlichung der Politik, Entwicklung einer Vielzahl von sozialen Bewegungen und ganzer „social movement industries" aufgrund veränderter Ressourcenmobilisierungsmöglichkeiten – sei nur angedeutet. Eine wissenschaftliche Analyse sozialer Probleme muß also die Erforschung der Genese von Problemlagen, der Problemkonstitution/Problematisierung und der Problemintervention, d. h. der aktiven Auseinandersetzung mit den sozialen Problemen, leisten.

Die bisher vorliegenden theoretisch-empirischen Arbeiten zu diesen komplexen Zusammenhängen kommen in der Regel zu dem Ergebnis, daß für die Erklärung der drei oben unterschiedenen Fragenkomplexe je unterschiedliche Theorien entwickelt werden müssen, so daß so etwas wie eine „Theorie sozialer Probleme" möglicherweise allenfalls eine über bestimmte Brückenkonzepte verknüpfte Kette von Teiltheorien sein kann. Wenn dem so wäre, dann stellte sich die Frage, ob es überhaupt sinnvoll ist, mit der Kategorie soziales Problem zu operieren. Dem wird entgegenzuhalten sein, daß die konzeptuelle Weiterentwicklung des Begriffs soziales Problem zu wissenschaftlichen Analysen geführt hat, die die alten theoretischen Entwürfe deutlich hinter sich lassen.

Zu diesen klassischen Ansätzen gehören die „Sozialpathologie" sowie die Ansätze der sozialen Desorganisation und des Wertkonfliktes, sofern man diese überhaupt aus den gesamten theoretischen Entwicklungssträngen herauspräparieren darf (vgl. RUBINGTON/WEINBERG 1981, 235 ff.). Der Ansatz der Sozialpathologie, als der älteste, versteht soziale Probleme als Verletzungen von moralischen Erwartungen und sieht sie begründet in mißlungener Sozialisation, die wiederum in den frühen Arbeiten erb-genetisch, in den späteren Arbeiten durch pathogene gesellschaftliche Bedingungen erklärt werden soll. Da schwerwiegende methodologische Einwände gegen Konzepte wie „Gesundheit von

Gesellschaften" nicht übergangen werden können, ist erstaunlich, daß sich immer noch Arbeiten finden, die sich diesem Ansatz verpflichtet fühlen. Der in der Soziologie sozialer Probleme verbreitetste Ansatz ist abgeleitet aus der *Theorie der sozialen Desorganisation*. Soziale Probleme sind demnach mittelbares Ergebnis der sozialen Desorganisation, die sich durch ein Versagen der Regeln auszeichnet. Dieses Versagen der Regeln wird erklärt durch Prozesse raschen und durchgreifenden sozialen Wandels, ausgelöst und/oder begleitet von technologischen, demographischen und kulturellen Veränderungen. Die soziale Desorganisation löst Zustände der personalen Desorganisation und des gesellschaftlichen Ungleichgewichtes aus, die über das Verhalten der betroffenen Akteure als soziales Problem sichtbar werden bzw. diese bewirken. Es liegt auf der Hand, daß auch gegen diese theoretische Position jene methodologischen Vorbehalte anzumelden sind, die oft gegen die funktionalistische Systemtheorie vorgetragen werden: Zu vage Konzeptualisierung für die Analyse ganzer Gesellschaftssysteme; Unmöglichkeit, exakt die Gleichgewichtsbedingungen zu bestimmen und damit zwischen sozialem Wandel und sozialer Desorganisation zu unterscheiden; Vermengung wissenschaftlicher Analyse mit ideologischer Wertung; Probleme der Bewertung von Phänomenen in bezug auf ihre Konsequenzen bzw. Funktionen (vgl. den Streit um die „positiven" Funktionen von Kriminalität, Prostitution, Armut etc. z. B. DURKHEIM 1977, 144; sowie mangelnde Berücksichtigung des Umstandes, daß das, was als Desorganisation interpretiert wird, häufig als Konflikt von hochorganisierten rivalisierenden Normensystemen verstanden werden kann oder sogar muß (vgl. zur Kritik des Ansatzes MERTON 1971; sowie als pointierte Kritik CLINARD 1968, 41 f.; und LOWRY 1974 in der Übersicht G. ALBRECHT 1977, 152 ff.).

Gerade der letzte Kritikpunkt, mangelnde Berücksichtigung der Konfliktdimension, war Ausgang der Entwicklung des *Wertkonfliktansatzes*, der sich relativ einfach dadurch charakterisieren läßt, daß hier soziale Probleme als soziale Bedingungen verstanden werden, die unvereinbar mit den Werten einiger Gruppen sind, deren Mitglieder erfolgreich in der Propagierung dieser Zustände als soziale Probleme sind. Die unterschiedlichen, rivalisierenden Werte sind Folge unterschiedlicher Interessen von Personen in unterschiedlichen Lebenslagen. Diese Wertkonflikte werden unter spezifischen Bedingungen (z. B. Kampf um Segregation/Desegregation) besonders deutlich sichtbar und spitzen sich unter Umständen zu massiven sozialen Konflikten zu. Kompliziert wird diese Problematik durch den Umstand, daß selbst bei einer Teilgruppe Wertsysteme vorliegen können, die sich durch Inkompatibilität des einen Wertes mit anderen auszeichnen. Werte von verschiedenen Gruppen können sehr ähnlich sein, aber unterschiedliche Rangordnungen aufweisen etc. Bei aller Fruchtbarkeit dieses Ansatzes durch die explizite Berücksichtigung der Konfliktdimension (vgl. FULLER/MYERS 1941 a; 1941 b), fehlt dieser Perspektive doch bisher durchgehend eine Einbettung in eine sozialstrukturelle Analyse und offensichtlich ein Bemühen um eine „objektive" Beurteilung von bestimmten Problemlagen. Sie werden jeweils nur in Hinsicht auf ihre Vereinbarkeit mit den *Werten* bestimmter Gruppen relevant. Hiermit sind wir wieder beim Kardinalproblem dieser theoretischen Betrachtungen: Wie bestimmt der Soziologe das Problematische an einem Zustand, das es rechtfertigt, diesen mit der wissenschaftlichen Kategorie soziales Problem zu belegen? MERTONs theoretische Analysen im Rahmen der struktur-funktionalistischen Theorie stellen den bisher differenziertesten Versuch dar, wenn sie auch nicht ohne scharfen Widerspruch bleiben (vgl. LOWRY 1974). Sie wirken selbst in neueren Arbeiten nach, die sich unter Verwendung des Konzeptes der „systemischen Kosten" um eine exakte Ermittlung problematischer Tatbestände bemühen (WESTHUES 1973). Während auch MANIS (1974 b) einerseits einen eher indirekten Weg über die empirische Ermittlung der Folgen von sozialen Problemen versucht, geht er in anderen Arbeiten einen völlig anderen Weg: Mangels jeder Möglichkeit, einen Konsens aller Mitglieder einer Gesellschaft in bezug auf gesellschaftliche Tatbestände zu erzielen, bleibt als einziger Weg, die Werte und Normen des Teilsystems Wissenschaft anzuwenden, da nur diese Merkmale wie Universalismus, Objektivität, Rationalität, Kontrolle durch Diskurs etc. aufweisen (MANIS 1974 a). Andere Lösungsversuche, Kriterien für die objektive Bestimmung sozialer Probleme zu finden, sehen sich vor ähnliche Probleme gestellt, so wenn die betreffenden Tatbestände in bezug auf ihr Verhältnis zu den zentralen gesellschaftlichen Strukturmerkmalen betrachtet werden, da diese Ableitung – wenn auch in komplexer Form – nahezu immer gelingen dürfte, oder wenn sie an das Kriterium des „generalisierbaren Interesses" gebunden werden, da wiederum nur schwer Regeln dafür aufgestellt werden können, was diese generalisierbaren Interessen sind (vgl. RAWLS 1979).

Es verwundert nicht weiter, wenn die Theoriebildung an diesem Hindernis größte Schwierigkeiten hat. Tatsächlich hat sich in dieser Situation eine bedauerliche Stagnation der internationalen Diskussion ergeben, aus der auch die deutschen Beiträge nicht herauszuführen vermochten. Während HAFERKAMP (1977, 1987 a, 1987 b) immer wieder den im wesentlichen „objektivierbaren" Kern sozialer Probleme in den Vordergrund gerückt und dabei zwar gelegentlich in sich widersprüchlich argumentiert (vgl. G. ALBRECHT 1990, 8–10), aber die zentralen Fehlstellen einer „halbierten Problemsoziologie" in der konstruktionistischen Perspektive benannt hat, betonen die Vertreter dieser „konstruktionistischen Soziologie sozialer Probleme" entschieden die völlige Entkoppelung von problematischen sozialen Bedingungen und Problematisierungsverläufen, die sie als die eigentlichen sozialen Probleme ansehen (vgl. z. B. SCHNEIDER 1985 a, 1985 b, 1987). Demgegenüber weist G. ALBRECHT (1989) die logische Widersprüchlichkeit der konstruktionistischen Position nach und versucht, durch Anbindung an die neueren Theorien sozialer Bewegungen „objektivistische" und „konstruktionistische" Positionen in ihren fruchtbaren Ideen aufeinander zu beziehen. Neueste Beiträge zeigen, daß rigoristische und puristische Versionen beider Theorierichtungen *inhaltlich* nicht weiterführen (G. ALBRECHT 1990).

In der Zwischenzeit gibt es Versuche, unter Berücksichtigung dieser Grundlagenproblematik zu pragmatischen Zwischenlösungen zu kommen, die dennoch theoretischen Ansprüchen gerecht werden. Das Ergebnis sind meist theoretisch orientierte Typologien von sozialen Problemen, die deutliche Strukturen in die vermeintlich totale Heterogenität der als soziale Probleme bezeichneten

Tatbestände bringen (vgl. z. B. MERTON 1971; DOUGLAS 1974; HAFERKAMP 1977, 1987 a; MANIS 1974 b).

Sind die entschiedenen Bemühungen, einen theoretischen Fortschritt in der Soziologie sozialer Probleme zu erzielen, unverkennbar, so kann doch nicht verleugnet werden, daß die bisher vorliegenden Studien zur empirischen Analyse sozialer Probleme in der Regel deutliche Schwächen aufweisen, insbesondere durch die Beschränkung auf eher mikrosoziale Dimensionen und durch das Ausblenden der historischen Perspektive; Schwächen also, die angesichts der neuen Akzentuierung besonders unverständlich sind (vgl. als eine frühere Bilanz dieser Schwächen ALBRECHT/BRUSTEN 1982). Als besonders gravierender Mangel des Theoriestandes im Bereich der Soziologie sozialer Probleme muß es jedoch gelten, daß die einzelnen S. P. auch jeweils isoliert betrachtet und erklärt werden, statt systematisch zu untersuchen, inwieweit soziale Probleme unterschiedlicher Ordnung auseinander hervorgehen (Ausnahme bisher MANIS 1974 b) bzw. u. U. funktional-äquivalente Reaktionen auf bestimmte Ursachenkonstellationen sind, die sich je nach Vorliegen bestimmter Moderatorvariablen einstellen (vgl. als erste Skizze ALBRECHT/BRÜCKER/GROENEMEYER 1991).

Obwohl angesichts dieser Bilanz keine sehr hohen Erwartungen gehegt werden können, liegen mittlerweile doch einige ältere Übersichten über diverse soziale Problem in der Bundesrepublik vor (ALBRECHT/BRUSTEN 1982; BELLEBAUM/BRAUN 1974; KÖGLER 1976), die dringend der Aktualisierung und Komplettierung bedürfen.

Albrecht, G., Vorüberlegungen zu einer „Theorie sozialer Probleme“, in: Soziologie und Sozialpolitik, hrsg. v. v. Ferber, Chr., Kaufmann, F.X., Opladen 1977, S. 143–185; *ders.*, Einführung zum Thema „Zur Konstitution sozialer Probleme“, in: Lebenswelt und soziale Probleme. Verhandlungen des 20. Deutschen Soziologentages zu Bremen, hrsg. v. Matthes, J., Frankfurt/M. 1980, S. 125–129; *ders.*, Soziale Probleme, in: Wörterbuch der Soziologie, hrsg. v. Endruweit, G., Trommsdorff, G., Stuttgart 1989, S. 506–513; *ders.*, Theorie sozialer Probleme im Widerstreit zwischen „objektivistischen“ und „rekonstruktionistischen“ Ansätzen, Soziale Probleme 1 (1990), S. 5–20; *Albrecht, G., Brusten M.*, Einleitung, in: Soziale Probleme und soziale Kontrolle, hrsg. v. Albrecht, G., Brusten, M., Opladen 1982, VII–XV; *Albrecht, G., Brücker, H., Groenemeyer, A.*, Massenarbeitslosigkeit und ihre gesellschaftlichen und individuellen Folgen: Forschungsdefizite und Forschungsperspektiven, in: 25. Deutscher Soziologentag 1990. Die Modernisierung moderner Gesellschaften. Sektionen, Arbeits- und Ad-hoc-Gruppen, hrsg. v. Glatzer, W., Opladen 1991, S. 291–294; *Bellebaum, A., Braun, H.* (Hrsg.), Reader Soziale Probleme, 2 Bde. Frankfurt/M., New York 1974; *Blumer, H.*, Social Problems as Collective Behavior, SP 18 (1971), S. 298–306; *Douglas, J.D.*, Defining Americas Social Problems, Englewood Cliffs/N.J., 1974; *Durkheim, E.*, Regeln der soziologischen Methode, 4. Aufl., Neuwied 1976 (zuerst Paris 1893); *ders.*, Über die Teilung der sozialen Arbeit, Frankfurt/M. 1977; *Fuller, R., Myers, R.R.*, Some Aspects oft a Theory oft Social Problems, ASR 6 (1941 a), S. 23–31; *dies.*, The Natural History of a Social Problem, ASR 6 (1941 b), S. 320–328; *Haferkamp, H.*, Von der alltagsweltlichen zur sozialwissenschaftlichen Begründung der Soziologie sozialer Probleme und sozialer Kontrolle, in: Soziologie und Sozialpolitik, hrsg. v. v. Ferber, Chr., Kaufmann, F.-X., Opladen 1977, S. 186–212; *ders.*, Theorie sozialer Probleme. Kritik der neueren nordamerikanischen Problemsoziologie, Kölner Zeitschrift für Soziologie und Sozialpsychologie 39 (1987 a), S. 121–131; *ders.*, Standards, Grundbegriffe und Wissensunterschiede, Kölner Zeitschrift für Soziologie und Sozialpsychologie 39 (1987 b), S. 578–579; *Kitsuse, J.I., Spector, M.*, Toward a Sociology oft Social Problems: Social Condition, Value-Judgements, as Social Problems, SP 20 (1973), S. 407–419; *Kögler, A.*, Die Entwicklung von „Randgruppen“ in der Bundesrepublik Deutschland, Göttingen 1976; *Lowry, R.P.*, Social Problems – A Critical Analysis oft Theories and Public Policy, Lexington/Mass. 1974; *Manis, J.G.*, The Concept oft Social Problems: Vox Populi and Sociological Analysis, SP 21 (1974 a), S. 305–315; *ders.*, Assessing the Seriousness oft Social Problems, SP 22 (1974 b), S. 1–15; *Mauss, A.L.*, Social Problems as Social Movements, New York 1975; *Merton, R.K.*, Social Problems and Sociological

Theory, in: Contemporary Social Problems, hrsg. v. Merton, R.K., Nisbet, R., 3. Aufl., New York u. a. 1971, S. 793–845; *Miller, S.M.*, The Political Economy oft Social Problems: From the Sixties to the Seventies, SP 24 (1976/77), S. 131–141; *Rawls, J.*, Eine Theorie der Gerechtigkeit, Frankfurt/M. 1979 (zuerst 1971); *Rubington, E.*, *Weinberg, M.S.* (Hrsg.), The Study oft Social Problems, Five Perspectives, 3. Aufl., New York u. a. 1981; *Schneider, J.W.*, Social Problems Theory: The Constructionist View, Annual Review oft Sociology 11 (1985 a), S. 209–229; *ders.*, Defining the Definitional Perspective on Social Problems, Social Problems 32 (1985 b), S. 232–234; *ders.*, Perspektive der Akteure und soziologische Sympathie. Kommentar zu Hans Haferkamp, Kölner Zeitschrift für Soziologie und Sozialpsychologie 29 (1987), S. 571–577; *Smigel, E.O.* (Hrsg.), Handbook on the Study oft Social Problems, Chicago 1971; *Spector, M., Kitsuse, J.I.*, Social Problems. A Re-Formulation, SP 21 (1973), S. 145–159; *Stallberg, F.W.*, Konstitutionsbedingungen sozialer Probleme: Hinweise zu Analyse und Diskussionsstand, KB 6 (1979), S. 1–14; *ders.*, Soziale Probleme als Gegenstand der Theoriebildung: Tendenzen und Positionen in der westdeutschen Soziologie, KB 8 (1981), S. 1–19; *ders.*, *Springer, W.* (Hrsg.), Soziale Probleme. Grundlegende Beiträge zu ihrer Theorie und Analyse, Neuwied 1983; *Westhues, K.*, Social Problems as Systemic Costs, SP 20 (1973), S. 419–431.

GÜNTER ALBRECHT

Soziale Schicht → Schicht und Klasse

Soziale Ungleichheit → Kriminalitätstheorien, ökonomische, → Kritische Kriminologie, → Schicht und Klasse, → Selektion, → Sozialgeschichte der Kriminalität

Sozialgeschichte der Kriminalität. Ein in den letzten Jahren immer wichtiger werdender Zweig der modernen Geschichtswissenschaft, die *Historische Kriminologie*, beschäftigt sich mit Struktur und Wandel der Kriminalität in den vergangenen Jahrhunderten. Die geschichtliche Sichtweise stärkt die Argumente einer Kriminologie, die Abschied von der Vorstellung genommen hat, daß Kriminalität ein geronnenes soziales Faktum, gleichsam fester und unveränderlicher Bestandteil einer jeden Gesellschaft sei. Kriminalität ist nicht ablösbar vom jeweiligen historischen Bezugssystem; sie hat ihren Ort im Bedingungsgefüge von Recht, Gesellschaft und Ökonomie.

Die Bedeutung von *Rechtsnormen* für die Größe und die Zusammensetzung der Kriminellenpopulation dokumentiert beispielhaft die englische Geschichte des 18. Jahrhunderts. 1723 kam es hier zur Kodifizierung des sog. „Black Act". Forstvergehen wurden fortan mit schweren Strafen belegt (THOMPSON 1975). Die englische Herrschaftselite, die „Whig oligarchy", drückte ein in seinen Inhalten und Formen neues Recht durch, das alte Gewohnheitsrechte brutal beiseite schob. Das Strafrecht wurde zum Instrument der Herrschaftssicherung. Dadurch aber wurden nichtbesitzende Schichten zu großen Teilen in den Untergrund der Kriminalität abgedrängt. Die Kriminalitätsgeschichte verweist auf die Notwendigkeit, Kriminalität auf *gesellschaftliche Herrschaftsverhältnisse* zu beziehen, die im Strafrecht ihren Ausdruck finden. Im England des 18. Jahrhunderts ist der Zusammenhang von *Strafrecht* und *Sozialkontrolle* besonders eng (HAY 1975). Hier lassen sich die Kriminalität bedingenden Mechanismen von Recht und Rechtsanwendung auf den Ebenen hoher und niederer Gerichtsbarkeit genau verfolgen. Freilich bedarf die geschichtlich belegbare These einer frühen *Klassenjustiz* der Differenzierung. Das Strafrecht, so rigide seine Sanktionen für den Rechtsbrecher auch waren, band auf der Verfahrensebene auch diejenigen an seine Prinzipien, die von ihm zu profitieren hofften. Die „forms oft law“ setzten der Strafwillkür Grenzen und gewährten oft dem Machtlosen Rechtsschutz. Somit sind für die Geschichte der Kriminalität nicht nur die Anklageerhebungen ausschlaggebend. Auch der Ausgang der Strafverfahren, das Verhältnis von Anklage- und Freispruchziffern, spielt eine wichtige Rolle. Legt man den Akzent auf die Wirkungsweise des *Strafprozesses*, wird deutlich, daß z. B. in England trotz des hier im 18. Jahrhundert bestehenden „bloody penal code“ die Angeklagten mehr waren als die wehrlosen Opfer einer strafprozessualen Degradierungszeremonie (BREWER/STYLES 1980). Das Strafrecht hatte zwar in der Vergangenheit eine herrschaftslegitimierende Funktion, aber es war immer mehr als nur einfaches Herrschaftsinstrument; auch den „Beherrschten“ gewährte es eine Vielzahl von Rechtstiteln. Recht und Rechtswandlung in ihrer Bedeutung für Rechtsverletzungen zu untersuchen, ist der Schwerpunkt der englischen Kriminalitätsgeschichte. Sie hat mit Energie und Erfolg versucht, für die vormoderne Zeit Kriminalitätsstrukturen in regional abgegrenzten Räumen herauszuarbeiten (COCKBURN 1977). Die Überlieferung von Grafschafts-, Kirchen- und Adelsgerichten ist dabei die wichtigste Quelle. Schon für das 17. Jahrhundert belegen Zeitreihenanalysen eine eindeutige Dominanz der *Eigentumskriminalität*. Vor drei englischen Grafschaftsgerichten (Essex, Hertfordshire, Sussex) standen z. B. in dem Zeitraum 1559–1625 über 70 Prozent der Angeklagten wegen Diebstahls oder Raubes vor Gericht. Gestohlen wurde in der Vergangenheit freilich nicht nur bei Reichen. Eine eindeutige soziale Einstufung der Rechtsbrecher und ihrer Opfer ist äußerst schwierig; eines aber wird klar: Kriminalität und insbesondere auch die Eigentumskriminalität „was not the prerogative oft the poor“. Auch die französische Kriminalitätsgeschichte hat sich sehr intensiv mit der vorrevolutionären Zeit befaßt (DEYON 1975; CASTAN 1980). Die Überlieferung erlaubt es, auch schon für das Ancien régime auf breiterer Basis den Zusammenhang von Delinquenz, Strafsystem und Strafpraxis anzugehen. Dabei wird ein für die Geschichte der Kriminalität wichtiger Gesichtspunkt herausgestellt. In Frankreich gab es ein breitgefächertes *System informeller Strafkontrolle* („se faire justice soimême“) mit einer sehr langen Lebensdauer. Es beeinflußte stark die durch Bürokratien registrierte Kriminalität. Erst im 19. Jahrhundert gewannen die Instanzen staatlicher Strafgewalt Gewicht und Durchschlagskraft. Bei allen historischen Kriminalitätsbefunden ist vom Fragmentarischen der *statistischen Überlieferung* auszugehen. Sie zeigt nur einen Ausschnitt der wirklichen Kriminalität. Die Geschichte der historisch rekonstruierbaren Kriminalität steht unter dem Vorbehalt der gerade in den vergangenen Jahrhunderten übermächtigen *Dunkelzifferkriminalität* (→ Dunkelfeld). Dennoch sind die Geschäftsstatistiken der Justiz- und Polizeibehörden für die historische Kriminalitätsforschung eine wichtige und unabdingbare Quelle. Wenn sie auch nicht Abbild der Kriminalität sind, so zeigen sie doch Veränderungen und Trends an (GATRELL/LENMAN/PARKER 1980; HAY 1982).

Während in den Jahrhunderten vor der Französischen Revolution Strafrecht und Strafprozeß entscheidende Determinanten der Kriminalität waren, gerät diese im 19. Jahrhundert verstärkt in den Sog *säkularer gesellschaftlicher Wandlungsprozesse*. Kriminalität begegnet an der Schwelle zur Moderne als

Reflex rapider Veränderungen von Gesellschaft und Ökonomie. Die Auflösung der alten Argrarordnung durch die beginnende *Industrialisierung* drückt ihr den Stempel auf. Die Heraufkunft der modernen bürgerlichen Gesellschaft im 19. Jahrhundert war von schweren Krisen begleitet. Hinter dem *Verstädterungsprozeß*, der die Menschen aus ihren angestammten Bindungen riß, stand eine alles Bisherige in den Schatten stellende *Bevölkerungsexplosion*. Die soziale Lage breiter Bevölkerungsschichten verschärfte sich in Zeiten der Teuerung und Konjunkturflaute. Für den deutschen Bereich ist die durch Ernteausfälle bedingte Nahrungskrise Ende der 40er Jahre ein entscheidendes Datum. Sie traf eine Gesellschaft, die das Gehäuse der Tradition bereits verlassen, eine industrielle Zukunft aber noch nicht erreicht hatte. Für den größten deutschen Einzelstaat, Preußen, sind die engen Verflechtungen von Gesellschafts- und Kriminalitätsgeschichte herausgearbeitet worden (Blasius 1976; 1978). Daß um die Mitte des 19. Jahrhunderts Kriminalität zum *Massenphänomen* wurde, hat eindeutig sozialökonomische Ursachen. In den Geschäftsstatistiken der preußischen Justizbehörden ist der steile Anstieg der Kriminalität festgehalten. Von 1833 bis 1847, dem Jahr des „großen Hungers", stieg die Gesamtzahl der durch Urteilsspruch beendigten Untersuchungen von 66.539 auf 116.398. Nach Geschlechtern unterschieden, differenziert sich diese Entwicklung folgendermaßen: Bei Männern stiegen die Zahlen von 52.992 (1833) auf 89.830 (1847); bei Frauen von 13.547 (1833) auf 26.568 (1847). Es gab drei Verfahrenstypen: Kriminal-, Polizei- und Fiskaluntersuchungen. Die beiden letzteren kamen zum Zuge, wenn es um geringfügige Verbrechen und Vergehen ging. Während die Kriminaluntersuchungen von 34.798 (1833) auf 68.921 (1847) anstiegen, pendelten Fiskal- und Polizeiuntersuchungen um die 20.000-Achse. Für den Vormärz ist also ein rasanter Anstieg der strafrechtlich erfaßten und verarbeiteten Kriminalität zu konstatieren. Sieht man sich die Verurteilungsziffern näher an, wird die Vermutung eines hohen Anteils von Notdelikten bestätigt. Man hat zeigen können, daß die strafrechtliche Würdigung „sozialer Not" als Diebstahlsmotiv hinter der hohen Zahl von Freisprüchen stand (bei Kriminaluntersuchungen gab es nur 70% Verurteilungen, bei Polizeiuntersuchungen 75% und bei Fiskaluntersuchungen 65%). Eindeutiger *Deliktschwerpunkt* war die *Eigentumskriminalität* (→ Eigentums- und Vermögenskriminalität). Die neu eingeleiteten Untersuchungen wegen Diebstahls pendelten absolut zwischen 25.984 (1836) und 40.741 (1965); dazwischen lagen Extremjahre: 1847 (50.864); 1854 (50.052); 1855 (54.851); 1856 (60.722). Im Vormärz waren neben Diebstählen „Widersetzlichkeiten" gegen die durch Polizei-, Steuer- und Forstbeamte repräsentierte Obrigkeit ein weiteres Hauptdelikt. Die Zahlen für drei Stichjahre seien genannt: 1836 – 5.371 Verfahren; 1841 – 5.855 Verfahren; 1849 – 8.052 Verfahren. Der *Diebstahl* aber war das *Basisdelikt* der vormärzlichen preußischen Gesellschaft. Das unterstreicht auch die hohe Zahl der Holzdiebstähle, für deren Aburteilung das Holzdiebstahlgesetz von 1821 einen eigenen Verfahrensweg festgelegt hatte. Absolut stiegen von 1836 bis 1849 die Holzdiebstahluntersuchungen von 120.473 auf 249.237; auch nach der Jahrhundertmitte verflachte die Holzdiebstahlskurve keineswegs. 1865 wurden z. B. 372.578 Untersuchungen geführt. In Häufigkeitszahlen ausgedrückt (pro 100.000 der Bevölkerung) gab es von

1836 bis 1847 bei Diebstählen einen Anstieg von 236 auf 386, bei Holzdiebstählen von 1.094 auf 1.800. Die Gründe für diese große Zahl von Gesetzesübertretungen liegen im wesentlichen in ökonomisch bedingten *Subsistenzkrisen*. Der Zusammenhang zwischen Nahrungsmittelpreisen und Diebstählen kann durch das folgende Kurvendiagramm veranschaulicht werden:

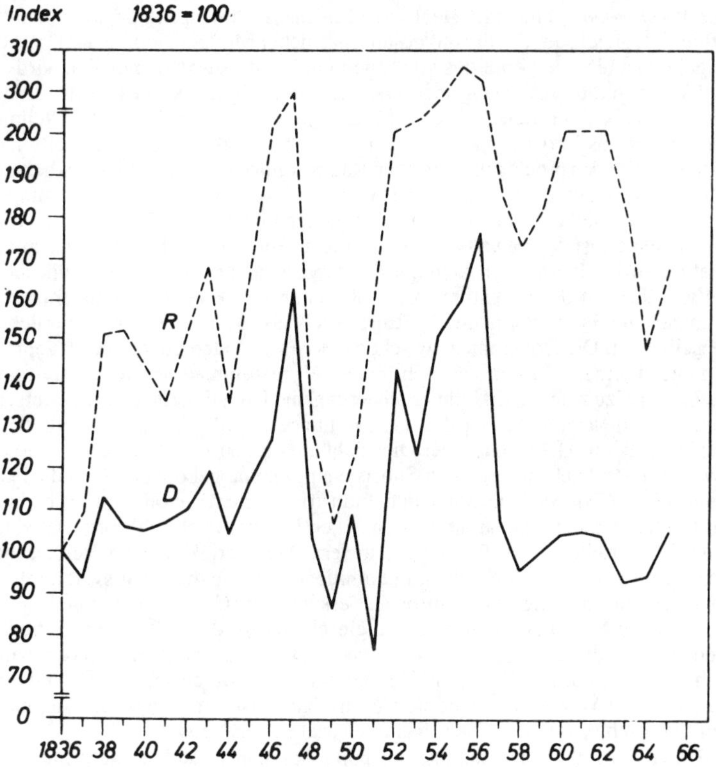

Preußen (ohne Rheinprovinz)

D = Diebstahl (H)
R = Roggenpreis

Der Korrelationskoeffizient drückt die Stärke dieses Zusammenhangs aus: Er beträgt für den Zeitraum 1836–1850: r = + 0,94; für den Zeitraum 1852–1865: r = + 0,90. In beiden Zeiträumen läßt sich eine hohe *positive Korrelation zwischen Roggenpreisen und Diebstählen* beobachten. Die Eigentumskriminalität blieb auch in der zweiten Hälfte des 19. Jahrhunderts aufs engste mit der Nahrungssituation nichtbesitzender Schichten verbunden. Die Geschichte der Kriminalität rückt Armut und Not nachdrücklich ins Zentrum jenes Motivspektrums, das insbesondere hinter Massendelikten steht.

Die überragende Rolle der Eigentumsdelikte in der Geschichte der modernen Kriminalität hat zu der nicht unproblematischen These von der *Modernisierung des Verbrechens* geführt (ZEHR 1976). Im Entwicklungsgang der Kriminalität bilde sich gleichsam der Prozeß gesellschaftlicher Modernisierung ab. Das sich angeblich ändernde Verhältnis von Eigentums- und Gewaltkriminalität wird als Indikator für diesen Vorgang angesehen. Letztere wird im Kontext vormoderner Gesellschaften verortet, während die Eigentumskriminalität die Wertstellung des Eigentums in der modernen, kapitalistisch verfaßten Industriegesellschaft spiegele. Für den preußisch-deutschen Raum ergibt sich freilich kein eindeutiger statistischer Befund. Der Verlauf der Häufigkeitskurven für Körperverletzungen und Diebstähle bestätigt für die beiden Jahrzehnte nach 1850 die These vom Gewichtsverlust der Gewaltkriminalität nicht. Auch bei der Eigentumskriminalität ist im 19. Jahrhundert kein quasi naturgesetzlicher Anstieg auszumachen. Es war die Not der Eigentumslosen, die hinter den Eigentumsdelikten stand, weniger die Faszination durch „Eigentum“ als Basiswert der bürgerlichen Gesellschaft. Die Grenzlinien zwischen einem vormodernen, agrarisch geprägten und einem modernen, städtisch-industriell bestimmten Verbrechenstyp sind nicht scharf zu ziehen. Mit Industrialisierung und Urbanisierung, die in Deutschland erst im letzten Viertel des 19. Jahrhunderts voll einsetzten, stellte sich keineswegs ein Deliktschub bei Diebstählen ein; den gab es vielmehr vorher. Zwar blieben Diebstähle eng an Subsistenzprobleme gekoppelt, doch die *ökonomischen Chancen*, die Stadt und Industrie breiten Bevölkerungsschichten eröffneten, sind erkennbar am tendenziellen Fall der Diebstahlsrate. Das städtisch-industrielle Leben freilich produzierte Schwierigkeiten im Bereich der sozialen Existenz der Menschen. In Familien- und Nachbarschaftsverhältnisse, in Kneipenbeziehungen und in den „Verkehr“ der Geschlechter miteinander konnte sich ein Aggressionspotential einschleichen, das auf die Frustrationen und Demütigungen des „modernen“ Arbeitslebens verweist. „Körperverletzungen“ spiegeln auf ihre Weise die Verletzlichkeit, die psychischen Beschädigungen auf dem Weg in die moderne Gesellschaft. Insofern sagen auch sie, nicht nur Diebstähle, viel über „an urban industrial society“ aus.

Die historische Kriminalitätsforschung beschäftigt sich zwar primär mit Kriminalität als Abbreviatur der sozialen und ökonomischen Entwicklung; doch verstärkt wendet sie auch ihre Aufmerksamkeit der Lebenswirklichkeit jener Schichten zu, die mit dem Recht in Konflikt gerieten. Motive und Handlungsorientierungen der Rechtsbrecher werden als Signale sozialer Selbstdarstellung zu kennzeichnen gesucht. Nicht um eine falsche Romantisierung des Verbrechens geht es dabei, sondern um den Zusammenhang von Verbrechen und Gesellschaft sowie um die Markierung gesellschaftlicher Warnsignale. Für die moderne Kriminologie ist die Sozialgeschichte der Kriminalität von produktivem Erinnerungswert.

Blasius, D., Bürgerliche Gesellschaft und Kriminalität. Zur Sozialgeschichte Preußens im Vormärz, Göttingen 1976; *ders.*, Kriminalität und Alltag. Zur Konfliktgeschichte des Alltagslebens im 19. Jahrhundert, Göttingen 1978; *ders.*, Kriminologie und Geschichtswissenschaft. Bilanz und Perspektiven interdisziplinärer Forschung, Geschichte und Gesellschaft 14 (1988), S. 136–149; *Brewer, J.*, *Styles, J.* (Hrsg.): An Ungovernable People. The English and their Law in the Seventeenth and Eighteenth Centuries, London 1980; *Castan, N.*, Justice et répression en Languedoc a l'époque des lumières, Paris 1980; *Cockburn, J.S.* (Hrsg.): Crime in England 1550–1800, Princeton, N.Y. 1977; *Deyon, P.*, Le Temps des Prisons. Essai sur l'histoire de la délinquance et les origines du système pénitentiaire, Paris 1975; *van Dülmen, R.* (Hrsg.), Verbrechen, Strafen und soziale Kontrolle. Studien zur historischen Kulturforschung, Frankfurt/M. 1990; *Gatrell, V.A.C., Lenman, B., Parker, G.* (Hrsg.), Crime and the Law: The Social History oft Crime in Western Europe since 1500, London 1980; *Hay, D.*, Property, Authority and the Criminal Law, in: Albion's Fatal Tree. Crime and Society in Eighteenth-Century England, hrsg. v. Hay, D. u. a., London 1975, S. 17–63; *ders.*, War, Dearth and Theft in the Eighteenth Century: The Record of the English Courts, Past and Present 95 (1982), S. 117–160; *Johnson, E.A.*, The Crime Rate: Longitudinal and Periodic Trends in Nineteenth- and Twentieth-Century German Criminality, from Vormärz to Late Weimar, in: The German Underworld. Deviants and Outcasts in German History, hrsg. v. Evans, R.J., London 1988, S. 159–188; *Schulte, R.*, Das Dorf im Verhör. Brandstifter, Kindsmörderinnen und Wilderer vor den Schranken des bürgerlichen Gerichts Oberbayern 1848–1910, Reinbek 1989; *Thompson, E.P.*, Whigs and Hunters. The Origin of the Black Act, London 1975; *Zehr, H.*, Crime and the Development oft Modern Society. Patterns oft Criminality in Nineteenth Century Germany and France, London 1976.

DIRK BLASIUS

Sozialisation → Bande, Gruppe, Gang, → Kriminalitätstheorien, psychologische, → Recht und soziale Kontrolle, → Prisonisierung

Sozialistische Kriminologie → Kritische Kriminologie, → Kriminologische Institute

Sozialreform → Alternativen zum Strafrecht

Sozialschädlichkeit → Intensivtäter, gefährliche Straftäter

Statistik → Kriminalstatistik, → Methoden der Kriminologie

Stigmatisierung. Stigmatisierung bezeichnet in der neueren Soziologie bzw. Sozialpsychologie den Prozeß, durch den einer Person bzw. einem Aggregat von Personen ein „Stigma“ verliehen wird. Der Begriff Stigma hat insofern eine Wandlung seiner Bedeutung erfahren, als er von der Bezeichnung eines Wundmals (z. B. „Wundmale Christi“) oder einer Funktionsstörung (z. B. in der Medizin) in Richtung auf die Funktion eines Symbols weiterentwickelt worden ist. Ursprünglich wurde mit dem Begriff Stigma bei den Griechen ein Verweis auf körperliche Zeichen geleistet, die dazu bestimmt waren, etwas Ungewöhnliches oder Schlechtes über den moralischen Zustand des Zeichenträgers zu offenbaren (GOFFMAN 1967). Heute wird der Begriff wieder weitgehend in Annäherung an diesen ursprünglichen wörtlichen Sinn gebraucht, „aber eher auf die Unehre selbst als auf deren körperliche Erscheinungsweise angewandt“ (GOFFMAN 1967). Seine ganz spezifische moderne Bedeutung erhält der Begriff der Stigmatisierung durch seine Integration in die neuere Interaktionstheorie, speziell in die Theorien des Identitätsaufbaues durch soziale Interaktion. Wichtig ist dabei, daß die Wahrnehmung einer Person bzw. schon der erste Anblick derselben den Beobachter zu befähigen scheint, deren Eigenschaften, deren kategoriale Zugehörigkeit, eine „soziale Identität“ zu antizipieren. Diese Antizipationen werden in normative Erwartungen umgewandelt, in „berechtigte Forderungen“ gegenüber dem so Wahrgenommenen. Der Charakter, den wir dem Individuum zuschreiben, sollte „gesehen werden als eine Zuschreibung, die in latenter Rückschau gemacht ist – eine Charakterisierung ‚im Effekt‘, eine *virtuale soziale Identität.* Die Kategorie und die Attribute, deren Besitz dem Individuum tatsächlich bewiesen werden konnte, werden wir seine *aktuale soziale Identität* nennen“ (GOFFMAN 1967).

In der Interaktion mit dem Fremden kann u. U. deutlich werden, daß er eine Eigenschaft besitzt, die ihn von anderen Personen seiner Kategorie unterscheidet und die ihn im Extrem als eine durch und durch schlechte, gefährliche oder schwache Person erscheinen läßt. Durch dieses Zeichen wird dieser Fremde „von einer ganzen und gewöhnlichen Person zu einer befleckten, beeinträchtigten herabgemindert“ (GOFFMAN 1967). Jenes Attribut – das Stigma – konstituiert eine besondere Diskrepanz zwischen virtualer und aktualer sozialer Identität, und zwar eine solche, die uns nicht nur veranlaßt, ein Individuum von einer antizipierten Kategorie in eine andere, aber ebenfalls wohlantizipierte zurück – bzw. höher einzustufen, sondern eine Konsequenz ganz anderer Qualität bewirkt. Das Konzept Stigma steht also für eine Eigenschaft, die zutiefst diskreditierend ist. Allerdings ist zu beachten, daß die mit dem Stigma gekennzeichnete Eigenschaft in *relationalen* Begriffen zu formulieren ist, denn: „Ein und dieselbe Eigenschaft vermag den einen Typus zu stigmatisieren, während sie die Normalität eines anderen bestätigt, und ist daher als ein Ding an sich weder kreditierend noch diskreditierend“ (GOFFMAN 1967). Personen, denen ein Stigma anhaftet bzw. potentiell angeheftet werden könnte, lassen sich in zwei große Teilmengen gliedern: „Nimmt das stigmatisierte Individuum an, daß man über sein Anderssein schon Bescheid weiß oder daß es unmittelbar evident ist, oder nimmt es an, daß es weder den Anwesenden bekannt ist noch von ihnen unmittelbar wahrnehmbar? Im ersten Fall hat man es mit der Misere des *Diskreditierten* zu tun, im zweiten mit der des *Diskreditierbaren*“ (GOFFMAN 1967).

Drei sehr unterschiedliche Arten von Stigma lassen sich unterscheiden: 1. Abscheulichkeiten des Körpers (physische Deformationen); 2. individuelle Charakterfehler (z. B. Willensschwäche, beherrschende oder unnatürliche Leidenschaften, Unehrenhaftigkeit), die abgeleitet werden aus Gefängnishaft, Sucht, Alkoholismus, Homosexualität, Arbeitslosigkeit etc.; 3. phylogenetische Stigmata von Rasse, Nation und Religion, also Stigmata, die gewöhnlich von Geschlecht zu Geschlecht weitergegeben werden und alle Mitglieder einer Familie in gleicher Weise treffen.

Gemeinsam ist all diesen Beispielen für Stigmatisierung: „Ein Individuum, das leicht in gewöhnlichen sozialen Verkehr hätte aufgenommen werden können, besitzt ein Merkmal, das sich der Aufmerksamkeit aufdrängen und bewirken kann, daß wir uns bei der Begegnung mit diesem Individuum von ihm abwenden, wodurch der Anspruch, den seine anderen Eigenschaften an uns stellen, gebrochen wird. Es hat ein Stigma, das heißt, es ist in unerwünschter Weise anders, als wir es antizipiert hatten“ (GOFFMAN 1967).

Die „Normalen“ üben eine Vielzahl von Diskriminationen aus, durch die sie die Lebenschancen der Stigmatisierten wirksam, wenn auch oft absichtslos, reduzieren. Sie entwickeln eine „Stigmatheorie“, eine Ideologie, die die Inferiorität der Stigmatisierten erklären und die Gefährdung oder Bedrohung durch die Stigmatisierung nachweisen soll. Sehr häufig rationalisieren die „Normalen“ auf diese Weise eine Animosität, die im Grunde auf anderen Differenzen – vor allem Klassendifferenzen – beruht.

Wichtig in diesem Zusammenhang ist die Tatsache, daß die möglicher- und verständlicherweise defensiven Reaktionen eines Stigmatisierten auf seine Situation von den „Normalen“ als ein indirekter Ausdruck seines Defektes aufgefaßt und dann sowohl der Defekt als auch die Reaktion als gerechte Vergeltung für etwas genommen werden, das er bzw. die Angehörigen seiner „Kategorie“ getan haben. Die Normalen verschaffen sich eine Rechtfertigung für die den Stigmatisierten zugemuteten „Sanktionen“ (vgl. das Theorem der self-fulfilling prophecy von MERTON 1957; vgl. ferner das Konzept der „sekundären Devianz“ innerhalb des labeling-approach, z. B. bei LEMERT 1951). In der Regel tendiert das stigmatisierte Individuum zu denselben Auffassungen von Identität wie die „Normalen“, für den Prozeß der Stigmatisierung ein Schlüsselfaktum. Die „normale Person“ ist ein menschliches Wesen wie jedes andere etc., doch der Stigmatisierte kann bzw. muß in der Regel feststellen, daß die „Normalen“, was immer sie versichern, ihn nicht tatsächlich akzeptieren und nicht bereit sind, ihm auf gleicher Ebene zu begegnen. Da der Stigmatisierte die Standards der Gesamtgesellschaft internalisiert hat, ist er sich genau darüber klar, was andere als seinen Fehler sehen, so daß er sich – wenn vielleicht auch nur zeitweise – bewußt wird, daß er hinter dem zurück bleibt, was er sein sollte. Daraus resultiert in der Regel eine Schamreaktion des Stigmatisierten: Er erlebt auf's intensivste die Spaltung zwischen Ich-Ideal und Ich. Das zentrale Merkmal der Situation des stigmatisierten Individuums mag somit wie folgt umschrieben werden: „Diejenigen, die mit dem Stigmatisierten zu tun haben, lassen es daran fehlen, ihm den Respekt und die Beachtung zu gewähren, die sie ihm unter dem Eindruck der nichtaffizierten Aspekte seiner sozialen Identität entgegenbringen wollten, während er unter demselben Eindruck erwartet, sie entgegennehmen zu dürfen; sein Echo auf diese Verweigerung ist die Empfindung, daß einige seiner eigenen Eigenschaften sie rechtfertigen“ (GOFFMAN 1967).

Der Stigmatisierte hat verschiedene Möglichkeiten, auf diese Situation zu reagieren (vgl. GOFFMAN 1967), nämlich 1. zu versuchen, die objektive Basis für die Stigmatisierung (z. B. durch eine den Makel reduzierende Behandlung, plastische Chirurgie etc.) zu beseitigen, 2. eine indirekte Korrektur des Ansatzpunktes der Stigmatisierung durch besondere Leistungen in spezifischen Tätigkeitsbereichen, 3. Bruch mit der Konvention und Kampf um Anerkennung seiner spezifischen sozialen Identität, 4. Ausnutzung des Stigmas für „sekundäre Gewinne“ zum Ausgleich für die Benachteiligungen, die ansonsten hingenommen werden müssen. Jeder dieser verschiedenen Lösungsversuche ist auf typische Weise mit Folgeproblemen verknüpft (z. B. Rehabilitationsmaßnahmen, devianten Karrieren etc).

Bei der Analyse von Stigmatisierungsprozessen ist zu unterscheiden zwischen solchen Reaktionen von Normalen und Stigmatisierten, die über längere Zeitabschnitte und isoliert vom laufenden Kontakt zwischen Normalen und

Stigmatisierten vorkommen, und solchen, in denen Stigmatisierte und Normale in der gleichen „sozialen Situation" sind, nämlich in gegenseitiger, unmittelbarer physischer Gegenwart. Eine detaillierte Analyse der Vielfalt von Stigmatisierungsprozessen bzw. der Reaktionen der Stigmatisierten auf dieselben ist im Rahmen dieser notwendigerweise sehr kurzen Erörterungen nicht möglich. Je nach dem durch das Stigma gekennzeichneten realen bzw. postulierten „Defekt", je nach der Gesamtheit der die sozialen Situation des Stigmatisierten und der Stigmatisierenden kennzeichnenden bzw. determinierenden Faktoren verlaufen sie unterschiedlich, obwohl an ihnen die gleichen grundlegenden Muster nachzuweisen sind (vgl. GOFFMAN 1967). Die Stigmatisierung hat sowohl im Bereich des psychisch abweichenden Verhaltens (vgl. z. B. SCHEFF 1973), aber auch im Bereich des abweichenden Verhaltens im engeren Sinne, nämlich der Kriminalität, eine Schlüsselfunktion erhalten. Das gilt vor allem für die theoretischen Ansätze zur Analyse abweichenden Verhaltens, die mit dem Symbolischen Interaktionismus verknüpft sind und unter den Bezeichnungen labeling-approach, Definitionsansatz, societal reaction approach etc. bekannt wurden (vgl. SACK 1968; SCHUR 1971). All diesen Ansätzen ist gemeinsam, daß sie zunächst von einer *prinzipiellen* Identität von „Abweichenden" und „Normalen" ausgehen, die erst dadurch aufgehoben wird, daß die einen, die später als „normal" Geltenden, also die „Normalen" – anknüpfend an prinzipiell bei *allen* Individuen auftretenden „Defekten" der Person bzw. ihres Handelns – in der Zuschreibung von besonderen Merkmalen gegenüber den „Abweichenden" erfolgreich sind, kurz, daß sie aufgrund von spezifischen Interaktionskonstellationen, Machtunterschieden, kulturellen Traditionen oder auch Zufällen andere zu stigmatisieren vermögen. Bezeichnet man jenes Verhalten, an das die Stigmatisierung anzuknüpfen versucht, als „primäre Devianz", so können all die Formen abweichenden Handelns, die erst nach der Sanktionierung bzw. Stigmatisierung als Reaktion des Stigmatisierten auf die Stigmatisierungserfahrung geäußert werden, als „sekundäre Devianz" bezeichnet werden (vgl. LEMERT 1951; 1967).

Das Konzept der Stigmatisierung ist damit zentral für einige neuere Devianztheorien und für Theorien der sozialen Kontrolle, da es geeignet zu sein scheint, die Übergänge zwischen primärer Seins- und Verhaltensdevianz auf der einen und Karrieredevianz auf der anderen Seite unter ausdrücklicher Berücksichtigung der Bedeutung sozialer Wahrnehmung und informeller und formeller sozialer Kontrolle zu erhellen.

Seine Brauchbarkeit und Fruchtbarkeit hat sich mittlerweile in einer Reihe von Untersuchungen über die Interaktionen zwischen dem „devianten Akteur" und den Instanzen der sozialen Kontrolle, vor allem aber auch bei zahlreichen Randgruppen – z. B. bei Obdachlosen, Sonderschülern, geistig und psychisch Behinderten, Drogenkonsumenten – erweisen lassen (vgl. z. B. G. ALBRECHT 1975; G. ALBRECHT u. a. 1990; AMMANN/PETERS 1981; CLOERKES 1979 sowie eine Reihe von Arbeiten in BRUSTEN/HOHMEIER 1975). Besonders beeindruckend sind die empirischen Nachweise für die zentrale Bedeutung von Stigmatisierungen für den Bereich der psychischen Störungen (vgl. u. a. LINK/CULLEN 1986, LINK 1987, LINK/CULLEN/FRANK/WOZNIAK 1987, LINK u. a. 1989; PALAMARA/CULLEN/GERSTEN 1986).

Auch für den Bereich der Kriminalität liegen sehr viele Studien vor, die sich darum bemüht haben, den Nachweis zu führen, daß Stigmatisierung über den Prozeß der Auslösung sekundärer Devianz (vgl. zu den konzeptuellen Problemen dieser Argumentation G. ALBRECHT/KARSTEDT-HENKE 1987) zu kriminellen Karrieren führt, meist jedoch mit nur begrenztem Erfolg (vgl. z. B. KLEIN 1986, RAY/DOWNS 1986). Allerdings muß gesagt werden, daß diese Studien häufig so angelegt waren, daß sie allenfalls stigmatisierende Verhaltensweisen der „Normalen", abweichende Selbstbilder der Stigmatisierten oder Änderungen im Verhalten der Stigmatisierten nachweisen konnten, nicht aber eine eindeutige und statistisch gesehen starke kausale Beziehung zwischen Stigmatisierung, Stigmaverarbeitung und Karrieredevianz. In jenen Arbeiten, die in ihrer Anlage so konzipiert sind, daß sie zumindest die theoretisch behaupteten Beziehungen zwischen Selbstkonzept, insbesondere Selbstwertgefühl (verstanden als Resultat von Stigmaerfahrungen) prüfen können, ergeben sich z. T. selbst bei nahezu gleichen Datensätzen, aber etwas unterschiedlichen Analysestrategien widersprüchliche Befunde (vgl. ROSENBERG/ROSENBERG 1978; ROSENBERG/SCHOOLER/SCHOENBACH 1989), während andere größere Studien zum Teil eindrucksvolle Bestätigungen für Aussagen erbringen, die sich aus der Stigmatheorie ableiten lassen (abweichendes Verhalten als Reaktion auf Stigmaerfahrungen zur Erhaltung eines positiven Selbstwertgefühls; vgl. vor allem KAPLAN 1980 sowie vor allem die bilanzierende Studie von SCHEFF/RETZINGER/RYAN 1989).

Das in der Zwischenzeit angesammelte theoretische und empirische Wissen spricht dafür, daß das Stigmakonzept erst dann seine volle Fruchtbarkeit erlangen wird, wenn es systematisch mit soziologischen und sozialpsychologischen Grundlagentheorien verknüpft wird, z. B. mit der Attributionstheorie (vgl. als Überblick HECKHAUSEN 1980; 441–493), der Einstellungstheorie (vgl. z. B. KATZ 1981), der Selbstkonzepttheorie (vgl. ROSENBERG 1979; KAPLAN 1980), die sich neu zu orientieren beginnt (vgl. GECAS/SCHWALBE 1983; G. ALBRECHT/VAN KAMPEN 1991), sowie mit der Interaktionstheorie (vgl. HEISS 1981) und der Theorie der Emotionen, insbesondere der Scham (vgl. BRAITHWAITE 1989; SCHEFF 1988).

Selbst wenn sich in der weiteren Forschung das Stigmakonzept als nicht so tragfähig wie zunächst angenommen erweisen sollte, so bleibt das große Verdienst, auf bis dahin weitgehend vernachlässigte Kontrolle hingewiesen und auch für die gesellschaftliche Praxis wichtige Anregungen gegeben, in jedem Falle aufklärend gewirkt zu haben.

Albrecht, G., Obdachlose als Objekte von Stigmatisierungsprozessen, in: Stigmatisierung 1. Zur Produktion gesellschaftlicher Randgruppen, hrsg. v. Brusten, M., Hohmeier, J., Neuwied u. a. 1975, S. 79–107; *ders. u. a.*, Lebensläufe. Von der Armut zur „Nichtseßhaftigkeit" oder wie man „Nichtseßhafte" macht, Bielefeld 1990; *Albrecht, G., van Kampen, N.*, Auswirkungen der Diversion auf die Entwicklung des Selbstbildes delinquenter Jugendlicher, Preprint 45 des SFB 227, Universität Bielefeld, Bielefeld 1991; *Ammann, W., Peters, H.*, Stigma Dummheit. Bewältigungsargumentationen von Sonderschülern, Rheinstetten 1981; *Braithwaite, J.*, Crime, Shame and Reintegration, Cambridge 1989; *Brusten, M.*, Prozesse der Kriminalisierung – Ergebnisse einer Analyse von Jugendamtsakten, in: Gesellschaftliche Perspektiven der Sozialarbeit, hrsg. v. Otto, H.-U., Schneider, S., 1. Aufl., Neuwied u. a. 1973, S. 85–125; *Brusten, M., Hohmeier, J. (Hrsg.)*, Stigmatisierung, 2 Bde., Neuwied u. a. 1975; *Cloerkes, G.*, Einstellung und Verhalten gegenüber Körperbehinderten, Berlin 1979; *Gecas, V., Schwalbe, M.*, Beyond the Looking-Glass Self; Social Structure and Efficacy-Based Self-Esteem, Social

Psychology Quarterly 46 (1983), S. 77–88; *Goffman, E.*, Stigma. Über Techniken der Bewältigung beschädigter Identität, Frankfurt/M. 1967 (zuerst Englewood Cliffs/N.J. 1963); *Heckhausen, H.*, Motivation und Handeln, Berlin 1980; *Heiss, J.*, The Social Psychology oft Interaction, Englewood Cliffs/N.J. 1981; *Kaplan, H.B.*, Deviant Behavior in Defense of Self, New York 1980; *Katz, I.*, Stigma: A Social Psychological Analysis, Hillsdale/N.J. 1981; *Klein, M.W.*, Labeling Theory and Delinquency Policy. An Experimental Test, Criminal Justice and Behavior 13 (1986), S. 47–79; *Lemert, E.M.*, Social Pathology, New York 1951; *Link, B. G.*, Understanding Labeling Effects in the Area oft Mental Disorders: An Assessment oft the Effects oft Expectations oft Rejection, ASR 52 (1987), S. 96–112; *Link, B., Cullen, F.T.*, Contact with the Mentality III and Perceptions oft How Dangerous They Are, Journal oft Health and Social Behavior 27 (1986), S. 289–303; *Link, B., Cullen, F.T., Frank, J., Wozniak, J.F.*, The Social Rejection oft Former Mental Patients: Understanding Why Labels Matter, AJS 92 (1987), S. 1461–1500; *ders.* u. a., A Modified Labeling Theory Approach to Mental Disorders: An Empirical Assessment, ASR 54 (1989), S. 400–423; *Merton, R.K.*, The Self-Fulfilling Prophecy, in: Social Theory and Social Structure, hrsg. v. Merton, R.K., 2. erw. Aufl. Glencoe/III. 1957, S. 421–436; *Palamara, F., Cullen, F.T., Gersten, J.C.*, The Effect oft Police and Mental Health Intervention on Juvenile Deviance: Specifying Contingencies in the Impact oft Formal Reaction, Journal oft Health and Social Behavior 27 (1986), S. 90–105; *Ray, M.C., Downs, W.R.*, An Empirical Test oft Labeling Theory Using Longitudinal Data, Journal for Research in Crime and Delinquency 23 (1986), S. 169–194; *Rosenberg, F., Rosenberg, M.*, Self-esteem and Delinquency, Journal oft Youth and Adolescence 7 (1978), S. 279–291; *dies.*, Conceiving the Self, New York 1979; *dies., Schooler, C., Schoenbach, C.*, Self-Esteem and Adolescent Problems: Modeling Reciprocal Effects, ASR 54 (1989), S. 1004–1018; *Sack, F.*, Neue Perspektiven in der Kriminologie, in: Kriminalsoziologie, hrsg. v. Sack, F., König, R., Frankfurt/M. 1968, S. 431–475; *Scheff, Th.J.*, Das Etikett „Geisteskrankheit". Soziale Interaktion und psychische Störung, Frankfurt 1973; *Scheff, Th.J., Retzinger, S.M., Ryan, M.T.*, Crime, Violence, and Self-Esteem: Review and Proposals, in: The Social Importance oft Self-Esteem, hrsg. v. Mecca, A.M., Smelser, N.J., Vasconcellos, J., Berkeley 1989, S. 165–199; *Schur, E.M.*, Labeling Deviant Behavior. Its Sociological Implications, New York, Evanston/III. 1971.

GÜNTER ALBRECHT

Strafe → ambulante, →freiheitsentziehende Maßnahmen, → Sanktionen, → Sanktionsforschung

Strafmündigkeit → Forensische Psychiatrie, → Jugendstrafrecht

Strafrecht → Kriminalpolitik, → Kriminologie und Strafrecht, → Recht und soziale Kontrolle, → Strafrechtssoziologie

Strafrechtssoziologie. In der neueren kriminologischen Diskussion läßt sich eine Kontroverse darüber ausmachen, inwieweit die wissenschaftliche Analyse von Kriminalität sich darauf beschränken kann, das Verhalten des kriminellen Täters und die Verteilung der Kriminalität in der Gesellschaft zu untersuchen, oder ob sie auch die Strukturen und Prozesse zu ihrem Gegenstand zu machen hat, die sich auf die Vorgänge beziehen, die ein Verhalten erst zu einem kriminellen machen. In kurzschlüssiger Paradoxie zwar, aber damit doch ein zentrales Dilemma einer ätiologischen Kriminologie aufweisend, deren Selbstverständnis in der engen Auffassung der Kriminologie aufgeht, läßt sich sagen, daß die letzte Ursache des kriminellen Verhaltens das Gesetz selbst ist, das ein Verhalten zuerst mit dem Etikett „kriminell" versieht.

In vielen kriminologischen Lehrbüchern wird die Position vertreten, zur Kriminologie gehöre auch die Analyse des Strafrechts und seiner Institutionen, und man meint damit im wesentlichen die Untersuchung der Entstehung von strafrechtlichen Normen und – schon seltener und erst seit kurzem – die

Erforschung der Prozesse der Durchsetzung und Implementierung von Normen („law in action“). Obwohl diese Fragen zweifellos einen wichtigen Bestandteil einer Soziologie des Strafrechts darstellen, erschöpfen sie das Interesse der Kriminologie an der Bedeutung des Strafrechts keineswegs.

Dieses Interesse läßt sich in einer ersten Formulierung aus der Tatsache herleiten, *daß das Strafrecht das Medium darstellt, das in einem Mitglieder der Gesellschaft von dieser distanziert und gleichzeitig an sie bindet.* DURKHEIM und in seiner Nachfolge die strukturfunktionalistische Theorie haben deshalb von der Funktionalität des Verbrechens gesprochen. Diese Seite der Kriminalität ist für die kriminologische Diskussion weitgehend unbeachtet geblieben und hat auf seiten der auf den Täter fixierten Tradition der Kriminologie Befremden und Hilflosigkeit erzeugt, gelegentlich indessen auch Einsichten, die aber folgenlos blieben, wie ein Zitat belegt, das der 1. Auflage des Lehrbuch-Klassikers von SUTHERLAND (zit. n. CHAMBLISS/MANKOFF 1976, 23) zu entnehmen ist: „Ein Verständnis der Natur des Strafrechts ist erforderlich, um das Verständnis der Natur des Verbrechens zu gewährleisten. Eine vollständige Erklärung des Ursprungs und der Durchsetzung der Gesetze würde auch die Erklärung für die Verletzung der Gesetze liefern.“ Ähnliche Formulierungen sind in späteren Auflagen des Lehrbuchs fallengelassen worden – da sie zwar „suggestiv“ seien, „aber gegenwärtig der Präzision ermangelten“.

Dieses in der traditionellen Kriminologie geahnte Programm *ist für die → kritische Kriminologie* (Interaktionismus, konfliktorientierte und radikale Kriminologie) mittlerweile *zum zentralen empirischen und theoretischen Forschungsimpetus*, ja zum Bestimmungskriterium für die Entwicklungsrichtung der Kriminologie geworden. Der schon in den 70er Jahren deutlich sichtbare Trend (SACK 1978) zu einer solchen Akzentverschiebung kriminologischer Analyse hat sich trotz gegenläufiger Bemühungen und offenen Zweifels (KAISER 1979) inzwischen zu einer Entwicklung aufgebaut, die durchaus die Qualität einer „Aufhebung“ der Kriminologie in der Hegelschen Dreifachbedeutung von Zerstören, Überwinden und Bewahren besitzt (SACK 1986, 1988). Sie weist entscheidend über die traditionellen Konturen der Rechtssoziologie hinaus, d. h. die kritische Kriminologie steht insofern in Diskontinuität sowohl zur herkömmlichen Kriminologie als auch zur herkömmlichen Rechtssoziologie.

Eine Soziologie des Strafrechts in dem skizzierten Sinne hat schließlich an einem Verständnis von Recht und Rechtsnorm anzusetzen, das vom Selbstverständnis des Rechts selbst und damit auch von dem Konzept des abweichenden bzw. kriminellen Verhaltens, wie es der traditionellen Rechtssoziologie und Kriminologie zugrunde liegt, entscheidend abweicht (→ Norm, Normgenese).

Für eine Soziologie des Strafrechts, die dieser anspruchsvollen Aufgabe gerecht werden will, bedcutet dies (1) die Entwicklung von einer „Sociology *in* law“ zu einer „Sociology *of* law“ (HUNT 1983), (2) das Verhältnis des Strafrechts zum umfassenderen System sozialer Kontrolle auszumachen (→ Recht und soziale Kontrolle) und (3) das Verständnis von Recht und Rechtsnorm neu zu bestimmen.

Die Entbindung einer bislang in den Kontext des Strafrechts eingelassenen Strafrechtssoziologie, wie sie etwa die sogen. „Rechtstatsachenforschung“ ebenso wie das von TEUBNER (1992) nachhaltig kritisierte „avancierteste Modell der Rechtssoziologie, (das) OPP-DIEKMANNsche Modell zur Effektivität des Rechts" (S. 140), darstellen, zu einer autonomen Strafrechtssoziologie bzw. Kriminologie (LÖSCHPER/MANKE/SACK 1986) verdankt sich zweier in der deutschen kriminologischen Diskussion bislang nur marginal zur Kenntnis genommener „Geburtshelfer".

Den einen stellt eine Gruppe von zunächst amerikanischen, dann – ihnen folgend – europäischen Rechts- und Sozialwissenschaftlern dar, die unter dem Namen „Critical Legal Studies" (CLS) an „legal realism" der 30er Jahre arbeiten (UNGER 1983; FITZPATRICK/HUNT 1987; ALTMAN 1990), diesen indessen einerseits gesellschafts- und staatstheoretisch anreichern, fundieren und „überhöhen", andererseits epistemologisch und postmodern ausbeuten (FRANKENBERG 1987 SARAT/KEARNS 1991).

Den zweiten Geburtshelfer hat man im veritablen *„Einbruch" feministischen Denkens* in die Kriminologie und die Strafrechtswissenschaft zu erblicken, der für die deutsche Diskussion dringend nach einer systematischen Rezeption und Verarbeitung schreit, nachdem er im angelsächsischen Bereich längst Lehrbuchreife erlangt hat (vgl. u. a. GELSTHORPE 1990; SMART 1989).

Beide Strömungen sind insofern in einem näher am Recht dran und von ihm distanziert, als sie auf die Identifizierung der in das (dogmatische) Rechtsprogramm und seine Institute eingelassenen gesellschaftlichen Widersprüche, Interessen und Machtdifferentiale aus sind, wie dies für das Strafrecht etwa von KELMAN (1981) und NELKEN (1987) vorgeführt wird.

Für eine solche „Soziologie der Strafrechtsdogmatik" eignen sich im übrigen ganz besonders die dogmatischen Figuren des Allgemeinen Teils des materiellen Strafrechts wie Kausalität, Schuld- und Teilnahmeformen, die etwa über die engere und weitere Bestimmung strafrechtlich relevanter Zeitsequenzen oder über politisch determinierte Ausformungen von Gruppenstrukturen und Verantwortungszusammenhängen Festlegungen treffen und so als Einfallstore für verdeckte und interessengeleitete Zugriffe durch gesellschaftliche Machtgruppen fungieren.

Eine rechtsnähere, mit besonderem Blick auf die symbolische Gewalt der Rechtssprache ausgerichtete analytische Durchdringung der Strukturen und Funktionen des Rechts, die gleichwohl ein antithetisches Verhältnis zur bisherigen Rechtssoziologie aufweist, intendiert BOURDIEU (1986) auf der Basis feldtheoretischer und symbolisch-linguistischer Konzepte und Einsichten.

Der gelegentlich euphorischen Relativierung des Strafrechts als bloß einer neben anderen Formen sozialer Kontrolle, denen gelegentlich eine größere Bedeutung beigemessen wird, ist entgegenzuhalten, daß man von überaus komplexen Wirkungs- und Interdependenz-Zusammenhängen auszugehen hat, die auch „sanfte Kontrollformen" noch in den „Schatten des Leviathan" (SPITTLER 1980) stellen.

LUHMANN (1972) hat gegen die klassische Rechtssoziologie und deren Dichotomie von Norm und Faktizität der sie einen Großteil ihrer Produktivität verdankt, eine andere Dichotomie gesetzt, nämlich die von normativen und kognitiven Erwartungen: „Seinen adäquaten Gegensatz hat das Normative nicht im Faktischen, sondern im Kognitiven" (S. 44). Die Differenz beider Typen von Erwartungen gewinnt LUHMANN aus der Art der „Enttäuschungsabwicklung",

d. h. der Reaktion der Umwelt auf ein Verfehlen der Erwartung. Kognitive Erwartungen sind solche, „die im Falle der Enttäuschung an die Wirklichkeit angepaßt werden. Für normative Erwartungen gilt das Gegenteil: daß man sie nicht fallenläßt, wenn jemand ihnen zuwiderhandelt" (S. 42) bzw. – in der bekannteren Formulierung: „Normen sind demnach kontrafaktisch stabilisierte Verhaltenserwartungen" (S. 43).

Eine solche Sichtweise ermöglicht LUHMANN eine funktionale Charakterisierung von typischen Strukturen der Enttäuschungsabwicklung normativer Erwartungen, die alle nach dem Prinzip operieren, „daß in Enttäuschungssituationen das Festhalten der Erwartung demonstriert und plausibel gemacht werden kann" (S. 50). „Schon die Tatsache, daß ein enttäuschendes Verhalten überhaupt als Abweichung erlebt wird, bestätigt die Norm" (S. 55). Diese Formulierungen lassen erkennen, daß es hier um *Mechanismen der Isolierung und Individualisierung* des den die Enttäuschung setzenden Partners einer sozialen Beziehung, um die Kostenverteilung eines sozialen Konflikts geht. Dieser Funktion dienen nach LUHMANN die „weitgehend fiktive Erklärung" der strafrechtlichen Annahme „individueller Schuld" (S. 58) sowie „moderne Varianten … pseudowissenschaftlicher Begriffe oder Gesetzmäßigkeiten" (S. 56), und er schließt darin das gesamte Spektrum der Faktoren ein, die die täterorientierte Kriminologie in ihrer Geschichte ausgebreitet hat. Ihr wissenschaftlicher „Sündenfall" läge schon auf der vorprädikativen Ebene, in der nur scheinbar deskriptiven Kategorie der „Abweichung", im einseitigen Ansetzen der Analyse bei der Abweichung, die „als Faktum ohne Sollwert behandelt wird" (S. 57).

Gegen eine solche „vorsoziologische Konzeption abweichenden Verhaltens", das „dem Bösen … in einseitiger Parteilichkeit die eigene Normativität" bestreitet, habe „die neuere Soziologie des abweichenden Verhaltens beträchtliche Fortschritte zu verzeichnen" (S. 121). LUHMANN bescheinigt gerade dem Interaktionismus eine Perspektive, wonach „die Abweichung qua Wahrnehmung und Benennung ein rein soziales Phänomen sei" (S. 123).

LUHMANNs Rechtsoziologie ist allerdings eine solche ohne Prozesse und ohne Personen. Soziale Systeme werden in ihrer Struktur erfaßt, nicht in ihrem Vollzug, nicht in ihrer Inszenierung. So zutreffend seine Beobachtungen und Analysen im Ergebnis sind; so sehr seine funktionale Analyse des Strafrechts mit Befunden konvergiert, wie sie STEINERT (1976) zusammengetragen hat; so bis in Details hinein seine Einschätzung eines Großteils der vergangenen und zeitgenössischen Kriminologie mit der Kritik zusammenfällt, die die → kritische Kriminologie daran ausgearbeitet hat. Es bleibt ein Unbehagen zurück, das seine Analyse mit dem traditionellen Funktionalismus in der Soziologie teilt: Die Akteure in den Systemen handeln nach einem Drehbuch, das nicht ihr eigenes ist, dessen Verfasser sie nicht kennen und dessen Prinzipien Notwendigkeiten folgen, die ihnen fremd, ja: notwendig fremd sind.

Die Analysen LUHMANNs sind deshalb in zweierlei Hinsicht zu ergänzen. Die *Infrastruktur der strafrechtlichen Sozialkontrolle* ist soziologisch näher in den Blick zu nehmen und die funktionalen Befunde LUHMANNs bedürfen der *prozessualen Dynamisierung*. Beide Forschungsstrategien machen es nötig, Akteure und deren Interessen stärker zu thematisieren, als dies bei LUHMANN geschieht.

Die Labeling-Theorie und der Interaktionismus (→ Kriminalitätstheorien, soziologische) haben mit dem Insistieren auf der Bedeutung der sozialen Reaktion für die *Kriminologie die soziologische und politische Dimension der Kriminalität auch in ihren Alltagserscheinungen und Mikrostrukturen zur Geltung gebracht.* Nicht nur auf der Ebene der Formulierung und Fixierung von Normen im formalisierten Rechtsetzungsprozeß, für den politisches Handeln konstitutiv ist, sondern auch in der handlungspraktischen Begegnung von Norm und Wirklichkeit im Routineablauf des gesellschaftlichen Lebens vollziehen sich Aushandlungsvorgänge, Interpretationsabläufe und Definitionsprozesse zwischen Kontrolleuren und Kontrollierten, bei denen Beschwerdemacht, politische, ökonomische und statusbezogene Attribute, Machtdifferentiale und andere norm- und rechtsindifferente Merkmale der Beteiligten eine zentrale Rolle spielen. Daraus hat sich ein *Normverständnis entwickelt,* das in seinen Grundstrukturen zu dem der Rechtsnorm auffällig kontrastiert und konstitutiv ist für das sog. *interpretative Paradigma* (i. Ggs. zu dem *normativen Paradigma*) interaktiver Theorieansätze in den Sozialwissenschaften.

Die theorie- und forschungsstrategisch zentrale Bedeutung liegt dabei nicht bei den rein normativen Aspekten der Norm, sondern bei ihren sachverhaltsbezogenen Elementen, bei der Feststellung also der faktischen Bedingungen, die die konditional programmierte Rechtsfolge nach sich zieht. Von hier aus erschließen sich die empirisch-soziologische Bedeutung und der kontrollstrategische wie kriminalpolitische Stellenwert z. B. der sprachlichen Struktur von Rechtsnormen, die den Verfahrensregeln zu entnehmenden Ermittlungsressourcen der Instanzen strafrechtlicher Sozialkontrolle, die dem Normadressaten eingeräumten Abwehr- und Teilnahmechancen am Strafverfahren. Von hier aus ist der soziologisch relevante Aspekt von Stichworten wie „Rechtsstaatlichkeit", „Waffengleichheit", „Unschuldsvermutung", „Subjektstellung des Beschuldigten", „Parteiverfahren vs. Ermittlungsmaxime", „materielle vs. prozessuale Wahrheit" etc. zu entschlüsseln.

Die Fülle der in diesem Zusammenhang durchgeführten Forschung in den letzten 40 Jahren läßt sich hier auch nicht annähernd dokumentieren, noch weniger läßt sich das Forschungspotential ausbuchstabieren, das in den vorgenannten Fragestellungen angelegt ist. Ein pragmatischer Ordnungsgesichtspunkt dieser Forschung ließe sich den Stufen und Instanzen der strafrechtlichen Sozialkontrolle entnehmen, wobei zu Recht ihre Eingangspforten, vor allem die Polizei, ein geradezu exponential wachsendes Forschungsinteresse auf sich gezogen hat (→ Polizeiforschung), freilich in der angelsächsischen Kriminologie und Strafrechtssoziologie mehr als in der deutschen. Aufgrund dessen – und durch neuere Forschungen immer genauer – weiß man, daß das gesellschaftliche Gut „Gerechtigkeit" auf andere Weise, an anderen Orten, mit anderem Ergebnis erzeugt wird, als es in den Büchern des Rechts, der Rechtsdogmatik und der Rechtswissenschaften nachzulesen ist.

Deutlicher läßt sich dieser Zusammenhang noch herausarbeiten, wenn man die einzelnen Mosaiksteine dieses Bildes in die Sprache sozialer Beziehungen und deren Dynamik übersetzt. Die dafür erforderlichen analytischen und empirischen Instrumente sind der *soziologischen Konflikttheorie* zu entnehmen.

Diese legt eine Forschungsstrategie nahe, die Kriminalität als einen *konflikthaft ablaufenden Prozeß* betrachtet, der seinen Ausgangspunkt in sozialen Konflikten zwischen verschiedenen Mitgliedern der Gesellschaft nimmt und durch Entscheidungen, Konfliktstrategien und Handlungsregeln von privaten (Opfer, Anzeigeerstatter, Dritte, Zeugen, Sachverständige) und amtlichen wie paraamtlichen (Polizei, Staatsanwaltschaft, Gerichte, Verteidiger) auf eine bestimmte Weise in eine andere Form eines Konflikts, nämlich einen Rechtskonflikt transformiert wird. Die regelgeleisteten Schritte und Entscheidungskriterien eines Strafverfahrens werden so übersetzbar in eine Matrix von je unterschiedlichen und kontextspezifischen Sozialbeziehungen, Handlungsstrategien und Machtdifferentialen der daran beteiligten Akteure. *Soziale, politische und rechtliche Konflikte werden dadurch auf einem Kontinuum angesiedelt*, dessen Strukturmerkmale nicht normqualitativ und -hierarchisch zu bestimmen sind, sondern nach formalen Merkmalen konflikttheoretischer Art: Konfliktressourcen, Konfliktbeteiligte, Konfliktregeln, Konfliktorte, mögliche Konfliktausgänge und -spielräume etc. Eine solche Sichtweise wird nicht nur normtheoretischen Positionen wie denen M. WEBERS (1956) und POPITZ' (1980) gerecht, die die Rechtsnorm nicht inhaltlich, vielmehr machtbezogen und institutionell interpretieren, sondern sie sind auch vereinbar mit den verfahrens- und devianzsoziologischen Überlegungen von LUHMANN (1972). Kriminalität und die mit ihr zusammenhängenden Phänomene werden damit entschlüsselbar als Machtbeziehungen und Herrschaftsprozesse mit anderen Mitteln als denjenigen, von denen die Politik und das Recht üblicherweise sprechen. *Sie sind Mechanismen der Absorption von sozialem und politischem Konfliktpotential durch deren Transformation in den „apolitischen" Raum des Rechts.*

Die vorstehenden Überlegungen zu einer Strafrechtssoziologie stellen vor allem auf die *Kriminalität erzeugenden* Strukturen und Mechanismen des Strafrechts ab. Sie intendieren *die Verschränkung von Kriminalität, Strafrecht und Gesellschaft (1) auf eine wechselseitig sich bedingende Weise und (2) charakterisieren sie als eine Beziehung sozialer Asymmetrie*, die infolge der legitimen Gewaltanwendungsbefugnis des einen Konfliktpartners nicht nur in besonderer Form gesteigert ist, sondern letzterem auch das Initiativ- und Gestaltungsprivileg der Beziehung vorbehält. v. TROTHA (1987) hat diesen soziologischen Sachverhalt innerhalb der deutschen Rechtssoziologie in seinen Basisstrukturen erstmalig ausführlicher herausgearbeitet.

Die Beziehung von Recht und Gesellschaft, die das theoretische und empirische Anliegen von Rechtssoziologie überhaupt ist, hat in den letzten Jahren zusätzliche Impulse aus der *sozialhistorischen Forschung* erhalten. Diese Entwicklung hat SACK (1989) an anderer Stelle mit Blick auf die ausländische Diskussion für die Bundesrepublik nachgezeichnet und zu bilanzieren versucht.

Diese sozialhistorische Forschung (→ Sozialgeschichte der Kriminalität) hat viel zu einer Neubelebung der Rechtssoziologie beigetragen, die sich unter der Rezeption von neomarxistischen Ansätzen in staatstheoretische Linien und Forschungen verlängert hat. Dabei verdienen die klassische Studie von RUSCHE/KIRCHHEIMER (1939) und einige englische sozialhistorische Studien besondere Herausstellung, weil sie mehr als andere auch theoretisch und soziologisch ambitioniert sind (THOMPSON 1975; HAY u. a. 1975). Solche historische Einsichten in Kriminalität und strafrechtliche Sozialkontrolle zu einem radikal antithetischen Paradigma kriminologischer und strafrechtssoziologischer Analyse verdichtet zu haben, ist das Verdienst des international renommierten sozialhistorisch arbeitenden amerikanischen Soziologen TILLY (1985), der ein empirisch intimer Kenner und Forscher der europäischen Geschichte der Moderne ist (SACK 1988). Nach TILLYs Perspektive, die er in dem provokant betitelten Aufsatz „War Making and State Making as Organized Crime" auf der Basis empirischen Materials entwickelt, ist der Staat nicht nur der Initiator und „Unternehmer" des Strafrechts, sondern auch der Gefahren und der „Unsicherheit", zu deren Kontrolle bzw. Beseitigung er sich anbietet. D. h. er ist keineswegs jener Treuhänder und Sachwalter gesellschaftlich konsentierter und abverlangter Interessen und Rechtsgüter nach der Art eines Service- und Marktmodells, wie es die Tradition des Gesellschaftsvertrages will und wie es manche kriminologische und strafrechtssoziologische Positionen implizieren, die auf die Zurückdrängung des Strafrechts mittels zivilrechtlicher und gesellschaftlicher Alternativen setzen (SESSAR 1992; SCHUMANN 1987; SACK 1990).

Insgesamt hat eine Soziologie des Strafrechts die Strukturen und Prozesse in den Blick zu nehmen und herauszuarbeiten, die sein *aktives Gestaltungspotential* zur Begründung, Herstellung und Kontrolle sozialer Beziehungen bloßlegen, und zwar gegen den Strich seines eigenen, wesentlich reaktiv begriffenen Verständnisses.

Altmann, A., Critical Legal Studies, Princeton/N.J. 1990; *Bourdieu, P.*, La Force du droit. Éléments pour une sociologie du champ juridique, Actes de la recherche en sciences sociales 64 (1986), S. 3-19;*Chambliss, W.J., Mankoff, M.* (Hrsg.), Whose Law, What Order? A Conflikt Approach to Criminology, New York, u. a. 1976; *Fitzpatrick, P., Hunt, A.* (Hrsg.), Critical Legal Studies, London u. a. 1987; *Frankenberg, G.*, Der Ernst im Recht, Kritische Justiz 20 (1987), S. 281-307; *Gelsthorpe, L.* (Hrsg.), Feminist Perspectives in Criminology, Milton Keynes 1990; *Hay, D., Linebaugh, P., Rule, G.I., Thompson, E.P., Winslaw, C.* (Hrsg.), Albion's Fatal Tree: Crime and Society in Eighteenth Century England, New York 1975; *Hunt, A.*, The Sociological Movement in Law, Worchester u. a. 1978; *Kaiser, G.*, Strafrechtssoziologie – Dimension oder Partitur der Kriminologie?, MschrKrim 62 (1979), S. 50–62; *Kelman, M.*, Interpretive Construction in the Substantive Criminal Law, Stanford Law Review 33 (1981), S. 591-673; *Löschper, G., Manke, G., Sack, F.* (Hrsg.), Kriminologie als selbständiges, interdisziplinäres Hochschulstudium, Pfaffenweiler 1986; *Luhmann, N.*, Rechtssoziologie, 2 Bde., Reinbek 1972; *Nelken, D.*, Critical Criminal Law, Journal of Law and Society 14 (1987), S. 105-117; *Popitz, H.*, Die normative Konstruktion von Gesellschaft, Tübingen 1980; *Rusche, G., Kirchheimer, O.*, Punishment and Social Structure, New York 1939; *Sack, F.*, Probleme der Kriminalsoziologie, in: Handbuch der empirischen Sozialforschung, hrsg. v. König, R., Stuttgart 1978, S. 192-492; *Sack, F.*, Kriminologische Forschungsperspektiven aus soziologischer Sicht, in: Entwicklungstendenzen kriminologischer Forschung: Interdisziplinäre Wissenschaft zwischen Politik und Praxis, hrsg. v. Kury, H., Köln u. a. 1986; *Sack, F.*, Wege und Umwege der deutschen Kriminologie in und aus dem Strafrecht, in: Radikale Kriminologie, Themen und theoretische Positionen der amerikanischen Radical Criminology, hrsg. v. Janssen, H., Kaulitzky, R., Michalowski, R., Bielefeld 1988; *Sack, F.*, Kriminologie und Geschichtswissenschaft: Wege der Reflexion einer Disziplin, in: Zukunftsperspektiven der Kriminologie in der Bundesrepublik Deutschland, hrsg. v. Savelsberg, J.J., Stuttgart 1989, S. 71-141; *Sack, F.*, Das Elend der Kriminologie und Überlegungen zu seiner Überwindung, Ein erweitertes Vorwort, in: Robert, P., Strafe, Strafrecht, Kriminologie, Frankfurt u. a. 1990, S. 15-55; *Sarat, A., Kearns, R.* (Hrsg.), The Fate of Law, Ann Arbor 1991; Schumann, K.F., Kriminologie als Wissenschaft vom Strafrecht und seinen Alternativen, MschrKrim 70 (1987), S. 81-88; *Sessar, K.*, Wiedergutmachen oder Strafen, Einstellungen in der Bevölkerung und der Justiz, Pfaffenweiler 1992; *Smart, C.*, Feminism and the Power of Law, London u. a. 1989; Spittler, G., Streitregelung im Schatten des Leviathan. Eine Darstellung und Kritik rechtsethnologischer Untersuchungen, Zeitschrift für Rechtssoziologie 1

(1980), S. 4-32; *Steinert, H.*, Über die Funktionen des Strafrechts, in: Festschrift für Christian Broda, Wien 1976, S. 335-371; *Teubner, G.*, Regulatorisches Recht: Chronik eines angekündigten Todes, Theoretische Grundlagen der Rechtspolitik, hrsg. v. Koller, P., Varga, C., Weinberger, O., Beiheft 54 der ARSP, Stuttgart 1992; *Thompson, E.P.*, Whigs and Hunters. The Origin of the Black Act, London 1975; Tilly, C., War Making and State Making as Organized Crime, in: Bringing the State Back in, hrsg. v. Evans, P.B., Rueschemeyer, D., Skocpol, T., Cambridge, Mass. u. a. 1985, S. 169-177; *Unger, R.M.*, The Critical Legal Studies Momvement, Cambridge, Mass. 1983; *v. Trotha, T.*, Distanz und Nähe, Tübingen 1987; *Weber, M.*, Wirtschaft und Gesellschaft, 4. Aufl., Tübingen 1956.

FRITZ SACK/WOLFGANG DEICHSEL

Strafverfahren → Anzeigeverhalten, → Kriminalpolitik, →Opfer und Strafverfahren, → Selektion und Selektionsmechanismen, → Strafrechtssoziologie, → Strafvollzug, → Strafzumessung, → Verbrechenskontrolle und Verbrechensvorbeugung

Strafverfolgung → Polizeiforschung, → Recht und soziale Kontrolle, → Strafvollzug, → Verbrechenskontrolle und Verbrechensvorbeugung

Strafvollzug. Unter Strafvollzug versteht man die *Vollziehung der freiheitsentziehenden Kriminalitätssanktionen*, die vom Strafrichter verhängt werden. Zu diesen gehören die Freiheitsstrafe und die Maßregeln der Besserung und Sicherung, soweit sie mit Freiheitsentzug verbunden sind (Unterbringung im psychiatrischen Krankenhaus, in der Entziehungsanstalt, in der Sicherungsverwahrung; die Unterbringung in der sozialtherapeutischen Anstalt war zwar ursprünglich vorgesehen, ist dann aber nicht Gesetz geworden). Alle anderen Formen zwangsweisen Freiheitsentzugs rechnen nicht zum Strafvollzug; dies gilt vor allem für Untersuchungshaft, Jugendarrest, Fürsorgeerziehung und die Unterbringung Geisteskranker zum Schutz Dritter und vor sich selbst (MÜLLER-DIETZ 1990 a; KAISER/KERNER/SCHÖCH 1991). Freilich ist dieses Verständnis nicht zwingend; es ist vielmehr Ergebnis einer Entwicklung von Theorie und Praxis des Gefängniswesens, wie sie namentlich im deutschen Recht und Sprachraum stattgefunden hat (KREBS 1978). Dem Wortsinne und der ursprünglichen Bedeutung des Begriffs entspricht eher eine weite Auffassung, die unter Strafvollzug sämtlicher Kriminalsanktionen versteht. Ihr zufolge umfaßt Vollziehung von Strafen auch die ambulanten Sanktionen (Geldstrafe, Strafaussetzung zur Bewährung). Ein solches Verständnis wird etwa in Begriff und Sache der → Pönologie, der Lehre von der Strafe und ihren Auswirkungen, sichtbar. Es findet sich in modifizierter Form vor allem im angloamerikanischen Schrifttum (KAISER/KERNER/SCHÖCH 1991). Für die engere Auffassung lassen sich im wesentlichen drei Gesichtspunkte anführen. Im Wortsinne können eigentlich nur freiheitsentziehende Sanktionen vollzogen werden; Geldstrafen z. B. lassen sich lediglich vollstrecken. Freiheitsstrafen und freiheitsentziehende Maßregeln greifen in besonders nachhaltiger Weise in die Rechtsstellung und Freiheitssphäre des Verurteilten ein; sie stellen nach der Abschaffung der Todesstrafe die schwerwiegendsten Kriminalsanktionen dar. Wegen dieser andersartigen „Qualität" ist der Straf- und Maßregelvollzug auch zunehmend zum Gegenstand empirisch-kriminologischer und sozialwissenschaftlicher Forschung geworden

(Kury 1986; Ortmann 1987). Indessen ist auch das engere Verständnis Einwänden ausgesetzt. Zunächst einmal ist der Begriff „Strafvollzug" ungenau; obgleich er die freiheitsentziehenden Maßregeln gleichfalls umfaßt, bezieht er sie sprachlich nicht mit ein. Deshalb spricht man heute gelegentlich auch vom Straf- und Maßregelvollzug, um die Reichweite des Begriffs zu verdeutlichen. Ferner ist zu berücksichtigen, daß freiheitsentziehende Sanktionen lediglich einen Teil des Gesamtsystems strafrechtlicher Sozialkontrolle bilden. Sie nehmen an den Zwecken teil, die mit dem Strafrecht insgesamt verfolgt werden, und sie stehen in mehr oder minder unmittelbarem Zusammenhang, teilweise sogar in Wechselwirkung mit den übrigen Kriminalsanktionen. Das läßt sich vor allem an den Verlagerungsprozessen ablesen, die lang- und mittelfristig im Verhältnis von Freiheitsstrafen einerseits, Geldstrafen und Strafaussetzung zu Bewährung andererseits stattgefunden haben. Hatte sich noch 1882 der Anteil der vollstreckten Freiheitsstrafen an der Gesamtheit der Kriminalsanktionen auf ca. 73% belaufen, so hat sich inzwischen das Verhältnis praktisch umgekehrt; nunmehr (seit den 80er Jahren mehr oder minder gleichbleibend) ist der Anteil vollstreckter Freiheitsstrafen auf ca. 6% geschrumpft, der der Geldstrafe auf etwa 82% gestiegen. Ebenso hat die Strafaussetzung zur Bewährung – wenngleich eher hinsichtlich des unteren Bereichs der Kriminalität – mit einem Anteil von ca. 12% an der Gesamtheit der Kriminalsanktionen die Freiheitsstrafe zurückgedrängt. Eine wechselseitige Verflechtung ambulanter und stationärer Sanktionen kommt etwa darin zum Ausdruck, daß Vollzug von Freiheitsstrafe in Form von Ersatzfreiheitsstrafe an die Stelle von Geldstrafe und Strafaussetzung nicht nur ganz, sondern auch teilweise in Form der Aussetzung des Strafrestes an die Stelle des Vollzugs von Freiheitsstrafe treten kann. Schließlich bleibt zu bedenken, daß die strenge Trennung von ambulanten und stationären Sanktionen immer mehr zugunsten von Übergangsformen freiheitsbeschränkender Art zurücktritt, wie sie etwa am Freigang, an Übergangshäusern und an freien Wohngruppen sichtbar werden (Müller-Dietz 1979; Sievering 1987).

Ebenso wie die Definition ist auch die Einordnung des Strafvollzugs in das gesamte Strafrechtssystem lange Zeit umstritten gewesen. Vor allem hat er darunter gelitten, daß er im Prozeß der Strafrechtsverwirklichung rechtlich wie tatsächlich ein Außenseiterdasein fristete. Dies äußerte sich etwa darin, daß für Justiz und Öffentlichkeit der soziale Konflikt, der in Straftat und Strafverfahren sichtbar geworden war, durch die Verurteilung des Täters bereinigt schien. Was danach im Vollzug geschah, interessierte vielfach nicht mehr. Obwohl daran seit langem Kritik geübt wurde (z. B. F. von Liszt), rückte der Strafvollzug erst allmählich seiner tatsächlichen Bedeutung entsprechend ins Blickfeld. Freilich bereitete eine Standortbestimmung in rechtlicher Hinsicht Schwierigkeiten, weil zunächst nur das Strafrecht (StGB) und das Strafverfahren (StPO) gesetzlich geregelt waren. Um eine Klärung hat sich vor allem die *Dreisäulentheorie* oder Stufentheorie (Kaiser/Kerner/Schöch 1991) bemüht, die auf der Zerlegung des Strafvorganges in verschiedene Phasen und Träger fußt. Hiernach droht das Gesetz die Strafe an, spricht sie der Richter aus und vollzieht sie der Staat. Damit wird dem Akt der Vollziehung eigenständige Bedeutung im Rahmen der Strafrechtspflege zugewiesen (Schüler-Springorum 1969; Müller-Dietz 1979).

Zugleich lassen sich nach jenem Konzept jedem Vorgang vorrangig bestimmte Strafzwecke zuordnen: der Androhung generalpräventive, der Verhängung schuldausgleichende und dem Strafvollzug individualpräventive (resozialisierende und sichernde) Funktionen. Jedoch spiegelt auch dieses Konzept das System der strafrechtlichen Verbrechenskontrolle nur unvollkommen wider (→ Verbrechenskontrolle und Verbrechensvorbeugung). Es läßt außer acht, daß sich Tätigkeitsbereiche und Vorgehensweisen der verschiedenen Kontrollinstanzen (Polizei, Staatsanwaltschaft, Gericht, Strafvollzug) teilweise überschneiden, jedenfalls ineinandergreifen und daß auch die verschiedenen Strafzwecke sich – zumindest hinsichtlich ihrer faktischen Wirkungen – nicht ausschließlich bestimmten Phasen der Strafrechtsverwirklichung sowie Instanzen und ihrem Handeln zuordnen lassen. Beispielhaft für die verfahrensmäßigen und institutionellen Verflechtungen sind Funktion und Rolle des Richters. Als erkennender Richter verhängt er Kriminalsanktionen, als Vollstreckungsrichter trifft er Entscheidungen, welche die Durchführung des Strafvollzugs und dessen Kontrolle betreffen (*Gesellschaft für Rechtspolitik* 1986). Rechtlich und prozessual kommt diese Einbindung des Strafvollzugs darin zum Ausdruck, daß sich an das gerichtliche Erkenntnisverfahren, das zur Verurteilung geführt hat, das staatsanwaltschaftliche Vollstreckungsverfahren anschließt, das die Vollziehung der Kriminalsanktionen einleitet (§§ 449 ff. StPO). Es umfaßt praktisch alle Maßnahmen, welche die Verbüßung der Strafe oder Vollstreckung einer sonstigen Sanktion herbeiführen oder bewirken sollen (z. B. die Ladung zum Strafantritt, die Berechnung der erkannten Freiheitsstrafe, Unterbrechung und Fortsetzung des Vollzugs); Einzelregelungen und Konkretisierungen des Vollstreckungsverfahrens enthält die Strafvollstreckungsordnung, die freilich als bloße (wenngleich bundeseinheitliche) Verwaltungsanordnung nur die Vollstreckungsbehörden, nicht den Richter bindet.

Ungeachtet dieser Einordnung in das Gesamtsystem der strafrechtlichen Sozialkontrolle wird dem Strafvollzug nunmehr eigenständige rechtliche und tatsächliche Bedeutung zugestanden. Dafür sprechen namentlich Eigenart und Intensität des Eingriffs in die Rechte des Betroffenen, Existenz einer besonderen Behördenorganisation und spezielle Rechtsgrundlage. Obwohl Teil der Strafjustiz, nimmt der Strafvollzug mit seinen 173 Vollzugsanstalten (1988) (KAISER/KERNER/SCHÖCH 1991) eine Sonderstellung ein. Seit 1. 1. 1977 verfügt er über eine spezielle Rechtsgrundlage in Gestalt des *Strafvollzugsgesetzes* (StVollzG). Dem StVollzG ist eine lange Diskussion – namentlich über Vollzugskonzepte – vorausgegangen. Auseinandersetzungen über die inhaltliche Gestaltung des Vollzugs und die Finanzierung der Kosten erschwerten das Zustandekommen eines Gesetzes. Zuletzt bestand zwar Einigkeit über die Zielvorstellungen (Resozialisierungs- oder Behandlungsvollzug), jedoch nicht über die Mittel und Wege zur Verwirklichung (z. B. Kommissionsentwurf 1971, Regierungsentwurf 1972, Alternativentwurf 1973). Was sich schließlich in Gestalt des StVollzG herauskristallisierte, stellt letztlich einen Kompromiß zwischen jenen unterschiedlichen Auffassungen dar, der freilich durch weitgehende Suspendierungen und Übergangsregelungen (§§ 198 f.) die erheblichen Kostenfolgen für die Länderhaushalte abzuschwächen sucht (MÜLLER-DIETZ

1979, 1986). Während die materiellrechtlichen Voraussetzungen für die Verhängung von Kriminalsanktionen im StGB, das Verfahren sowie die Zuständigkeit der beteiligten Instanzen (Polizei, Staatsanwaltschaft, Gericht) in StPO und GVG normiert sind, bestimmt das StVollzG, wie der Strafvollzug durchgeführt wird. Es regelt im einzelnen (Rechts-)Stellung und Behandlung des Gefangenen, Aufgabenbereich, Pflichten und Befugnisse der Vollzugsbediensteten und -behörden sowie Organisation des Vollzugs und inneren Aufbau der Vollzugsanstalten (SCHWIND/BLAU 1988; KAISER/KERNER/SCHÖCH 1991). Die *kriminalpolitischen* Zielvorgaben, d. h. die Zwecke und Funktionen des Strafrechts im ganzen, legt das StGB fest. Danach dient das Strafrecht dem Schutz anerkannter Rechtsgüter des einzelnen und der Allgemeinheit. Androhung, Verhängung und Vollziehung kriminalrechtlicher Sanktionen sollen deshalb die Begehung künftiger Straftaten durch Stärkung des Rechtsbewußtseins in der Bevölkerung (Integrations- oder positive Generalprävention) und Allgemeinabschreckung (negative Generalprävention) sowie durch Resozialisierung und Schutz der Allgemeinheit durch sichere Unterbringung (positive und negative Sozialprävention) verhüten helfen (BVerfGE 45, 187). Bei der Bemessung der Strafe muß der Richter daher auch die Folgen berücksichtigen, die von der Vollziehung ausgehen (§ 46 I 2 StGB). An die spezial- oder individualpräventiven Zwecke der Strafe sowie an den Gesichtspunkt der Folgenorientierung knüpfen Zielbestimmung und Aufgabenbereich des Strafvollzugs an. So legt § 2 StVollzG vorrangig die Resozialisierung als Vollzugsziel fest und erwähnt in zweiter Linie daneben noch die Sicherungsfunktion. Freilich kehrt das Gesetz seinerseits diese Rangfolge in seinen Detailregelungen durch Vorbehalte zugunsten der allgemeinen und der Anstaltssicherheit wieder um (MÜLLER-DIETZ 1990 a). Ferner läßt die Vollzugspraxis auch – jedenfalls bei Gefangenen mit langen Strafen – in bestimmte, „außenwirksame" Vollzugsentscheidungen (z. B. über Hafturlaub) Gesichtspunkte der Schuldschwere und des Schuldausgleichs einfließen; dies ist aber angesichts des eindeutigen Wortlauts des Gesetzes, das solche Einschränkungsgründe nicht kennt, umstritten (BUSCH/KRÄMER 1988; SCHWIND u. a. 1988); die h. M. lehnt die Berücksichtigung allgemeiner Strafzwecke – wie des Schuldausgleichs und der Generalprävention – im Rahmen der Vollzugsgestaltung aus sachlichen Gründen und wegen der gesetzlichen Regelung ab (BERTRAM u. a. 1990; MITSCH 1990; CALLIESS/MÜLLER-DIETZ 1991; KAISER/KERNER/SCHÖCH 1991; vermittelnd FREIMUND 1990; SCHWIND/BÖHM 1991).

Für die grundsätzliche Orientierung des Strafvollzugs, namentlich für die Ausgestaltung der Stellung des Gefangenen, enthält darüber hinaus das Grundgesetz (GG) bindende Vorgaben, die vor allem durch die Rechtsprechung des Bundesverfassungsgerichts (BVerfG) konkretisiert wurden. In diesem Sinne stellen verpflichtende Wertentscheidungen des GG vor allem das *Rechtsstaats-* und das *Sozialstaatsprinzip* dar. Aus dem Rechtsstaatsprinzip folgt, daß die Einschränkung der Grundrechte des Gefangenen einer gesetzlichen Grundlage bedarf. Soweit keine vorhanden ist, bleiben auch dem Gefangenen die Grundrechte ungeschmälert erhalten. Einschränkungen sind nur zur Erreichung eines von der Wertordnung des GG gedeckten gemeinschaftsbezogenen Zwecks zulässig. Sie dürfen auf keinen Fall in den Kernbereich des Grundrechts eingreifen (Art. 19

II GG) (CALLIESS/MÜLLER-DIETZ 1991; KAISER/KERNER/SCHÖCH 1991). Eine ganze Reihe von Grundrechten dürfen (gesetzlich) nicht eingeschränkt werden; Beispiele dafür bilden die Garantie der Menschenwürde (Art. 1 I), das Recht auf Leben (Art. 2 II 1), das Recht auf Gleichbehandlung (Art. 3), die Glaubens-, Gewissens- und Bekenntnisfreiheit (Art. 4 GG) sowie das Petitionsrecht (Art. 17). Das Rechtsstaatsprinzip gewährleistet also Rechte und begrenzt verfassungsrechtlich an sich zulässige staatliche Eingriffe in Rechte. Demgegenüber hat das Sozialstaatsprinzip in erster Linie Bedeutung für den Bereich der Leistungsverwaltung, d. h. jenen Sektor staatlicher Tätigkeit, in dem es vornehmlich um die Gewährung von sozialen Leistungen an den hilfebedürftigen Bürger geht. In diesem Sinne leitet das BVerfG aus der Menschenwürde und dem Sozialstaatsprinzip die Pflicht des Staates (und damit der Vollzugsbehörden und -bediensteten) ab, die zur sozialen Eingliederung erforderlichen Hilfen zu leisten. „Dem Gefangenen sollen Fähigkeit und Willen zu verantwortlicher Lebensführung vermittelt werden, er soll es lernen, sich unter den Bedingungen einer freien Gesellschaft ohne Rechtsbruch zu behaupten, ihre Chancen wahrzunehmen und ihre Risiken zu bestehen" (BVerfGE 35, 235). „Von der Gemeinschaft aus betrachtet verlangt das Sozialstaatsprinzip staatliche Vor- und Fürsorge für Gruppen der Gesellschaft, die aufgrund persönlicher Schwäche oder Schuld, Unfähigkeit oder gesellschaftlicher Benachteiligung in ihrer persönlichen und sozialen Entfaltung behindert sind; dazu gehören auch die Gefangenen und Entlassenen" (BVerfGE 35, 236). Praktische Konsequenzen ergeben sich daraus sowohl für die rechtliche Ausgestaltung der Hilfe- und Leistungsangebote des Strafvollzug selbst als auch für deren inhaltliche Verknüpfung mit den Förderungsmöglichkeiten des Rechts der (beruflichen) Bildung sowie den Leistungen des Sozialrechts. Das spricht für die Einbeziehung des Gefangenen in das allgemeine System der (beruflichen) Bildung und in das System der sozialen Sicherung (Sozialversicherungsrecht). Freilich hat der Gesetzgeber aus Kostengründen an jenem Konzept erhebliche Abstriche vorgenommen. Indessen ergeben sich dem BVerfG zufolge aus dem Sozialstaatsprinzip nicht nur Leistungspflichten des Staates, vor allem der Vollzugsbehörden. Vielmehr können danach auch grundrechtsbeschränkende Maßnahmen gerechtfertigt werden, die erforderlich sind, um eine spätere straffreie Lebensführung des Gefangenen zu fördern (BVerfGE 40, 285). Auswirkungen werden etwa in der Abwehr negativer, entsozialisierender Einflüsse auf den Gefangenen beim Kontakt mit der Außenwelt sichtbar. Neben solchen verfassungsrechtlichen Bindungen sind auch verwaltungsrechtliche und verwaltungsprozessuale Grundsätze für das Strafvollzugsrecht bedeutsam. Dies gilt etwa für die Lehre vom Verwaltungsakt sowie für die Regeln der Verwaltungsorganisation und des (verwaltungs-)gerichtlichen Rechtsschutzes (*Gesellschaft für Rechtspolitik* 1986; MÜLLER-DIETZ 1986; CALLIESS/MÜLLER-DIETZ 1991). Dementsprechend muß sich das Handeln der Vollzugsbehörden an den rechtsstaatlichen Prinzipien orientieren, die für den Erlaß, den Widerruf und die Rücknahme begünstigender (§ 14 II StVollzG) und belastender Verwaltungsakte gelten. In Zusammenhang damit stehen die Regeln, die für den gerichtlichen Rechtsschutz des Gefangenen, d. h. für seine rechtlichen Möglichkeiten vor Gericht maßgebend sind, sich gegen belastende Vollzugsmaßnahmen zur Wehr zu setzen oder Rechte durchzusetzen (§§ 109 ff. StVollzG) (KÖSLING 1991). Praktische Bedeutung für Vollzugsanstalten haben Erkenntnisse der Verwaltungslehre vor allem im Hinblick auf den Aufbau und das Funktionieren von Verwaltungsinstitutionen (Organisationssoziologie). Damit wird zugleich deutlich, daß empirische Erfahrungen – etwa die Entdeckung und Klärung bestimmter sozialer und struktureller Gesetzmäßigkeiten – für die Gestaltung, Interpretation und Handhabung des Strafvollzugsrechts relevant sind (oder im Einzelfall werden können).

Das *Strafvollzugsrecht* ist in der Hauptsache im StVollzG geregelt. Freilich gilt das StVollzG nicht für alle freiheitsentziehenden Kriminalsanktionen. Es normiert den Vollzug der Freiheitsstrafe an Erwachsenen sowie derjenigen freiheitsentziehenden Maßregeln, die in Justizvollzugsanstalten, d. h. der Justizverwaltung unterstehenden Einrichtungen (§ 139), vollstreckt werden (§ 1). Zu diesen Einrichtungen gehören die Strafanstalten, Untersuchungshaftanstalten und Sicherungsverwahrungsanstalten. Demgegenüber richtet sich der Vollzug der Unterbringung im psychiatrischen Krankenhaus (§ 63 StGB, § 136 StVollzG) und in der Entziehungsanstalt (§ 64 StGB, § 137 StVollzG) im wesentlichen nach Landesrecht. Dieses regelt die (Rechts-)Stellung und spezifische Behandlung des psychisch kranken und des suchtabhängigen Täters sowie die medizinisch-therapeutische Struktur und Zielsetzung jener Einrichtungen teils in besonderen Maßregelvollzugsgesetzen, teils in eigenen Abschnitten der Gesetze über die öffentliche Unterbringung psychisch Kranker. Insgesamt ist die Materie wenig einheitlich normiert und leidet unter nicht unerheblichen rechtsstaatlichen wie therapeutischen Defiziten (BLAU/KAMMEIER 1984; VOLCKART 1986; WAGNER 1988; BewHi 1990, H. 3, 227 ff.; MÜLLER-DIETZ 1990 a). Ebenso ist der Vollzug der Jugendstrafe, der in Anstalten der Justizverwaltung erfolgt, an anderer Stelle, dem JGG – wenngleich nur fragmentarisch (§ 91) – geregelt. Es legt namentlich die erzieherisch-sozialpädagogische Orientierung des Jugendvollzugs fest. Bemühungen um die Schaffung einer detaillierteren und heutigen jugendpädagogischen Erkenntnissen entsprechenden Rechtsgrundlage sind im Gange (DÜNKEL 1990). Im Rahmen seines Anwendungsbereichs orientiert sich das StVollzG vor allem an Typus und Struktur der Freiheitsstrafe (an Erwachsenen) (§§ 2–126). Zumindest in zahlenmäßiger Hinsicht prägt die Freiheitsstrafe ganz eindeutig das Bild des Strafvollzugs. So bewegen sich die Anteile der einzelnen Gefangenengruppen an der Gesamtbelegung der Anstalten seit Jahren – von Schwankungen abgesehen – in Größenordnungen, die in etwa folgende Verteilung erkennen lassen: ca. 2/3 der Inhaftierten machen Strafgefangene aus, bis zu 25% Untersuchungsgefangene, weniger als 10% entfallen auf den Jugendstrafvollzug, während die Sicherungsverwahrung mit weniger als 0,5% nur einen verschwindend kleinen Anteil stellt (die entsprechenden absoluten Zahlen für den 28. 2. 1990 lauteten nach SCHWIND/BÖHM 1991: 34.051, 12.624, 4.087 und 191). Dementsprechend lehnen sich die Regelungen besonderer Vollzugsarten weitgehend an die für die Freiheitsstrafe geltenden Vorschriften an und weisen nur einige wenige Modifikationen auf. Das gilt etwa für den Strafvollzug an Frauen (§§ 76–80), den Vollzug der Unterbringung in der sozialtherapeutischen Anstalt (§§ 123–126) –

der lediglich im Wege einer Einweisung eines Strafgefangenen durch die Vollzugsbehörde in eine solche Erprobungseinrichtung möglich ist (§ 9) – , den Vollzug der Unterbringung in der Sicherungsverwahrung (§§ 129–135) und den Vollzug des militärischen Strafarrestes, soweit er in Anstalten des Justizvollzugs stattfindet (§§ 167–170).

Die inhaltliche Orientierung des StVollzG am *Vollzugsziel* sozialer (Wieder-)Eingliederung des Täters (im Interesse der Rückfallverhütung) bringt § 2 Satz 1 zum Ausdruck: Danach „soll der Gefangene fähig werden, künftig in sozialer Verantwortung ein Leben ohne Straftaten zu führen". (Re-)Sozialisierende Behandlung soll – im Sinne der Rechtsprechung des BVerfG – zur sozialen Integration des Gefangenen und dadurch zum Schutz der Allgemeinheit vor weiteren Straftaten beitragen. Sie setzt die Fähigkeit und Bereitschaft des Gefangenen zur Mitwirkung voraus, die gegebenenfalls erst einmal entwickelt, jedenfalls aber gefördert werden müssen (§ 4 I). Zugleich schließt das Vollzugsziel der (Re-)Sozialisierung als weitergehende Aufgabe die individualpräventive Sicherungsfunktion ein (CALLIESS/MÜLLER-DIETZ 1991). So theoretisch einleuchtend diese Konzeption auf den ersten Blick erscheinen mag, so birgt sie doch eine Reihe von Problemen, die vornehmlich die Chancen und Möglichkeiten betreffen, in der Zwangssituation des Freiheitsentzugs auf die Insassen verhaltensstabilisierend und -beeinflussend einwirken zu können. Zum einen ist trotz zunehmender Erforschung seiner Auswirkungen (Sanktionsforschung) nach wie vor offen, ob und inwieweit ein behandlungsorientierter Strafvollzug tatsächlich zur sozialen Eingliederung Straffälliger beizutragen vermag. Bisherige Untersuchungsergebnisse haben eher Skepsis und Zweifel an seiner Eignung als Mittel der Rückfallverhütung geweckt (KURY 1986; ORTMANN 1987; SIEVERING 1987; BERTRAM u. a. 1990), wenngleich eine sozialtherapeutische Ausgestaltung und eine stärkere Öffnung einen begrenzten Optimismus rechtfertigen mögen (LÖSEL u. a. 1987; KAISER/KERNER/SCHÖCH 1991). Namentlich der geschlossene Vollzug mit seiner starken Absicherung nach außen (und innen) durch Mauern, Gitter und Zellenabschluß stellt kein günstiges „Trainingsfeld" zur Einübung und Erprobung sozial verantwortlichen Verhaltens dar. Vielmehr begünstigt er die Entstehung gegenläufiger, subkultureller „Überlebenstechniken" und Strategien der Konfliktbewältigung und erschwert damit die soziale Eingliederung. Die vorherrschende Tendenz zur Aufrechterhaltung von Sicherheit und Ordnung drängt im Vollzugsalltag vielfach (re-)sozialisierende Bemühungen zurück und droht gleichsam zum Selbstzweck zu werden (GOFFMAN 1972; HARBORDT 1972). So wird der latente *Konflikt zwischen Resozialisierung auf der einen Seite und Schutz der Allgemeinheit sowie Sicherheit und Ordnung der Anstalt auf der anderen Seite* in der Vollzugswirklichkeit immer wieder zugunsten des Sicherungsaspekts entschieden (→ Rehabilitation, Resozialisierung). Diese Tendenz wird noch dadurch gefördert, daß zahlreiche Vollzugsmaßnahmen, namentlich solche, die Lockerungen (wie Beschäftigung mit und ohne Aufsicht außerhalb der Anstalt = Außenbeschäftigung und Freigang, zeitweiliges Verlassen der Anstalt unter und ohne Aufsicht = Ausführung und Ausgang, § 11 I), regelmäßige Beurlaubung von der Anstalt (§ 13), Aufnahme in den offenen Vollzug (§ 10) sowie sonstige Kontakte mit der Außenwelt

i. w. S. (wie Besuchs- und Schriftverkehr = §§ 23 ff.) betreffen, rechtlich unter dem Vorbehalt des Schutzes der Allgemeinheit (Minimierung von Mißbrauchs- und Fluchtgefahr) bzw. der Wahrung der Anstaltssicherheit und -ordnung stehen. Dem kommt auch die traditionelle Kontrollstruktur der Vollzugsanstalt entgegen, die tendenziell eher auf Überwachung als auf Vertrauen beruht. Dadurch werden Tendenzen der Anpassung gefördert, die für den Gefangenen Gefahren der Hospitalisierung und Infantilisierung bergen. Ebenso wie Kontrollstruktur und hierarchischer Aufbau der Anstalt zu einer weitgehenden faktischen Entmündigung des Gefangenen beitragen, gilt dies auch im Hinblick auf das System der Totalversorgung, das dem Gefangenen Bemühungen um die Befriedigung existentieller Lebensbedürfnisse (Unterbringung, Ernährung, Kleidung usw.) praktisch erspart und damit zugleich eine Anspruchsmentalität provoziert (MÜLLER-DIETZ 1990 a). Bisher scheint es erst punktuell oder in einzelnen Anstalten gelungen zu sein, diese Strukturen durch Ansätze stärkerer Eigenverantwortlichkeit und Mitverantwortung der Gefangenen abzulösen, wie es dem Behandlungskonzept entspricht und durch das StVollzG angestrebt wird (§§ 4 I, 81 I, 160). Wenn auch insoweit ein Gesamtbild vom Vollzug nur schwer zu gewinnen ist und sich Pauschalurteile auf Grund unterschiedlicher regionaler und örtlicher Rahmenbedingungen verbieten, sind Lebenswelt und innere Ausgestaltung der Vollzugsanstalt noch keineswegs von der Tendenz geprägt, die Gefangenen auf individueller Ebene uneingeschränkt an ihrer Behandlung zu beteiligen (§ 4 I) und ihnen auf der kollektiven Ebene ein möglichst umfassendes Mitspracherecht (§ 160; NIX 1990) einzuräumen (CALLIESS/MÜLLER-DIETZ 1991). Manche positiven Entwicklungen auf diesem Gebiet werden indessen auch durch Veränderungen der Insassenstruktur erschwert, die im Zuge der Strafrechtsreform und der Strafzumessungspraxis der Gerichte eingetreten sind. In den Strafvollzug gelangen in zunehmendem Maße Rückfalltäter und Gefangene, die erhebliche Sozialisationsdefizite aufzuweisen haben. Die weitgehende Zurückdrängung der Freiheitsstrafe zugunsten ambulanter Sanktionen hat dazu geführt, daß Freiheitsentzug überwiegend bei Mehrfachtätern und nur zu einem ungleich kleineren Teil bei Tätern stattfindet, die schwere Delikte begangen haben. Dementsprechend rekrutieren sich die Insassen großenteils aus Straffälligen, bei denen in erheblichem Umfange Persönlichkeits- und/oder Entwicklungsstörungen, Mangel an ausreichender schulischer Ausbildung und beruflichen Abschlüssen sowie Unterschichtszugehörigkeit zusammentreffen (MÜLLER-DIETZ 1990 a; SCHWIND/BÖHM 1991). Solche Vorbelastungen wirken sich nicht selten negativ auf die Fähigkeit und Bereitschaft zur Mitarbeit an Trainingsprogrammen und Maßnahmen der sozialen Eingliederung aus. Ohnehin fördert der Zwangscharakter des Strafvollzugs schon seiner Natur nach eine derartige Motivation nicht. Weitere Erschwerungen der (Re-)Sozialisierungsarbeit resultieren aus finanziellen Einschränkungen (als Folge öffentlicher Sparmaßnahmen, die marginalisierte Bereiche wie den Strafvollzug besonders hart treffen), der Verschlechterung des Ausbildungs- und Arbeitsplatzangebots aufgrund der Strukturveränderungen auf dem Arbeitsmarkt sowie der Belastung der Vollzugsanstalten mit besonderen Tätergruppen verschiedener Provenienz wie Drogenabhängigen (Bundesminister für Jugend 1989), ausländischen Gefangenen und – in geringerem Umfange – Wirtschaftsdelinquenten (mit nicht selten günstiger Sozialprognose) sowie terroristischen Gewalttätern (MÜLLER/DIETZ 1990, 1990 a; KAISER/KERNER/SCHÖCH 1991). Gewisse Schwierigkeiten hat auch die Bewältigung der AIDS-Problematik, namentlich die Behandlung HIV-infizierter und AIDS-kranker Gefangener bereitet, wenngleich insoweit – nach einer ersten Phase der Verunsicherung – eine gewisse Konsolidierung eingetreten zu sein scheint (BUSCH/HECKMANN/MARKS 1991; CALLIESS/MÜLLER-DIETZ 1991). Ob die Chancen einer stärkeren Qualifizierung, Differenzierung und Regionalisierung des Vollzugs, die sich nach dem erheblichen Ansteigen der Gefangenenzahlen bis in die 80er Jahre hinein (DÜNKEL/ROSNER 1982) nunmehr auf Grund des Belegungsrückgangs (HESENER/JEHLE 1987; VAN ZYL SMIT/DÜNKEL 1991) zu bieten scheinen, hinreichend genutzt werden (können), ist noch durchaus offen. Immerhin nehmen lange Freiheitsstrafen (wieder) zu, liegt die Bundesrepublik – ungeachtet der Problematik solcher Vergleiche – hinsichtlich der Gefangenenrate international nach wie vor eher in der Spitzengruppe (KAISER/KERNER/SCHÖCH 1991). In diesem Kontext spiegelt vor allem die lebenslange Freiheitsstrafe – trotz der Möglichkeit der bedingten Entlassung (§ 57 a StGB) – eine problematische, weil die Resozialisierungsmöglichkeiten beeinträchtigende Rolle (LAUBENTHAL 1987; WEBER/SCHEERER 1988). Zwar ist die neuere Entwicklung des Strafvollzugs durch manche Fortschritte gekennzeichnet: wie etwa Verbesserung der Unterbringung, Vermehrung der Haftplätze (im offenen Vollzug), Erhöhung des Angebots an Ausbildungsplätzen im schulischen und beruflichen Bereich sowie an Möglichkeiten sozialen Trainings (Soziales Training im Strafvollzug 1988) und therapeutischer Maßnahmen, Verbesserung der Beschäftigungsmöglichkeiten für Gefangene und Vermehrung des Personals, nicht zuletzt der Fachdienste (Sozialarbeiter, Psychologen usw.). Jedoch ist sie in manchen Bereichen wieder auf den Stand zu Beginn der Reform zurückgeworfen worden. Das trifft z. B. auf die Unterbringung der Gefangenen, das Angebot an geeigneter, d. h. berufsqualifizierender und arbeitsplatzsichernder Arbeit, aber auch an speziellen Eingliederungshilfen zu. Diese müssen ohnehin schon in starkem Umfang von gesellschaftlichen Kräften, den Trägern der freien Wohlfahrtspflege und ehrenamtlichen Vollzugshelfern (§ 154), geleistet werden (BAUMANN 1980; SCHWIND/BLAU 1988; THEISSEN 1990). Qualifizierte Arbeit, Ausbildungsplätze und Weiterbildungsmöglichkeiten stehen nur für einen Bruchteil der Insassen zur Verfügung. Das Angebot an Gruppenarbeit, sozialem Training und therapeutischen Hilfen ist begrenzt. Freilich sind die Verhältnisse vielfach regional recht verschieden. In ihrer Gesamtheit jedenfalls erschweren jene Umstände die (Re-)Sozialisierungsbemühungen ganz erheblich und tragen auf diese Weise zur kriminologischen und kriminalpolitischen Kritik am Behandlungskonzept wie an der Freiheitsstrafe überhaupt bei (SCHUMANN u. a. 1988; MATHIESEN 1989). Das dürfte bis zu einem gewissen Grade auch für die verschiedentlich diagnostizierte vollzugspolitische Trendwende gelten, die sich im Gefolge freilich divergierender kriminalpolitischer Strömungen entwickelt hat (ROTTHAUS 1987; SCHWIND/STEINHILPER/BÖHM 1988; CALLIESS/MÜLLER-DIETZ 1991). Indessen ist von einer Verschärfung des Vollzugs und einem Abbau seiner auf soziale Eingliederung gerichteten Elemente nach allen vorliegenden kriminologischen Erfahrungen in kriminalpräventiver Hinsicht nichts zu erwarten (KAISER/KERNER/SCHÖCH 1991). Schon eher eröffnen die seit langem diskutierten und teilweise auch praktisch erprobten Alternativen zum Freiheitsentzug weiterführende Perspektiven. Die einschlägigen Reformbestrebungen haben den Ausbau der ambulanten Sanktionen und die Einsicht in die weitgehende Austauschbarkeit von Typen und Mitteln im System sozialer Kontrolle gefördert (→ Verbrechenskontrolle und Verbrechensvorbeugung). Freilich besteht bisher noch kein Konsens darüber, ob und durch welche Maßnahmen der Vollzug der Freiheitsstrafe trotz steigender Kriminalitäts- und Verurteilungsraten noch weiter zurückgedrängt werden kann. Bisher beschränken sich weitergehende Erfahrungen entweder auf einzelne Projekte und Modelle, die als solche den Freiheitsentzug nur in Teilbereichen ersetzen können (wie z. B. gemeinnützige Arbeit, Schadenswiedergutmachung, Konfliktregelung, Täter-Opfer-Ausgleich → Viktimologie, → Diversion; SIEVERING 1987; KAISER 1988), oder sind (wie z. B. Konzepte weitgehender Privatisierung oder Vergesellschaftung sozialer Konfliktlösungen) ihrerseits auf Kritik gestoßen. Teilweise sucht man die kurze Freiheitsstrafe – etwa in Form der Freizeitstrafe nach niederländischem Vorbild (DOLDE/RÖSSNER 1987; DOLDE 1989) – effektiver und sozialer zu gestalten und mit ihr die längere Freiheitsstrafe stärker zurückzudrängen. Aber auch ambulante Sanktionen können einschneidende Eingriffe zur Folge haben, namentlich wenn sie mit einer mehr oder minder intensiven Überwachung der Lebensführung verbunden sind. Verschiedentlich wird im Falle einer Ersetzung der Freiheitsstrafe durch andere Sanktionen die Ausweitung des staatlichen Zugriffs und der Kriminalisierung befürchtet (net widening). Im Ergebnis könnte das dazu führen, daß sich lediglich der Interventionsstil ändert, ohne daß die negativen Auswirkungen für die Betroffenen vermieden würden (SCULL 1980). Insofern ist das Problem der Alternativen bisher weder theoretisch noch praktisch zureichend gelöst. Damit ergibt sich das Dilemma, daß sowohl das Konzept der Behandlung als auch das der Alternativen letztlich kriminalpolitisch nicht überzeugen können. Hieraus folgt freilich keineswegs notwendig, daß die verschiedenenorts (z. B. in den USA) unter dem Vorzeichen des „Neoklassizismus" propagierte Abkehr vom Resozialisierungsideal und die damit einhergehende Hinwendung zu Generalprävention und Abschreckung durch und im Strafvollzug das Mittel der Wahl wäre. Vielmehr kann daraus auch das Bedürfnis für eine „Kriminalpolitik der kleinen (realistischen) Schritte" abgeleitet werden. Sie könnte in etwa darin bestehen, überall dort auf Freiheitsstrafe zu verzichten, wo sie kriminalpolitisch entbehrlich erscheint, und im übrigen, im noch verbleibenden Bereich eine Verbesserung der Lebensbedingungen und Sozialisationschancen der Straffälligen anzustreben (CALLIESS/MÜLLER-DIETZ 1991; KAISER/KERNER/SCHÖCH 1991). In diese Richtung weisen in etwa Konzepte, die sich – schlagwortartig – mit den Begriffen „Angebots-" und „Chancenvollzug" umreißen lassen (KUNZ 1989 a; BERTRAM u. a. 1990). Rechtliche Ansätze und Instrumente hierzu hält das StVollzG bereit. Dazu gehören grundsätzliche Vorgaben, welche die Vollzugsgestaltung und den Vollzugsablauf betreffen, Maßnahmen, die der sozialen Eingliederung dienen, sowie organisatorische und personelle Rahmenbedingungen der Vollzugsanstalt.

Mit den *Grundsätzen der Angleichung, Gegensteuerung und Integration* zieht das StVollzG Konsequenzen aus dem Vollzugsziel (§ 3). Möglichst weitgehende Angleichung an die Lebensverhältnisse in Freiheit soll Erprobungs- und Bewährungsbedingungen im Vollzug schaffen helfen, welche die Einübung sozial verantwortlichen Lebens ermöglichen. Dementsprechend müssen Eigen- und Mitverantwortung und sozial konstruktive Beziehungen des Gefangenen zur Außenwelt gefördert, Rechtsbeschränkungen und Reglementierungen auf das aus Gründen der Sicherheit und des Zusammenlebens unerläßliche Maß reduziert werden (CALLIESS/MÜLLER-DIETZ 1991). Hieraus folgt das Gebot möglichst weitgehender „Öffnung des Vollzugs" (DÜNKEL 1982; KAISER/KERNER/SCHÖCH 1991). Eine Konsequenz besteht etwa darin, daß offener Vollzug (§ 10) zur Regelvollzugsform wird (CALLIESS/MÜLLER-DIETZ 1991). Die praktische Erfahrung zeigt, daß vielfach der „Sicherheitsbedarf" der Allgemeinheit und der Vollzugsanstalten überschätzt wird. Auch das StVollzG mißt etwa besonderen Sicherungsmaßnahmen (§ 88), der Anwendung unmittelbaren Zwangs, d. h. körperlicher Gewalt, zum Schutz von Personen und Sachen (§§ 94 ff.) sowie den Disziplinarmaßnahmen, die der Ahndung schuldhafter Pflichtwidrigkeiten dienen (§§ 102 ff.), erhebliches Gewicht bei. Dabei lehrt die praktische Erfahrung, daß sich manche Probleme in jenem Sektor durch Öffnung der Anstalt zum sozialen Umfeld hin, Schaffung lebensnaher Rahmenbedingungen und ein entsprechendes Anstaltsklima entschärfen lassen. Ernstliche Gefahren für die öffentliche Sicherheit gehen in aller Regel nur von einer Minderheit aggressiver oder planmäßig vorgehender Gewalttäter aus, da die Mehrheit der Insassen aus Eigentums- und Vermögenstätern besteht. In jene Richtung weisen auch die bisherigen Erfahrungen mit dem sog. Regelurlaub, der allerdings nur einem Teil der Gefangenen zugutekommt (BÖHM/SCHÄFER 1989; FREIMUND 1990). So bilden Sicherungsaufgabe des Vollzugs und Funktionsfähigkeit der Anstalt äußerste Grenzen für die Verwirklichung des Angleichungsgrundsatzes, die lediglich bei bestimmten Tätergruppen und Insassen relevant werden. Durch die praktische Verwirklichung des Gegensteuerungsgrundsatzes soll nach Möglichkeit Gefahren für die Persönlichkeitsentwicklung vorgebeugt werden, die dem Freiheitsentzug gleichsam immanent sind. So soll verhindert werden, daß anstelle des angestrebten Sozialisationsprozesses unerwünschte Hospitalisierungs- und Prisonisierungsprozesse ablaufen, welche die Gewöhnung an das Anstaltsleben und die Subkultur der Anstalt fördern (CALLIESS/MÜLLER-DIETZ 1991; → Prisonisierung). Ein Mittel dazu stellt eine differenzierende und individualisierende Behandlung auf der Grundlage überschaubarer Wohngruppen dar (§ 143). Freilich darf man nicht übersehen, daß der Wohngruppenvollzug bei unzureichender sozialpädagogischer Begleitung und unzulänglicher personeller Ausstattung der Anstalt gleichfalls ins subkulturelle Milieu und in kriminogene Strukturen abgleiten kann (SCHULTE-ALTEDORNEBURG/STÄWEN 1990). Der Integrationsgrundsatz gebietet es, die Behandlungsangebote und Eingliederungshilfen auf den einzelnen Gefangenen, dessen Defizite und Bedürfnisse abzustellen. Voraussetzung hierfür bildet die Erforschung der Persönlichkeit und des sozialen Umfeldes des Gefangenen (§ 6). Auf der Grundlage dieser Kenntnisse haben dann die für die Behandlung verantwortlichen Vollzugsbediensteten – namentlich die Fachkräfte (Psychologen, Sozialarbeiter usw.) – den Vollzugsplan zu entwickeln, der die Maßnahmen zur Behandlung des einzelnen Gefangenen ausweist: Sie umfassen etwa die Unterbringung im offenen oder geschlossenen Vollzug, die Gewährung von Vollzugslockerungen, die Zuweisung zu Wohn- und Behandlungsgruppen, die Teilnahme an Maßnahmen der schulischen und beruflichen Bildung sowie an besonderen Hilfs- und Behandlungsmaßnahmen, die Art der Beschäftigung, spezielle Eingliederungshilfen (§ 7). Insgesamt sollen diese Maßnahmen, die inhaltlich aufeinander abzustimmen sind, einen sozialen Lernprozeß in Gang setzen und halten, dem Insassen zur erforderlichen sozialen Handlungskompetenz verhelfen, um dadurch seine gesellschaftliche Eingliederung zu ermöglichen. Deshalb muß der Vollzugsplan, der gleichsam einen offenen und variablen Rahmen für die Behandlung des Gefangenen bildet, jeweils dessen Persönlichkeitsentwicklung und den Veränderungen im sozialen Umfeld angepaßt werden. Diese Flexibilität gilt sowohl für Art als auch Gewichtung der jeweils zu treffenden Maßnahmen. Insofern ist das frühere Konzept, das einseitig die „Erziehung" des Gefangenen zu Arbeit und Disziplin in den Mittelpunkt rückte, kriminologisch überholt. Vielmehr steht der kompensatorische Ausgleich jener Defizite im Vordergrund, die den Betroffenen immer wieder in Dissozialisations- und Kriminalisierungsprozesse verstrickt hat, die aber auch durch den Freiheitsentzug selbst geschaffen werden. Dabei muß freilich berücksichtigt werden, daß eine bloße Individualisierung der Probleme in der Person des Insassen notwendig jene Bedingungsfaktoren außer acht läßt, die im sozialen Umfeld wurzeln. Insofern greift ein Behandlungskonzept, das ausschließlich am Gefangenen ansetzt, zu kurz. Auch deshalb muß der Vollzug die sozialen Kontakte des Gefangenen (§ 23) sowie die Beziehungen des Gefangenen zu Bezugspersonen, die ihm nach der Entlassung behilflich sein können (§ 74), zu fördern und zu stabilisieren suchen. Beispiele für solche Bestrebungen stellen etwa gemeinsame Ehe- und Familienseminare, eine offenere, konstruktive Gestaltung des Besuchsverkehrs (z. B. unüberwachte Langzeitbesuche; STÖCKLE-NIKLAS 1989) sowie Sozialarbeit mit Angehörigen dar. Dabei spielt eine wesentliche Rolle, daß Angehörige durch den Freiheitsentzug vielfach gleichfalls in einschneidender Weise betroffen sind (BUSCH/FÜLBIER/MEYER 1987; MEYER 1990). Ebenso wie der Vollzug Benachteiligungen und Störungen im familiären Bereich und sonstigen Umfeld angehen muß, hat er sich um eine Bereinigung der meist überaus schlechten ökonomischen Situation des Gefangenen zu bemühen (§ 73). Viele Gefangene sind aufgrund von Wiedergutmachungs- und sonstigen Verpflichtungen (z. B. Unterhaltspflichten) hoch verschuldet (SALMAN 1986; FREYTAG 1989). Die Haftzeit bietet indessen kaum Möglichkeiten, einen Schuldenberg abzutragen. Ungeachtet der Zielsetzung, die Stellung des Gefangenen möglichst weitgehend der des freien Arbeitnehmers anzugleichen, beläuft sich das Arbeitsentgelt nach wie vor nur auf einen Bruchteil des normalen Arbeitslohns (§§ 43, 200). Darüber hinaus kann der Vollzug aufgrund der allgemeinen Wirschaftslage und Arbeitsmarktsituation viele Gefangene nicht mehr (sinnvoll, namentlich arbeitsmarktgerecht und produktiv) beschäftigen. Das zwingt immer wieder dazu, Schuldentilgungspläne mit den Gläubigern auszuhandeln, um eine angemessene ratenweise Begleichung der Verpflichtungen nach der Entlasssung, gegebenenfalls auch einen teilweisen Verzicht auf Forderungen zu erreichen (FREYTAG 1989). Überhaupt muß die Haftzeit von Beginn an genutzt werden, um die persönlichen, familiären und wirtschaftlichen Verhältnisse des Gefangenen zu ordnen (§§ 71, 72). Die auf Personalmangel zurückgehende Praxis, manche dieser Hilfen erste in der letzten Phase des Vollzugs zu gewähren, erschwert erfahrungsgemäß die Eingliederung. Wie notwendig aber eine ebenso rechtzeitige wie sorgfältige Vorbereitung auf das Leben in Freiheit ist, erhellt aus dem Umstand, daß die Rückfallgefahr in den ersten sechs Monaten nach der Entlassung am höchsten ist. Insofern sind die vom StVollzG für die letzte Phase der Haftzeit vorgesehenen Eingliederungshilfen – wie z. B. die Aufnahme in den offenen Vollzug, die Gewährung von Vollzugslockerungen und Sonderurlaub (§ 15), die Anknüpfung von Kontakten mit Bezugspersonen des Gefangenen (§ 74 Satz 3) – lediglich als Teilstücke eines früher einsetzenden und umfassenderen Resozialisierungsprozesses zu verstehen (die überdies vor allem solchen Gefangenen zugutekommen sollen, denen aus Sicherheitsgründen vorher keine Lockerungen eingeräumt werden konnten) (KAISER/KERNER/SCHÖCH 1991; WALTER 1991).

Aufbau des Strafvollzugs (in den Ländern) sowie *Organisations- und Personalstruktur der Vollzugsanstalten* selbst müssen die äußeren Rahmenbedingungen für derartige Prozesse liefern. Daraus folgt die Notwendigkeit eines differenzierten Vollzugs, der durch verschiedene Anstalten (und Abteilungen) der Vielfalt bestehender Behandlungserfordernisse und -bedürfnisse Rechnung zu tragen sucht. Dabei geht es nicht allein – und nicht einmal so sehr – um eine Trennung der Gefangenen nach äußeren (und z. T. formalen) Merkmalen wie Geschlecht (Frauen und Männer = § 140) und Vollzugsart (Freiheitsstrafe und freiheitsentziehende Maßregeln) sowie um die Unterscheidung von offenen und geschlossenen Anstalten (§ 141); vielfach ist die Trennung nach Geschlechtern – wie die Möglichkeit der Durchbrechung dieses Grundsatzes durch § 140 II 2 selbst andeutungsweise zu erkennen gibt – für die soziale Integration sogar kontraproduktiv (STÖCKLE-NIKLAS 1989). Vielmehr knüpft der Gedanke der Differenzierung gerade an inhaltliche Kriterien an, die auf die Bildung von Schwerpunkten in den Bereichen der Behandlung, des sozialen Trainings und der Sozialtherapie zielen. Einrichtungen dieser Art stellen etwa pädagogische Zentren für schulische Bildung, Schwerpunktanstalten für berufliche Förderung sowie die sozialtherapeutischen Erprobungsanstalten dar. Vielfach sind sie auf Kooperation mit anderen staatlichen Institutionen und gesellschaftlichen Kräften sowie auf deren finanzielle Unterstützung angewiesen. Dies trifft z. B. auf die Schwerpunktanstalten für berufliche Förderung zu, die mit der Bundesanstalt für Arbeit, dem DGB und den örtlichen Handwerkskammern zusammenarbeiten (KAISER/KERNER/SCHÖCH 1991). Jedoch müssen auch die sonstigen Anstalten einem Mindeststandard an Behandlungsmöglichkeiten sowie an Angeboten beruflicher und sozialer Eingliederung genügen. Daran haben sich Größe, bauliche Gestaltung, Organisationsstruktur und personelle Ausstattung zu orientieren. Freilich enthält das StVollzG insoweit nur einige wenige Grundsätze. Eine bestimmte Größenordnung schreibt es nur für sozialtherapeutische und Frauenanstalten vor; sie dürfen aus Gründen individualisierender Behandlung nicht mehr als 200 Haftplätze umfassen (§ 143 III). Praktische Bedeutung hat diese Obergrenze für Frauenanstalten wegen der relativ geringen Zahl weiblicher Inhaftierter nicht. Vielmehr sind gerade deshalb jene Einrichtungen von ihren personellen und institutionellen Voraussetzungen zur gebotenen differenzierenden Behandlung nicht in der Lage, obgleich die Insassenstruktur spezifische und intensive Möglichkeiten sozialer Betreuung erforderte (EINSELE/ROTHE 1982). Dies gilt auch – aber keineswegs nur – im Hinblick auf Anstalten mit Mutter-Kind-Einrichtungen i. S. des § 80 (BIRTSCH/ROSENKRANZ 1988). Das Gebot, Vollzugsanstalten in einer Weise zu gestalten, die „eine auf die Bedürfnisse des einzelnen abgestellte Behandlung gewährleistet" (§ 143 I), trifft zwar die Sache, ist aber überaus allgemein und bedarf daher inhaltlicher Konkretisierung. Dem kommt etwa der Grundsatz des Abteilungs- und Wohngruppenvollzugs entgegen, der die Gliederung der Vollzugsanstalt in überschaubare Einheiten und die Zuweisung ständiger Abteilungs- und Gruppenbeamter ermöglicht (§ 142 II). Auch in baulicher Hinsicht ist das StVollzG recht zurückhaltend. Immerhin schreibt es vor, daß jede Anstalt über genügend Haftraum für die Einzelunterbringung der Gefangenen während der Ruhezeit (§ 18), über eine ausreichende Zahl von Plätzen für Arbeit, Ausbildung, Weiterbildung sowie von geeigneten Räumen für Seelsorge, Freizeit, Sport, therapeutische Maßnahmen und Besuche verfügen muß (§ 144). Indessen haben diese Grundsätze aufgrund der zeitweiligen Überbelegung, von Sparmaßnahmen, aber auch stärkerer Akzentuierung von Sicherheitsvorkehrungen manche Abstriche erfahren. Darüber hinaus hat das StVollzG selbst die meist älteren Anstalten durch Übergangsregelungen von jenen Verpflichtungen teilweise freigestellt (§ 201). Ebenso sind die Aussagen des StVollzG zur Kommunikations- und Entscheidungsstruktur, die wesentliche Vorgaben für die Art der Behandlung und der Lebensbedingungen in der Vollzugsanstalt liefert, überaus mager. Allerdings deutet es durch einige Regelungen an, welchen organisatorischen und personellen Rahmen das Behandlungskonzept voraussetzt. Dazu gehören etwa die Verpflichtung aller im Vollzug Tätigen zur Zusammenarbeit (§ 154), die Einbeziehung sämtlicher „externer", an der Eingliederung beteiligten Stellen und Personen in diese Kooperation (SALMAN 1986; THEISSEN 1990), die kollegiale Beratung wichtiger Vollzugsentscheidungen, einschließlich des Vollzugsplans, im Rahmen der (Behandlungs-)Konferenz (§ 159) und die kollektive Mitarbeit der Insassen an den sie betreffenden Angelegenheiten in Gestalt der Gefangenenmitverantwortung (§ 160). Seiner Natur nach setzt Behandlungsvollzug ja gerade Mitwirkung und Mitverantwortung der Vollzugsbediensteten und der Gefangenen voraus. Der Gesetzgeber hat sich jedoch – anders als der AE-StVollzG – nicht dazu entschließen können, den allein und allzuständigen Anstaltsleiter (§ 156 II) durch kollegiale Gremien – auf allen Ebenen der Anstaltsgliederung – zu ersetzen. Maßgebend dafür war der Mangel an einschlägiger Erfahrung mit solchen Entscheidungsstrukturen. Dementsprechend hält das StVollzG am Prinzip der monokratischen Leitung der Anstalt durch den Anstaltsleiter fest; er trägt grundsätzlich die Verantwortung für alle zu treffenden Entscheidungen, obgleich er durch die Vielzahl der Aufgaben nicht selten faktisch überfordert ist (SCHWIND/BLAU 1988). Freilich eröffnet es die Delegation einzelner Verantwortungsbereiche auf Mitarbeiter (§ 156 II). Dies ermöglicht es etwa, der Behandlungskonferenz wichtige Entscheidungsbefugnisse – wie z. B. die Aufstellung des Vollzugsplans – zu übertragen. Die Fülle der in einer Anstalt anfallenden Aufgaben erfordert eine nach Zahl und Fachlichkeit hinreichende personelle Ausstattung. So sind neben den Funktionen der Behandlung und Sicherung eine ganze Reihe von Versorgungsaufgaben zu bewältigen. Das StVollzG geht – im Sinne der traditionellen Vollzugskonzeption – davon aus, daß die Bekleidung (§ 20), Verpflegung (§ 21) und ärztliche Versorgung der Gefangenen (§§ 56 ff.) Sache der Anstalt ist. Der Gefangene hat nur die Möglichkeit, einen Teil seines Verdienstes für den Einkauf von (Zusatz-)Nahrungsmitteln und Genußmitteln zu verwenden (§ 22). Freilich enthält das StVollzG in personeller Hinsicht gleichfalls nur Rahmenregelungen (§ 155). Vornehmlich für Sicherungs-, aber auch für Behandlungsaufgaben ist die zahlenmäßig größte Gruppe, der allgemeine Vollzugsdienst, zuständig. Die Anleitung und Überwachung der Gefangenen bei der Arbeit sowie die praktische Ausbildung obliegen dem Werkdienst. Andministrative Funktionen hat der Verwaltungsdienst wahrzunehmen. Unter dem Vorzeichen des Behandlungskonzepts haben die sog. Fachdienste, zu denen namentlich Ärzte, Psychologen, Seelsorger, Pädagogen und Sozialarbeiter zählen, erheblich an Bedeutung gewonnen (KAISER/KERNER/SCHÖCH 1991). Während die Aufgabenbereiche der Ärzte (§ 158: Gesundheitsfürsorge) und Seelsorger (§ 157) schon von ihrem Beruf her relativ klar umrissen sind, treffen bei den übrigen Fachdiensten recht unterschiedliche Funktionen zusammen. Hier können allenfalls Schwerpunkte gebildet, aber schwerlich exakte Grenzen gezogen werden. Der Sozialdienst hat i. w. S. Sozialarbeit zu leisten; er ist deshalb maßgeblich an der Entlassungsvorbereitung beteiligt. Pädagogen sind vorrangig mit Aufgaben der schulischen und beruflichen Ausbildung sowie der Weiterbildung im allgemeinen befaßt. Dem psychologischen Dienst obliegen Persönlichkeitsbeurteilungen, Begutachtungen sowie therapeutische Funktionen. Verschiedene Fachkräfte müssen darüber hinaus noch die Aufgaben des kriminologischen Dienstes wahrnehmen, der in Zusammenarbeit mit wissenschaftlichen Institutionen die Methoden des Behandlungsvollzugs fortentwickeln und seine Ergebnisse der Strafrechtspflege nutzbar machen soll (§ 166). Jedoch haben personelle und finanzielle Engpässe insoweit mehr als bescheidene Ansätze nicht ermöglicht. Insgesamt haben die überaus kargen gesetzlichen Regelungen ebenso wie das der Vollzugsanstalt immanente Spannungsverhältnis zwischen Behandlung und Sicherheit, aber auch die Überlastung etlicher Mitarbeiter zu Rollenunsicherheit und -konflikten beigetragen, die vor allem die Resozialisierungsbemühungen erschweren (MOLITOR 1989). Zwar werden die Vollzugsbediensteten in nicht unerheblichem Umfange durch gesellschaftliche Kräfte – etwa Resozialisierungsgruppen, ehrenamtliche Helfer und die freie Straffälligenhilfe – unterstützt. Jedoch leidet die praktische Arbeit nach wie vor unter Kooperations- und Kommunikationsmängeln sowie der Zersplitterung der Hilfsangebote (BAUMANN 1980; SALMAN 1986; KAISER/KERNER/SCHÖCH 1991). Dies gilt etwa für den Bereich der Entlassenenhilfe, der weitgehend in der Hand von freien Trägern liegt. Vor allem hier ist der Vollzug auf die Unterstützung durch „Externe" angewiesen (THEISSEN 1990). Gerade in der

Entlassungs- und Eingliederungsphase zeigt sich, in welchem Maße Resozialisierung ein gesellschaftlicher Prozeß ist, also der Mitwirkung Dritter innerhalb des sozialen Umfeldes bedarf. Nicht selten wird dieser Prozeß durch Vorurteile und Distanzierung beeinträchtigt; dabei ist nicht zuletzt von Bedeutung, daß die Einstellung der Öffentlichkeit gegenüber dem Straffälligen, dem Resozialisierungsgedanken und dem Strafvollzug keine konstante Größe bildet, sondern zuweilen recht einschneidenden Wandlungen unterliegt (SCHWIND u. a. 1988). Wohl ist die Öffentlichkeit im Strafvollzug durch Anstaltsbeiräte, die an der Vollzugsgestaltung und Betreuung der Gefangenen mitwirken und gewisse Kontrollfunktionen ausüben (§§ 162 ff.), repräsentiert; doch stellt diese Einrichtung kein ausreichendes Äquivalent für den Mangel an gesellschaftlichem Engagement dar. Solange der Straffällige als Person und der Strafvollzug als – vorerst wohl nicht verzichtbare – Institution ein Außenseiterdasein fristen, werden auch die notwendigen Mittel und Kräfte für Resozialisierungsbemühungen fehlen. Deshalb gilt es, in der Öffentlichkeit das Bewußtsein dafür zu wecken und wachzuhalten, daß soziale Eingliederung ohne die Mitwirkung der Gesellschaft nicht gelingen kann. Das setzt eine sachliche und realistische Unterrichtung der – meist mit der Situation des Vollzugs und des Straffälligen nicht vertrauten – Allgemeinheit über die Lebenswirklichkeit der Haft sowie über die Chancen und Risiken einer Kriminalitätskontrolle durch Freiheitsentzug voraus.

Baumann, H., Die Entlassenenhilfe in der Bundesrepublik Deutschland. Situation, Probleme, Perspektiven, Bochum 1980; *Baumann, J.* u. a., Alternativentwurf eines Strafvollzugsgesetzes, Tübingen 1973; *Bemmann, G., Manoledakis, J.* (Hrsg.), Probleme des staatlichen Strafens unter besonderer Berücksichtigung des Strafvollzugs. Deutsch-Griechisches Symposium Komotini 1989, Baden-Baden 1989; *Bertram, C.* u. a., Alternativ-Kommentar zum Strafvollzugsgesetz, 3. Aufl., Neuwied 1990; *Birtsch, V., Rosenkranz, J.* (Hrsg.), Mütter und Kinder im Gefängnis. Orientierungen und Ergebnisse zum Frauenstrafvollzug und zu Mutter-Kind-Einrichtungen im Strafvollzug, Weinheim u. München 1988; *Blau, G., Kammeier, H.* (Hrsg.), Straftäter in der Psychiatrie. Situation und Tendenzen des Maßregelvollzuges, Stuttgart 1984; *Böhm, A., Schäfer, K.H.* (Hrsg.), Vollzugslockerungen im Spannungsfeld unterschiedlicher Instanzen und Interessen, 2. Aufl., Wiesbaden 1989; *Busch, M., Fülbier, P., Meyer, F.-W.*, Zur Situation der Frauen Inhaftierter, Stuttgart 1987; *Busch, M., Heckmann, W., Marks, E.* (Hrsg.), HIV/AIDS und Straffälligkeit. Eine Herausforderung für Strafrechtspflege und Straffälligenhilfe, Bonn 1991; *Busch, M., Krämer, E.* (Hrsg.), Strafvollzug und Schuldproblematik, Pfaffenweiler 1988; *Calliess, R.-P., Müller-Dietz, H.*, Strafvollzugsgesetz. Kurzkommentar, 5. Aufl., München 1991; *Dolde, G.*, Vollzug der kurzen Freiheitsstrafe ohne soziale Desintegration: Verlauf und Erfolg des „Kurzstrafenprogramms" in Baden-Württemberg, in: Strafrechtspraxis und Kriminologie. Festg. f. H. Göppinger zum 70. Geburtstag, Bonn 1989, S. 163–188; *Dolde, G., Rössner, D.*, Auf dem Weg zu einer neuen Sanktion: Vollzug der Freiheitsstrafe als Freizeitstrafe, ZStW 99 (1987), S. 424–451; *Dünkel, F.*, Die Öffnung des Vollzugs – Anspruch und Wirklichkeit, ZStW 94 (1982), S. 669–710; *Dünkel, F.*, Freiheitsentzug für junge Rechtsbrecher. Situation und Reform von Jugendstrafe, Jugendstrafvollzug, Jugendarrest und Untersuchungshaft in der Bundesrepublik Deutschland und im internationalen Vergleich, Bonn 1990; *Dünkel, F., Rosner, A.*, Die Entwicklung des Strafvollzugs in der Bundesrepublik Deutschland seit 1970 – Materialien und Analysen –, 2. Aufl., Freiburg 1982; *Einsele, H., Rothe, G.*, Frauen im Strafvollzug, Reinbek 1982; *Freimund, B.*, Vollzugslockerungen – Ausfluß des Resozialisierungsgedankens? „Begünstigende" Vollzugsmaßnahmen im Lichte des Vollzugsziels der Resozialisierung – eine Studie zur Verteilung der Lockerungen im weiteren Sinne in vier verschiedenen Anstalten anhand zweier Vergleichsgruppen, Frankfurt a. M. 1990; *Freytag, H.*, Entschuldungsprogramme für Straffällige. Eine kriminologisch-empirische Untersuchung unter besonderer Berücksichtigung des hessischen „Resozialisierungsfonds", Bonn 1989; *Gesellschaft für Rechtspolitik Trier* (Hrsg.), Bitburger Gespräche Jahrbuch 1986/2: Strafvollzug heute, München 1986; *Goffman, E.*, Asyle. Über die soziale Situation psychiatrischer Patienten und anderer Insassen, Frankfurt/M. 1972; *Harbordt, S.*, Die Subkultur des Gefängnisses. Eine soziologische Studie zur Resozialisierung, 2. Aufl., Stuttgart 1972; *Hesener, B., Jehle, J.-M.*, Bevölkerungsbewegung und Strafvollzugsbelegung, ZfStrVo 36 (1987),

S. 195–206; *Krebs, A.*, Freiheitsentzug. Entwicklung von Praxis und Theorie seit der Aufklärung, Berlin 1978; *Kunz, K.-L.*, Soziales Lernen ohne Zwang. Ein Programm für den Strafvollzug der Zukunft, ZStW 101 (1989 a), S. 75–102; *Kury, H.*, Die Behandlung Straffälliger. Teilbd. 1: Inhaltliche und methodische Probleme der Behandlungsforschung, Berlin 1986; *Laubenthal, K.*, Lebenslange Freiheitsstrafe. Vollzug und Aussetzung des Strafrestes zur Bewährung, Lübeck 1987; *Lösel, F., Köferl, P., Weber, F.*, Meta-Evaluation der Sozialtherapie. Qualitative und quantitative Analysen zur Behandlungsforschung in sozialtherapeutischen Anstalten des Justizvollzugs, Stuttgart 1987; *Mathiesen, Th.*, Gefängnislogik. Über alte und neue Rechtfertigungsversuche, Bielefeld 1989; *Meyer, F.-W.*, Zwangsgetrennt: Frauen inhaftierter Männer. Zur Lage „vergessener" Mitbetroffener, Pfaffenweiler 1990; *Mitsch, Ch.*, Tatschuld im Strafvollzug, Frankfurt a. M. 1990; *Molitor, A.*, Rollenkonflikte des Personals im Strafvollzug. Eine organisationspsychologische Untersuchung, Heidelberg 1989; *Müller-Dietz, H.*, Grundfragen des strafrechtlichen Sanktionensystems, Heidelberg 1979; *ders.*, Zehn Jahre Strafvollzugsgesetz – Bilanz und Perspektiven –, BewHi 33 (1986), S. 331–360; *ders.*, Entwicklungstendenzen des Strafvollzugs im internationalen Vergleich, ZfStVo 38 (1989), S. 323–333; *ders.*, Grundfragen des heutigen Strafvollzugs, NStZ 10 (1990), S. 305–311; *ders.*, Vollzug freiheitsentziehender Sanktionen unter besonderer Berücksichtigung der Rechtsstellung von Gefangenen und Verwahrten, in: Eser, A., Kaiser, G. (Hrsg.), Deutsch-ungarisches Kolloquium über Strafrecht und Kriminologie. Sanktionensystem, Stellung des Beschuldigten, Strafvollzug, Baden-Baden 1990 a, S. 215–257; *Nix, Ch.*, Die Vereinigungsfreiheit im Strafvollzug, Gießen 1990; *Ortmann, R.*, Resozialisierung im Strafvollzug – Theoretischer Bezugsrahmen und empirische Ergebnisse einer Längsschnittstudie zu den Wirkungen von Strafvollzugsmaßnahmen –, Freiburg 1987; *Rotthaus, K.P.*, Zehn Jahre Strafvollzugsgesetz, NStZ 7 (1987), S. 1–5; *Salman, M.* (Hrsg.), Soziale Arbeit mit Straffälligen. Beiträge aus Theorie und Praxis, Frankfurt/M. 1986; *Schüler-Springorum, H.*, Strafvollzug im Übergang. Studien zum Stand der Vollzugsrechtslehre, Göttingen 1969; *Schulte-Altedorneburg, M., Stäwen, G.* (Hrsg.), … und noch mehr Kontrolle? Strafhaft und Behandlung in Wohngruppen, Hagen 1990; *Schumann, K.F., Steinert, H., Voß, M.* (Hrsg.), Vom Ende des Strafvollzugs. Ein Leitfaden für Abolitionisten, Bielefeld 1988; *Schwind, H.-D., Blau, G.* (Hrsg.), Strafvollzug in der Praxis. Eine Einführung in die Probleme und Realitäten des Strafvollzuges und der Entlassenenhilfe, 2. Aufl., Berlin 1988; *Schwind, H.-D., Böhm, A.* (Hrsg.), Strafvollzugsgesetz. Kommentar, 2. Aufl., Berlin 1991; *Schwind, H.-D., Steinhilper, G., Böhm, A.* (Hrsg.), 10 Jahre Strafvollzugsgesetz. Resozialisierung als alleiniges Vollzugsziel? Heidelberg 1988; *Scull, A.T.*, Die Anstalten öffnen. Decarceration der Irren und Häftlinge, Frankfurt a. M. 1980; *Sievering, U.O.* (Hrsg.), Behandlungsvollzug – Evolutionäre Zwischenstufe oder historische Sackgasse? Problem Strafhaft – Alternative Sanktionen, Frankfurt a. M. 1987; *Stöckle-Niklas, C.*, Das Gefängnis – eine eingeschlechtliche Institution, Bonn 1989; *Theißen, R.*, Ehrenamtliche Mitarbeit im Strafvollzug der Bundesrepublik Deutschland. Eine Untersuchung zu Umfang, Inhalt und Möglichkeiten gesellschaftlicher Mitwirkung am Strafvollzug, Bonn 1990; *Volckart, M.*, Maßregelvollzug. Das Recht des Vollzuges der Unterbringung nach §§ 63, 64 StGB in einem psychiatrischen Krankenhaus und in einer Entziehungsanstalt, 2. Aufl., Neuwied 1986; *Wagner, B.*, Effektiver Rechtsschutz im Maßregelvollzug – § 63 StGB –, Unterbringung im psychiatrischen Krankenhaus, Bonn 1988; *Walter, M.*, Strafvollzug. Lehrbuch, Stuttgart 1991; *Weber, H., Scheerer, S.* (Hrsg.), Leben ohne Lebenslänglich. Gegen die lebenslange Freiheitsstrafe, Bielefeld 1988; *van Zyl Smit, D., Dünkel, F.* (Eds.), Imprisonment Today and Tomorrow. International Perspectives on Prisoners' Rights and Prison Conditions, Deventer 1991.

HEINZ MÜLLER-DIETZ

Strafzumessung. Im weitesten Sinne ist *Strafzumessung* (StrZ) die Entscheidung über die strafrechtlichen Rechtsfolgen einer Straftat durch den Richter. Diese weite Definition entspricht dem internationalen Gebrauch des Ausdrucks „*sentencing*". Die deutsche Strafrechtswissenschaft versteht unter StrZ meist nur die Entscheidung über die *Art der Strafe* (StrZ i. w. S.) und über ihre *Höhe* (StrZ i. e. S.), während die Maßregeln und Nebenfolgen gesondert behandelt werden. Für diese Trennung spricht die gesetzliche Ausgestaltung des strafrechtlichen Sanktionensystems (Zweispurigkeit). Die *Strafen* knüpfen an die schuldhafte Tat an und sind auf der Grundlage der *Schuld* zu bemessen (§ 46 I 1 StGB); dagegen sind die *Maßregeln* der Besserung und Sicherung ausschließlich an der *Gefährlichkeit* des Täters orientiert, während die Nebenfolgen eine eigenartige

Zwischenstellung einnehmen. Aus kriminologischer Sicht ist die Beschränkung der Strafzumessungslehre auf die reine Strafentscheidung bedenklich. Sie kann dazu führen, daß die Wechselwirkung zwischen Strafen und Maßregeln (z. B. bei der Entziehung der Fahrerlaubnis) aus dem Blickfeld gerät; das gleiche gilt für andere Sanktionen wie Auflagen und Weisungen bei Einstellungen oder Strafaussetzung, für jugendstrafrechtliche Erziehungsmaßregeln und Zuchtmittel oder schließlich für Register- und Kostenfolgen. In der Forschung und in der Ausbildung sollte daher eine umfassende Betrachtung der strafrechtlichen Sanktionen angestrebt werden, die deutlich macht, daß die Strafe nur als Teil der formellen und informellen Sanktionen auf eine Straftat gelten kann. Deshalb braucht z. B. die generalpräventive Aufgabe des Strafrechts nicht allein durch die vom Gericht verhängte Strafe erfüllt zu werden. Dennoch bleibt neben dem Stichwort → Sanktionen eine besondere Behandlung der StrZ sinnvoll, weil es sich hier neben der → Kriminalpolitik um einen der interessantesten Berührungspunkte zwischen Kriminologie und Strafrecht handelt.

Die erste wichtige Entscheidung für die StrZ trifft der Gesetzgeber durch ein differenziertes System von Straftatbeständen. So reichen z. B. bei der Verletzung des Rechtsgutes Leben die Strafrahmen von lebenslanger Freiheitsstrafe bei Mord bis zur Mindeststrafe von einem Monat Freiheitsstrafe oder fünf Tagessätzen Geldstrafe bei fahrlässiger Tötung. Dazwischen liegen die Strafrahmen für Totschlag (6 M – lebenslange Freiheitsstrafe), Kindestötung (6 M – 15 J), Körperverletzung mit Todesfolge (3 M – 15 J), minder schwerer Fall des Totschlags und Tötung auf Verlangen (6 M – 5 J). Trotz dieser tatbestandlichen Differenzierung läßt das deutsche Strafrecht dem Richter einen erheblichen Ermessensspielraum bei der Festsetzung der konkreten Strafe (z. B. bei Untreue von 5 Tagessätzen Geldstrafe bis zu 10 Jahren Freiheitsstrafe). Und selbst bei der einzigen absoluten gesetzlichen Strafe, der lebenslangen Freiheitsstrafe für Mord, hat die Rechtsprechung nach jahrzehntelangen Bemühungen um die tatbestandliche Begrenzung des Mordes im Wege richterlicher Rechtsfortbildung über die analoge Anwendung des § 49 StGB einen relativen Strafrahmen von 3 bis 15 J. Freiheitsstrafe durchgesetzt, wenn „außergewöhnliche Umstände vorliegen, aufgrund welcher die Verhängung lebenslanger Freiheitsstrafe unverhältnismäßig erscheint" (*BGHSt* 30, 105). Die Entscheidungsspielräume des Richters werden noch erweitert durch mehrere fakultative oder obligatorische Sonderstrafrahmen (z. B. bei verminderter Schuldfähigkeit oder Beihilfe), vor allem aber durch die Normen der StrZ i. w. S., insbesondere durch die Möglichkeit der Aussetzung von Freiheitsstrafen bis zu 2 Jahren zur Bewährung (§ 56 StGB) oder der Ersetzung kurzer Freiheitsstrafen bis zu 6 Monaten durch Geldstrafen (§ 47 StGB).

Dieses weite Ermessen wird heute allgemein als *rechtlich gebundenes Ermessen* angesehen, wobei sich die Bindung aus den Strafrahmen, den Strafzwecken, den gesetzlichen Strafzumessungsvorschriften (§ 46 ff StGB) und den in Rspr. und Lehre entwickelten StrZ-Grundsätzen ergibt. Wie wichtig diese rechtliche Bindung heute für die Praxis ist, zeigt sich daran, daß fast die Hälfte aller BGH-Entscheidungen, die zur Aufhebung des tatrichterlichen Urteils führen, fehlerhafte Rechtsfolgenentscheidungen beanstanden.

Bei der Abhängigkeit der StrZ von den *Strafzwecken* ist die bereits erwähnte Unterscheidung zwischen StrZ i. e. S. und StrZ i. w. S. bedeutsam. Während bei der StrZ i. w. S. spezialpräventive Gesichtspunkte mit generalpräventiven Korrektiven („Verteidigung der Rechtsordnung") ausschlaggebend sind, erfolgt die StrZ i. e. S. nach § 46 I 1 StGB auf der Grundlage der Schuld, also unter dem Gesichtspunkt eines gerechten Ausgleichs für die schuldhafte Tat. Ob und wieweit auf den beiden Ebenen wechselseitig Schuld und Prävention ergänzend herangezogen werden können, ist umstritten. Einigkeit besteht nach der Entscheidung des Gesetzgebers in § 46 I 1 StGB jedenfalls darüber, daß für die Höhenbemessung der Strafe primär (Mindermeinung: ausschließlich) von der Schuld des Täters auszugehen ist.

Für das *Maß der Schuldstrafe* lassen sich aus den rechtlichen Kategorien Unrecht und Schuld und den in § 46 II genannten Umständen nur relative Maßstäbe (schwerer, leichter) und Begründungsfaktoren ableiten, weil Begriffe nicht rational in Zahlen umgesetzt werden können. Quantitative Maßstäbe ergeben sich aber mittelbar aus den gesetzlichen *Strafrahmen*, weil man aus ihnen nicht nur Ober- und Untergrenzen der Strafe ableiten kann, sondern eine *relative Strafenschichtung*, eine kontinuierliche Schwereskala von den leichtesten bis zu den schwersten Fällen. BGHSt 27, 2 greift diesen Gedanken auf und stellt klar, daß für Ableitung quantitativer Maßstäbe in konkreten Fällen zwischen dem *„Durchschnittsfall"* und dem *„Regelfall"* unterschieden werden müsse. Nur der *gedankliche Durchschnittsfall*, dessen Unrecht und Schuld zwischen den denkbar schwersten und leichtesten Fälle liege, könne dem arithmetischen Mittel zwischen Höchst- und Mindeststrafe des Strafrahmens zugeordnet werden. Falsch wäre diese Orientierung für den *statistischen Regelfall*, also für die praktisch am häufigsten vorkommende Fallgruppe. Denn die große Mehrzahl der Straftaten erreiche schon wegen der weiten Fassung der gesetzlichen Tatbestände nur einen verhältnismäßig geringen Schweregrad. Für diese Regelfälle müsse die Strafe notwendig in einem Bereich unter der Mitte des gesetzlichen Strafrahmens liegen (einschränkend bei typisierter Strafrahmenmilderung, z. B. §§ 21, 49 StGB, vgl. *BGHSt* 34, 355).

Obwohl die zentralen Aufgaben der *Kriminologie* auf dem Gebiet der präventiven Strafzwecke und damit bei der StrZ i. w. S. liegen, kann sie bei der Konkretisierung der Schuldstrafe nicht nur zur Aufhellung der schuldrelevanten Persönlichkeitsmerkmale beitragen, sondern – in dem soeben dargestellten Modell – auch zur Findung der *schuldangemessenen Strafe*: Durch systematische Darstellung der Erscheinungsformen einzelner Delikte kann das notwendige Anschauungsmaterial für die Einordnung neuer Fälle zur Verfügung gestellt werden. Darüber hinaus ist es mit Hilfe quantitativer empirischer Forschung möglich, *typische Fallgestaltungen* und ihre Behandlung in der *StrZ-Praxis* repräsentativ darzustellen (vgl. SCHÖCH 1973 mit Beispielen zur Verkehrsdelinquenz). Nur auf diesem Weg ist es möglich, in den Strafzumessungsgründen nicht zum Ausdruck kommende, rechtlich fehlerhafte Tendenzen der Strafzumessung aufzudecken und die Ausrichtung der gesamten Strafpraxis an der Strafenschichtung der gesetzlichen Strafrahmen zu überwachen. Es ist unbestreitbar, daß bei der Bemessung der Strafe im Einzelfall trotz aller Ermessensbindung ein „geheimes Metermaß" der *richterlichen Tradition* in Form einer mehr oder weniger stark ausgeprägten lokalen Strafpraxis immer noch eine entscheidende Rolle spielt (EXNER 1931; STRENG 1984). Die nicht durch besondere Gründe gerechtfertigte Abweichung von der „üblichen Strafzumessungspraxis" nach oben oder unten ist in der höchstrichterlichen Rspr. mehrfach als Verstoß gegen das Gebot der schuldangemessenen Strafe gerügt worden (z. B. *BGHSt* 17, 35; NJW 1977, 1247; NStZ 1985, 415; StV 87, 530). Man kann hier von der regelbildenden Kraft der Gerichtspraxis sprechen. Auch die Strafzumessung würde ohne das Zusammenwirken von Gesetzesrecht und Richterrecht hier nicht in der Form von Präjudizien der Revisionsgerichte jederzeit greifbar. Vielmehr muß die Strafzumessungspraxis der Tatrichter überregional erfaßt und durch kriminologisch-statistische Untersuchungen typisiert werden (vgl. STRENG 1984: flexibles computergestütztes Informationssystem). Durch solche Orientierungshilfen, die im Gegensatz zu starren Taxen Raum für die Berücksichtigung besonderer Umstände lassen, können Gleichmäßigkeit und Rechtssicherheit der Strafzumessung verbessert werden, vor allem bei häufig vorkommenden Delikten mit typischen Erscheinungsformen.

Umstritten ist die Frage, ob und ggf. in welchem Umfang bei der StrZ i. e. S. neben dem Schuldausgleich präventive, insbesondere spezialpräventive Strafzwecke berücksichtigt werden dürfen. Der Gesetzgeber hat bei der Konzeption des § 46 I StGB das Verhältnis der Strafzwecke zueinander weitgehend offengelassen, bringt aber durch die „Grundlagenformel" in § 46 I 1 StGB zum Ausdruck, daß die Schuldstrafe den Vorrang haben soll. Auf dieser Basis löste die Rspr. und die überwiegende Meinung in der Literatur das Problem der Strafzweckantinomie durch die sog. *Spielraum- oder Schuldrahmentheorie*: Das Maß der schuldgerechten Strafe könne wegen der Komplexität der Schuldbewertung nicht genau präzisiert werden. Vielmehr bestehe dafür ein Spielraum, der nach unten durch die schon schuldangemessene Strafe und nach oben durch die noch schuldangemessene Strafe begrenzt werde.

Innerhalb dieses Rahmens könnten spezialpräventive und generalpräventive Strafzwecke berücksichtigt werden (*BGHSt* 7, 28; 28, 320). Die Einbeziehung *spezialpräventiver Gesichtspunkte* wird jetzt auch auf § 46 I 2 StGB gestützt, wonach die voraussichtlichen Wirkungen der Strafe für das künftige Leben des Täters in der Gesellschaft zu berücksichtigen sind. Demgegenüber findet die generalpräventive Strafschärfung im Rahmen der Schuldstrafe im Gesetz keine Grundlage. Der Gesichtspunkt der Verteidigung der Rechtsordnung ist nur für Entscheidungen bei der StrZ i. w. S. vorgesehen (§§ 47, 56 III, 59 I Nr. 3 StGB) und darf daher – unabhängig von den allgemeinen Bedenken gegen die Generalprävention – im Rahmen der Schuldstrafe keine Berücksichtigung mehr finden (a. A. *BGHSt* 28, 326; wie hier die überwiegende Literaturmeinung).

Die von den Verfassern des Alternativentwurfs vertretene Auffassung, die Schuldstrafe sei nur Obergrenze für die StrZ und könne aus spezialpräventiven Gründen unterschritten werden, hat sich nicht durchgesetzt (§ 59 AE-StGB 1966; vgl. SCHÖCH 1987 m. w. N.). Jedoch neigt die Rspr. bei Straftaten von Beamten dazu, § 46 I 2 so weit auszulegen, daß die mögliche Nebenfolge des Verlustes der Beamtenrechte (§ 48 BBG: Verurteilung zu Freiheitsstrafe von mindestens einem Jahr) sowohl bei der Strafrahmenwahl (minder schwerer Fall) als auch bei der Strafhöhenbemessung zu berücksichtigen ist (*BGHSt* 35, 148; krit. STRENG 1989).

Auch die *Stellenwert- oder Stufentheorie* (vgl. SCHÖCH 1987 m. w. N.), nach der u. a. aus Gründen der rationalen Kontrolle bei der Strafhöhenbemessung nur Schuldgesichtspunkte, bei den Entscheidungen der StrZ i. w. S. ausschließlich spezialpräventive Erwägungen mit den gesetzlich vorgeschriebenen generalpräventiven Korrektiven maßgebend sein sollen, hat sich nicht durchgesetzt (weiterführende Synthese bei ROXIN 1978). Allerdings behauptet die klassische Spielraumtheorie ihre verführerische Praktikabilität vor allem dadurch, daß sie in der Praxis kaum korrekt angewandt wird, weil die einzelnen Schritte der Abwägung nicht getrennt ausgewiesen werden. Die noch immer zu beklagende *Irrationalität und Ungleichheit der StrZ-Praxis* beruht zu einem wesentlichen Teil auf der unklaren Vermengung verschiedener Gesichtspunkte in einem scheinharmonisierenden Gesamtakt (vgl. LACKNER 1978). Keine überzeugende Lösung bieten jedoch Mathematisierungs- und Formalisierungsversuche, die das komplexe Problem verkürzen, weil sie die dringend gebotene Offenlegung und rechtliche Erörterung der StrZ-Gründe verschleiern. Eine normative Präzisierung wird in neueren Ansätzen zur Förderung der Rationalität der StrZ versucht (FRISCH 1987: tatbestandsspezifische konkrete Orientierungsmodelle; SCHÜNEMANN 1987: generalpräventivorientierte „Tatproportionalitätstheorie").

Für einzelne StrZ-Gesichtspunkte enthält § 46 StGB jetzt einen Katalog der wichtigsten Umstände, die bei der StrZ i. d. R. berücksichtigt werden sollen, ferner das Verbot der Doppelverwertung gesetzlicher Tatbestandsmerkmale (z. B. „Vernichtung eines Menschenlebens" bei Tötungsdelikten). Sämtliche Umstände können sich sowohl strafmildernd als auch strafschärfend auswirken, z. B. beim „Vorleben" Sozialisationsdefizite schuldmindernd, aber präventionserhöhend (restriktiv zur revisionsgerichtlichen Kontrolle bei deren Anwendung *BGHSt* 34, 345, Gr. Sen.).

Das wirkliche Gewicht einzelner StrZ-Tatsachen kann freilich nur durch *empirische StrZ-Untersuchungen* ermittelt werden, insbesondere soweit es sich um ungeschriebene Gründe oder um soziale und persönliche Einflüsse auf die StrZ-Entscheidung handelt. Solche Untersuchungen werden seit Beginn des Jahrhunderts durchgeführt (Überblick bei SCHÖCH 1973). Breite Beachtung fanden vor allem EXNERs Studien über die „Strafzumessung deutscher Gerichte" (1931), die aufgrund sorgfältiger Analyse der Verurteilungsstatistik zentrale Tendenzen der StrZ darstellten (z. B. Zug zur Milde, Tradition). Vielfach wurden erhebliche regionale Unterschiede in der StrZ-Praxis nachgewiesen (zuletzt PFEIFFER/OSWALD 1989), ferner die sogenannte Prägnanztendenz (Bevorzugung runder Zahlen wie 3, 6, 9, 12 Monate oder volle Jahre, ALBRECHT 1990). Neuere vergleichende Korrelationsanalysen haben die überragende Bedeutung *einschlägiger Vorstrafen* dokumentiert, die neben wenigen tatbezogenen Kriterien (Schadenshöhe, Intensität der Rechtsgutverletzung, Mitveranwortung des Opfers) die StrZ i. e. S. prägen, zugleich aber – innerhalb gewisser Regionen – zu einer beachtlichen Konsistenz und Gleichmäßigkeit der Strafen bei schwereren Delikten wie Vergewaltigung, Raub und Einbruchsdiebstahl beitragen

(ALBRECHT 1990; PALLIN u. a. 1989). Die interessanten Ansätze der Richterpsychologie und -soziologie (z. B. OPP/PEUCKERT 1971; STRENG 1984) haben bisher nur zu beschränkten Erkenntnissen geführt, da es nicht gelungen ist, die Richtervariablen mit realen StrZ-Entscheidungen zu korrelieren (zu neueren Ansätzen PFEIFFER/OSWALD 1989).

In *strafprozessualer Sicht* leidet die StrZ noch immer daran, daß StrZ-Tatsachen in der Hauptverhandlung zu oberflächlich behandelt werden, weil die Klärung der Tatfrage eindeutig im Mittelpunkt steht. Durch reale Verfahrensexperimente konnte nachgewiesen werden, daß die in der Literatur fast einhellig befürwortete *Zweiteilung der Hauptverhandlung* nach dem Modell des Tat- oder Schuldinterlokuts zu einer Aufwertung und Verbesserung der StrZ-Verhandlung führt (SCHÖCH 1987). Außerdem würde der Ausbau der *sozialen Gerichtshilfe* und ihre weitere gesetzliche Verankerung (vgl. § 160 III StPO) dazu beitragen, daß sich die Gerichte bei der StrZ in dem erforderlichen Umfang mit den persönlichen und sozialen Verhältnissen des Angeklagten auseinandersetzen können (Reformvorschläge im AE-StPO-HV 1985; weiterführend SCHREIBER/WASSERMANN 1987).

AE-StPO-HV, Alternativ-Entwurf. Novelle zur Strafprozeßordnung. Reform der Hauptverhandlung, hrsg. von einem Arbeitskreis deutscher und schweizerischer Strafrechtslehrer (Arbeitskreis AE), Tübingen 1985; *Albrecht, H.-J.*, Strafzumessung bei schwerer Kriminalität im Vergleich, ZStW 102 (1990), S. 596–626; *Bruns, H.-J.*, Das Recht der Strafzumessung, 2. Aufl. Köln u. a. 1985; *ders.*, Neues Strafzumessungsrecht? „Reflexionen" über eine geforderte Umgestaltung, Köln u. a. 1988; *Exner, F.*, Studien über die Strafzumessungspraxis der deutschen Gerichte, Leipzig 1931; *Frisch, W.*, Gegenwärtiger Stand und Zukunftsperspektiven der Strafzumessungsdogmatik, ZStW 99 (1987), S. 349 ff., 751 ff.; *Günther, H.-L.*, Systematische Grundlagen der Strafzumessung, JZ 1989, S. 1025–1030; *Lackner, K.*, Über neuere Entwicklungen in der Strafzumessungslehre und ihre Bedeutung für die richterliche Praxis, Schriftenreihe der Juristischen Studiengesellschaft Karlsruhe, Heft 136, Heidelberg, Karlsruhe 1978; *Opp, K.D., Peuckert, R.*, Ideologie und Fakten in der Rechtsprechung, München 1971; *Pallin, F., Albrecht, H.-J., Fehérváry, J.*, Strafe und Strafzumessung bei schwerer Kriminalität in Österreich, Freiburg 1989; *Pfeiffer, C., Oswald, M.* (Hrsg.), Strafzumessung. Empirische Forschung und Strafrechtsdogmatik im Dialog, Stuttgart 1989; *Roxin, C.*, Prävention und Strafzumessung, in: Festschrift für H.-J. Bruns, Köln 1978, S. 183–204; *Schäfer, G.*, Praxis der Strafzumessung, München 1990; *Schöch, H.*, Strafzumessungspraxis und Verkehrsdelinquenz, Stuttgart 1973; *ders.*, Forschungsmethoden, Strafzumessung und Sanktionen, in: Kaiser, G., Schöch, H., Kriminologie, Jugendstrafrecht, Strafvollzug, Juristischer Studienkurs, 3. Aufl. München 1987, S. 18–29, 108–128; *Schreiber, H.-L., Wassermann, R.* (Hrsg.), Gesamtreform des Strafverfahrens, Internationales Christian-Broda-Symposion 1986, Neuwied u. a. 1987; *Streng, F.*, Strafzumessung und relative Gerechtigkeit, Heidelberg 1984; *ders.*, Strafrechtliche Sanktionen, Stuttgart u. a. 1991; *Schünemann, B.*, Plädoyer für eine neue Theorie der Strafzumessung, in: Neuere Tendenzen der Kriminalpolitik, hrsg. v. Eser, A., Freiburg 1987, S. 209–238.

HEINZ SCHÖCH

Strafvollzugsstatistik → Kriminalstatistik

Strukturfunktionalismus → Kriminalitätstheorien, soziologische, → Kritische Kriminologie, → Strafrechtssoziologie

Subkulturtheorie → Bande, Gruppe, Gang, → Kriminalitätstheorien, soziologische, → Kultur, Subkultur, Kulturkonflikt

T

Täter → Täterpersönlichkeit

Täterbefragung → Dunkelfeld

Täter-Opfer-Ausgleich → Viktimologie, → Opfer und Strafverfahren

Täterpersönlichkeit. Wenn man im Alltag fragt, warum es zu einer Straftat gekommen ist, werden häufig Persönlichkeitsmerkmale des Täter genannt. Nach Forschungsergebnissen zur *Kausalattribution* (Ursachenzuschreibung) tendieren Menschen dazu, auffällige Verhaltensweisen anderer auf stabile Persönlichkeitseigenschaften zurückzuführen, die Bedingungen eigenen Verhaltens dagegen als variabler anzusehen (JONES & NISBETT 1971). Für eine solche alltagspsychologische Zuschreibung kriminogener Persönlichkeitseigenschaften gibt es vielfältige Gründe. Zum Beispiel „kennt" man Straftäter nicht näher, sondern oft nur aus Mediendarstellungen oder in Form von Stereotypen, man möchte die Umwelt subjektiv geordnet erhalten, die eigene Andersartigkeit betonen, sich von sozialer Mitverantwortung entlasten. Teilweise kommt es auch zu Zirkelschlüssen, indem z. B. ein Gewaltdelikt auf „die Aggressivität" des Täters zurückgeführt wird.

Die Täterpersönlichkeit spielt aber nicht nur in der Alltagspsychologie eine wichtige Rolle. Seit LOMBROSO (1876) ist sie auch in der wissenschaftlichen Kriminologie ein besonders häufig untersuchtes Thema und für Fragen der Strafrechtspraxis von großer Bedeutung, z. B. bei Prognosen, Behandlungsmaßnahmen usw. (vgl. KAISER 1988, 406 f.). Grundannahme einer persönlichkeitspsychologischen Kriminalitätsbetrachtung ist es, daß bei Personen mit bestimmten Verhaltensdispositionen Straftaten und insbesondere persistente Kriminalität wahrscheinlicher sind als bei anderen. In den sechziger und siebziger Jahren ist insbesondere mit der Verbreitung der Etikettierungsperspektive die täterbezogene Sichtweise vielfach kritisiert worden. Unter anderem hat man eingewandt, daß die Annahme eines „kriminellen Typus" (SARBIN 1979) unangemessen verallgemeinernd sei, daß man Straftäter pathologisiere und stigmatisiere, daß Kriminalitätsphänomene „individualisiert" würden, ihre gesellschaftlichen Bedingungen, die Rolle der Kontrollinstanzen sowie situative und interaktive Faktoren außer Betracht blieben.

So wichtig die kritische Auseinandersetzung mit Typisierungen der Täterpersönlichkeit in der Kriminologie gewesen ist, so unangemessen ist andererseits die Typisierung und partielle Stigmatisierung der persönlichkeitspsychologischen Perspektive selbst. Im Schlagwort von der Problemreduktion auf das Individuum wird vernachlässigt, daß sozialstrukturelle Bedingungen, soziale Etikettierungsprozesse, situative Faktoren etc. immer nur über die psychische Verarbeitung durch den Handelnden wirksam werden. Die Betrachtung der Täterpersönlichkeit muß auch keineswegs den sozialen Kontext vernachlässigen, sondern kann zur Integration verschiedener Analyse- und Erklärungsebenen in einer bio-psycho-sozialen Kriminologie beitragen (vgl. JEFFREY 1979, GÖPPINGER 1983). Viele Arbeiten zur Täterpersönlichkeit werden zwar einer derartigen Zielsetzung noch nicht genügend gerecht, doch unterstreicht gerade die neuere Längsschnittforschung die kriminologische Bedeutung von Persönlichkeitsmerkmalen (z. B. LOEBER 1990; FARRINGTON 1991). Wesentlich stärker als früher wird dabei das Individuum im sozialen Kontext, in seiner relativ flexiblen Entwicklung und als aktiver Mitgestalter des eigenen Lebens gesehen (LÖSEL, 1989). Dies verdeutlicht auch der hier in Anlehnung an HERRMANN (1973) gewählte *Persönlichkeitsbegriff.* Wir betrachten „Persönlichkeit" als ein aus dem Verhalten (einschließlich des berichteten Erlebens) erschlossenes, bei jedem Menschen einzigartiges, relativ überdauerndes System von Dispositionen, das sich allmählich aufbaut, verändert und in Wechselwirkung mit situativen Merkmalen jeglichem aktuellen psychischen Geschehen und Verhalten des Individuums zugrunde liegt. Die einzelnen Dispositionen sind jeweils in einen theoretischen Zusammenhang eingebettete Interpretationsbegriffe (hypothetische Konstrukte oder Annahmegefüge). Der Persönlichkeitsbegriff zeigt, daß von *der* Täterpersönlichkeit ebensowenig gesprochen werden kann wie von *der* Kriminalität. Die empirische persönlichkeitspsychologische Kriminalitätsforschung bezieht sich überwiegend auf „klassische" Kriminalität und längerfristig straffällige Wiederholungstäter.

Die Erforschung der Täterpersönlichkeit setzt voraus, daß die Annahme zeitlich relativ stabiler und über verschiedene Situationen hinweg generalisierbarer Dispositionen sinnvoll ist (Konsistenzpostulat). Dies ist vor allem durch MISCHEL (1968) und in der Interaktionismusdebatte (ENDLER & MAGNUSSON 1976) in Frage gestellt worden. MISCHEL hat u. a. eingewandt, daß die einer Persönlichkeitseigenschaft zugeordneten Verhaltensweisen zwischen verschiedenen Situationen nur niedrig korrelieren, Persönlichkeitsmaße (wie auch verbalisierte Einstellungen) konkretes Verhalten nur schlecht vorhersagen und verglichen mit Situationsmerkmalen und Wechselwirkungen von Personen und Situation nur wenig zur Aufklärung von Verhaltensunterschieden beitragen. Die von MISCHEL u. a. vorgetragene Kritik an Persönlichkeitsmerkmalen ist allerdings allzu stereotypisierend gewesen (HERMANN 1980; LÖSEL 1980). Das Eigenschaftsparadigma hat sich keineswegs als unangemessen erwiesen (vgl. BUSS 1989). Es müssen jedoch in der Persönlichkeitsforschung in verstärktem Maße die Aggregation von Daten, z. B. über Situationen, Zeitpunkte, Datenquellen (EPSTEIN 1983), sowie intra- und inter-individuelle Konsistenzunterschiede (SCHMITT 1990) berücksichtigt werden. Gerade bei dissozialem, aggressivem und delinquenten Verhalten scheint sogar zeitlich und situativ größere Konsistenz zu bestehen als in anderen Bereichen (z. B. ROBINS 1978; MITCHELL & ROSA 1981; LOEBER & DISHION 1983). Auch wenn man die Ursachenfrage offen läßt, ist kaum zu erwarten, daß das stabile Multiproblem-Milieu, welches viele persistente Straftäter erfahren haben, „spurenlos" bleibt und die Täterpersönlichkeit ein bloßes Artefakt der klinischen Urteilsbildung ist (HIRSCHI 1975).

Es wurden zahlreiche Persönlichkeitsmerkmale mit Kriminalität in Zusammenhang gebracht: zum Beispiel jeweils hohe Ausprägungen in Merkmalen wie

Impulsivität, Extraversion, Erregbarkeit, Risikoneigung, emotionale Labilität (Neurotizismus), Depressivität, spontane und reaktive Aggressivität, Abenteuerlust und Variationsmotivation (sensation seeking), emotionale Unabhängigkeit/Unansprechbarkeit (Psychotizismus im Sinne EYSENCKs, s. u.), männliche Rollenidentifikation, negative Selbstwertung, externale Kontrollüberzeugung usw.; jeweils geringe Ausprägungen in Merkmalen wie Frustrationstoleranz, Fähigkeit zum Belohnungs- und Befriedigungsaufschub, Zukunftsorientierung und längerfristige Zeitperspektive, Ich-Stärke, Schuldeinsicht, Selbstakzeptierung, Intelligenz, kognitive Differenziertheit, Leistungsmotivation usw. (vgl. EYSENCK 1977; LÖSEL 1975, 1983; WILSON & HERRNSTEIN 1985; AMELANG 1986; FARRINGTON, OHLIN & WILSON 1986; ORTMANN 1987; EYSENCK & GUDJONSSON 1989). Die Ergebnisse fallen nicht selten unterschiedlich aus, je nachdem welche Gruppen man untersucht (z. B. Kinder, Jugendliche, Erwachsene, schwer oder leicht Delinquente) oder welche Persönlichkeitsindikatoren verwendet werden (z. B. Fragebogen, objektive Testverfahren, Fremdbeurteilungen verschiedener Personen). Insgesamt besteht jedoch kein Zweifel, daß zumindest außerhalb der Bagatelldelinquenz zwischen Straftätern und offiziell Unauffälligen in den *Gruppenmittelwerten* Persönlichkeitsunterschiede bestehen. Im Übersichtsreferat von SCHUESSLER & CRESSEY (1950) lagen bei 113 Vergleichen verschiedenster Variablen 42 Prozent statistisch bedeutsame Gruppenunterschiede vor, bei WALDO & DINITZ (1967) 81 Prozent (aus 94 Vergleichen) und bei TENNENBAUM (1977) 63 Prozent (aus 72). In einer Sekundäranalyse von Arbeiten mit dem Freiburger Persönlichkeitsinventar (FPI) fanden STELLER & HUNZEL (1984) unter 23 Stichproben-Vergleichen auf folgenden Primärskalen konsistente Abweichungen: 20 mal bei Depressivität, 15 mal bei Nervosität, 13 mal bei Erregbarkeit und 12 mal bei Aggressivität. Auch bei der Intelligenz zeigen amerikanische Reviews ziemlich übereinstimmend, daß eine negative Korrelation von -.20 bis -.30 zur Kriminalität besteht (HIRSCHI & HINDELANG 1977; LOEBER & DISHION 1983; WILSON & HERRNSTEIN 1985). Sie bleibt bei Kontrolle anderer Einflüsse wie soziale Schicht oder Rasse erhalten.

Da die meisten Zusammenhänge niedrig bis mittelhoch sind, ist zu beachten, daß sich die Merkmalsverteilung der Gruppen beträchtlich überlappen. Berücksichtigt man die Häufigkeit der jeweiligen Merkmalsausprägungen in der Gesamtbevölkerung (Basisrate), so ist ein Großteil der Personen mit „kriminovalenten" Testwerten strafrechtlich unauffällig. Probleme enthalten auch die verwendeten Tests. Die Ergebnisse in den besonders häufig eingesetzten Persönlichkeitsfragebogen hängen von Antwortstilen, Selbstdarstellungstendenzen, der Identifikation mit der Devianten-Rolle, momentanen Lebensumständen u. a. ab (vgl. LÖSEL 1988). Insbesondere für Gefangenenpopulationen sind manche Instrumente inadäquat (SEITZ 1983). Einige Skalen enthalten Items, die sich auf antisoziales oder delinquentes Verhalten beziehen (z. B. die Psychopathie-Skala im Minnesota Multiphasic Personality Inventory oder die Psychotizismusskala im EYSENCK Personality Questionnaire), so daß höhere Werte bei Straftätern nicht verwunderlich sind. Besonders problematisch ist es, wenn institutionalisierte Personen etliche Zeit nach den Straftaten untersucht werden, so daß Einflüsse der Kriminalitätskarriere, der Selbst- und Fremd-Stigmatisierung, des

Gefängnisaufenthaltes etc. für eventuelle Persönlichkeitsunterschiede gegenüber „Normalgruppen“ verantwortlich sein können (vgl. KURY 1983; LÖSEL 1983). Es zeigte sich allerdings auch in den methodisch aussagekräftigen *Längsschnittstudien*, daß Persönlichkeitsmerkmale, die in der Kindheit oder frühen Jugend an offiziell noch nicht Auffälligen erhoben wurden, mit späterer Straffälligkeit zusammenhingen (z. B. HATHAWAY & MONACHESI 1963; PULKKINEN 1988; MAGNUSSON 1988; FARRINGTON, LOEBER & VAN KAMMEN 1990). Außerdem erbrachten *Befragungen im Dunkelfeld* mittels Delinquenz-selfreports überwiegend ähnliche Ergebnisse wie die Kontrastgruppenvergleiche von Auffälligen und Unauffälligen (z. B. ALLSOPP & FELDMAN 1975; LÖSEL & WÜSTENDÖRFER 1976; VILLMOW & STEPHAN 1983). Insgesamt spricht vieles dafür, daß die Zusammenhänge zwischen den obengenannten Persönlichkeitsmerkmalen und dem individuellen Ausmaß delinquenten Verhaltens oder offizieller Delinquenz nicht nur auf methodischen Artefakten beruhen. Soweit die Beziehungen quantitativ nur gering sind, ist zu berücksichtigen, daß sie bei manchen vieldiskutierten Kriminalitätskorrelaten keineswegs höher ausfallen (siehe z. B. die Befunde zur sozialen Schicht; TITTLE, VILLEMEZ & SMITH 1978; ALBRECHT, HOWE & WOLTERHOFF-NEETIX 1988). Unabhängig von der Größenordnung und praktischen Relevanz von Beziehungen zwischen Persönlichkeitsmerkmalen und Kriminalität bleibt jedoch das Problem ihrer *theoretischen Erklärung.*

Ein dem alltagspsychologischen Konzept des „kriminellen Typus“ am ehesten entsprechendes Konzept ist das der *antisozialen Persönlichkeit* (Soziopathie). Zum Teil wird hierfür auch der Begriff der Psychopathie verwendet, mit dem man in der deutschen psychiatrischen Tradition solche Abweichungen von der „Durchschnittsbreite von Persönlichkeiten“ bezeichnete, unter denen der/die Betreffende oder die Gesellschaft leidet (K. SCHNEIDER 1940). Der engere, anglo-amerikanische Psychopathiebegriff bezieht sich nur auf antisoziale Persönlichkeitsstörungen. Psychopathie wird in den neueren Versionen der International Statistical Classification of Diseases, Injuries, and Causes of Death der Weltgesundheitsorganisation (ICD-10) und im multiaxialen Diagnostic and Statistical Manual der American Psychiatric Association (DSM-III-R) nicht verwendet. Gründe hierfür sind u. a., daß er einem vagen Abnormitätskonzept folgt, diagnostisch nicht sehr präzise ist und die Gefahr der negativ wertenden Verallgemeinerung enthält. Ähnliche Probleme bestehen allerdings auch bei den nun bevorzugten Begriffen der antisozialen Persönlichkeitsstörung (DSM) und der Persönlichkeitsstörung mit vorwiegend soziopathischem oder antisozialem Verhalten (ICD).

Die antisoziale Persönlichkeitsstörung gilt als relativ häufig. Sie soll in den USA bei ca. drei Prozent der männlichen und einem Prozent der weiblichen Bevölkerung auftreten. Das Konzept findet in der Kriminologie in letzter Zeit (wieder) vermehrt Beachtung, was nicht nur durch kriminalpolitische „Klimawechsel“ bedingt sein dürfte. Das Interesse hat sich wahrscheinlich auch durch die Ergebnisse zum hohen Kriminalitätsanteil einer kleinen „Kerngruppe“ von persistenten Straftätern (WOLFGANG, FIGLIO & SELLIN 1972) und durch die geringen Erfolge in deren Behandlung (LÖSEL, KÖFERL & WEBER 1987) verstärkt. Die Beschreibung von Soziopathie sind uneinheitlich, entsprechende Skalen und Checklisten korrelieren teilweise nur mäßig miteinander (vgl. HAA-

PASALO 1991). Am bekanntesten ist nach wie vor das Konzept von CLECKLEY (1982). „Psychopathen" werden von ihm u. a. folgendermaßen charakterisiert: oberflächlicher Charme und mindestens durchschnittliche Intelligenz; wenig Angst und andere neurotische Symptome; unzuverlässig und ohne Verantwortungsgefühl; unehrlich; keine Scham und Reue; impulsives und unangemessen motiviertes antisoziales Verhalten; unfähig, aus Erfahrungen zu lernen; egozentrisch und bindungsunfähig; wenig tiefe Emotionen; unfähig zur Einsicht; launisch und grobes Verhalten mit und ohne Alkoholeinfluß; unpersönliches und kaum integriertes Sexualleben; unfähig, sein Leben zu planen. Zu teilweise ähnlichen Charakteristika kommen YOCHELSON & SAMENOW (1976), die auf Grund von Falluntersuchungen die Denkgewohnheiten (thinking patterns) der „criminal personality" betonen. Auch im „dissozialen Syndrom" der psychoanalytischen Delinquenzforschung finden sich verwandte, allerdings stärker sozial- und psychodynamisch ausgerichtete Beschreibungen (DE BOOR 1977).

Die Merkmale der antisozialen Persönlichkeit sollen mit erhöhter Wahrscheinlichkeit zu persistenter Kriminalität führen. Viele Soziopathen können aber auch kriminologisch unauffällig bleiben und unter Straftätern stellen sie nur eine Teilgruppe dar. Es ist daher wichtig, diagnostisch zwischen dem von CLECKLEY betonten Persönlichkeitskern und eventuellen kriminellen Manifestationen zu unterscheiden (HAAPASOLO 1991). Nach Längsschnittstudien fallen antisoziale Personen häufig bereits in der Kindheit durch aggressives, impulsives und delinquentes Verhalten auf (ROBINS 1978; MAGNUSSON 1988; FARRINGTON et al. 1990). LOEBER (1990) beschreibt ein Syndrom der Hyperaktivität-Aufmerksamkeitsstörung als frühem Antisozialitätsprädiktor. Ursachen oder aufrechterhaltende Bedingungen können u. a. in mangelnder elterlicher Zuwendung, unangemessenem Erziehungsverhalten und familiären Konflikten liegen (vgl. LOEBER & STOUTHAMER-LOEBER 1987; LÖSEL, SELG & SCHNEIDER 1990). Empirische Befunde sprechen jedoch auch für eine genetische und neuro-physiologische Prädisposition. Zum Beispiel hat man erhöhte Konkordanzraten in Zwillings- oder Adoptionsstudien festgestellt (SCHULSINGER 1972). Als soziopathisch diagnostizierte Personen weisen häufig Besonderheiten im Elektroenzephalogramm auf, insbesondere niedrige Wellenfrequenz im Ruhezustand und sogenannte Spitzen in manchen Reizsituationen (HARE 1970; HARE & SCHALLING 1978). In Experimenten zum Vermeidungslernen (z. B. von Strafreizen) zeigen sie tendenziell schlechtere Ergebnisse, jedoch nicht bei Aktivierung des sympathischen Nervensystems durch Adrenalingaben (SCHACHTER & LATANÉ 1964). Personen, die straffällig geworden sind, haben bereits Jahre zuvor in experimentellen Reizsituationen eine durchschnittlich geringere Adrenalinausschüttung aufgewiesen als Vergleichsgruppen (MAGNUSSON 1990).

Eine persönlichkeitspsychologische Kriminalitätserklärung, die solche und andere Befunde integriert, ist die *Theorie von* EYSENCK (1977, 1980; EYSENCK & GUDJONSSON 1989). Sie verknüpft eigenschaftspsychologische, lerntheoretische und biologische Hypothesen und Ergebnisse zu einer Theorie der Soziopathie und persistenten Kriminalität. EYSENCK geht vom Konzept der antisozialen Persönlichkeit aus, betont jedoch, daß es sich um keinen zuverlässig abgrenzbaren Persönlichkeitstypus handelt, sondern um Gradunterschiede zwischen Personen in bestimmten Persönlichkeitsdimensionen. Kriminalität wird nicht mit Soziopathie gleichgesetzt, doch gemeinsam sei persistent antisoziales Verhalten. EYSENCK unterscheidet zwischen verschiedenen Ebenen: den beobachtbaren spezifischen Verhaltensweisen, dem habituellen Verhaltens, dem Trait Level (spezifischere Persönlichkeitsmerkmale) und dem Type Level (integrative, allgemeine Persönlichkeitsmerkmale). Das Type Level bilden die drei von ihm faktorenanalytisch gewonnenen Temperamentsdimensionen *Neurotizismus* (N; emotionale Labilität/Stabilität), *Extraversion/Intraversion* (E) und *Psychotizismus* (P; emotionale Unabhängigkeit bzw. Unansprechbarkeit). Auf dem Trait Level sind diesen Merkmalen höherer Ordnung u. a. folgende Eigenschaften empirisch zugeordnet: (N) ängstlich, niedergeschlagen, geringes Selbstwerterleben, angespannt, irrational, scheu, stimmungsschwankend; (E) gesellig, lebhaft, aktiv, selbstbehauptend, reizhungrig, sorglos, dominant, aufbrausend, abenteuerlustig; (P) aggressiv, kalt, egozentrisch, unpersönlich, impulsiv, antisozial, uneinfühlsam. Die zwischenmenschlichen Unterschiede in den drei Dimensionen sind nach EYSENCK genetisch präformiert und durch neuro-anatomische und neuro-physiologische Unterschiede begründet. Soziopathen und persistente Straftäter sollen jeweils relativ hohe Werte in E, N und P aufweisen. Ihr antisoziales Verhalten wird vor allem als Folge unzureichend ausgebildeter Angst- und Vermeidungsreaktionen interpretiert (Gewissen als konditionierte Reaktion). Dies kann auf mangelnde aversive Konditionierung von dissozialem Verhalten in der elterlichen Erziehung zurückzuführen sein (z. B. bei Sozialisation in einer devianten Subkultur oder bei inkonsistenten Erziehungspraktiken). Persönlichkeitspsychologisch besonders bedeutsam ist aber nach EYSENCK, daß Soziopathen im Vermeidungsverhalten weniger lernfähig sind als andere. Dies wird durch Unterschiede im Erregungs-Hemmungsgleichgewicht begründet. Antisoziale Personen sollen habituell geringere Erregungsgrade und höhere Schwellenwerte im aufsteigenden Retikulärsystem des Hirnstammes aufweisen (geringes „cortical arousal"). Dadurch seien sie schlechter konditionierbar, hätten ein stärkeres Bedürfnis nach Stimulierung (sensation seeking) und tolerierten höhere Schmerzstärken. Diese physiologischen Merkmale sind nach EYSENCK mit hohen E-Werten korreliert. Hohe N-Werte sollen mit erhöhtem vegetativen arousal einhergehen. Diesem wird eine reaktionsverstärkende oder Triebfunktion im Sinne der Lerntheorie von HULL zugeschrieben. Die neuroanatomischen Grundlagen werden im limbisch-thalamischen System vermutet. Die Bedingungen der erhöhten P-Werte sollen in Besonderheiten des hormonalen Haushalts liegen, insbesondere erhöhten Konzentrationen männlicher Geschlechtshormone (Androgene). Als Folgen werden ebenfalls geringere kortikale Erregbarkeit, hyperaktives und aggressives Verhalten postuliert.

Die Theorie EYSENCKS, ihre Ergebnisse und Probleme können hier nicht ausreichend diskutiert werden (vgl. AMELANG 1986; ORTMANN 1987; EYSENCK & GUDJONSSON 1989; siehe auch die biologischen Kriminalitätstheorien in diesem Band). Im Lauf der Zeit sind Modifikationen der Theorie erkennbar. Zum Beispiel wird die P-Dimension als Kriminalitätsbedingung nun stärker betont als früher, wodurch sich auch eine Erklärung der Geschlechtsunterschiede und der Altersverteilung straffälligen Verhaltens ergibt (zum „burn out" von

Kriminalitätskarrieren bei Soziopathen um das 40. Lebensjahr vgl. HARE, MCPHERSON & FORTH 1988). EYSENCK (1977) und EYSENCK, GUDJONSSON (1989) referieren zahlreiche Arbeiten über Korrelationen zwischen Kriminalität und höheren Testwerten in den drei Persönlichkeitsdimensionen. Dabei scheint allerdings der Zusammenhang zu E eher bei jüngeren Delinquenten und vor allem im Subfaktor der Aktivität/Abenteuerlust/Impulsivität zu bestehen, der zu N mehr für das Erwachsenenalter zuzutreffen. Für einen Teil der Untersuchungen gelten ähnliche Einwände wie sie bereits allgemein genannt wurden: Erhebungen an Inhaftierten, Fragebogenprobleme, statistisch zwar signifikante, aber teilweise geringe Mittelwertsdifferenzen usw. Darüber hinaus scheint die zentrale Hypothese der kortikalen Untererregung differenzierungsbedürftig zu sein, indem z. B. MAWSON (1987) durch Stress bedingtes erhöhtes arousal für sensation seeking und vorübergehende Kriminalität verantwortlich macht. Es bestehen bei EYSENCK aber auch theorie-immanente Probleme (vgl. OSWALD 1978; ROLINSKI 1978; AMELANG 1986): Zum Beispiel betont er zwar, daß die P-Dimension unabhängig von ihrer Beziehung zur Kriminalität/Soziopathie gewonnen wurde, ihr Inhalt ist jedoch den eigentlich zu erklärenden Phänomenen sehr ähnlich. Was die verschiedenen Modell-Ebenen betrifft, werden zumeist nur einzelne Hypothesen und nicht integrative Zusammenhänge untersucht. Die neuro-anatomischen und -physiologischen Annahmen sind empirisch erst ansatzweise fundiert. Ein generelles Merkmal der Konditionierbarkeit ist fraglich, die Ergebnisse in verschiedenen experimentellen Situationen korrelieren nur mäßig miteinander. Unter der Generalitätsannahme wäre zu präzisieren, warum sich dissoziale Personen in manchen Lebensbereichen konform verhalten und zum Beispiel in devianten Subkulturen durchaus Normen beachten. Die große Bedeutung anderer lerntheoretischer Prinzipien für soziales Verhalten wird nicht berücksichtigt. Die Wesenszüge, die mit den drei Dimensionen zusammengefaßt werden, korrelieren teilweise nur niedrig. Die Dimensionen sind wahrscheinlich universell, doch fallen die Ergebnisse von Faktorenanalysen je nach Personengruppe, Verhaltensstichprobe und Analysenmethode nicht einheitlich aus (neuerdings werden in der Persönlichkeitsforschung auch fünf grundlegende Dimensionen angenommen; DIGMAN 1990). Die Befunde zur Erblichkeit von Temperamentsmerkmalen sind ebenfalls unterschiedlich und hängen davon ab, wie heterogen die Personenstichproben und jeweiligen Umwelten sind.

Gerade wegen der Erblichkeitsannahme wird die Kriminalitätstheorie von EYSENCK außerordentlich kontrovers und ideologiebeladen diskutiert. Dies ist deshalb bedauerlich, weil wahrscheinlich auch Mißverständnisse vorliegen: „Erblich“ bedeutet nicht „determiniert“, sondern es besteht nach dem genetischen Konzept der „Reaktionsnorm“ durchaus eine große Bandbreite der umweltabhängigen, phänotypischen Manifestation eines Genotyps (vgl. MERZ & STELZL 1977). Sachlich bleibt zum einen festzustellen, daß der Ansatz von EYSENCK vergleichsweise explizit und damit empirisch prüfbar ist. Zum anderen nimmt er Bezug auf die großen Fortschritte in der Neurophysiologie und Neuropsychologie, die in einer bio-psycho-sozialen Kriminologie nicht ausgeklammert werden sollten (vgl. auch FARRINGTON 1991). Über Persönlichkeitsmerkmale des Temperaments hinausgehend, sollten die Hypothesen aber verstärkt im Zusammenhang mit sozialen Lernprozessen untersucht werden (vgl. TRASLER 1962, WILSON & HERRNSTEIN 1985). Hierbei spielen auch mehr kognitive Persönlichkeitsmerkmale eine Rolle.

Zu den kognitiv und sozialpsychologisch orientierten Forschungen zur Täterpersönlichkeit gehören u. a. die Arbeiten zum *Selbstkonzept* von Straftätern. Im symbolischen Interaktionismus und dem Labeling Ansatz, in Lerntheorien und in Theorien zur formellen Sozialkontrolle bestehen hierfür theoretische Grundlagen. Trotz gewisser Widersprüche in der Befundlage deutet sich an, daß besonders delinquenzgefährdete und offiziell straffällige Personen gegenüber Vergleichsgruppen andere Selbstwahrnehmungen, negativere Selbstbewertung und eine geringere Selbstakzeptierung aufweisen (zusammenfassend DILLING 1976, TAUSS 1992). Ein positives Selbstkonzept gilt nach RECKLESS (1961) neben der informellen sozialen Kontrolle durch die Familie als eine wesentliche Voraussetzung zur „Immunisierung" gegen abweichende Verhaltensweisen und Rollenübernahmen bei Jugendlichen. In ähnlicher Weise sind auf das Selbst bezogene Überzeugungen, Werthaltungen und Einstellungen (neben der wahrgenommenen Umwelt) in der Theorie jugendlichen Problemverhaltens von JESSOR (1987) bedeutsam für die Entwicklung von Delinquenz, Alkoholkonsum, Drogengebrauch etc. Ein positives Selbstwerterleben und Überzeugungen der Selbstwirksamkeit haben sich auch in neueren Arbeiten zur seelischen Widerstandsfähigkeit von Jugendlichen aus Multiproblem-Milieu als ein wesentlicher Schutzfaktor erwiesen (LÖSEL & BLIESENER 1990). Die Methoden, mit denen man die Kognitionen und Evaluationen der eigenen Person erfaßt, sind aber überwiegend noch zu wenig differenziert. Standardisierte Fragebogen, Eigenschaftslisten und Einschätzskalen tragen dem komplexen Aufbau, der Integration und dem Wandel der handlungsleitenden Selbstschemata sowie ihren situativen Bezügen nicht genügend Rechnung (vgl. FILIPP 1979).

In einem anderen Ansatz interpretierte LÖSEL (1975) Konstrukte, die für delinquentes Verhalten bedeutsam sein sollen, sowohl persönlichkeits- als auch situationsbezogen. Die Differenziertheit und Strukturiertheit von handlungsvorbereitenden kognitiven Prozessen galt als eine wesentliche Personencharakteristik. Im Konzept der *Handlungskontrolle* wurden zum einen die theoretisch unterschiedlich begründeten Hypothesen zur Fähigkeit des Belohnungsaufschubs, zur kognitiven und sozialen Impulsivität, Differenziertheit und Realitätsnähe der Zukunftsperspektive, zur Risikoeinstellung, zur Variationsmotivation (sensation seeking) und zur Intelligenz zusammengefaßt. Stärker delinquente Jugendliche (self report) wiesen ungünstigere Merkmalsausprägungen auf. Wesentlich ist dabei, daß sowohl temperamentsmäßige als auch kognitive (z. B. handlungstheoretische) Bedingungen der unterschiedlichen Situationsstrukturierung sinnvoll erscheinen. Darüber hinaus erfolgten Verknüpfungen mit entscheidungstheoretischen Variablen wie der subjektiven Wahrscheinlichkeit und negativen Valenz sozialer Sanktionen (vgl. auch FARRINGTON & KNIGHT 1980; CORNISH & CLARKE 1986).

Merkmale des Selbstkonzepts und der Handlungskontrolle gehören zu jenen Konstrukten, die in neueren persönlichkeitstheoretischen Ansätzen den sozialen Kontext und die situative Determinanten menschlichen Verhaltens mitberücksichtigen. Als Beispiel können die Kategorien dienen, die MISCHEL (1973) für eine Persönlichkeitsforschung auf der Basis kognitiv-sozialer Lerntheorien vorgeschlagen hat. Überträgt man sie auf die Frage nach der Täterpersönlichkeit, ist erstens nach den *Handlungs-Konstruktions-Kompetenzen* des Individuums zu fragen. Wichtig ist zum Beispiel, über welche kognitiven und sozialen Fähigkeiten eine Person verfügt und inwieweit sie Voraussetzungen zur nicht-dissozialen Problemlösung in Versuchungs- oder Provokationssituationen hat. Arbeiten über Coping-Fertigkeiten in Aggressionssituationen (z. B. VERRES & SOBEZ 1980) oder Programme des sozialen Trainings mit delinquenten Jugendlichen (z. B. PIELMAIER 1980) legen nahe, daß Defizite in diesen Bereichen delinquenzfördernd sind. Die sozialen Handlungskompetenzen und Problemlösefähigkeiten sind allerdings weniger absolut, sondern jeweils in Bezug zu aktuellen Belastungen und Umständen zu beurteilen (z. B. bei der Gefährlichkeitsprognose; MONAHAN 1981). Auch die obengenannten Befunde zur Intelligenz und zur kognitiven Handlungskontrolle sind unter diesen Konstrukten integrierbar. Zum Beispiel können intelligentere Jugendliche mehr abstrahieren und längerfristige Folgen beachten, so daß sie negative Lösungen leichter antizipieren (FARRINGTON 1991). Dies spielt z. B. bei „Primitivdelikten" eine Rolle. Als zweiten Analysebereich nennt MISCHEL die *Situationscodierungen und persönlichen Konstrukte* des Individuums. Hierbei ist zu beachten, wie Personen Situationen auffassen, welche Konzepte und subjektiven Theorien sie von sich und der Umwelt haben. Zum Beispiel erweisen sich bestimmte Situationsinterpretationen als aggressionsfördernd (vgl. BANDURA 1979). Undifferenzierte, nicht-einfühlsame Sichtweisen einer sozialen Situation, externale Ursachenzuschreibungen, Freund-Feind-Schemata, gewohnheitsmäßige Rationalisierungen des eigenen Verhaltens, Umwertungen, Herabwürdigungen des Opfers und andere Neutralisationstechniken stellen wesentliche kognitive Bedingungen für Straftaten dar (vgl. SYKES & MATZA 1957; AMELANG, SCHAHN & KOHLMANN 1988; LÖSEL et al. 1990). Auch die von YOCHELSON & SAMENOW (1976) untersuchten Denkmuster der „criminal personality" sind in diesem Zusammenhang bedeutsam. Als ein anderer Bereich sind die subjektiven Theorien zur Erklärung des eigenen Problemverhaltens zu nennen, die eine kriminalitätsfördernde oder -hemmende Funktion haben können (LÖSEL & GERLICHER 1990). In enger Beziehung zur Situationscodierung stehen die Erwartungen (subjektiven Wahrscheinlichkeiten) und *Bewertungen von Stimuli und Handlungsfolgen* als dritte und vierte Analysekategorien MISCHELS. Die Frage nach der Täterpersönlichkeit zielt hier darauf ab, welchen Aufforderungscharakter bestimmte Hinweisreize für kriminogene/viktimogene Situationen haben, wie Personen die Erfolgswahrscheinlichkeit und das Risiko einer Straftat einschätzen, welchen Wert die mit der Tat angestrebten Ziele haben, wie gravierend eventuelle Sanktionen im jetzigen Lebenskontext eingeschätzt werden, welcher Verlust an Bindungen, Zuwendungen, sozialen Chancen erlebnismäßig auf dem Spiel steht usw. Die Bedeutung derartiger Konstrukte wird in psychoanalytischen, handlungstheoretischen und entscheidungstheoretischen Erklärungsperspektiven betont (vgl. die psychologischen Kriminalitätstheorien in diesem Band). Aber auch die Befunde der Viktimologie (SCHNEIDER 1983), die Konstrukte aus Theorien der informellen Sozialkontrolle (ELLIOT, HUIZINGA & AGETON 1985) und Variablen der reformulierten Anomietheorie (OPP 1979; ORTMANN 1991) sind hier integrierbar. Als fünften Bereich einer sozial-kognitiven Persönlichkeitsforschung betrachtet MISCHEL *selbstregulierende Pläne und Systeme*. Hierunter sind z. B. langfristige und subjektiv als verbindlich erachtete Handlungsorientierungen und -maßstäbe, Selbstbewertungs- und Selbstbekräftigungsprinzipien, subkulturelle Wertorientierungen oder die Identifikation mit der Deviantenrolle zu verstehen. Theoretische Konzepte und Untersuchungen dazu existieren – wie genannt – im Bereich des Selbstkonzepts und der Selbstregulation sowie in der interaktionistischen Devianzforschung (z. B. BECKER 1973).

Insgesamt zeigen die fünf Kategorien MISCHELs, daß sich Merkmale der Täterpersönlichkeit nicht nur auf wenige Temperamentsdimensionen beschränken müssen. Die Berücksichtigung von situativen Aspekten und des sozialen Handlungskontexts ist dabei nur *eine* wesentliche Perspektive. Eine *zweite* betrifft den Entwicklungsaspekt. Auch wenn die neueren Längsschnittstudien zeigen, daß bereits hyperaktives, impulsives und aggressives Verhalten in der Kindheit zu den Prädiktoren für spätere Straffälligkeit gehören, sind die Zusammenhänge nur moderat und die Entwicklungslinien keineswegs „linear". Eventuelle neurologisch-physiologische und temperamentsmäßige Unterschiede führen erst über eine Reihe von Zwischenphänomenen zu Delinquenz, z. B. über sozialen Rückzug, geringere soziale Fertigkeiten, kognitiv-attributionale Probleme, Schulleistungsdefizite, Schwierigkeiten in der Gruppe und Bandenanschluß. Diese können im Sinne von Wechselwirkungsprozessen durch unangemessene Reaktionen der Umwelt gefördert, durch adäquate Interventionen aber auch verhindert werden (LOEBER 1990). Problemverhaltensweisen haben in unterschiedlichen Entwicklungsabschnitten verschiedene Bedeutungen und Funktionen (HURRELMANN & LÖSEL 1990). Bestimmte Risikofaktoren können für manche Perioden relevant sein, für andere nicht. Neben Risiken, Belastungen, Defiziten etc. ist auch der Einfluß von personalen und sozialen Schutzfaktoren in der Entwicklung zu beachten, der mehr oder weniger kompensierend wirken kann (z. B. WERNER 1989; LÖSEL & BLIESENER 1990). In intra-individuellen Vergleichen sollte deshalb vermehrt zwischen Bedingungen des Beginns, des Andauerns und der Beendigung von Straffälligkeit im Lebenslauf unterschieden werden (z. B. FARRINGTON 1989).

Es ist zu hoffen, daß sich solche kontext- und entwicklungsbezogenen Sichtweisen in Forschung und Praxis auch dort verbreiten, wo die Frage nach der Täterpersönlichkeit noch mit Verhaltenserklärungen nach der Art eines „kriminellen Typus" gleichgesetzt wird.

Albrecht, G., Howe, C.-W., Wolterhoff-Neetix, J., Neue Ergebnisse zum Dunkelfeld der Jugenddelinquenz: Selbstberichtete Delinquenz von Jugendlichen in zwei westdeutschen Großstädten, in: G. Kaiser, H. Kury, H.-J. Albrecht (Hrsg.), Kriminologische Forschung in den 80er Jahren, Bd. 2. Freiburg i. Br. 1988, S. 661–696; *Allsopp, F.J., Feldman, M. P.*, Extraversion, neuroticism and anti-social behaviour in school girls, Social Behaviour and Personality, 1975, 2, 184–190; *Amelang, M.*, Sozial abweichendes Verhalten, Berlin 1986; *Amelang, M., Schahn, J., Kohlmann, D.*, Techniken der Neutralisierung: Eine modelltestende Untersuchung auf der Basis offizieller und selbstberichteter Delinquenz, MschrKrim 71 (1988), S. 178–190; *Bandura, A.*, Aggression. Eine sozial-lerntheoretische Analyse, Stuttgart 1979 (amerikanisch 1973); *Becker, H.S.*, Außenseiter. Zur Soziologie abweichenden Verhaltens, Frankfurt 1973; *Boor, C. de*, Sozialtherapie als angewandte Psychoanalyse in einer Sondereinrichtung der holländischen Justiz, in: Lüderssen, K., Sack, F. (Hrsg.), Seminar: Abweichendes Verhalten III. Frankfurt 1977, S. 402–416; *Buss, A.H.*, Personality as traits, American Psychologist, 44 (1989), S. 1378–1388; *Cleckley, H.*, The mask of sanity, 6th ed, St. Louis 1982 (1st ed. 1941); *Cornish, D.B., Clarke, R.V.* (Eds.), The reasoning criminal. Rational choice perspectives of offending, New York 1986; *Digman, J.*, Personality structure: The emergence of the five-factor model, Annual Review of Psychology, 41 (1990), S. 417–440; *Dillig, P.*, Selbstkonzept und Kriminalität, Dissertation, Universität Erlangen-Nürnberg, 1976; *Elliot, D.S., Huizinga, D., Ageton, S.S.*, Explaining delinquency and drug use, Beverly Hills 1985; *Endler, N.S., Magnusson, D.* (Eds.), Interactional psychology and personality, Washington 1976; *Epstein, S.*, Aggregation and beyond: Some basic issues on the prediction of behavior, Journal of Personality, 51 (1983), S. 360–392; *Eysenck, H.J.*, Crime and personality, 2nd ed. London 1977 (deutsch 1977); *Eysenck, H.J.*, Psychopathie, in: U. Baumann, H. Berbalk, G. Seidenstücker (Hrsg.), Klinische Psychologie – Trends in Forschung und Praxis, Bd. 3, Bern 1980, S. 323–360; *Eysenck, H.J., Gudjonsson, G.H.*, The causes and cures of criminality, New York 1989; *Farrington, D.P.*, Long-term prediction of offending and other life outcomes, in: Wegener, H., Lösel, F., Haisch, J. (Eds.), Criminal behavior and the justice system: Psychological perspectives, New York 1989, S. 26–39; *Farrington, D.P.*, Psychologische Beiträge zur Erklärung, Verhütung und Behandlung von Kriminalität, Gruppendynamik, 22 (1991), S. 25–45; *Farrington, D.P., Knight, B.J.*, Four studies of stealing as a risky decision, in: Lipsitt, P.D., Sales, D. (Eds.), New directions in psycholegal research, New York 1980, S. 26–50; *Farrington, D.P., Loeber, R., van Kammen, W.B.*, Long-term criminal outcomes of hyperactivity-impulsivity-attention deficit and conduct problems in childhood, in: Robins, L.N., Rutter, M. (Eds.), Straight and devious pathways from childhood to adulthood, Cambridge 1990, S. 62–81; *Farrington, D.P., Ohlin, L.E., Wilson, J.Q.*, Understanding and controlling crime, New York 1986; *Filipp, S.-H.*, Entwurf eines heuristischen Bezugsrahmens für Selbstkonzept-Forschung: Menschliche Informationsverarbeitung und naive Handlungstheorie, in: Filipp, S.-H. (Hrsg.), Selbstkonzept-Forschung, Stuttgart 1979, S. 129–152; *Göppinger, H.*, Der Täter in seinen sozialen Bezügen, Berlin 1983; *Haapasalo, J.*, Psychopathy as a descriptive construct of personality among offenders, Jyväskylä Studies in Education, Psychology and Social Research, Jyväskylä/SF, 1991; *Hare, R.D.*, Psychopathy, London 1970; *Hare, R.D., McPherson, L.M., Forth, A.E.*, Male psychopaths and their criminal careers, Journal of Consulting and Clinical Psychology, 56 (1988), S. 710–714; *Hare, R.D., Schalling, D.* (Eds.), Psychopathic behaviour: Approaches to research, Chichester 1978; *Hathaway, S.R., Monachesi, D.E.*, Adolescent personality and behavior, Minneapolis 1963; *Herrmann, T.*, Persönlichkeitsmerkmale, Stuttgart 1973; *Herrmann, T.*, Die Eigenschaftskonzeption als Heterostereotyp. Kritik eines persönlichkeitspsychologischen Geschichtsklischees, Zeitschrift für Differentielle und Diagnostische Psychologie, 1 (1980), S. 7–16; *Hirschi, T.*, Labelling theory and juvenile delinquency: an assessment of the evidence, in: Gove, W.R. (Ed.), The labelling of deviance – Evaluating a perspective, New York 1975, S. 181–203; *Hirschi, T., Hindelang, M.J.*, Intelligence and delinquency: A revisionistic review, American Sociological Review, 42 (1977), S. 571–587; *Hurrelmann, K., Lösel, F.*, Basic issues and problems of health in adolescence, in: Hurrelmann, K., Lösel, F. (Eds.), Health hazards in adolescence, Berlin u. a. 1990, S. 1–21; *Jeffrey, C.R.*, Criminology as an interdisciplinary behavioral science, in: Sagarin, E. (Ed.) Criminology: New concerns, Beverly Hills/CA 1979, S. 17–37; *Jessor, R.*, Problem-behavior theory, psychosocial development, and adolescent problem drinking, British Journal of Addition, 82 (1987), S. 435–446; *Jones, E.E., Nisbett, R.E.*, The actor and the observer: Divergent perceptions of the causes of behavior, in: Jones, E.E. et al. (Eds.), Attribution: Perceiving the causes of behavior, Morristown 1971, S. 79–94; *Kury, H.*, Zur Verfälschbarkeit von Persönlichkeitsfragebogen, ZStrVo, 32 (1983), S. 323–333; *Loeber, R.*, Disruptive and antisocial behavior in childhood and adolescence: Development and risk factors, in: Hurrelmann, K., Lösel, F. (Eds.), Health hazards in adolescence, Berlin u. a. 1990, S. 233–257; *Loeber, R., Dishion, T.*, Early predictors of male delinquency: A review, Psychological Bulletin, 94 (1983), S. 68–99; *Loeber, R., Stouthamer-Loeber, M.*, Family factors as correlates and predictors of juvenile conduct problems and delinquency, in: Tonry, M., Morris, N. (Eds.), Crime and Justice. An Annual Review of Research, Vol. 7, Chicago 1986, S. 29–150; *Lösel, F.*, Handlungskontrolle und Jugenddelinquenz, Stuttgart 1975; *Lösel, F.*, Begründungsdefizite in der Kritik genereller Persönlichkeitsmerkmale, in: Ronneberger, F., Seel, H.-J., Stosberg, M. (Hrsg.), Autonomes Handeln als personale und gesellschaftliche Aufgabe, Opladen 1980, S. 253–280; *Lösel, F.*, Empirische Persönlichkeitsforschung und Delinquenzerklärung, in: Lösel, F. (Hrsg.), Kriminalpsychologie, Weinheim 1983, S. 29–40; *Lösel, F.*, Persönlichkeitsdaten, in: Jäger, R. S. (Hrsg.), Psychologische Diagnostik, München 1988, S. 303–320; *Lösel, F.*, Prediction and explanation of criminal behavior: Introduction, in: Wegener, H., Lösel, F., Haisch, J. (Eds.), Criminal behavior and the justice system: Psychological perspectives, New York 1989, S. 17–25; *Lösel,*

F., Bliesener, T., Resilience in adolescence: A study on the generalizability of protective factors, in: Hurrelmann, K., Lösel, F. (Eds.), Health hazards in adolescence, Berlin u. a. 1990, S. 299–320; *Lösel, F., Gerlicher, K.*, Erfahrungen und subjektive Theorien zur Jugendkriminalität: Eine Befragung am Strafvollzug beteiligter Gruppen. Forschungsbericht an das Bayerische Staatsministerium der Justiz, Erlangen 1990; *Lösel, F., Köferl, P., Weber, F.*, Meta-Evaluation der Sozialtherapie, Stuttgart 1987; *Lösel, F., Selg, H., Schneider, U.* unter Mitarbeit von *Müller-Luckmann, E.*, Ursachen, Prävention und Kontrolle von Gewalt aus psychologischer Sicht, in: Schwind, H. D., Baumann, J. u. a. (Hrsg.), Ursachen, Prävention und Kontrolle von Gewalt. Analysen und Vorschläge der unabhängigen Regierungskommission zur Verhinderung und Bekämpfung von Gewalt, Bd. 2. Berlin 1991, S. 1–156; *Lösel, F., Wüstendörfer, W.*, Persönlichkeitskorrelate delinquenten Verhaltens oder offizieller Delinquenz?, Zeitschrift für Sozialpsychologie, 7 (1976), S. 177–191; *Lombroso, C.*, L'uomo delinquente, Milano 1876; *Magnusson, D.*, Individual development from an interactional perspective: A longitudinal study, Hillsdale/NJ 1988; *Magnusson, D.*, Personality research – challenges for the future, European Journal of Personality, 4 (1990), S. 1–17; *Mawson, A.R.*, Transient criminality: A model of stress-induced crime, New York 1987; *Merz, F., Stelzl, I.*, Einführung in die Erbpsychologie, Stuttgart 1977; *Mitchel, S., Rosa, P.*, Boyhood behavior problems as precursors of criminality: A fifteen-year follow-up study, Journal of Child Psychology and Psychiatry and Allied Disciplines, 22 (1981), S. 19–33; *Mischel, W.*, Personality and assessment, New York 1968; *Mischel, W.*, Toward a cognitive social learning reconceptualization of personality, Psychological Review, 80 (1973), S. 252–283; *Monahan, J.*, Predicting violent behavior. An assessment of clinical techniques, Beverly Hills/CA 1981; *Opp, K.-D.* (Hrsg.), Strafvollzug und Resozialisierung, München 1979; *Ortmann, R.*, Resozialisierung im Strafvollzug, Freiburg 1987; *Oswald, M.*, Überlegungen zur Erklärungskraft von Eysencks Persönlichkeitstheorie, Psychologische Beiträge, 20 (1978), S. 14–34; *Pielmaier, H.* (Hrsg.), Training sozialer Verhaltensweisen, München 1980; *Pulkkinen, L.*, Delinquent development: theoretical and empirical considerations, in: Rutter, M. (Ed.), Studies of psychosocial risk: the power of longitudinal data, Cambridge 1988, S. 184–199; *Reckless, W.C.*, Halttheorie, MschrKrim 44 (1961), S. 1–14; *Robins, L.N.*, Study childhood predictors of adult antisocial behavior: Replications from longitudinal studies, Psychological Medicine, 8 (1978), S. 611–622; *Rolinski, K.*, Zur Hypothese unterschiedlicher Auswirkung von Verstärkungsbedingungen bei Straffälligen und Nicht-Straffälligen im Lernexperiment, MschrKrim 61 (1978), S. 139–148; *Sarbin, T.R.*, The myth of the criminal type, in: Sarbin, T.R. (Ed.), Challenges to the criminal justice system. The perspective of community psychology, New York 1979, S. 1–27; *Schachter, S., Latané, B.*, Crime, cognition and the autonomic nervous system, in: Levine, D. (Ed.), Nebraska Symposium on Motivation, vol. 12, Lincoln 1964; *Schmitt, M.*, Konsistenz als Persönlichkeitseigenschaft?, Berlin 1990; *Schneider, H.J.*, Situative Aspekte delinquenter Handlungen und der Prozeß des Opferwerdens, in: Lösel, F. (Hrsg.), Kriminalpsychologie, Weinheim 1983, S. 74–84; *Schneider, K.*, Die psychopathischen Persönlichkeiten, 4. Aufl. Wien 1940; *Schuessler, K.F., Cressey, D.R.*, Personality characteristics of criminals, American Journal of Sociology, 55 (1950), S. 476–484; *Schulsinger, F.*, Psychopathy: Heredity and environment, International Journal of Mental Health, 1 (1972), S. 190–206; *Seitz, W.*, Zur Struktur und Erfassung der Persönlichkeit von Inhaftierten, Zeitschrift für Differentielle und Diagnostische Psychologie, 4 (1983), S. 261–281; *Steller, M., Hunze, D.*, Zur Selbstbeschreibung von Delinquenten im Freiburger Persönlichkeitsinventar (FPI) – eine Sekundäranalyse empirischer Untersuchungen, in: Zeitschrift für Differentielle und Diagnostische Psychologie, 5 (1984), S. 87–109; *Sykes, G.M., Matza, D.*, Techniques of neutralization: A theory of delinquency, American Sociological Review, 22 (1957), S. 664–670; *Tauss, R.*, Die Veränderung von Selbstkonzeptkomponenten im Inhaftierungsverlauf jugendlicher Strafgefangener, Freiburg 1992; *Tennenbaum, D.J.*, Personality and criminality, Journal of Criminal Justice, 5 (1977), S. 225–235; *Tittle, C.R., Villemez, W.J., Smith, D.A.*, The myth of social class and criminality, an empirical assessment of the empirical evidence, American Sociological Review, 43 (1978), S. 643–656; *Trasler, G.*, The explanation of criminality, London 1962; *Verres, R., Sobez, I.*, Ärger, Aggression und soziale Kompetenz, Stuttgart 1980; *Villmow, B., Stephan, E.* unter Mitarbeit von *Arnold, H.*, Jugendkriminalität in einer Gemeinde, Freiburg 1983; *Waldo, G.P., Dinitz, S.*, Personality attributes of the criminal: An analysis of research studies 1950–65, Journal of Research in Crime and Delinquency, 4 (1967), S. 185–202; *Werner, E.E.*, Vulnerability and resiliency: A longitudinal perspective, in: Brambring, M., Lösel, F., Skowronek, H. (Eds.), Children at risk: Assessment, longitudinal research, and intervention, Berlin 1989, S. 157–172; *Wilson, J.A., Herrnstein, R.J.*, Crime and human nature, New York 1985; *Wolfgang, M.E., Figlio, R.M., Sellin, T.*, Delinquency in a birth cohort, Chicago 1972; *Yochelson, S., Samenow, S.E.*, The criminal personality, vol. I: A profile for change, New York 1976.

FRIEDRICH LÖSEL

Tatverdacht → Anzeigeverhalten, → Kriminalstatistik, → Polizeiforschung

Theorie der differentiellen Kontakte → Bande, Gruppe, Gang, → Kriminalitätstheorien, soziologische

Theorie und Erklärung. In der Kriminologie existieren eine Fülle von Theorien bzw. theoretischen Ansätzen über den „Rechtsbrecher", das „Verbrechen", das sozial „abweichende" oder „auffällige" Verhalten sowie die soziale und strafrechtliche Kontrolle (→ Kriminalitätstheorien). Ob diese Theorien einen relevanten Beitrag zur Erklärung sozialer Probleme (z. B. dem Kriminalitätsanstieg) leisten können, wird von Praktikern oft bezweifelt. Ein Grund hierfür liegt darin, daß nicht immer klar ist, was eine Theorie ist und was von ihr erwartet werden kann.

Als Theorie wird allgemein ein System von über den Einzelfall hinausgehenden Aussagen bezeichnet, das dazu dient, Erkenntnisse über einen Tatsachenbereich (z. B. statistische Verteilung der Kriminalität in bestimmte Bevölkerungsgruppen, Art des abweichenden Verhaltens und Formen der sozialen Reaktion darauf) zu ordnen und das Auftreten dieser Tatsachen zu erklären. In der Forschung haben Theorien vor allem die Funktion, das Erkenntnisinteresse und die Fragestellungen zu leiten sowie eine Strategie für die Erhebung und Auswertung der Daten bereitzustellen (→ Methoden der Kriminologie). Dem Praktiker sollen Theorien Voraussagen und Erklärungen, Verständnis und eine gewisse Kontrolle problematischer Situationen ermöglichen.

Welche Kriterien im einzelnen eine Theorie erfüllen muß, hängt weitgehend vom *wissenschaftstheoretischen Standpunkt* ab, nämlich von der Frage, ob Theorien den analytischen Kriterien der Naturwissenschaften (z. B. Physik) zu unterwerfen sind und damit in der Tradition des Positivismus stehen oder ob spezifisch geisteswissenschaftliche Methoden der Theoriekonstruktion anerkannt werden.

Soweit kriminologische Ansätze in irgendeiner Form ätiologisch orientiert sind und im weitesten Sinne *allgemein gültige* (nomologische) Kausalerklärungen für das Straffälligwerden anstreben, sind sie nach den Kriterien der *empirisch-analytischen* Methodologie zu beurteilen (statt vieler ausführlich STEGMÜLLER 1983).

Im Rahmen der *empirisch-analytischen Wissenschaften* faßt eine Theorie eine gewisse Anzahl von *allgemeinen* Gesetzen oder Hypothesen über Bedingungen und Wirkungen von Tatsachen in der Art zusammen, daß die einzelnen Sätze aus dem „Obergesetz" oder dem theoretischen Aussagesystem ableitbar sind (ALBERT 1973; OPP 1976). Im Idealfall sollten die Theorien ohne raum-zeitliche Beschränkung gelten. Die von der analytischen Wissenschaftstheorie aufgestellte Forderung nach raumzeitlicher Unbegrenztheit ist umstritten. Eingeschränkte, nur für einen bestimmten Bereich geltende Aussagen über generelle Zusammenhänge können das Auftreten bestimmter Ereignisse in diesem Bereich genauso erklären wie raum-zeitlich begrenzte Aussagen und haben darüber hinaus für die Kriminologie den Vorteil, daß sie der historisch-gesellschaftlichen Bedingtheit von Wertungen und Handlungszielen eher gerecht werden. Auch wenn häufig kriminologische Theorien mit Universalitätsanspruch formuliert sind, können sie in der Regel doch nur ihre Gültigkeit für Industriegesellschaften bestimmter Prägung beanspruchen und sind insofern eher Theorien mittlerer Reichweite (MERTON 1968). Wenn Theorien in formalisierter Sprache dargestellt werden, spricht man auch von Modellen.

Zuweilen werden die Begriffe „Theorie" und „Gesetz" synonym verwendet. Gemeinsam ist beiden Begriffen, daß es sich um allgemeine (über Einzelfälle hinausgehende) Aussagen mit Erklärungswert handelt, die empirisch geprüft und noch nicht widerlegt worden sind. Will man *„Theorie"* und *„Gesetz"* unterscheiden, so kann Theorie als eine Zusammenfassung von Gesetzen bezeichnet werden. In der Kriminologie sollte man statt von Gesetzen eher von *Hypothesen* (Annahmen) sprechen, da sie aufgrund ihrer geringen empirischen Absicherung mit einer relativ hohen Wahrscheinlichkeit durch die „Erfahrung" bzw. empirische Forschung widerlegt (falsifiziert) werden können. Im strengen Sinn kann es in den empirischen Wissenschaften überhaupt keine „wahren" (verifizierten) Theorien oder Gesetze geben, die für alle Zeiten Gültigkeit beanspruchen, denn derartige Aussagen sollen nicht nur ein bereits beobachtetes Phänomen erklären, sondern auch ein noch unbekanntes Ereignis voraussagen. Diese bisher unbekannten Ereignisse können immer noch die bisherige „Wahrheit" einer Theorie als falsch entlarven. Deshalb ersetzt POPPER das *Verifikationsprinzip* durch das *Falsifikationsprinzip* (POPPER 1984).

POPPERS *Falsifikationsprinzip* fordert, daß Hypothesen, Gesetze und Theorien prinzipiell überprüfbar und somit *widerlegbar* sein müssen. Dazu müssen die in ihnen enthaltenen Begriffe präzise definiert und operationalisierbar sein (→ Methoden der Kriminologie). Das Problem der *Operationalisierbarkeit* stellt sich vor allem bei der Verwendung von relativ abstrakten und realitätsfernen Begriffen (z. B. Anomie, sozialer Status u. ä.). Darüber hinaus müssen die Sätze einen *Informationsgehalt über die Realität* haben. *Tautologische* Aussagen, die unabhängig von der Beschaffenheit der Realität immer wahr sind, sowie *kontradiktorische* Sätze, die unabhängig von den Fakten immer falsch sind, sind *unbrauchbar*. Kontradiktorische Aussagen kommen in der Kriminologie kaum vor, jedoch besteht die Gefahr tautologischer Sätze, ohne daß sie auf den ersten Blick als solche erkennbar sind. Z. B. ist der Satz: „Je stärker eine Person nach unmittelbarer Trieb- und Lustbefriedigung strebt, desto eher wird sie sich sozial abweichend verhalten" dann eine Tautologie, wenn das Streben nach unmittelbarer Trieb- und Lustbefriedigung als bedeutungsgleich mit Abweichung von der sozialen Norm angesehen wird.

Hypothesen oder Gesetze über Bedingungszusammenhänge können als Wenn-dann- oder Je-desto-Aussagen formuliert werden. Dabei sind *deterministische* von *probabilistischen* (Wahrscheinlichkeits-) Aussagen zu unterscheiden. „Wenn eine Person eine Strafrechtsnorm bricht, dann wird sie sanktioniert" ist eine *deterministische Aussage* in dem Sinne, daß bei Vorliegen der Wenn-Komponente *immer* die Dann-Komponente auftritt. Diese Aussage ist besonders leicht empirisch zu widerlegen, denn zur Falsifikation genügt schon eine Person, die eine Straftat begangen hat und nicht sanktioniert wird. Wie aus diesem Beispiel zu ersehen ist, werden Hypothesen dadurch auf ihre Richtigkeit hin geprüft, daß aus ihnen *Prognosen* über noch nicht bekannte Ereignisse abgeleitet und mit der Realität konfrontiert werden. Prognosen dieser Art haben nur heuristische Bedeutung, entsprechen aber in ihrer Struktur den kriminologisch relevanten Voraussagen (→ Kriminalprognose). Dabei zeigt sich, daß exakte Prognosen für den Einzelfall nur aus Allsätzen ableitbar sind, bei denen die Beziehung zwischen mindestens zwei empirisch erfaßbaren Phänomenen in der Form „wenn ... dann immer ...“ ausgedrückt werden kann, wobei sich die Dann-Komponente des Satzes auf das vorauszusagende Ereignis bezieht. Für einen derartigen Zusammenhang von bedingenden und abhängigen Phänomenen muß eine *Kausalbeziehung deterministischer Art* angenommen werden, bei der sowohl die notwendigen als auch die hinreichenden Bedingungen für das Auftreten eines Ereignisses bekannt sind. *Notwendig* ist die Bedingung, wenn ohne ihre Existenz das abhängige Ereignis *nicht* auftritt. *Hinreichend* ist das notwendige Merkmal erst, wenn es *allein* das abhängige Phänomen verursacht. In unserem Beispiel würde eine deterministische Kausalbeziehung vorliegen, wenn im Geltungsbereich dieser Hypothese *alle* Personen, die eine Strafrechtsnorm verletzt haben, tatsächlich sanktioniert werden (notwendig) und alle Sanktionierten tatsächlich eine Straftat begangen haben (hinreichend). Daß diese Hypothese, die einen monokausalen Zusammenhang zwischen Begehung der Straftat und Sanktionierung annimmt, falsch ist, zeigen die Dunkelfelduntersuchungen (→ Dunkelfeld). Es müssen eine Reihe von weiteren Bedingungen erfüllt sein, ehe jemand strafrechtlich sanktioniert wird (→ Selektion und Selektionsmechnismen). In der ätiologisch orientierten Kriminologie sind deterministische Aussagen die Ausnahme, da Kriminalität als eine Form des sozialen Verhaltens weder vollständig vorhersehbar noch völlig determiniert ist.

Die meisten ätiologisch relevanten Hypothesen in der Kriminologie sind probabilistische Aussagen und behaupten einen stochastischen oder statistischen Zusammenhang in dem Sinne, daß im Falle des Vorliegens der Wenn-Komponente nicht immer, sondern nur mit einer gewissen Wahrscheinlichkeit die Dann-Komponente auftritt. Dabei lassen sich zwei Arten stochastischer Zusammenhänge unterscheiden:

1. Es sind eine oder einige *notwendige* Bedingungen bekannt, die *aber nicht hinreichend* das interessierende Ereignis erklären, da die weiteren Bedingungen noch *nicht* bekannt sind. In dem oben genannten Beispiel ist die Begehung einer Straftat – wenn man von „Justizirrtümern“ absieht – eine notwendige, aber keine hinreichende Bedingung für die spätere Verurteilung.

2. Die „bedingende“ Variable kann *weder als notwendige noch als hinreichende Bedingung* für das zu erklärende Phänomen angesehen werden und wird trotzdem als eine von mehreren „Ursachen“ interpretiert (HIRSCHI, SELVIN 1970). Ein Beispiel ist folgende vereinfachte These: Jugendliche aus der Unterschicht werden zu einem größeren Teil straffällig als Jugendliche aus der Mittelschicht. Eine Hypothese dieser Art sagt allerdings noch nicht viel über die Relevanz des „bedingenden“ Faktors für das abhängige Ereignis aus. In einer guten Hypothese zur Erklärung der Delinquenz sollte der Zusammenhang zwischen den „Bedingungen“ und dem Auftreten delinquenten Verhaltens (registrierten Delinquenz) möglichst eng sein, denn die Delinquenz wird um so

eher befriedigend „erklärt", je *häufiger* beim Vorliegen der angenommenen „Bedingungen" die Straffälligkeit auftritt. Die genannte These ist auch deswegen unbefriedigend, weil sie nichts darüber aussagt, warum einerseits *nicht alle* Jugendlichen aus der Unterschicht und andererseits *auch* Jugendliche aus der Mittelschicht straffällig werden. Es handelt sich also um eine Hypothese mit geringem Informationsgehalt. Im Rahmen des multifaktoriellen (interdisziplinären) Ansatzes wurde mit Hilfe breit angelegter Vergleichsuntersuchungen nach weiteren „Bedingungen" für das Straffälligwerden gesucht. Auch wenn man aufgrund dieser Untersuchungen mehrere „Bedingungen" benennen kann, so bleiben die Zusammenhänge mit der Straffälligkeit dennoch stochastischer Art in dem Sinne, daß nur mit einer gewissen *Wahrscheinlichkeit* bei Vorliegen der verschiedenen „Bedingungen" die Straffälligkeit prognostiziert werden kann (→ Kriminalprognose).

Auch für die *Wahrscheinlichkeitsaussagen* gilt theoretisch das *Falsifikationsprinzip* von POPPER, ist aber empirisch schwer einzulösen. Während bei deterministisch formulierten Theorien oder Hypothesen ein einziger im Geltungsbereich der Theorie empirisch auftretender, mit der Aussage jedoch nicht vereinbarer Fall zur Falsifikation ausreicht, können bei probabilistischen Aussagen eine bestimmte Anzahl von der Hypothese widersprechenden Fälle auftreten, ohne daß dadurch die Aussage widerlegt wird. Damit werden für eine exakte Überprüfung von Wahrscheinlichkeitsaussagen statistische Untersuchungen größeren Ausmaßes notwendig (→ Methoden der Kriminologie).

Der *Erklärungswert* einer Theorie o. ä. besteht in dem Nachweis, daß sich das unter bestimmten Bedingungen regelmäßig wiederkehrende Auftreten bestimmter Ereignisse als logische Schlußfolgerung aus einer allgemeinen Aussage ableiten bzw. deduzieren läßt. Dabei läßt sich der Vorgang einer *deduktiven Erklärung* formal wie folgt darstellen (vgl. OPP 1976). Das zu erklärende Ereignis (Explanandum) ist eine singuläre (deskriptive) Aussage, z. B. „Im Stadtteil X ist die Straftatenquote höher als im Stadtteil Y". Der Forscher muß nun nach einem korrelierenden Tatbestand suchen, der möglichst im Einklang mit einem bereits empirisch bestätigten Gesetz oder einer Theorie steht. Ist eine derartige, allgemein gültige Aussage bekannt, die eine oder mehrere Bedingungen für das Auftreten des Explanandum angibt (Anfangs- oder Randbedingungen) und lassen sich diese bedingenden Faktoren in dem konkreten Fall auch empirisch feststellen, so erklärt die Gesetzesaussage das Explanandum. Gesetzesaussagen und Anfangsbedingungen bezeichnet man dabei als Explanans.

Akzeptiert man als empirisch bestätigtes Gesetz oder Hypothese die Aussage „je höher die Arbeitslosenquote in einem Stadtteil ist, desto höher ist die Straftatenquote" und ist tatsächlich im Stadtteil X ein größerer Bevölkerungsanteil arbeitslos als im Stadtteil Y, dann *erklärt* diese Hypothese das Phänomen der unterschiedlichen Delinquenzraten in den beiden Stadtteilen. Die Hypothese wird dadurch auch gleichzeitig bestätigt. Nach dem eben skizzierten deduktiven Erklärungsmodell (erstmals von HEMPEL und OPPENHEIM formuliert, HEMPEL 1965) muß eine adäquate Erklärung *folgenden Bedingungen* genügen: Das Explanandum muß logisch aus dem Explanans folgen, dieses muß mindestens aus einem empirischen Gesetz und mindestens einer singulären Aussage (Randbedingung) bestehen, sowohl das Explanans als auch das Explanandum müssen empirisch belegt sein. Das genannte Erklärungsmodell hatte nur eine Anfangsbedingung, es war damit so stark vereinfacht, daß es kaum als relevante Erklärung der Wirklichkeit anzusehen ist. Neben der Arbeitslosigkeit beeinflussen die Kriminalitätsrate auch andere „Bedingungen", z. B. soziale Bewertungsprozesse, Polizeieinsatz u. ä. Darüber hinaus bleibt die Hypothese ihrerseits *erklärungsbedürftig*. Hier müßte der zweite Schritt in der Kausalitätsforschung einsetzen: Es muß eine Theorie konstruiert werden, welche die angeblich generelle Beziehung zwischen Arbeitslosigkeit und Kriminalitätsrate erklärt. Während im ersten Schritt der „Erklärung" eine Vielzahl deskriptiver Aussagen über singuläre Ereignisse reduziert werden auf generelle Aussagen über Zusammenhänge, werden auf den weiteren Stufen des Forschungsprozesses mehrere generelle Aussagen auf einige wenige allgemeinere Aussagen und schließlich auf ein geschlossenes Aussagesystem (Theorie) reduziert, aus dem die generellen Beziehungen ableitbar sind.

Eine besondere Form der deduktiven Erklärung stellt die *partielle Erklärung* dar. Von partieller Erklärung spricht HEMPEL (1965) dann, wenn aus dem Explanans auch ein anderes als das beobachtete Ereignis folgen kann, es muß nur zusammen mit dem beobachteten Ereignis in dieselbe Klasse von Ereignissen fallen, die durch das Explanandum ausgedrückt wird. Folgende aus der Anomietheorie (→ Kriminalitätstheorien, soziologische) von MERTON (1968) abgeleitete Hypothese soll diese Form der Erklärung verdeutlichen:

Wenn in einer leistungsorientierten Gesellschaft die Mitglieder mit relativ niedrigem Einkommen, welche die in dieser Gesellschaft üblichen Erfolgsziele internalisiert haben, nur sehr geringe Chancen haben, dieses Ziel mit legalen Mitteln zu erreichen, erhöht sich die Wahrscheinlichkeit zu abweichendem Verhalten als Innovation (Neuerung), indem illegitime Mittel zur Erreichung dieses Ziels eingesetzt werden. Innovation zeigt sowohl ein Geschäftsmann, der Lücken in den gesetzlichen Bestimmungen so geschickt ausnutzt, daß ihm kein strafwürdiger Verstoß nachgewiesen werden kann, als auch der „gewöhnliche" Dieb, Betrüger, etc. Wird nun in einer leistungsorientierten Gesellschaft bei ökonomisch schlechter gestellten Gruppen eine erhöhte Rate an Eigentumdelinquenz festgestellt, kann dies nur partiell aus der Anomiethese „erklärt" werden. Denn es bleibt die Frage offen, warum gerade in erhöhtem Maße Eigentumsdelikte und nicht andere Formen von Innovationen auftreten. Das Fehlen weiterer Bedingungen für das Explanandum führte schließlich zu mehrfachen Modifikationen und Ergänzungen des Anomie-Ansatzes. Die meisten sozial- und verhaltenswissenschaftlichen Theorien erklären Delinquenz nur *partiell*.

Theorien werden i. d. R. dann *überfordert*, wenn sie Kriminalität in ihrer *Gesamtheit* (z. B. das strafbare Handeln und die gesellschaftliche Reaktion darauf) erklären sollen. Werden die verschiedenen Theorien mit der Realität konfrontiert, so zeigt sich, daß sie unterschiedliche Aspekte mehr oder weniger gut erklären, aber nicht das gesamte Phänomen Kriminalität und seine Folgen. Unter dem Aspekt des „Universalitäts-" und „Alleinvertretungsanspruchs" befriedigen die Kriminalitätstheorien nicht (SPRINGER 1973; LAMNEK 1979; PETERS 1989).

Auch wenn die Theorien einer strengen methodischen Überprüfung noch nicht genügen, können sie sich dennoch in *Teilaspekten* für die Praxis bewähren, indem sie Wissen für die Lösung praktischer Probleme zur Verfügung stellen. In den letzten Jahren wird verstärkt *Praxisrelevanz* in dem Sinne gefordert, daß die Theorien in der Praxis anwendbar und verwertbar sein sollen. Adressaten in der Praxis können politische Entscheidungsträger (Legislative, Administration), Strafjustiz, Polizei, aber auch die „Betroffenen" selbst (z. B. Straffällige, Selbsthilfegruppen) sein. Empirisch abgesicherte Theorien würden nach einer Analyse des Problems wissenschaftlich abgesicherte Handlungsempfehlungen unter Abwägung aller möglichen Probleme erlauben (z. B. Kriminalitätsprophylaxe, Reaktion auf strafbare Handlungen, Umgang mit Straffälligen), ohne daß vorher zeit- und kostenaufwendige empirische Untersuchungen durchgeführt werden müßten. Voraussetzung für die *Anwendbarkeit* ist, daß die Theorien „Ursachen" bzw. Bedingungen und Folgen der Kriminalität aufdecken, die einer politischen oder sonstigen Intervention zugänglich und somit in einer Gesellschaft *veränderbar* sind (zur Beurteilung der Brauchbarkeit der wichtigsten Kriminalitätstheorien S. WILSON 1975; ALBRECHT 1982). Die Art der *Verbindung von Theorie und Praxis* wird je nach wissenschaftstheoretischem Standpunkt unterschiedlich gesehen und hat unter dem Stichwort „Werturteilsstreit" heftige Kontroversen ausgelöst (die Diskussion in etwa nachzeichnend ALBERT/TOPITSCH 1971). Einerseits wird im Anschluß an MAX WEBER eine Trennung von Aussagen über das *Sein* und das *Sollen* gefordert, da aus allgemeinen Aussagen über das Sein nicht eindeutig als „logischer" Schluß abzuleiten ist, wie die Wirklichkeit aussehen *soll*. Andererseits werden immer wieder Zweifel am Sinn und der Fruchtbarkeit einer Beschränkung auf Seinsaussagen geäußert, weil die Konzentration auf die Erkundung gegebener Wirklichkeiten unter Verzicht auf normative Urteile zu einer Vernachlässigung der Fragen zu gesellschaftlichen Ziel- und Wertvorstellungen führe.

Die angestrebte Praxisnähe hat auch Auswirkungen auf die *methodische Vorgehensweise*. Die empirisch-analytische Methodologie konzentriert sich vor allem auf das Testen von Hypothesen und ließ die Frage nach der *Herkunft der zu testenden Hypothesen* – den „Gewinnungs-Zusammenhang" – weitgehend außer acht. Im Extremfall können also Theorien und Hypothesen am Schreibtisch entwickelt werden, sie müssen dann allerdings mit der Realität konfrontiert werden, sie sind also dem empirischen Scheitern auszusetzen. Diese Theorien sind häufig für die Praxis wenig relevant, weil sie so abstrakt formuliert sind, daß die Praxis davon kaum berührt wird. Es besteht dann die Gefahr, daß die Theorien eine kriminalsoziologische oder -psychologische Welt konstruieren, deren Bezug zur real existierenden Kriminalität und deren Folgen fragwürdig sind.

Die *explorative Forschung* (→ Methoden der Kriminologie) will diesem Mangel, der für die Soziologie schon seit einigen Jahren unter dem Stichwort „Krise der Soziologie" beklagt wird, durch „Feld-Forschung" und „teilnehmende Beobachtung" abhelfen (als Überblick der Sammelband von GERDES 1979). Die Theorien sollen danach nicht am Schreibtisch konstruiert, sondern im Praxisfeld *empirisch begründet* werden. Dabei wird versucht, anhand der beobachteten Einzelfälle und Interaktionen auf induktivem Wege Regelmäßigkeiten oder typische Abläufe zu entdecken. Diese können sowohl für die kriminologische Beurteilung von Straffälligen oder kriminell Gefährdeten in der Praxis der Strafrechtspflege (s. dazu GÖPPINGER u. a. 1988) als auch für die soziale Kontrolle von Gruppenphänomenen oder für kriminalpolitische Entscheidungen von Bedeutung sein (→ angewandte Kriminologie). Der *induktive Ansatz* ist nicht neu, sondern war nur zwischenzeitlich teilweise in Vergessenheit geraten. Als Beispiel ist die *„Chicago-Schule"* der 20er Jahre mit ihren Forschungen zur Bandendelinquenz zu nennen, die insbesondere die Beziehungen der Menschen zu ihrer räumlichen Umgebung und ihre Reaktionen auf diese Umgebung untersucht hat. Derartige Ansätze stehen in der Tradition des sog. *symbolischen Interaktionismus*, der den Bewertungs-, Erwartungs- und Sinnzusammenhängen ein besonderes Gewicht beimißt. Die Praxis ist dann nicht nur ein von außen zu betrachtendes Forschungs-„Objekt", das analytisch in einzelne Dimensionen zerlegt wird, um schließlich „unabhängige" und „abhängige" Variablen (→ Methoden) zu finden, sondern ist auch von innen in ihrer Dynamik *verstehbar*, denn der Forscher ist selbst Teil der sozialen Wirklichkeit. Indem er sich in die Situation hineinversetzt, werden die menschlichen Handlungen *unmittelbar* einsichtig (V. KUTSCHERA 1982). Das *Verstehen* ist anschaulich, erlebnismäßig erfaßbar, aber nur schwer sprachlich vollständig auszudrücken. Diese „subjektive" und „interpretative" Art des Erkenntnisgewinns beugt sich nicht dem in der analytischen Wissenschaftstheorie aufgestellten Postulat der intersubjektiven (objektiven) Überprüfbarkeit wissenschaftlicher Erkenntnisse.

Mit KUHN (1976) kann man hier von einem *„Paradigmawechsel"* sprechen, wobei mit Paradigma die Verflechtung von Grundannahmen, Untersuchungsmethoden und theoretischem Ansatz gemeint ist. Im Gegensatz zur empirisch-analytischen Vorgehensweise hat die verstehende Methode ein anderes Erkenntnisziel. Während die erstere „objektive" und verallgemeinernde (nomologische) Aussagen über Wirkungszusammenhänge anstrebt, die Kausalerklärungen und Prognosen erlauben, geht die letztgenannte eher idiographisch vor und sucht das Individuelle in seiner Einzigartigkeit zu erkennen; die soziale Wirklichkeit soll durch einen *Sinn-Zusammenhang* charakterisiert werden. Bezogen auf die wissenschaftliche Erfassung des individuellen Straffälligen bedeutet dies, daß die Vielzahl der Einzelbefunde nicht mehr durch statistische Modelle, sondern durch die Konstruktion von *„Idealtypen"* reduziert wird. Im Idealtypus sind die wesentlichen Züge des Geschehens zur reinen, idealen Form abstrahiert; er bildet den Maßstab zur Bestimmung des je konkreten Ausprägungsgrades einer Erscheinung, z. B. einer bestimmten Lebensführung, die mit wiederholter Kriminalität einhergeht (GÖPPINGER 1983 unter Bezug auf MAX WEBER und KARL JASPERS; BOCK 1984, 1990).

In den *neueren sozialwissenschaftlichen Kriminalitätstheorien* vermischen sich z. T. die methodologischen Ansätze. So versucht beispielsweise der Labeling-Ansatz in seinen verschiedenen Varianten die Prozesse der Definition von abweichendem Verhalten und die in den Interaktionen sich konstituierenden Deutungen und Sinn-Zuschreibungen zu *verstehen*, erfaßt aber auch Bedingungszusammenhänge *„erklärender"* Art. Der Labeling-Ansatz siedelt allerdings die „erklärenden" Variablen auf anderen Ebenen an und versucht einer mechanistischen Konzeption der Verursachung durch die Betonung des *dynamischen* Aspekts entgegenzuwirken.

In die gleiche Richtung weist das wieder in „Mode" kommende Konzept des Lebensstils, das anknüpfend an die Tradition MAX WEBERS versucht, soziostrukturelle Faktoren mit der individuellen Lebensführung zu verbinden (LÜDTKE 1990; KAISER 1990), ohne damit die individuellen Verhaltensweisen aus den sozialen Umständen heraus kausal zu erklären.

Der *eigendynamische* Aspekt biographischer Verläufe erhält zunehmendes Gewicht, was für die Interpretation „krimineller Karrieren" von besonderer Bedeutung ist. Rückfall bzw. Legalbewährung wird dann nicht mehr durch mehr oder weniger fixierte Defizite aus der Vergangenheit und die soziale (strafrechtliche) Reaktion darauf erklärt, sondern durch Interaktionen, Handlungsorientierungen und Verhaltensweisen i. S. einer Eigendynamik interpretiert (HERMANN /KERNER 1988). Damit wird vor allem auch der Blick geschärft für die Möglichkeiten, „kriminelle Karrieren" zu beenden, was für die (Re-)sozialisierungspraxis ein besonders fruchtbarer Ansatz ist.

Die eigendynamische Perspektive beschränkt sich nicht nur auf die Betrachtung individueller Verläufe, sondern dient auch der Interpretation gruppendynamischer Prozesse. So kann beispielsweise die Eskalation terroristischer Aktivitäten durch Prozesse zirkulärer Interaktionen (Rückkoppelungsprozesse) erklärt werden, in denen sich alle Beteiligten in Richtung wachsender Abweichung von der „Normalität" stimulieren (MAYNTZ, NEDELMANN 1987).

Die dynamische, an der Komplexität von Prozessen orientierte Betrachtungsweise hat Ähnlichkeiten mit dem Konzept „Selbstorganisation" in der Biologie (WUKETITS 1981); ihre Vorläufer sind im *Funktionalismus* und in der *System*theorie (LUHMANN 1984; WILKE 1987) zu sehen.

Ein klassisches Beispiel für die *funktionalistische* Betrachtungsweise von „Kriminalität" liefert DURKHEIM (1. Aufl. 1895), der nicht nach den Ursachen, sondern den Folgen (Funktion) der Kriminalität fragt. DURKHEIM geht von der „Normalität" des „Verbrechens" aus und betont seine positive Funktion, die u. a. darin besteht, daß die Gesellschaft durch die Bestrafung des Verbrechens sich ihrer Normen immer wieder bewußt wird. Die Strafe stärkt einerseits die Intensität der Kollektivgefühle und ist andererseits auf die durch das Verbrechen verletzten Kollektivgefühle zurückzuführen. Systemtheoretische Ansätze mit funktionalen Erklärungsmustern kommen vor allem in der Sanktionenforschung zum Tragen, wenn die Arbeit der Sanktionsinstanzen nach ihrer Funktion für die Machtverhältnisse im *sozialen System* hinterfragt werden. D. h.: Es wird die Existenz einer bestimmten Institution (z. B. Polizei, Justiz) mit ihrer Leistung für das soziale System begründet. Dabei kann aber nicht die Leistung (oder Funktion) als „Ursache" für die Entstehung des Phänomens angenommen werden, es hängt lediglich das Überdauern dieser Einrichtung von seiner Funktion für das System ab.

Während bei der *Kausalerklärung* das beobachtete Ereignis als abhängige Variable aufgefaßt und durch seine Bedingungen erklärt wird, ist bei der *funktionalen Analyse* das zu untersuchende Phänomen (z. B. der Zuschreibungsprozeß durch die Sanktionsinstanzen) der Ausgangspunkt oder „ursächliche" Teil; gefragt wird nach dessen Folgen oder Funktionen. Inwieweit die funktionalen Beziehungen in Ursache-Wirkung-Beziehungen transformiert werden sollten, ist in der wissenschaftstheoretischen Diskussion strittig. Da die in der empirisch-analytischen Vorgehensweise übliche Feststellung von bedingenden und abhängigen Variablen eher zu einer mechanischen Erklärung i. S. einzelner Ursache-Wirkung-Ketten führt, die funktionale Analyse dagegen auf die *Interdependenz* sozialer Faktoren zielt und das soziale System als Ganzes zu verstehen sucht, würde die Reduktion der einen Betrachtungsweise auf die andere wegen ihrer verschiedenen Zielsetzungen eine unnötige Beschränkung wissenschaftlicher Erkenntnismöglichkeiten bedeuten.

Albert, H., Probleme der Wissenschaftslehre in der Sozialforschung, in: Handbuch der empirischen Sozialforschung, hrsg. von König, R., 3. Aufl., Bd. 1, Stuttgart 1973, S. 57–107; *Albert, H., Topitsch, E.* (Hrsg.), Werturteilsstreit, Darmstadt 1971; *Albrecht, G.*: Muß angewandte Soziologie konforme Soziologie sein? Zum Verhältnis von Theorie und angewandter Soziologie im Bereich des abweichenden Verhaltens und der sozialen Kontrolle, in: Soziale Welt, hrsg. von Beck, U., Sonderband 1. Göttingen 1982, S. 161–204; *Becker, H.S.*, Außenseiter. Zur Soziologie abweichenden Verhaltens, Deutsche Ausgabe Frankfurt 1973; *Bock, M.*, Kriminologie als Wirklichkeitswissenschaft, Berlin 1984; *ders.*: Lebensführung und Straffälligkeit, in: Kriminalität: Persönlichkeit, Lebensgeschichte und Verhalten, hrsg. von Kerner und Kaiser, Berlin, Heidelberg u. a. 1990; *Durkheim, E.*, Die Regeln der soziologischen Methode, 2. Aufl. Neuwied 1965; *Gerdes, K.* (Hrsg.), Explorative Sozialforschung. Einführende Beiträge aus „Natural Sociology“ und Feldforschung in den USA, 1. Aufl. Stuttgart 1979; *Göppinger, H.* (unter Mitarbeit von *M. Bock, J.-M. Jehle, W. Maschke*), Der Täter in seinen sozialen Bezügen, Heidelberg, u. a. 1983; *Haferkamp, H.*, Handlungstheoretische Begriffe und Erklärungsperspektiven zur Analyse abweichenden Verhaltens und benachteiligter sozialer Lagen, in: Theorienvergleich in den Sozialwissenschaften, hrsg. von Hondrich, O. und Matthes, J. Darmstadt u. a. 1978, S. 37–53; *Hempel, C.G.*, Aspects of Scientific Explanation and other Essays in the Philisophy of Science, New York 1965; *Hermann, D., Kerner, H.-J.*: Die Eigendynamik der Rückfallkriminalität, KZfSS 1988, S. 485–504; *Hirschi, T., Selvin, H.C.*, False Criteria of Causality, in: The Sociology of Crime and Delinquency, hrsg. von Wolfgang, M. E. u. a., 2. Aufl. New York u. a. 1970; *Kaiser, G.*, „Lebensstil – Entwicklung und Kriminologische Bedeutung eines Konzepts, in: Kriminalität: Persönlichkeit, Lebensgeschichte und Verhalten, hrsg. von Kerner und Kaiser. Berlin u. a. 1990; *Kuhn, T.S.*: Die Struktur wissenschaftlicher Revolutionen, 2. rev. Aufl., Frankfurt 1976 (zuerst 1967); *v. Kutschera, F.*, Grundfragen der Erkenntnistheorie, Berlin u. a. 1982; *Lamnek, S.*, Theorien abweichenden Verhaltens, München 1979; *Lüdtke, H.*, Lebensstile als Dimension handlungsproduzierter Ungleichheit, in: Lebenslagen, Lebensläufe, Lebensstile, hrsg. von Berger, Hradil (Soziale Welt, Sonderband 7), 1990; *Luhmann, N.*, Soziale Systeme. Grundriß einer allgemeinen Theorie, Frankfurt/Main 1984; *Mayntz, R., Nedelmann, B.*, Eigendynamische soziale Prozesse. Anmerkungen zu einem analytischen Paradigma, KZfSS 1987, S. 648–668; *Merton, R.K.*, Sozialstruktur und Anomie, in: Kriminalsoziologie, hrsg. von F. Sack, R. König, Frankfurt/M. 1968, S. 283–313; *Opp, K.-D.*, Methodologie der Sozialwissenschaften – Einführung in Probleme ihrer Theoriebildung, 2. Aufl. Reinbek bei Hamburg 1976; *Popper, K.*, Logik der Forschung, 8. Aufl. Tübingen 1984; *Peters, H.*, Devianz und soziale Kontrolle, Weinheim u. a. 1989; *Springer, W.*, Kriminalitätstheorien und ihr Realitätsgehalt, Stuttgart 1973; *Stegmüller, W.*, Probleme und Resultate der Wissenschaftstheorie und analytischen Philosophie, Band 1, 2. erw. Aufl. Berlin, Heidelberg 1983; *Willke, H.*, Systemtheorie, 2. Aufl. Stuttgart, New York 1987; *Wilson, J.Q.*, Thinking About Crime, New York 1975; *Wuketits, F.M.*, Biologie und Kausalität: biologische Ansätze zur Kausalität, Determination und Freiheit, Berlin u. a. 1981.

GABRIELE DOLDE

Therapie → Behandlungsforschung, → Sexualkriminalität

Tötungskriminalität. Die Tötung eines Menschen als die extremste Form personaler Gewalt ist eine der ubiquitärsten Verhaltensweisen. Sie gehört(e) als Einzelphänomen zum Brauchtum (zu den Ritualen öffentlicher Spiele, der Opferung, des Begräbnisses, usw.) und als Massenphänomen zum Machterhalt und -gewinn (Verbreitung des Glaubens, Bevölkerungskontrolle, Bestrafungssysteme, Genozid, Eroberungen und alle Kriege). In kriminologisch relevantem Kontrast hierzu steht das Tötungsverbot im interpersonellen Bereich, doch ist es selbst hier bestimmten Vorbehalten unterworfen, die menschliches Leben weiter zur Disposition stellen: Notwehrrechte (z. B. Tötung zur Verhinderung von Eigentumsdelikten), polizeilicher Schußwaffengebrauch (etwa hat der Bundesgerichtshof die Tötung eines minderjährigen Untersuchungshäftlings auf der Flucht durch einen hinter ihm herschießenden Polizeibeamten als gerechtfertigt angesehen, BGHSt 26, 99), insbesondere der finale Todesschuß in einigen Bundesländern (selbst dann, wenn für den schießenden Polizisten „erkennbar Unbeteiligte mit hoher Wahrscheinlichkeit gefährdet werden"), woanders die Todesstrafe. Auch werden selbst gemeingefährliche Tötungstäter nicht zwangsläufig oder auf Dauer ausgegrenzt, sondern können zu Helden oder Vorbildern werden, bis hin zu ihrer Aufnahme in die Legende, nicht selten in Korrelation zur Anzahl ihrer Opfer.

Die kontextuelle Abhängigkeit der *Tötung als Kriminalität* begrenzt also die Analysemöglichkeiten, wenigstens solange eine Kontextanalyse nicht ebenfalls unternommen wird. Die ist im vorliegenden Zusammenhang nicht möglich, weshalb die Beschreibung auf der Basis des positiven Rechts allein übrigbleibt (die folgenden Statistiken und Untersuchungen beziehen sich auf die alten Bundesländer).

Die betreffenden Regeln des deutschen Strafrechts sind die versuchte und vollendete vorsätzliche Tötung in der Definition des Mordes (§ 211 StGB), des Totschlags (§§ 212, 213, 216 StGB) und der Kindestötung (§ 217 StGB); sodann vorsätzliche aggressive Taten mit fahrlässig oder leichtfertig herbeigeführtem Tod (im wesentlichen Körperverletzung, § 226 StGB, Vergewaltigung, § 177 Abs. 3 StGB, und Raub, § 251 StGB, jeweils mit Todesfolge); schließlich die fahrlässige Tötung (§ 222 StGB), etwa im Straßenverkehr. Letztere soll im weiteren außer Betracht bleiben, da Tötungskriminalität zum allgemeineren Begriff der → *Gewaltkriminalität*, also zu den Angriffs- und Aggressionsdelikten gehört, wozu fahrlässige Handlungen üblicherweise nicht zählen (RASCH 1975). Unproblematisch ist dies nicht, da ein Teil der ca. 9.000 jährlichen Straßenverkehrstoten auf ein (politisch nicht unterbundenes) aggressives Fahrverhalten zurückgeführt werden muß (das schnelle Auto als Waffe), so daß es strafrechtsdogmatischer Bemühungen (z. B. unter Zuhilfenahme der Kunstfiguren von „bewußter Fahrlässigkeit" und „bedingtem Vorsatz") bedarf, um zu kriminalpolitisch brauchbaren und handhabbaren Differenzierungen zu gelangen.

Die Gesetzesbestimmungen bieten deshalb nur einen Anhaltspunkt; auch für die Tötungkriminalität gilt die durch die wissenschaftliche Forschung herausgearbeitete Unterscheidung zwischen einer Verhaltensebene und einer Bewertungsebene, so daß also erstere nicht losgelöst von ihrer Definition und Behandlung durch die Instanzen der Verbrechenskontrolle analysiert werden kann. Was die Bewertungsebene betrifft, so ist von einem Gewaltbegriff auszugehen, der bezüglich seines definitorischen Zugangs, im Sinne der Bejahung und Verneinung einer vorsätzlichen Tötung, generell als offen bezeichnet werden muß. Bedingt durch kompliziert gehaltene theoretische Vorsatz- und Motivkonstruktionen ist es in den meisten Fällen nur durch zusätzliche Wertungs- und Zuschreibungsprozesse möglich, zwischen versuchtem Totschlag und (gefährlicher) Körperverletzung, zwischen vollendetem Totschlag und Körperverletzung mit Todesfolge, zwischen vollendetem Mord wegen Befriedigung des Geschlechtstriebs und Vergewaltigung mit Todesfolge oder zwischen Mord und Totschlag zu unterscheiden. Deshalb ist es nahezu unmöglich, ein → *Dunkelfeld* zu diskutieren. Allenfalls kann man von einem Dunkelfeld der Gewalt sprechen, welches das definitorische Arsenal für (meist versuchte) Tötungskriminalität ist; es ist angesichts der geringen Anzeigebereitschaft außerordentlich groß (Nichtanzeigequote bei Körperverletzungen in der Hamburger Opferuntersuchung 67%, SESSAR 1992; in den USA 1989 57%, CRIMINAL VICTIMIZATION 1991, 89). Mit der Registrierung solcher, auch tödlich endender Gewalttaten laufen dann erhebliche *Selektionsprozesse* (→ Selektion) ab. Nach einer Untersuchung baden-württembergischer Kapitalverfahren (1970/71; N=820) wird meist zunächst nach polizeilichen Kriterien zwischen Tötungs- und anderen Gewaltdelikten unterschieden, wobei, wenn das Opfer am Leben geblieben ist, eine weitreichende, nämlich den späteren Verfahrensausgang determinierende polizeiliche Definitionsmacht beobachtbar ist. Die Bejahung und Verneinung eines Tötungsvorsatzes hängt bspw. von lokalen und regionalen Polizeistrukturen und damit zusammenhängenden Einstellungen ab (Versuchsanteile an der polizeilich definierten Kapitalkriminalität lt. Polizeilicher Kriminalstatistik 1990 in Bremen 78%, in Stuttgart 71%, in Hamburg 38%), oder von Kapazitätsproblemen: je ausgelasteter die Polizei mit vollendeten Fällen ist, desto geringer fallen die Versuchsanteile aus, und umgekehrt, was zu entsprechend unterschiedlichen Versuchsanteilen in den gerichtlichen Entscheidungen führt (SESSAR 1981, 111 ff.; zu weiteren Definitionsstrategien KREUZER 1980, 482 ff.). Auf der Basis polizeilich bejahter Tötungsfälle (verneinte Fälle bleiben so gut wie immer von der weiteren justitiellen Behandlung als Kapitalfälle ausgeschlossen) nimmt dann die Justiz massive Umdefinitionen vor, deren Kriterien Strafzumessungsmerkmalen stark ähneln: Tatausgang, Art der Tatbegehung, daneben die Person des Opfers (Provokation, Beziehung zum Täter, Sozialmerkmale), beim Verdächtigen insbesondere seine Vorbelastung. Hat bspw. das Opfer den Verdächtigen provoziert, wird der Tötungsvorsatz, der an sich plausibler ist, eher verneint; je schwerer der Verdächtige vorverurteilt ist, desto eher wird ein Tötungsvorsatz bejaht (SESSAR 1981, 149 ff.). Insgesamt ist das Bemühen herauszulesen, bereits die Beweisführung (durch Zurechnung, da der Vorsatz keine Tatsache ist, vgl. HRUSCHKA 1985) kriminalpolitisch einzusetzen. Das Ergebnis solcher Prozesse ist, daß über die Jahre hinweg mehr oder weniger konstant etwa ein Viertel der polizeilich definierten Tötungen in den Verurteilungen übrigbleibt. Aus solchen Beobachtungen ergeben sich folgende für kriminologische Untersuchungen wesentliche Konsequenzen. 1. Es sind die sogen. *versuchten Tötungen* aus den Analysen herauszunehmen oder gesondert zu betrachten, da Vollendungen und Versuche durch selegierende Interventionen unterschiedliche Populationen aufweisen (SESSAR 1981, 59 ff.; KERNER 1986, 878 ff.). 2. Zu den vollendeten Tötungen gehören die *aggressiven Grunddelikte mit tödlichem Ausgang*, die immer häufiger zu Vorsatztaten umdefiniert werden

(KREUZER 1982, 494). So gab es 1963 295, 1982 noch 168 und 1990 noch 144 Todesfälle, die als Körperverletzungen mit Todesfolge registriert wurden; zwischen 1963/67 und 1986/90 verminderten sie sich um 55% (Polizeiliche Kriminalitätsstatistiken. Vgl. auch KERNER 1986, 880. In der letzten Zeit gehen die Zahlen wieder nach oben, etwa von 108 Fällen im Jahre 1987 auf 144 Fälle im Jahre 1990). 3. Auf eine Abgrenzung zwischen *Totschlag und Mord* muß verzichtet werden, insbes. wegen der emotionalen Besetzung einiger Mordmerkmale (HEINE 1989), was die Abgrenzungen zu einem vom Ergebnis her argumentierenden Wertungsvorgang macht (MIDDENDORFF 1980, 137; SESSAR 1980; KERNER 1986 a, 431 ff.).

Werden die definitorischen Praktiken berücksichtigt, stehen für kriminologische Analysen nicht-fahrlässige vollendete Tötungen, einschließlich Kindestötungen, zur Verfügung. Danach wurden 1990 insgesamt 914 solche Tötungstaten polizeilich registriert (darunter 27 vollendete Kindestötungen). Die Entwicklung der Tötungskriminalität auf der Basis der Polizeidaten seit 1963 (erstes Jahr ohne Straßenverkehrskriminalität; Zahlen absolut und als Häufigkeitsziffern, bezogen auf den Durchschnitt von Jahresgruppen) sieht wie folgt aus:

Zeitraum	vollendete Tötungen	vollendete Kindestötungen	Summe
1963–67	775 (1.31)	84 (0.14)	859 (1.45)
1968–72	895 (1.45)	74 (0.12)	969 (1.57)
1973–77	981 (1.59)	48 (0.08)	1028 (1.67)
1978–82	1009 (1.64)	28 (0.04)	1036 (1.68)
1983–87	990 (1.62)	23 (0.04)	1013 (1.62)
1988–90	905 (1.46)	25 (0.04)	930 (1.50)

Absolut ist inzwischen 1963/67 und 1988/90 die Kriminalität vollendeter Tötungen um 17% gestiegen, die Kindestötungen sind um 70% gesunken, insgesamt ergibt sich ein Anstieg von 8% (bei den Häufigkeitsziffern von 3%).

Was die *Sozialmerkmale der Täter* angeht, so unterscheiden die Polizeistatistiken nicht zwischen Versuchen und Vollendungen. Geht man von Grundmustern aus, so ergeben kriminologische Erhebungen (vgl. SESSAR 1981, 59), daß Tötungskriminalität ganz überwiegend Männerkriminalität ist; der Anteil der Frauen beträgt zwischen 12% und 15%, bei einem Anteil an der Wohnbevölkerung von über 50%. Heranwachsende und Jungerwachsene (zwischen 18 und 30 Jahren) sind zu mehr als 100% überrepräsentiert, Jugendliche und Erwachsene ab 40 Jahren sind unterrepräsentiert. Erheblich überrepräsentiert sind auch Unterschichtangehörige. Bei den Ausländern sind entsprechende Berechnungen wegen des hohen Anteils nichtgemeldeter Tatverdächtiger erschwert; hinzukommt, daß die Verteilung der Risikomerkmale (Geschlecht, Alter, Schichtzugehörigkeit) auf die Nichtdeutschen und die Deutschen asymmetrisch, zuungunsten der Nichtdeutschen, ausfällt. Die empirisch festgestellte Überrepräsentierung würde bei Berücksichtigung solcher Faktoren erheblich reduziert werden.

Die *Sozialmerkmale der Opfer* entsprechen im wesentlichen denen der Täter. Dies hat mit dem von der → *Viktimologie* herausgearbeiteten typischen *Bezie-*

hungscharakter von Tötungen zu tun, der mehrere Aspekte hat. 1. Täter und Opfer gehören überwiegend dem gleichen sozialen Nahraum an; die Tötung ist das vielleicht persönlichste Verbrechen überhaupt (WOLFGANG 1958, 203). Es ist ein inzwischen gesicherter Befund, daß zum Tatzeitpunkt in nur etwa 12% bis 20% der vollendeten Fälle keinerlei Vorbeziehungen zwischen Täter und Opfer existieren (13% in den Untersuchungen von RASCH 1975 und SESSAR 1979), was in noch stärkerem Maße für Frauen als für Männer gilt (11% gegenüber 20% lt. Polizeiliche Kriminalstatistik 1990, Tab. 92). Ähnliche Häufigkeiten finden sich für flüchtige Vorbeziehungen. Der gefährlichste soziale Nahraum ist die Familie, in der etwa zwei von fünf Tötungen geschehen, mit einer besonders hohen Gefährdung von Mädchen und Frauen; bei 46% der weiblichen gegenüber 19% der männlichen Opfer einer vollendeten Tötung stammte der/die Täter/in aus der Verwandtschaft (Polizeiliche Kriminalstatistik 1990, Tab. 92). Im Lebenslängsschnitt von Opfern sind die – statistisch – bedeutsamsten Gefährdungsgruppen: bis 10 Jahre die Eltern, bis 30 Jahre Bekannte, bis 50 Jahre die Ehepartner, bis 60 Jahre die eigenen Kinder, danach Bekannte (SESSAR 1979, 310). Entsprechend ist wesentlicher Tatort die Wohnung, nicht die Straße (DOTZAUER/JAROSCH 1971, 90). 2. Hiermit hängt der gruppeninterne Charakter von Tötungen zusammen, das heißt, es handelt sich meist um tödlich endende Konflikte, die innerhalb der sozialen Gruppierungen, z. B. unter Nichtdeutschen und unter Deutschen, ablaufen. Ebenso hängt damit zusammen, daß Frauen zwar selten, dann aber hauptsächlich Familienangehörige töten (TRUBE-BECKER 1974, 50), während Männer häufiger gegenüber Bekannten und Fremden zu Tätern werden. 3. Hieraus folgt, daß die Bedingungen für die Entstehung von Tötungshandlungen vornehmlich in sozialen und sozialkulturellen Kontexten gesucht werden müssen. Ein Hauptaugenmerk gilt der Familie als einem sozialen System, das mit Mechanismen der Integration und Stabilisierung ausgestattet ist. Konflikte können zur Destabilisierung führen; dauern sie zu lange oder verschärfen sie sich, mag es dazu kommen, daß besagte Mechanismen nicht mehr taugen, Hilflosigkeit stellt sich ein und die Tötungshandlung, die oftmals als Ersatzmechanismus zu interpretieren ist, ist das dann buchstäblich letzte Mittel der Konfliktlösung. Motive solcher Konflikte können eine Drittbeziehung sein, oder das Ausbrechen aus überkommenen Rollen- und Machtstrukturen (RASCH 1964), was beides zu Trennungstaten führen kann, d. h., es soll die Trennung durch die Tötung verhindert werden. Seltener sind Tötungen im erweiterten Suizid, infolge Geschwisterrivalität oder Kindestötungen, wiewohl hier an ein möglicherweise größeres Dunkelfeld zu denken ist. In diesem Zusammenhang ist auch die Tötung im Affekt zu sehen, in der zu den konfliktgeprägten Beziehungsaspekten spezifische Erlebnisdispositionen in der Person des Täters kommen mögen, die dann unter Hinzutreten situativer Aspekte zum Affektstau führen (zum Ganzen GLATZEL 1987; SIMONS 1988).

Dies leitet zur Frage nach der Täterpersönlichkeit über. Angesichts ihrer Abhängigkeit von gesetzlichen Normen und deren Auslegung und Anwendung und der großen Bedeutung sozialer Strukturen für die Genese von Tötungen kann nur ein schmaler Ertrag erwartet werden. Offenbar sind die Tötungspotentiale derart allgemein, daß noch jedes politische Gewaltsystem die benötigten Täter rekrutieren konnte – aus dem Kreis bislang achtbarer Bürger. Das wesentliche Ergebnis der psychiatrischen Begutachtung Eichmanns war daher auch seine Normalität, so daß man mit ARENDT (1987) von der „Banalität des Bösen" spricht. Auch die Versuche von MILGRAM deuten in die gleiche Richtung, wenn zwei Drittel seiner Versuchspersonen dem in der Versuchsanordnung lernunwilligen Schüler (vermeintliche) Elektroschocks bis zu 450 Volt verabreichten (85% der deutschen Probanden in einem Replikationsversuch); MILGRAM: „Moralische Faktoren lassen sich durch eine kalkulierte Umstrukturierung des informativen und sozialen Feldes relativ leicht beiseitedrängen" (1974, 23; vgl. auch LEMPP 1977, 217). Dies müßte im Ergebnis zu einer generelleren, durch Massenvernichtung und Staatsterror ausgelösten und damit drängenden Diskussion über „Verbrechen aus Normalität" (vgl. JÄGER 1989, 50) führen. Solche Erfahrungen und Beobachtungen dürften also Versuche, zu Typisierungen von bspw. Mördern zu gelangen, erschweren. Dazu trägt weiter bei, daß auch in der Psychiatrie Zweifel an bisherigen Typologien wachsen, nicht zuletzt wegen ihres häufig tautologischen Charakters und der ungeklärten Abgrenzungsfragen etwa zwischen Psychopathie und Neurose. Für eine wissenschaftliche Analyse müßte zudem, was kaum realisierbar ist, die Tatsituation, die die Tötungstäter durchgemacht haben, für eine Kontrollgruppe simuliert werden, um zu sehen, inwieweit sich das Verhalten der Teilnehmer beider Gruppen voneinander unterscheidet (SIMONS 1988, 32).

Moderne Erscheinungsformen der Tötungskriminalität betreffen Anschläge durch Linksterroristen und durch Rechtsterroristen bzw. Rechtsextremisten. Tötungen im Zusammenhang mit Terrorismus müßten zuerst eine – hier nicht mögliche – makrostrukturelle Analyse erfahren, das Thema wäre also der Staatsterrorismus, in dem die Tötung von Menschen selbstverständliches Instrument von „Politik" ist. Auf der Mikroebene sind es einzelne, die mit Hilfe des Tötens das System treffen wollen, und dies keineswegs immer als Reaktion auf politische Gewaltherrschaft. Eine Facette hiervon ist die Tötung von Systemträgern, wie sie für die deutsche Szene charakteristisch war, wobei es für die Täter manchmal gleichgültig war, welchen realen Stellenwert ihre Opfer im System hatten. Dies erhöhte die Beliebigkeit der Ziele künftiger Anschläge und erschwerte die Prävention. Zieht man eine statistische Bilanz von tödlich verlaufenden Anschlägen deutscher *Linksterroristen* von 1971 bis Ende 1991, so wurden 44 Personen getötet, darunter 11 Ausländer; 1971 bis 1974 waren es 31 (1977 10), 1979 bis 1991 13 Opfer. Undurchsichtiger ist die Situation in Bezug auf *Rechtsterroristen* u. a. wegen definitorischer Abgrenzungsschwierigkeiten gegenüber Rechtsextremisten. Auf ihr gemeinsames Konto gingen ca. 30 Tötungen, darunter 12 Personen auf dem Münchner Oktoberfest 1980 (Bombenanschlag); fast alle anderen Opfer waren Ausländer, zunehmend Asylsuchende.

Arendt, H., Eichmann in Jerusalem, München 1987; *Dotzauer, G., Jarosch, K.*, Tötungsdelikte, Wiesbaden 1971; *Glatzel, J.*, Mord und Totschlag, Heidelberg 1987; *Heine, G.*, Tötung aus „niedrigen Beweggründen", Berlin 1989; *Hruschka, J.*, Über Schwierigkeiten mit dem Beweis des Vorsatzes, in: Kleinknecht-Festschrift 1985, S. 191; *Jäger, H.*, Makrokriminalität, Frankfurt/Main 1989; *Kerner, H.-J.*, Tötungsdelikte und lebenslange Freiheitsstrafe, ZStW 98 (1986), S. 874–918; *ders.*, Der Wandel der höchstrichterlichen Rechtsprechung zu den Mordmerkmalen und zur lebenslangen Freiheitsstrafe, in: Richterliche Rechtsfortbildung, Festschrift der Juristischen Fakultät zur 600-Jahr-Feier der Ruprecht-Karls-Universität Heidelberg, Heidelberg 1986 a, S. 419–449; *Kreuzer, A.*, Definitionsprozesse bei Tötungsdelikten, Kriminalistik 36 (1980), S. 420–430, 455, 491–495; *Lempp, R.*, Jugendliche Mörder, Bern 1977; *Middendorff, W.*, Probleme um § 213 StGB, in Tötungsdelikte, hrsg. v. Göppinger, H., Bresser, P.H., KrimGegfr. H. 14, Stuttgart 1980, S. 133–139; *Milgram, St.*, Das Milgram-Experiment, Reinbek bei Hamburg 1974; *Rasch, W.*, Tötung des Intimpartners, Stuttgart 1964; *ders.*, Tötungsdelikte, nicht-fahrlässige, in: HwbKrim, hrsg. v. Sieverts, R., Schneider, H.J., 2. Aufl., Berlin 1975, S. 353–398; *Sessar, K.*, Über die verschiedenen Aussichten, Opfer einer gewaltsamen Tötung zu werden, in: Das Verbrechensopfer, hrsg. v. Kirchhoff, G. F., Sessar, K., Bochum 1979, S. 301–320; *ders.*, Die Umgehung der lebenslangen Freiheitsstrafe, MschrKrim 63 (1980), S. 193–206; *ders.*, Rechtliche und soziale Prozesse einer Definition der Tötungskriminalität, Freiburg/Breisgau, 1981; *ders.*, Wiedergutmachen oder Strafen, Pfaffenweiler 1992; *Simons, D.*, Tötungsdelikte als Folge mißlungener Problemlösungen, Stuttgart 1988; *Trube-Becker, E.*, Frauen als Mörder, München 1974; *Criminal Victimization in the United States, 1989*, hrsg. v. U. S. Department of Justice, Washington, D. C. 1991; *Wolfgang, M.E.*, Patterns of Criminal Homicide, Philadelphia 1958.

KLAUS SESSAR

U

Überkriminalisierung → Generalprävention, → Kriminalpolitik, → Verbrechensbegriff, → Verbrechenskontrolle

Übermaßverbot → Erfolg, Bewährung, Effizienz

Ubiquität → Abweichendes Verhalten, → Bagatellkriminalität, → Dunkelfeld, → Funktionen der Kriminalität, → Selektion und Selektionsmechanismen

Umfrageforschung → Methoden der Kriminologie

Umweltkriminalität. Unter dem Begriff der Umweltkriminalität werden Verstöße gegen die Straftatbestände zusammengefaßt, die durch das 18. Strafrechtsänderungsgesetz vom 28. 3. 1980 in den 28. Abschnitt des Strafgesetzbuches eingefügt worden sind. Die kriminologische Analyse der Umweltkriminalität findet Schwerpunkte in der Beschreibung und Erklärung der Entwicklung registrierter Umweltkriminalität sowie in der Implementation und Handhabung des Umweltstrafrechts und der Überprüfung seiner (präventiven) Folgen. Es handelt sich bei dem Kernbereich strafrechtlicher Umweltstraftatbestände um die Verunreinigung eines Gewässers (§ 324 StGB), Luftverunreinigung und Lärm (§ 325 StGB), die umweltgefährdende Abfallbeseitigung (§ 326 StGB), das unerlaubte Betreiben von Anlagen (§ 327 StGB), den unerlaubten Umgang mit Kernbrennstoffen (§ 328 StGB), die Gefährdung schutzbedürftiger Gebiete (§ 329 StGB), die schwere Umweltgefährdung (§ 330 StGB) und die schwere Gefährdung durch Freisetzen von Giften (§ 330 a StGB). Zwar kommt in der Überschrift des 28. Abschnitts des StGB zum Ausdruck, daß die Umwelt als

Ganzes geschützt werden soll (vgl. zur Definition der Umwelt TRIFFTERER 1980, 23 ff; TIEDEMANN/KINDHÄUSER 1988, 338). Doch konkretisiert sich der strafrechtliche Umweltschutz in einzelne Umweltmedien (Luft, Wasser) sowie einzelnen Erscheinungsformen der Umwelt (Tiere, Pflanzen). Ein Straftatbestand, der den Schutz des Bodens bezweckt und damit über den Schutzreflex der strafbaren Abfallbeseitigung (§ 326 StGB) hinausreicht, ist derzeit in Vorbereitung (§ 324 a des Regierungsentwurfes eines 2. UKG, BT 11/6453). Umweltbezogene Straftatbestände verblieben allerdings im Pflanzenschutz- und Tierschutzgesetz sowie in landesrechtlichen Natur- und Landschaftsschutzgesetzen. Darüber hinaus zielen auch das DDT-Gesetz und das Chemikaliengesetz auf Umweltschutz. Ferner bezieht die Polizeiliche Kriminalstatistik unter der Rubrik „sonstige Umweltdelikte" neuerdings Straftaten im Zusammenhang mit Lebensmitteln (Lebensmittel-, Bedarfsgegenständegesetz, Arzneimittel- sowie Weingesetz), schließlich Straftaten nach dem Bundesseuchen-, Tierseuchen- und Bundesjagdgesetz ein. Die Umweltstraftatbestände i. e. S. wurden demnach aus dem Sachzusammenhang der Umweltverwaltungsgesetze (Wasserhaushaltsgesetz, Bundesimmissionsschutzgesetz, Abfallbeseitigungs- und Atomgesetz) gelöst, um als besonders schwerwiegend eingestufte Umweltbeeinträchtigungen in den Kernbereich des Strafrechts einzurücken (TIEDEMANMN 1980). Damit sollte der sozialschädliche Charakter von Umweltstraftaten in das Bewußtsein der Öffentlichkeit gerückt werden und das staatliche „Unwerturteil" deutlich zum Ausdruck kommen. Im Vordergrund der gesetzgeberischen Ziele standen deshalb vor allem normvalidierende Effekte i. S. positiver → Generalprävention. Daneben verband sich mit der „Zusammenfassung und Harmonisierung" der Umweltstrafbestimmungen das Ziel einer Verringerung von Auslegungsproblemen und einer gleichmäßigeren Handhabung der Umweltstraftatbestände. Zudem ging es um die Effektivierung des strafrechtlichen Schutzes der Umwelt durch eine weite Verwendung von abstrakten Gefährdungsdelikten, mit denen Beweisprobleme reduziert und das Sanktionierungsrisiko erhöht werden sollten.

Freilich handelt es sich auch bei dem Kern der Umweltstraftatbestände um ein *verwaltungsakzessorisches Strafrecht*, das seine Bezüge zum Umweltverwaltungsrecht nicht verloren hat (mit Ausnahme des § 330 a StGB). So können im Bereich von Gewässereinleitungen und im Bereich der Abfallbeseitigung die zuständigen Verwaltungsbehörden Erlaubnistatbestände setzen. Die Strafbarkeit nach §§ 325, 327–329, 330 I, 1 Nr. 3, 4 StGB setzt voraus, daß das umweltschädigende Verhalten gegen eine Verwaltungsvorschrift oder einen Verwaltungsakt verstoßen hat. Es werden also entsprechende Verbote der Exekutive vorausgesetzt (zusammenfassend HEINE/MEINBERG 1988). Umweltkriminalität stellt danach nicht nur „neue Kriminalität" dar, Verhaltensweisen also, die erst in jüngerer Zeit aus dem Status „neutralen" oder gar wie bei wirtschaftlich motivierten Aktivitäten aus dem Status „wohlangesehenen" Verhaltens in den Rang „kriminellen Unrechts" versetzt wurden (RÜTHER 1986). Bei den Sanktionsnormen handelt es sich auch um einen Normtypus, der Umweltverwaltungsrecht und Strafrecht sowie Umweltverwaltungshandeln und das Handeln der Strafverfolgungsorgane und der Strafjustiz miteinander verschränkt.

Hierdurch wird in Form der Einbeziehung landesrechtlicher Verordnungsgeber und der Umweltverwaltungsbehörden der Normsetzungsprozeß (→ Norm, Normgenese) nicht auf der Ebene des Gesetzgebers abgeschlossen, sondern z. T. in die Exekutive verlagert. Gerade die Verwaltungsakzessorietät des Umweltstrafrechts führt zu besonderen Problemen (ALBRECHT 1987). Im Bereich der Setzung von Erlaubnis- und Verbotstatbeständen stehen den Umweltverwaltungsbehörden nämlich Beurteilungs- und Ermessensspielräume zur Verfügung, die auch durch eine angemessene Bewirtschaftung der verschiedenen Umweltgüter geleitet sein sollen. Im Vordergrund des Umweltverwaltungshandelns stehen damit die Verfolgung verschiedener, miteinander konkurrierender Ziele: Schutz und Bewahrung der Umwelt auf der einen Seite, wirtschaftliche, gewerbliche und sonstige Nutzung der natürlichen Umwelt auf der anderen Seite. Insoweit stellt sich die Frage, inwieweit umweltverwaltungsrechtliche Prinzipien den Geltungsbereich des verwaltungsakzessorischen Umweltstrafrechts unkontrolliert einschränken oder ob im Rahmen der Ermessensausübung auch das strafrechtlich geschützte absolute ökologische Interesse Eingang finden muß, mit anderen Worten, ob Verwaltungshandeln und Verwaltungsentscheidungen durch strafrechtliche Instanzen auf ihre Rechtmäßigkeit untersucht werden dürfen (vgl. beispw. das Alkem-Urteil, LG Hanau NJW 1988, 571 ff). Dies führt weiter zu der Frage, inwieweit verwaltungsrechtliche Entscheidungen den Erlaubnisadressaten von strafrechtlicher Haftung freistellen, ferner zur Frage, ob Strafbarkeit auch dann eintritt, wenn ein verwaltungsrechtliches Verbot oder eine beschränkende Auflage rechtswidrig sind. Sodann ergibt sich das Problem, inwieweit erlaubnissetzende Entscheidungen oder die Duldung von Umweltbeeinträchtigungen die Strafbarkeit der zuständigen Sachbearbeiter bzw. Behördenleiter (Unterlassungstäterschaft) begründen können. Schließlich wird die Frage gestellt, ob ein Amtsträger im Falle einer Nichtanzeige von Umweltstraftaten eine Strafvereitelung begeht. Die Fülle von Problemen, die das neue Umweltstrafrecht mit sich gebracht hat, sowie offenkundige Probleme im Prozeß der Implementation des Umweltstrafrechts (Vollzugsdefizite) haben zu verschiedenen Reformforderungen geführt (HEINE/MEINBERG 1988; MARTIN 1991). Dabei geht es um die strafbewehrte *Anzeigepflicht* von Amtsträgern, um eine stärkere Betonung der *Verwaltungsrechtsakzessorietät*, die Unternehmenshaftung etc, nicht zuletzt auch um die grundsätzliche Frage, ob eine Reform auf eine Intensivierung oder eine Reduzierung des Umweltstrafrechts angelegt sein sollte. Derzeit liegen verschiedene Gesetzesentwürfe vor (MARTIN 1991). Die deutsche Vereinigung hat im übrigen gerade für das Umweltstrafrecht zusätzliche Probleme aufgeworfen, die sich maßgeblich in der Anwendung der Straftatbestände im Beitrittsgebiet auswirken.

Ein größerer Teil der polizeilich registrierten Umweltschutzdelikte entfällt sowohl vor als auch nach dem Inkrafttreten des 18. Strafrechtsänderungsgesetz auf die *Verunreinigung* eines *Gewässers* (§§ 38, 39 a. F. Wasserhaushaltsgesetz bzw. § 324 StGB). Im Jahre 1990 setzten sich die 21.412 bekanntgewordenen Umweltdelikte i. e. S. aus 10.073 Fällen der Verunreinigung eines Gewässers (47%), 9.009 Fällen der umweltgefährdenden Abfallbeseitigung (42%), 1.555 Fällen des unerlaubten Betreibens von Anlagen (7%) sowie 457 Fällen (2%) der

Luftverunreinigung zusammen. Quantitativ unbedeutend sind die übrigen Umweltdelikte (zusammen etwas mehr als 1%). Jedoch haben sich seit Beginn der 80er Jahre erhebliche Veränderungen in der Zusammensetzung ergeben. Denn noch im Jahre 1982 machten Wasserverunreinigungsdelikte nahezu vier Fünftel aller polizeilich registrierten Umweltdelikte aus. Die Veränderung ergibt sich vor allem durch die starke Zunahme von Fällen umweltgefährdender Abfallbeseitigung (1982 noch knapp 13%). Sonstige Umweltdelikte (Straftaten im Zusammenhang mit Lebensmitteln, Verstöße gegen sonstige strafrechtliche Nebengesetze auf dem Umweltsektor) belaufen sich im Jahre 1990 auf 7.922 Fälle. Der Verteilung polizeilich registrierter Umweltdelikte entsprechend ist auch die Struktur der Tatverdächtigen durch Gewässerverunreinigung (48%) sowie umweltgefährdende Abfallbeseitigung (44%) im Jahre 1990 bestimmt.

Besonderheiten in Form von Abweichungen im Vergleich zur Struktur der insgesamt ermittelten Straftaten sowie der insgesamt ermittelten Tatverdächtigen ergeben sich vor allem im Hinblick auf Tatort, Alter und Geschlecht. Umweltschutzdelikte werden zu einem wesentlichen Teil (46%) in kleinen Gemeinden (bis 20.000 Einwohner) registriert, auf die ansonsten nur etwa 21% aller Straftaten entfallen. Im übrigen sind weibliche Tatverdächtige, verglichen mit einem Anteil von 23,5% an allen Tatverdächtigen, mit 8% bei Straftaten gegen die Umwelt erheblich unterrepräsentiert. Dagegen ragen erwachsene Tatverdächtige im Alter von 40 Jahren und mehr mit einem Anteil von 65% der Tatverdächtigen im Bereich der Umweltdelikte heraus. Ihr Anteil an der Gesamtzahl der Tatverdächtigen beläuft sich nämlich lediglich auf 27%. Dies mag als Hinweis dafür interpretiert werden, daß kriminelles umweltschädigendes Verhalten mit bestimmten beruflichen Positionen verbunden ist, die wiederum an das Erreichen eines bestimmten Alters geknüpft sind (→ Beruf und Kriminalität).

Die polizeilich registrierte Umweltkriminalität hat, wie sich aus Schaubild 1 entnehmen läßt, einen drastischen *Anstieg* erfahren. Der Zuwachs beträgt, nimmt man das Jahr 1975 zum Ausgangspunkt, 521%. Jedoch scheint sich in den 90er Jahren die Zahl registrierter Umweltdelikte zu stabilisieren. Wurde im übrigen für die 70er bis Anfang der 80er Jahre eine bundesländerspezifische Entwicklung registrierter Umweltkriminalität festgestellt (ALBRECHT 1983), so haben sich Ende der 80er Jahre die Unterschiede stark reduziert. Freilich bleiben gewichtige deliktsspezifische Differenzen (HEINE/MEINBERG 1988, 74 ff). Denn im Jahre 1973 resultierten mehr als die Hälfte aller polizeilich registrierten Umweltstraftaten allein aus den Bundesländern Baden-Württemberg und Bayern. Im Jahre 1990 haben sich die Bundesländeranteile an der Umweltkriminalität tendenziell dem Anteil an den insgesamt registrierten Straftaten angeglichen. Die Antwort auf die Frage, wie der drastische Anstieg polizeilich registrierter Umweltkriminalität zu erklären sei, wird in der Erhöhung der polizeilichen Aufmerksamkeit für diese Delikte sowie in der Veränderung der Anzeigebereitschaft zu finden sein (RÜTHER 1986).

Die Informationen der Strafverfolgungsstatistik (vgl. Schaubild 1) belegen aber, daß sich die Zahl der Abgeurteilten bzw. Verurteilten nicht entsprechend der Zahl der Tatverdächtigen entwickelt. Vielmehr klaffen die Zahlen vor allem

Umweltschutzdelikte, Tatverdächtige, Abgeurteilte und Verurteilte 1975-1989/1990

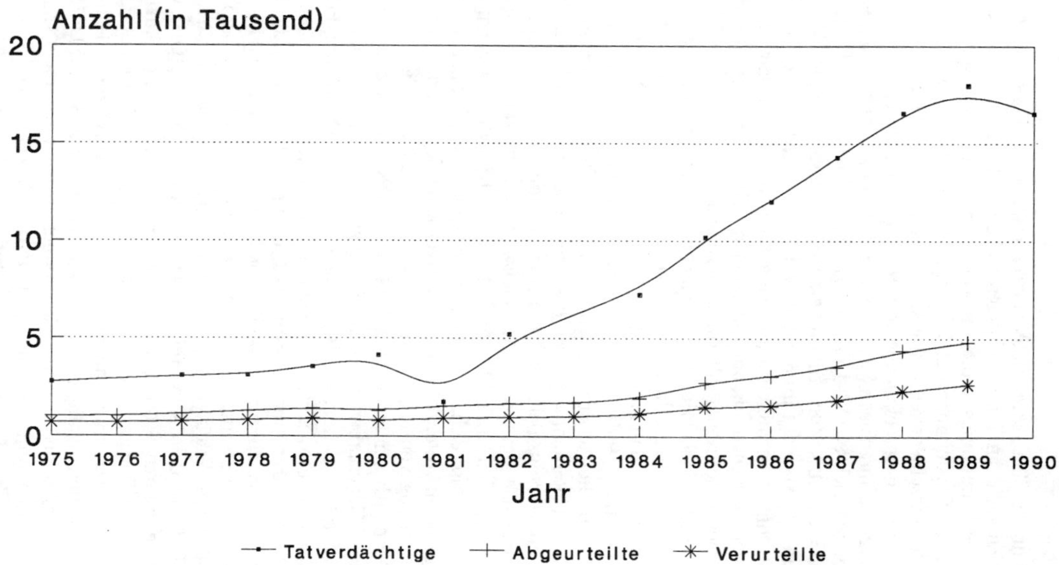

PKS 1975 bis 1990 – Strafverfolgungsstatistik 1975 bis 1989

seit Beginn der 80er Jahre immer stärker auseinander. Dies kann nur bedeuten, daß der Zuwachs an Tatverdächtigen auf der polizeilichen Ebene in späteren Phasen des Ermittlungsverfahrens korrigiert wird. Dabei spielen einmal die gerichtlichen Einstellungen und Freisprüche eine Rolle. Wichtiger jedoch erscheint der verschiedenen empirischen Studien zur Erledigung von Umweltstrafverfahren zu entnehmende Befund, daß ein ganz erheblicher Anteil der Ermittlungsverfahren nach § 170 Abs. 2 StPO und sodann aus Geringfügigkeitsüberlegungen nach §§ 153, 153 a StPO *eingestellt* wird (HÜMBS-KRUSCHE/KRUSCHE 1983; RÜTHER 1986; MEINBERG 1988; KÜHNE/GÖRGEN 1991). Die Strafzumessungspraxis zeigt im übrigen (vgl. hierzu Schaubild 2), daß Umweltdelikte fast ohne Ausnahme im untersten Bereich des Strafrahmens angesiedelt werden. Dies spricht dafür, daß mit dem Umweltstrafrecht gerade nicht die vom Gesetzgeber angestrebte Fallgruppe besonders herausragender Umweltbeeinträchtigungen erreicht wird, sondern daß der *Bagatellfall* den Regelfall gerichtlicher Sanktionierung bildet. Der *internationale Vergleich* führt in dieser Hinsicht zu weitgehend übereinstimmenden Ergebnissen (HEINE/MEINBERG 1988; HEINE/MEINBERG 1990, 23). Die Interpretation dieses Befunds in präventiver Hinsicht ist freilich umstritten, wird doch einerseits angenommen, daß mittlere und größere Unternehmen durch das Umweltstrafrecht wirksam abgeschreckt würden, andererseits behauptet, die Konzentration auf kleine Umweltkriminalität kennzeichne gleichzeitig die Reichweite des Umweltstrafrechts und seiner generalpräventiven Kraft (MEINBERG 1988, 117 ff). Jedoch ist einzuräumen, daß die bisherige empirische Forschung nicht so angelegt ist, daß sie die Präventionsfrage beantworten könnte. Ihr Schwerpunkt liegt auf der Implementation. Die Feststellung von Implementationsdefiziten läßt aber die Präventionsfrage offen. Denn insbesondere die auf Strafrecht und Strafrechtsanwendung zurückführbare → Generalprävention kann ja nur dann benannt werden, wenn außerhalb des Strafrechts liegende Bedingungen der Normbefolgung bekannt sind. Ferner zeigt die Entwicklung in den 80er Jahren keine bedeutsamen Veränderungen in der Strafzumessungspraxis (Schaubild 2). Nahezu die Hälfte aller Umweltstraftaten, die zur Verurteilung gelangen, werden mit Geldstrafen bis zu 30 Tagessätzen bestraft. Der Anteil der Freiheitsstrafe von knapp 3% spricht dafür, daß deren Verhängung Ausnahmecharakter hat. Dies gilt im übrigen auch für den Tatbestand der schweren Umweltgefährdung (§ 330 StGB), wo 60% der verhängten Strafen 90 Tagessätze nicht überschreiten. Die Analyse der → *Strafzumessung* anhand der Strafverfolgungsstatistik zeigt im übrigen, daß im Falle der Gewässerverunreinigung fahrlässige und vorsätzliche Tatbegehung im wesentlichen gleichmäßig geahndet werden (Schaubild 3), eine Differenzierung zwischen Vorsatz und Fahrlässigkeit findet insoweit also nicht statt. Den Verfallsvorschriften kommt bislang quantitativ noch keine Bedeutung zu, obwohl seit geraumer Zeit das präventive Potential der *Gewinnabschöpfung* auch für die Umweltkriminalität hervorgehoben wird. Die aus den Kriminalstatistiken und den Befunden empirischer Forschung sich abzeichnende Struktur der Erledigung von Umweltstrafverfahren läßt auf Probleme bei der Implementierung des Umweltstrafrechts (Vollzugsdefizit) schließen (vgl. hierzu ALBRECHT 1987; zum Vollzugsdefizit im Umweltverwaltungsrecht MAYNTZ 1978). Be-

Struktur der Sanktionen bei Umweltdelikten 1983/1986/1989

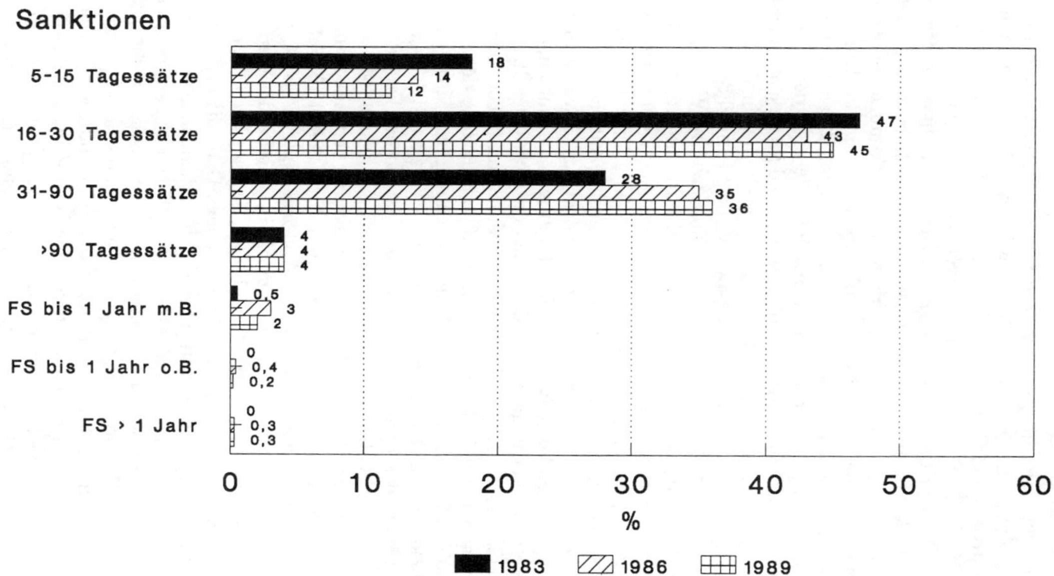

Strafverfolgungsstatistik 1983, 1986, 1989

trachtet man die Entstehungsgründe von Ermittlungsverfahren bei Umweltdelikten, so ergibt sich, daß etwa 30–40% der Umweltstrafverfahren durch polizeiliche Aktivitäten in Gang kommen, etwa 40–50% durch Privatleute und nur zwischen 10–20% der Fälle von Umweltverwaltungsbehörden initiiert werden (MEINBERG 1988; KÜHNE/GÖRGEN 1991). Die vergleichsweise große Bedeutung eigener Aktivitäten der Polizei im Entstehungsgefüge von Umweltdelikten macht die Verteilung polizeilich registrierter Umweltkriminalität plausibel.

Denn dort, wo eine spezialisierte Polizeibehörde für die Umsetzung von Umweltstrafrechtsnormen zuständig ist, nämlich im Bereich des Gewässerschutzes, wird ein größerer Teil der Umweltdelikte registriert. Dagegen sind dort, wo eine spezialisierte Strafverfolgung fehlt und im wesentlichen Umweltverwaltungsbehörden als Anzeigeerstatter in Frage kommen, nämlich Lärmverursachungen und Luftverunreinigung sowie weitere Umweltdelikte, die betreffenden Straftaten stark unterrepräsentiert. Dies steht im Widerspruch zu der Aufmerksamkeit, die Luftverunreinigung und Lärm in der Öffentlichkeit genießen. Die bisherigen Befunde zur Anzeigeerstattung durch Umweltverwaltungsbehörden sprechen eindrücklich dafür, daß eine Anzeige als Reaktion auf die Feststellung von Schadensfällen oder Umweltbeeinträchtigungen eher die Ausnahme darstellt. Aus den Tätigkeitsberichten der Gewerbeaufsichtsämter und der empirischen Forschung läßt sich im übrigen entnehmen, daß von dem grundsätzlich zur Verfügung stehenden sanktionsrechtlichen Instrumentarium nur selten Gebrauch gemacht wird und verwaltungsrechtlicher oder strafrechtlicher Zwang in Form der Erstattung von Strafanzeigen bzw. der Durchführung von Ordnungswidrigkeitsverfahren keine Bedeutung hat (MAYNTZ 1978; HEINE/MEINBERG 1988). Die kriminologische Forschung hat sich aber neuerdings der Handhabung des *Ordnungswidrigkeitsrechts* und der *Verwaltungsstrafen*, ein lange Zeit vernachlässigtes Forschungsfeld, zugewandt (MEINBERG 1988). Im übrigen sprechen die bisherigen Erfahrungen mit verwaltungsinternen oder gesetzlichen Anzeigepflichten nicht für deren Wirksamkeit als Mittel zur Steigerung der → Anzeigebereitschaft von Amtsträgern (ALBRECHT 1987; KÜHNE/GÖRGEN 1991). Dem Verwaltungshandeln im Bereich des Umweltschutzes liegt offensichtlich ein anderes Modell des Umgangs mit Normadressaten zugrunde als dem strafrechtlichen Umweltschutz. Denn die Erfüllung der Umweltverwaltungsaufgaben ist seit jeher durch verhandlungsorientiertes, nicht durch repressives Handeln geprägt (MAYNTZ 1978). Dem entspricht es, wenn als grundlegende politische Prinzipien des auf Verwaltungsrecht basierenden Umweltschutzes Vorsorge-, Verursacher- und Kooperationsprinzip genannt werden. Im übrigen stellt sich das Problem der strafrechtlichen Zurechnung von Umweltbeeinträchtigungen. Dies betrifft nicht die sog. Jedermanns-Umweltkriminalität. Diese zeichnet sich nämlich durch i. d. R. leicht nachweisbare und in Form von Beweismitteln leicht fixierbare Schädigungsmittel sowie durch einfache kausale Zusammenhänge zwischen Handlung und Umweltbeeinträchtigung aus. Bei gewerblichen und industriellen Tätigkeiten wird die Zurechnung infolge arbeitsteiligen und organisierten Verhaltens schwieriger. Deutlich wird dies auch bei der Untersuchung der subjektiven Tatseite registrierter Umweltdelikte. So lautet bei Schiffahrtssachen der Vorwurf bei etwa 10% der Fälle auf

Sanktionsstruktur bei fahrlässiger und vorsätzlicher Gewässerverunreinigung 1989

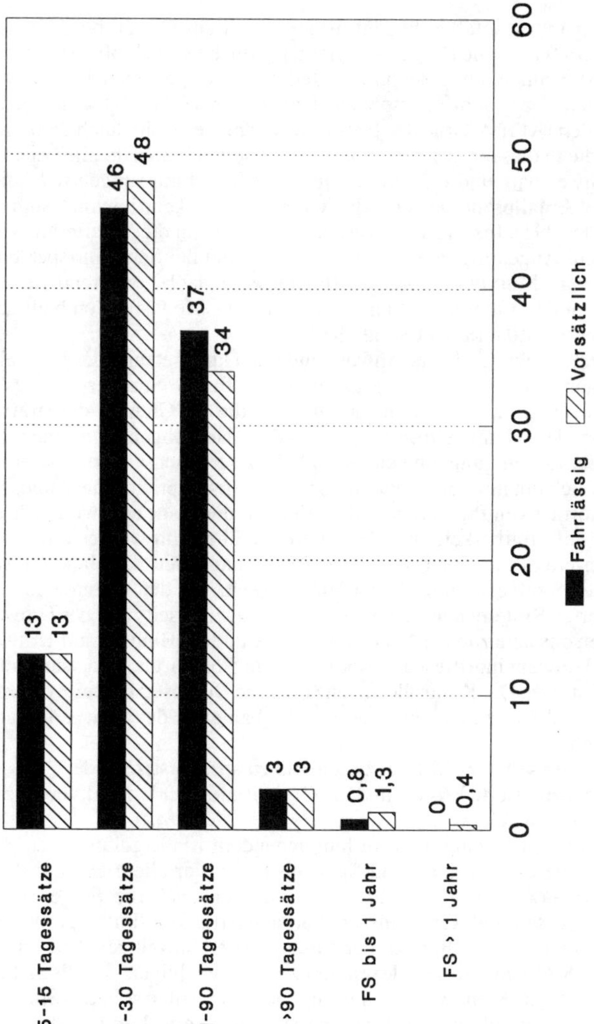

Strafverfolgungsstatistik 1989

Vorsatz, bei Industriefällen beträgt dieser Anteil ein Drittel, bei Fällen in der Landwirtschaft ist es die Hälfte, bei Privaten jedoch mehr als 60% (HEINE/MEINBERG 1988). Schließlich ist der hohe Anteil von Privatpersonen, Landwirten und Schiffseignern bzw. Schiffahrtspersonal zu nennen, die als Tatverdächtige registriert werden (KÜHNE/GÖRGEN 1991). Dies hängt teilweise auch damit zusammen, daß die in diesem Zusammenhang registrierten Umweltdelikte auch durch leicht nachweisbare und im übrigen sichtbare Verschmutzungen wie landwirtschaftliche Abfallprodukte, Öl oder Ölprodukte gekennzeichnet sind (KÜHNE/GÖRGEN 1991). Insoweit überrascht es nicht, wenn die Verurteilungsquoten bei Privaten, Angehörigen der Landwirtschaft und bei Schiffahrtspersonal am höchsten liegt (MEINBERG 1988; KÜHNE/GÖRGEN 1991), während sie bei Tatverdächtigen der öffentlichen Hand bzw. der Industrie fast gegen Null geht (so schon HÜMBS-KRUSCHE/KRUSCHE 1983).

Im Zusammenhang mit der Anwendung und Durchsetzung des Umweltstrafrechts folgen aus der Verwaltungsakzessorietät für die Strafverfolgungsbehörden offensichtlich zwei Handlungsprämissen, die die Grenzen der strafrechtlichen Kontrolle von umweltbeeinträchtigenden Handlungen bestimmen und das Potential zur Erzwingung umweltverträglichen Verhaltens determinieren. Dabei handelt es sich um normative und um organisatorisch-praktische Voraussetzungen. Die normativen Prämissen wirken sich auf die Frage aus, welche Bereiche überhaupt auf Strafbarkeit hin kontrolliert und überprüft werden dürfen. Organisatorisch-praktische Prämissen dagegen strukturieren die Handlungsbedingungen der Strafverfolgungsbehörden insoweit, als den differenzierten und spezialisierten Systemen der Umweltverwaltung einerseits und der Umweltnutzer andererseits eine zunächst undifferenzierte und im Hinblick auf Umweltmedien und Umwelteingriffe nicht spezialisierte Polizei und Staatsanwaltschaft gegenüberstehen. Die Kontrolleffizienz oder die Durchsetzbarkeit von Umweltstrafrecht wird damit zu einer Funktion der Fähigkeit der Strafverfolgungsbehörden, sich

1. entweder selbst zu differenzieren und zu spezialisieren oder
2. das spezialisierte Wissen und die Organisation der Umweltverwaltung für sich nutzbar zu machen.

Beides scheint bislang nicht in hinreichendem Maße gelungen zu sein (zu Problemen der Organisation und Spezialisierung vor allem HEINE/MEINBERG 1988; KÜHNE/GÖRGEN 1991). Freilich stellt sich auch die Frage, inwieweit angesichts dessen, daß einerseits hochorganisierte, konfliktfähige und widerstreitende Interessen im Bereich der Nutzung von Umwelt gegeben sind, andererseits das Strafrecht in komplexen, mit anderen wichtigen Gesellschaftsbereichen eng verflochtenen Systemteilen angewendet werden soll, das Strafrecht an Grenzen stößt und ob nicht Alternativen in Form verwaltungsrechtlicher oder zivilrechtlicher Kontrolle (→ Alternativen zum Strafrecht) besser geeignet wären. Jedoch wird vor allem die zivilrechtliche Alternative skeptisch beurteilt.

Eine Einordnung der Umweltkriminalität in den Kontext von *Kriminalitätstheorien* ist bislang noch nicht erfolgt. Die Erklärung von Umweltkriminalität dürfte aber im Bereich der ökonomischen Kriminalitätstheorien am ehesten anzusiedeln sein. Im übrigen werden auf die Anwendung der Sanktionsnormen des Umweltstrafrechts bezogene weitere theoretische Perspektiven sichtbar. Der Definitionsansatz (labeling approach) lenkt die Aufmerksamkeit auf die Variabilität des Bedeutungsgehalts von Umweltkriminalität, obschon er der besonderen Problematik des verwaltungsakzessorischen Umweltstrafrechts nicht ganz gerecht wird. Interessentheoretische Ansätze vermögen die auch im Rahmen der Anwendung von Sanktionsnormen wirksam bleibenden Berücksichtigungsforderungen von gesellschaftlichen Interessengruppen in das Blickfeld zu rücken. Integrierte handlungs- und strukturtheoretische Ansätze bieten sich zur Erfassung von manifesten Handlungszielen, Interessen und Handlungskalkülen auf der Ebene der Strafverfolgung sowie vorgelagerten Handlungs- und Entscheidungsprämissen, die durch außerstrafrechtliche Instanzen gesetzt werden, an (zusammenfassend WOLLMANN 1980). Freilich wird auch in der Zukunft der Schwerpunkt kriminologischer Forschung wohl auf der Anwendungsseite des Umweltstrafrechts liegen.

Albrecht, H.-J., Umweltstrafrecht und Verwaltungsakzessorietät – Problem und Folgen einer Verknüpfung verwaltungs- und strafrechtlicher Konzepte. KB 14 (1987), S. 1–22; *Heine, G., Meinberg, V.*; Empfehlen sich Änderungen im strafrechtlichen Umweltschutz, insbesondere in Verbindung mit dem Verwaltungsrecht?, Gutachten D zum 57. Deutschen Juristentag Mainz 1988, München 1988; *Heine, G., Meinberg, V.*, Environmental Criminal Law in Europe: Legal Comparative and Criminological Research, in: Kaiser, G., Albrecht, H.-J. (Hrsg.), Crime and Criminal Policy in Europe, Freiburg 1990, S. 3–24; *Hümbs-Krusche, M., Krusche, M.*, Die strafrechtliche Erfassung von Umweltbelastung – Strafrecht als ultima ratio der Umweltpolitik?, Stuttgart 1983; *Kühne, H.-H., Görgen, Th.*, Die polizeiliche Bearbeitung von Umweltdelikten, Wiesbaden 1991; *Martin, J.*, Umweltstrafrecht im Umbruch? Die Gesetzesentwürfe von Regierung und Opposition im Vergleich, Informationsdienst Umweltrecht 2 (1991), S. 141–146; *Mayntz, R.*, Vollzugsprobleme der Umweltpolitik. Empirische Untersuchung zur Implementation von Gesetzen im Bereich der Luftreinhaltung und des Gewässerschutzes, Wiesbaden 1978; *Meinberg, V.*, Empirische Erkenntnisse zum Vollzug des Umweltstrafrechts, ZStW 100 (1988), S. 112–157; *Rüther, W.*, Ursachen für den Anstieg polizeilich festgestellter Umweltschutzdelikte, Berlin 1986; *Tiedemann, K.*, Die Neuordnung des Umweltstrafrechts, Berlin u. a. 1980; *von Danwitz, K.-S.*, Die Umweltkriminalität der Landwirte in Nordrhein-Westfalen in den Jahren 1983/1984, München 1990.

HANS-JÖRG ALBRECHT

Unterbringung → freiheitsentziehende Maßnahmen

Unzurechnungsfähigkeit → Schuld und Verantwortung, → Schuldfähigkeit

Ursachen der Kriminalität → Kriminalitätstheorien, ökonomische, → Kriminalitätstheorien, psychologische, → Kriminalitätstheorien, soziobiologische, → Kriminalitätstheorien, soziologische, → Kritische Kriminologie, → Methoden der Kriminologie, → Theorie und Erklärung

V

Validität → Methoden der Kriminologie

Verbrechensbegriff. Verbrechen heißt das in seinen Merkmalen strafgesetzlich bestimmte und mit Kriminalsanktionen bedrohte Unrecht. Dabei differenziert das Gesetz nach unterschiedlichen Schweregraden (vgl. z. B. § 12 StGB).

Handlungen, die als Verbrechen gelten, kennt die menschliche Gesellschaft seit ihren Anfängen. Die sogenannten „heiligen Schriften", die ersten schriftlichen Aufzeichnungen der Menschheit, legen davon Zeugnis ab. Man denke etwa an den Mord des Kain an seinem Bruder Abel. Weitere Anhaltspunkte finden wir im Codex Hammurabi (ungefähr 1700 v. Chr.) und der antiken Tragödie. Der *Inhalt* des Verbrechensbegriffs *unterliegt* allerdings dem *sozio-kulturellen Wandel*; er erweist sich als *abhängig von der jeweiligen Rechts- und Gesellschaftsordnung*. Daher ist er nach Raum und Zeit, nach Ort und Inhalt des Sozialsystems verschieden. Stets aber dient er der Gesellschaft als ein ebenso wichtiges wie folgenreiches Mittel zur Verhaltenskontrolle (→ Verbrechenskontrolle und Verbrechensvorbeugung). Anhand des Verbrechensbegriffs lassen sich als *sozialschädlich beurteilte Verhaltensweisen* erkennen, verdeutlichen, auswählen, abgrenzen, beschreiben und der Absicht nach zurückdrängen. Der Verbrechensbegriff trägt zur sozialen Integration und zur Wahrung von Verhaltenskonformität bei. Im Gegensatz zu dem Grund- oder Kernbestand des Strafbaren, der sich im Laufe der Geschichte nur langsam oder gering verändert, unterliegt der übrige Bereich kriminalisierten Verhaltens erheblichen Wandlungen. Einerseits hat sich die Zahl der Straftatbestände seit dem 19. Jahrhundert vergrößert; zu denken ist vor allem an die Betäubungsmittel-, Verkehrs-, Wirtschafts- und Umweltschutzdelikte (→ Drogen und Kriminalität, → Verkehrsdelikte, → Wirtschaftskriminalität, → Umweltkriminalität). Andererseits hat der Bereich des Strafbaren, soweit sich Normen nicht uneingeschränkt durchsetzen ließen (z. B. Verbot der Pornographie, der einfachen Homosexualität sowie des Schwangerschaftsabbruchs), abgenommen (→ Verbrechenskontrolle und Verbrechensvorbeugung).

Ein Verbrechensbegriff, der zeitlich und räumlich relativ sowie abhängig von vorfindbaren sozialen und rechtlichen Normen ist, erschien der Kriminologie allerdings lange Zeit als Forschungsgegenstand ungeeignet (ZIPF 1980, 85). Was „heute und hier Verbrechen ist, ist es vielleicht morgen und dort nicht mehr und umgekehrt" (MEZGER 1951, 4). Diese Relativität erklärt die Suche nach einem Verbrechensbegriff, der die Zeiten überdauert. Schon im 19. Jahrhundert, also zu Beginn des Bestrebens der Kriminologie, sich als eine selbständige Wissenschaft darzustellen, bemühte man sich um einen *materiellen oder kriminologischen Verbrechensbegriff*. Vor allem GAROFALO, der Naturrechtsdenken und sozialdarwinistische Einflüsse zu verbinden suchte, war darum bemüht, einen zeitlosen „Grundbestand der Verbrechen" aufzuspüren. Er fand ihn im „delitto naturale", dem natürlichen Verbrechen. Die 1885 in seinem Werk Criminologia entwickelte Lehre ließ sich jedoch weder empirisch nachweisen noch logisch begründen. Diese Bedenken treffen auch für die von anderen Wissenschaftlern gebrauchte Unterscheidung der strafbaren Handlungen „wider natürliches Recht" und Vergehen „wider positives Recht" zu. Eine solche Wiederaufnahme der alten naturrechtlichen Doktrin von den „delicta per se" und „delicta mere prohibita" kam über den Stand der Lehre GAROFALOs nicht hinaus. Sie vermochte infolgedessen auch die Bedenken der Subjektivität und Willkür nicht auszuräumen. Dennoch hat man sich in der Kriminologie bis in die Gegenwart um einen materiellen Verbrechensbegriff bemüht. Zum Teil hat man die naturrechtliche Tradition fortgesetzt, zum Teil sich an anthropologische und neuerdings rechtssoziologische Fragestellungen angelehnt. Neuere Bestrebungen zielen dahin, fehlende Strafnormen im Bereich der → Kriminalität der Mächtigen zu identifizieren (dazu PEARCE 1976; TIEDEMANN 1981; TRIFFTERER 1991). Insbesondere liefern Wirtschaftsdelikte ebenso wie politisch motivierte Straftaten für die heutige Diskussion Zeugnis (→ politische Delikte). Gerade der Streit über die Legitimierung des sog. zivilen Ungehorsams als „kleinem" Widerstandsrecht veranschaulicht dies. Dabei gilt als ziviler Ungehorsam „eine bewußte Regelverletzung als Mittel zum Zweck eines öffentlich bekundeten und ethisch-normativ begründeten symbolischen Protestes, der gewaltlos bleibt und für dessen Folgen einzustehen der Protestierende bereit ist" (SCHÜLER-SPRINGORUM 1983, 79). Zu denken ist an Stromzahlungsboykott, Steuerstreik, Straßenblokkade u. a. An diesen Problemen wird erkennbar, wie sehr der materielle Verbrechensbegriff eine rechtspolitische Funktion erfüllt. Vor allem der sogenannte labeling approach und die Konfliktkriminologie knüpfen unmittelbar an den politischen Charakter der Kriminalisierung an. Ihre Anhänger bestreiten einen allen Sozialgruppen gemeinsamen Konsens in der Normüberzeugung. Folglich verbinden sie die tatsächliche Kriminalisierung mit den Gruppeninteressen der Mächtigen. Macht äußert sich demgemäß in den Prozessen legislativer und praktischer Kriminalisierung, vornehmlich zur Disziplinierung von Unterschichten. Dieser Ansatz bezieht mit der Untersuchung des gesamten Systems der strafrechtlichen Sozialkontrolle auch deren Konzepte und Handhabungsmuster einschließlich des legalen Verbrechensbegriffs mit in die Analyse ein. Auf diese Weise wird die Tatsache, daß Verbrechen und Verbrechensbegriff der Gesellschaft zur Bewältigung anheimgegeben sind, nachdrücklich betont. Zwar wird durch die modernen Strömungen auf Vielfalt und Bedeutung schichtspezifischer und partikularer Gruppennormen sowie auf den Einfluß der Macht hingewiesen. Jedoch wird die entscheidende Frage nach der inhaltlichen Verbrechensbestimmung dadurch nicht gelöst, eher in den Bereich der politischen Willkür gerückt.

Auch beim Versuch, den Verbrechensbegriff vom geschützten *Rechtsgut* her festzulegen, befindet man sich auf schwankendem Boden. Seit den ersten Bemühungen, Verbrechen rechtsgutorientiert zu bestimmen (BIRNBAUM 1834), wird auf naturrechtliche Begründungsmuster zurückgegriffen. Unklar ist ferner, ob Strafrechtsnormen nur dann begründbar erscheinen, wenn sich bestimmte konkrete Rechtsgüter nachweisen lassen, oder ob es soziale Verhaltensnormen gibt, die auch ohne solche Nachweise als schutzbedürftig erscheinen. Erkennt man aber Rechtsgüter der Allgemeinheit von so unbestimmtem Zuschnitt wie die „öffentliche Sittlichkeit" oder den „öffentlichen Frieden" an, so verliert die Beschränkung des Strafrechts auf den Rechtsgüterschutz alle praktische Bedeutung. Schon bei der Diskussion über etwaige Entkriminalisierung der Homosexualität Mitte der sechziger Jahre wurde beobachtet, daß der Rückgriff auf dasselbe Rechtsgut zur Begründung für ganz unterschiedliche kriminalpolitische Folgerungen diente. Die Tragweite dieser Problematik äußert sich neuerdings kennzeichnend in der Begründung überindividueller Rechtsgüter im Wirtschaftsstrafrecht, etwa bei der sogenannten „Störung der Wirtschaftsordnung". Offenbar läßt sich die kriminalpolitisch einseitige Verknüpfung von Individualrechtsgut und Opferinitiative bei der Kriminalisierung wirtschaftsschädlicher Sachverhalte nicht derart durchsetzen, wie dies für die traditionellen Bereiche des Kriminalrechts zutrifft (ARZT 1981, 77 ff). Wohl hat man neue Rechtsgüterkonzepte geschaffen, jedoch neue Kontrollmechanismen, die der Anzeigebereitschaft des Individualopfers nach Intensität und Wirksamkeit nahekämen, noch nicht entwickelt (VOLK 1981, 59). Selbst der Rückgriff auf den Rechtsgutsbegriff hat also die Unsicherheit nicht ausräumen können. Aber auch ein *funktionaler Begriff der Kriminalität* vermeidet die subjektive Wertung nicht. Dieser definiert Verbrechen als Verhaltensweisen, die „dysfunktional" zum geregelten sozialen Verlauf gesellschaftlicher Prozesse sind (KÜRZINGER 1982, 16 f). Ehe jedoch sozialschädliches Verhalten bezeichnet werden kann, müssen die grundlegenden Wertvorstellungen der Gesellschaft festgelegt worden sein.

Die Unsicherheit, den Inhalt des Verbrechensbegriffs auszumachen, läßt sich danach nicht ausräumen. Die Leistungsfähigkeit der Versuche zur materiellen Verbrechensbestimmung ist offensichtlich sehr begrenzt. Eigentlich vermitteln uns derartige Ansätze relative Sicherheit nur dort, wo wir ohnehin kaum Zweifel hegen, nämlich beim „Kernbereich des Strafrechts" (dazu BVerfGE 45, 272, 288 f.), also im engeren Bestand des seit langer Zeit Überkommenen. Umgekehrt lassen uns die Ansätze dort im Stich, wo wir ihrer Hilfe am dringendsten bedürfen, namentlich bei der Frage nach Über-, Ent- und Neukriminalisierung sowie in den Randbereichen des Nebenstrafrechts, wo es um Ab- oder Aufwertung geht (→ Verbrechenskontrolle und Verbrechensvorbeugung). An derartiger Begründungsschwäche leiden auch die Versuche zur Rechtfertigung des sog. zivilen Ungehorsams, die sich letztlich auf ein erkennbares überpositives Recht stützen (kritisch HASSEMER 1985, 339). Sie bedrohen überdies das Legalitätsprinzip, das Rechtsvertrauen und die Akzeptanz strafrechtlich bewehrter Normen.

Gegenstand kriminologischer Forschung kann auch nicht bloß der Inhalt eines materiellen Verbrechensbegriffs sein, unterstellt, man könnte diesen sicher bestimmen. Für die Kriminologie ist das Verbrechen lediglich ein Ausgangspunkt, nicht aber das Ziel. Zur Information, Vergleichbarkeit und Orientierung ist die empirische Forschung rechtspolitisch nur dann ergiebig, wenn sie die gesamte Breite der Normwidrigkeit oder des abweichenden Verhaltens in ihr Blickfeld einbezieht. Auch wenn die Kriminologie nicht sinnvoll arbeiten kann, ohne sich an die Strafrechtsordnung anzulehnen, wird ihr Untersuchungsgegenstand keineswegs durch diese begrenzt (→ Kriminologie und Strafrecht). Allerdings muß sie beim Verbrechensbegriff ihre wissenschaftliche Kompetenzgrenze beachten. Sie braucht zwar ihre Augen nicht vor strafwürdigem, aber noch nicht strafbarem Verhalten zu verschließen und kann ihre Forschung pragmatisch an einem beliebigen Verbrechensbegriff anknüpfen. Das mag juristisch wie auch rechtspolitisch sinnvoll oder moralisch geboten sein. Jedoch kann sie sich den zugrundegelegten materiellen Verbrechensbegriff nicht dergestalt zu eigen machen, daß sie die übernommene Wertung mit dem Einsatz ihrer wissenschaftlichen Objektivität verteidigt. Andernfalls könnte sie zur Rechtfertigungsideologie werden.

Daher „bleibt es dabei, alle Kriminologie empfängt ihren Gegenstand bei der Gestaltung des Verbrechensbegriffs aus den Händen der Strafrechtswissenschaft" (MEZGER 1951, 4). Nur die juristische *Legaldefinition* des Verbrechens, also die vom Strafgesetz beschriebenen Handlungen (§ 12 StGB) nach Tatbestandsmäßigkeit, Rechtswidrigkeit und Schuld, vermag Sicherheit über Umfang und Inhalt des jeweils geltenden Kriminalrechts zu vermitteln. Auch hier erweist der Satz „nullum crimen sine lege" seine Richtigkeit. Ferner ließe sich die Kriminalitätsentwicklung ohne diese Definition nicht beschreiben. Die Kriminalstatistik ist als Erkenntnismittel ohne den Hintergrund der strafrechtlichen Regelung nicht zureichend interpretierbar (ZIPF 1980, 96). Würde man die Legaldefinition des Verbrechens durch eine andere, subjektiv gefärbte ersetzen wollen, dann löste man nur die eine Relativität durch eine andere ab. Freilich könnte auch dies von kriminalpolitischem Gewinn sein. Aber selbst dann bleibt das metatheoretische Problembewußtsein übrig. Man weiß, daß Straftat nicht gleich Straftat ist, daß also Unterschiede im Unrecht bestehen, auch wenn diese vorzugsweise von der Sozialschädlichkeit hergeleitet werden. Allein die juristische Formaldefinition vermag Sicherheit über Umfang und Inhalt des jeweils geltenden Kriminalunrechts zu vermitteln.

Die Abgrenzung der Legaldefinition des Verbrechens von anderen Begriffsbestimmungen ist bedeutsam und fruchtbar. Der Verbrechensbegriff muß ständig durchdacht und aktualisiert werden, wenn die Kriminologie nicht zur unkritischen Verteidigerin des jeweiligen Status quo werden will. Doch selbst wenn sich die Wissenschaft aufgrund ihrer Forschungsergebnisse zur Kritik an bestehenden Strafnormen veranlaßt sieht, ändert dies nichts an der formalen Geltung der angefochtenen Normen. *Je nach Fragestellung und Bedürfnis wird man daher von verschiedenen Verbrechensbegriffen ausgehen.* Will man Fragen der Überkriminalisierung, Neukriminalisierung oder Entkriminalisierung untersuchen, also Tendenzen in der Bewegung des Verbrechensbegriffs (→ Verbrechenskontrolle und Verbrechensvorbeugung), so wird man sich von Aspekten des materiellen Verbrechensbegriffs leiten lassen. Möchte man hingegen Umfang, Struktur und Bewegung der Kriminalität erforschen, so wird man sich vor allem an der Legaldefinition des Verbrechens ausrichten. *Daneben* bleibt freilich die *Blickschärfung für → soziale Probleme* wie Gemeinlästigkeit, → Alkohol, Drogengebrauch (→ Drogen), Prostitution und soziale Randgruppen sowie Selbstmord (→ Suizid). Teilweise erfolgt sie unter dem sozialwissenschaftlichen Bezugsrahmen des → abweichenden Verhaltens.

Die Veränderungen im Bereich der Strafbarkeit, während der Nachkriegszeit insbesondere ablesbar an Verkehrs-, Wirtschafts- und Umweltschutzdelinquenz, scheint für die bereits von HEGEL (1821) vertretene These von der *Kulturabhängigkeit des Verbrechensbegriffs* zu sprechen (dazu ZIPF 1980, 92). So richtig diese Annahme auch ist, so weit und konkretisierungsbedürftig bleibt sie. Sie vermag nicht zu erklären, warum und in welche Richtung sich innerhalb einer Epoche der Verbrechensbegriff wandelt, ja verändern muß und ferner, warum der Bereich des Strafbaren schon innerhalb eines Kulturkreises sehr unterschiedlich ausgestaltet sein kann. Immerhin könnte man jener Auffassung die Folgerung entnehmen, daß die singuläre Strafbarerklärung bestimmten Sozialverhaltens in einem Land, und zwar im Gegensatz zu dem Verbrechensbegriff benachbarter Länder, einem besonders dringlichen Begründungszwang unterliegt, um den Fall „normativer Isolierung" zu rechtfertigen. Um das Strafrecht von anderen Normsystemen abzugrenzen, hat die Wissenschaft verschiedene Wege beschritten. Ansätze zur materiellen Verbrechensbestimmung, Präzisierung des Rechtsgutbegriffs und Orientierung an der Sozialschädlichkeit sind hervorzuheben. Sie bereichern das Rüstzeug zu wissenschaftlicher Untersuchung. Begriffe wie „opferlose Verbrechen" und „abstrakte Gefährdungsdelikte" dienen gelegentlich zur Grenzbestimmung. Doch ihre konsequente Anwendung hat sich nicht als durchführbar erwiesen. Nach dem heutigen Stand der Diskussion muß man also dem Gesetzgeber einen unverändert beachtlichen, obschon durch strenge Anforderungen an seine Begründungspflicht eingeschränkten Entscheidungsspielraum zugestehen. Dennoch ist das methodische Rüstzeug inzwischen so weit entwickelt, daß fehlende Initiative, gesetzestechnische Fehler, Widersprüche, Begründungsmängel, grobe Mißgriffe oder kaum verhüllter legislativer Dezisionismus, aber auch Argumentationsmuster von Interessengruppen wissenschaftlich denunzierbar werden. Vor allem schärfen der Rückgriff auf die rechtspolitischen Grundsätze der Verhältnismäßigkeit, der Gleichheit, des Toleranzgebots, der Tatbestandsbestimmtheit und Praktikabilität die Kritik.

Amelang, K., Rechtsgüterschutz und Schutz der Gesellschaft, Frankfurt/M. 1972; *Arzt, G.*, Probleme der Kriminalisierung und Entkriminalisierung sozialschädlichen Verhaltens, in: BKA-Vortragsreihe 26 (1981), S. 77–84; *Birnbaum, K.*, Über das Erfordernis einer Verletzung zum Begriff der Ehrenkränkung, Archiv des Criminalrechts NF, 1834, S. 149–194; *v. Dülmen, R.* (Hrsg.), Verbrechen, Strafen und soziale Kontrolle, Frankfurt/M. 1990; *Garofalo, R.*, La Criminologia, Rom 1885; *Hartjen, C.*, Legalism and Humanism: A Reply to the Schwendigers, IssCrim 7 (1972), S. 59–70; *Hassemer, W.*, Ziviler Ungehorsam – ein Rechtfertigungsgrund?, in: Festschrift für R. Wassermann, hrsg. v. C. Broda u. a. Neuwied 1985, S. 325–349; *Hoffmann, F.*, Verbrechensbegriffe in der Kriminologie, in: Kriminalistik 37 (1983), S. 307–310, 365–368, 433–442, 503–506; *Kaiser, G.*, Kriminalisierung und Entkriminalisierung in Strafrecht und Kriminalpolitik, in: Festschrift für U. Klug, hrsg. v. Kohlmann, G., Köln u. a. 1983, S. 577–594; *ders.*, Kriminologie. Einführung, Heidelberg u. a. 1989; *Kürzinger, J.*, Kriminologie, Stuttgart u. a. 1982; *Mezger, E.*, Kriminologie, München 1951; *Pearce, F.*, Crimes of the Powerful. Marxism, Crime and Deviance, London 1976; *Quinney, R.*, The Ideology of Law: Notes for a Radical Alternative to Legal Oppression, IssCrim 7 (1972), S. 1–36; *Schüler-Springorum, H.*, Strafrechtliche Aspekte zivilen Ungehorsams, in: Ziviler Ungehorsam im Rechtsstaat, hrsg. v. Glotz, P., 1983, S. 61 ff.; *Tiedemann, K.*, Die Bekämpfung des Mißbrauchs von internationaler Wirtschaftsmacht aus der Sicht und mit den Mitteln des Strafrechts, in: Gedächtnisschrift für Sasse, Baden-Baden 1981, S. 629–648; *Triffterer, O.*, Kriminologische Erscheinungsformen des Machtmißbrauchs und Möglichkeiten zu ihrer Bekämpfung, Zeitschrift für Rechtsvergleichung 1991, S. 184–209, 262–287; *Volk, K.*, Kriminalpolitik und Bekämpfung der Wirtschaftskriminalität, in: BKA-Vortragsreihe 26 (1981), S. 57–64; *Zipf, H.*, Kriminalpolitik, Heidelberg u. a. 1980.

GÜNTHER KAISER

Verbrechenskontrolle und Verbrechensvorbeugung. Die Aufgabenbewältigung der inneren Sicherheit kann man in Anlehnung an die angloamerikanische Terminologie („crime control") unter der Bezeichnung der Verbrechenskontrolle zusammenfassen. Dieser *Begriff* meint alle gesellschaftlichen Einrichtungen, Strategien und Sanktionen, welche die Verhaltenskonformität im strafrechtlich geschützten Normbereich bezwecken. Über die Mittel und Wege der Kriminalpolitik greift er weit hinaus, indem er auch Vorkehrungen und Maßnahmen außerhalb des Kriminalrechts sowie im vor- oder außerstaatlichen Bereich (sogenannte informelle Sozialkontrolle) durch öffentliche Meinung (Massenmedien), Selbstschutz, Bürgerwehr und Privatjustiz (→ Private Verbrechenskontrolle) einbezieht. Damit steht er im Schnittpunkt zwischen allgemeiner Sozialkontrolle, → Kriminalpolitik und den polizeilichen Bestrebungen zur Verbrechensbekämpfung.

Nach Bezeichnung, *Ziel und Zweck* richtet sich die strafrechtliche Sozialkontrolle gegen die Begehung von Verbrechen. Was Verbrechen sind, entnimmt sie dem Strafgesetz (Strafgesetzbuch und Nebenstrafrecht). Auch die Durchsetzung des Ordnungswidrigkeitenrechts wird man zu den Aufgaben der Verbrechenskontrolle rechnen müssen, da sie die Verhinderung von Bagatelldelikten umfassen. Man denke nur an die erhebliche Zahl der Verkehrsordnungswidrigkeiten oder an die qualitativ beachtlichen Ordnungswidrigkeiten gegen das Kartellrecht.

Die Sozialkontrolle (→ Recht und soziale Kontrolle) bleibt nach Zielsetzung und Einsatz der Mittel nicht auf Vorbeugung oder Unterdrückung von Verbrechen beschränkt. Sie umfaßt diejenigen Mechanismen, durch welche die Gesellschaft ihre Herrschaft über die sie zusammensetzenden Menschen ausübt und es erreicht, daß diese ihren Normen Folge leisten. Sie dient der Wahrung von Konformität und sichert den Bestand des Sozialsystems. Ist die Sozialkontrolle jedoch zu starr, läßt sie sozialen Wandel nicht zu, wird es zu Protestverhalten und Rebellion kommen. Fehlt es hingegen an Sozialkontrolle, ist die Gesellschaft nicht minder in ihrem Bestand gefährdet. Von den Arten oder *Mitteln* der Sozialkontrolle, zu denen Religion, Moral, Recht, Wissen, Erziehung und Sozialtherapie zählen, beschränkt sich die Verbrechenskontrolle ganz überwiegend auf das Kriminalrecht.

Träger der Verbrechenskontrolle sind neben Öffentlichkeit und Gesetzgeber vornehmlich die Polizei, die Strafrechtspflege, die Bewährungshilfe und der stationäre Strafvollzug. Sie mögen sich präventiver oder repressiver *Strategien* bedienen. Seit den Anfängen der bewußten Kriminalpolitik sind die ausschließlich vergeltend oder nur abschreckend wirkenden Strategien und Mittel zugunsten vorbeugend gedachter Konzepte zunehmend angezweifelt und zurückgedrängt worden. Ausdruck dieser Tendenzen sind die weltweite *Bewegung der Sozialverteidigung* (→ Kriminalpolitik) und das sich zum Kriminalrecht erweiternde Strafrecht. In der Gegenwart hat überdies das Konzept der → Diversion, eingebettet in übergreifende Tendenzen zur Entregelung und Dezentralisierung der organisierten Verbrechenskontrolle, weltweite Beachtung erlangt. Es will Einsichten des labeling approach, der Sündenbocktheorie sowie Konsequenzen der Stigmatisierungsthese folgend möglichst viele Rechtsbrecher vor den Konsequenzen der Kriminaljustiz bewahren und sie zur anderweitigen Behandlung

„umleiten“. Von dem gesellschaftlich verfügbaren Sanktionspotential können nur die negativ wirkenden Sanktionen angewandt, generell jedoch keine Belohnungen ausgeteilt oder positive Plazierungschancen vermittelt werden. Als *Sanktionen* (→ Sanktionen, Sanktionsforschung) kommen vor allem Strafen, Maßnahmen der Besserung und Sicherung sowie Mittel des Strafverfahrens wie Beschlagnahme, Durchsuchungen und Untersuchungshaft in Betracht. Möglichkeiten zur Erfolgskontrolle bietet die *Evaluations- und Implementationsforschung*, die sich auf den Prozeß des Programmvollzuges oder die Wirkungen von Interventionsprogrammen bezieht (→ Erfolg, Bewährung, Effizienz).

Einen besonderen Rang unter den Mitteln der Sozialkontrolle nimmt die → *Stigmatisierung* ein. Sie meint zunächst nichts anderes als die Unterscheidung, die positive oder negative Hervorhebung bestimmter Personen. Die Kennzeichnung des Abweichers ist seit biblischer Zeit bekannt (Kainszeichen – 1. Buch Mose, Kap. 4, Vers. 15). Wir finden sie auch in dem Bemühen, den Rechtsbrecher an körperlichen oder Verhaltensmerkmalen zu erkennen (LOMBROSO 1876). Der Stigmatisierungsprozeß als sozialer Mechanismus dient der Verbrechenskontrolle (vgl. z. B. die abgestufte Regelung des BZRG). Man denke nur an Fälle der Neukriminalisierung wie Verkehrs- und Wirtschaftsdelikte, bei welchen die Stigmatisierung als Präventionsmittel gezielt eingesetzt wird, wenn auch nicht immer erfolgreich. Aber auch Notwendigkeit und Schwierigkeit der Resozialisierung zeigen dies, einschließlich der begrenzten Korrekturfähigkeit von strafrechtlicher Stigmatisierung (dazu RIKLIN 1981, 129 ff.).

Weil sich aber die einzelnen, jeweils für sich betrachtet, legitimen Ziele, Strategien, Mittel und Interessen nicht widerspruchsfrei in ein Netzwerk oder gar System der Verbrechenskontrolle vereinigen lassen, bedarf es der *Koordinierung* und genauer *Handlungsanweisungen.*

Diese Aufgaben übernehmen *rechtspolitische Grundsätze* und Handlungsmuster. Sie werden im Wege strafrechtlicher Ausbildung vermittelt sowie durch Strafrechtspflege und wissenschaftliche Kritik ständig überprüft. Zu ihnen zählen besonders die Grundsätze der Humanität, Freiheit, Rechtsstaatlichkeit, Verhältnismäßigkeit, Erforderlichkeit und der Zweckmäßigkeit (Effizienz). Diese Prinzipien sollen sowohl die präventiven als auch die repressiven Strategien und den mit ihnen verbundenen Einsatz der zulässigen Mittel strukturieren. Von ihnen werden also politische Praktiken und Mittel der inneren Sicherheit genauso bestimmt wie die Anordnung der Untersuchungshaft und die Verhängung von Strafen und Maßnahmen. Nehmen Gesetzgeber und Polizei mehr die generalpräventiven Ziele der Verbrechenskontrolle wahr, so verfolgen Strafrechtspflege überwiegend und Strafvollzug hauptsächlich individualpräventive Zwecke.

Die Effizienz des herkömmlichen Systems der Verbrechenskontrolle wird angesichts des beträchtlichen Anstiegs der registrierten Kriminalität in den letzten vier Jahrzehnten bezweifelt. Nach dem strafverfahrensrechtlichen Legalitätsprinzip sind Staatsanwaltschaft und Polizei hierzulande verpflichtet, wegen aller gerichtlich strafbaren und verfolgbaren Handlungen einzuschreiten (§§ 152, 163 StPO). Hieraus ergibt sich die Notwendigkeit zur Beschränkung oder Filterung und Auswahl (→ Selektion und Selektionsmechanismen). Wollte das Kontrollsystem alle in Betracht kommenden Personen als Kriminelle definieren, so wäre es in seiner Kapazität überfordert. Es würde sich „zu Tode sanktionieren“ (POPITZ 1968, 9).

Auch widerspräche ein solches Vorgehen der Integrationsfunktion des → *Verbrechensbegriffes*. Denn dieser kann ebenso wie die Strafe nur dann seine Aufgabe erfüllen, wenn er auf das Verhalten einer Minderheit beschränkt bleibt. Die Mehrheit zu sanktionieren, wäre sinnlos, ja wirkte gesellschaftlich dysfunktional. Deshalb müssen sich sowohl Verbechensbegriffe als auch Strafsanktion auf bestimmte Verhaltensweisen beziehen, die man als besonders sozialschädlich einschätzt. Offenbar darf nicht zu viel und nicht zu wenig gestraft werden. Das „budget des crimes“ ist so zu halten, daß die Normen für die Gruppenleistungen belangvoll bleiben.

Gerade angesichts der Zuwachsraten registrierter → Kriminalität werden neuerdings die dem Strafrecht weit vorgelagerten Anstrengungen zur *Verbrechensverhütung*, verbrechensvorbeugende Maßnahmen, intensiv erörtert und untersucht (dazu vor allem SCHWIND u. a. 1980). Die Zahl der Programme zur Verbrechensvorbeugung in den USA ist kaum noch überschaubar. Allein für die Zeit zwischen 1965 und 1975 schätzt man sie auf mehr als 6.500 (WRAIGHT/DIXON 1977, 36). Anders hierzulande, wo entsprechende Ansätze im Strafrecht kaum Resonanz fanden. Zwar dienen auch die herkömmlichen Strafzwecke (Besserung, Individualabschreckung und Sicherung) der Verbrechensverhütung, aber vornehmlich durch Repression. Sie reagieren auf den bereits begangenen Rechtsbruch auch mit dem Ziel, weitere zu verhindern.

Unter der Vorbeugung des Verbrechens versteht man heute alle Maßnahmen, die bezwecken, das Ausmaß und die Schwere der Kriminalität zu vermindern, sei es durch Einschränkung der verbrechensfördernden Gelegenheiten oder durch Einwirkung auf (potentielle) Rechtsbrecher. Als *primäre Prävention* bezeichnet man die Vorbeugungsstrategien aufgrund überzeugender Kultur-, Wirtschafts-, Verkehrs- und Sozialpolitik mit dem Ziel, notwendige Voraussetzungen und optimale Bedingungen für eine gedeihliche Sozialisation zu schaffen. Die *sekundäre Prävention* findet ihren Schwerpunkt in der Strafgesetzpolitik und deren praktischer Durchsetzung einschließlich der Beachtung generalpräventiver Belange. Neben strafrechtlicher General- und Spezialprävention ist vor allem an die Früherkennung kriminogener Bedingungen und deren Beeinflussung zu denken. Dazu gehört weiter der vorbeugende Aufgabenbereich der Polizei wie Jugendschutz, Medienkontrolle, Stadtplanung und Baugestaltung (siehe KUBE 1987). Die *tertiäre Prävention* bezieht sich vor allem auf die strafrechtliche und polizeiliche Rückfallbekämpfung (vgl. HESS u. a. 1979, 404 ff.; LAB 1990). Verbrechensvorbeugend tätig ist die Polizei durch Aufklärungs- und Beratungsarbeit, physische Präsenz von Kontrollbereichs- und Streifenbeamten und die ständige Erreichbarkeit. Auch die planerische und bauliche Gestaltung von Wohngebieten kann verbrechensvorbeugend orientiert sein. Übersichtliche Raumaufteilung, die Einbeziehung von Parkanlagen und Wegen in den Wohnbereich sowie die Förderung sozialer Beziehungen wirken präventiv. In diesem Zusammenhang ist ferner die Täter-Opfer-Beziehung hervorzuheben, die für das Verständnis der Straffälligkeit bedeutsam ist. Um ein wirksames Präventionssystem schaffen zu können, bedarf sie eingehender Analyse.

Allerdings wird diese verbreitete Einteilung gelegentlich angezweifelt (so etwa RÖSSNER 1988, 138 ff.). Statt dessen wird eine Zweiteilung in strukturelle (staatliche und kommunale) und personale Prävention empfohlen. Bei der personenbezogenen Prävention geht es um den individuell Gefährdeten und seine sozialen Bezüge (→ angewandte Kriminologie), während die strukturelle Prävention auf zentralstaatlicher oder kommunaler Ebene auf die Gestaltung gesellschaftlicher Bedingungen zielt. Aber ein solcher Ansatz vermag nicht zu überzeugen; er kann weder die personenbezogene Arbeit vieler Gruppen und Verbände im kommunalen Bereich wie z. B. der Anonymen Alkoholiker und deren präventiven Einfluß auf potentielle Delinquenten eindeutig zuordnen noch begründen, daß eine Trennung in personelle und strukturelle Prävention der Differenzierung in primäre, sekundäre und tertiäre Prävention überlegen ist. Einzuräumen ist freilich, daß auch dieses System der Ergänzung und Präzisierung bedarf, weil ein nach Prä-, Inter- und Postvention unterscheidendes Modell die Strategien der Verbrechenskontrolle unter Einbeziehung der justizförmigen Aktivitäten im Gesamtzusammenhang besser abbilden würde. Auch ist zuzugeben, daß Ansätze situativer Kriminalprävention (u. a. durch sogenannte Neighbourhood watch; skeptisch BENNETT 1989) für die Abwehr von Gelegenheitsdelinquenz im sozialen Nahraum aussichtsreich erscheinen, weniger allerdings zur Kontrolle von sogenannten Karrieretätern (→ Rückfallkriminalität). Letztlich besteht das Problem aber weniger in mangelnder Brauchbarkeit der Modelle oder systematischer Ansätze als vielmehr in einer aussagekräftigen Theorie zur umfassenden Verbrechensverhütung.

Zusätzlich belastet wird die Verbrechensvorbeugung und somit die gesamte Verbrechenskontrolle durch Veränderungen im sozialen Beziehungsgefüge.

Die von der modernen Industriegesellschaft erzeugten Lebensbedingungen mit dem Merkmal der Anonymität führen zum Abbau und zur Schwächung informeller Sozialkontrolle (→ Kriminalität).

In großstädtischen Ballungsräumen, in Trabantenwohn- und Schlafstätten werden nachbarliche Umgangsformen kaum gepflegt. Veränderungen in der Familienstruktur, im Bestand außerrechtlicher Verhaltensvorschriften (Brauchtum, Sitte, Religion) tragen zur sozialen Desintegration bei. Eine solche Schwächung der dem Recht vorgelagerten sozialen Normensysteme, das Versagen herkömmlich-informeller Sozialkontrolle in Familie, Schule und Beruf sowie neue sozialkulturelle Bedürfnisse haben die Entwicklung zur Verrechtlichung und deren Absicherung mit den Mitteln des Strafrechts notwendig gemacht (vgl. KAUFMANN 1985, 185 ff.; RÖHL 1987, 550 ff.). Jedoch darf das Recht nicht nur als Mittel zur Sicherung materieller Interessen oder als effektive Steuerung gesellschaftlicher Prozesse benutzt werden. Darüber hinaus ist stets die innere Anerkennung des Rechts durch die Rechtsgenossen als Personen erforderlich, da diese andernfalls nach neuen Gerechtigkeitsideen streben und eventuell neue (Rechts-)Gemeinschaften außerhalb des nationalen Rechtsstaates zu begründen versuchen (BOCK 1988, 261 ff.). Deshalb wird die häufig mangelnde Akzeptanz des Rechts beklagt. Die Abwendung vom Rechtsstaat und Hinwendung zu einer neueren vermeintlich gerechteren Gesellschaft hingegen überzeichnet die gegenwärtige Situation. Es kommt darauf an, bei abgestimmtem Einsatz aller dem

Staat verfügbaren Sicherungsinstrumente das Gleichgewicht zwischen individuellem Freiheitsschutz und staatlicher Gestaltung mit dem Ziel eines gesellschaftlichen intakten Zusammenlebens zu wahren. Immerhin vergrößert sich durch die Verrechtlichung der strafrechtliche Normenbestand fortlaufend, obschon nicht selten nur in Gestalt „symbolischer" Strafgesetzgebung. Folglich verliert die Strafrechtspflege als entscheidender Faktor im Gesamtsystem sozialer Kontrolle an Effizienz. Zwar wird seit mehr als 150 Jahren auf die Beschränkung und den notwendig fragmentarischen Charakter des Strafrechts hingewiesen, gleichwohl sehen wir uns in der Gegenwart einer Erscheinung gegenüber, die man als *Überkriminalisierung* bezeichnet (KADISH 1967, 157 ff.). Dieses Phänomen widerspricht der Behauptung, wonach die Geschichte des Strafrechts „die Geschichte seiner Abschaffung sei". Doch in dem Übermaß der Strafe leidet das Strafrecht Not. Bei massenhafter Begehung von Delikten stößt es an die eigenen Funktionsgrenzen. Erwartungsgemäß folgt der Überkriminalisierung ein Kriminalitätsanstieg. Die für die Verbrechenskontrolle zuständigen Einrichtungen befinden sich fortlaufend in einer Überforderungssituation.

Der Gesetzgeber versucht, durch *Entkriminalisierung* der Lage Herr zu werden. Der Entkriminalisierungsgedanke hat sich zunächst bei Einzelregelungen ausgewirkt: Liberalisierung im Bereich des Verkehrsstrafrechts, Reform des Sexualstrafrechts und der Bestimmungen zum Schwangerschaftsabbruch. In der Praxis erfolgt häufig eine faktische Entkriminalisierung durch prozeßnahe Erledigungsmöglichkeiten (§§ 153, 153 a StPO; 37 BetäubungsmittelG). Trotz des nicht stets durchsichtigen und überprüfbaren Ermessens der Verfolgungsbehörden und der damit verbundenen rechtsstaatlichen Bedenken hat sich diese Vorgehensweise aufgrund ihrer ökonomischen Vorzüge durchgesetzt. Auch durch Entkriminalisierung im → Jugendstrafrecht sollen die Kriminaljustiz entlastet, deren Wirksamkeit gesteigert und Problemlösungen im informellen Bereich gefunden werden. Als Mittel kommen sowohl die personelle Einschränkung des strafrechtlichen Geltungsbereichs als auch der bewußte Verzicht auf jugendstrafrechtliche Sanktionen in Betracht. Die Frage nach der Entkriminalisierung bleibt unverändert aktuell, wie der Streit um die Behandlung des Bagatelldiebstahls, die Strafwürdigkeit von Selbstverletzung und -tötung als auch der Gebrauch „weicher Drogen" (vgl. ALBRECHT 1991) und das Vorgehen gegen Hausbesetzer verdeutlichen. In diesem Zusammenhang ist auch die Problematik des sog. zivilen Ungehorsams zu sehen (→ Verbrechensbegriff), also Sitzdemonstrationen und Blockaden vorwiegend militärischer Einrichtungen. Die Rechtsprechung (BVerfG, NJW 1987, 43 ff.; ferner BGHSt 23, 46 ff.) hat § 240 StGB als einschlägige Strafnorm mit der extensiven Auslegung des Gewaltbegriffs als verfassungsmäßig bestätigt und darüber hinaus in diesen Fällen ein grundgesetzliches Widerstandsrecht als Rechtfertigungsgrund abgelehnt.

Gegenläufige Tendenzen sind erkennbar wie z. B. bei der Verschärfung des Demonstrations- und Drogenstrafrechts. Auch neuere Forderungen nach Kriminalisierung öffentlichen Rauchens und sexueller Belästigung am Arbeitsplatz zeigen den Trend an. Aufgrund der befürchteten Einschränkung des individuellen Freiheitsraumes, angesichts neu bewußtgewordener sozialschädlicher Sachverhalte und wegen der vermuteten schichtspezifischen Verteilung der geahndeten strafbaren Handlungen, sind Fragen der *Neukriminalisierung* in den Blickpunkt gerückt. Ihre Gründe liegen teils in dem Versagen herkömmlich informeller Kontrollstrukturen, teils in der Veränderung der Wertorientierung und der Herausbildung neuer Schutzbedürfnisse. Daraus folgt das Bestreben nach Verrechtlichung und gezielt politischer Steuerung, namentlich auf den Gebieten der → Drogen-, → Verkehrs-, → Wirtschafts- und Umweltkriminalität. Ohne eine zumindest temporäre Anwendung der Normen und Mittel des Strafrechts ist Zusammenleben in einer modernen Gesellschaft mit Industrialisierung, Urbanisierung, wirtschaftlichen Verpflichtungen und dichtem Straßenverkehr nicht gewährleistet (kritisch BOCK 1988, 222 ff.). Aber auch im Bereich des kriminalisierten Verhaltens gilt es, die Chancengleichheit herzustellen. Das Strafgesetzbuch soll nicht nur auf Verhaltensweisen der sozialen Unterschicht zugeschnitten sein, sondern auch sozialschädliche Handlungen der Mittel- und Oberschicht erfassen (→ Kriminalität der Mächtigen). Ausgewirkt hat sich dieser Gedanke etwa als besondere Empfindlichkeit gegenüber der Weiße-Kragen-Kriminalität (→ Beruf und Kriminalität) und den → Umweltschutzdelikten sowie als Forderungen nach „Kriminalisierung von Arbeitsplatzvernichtung“, „Amtsuntreue“ und „Steuermittelverschwendung“.

Anhand dieser *Wandlungen in der Kriminalisierung* wird deutlich, daß Verbrechen keine isolierbare Erscheinung ist, die auch ohne strafrechtliche Sozialkontrolle besteht. Vielmehr wird es durch soziale Reaktionen als solches erfaßt und gekennzeichnet. Damit rücken Fragen nach den Besonderheiten der → Selektionsprozesse und der Rolle des → Anzeigeerstatters in den Vordergrund. Der größte Teil der Strafverfahren wird durch *Strafanzeigen der Tatopfer* (→ Viktimologie) eingeleitet. Die so bekanntgewordenen, als Unrecht empfundenen Handlungen durchlaufen verschiedene Auswahlprozesse im System der Verbrechenskontrolle (Polizei, Staatsanwaltschaft und Gericht). Dem Gesetz allein kann man nicht entnehmen, wie die Instanzen der Strafverfolgung im Einzelfall reagieren. Die Tat erschöpft sich nicht nur in der Handlung; sie wird relevant erst durch Initiativen des Verbrechensopfers und die Reaktionen der Träger der Verbrechenskontrolle (zu den Grenzen und Mängeln → Private Verbrechenskontrolle, → Strafrechtssoziologie).

Albrecht, H.-J., Voraussetzungen und Konsequenzen einer Entkriminalisierung im Drogenbereich, in: Entkriminalisierung im Drogenbereich? Mit Beiträgen von H.-J. Albrecht u. a., Schriftenreihe des Instituts für Konfliktforschung, H. 13, Köln 1991, S. 1–37; *Bennett, T.*, Evaluating Neighbourhood Watch, London 1989; *Bock, M.*, Recht ohne Maß – Die Bedeutung der Verrechtlichung für Person und Gemeinschaft, Berlin 1988; *Gibbs, J.P.*, Norms, Deviance and Social Control: Conceptual Matters, New York 1981; *Hess, A.G.*, *Brückner, J.*, Vorbeugung des Verbrechens, in: HwbKrim, hrsg. v. Sieverts, R., Schneider, H.-J., 2. Aufl., Berlin 1979, S. 404–445; *Kadish, S.H.*, The Crisis of Overcriminalization, The Annals 374 (1967), S. 157–170; *Kaiser, G.*, Strategien und Prozesse strafrechtlicher Sozialkontrolle, Frankfurt/M. 1972; *ders.*, Kriminalisierung und Entkriminalisierung in Strafrecht und Kriminalpolitik, in: Festschrift für Klug, hrsg. v. Kohlmann, G., Köln 1983, S. 579–596; *ders.*, Möglichkeiten der Entkriminalisierung nach dem JGG im Vergleich zum Ausland, in: Entkriminalisierung, hrsg. v. Brusten, M., Opladen 1985, S. 159–189; *ders.*, Kriminologie. Eine Einführung in die Grundlagen, Heidelberg 1989; *Kaufmann, X.*, Rechtsgefühl, Verrechtlichung und Wandel des Rechts, Jahrbuch für Rechtssoziologie 10 (1985), S. 185–199; *Kube, E.*, Systematische Kriminalprävention, Wiesbaden 1987; *Kury, H.* (Hrsg.), Prävention abweichenden Verhaltens, Maßnahmen der Vorbeugung und Nachbetreuung, Köln u. a. 1982; *Lab, St.P.*, Crime Prevention. Approaches, Practices and Evaluations, o. O. 1990; *Lab, St.*, Crime Prevention, 2. Aufl., o. O. 1990; *Lombroso, C.*, L'uomo delinquente, Milano

1876; *Popitz, H.*, Über die Präventivwirkung des Nichtwissens. Dunkelziffer, Norm und Strafe, Tübingen 1968; *Riklin, F.*, Stigmatisierungsproblematik und Tätigkeit der Medien im Rahmen der Strafverfolgung und der Prozeßberichterstattung, in: Stigmatisierung durch Strafverfahren, hrsg. v. Haesler, W.T., Diessenhofen 1981, S. 129–159; *Röhl, K.F.*, Rechtssoziologie – Ein Lehrbuch, Köln u. a. 1987; *Rössner, D.*, Angewandte Kriminologie und Prävention, in: Angewandte Kriminologie – International, hrsg. v. Göppinger, H., Bonn 1988, S. 138–155; *Schwind, H.-D.* u. a. (Hrsg.), Präventive Kriminalpolitik. Beiträge zur ressortübergreifenden Kriminalprävention aus Forschung, Praxis und Politik, Heidelberg 1980; *Steffen, W.* u. a., Verbrechensbekämpfung durch polizeiliche Präventionsmaßnahmen, München 1981; *Wright, W.E.*, *Dixon, M.C.*, Community Prevention and Treatment of Juvenile Delinquency – A Review of Evaluation, JResDel 14 (1977), S. 35–67.

GÜNTHER KAISER

Vergewaltigung → Gewaltkriminalität, → Sexualkriminalität

Verhaltenserwartung → Abweichendes Verhalten, → Norm, Normgenese, → Sanktionen, → Sanktionsforschung

Verhaltensstörung → Kriminalitätstheorien, psychologische, → Sexualkriminalität

Verkehrsdelikte. Die Verkehrsdelikte nehmen in der Kriminologie eine Sonderstellung ein, die sich schon in der Terminologie widerspiegelt. Meist wird der Ausdruck „Verkehrs*kriminalität*" vermieden und durch „Verkehrs*delinquenz*" ersetzt, „Verkehrssünder" treten an die Stelle von „Verkehrskriminellen" (dazu KAISER 1970). Diese neutralere Kennzeichnung bringt zum Ausdruck, daß die Definition als „Verbrechen" bei Verkehrsverstößen als besonders problematisch empfunden wird. In der kriminologischen Literatur ist wiederholt auf die „potentielle Deliktssituation" (GÖPPINGER 1980) jedes Verkehrsteilnehmers hingewiesen worden. Daraus läßt sich aber nicht folgern, daß Verkehrsdelinquenz aus kriminologischer Sicht eine ganz andere Qualität als sonstige Kriminalität aufweise (a. A. CRAMER 1975; wie hier KÜRZINGER 1982). Die Ergebnisse der Dunkelfeldforschung haben gezeigt, daß auch eine Reihe anderer Straftaten nahezu ubiquitär sind. Und umgekehrt hat die Verkehrskriminologie mehrfach nachgewiesen, daß das Risiko, wegen Verkehrsvergehen verurteilt zu werden, bei der Mehrzahl selten oder nie, bei einer Minderheit aber überzufällig häufig aktualisiert wird. Deshalb läßt sich zur Sonderstellung der Verkehrsdelikte nur so viel sagen: Versteht man die gesamte Strafrechtsordnung (einschließlich Nebenstrafrecht und Ordnungswidrigkeiten) als Kontinuum von schwereren zu leichteren Normverstößen oder von seltenen zu häufigen Abweichungen, so stehen die Verkehrsdelikte an der Stelle der Normen-Skala, wo entsprechend der Verteilung einer sog. J-Kurve die leichtesten oder die häufigsten Verletzungen vorkommen.

Zur Sonderbewertung der Verkehrsdelikte trägt auch ihre tatsächliche und rechtliche Struktur bei. Die meisten *Erfolgsdelikte* werden *fahrlässig* und nicht vorsätzlich begangen und können als unglückliche Folgen eines erlaubten Risikos betrachtet werden. Gefährdungstatbestände werden zwar häufig vorsätzlich verletzt, doch werden sie, solange sie folgenlos bleiben, von der Bevölkerung oft als harmlos beurteilt und von der Rechtsordnung in der Regel als bloßes Ordnungsunrecht eingestuft. In dieser Hinsicht bestehen manche Ähnlichkeiten zu den Ordnungswidrigkeiten in Teilgebieten des Wirtschaftsrechts oder des Besonderen Verwaltungsrechts.

Die schwereren Verstöße gegen Normen des Verkehrsrechts werden als *Vergehen* nach allgemeinem Strafrecht behandelt. Sie werden in der Regel mit Geldstrafen geahndet; Freiheitsstrafen werden seit dem 1. StrRG (1.9.1969) nur noch in Ausnahmefällen verhängt. Daneben kommen Entziehung der Fahrerlaubnis (6 Monate bis 5 Jahre oder für immer) oder Fahrverbot (1–3 Monate) in Betracht.

Die leichteren Verkehrsverstöße werden seit 1.1.1969 als *Ordnungswidrigkeiten* durch Bußgeldbescheide geahndet (§ 65 OWiG). An die Stelle der Strafe ist die *Geldbuße* getreten, die von den Verwaltungsbehörden festgesetzt wird. Erst bei Einspruch des Betroffenen gegen den Bußgeldbescheid entscheidet das Amtsgericht. Die Geldbuße soll nur ein „Denkzettel“, ein „verschärfter Verwaltungsbefehl“ (JESCHECK 1988) sein, ohne das sozialethische Unwerturteil der Strafe. Für Verkehrsordnungswidrigkeiten sichern Verwarnungsgeld- und Bußgeldkataloge in Form allgemeiner Verwaltungsvorschriften eine einheitliche Sanktionspraxis. Neben der Möglichkeit des Fahrverbotes (1–3 Monate) ist von besonderer Bedeutung die zwingend vorgeschriebene *Eintragung* der Entscheidung im *Verkehrszentralregister* ab einer bestimmten Höhe des Bußgeldes. Die Heraufsetzung der Eintragungsgrenze von 40,– DM auf 80,– DM (§ 28 Nr. 3 StVG seit 1.6.1983) reduzierte die Zahl der registrierten Verkehrsteilnehmer beträchtlich. 1982 gab es 2,17 Mio. Eintragungen von Bußgeldentscheidungen, 1984 nur noch 1,49 Mio. Ausschlaggebend dafür war u. a. die Überlastung der Gerichte mit Bußgeldverfahren, da gegen Bußgeldbescheide, die zu einer Eintragung in das Verkehrszentralregister führen, häufiger Einspruch eingelegt wird. Gemessen an den Unfallzahlen mit Getöteten und Verletzten hat diese Beschränkung jedenfalls bis 1987 nicht zu einer Beeinträchtigung der hoch einzuschätzenden erzieherischen Funktion des Verkehrszentralregisters geführt. Bei den Unfällen mit Sachschäden ist dagegen von 1983 bis 1987 ein beträchtlicher Anstieg zu verzeichnen (1,31 auf 1,65 Mio.), nachdem diese Zahl zuvor 4 Jahre (1979–1982) praktisch konstant geblieben war (1,3 Mio.). Deshalb ist nicht auszuschließen, daß manche Leichtfertigkeit, die in Grenzsituationen zu einem leichteren Unfall führt (insbes. bei Geschwindigkeitsüberschreitungen), früher aus Sorge vor „Punkten in Flensburg“ eher unterlassen wurde.

Neben den Vergehen und Ordnungswidrigkeiten sind für die Erfassung der Störungen im Verkehrsrecht die *Unfälle* nur ergänzend heranzuziehen, da nicht alle Verkehrsunfälle auf Verkehrsdelikten beruhen und umgekehrt nicht alle Verkehrsdelikte zu Unfällen führen.

Der *Umfang* der tatsächlich begangenen Verkehrsverstöße läßt sich auch nicht annähernd abschätzen, da verwertbare Befragungsergebnisse über nichtregistrierte Taten bisher kaum vorliegen. Es ist jedoch sicher, daß selbst bei Verkehrsvergehen die Dunkelziffer sehr hoch ist (Anhaltspunkte bei KAISER 1988; SCHÖCH 1976). Die Zahl der *Verwarnungen* mit Verwarnungsgeld wegen Ordnungswidrigkeiten dürfte bei über 15 Millionen jährlich liegen. Im Verkehrszentralregister wurden zuletzt jährlich etwa 1,5 Millionen *Bußgeldbescheide* wegen registrierpflichtiger *Ordnungswidrigkeiten* eingetragen (KAISER 1988). In der Unfallstatistik wurden 1987 insgesamt 1 977 500 *Verkehrsunfälle* erfaßt, davon 1 652 000 mit Sachschaden und 325 500 mit Personenschaden. Die Zahl der Getöteten erreichte 1987 mit 7260 den niedrigsten Stand seit 1952, obwohl sich der Kraftfahrzeugbestand in dieser Zeit von 3,3 Mio. auf 33,9 Mio. erhöhte. Die Verurteilungen wegen *Verkehrsvergehen* stellen den kleinsten Ausschnitt aus dem Gesamtkomplex der amtlich dokumentierten Verkehrsdelikte dar. 1987 gab es z. B. 253 783 Verurteilte wegen Verkehrsvergehen (gegenüber 437 611 Verurteilten wegen allgemeiner Delikte); dabei entfielen auf die Verletzungs- und Gefährdungsdelikte unter Alkoholeinfluß zusammen 58,3% (1970: 43,9%); bei den Tatbeständen ohne Trunkenheit z. B. auf fahrlässige Körperverletzung 13,7%, Fahren ohne oder trotz entzogener Fahrerlaubnis 11,0%, fahrlässige Tötung 0,6% (Quelle: Stat. Bundesamt, Rechtspflege 1987, Tab. 1; Prozent-Berechnung vom Verf.).

Will man die *Entwicklung der Verkehrsdelikte* über längere Zeiträume verfolgen, so muß man berücksichtigen, daß die genannten Zahlen durch unterschiedliche Verfolgungsintensität, Handlungsmuster und Kapazität der Kontrollorgane beeinflußt sein können. Als Indikatoren für die tatsächliche Entwicklung eignen sich am ehesten die Unfälle mit Getöteten und Schwerverletzten sowie die Verurteilungen wegen fahrlässiger Tötung, weil hier der Handlungsspielraum der Verfolgungsorgane am geringsten ist. Für die Entwicklung der Nachkriegszeit ergibt sich nach *absoluten Zahlen* zunächst ein fast stetiger Anstieg der Verkehrsdelikte und Unfälle. Bei den tödlich Verunglückten gehen die absoluten Zahlen seit 1971 relativ kontinuierlich zurück, bei den Verletzten seit 1979 (Stat. Jahrbuch 1988; KAISER 1988). Nach dem niedrigsten Stand 1987 nimmt die Zahl der Getöteten und Verletzten seit 1988 wieder langsam zu (Stat. Jahrbuch 1989). Ebenso haben die Verurteiltenziffern – bezogen auf je 100 000 Strafmündige – in den ersten 25 Jahren zugenommen, weisen jedoch bei fahrlässiger Tötung und Körperverletzung seit Anfang der siebziger Jahre rückläufige Tendenz auf.

Eine angemessene Beurteilung der zeitlichen Entwicklung muß jedoch die stark veränderte *Verkehrsdichte* berücksichtigen. Da primär Kraftfahrer in Betracht kommen, bietet sich die *Zahl* der zugelassenen *Kraftfahrzeuge* als Bezugsgröße an, zumal Erhebungen über Führerscheinbesitzer und ihre Verkehrsteilnahme nicht so zuverlässig sind wie die offiziellen Zulassungsstatistiken. Die Anzahl der Unfälle mit Personenschaden *je 1000 Kraftfahrzeuge* hat mit Ausnahme des Jahres 1970 ständig abgenommen. Ähnlich verlief die Entwicklung bei den meisten Verkehrsvergehen einschließlich fast aller *Alkoholdelikte* im Verkehr (Berechnungen vom *Verf.* in Weiterführung von SCHÖCH 1973). So wurden z. B, 1970 pro 100 000 Kraftfahrzeuge 752 Personen wegen Alkoholdelikten im Verkehr verurteilt, 1987 nur noch 436 Personen. Noch deutlicher war der Rückgang bei den folgenschweren Alkoholdelikten mit fahrlässiger Tötung und Körperverletzung. Die insgesamt relativ günstige Entwicklung dürfte neben vernünftigen Sanktionsstrategien (u. a. Verkehrszentralregister, Führerscheinentziehung, Fahrverbot) auf eine Vielzahl von Umständen zurückzuführen sein, von denen nur beispielhaft einige erwähnt seien: sichere Fahrzeuge und Schutzvorkehrungen (Gurt, Helm), öffentliche Aufklärungskampagnen (Alkohol, Aquaplaning, Kinder im Verkehr, Abstand, Sicherheitsgurte), steigende Benzinkosten mit der Folge geringerer Geschwindigkeiten und reduzierter Fahrleistung, bessere Straßen und Verkehrszeichen, größere Verkehrsdichte mit Beruhigungseffekten (vgl. KAISER 1970, 1988). Speziell bei Alkoholdelikten dürfte die Einführung der vorgelagerten Ordnungswidrigkeit nach § 24 a StVG im Jahr 1973 (0,8‰ Grenze) dazu beigetragen haben, daß die Risikoschwelle im Bewußtsein der Bürger niedriger angesetzt wurde als zuvor. Im internationalen Vergleich gibt es – bezogen auf die (geschätzte) Gesamtfahrleistung – allerdings noch Länder mit niedrigeren Unfallzahlen, z. B. USA, England und Japan (KAISER 1988; vgl. auch MIYAZAWA 1986).

Die meisten Forschungen zur Verkehrskriminologie befassen sich mit der Frage, ob es *Persönlichkeitsmerkmale* gibt, die den besonders auffälligen Verkehrstäter, den „Unfäller", den „Verkehrsrowdy" oder umgekehrt den besonders guten Verkehrsteilnehmer auszeichnen. Die sichersten Feststellungen über Tätermerkmale bei Verkehrsdelikten lassen sich zunächst aus der Statistik entnehmen.

Von den verschiedenen Altersgruppen sind weitaus am stärksten die 18- bis 25jährigen belastet, doch liegen auch die Jugendlichen (14–18 J.) und die 25- bis 30jährigen über dem Anteil, der ihrer Teilnahme am Kfz-Verkehr entsprechen würde. Trotz etwas breiterer Streuung auf die verschiedenen Altersgruppen gleicht die Altersverteilung im wesentlichen derjenigen der klassischen Kriminalität. Der Anteil der Frauen an der Verkehrsdelinquenz ist noch geringer als bei der allgemeinen Kriminalität (Verurteiltenstatistik 1987: 10,5% gegenüber 19,4%). Neben Geschlecht und Alter erwiesen sich die *Vorstrafen* als ergiebigstes Kriterium zur Kennzeichnung der Verkehrstäter, und zwar sowohl die einschlägigen als auch die allgemeinen Vorstrafen. Insbesondere Alkoholtäter wurden deshalb und wegen ihrer höheren Gefährlichkeit vielfach als besonders negative Gruppe unter den Verkehrstätern untersucht und beschrieben. Empirisch gesichert ist auch die hohe Verkehrsdeliktsbelastung der auf dem Gebiet der klassischen Kriminalität Vorbestraften. Verwaltungspraxis und Rechtsprechung zur Versagung oder Entziehung der Fahrerlaubnis waren allerdings nicht immer frei von problematischen Pauschalurteilen (vgl. hierzu und zur Ablehnung der These von der Verlagerung krimineller Aktivität auf den Straßenverkehr SCHÖCH 1971). Bei dieser Rudiment-Typologie nach Vorstrafenbelastung und Alkoholtätern ist es im wesentlichen geblieben. Auch in differenzierten Extremgruppenvergleichen (bes. bewährte Fahrer ./. Unfäller und Vielfachtäter) konnte der „Verkehrsrowdy" oder aggressive Verkehrsdelinquent als Realtypus bisher nicht nachgewiesen werden (vgl. KAISER 1970). Aufgrund versicherungswirtschaftlicher Unterlagen kann man die Berufszugehörigkeit (geringere Belastung des öffentlichen Dienstes) und die Unfallhäufigkeit und Fahrerfahrung (Anfänger-Risiko) als ergänzende Kriterien heranziehen. Hierauf beruht die Einführung der Fahrerlaubnis auf Probe für Anfänger in den ersten beiden Jahren nach dem Erwerb durch Gesetz vom 13.5.1986 (§ 2 a StVG). Statistisch verwertbare Erfahrungen zu diesem neuen Institut liegen noch nicht vor. Jahrzehntelang bewährt hat sich dagegen die konsequente Ausnutzung der Möglichkeiten, aufgrund der Eintragungen im Verkehrszentralregister gegen Mehrfach- und

Vielfachtäter vorzugehen (ca. 11% der Eingetragenen und ca. 1,4% aller Kraftfahrer; vgl. KAISER 1988).

Zunehmende Verbreitung findet seit Ende der 70er Jahre die sog. *Nachschulung* für auffällige Verkehrsteilnehmer, insbesondere für alkoholbeeinflußte Kraftfahrer. Sie ist als stützende Maßnahme der Verkehrserziehung zu begrüßen (vgl. STEPHAN 1986; ROSNER 1988). Die Effekte der Nachschulung sind nach bisherigen Erfahrungen nicht besonders groß, doch konnte neben einer geringfügigen Reduzierung der Rückfallquote wenigstens eine Rückfallverzögerung bei den Kursteilnehmern erreicht werden (vgl. STEPHAN 1986; ROSNER 1988; KAISER 1988). In der gerichtlichen Praxis wird die Teilnahme an solchen Nachschulungskursen bei der Entziehung der Fahrerlaubnis und bei der Sperrfristbemessung bisher kaum berücksichtigt, wohl aber bei einer nachträglichen Abkürzung der Sperrfrist nach § 69 a Abs. 7 StGB).

Die *Sanktionspraxis* bei Ordnungswidrigkeiten ist relativ mild. Die Geldbußen bleiben meist an der unteren Grenze der vorgesehenen Rahmen. Die *Strafzumessungspraxis* bei *Verkehrsvergehen* war bis zum Inkrafttreten des 1. StrRG gekennzeichnet durch einen primär generalpräventiv motivierten Feldzug der Justiz gegen Trunkenheit im Verkehr. Mit der weitgehenden Einschränkung der kurzen Freiheitsstrafen hat das 1. StrRG dieser Praxis ein Ende bereitet, die auf einer Überschätzung der verkehrserzieherischen Effektivität der Strafjustiz beruhte. Seit Mitte 1969 wurden bei den Trunkenheitsdelikten wie bei den anderen Verkehrsdelikten überwiegend Geldstrafen verhängt und die Sperrfristen bei der Fahrerlaubnisentziehung etwas länger bemessen.

Die insgesamt positiven Erfahrungen mit dieser Praxis (s. o.) sollten die Rechtsprechung daran erinnern, daß die Strafe nur eines von vielen Gliedern im Gesamtsystem der sozialen Kontrolle oder der Verkehrskontrolle darstellt und deshalb nur begrenzte generalpräventive Wirkungen entfalten kann (→ Recht und soziale Kontrolle). Verkehrssicherheit ist von vielen Faktoren abhängig. Neben den wichtigeren Sanktionen Fahrerlaubnisentziehung oder Fahrverbot erfüllt die Strafe die ihr zugedachten Funktionen bei Massendelikten am ehesten, wenn sie gleichmäßig und verhältnismäßig praktiziert wird (→ Strafzumessung).

Cramer, P., Unfallprophylaxe durch Strafen und Geldbußen? Vorschläge zu einer Neugestaltung des Sanktionensystems im Bereich des Verkehrsrechts, Paderborn 1975; *Janiszewski, G.*, Verkehrsstrafrecht, 3. Aufl. München 1989; *Kaiser, G.*, Verkehrsdelinquenz und Generalprävention. Untersuchungen zur Kriminologie der Verkehrsdelikte und zum Verkehrsstrafrecht, Tübingen 1970; *Miyazawa, K.*, Viktimisierung im Straßenverkehr in Japan, in: FS Hilde Kaufmann, Berlin, New York 1986, S. 321–327; *Rosner, A.*, Alkohol am Steuer. Fahrerlaubnisentziehung und Nachschulung, Freiburg 1988; *Schöch, H.*, Verkehrsdelinquenz und allgemeine Kriminalität. Ein empirischer Beitrag zum Problem der Fahreregnung bei Vorbestraften, NJW 24 (1971), S. 1857 ff.; *ders.*, Strafzumessungspraxis und Verkehrsdelinquenz. Kriminologische Aspekte der Strafzumessung am Beispiel einer empirischen Untersuchung zur Trunkenheit im Verkehr, Stuttgart 1973; *ders.*, Ist Kriminalität normal? Probleme und Ergebnisse der Dunkelfeldforschung, KrimGegfr 12 (1976), S. 211–228; *ders.*, Kriminologische und sanktionsrechtliche Aspekte der Alkoholdelinquenz im Verkehr, NStZ 1991, S. 11–17; *Schuh, J.* (Hrsg.), Verkehrsdelinquenz, Chur/CH 1989; *Stephan, E.*, Die Legalbewährung von nachgeschulten Alkoholersttätern in den ersten zwei Jahren unter Berücksichtigung ihrer BAK-Werte, ZfVerkehrssicherheit 32 (1986), S. 2–9; *ders.*, Trunkenheitsdelikte im Verkehr und Alkoholmißbrauch. Ein Abschied von individuellen und gesellschaftlichen Illusionen erforderlich, Blutalkohol 1988, S. 201–227.

HEINZ SCHÖCH

Vermögenskriminalität → Eigentums- und Vermögenskriminalität

Verurteilte → Kriminalstatistik, → Strafzumessung

Viktimologie. Die nähere Bestimmung des Begriffs der Viktimologie wird überlagert von der Auseinandersetzung um deren Inhalt und wissenschaftstheoretischen Standort. Überwiegend betrachtet man die Viktimologie als jene Teildisziplin der Kriminologie, der darum zu tun ist, die Perspektive des Verbrechensopfers zur Geltung zu bringen. Diesem engen Begriff der Viktimologie steht ein weites Verständnis gegenüber. Danach soll Viktimologie eine autonome Wissenschaft sein, die sich „mit allen für die Gesellschaft interessanten Kategorien von Opfern im Hinblick auf alle Arten von Schadensfällen befaßt" (MENDELSOHN 1982). Zum Teil läßt man beide Formen der Viktimologie nebeneinander gelten in dem Sinne, daß Viktimologie im engeren Sinne nur vor dem Hintergrund der Viktimologie im weiteren Sinne betrieben werden könne (SCHNEIDER 1975). Von der Konzeption einer übergreifenden Opferlehre geht ohne Zweifel eine starke Faszination aus, zumal sich damit ein begrüßenswertes sozialpolitisches Anliegen verbindet. Die Zuordnung der Viktimologie zur Kriminologie verdient jedoch den Vorzug. Denn eine allgemeine Opferlehre erscheint im Gefolge der Unschärfe des Opferbegriffs zu wenig konturiert, um als eigenständiges Wissenschaftsgebiet gelten zu können (HILLENKAMP 1987; SCHNEIDER 1991). Zudem verleiht die durch eine Straftat ausgelöste Opfersituation ein charakteristisches, auch für die sonstigen Erkenntnisinteressen der Kriminologie typisches Gepräge. Ein engeres Verständnis der Viktimologie steht zudem im Einklang mit ihren bevorzugten Forschungsgegenständen. Freilich wird die Viktimologie auch bei einem solchen Verständnis von der Erforschung anderer Opferkonstellationen Nutzen ziehen, da alle Opfersituationen sich zumal in humanitärer und sozialpolitischer Hinsicht ähneln. Vor diesem Hintergrund dürfte heute niemand mehr in Zweifel ziehen, daß viktimologische Fragestellungen integrierender Bestandteil der kriminologischen Forschung geworden sind. Dies wird schon durch die neueren Bestimmungen des Gegenstandes der Kriminologie annonciert (z. B. SCHNEIDER 1987; KAISER 1988) und läßt sich bis in das didaktisch orientierte Schrifttum nachverfolgen (HILLENKAMP 1988). Es geht dabei längst nicht mehr nur um ein besseres Verständnis des Tatgeschehens, um vertieftes Erfahrungswissen über den Zusammenhang zwischen Verbrechenskontrolle, Kriminalisierung und Kriminalitätswirklichkeit, sondern namentlich auch um Fragen des Schutzes, der Stellung im Verfahren, der Hilfe und der Behandlung des Opfers einschließlich der Prävention.

Der Begriff Viktimologie leitet sich von victima (lat. = das Opfer) ab. Auch wenn die Kriminologie sich im Sog des täterorientierten modernen Strafrechts in erster Linie mit dem Täter befaßt hat, wird die Rolle des Opfers sicher nicht erst in unseren Tagen bedacht. Die Anstöße zu einer systematischen Betrachtung der Belange des Opfers sind jedoch erst in den 60er Jahren dieses Jahrhunderts erfolgt und gehen namentlich auf MENDELSOHN, V. HENTIG und etwas später ELLENBERGER zurück. Von einer über Einzelaspekte hinausgehenden viktimologischen Forschung kann man erst in unseren Tagen sprechen (HILLENKAMP 1981). Maßgeblichen Anteil an diesem wissenschaftlichen Konsolidierungsprozeß hatten die sieben bislang durchgeführten internationalen Symposien für Viktimologie (1973; Jerusalem, 1976: Boston, 1979: Münster, 1982: Tokio-Kyoto, 1985: Zagreb, 1988: Jerusalem; Rio der Janeiro: 1991). Als Ausdruck dieses Entwicklungsprozesses kann auch die 1979 in Münster erfolgte Gründung einer „World Society of Victimology“ gelten.

Die Gründe für den Aufschwung der Viktimologie sind vielfältig (KAISER 1979). Stimulierende Wirkung ist von den Opferbefragungen ausgegangen, die uns ein zunehmend informationshaltigeres und differenzierteres Bild des Verbrechensopfers vermittelt haben. Die Entwicklung dürfte aber auch mit dem gestiegenen Engagement für den sozial Schwachen zusammenhängen, das im Grunde auch die Strafvollzugsreform vorangetrieben hat. Dabei mag sozial-psychologisch betrachtet jedenfalls in der Bundesrepublik Deutschland gerade diese strafvollzugs- und damit eher täterorientierte Diskussion den Boden für eine stärkere Akzentuierung der Opferinteressen bereitet haben. In diesem Sinne spricht SCHNEIDER (1975) davon, daß die kriminologische Betrachtung durch die Viktimologie erst ins Gleichgewicht komme. Auch dürfte von der verstärkten Sensibilisierung für das Phänomen der Gewalt allgemein, vor allem aber in speziellen Opferkonstellationen wie der Kindesmißhandlung und der Vergewaltigung, eine Sogwirkung für die Viktimologie insgesamt ausgegangen sein. Ob gewollt oder nicht, ist die Hinwendung auf das Opfer schließlich von dem sich wieder stärker bemerkbar machenden „Law-and Order“-Denken begünstigt worden.

Der für die Viktimologie zentrale Opferbegriff ist schillernd. Die Schwierigkeiten der Grenzziehung reproduzieren zum Teil die Auseinandersetzung um den Gegenstandsbegriff der Viktimologie. Unklar ist in dem Zusammenhang auch, ob man sich auf die juristische Terminologie einlassen sollte. Im deutschen Sprachraum stünde für diesen Fall mit dem Begriff des Verletzten eine gesetzlich eingeführte Alternative zur Verfügung. Man fühlt sich bei diesem Streit an die Gegenüberstellung von kriminologischem und strafrechtlichem Verbrechensbegriff erinnert (SESSAR 1985). Auch eine eng verstandene Viktimologie wird sich nicht mit einer juristischen Begriffsbestimmung, die zwangsläufig am geschützten Rechtsgut oder doch geschützten Interessen orientiert sein wird, zufrieden geben können. Sie könnte sich für eine noch stark in der Entwicklung begriffenen Forschungsrichtung als ein zu enges Korsett erweisen (WEIS 1982). Als definitorischer Näherungswert für den Opferbegriff mag das Betroffensein von einem strafrechtlich relevanten Konflikt gelten (HILLENKAMP 1987: kriminologisch relevanter Konflikt). Eine solche Umschreibung deckt auch jene Konstellationen ab, in denen Schäden gerade durch die verfahrensmäßige Aufarbeitung des Konflikts entstehen.

Unklar bleibt danach, inwieweit nur Personen Opfer sein können. Hier schimmert die Kontroverse darüber durch, ob es „crimes without victims“ (SCHUR 1965; SCHNEIDER 1991) gibt. KAISER spricht im Zusammenhang mit der Wirtschaftskriminalität von einer sich „verflüchtigenden Opfereigenschaft“ (KAISER 1979). Daran ist sicher richtig, daß die Viktimologie von der Thematik her eine personalisierte Betrachtungsweise bevorzugt, so daß man sich etwas schwer tut, den Geltungsanspruch der Viktimologie auch auf abstrakte Gefahren zu erstrecken. Die Viktimologie darf jedoch Kriminalitätsbereiche wie Wirtschaftskriminalität und Umweltkriminalität nicht aussparen (KAISER 1979; SCHNEIDER 1991), auch wenn Grad und Art der Betroffenheit bei Kollektivopfern anders sind als bei Individualopfern. Diese Unterschiede werden dadurch kompensiert, daß derartige Kriminalitätsbereiche typischerweise durch ein außerordentliches Gefahrenpotential gekennzeichnet sind. Deswegen darf die Viktimologie den Opferbegriff nicht von der juristischen Konstruktion des Rechtsgüterschutzes abhängig machen. Dies zeigt sich besonders im Bereich der Straßenverkehrskriminalität, in dem Individualopfer und Kollektivopfer häufig zusammenfallen. Gegen einen auch Kollektivopfer einbeziehenden Opferbegriff läßt sich natürlich einwenden, daß damit das Kriterium der Betroffenheit sehr stark eingeebnet wird. Auf der anderen Seite sollte man nicht außer acht lassen, daß zwischen abstrakter Gefährdung und individueller Verletzung ein Kontinuum von Verhaltensweisen liegt und abstrakte Gefährdung oft schnell in persönliche Verletzung umschlägt. In einem anderen Sinn wird der Begriff „Kollektivopfer" in den Fällen verwandt, in denen, wie beim Genozid an den Juden, das viktimologische Interesse nicht nur der Untersuchung des Einzelschicksals gilt (HILLENKAMP 1987).

Als thematische Schwerpunkte lassen sich der Viktimisierungsprozeß, Opferbefragungen, Opferbehandlungs- und -entschädigungsprogramme sowie die Stellung des Opfers in der Strafrechtspflege ausmachen. Während man den Viktimisierungsprozeß früher durchweg analog den Tätertypologien in typologisierender Absicht untersuchte, gilt inzwischen eine schematisierende typologische Betrachtungsweise als überholt. Für die Erkenntnis förderlicher erscheint eine sozialwissenschaftlich begründete Analyse sozialer Situationen, in denen Personen zu Opfern werden. Mit dieser Modifikation zählt der Viktimisierungsprozeß unverändert zu den Schwerpunkten der viktimologischen Forschung (SCHNEIDER 1991). Das Hauptaugenmerk der Forschung ist nach wie vor auf ausgewählte Gewalt- und Sexualdelikte gerichtet (z. B. SESSAR 1981; WEIS 1982; BAURMANN 1983). Diese gelten namentlich von dem Grad personaler, ja, vitaler Betroffenheit und dem Facettenreichtum der Interaktionsabläufe her offenbar als prototypische Opferkonstellation. Bei der Extrapolation der in Teilbereichen gewonnenen Erkenntnisse stößt man auf Schwierigkeiten. Dies gilt erst recht, wenn man ein weites Verständnis des Viktimisierungsprozesses zugrunde legt. Beispielsweise läßt sich eine für Tötungsdelikte und Sexualdelikte geltende Erkenntnis über das in der sozialen Nahsphäre schlummernde Gefahrpotential (RASCH 1964; SESSAR 1981; BAURMANN 1983) nicht ohne weiteres auf Vermögensdelikte übertragen. Diese wiederum folgen einem anderen Muster als Straßenverkehrsdelikte (für Japan: MIYAZAWA 1986).

Es erscheint problematisch, die Zielperspektive der Opferforschung mit „Mitwirkung des Opfers" oder im Anschluß an WOLFGANG (zuletzt 1988) mit „Opfer-Präzipitation" zu umschreiben. Derartige Begriffe verleiten zu einer isolierten Betrachtung des Opferverhaltens. Statt dessen gilt es, die Variablen, die die Interaktion in der Situation bestimmt haben, möglichst differenziert herauszuarbeiten. Nur auf einer solchen differenzierten Grundlage lassen sich seriöse Verhaltensratschläge geben, Präventionsprogramme erarbeiten und kriminalpolitische Schlußfolgerungen ziehen.

Die Antwort auf die Frage, ob sich gesicherte Kriterien einer besonderen Opferanfälligkeit erarbeiten und damit verläßliche Opferprognosen aufstellen lassen, ist mit ähnlichen Zweifeln behaftet wie die Sinnhaftigkeit von Opfertypologien. Die Klassifizierungen arbeiten durchweg mit relativ allgemeinen Kategorien. So bleiben als gesichert geltende stereotypische Erkenntnisse, wonach etwa alte Menschen seltener viktimisiert werden als junge Menschen, in dieser Form doch vergleichsweise abstrakt. Man unterscheidet zum Teil zwischen primärer und sekundärer Viktimisierung. Unter sekundärer Viktimisierung versteht man dabei eine die Opferrolle verstärkende gesellschaftliche Reaktion auf die ursprüngliche Viktimisierung (WEIS 1982). Im Vordergrund des Interesses steht dabei die Erforschung der Wirkungen der Prozesse der formalen sozialen Kontrolle auf das Opfer (SHAPLAND-WILLMORE-DUFF 1985). Damit wird die durch die interaktionistischen Ansätze stimulierte allgemeine Reflexion der Verfahrens- und Wirkungsmechanismen der Instanzen für das Opfer konkretisiert. Hier schließt sich insofern der Kreis, als unter dem Blickwinkel „Begleitschaden formeller Verfahren" natürlich auch der Beschuldigte in eine Opferrolle geraten kann.

Die Entwicklung der Opferbefragungen kann als Gradmesser des Fortschritts für die Viktimologie gelten. Opferbefragungen haben ganz allgemein gesehen unser Wissen um die Verbrechenswirklichkeit auf eine differenzierte Grundlage gestellt. In einigen Ländern (z. B. USA, Niederlande) werden victim surveys inzwischen regelmäßig auf nationaler Basis durchgeführt. Während zunächst vor allem das Anliegen im Vordergrund stand, ein genaueres Bild von der Verbrechenskontrolle zu bekommen, holt die „neuere Generation" von Opferbefragungen weiter aus und thematisiert zusätzlich vor allem die Einstellung gegenüber der Polizei und die Verbrechensfurcht (→ Dunkelfeld). Die Untersuchungen haben ergeben, daß im Grunde dieselben Strukturen der Viktimisierung, der Kriminalität und der Anzeigebereitschaft weltweit verbreitet sind. Einig ist man sich weiter darin, daß die Opferbefragungen die amtlichen Kriminalstatistiken ergänzen und korrigieren können. Letztere haben sich im Lichte der Opferbefragungen gesehen im Bereich der schwereren Kriminalität als vergleichsweise verläßlich erwiesen. Da inzwischen ein gewisser Fundus an allgemeinen Erkenntnissen über Häufigkeitsverteilung und Anzeigebereitschaft vorhanden ist, nimmt man sich zunehmend differenzierterer Fragestellungen an (z. B. die Beitrage in KAISER/KURY/H.J. ALBRECHT 1991). Als in diesem Sinne ertragreich könnten sich internationale Vergleichsstudien erweisen (z. B. ARNOLD-TESKE-KORINEK 1988; VAN DIJK/MAYHEW/KILLIAS 1990). Methodische Probleme stellen sich namentlich bei Einbeziehung abstrakter Gefährdungsdelikte. Um Opferbefragungen für die Entwicklung präventiver Programme nutzen zu können, bedürfen sie vielfach noch der Differenzierung hinsichtlich der sozialen Zusammenhänge (FISELIER 1986). Die Verbrechensfurcht erweist sich als eine ausgesprochen komplexe Variable. Schließlich erscheint das empirische Wissen über Anzeigemotive nach wie vor unzureichend, zumal in der Verbindung mit Einstellungen zur Kriminalität und Erwartungen an die Strafjustiz (SESSAR 1985; VOSS 1989; → Anzeigeverhalten).

Wenn viele Viktimologen ihre eigentlichen Prioritäten in den Bereichen „Opferrechte, Opferschutz, Opferhilfe und Opferbehandlung" sehen, so hängt dies nicht nur mit persönlichem Engagement zusammen. Eher schon ist die Viktimologie von ihrem kriminal- und sozialpolitischen Selbstverständnis her strukturell geradezu darauf angelegt, diesen Bereich angesichts der zum Teil empfindlichen Lücken zum Schwerpunkt ihrer Forschung und Aktivität auszugestalten. Dies wird auch vom Schlagwort des „Victims Rights Movement" eingefangen. Insofern spricht viel für die verbreitete Annahme, wonach sich hier ein Teil jenes sozialkonstruktiven Engagements wiederfindet, das vordem die Resozialisierungsdiskussion getragen hat (vgl. VAN DIJK 1988). Inzwischen hat sich die stärkere Berücksichtigung des Opfers als kriminalpolitisches Leitmotiv weltweit – auch vor dem Hintergrund der Aktivitäten des Europarates und der Vereinten Nationen – durchgesetzt. Als bislang bedeutendsten Erfolg auf internationaler Ebene kann das Victims Rights Movement die U. N.-Declaration of Basic Principles of Justice for Victims of Crime and Abuse of Power vom 29. November 1985 an ihre Fahnen heften (BASSIOUNI 1988; HEUNI 1989; SCHNEIDER 1991).

Am Anfang stand der Aspekt der Schadenswiedergutmachung, der sich unverändert als die weitreichendste Perspektive erweisen könnte. Dies hat einmal dazu geführt, weltweit – in der Bundesrepublik durch das Opferentschädigungsgesetz von 1976 – staatliche Regelungen einer Entschädigung der Opfer von Gewalttaten einzuführen. Zum anderen hat es die Diskussion über und Konzeptualisierung von Formen der Wiedergutmachung als Beitrag zur Regelung eines strafrechtlichen Konflikts beflügelt (FREHSEE 1987). Ein solcher Beitrag wird auch von Opfern durchaus erwartet (SHAPLAND-WILLMORE-DUFF 1985). In der Bundesrepublik Deutschland setzt man in diesem Zusammenhang auf das Adhäsionsverfahren kaum noch Hoffnung. Über Modelle des Täter-Opfer-Ausgleichs sucht und praktiziert man Wege zu einer sozialkonstruktiven Konfliktregelung, die zumindest in bestimmten Kriminalitätsbereichen Strafe ganz oder teilweise ersetzen soll (DÜNKEL-RÖSSNER 1987; MARKS-RÖSSNER 1989). Offen ist, ob und inwieweit Wiedergutmachung auch als Sanktion analog der britischen compensation order eingeführt werden sollte (JUNG 1987; Schadenswiedergutmachung im Kriminalrecht 1988). Hier tun sich Spannungen zu dem Vorstellungsbild auf, wonach Wiedergutmachung möglichst freiwillig erfolgen sollte. Hierauf baut das Modell des Alternativ-Entwurfs Wiedergutmachung auf (1992), nach dessen Konzeption des Gedanke der Wiedergutmachung das ganze strafrechtliche Reaktionensystem durchwalten sollte, wobei in weitem Umfang Wiedergutmachung an die Stelle von Strafe treten sollte. Insgesamt steht man vor der reizvollen Aufgabe, friedensstiftende „Vergleichsmodelle" im Schlagschatten des Strafverfahrens entwickeln zu müssen, was auch Rückwirkungen auf die Konzeption des Strafverfahrens selbst haben könnte. Hier ist die Reformdiskussion auch international noch im Fluß. Die Rechtsvergleichung bietet aber schon jetzt reichhaltiges Anschauungsmaterial (ESER-KAISER-MADLENER 1990). Begriffe wie „reparation", „restitution", „Täter-Opfer-Ausgleich" und „Konfliktregelung" stehen dabei für Konzepte, die nicht auf die materielle

Wiedergutmachung beschränkt sind (z. B. MARKS-RÖSSNER 1989), darin vielmehr eher eine Verengung der Perspektive sehen.

Eine eigene Linie wird von den einseitig opferorientierten sozialen, psychologischen und therapeutischen Hilfsmodellen verfolgt, auch wenn die Abgrenzung zu den Täter-Opfer-Ausgleichs-Modellen sich nicht immer trennscharf durchführen läßt. Namentlich in den USA und Großbritannien arbeiten zahlreiche Victim Assistance Centers, Victims Support Schemes und Victim Service Models, die Opfern von Straftaten gezielte Hilfen anbieten (MAGUIRE-CORBETT 1987). Die Notwendigkeit einer Opferbehandlung wird immer stärker akzentuiert. Auch wenn in puncto ethischer Standards nach wie vor ein konzeptionelles Vakuum existiert (BEN-DAVID 1987), ist die methodische Verfeinerung z. B. in Anlehnung an die Streßforschung („Coping") unverkennbar (z. B. HAGEMANN/SESSAR 1988). Fragen des Opferschutzes und der Partizipation bestimmen neben der verfahrensmäßigen Durchsetzung der Wiedergutmachung die Diskussion um die Stellung des Opfers im Strafverfahren (JUNG 1981; RIESS 1984; WEIGEND 1989). In der Bundesrepublik Deutschland hat diese Diskussion einen ersten legislatorischen Niederschlag im Opferschutzgesetz von 1986 gefunden, das u. a. den Versuch unternommen hat, einen Mindestbestand prozessualer Befugnisse des Verletzten zu regeln (z. B. Opferanwalt).

Die viktimologische Perspektive hat sicher zu einer Erweiterung des kriminologischen Erkenntnisfeldes geführt. Nicht zuletzt gehen von ihr zahlreiche rechts- und kriminalpolitische Impulse – und zwar durchaus im Sinne eines internationalen Trends (DELMAS-MARTY 1984; JOUTSEN 1989; SCHNEIDER 1991) – aus. Sie bleiben nicht auf den Bereich des Strafrechts beschränkt, wovon die verfassungsrechtliche Diskussion um „Sicherheit als Menschenrecht" (ROBBERS 1987) zeugt. Auf der Ebene strafrechtlicher Grundfragen reicht die Auseinandersetzung von der Präzisierung des Verhältnisses des Zivilrechts zum Kriminalrecht über die Rolle der Wiedergutmachung im Konzert der Strafzwekke bis zur Ausgestaltung der Wiedergutmachung als „dritter Spur" im strafrechtlichen Sanktionensystem (ROXIN 1987). Auch die Diskussion um eine Re-Personalisierung des Rechtsgutsbegriffs (NEUMANN 1987; HASSEMER 1989) und die „Aufwertung des Individuums als Letztzweck allen kriminalpolitischen Mitteleinsatzes" (SCHÜLER-SPRINGORUM 1991) gehören in diesen Zusammenhang. Die „Viktimo-Dogmatik" fragt weiter nach der Bedeutung des viktimologischen Prinzips für die Konstruktion und Interpretation strafrechtlicher Tatbestände. Dabei bleibt kontrovers, ob, wie und an welchem systematischen Standort und mit welcher kriminalpolitischer Zielsetzung das Strafrecht die Mitwirkung des Opfers am Tatgeschehen berücksichtigen sollte (HILLENKAMP 1981; SCHÜNEMANN 1982). Zugleich sind Grundfragen der Verfahrensstruktur aufgeworfen, wird z. T. die staatlich organisierte Aufarbeitung des Konfliktes überhaupt in Frage gestellt. Hier bestehen Berührungspunkte zu der allgemeineren Diskussion um Alternativen zur Strafjustiz (→ Alternativen).

Arnold, H., Teske, R., Korinek, L., Viktimisierung, Verbrechensfurcht und Einstellungen zur Sozialkontrolle in West und Ost, in: Kriminologische Forschung in den 80er Jahren. Projektberichte aus der Bundesrepublik Deutschland, hrsg. v. Kaiser, G., Kury, H., Albrecht, H.-J., Freiburg 1988, S. 909–942; *Bassiouni, C.* (Hrsg.), International Protection of Victims, Toulouse 1988; *Baumann, J. u. a.*, Alternativ-Entwurf Wiedergutmachung (AE-WGM), München 1992; *Baurmann, M.*, Sexualität, Gewalt und psychische Folgen, Wiesbaden 1983; *Christie, N.*, Conflicts as Property, British Journal of Criminology 1977, S. 1–5; *Ben-David, S.*, The Ethical Issues of the Treatment of Victims, in: Victimology, International Action and Study of Victims, hrsg. v. Separovic, Z.P., Zagreb 1988, S. 157–160; *Delmas-Marty, M*, Des victimes: repères pour une approche comparative, Revue de science criminelle et de droit pénal comparé 1984, S. 209–223; *Dünkel, F., Rössner, D.*, Täter-Opfer-Ausgleich in der Bundesrepublik Deutschland, Österreich und der Schweiz, ZStW 99 (1987), S. 845–872; *Eser, A., Kaiser, G. , Madlener, K.* (Hrsg.), Neue Wege der Wiedergutmachung im Strafrecht, Freiburg 1990; *Fiselier, J.*, Notes on a Number of Policy Implications of Victim Surveys, in: Victimology in Comparative Perspective, hrsg. v. Miyazawa, K., Ohya, M., Tokio 1986, S. 81–95; *Frehsee, D.*, Schadenswiedergutmachung als Instrument strafrechtlicher Sozialkontrolle, Berlin 1987; *Hagemann, O., Sessar, K.*, Copingprozesse bei Opfern schwerer Straftaten, in: Kriminologische Forschung in den 80er Jahren, a. a. O, S. 983–1011; *Hassemer, W.*, Grundlinien einer personalen Rechtsgutlehre, in: Jenseits des Funktionalismus. Arthur Kaufmann zum 65. Geburtstag, hrsg. v. Philipps, L., Scholler, H., Heidelberg 1989, S. 85–94; *Heuni* (Hrsg.), Changing Victim Policy: the United Nations Victim Declaration and Recent Developments in Europe, Helsinki 1989; *Hillenkamp, Th.*, Vorsatztat und Opferverhalten, Göttingen 1981; *ders.*, Zur Einführung: Viktimologie, in: Juristische Schulung 27 (1987), S. 940–943; *ders.*, Hausarbeit Nr. 2: Viktimologische Grundfragen am Beispiel eines Vergewaltigungsfalles, in: Fälle zum Wahlfach Kriminologie, Jugendstrafrecht, Strafvollzug, hrsg. v. Jung, H., München 1988, S. 85–108; *Joutsen, M.*, Research on Victims and Criminal Policy in Europe, in: European Colloquium on Research on Crime and Criminal Policy in Europe, hrsg. v. Hood, R., Centre for Criminological Research, Oxford 1989, S. 50–83; *Jung, H.*, Die Stellung der Verletzten im Strafprozeß, ZStW 93 (1981), S. 1147–1176; *ders.*, Compensation order – Ein Modell der Schadenswiedergutmachung?, ZStW 99 (1987), S. 497–535; *Kaiser, G., Kury, H., Albrecht, H.J.*, Victims and Criminal Justice, Victimological Research, Stocktaking and Prospects, Freiburg 1991; *Kaiser, G.*, Viktimologie an der Schwelle der 80er Jahre – Ein kritisches Resumée, in: Das Verbrechensopfer, a. a. O. 1979, S. 481–493; *ders.*, Victim Surveys: Stocktaking, Needs and Prospects – A German View, in: Victimology in Comparative Perspective, a. a. O., S. 133–143; *Maguire, M., Corbett, C.*, The Effects of Crime and the Work of Victims Support Schemes, Aldershot 1987; *Marks, E., Rössner, D.* (Hrsg.), Täter-Opfer-Ausgleich, Bonn 1989; *Mendelsohn, B.*, Sozio-analytische Einführung in allgemeine viktimologische und kriminologische Forschungsperspektiven, in: Das Verbrechensopfer in der Strafrechtspflege, hrsg. v. Schneider, H.J., Berlin u. a. 1982, S. 60–79; *Miyazawa, K.*, Viktimisierung im Straßenverkehr, in: Gedächtnisschrift für H. Kaufmann, hrsg. v. Hirsch, H.J., Kaiser, G., Marquardt, H., Berlin u. a. 1986, S. 321–327; *Neumann, U.*, Die Stellung des Opfers im Strafrecht, in: Hassemer, W. (Hrsg.), Strafrechtspolitik – Bedingungen der Strafrechtsreform, Frankfurt 1987, S. 221–219; *Rasch, W.*, Die Tötung des Intimpartners, Stuttgart 1964; *Rieß, P.*, Die Rechtsstellung des Verletzten im Strafverfahren, Gutachten C für den 55. Deutschen Juristentag, in: Verhandlungen des 55. DJT, Bd. I, München 1984; *Roxin, C.*, Die Wiedergutmachung im System der Strafzwecke, in: Wiedergutmachung und Strafrecht, hrsg. v. Schöch, H., München 1987, S. 37–55; Schadenswiedergutmachung im Kriminalrecht, hrsg. v. Bundesministerium der Justiz, Bonn 1988; *Schneider, H.J.*, Viktimologie, Wissenschaft vom Verbrechensopfer, Tübingen 1975; *ders.*, Viktimologie, in: Sieverts, R., Schneider, H.J., Handwörterbuch der Kriminologie, Bd. 5, Lieferung 2, Berlin 1991, S. 405–425; *Schüler-Springorum, H.*, Kriminalpolitik für Menschen, Frankfurt 1991; *Schünemann, B.*, Einige vorläufige Bemerkungen zur Bedeutung des viktimologischen Ansatzes in der Strafrechtsdogmatik, in: Das Verbrechensopfer in der Strafrechtspflege, a. a. O. 1982, S. 407–421; *Schur, E.M.*, Crimes without Victims. Deviant Behavior and Public Policy, Englewood Cliffs, N.J. 1965; *Sessar, K.*, Rechtliche und soziale Prozesse einer Definition der Tötungskriminalität, Freiburg 1981; *ders.*, Über das Opfer. Eine viktimologische Zwischenbilanz, in: Festschrift für Jescheck, hrsg. v. Vogler, Th., Berlin 1985, S. 1137–1157; *Shapland, J., Willmore, G., Duff, P.*, Victims in the Criminal Justice System, Aldershot 1985; *van Dijk, J.*, Ideological Trends within the Victims Movement: an International Perspective, in: Victims of Crime, hrsg. v. Maguire, M., Pointing, J., Stony Stratford 1988; *ders.*, J., Mayhew, P., Killias, M., Experiences of Crime across the World. Key findings from the 1989 International Crime Survey, Deventer u. a. 1990; *Voß, M.*, Anzeigemotive, Verfahrenserwartungen und die Bereitschaft der Geschädigten zur informellen Konfliktregelung, MSchrKrim 72 (1989), S. 34–51; *Weigend, Th.*, Deliktsopfer und Strafverfahren, Berlin 1989; *Weis, K.*, Die Vergewaltigung und ihre Opfer. Eine viktimologische Untersuchung zur gesellschaftlichen Bewertung und individuellen Betroffenheit, Stuttgart 1982; *Wolfgang, M.E.*, Victim Precipitation in Victimology and Law, in: Victimology, International Action, a. a. O., S. 33–42.

HEIKE JUNG

Vorstrafe → Rückfall, Rückfallkriminalität, → Strafvollzug

W

Wertfreiheit → Theorie und Erklärung

White Collar Crime → Wirtschaftskriminalität

Wirtschaftskriminalität. *Wirtschaftskriminalität* ist Profitkriminalität der im Wirtschaftsleben Tätigen, die begangen wird unter Beeinträchtigung von überindividuellen Rechtsgütern des Wirtschaftslebens und/oder durch Mißbrauch von Instrumenten des Wirtschaftslebens. Allgemein anerkannt ist jedoch weder dieser noch irgendein anderer Begriff. In bisherigen Definitionsversuchen wurden teils mehr täter-, teils mehr tatbezogene Begriffsmerkmale verwendet. In den mehr tatbezogenen Begriffen wird zumeist auf das Vorgehen des Täters abgestellt. Abgestellt wird vielfach auf den Mißbrauch des im Wirtschaftsleben nötigen Vertrauens; doch ist dieses Kriterium nicht trennscharf, da es einerseits nicht nur für Wirtschaftskriminalität zutrifft, andererseits nicht in allen Fallgruppen gegeben ist, die üblicherweise der Wirtschaftskriminalität zugeordnet werden. Auch der pragmatische Deliktsbegriff des § 74 c GVG hat die Streitfrage nicht zu lösen vermocht, da der Deliktskatalog zum einen zu weit ist (vgl. § 74 c Abs. 1 Ziff. 6 GVG) und er zum anderen eine Reihe von Straftatbeständen des 2. Gesetzes zur Bekämpfung der Wirtschaftskriminalität (2. WIKG) nicht enthält. Gegenüber dem hier vorgeschlagenen Begriff ist die klassische Definition der *White-collar-Kriminalität* „as a crime committed by a person of respectability and high social status in the course of his occupation" (SUTHERLAND 1949) einerseits insofern weiter, als jede Form kriminellen Verhaltens in Ausübung des Berufs erfaßt wird. Sie ist andererseits wegen der Begrenzung auf statushohe Personen enger. Ebenfalls weiter ist der Begriff *„occupational crime"*, worunter Delikte verstanden werden, die von Personen im Staatsdienst, im Geschäftsleben oder in freien Berufen begangen werden. Schließlich bestehen auch Unterschiede zum Begriff der Verbandskriminalität (*„corporate crime"*), der Straftaten der juristischen Personen des Zivilrechts meint, die durch ihre verantwortlichen Organe kriminell handeln können.

Ihrer *Angriffsrichtung* nach läßt sich Wirtschaftskriminalität einteilen in (1) Delikte mit Bezug auf die Finanzwirtschaft des Staates, wie z. B. Steuer- und Subventionsdelikte, (2) Delikte mit Bezug auf die Volkswirtschaft (oder Gesamtwirtschaft) und ihre einzelnen Zweige, wie z. B. Kartellverstöße, Delikte gegen das Bank- und Börsenwesen, (3) Delikte mit Bezug auf die Betriebswirtschaft (oder Einzelwirtschaft) und ihre einzelnen Zweige, wie z. B. Delikte gegen den lauteren Wettbewerb, (4) Delikte mit Bezug auf die Allgemeinheit und die Verbraucher sowie deren Schutz vor Schädigungen, die im betriebswirtschaftlichen Bereich ihren Ursprung haben, wie z. B. Umweltschutzdelikte oder Verstöße gegen das Lebensmittelrecht (LAMPE 1981). Diese Systematik zeigt, daß es „die" Wirtschaftskriminalität und „den" Wirtschaftskriminellen nicht gibt. Verschiedenartigste Sachverhalte und Handlungsweisen unterschiedlichster Schweregrade werden durch den Sammelbegriff Wirtschaftskriminalität erfaßt.

Die Erscheinungsformen der Wirtschaftskriminalität werden bestimmt durch Wirtschaftssystem und -verfassung, durch Sozialstruktur, technischen Stand und Wirtschaftsentwicklung. Neben Delikten, die vom technischen Stand abhängig sind (z. B. Computerkriminalität), treten solche, die durch den Gebrauch bestimmter Instrumente und Formen des Wirtschaftsverkehrs bedingt sind (z. B. Scheckbetrug, Kreditkartenmißbrauch). Im Gegensatz zu diesen vom Wirtschaftssystem weitgehend unabhängigen Formen stehen systemimmanente Wirtschaftsstraftaten, wie Schwarzmarktdelikte in staatlichen Planwirtschaften und Kartelldelikte in Wettbewerbswirtschaften.

Umfang, Struktur und Entwicklung der amtlich bekanntgewordenen Wirtschaftskriminalität in der Bundesrepublik Deutschland sind nicht exakt zu ermitteln. Dies beruht vor allem auf den insoweit unzulänglichen Erkenntnismitteln (→ Kriminalstatistik). In den amtlichen Kriminalstatistiken werden die Ordnungswidrigkeiten (z. B. Kartell- und Steuerordnungswidrigkeiten) nicht erfaßt. Wirtschaftsdeliktische Erscheinungsformen werden bei den typischen Auffangstraftatbeständen, insbes. bei Betrug und Untreue, nur teilweise gesondert ausgewiesen. Zwar wurde in der Polizeilichen Kriminalstatistik 1984 eine Zuordnungsregelung von Straftaten zur Wirtschaftskriminalität eingeführt, diese ist aber nicht sonderlich trennscharf. Als Wirtschaftskriminalität sind danach anzusehen „die Gesamtheit der in § 74 c Abs. 1 Nr. 1–6 GVG aufgeführten Straftaten; Delikte, die im Rahmen tatsächlicher oder vorgetäuschter wirtschaftlicher Betätigung begangen werden und über eine Schädigung von einzelnen hinaus das Wirtschaftsleben beeinträchtigen oder die Allgemeinheit schädigen können und/oder deren Aufklärung besondere kaufmännische Kenntnisse erfordert". Entsprechende Ausweise erfolgten erstmals in der Polizeilichen Kriminalstatistik 1986. Für einzelne Deliktsgruppen geben darüber hinaus Sonderstatistiken begrenzt Anhaltspunkte: Zum einen handelt es sich um jährliche Übersichten über die Ermittlungsergebnisse der Steuer- und Zollfahndung, über die Ergebnisse der steuerlichen Betriebsprüfung und um die Steuerstrafsachenstatistik der Steuerverwaltungen der Länder und der Bundesfinanzverwaltung. Die im Zweijahresrhythmus veröffentlichten Tätigkeitsberichte des Bundeskartellamtes enthalten Informationen über die Bußgeldverfahren wegen Verdachts eines Verstoßes gegen Verbote des GWB und Untersagungsverfahren nach § 37 a GWB vor dem Bundeskartellamt und vor den Landeskartellbehörden. Schließlich werden vom Bundeszentralregister Statistiken aus dem Datenbestand des Gewerbezentralregisters veröffentlicht, nämlich Gewerbezentralregisterdaten und GZR-Daten zur Schwarzarbeit. Schließlich enthielt die zwischen 1974 bis 1986 geführte „Bundesweite Erhebung von Wirtschaftsstraftaten nach einheitlichen Gesichtspunkten" (BWE) eine Vielzahl von Verfahrensdaten, die der an ihre Stelle getretenen Zusatzerhebung in der Staatsanwaltschafts-Statistik nicht mehr zu entnehmen sind. In die BWE waren allerdings nur Wirtschaftsstrafverfahren von besonderer Bedeutung einbezogen.

Wegen dieser Datenlage sind allenfalls Grobschätzungen von *Umfang und Struktur der registrierten Wirtschaftskriminalität* möglich. Von den 1990 in der Bundesrepublik polizeilich bekanntgewordenen 4,4 Mill. Straftaten (ohne Verkehrs- und Staatsschutzdelikte) entfielen knapp 3% auf Wirtschaftskriminalität, von den polizeilich ermittelten Tatverdächtigen wurden noch weniger, nämlich 0,8%, beschränkt auf Erwachsene: 1%, der Wirtschaftskriminalität zugeordnet. Weniger als 5% der 1989 insgesamt wegen Verbrechen und Vergehen Verurteilten dürften auch wegen Wirtschaftsstraftaten verurteilt worden sein. Wie der Vergleich der Daten der Polizeilichen Kriminalstatistik und der Strafverfolgungsstatistik mit jenen der BWE zeigt, besteht Wirtschaftskriminalität ganz überwiegend aus kleineren Fällen. Die in der BWE erfaßten Wirtschaftsstrafverfahren mit Schäden von mehr als 1000 DM machen nur 10–15% der von Polizei und Justiz registrierten Wirtschaftskriminalität aus. Von der Struktur her überwiegen, gemessen an Verurteiltenzahlen, die Delikte mit Bezug auf die Finanzwirtschaft, insbes. die Steuerdelikte, Delikte mit Bezug auf die Volkswirtschaft, insbes. Umwelt- und Lebensmitteldelikte einerseits, Konkursdelikte andererseits. Bei der in der BWE erfaßten schweren Wirtschaftskriminalität, die sich durch komplexe Deliktsbilder mit vielfältigen Tatbestandskombinationen auszeichnet, dominierte dagegen Betrug, gefolgt von Steuerhinterziehung, Bankrottdelikten, Untreue, Verstößen gegen das GmbH-Gesetz und die RVO. Aus der BWE folgt ferner die Einsicht, daß es sich bei rund zwei Dritteln der Fälle schwerer Wirtschaftsdelikte um eine Art Verbandskriminalität handelt, d. h. um Delikte, die unter dem Mantel einer Einzelfirma oder einer handelsrechtlichen Gesellschaft – vornehmlich GmbH, OHG, KG – begangen worden sind.

Hinsichtlich der *Entwicklung der Wirtschaftskriminalität* dürfte von einer in den letzten Jahren erfolgten überproportionalen Zunahme auszugehen sein, insbesondere im Bereich der strafrechtlichen Nebengesetze. Ob diese Entwicklung aber auf einem realen Kriminalitätsanstieg beruht oder nur auf geänderte Anzeige- und Verfolgungsstrategien, muß ebenso offen bleiben wie die Antwort auf die Frage nach der *Entwicklung der tatsächlichen Wirtschaftskriminalität.* Die hierfür erforderlichen Forschungen zur Abschätzung des *Dunkelfeldes* fehlen weitgehend und sind, von ganz wenigen Ausnahmen abgesehen, mit den derzeit verfügbaren Methoden auch nicht durchführbar (→ Dunkelfeld). Lediglich vermutet werden kann ein relativ großes Dunkelfeld, was nicht nur auf der Abschottung weiter Teile des Wirtschaftsrechts durch einen Geheimnisschutz beruht, sondern seinen Grund auch im Interesse vieler Geschädigten hat, mit Mitteln des Zivil- statt des Strafrechts vorzugehen (→ Anzeigeverhalten). Hinzu kommt, daß die üblichen Kontrollmechanismen wegen der Anonymität und der sich verflüchtigenden Opfereigenschaft (→ Viktimologie) weitgehend versagen. Denn es handelt sich – nach den Ergebnissen der BWE – bei knapp 50% der Geschädigten um Kollektivopfer, vor allem den Staat und soziale Einrichtungen, die Hälfte der Individualopfer waren fremde Unternehmen (LIEBL 1984, Tab. 54). Dieses Kontrolldefizit wurde bislang nur ansatzweise durch Einführung von Anzeigepflichten – beim Subventionsbetrug – aufgefüllt.

Kennzeichnend für Wirtschaftskriminalität soll ihre hohe *Sozialschädlichkeit* sein, insbesondere wegen der Höhe der durch sie verursachten materiellen und immateriellen Schäden. Wie zum Umfang der Wirtschaftskriminalität, so fehlen aber auch hier verläßliche Angaben. Anfang der 70er Jahre wurde z. B. für die Bundesrepublik Deutschland der jährliche *materielle Schaden* auf 15–20 Mrd. DM, teilweise sogar auf bis zu 55 Mrd. DM geschätzt. Diese Schätzungen sind aber weder hinsichtlich der Höhe noch hinsichtlich des behaupteten Anstiegs der Schadenssummen hinreichend begründet. In der Regel werden noch nicht einmal die Grundlagen der Schätzungen genannt, der verwendete Schadensbegriff bleibt zumeist undefiniert, die angenommene Bereicherung des Täters fraglich. Lediglich für einen Teilbereich, nämlich für die in der BWE erfaßten Verfahren, liegen nähere Angaben vor. Danach betrug im Durchschnitt der Jahre 1974–1981 der jährliche Schaden rund 3,6 Mrd. DM, wovon knapp 1,3 Mrd. DM angeklagt wurden (LIEBL 1984, Tab. 48, 73). Auch wenn danach frühere Schätzungen weit überhöht sein dürften, so dürfte dennoch die These richtig sein, daß die in der Begehungshäufigkeit weit hinter der Eigentums- und Vermögenskriminalität zurückbleibende Wirtschaftskriminalität insgesamt höhere Schäden verursacht als jene. Im übrigen spiegeln die Daten der BWE die „außerordentlich hohe Qualität an Deliktspotential" (KAISER 1988) wider. Denn im Jahresdurchschnitt 1974–1981 (vgl. LIEBL 1984, XXXI, Tab. 38, 44, 53) wurden in der BWE rund 3300 Wirtschaftsstrafverfahren erfaßt, in denen von relativ wenigen Beschuldigten (6070) zahlreiche Einzelfälle (76 662) verursacht und eine Vielzahl von Opfern (128 820) geschädigt wurden. 30% der Verfahren waren der Schadenskategorie 10 000–100 000 DM zuzuordnen, weitere 20% in der Schadenskategorie 100 000–500 000 DM (LIEBL 1984, XXXII). Noch gravierender als die materiellen Schäden sollen freilich die *immateriellen Schäden* sein, die in Ansteckungs-, Nachahmungs-, Sog-, Spiral- und Fernwirkungen, in Kettenreaktionen sowie in bestimmten Fällen in gesundheitlichen Gefährdungen und Schädigungen einzelner gesehen werden. Befürchtet wird darüber hinaus ein Schwinden des Vertrauens in die Funktionsfähigkeit der geltenden Wirtschafts- und Gesellschaftsordnung. Der empirische Nachweis zu Art und Ausmaß dieser immateriellen Schäden steht jedoch noch weithin aus, zumindest für Delikte außerhalb des engeren Bereichs der Wettbewerbskriminalität.

Die *Entstehungszusammenhänge* der Wirtschaftskriminalität sind mit den derzeit verfügbaren Theorien nicht befriedigend zu erklären. Die gelegentlich herangezogenen allgemeinen Theorien zur Erklärung abweichenden Verhaltens, insbes. die Theorie der differentiellen Kontakte, die Anomietheorie oder lernpsychologische Ansätze (→ Kriminalitätstheorien, soziologische, psychologische), eignen sich lediglich dazu, Teilbereiche zu erklären, ohne diese aber exakt eingrenzen zu können. Im übrigen begegnen sie den auch sonst geltend gemachten Einwänden, nämlich mangelnder Präzision, unklarer oder widersprüchlicher Bestätigungssituation und geringer Praxisrelevanz. Eine spezifische Theorie der Wirtschaftsdelinquenz fehlt.

Erhebliche Erkenntnislücken bestehen auch hinsichtlich der *Person des Wirtschaftskriminellen* (→ Täterpersönlichkeit). Verallgemeinerungsfähige Befunde liegen im wesentlichen nur zum Sozialprofil vor. Danach handelt es sich bei den Beschuldigten in Verfahren schwerer Wirtschaftskriminalität um eine im Vergleich zur klassischen Kriminalität anders strukturierte Täterpopulation. Die Beschuldigten sind überwiegend männlich, verheiratet, knapp 40 Jahre alt und deutsche Staatsangehörige. Sie besitzen zumeist eine gute bis sehr gute Ausbildung. Sie sind zu mehr als der Hälfte selbständige Erwerbstätige und sind überwiegend in kaufmännischen Berufen tätig. Häufig handelt es sich entweder um Gesellschafter bzw. Vorstände von Personen- und Kapitalgesellschaften oder um Einzelunternehmer. Sie gehören zumeist der mittleren und oberen Mittelschicht an. Weniger als die Hälfte ist vorbestraft (BERCKHAUER 1981). Diese Unterschiede im Sozialprofil sind durch die wirtschaftskriminellen Straftaten (mit)bedingt. Denn die hierbei vorausgesetzten Deliktsfähigkeiten und -gelegenheiten korrespondieren mit dem Beruf (→ Beruf und Kriminalität). Insofern belegt das Sozialprofil nur die These der unterschiedlichen Zugangschancen bzw. die These von Wirtschaftsstraftaten als „economic special-opportunity crimes“ (HOROSZOWSKI 1980).

Im Zusammenhang mit der allgemeinen Erweiterung des Forschungsspektrums der Kriminologie auf *Prozesse strafrechtlicher Sozialkontrolle* (→ Recht auf soziale Kontrolle, → Justizforschung) kann inzwischen die strafrechtliche Bewältigung der Wirtschaftskriminalität als relativ gut erforscht gelten. Im Unterschied zur klassischen Eigentumskriminalität handelt es sich bei Wirtschaftskriminalität überwiegend um sogenannte Überwachungs- und Kontrolldelikte. Lediglich bei schwerer Wirtschaftskriminalität, durch die Rechtsgüter Privater betroffen sind, hängt die Verfahrensinitiierung vom Anzeigeverhalten der Betroffenen ab. Insofern sind zwei *unterschiedliche Kontrollstile* festzustellen. Die Kompliziertheit der Materie und die in den Tatbestandsfassungen (mit)begründeten Beweisschwierigkeiten führen dazu, daß die *Verurteilungswahrscheinlichkeit* für einen polizeilich ermittelten Tatverdächtigen eines Eigentumsdeliktes im allgemeinen höher ist als für einen polizeilich ermittelten Wirtschaftstäter. Selbst bei der in der BWE erfaßten schweren Wirtschaftskriminalität wurden 1974–1981 durchschnittlich nur rund 46% der Beschuldigten auch angeklagt. Der *Ausgang des Ermittlungsverfahrens* wird hierbei in erster Linie durch tatbezogene Merkmale (Deliktsgruppe, Schadenshöhe, Rechtsform, Branche des Unternehmens) und durch Merkmale der Opfer (Zahl und Art, Verfahrensinitiative) bestimmt (BERCKHAUER 1981, LIEBL 1984). Die *Sanktionspraxis* zeigt erwartungsgemäß einen deliktsspezifisch unterschiedlichen Sanktionsstil. Insgesamt sind die wegen Wirtschaftsstraftaten verhängten Sanktionen nach Art und Maß zwar etwas schwerer als bei der Straßenverkehrskriminalität. Im Vergleich aber mit Diebstahl und Unterschlagung, wo auf ambulante Sanktionen (Geldstrafe und Strafaussetzung zur Bewährung) 1981 nur 82% entfielen, wurden bei Wirtschaftsstraftaten häufiger (93%) nicht mit Freiheitsentzug verbundene Strafen verhängt. Besonders auffallend ist die Anwendung der Opportunitätsvorschriften der StPO auch in Verfahren mit sehr hohen Schäden, was keinerlei Entsprechung hat zu Verfahren wegen klassischer Eigentums- und Vermögenskriminalität. In den in den Jahren 1979/80 gem. § 153 Abs. 1 StPO eingestellten schweren Wirtschaftsstrafverfahren betrug z. B. der durchschnittliche (geschätzte) Gesamtschaden rd. 32 000 DM (MEINBERG 1985, Tab. 30).

Kriminalpolitisch wird von einigen Autoren die vermehrte Verhängung und Vollstreckung kurzer Freiheitsstrafen gefordert und mit der mutmaßlich hohen Abschreckungswirkung begründet. Diese Prämisse dürfte jedoch nicht uneingeschränkt zutreffen, von den generellen Bedenken aus spezialpräventiver Sicht einmal abgesehen. Denn neben dem rational-planerischen Wirtschaftsstraftäter gibt es auch den Täter, dessen Verhalten seinen Ausgang bei unkluger wirtschaftlicher Tätigkeit genommen hat und der seine Krise mit illegalen Mitteln zu bewältigen sucht.

Zur *Prävention* der Wirtschaftskriminalität wurde in der Bundesrepublik Deutschland in den letzten Jahren verstärkt das Verwaltungs- und das Zivilrecht eingesetzt. An Bedeutung gewonnen haben ferner die privatwirtschaftlichen Träger der Prävention, insbes. die Selbstverwaltungsorgane, die Selbstschutzeinrichtungen und die Verbände der Wirtschaftsteilnehmer. Materiell- und verfahrensrechtliche sowie justizorganisatorische Formen sollten die *strafrechtliche Bekämpfung* effizienter gestalten.

Durch das Erste Gesetz zur Bekämpfung der Wirtschaftskriminalität (1. WiKG) vom 29.7.1976 wurden im Vorfeld des Betruges die beiden neuen Straftatbestände des Subventions- (§ 264) und des Kreditbetruges (§ 265 b) in das StGB eingefügt, das Konkursstrafrecht (§§ 283 ff.) wurde neu gefaßt und der Wuchertatbestand (§ 302 a) umgestaltet. Durch des Zweite Gesetz zur Bekämpfung der Wirtschaftskriminalität (2. WiKG) vom 15.5.1986 wurden als Anpassung an neue Technologien Strafvorschriften zur Bekämpfung der Computerkriminalität (§§ 202 a, 263 a, 269, 270, 303 a, 303 b) aufgenommen, im Hinblick auf neue Formen des Zahlungsverkehrs wurden insbesondere der Scheck- und Kreditkartenmißbrauch (§ 266 b) sowie die Fälschung von Vordrucken für Euroschecks und Euroscheckkarten (§ 152 a) unter Strafe gestellt, Strafnormen zur Regelung des verschärften Wettbewerbs in das UWG (§ 17) eingestellt sowie der Vermögensschutz in Teilbereichen weiter vorverlegt bzw. erweitert, indem der Anlageschutz verstärkt (§§ 264 a Kapitalanlagebetrug, §§ 88, 89 BörsenG) und der Schutz der Sozialversicherung und der Arbeitnehmer (§ 266 a) ausgebaut wurde.

Die Strafrechtspflege selbst wurde seit Ende der 60er Jahre durch die Einrichtung von Schwerpunktstaatsanwaltschaften und Wirtschaftsstrafkammern zu intensivieren versucht. Ob und inwieweit sich diese Reformen bewährt haben, ist empirisch nur schwer festzustellen. Immerhin kann nach dem gegenwärtigen Stand der Forschung festgestellt werden, daß sich die an die Einrichtung der Schwerpunktstaatsanwaltschaften geknüpften Erwartungen weitgehend erfüllt haben. Nur teilweise bewährt haben dürften sich dagegen die materiellrechtlichen Reformen.

Berckhauer, F., Wirtschaftskriminalität und Staatsanwaltschaft, Jur. Diss. Freiburg 1977; *Berckhauer, F.*, Die Strafverfolgung bei schweren Wirtschaftsdelikten. Bericht über eine Aktenuntersuchung, Freiburg 1981; *Heinz, W.*, Konzeption und Grundsätze des Wirtschaftsstrafrechts. Kriminologischer Teil, ZStW 96 (1984), S. 417–451; *Horoszowski, P.*, Economic Special-opportunity Conduct and Crime, Lexington, Mass., Toronto 1980; *Lampe, E.-J.*, Wirtschaftsstrafrecht, in: Handwörterbuch der Wirtschaftswissenschaft, hgg. v. Alberts, W. u. a., 30./31. Lieferung, Stuttgart u. a. 1981, S. 310–326; *Liebl, K.*, Die Bundesweite Erfassung von Wirtschaftsstraftaten nach einheitlichen Gesichtspunkten. Ergebnisse und Analysen für die Jahre 1974–1981, Freiburg 1984; *Meinberg, V.*, Geringfügigkeitseinstellungen von Wirtschaftsstrafsachen, Freiburg 1985; *Schlüchter, E.*, Zweites Gesetz zur Bekämpfung der Wirtschaftskriminalität, Heidelberg 1987; *Sutherland, E.*, White-Collar-Crime, New York 1949; *Tiedemann, H.*, Wirtschaftsstrafrecht und Wirtschaftskriminalität, 2 Bde., Reinbek b. Hamburg 1976.

WOLFGANG HEINZ

Wissenschaftstheorie → Methoden der Kriminologie, → Theorie und Erklärung

Wohlstandskriminalität. Der Begriff Wohlstandskriminalität ist eine Schöpfung der Nachkriegszeit, der wirtschaftlichen Rekonstruktionsperiode nach dem 2. Weltkrieg, während der einem Konjunkturaufschwung und allgemeiner Prosperität keine Abnahme der Kriminalitätsziffern insbesondere Jugendlicher entsprach – im Gegenteil ein unerwarteter Kriminalitätsanstieg. Der Begriff wollte eine bisher nicht bekannte und die Kriminologie daher besonders herausfordernde Realität benennen und die Notwendigkeit kriminalitätstheoretischen Umdenkens ausdrücken. In der Tat schien die bisher geltende Soziologie der Kriminalitätsentwicklung durch das Faktum eines Kriminalitätsanstiegs trotz wachsenden gesellschaftlichen Reichtums (bei annähernd konstanter Verteilung) erschüttert.

Bis Mitte der 50er Jahre konnte zwar die Nachkriegskriminalität noch traditionell als Kriminalität der Not, der Arbeitslosigkeit (→ Arbeitslosigkeit und Kriminalität), der hohen Lebenshaltungskosten, der schlechten Wohnverhältnisse interpretiert werden. Gegen Ende des Jahrzehnts begann man aber bereits von der Wandlung der „Krisenkriminalität" zur „Konjunkturkriminalität" zu sprechen, um schließlich in den 60er Jahren die Diskussion auf eine um die „Kriminalität im Wohlfahrtsstaat" zuzuspitzen. Anfang der 60er Jahre hatte die Jugendkriminalität (aber auch nur diese) in Deutschland das Niveau des Wirtschaftskrisenjahres 1932 überschritten. Mit den 70er Jahren verschwand die „Wohlstandskriminalität" wieder aus dem kriminologischen Diskurs, wohl weil es weder beim linearen Anstieg des Wirtschaftswachstums noch bei dem der Jugendkriminalitätsraten geblieben war und weil die theoretische Konfusion wirtschaftskonjunktureller und jugendkultureller Determinanten von Kriminalitätsziffern ein Ende fand. Seit der engagierten Jugendbewegung der späten 60er Jahre war es nämlich nicht mehr möglich, Jugendkultur ausschließlich aus „Wohlstandsverwahrlosung" zu begreifen. Die Wiederentdeckung immaterieller Werte durch Jugendliche begann der Wissenschaft nun stärker zu imponieren als die (jugendliche) Mißachtung materieller Werte – das Paradigma der Jugendkriminologie der 60er Jahre und die Alternative zum traditionellen Paradigma von der Kriminalität aus Not und Benachteiligung.

D. h. der Begriff „Wohlstandskriminalität" ist vor allem kriminologiegeschichtlich interessant. Er hat weder die ökonomische Situation je präzise erfaßt noch das kulturelle Klima der „Wohlstandsgesellschaft" je adäquat bezeichnet, vielmehr während eines begrenzten Zeitraums eine ideologische Funktion erfüllt: Der Zusammenhang zwischen Kriminalitätsentwicklung und Wirtschaftszyklus, wie er in der Literatur zumindest für die Zeit vor 1914 und die Zwischenkriegszeit als belegt gilt, wird von der Kriminologie in der und für die Zeit nach dem 2. Weltkrieg verworfen. Dieser Zusammenhang erscheint nun als ein Stück inaktueller Vergangenheit, ebenso wie das in älteren Studien implizierte Handlungsmodell „Kriminalität aus Not“ überholt erscheint. Der ungebrochene Kriminalitätsanstieg (vor allem auch der Verletzungen der Eigentumsnormen) während des langanhaltenden Wirtschaftsaufschwunges der Nachkriegsperiode – kontrastierend zur gegenläufigen Korrelation zwischen wirtschaftlichen Trends und Kriminalitätsraten bis in die 30er Jahre – wird in der Kriminologie sogar zum Argument gegen die Suche nach makrostrukturellen Determinanten des Kriminalitätslevels in Wirtschaft und Gesellschaft anstatt zur Herausforderung, ältere theoretische Modelle der Verbindung zwischen wirtschaftlichen Faktoren und kriminellen Phänomenen zu modifizieren und zu erweitern (HEILAND 1983) (→ Kriminalitätstheorien, ökonomische). Diese Tendenz, ökonomische Deutungen von Kriminalitätsentwicklungen als theoretischen Irrweg anzusehen, wird paradoxerweise gerade im Begriff „Wohlstandskriminalität“ manifest, der wörtlich auf eine Wirtschaftslage Bezug nimmt.

In der üblichen kriminologischen Bedeutung drückt „Wohlstandskriminalität“ einmal Zweifel aus an der Relevanz der materiell-wirtschaftlichen Aspekte des gesellschaftlichen Entwicklungsverlaufs für die Kriminalitätsverhältnisse, zum anderen und damit verbunden ein Interesse an eher ideellen oder kulturellen Krisenzyklen. Die „Wertkrise“ der Nachkriegszeit wird z. B. von GRASSBERGER (1963) Veränderungen im Arbeitsleben (Frauenarbeit, geistiger Trägheit durch Arbeitsvereinfachung, der wachsenden Kluft zwischen Qualifizierten und Unqualifizierten etc.) sowie im Reproduktionsbereich (hedonistischen Lebensauffassungen, sexueller Freizügigkeit, Luxusbedürfnissen, sozialer Wehleidigkeit = Abhängigkeit vom Sozialstaat etc.) zugeschrieben. Aber auch die von weniger konservativen Kriminologen übernommenen Interpretationen lauten kaum anders: „Es gibt kein Massenelend, keinen Kampf ums Dasein mehr, kein Challenge, das Response verlangt. Aus dieser Spannung aber habe der Mensch in seiner ganzen bisherigen Geschichte seine seelische Kraft, seinen elan vital und damit seinen Lebenssinn und seine Lebensfreude bezogen. Nehme man dem Menschen die Notwendigkeit, um seine Existenz zu kämpfen, wie es jedes Lebewesen müsse, dann atrophieren und schrumpfen die seelischen Antriebe genauso wie die Muskeln und Sinne schrumpfen, die man nicht betätigt. Denn die Jugendkriminalität könne nicht ohne diese Sinnkrisis der Gegenwart erklärt werden“ (KAISER 1966, 282).

Zum anderen meint „Wohlstandskriminalität“ ein Verhalten, das als solches im Widerspruch zu den günstigen wirtschaftlichen Voraussetzungen normgerechten Lebens steht, das nicht mehr in gleicher Weise als rational und instrumentell deutbar ist wie die Kriminalität der materiellen Lebenskrise, ein Verhalten, dessen Ökonomie letztlich unverständlich ist, das irrationale Züge annimmt und tendenziell pathologisch erscheint. Zugleich mit der Infragestellung der traditionell angenommenen Beziehung zwischen Wirtschaftslage und Kriminalität wird das „Wesen“ der Kriminalität insgesamt fraglich; ebenso welche Aspekte der sozialen Umwelt kriminalitätsrelevant sind, was deren neue Mängel sind, ob auch diese Notlagen konstituieren, ob Kriminalität „normal“ ist, d. h.

in bestimmten Situationen von jedermann und unabhängig von dessen sozialer Lage begangen werden kann, was diese neuen Gelegenheitssituationen auszeichnet etc. Mit der Erfindung der Begriffs „Wohlstandskriminalität" ist daher in keiner Weise schon eine auf heutige Verhältnisse passende Theorie des Zusammenhangs von Wirtschafts- und Kriminalitätsentwicklung entstanden oder sind ältere Vorstellungen über wirtschaftliche Not und Kriminalität endgültig überholt. Vielmehr besagt das Konzept „Wohlstandskriminalität" die Entdeckung offener Fragen, Aporien und Krisen in der kriminologischen Theoriebildung.

Anttila, I., Über die Ursachen der Kriminalität im Wohlfahrtsstaat, MschrKrim 47 (1964), S. 252–258; *Graßberger, R.*, Die Kriminalität des Wohlstandes, Kriminalistik 17 (1963), S. 193–197; *Grünhut, M*, Kriminalität junger Menschen im Wohlfahrtsstaat, MschrKrim 46 (1963), S. 1–11; *Heiland, H.-G.*, Wohlstand und Diebstahl. Bremen 1983; *Kaiser, G.*, Kriminalität in der Wohlstandsgesellschaft, Kriminalistik 20 (1966), S. 281–287, 339–343; *Klages, H.*, Wohlstandsgesellschaft und Anomie, in: Haferkamp, H. u. a. (Hrsg.), Herrschaftsverfall und Machtrückgewinn. Zur Erklärung von Paradoxien des Wohlfahrtsstaates. Wohlfahrtsstaat und soziale Probleme. Opladen 1984, S. 60-103; *Schaffstein, F.*, Die Jugendkriminalität in der industriellen Wohlstandsgesellschaft, MschrKrim 48 (1965), S. 53–67.

ARNO PILGRAM

Z

Ziviler Ungehorsam → abweichendes Verhalten, → Verbrechensbegriff

Zurechnungsfähigkeit → Forensische Psychiatrie, → Forensische Psychologie, → Schuld und Verantwortung, → Schuldfähigkeit

Mitarbeiterverzeichnis

Günter Albrecht Dr. phil. (geb. 1943)	Professor für Soziologie an der Universität Bielefeld
Hans-Jörg Albrecht Dr. jur. (geb. 1950)	Professor für Strafrecht an der Universität Konstanz
Friedhelm Berckhauer Dr. jur. (geb. 1945)	Ministerialrat im Niedersächsischen Justizministerium, Hannover
Dirk Blasius Dr. phil. (geb. 1941)	Professor für Sozial- und Wirtschaftsgeschichte an der Universität Essen, Gesamthochschule
Wouter Buikhuisen Dr. phil. (geb. 1933)	Em. Professor für Kriminologie an der Universität Leiden, Niederlande
Wolfgang Deichsel (geb. 1949)	Wissenschaftlicher Mitarbeiter an der Universität Hamburg, Aufbau- und Kontaktstudium Kriminologie
Gabriele Dolde Dr. phil. (geb. 1944)	Leiterin des Kriminologischen Dienstes Baden-Württemberg, Stuttgart
Albin Eser Dr. jur., Dr. h. c., MCJ (geb. 1935)	Professor für Strafrecht, Strafprozeßrecht und Strafrechtsvergleichung an der Universität Freiburg, Direktor des Max-Planck-Instituts für ausländisches und internationales Strafrecht, Freiburg i. Br.
Johannes Feest Dr. jur., MA (geb. 1939)	Professor für Strafverfolgung, Strafvollzug und Strafrecht an der Universität Bremen
Winfried Hassemer Dr. jur. (geb. 1940)	Professor für Rechtstheorie, Rechtssoziologie und Strafrecht an der Universität Frankfurt, Datenschutzbeauftragter des Landes Hessen
Wolfgang Heinz Dr. jur. (geb. 1942)	Professor für Kriminologie und Strafrecht an der Universität Konstanz
Heike Jung Dr. jur. (geb. 1942)	Professor für Strafrecht, Strafprozeßrecht und Kriminologie an der Universität des Saarlandes
Günther Kaiser Dr. jur., Dr. h. c. mult. (geb. 1928)	Professor für Kriminologie und Strafrecht an den Universitäten Freiburg und Zürich, Direktor des Max-Planck-Instituts für ausländisches und internationales Strafrecht, Freiburg i. Br.

Mitarbeiterverzeichnis

Hans-Jürgen Kerner Dr. jur. (geb. 1943)	Professor für Kriminologie und Direktor des Instituts für Kriminologie an der Universität Tübingen
Arthur Kreuzer Dr. jur. (geb. 1938)	Professor für Kriminologie, Jugendstrafrecht und Strafvollzug an der Universität Gießen
Josef Kürzinger Dr. jur. (geb. 1940)	Professor für Kriminologie an der Universität Freiburg, Bibliotheksdirektor am Max-Planck-Institut für ausländisches und internationales Strafrecht, Freiburg i. Br.
Helmut Kury Dr. phil. (geb. 1941) Psychologe	Professor für Psychologie an der Universität Freiburg i. Br., Wissenschaftlicher Mitarbeiter am Max-Planck-Institut für ausländisches und internationales Strafrecht, Freiburg i. Br.
Werner Lehne (geb. 1954)	Wissenschaftlicher Mitarbeiter an der Universität Hamburg, Aufbau- und Kontaktstudium Kriminologie
Friedrich Lösel Dr. phil. (geb. 1945)	Professor für Psychologie an der Universität Erlangen-Nürnberg
Achim Mechler Dr. med. (geb. 1930)	Psychiatrischer Gutachter in freier Praxis, Schwetzingen
* *Heinz Müller-Dietz* Dr. jur., Dr. h. c., (geb. 1931)	Professor für Strafrecht, Strafprozeßrecht und Kriminologie an der Universität des Saarlandes
Rüdiger Ortmann Dr. phil. (geb. 1943)	Wissenschaftlicher Mitarbeiter der Forschungsgruppe Kriminologie am Max-Planck-Institut für ausländisches und internationales Strafrecht, Freiburg i. Br.
Arno Pilgram Dr. phil. (geb. 1946)	Wissenschaftlicher Mitarbeiter am Institut für Rechts- und Kriminalsoziologie, Wien
Dieter Rössner Dr. jur. (geb. 1945)	Professor für Strafrecht und Kriminologie an der Universität Göttingen
* *Fritz Sack* Dr. rer. pol. (geb. 1931)	Professor für Soziologie, Aufbau- und Kontaktstudium Kriminologie, Universität Hamburg
Joachim Savelsberg Dr. rer. pol. (geb. 1951)	Professor für Soziologie an der University of Minnesota, Department of Sociology
Sebastian Scheerer Dr. jur. (geb. 1950)	Professor für Kriminologie, Aufbau- und Kontaktstudium Kriminologie, Universität Hamburg
Hartmut Schellhoss Dr. phil. (geb. 1938)	Referent im Justizministerium des Landes Nordrhein-Westfalen

Eberhard Schorsch † Dr. med. (geb. 1935)	Professor an der Universität Hamburg, Direktor der Abteilung für Sexualforschung der psychiatrischen und Nervenklinik der Universität Hamburg
Heinz Schöch Dr. jur. (geb. 1940)	Professor für Kriminologie, Jugendstrafrecht und Strafvollzug an der Universität Göttingen
Karl F. Schumann Dr. phil (geb. 1941)	Professor für Rechtswissenschaft (Schwerpunkt Kriminologie) an der Universität Bremen
Klaus Sessar Dr. jur. (geb. 1940)	Professor für Kriminologie, Jugendstrafrecht und Strafvollzug an der Universität Hamburg
Gerhard Spieß Dipl.-Soz. (geb. 1950)	Wissenschaftlicher Angestellter am Institut für Rechtstatsachenforschung, Universität Konstanz
Heinz Steinert Dr. phil. (geb. 1942)	Professor für Soziologie an der Universität Konstanz
Egon Stephan Dr. phil. (geb. 1943)	Professor für Psychologie an der Universität Köln
Trutz von Trotha Dr. phil. (geb. 1946)	Professor für Soziologie an der Universität – Gesamthochschule Siegen
Bernd Villmow Dr. jur. (geb. 1945)	Professor für Kriminologie an der Universität Hamburg
Michael Walter Dr. jur. (geb. 1945)	Professor für Kriminologie und Strafrecht an der Universität Köln

Redaktion:

Hans-Jörg Albrecht Dr. jur. (geb. 1950)	Professor für Strafrecht an der Universität Konstanz

Sachregister

Sachregister

UTB Uni-Taschenbücher GmbH Stuttgart

Band 578
Deutsche Juristen aus fünf Jahrhunderten
Eine biographische Einführung in die Geschichte der Rechtswissenschaft. Herausgegeben von Prof. Dr. Gerd Kleinheyer, Bonn, und Prof. Dr. Jan Schröder, Bonn. Unter Mitarbeit von Erwin Forster, Hagen Hof und Bernhard Pahlmann. 3., neubearbeitete Auflage. 1989. 415 Seiten. DM 36,80.
ISBN 3—8252—0578—9

Band 593
Einführung in Rechtsphilosophie und Rechtstheorie der Gegenwart
Herausgegeben von Prof. Dr. h.c. Arthur Kaufmann, München, und Prof. Dr. Wilfried Hassemer, Frankfurt. 6. Auflage in Vorbereitung. 1992.
ISBN 3—8252—0593—2

Band 594
Kriminologie
Eine Einführung in die Grundlagen. Von Prof. Dr. Günther Kaiser, Freiburg. 9., neubearbeitete und ergänzte Auflage. 1992. XXIV, 663 S. DM 46,80. ISBN 3—8252—0594—0

Band 706
Strafvollzug
Eine Einführung in die Grundlagen. Von Prof. Dr. Günther Kaiser, Freiburg, Prof. Dr. Hans-Jürgen Kerner, Tübingen und Prof. Dr. Heinz Schöch, Göttingen. 4., neubearbeitete Auflage. 1991. XXVIII, 481 Seiten. DM 39,80.
ISBN 3—8252—0706—4

Band 764
Grundzüge des Polizei- und Ordnungsrechts in der Bundesrepublik Deutschland
Von Prof. Dr. Heinrich Scholler, München und Dr. Bernhard Schloer, München. 4. Auflage. In Vorbereitung. 1992.
ISBN 3—8252—0764—1

Band 765
Soziologie der öffentlichen Verwaltung
Von Prof. Dr. Renate Mayntz, Köln. 3., überarbeitete Auflage. 1985. X, 265 Seiten. DM 24,80. ISBN 3—8252—0765—X

Band 880
Insolvenzrecht
Ein Lehrbuch. Begründet von Prof. Dr. h.c. Dr. h.c. Fritz Baur, Tübingen. 3., völlig neubearbeitete und erweiterte Auflage von Prof. Dr. Rolf Stürner, Konstanz, 1991. XXXVI, 419 Seiten. DM 36,80. ISBN 3—8252—0880—X

Band 881
Grundzüge des Kommunalrechts in der Bundesrepublik Deutschland
Von Prof. Dr. Heinrich Scholler, München. 4., neubearbeitete und erweiterte Auflage 1990. XVIII, 273 Seiten. DM 32,80.
ISBN 3—8252—0881—8

Band 882
Grundzüge der Neueren Privatrechtsgeschichte
Ein Studienbuch. Von Prof. Dr. Hans Schlosser, Augsburg. 7., völlig neu bearbeitete und erweiterte Auflage. 1993. In Vorbereitung. ISBN 3—8252—0882—6

Band 883
Rechtstheorie für Studenten
Normlogik — Methodenlehre — Rechtspolitologie. Von Prof. Dr. Klaus Adomeit, Berlin 3., ergänzte Auflage 1990. XXII, 199 Seiten. DM 22,80. ISBN 3—8252—0883—4

Band 930
Deutsche Verfassungsgeschichte der Neuzeit
Eine Einführung in die Grundlagen. Von Prof. Dr. Christian-Friedrich Menger, Münster. 7., überarbeitete Auflage. 1990. VIII, 227 Seiten. DM 22,80. ISBN 3—8252—0930—X

Band 932
Recht der Betriebs- und Unternehmensmitbestimmung
Band 1: Grundriß. Von Prof. Dr. Reinhard Richardi, Regensburg. 2., überarbeitete und erweiterte Auflage. 1979. XXX, 210 Seiten. DM 18.80. ISBN 3—8252—0932—6

Band 988
Internationales Privatrecht
Eine Einführung in seine Grundlagen. Von Prof. Dr. Dr. h.c. Hans Dölle, Hamburg. Fortgeführt von Dr. Kurt Siehr, Hamburg. 3., völlig neubearbeitete Auflage. In Vorbereitung.
ISBN 3—8252—0988—1

Band 1042
Die geistesgeschichtlichen Grundlagen des deutschen Rechts
Zwischen Hierarchie und Demokratie. Eine Einführung. Von Prof. Dr. Hans Hattenhauer, Kiel. 3., überarbeitete und erweiterte Auflage. 1983. XII, 428 Seiten. DM 32,80.
ISBN 3—8252—1042—1

Band 1093
Gesellschaftsrecht
Die privatrechtlichen Ordnungsstrukturen und Regelungsprobleme von Verbänden und Unternehmen. Ein Lehrbuch für Juristen und Wirtschaftswissenschaftler. Von Prof. Dr. Friedrich Kübler, Frankfurt. 3., neubearbeitete und erweiterte Auflage. 1990. XXIV, 462 Seiten. DM 36,80. ISBN 3—8252—1093—6

Band 1095
Wettbewerbs- und Kartellrecht
Eine systematische Darstellung für Studium und Praxis von Prof. Dr. Fritz Rittner, Freiburg. 4., neubearbeitete Auflage. 1993. XLII, 534 Seiten. DM 44,80. ISBN 3—8252—1095—2

Band 1135
Grundkurs im BGB Band 1
Von Prof. Dr. Hans Schulte, Karlsruhe. 4., überarbeitete Auflage. 1992. XIV, 302 Seiten. DM 29,80.
ISBN 3—8252—1135—5

Band 1136
Rechts- und Staatsphilosophie
Band I: Antike Denker über den Staat. Von Prof. Dr. Klaus Adomeit, Berlin. 2. Auflage. 1992. XIII, 231 Seiten. DM 26,80.
ISBN 3—8252—1136—3

Band 1205
Einführung in das politische System der USA
Von Prof. Horst Mewes, Boulder. 2., überarbeitete Auflage. 1990. X, 314 Seiten. DM 32,80. ISBN 3—8252—1205—X

Band 1236
Grundriß des Sachenrechts
Von Prof. Dr. Hans Stoll, Freiburg. 1983. 208 Seiten. DM 18,80. ISBN 3—8252—1236—X